Dokumente zur Geschichte der europäischen Expansion

Herausgegeben von Eberhard Schmitt

Band 2

Sonderausgabe
der Stiftung Volkswagenwerk
Hannover 1983

Dokumente zur Geschichte der europäischen Expansion

Die großen Entdeckungen

Herausgegeben von
Matthias Meyn, Manfred Mimler, Anneli Partenheimer-Bein
und Eberhard Schmitt
unter Mitarbeit von Hanno Beck, Lieselotte
und Theo Engl, Waldemar Espinoza Soriano,
Dietmar Henze, Wolfgang Reinhard, Gabriele Scheidegger,
Manfred Tietz, Charles Verlinden u. a.

Verlag C. H. Beck München

Mit 21 Karten im Text

ISBN 3 406 09763 4

© C. H. Beck'sche Verlagsbuchhandlung (Oscar Beck), München 1984
Satz und Druck: Georg Appl, Wemding
Printed in Germany

Vorwort

Der hier vorgelegte Band 2 „Die großen Entdeckungen" der Reihe „Dokumente zur Geschichte der europäischen Expansion" wurde von den Herausgebern gemeinsam konzipiert. Die Gestaltung der einzelnen Kapitel – die Auswahl der Quellen, die im Anschluß daran erfolgte Erarbeitung des Kapitelkommentars und der Quellenkommentare – blieb dabei weitgehend den jeweiligen Mitarbeitern überlassen. Sie tragen damit für das vorgelegte Material, die Übersetzungen und die Kommentierungen, zusammen mit dem Gesamtherausgeber die Verantwortung.

Was die inhaltliche Gestaltung des Bandes angeht, so haben die Herausgeber bewußt die sogenannten „großen" Entdeckungen in den Mittelpunkt gerückt, die im allgemeinen im 15., 16. und 17. Jahrhundert – im Pazifik auch noch im 18. Jahrhundert – vor sich gingen. Die Ende des 18. Jahrhunderts einsetzende wissenschaftliche Erforschung der Erdoberfläche unter Einsatz ständig verfeinerter und weiter ausgefeilter Mittel und Methoden, wie sie am eindrucksvollsten Alexander von Humboldt vorantrieb, blieb hingegen mit voller Absicht außerhalb der Dokumentation: Sie gehört im wesentlichen einer neuen Phase der Entdeckungsgeschichte an und ist von Intention, Durchführung und Ergebnis her kaum mehr der frühen Neuzeit zuzurechnen; einzelne Beispiele solcher Entdeckerleistungen sind nur dann in den Band aufgenommen, wenn sich in ihnen der historische Wandel, der sich mit dem allmählichen In-die-Breite-Wirken der europäischen Aufklärung auch in der Erforschung fremder Erdteile vollzog, besonders augenfällig ausdrückt und wenn gleichzeitig die Kontinuitäten, die die Entdeckungsgeschichte des 18. Jahrhunderts mit der des 19. Jahrhunderts verbinden, sichtbar werden.

Die Herausgeber haben sich dazu entschlossen, dem Vordringen Rußlands nach Sibirien und Alaska ein eigenes Kapitel zu widmen; dieser Vorgang weist in Ablauf und Struktur erstaunliche Ähnlichkeiten mit dem Vordringen Frankreichs, Englands und seit Ende des 18. Jahrhunderts auch mit dem der Vereinigten Staaten im nördlichen Amerika auf. Weitgehend verzichtet wurde dagegen auf eine Einbeziehung des „Aufschließens" Innerafrikas und Innerasiens (mit Ausnahme Sibiriens) durch die Europäer im entsprechenden Zeitraum: Gemessen an den „großen Entdeckungen" und ihren Folgen – Besetzung der entdeckten Räume, wirtschaftliche Nutzung, Versuch der politischen und rechtlichen Integrierung der entsprechenden autochthonen Bevölkerungen in die europäischen Reiche der Entdeckernationen oder aber ihre massive Zurückdrängung bzw. Ausrottung – waren die an sich durchaus vorhandenen europäischen Entdeckerleistungen in Innerafrika und Innerasien von recht geringer Bedeutung und blieben bis in das Zeitalter des Imperialismus hinein ohne eigentlich einschneidende Folgen.

Die Quellenstücke, mit deren Hilfe diese „großen Entdeckungen" dokumentiert werden, sind bewußt und notwendigerweise ganz überwiegend aus europäischen Materialien ausgewählt worden. Es ist bekannt, daß diese Entdeckungen dank des allmählichen Entstehens eines weltweiten Wirtschafts- und Verkehrssystems jenen historischen Prozeß auslösten, den man – unter Einbeziehung der Ergebnisse des Imperialismus und der Dekolonisierung – seit langem als „Europäisierung der Erde" bezeichnet. Man mag die Umstände, unter denen sich dieser Prozeß vollzog – und besonders seine Ergebnisse –, bedauern: Faktum bleibt, daß er von den Europäern in Gang gesetzt wurde. Deshalb gab es, um ihn in Ursprüngen und Verlauf bis ins 19. Jahrhundert in diesem und in den folgenden Bänden zu dokumentieren, keinen anderen Weg, als sich bei der Quellenauswahl ganz überwiegend europäischer Stücke zu bedienen. Denn die Quellenlage hinsichtlich einer Spiegelung des erwähnten Prozesses in seinem ganzen Facettenreichtum in nichteuropäischen Materialien ist gekennzeichnet durch eine Lückenhaftigkeit größten Ausmaßes. Unter dem Gesichtspunkt der Intensität dieser „Europäisierung der Erde" fällt weiter ins Gewicht, daß jene Kulturen, die im behandelten Zeitraum gerade am stärksten betroffen wurden, die geringsten Quellenzeugnisse zur Verfügung zu stellen vermögen, wenn sie überhaupt solche besaßen oder besitzen. So will diese Dokumentation zwar alles andere als eine – zu Recht viel gescholtene – rein „eurozentrische" Sicht der Dinge vermitteln; aber sie kommt aus innerer Konsequenz und um der Redlichkeit historischen Arbeitens willen nicht darum herum, den Stoff im wesentlichen aus der Sicht der Europäer vorzustellen; dabei bemüht sie sich um Ausgewogenheit.

Was die Einzelstücke des Bandes anlangt, so sind sie meist aus einem um das Vielhundertfache umfangreicheren Quellenfundus ausgewählt, den aufzuspüren nicht immer einfach war. Vielfach erwies sich dabei, daß bekannte einschlägige Reihen und Spezialeditionen zur Geschichte des Reisens und Entdeckens die gesuchten Texte nicht mit der von den Herausgebern erwarteten wissenschaftlichen Sorgfalt präsentierten. So wurde es nicht selten erforderlich, auf die jeweiligen Originale oder – falls diese verloren sind – auf frühe Drucke zurückzugreifen. Herausgeber und Mitarbeiter haben sämtliche Texte, von denen bisher keine Fassung in deutscher Sprache vorlag, unmittelbar aus den Originalsprachen übersetzt oder in Einzelfällen die Übersetzung kompetenten Fachleuten anvertraut, soweit es sich dabei um europäische Sprachen handelte. Dagegen wurden Quellenstücke etwa in arabischer, malaiischer, chinesischer, japanischer Sprache oder im Idiom der Azteken aus der jeweils wissenschaftlich brauchbarsten Übertragung in eine europäische Sprache übernommen und aus dieser Fassung ins Deutsche übersetzt.

In zahlreichen Fällen ergaben die Recherchen der Herausgeber allerdings, daß von Quellenstücken, die für den Band vorgesehen waren, bereits deutsche Fassungen existierten; sie wurden sorgfältig auf ihre Zuverlässigkeit hin überprüft. Meist wurden die Vorlagen daraufhin neu ins Deutsche übersetzt; das galt besonders für zahlreiche allzu freie Übersetzungen des 16. Jahrhunderts (etwa für Texte des Ca' da Mosto, Kolumbus, Olivier van Noort), aber auch für eher populärwissenschaftliche Editionen entsprechender Quellen im 19. und 20. Jahrhundert.

In jedem Falle sind Auslassungen innerhalb der Quellentexte sowie Kürzungen durch die Bearbeiter deutlich kenntlich gemacht; sie stehen – ebenso wie erläuternde Zusätze der Übersetzer – in eckigen Klammern. Im übrigen wird kein Dokument als sogenannte „bearbeitete Quelle" vorgelegt, d. h. in jener immer häufiger anzutreffenden Form der Verfälschung der Quelle durch nicht gekennzeichnete Umstellungen, starke Kürzungen oder kleine Einschübe zum Zweck der Herstellung eines kompakten, aussagekräftigen und knappen Textes.

Die Literatur zum Stoff ist naturgemäß außerordentlich umfangreich und wächst schnell weiter an; sie war für die Zusammenstellung und Kommentierung der Einzelstücke dieses Bandes nur in wenigen Fällen mit letzter Gründlichkeit auszuschöpfen. Insofern sind die im Anschluß an jeden Kapitel- oder Quellenkommentar zitierten Titel von Fall zu Fall durchaus durch weitere Aufsätze und Monographien zu ergänzen, obschon der jeweilige Bearbeiter an dieser Stelle dem Leser nach bestem Wissen eine Hilfestellung für ein weiteres Eindringen in den Forschungsgegenstand zu geben versucht. Grundsätzlich nicht genannt wurden wissenschaftlich für unbrauchbar gehaltene Druckwerke (so u. a. zahlreiche ältere Bände der ersten Serie der Hakluyt Society). Im übrigen finden sich unter diesen Literaturhinweisen in der Regel nur Titel in deutscher, englischer oder französischer Sprache, um dem Leser keine allzu hohe Barriere hinsichtlich einer selbständigen Weiterbeschäftigung mit dem Stoff entgegenzustellen. Literatur in weiteren Sprachen wurde nur dann angegeben, wenn sie wissenschaftlich eindeutig höherwertig ist oder wenn keine andere zur Verfügung steht.

Die Herausgeber danken an dieser Stelle allen auswärtigen Mitarbeitern, ohne deren Beiträge der Band in dieser Form nicht hätte entstehen können; sie sind daneben besonders einer Reihe von Experten aus ganz Europa zu Dank verpflichtet, die ihre Arbeit – teilweise über Jahre hinweg – mit Rat begleitet haben, so Hanno Beck (Bonn), Urs Bitterli (Zürich), J. R. Bruijn (Leiden), Inge Buisson (Hamburg), Piet C. Emmer (Leiden), F. S. Gaastra (Leiden), Günther Hamann (Wien), Hermann Kellenbenz (Nürnberg), Helmut Koenigsberger (London), Jean Meyer (Paris), Wolfgang Reinhard (Augsburg), Jürgen Schneider (Erlangen), Charles Verlinden (Brüssel), Rudolf Vierhaus (Göttingen) und Hermann Weber (Mainz).

Dank gilt auch zahlreichen Fachgelehrten vieler Disziplinen, die in schwierigen Einzelfragen aus ihrer Sachkompetenz heraus zu Lösungen beizutragen vermochten, desgleichen zahlreichen Bibliotheken, Archiven und Forschungsinstituten für intensive wissenschaftliche Bemühungen, allen voran der Universitätsbibliothek Bamberg und ihrem zuständigen Fachreferenten

Dr. Werner Zeißner, der Staatsbibliothek Bamberg (Dir. Dr. W. Schleicher), der Staatsbibliothek München (Dir. Dr. A. Schneiders), der Linga-Bibliothek in Hamburg, der Stadt- und Universitätsbibliothek Frankfurt am Main, dem Ibero-Amerikanischen Institut in Berlin, dem Max-Planck-Institut für europäische Rechtsgeschichte in Frankfurt am Main sowie den großen einschlägigen Bibliotheken, Archiven und Forschungsinstitutionen und -instituten im Ausland: in Genua, Florenz, Rom, Lissabon, Coimbra, Sevilla, Madrid, Barcelona, Leiden, Den Haag, London, Wien, Paris, Providence (R. I.), Boston, Cambridge (Mass.), New York und Williamsburg (Va.).

Großen Dank sagen die Herausgeber der Stiftung Volkswagenwerk und ihrem Referenten Dr. Werner Boder sowie der Universität Bamberg und ihrem Präsidenten Siegfried Oppolzer: Die Stiftung hat die Arbeiten am hier vorgelegten Band sowie an einer Reihe weiterer Bände, die im Druck und in Vorbereitung sind, finanziell großzügig gefördert, die Universität Bamberg hat zahlreiche weitere Belastungen, die sich aus dem Editionsprojekt ergaben, ohne Zögern auf sich genommen und bis zum Ende der Arbeiten getragen.

Die Texte wurden von Frau Johanna Rudlof, Frau Marianne Kellner und Frau Sigrid Mayer ins reine geschrieben. Ihnen gebührt ebenso herzliche Anerkennung wie allen übrigen Mitarbeitern der Forschungsstelle „Geschichte der europäischen Expansion" der Universität Bamberg, die bei den zahllosen sich stellenden organisatorischen und technischen Fragen die erforderlichen Lösungen fanden, besonders Barbara Clemens-Kimmerle, Irene Diller, Roland Gagel, Joachim Gehringer, Gabriele Sandforth, Dagmar Schäffer und Werner Scharrer. Für die Zeichnung der Karten sei Joachim Gehringer, Herbert Sohmer und Heinrich Steffgen-Belz gedankt. Das Register erstellten freundlicherweise Christiane Laaser und Gisela Schmitt. Die Redaktion des Bandes besorgte Eberhard Schmitt.

Für die Herausgeber							Eberhard Schmitt

Inhalt

Drittes Kapitel

Kolumbus und der westliche Seeweg nach Indien

89

Siebentes Kapitel

Das Vordringen der Portugiesen im Bereich des Indischen Ozeans und im Fernen Osten

211

Achtes Kapitel

Entdeckungen an der Ostküste Nordamerikas auf der Suche nach einer Passage nach Japan und China

242

Elftes Kapitel

Die Durchdringung und Eroberung Südamerikas durch die Konquistadoren

355

Zwölftes Kapitel

Die Durchdringung Nordamerikas durch die Europäer

464

Dreizehntes Kapitel

Das russische Vordringen in Sibirien und nach Alaska

497

Vierzehntes Kapitel

Die Suche nach der Terra australis und die Erschließung des Pazifik

522

Anhang

Verzeichnis der Karten

Verzeichnis der Mitarbeiter

Bo	Prof. Dr. Willem Bollée	(Universität Heidelberg)
Coe	Vania Coelho-Sampaio	(Rio de Janeiro)
De	Walter Demm	(München)
Engl	Dr. Lieselotte Engl	(Universität München)
	und Theo Engl	(München)
Esp.-Sor.	Prof. Dr. Waldemar	(staatl. Universität
	Espinoza Soriano	San Marco, Lima)
GS	Gisela Schmitt	(Bamberg)
HB	Prof. Dr. Hanno Beck	(Universität Bonn)
Hen	Dr. Dietmar Henze	(Sèvres bei Paris)
Hu	Dr. Bernd Ulrich Hucker	(Universität Bamberg)
Ki	Klaus-Peter Kiedel	(Deutsches Schiffahrts-
		museum Bremerhaven)
Kr	Dr. Peter Krendl	(Universität Graz)
Kü	Ana María Kühle und Dr. Jürgen Kühle	(Universität Bamberg)
Mi	Dr. Manfred Mimler	(Universität Bamberg)
Mil	Dr. Carlo Milan	(Universität Bamberg)
MM	Dr. Matthias Meyn	(Universität Bamberg)
Ne	Dr. Richard Nebel	(Universität Bayreuth)
Pa	Anneli Partenheimer-Bein	(Universität Bamberg)
PN	Petra Neher	(Universität Augsburg)
Sch	Prof. Dr. Eberhard Schmitt	(Universität Bamberg)
Schgg	Dr. Gabriele Scheidegger	(Universität Zürich)
Schp	Dr. Ana María Schop-Soler	(Universität Bamberg)
SP	Dr. Susanne Petersen-Gotthardt	(Universität Bamberg)
Ti	Prof. Dr. Manfred Tietz	(Universität Bamberg)
Ver	Prof. Dr. Charles Verlinden	(emer. Universität Gent)
WR	Prof. Dr. Wolfgang Reinhard	(Universität Augsburg)

Erstes Kapitel

Die Erweiterung des Weltbildes und der geographischen Kenntnisse im Verlauf der frühen Neuzeit

Im Spätmittelalter setzte das Abendland zur größten Entdeckungstat der Geschichte an: Es war der Ausgriff auf alle Meere und Kontinente. Es war der beginnende Bruch mit dem Mythos, die Bewußtwerdung globaler Kategorien. Die Grenzen des Unbekannten, seit dem Altertum nicht wesentlich verrückt, wurden Zug um Zug zusammengeschoben, ein Vorgang, der keinen Stillstand mehr kannte und der sich noch im 19. Jahrhundert kraftvoll fortsetzte. Die Zeit zwischen dem 15. und 18. Jahrhundert war die bewegteste Phase der geographischen Entschleierungsgeschichte, gleichsam deren Paroxysmus. Von der kleinen Plattform Europa aus griffen nach- und miteinander Portugiesen, Spanier, Holländer, Briten und Franzosen ins Weite. Ihre Motive waren Gold- und Gewinnsucht, missionarischer Eifer, Abenteuergeist, Sehnsucht nach der Ferne, verbunden mit der Überzeugung, daß, wie schon Herodot (III, 106) sagt, die äußersten Länder der Erde reich mit Schätzen gesegnet seien. Daneben regte sich schon früh, was nicht übersehen werden darf, Interesse an Natur- und Völkerstudien.

Das geographische Bewußtsein schärfte sich im Mittelmeerraum. Was den Osten anlangt, so waren erste Erkenntnisse über die Länder Mittel-, Süd- und Ostasiens bis Zipangu (Japan) gewonnen worden. Im Süden bildete der nordafrikanische Wüstenraum, im Westen der Atlantische Ozean eine Schranke. Die Kenntnis der früheren normannischen Vorstöße nach dem nordöstlichen Amerika war, wie die Kunde von Grönland, verlorengegangen oder gänzlich verblaßt. Die kühnen Reisen der Franziskaner Giovanni da Pian del Carpini (vgl. Bd. 1, Dok. 14) und Wilhelm von Rubruk (vgl. Bd. 1, Dok. 16) ins Herz von Asien und Marco Polos wundersame Eröffnung der östlichen Welt im 13. Jahrhundert (vgl. Bd. 1, Dok. 17–21) hatten die europäischen Vorstellungen nicht nachhaltig geprägt. Polos Reisen, die längsten des christlichen Mittelalters, fanden hinreichenden Niederschlag erst auf Gerhard Mercators Globus von 1541 und auf den Karten des Venezianers Jacopo Gastaldi. Doch blieb seine „Beschreibung der Welt" nicht ohne Einfluß auf den Geist der Zeit und ihre spekulativen Erwägungen.

Die Welt war für das Mittelalter der Kirchenväter eine vom Ozean umspülte Scheibe und im wesentlichen ein Phantasiegebilde. Ein ganzes Arsenal teratologischer Sagenfiguren und andere Mythenstoffe – teils der Antike, teils der

Bibel entnommen, teils neueren Ursprungs – belastete die Kartenzeichnung: schreckenerregende Monsterwesen mit nur einem Bein, mit Fußsohlen so groß, daß sie als Sonnenschirme dienen konnten, hundsköpfige Kreaturen, Riesen- und Kleinstmenschen. Da finden sich die Amazonen, die apokalyptischen Völker Gog und Magog. Im Atlantischen Ozean schwimmen allerlei Phantasieinseln, wie Antilia (die Insel der Sieben Städte), Brasil, St. Brendan u. a. m. In den östlichen Meeren lokalisierte man die goldene und die silberne Insel (Chryse und Argyre), die Arin-Kuppel u. a. m. Die Gestalt des Erzpriesters Johannes, den das Abendland als Verbündeten im Kampf gegen die Mohammedaner zu gewinnen trachtete, ist eine Entdeckung des 12. Jahrhunderts und wurde bald in Zentralasien, bald in den indischen Regionen, mit Vorliebe aber in Afrika vermutet (vgl. Bd. 1, Dok. 50). Diese Gestalt sollte – wie eine Reihe anderer an Mären und Legenden gebundener Vorstellungen – nicht unerheblich den Gang und die Richtung späterer explorativer Unternehmungen bestimmen. Die Entdeckungsgeschichte ist mit Mythen dieser Art eng verbunden. Die Karte des Beatus (776), die Ebstorfer Karte (um 1234) und die Hereforder Karte (um 1270) – alle drei Vertreter des sogenannten T-Schemas, mit Jerusalem als Mittelpunkt der Welt – waren Dokumente schlimmster geographischer Unkenntnis und verwerflichsten Rückschritts hinter die Leistungen des Altertums, was besonders in die Augen springt bei der völlig absurden Wiedergabe des Mittelmeers. Doch trat seit etwa 1300 eine Wende ein: Eine durchaus auf die Wirklichkeit bezogene Darstellung verschaffte sich Geltung. Ein kritischer Geist stellte sich der den Kirchenvätern verpflichteten klösterlichen Kartographie mit ihren Fabelgespinsten entgegen. Es waren katalanische und italienische Kartographen, die einen neuen Kartentyp schufen, die See- oder Portulankarte, die zunächst für den praktischen Gebrauch in europäischen Gewässern bestimmt war, dann aber mehr und mehr zur Weltkarte erweitert wurde. Die Wiedergeburt der Geographie des Ptolemäus im frühen 15. Jahrhundert (1409 erste lateinische Übersetzung) wurde bedeutsam für die weitere Entwicklung der Kartographie, die eine Verknüpfung der antiken Kenntnisse mit neueren Angaben anstrebte. So kündigte sich denn an der Schwelle zum Entdeckungszeitalter ein auf klare Züge gerichteter Geist an, der nur darauf wartete, neue Erkenntnisse aufzunehmen und aus der theologisch gespeisten Kosmologie des Mittelalters allmählich die faktenbezogene Kosmographie (vgl. Dok. 4) und mit Varenius dann die Geographie als Wissenschaft zu entwickeln (Dok. 6).

Die erste große Entdeckungsleistung des 15. Jahrhunderts war die Umfahrung Afrikas und die Auffindung des Seewegs nach Indien durch die Portugiesen. Diese suchten sowohl eine Verbindung mit dem Erzpriester Johannes (den einige Karten in die Nähe der westafrikanischen Küste setzten) herzustellen als auch die reichen Länder des Ostens zu erreichen. Unter der tatkräftigen Leitung des portugiesischen Prinzen Heinrich, der, wie es heißt, von seinem Bruder Don Pedro um 1428 aus Venedig eine italienische Weltkarte und Marco Polos Bericht erhalten hatte, wurde bis 1460 die Westküste Afrikas bis

Senegambien entschleiert. 1434 war das gefürchtete Kap Bojador umschifft worden. Der weitere Vorstoß nach Süden hatte die irrige Annahme einer verbrannten Erdzone („regio inhabitabilis propter calorem" auf der Karte des Petrus Vesconte von 1320) widerlegt. 1471–72 wurde der Äquator geschnitten, 1482 die Kongo-Mündung erreicht, und im Januar 1488 glückte Bartolomeu Dias die denkwürdige Umrundung des afrikanischen Südlandes, das er bis zum Großen Fisch-Fluß verfolgte – eine Fahrt von epochaler Bedeutung. Die ptolemäische Ansicht, daß der Indische Ozean ein geschlossenes Meeresbecken sei, war dadurch endgültig abgetan. Unmittelbaren Niederschlag fand die neue Erkenntnis auf der Karte des Henricus Martellus Germanus von 1489. Doch hatte schon der Kamaldulenser Fra Mauro, „Geographus incomparabilis", auf seiner berühmten Weltkarte (1459) in einer vielzeiligen Legende seiner Überzeugung (die sich auf Aussagen eines nicht genannten Seefahrers stützt) unumwunden Ausdruck gegeben, daß Afrika im Süden meerumschlungen, der Indische Ozean mithin kein „stagnon", sondern ein offenes Meer sei, eine Ansicht, die sich sogar schon früher (so auf der Karte des Albertino di Virgo von 1415) geltend gemacht hatte. Es ist überhaupt in der Entdeckungsgeschichte kein vereinzelter Fall, daß der wirklichen Entdeckung eine dieser durchaus entsprechende Darstellung schon lange vorhergeht. Im Jahre 1498 erreichte schließlich Vasco da Gama auf dem Weg um Südafrika herum Indien, das nun bald für die Geographen klarere Konturen gewann. Schnell folgte die Durchdringung des Indischen Meeres, an dem die Portugiesen eine Reihe von Stützpunkten anlegten. 1501 trat Madagaskar in den Kreis gesicherter Kenntnis. Es folgte die Eroberung von Ormuz, Goa und Malakka. Das Rote Meer wurde befahren. 1512 waren die langersehnten Molukken erreicht, von denen schon Nicolò de'Conti in der ersten Hälfte des 15. Jahrhunderts Nachrichten gegeben hatte (vgl. Bd. 1, Dok. 23). 1514 gelangten die Portugiesen nach China, 1526–27 nach Neu-Guinea (wie dann Ynigo Ortiz de Retez 1545 die Insel nannte), 1542 nach Japan. Auf den Karten der beiden Reinel (Vater und Sohn) schlagen sich die neuen Erkenntnisse nieder, wird zugleich die ptolemäische Darstellung Süd- und Südostasiens überwunden, die indes andere Kartographen, wie Battista Agnese (1543), unbekümmert noch eine Zeitlang beibehalten.

Zwischen der ersten Umfahrung Afrikas und der Eröffnung des östlichen Seewegs nach Indien erfolgte die erhebendste und folgenreichste Tat der Entdeckungsgeschichte: die Auffindung der Neuen Welt durch den Genuesen Christoph Kolumbus im Jahre 1492. Seinem Plan lagen antike und mittelalterliche Gedankengänge zugrunde, denen der Irrtum anhaftete, den Ostrand der Alten Welt auf einem kürzeren Westweg erreichen zu können. Der große Fürsprecher dieser Idee war der Florentiner Paolo dal Pozzo Toscanelli, der bereits 1474 in einem Schreiben an den Kanonikus Fernam Martins de Roriz in Lissabon, den Beichtvater des Königs Afonso V., seine diesbezüglichen Ansichten ausgesprochen hatte (Dok. 1 und 2). Kolumbus wähnte bis zu seinem Tod, den Osten Asiens erreicht zu haben. Dieser Anschauung huldigte sogar möglicherweise noch, wie Alexander von Humboldt dargetan hat, der Florentiner Amerigo Vespucci, obwohl andererseits gerade die Schriften Vespuccis es waren, die die Vorstellung eines „mundus novus" in Europa wachriefen. Seine Reiseberichte, die seit 1503 in vielen Auflagen im Druck erschienen, vermittelten einem größeren Kreis die ersten anschaulichen Bilder von den neuen Ländern, mit denen sein Name vielfach genannt wurde (von den vier Reisen, die er dorthin gemacht haben will – auf der ersten Reise, 1497, will er sogar vor Kolumbus das südamerikanische Festland entdeckt haben –, können nur zwei als gesichert gelten). So kam es, daß der deutsche Geograph und Humanist Martin Waldseemüller (Hylacomilus) aus Saint-Dié in Lothringen in seiner 1507 gedruckten „Cosmographiae introductio" vorschlug (nach neuerer Ansicht ging dieser Vorschlag von seinem Freund Matthias Ringmann aus), den neuen Erdteil nach „seinem Entdecker (!) ... Amerige, nämlich Land des Americus, oder America zu nennen" (Dok. 3). Und diesen Namen setzte er auch auf seine im selben Jahr (1507) veröffentlichte Weltkarte, während er ihn dann aber schon auf seiner Weltkarte von 1516 durch die Bezeichnung „Prisilia sive Terra Papagalli" ersetzte. Doch der „phonetische Zauber" (O. Peschel) des ursprünglichen Namens verhalf diesem zum Sieg und verdrängte schließlich auch die von den Spaniern verwendete Bezeichnung „Las Indias". Waldseemüllers Weltkarte von 1507 ist die erste, die Südamerika als Ganzes darstellt. Sie setzt in Erstaunen durch ihre getroffene Wiedergabe (der doch noch keine Beobachtung zugrunde liegen konnte) der Westseite des Erdteils, der mit glatter, in der Mitte gebrochener Küste an das westliche Weltmeer grenzt. Erst im Jahre 1513 stieß der Spanier Vasco Núñez de Balboa nach Überschreitung des darischen Isthmus auf jenes Meer, dem er den Namen „Südsee" beilegte. Dadurch erst war der handgreifliche Beweis erbracht, daß Amerika (in jener Breite zumindest) nicht mit anderen Erdteilen zusammenhängt. Im Jahre 1519 begann Hernán Cortés die Eroberung Mexikos. Durch seine Offiziere wurde das westliche Meer befahren und die Halbinsel Kalifornien in ihren Umrissen bekannt. Im Jahre 1516 erreichte Juan Díaz de Solís den Río de la Plata. Der Venezianer (in englischen Diensten) Giovanni Caboto, der Florentiner (in französischen Diensten) Giovanni da Verrazzano, die Portugiesen Estevão Gomes, Gaspar und Miguel Corte Real, João Álvares Fagundes und der Spanier Luís Vasquez de Ayllón entschleierten zwischen 1497 und 1525 die Ostküste Nordamerikas. Jacques Cartier erschloß das Ästuar des St.-Lorenz-Stroms und wies die Bahn für die weitere Entdeckung Kanadas.

Das Bestreben all dieser Reisenden war die Auffindung einer Durchfahrt nach den verheißungsvollen Gestaden Ost- und Südasiens. Je mehr sich nun zeigte, daß eine solche Passage in der Mitte der neuen Ländermasse nicht existierte, desto mehr regte sich das Bestreben, diese im Norden oder Süden zu umgehen. Vor allem meinte man, in Südamerikas Gestalt ein Analogon zu derjenigen Afrikas sehen zu dürfen, und hielt demgemäß die Umschiffbarkeit des neuen Erdteils für sicher. Dieser Ansicht gab klaren Ausdruck der fränkische Kosmograph Johannes Schöner auf seinem Globus von 1515, der im Süden Amerikas, das er noch als Insel darstellt, eine riesige Landmasse zeigt mit dem Namen „Brasilie regio". Beide Landmassen sind durch eine Meeresstraße getrennt, die vom Atlantischen Ozean nach Westen in ein weites, inselbesetztes, an Asien grenzendes Meer führt. Den wirklichen Nachweis des Vorhandenseins jener Meeresstraße sollte aber erst fünf Jahre später der in spanischen Diensten stehende Portugiese Fernão de Magalhães liefern durch Umfahrung des festländischen Südamerika. Der erste Weltumsegler durchschnitt dann in schräger Linie das von ihm „mar pacífico" benannte Meer (ohne darin andere Entdeckungen zu machen als vier kleine Inseln) nach den Philippinen, wo er seinen Tod fand. Juan Sebastián de Elcano (Delcano) führte auf der „Victoria" die Umsegelung erfolgreich zu Ende. Durch diese Fahrt waren die spanischen Entdeckungen in der Neuen Welt mit den portugiesischen Entdeckungen in der Alten Welt verknüpft und war die Kugelgestalt der Erde zur unbedingten Evidenz erhoben worden.

Magalhães hatte die Trennung Südamerikas von den südostasiatischen Inseln durch einen weiten Meeresraum außer Frage gestellt. Aber wie weit erstreckte sich jener Meeresraum nach Norden? Diese Frage, die das räumliche Verhältnis von Asien zu Amerika betraf, sollte noch lange unbeantwortet bleiben und vollständig erst durch James Cook 1778 geklärt werden. Einige Kartographen des 16. Jahrhunderts zogen beide Kontinente zu einem einzigen zusammen, und zwar dergestalt, daß sie die amerikanische Küste schon im Bereich von Mexiko nach Westen abbiegen ließen, um sie zur chinesischen Küste hinüberzuführen. Dadurch erhielt der Große Ozean eine stark zusammengedrückte Figur. Diese Darstellung findet sich auf Schöners Globus von 1533 und auf dem in der Pariser Nationalbibliothek aufbewahrten Holzglobus von 1535 (?). Daneben kam bald eine andere Vorstellung auf, die nämlich, daß beide Kontinente durch eine Meeresstraße getrennt seien. Diese Vorstellung vertrat Mercator auf seiner Weltkarte von 1538. Seine Weltkarte von 1569 hat für diese Straße die Bezeichnung „el streto de Anian" (ein Name, der wohl zuerst in einer Schrift Gastaldis von 1562 auftaucht). Die Anian-Straße (*fretum Anian*), die vorweggenommene Bering-Straße, spielte jahrhundertelang bei der Planung von Fahrten zur Auffindung einer Durchfahrt im arktischen Amerika eine nicht zu übersehende Rolle.

Bei der Erschließung des Neuen Kontinents waren es nicht zuletzt verschiedene Mythenbilder, die Gang und Richtung der Konquista bestimmten, Mythen, die mit fortschreitender Kenntnis mehr und mehr eingekreist wurden und in dem Maße zurückwichen, in dem ihnen die Eroberer nachsetzten. Die Fabel vom Dorado, die, wie Georg Friederici sagt, in der Seele der Eroberer so fest haftete wie ihr Glaubensbekenntnis, löste im nördlichen Südamerika mächtige Impulse aus. Bis zur Mitte des 16. Jahrhunderts waren die orohydrographischen Grundzüge dieses Erdteils erhellt. Von Mexiko aus drangen Spanier auf der Suche nach den sagenhaften Sieben Städten von Cíbola gegen das Große Becken und in die weiten, bisonbeherrschten Prärieebenen Nordamerikas vor. Von Kanada aus erhellten die Franzosen die Region der

Großen Seen und das Stromgebiet des Mississippi, dessen Mündung bereits 1519 der Spanier Alonso Álvarez de Pineda aufgefunden hatte. Nordkanada wird durch Briten bis zum Ende des 18. Jahrhunderts, teilweise im Zuge der Suche nach einer nordwestlichen Durchfahrt, in größeren Teilen bekannt. Von Neu-Spanien (Mexiko) aus begannen spanische Seefahrer mit der Entschleierung der Nordwestküste Amerikas; ihnen reihten sich britische, russische und französische Entdecker an.

In Asien vollbrachten die Kosaken, die unter Jermák Timoféjew im Jahre 1581 den Ural überstiegen (vgl. Dok. 98), das bravouröse Werk der Eroberung Sibiriens bis zur Mitte des 17. Jahrhunderts. Bereits 1648 umrundete Semjón Iwanowitsch Deschnjów das asiatische Ostkap (vgl. Dok. 101). Doch blieb diese Entdeckung fast unbeachtet. Erst der in russischen Diensten stehende Däne Vitus J. Bering machte durch neuerliche Umfahrung des Ostkaps, im Sommer 1728, dessen Existenz voll bewußt. Die Zweite Nordische Expedition (1733–43) unter Berings Oberkommando vertiefte die Kenntnis Sibiriens, legte dessen Nordküste fest und griff nach Alaska über (vgl. Dok. 102). Aber noch immer war kein befriedigender Aufschluß über die Verteilung von Land und Wasser im amerikanisch-asiatischen Bereich erzielt. Bedeutende geographische Arbeiten leisteten die Jesuiten im 17. und 18. Jahrhundert in China und Zentralasien. Auch über Tibet drang erste Kunde zu ihnen. Persien wurde bis 1800 oft bereist und beschrieben. Der Deutsche Engelbert Kaempfer begründete 1689–92 die wissenschaftliche Erforschung Japans.

Afrika blieb bis tief ins 19. Jahrhundert hinein der „dunkle Erdteil". Nur einige Küstenteile, das Kapland, Ägypten, Äthiopien, Senegambien waren am Ende des 18. Jahrhunderts besser bekannt. Viel leisteten portugiesische Jesuiten in der Erforschung Äthiopiens, das durch Francisco Álvares, den Begleiter der von Dom Rodrigo de Lima geführten Gesandtschaft, 1520–25, erstmals dem europäischen Wissenskreis geöffnet wurde. Pedro Paëz entdeckte 1613 die Quelle des Blauen Nil. Der deutsche Historiker Hiob Ludlof entwarf aufgrund der Angaben der Jesuiten im Jahre 1683 eine verbesserte Karte von Äthiopien, die lange Zeit maßgebend blieb. Äthiopien war damit am Ende des 17. Jahrhunderts das am besten kartierte Land Afrikas. Die Reise des Schotten James Bruce erweiterte die Kenntnis Äthiopiens in der zweiten Hälfte des 18. Jahrhunderts. In Südafrika drangen Entdeckung und Forschung über den Oranje vor. Reisende wie Robert Jacob Gordon, Andreas Sparrman, François le Vaillant, Francis Masson – alle in der zweiten Hälfte des 18. Jahrhunderts – machten sich um die wissenschaftliche Aufhellung des Kaplandes verdient. Durch die 1788 unter Beisitz von Sir Joseph Banks gegründete African Association wird die Entschleierung des zentralen Nordafrika in Angriff genommen: Der Schotte Mungo Park legte Teile des Nigerlaufs fest; der Hildesheimer Friedrich Hornemann leitete die Saharaforschung ein. Doch waren dies nur Ansätze. Ein dichter Schleier deckte weiter das Innere des Kontinents, über dessen Natur die wunderlichsten Thesen kursierten. Noch im Jahre 1809 trat Lacépède mit der Ansicht hervor, daß das Innere erfüllt sei von einem mehrkettigen Gebirge von Andenhöhe, umgeben von weitläufigen, feuerstromähnlichen Einöden.

Als letzter Kontinent wurde Australien dem Dunkel entrissen. Das gesicherte Jahr seiner Entdeckung ist 1606. Die Entdecker waren Holländer. Das Innere des Kontinents blieb bis 1800 unbekannt, nicht einmal der Küstenverlauf war bis dahin vollständig festgelegt. Die Holländer hatten nach 1600 (Gründung der Vereinigde Oostindische Compagnie 30. März 1602) die Portugiesen aus dem Malaiischen Archipel vertrieben und dort den Grundstein zu ihrem Kolonialreich gelegt. Sie setzten die Entdeckungen nach Osten, Nordosten und Süden fort. Abel Janszoon Tasman und Mathys Quast wurden 1639 ausgesandt, um gewisse gold- und silberreiche Inseln im nördlichen Pazifik, östlich von Japan, aufzufinden. Im Jahre 1642 umfuhr Tasman in weitem Bogen Australien, entdeckte Tasmanien (Van-Diemens-Land), die Westseite von Neuseeland und Teile Melanesiens. Im Jahre 1643 wiederholte Maarten Gerritszoon Vries die Fahrt zur Entdeckung jener Gold- und Silberinseln. Er entdeckte Nordjapan, die südlichen Kurilen und Südsachalin.

Die Durchdringung des Großen Ozeans war eine Leistung von Spaniern, Holländern, Portugiesen, Briten und Franzosen. In der Frühzeit seines Bekanntwerdens lebte der Gedanke des Goldlandes Ophir auf, das mittelalterliche Karten an den äußersten Ostrand der Welt gesetzt hatten (Dok. 5). Man hoffte nun, es im westlichen Bereich des Großen Ozeans aufspüren zu können, nachdem man seiner sonst nirgendwo ansichtig geworden war. Tasmans und Vries' Fahrten galten der Lüftung dieses Geheimnisses. Großen Eindruck auf die spanischen Eroberer in Peru machte auch die Indianerlegende von einer Fahrt des Tupac Inka Yupangi nach gold- und silberreichen Inseln der Südsee (vgl. Dok. 105). Die sich daran knüpfenden Spekulationen erhielten weitere Nahrung durch eine Vorstellung, deren Wurzeln im Altertum liegen und die während des Mittelalters nicht erloschen war: die Annahme eines ausgedehnten, den Südpol breit umlagernden, weit gegen Norden vorgreifenden Australkontinents. Auf Schöners Globus von 1533 reicht dieser bis zur Höhe von Madagaskar hinauf. Die Seefahrer, die in höheren Breiten Land sichteten, meinten, auf den Nordrand dieses Südlandes gestoßen zu sein. So hielt man denn Feuerland, ehe es im Süden vollständig umfahren war (1616), für einen Ausläufer jenes vermeintlichen Landkomplexes, ebenso Australien vor Tasmans Fahrt wie auch das von diesem entdeckte Neuseeland vor Cooks erster Reise. Pedro Fernández de Quirós sah in den von ihm 1606 entdeckten Neuen Hebriden den Südkontinent („La Austrialia del Espíritu Santo"), dessen Missionierung er propagierte. In der zweiten Hälfte des 18. Jahrhunderts machte sich der britische Hydrograph Alexander Dalrymple zum hartnäckigsten Verfechter der Südlandidee (Dok. 7). Diese ein für allemal erledigt zu haben, ist das Verdienst des Briten James Cook, der auf drei Weltreisen (1768–71, 1772–75, 1776–80) das große Weltmeer entmythisierte. Er wies u.a. die Doppelinselnatur Neuseelands nach, entschleierte die Ostküste Australiens, entdeckte Neukaledonien, Hawaii und größere Teile der Nordwestküste Amerikas. Seine Reisen, an deren erster Sir Joseph Banks, an deren zweiter die beiden Forster (Vater und Sohn) teilnahmen, leiteten – zusammen mit Carsten Niebuhrs Forschungen im Vorderen Orient (1761–67) und denen Peter Simon Pallas' in Rußland (1768–74) – das Zeitalter der wissenschaftlichen Reisen bedeutsam ein (Dok. 8). Am Ende des 18. Jahrhunderts türmte sich bereits ein Riesenberg geographischer Kenntnisse vor den Gelehrten auf, die sich zu systematischen und klassifikatorischen Arbeiten herausgefordert sahen. Ins letzte Jahr des 18. Jahrhunderts fiel dann schon Alexander von Humboldts Landung in der Neuen Welt. Dem 19. und 20. Jahrhundert blieb die Aufgabe gestellt, nicht nur die restliche Terra incognita (nach W. Behrmanns Berechnung: im Jahre 1800 noch 88,4 Mill. km² = 17,4% der Erdoberfläche) zu erhellen, sondern auch mit geschärften und neuen Methoden alle Kontinente und Ozeane von neuem zu durchdringen.

Lit.: A. von Humboldt: Examen critique de l'histoire de la géographie du Nouveau Continent. 5 vol. Paris 1836–39 – Oscar Peschel: Geschichte des Zeitalters der Entdeckungen. Stuttgart ¹1858, zahlreiche Nachdrucke – Edward Heawood: A History of Geographical Discovery in the Seventeenth and Eighteenth Centuries. 2 vols. 1912. Ndr. New York 1965 u. 1969 – Adolf Rein: Die europäische Ausbreitung über die Erde. Potsdam 1931 – Terrae incognitae. Eine Zusammenfassung und kritische Bewertung der wichtigsten vorcolumbischen Entdeckungsreisen an Hand der darüber vorliegenden Originalberichte von Richard Hennig, Bd. 3 (1200–1415). Zweite, verbess. Auflage Leiden 1953; Bd. 4 (1416–1489). Zweite, verbess. Auflage Leiden 1956 – Ernst Samhaber: Geschichte der Entdeckungsreisen. Die großen Fahrten ins Unbekannte. München-Zürich 1955 – Günther Hamann: Der Eintritt der südlichen Hemisphäre in die europäische Geschichte. Die Erschließung des Afrikaweges nach Asien vom Zeitalter Heinrichs des Seefahrers bis zu Vasco da Gama. Wien 1968 – Pierre Chaunu: Conquête et exploitation des nouveaux mondes (XVIe siècle). Paris 1969. Mehrere Nachdrucke – Hanno Beck: Große Reisende. Entdecker und Erforscher der Erde. München 1971 – Samuel Eliot Morison: The European Discovery of America. The Northern Voyages A. D. 500–1600. New York 1971 – Ders.: The European Discovery of America. The Southern Voyages A. D. 1492–1616. New York 1974 – Peter Herde: Das geographische Weltbild und der Beginn der Expansion an der Schwelle der Neuzeit: In: Nassauische Annalen 87 (1976), S. 69–100 – Dietmar Henze: Enzyklopädie der Entdecker und Erforscher der Erde. Graz 1978 – [bisher erschienen A–H] – John H. Parry: Das Zeitalter der Entdeckungen. München 1978 (engl. Orig.ausg.: The Age of Reconnaissance. London 1963) – Numa Broc: La géographie de la Renaissance. Paris 1980 – W. G. L. Randles: De la terre plate au globe terrestre: une mutation épistémologique rapide 1480–1520. Paris 1980 (Cahiers des „Annales" 38) – Wolfgang Reinhard: Geschichte der europäischen Expansion. Bd. 1: Die Alte Welt bis 1818. Stuttgart 1983.   Hen

1. Brief des Toscanelli
an den portugiesischen Kanonikus Martins de Roriz
vom 25. Juni 1474 über eine mögliche Westfahrt nach Cathay

Im Sommer 1474 teilte der Arzt und Gelehrte Paolo dal Pozzo Toscanelli dem Beichtvater des portugiesischen Königs Afonso V., Fernam Martins de Roriz, seine Vorstellungen über die Möglichkeit einer Westfahrt nach Cathay mit. Beide Korrespondenten
gehörten dem engen Kreis europäischer Humanisten an, die einander gelegentlich persönlich trafen, vor allem aber brieflich miteinander in Verbindung standen (Toscanelli
und Martins unterzeichneten beide als Zeugen das Testament des Nikolaus von Kues,
der am 6. August 1464 starb). Mit großer Wahrscheinlichkeit erfolgte die dem Brief des
Toscanelli zugrundeliegende Anfrage im Auftrag der portugiesischen Krone, und zwar
aus dem gleichen Grund wie die Anregung zu der in Dok. 22 beschriebenen Westfahrt
über den Atlantik. Der Brief des Toscanelli ist in drei Fassungen bekannt: die erste befindet sich in der erstmals 1571 erschienenen Lebensgeschichte des Kolumbus, die von
seinem Sohn Fernando Colón stammt (Historie del S. D. Fernando Colombo, nelle
quali s'ha particolare e vera relazione della vita e de' fatti dell' Ammiraglio D. Christoforo Colombo, suo padre, Venezia 1571), sie ist nur auf italienisch erhalten; die zweite
findet sich in der 1825 erstmals veröffentlichten „Historia de las Indias" des Bartolomé
de Las Casas, des großen Chronisten der Entdeckung Amerikas und besten zeitgenössischen Kenners des Schicksals von Kolumbus, sie ist spanisch; die dritte wurde 1871
von Henri Harrisse in einem Exemplar des Werks von Aeneas Sylvius Piccolomini „Historia Rerum Ubique Gestarum" (1477), das mit Sicherheit Kolumbus gehörte und von
ihm mit zahlreichen Anmerkungen versehen ist, in der Biblioteca Colombina in Sevilla
aufgefunden: hier handelt es sich um eine handschriftliche Kopie in lateinischer Sprache. Die Authentizität der Toscanelli-Briefe ist bis heute umstritten, die neuere Forschung neigt dazu, sie für echt zu halten. Unsere Wiedergabe folgt der sorgfältigen
Ausgabe der lateinischen Textfassung – die mehrfach von den beiden anderen Textfassungen abweicht – durch Sumien, die 1927 erschien.

Lit.: Henry Vignaud: Toscanelli and Columbus. The Letter and Chart of Toscanelli.
A Critical Study. London 1902 [gegenüber der französischen Fassung Paris 1901 ver-
bessert und erweitert] – N. Sumien: La correspondance du savant florentin Paolo dal
Pozzo Toscanelli avec Christophe Colomb. Paris 1927 – Egmont Zechlin: Das Problem der vorkolumbischen Entdeckung Amerikas. In: Historische Zeitschrift 152
(1935), S. 1–47 – Diego Luis Molinari in: Historia de la Nacion Argentina. Vol. 2. Buenos Aires 1937, S. 398–425 – Richard Hennig: Columbus und seine Tat. Bremen 1940,
S. 66–87.   Sch

Große Freude bereitete es mir, zu hören, daß Du gesund seiest und Du mit
Deinem König, dem großherzigsten und freigebigsten Fürsten, so vertrauten
Umgang pflegst. Obzwar ich schon zu anderer Gelegenheit mit Dir über einen
Seeweg nach den Gewürzländern gesprochen habe, der wesentlich kürzer ist
als Euer Weg, der über Guinea führt, trat Dein durchlauchtigster König an
mich mit dem Ansuchen heran, eine Erklärung oder, besser gesagt, eine Be-
weisführung zusammenzustellen, die diese Angelegenheit recht deutlich vor
Augen führt, und die auch den weniger Gebildeten die Möglichkeit an die

Hand gibt, diesem Weg mit Verständnis folgen zu können. Trotzdem ich mir bewußt bin, daß man diesen Beweis auch mit Hilfe eines Globus erbringen könnte, halte ich es dennoch im Interesse eines größeren Verständnisses für zweckmäßiger und einleuchtender, jenen Seeweg mit Hilfe einer Karte zu erläutern, wie man sie in der Schiffahrt verwendet.

So habe ich Seiner Majestät eine von mir selbst gezeichnete Karte geschickt, auf der die Küsten Eures Landes, die Inseln, von denen aus Ihr Eure Fahrt nach dem Westen ohne jede Kursänderung antreten werdet, eingezeichnet sind. Auf dieser Karte werdet Ihr die Länder finden, zu denen Ihr gelangen werdet, mit den genauen Angaben der Entfernungen, die Ihr sowohl dem Pol als dem Äquator gegenüber einhalten müßt. Auf Grund dieser Karte werdet Ihr auch die Seemeilen errechnen können, die Ihr zurückzulegen haben werdet, um Gegenden zu erreichen, die so überaus reich an Gewürzen und Edelsteinen sind.

Ihr dürft Euch darüber nicht wundern, wenn ich die Gegenden, wo die Gewürze vorkommen, als westliche bezeichne, obgleich sie gemeinhin östliche genannt werden. Denn für den, der sich auf dem Seeweg in die südliche Erdhälfte begibt, werden sich jene Länder stets im Westen befinden, während diese selben Länder im Osten zu liegen kommen, falls er auf dem Landweg über die nördliche Erdhälfte sich dahin begibt.

Die in der Längsrichtung der Karte verlaufenden geraden Linien geben die Ost-West-Entfernung an, während die transversal verlaufenden Linien den zwischen Süden und Norden gelegenen Zwischenraum angeben.

Ich habe auf dieser Karte auch einige Orte verzeichnet, an die Ihr Euch halten und die Ihr gegebenenfalls ansteuern könnt. Ich tat dies in dem Bestreben, den Seefahrern mehr Anhaltspunkte an die Hand zu geben, falls ungünstige Winde oder ein unvorhergesehener Zwischenfall sie von ihrer Kursrichtung abbringen sollten, und teils auch, damit sie in der Lage wären, den Bewohnern jenes Landes zu beweisen, daß ihnen diese Gegend nicht ganz unbekannt sei, was jene Eingeborenen gewiß zu schätzen wissen werden.

Der allgemeinen Ansicht nach sollen auf jenen Inseln nur Händler wohnen. Tatsächlich sollen dort so viel Seeleute hausen, reich an Waren, daß man in der ganzen übrigen Welt nicht gleichviel antrifft als in dem einen bedeutenden Hafen, Zaiton genannt, wo angeblich Jahr um Jahr hundert große Schiffe, mit Pfeffer beladen, anlegen, ohne die vielen anderen Schiffe zu zählen, die andere Gewürzarten mit sich führen.

Jenes Land ist dicht bevölkert und erfreut sich eines großen Wohlstandes. Es zählt zahlreiche Provinzen, Königreiche und Städte, die unter der Herrschaft eines Fürsten stehen, der Großer Khan genannt wird, was auf lateinisch so viel bedeutet wie König der Könige. Er hält sich den größten Teil des Jahres über in der Provinz Cataio auf.

Seine Vorgänger hegten den Wunsch, mit den Christen in freundschaftliche Beziehungen zu treten, weshalb sie schon vor zweihundert Jahren Abgesandte an den Hof des Papstes schickten, mit der Bitte, viele in der religiösen Lehre wohlbewanderte Männer nach ihren Ländern zu entsenden, um dort unseren Glauben zu lehren. Allein jene Abgesandten kehrten auf halbem Wege um, da sich ihnen unterwegs zuviel Hindernisse in den Weg stellten. Auch zur Zeit des Papstes Eugen [IV.] kam ein Botschafter an den Hof des Vatikans, der von dem großen Wohlwollen zu berichten wußte, das seine Fürsten den Christen gegenüber an den Tag legten. Ich selbst hatte Gelegenheit, mit ihm über vielerlei Dinge zu sprechen. Er berichtete mir von der Großartigkeit der königlichen Paläste, von der erstaunlichen Länge und Breite der Flüsse, von der Unzahl der Städte, die längs ihrer Ufer sich erheben: längs eines einzigen solchen Flusses liegen ungefähr zweihundert Städte mit weitgespannten Marmorbrükken, die allseits mit Marmorsäulen verziert sind.

Dieses Land ist es wohl wert, daß die lateinischen Völker es aufsuchen. Sie werden dort nicht allein große Schätze an Gold, Silber, Edelsteinen und Gewürzen, die unsere Gegenden niemals erreichen, vorfinden, sondern auch weise Männer und kundige Astrologen antreffen, die dank ihrer Erfahrung und ihrem Wissen diese herrliche Provinz regieren und deren Heere sie anführen.

Ich verfaßte dieses Schreiben, um Deinen Wünschen einigermaßen nachzukommen, soweit es die Kürze der Zeit und meine Beschäftigungen es mir erlaubt haben. Doch in Zukunft bin ich bereit, dem Wunsche Seiner Majestät in jeder gewünschten Ausführlichkeit zu willfahren.

Geschrieben zu Florenz, den 25. Juni 1474.

Auf beiliegender Karte sind von Lissabon aus in gerader, westlicher Richtung 26 Teilabschnitte verzeichnet, von denen jeder eine Länge von 250 Seemeilen hat. Sie enden bei der ehrenwerten, großen Stadt Quinsay, deren Umfang 100 Seemeilen beträgt und die zehn Brücken besitzt. Ihr Name bedeutet soviel als *città del cielo*[1]. Von dieser Stadt weiß man wahre Wunderdinge zu berichten, was ihre Betriebe und Einnahmequellen betrifft. Diese Stadt liegt in der Provinz Mangi, die sich an die Provinz Cataio anschließt, in der sich die Residenz des Königs des Landes befindet.

Von der Insel Antilia, die Ihr ja kennt, bis zur berüchtigten Insel Cipango liegen zehn solcher Abschnitte. Noch vieles andere wäre zu sagen. Die Insel hat tatsächlich einen unermeßlichen Reichtum an Gold, Perlen und Edelsteinen. Tempel und Königspaläste sind mit massivem Gold beschlagen.

Mithin ist die Meeresstrecke, die man durch noch unbekannte Gegenden zurückzulegen hat, nicht allzu groß. Dank meinen Angaben wird der aufmerksame Beobachter selbst in der Lage sein, für alles übrige Sorge zu tragen.

Vale, dilectissime.

Aus: Christoph Kolumbus. Bordbuch. Aufzeichnungen seiner ersten Entdeckungsfahrt nach Amerika 1492–1493. Deutsche Übertragung von Anton Zahorsky. Zürich-Leipzig (Rascher) o. J. [1941], S. 333–337.

---

[1] „Stadt des Himmels": im lateinischen Originaltext italienisch geschrieben.

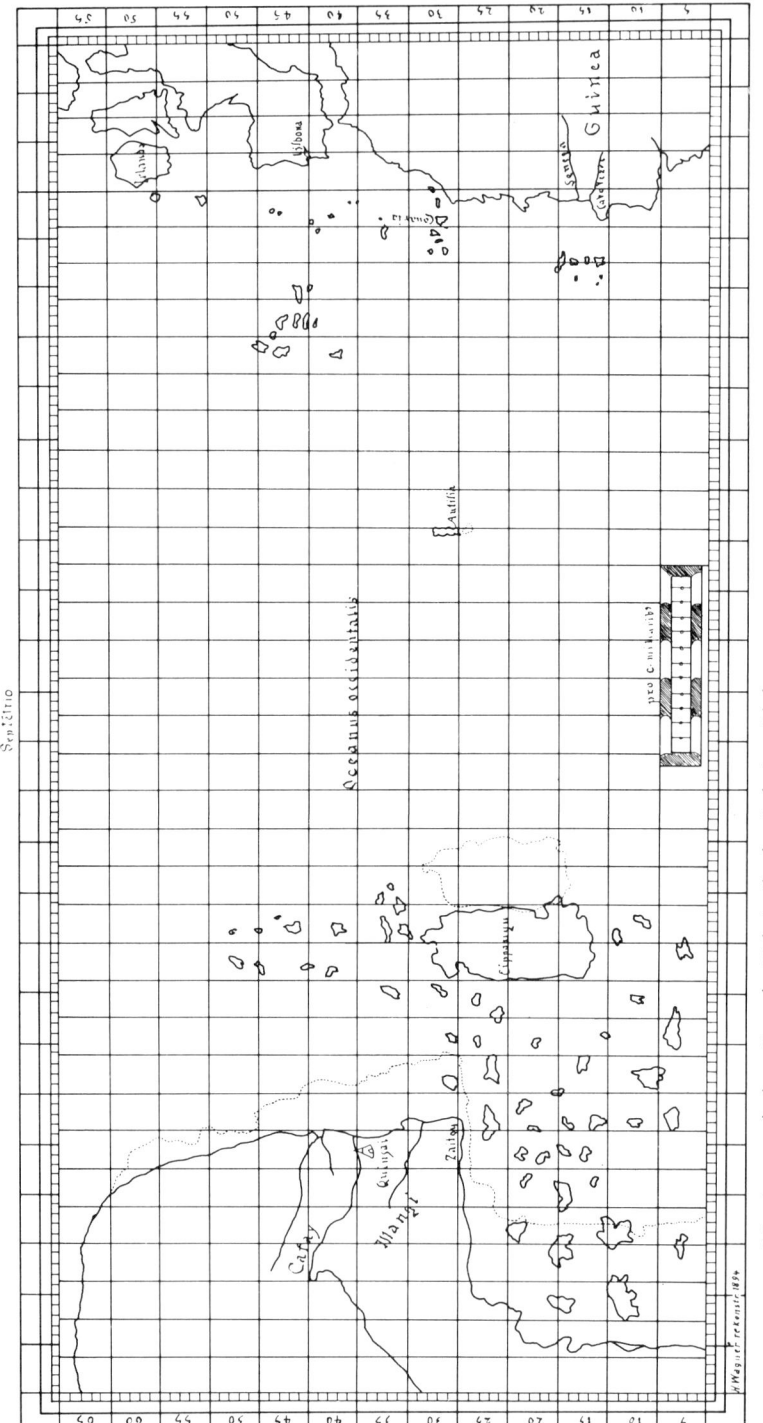

· · · · · · · · · · Umrisse nach dem Pseudo-Faksimile des Behaim-Globus.

Aus: Hermann Wagner: Die Rekonstruktion der Toscanelli-Karte vom J. 1474 und die Pseudo-Facsimilia des Behaim-Globus vom J. 1492. In: Nachrichten von der Königl. Gesellschaft der Wissenschaften zu Göttingen. Philolog.-historische Klasse aus dem Jahre 1894. Göttingen 1895, S. 207–312 (Anhang).

2. Rekonstruktion der Karte des Toscanelli von 1474

Die von Toscanelli im Jahre 1474 an Martins gesandte Karte ist ebensowenig erhalten wie die von ihm später an Kolumbus geschickte Kopie dieser Karte. Doch fand Ende des 19. Jahrhunderts der Italiener Uzielli in den hinterlassenen Papieren Toscanellis einen Gradnetzentwurf, der genau den Rahmen für diese Karte bilden könnte, so wie sie sich ergeben würde, wenn man sie aus den Angaben des Briefes an Martins rekonstruierte. Versuche derartiger Rekonstruktionen sind denn auch verschiedentlich unternommen worden. Der bislang überzeugendste Entwurf dieser Art stammt von Hermann Wagner aus dem Jahr 1894; er ist als Dok. 2 abgebildet. Auffallend ist der Umstand, daß es sich bei der Karte Toscanellis – anders als bei den bisherigen Weltkarten des Mittelalters – offenbar um eine in Grade eingeteilte Seekarte gehandelt hat, die erlaubte, die Lage der Küsten Europas und Asiens mit dem dazwischenliegend geglaubten Ozean sowie ihre Entfernung voneinander auf einen Blick zu erfassen. Sie diente also sicherlich eher als grobe Orientierung denn als zu navigatorischen Zwecken benutzbare Karte. Der Behaim-Globus von 1492 (vgl. Dok. 19a) – der noch ohne Kenntnis der ersten Reise des Kolumbus in die Neue Welt entstand – stimmt nach Wagner in auffallend vielen Einzelheiten mit den Angaben des Toscanelli-Briefes überein, so daß der Schluß naheliegt, daß nicht nur Kolumbus, sondern auch Behaim die Toscanelli-Karte von 1474 oder eine Kopie von ihr kannte und sich in seinem Weltbild an ihr orientierte.

Lit.: Hermann Wagner: Die Rekonstruktion der Toscanelli-Karte vom J. 1474 und die Pseudo-Facsimilia des Behaim-Globus vom J. 1492. In: Nachrichten von der Königlichen Gesellschaft der Wissenschaften zu Göttingen; Phil.-histor. Klasse, aus dem Jahre 1894. Göttingen 1895, S. 208–312 – La Vita e i Tempi di Paolo dal Pozzo Toscanelli. Ricerche e Studi di Gustavo Uzielli con un Capitulo sui Lavori astronomici del Toscanelli di Giovanni Celoria (Raccolta di Documenti e Studi pubblicati dalla R. Commissione Colombiana pel Quarto Centenario dalla Scoperta dell' America. Parte V. Vol. I). Roma 1894 – Henry Vignaud: Toscanelli and Columbus. The Letter and Chart of Toscanelli. A Critical Study. London 1902. Nachdr. New York 1971 – Hermann Wagner: Rezension des Buches von Vignaud in: Göttinger gelehrte Anzeigen. Jg. 1902, S. 108–121 – S. Crinò: Come fu scoperta l'America. Milano 1943.   Sch

3. Der Ursprung des Namens „Amerika": Auszug aus der „Cosmographiae introductio" des Matthias Ringmann und Martin Waldseemüller (1507)

Als erster ist Alexander von Humboldt der Frage, wer der Neuen Welt den Namen gegeben habe, mit wissenschaftlicher Akribie nachgegangen. Er kam zu dem Schluß – und zahlreiche Wissenschaftler, insbesondere Geographen, vertraten nach ihm die gleiche Auffassung –, daß die Urheberschaft am Namen „Amerika" dem deutschen Humanisten Martin Waldseemüller zukomme. Franz Laubenberger hat in einer 1959 erschienenen Abhandlung die Zusammenhänge bei Entstehung des Namens offensichtlich endgültig aufgehellt. Danach[1] scheint folgendes festzustehen: Der Name „America" als Bezeichnung für den von Kolumbus entdeckten Kontinent taucht erstmals in einer „Cosmographiae introductio" auf, die im Jahr 1507 (editio princeps: 25. April 1507) in Saint-Dié in den Vogesen erschien. Diese „introductio" bestand der Konzeption nach aus einem neun Kapitel umfassenden lateinischen Einführungstext, zwei Karten und schließlich einer lateinischen Fassung der Berichte des Amerigo Vespucci über seine – vorgeblich – vier Reisen in die Neue Welt (vgl. Dok. 38). In Kapitel IX „De quibusdam cosmographiae rudimentis" der „introductio" ist jene Passage enthalten, in der die Herausgeber die Namengebung „America" für den neuen Kontinent begründen. Dieser Quellenauszug ist im folgenden abgedruckt.

Die Autorenschaft der einzelnen Teile der „Cosmographiae introductio" verteilt sich jedoch nach Laubenberger folgendermaßen: Für den Text der „introductio" war ausschließlich Matthias Ringmann verantwortlich; er trug den Humanistennamen Philesius Vogesigena. Ringmann, ein um 1482 in Reichsfeld geborener Bauernsohn, einstiger Schulmeister in Colmar, Schüler von Reisch und Wimpfeling, war wie die übrigen Autoren der „Cosmographiae introductio" Mitglied des Gelehrtenzirkels „Gymnasium Vosagense", den der Kanonikus Gaultier Lud (oder: Walter Ludd), Sekretär des Herzogs René II. von Lothringen (das bis 1736 zum Verband des Heiligen Römischen Reiches gehörte) um sich versammelt hatte. Das Kartenwerk dagegen, bestehend aus einer neuartigen Weltkarte und einem Globus, stammte von dem damals schon bekannten Kartographen Martin Waldseemüller, der den gräzisierten Humanistennamen Martinus Ilacomilus führte. Dieses Kartenwerk, auf das hin die „introductio" Ringmanns geschrieben war und das Waldseemüller zum Mitautor des Büchleins machte (er dedizierte seinen Anteil eingangs der „introductio" Kaiser Maximilian I.), erschien dann aus Gründen, die bisher noch nicht völlig aufgehellt sind, separat etwas später, d.h. außer der Widmung an Maximilian I. stammt in der „Cosmographiae introductio" unmittelbar nichts von Waldseemüller, mittelbar hatte er allerdings, da er an der Konzeption des Werkes mitgearbeitet hatte, großen Anteil. Waldseemüller wurde später berühmt als Herausgeber der Geographie des Ptolemäus (1513) und einer Weltkarte (*carta marina navigatoria* 1516), er hat einen starken Einfluß auf den Astronomen und Mathematiker Johannes Schöner ausgeübt, dessen Globus von 1515 (oder eine Kopie davon) Magalhães seine Idee einer Westfahrt zu den Molukken eingab (vgl. Dok. 41). Die Übersetzung der Vespucci-Briefe ins Lateinische lieferte im übrigen Joann Basinus Sendacurius, der ebenfalls dem „Gymnasium Vosagense" angehörte.

Aus den Dedikationen des Werks an Kaiser Maximilian I. durch Waldseemüller und Ringmann, aus zeitgenössischen Briefwechseln, aus dem erst um 1900 aufgefundenen Korrekturabzug der Weltkarte des Waldseemüller sowie aus einer ganzen Kette von

---

[1] Laubenberger bezeichnete allerdings nicht den ältesten Ursprung der richtigen Erkenntnis. Er zitiert z.B. (S. 168, Anm. 46) ein populäres Werk Richard Buschnicks (Die Eroberung der Erde. 3000 Jahre Entdeckungsgeschichte. 7. Auflage. Leipzig 1930, S. 112), aus dem sich ergab, daß dieser Verfasser, der gewiß nie tiefer nachgeforscht hatte, durchaus bereits über das richtige Wissen verfügte. Nach Laubenberger setzte die Erforschung dieser Fragen 1866 mit der Bibliographie von Henry Harrisse (Bibliotheca Americana Vetustissima. A Description of Works relating to America published between the years 1492 and 1551) und 1867 mit der Arbeit M.A.P. d'Avezacs ein. Zwischen diesen Daten und 1930 muß eine Arbeit nachweisbar sein, der wir die von Buschnick widergespiegelte Erkenntnis verdanken. Vermutlich hat Richard Henry Major in seinem Buch über Heinrich den Seefahrer die offenen Fragen bereits weitgehend geklärt. Er bezeichnete 1868 Ringmann als den Schöpfer des Namens Amerika und als Autor der „introductio" (S. 281 und S. 382).

Indizien, die hier nicht aufgezählt zu werden brauchen, geht hervor, daß zwar die „Cosmographiae introductio" in ihrer Konzipierung von Waldseemüller und Ringmann gemeinsam stammt, daß aber der Namensvorschlag „America" für die Neue Welt ausschließlich auf Ringmann zurückgeht. Waldseemüller ließ ihn bezeichnenderweise ab 1509 wieder fallen und verwendete ihn zu Lebzeiten nicht mehr; erst auf einer 1522 von Fries herausgegebenen Karte Waldseemüllers erschien er wieder.

Die Namengebung für den neuen Kontinent fand in der gesamten Humanisten-Welt rasch Resonanz. Die „Cosmographiae introductio" erlebte zahlreiche Auflagen und gehört heute zu den Klassikern der Geographiegeschichte.

Anzumerken ist noch, daß der Name „America" im Text Ringmanns und auf dem Kartenwerk Waldseemüllers von 1507 nur für das heutige Südamerika gebraucht wurde. Erst der überwiegend in Duisburg tätige niederländische Kartograph Mercator – er erfand die noch heute in der Hochseenavigation verwendete „Mercator-Projektion" – führte ihn 1538 für den ganzen amerikanischen Doppelkontinent ein: Seinem Vorschlag ist die Alte – und später die Neue – Welt ebenso rasch und konsequent gefolgt wie seinerzeit dem Vorschlag der „Cosmographiae introductio".

Lit.: Richard Henry Major: The Life of Prince Henry of Portugal, surnamed The Navigator; and Its Results: comprising the Discovery, within one Century, of Half the World. With New Facts in the Discovery of the Atlantic Islands; a Refutation of French Claims to Priority in Discovery; Portuguese Knowledge (Subsequently Lost) of the Nile Lakes; and the History of the Naming of America. From Authentic Contemporary Documents. London 1868 – Die Cosmographiae introductio des Martin Waldseemüller (Ilacomilus) in Faksimiledruck hg. mit einer Einleitung von Fr. R. v. Wieser. Straßburg 1907 – Franz Laubenberger: Ringmann oder Waldseemüller. Eine kritische Untersuchung über den Urheber des Namens Amerika. In: Erdkunde XIII (Sept. 1959), S. 163–179 – Carlos Sanz: El Nombre América, Libros y Mapas que lo Impusieron. Madrid 1959 – João Vidago: América, origem e evolução deste nome. In: Revista Ocidente [Portugal] LXVII (1964), S. 93–110 – Ders.: O nome de América e a Cartografia Portuguesa de Quinhentos. In: Ebda. LXXV (1968), S. 3–19. Sch

[Aus Kapitel IX: Einige Anfangsgründe der Kosmographie]

Es steht aufgrund astronomischer Beweise fest, daß die Erde im Verhältnis zum gesamten Himmelsraum nur einen Punkt darstellt, so daß man bei einem Vergleich des Umfangs der Erde mit der Größe des himmlischen Globus sagen muß, die Erde nehme geradezu überhaupt keinen Raum ein. Und von diesem so kleinen Punkt in der Welt freilich ist ungefähr der vierte Teil *(portio)*, nämlich der, welcher Ptolemäus bekannt war, von uns beseelten Geschöpfen bewohnt. Bisher ist dieses Gebiet in drei Teile *(partes)* eingeteilt worden: Europa, Afrika und Asien.

Europa wird im Westen vom Atlantik, im Norden vom Britannischen Meer[2], im Osten vom Don, vom Maeotischen See[3] und vom Schwarzen Meer,

---

[2] Der Meeresarm zwischen der englischen Süd- und der französischen Küste von der Bretagne bis zum heutigen Pas de Calais; der Ausdruck meint also den größten Teil des heutigen Ärmelkanals.

[3] Das heutige Asowsche Meer.

im Süden vom Mittelmeer umschlossen. Es umfaßt auch Spanien, Gallien, Germanien, Rhaetien, Italien, Griechenland und Sarmatien[4]. Europa ist nach der gleichnamigen Tochter des Königs Agenor[5] benannt: Während sie mit anderen Mädchen aus Tyros am Meeresstrand mit kindlicher Freude spielte und Körbchen mit Blumen füllte, soll sie von Zeus, der sich in einen schneeweißen Stier verwandelt hatte, geraubt worden sein. Als sie auf seinem Rücken sitzend durch die Meeresfluten nach Kreta getragen worden war, habe sie, so erzählt man, dem gegenüberliegenden Land ihren Namen gegeben.

Afrika wird im Westen vom Atlantik, im Süden vom Äthiopischen Ozean[6], im Norden vom Mittelmeer sowie von der Quelle des Nilflusses begrenzt. Es schließt ein die beiden Mauretanien, nämlich Tingitana[7] und Caesariensis[8], das innere Libyen, Numidien (das auch Mapalia heißt), das Kleinere Afrika[9] (in dem Karthago, die einst hartnäckige Rivalin des Römischen Reichs, liegt), Kyrenaika, Marmarica[10], Libyen (mit diesem Namen wird auch ganz Afrika[11] nach Libs, einem König von Mauretanien, benannt), das innere Äthiopien, Ägypten usw. Es wird Afrika genannt, weil es von strenger Kälte frei ist[11a].

Asien (das die übrigen Erdteile an Größe und Reichtümern bei weitem übertrifft) wird von Europa durch den Fluß Don und von Afrika durch den Isthmus[12] getrennt (der sich nach dem Südlichen Meer[13] erstreckend den arabischen[14] und ägyptischen Meerbusen[15] voneinander trennt). Es umfaßt folgende Hauptregionen: Bithynien, Galatien, Kappadokien, Pamphylien, Lydien, Kilikien, das größere und kleinere Armenien[16], Kolchis, Hyrkanien, Ibe-

---

[4] Land des südrussischen-ukrainischen Gebiets.

[5] Der Sohn des Neptun und der Libya, König von Phönizien, durch seine Gemahlin Thelephassa Vater der Europa.

[6] Äthiopischer Ozean: im Süden Afrikas.

[7] Land im nördlichen Marokko, damals der westliche Teil Mauretaniens, nicht an der Küste, sondern in deren näherem Hinterland liegend.

[8] Im Osten an die Tingitana anschließend, Teilland Mauretaniens, im küstennahen Hinterland des heutigen Algeriens liegend.

[9] Das tiefere Hinterland von Kyrenaika und Marmarica (s. Anm. 10). Numidien: kleines Hinterland des östlichen Mauretaniens. Das Kleinere Afrika *(Africa minor)* lag innerhalb der römischen Provinz Africa Proconsularis um Karthago.

[10] Kyrenaika und Marmarica: so heißt noch heute der libysche Küstenstreifen zwischen Derna, Tobruk und Bardiya.

[11] Afrika war zunächst nur der Name der gleichlautenden römischen Provinz im heutigen Tunesien. Die heutige Teilbezeichnung Libyen war die ältere Bezeichnung für den gesamten Erdteil. Der Name Afrika wird hier bereits auf den ganzen Kontinent angewendet.

[11a] Von „a-frigidus": „nicht-kalt": eine kaum haltbare etymologische Ableitung Ringmanns.

[12] Die Landenge von Suez.

[13] S. Anm. 6.

[14] Das Rote Meer.

[15] Ungebräuchliche Bezeichnung für die Einbuchtung der ägyptischen Mittelmeerküste zwischen Nildelta und Palästina.

[16] Bithynien: Provinz im Nordwesten Kleinasiens, grenzt an das Schwarze Meer; Galatien: kleinasiatische Küstenprovinz, im Süden an Bithynien angrenzend; Kappadokien: große kleinasiatische Binnenprovinz; Pamphylien: Küstenprovinz im Südwesten Kleinasiens; Lydien: Küstenprovinz der mittleren Westküste Kleinasiens; Kilikien: Küstenprovinz anschließend an Pamphylien von der mittleren Südküste Kleinasiens bis zum heutigen Golf von Iskenderun; Größeres

rien, Albanien[17] und viele andere, die einzeln aufzuzählen zu lange aufhalten würde. Es wird so genannt nach einer gleichnamigen Königin.

Nun sind aber diese Erdteile umfassender erforscht und ein anderer vierter Erdteil ist durch Americus Vesputius (wie im folgenden zu hören) entdeckt worden. Ich wüßte nicht, warum jemand mit Recht etwas dagegen einwenden könnte, diesen Erdteil nach seinem Entdecker Americus, einem Mann von Einfallsreichtum und klugem Verstand, Amerige, nämlich Land des Americus[18], oder America zu nennen, denn auch Europa und Asien haben ihren Namen nach Frauen genommen. Seine Lage und die Gebräuche seines Volkes sind aus den zweimal zwei Reisen des Americus, die unten folgen, leicht zu erfahren.

So ist die Erde in dieser Weise schon als in vier Erdteile unterteilt bekannt, und es sind die ersten drei Erdteile Kontinente[19], der vierte ist eine Insel, weil man gesehen hat, daß er überall von Meer umgeben ist.

[Es folgt eine Beschreibung der Meere.]

Aus: Die Cosmographiae Introductio des Martin Waldseemüller (Ilacomilus) in Faksimiledruck hg. mit einer Einleitung v. Fr. R. v. Wieser. Straßburg 1907, S. 28–30.   Übers.: GS; Anm.: HB

4. Sebastian Franck:
„Was Cosmographia sey/ vnd was vnderscheyds sy hab von Geographia vnd Chorographia" (1534)

Sebastian Franck[1] (oder Frank von Wörd) (1499–1542) war Chronist, religiöser Volksschriftsteller und Kosmograph. Die Literarhistoriker nennen ihn wegen seiner frühen Sprichwortsammlung (1541), die Geographen wegen seines volkstümlichen „Weltbuchs" (Tübingen 1534). Kurze Zeit war er katholischer Priester. Er ging zum Luthertum über, von dem er sich 1528 wieder trennte. Eine tolerante und demokratische Haltung zeichnete ihn aus. Er strebte eine freie Gemeinschaft frommer Menschen außerhalb der Kirche an.

Sein „Weltbuch" erschien zehn Jahre vor dem erfolgreichsten Werk dieser Art, der „Kosmographey" Sebastian Münsters (Basel 1544)[2]. 1539 kam Franck, von Martin

---

und Kleineres Armenien: die weitaus größte der hier genannten Provinzen, wobei das Größere Armenien sich etwa mit Südkaukasien und Nordpersien der heutigen Karte deckt, das Kleinere Armenien schließt sich westwärts als Binnenprovinz an.

[17] Kolchis: Provinz zwischen südlichem Kaukasus und Schwarzem Meer; Hyrkanien: Niederung im Südosten des Kaspischen Meeres; Iberien: südliches Vorland des Kaukasus, im Norden des Größeren Armeniens; Albanien: das Gebirgsland vom mittleren Kaukasus bis zum Kaspischen Meer.

[18] Ameri-ge (griechisch: Γῆ = Land): Land des Americus bzw. des Amerigo Vespucci.

[19] Kontinente *(continentes)* in der ursprünglichen Wortbedeutung: „zusammenhängend". Der Kontinentbegriff verdeutlicht hier den Zusammenhalt der Alten Welt (Europa, Asien, Afrika), denen Amerika als Neue Welt gegenübergestellt wird.

[1] Leider fehlt eine moderne geographiegeschichtliche Bearbeitung Sebastian Francks und seines „Weltbuchs". Die vorhandene ältere Literatur ist überholt.

[2] Reife Form in 5. Auflage: Basel 1550, 21. Auflage: Basel 1628.

Frecht aus Ulm vertrieben, nach Basel. Obwohl er Münster in seinem Werk rühmte, wissen wir nicht, ob sich Beziehungen zwischen beiden Männern in Basel ergeben haben[3].

Das Erscheinungsjahr des „Weltbuchs" (1534) zeigt, daß seit der Tat des Kolumbus erst vier Jahrzehnte verstrichen waren. Wir wissen, daß Reformation, Bauern- und Türkenkrieg Europa zunächst mehr beschäftigten als die großen Entdeckungen im Raum[4]. Die zeitgenössische Weltkarte zeigte Afrika, Südamerika und Südasien in annähernd richtigem Umriß. Das Innere der Kontinente Afrika, Asien und Amerika war noch auffallend schlecht bekannt, ebenso der Norden Amerikas und Asiens. Der Entdeckungsprozeß vollzog sich indessen unaufhaltsam und zog vor allem Europa immer mehr in seinen Bann. Die Geographie mußte ihn zunehmend wissenschaftlich begleiten, kartographisch verfolgen und verstehen.

Stets hat sich Geographie in literarischen Formen realisiert, die von historischen Bedingungen gesteuert wurden. Sebastian Franck nennt Kosmographie, Geographie und Chorographie. Die Kosmographie entfaltete sich aus mittelalterlichen Vorformen heraus zur geographischen Antwort des Zeitalters auf die großen Entdeckungen, auch zur Durchdringung und Bestandsaufnahme des in den Ländern der Erde Vorhandenen. Ein Stück Astronomie wird einbezogen. Die Geographie ist als Erdbeschreibung und Erdzeichnung (Kartographie) für Franck nicht wesentlich von Kosmographie unterschieden. Bescheiden will er nicht einmal diesen ihm augenscheinlich hochstehenden Begriff für sein Buch beanspruchen. Chorographie schließlich ist Beschreibung eines Teilraumes oder eines Landes. Im zeitgenössischen Sinn wird die Chorographie zur Topographie (etwa eine Beschreibung Schlesiens, Meißens oder der Schweiz). Immer erweist sich dabei der große Einfluß des Conrad Celtis (1459–1508), der in einer Ingolstädter Rektoratsrede von 1492 diese neue literarische Form durchdachte und in ihr Geographie und Geschichte verknüpfte[5]. Diese Mischung beider Elemente zeigen Kosmographien immer wieder, und man könnte sie deshalb auch als große, umfangreiche Topographien auffassen. Obgleich Celtis selbst eine geplante „Germania Illustrata" nicht verwirklichen konnte, wirkte er auch hier als großer Anreger, der die Möglichkeiten der Erfindung Gutenbergs in den Dienst der Topographie stellen wollte. Sein Einfluß reichte über das Werk Braun-Hogenbergs bis zu Matthäus Merian, der das Celtissche Ziel schließlich erreichte[6].

Festgelegt waren die genannten literarischen Formen allerdings nicht, und so dürfen wir uns nicht wundern, daß z.B. Landgraf Hermann zu Hessen-Rotenburg (1607–1658) ein kleines, ausgezeichnetes topographisches Werk ‚Kosmographie' genannt hat[7].

Lit.: Allgemeine Deutsche Biographie. Bd.7, S.214–219 – Neue Deutsche Biographie. Bd.5, S.320–321 [dort weitere Lit.].   Sch

---

[3] Karl Heinz Burmeister dürfte recht haben, wenn er an die Freundschaft Münster – Frecht erinnert, die durchaus eine Beziehung Münster – Franck verhindert haben könnte (Sebastian Münster. Versuch eines biographischen Gesamtbildes. Basel-Stuttgart 1963, S.138).

[4] Friedrich Wilhelm Sixel: Die deutsche Vorstellung vom Indianer in der ersten Hälfte des 16. Jahrhunderts. Diss. Bonn 1963.

[5] Gerald Strauss: Sixteenth-Century Germany. Its Topography and Topographers. Diss. Madison 1959.

[6] Hanno Beck: Geographie. Europäische Entwicklung in Texten und Erläuterungen. Freiburg-München 1973, S.92–103.

[7] Ebd., S.124–127.

Was Cosmographia sey/vnd was vnderscheyds sy hab von Geographia und
Chorographia

Petrus Apianus in seiner Cosmographey zeygt auß Vernero dise vnderscheyd
an/zwischen Cosmographia/Geographia/vnd Chorographia/das Cosmographia sey (wie es des worts Ethimologey vnd außlegung auff dem rucken tregt)
ein gantze folle eygentliche beschreibung der welt/vñ was mit des himmels
vmbschweyff begriffen wirt/als der vier element/stern/Sunn/Mon/der Planeten vnd circkel/darauß die überhimlisch Spher wirt gmacht/der auch die gelegenheit eins yeden ort/vnd die höhe des Poli durch Simetriam abmißt/vrsach
vnd vnderscheyd anzeygt aller climat/tag vnd nachts/der vier angel der welt
die bewegung Auffgang vnd Nidergang der gehefften vnd irrenden stern/
vnnd was zů des himmels lauff gehört/als die höhe des Poli/der Paralèlzonis
mittagischen/circkel/Climata. etc. durch Mathematische kunst anzeygen/wie
zů vnsern zeyten Petrus Apianus/Laurentius Frieß/Sebastian Munsterus/
Pelicanus vnd andere in yren büchern vnnd Mappis gar artlich anzeygen/in
vnserm weltbůch (des kaum ein Geographey würdig ist genāt zů werden) nit
zů sůchē oder zů hoffen/weil wir dahin nit gsehen haben/auch über vnser vermögen vnd profeß ist/der welt eygentlichen contrafactur für die augen zů stel-
len/das ich den erst ob erzölten befilch/sund der welt vnd lender/leben/
wesen/glauben vnd regimenten anzůzeygen wie ein manigfalt sect die wůst
wild finster welt zerteylt vñ zerrissen sey/das schier so vil glauben vñ gotz-
dienst seind/wie vil völcker/länder/ja stett vñ köpff/Disen jamer (sprich ich)
zů beweynen vnd der blinden torechten welt yr blinds tappen/felgreiffen vñ
scharmützlen/ja jrē narrenkolben vm̄ den Kopff zůschlagen/hab ich dise arbeit für die hand genům̄en/ob wir doch einmal verstůnden warumb Christus
die welt ein finsterniß/vnd des teůfels reich neñ.

   Geographia aber ist ein beschreibung der welt/wie sy erfaren/gesehen/vnd
yr gelegenheit erkent wirt/vnd gleich ein abmalung der fürnempsten ort/berg
wåld/flüsß/wie es an einander stoß vñ hang/mit jren grentzen vnd marckstey-
nen/vnd wirt von Cosmographia vndscheyden/das sy das erdtrich mißt/vnd
vnderscheydet mit bergen/flüssen vnd mör/Cosmographia aber durch die
circkel des himmels/vnd Geographia ist fast nutz denen/die die Bibel vñ aller-
ley gschicht und fabel zůuerstehn begeren.

   Corographia sunst Topographia genāt/beschreibt sunde örter (als Petrus
Apianus das Beyerlandt) eygentlich vnd volkummen/als stee es vor den augen
da/so gar/dz sy kein berg/hof/bechlin/hauß/thurn/maur/holz vñ volck/
etwan anzůzeygen vnderlaßt.

Aus: Sebastian Franck: Weltbuch: spiegel und bildtniss des gantzen erdtbodens. Tübingen 1534,
S. II–III.

5. Gaspar Varrerius über das Goldland Ophir (1561)

In dem lateinischen Kommentar des portugiesischen Kanonikers Gaspar Varrerius (portug.: Barreiros) über das in Antike, Mittelalter und früher Neuzeit legendäre Goldland Ophir haben wir einen typischen Humanistentraktat über ein geographisch-historisches Thema vor uns: Varrerius, nach eigener Aussage ein Neffe des berühmten Historikers João Barros, stellte Mitte des 16. Jahrhunderts alle antiken und modernen Überlieferungen und Informationen über das Land Ophir zusammen und wog ihre Aussagekraft und ihr Gewicht gegeneinander ab. In seiner Gedankenführung spielt das gesamte umfangreiche Bildungsgut seiner Zeit eine bedeutende Rolle, wobei die Aussagen der alten Schriftsteller nur insoweit eingeschränkt werden, als sie durch Entdeckungen und Erfahrungen der jüngeren Zeit offensichtlich widerlegt scheinen; doch bleibt im Grundsatz die Autorität des Alten Testaments und der großen Autoren der Antike, etwa eines Aristoteles, Flavius Josephus oder Plinius d.Ä., ungebrochen. Der „Commentarius de Ophyra Regione" des Varrerius ist im übrigen nicht nur hinsichtlich der sich in ihm spiegelnden Bildungsfülle charakteristisch für die Literaturgattung des geographisch-historischen Traktats seiner Zeit, sondern ebenso von Aufbau und Beweisführung her.

Dem umständlichen Werk ist ein Schlagwortkatalog vorangestellt, der in Kurzfassung die Hauptpunkte der eigentlichen gelehrten Ausführungen zusammenfaßt. Um dem Leser einen Eindruck von der Eigenart des Opusculums zu vermitteln, ist dieser Katalog im folgenden mitabgedruckt. Es folgen einige Auszüge aus dem umfangreichen Text selbst, dessen Autor äußerst gewissenhaft die einzelnen ihm vorliegenden Aussagen über das berühmte Goldland Salomons vergleicht, auf ihren Gehalt und ihre Überzeugungskraft hin überprüft und großenteils nach und nach verwirft. Was bleibt, ist die Wahrscheinlichkeit, daß Ophir existiert habe und wohl im Raum zwischen der Gangesmündung und der Spitze der Malaiischen Halbinsel lag, vielleicht mit dem späteren Malakka identisch war – so jedenfalls nach Varrerius. Spätere Geographen haben Ophir auch in anderen Ländern vermutet: in Arabien, Ceylon und Südostafrika. Doch Klarheit hat die Wissenschaft bis heute nicht gewonnen.

Der Traktat des Varrerius erschien erstmals 1561 in Coimbra im Druck; mehrere Nachdrucke (Antwerpen 1600, Rotterdam 1616, Harderwijk 1637) zeugen vom starken Interesse seiner Zeit an diesem Gegenstand, insbesondere vom Interesse der in Ostindien zu Beginn des 17. Jahrhunderts Fuß fassenden Niederländer. Es ist auch nicht auszuschließen – doch ist die Forschung m.W. dieser Frage noch nicht nachgegangen –, daß die Bemühungen um eine Suche nach dem Südkontinent von Peru aus, die durch Sarmientos Inka-Studien um 1560 starken Auftrieb erfuhren (vgl. Dok. 105), durch die Ausführungen des Varrerius eine zusätzliche Motivation erfuhren. Denn es ist auffällig, daß von Sarmiento über Mendaña bis Quirós (vgl. Dok. 106) die von Peru aus gesuchte Terra australis incognita (vgl. Kap. XIV) stets auch für das Ophir Salomons, d.h. für ein reiches Goldland, gehalten wurde.

Lit.: Carl Peters: Das goldene Ophir Salomo's. Eine Studie zur Geschichte der phönikischen Weltpolitik. München-Leipzig 1895 – Ders.: Im Goldland des Altertums. Forschungen zwischen Sambesi und Sabi. München 1902 – Joseph Ki-Zerbo: Die Geschichte Schwarzafrikas. Wuppertal 1979, S. 195 ff., mit Karte S. 194 – Herbert W.A. Sommerlatte: Karl Mauch (1837–1875), ein nahezu vergessener Afrika-Reisender. In: Die Erde 111 (1980), S. 199–211 – Ders.: Das Goldland Ophir, die Ruinen von Simbabwe und ihre Wiederentdeckung durch Karl Mauch im Jahre 1871. In: Petermanns Geographische Mitteilungen 1981, S. 11–20 [dort weitere Lit.]. Sch

[Dem Traktat „Commentarius de Ophyra Regione" des Varrerius vorangestellte Inhaltsübersicht:]

Die Beweisgründe des Gaspar Varrerius in seinem Kommentar über das Land Ophir.

Über das Land Ophir [gibt es] drei Auffassungen.

I. Nach Rhabanus Maurus[1] und Nicolaus Lyranus[2] liegt es bei den Indern.

II. Nach Franciscus Vatablus[3] ist es die Insel La Española im Westlichen Ozean.

III. Nach Raphael Volaterranus[4] ist es die Insel Sófala[5] im Äthiopischen Ozean[6].

Die erste [Auffassung] nimmt der Autor auf, er macht sie sich zu eigen; die zweite wird [dadurch] widerlegt, daß La Española [erst] durch Christoph Kolumbus entdeckt worden ist, und [es wird erörtert], ob es diejenige [Insel] ist, die nach Aristoteles die Karthager entdeckt haben.

Der Irrtum des Ptolemaios[7] wird durch die Seefahrten der Portugiesen *(Lusitanorum)* aufgeklärt.

Die Seereise
{
der beiden Punier[8],
eines gewissen Eudoxius und des
Eudoxius Cyzicenus[9],
der spanischen Schiffe,
des Karthagers Hanno[10].
}

---

[1] Rhabanus Maurus (780–856), Benediktiner, zeitweise Abt des Klosters Fulda, ab 847 Erzbischof von Mainz: der zu seiner Zeit am meisten gefeierte Lehrer Deutschlands („praeceptor Germaniae"); in seinen umfangreichen Schriften trug er den Wissensstoff aus den antiken Schriftstellern, den Kirchenvätern und den Werken des frühen Mittelalters zusammen, bestimmte für Jahrhunderte den Bildungsgang der Geistlichen.

[2] Nikolaus von Lyra (ca. 1270–1349), Franziskaner, der bedeutendste Exeget des Spätmittelalters, Hauptwerk „Postillae perpetuae in universam S. Scripturam".

[3] Theologe, gest. 1547.

[4] Raphael Maffei aus Volterra, gest. 1521, päpstlicher Sekretär, verfaßte „38 Bücher städtischer Kommentare", eine Papst Julius II. gewidmete Enzyklopädie alles seinerzeit Wissenswürdigen. Er war auch Mitarbeiter Sebastian Münsters.

[5] Für die Goldproduktion ihres Hinterlandes, des Monomotapareiches um Simbabwe, bekannte Stadt an der ostafrikanischen Küste gegenüber von Madagaskar. Es ist unklar, warum V. von ihr als einer Insel spricht.

[6] Äthiopischer Ozean: im Süden Afrikas.

[7] Klaudios Ptolemaios (lat.: Claudius Ptolemaeus) (etwa 100 n.Chr. bis etwa 160 n.Chr.): außerordentlich bedeutender griechischer Astronom, Mathematiker und Geograph, lebte in Alexandria. Seine zahlreichen Werke wirkten bis in die Renaissance hinein; u.a. bestimmte seine in acht Büchern niedergelegte „Geographie" das geographische Weltbild bis in das 16. Jahrhundert.

[8] Gemeint sind Himilko und Hanno, beide um 500 v.Chr. (s. auch Anm. 10).

[9] Richtig Eudoxos von Kyzikos, griechischer Seefahrer und Entdecker: fuhr der Überlieferung nach zwischen ca. 130 und 108 v.Chr. zweimal von Ägypten nach Indien und kehrte mit einer rei-

Die dritte Auffassung, daß es die Insel Sófala sei, wird zurückgewiesen.

Die erste Auffassung, es [Ophir] liege bei den Indern, wird bekräftigt.

Malakka ist eine Stadt in Indien.

Lob des Juden [Flavius] Josephus[11], der ein Zeitgenosse des C. Plinius [des Älteren][12] war.

Über die Goldene Halbinsel *(de Chersoneso aurea),* auf der Malakka [liegt], das zu heutiger Zeit unter der Herrschaft der Portugiesen steht.

Ormuz[13], der berühmte Handelsplatz in Persien.

Der Fluß Ganges, der heute Bengatti genannt wird.

Wo Gold gefunden wird.

Wo Taprobane[14] liegt und wo Ophir gelegen ist.

Die Ansicht des Rhabanus Maurus und des Lyranus über den Boden und die Lebewesen von Ophir.

Die Unzahl und die Wildheit der Tiger.

João Barros, der portugiesische Geschichtsschreiber der Indien.

Die der Goldenen Halbinsel benachbarten Seeräuber *(Lestores)* nach Ptolemaios.

Die Ansichten des [Pomponius] Mela[15] und des Plinius [des Älteren] über die Goldene und die Silberne [Insel].

Die kühne Seefahrt der Portugiesen nach Indien.

Über den Ursprung der Fortbewegung zu Wasser mit Stangen, als erstmals Flöße verwendet wurden.

Der den Alten unbekannte Kompaß *(nautica pyxis),* der in neuerer Zeit erfunden worden ist.

---

chen Ladung von Gewürzen und Edelsteinen zurück. Versuchte von Gades (Cádiz) aus eine erste Afrika-Umrundung, kam aber offensichtlich kaum weiter als über den Süden Marokkos hinaus. Beim Versuch einer zweiten Afrika-Umseglung ist er lt. Strabon verschollen.

[10] Hanno: der wahrscheinlich bedeutendste karthagische Seefahrer: erkundete um 500 v. Chr. die afrikanische Westküste bis zum Kamerun-Berg; sein Reisebericht kam in einer griechischen Übersetzung des Polybios auf die Nachwelt.

[11] Flavius Josephus (37/38 bis nach 100 n. Chr.) ist der Autor des von Varrerius herangezogenen Geschichtswerks „Jüdische Altertümer", dessen erster Teil (von der Schöpfung bis zum Ende der Perserherrschaft) eine Art Paraphrase zum Alten Testament darstellt, worauf Varrerius im abgedruckten Text anspielt, während der zweite Teil auf anderen jüdischen und nichtjüdischen Quellen beruht. Von ihm sind uns auch die „Geschichte des Jüdischen Kriegs" und eine Autobiographie erhalten. Die Schriften des Josephus wurden von den christlichen Kirchenvätern sehr geschätzt, so nannte Hieronymus (vgl. Anm. 18) ihn „Graecus Livius".

[12] C. Plinius Secundus der Ältere (23/24 bis 79 n. Chr.) verfaßte unter dem Titel „Naturalis historiae libri XXXVII" eine enzyklopädische Naturkunde. In den Büchern 3 bis 6 beschrieb er darin die damals bekannten Länder in Form eines Periplus (Routenbeschreibung, der Fahrt auf See an den Küsten entlang entsprechend).

[13] Ormuz, heute auch Ormus (zur Alexanderzeit: Harmozia, zur Zeit Christi Geburt: Harmotia, im 7./8. Jahrhundert: Hormuz): Insel am Eingang des Persischen Golfs, zur Zeit der großen Entdeckungen berühmter Handelsplatz.

[14] Taprobane: Bezeichnung der Griechen und Römer für Ceylon.

[15] Pomponius Mela: römischer Geograph des 1. Jahrhunderts n. Chr., verfaßte die Erdbeschreibung „De Chorographia" in Form eines Periplus.

[16] Tharsis (auch: Tarsis): die bis etwa 500 v. Chr. wegen ihrer mächtigen Seehandelsverbindun-

Die wunderbare Kraft des Magneteisens.

Die Irrfahrten der Argonauten und des Odysseus.

Der berühmte Erfolg der Portugiesen bei der Seefahrt.

Lob des Christoph Kolumbus.

Die Gründe, warum es einstmals weniger häufig Seefahrten gab und warum sie länger dauerten.

Die dritte Auffassung des Volaterranus über die Insel Sófala wird widerlegt.

Ob Tharsis[16] gemäß II Kön. 9[17] Afrika ist.

Wo nach dem Hl. *(diuo)* Hieronymus[18] Tharsis liegt.

Afrika hieß bei den Hebräern Phvt, heute Fez.

Es wird aus [Flavius] Josephus bewiesen, daß die Hebräer den Ländern *(prouincijs)* Namen nach den ersten Ansiedlern gaben.

Alcayrus[19] wurde von einigen fälschlich Memphis genannt.

Die Rabbinen[20] bezeichnen Tharsis zu Unrecht als Afrika.

Der Unverstand der Juden; [auf ihre Ansichten] ist heute nichts mehr zu geben.

Lob des Sel. *(B.)* Hieronymus und warum er sagte, Karthago sei Tharsis.

Ophir kann nicht Karthago sein.

Daß Ophir nicht die Insel Sófala ist, hat Georgius Agricola[21] erkannt.

Warum Indien in der Heiligen Schrift Ophir genannt wird.

Lob der jüdischen Gelehrten Philon[22] und [Flavius] Josephus.

---

gen berühmte Stadt Tartessos (wohl an der Mündung des Guadalquivir) im heutigen Andalusien. S. hierzu Adolf Schulten: Tartessos, ein Beitrag zur älteren Geschichte des Westens. Hamburg 1922.

[17] Buch der Könige. Es ist Varrerius, der selbst beachtliche Leistungen in der Aufdeckung mittelalterlicher Fälschungen vollbrachte (vgl. seine Schrift „Censura in quendam auctorem qui sub falsa inscriptione Berosi Chaldaei circumfertur. Romae 1598"), nicht aufgefallen, daß der im 2. Buch der Chronik 2, 2/15 des Alten Testaments enthaltene Briefwechsel zwischen Salomon und König Hiram von Tyros eine literarische Fiktion sein dürfte, wie er auch Flavius Josephus hoch schätzte, dem die moderne Altertumswissenschaft ebenfalls die Verwendung unechter Urkunden nachgewiesen hat (vgl. Wolfgang Speyer: Die literarische Fälschung im heidnischen und christlichen Altertum. Ein Versuch ihrer Deutung. München 1971, S. 164).

[18] Der Kirchenvater Hieronymus (345 bis 419/420), berühmt als Übersetzer der Bibel ins Lateinische, stellte ein Verzeichnis der in der Bibel enthaltenen Ortsnamen zusammen mit dem Titel „De situ et nominibus locorum Hebraicorum". Außer zahlreichen Briefen und Werken zur Heiligen Schrift ist uns von ihm die erste christliche Literaturgeschichte, „De viris illustribus", überliefert, auf die sich Varrerius in dem hier abgedruckten Text beruft.

[19] Alcayrus: auch Cairum, Cayrum, Alcair; das heutige Kairo.

[20] Rabbinen (auch: Rabbiner): noch in der Gegenwart bedeutende Autoritäten der jüdischen Geschichte, ursprünglich die jüdischen Gelehrten, die ohne Entgelt an einem Lehrhaus die Thora und das Religionsgesetz auslegten.

[21] Georgius Agricola (1494–1555): Mineraloge, Arzt und Lehrer der lateinischen und griechischen Sprache in Zwickau, später Bürgermeister in Chemnitz; er verband gelehrtes geschichtliches Wissen mit realistischer Naturbetrachtung; in seinem Werk „De re metallica" (1556), einem bergbautechnischen Kompendium, beschrieb er das erzgebirgische Berg- und Hüttenwesen. Führender Montanwissenschaftler seiner Zeit.

[22] Der jüdisch-hellenistische Historiker Philon, der in der ersten Hälfte des 1. Jahrhunderts n. Chr. wirkte, verfaßte zahlreiche philosophische und historisch-apologetische Schriften ebenso wie Abhandlungen zum Alten Testament. In dem hier nicht abgedruckten Text geht es Varrerius

Die überaus erstaunliche Feigheit, Unwissenheit und Rechthaberei der Juden heute.

Petrus Gallatinus[23], der sich um das Hebräische verdient gemacht hat.

Weshalb nach [Flavius] Josephus das Ophir genannte [Land] Indien ist.

Der bei den Hebräern Phison genannte Fluß, welcher der [Strom] Ganges in Indien ist.

Die Auffassung des Hl. Hieronymus, des Oleaster[24] und des Rhabanus Maurus über Ophir und Hevilath[25], der Irrtum aber des Augustinus Streuchus Eugubinus[26].

Die Rabbinen der Hebräer sind mit Vorsicht zu lesen.

Die umfassende Kenntnis des Hl. Hieronymus in der Sprache der Heiligen Schrift.

Die Auffassung des Thomas Cajetan[27] wird widerlegt.

Kommentar zum Lande Ophir, Buch III Könige, Kapitel IX und X, 2 Paralip. IX erwähnt; woher dem berühmten König der Juden Salomon die ungeheure Menge an Gold, Silber, Edelsteinen, Elfenbein und anderen Dingen gebracht wurde. Von Gaspar Varrerius aus Lusitanien.

In den Bibelstellen über die Taten des Salomon wird die ungeheure Fülle an Schätzen erwähnt, an denen dieser berühmte König so reich gewesen sein soll, daß er wegen des allzugroßen Überflusses an Gold lauter aus Gold gefertigte Gefäße für sein königliches Amt und Geräte für den häuslich-prunkvollen Gebrauch benutzte und daß Silber in Jerusalem, der damals reichsten Stadt, fast nichts wert war. Wie eine solche Menge Gold (mit einer an der Küste des Roten Meeres eigens dazu gebauten Flotte) aus dem Lande Ophir herbeigeschafft wurde, berichtet dieselbe Geschichte der jüdischen Könige. Aber in welchem Teil der Erde dieses Land nun gelegen ist, ob umschlossen vom Meer oder an seinen Gestaden, übergeht sie mit Schweigen.

[Im folgenden schließt sich V. überwiegend Rhabanus Maurus an, der Ophir in Indien vermutete; er wendet sich gegen die Auffassungen des Franciscus Vatablus und des Raphael Volaterranus, wonach Ophir die Insel La Española bzw. Sófala sei. Daraufhin begründet er die ihm zutreffend erscheinende Auffassung:]

Nachdem wir sozusagen den Boden freigelegt haben, verbleibt uns nun,

---

darum, die beiden Gelehrten Philon und Josephus wegen ihrer umfassenden Bildung von den übrigen Juden abzuheben.

[23] Petrus Gallatinus: Pietro Galatino (1460–1540), Franziskaner, berühmter Hebraist.

[24] Hieronymus Oleaster, gest. 1563, portugiesischer Dominikaner.

[25] Hevilath: das antike Havilah?

[26] Augustin Streuchus, gen. Eugubinus, gest. 1550: Kustos der Vatikanischen Bibliothek.

[27] Thomas de Vio Cajetanus (1469–1534): bedeutendster katholischer Theologe und Humanist der Reformationszeit, verhandelte 1518 auf dem Reichstag zu Augsburg mit Luther; verfaßte u. a. naturwissenschaftliche, medizinische sowie wirtschafts- und sozialethische Schriften.

diejenigen Überlegungen in den Mittelpunkt zu stellen, auf die sich unsere eigene Auffassung von dieser ganzen Angelegenheit stützt.

Flavius Josephus, in Gelehrsamkeit aller Art sehr unterrichtet, schreibt in seiner Geschichte der Heiligen Bücher, welche er in beinahe paraphrasierender Weise ausgelegt hat, dieses Land läge bei den *Indern* und werde zu seiner Zeit gewöhnlich *Goldland (Terra Aurea)* genannt. Seine Worte wollen wir zum besseren Verständnis der aufgenommenen Untersuchung anführen. Er sagt also [in den Jüdischen Altertümern, Buch 8, Kap. 2, und in Gegen Apion, Buch 1 (vgl. Anm. 30)]: *Er war aber* (er meint nämlich Salomon) *durch die Gunst des Königs Hiram*[28] *in der Lage, die Schiffe zu bauen. Denn dieser sandte ihm viele Männer, die als Schiffsführer (gubernatores) und in der Seefahrt ausgebildet waren; er gab ihnen den Auftrag, mit seinen Schatzmeistern zu dem Ort zu segeln, der einst Ophir hieß, heute aber Goldland genannt wird* (das ist nämlich Indien), *damit sie Gold herbeischafften; und als sie vierhundert Talente*[29] *zusammengebracht hatten, kehrten sie wieder zum König zurück.*

Daraus geht deutlich hervor, daß diese Auffassung nicht nur alt und weit verbreitet war, sondern auch von berühmten Männern geteilt wurde.

Josephus war nämlich in der griechischen Literatur außerordentlich bewandert und in der Darstellung von griechischen Autoren sehr erfahren, wie seine Bücher bezeugen, die er gegen den alexandrinischen Grammatiker Apion[30] schrieb, gedrängt voll von Gelehrsamkeit und Kenntnis auf vielen Gebieten. In seinem Fach zeichnete er sich so sehr aus, daß ihm in Rom wegen der Feinheit seines Geistes öffentlich ein Standbild errichtet wurde, und über ihn ist uns ein durchaus hochberühmtes Elogium bei dem Hl. Hieronymus im Buch *Über berühmte Schriftsteller (de claris scriptoribus)*[31] erhalten. Seine sieben Bücher *über die jüdische Gefangenschaft (de captivitate Judaica)* sind der öffentlichen Bibliothek[32] übergeben worden, wie der heilige Mann in demselben Buch bezeugt. Er wirkte unter dem Prinzipat des Kaisers Vespasian und wurde von diesem vor anderen hochgeschätzt[33].

Zu derselben Zeit beschrieb C. Plinius die gesamte Route, die die Römer zu Land und zur See jedes Jahr nach Indien nehmen, mit größter Sorgfalt. An

---

[28] Hiram I. (griech. auch Hirom), König von Tyros Mitte des 10. Jahrhunderts v. Chr.: Verbündeter und Handelspartner der jüdischen Könige David und Salomon; unterstützte Salomon mit Material und Fachleuten beim Tempelbau in Jerusalem und erhielt dafür Naturalien und 20 Städte in Galiläa; beteiligte sich am Bau der salomonischen Handelsflotte in Eziongeber (heute: Elath) und an den Expeditionen nach Ophir.

[29] Gewichtsangabe: ein jüdisches Talent entsprach 34–36 kg.

[30] Apion war in der ersten Hälfte des 1. Jahrhunderts n. Chr. der Wortführer der judenfeindlichen Partei seiner Heimatstadt Alexandria. Das Buch des Josephus „Gegen Apion", eine Apologie des Judentums, richtet sich gegen Apions Schrift „Gegen die Juden".

[31] De claris scriptoribus: gemeint ist das Werk „De viris illustribus" (vgl. Anm. 18).

[32] Gemeint ist die im 3. Jahrhundert v. Chr. gegründete öffentliche Bibliothek von Alexandria, die nach dem Brand des Jahres 48 (nach der Landung Caesars) von Marcus Antonius neu ausgestattet wurde und bis 389 n. Chr. fortbestand.

[33] Dem römischen Kaiser Vespasian (69–79 n. Chr.) hatte Josephus nämlich das Kaisertum geweissagt.

dieser Stelle erwähnt er auch die hohen Geldsummen, die Indien alljährlich aus der Staatskasse des römischen Volkes für den Kauf von Gewürzen und anderen Gütern dieser Art abschöpfte. Wir selbst aber können vielleicht beobachten, daß bei uns Ähnliches zum Nachteil des Staates geschieht – nicht ohne gerechtfertigtes Klagen und zum größten Schaden für die öffentlichen Finanzen Lusitaniens.

Wenn daher derselbe Josephus über ein so hervorragendes Wissen und solche Gelehrsamkeit auf vielen verschiedenen Gebieten verfügte und der gründlichste Erforscher aller Vergangenheit, besonders der jüdischen, war und er vieles, was schon fast durch das Alter verschüttet war, wieder dem Dunkel entriß und wenn das ganze Land Indien in der Zeit, in der er selbst lebte, durch die Seefahrten der Römer erforscht und von den Kaufleuten anderer Völker oft genug durchwandert worden war, so erscheint es freilich kaum vorstellbar, daß die Kenntnis vom Lande Ophir so sehr aus dem Gedächtnis der Menschen geschwunden sein sollte, daß sie infolge Gleichgültigkeit oder Vergessens gänzlich erloschen wäre. Deshalb hat Josephus so klar ausgesprochen, es könne nichts Treffenderes gesagt werden, als daß dieses Land bei den Indern sei und *Goldland* genannt werde, – so deutlich, daß er fast mit dem Finger darauf hinzuweisen scheint.

Klaudios Ptolemaios nämlich schreibt, daß es [das Goldland] höchstselbst (um mich im Stil des Plautus[34] auszudrücken) in Indien gelegen sei, im siebenten Buch der elften Tafel Asiens, und zwar mit folgenden Worten: *Jenseits des Silberlandes aber, in dem es viel ungeprägtes Metall geben soll, liegt nun das Goldland, den Besyngiten*[35] *benachbart, das auch eine ungeheure Menge an Goldmetall aufweist.* Soweit Ptolemaios.

Da jenseits sich aber diejenige Halbinsel befindet, zu der die Kaufleute aus dem Goldlande und von der Insel Somatra [Sumatra] wie zum vornehmsten Markt des ganzen Orients die allergrößte Goldmenge – wie heute – brachten, kommt es, daß sie den Namen *Goldene Halbinsel (Aurea Chersonesus)* erhalten hat, die alle Geographen nennen und unter all diesen besonders Ptolemaios. Unwidersprochen ist es genau dieselbe [Halbinsel], auf der jetzt die Stadt *Malakka* gelegen ist, die unter der Herrschaft und Regierung der Könige von Portugal steht. Und bis in unsere Zeit ist in dieser Stadt der berühmte Markt für sämtliche Waren geblieben – und er besteht noch fort –, zu dem alle Händler aus den Ländern des Orients zusammenströmen, um zu kaufen und um zu verkaufen.

Dieser Stadt ist der Name *Malakka*, wie ich glaube, deswegen gegeben worden, weil sie am Ausläufer eines Vorgebirges liegt, das Ptolemaios *Maleicolum* nennt. Das Meer trennt diese Landzunge, die in die offene See hinausgeht,

---

[34] Titus Maccius Plautus (ca. 250 bis 184 v. Chr.): Bearbeiter griechischer Komödien für die römische Bühne. Seine großenteils im 15. Jahrhundert wieder aufgefundenen Werke beeinflußten die europäische Literatur der Renaissance.

[35] Besyngiten: Bewohner der Stadt Besynga in Birma, links von der Mündung des Saluën, heute Moulmein.

durch die Gewalt der Gezeiten vom Festland, mit dem sie trotzdem durch eine Brücke verbunden ist. So kommt es, daß *Malakka* auf einer Insel verblieben ist.

Auf die gleiche Weise hat die Insel Ormuzia [Ormuz] (die von den Einwohnern mit einem anderen Namen, Gerum, genannt wird), auf der der berühmte Handelsplatz Persiens gelegen ist, anscheinend den Namen von dem Vorgebirge Armuzium erhalten, welches in die Enge des Persischen Golfes hineinragt, und von dem Land Armuzia, das von Plinius [in seiner Routenbeschreibung] in demselben Teil Karmaniens[36], in dem heute das Königreich Ormuzium liegt, aufgeführt wird. Ich habe all dies in Erinnerung rufen wollen, damit ich die Gewogenheit derjenigen Forscher gewinne, die die Spuren des Altertums zu erkunden trachten.

Damit wir nun aber auf unser Vorhaben zurückkommen: Wer die Tafeln des Ptolemaios mit unseren geographischen Tafeln, die von den in der Kunst der Seefahrt erfahrensten Männern angefertigt worden sind, sorgfältig vergleicht, wird umgehend herausfinden, daß [bei Ptolemaios] zwischen dem Golf, in den der Ganges mündet (heute *Bengalischer* [Meerbusen] genannt) und der Goldenen Halbinsel das Gold- und das Silberland eingetragen sind. Niemand vermag zu bezweifeln, daß an dieser Stelle der Erde das Königreich Pegusium[37] liegt. Gleichwohl muß unserer Auffassung, die es ja zu bestätigen gilt, ausreichend Glauben geschenkt werden, daß es diesseits und jenseits des Ganges keinen Teil von Indien gibt, der Gold hervorbringt außer *Pegusium* und außer der Insel Somatra, welche viele fälschlich für Taprobane gehalten haben.

Wie nämlich von uns in unseren geographischen Betrachtungen ausführlich erörtert wurde, steht es fest, daß diejenige Insel *Taprobane* ist, die in unserer Zeit ganz denselben Namen Seilam [Ceylon] trägt, mit dem sie einst nach Ptolemaios bezeichnet wurde. Daß deswegen die gesamte Küste, die Malakka und Somatra mit den Pegusiern verbindet, in der Hl. Schrift das Land Ophir genannt worden ist, kann ich leicht bestätigen, weil diese Länder und Orte einander benachbart sind, so daß keine [anderen] Länder dazwischen liegen. Denn diese Meeresküste verläuft von dem Golf, in den der Ganges mündet, nach Pegusium, von da aber nach Malakka. Zwischen dieser Stadt und Somatra jedoch befindet sich eine schmale Meerenge. Dessen [Somatras] Einwohner, vor allem diejenigen, die Benancabi[38] und Barri[39] heißen, pflegen immer eine ungeheure Menge an Gold zum Markt von Malakka zu bringen. Des weiteren scheint mir dafür von großer Beweiskraft, daß der Reichtum an son-

---

[36] Karmania: Küstenstreifen an der nördlichen Seite des Persischen Golfs, nördlich von Ormuz.

[37] Landschaft, Gebirgszug und Stadt in Niederbirma, ehemals bedeutender als die heutige Hauptstadt Birmas Rangoon.

[38] Gemeint sind wahrscheinlich die Einwohner von Minangkabau, früher Menangkabau, des küstennahen Gebiets von West-Sumatra. Die M. kolonisierten seit dem 15. Jahrhundert das Hinterland von Malakka.

[39] Gemeint sind entweder die Bewohner der Stadt Haroe an der Straße von Malakka oder die der Stadt Baroes am Indischen Ozean (frdl. Auskunft Prof. Roolvink, Univ. Leiden).

stigen Gütern, die Salomon außer Gold und Silber aus dem Lande Ophir her-
beiholen ließ, gerade in Pegusium ungeheuer groß ist. Denn unter den Indern
verkaufen die kostbarsten Edelsteine jedweder Art niemand anders als die Pe-
gusier. Es gibt bei ihnen unzählige Affen und Pfauen. An Wäldern von kostbarsten Hölzern, aus denen bei uns Zithern und andere Musikinstrumente
dieser Art hergestellt werden, sind sie bei weitem am reichsten.

[Im folgenden beschäftigt sich Varrerius mit zahlreichen Einzelheiten der
antiken, mittelalterlichen und frühneuzeitlichen Diskussion um das Land
Ophir: u. a. weist er den Gedanken des Rhabanus Maurus zurück, daß der Boden von Ophir aus reinem Gold bestehe.]

Aus: Commentarivs de Ophyra Regione ... Gaspare Varrerio Lusitano auctore. In: De locis
S. Scriptvrae Hebraicis Angeli Caninii Commentarivs ... accessit Gasparis Varrerii Lusitani de
Ophira Regione in Sacris litteris Disputatio. Antverpiae ... Anno MDC, S. 196–199, 208–213.
Übers.: GS; Anm.: GS, HB, Hu und Sch

6. Von der Schauplatzkunde und Kolonialbeschreibung
zur Wissenschaft:
Bernhard Varenius' säkularisierte Geographie (1650)

Infolge der Reformation gab es eine dreifache Aufspaltung in katholische (Leitlinie der
creatio), in lutherische (Betonung des gegenwärtigen Gottes) und in kalvinistische oder
reformierte Geographie (Vortrag des Stoffes von der Schöpfung bis heute, Historische
Geographie, Begünstigung der Entstehung der Geologie, Atlaskartographie) mit jeweils unterschiedlicher Lehre der Providentia (Einsicht in die göttliche Lenkung und
Vorsehung)[1]. Geographie wurde dadurch wichtiges Unterrichtsfach, und Entdecker
und Erforscher der Erde wurden zusätzlich aufgefordert, die Natur fremder Länder
als Offenbarungsbuch Gottes zu betrachten.

Während Jesuiten das Weltbild bestimmten, weil sie als erste Forscher mit gelehrter
Bildung in das Innere der Festländer eindrangen, nach Afrika (Äthiopien), nach Asien
(Tibet, China) und nach Amerika (Amazonien, Kanada), haben lutherische und kalvinistische Geographen die überlieferten literarischen Formen der Kosmographie, Topographie, der Allgemeinen und Speziellen Geographie ausgebildet.

Bartholomäus Keckermann[2] (1572–1609) war Anführer der reformierten Geographie seiner Zeit. Nach theologischem Vorbild führte er Quellenzitat und Zweiteilung
des Stoffes (geographia generalis et geographia specialis) in der Geographie ein. Die
Spezielle Geographie wurde später auch Länderkunde genannt.

---

[1] Hanno Beck: Geographie (vgl. oben Dok. 4, Anm. 6), S. 113–122. Maßgebend ist Manfred
Büttner: Die Geographia Generalis vor Varenius. Wiesbaden 1973 (Erdwissenschaftliche Forschungen. Bd. 7); ders. (Hg.): Wandlungen im geographischen Denken von Aristoteles bis Kant.
Dargestellt an ausgewählten Beispielen. Paderborn 1979 (Abhandlungen zur Geschichte der Geographie und Kosmologie. Hg. v. Manfred Büttner. Bd. 1).
[2] Bartholomäus Keckermann: Systema Geographicum. Übersetzung aus dem Lateinischen v.
Karl Hoheisel. Manuskript. Bochum 1977. Wesentlich ist, daß Keckermann die Allgemeine Geographie zum Ort prinzipieller Ausführungen erhob.

Herkömmlich wird der Begriff der Allgemeinen Geographie auf das Werk des Bernhard Varenius (1622–1650, geb. in Hitzacker, Elbe) zurückgeführt (Geographia Generalis. Amsterdam 1650), weil dieser seinen geistigen Lehrer Keckermann nicht zitierte. Zweifellos war Varenius der führende Geograph des 17. Jahrhunderts. Er hat mehr erreicht als seine Vorgänger. 1672 gab Isaac Newton nicht zuletzt wegen der Betonung des Problems der Kausalität das Werk des Varenius in einer überarbeiteten Form heraus.

Es wurde in einer lateinischen Fassung – so Lange – wenigstens siebzehnmal nachgedruckt und außerdem ins Englische (1682, Wiederauflagen 1734, 1736 und 1765), Holländische (1750), Französische (1755) und Russische (1718) übersetzt. Eine Gesamtübertragung ins Deutsche liegt bisher nicht vor.

Überraschenderweise hatte Varenius aufgrund zeitgenössischer Quellen, die nach Keckermanns Vorbild auch zitiert werden, erstmals Japan dargestellt (Descriptio Regnis Japoniae. Amsterdam 1649)[3]. Von daher wird es verständlich, daß er in seinem Hauptwerk „Geographia Generalis" zu einer Verfeinerung des länderkundlichen Schemas der stofflichen Anordnung gelangen konnte. Allgemeine und Spezielle Geographie blieben nicht mehr nebeneinander stehen, sondern wurden miteinander verbunden, so daß zwischen ihnen gleichgewichtige Bezüge entstanden.

Keckermann hatte gemeint, der Theologe solle sich mit der göttlichen Leitung des Menschen, nicht aber mehr im Sinne des Aristoteles mit der Providentia-Lehre in der Natur beschäftigen, da diese neutral sei[4]. Diese teilweise Verweltlichung, die dennoch ein gläubiger Mensch vorschlug, setzte sich nicht durch, da es für Theologen sinnvoll blieb, Gottes Wirksamkeit in der Natur zu demonstrieren oder den Geographie-Unterricht zur religiösen Belehrung zu erweitern. Keckermann scherte damit aus der Geographie aus und blieb selbst einigen Geographiehistorikern nur dem Namen nach bekannt.

Als einer der wenigen folgte Varenius, der ebenso wie Engelbert Kaempfer[5], der größte Reisende der Barockzeit, aus einem evangelischen Pfarrhaus stammte und sich dem Studium der Medizin zugewandt hatte – ein damals oft zu beobachtender Vorgang. Eine jüngere Generation hatte den von den Vätern im Dreißigjährigen Krieg ausgefochtenen Kampf satt und ergab sich dem Modestudium der Medizin. Am Rande des Grabes stehend und wie Keckermann fest im Glauben ruhend, schrieb Varenius mit hoher Intuition eine säkularisierte Geographie, die in die Zukunft wies.

Die aristotelisch geprägte Providentia-Lehre wies auch die Entdecker und Erforscher der Erde über die alte Schauplatzkunde der Geographen und Historiker weit hinaus auf die Natur als bisher nur recht unvollkommen bewältigte wissenschaftliche Aufgabe hin[6]. Seit dieser Zeit wurde die Erdoberfläche genauer erfaßt, seit dem

---

[3] Bernhard Varenius: Descriptio Regni Japoniae. Beschreibung des japanischen Reiches. Amsterdam 1649. Ins Deutsche übertragen v. Ernst-Christian Volkmann. Unter Mitarbeit v. Lydia Brüll hg. u. komm. v. Martin Schwind u. Horst Hammitzsch. Darmstadt 1974.

[4] S. Anm. 1.

[5] Hanno Beck: Große Reisende. Entdecker und Erforscher unserer Welt. München 1971, S. 65–91.

[6] Die Zuwendung zum Menschen beherrschte die Geographie, bis Alexander von Humboldt eine gründlichere und adäquate Behandlung der Natur ermöglichte. Ähnliches gilt von seinem Zeitgenossen Carl Ritter; hierzu Hanno Beck: Alexander von Humboldt. 2 Bde. Wiesbaden 1959 u. 1961; ders.: Carl Ritter – Genius der Geographie. Berlin 1979; ders.: Große Geographen. Berlin 1982.

18. Jahrhundert folgenreich auch in Relief und Kartographie (Franz Ludwig Pfyffer v. Wyer und Johann Georg Lehmann).

Lit.: S. Günther: Varenius. Leipzig 1905 – Gottfried Lange: Varenius über die Grundfragen der Geographie. Ein Beitrag zur Problemgeschichte der geographischen Wissenschaft. In: Petermanns Geographische Mitteilungen 1961, S. 274–283 – Ders.: Das Werk des Varenius. Eine kritische Gesamtbibliographie. In: Erdkunde 15 (1961), S. 1–18 – Rainer Kastrop: Ideen über die Geographie und Ansatzpunkte für die moderne Geographie bei Varenius unter Berücksichtigung der Abhängigkeit des Varenius von den Vorstellungen seiner Zeit. Diss. Saarbrücken 1972 – Martin Schwind: Bernhard Varen (Varenius) 1622–1650. Sein Leben und Werk. In: Hannoversches Wendland 1973, S. 3–11.   HB

[Aus der Einleitung zur „Geographia generalis“:]

Gegenstand

Der Gegenstand der Geographie, also der Sachverhalt, der zu klären ist, ist zunächst die Gesamterde selbst, vor allem ihre Oberfläche und deren Teile.

Bestimmungen

Von dreierlei Art ist alles den einzelnen Ländern Wesentliche, und in diesem Sinne ist es auch in der Speziellen Geographie zum allgemeinen Verständnis zu behandeln, und zwar seinerseits als Terrestrisch, Kosmisch und „durch den Menschen bestimmt.“ Kosmisch nennen wir die Bestimmungen, die von der scheinbaren Bewegung der Sonne abhängen. Das sind offenbar die folgenden acht: 1. Polhöhe, Ortsentfernung von Äquator und Pol sowie geographische Breitenbestimmung. 2. Neigungswinkel der täglichen Gestirnbahnen über dem Ortshorizont und Horizonthöhe als solche. 3. Dauer des längsten und des kürzesten Tages. 4. Astronomisches Klima und Zone. 5. Temperaturen, Jahreszeiten, Niederschläge und andere Witterungserscheinungen. Diese letzteren ließen sich zwar auch unter die terrestrischen Züge einordnen, aber wir rechnen sie besser weiterhin unter die kosmischen, da sie in besonders engem Zusammenhange mit den vier Jahreszeiten und den Sonnenständen stehen. 6. Aufgang, Erscheinungsbild und Sichtbarkeitsdauer der Gestirne (Gestirne mit senkrechtem Ortsdurchgang). 8. Bewegungsweite in der Zeit oder Ortsgeschwindigkeit nach *Copernicus*. – Nach astrologischer Auffassung ließe sich wohl noch eine neunte Bestimmung anfügen, wonach die einzelnen Länder durch je eines der zwölf Tierkreiszeichen und einen zugehörigen Planeten regiert werden sollen. Aber mir ist diese Lehre immer recht unbegründet erschienen, und nicht einer ihrer Grundgedanken kann mich überzeugen. Am Schlusse einer Speziellen Geographie allerdings werden wir auf deren örtliche Verteilung aber noch zurückkommen.

Soweit über die Gruppe der kosmischen Bestimmungen. Terrestrische nenne ich solche, die in jedem Gebiet sich selbst als unmittelbar vorhanden zeigen, und zwar folgende zehn: 1. Grenzen und Umriß. 2. Geographische Länge, einschließlich Meridionalerstreckung über verschiedene Breiten, Zeitzone.

3. Landesgestalt. 4. Größe. 5. Gebirge nach Bezeichnung, Höhe, Eigenart, Form. 6. Bergwerke, einschließlich vorkommender Gesteine und Bodenschätze im allgemeinen. 7. Wälder und Wüsten. 8. Gewässer (d. h. Meere, Seen, Sümpfe, Flüsse, Quellen, Mündungen, Lauf, Breite, Wasserführung, Wassergüte, Schnellenbildung usw.). 9. Pflanzen nach Bestandsdichte, Fruchtbarkeit und Nutzung. 10. Tierwelt.

Die dritte Gruppe von Bestimmungen, die in einzelnen Ländern Betrachtung verdienen, fasse ich als Menschenbestimmte zusammen, da sie von den Menschen, d. h. der Bevölkerung der Länder abhängen. Davon kann man ebenso etwa zehn zusammenfassen: 1. Die Bevölkerung selbst nach Körpergröße und -bau, Pigmentierung, Lebensdauer, Abstammung, Lebensweise. 2. Berufe und Erwerbstätigkeiten. 3. Charakter und Erziehung, Begabung und Bildungswesen. 4. Sitten bei Geburt, Hochzeit und Tod. 5. Sprache und Ausdrucksweise der Bevölkerung. 6. Staatliche Herrschaftsordnung. 7. Konfession und Kirchenorganisation. 8. Städte und andere Orte von Belang. 9. Landesgeschichtliche Daten, soweit geographisch wesentlich. 10. Bedeutende Männer und Frauen, Künstler und Erfindungen innerhalb der einzelnen Länder.

Das also sind die drei Arten allgemeiner Bestimmungen, denen in der Speziellen Geographie nachzugehen ist. Allerdings beziehen sich die der dritten Gruppe weniger streng auf die exakte Geographie im eigentlichen Sinne.

Aber man muß den herrschenden Auffassungen wie auch dem praktischen Bedarf hier doch bis zu einem gewissen Grade entgegenkommen. Aus dem gleichen Grunde werden wir daher der Speziellen Geographie noch einige Kapitel über die Anwendung der Geographie beifügen. In der in diesem Buche allein dargestellten Allgemeinen Geographie dagegen werden zunächst die Absoluten Bestimmungen der Erde und der Zusammenhang ihrer Teile behandelt. Dann gehen wir auf die kosmisch begründeten Eigenarten im allgemeinen ein, die später in der Speziellen Geographie auf die einzelnen Länder anzuwenden sind. Schließlich wird im Komparativen Teil das behandelt, was sich in der Beziehung eines Ortes zum anderen als dafür wesentlich erweist.

Grundsätze

Dreifach sind auch die Grundsätze, deren sich die Geographie zur Feststellung der Wahrheit ihrer Aussagen bedient: 1. Geometrische, arithmetrische und trigonometrische Sätze. 2. Astronomische Rechenregeln und Theoreme, wenn es auch merkwürdig erscheinen mag, daß wir zur Erklärung der Natur der Erde, auf der wir leben, die weit entfernten Himmelskörper nicht entbehren können, die soviele Zehntausende von Meilen von uns entfernt sind. 3. Die Erfahrung. Tatsächlich beruht der größte Teil der Geographie, vor allem der Länderkunde, auf persönlicher Erfahrung und Autopsie durch Menschen, die die einzelnen Länder beschrieben haben.

Ordnung

Über die logische Sachordnung, die sich im geographischen Fache unserer
Auffassung nach als angebracht erweist, ist bei der Erklärung der Gliederung
und der Bestimmungen der Geographie im allgemeinen schon gesprochen
worden. Freilich kann es hierbei trotz formeller Einhaltung dieser Regeln zur
Ordnung der Bestimmungen zu einer schwierigen Entscheidung darüber
kommen, ob man einzelnen Ländern die jeweils auftretenden Bestimmungen
nun fallweise zuordnen, oder ob man nicht besser die zunächst generell entwickelten Bestimmungen jeweils an Länderbeispielen exemplifizieren soll. *Aristoteles* äußert in seiner „Tiergeschichte" (Buch I) wie auch in seiner „Tierklas-
sifikation" einen ähnlichen Zweifel und bespricht ausführlich, ob bei den einzelnen Tierarten deren Eigenschaften aufzuzählen seien, oder ob nicht vielmehr diese zunächst allgemein zu klärenden Eigenschaften an den Tieren auf-
zuweisen seien, bei denen sie tatsächlich auftreten. Eine ähnliche Schwierig-
keit gibt es übrigens auch in gewissen Teilen der Philosophie. Wir verfahren
so, daß wir die in der Allgemeinen Geographie geklärten jeweiligen Bestimmungen anschließend zur Erklärung der einzelnen Länder anwenden werden.

Methode

In der Methode, d. h. dem Untersuchungsverfahren geographischer Aussagen,
gilt, daß sich in der Allgemeinen Geographie das meiste aus sogenannten Demonstrationen ableiten läßt, in erster Linie natürlich die Kosmischen Bestimmungen. In der Länderkunde dagegen muß fast alles ohne solche geklärt werden (ausgenommen allerdings wiederum deren kosmische Bestimmungen, die
deduziert werden müssen). Hier müssen Erfahrung und Beobachtung, d. h. im
Grunde die Wahrnehmung, das auf Gewißheit prüfen, was nicht anders geklärt werden kann.

Die Praxis führt die exakte Wissenschaft hier zu dreierlei Arten der Einsicht: 1. zu einer allgemein begründeten Überzeugung, insofern diese etwa auf
bloßer Wahrscheinlichkeit beruht; 2. zu gesichertem Wissen, gründe es sich
auf die Schlüssigkeit von Deduktionen oder auf Wahrnehmungserfahrung;
3. zur abstrakten, rein deduktiv gewonnenen Erkenntnis. Dies allerdings ist
das strengste Verfahren, wie es in Geometrie, Arithmetik und den übrigen exakten Wissenschaften anzuwenden ist. Auszunehmen sind hier Chronologie,
Astrologie und auch Geographie, die exakt nur im Sinne des zweiten Satzes
sein können.

Sehr viele Aussagen sind aber schon an einem künstlichen Erdglobus sicher
zu überprüfen und auch darstellbar, ebenso auch durch geographische Karten.
Aber von allem, was so veranschaulicht werden kann, ist jeweils doch nur einiges mit Hilfe prinzipiell angemessener Modelle verifizierbar (worauf ich aber
wegen der Schwierigkeiten für den Leser nicht näher eingehen will).

Manche Behauptungen allerdings lassen sich so nicht beweisen; man läßt sie
nur gelten, weil wir unterstellen können, daß alle Orte auf Globus und Karten

in ihrer Anordnung wirklichkeitsgetreu, wenn auch verkleinert abgebildet sind. Doch bei diesen Fragen folgen wir besser den zusammenfassenden Darstellungen geographischer Autoren. Globus und Karten lassen sich jedoch immer zur Illustration und zur Erleichterung des Verständnisses benutzen.

Aus: Bernhard Varenius: Geographia Generalis, in qua affectiones generales telluris explicantur. Amstelodami 1650. In deutscher Übersetzung durch Gottfried Lange bei Hanno Beck: Geographie. Europäische Entwicklung in Texten und Erläuterungen. Freiburg-München (Karl Alber) 1973, S.118–121.

7. Alexander Dalrymple sucht die Existenz eines Südkontinents mit wissenschaftlichen Mitteln nachzuweisen (1770)

Alexander Dalrymple (1737–1808) war in Großbritannien der eifrigste Verfechter der Auffassung, wonach in der Südhemisphäre ein ausgedehnter Kontinent existieren müsse. Sein Interesse an dieser Region war geweckt worden, als er zwischen 1752 und 1765 in seiner Eigenschaft als Angestellter der Ostindienkompanie mehrere Reisen in das Gebiet der Insulinde unternahm. Nach England zurückgekehrt, begann er mit seinen systematischen Studien, die die Existenz des Südkontinents nachweisen sollten. Das theoretische Hauptargument – die Notwendigkeit eines südlichen Gegengewichts zur Landmasse in der nördlichen Hemisphäre – war bereits von de Brosses in seiner 1756 erschienenen „Histoire des Navigations aux Terres Australes" vorgebracht worden. Dalrymple präzisierte diese Vorstellung und versuchte, auf Grund von Entdeckerinformationen die Grenzen des vermuteten Südkontinents zu fixieren.

Lit.: Howard T. Fry: Alexander Dalrymple (1737–1808) and the Expansion of British Trade. London 1970 (Imperial Studies. No. 29), S. 94–135. Mi

Eine Untersuchung darüber, was man im Südmeer noch vermuten darf

Es ist meine Absicht, in dieser Abhandlung zu untersuchen, was man im Südpazifik noch vermuten darf auf Grund der Analogie in der Natur wie auch als Schlußfolgerung aus früheren Entdeckungen.

In der zweiten Hälfte des 15., während des 16. und zu Beginn des 17. Jahrhunderts legte ein Unternehmungsgeist, der vielleicht durch Habgier und Enthusiasmus geweckt wurde, Ostindien, Amerika und andere entlegene Regionen der Erdkugel offen; dieser Unternehmungsgeist hörte auf, zu Aktivitäten anzutreiben – zumindest auf diesem Gebiet –, bevor noch eine vollständige Untersuchung der Welt durchgeführt war. Daher bleiben die südlichen Regionen weiterhin ohne genaue Bestimmung, und wir sind noch immer, was die tatsächliche Kenntnis angeht, im unklaren darüber, ob die Südhemisphäre eine ungeheure Wassermasse ist oder ob sie einen weiteren Kontinent enthält und Länder, die unserer Suche wert sind.

Obwohl nun die entlegenen Teile der Südhemisphäre unentdeckt blieben, haben wir doch Spuren aus alten Zeiten – bestätigt durch spätere Erfahrung – von reichen und wertvollen Ländern, die in diesem Raum liegen. Kein Thema kann für einen Handelsstaat von größerem Interesse sein als die Entdeckung neuer Länder und Völker, um durch die Öffnung neuer Absatzgebiete für Manufakturwaren und die Einfuhr der Bequemlichkeiten und Annehmlichkeiten des Lebens aus neuen Regionen die Leistungskraft des Gewerbes zu stärken.

Wohl nicht ohne guten Grund ist allgemein angenommen worden, daß, wenn man das Gewicht von Land zu Wasser berücksichtigt, im Süden des Äquators ein Kontinent fehlt, um ein Gegengewicht zu bilden zu der Landmasse im Norden und um so das Gleichgewicht aufrechtzuerhalten, das für die Bewegung der Erde notwendig ist. Betrachtet man die beiden Hemisphären, so scheint dies offenkundig zu sein; und was diese Auffassung noch bestärkt, ist [die Tatsache], daß vom Äquator bis zum Wendekreis der Umfang der Landmasse in nördlicher wie in südlicher Breite beinahe gleich ist – der Raum, den das Wasser einnimmt, ist in beiden fast doppelt so groß wie die Landmasse. Jenseits des Wendekreises jedoch ist der Umfang der Landmasse sehr gering gegenüber dem, was angeblich Meer ist.

Die beigefügte Tabelle wird den relativen Anteil von Land und Wasser in den beiden Hemisphären in Flächengraden *(square degrees)* deutlich machen, sowohl innerhalb als auch außerhalb der Wendekreise; sie erstreckt sich indes nicht bis zu den Polen, denn selbst von den Nordpolargebieten ist sehr wenig bekannt.

	Nördl. Breite		Südl. Breite	
	Land	Wasser	Land	Wasser
0° bis 10°	1100	2500	1200	2400
10° bis 20°	950	2650	950	2650
20° bis 23°	420	660	270	810
	2470	5810	2420	5860

Der Überschuß an Land in nördlicher Breite ist recht unerheblich, nur 50 Flächengrade. Er wird wahrscheinlich ausgeglichen durch Länder und Inseln im Süden, die noch nicht entdeckt sind.

	Nördl. Breite		Südl. Breite	
	Land	Wasser	Land	Wasser
23° bis 30°	980	1540	560	1960
30° bis 40°	1700	1900	400	3200
40° bis 50°	2200	1400	100	3500
	4880	4840	1060	8660

Vom Wendekreis bis 50° nördl. Breite ist das Verhältnis von Land zu Wasser fast gleich; in südlicher Breite jedoch macht das bisher bekannte Land nicht einmal ein Achtel der Fläche aus, die angeblich Wasser ist. Es besteht die zwingende Vermutung, daß es in der südlichen Hemisphäre bisher völlig unent-

deckte, wertvolle und ausgedehnte Länder gibt, in einer Klimazone, die am
ehesten die Voraussetzung bietet für die Annehmlichkeiten des menschlichen
Lebens, dort, wo wir in der nördlichen Hemisphäre die bevölkerungsreichsten
Länder finden.

50° bis zum Polarkreis 4155   1740   100   5660

So wenig ist hier in der südlichen Hemisphäre bekannt, daß sich kaum die
Möglichkeit zum Vergleich bietet, und da das Klima im Süden in diesen Breiten wahrscheinlich zu streng ist, als daß solche Länder von großem Wert wären, sind sie für die vorliegende Untersuchung ohne Belang.

Diese Darlegungen werden sicherlich zu der Überzeugung führen, daß es
zwischen dem Wendekreis und 50° südl. Breite ausgedehnte Länder gibt; und
bei einem Blick auf den Globus wird man ebenso sicher erkennen, daß die
Stellen, an denen man die größte Annäherung dieser Länder an den Äquator
erwarten darf, sehr wahrscheinlich nicht dort sind, wo der amerikanische und
der afrikanische Kontinent sich am weitesten in die südliche Hemisphäre hinein erstrecken, sondern in den Räumen, die zwischen dem Kap der Guten
Hoffnung und Amerika und westlich des letzteren liegen, zwischen Amerika
und Papua[1] – einmal also dem Atlantik gegenüber, zum anderen dem Nordpazifik gegenüber. Und da die Routen von Halley[2] und Bouvet[3] den ersten Bereich so begrenzen, daß er eine Landmasse von mehr als 180 Flächengraden
nicht enthalten kann, ergibt sich die weitere Vermutung, daß sich westlich von
Amerika eine gewaltige Kontitentalfläche ausdehnt.

Vom Wendekreis bis 50° nördl. Breite beträgt die Landmasse in Flächengraden	4880
In südlicher Breite ist bisher bekannt	1060
	3820
Die Fläche[4] zwischen Halleys und Bouvets Routen beträgt	180
Es bleibt	3640

So viel fehlt also als Gegengewicht zwischen dem Wendekreis und 50° südl.
Breite, was entweder im Pazifischen Ozean oder östlich von Afrika liegen
muß. Falls es zwischen diesen Breitengraden irgendein Land östlich des Kaps
der Guten Hoffnung geben sollte, so beweist die Fahrt von Tasman, daß es nur
von geringem Umfang sein kann, der größte Teil also westlich von Amerika
liegen muß.

[Im weiteren Verlauf dieses Kapitels präzisiert Dalrymple die Lage des Süd-

---

[1] Neu-Guinea.

[2] Der Astronom Edmund Halley leitete zwischen 1698 und 1700 eine Forschungsreise in den
Südatlantik zur Beobachtung des Erdmagnetismus.

[3] Bouvet de Lozier suchte in den Jahren 1738/39 im Auftrag der französischen Ostindienkompanie im Südatlantik nach einer Zwischenstation für Ostindienfahrer (vgl. die Einleitung zu
Kap. XIV).

[4] „Track" im Original muß wohl richtig als „tract" gelesen werden.

kontinents auf Grund bisheriger Entdeckungsfahrten noch eingehender; zusätzliche Beweise für dessen Existenz wie die häufig wechselnden Winde im Südpazifik und die Berichte von Seefahrern über die Sichtung von Land in diesem Raum runden das Kapitel ab].

Aus: Alexander Dalrymple (ed.): An Historical Collection of the Several Voyages and Discoveries in the South Pacific Ocean. 2 vols. London 1770–1771. Vol. 1, S. 88–93.   Mi

8. Johann Reinhold Forster:
Auszüge aus seinen Beobachtungen während der Cookschen Weltumseglung 1772–1775 (1780)

Johann Reinhold Forster (1729–1798) nahm 1772–75 mit seinem Sohn Georg (1754–1794) an der zweiten Weltumseglung des Engländers James Cook (1728–1779)[1] teil, die hauptsächlich der Suche nach dem sagenhaften Südkontinent gewidmet war, der seit den Zeiten Mendañas (vgl. Dok. 5 und 105) die geographische Spekulation beschäftigte. Nach einer mündlichen Vereinbarung war ihm als dem maßgebenden Gelehrten der Expedition auch der abschließende Reisebericht anvertraut worden. Da er sich nach der Rückkehr aber mit der britischen Admiralität überwarf, die ihm eine eigenständige Veröffentlichung seines Berichts untersagte, übertrug er seinem Sohn die Herausgabe des Reisewerks[2]. Damit waren gleichzeitig die Schultern des alten Forster frei für eine andere als die ursprünglich geforderte Darstellungsweise, nämlich eine großzügige, die nicht mehr ängstlich in einem Tag-für-Tag-Bericht der Route selber folgen mußte. Ohne einem systematischen Zwang zu erliegen, behandelte Forster seinen Gegenstand nunmehr nach Geofaktoren, d. h. nach Sachkategorien der Allgemeinen Geographie: 1. Beschreibung der Landformen; 2. Hydrographie; 3. Meteorologie; 4. Pflanzen; 5. Tierwelt und 6. das Menschengeschlecht[3]. Dabei ist bemerkenswert, daß der Autor der Behandlung des sechsten Geofaktors, der den Menschen zum Gegenstand hat, zwei Drittel seines Werks widmete.

An dem im folgenden abgedruckten Text sind folgende Punkte besonders bemerkenswert:

1. Forster überblickt die Welt und unterscheidet drei Landmassen: 1. Europa, Asien und Afrika, 2. Amerika, 3. Neu-Holland, d. h. Australien. Er behauptete den Kontinentalcharakter des letzten Landkomplexes und sollte damit recht behalten[4].

---

[1] Der Expeditionsplan stammte von Cook und wurde von der Admiralität übernommen; hierzu J. C. Beaglehole (ed.): The journals of Captain James Cook on his voyages of discovery. II: The voyage of the Resolution and Adventure 1772–1775 (Hakluyt Society. Extra Series. No. 35). Cambridge 1961, S. 716.

[2] Hanno Beck: Einführung: Johann Reinhold Forster – ein großer Anreger der Geographie. In: Johann Reinhold Forster: Beobachtungen während der Cookschen Weltumseglung 1772–1775. Gedanken eines deutschen Teilnehmers. Unveränderter Neudruck der 1783 erschienenen „Bemerkungen über Gegenstände der physischen Erdbeschreibung ...". Stuttgart 1981, S. IX.

[3] Diese sechs Sachkategorien sind in der Geographie als „länderkundliches Schema" bekannt und bezeugen die Einheit von Natur- und Kulturgeographie, die heute in Frage gestellt wird. Das Beschreibungsmuster dieser sechs Geofaktoren hat sich in Jahrhunderten entwickelt.

[4] Über das Hin und Her der Einteilung und Gliederung der Erde unterrichtet Emil Wisotzki: Zeitströmungen in der Geographie. Leipzig 1897, S. 353–398 („Der Begriff Kontinent").

2. Die Entwicklungsmöglichkeiten Neu-Hollands hat Forster richtig vorhergesehen. Die Inwertsetzung des Landes (vgl. Bd. 3, Dok. 74) begann nach dem amerikanischen Unabhängigkeitskrieg, als England allmählich seinen kolonialen Landverlust u. a. durch Australien auszugleichen begann.

3. Forster strebte eine allgemeine Sicht der Dinge an und erkannte z. B. die Verjüngung oder Zuspitzung der südlichen Erdteile, deren Ursache er – ebenso wie wir Heutigen – nicht zu deuten wußte. Wir können nur Vorgänge der Plattentektonik vermuten. Forsters Theorie jedenfalls trifft nicht zu. Dagegen sah er richtig, daß nordostwärts der festländischen Südspitzen Inseln liegen (Falkland-Inseln, Madagaskar, Neuseeland).

4. Wie bereits erwähnt, war das seit der Antike bereits vermutete Südland (Terra australis) das Forschungsziel Cooks während der Expedition, an der die Forsters teilnahmen (vgl. Dok. 115). Cook umsegelte die gesamte südpolare Halbkugel, sichtete aber kein Festland; er wollte von da an nur noch an das mögliche Vorhandensein „sehr großer Inseln" denken[5]. Daß diese eisbedeckt sein müßten, war ihm klar. Zunächst suchte in der Folgezeit kein Forscher mehr nach diesen „Südinseln". Das eigentliche antarktische Festland wurde dann erstmals am 5. 2. 1820 von Fabian Gottlieb von Bellingshausen gesichtet und nach und nach als sechster Kontinent (Antarktika) erkannt.

Lit.: G. Steiner in: Neue Deutsche Biographie. Bd. 5. 1961 – Hanno Beck: Geographie. Europäische Entwicklung in Texten und Erläuterungen. Freiburg-München 1973 – Uwe Japp: Aufgeklärtes Europa und natürliche Südsee. Georg Forsters ,Reise um die Welt'. In: Reise und Utopie. Zur Literatur der Spätaufklärung. Hg. v. H. J. Piechotta. Frankfurt am Main 1976, S. 10–56 – Hanno Beck: Große Geographen. Berlin 1982.

HB/Sch

Auf der Erdkugel sind uns drey große Landmassen bekannt. Die erste ist die in der östlichen Halbkugel gelegene sogenannte alte Welt, welche die drey festen Länder oder Continente, Europa, Asien und Afrika enthält. Auf diese folgt, an Größe und in der Reihe der Entdeckungen, die zwote Masse, Amerika, in der westlichen Halbkugel. Eine dritte liegt in der südöstlichen Gegend der ersteren. Schon im Anfange des siebzehnten Jahrhunderts (1616 u. f.) da die Befehlshaber der holländischen Besitzungen in Ostindien noch Forschbegier äußerten, wurden die westlichen und nördlichen Küsten dieses Landes von holländischen Seefahrern entdeckt, darauf, bald von Engländern bald von Holländern besucht, bis Cook, der große unermüdete Seemann, erst im Jahr 1770 die östlichen Küsten dieses Landes besichtigte, welches, seinen ersten Entdeckern zu Ehren, bereits 1644, den Namen Neu-Holland [Australien] erhalten hatte [vgl. Dok. 108]. Sollte man wol anstehen können, es mit mir ein Continent zu nennen, da es unserm Europa, dem niemand diese Benennung streitig macht, an Größe wenig oder gar nichts nachgiebt? Zwar ist kein Continent so unbevölkert und den Europäern so unwichtig wie Neuholland: Allein dieser Einwurf thut nichts zur Sache, da es in Zukunft noch immer eben so volkreich und nützlich als die andern Welttheile werden, und Europa für den Verlust seiner anderweitigen Pflanzvölker dereinst entschädigen dürfte. Unsre Kennt-

---

[5] J. C. Beaglehole: (Anm. 1), S. 327.

niß dieses Landes ist noch unvollkommen, und alle Seefahrer führen einerley Klage, daß es Mangel an frischem Wasser und großen Strömen hat. Vielleicht hätten sie aber bey sorgfältigerer Untersuchung des ganzen Umfanges, und vorzüglich der noch unbeschiften Südwestküsten, dergleichen angetroffen; wahrscheinlich ist es wenigstens, daß im Innern eines so großen Landes ansehnliche Gebirge vorhanden sind, welche nie ohne Flüße zu seyn pflegen. Hier könnten sich also, fern von der Gewalt des in Europa überhandnehmenden Despotismus, neue Pflanzer eine glückliche Freystätte wählen, und so würde auch Neuholland einst der Sitz der Wissenschaften und Künste, durch den Anbau, durch den Reichthum seiner Produkte, und durch die Zahl seiner Bewohner glücklich werden.

Alle übrigen Lande, welche nicht unter den erwähnten begriffen sind, werden nur für Inseln gerechnet. Von vorgedachten beyden ersten Continenten berührten wir auf unserer Fahrt blos das Vorgebirge der guten Hofnung in Afrika, und die Küste des Feuerlandes, oder die letzten abgebrochenen Stücke von Amerika: Von diesen Weltheilen können wir folglich, im allgemeinen, keine neue Bemerkungen anführen, eine einzige ausgenommen, welche Neuholland betrift, wo unsere Reisegefährten auf dem Schiff Adventure, im Jahr 1773, hingeriethen. Die südliche Spitze dieses Continents hat nemlich mit allen Südspitzen andrer Weltheile den großen Charakter gemein, daß sie felsigt, und von ansehnlicher Höhe ist, da doch das Land weiter nordwärts ebener wird und, wenigstens an den Küsten, keine hohen Berge hat.

Ohne irgend eine Hypothese über die Entstehung der Länder vertheidigen zu wollen, veranlaßt mich diese Uebereinstimmung, einen Blick auf beide Halbkugeln zu werfen, und da finde ich noch einige andere, der allgemeinen Aufmerksamkeit würdige Nebenumstände.

Alle südwärts gerichtete beträchtliche Landspitzen auf unserm Erdboden, haben untereinander die auffallendste Aehnlichkeit. Erhaben und aus Felsen gebildet, scheint jede das äusserste Glied einer nordwärts laufenden Gebirgskette zu seyn; ostwärts von jeder erblickt man eine oder mehrere Inseln, und an den westlichen Küsten eines jeden Continents macht das Meer, nach Norden zu, einen großen Busen[6]. So viele zusammenstimmende Bezeichnungen scheinen nicht blos zufällig, sondern vielmehr Folgen einer allgemeinwürkenden einigen Ursach zu seyn. Diese Ursach getraue ich mir nicht mit Gewißheit anzugeben; nur muthmaßen möchte ich, daß jene Aenlichkeiten in der Gestalt der Länder einer gewaltigen Ueberschwemmung von Südwesten her ihr Daseyn zu verdanken haben, wenn gleich der Zeitpunkt dieser mächtigen Veränderung, und die nähere Bestimmung ihrer Art zu würken, unerforschlich bleiben müssen.

---

[6] Forster vergleicht die zwischen den Küsten des heutigen Pakistan und Indien liegende Bucht, welche wir Arabisches Meer nennen, mit dem vorher nicht namentlich erwähnten Golf von Guinea in Afrika. Wegen dieser allerdings rein beschreibenden Beobachtungen rechnen einige Wissenschaftshistoriker Johann Reinhold Forster zu den Vorläufern Alfred Wegeners (1880–1930).

Amerika hat seine Andes [Felsengebirge], welche von Norden nach Süden laufen, und sich im Cap Froward endigen, oder noch über die Magellanische Meerenge hinaus gehen. Der Busen an der westlichen Küste wird um den Wendekreis des Steinbocks sehr merklich. Ostwärts von der Südspitze ab, liegt das Feuerland, nebst Staatenland und den Falklandsinseln.

Afrika bildet nordwärts vom Aequator einen ansehnlichen Busen. Die hohen Felsen am Vorgebirge der guten Hofnung machen den südlichen Schluß einer langen Gebirgskette, welche von da an nordostwärts fortstreicht. Madagaskar nebst andern kleineren Inseln liegt ostwärts oder nordostwärts von der südlichen Spitze.

Asien endigt sich nach Süden im Cap Comorin, einer hohen Felsenspitze, welche das äusserste Glied der Gebirge von Gatté[7] ist. Jenseits Cambaya[8] gegen den Sindstrom oder Indus liegt ein Busen[9], der dem vorigen ähnlich sieht, und östlich vom Cap Comorin liegt die Insel Ceylon.

Neuholland läuft, nach Tasmans und unserer Reisegefährten bereits erwähnten Nachrichten, in eine hohe felsige Südspitze aus, welche das Ende einer langen Reihe weit ins Norden streichender Gebirge zu seyn scheint. Die merkwürdige Aehnlichkeit Neuhollands mit Afrika im äussern Umriß wird man übrigens beym ersten Anblick gewahr, indem der westliche Meerbusen an beyden so sichtbar ist. Ostwärts von Neuholland sieht man die zwo großen Inseln, aus welchen Neuseeland besteht.

[...]

Der Verfasser der Allgemeinen Weltgeschichte, und der gelehrte Präsident *des Brosses**) haben längst das Daseyn eines südlichen Continents vermuthet. Ihr Hauptgrund war der, daß die schon bekannten Landmassen in der südlichen Halbkugel, nicht hinreichend seyen, dem Lande in der nördlichen das Gleichgewicht zu halten. Ein Schriftsteller, dessen Eifer um die Erweiterung geographischer Kenntnisse, um das Seewesen, und um fernere Entdeckungen rühmlichst bekannt ist**), hat die hiehergehörigen Beweise neuerlich in ein stärkeres Licht gesetzt. Allein unser diesmaliger Kreislauf hat unwiderlegbar dargethan, daß in der südlichen Halbkugel diesseits des 60° S. Br. ausser den von uns entdeckten Inseln im südlichen Weltmeere, kein Land mehr anzutreffen ist. Wollte man nun behaupten, daß in den Gegenden, wohin wir nicht gedrungen, alles jenseits dem 60° S. Br. festes Land sey, so würde dennoch diese Masse im Vergleich mit den Ländern der nördlichen Halbkugel viel zu geringe seyn. Kann aber nicht, wenn anders das System vom Gleichgewichte beyder

---

[7] Hier wird das Cardamon-Gebirge als Verlängerung der indischen Randschwelle der West-Ghats aufgefaßt.

[8] Cambaya = Stadt im nördlichen Innenwinkel des Golfs von Cambay.

[9] Der Golf von Kutch.

*) Modern Universal History, Folio Ed. vol. V. p. 2 note c. od. 8. Vol. XI. pag. 275. – *des Brosses*, Voyages aux Terres Australes, Vol. I. p. 13 (Orig.anm.).

**) *Dalrymple's* Collection of Voyages to the South Sea. Vol. II. Appendix. p. 12 (Orig.anm.) [vgl. Dok. 7].

Halbkugeln nothwendig ist, dem Mangel einer größern Landmasse dadurch abgeholfen werden, daß im Grunde des Südmeeres***) solche Körper liegen, deren verhältnißmäßige Schwere das Gleichgewicht wieder herstellt? Und wie viel andre Mittel, diesen vorgeblichen Mangel vorzubeugen, mag es nicht noch geben, die unserer begränzten Erkenntniß noch verholen sind!

Aus: Johann Reinhold Forster's . . . Bemerkungen über Gegenstände der physischen Erdbeschreibung, Naturgeschichte und sittlichen Philosophie auf seiner Reise um die Welt gesammlet. Uebersetzt und mit Anmerkungen vermehrt von dessen Sohn und Reisegefährten Georg Forster. Berlin 1783 [Ndr. Stuttgart 1981, mit einer Einführung v. Hanno Beck], S. 1–4, 58–59.

***) Und überhaupt in den Ländern der südlichen Halbkugel (Orig.anm.).

Zweites Kapitel

Portugiesische Entdeckungen im Atlantik und an der afrikanischen Westküste bis zur Umrundung des Kaps der Guten Hoffnung

Die Zeit zwischen 1415 und 1488 kann als die erste große Epoche der europäischen Expansion nach Übersee bezeichnet werden. Beginnend mit der Einnahme Ceutas, jener ersten Festsetzung auf dem afrikanischen Kontinent, über die systematisch geplanten, sich langsam vortastenden Fahrten entlang der afrikanischen Westküste, endet diese Epoche mit der Umsegelung des Kaps der Guten Hoffnung im Jahre 1488 durch Bartolomeu Dias. In diesen ersten sieben Jahrzehnten der europäischen Expansion waren es vor allem portugiesische Kapitäne, die im Dienste der Krone oder Angehöriger des Herrscherhauses oder auch zeitweilig in privatem Sold die Entdeckungsfahrten durchführten. Oftmals zaudernd, wie etwa Gil Eanes vor der mit traditionellen Ängsten befrachteten Schwelle des Kaps Bojador, enttäuscht, als sich im Guineagebiet der erhoffte Ostverlauf der afrikanischen Küste in Richtung Indien nicht fortsetzte, in Ungnade gefallen, wie Diogo Cão, von einer meuternden Mannschaft zur Umkehr gezwungen, wie Bartolomeu Dias, von feindlichen Eingeborenen getötet, wie Nuño Tristão, oder auch von zufälligem Entdeckerglück begünstigt, wie Alvise da Ca'da Mosto bei seiner Entdeckung der östlichen Kapverden, wurden sie alle doch von zumeist recht ähnlichen Motiven angetrieben: von persönlichem Ehrgeiz, der Hoffnung auf sozialen Aufstieg nach erfolgreicher Rückkehr sowie von ausgeprägtem Gewinnstreben, jener *auri sacra fames*, die bereits die Autoren der Antike für eine Konstante menschlichen Bemühens hielten.

Die Geschichte der europäischen Entdeckungsfahrten nach Übersee beginnt jedoch keineswegs erst im 15. Jahrhundert. Dies gilt vor allem für den atlantischen Raum. Bereits in der Antike waren zumindest die östlichen Inseln des Kanarischen Archipels bekannt. Sie wurden im Jahre 1312 durch den Genuesen Lancelotto Malocello wiederentdeckt. Etwa dreißig Jahre später, 1341, folgte die Entdeckung der westlichen Kanaren – Gran Canaria, Teneriffa und Gomera –, möglicherweise auch von Ferro und La Palma durch eine portugiesische Flotte unter dem Kommando des Florentiners A. de Corbizzi de Theggia. Im Jahre 1344 schließlich belehnte der Papst den Grafen von Talmont und Luis de la Cerda mit den Kanaren, deren Kolonisierung dann seit 1402 von Jean de Béthencourt in Angriff genommen wurde.

Auch die Madeiragruppe und möglicherweise sogar die Azoren sind spätestens seit der Mitte des 14. Jahrhunderts bekannt gewesen. Bereits der „Katalanische Weltatlas" (1375) zeigt Teile des Madeiraarchipels, der dann jedoch erst im Jahre 1419 von den Portugiesen wiederentdeckt und ökonomisch genutzt wurde.

Selbst die afrikanische Westküste südlich des Kaps Bojador, jenes „Schwellenbereichs" der atlantischen Schiffahrt, vor dem die Seeleute in geradezu panischer Angst zurückschreckten, dürfte auch schon vor der Zeit Heinrichs des Seefahrers (1394–1460) sporadisch von Europäern befahren worden sein. Sieht man dabei einmal von den sagenhaften Fahrten der Antike ab, so sollten bereits im Jahre 1291 die Genuesen Vadino und Ugolino Vivaldi den später gescheiterten Versuch gewagt haben, entlang der afrikanischen Westküste nach Süden vorzustoßen, um auf diesem Wege zu den Quellen des Gewürzhandels zu gelangen. Später, im Jahre 1346, soll der Mallorquiner Jaime Ferrer bis zum Senegal vorgedrungen sein. Diese Fahrten hatten jedoch sporadischen Charakter und sind Episoden geblieben. Ihnen fehlten die nautischen und schiffbautechnischen Voraussetzungen, die den Portugiesen später für ihre systematischen Entdeckungsfahrten zur Verfügung stehen sollten. Erst die Wende zum 15. Jahrhundert ließ in Portugal die politischen, sozialen und ökonomischen Voraussetzungen für gezielte Entdeckungsfahrten und für eine konsequente Expansionspolitik heranreifen.

Dabei ist die überseeische Expansion der iberischen Staaten vielfach als eine Fortsetzung der Rekonquista interpretiert worden. Diesen Kampf im eigenen Land gegen die maurischen Almohaden hatten die Portugiesen bereits Mitte des 13. Jahrhunderts beendet. Sprachliche und politische Einigung hatten im Südwesten Europas daraufhin einen Staat entstehen lassen, dem seine neuzeitlich anmutende zentralistische Verfassungsstruktur relative innenpolitische Stärke und Geschlossenheit verlieh, einen Status allerdings, der von immer wieder aufflammenden Auseinandersetzungen mit dem benachbarten Kastilien in Frage gestellt wurde. Zu einem vorläufigen Abschluß kam diese Entwicklung erst am Vorabend der portugiesischen Expansion nach Übersee, als nach den Wirren der „Revolution" von 1383 mit João I. der erste Vertreter des Hauses Avis auf den portugiesischen Thron gelangte. Im Jahre 1385 sicherte dieser nach dem Sieg über Kastilien bei Aljubarrota die politische Unabhängigkeit seines Landes. Der mit Kastilien sympathisierende Adel wurde durch eine neue Führungsschicht ersetzt und das städtische Bürgertum – auch durch eine starke Präsenz im Kronrat – an der Macht beteiligt. Diese beiden sozialen Gruppen, das nach 1383 zu politischem Einfluß gelangte handeltreibende städtische Bürgertum sowie ein bedeutender Teil des von João I. neugeschaffenen Adels, waren es, die die portugiesische Krone bei ihren Expansionsplänen unterstützten und die führenden Persönlichkeiten der portugiesischen Entdeckungsfahrten stellten. Ein empfindlicher Mangel an von der Krone zu vergebendem Land ließ vor allem die Fidalgos, den niederen Adel, nachdem die Rekonquista in Portugal keine Ziele mehr besaß, ihre Hoffnung auf neuen

Landgewinn in Übersee, zunächst jedoch wohl vornehmlich in Nordafrika, setzen.

Die ethnographischen Voraussetzungen, wie wir sie am Vorabend der Expansion in Portugal vorfinden, erscheinen im Gegensatz dazu zunächst als weniger günstig. Das um die Mitte des 14. Jahrhunderts von einer Pestwelle verheerte Land war recht dünn besiedelt, seine Einwohnerzahl dürfte zu Beginn des 15. Jahrhunderts etwa bei einer Million gelegen haben. Insbesondere in den Küstenstädten hatte sich dabei jedoch durch eine starke Zuwanderungsbewegung vom Lande her eine Bevölkerungsentwicklung vollzogen, die das für die Entdeckungsfahrten notwendige Menschenpotential bereitstellte und zugleich mangels alternativer Verdienstmöglichkeiten freisetzte.

Darüber hinaus gab es weitere, im ökonomischen Bereich liegende Faktoren, die eine starke Antriebskraft für die überseeische Expansion darstellten. Portugal als ein ökonomisch sowohl dem Atlantik als auch dem Mittelmeer zugewandtes, in vielen Bereichen auf Importe angewiesenes Land, litt empfindlich an einem Mangel an Edelmetallen, der seinen Außenhandel erheblich behinderte. Es benötigte zur Versorgung der stark angewachsenen Bevölkerung in den Küstenstädten bedeutende Mengen an Importgetreide. Die Expansion in Nordafrika und entlang der afrikanischen Westküste diente aus dieser Sicht zunächst vor allem zwei Zielen: Mit der Einnahme von Ceuta (Dok. 9) plante man eine Beherrschung der im Maghreb endenden, durch die Sahara führenden Karawanenwege, auf denen das begehrte Edelmetall nach Norden transportiert wurde, darüber hinaus suchte man Zugang zu den nordafrikanischen Getreidemärkten. Die Fahrten entlang der afrikanischen Westküste hatten dabei kurzfristig das Ziel, nach Möglichkeit einen direkten Kontakt zu den im Süden des Saharagürtels vermuteten Goldreichen herzustellen. Dies zeigen unter anderem die wiederholten Versuche, auf Flußläufen wie dem Senegal und später vor allem dem Gambia nach Osten zu gelangen (vgl. Dok. 17).

Eine weitere wichtige Voraussetzung für die Entdeckungsfahrten der Portugiesen seit Beginn des 15. Jahrhunderts war ihre seemännische Tradition, der hohe Stand ihrer Schiffbautechnik und ihrer navigatorischen Kenntnisse. In den Hafenstädten an der portugiesischen Atlantikküste hatte stets die Fischerei eine bedeutende Rolle gespielt. Dabei gelangten die Fischer auf ihren Fahrten bis an die Südküste Englands, wohin Portugal seit dem Handelsvertrag von 1353 Wein, Kork und Salz lieferte. Die portugiesische Krone förderte seit dem 14. Jahrhundert systematisch den Schiffbau. König Fernando I. (1367–1383) gründete zu diesem Zweck die Companhia das Naus (wahrscheinlich 1377) und erließ gesetzliche Regelungen zur Begünstigung und Subventionierung des Schiffbaus.

Voraussetzung für die Fahrten im Atlantik und später entlang der afrikanischen Westküste war dabei ein hochseetüchtiger Schiffstyp, der den Portugiesen seit dem 14. Jahrhundert mit der Karavelle zur Verfügung stand. Dieses mit einem Lateinersegel und einem viereckigen Rahsegel ausgestattete Schiff vermochte sowohl den Stürmen des Atlantik standzuhalten als auch in Küstennähe zu navigieren. Mit Seekompaß und Astrolabium verfügten die Portugiesen darüber hinaus auch über die nautischen Voraussetzungen, die sie für ihre zunächst vorwiegend in Küstennähe durchgeführten Fahrten benötigten. Expeditionen bis in den Bereich der Kanarischen Inseln, die Volta das Canarias, sowie nach Madeira und vermutlich auch zu den Azoren stellten für die Portugiesen zu Beginn des 15. Jahrhunderts kein navigatorisches Problem mehr dar. Die Nutzungsmöglichkeiten der nordöstlichen Passatwinde waren längst bekannt, und in Küstennähe vermochte man sich am Stand des Polarsterns zu orientieren. Sowohl im nautischen als auch im sozio-ökonomischen und im politischen Bereich lagen damit in Portugal zu Beginn des 15. Jahrhunderts Bedingungen vor, die für die nunmehr anbrechende überseeische Expansion denkbar günstige Voraussetzungen darstellten.

Die erste Epoche der großen Entdeckungen mit ihrer Fülle von Aspekten und Ergebnissen kann in mehrere Phasen unterteilt werden, in denen die Erkundungsfahrten der Portugiesen mit unterschiedlicher Häufigkeit und wechselndem Erfolg durchgeführt wurden. Heinrich der Seefahrer war es zunächst, der seit 1415 Entdeckungsfahrten entlang der afrikanischen Westküste organisierte und als Großmeister des Christusordens finanzierte. Er, dem als fünftem Sohn des portugiesischen Königs João I. (1357–1433) keine Möglichkeit zur Thronfolge gegeben war, verband sein Interesse an der Wissenschaft, insbesondere an Geographie und Navigation (Dok. 11), mit einem ausgeprägten Macht- und Gewinnstreben (Dok. 12), das ihm bis zu seinem Tod im Jahre 1460 ein ökonomisches und politisches Imperium von beachtlichem Umfang einbrachte (Dok. 13). Heinrich der Seefahrer leitete eine Phase systematischer und zielstrebiger Entdeckungsfahrten ein, die sich deutlich von den bis dahin durchgeführten sporadischen Unternehmungen unterschieden: Im Jahre 1416 überwandt man Kap Não, 1429 entdeckte Diogo de Sevilla den Azorenarchipel und 1434 gelang es Gil Eanes, im zweiten Anlauf das Kap Bojador zu überwinden (Dok. 14 und 15). Zwei Jahre später erreichte Afonso Baldaia den Río de Oro, rund 70 Seemeilen südlich jenes gefürchteten Kaps, Nuño Tristão drang 1441 bis zum Kap Blanco vor (Dok. 16), und drei Jahre später erreichte Dinis Dias das Kap Verde. Im Jahre 1446 fand Nuño Tristão, einer der fähigsten Kapitäne Heinrichs des Seefahrers, in Auseinandersetzungen mit Eingeborenen in der Gambiamündung den Tod.

Erst 1455 stießen Antoniotto Usodimare und Alvise da Ca'da Mosto in zwei parallel zueinander verlaufenden Expeditionen erneut zum Gambia vor. Auch sie wurden in Auseinandersetzungen mit Eingeborenenstämmen verwickelt, die die Portugiesen – nicht ganz zu Unrecht – für Sklavenjäger hielten. Auf einer zweiten Fahrt zum Gambia, im Jahre 1456, entdeckte Ca'da Mosto die östlichen Kapverden (Dok. 17), und ein Jahr später schließlich gelang es Diogo Gomes, den Gambia bis zu den Stromschnellen von Barracunda zu befahren. Auch nach dem Tode Heinrichs des Seefahrers 1460 gingen zunächst die noch von ihm geplanten Entdeckungsfahrten weiter, und 1461/62 entdeckte Pedro de Sintra Sierra Leone.

In der darauffolgenden Phase verlangsamte sich zunächst das Tempo, in dem die Entdeckungsfahrten aufeinander folgten. Afonso V. (1438–1481), dem als König das Erbe Heinrichs des Seefahrers zugefallen war, hatte seine Aufmerksamkeit zunächst vornehmlich den militärischen Auseinandersetzungen mit den Mauren in Norwestafrika zuzuwenden. Später war es der kastilische Erbfolgekrieg (1475–1479), der die Krone von einem konsequenten Vorantreiben der Entdeckungsfahrten abhielt. Angesichts dieser Lage verpachtete Afonso V. im Jahre 1469 den Guineahandel an den Lissaboner Unternehmer Fernão Gomes. Dieser mußte sich unter anderem dazu verpflichten, jedes Jahr 100 Leguas der afrikanischen Küste entdecken zu lassen (Dok. 18 a und b).

Die Privatisierung der Entdeckungsfahrten ist von der historischen Literatur lange Zeit zumeist eher kritisch beurteilt worden. Hatte man in Heinrich dem Seefahrer unter einseitiger Hervorhebung eines zwar wichtigen, aber nicht ohne weiteres prädominanten Aspektes vor allem den uneigennützigen Forscher gesehen, so stand man den profanen Interessen des Fernão Gomes eher mißtrauisch gegenüber. Ein Blick auf die unter Gomes durchgeführten Entdeckungsfahrten zeigt jedoch, daß auch in dieser Phase die Kenntnisse über den Verlauf der afrikanischen Westküste bedeutend zugenommen haben. Im Auftrage des Fernão Gomes gelangte Soeira da Costa bis zur Goldküste (1470), João de Santarem und Pero de Escobar erkundeten den weiteren Verlauf der Guineaküste (1471/72), Lopo Gonçalves drang erstmals über den Äquator hinaus vor, und Ruy de Sequeira schließlich entdeckte das Kap Santa Catarina.

Die bedeutendsten Fortschritte wurden jedoch erst in den achtziger Jahren des 15. Jahrhunderts, in der dritten Phase jener ersten großen Entdeckungsepoche, erzielt. João II. (1481–1495) war es, dessen Tatkraft und weiträumige Planung das Tor zum Indischen Ozean endgültig öffneten und den Weg zu einer sowohl ökonomischen als auch machtpolitischen Neuorientierung freilegten. Im Jahre 1482 ließ der König das Fort São Jorge da Mina an der Guineaküste anlegen (vgl. Bd. 3, Dok. 20). Es diente unter anderem als Zwischenstation für das weitere Vordringen der Portugiesen in südlicher Richtung. In den Jahren 1482 bis 1486 stieß Diogo Cão auf zwei Reisen bis zum Kongo und schließlich bis zum Kap Cross vor (Dok. 19 a, b, c und d), und nach den oftmals mit einer „Zangenbewegung" verglichenen, gleichzeitig durchgeführten Fahrten des Bartolomeu Dias zur Südspitze Afrikas (1487/88) (Dok. 21) sowie Pero de Covilhãs und Afonso de Paivas (1487) (Dok. 20 a und b), die den Auftrag hatten, über Kairo und die arabische Halbinsel die Routen des arabischen Gewürzhandels zu erkunden, waren die portugiesischen Entdeckungsfahrten bis an die Schwelle gelangt, die Vasco da Gama dann mit seiner ersten Indienfahrt endlich überschreiten sollte.

Insbesondere die Erkundungsfahrt Covilhãs und Paivas zeigt jedoch, daß in Portugal bereits vor der Fahrt Vasco da Gamas Kenntnisse über den Raum des

arabischen Golfes und des Indischen Ozeans bis hin zu den Gewürzinseln vor-
liegen mußten. Sie stammten mit hoher Wahrscheinlichkeit aus italienischen
Quellen. Italienische Kaufleute aus Venedig und Genua waren es, die den Le-
vantehandel beherrschten. Sie kamen in Kontakt mit arabischen Karawanen-
händlern, die die begehrten Gewürze quer über die arabische Halbinsel zur
Levanteküste transportierten. Angesichts der portugiesischen Entdeckungsfahrten, die endlich unter Vasco da Gama an das ersehnte Ziel gelangten, ist
die Rolle der Italiener bei Entdeckung und Erkundung dieses Raumes oftmals
in den Hintergrund getreten. Italienische Kaufleute und Reisende, wie zum
Beispiel Nicolò de' Conti (vgl. Bd. 1, Dok. 23) und später Ludovico di Varthema (vgl. Dok. 48), aber auch jüdische Händler haben sich bereits lange vor der
Fahrt Vasco da Gamas im Bereich des Indischen Ozeans aufgehalten und Informationen über ihre Reisen nach Europa mitgebracht. Nur vor dem Hintergrund solcher Informationen ist eine „Zangenbewegung", wie sie João II. zur
Öffnung des Seeweges nach Indien organisierte, überhaupt erst denkbar.

Der geniale Plan eines gleichzeitigen Vordringens entlang der afrikanischen
Küste und auf dem Landwege, quer durch einen fremden Kulturkreis, um das
gesteckte Ziel, Indien, zu erreichen, macht João II. mehr noch als Heinrich
den Seefahrer zur zentralen Figur der ersten großen Epoche der portugiesischen Entdeckungsfahrten. Man hat eine gewisse Tragik darin gesehen, daß
João II. – wie wir heute wissen: mit gutem Grund – auf Anraten seiner gelehrten Ratgeber in der Junta de Matemáticos das Westfahrtprojekt des Kolumbus
abgelehnt hat und konsequent an der einmal ins Auge gefaßten Konzeption
festhielt. Sicherlich hat man sich nach der erfolgreichen Rückkehr des Genuesen auch in Lissabon gefragt, ob diese Ablehnung richtig war. Doch muß man
wohl in diesem Zusammenhang festhalten, daß Portugal gerade nach dem
Vertrag von Alcaçovas (1479), der ihm alle Gebiete südlich des Kaps Bojador
zugesprochen hatte, finanziell und machtpolitisch völlig überfordert gewesen
wäre, wäre es mit der Möglichkeit eines Alleinanspruchs auf die später von
Kolumbus entdeckten Gebiete zu einem Zeitpunkt konfrontiert worden, zu
dem seine ganze Aufmerksamkeit darauf liegen mußte, nun endlich den östlichen Seeweg nach Indien zu erschließen. So war die Entscheidung Joãos II.
gegen die Pläne des Kolumbus – jedenfalls aus heutiger Sicht – sachlich gerechtfertigt und hat sich für die maritime Entwicklung Portugals eher segens-
reich ausgewirkt.

Bei einer bemerkenswerten Konstanz der allgemeinen geographischen Ziel-
richtung während eines ganzen Jahrhunderts von Heinrich dem Seefahrer bis
João II. waren die Motive der Portugiesen für ihre Entdeckungsfahrten entlang der afrikanischen Westküste und später bis nach Indien ungemein viel-
schichtig. Sie reichten von reinem Gewinnstreben über strategische Erwägungen bis hin zu dem insbesondere von der päpstlichen Kurie geförderten Gedanken einer Heidenmission in den neuentdeckten Gebieten. Gerade letzterer
Beweggrund, der sicherlich zugleich echter Antrieb wie auch bequeme Legitimation war, ist von den zeitgenössischen Chronisten besonders hervorgeho-

ben worden (Dok. 10). Im Zusammenhang mit jenem Missionsgedanken, der
ohne Zweifel als ein zentrales Leitmotiv zu werten ist, standen die ungenauen
Umrisse eines strategischen Planes, die Auseinandersetzung mit dem Islam in
Nordafrika und im gesamten mediterranen Raum dadurch zugunsten des europäischen Christentums zu entscheiden, daß man nach Umsegelung des afrikanischen Kontinents eine Position gleichsam im Rücken des mohammedanischen Kulturkreises gewann. Dabei spielte, wie viele Zeugnisse belegen, die
sagenhafte Gestalt des Erzpriesters Johannes eine wichtige Rolle. Immer wieder haben die Portugiesen auf ihren Fahrten entlang der afrikanischen Westküste nach jenem legendären Priesterkönig und seinem Reich gefragt, in dem
man einen wichtigen Bündnispartner im Kampf gegen die Mauren finden zu
können hoffte (Dok. 19d; vgl. auch Bd. 1, Dok. 50).

Die Kunde vom Erzpriester Johannes hatte sich in Europa stets mit hochge-
spannten Hoffnungen, aber höchst ungenauen und oftmals wechselnden
Denkmustern verbunden, deren Versatzstücke in ständig neuen Kombinatio-
nen für wahr gehalten wurden. Dabei vermischten sich Vorstellungen, die aus
dem indisch-asiatischen Bereich stammten, unauflösbar mit solchen, die eher
dem afrikanisch-abessinischen Raum zuzuordnen sind. Diese buntgemischten
Konstruktionen finden jedoch eine gewisse geistige Einheit in dem Glauben,
der Erzpriester Johannes, wo auch immer die Phantasie sein Reich ansiedeln
mochte, werde der bedrängten Christenheit als Verbündeter gegen die Mauren zur Hilfe eilen. Kreuzzugsidee und Vorstellung eines christlichen Verbündeten im Rücken des islamischen Kulturkreises treten daher häufig nebeneinander auf. Nachrichten von indischen Thomas-Christen an der Malabarküste
(vgl. Bd. 1, Dok. 20 und 50) sowie die insbesondere von den Kreuzfahrerstaa-
ten der Levante mit großen Hoffnungen verbundene Kunde von einer ver-
nichtenden Niederlage der mohammedanischen Reiche Zentralasiens gegen
die Mongolen bei Samarkand (1141), aber auch ungenaue Informationen über
ein christliches Reich in Äthiopien, führten dazu, daß man den Erzpriester Johannes in recht unterschiedlichen geographischen Bereichen vermutete. Berichte aus verschiedenen Zeiten und weit voneinander entfernten Orten verschmolzen zu einem zwar undeutlichen, aber einheitlichen Legendenbild, dessen Realität jedoch, vielleicht gerade wegen der Hoffnungen, die sich mit ihm
verbanden, nicht in Zweifel gezogen wurde, zumal neben vor allem von Kaufleuten überbrachten mündlichen Nachrichten immer wieder mehr oder weniger obskure Briefe in Europa auftauchten, die entweder vom Priesterkönig
selbst stammen sollten oder aber von ihm Kunde gaben. Die Legende vom
Reich des Erzpriesters Johannes ist somit ein Beispiel dafür, welch zähes Leben solche Vorstellungen über Jahrhunderte hinweg in den Überzeugungen
der Völker spielen können. Dabei eignet jenen Vorstellungen häufig der Charakter einer politischen Utopie, der sie deutlich von der oftmals oberfläch-
lichen Mirabilienfreude des europäischen Mittelalters abhebt.

Vor dem Hintergrund des Konglomerates an Informationsversatzstücken,
welche in Europa über das Reich des Erzpriesters Johannes kursierten, ist die

Frage, welche Vorstellungen die Portugiesen zur Zeit Heinrichs des Seefahrers von dem „Indien" besaßen, das sie bereits auf ihren frühen Entdeckungsfahrten suchten, kaum mehr mit jener Eindeutigkeit zu beantworten, wie sie sich in der historischen Literatur häufig findet. Äthiopien, das „afrikanische Indien", war in der Vorstellungswelt des Infanten und seiner Kapitäne überhaupt nicht klar abzugrenzen von jenem orientalischen Indien, das endgültig durch die Entdeckungsfahrt Vasco da Gamas bekannt wurde. Sicherlich suchte man in der henricinischen Phase der portugiesischen Entdeckungsfahrten entlang der afrikanischen Westküste zunächst in eben diesem Bereich nach dem Reich des Erzpriesters Johannes; man befuhr den Gambiastrom und den Kongo in ostwärtiger Richtung, und das ostwärtige Abbiegen der Guineaküste wurde mit großen Hoffnungen verbunden. Daraus aber eine Eingrenzung des Zieles auf ein „afrikanisches" Indien in Äthiopien begründen zu wollen, bedeutete einen offenkundigen Anachronismus und hieße, die Erkenntnis, daß es überhaupt ein orientalisches Indien gab, vorwegzunehmen. „Christen und Gewürze" suchte man, auch wenn man Gold und Sklaven auf diesen Fahrten keineswegs verachtete. Und das entsprach genau jener Vorstellungswelt, die jenseits des orientalisch-mohammedanischen Kulturkreises – gleich ob in Afrika oder in Asien – das christliche Reich des Priesterkönigs Johannes vermutete. Gerade eine Analyse der strategischen Erwartungen, die sich an die Vorstellung vom Erzpriester Johannes knüpfen, macht deutlich, wie wenig man der frühen überseeischen Expansion der Portugiesen ein einheitliches Ziel zuordnen kann: Interessen in bezug auf die Inselwelt des Atlantik, in Nordafrika und an der afrikanischen Westküste waren untrennbar mit längerfristigen Zielvorstellungen in bezug auf ein „afrikanisches" oder orientalisches Indien verkoppelt. Dabei waren sowohl Motive als auch längerfristige Zielsetzungen der portugiesischen Entdeckungsfahrten stets abhängig vom jeweiligen Stand der geographischen Erkenntnisse, wie sie sich in ihrem Verlaufe selbst empirisch ergaben. In den sieben Jahrzehnten von den ersten Fahrten unter Heinrich dem Seefahrer bis zur Umrundung des Kaps der Guten Hoffnung durch Bartolomeu Dias hat sich ein entscheidender Umbruch des Weltbildes der Europäer vollzogen, der auf Motive und Leitvorstellungen der Entdeckungsfahrten nicht ohne Einfluß bleiben konnte. Insbesondere die großräumige Planung Joãos II. zeigt, welchen Fortschritt die geographische Vorstellungswelt der Portugiesen gegen Ende der ersten Epoche der europäischen Expansion nach Übersee vollzogen hatte.

Dabei lassen sich vor allem zwei entscheidende Phasen herausarbeiten: Ergebnis der ersten Phase ist die Erkenntnis, daß das Festland südlich des Kaps Bojador bewohnbar und das Meer von Schiffen befahrbar ist, Ergebnis der zweiten Phase ist eine genauere Vorstellung von den Konturen des afrikanischen Kontinents sowie der nach Süden hin offenen Form des Indischen Ozeans. Hatte noch die wahrscheinlich von dem Genuesen Pietro Visconti gezeichnete „Sanuto-Karte" aus dem Jahre 1302 den gesamten Raum südlich des Kaps Não als „Regio inhabitabilis propter calorem" bezeichnet, so traten in den dreißiger Jahren des 15. Jahrhunderts empirische Berichte über eine üppige Flora, eine zahlreiche Eingeborenenbevölkerung und eine Befahrbarkeit des Ozeans in den südlichen Breiten an die Stelle solcher Annahmen. Als Exponent dieser Entwicklung kann der venezianische Mönch Fra Mauro gelten, dessen 1459 entstandenes Kartenwerk die bis dahin bekannte Welt abbildete. Die Bewohnbarkeit der „terra firma" und die prinzipielle Befahrbarkeit der Meere, die Fra Mauro – seinerseits in nunmehr allzu optimistischer Umkehrung des bisher Angenommenen – für die noch unbekannten südlichen Gebiete Afrikas postuliert, stellen eine wesentliche Veränderung des bis dahin gültigen Weltbildes dar.

Der nächste große Fortschritt der Kartographie wurde von Henricus Martellus Germanus 1489 oder spätestens 1490 mit seiner berühmten Weltkarte, dem „Insularium illustratum", markiert. Sie verarbeitet die Erkenntnisse der Expeditionen Diogo Cãos und Bartolomeu Dias', indem sie die Südspitze Afrikas und den Weiterverlauf der afrikanischen Küste nach Nordosten abbildet. Damit bricht Martellus nunmehr mit einer weiteren Vorstellung, die jahrhundertelang das Weltbild der Europäer beherrscht hatte, nämlich mit der angenommenen Festlandsverbindung zwischen dem südlichen Afrika und Indien. Der „Oceanus Indicus Meridionalis" war nunmehr als nach Süden hin offenes Meer erkannt und galt nicht mehr länger, wie Ptolemäus es gelehrt hatte, als von Land umschlossen.

Die empirischen Ergebnisse der ersten großen Epoche der europäischen Entdeckungsfahrten nach Übersee haben somit für unmittelbare Motive und längerfristige Zielvorstellungen der Entdecker neue Dimensionen erschlossen. Mit dem Erreichen des Indischen Ozeans drangen die Portugiesen nunmehr aus dem atlantisch-afrikanischen Bereich hinaus und in den asiatisch-indischen Raum mit seinen neuen strategischen und ökonomischen Möglichkeiten vor.

Lit.: William Blake: European beginnings in West Africa. 1454–1578. A survey of the first century of white enterprise in West Africa with special emphasis upon the rivalry of the Great Powers. London 1937 – Vitorino Magalhães-Godinho: Dúvidas e Problemas açerca de algumas Teses da História da Expansão. Lisboa 1943 – Richard Hennig: Terrae Incognitae. Bd. IV. Leiden ²1956 – Élaine Sanceau: A domanda do Preste João. Porto 1956 – Charles Verlinden: Navigateurs, marchands et colons italiens au service de la découverte et la colonisation portugaise sous Henri le Navigateur. In: Le Moyen Age (1958), S. 467–497 – Avelino Teixeira da Mota: A viagem de Bartolomeu Dias e as concepções geopoliticas de D. João II. In: Boletim da Sociedade de Geografia de Lisboa (1958) – Élaine Sanceau: The perfect prince. A biography of the King Dom João II. Lisboa 1959 – Damião Peres: Portuguese discoveries in the Atlantic. Lisboa 1960 – Duarte Leite: História dos descobrimentos. Collectanea de esparsos. 2 vol. Lisboa 1958 und 1960 – Vitorino Magalhães-Godinho: A économia dos descobrimentos henriquinos. Lisboa 1962 – Viriato Campos: Viagens de Diogo Cão e de Bartolomeu Dias. Lisboa 1966 – Günther Hamann: Der Eintritt der südlichen Hemisphäre in die europäische Geschichte. Wien 1968 – Pierre Chaunu: L'expansion européenne du

XIIIᵉ au XVᵉ siècle. Paris 1969 – Friedrich Häusler: Heinrich der Seefahrer. Die portugiesischen Entdecker und die Sozialideen der Templer im Zeichen eines neuen Weltbewußtseins. Stuttgart 1971 – A. Oliveira Marques: History of Portugal. Vol. I. From Lusitania to Empire. New York 1972 – Fernando José Teixeira: O plano henriquino das Indias. In: Studia 37 (1973), S. 225–259 – Jaime Cortesão: Os descobrimentos Portugueses. Vol. I–IV. Lisboa 1975 – Amadeu de Carvalho Andrade: Os navios que descobriam o mundo. Lisboa 1975 – Günter Georg Kinzel: Die rechtliche Begründung der frühen portugiesischen Landnahmen an der afrikanischen Westküste zur Zeit Heinrichs des Seefahrers. Göppingen 1976 – Charles R. Boxer: The Portuguese Seaborne Empire 1415–1825. London ²1977 – John H. Parry: Das Zeitalter der Entdeckungen. München 1978 – John Ure: Heinrich der Seefahrer. Der Aufbruch ins Zeitalter der Entdeckungen. Wiesbaden 1979 – Manuel Fernandes Costa: As navegações atlanticas no século XV. Lisboa 1979 – Charles Verlinden: Christophe Colomb et Barthélemy Dias (Academia das Ciéncias de Lisboa. Instituto de altos estudos. Nova Série, Fasciculo VI). Lisboa 1979 – Charles Verlinden: Perspectiefverschuiveningen in de vroege geschiedenis der Europese expansie. Brüssel 1980.   MM

9. Die Eroberung von Ceuta (1415)

Die Einnahme Ceutas durch eine portugiesische Flotte am 20. August 1415 wird vielfach als der Beginn der portugiesischen Expansion nach Übersee bezeichnet. Unter dem Gesichtspunkt der Stützpunktbildung inmitten des Machtbereichs eines fremden Kulturkreises, wie er für einen Teil der maritimen Geschichte Portugals typisch werden sollte, ist eine solche Interpretation des militärischen Unternehmens gegen die nordafrikanische Handelsstadt sicherlich berechtigt. Der Wohlstand Ceutas mit seiner orientalisch-islamischen Kultur, aber auch die Tatsache, daß hier für den europäischen Mittelmeerhandel höchst lästige Seeräuberschiffe ihren Unterschlupf fanden, ließ der portugiesischen Krone eine Eroberung der Stadt als erstrebenswert erscheinen. Auch innenpolitische Probleme Portugals, wie etwa der Mangel an Kronland nach der Revolution von 1383 und der Expansionsdrang eines zu politischer Macht gekommenen städtischen Bürgertums, haben die militärischen Pläne der Krone gefördert.

Die Eroberung von Ceuta bedeutete für Portugal den Anbruch eines neuen Zeitalters, den Schritt von der Vertreibung der Mauren im eigenen Lande zur territorialen Expansion in Marokko. Die Führung eines auch religiös motivierten Kampfes in Nordwestafrika mit dem Ziel, die Mauren aus diesem Gebiet zu vertreiben oder zu unterwerfen, steht jedoch in ambivalenter Beziehung zu den im Anschluß an die Einnahme Ceutas von Heinrich dem Seefahrer geplanten und später durchgeführten Entdeckungsfahrten entlang der afrikanischen Westküste. Fast könnte man hier von zwei konkurrierenden Bewegungen sprechen: Die Einnahme Ceutas repräsentierte ein nordafrikanisch-mediterranes Expansionsinteresse der Portugiesen, während die Fahrten entlang der afrikanischen Westküste neben unmittelbarem Profit längerfristig auf eine Suche nach den Reichtümern Indiens abzielten, wobei sich die Vorstellungen eines „afrikanischen" Indien (Äthiopien) und des orientalischen Indien häufig unauflöslich vermischten. Ihre gedankliche Einheit finden beide Bewegungen jedoch in dem Leitmotiv eines Kampfes gegen die Ungläubigen, wobei man glaubte, nach der Entdeckung eines Seeweges nach Indien, möglicherweise im Bündnis mit dort vermuteten christlichen Herrschern, die bereits in Nordafrika bekämpften Mauren gleichsam auch im Rücken angreifen zu können.

Lit.: Vitorino Magalhães-Godinho: Documentos sobre a expansão portuguesa. Vol. I. Lisboa 1943 – A. Borges-Coelho: A revolução de 1383. Tentativa de caracterização. Lisboa 1965 – A. Oliveira Marques: History of Portugal. Vol. I: From Lusitania to Empire. New York–London 1972. 				MM

[...] Oh, Ceuta, so sprachen [die aus der Stadt geflohenen Mauren], du Blume unter den Städten Afrikas, wo werden deine Einwohner einen Ort finden, um eine ähnliche Stadt zu gründen? Wie können sie ohne Erbitterung einen solchen Verlust ertragen? Wohin werden sich von nun an die Mauren wenden, die aus der Ferne kamen, aus Äthiopien, aus Alexandria, aus Syrien, aus dem Land der Berber, aus Assur, das im Reich der Türken liegt, oder aus dem Osten, den Ländern jenseits des Euphrat, aus Indien oder aus all den vielen Ländern, die sich jenseits des Horizonts befinden *(além do eixo que está ante os nossos olhos)*? Denn sie alle kamen zu dir, beladen mit so vielen und so reichen Waren.

Wo werden sie einen ähnlichen Ort finden, um Anker zu werfen? Und wir anderen Bedürftigen, wo sollen wir fortan wohnen, damit wir [wie bisher] in den Genuß solch vieler und vornehmer Dinge kommen?

Sicherlich gibt es auf der ganzen Welt keine Stadt, deren Verlust nicht nur von uns, die wir sie verloren haben, so sehr erlitten wird, sondern auch von allen, die in der Agar[1] geboren wurden, oder die im Glauben an unseren heiligen Propheten Mohammed leben.

Was werden nun die Bewohner von Gibraltar tun, oder all die anderen Einwohner des Königreichs von Granada, die nunmehr ihren Beistand und ihre Hilfe verloren haben?[2]

Und wir Unseligen, was wird aus unseren Söhnen und Töchtern, die dort geheiratet haben, von wo wir an einem Tag weggingen, um – nachdem wir zu unseren Häusern zurückgekehrt waren – diese nunmehr zum letzten Mal zu sehen zu bekommen?

Welches Geschmeide sollen wir ihnen schicken, damit sie es am Osterfest *(nas suas grandes páscoas)* tragen können, oder woher werden wir Nachricht von ihnen erhalten, wie wir es gewohnt waren? Es ist alles aus, und wir beweinen ihren Verlust, als ob sie bereits im Grabe wären.

Wer von uns wird jetzt, wenn er [in der Frühe] aufsteht, die Tragesel mit Seidenstoffen aus Damaskus sehen, die Häuser angefüllt mit Edelsteinen aus Venedig oder die großen Säcke mit Gewürzen, die aus der libyschen Wüste zu

---

[1] „Agar" meint die Gesamtheit der Einwohnerschaft islamischer Länder, die Nachkommen Ismaels, des Sohnes der Hagar, einer Nebenfrau Abrahams.
[2] Hier zeigt sich deutlich die strategische Bedeutung der Einnahme Ceutas für die Rekonquista auf der gesamten Iberischen Halbinsel. Folgerichtig begannen nach der Bildung eines Stützpunktes auf der afrikanischen Gegenküste die Pläne eines militärischen Unternehmens gegen Granada wieder aufzuleben. João I. unterbreitete Kastilien sogar den Vorschlag einer Beteiligung der Portugiesen an einer gemeinsamen Aktion gegen diese letzte Bastion der Mauren in Europa.

uns kamen? Welche Reichtümer und Werte könnten wir noch aufzählen, die nicht jeden Tag vor unseren Ladentüren anzutreffen gewesen wären? Welches Schiff wäre auf dem Mittelmeer gefahren, das nicht vor der Größe unserer Stadt die Segel gestrichen hätte? Wir waren nicht nur unter den Mauren bekannt, sondern auch beim größten Teil der Christenheit, denn alle waren auf uns angewiesen. Alle suchten uns auf, und weder Freunde noch Feinde konnten uns meiden [. . .].

Aus: Gomes Eanes de Zurara: Crónica da Tomada de Ceuta por El Rei D. João I. Cap. XCIV. Coimbra 1915.   Coe/MM

10. Die Motive Heinrichs des Seefahrers nach Damião de Góis

Die portugiesischen Chronisten des 15. und 16. Jahrhunderts von Gomes Eanes de Zurara bis zu Damião de Góis und João de Barros haben sich eingehend mit Persönlichkeit und Motiven Heinrichs des Seefahrers beschäftigt. Vor allem Zurara betont dabei die idealistisch-religiöse Grundhaltung des Infanten. Was die Person Heinrichs angeht, so muß jedoch Zurara als von der Krone abhängiger „Hofchronist" eindeutig als parteiisch gelten. Heinrich der Seefahrer hat die Würdigung seines Lebenswerkes durch zeitgenössische Chronisten persönlich überwacht und unliebsame Beurteilungen frühzeitig beseitigen lassen. So ist zum Beispiel die Chronik des Afonso da Cerveira auf Betreiben des Infanten hin unterdrückt worden.

Im Unterschied zu Zurara betonen die der Gedankenwelt des Humanismus verhafteten Chronisten Góis und Barros stark das wissenschaftliche Interesse Heinrichs. Vor allem die im folgenden wiedergegebene Schilderung des de Góis nennt eingehend die „klassischen" Quellen, aus denen sich der Infant seine geographischen Kenntnisse erarbeitet haben soll. Dabei sind jedoch auch aus der portugiesischen Chronistik durchaus die materiellen Motive des Infanten zu erschließen. So nennt etwa Barros persönlichen Ehrgeiz und die aussichtslose Position Heinrichs bei der Thronfolge als wichtige Beweggründe seiner Machtentfaltung außerhalb der Grenzen Portugals.

Lit.: Vitorino Nemésio: Vida e Obra do Infante D. Henrique. Lisboa 1960 – Günther Hamann: Der Eintritt der südlichen Hemisphäre in die europäische Geschichte. Wien 1968.   MM

Über die Beweggründe, die den Infanten D. Henrique dazu brachten, neue Länder und Meere entlang der afrikanischen [West-]Küste bis nach Indien entdecken zu wollen, und woher er die Sicherheit nahm, um die [Entdeckungsfahrten] zu veranlassen

Vier Jahre, nachdem der König D. João [den Mauren] die Stadt Ceuta fortgenommen hatte, kamen diese nach einer Aufforderung des Königs von Granada, der *Esquerdo* genannt wurde, mit großer Macht, um im Monat August [die Stadt Ceuta] zu belagern. Zu dieser Belagerung schickte der König, D. João, viele und sehr noble Leute aus seinem Reich, und ihr Anführer war sein Sohn, D. Henrique.

Dieser war nicht nur ein sehr tapferer Ritter, sondern hatte auch großes Interesse für die Geisteswissenschaften, insbesondere für die Astrologie und Kosmographie. Um diese vornehmen *(virtuosas)* Künste besser ausüben zu können, wählte er nach seiner Rückkehr von der Belagerung Ceutas [seinen Wohnsitz] in einem Teil des Algarve, und zwar auf dem Kap S. Vicente. Dieses Kap wird von den antiken Historikern Sacrum Promontorium genannt, was in unserem alltäglichen Portugiesisch soviel wie Heiliges Kap bedeutet. Von da leitet sich der verdorbene *(corrupto)* Name Sagres her, eine echte Nachahmung der lateinischen Sprache, von der ja unsere Sprache abstammt. Man sollte nur das „G" in ein „C" umändern.

An diesem Ort gründete der Infant ein neues Dorf, das er *Terça nabal* nannte und das auch als *Vila do Infante* bezeichnet wird. Von dort beschloß er, seine Schiffe entlang der afrikanischen Küste auszuschicken. So wollte er sein Vorhaben verwirklichen, nämlich von diesen westlichen Gebieten den Seeweg nach dem Orientalischen Indien zu finden. Er war sich sicher, daß dieser bereits in früheren Zeiten gefunden worden war.

Diese Sicherheit, die er durch seine Studien erworben hatte, und nicht durch göttliche Inspiration, wie behauptet worden ist, war die Voraussetzung, um eine so große Aufgabe in Angriff nehmen zu können.

Nur mit göttlicher Inspiration, wie einige behaupten (und ich weiß nicht, mit wieviel Recht sie das tun), und ohne all die Mühsal, der er sich unterzog, hätte der Infant seine ersehnten Ziele wohl kaum erreicht. Und aus seinen Bemühungen wäre der Schiffahrt weder zu seinen Lebzeiten noch später nach all den Entdeckungen ein Fortschritt erwachsen.

Dies läßt uns glauben, daß der Erfolg des Infanten auf das Studium der wahren Autoren *(verdadeiros autores)* zurückzuführen ist, die er mit Ausdauer studierte. Ihren Wahrheitsgehalt aber schätzte er ein, wie man von Menschen Geschriebenes einschätzt. Er glaubte zwar, aber zweifelte auch zugleich, so wie man es allem gegenüber tun soll, was von Menschen und ihren Urteilen herrührt. Im [Urteil der Menschen] ist immer Glaube mit Zweifel gepaart. Mit dieser Gewißheit begann nun der Infant, auf eigene Kosten ausgerüstete Schiffe auf Entdeckungsreisen auszuschicken. Denn er wußte aus dem, was er gelesen hatte, daß z. B., wie Ariston berichtet, nach der Belagerung von Troja Menelaos die Meerenge von Gibraltar passiert hat und [von dort] auf dem Seeweg *(pelo mar Oceano)* bis ins Rote Meer *(mar Roxo)* gesegelt ist. Dieses enthält, nach einigen antiken Kosmographen, schließlich das Arabische und das Persische Meer mit den dazwischen liegenden Küsten. Und von dort gelangt man an eine Küste, die vom Persischen Meer bis nach Indien reicht: auf diesem Roten Meer nahm Menelaos seinen Weg nach Indien.

Dem Infanten war auch bekannt, daß Hanno[1], der karthagische Kapitän, entlang der afrikanischen Küste bis fast unter die Linie der Tag- und Nachtgleiche gesegelt war. Nach den Aufzeichnungen über seinen Reiseweg und

---

[1] Vgl. Dok. 5, Anm. 10.

den Zeichnungen von dem, was er gesehen hat, zeigte sich deutlich, daß er bis jenseits des heute so genannten Sierra Leone *(a serra que agora chamam Leõa)* gelangt sein muß.

Er hielt auch für wahr, was Herodot, ein sehr ernstzunehmender Autor, den Cicero als Vater der Geschichtsschreibung bezeichnet, über die Seereise schreibt, die Neco, ein ägyptischer König, von erfahrenen phönizischen Seeleuten durchführen ließ. Diese Phönizier fuhren vom Roten Meer aus bis zum Südmeer *(ao mar Austral)*, von dort aus gelangten sie wieder zur Straße von Gibraltar, von wo aus sie wiederum ihren Weg nach Ägypten fortsetzten und dort zwei Jahre nach ihrer Abfahrt vom Roten Meer ankamen.

Außer diesem großartigen Zeugnis überlieferte der gleiche Autor noch ein weiteres, nämlich, wie im Auftrag des [Perser-]Königs Xerxes vom Mittelmeer ausgehend Sataspe über das offene Meer bis zum Kap von Afrika gesegelt ist. Aber wegen der endlosen Länge der Fahrt und weil ihm die Nahrungsmittel ausgegangen seien, sei er nach Ägypten zurückgekehrt.

Darüber hinaus las der Infant auch bei Strabo, daß, als Caesars Sohn Augustus am Arabischen Meer weilte, dort Reste von spanischen Schiffen gefunden worden seien, die der Sturm an die Küste geworfen hatte.

Und er las auch das, was jener Strabo, was Plinius, Cornelius Nepos und Pomponius Mela über Eudoxos[2] und jene Schiffsreisen geschrieben haben.

Unter dem Vorzeichen *(Oráculo)* dieser besagten Zeugnisse auf der Basis von vielem anderen, was der Infant wußte, und aufgrund vieler Informationen, die er täglich von den Mauren aus Alarves und Azenegues bekam, die in afrikanischen Angelegenheiten bewandert waren, ließ er aufs neue jene Schiffahrtswege entdecken, die bereits von den Menschen vergessen worden waren. [...]

Aus: Damião de Góis: Cronica do Principe D. João, o Segundo do nome (1567). Cap. VII. In: Vitorino Magalhães-Godinho: Documentos sobre a expansão Portuguesa. Vol. I. Lisboa 1943, S. 136–139.   Coe/MM

11. Die „Seefahrerschule" von Sagres

In der historischen Literatur ist vielfach von einer „Seefahrtsschule" oder gar von einer „Marineakademie" die Rede, die von dem Infanten Heinrich gegründet worden sei. Zwar ist sicher, daß Heinrich der Seefahrer einschlägige Informationen über Geographie im allgemeinen sowie über die westlichen Küstengebiete im besonderen gesammelt hat und sammeln ließ. Sein Interesse galt darüber hinaus auch der Astronomie und der Nautik. Aber über die Existenz einer ausgesprochenen Schule, an der Seefahrer systematisch ausgebildet worden wären, lassen die vorliegenden Quellen kein eindeutiges Urteil zu. Am ehesten könnte noch aus dem im folgenden wiedergegebenen Bericht von Barros auf das Vorhandensein einer „Ausbildung" im engeren Sinne geschlossen werden.

---

[2] Vgl. Dok. 5, Anm. 9.

Lit: Richard Hennig: Terrae incognitae. Bd. IV. Leiden ²1956, S. 5 f. – Günther Hamann: Der Eintritt der südlichen Hemisphäre in die europäische Geschichte. Wien 1968, S. 37 f. – Jules Mees: Henry le navigateur et l'académie portugaise de Sagres. Bruxelles 1901.   MM

[...] Dabei hat [der Infant] nicht nur um den Erfolg der Entdeckungen gebetet, nein, er hat sich auch in hohem Maße der Klugheit und Geschicklichkeit bedient, um seine Ziele zu einem guten Ende voranzutreiben. Denn um jener Entdeckungsfahrten willen ließ er aus Mallorca einen gewissen Meister Jácome[1] kommen. Dieser war in der Kunst des Navigierens sehr gelehrt und stellte auch selbst Karten und Instrumente her.

Es kostete [den Infanten] viel Geld, diesen [Meister Jácome] für Portugal [este reino] zu gewinnen, um dort die portugiesischen Offiziere in seiner Kunst zu unterrichten. [...]

Aus: João de Barros: Ásia. Dos feitos que os Portugueses fizerem no descobrimento e conquista dos mares e terras do Oriente. Sexta edição actualisada na ortografia e anotado por Hernani Cidade. Notas históricas finais por Manuel Murias. Dec. I. Livr. I. Cap. XVI. Lisboa 1945, S. 66.
Coe/MM

12. Das Monopol Heinrichs des Seefahrers für Fahrten südlich des Kaps Bojador (1443)

Die im folgenden abgedruckte Urkunde verweist auf Interessen Heinrichs des Seefahrers, über die die Chronisten des 15. und 16. Jahrhunderts weitgehend schweigen. Sie belegt, daß Heinrich keineswegs nur der weltabgewandt in Sagres hausende, ausschließlich von Wißbegier und Missionseifer getriebene Prinz war, als den ihn auch die jüngere historische Literatur zum Teil noch immer darstellt.

Seine unbestrittenen wissenschaftlichen und religiösen Motive waren unauflöslich verquickt mit Interessen, die eher dem ökonomischen Bereich zuzuordnen sind. Als Inhaber bedeutender Kronlehen – darunter waren der Madeira-Archipel und die Azorengruppe – stand ihm ein entwicklungsträchtiges ökonomisches Potential zur Verfügung, das es entsprechend zu nutzen galt. Der Plan, die Azoren zu besiedeln und dort unter anderem Viehzucht zu betreiben, verfolgte dieses Ziel. Darüber hinaus war Heinrich dem Seefahrer an dem weiteren Ausbau der Nutzungsmöglichkeiten seines Inselreiches auch im Hinblick auf die afrikanische Westküste gelegen. Hierfür ließ er sich von seinem seinerzeit noch im Kindesalter befindlichen Neffen, dem König Afonso V., 1443 das Monopol für jeglichen Handel südlich des Kaps Bojador übertragen. Begründet wurde diese Übertragung mit den hohen Ausgaben, die dem Infanten bis dahin durch seine Entdeckungsfahrten entstanden waren – eine Begründung, die nicht zu überzeugen vermag, da, wie Heinrichs „Hofchronist", Zurara, andeutet, die Kosten der Entdeckungsfahrten bis zur Umrundung des Kaps Bojador durch Gil Eanes (1434)

---

[1] Es handelt sich hier um Jaffuda Cresques, den Sohn des berühmten Kartographen Abrão Cresques, den Zeichner und Autor der Weltkarte von 1375. Jaffuda Cresques (Meister Jácome) war zwischen 1420 und 1427 in Portugal. Vgl.: Vitorino Magalhães-Godinho: Documentos sobre a expansão portuguesa. Vol. I. Lisboa 1943, S. 136, Anm. 4.

zumeist durch Piraterie und Sklavenraub an den maurischen Afrikaküsten wieder ausgeglichen wurden.

    Lit.: Vitorino Magalhães-Godinho: A écomonia dos descobrimentos henriquinos. Lisboa 1962 – Charles Verlinden: Les débuts de la traite portugaise en Afrique. In: Miscellanea mediaevalia in memoriam Jan Frederik Niermeyer. Groningen 1967, S. 365–378.   MM

Dom Afonso etc. Allen, die diesen Freibrief lesen, tun Wir kund, daß der Infant Dom Henrique, Mein hochgeschätzter und geliebter Onkel, in der Überzeugung, Gott damit zu dienen, beschlossen hat, seine Schiffe über das Meer zu schicken, um die Länder jenseits des Kaps Bojador zu erkunden. Denn bislang gab es keinen Christen, der etwas über [diese Gegenden] wußte. Niemand wußte, ob die Länder dort bewohnt waren, oder einen Namen hatten. Auch in [Unseren] Land- und Weltkarten waren sie nicht verzeichnet. Man mußte die Länder jenseits des Kaps Bojador also auf eigenes Risiko erkunden.

    Weil dies aber Fahrten ins Ungewisse waren und die Seeleute die Fahrt dorthin nicht wagten, mußte [der Infant] vierzehnmal Schiffe losschicken, bevor er etwas über jene Länder in Erfahrung bringen konnte und man ihm etwa 38 gefangene Mauren [als Beute und Beweis für ihre Bewohntheit] mitbrachte[1]. Der Infant ließ daraufhin Seekarten anfertigen und teilte Uns mit, daß es sein Wunsch sei, die Schiffe noch weiter fahren zu lassen, um Informationen über jene Länder zu erlangen. Und er bat Uns um die Gnade, ihm Unseren Freibrief zu gewähren, daß niemand ohne seine Erlaubnis oder seinen Auftrag, weder zu Kriegs- noch zu Handelszwecken[2], in diese Gegenden fahren dürfe. Und über diejenigen, die er dorthin schicken würde, sollten Wir ihm – wie es Uns zusteht – das Recht, den Fünften oder den Zehnten ihrer Beute zu erheben, einräumen.

    Und weil Wir seine Ziele genau kennen und wissen, welch große Summen aufgewendet werden mußten und noch in Zukunft aufzuwenden sind, hegen Wir die Überzeugung, daß, solange Mein Onkel lebt, niemand ohne seine Erlaubnis jenseits des Kaps Bojador seine Schiffe fahren lassen soll.

    Diejenigen, die dies trotzdem wagen sollten, sollen dem Infanten, Meinem Onkel, sowohl das Schiff bzw. alle beteiligten Schiffe, als auch alles, was sie an Beute mitbringen, ausliefern müssen. Und Wir befehlen Unserem Obersten Richter *(corregedor da côrte)* und allen Unseren Gerichten, daß sie [diesen Freibrief] anerkennen *(que assim o cumpram)* und weder Zweifel noch Behinderung dulden. Falls aber dagegen verstoßen werden sollte, soll man sicher sein, daß Wir die Zuwiderhandlungen verfolgen werden, so wie Wir grundsätzlich diejenigen verfolgen, die Unsere Befehle nicht achten.

    Wir wollen [den Infanten] unterstützen, da sich dies auch bisher ausgezahlt

---

    [1] Vor der Umsegelung des Kaps Bojador durch Gil Eanes hegte man den Glauben, die Länder jenseits dieses Punktes seien unbewohnt bzw. unbewohnbar.

    [2] Der Hinweis auf Kriegszwecke nimmt Bezug auf die wichtigste Einnahmequelle jener Fahrten, nämlich den Sklavenhandel. Die Sklavennahme wurde als Kriegshandlung interpretiert und hatte formal eine kriegerische Auseinandersetzung zur Voraussetzung.

hat und weil Wir ihm eine Gnade erweisen wollen. Wir halten es aber darüber hinaus für angebracht, ihm den Fünften oder den Zehnten dessen zuzugestehen, was die Schiffe, die er [in die Länder südlich des Kaps Bojador] schickt, oder die mit seiner Erlaubnis dorthin fahren, mitbringen. Wir befehlen Unserer Verwaltung, diesen Freibrief aufzubewahren. Sie soll die Anweisungen des Infanten gemäß dem Freibrief befolgen [. . .].

Gegeben in Vila de Penela am 22. Oktober 1443 durch Vollmacht des Regenten, des Infanten Dom Pedro³, etc. Ausgefertigt durch Afonso Anes.

Aus: José Ramos-Coelho (ed.): Alguns Documentos do Archivo Nacional da Torre do Tombo açerca das navegações e conquistas Portuguesas. Lisboa 1892, S. 8–9. Coe/MM

13. Das Testament Heinrichs des Seefahrers (1460)

Am 28. Oktober 1460, knapp drei Wochen vor seinem Tode am 13. November des gleichen Jahres, machte Heinrich der Seefahrer sein Testament. Als Großmeister des zum Kampf gegen die Mauren geschaffenen Christusordens, als Inhaber zahlreicher Kronlehen, Privilegien und daraus folgender Verantwortlichkeiten hatte er, wie das im folgenden abgedruckte Dokument zeigt, eine Fülle von Fragen zu regeln, als er im Alter von 66 Jahren dem Tod entgegensah. Das Testament macht aber gleichzeitig deutlich, welche außerordentliche politische, aber vor allem ökonomische Macht Heinrich der Seefahrer im Laufe der Jahre in seiner Hand zusammengefaßt hatte: die Großmeisterwürde des Christusordens, das Herzogtum Vizeu, die Herrschaft Covilhã, die Befreiung von dem an die Krone zu zahlenden „Quinto" für Prisen zur See (1433), das Kap Trasfalmenar (1433), die Ortschaft Vila de Goveia (1447), Herrschaft, Gerichtshoheit und Steuereinnahmen der Städte Lagos und Alvor, die Orte Berlengas und Baleal (1449), das Monopol des Thunfischfanges an der Algaveküste, das Monopol von Seifenherstellung und -verkauf, die Inseln Porto Santo, Madeira und Deserta, das Monopol des Handels an der afrikanischen Küste zwischen Kap Cantim und Kap Bojador, oder bei entsprechender Weitervergabe den „Quinto" aus alten Einnahmen (1449), das Handelsmonopol für alle Gebiete südlich des Kaps Bojador (1443), die Azoren, die Stadt Santiago.

Jüngere historische Untersuchungen bezeichnen angesichts dieser beeindruckenden Akkumulation ökonomischer Macht die *Casa senhorial*¹ des Infanten D. Henrique als die wohl mächtigste wirtschaftliche Potenz Portugals zu seiner Zeit.

Daß das wirtschaftliche Großunternehmen Heinrichs des Seefahrers nach einer gewissen Autonomie von der Krone strebte, liegt nahe. Bereits die Entscheidung Heinrichs, sich mit den von ihm organisierten Entdeckungsfahrten entlang der afrikanischen Westküste auf ein Terrain zu begeben, das sich weitgehend einer Kontrolle durch die Krone entzog, läßt gewisse Autonomiebestrebungen erkennen. Der Chronist Barros spricht dies deutlich aus.

---

³ Nach dem Tode des Königs Duarte (1439) führte ein weiterer Bruder Heinrichs des Seefahrers, D. Pedro, bis 1448 als Regent die Staatsgeschäfte für den noch minderjährigen späteren König Afonso V. Gerade unter der Regentschaft D. Pedros erlangte der Infant eine auffallend große Zahl von Privilegien.

¹ Als *Casa Senhorial* wird die Hausmacht der Angehörigen des portugiesischen Königshauses bezeichnet. Sie umfaßt sowohl die materiellen Besitzungen als auch die Gefolgsleute.

In der Tat liegt eine Fülle von Urkunden vor, die Autonomiebestrebungen des Infanten erkennen lassen. Auf „seinen" Inseln *(minhas Ilhas)* beanspruchte er „königliche Autorität" *(real authoridade como senhor das ilhas).*

Erst kurz vor seinem Tode (nach Auseinandersetzungen mit Afonso V.) warf Heinrich das Steuer herum. Am 18. September 1460 schenkte er die Azoren der Krone, und in seinem Testament schließlich ließ er auch die Eckpfeiler seiner Herrschaft, die Inseln Madeira, Porto Santo und Deserta, Guinea mit den „vorgelagerten Inseln"² sowie Lagos und Alvor an die Krone zurückfallen.

Lit.: Vitorino Magalhães-Godinho: Documentos sobre a expansão portuguesa. Vol. I. Lisboa 1943 – Charles Verlinden: Henri le Navigateur songea-t-il a créer un „Etat Insulaire"? In: Revista Portuguesa de História. Tom. XII. Miscellanea P. Merea. Coimbra 1969, S. 281–292 – Charles Verlinden: Perspectiefverschuiveningen in de vroege geschiedenis der Europese expansie. Brüssel 1980.   MM

Im Namen Unseres Herrgottes, der vollkommenen Dreifaltigkeit, an die ich ohne einen Zweifel glaube, wie es die Heilige Römische Kirche befiehlt, und im Namen Unseres Herrn Jesus Christus und seiner gebenedeiten Mutter, Unserer heiligen Maria, mache ich, der Infant D. Henrique, Großmeister des Christusordens, Herzog von Vizeu und Herr von Covilhã, bei vollem Verstande und im Angesicht des Todes, nicht wissend, was kommen wird und wohin ich gehe, wie folgt mein Testament:

Zuerst befehle ich Gott, dem Herrn, meine Seele und meinen Körper und bitte ihn, mich bei der Auferstehung zu erlösen und mich in seiner großen Güte und Barmherzigkeit unter seine Heiligen aufzunehmen. Und ich bitte Maria, die Mutter des Erbarmens, daß sie Gott für mich um Barmherzigkeit und Erlösung bitte. Auch den Heiligen Ludwig, dem ich seit meiner Geburt anbefohlen bin, bitte ich, für mich mit allen Heiligen des Himmels bei Gott um Erlösung zu flehen.

Item. Ich befehle, daß mein Körper in das für mich vorgesehene Grabmal in der Klosterkirche von Santa Maria da Vitória gelegt wird, in dem auch mein Vater, der König [João I.] ruht. Falls ich an einem anderen Ort sterbe, möchte ich dorthin gebracht und begraben werden. Messe und Gebete [...] sowie alles, was mein Testament befiehlt, sollen getreulich durchgeführt werden, damit ich ruhigen Gewissens sterben kann.

Item. Ich befehle, daß die drei Lieder *(capelas),* die für ewige Zeiten in dieser Klosterkirche gesungen werden, entsprechend dem [gesondert beiliegenden] Brief gesungen werden sollen. Eine Kopie davon befindet sich im Kloster von Tomar [...].

Item. Der König, mein Herr, hat es für gut gehalten, mir die Rentengefälle, die er mir zu Lebzeiten gewährt hat, noch für drei Jahre über meinen Tod hinaus zu belassen, damit ich mein Gewissen erleichtern kann³. Die besagten Gefälle sind [in einem gesonderten] Register aufgeführt. Darüber hinaus handelt

---

² Gemeint sind hier die Kapverdischen Inseln.
³ Heinrich meint hier die Begleichung seiner Verbindlichkeiten.

es sich um meine Seifenmanufakturen, die Inseln Madeira, Porto Santo und Deserta. Dazu kommen die Guineaküste und die ihr [vorgelagerten] Inseln sowie ihr gesamter Ertrag, der Fünfte von den Rabenfischern[4] [an der Algarveküste] sowie Lagos und Alvor. Aus diesen Erträgen und aus allem, was mir gehört, sollen bei meinem Tode die folgenden Ausgaben getätigt werden:

Item. Mein Grabmal, wie ich bereits bestimmt habe.

Item. Alle Schulden, die durch Quittungen belegt oder durch glaubwürdige Aussagen bestätigt werden, soll man bezahlen. Dies gilt auch für die Verbindlichkeiten von mir beauftragter Einkäufer oder anderer meiner Beamten [. . .]. Die Schulden sollen als erstes nach meinem Begräbnis beglichen werden.

Item. Ich befehle, daß danach meine Dienstleute, ihre Wohnungen und ihr Unterhalt bezahlt werden [. . .].

Item. Falls danach noch weitere Verbindlichkeiten bestehen sollten, befehle ich ebenfalls deren Bezahlung, falls sie zu Recht eingefordert werden.

Item. Für viele meiner Dienstleute, die mir Unterhalt und Fürsorge verdanken, wäre der Wegfall dieser Unterstützung verhängnisvoll, und das würde mein Gewissen belasten. Deshalb bitte ich untertänig den König, meinen Herrn, und den Infanten D. Fernando, meinen hochgeschätzten Sohn[5], [. . .] sie weiterhin zu unterstützen, sie wie bisher zu bezahlen und ihre Dienste anzunehmen, als ob sie ihre eigenen Diener wären. Dies wird Gott wohlgefällig sein.

Item. Ich hinterlasse Rentengefälle für die Befreiung Gefangener und für ewige Almosen. Meinen Testamentsvollstrecker bitte ich, so zu verfahren. Im Konvent zu Tomar findet sich eine entsprechende Ausführungsbestimmung.

Item. Ich bitte den König, meinen Herrn, mein Testamentsvollstrecker zu sein, denn alles, was dieses Testament enthält, gehört ihm. Ich hinterlasse ihm als meinem Erben alles, was mir bis zu meinem Tode gehört, alle beweglichen und festen Sachen, ausgenommen das, worüber ich den Infanten D. Fernando, meinen [angenommenen] Sohn, als Erben eingesetzt habe, [. . .] nämlich Lagos, die Insel Madeira und einige andere Dinge, die er für sich und seine Nachkommen erbeten hatte.

Item. Da der König [eigentlich] nicht [in eigener Person] mein Testamentsvollstrecker sein darf, bitte ich ihn darum, jemanden, den er für fähig hält, sowie einen Testamentsaufseher *(vèdor do testamento)*, dazu zu ernennen und sie [mit der Testamentsvollstreckung] zu beauftragen.

Item. Zum Lobpreis Gottes hatte ich viele Dienstleute. Einige habe ich mit Komtureien, andere mit Kirchenpfründen, wieder andere mit Heiratsverbindungen, mit Vermögen und Dienststellungen belohnt. Andere schließlich lebten bei mir und verdienten nicht, was ich ihnen gab. Ich bitte daher meinen Testamentsvollstrecker darum, alle entsprechend zu berücksichtigen. Falls sich

---

[4] Gemeint ist der Thunfischfang, dessen Monopol Heinrich besaß.
[5] Heinrich hatte D. Fernando als Erben adoptiert.

jemand finden sollte, der mir zu Diensten war, soll dieser nach Ermessen ent-
lohnt werden.

Item. Es wäre möglich, daß ich alle meine Schulden noch zu Lebzeiten begleichen, meine Diener entlohnen und auch für mein Grabmal genug hinterlassen kann. Dann hätte der König nichts weiter zu tun. Ich setze ihn jedoch
trotzdem, wie oben angeordnet, als Erben ein, damit er die Aufgabe wahrneh-
men kann, meine Angelegenheiten weiterzuführen. Und ich bitte ihn, dafür
Sorge zu tragen, daß auch die anderen Könige, seine Nachfolger, sie weiter-
führen[6]. Das erbitte ich um der Liebe und Gnade Gottes willen. Und weil dies
mein Wille ist, soll er eingehalten werden und gelten.

Um der Richtigkeit willen habe ich dies mit eigener Hand geschrieben und
mit dem Siegel meiner Gemme, meinem Wappensiegel sowie meinem großen
Wappensiegel siegeln lassen.

Gegeben in Vila do Infante am 28. Oktober 1460. Ich habe es mit eigener
Unterschrift versehen.

[... Es folgen Einzelbestimmungen bezüglich der weitverstreuten Besitzungen und Gefälle Heinrichs].

Aus: Vitorino Magalhães-Godinho: Documentos sobre a expansão portuguesa. Vol. I. Lisboa
1943, S. 157–161.   Coe/MM

14. Die vermeintlichen Gefahren des Kaps Bojador

Bis zum Beginn der dreißiger Jahre des 15. Jahrhunderts hatten sich die überseeischen
Entdeckungsfahrten der Portugiesen meist im Bereich der Atlantikinseln bewegt. Erst
zu diesem Zeitpunkt begannen die zielstrebigen Versuche, entlang der afrikanischen
Westküste in geographisches Neuland vorzustoßen.

Dabei galt es zunächst einmal, von Generation zu Generation weitererzählte aber-
gläubische Vorstellungen von den Schrecknissen und Gefahren, die jenseits des Kap
Bojador auf den Seemann lauerten, zu überwinden. Man glaubte, die Hitze, die die
Portugiesen von der Sahara her kannten, nehme nach Süden hin weiter zu und mache
die dortigen Länder unbewohnbar. Auch wurde die – immerhin von der hohen Autorität des Kirchenvaters Augustinus bezeugte – Vorstellung für wahr gehalten, die heiße
Zone jenseits der Sahara sei von merkwürdigen und gefährlichen Fabelgeschöpfen bewohnt. Auch die südlichen Meere wurden wegen der großen Hitze für unschiffbar gehalten. Die Glut der Sonne lasse die als „Lebermeer" bezeichnete See gerinnen und
halte die Schiffe fest. Auch von einem „Magnetberg" drohe den Seeleuten Gefahr, der
alles Eisen aus ihren Schiffen an sich ziehe und diese damit zum Auseinanderfallen
bringe.

Diese zunächst unausrottbar erscheinenden Zwangsvorstellungen der Seeleute waren es, die Heinrich der Seefahrer – durch Versprechungen und Sanktionen – zu überwinden hatte, bevor die Fahrten entlang der afrikanischen Westküste recht eigentlich
beginnen konnten und Gil Eanes schließlich im Jahre 1434 nach einem zunächst fehlgeschlagenen Versuch das Kap Bojador als erster zu umsegeln vermochte.

Lit.: Richard Hennig: Terrae incognitae. Bd. IV. Leiden ²1956, S. 81–86.   MM

---

[6] Hier handelt es sich um eine Bezugnahme auf die überseeischen Expansionspläne Heinrichs.

Gründe, warum bisher nicht über Kap Bojador hinaus gesegelt wurde

Obwohl viele Männer hinausfuhren – und es waren Männer, die sich wegen ihrer Erfahrungen bei großen Taten und im Gebrauch ihrer Waffen einen Namen gemacht hatten –, wagte doch keiner, über jenes Kap Bojador hinauszusegeln, um das Land jenseits [des Kaps] kennenzulernen, wie der Infant es wünschte.

Und dies – um die Wahrheit zu sagen – lag nicht etwa an einem Mangel an Mut oder gutem Willen, sondern daran, daß sie es mit etwas vollständig Neuem zu tun hatten. Diese Tatsache vermischte sich mit alten Sagen, die sich, gleichsam vom Vater auf den Sohn vererbt *(quase par sucessão de gerações),* unter den spanischen Seeleuten hielten. Und obwohl sie [offensichtlich] falsch waren, so erschien doch der Gedanke, etwas zu entdecken, falls sie [die Sagen] sich doch als richtig erweisen sollten, als etwas Erschreckendes. Und es war sehr zweifelhaft, wer der erste sein sollte, sein Leben in solch einem Abenteuer aufs Spiel zu setzen.

„Wie sollen wir", so sagten die Seeleute, „die Grenzen überschreiten, die unsere Vorfahren aufgerichtet haben?" „Welchen Nutzen hat der Infant davon, wenn wir unsere Seelen verlieren und dazu noch unsere Körper? Wir wären ja wie Selbstmörder!"

„Hat nicht auch andere Fürsten in Spanien der gleiche Wissensdurst geplagt wie den Infanten, unseren Herrn?" Es ist ganz sicher, daß unter solch hervorragenden Fürsten und Herren, die um der Ehre ihres Andenkens willen solch große Taten vollbracht haben, sich bereits einer hätte finden müssen, der den Gedanken an ein solches Unternehmen gefaßt hätte. Aber da die Gefahr klar zu erkennen gewesen sei und keine Aussicht auf Ehre oder Gewinn bestanden habe, habe derjenige sicher wieder davon ablassen müssen.

„Das ist ganz klar", sagten die Seeleute: „Jenseits dieses Kaps gibt es niemanden. Dort wohnt kein Mensch. Das Land ist nicht weniger sandig als die Wüsten von Libyen. Es gibt dort kein Wasser, auch keine Bäume oder grüne Pflanzen. Und das Meer ist so seicht, daß es eine Legua vom Land entfernt kaum einen Faden *(braça)* tief ist. Die Gezeiten aber sind so stark, daß Schiffe, die das Kap einmal passiert haben, niemals in der Lage sind, wieder zurückzukehren"[1]. [...]

So groß war die Furcht der Seeleute, daß sie sogar der Schatten der Angst schreckte. Und das war die Ursache für sehr große Unkosten, die der Infant zwölf Jahre lang ohne Unterlaß aufbrachte, indem er jedes Jahr zu Lasten seiner Einkünfte seine Schiffe in jene Region schickte. Aber keines dieser Schiffe wagte es, das Kap zu umsegeln. Einige flohen sogar an die Küste von Granada, um der Schande zu entgehen, den Auftrag ihres Herrn nicht ausgeführt zu

---

[1] In der Tat weist der Atlantik im Bereich des Kap Bojador eine Fülle gefährlicher Sandbänke und Untiefen auf. Im übrigen findet der Aberglaube der portugiesischen und spanischen Seeleute seine Entsprechung in der arabischen Überlieferung eines „mare tenebrosum" südlich der Kanarischen Inseln.

haben. Andere wiederum segelten an die Levanteküste, nahmen dort viele Ungläubige gefangen und kehrten mit diesen auf ehrenvolle Weise ins Königreich heim.

Aus: Gomes Eanes de Zurara: Crónica dos feitos de Guiné. A.J.Dias Dinis (ed.). Vol. II. Cap. VIII. Lisboa 1949, S. 47–52.   MM

15. Gil Eanes umrundet das Kap Bojador (1434)

Im Jahre 1434 – zwölf Jahre nach Beginn der im Auftrage Heinrichs des Seefahrers durchgeführten Entdeckungsfahrten – war es Gil Eanes, dem es auf seiner zweiten Fahrt in jene Gebiete endlich gelang, den psychologischen Bann zu durchbrechen, mit dem das Kap Bojador bis dahin in den Augen der Seeleute verbunden war. Zu seinem großen Erstaunen fand Gil Eanes jenseits des Kaps nichts von den besonderen Gefahren und Schrecknissen jenes gefürchteten „Schwellenbereichs" der Erde vor. Die sich rasch verbreitende Kunde von dieser eher psychischen als nautischen „Pionierleistung" des Eanes war es, die die bis dahin recht zäh verlaufenen Unternehmungen Heinrichs des Seefahrers nunmehr in eine Phase zielstrebigen Fortschreitens eintreten ließen.

Lit.: Günther Hamann: Der Eintritt der südlichen Hemisphäre in die europäische Geschichte. Wien 1968, S. 49–52 – Richard Hennig: Terrae incognitae. Bd. IV. Leiden ²1956, S. 81–91.   MM

Der Infant empfing die Kapitäne der Schiffe, die er ausgesandt hatte [. . .], stets mit der gleichen Geduld. Er ließ sie niemals irgendeine Verstimmung (*reprendimento*) spüren, hörte sich huldvoll ihre Abenteuer an und behandelte sie als Männer, die ihm gute Dienste erwiesen hatten. Und bald darauf sandte er sie oder andere Ausgewählte seines Hauses wiederum auf die gleiche Fahrt [. . .]. Und von Mal zu Mal war die ausgesetzte Belohnung für denjenigen größer, der ihm das ersehnte Wissen bringen würde.

Und endlich – nach 12 Jahren – ließ der Infant [aufs neue] eine Barke ausrüsten. Kapitän war einer seiner Gefolgsleute, nämlich Gil Eanes, den er später zum Ritter schlagen und reich belohnen sollte. Dieser Kapitän fuhr die gleiche Route wie die anderen und wurde auch von derselben Angst befallen. Er fuhr nicht über die Kanarischen Inseln hinaus, nahm dort einige Gefangene und kehrte ins Königreich zurück. Dies geschah im Jahre 1433 nach Christus.

Aber im darauffolgenden Jahr ließ der Infant wieder die gleiche Barke ausrüsten, sandte nach Gil Eanes, sprach mit ihm unter vier Augen und beschwor ihn, alles ihm Mögliche zu tun, um das Kap zu überwinden. [. . .]

„Du kannst dort keiner Gefahr begegnen", sagte der Infant, „die so groß wäre, daß die Hoffnung auf Belohnung sie nicht vergessen machen könnte. In der Tat, ich staune über diese Einbildungen und Chimären, von denen ihr alle besessen seid. Wenn diese Dinge auch nur das geringste Gewicht hätten, würde ich ja für euch eine Entschuldigung finden. Aber ich bin erstaunt, daß ihr diese [Vorstellungen] von einigen wenigen Seeleuten übernehmt, die nur die

Seefahrt nach Flandern kennen und nach anderen Häfen, die sie anzulaufen pflegen. Sie kennen noch nicht einmal die Anwendung des Kompasses oder können eine Seekarte benutzen. Lasse dich also durch ihre Vorstellungen nicht von deiner Fahrt abhalten, denn mit Gottes Hilfe wirst du durch sie nur Ehre und Gewinn erzielen".

Der Infant verfügte über große Autorität. Seine Vorhaltungen – auch die geringsten – mußten für einen klugen Mann von großem Gewicht sein. Und das erwies sich bei dieser Gelegenheit [. . .]. Gil Eanes nahm sich fest vor, nicht wieder vor seinem Herrn zu erscheinen, ohne seinen Auftrag ausgeführt zu haben.

Gesagt, getan, auf dieser Reise achtete er alle Gefahr gering, umrundete das Kap und fand dort die Dinge völlig anders, als er und andere sie sich bisher vorgestellt hatten. [. . .]

Nach seiner Rückkehr berichtete er dem Infanten, wie die Reise verlaufen war. Er habe ein kleines Boot *(batel)* zu Wasser gelassen und sich der Küste genähert, sei dann an Land gegangen und habe aber niemanden, auch nicht das geringste Anzeichen irgendeiner Bevölkerung, gefunden. „Damit ich aber, oh Herr", sagte Gil Eanes, „ein Wahrzeichen meiner Anwesenheit in jenem Lande vorweisen kann, habe ich [. . .] jene Pflanze mitgebracht, die man in unserem Königreich Rose der Heiligen Maria nennt".

Aus: Gomes Eanes de Zurara: Crónica dos feitos de Guiné. A. J. Dias Dinis (ed.). Vol. II. Cap. IX. Lisboa 1949, S. 53–56. MM

16. Nuño Tristão und Antão Gonçalves am Kap Blanco (1441)

Vier Jahre nach dem fehlgeschlagenen Unternehmen gegen Tanger[1] ließ Heinrich der Seefahrer die vorübergehend eingestellten Entdeckungsfahrten wieder aufnehmen. Nuño Tristão und Antão Gonçalves, der erstere einer der bedeutendsten Kapitäne seiner Zeit, stießen im Jahre 1441 mit zwei Karavellen bis zum Kap Blanco vor.

Dabei war jedoch der geographische Raumgewinn nicht das wichtigste Ergebnis ihrer Unternehmung. Ähnlich wie auch schon bei früheren Entdeckungsfahrten entlang der afrikanischen Westküste wurden die Portugiesen in kriegerische Auseinandersetzungen mit Eingeborenen verwickelt. Diese unterschieden sich jedoch auf Grund ihrer schwarzen Hautfarbe deutlich von den Menschenrassen, die man bisher in Europa kannte.

Tristão und Gonçalves machten im Verlauf der Auseinandersetzungen einige Gefangene, die man als Sklaven nach Portugal verbrachte. Waren diese Sklaven auf Grund ihres fremdartigen Äußeren und ihrer Hautfarbe zunächst noch eine Sensation, so

---

[1] Im Jahre 1437 unternahm ein portugiesisches Heer unter der Führung der Infanten Heinrich (des Seefahrers) und Ferdinand einen Angriff gegen das militärisch gut gesicherte Tanger. Die Araber waren jedoch, da die Portugiesen über Land angriffen, vorgewarnt und brachten das portugiesische Heer in arge Bedrängnis. Gegen Stellung des Infanten Ferdinand als Geisel und das Versprechen, Ceuta zurückzugeben, erhielten die Portugiesen freien Abzug. Da man das Versprechen jedoch nicht hielt, kam der Prinz nach dreijähriger Gefangenschaft ums Leben.

stellte sich bald heraus, daß Tristão und Gonçalves den Grundstein zu einem Geschäft gelegt hatten, das sich in der Folgezeit als sehr profitabel erwies.

Der im folgenden abgedruckte Bericht Zuraras bietet eine den Sklavenraub legitimierende Interpretation dieses Vorganges, die die religiösen Motive des Infanten Heinrich und das Seelenheil der zu missionierenden Sklaven im Vordergrund sieht. Eine moralisierende Verurteilung der Sklavennahme mußte Zurara fernliegen, da die Versklavung in kriegerischen Auseinandersetzungen gefangener Feinde nach damaligen Vorstellungen durchaus rechtens war.

Lit.: Vitorino Magalhães-Godinho: A economía dos descobrimentos henriquinos. Lisboa 1962 – Duarte Leite: História dos descobrimentos. 2 vol. Lisboa 1959–1962 – Charles Verlinden: Les débuts de la traite portugaise en Afrique. In: Miscellanea mediaevalia in memoriam Jan Frederik Niermeyer. Groningen 1967, S. 365–378.   MM

Wie Antão Gonçalves und später Nuño Tristão vor dem Infanten [Heinrich] *mit ihrer [Kriegs-]Beute erschienen*

Ich kann die Ankunft der Schiffe bei unserem Prinzen mit der Nachricht, daß diese Sklaven gefangen worden waren, nicht beschreiben, ohne dabei eine gewisse Erbauung zu empfinden. Weil ich seine Freude wie mit eigenen Augen sehe und welcher Art sie gewesen sein mag. Denn gerade dann, wenn Dinge so herbeigesehnt werden und wenn um ihretwillen so zahlreiche und schwere Anstrengungen unternommen werden, dann ist die Freude um so größer, wenn ein Mann sie schließlich besitzt.

Oh, heiliger Prinz, vielleicht mag Dein Vergnügen und Deine Freude oberflächlich *(sob algũa semelhança)* den Anschein von Habgier geboten haben, als Du die Kenntnis von dieser Menge von Reichtümern erlangtest, ebenso groß wie diejenigen, die Du ausgegeben hattest, um dies Ergebnis zu erzielen? Und nun, wo Du die Anfänge eines Ausgleichs dafür siehst, sollten wir nicht annehmen, daß Du Freude empfindest nicht so sehr wegen der Anzahl der gemachten Gefangenen als wegen der Hoffnung, die Du hegen konntest, weitere zu gewinnen?

Aber sicherlich war es Deinem edlen Herzen fremd, aus solch unbedeutendem Wohlstand ein Geschäft zu machen! Und mit Recht kann ich ihn unbedeutend nennen im Vergleich zu Deiner Größe, ohne die Du niemals fähig oder auch nur in der Lage gewesen wärest, einen Teil Deiner Taten zu vollbringen.

Aber Deine Freude entsprang ausschließlich aus jener Deiner einen heiligen Absicht [. . .], nämlich Erlösung zu suchen für die verlorenen Seelen der Heiden.

Und in diesem Lichte erschien es Dir, als Du sahst, wie diese Gefangenen Dir vorgeführt wurden, daß die Ausgaben und Ärgernisse, die Du auf Dich genommen hattest, dagegen nichts waren: so groß war Dein Vergnügen, als Du sie sahst.

Und doch war der größere Nutzen auf ihrer [der Gefangenen] Seite, auch wenn sie äußerlich *(os seus corpos)* nun eine gewisse Unterwerfung erfahren mußten; dies war eine Kleinigkeit in Anbetracht ihrer Seelen, denen nun für ewig wahre Freiheit eignete. Antão Gonçalves erschien als erster mit seiner Beute, und dann kam Nuño Tristão an, dessen gegenwärtiger Empfang und dessen zukünftige Belohnung eine Antwort waren auf die Mühen, denen er sich unterzogen hatte [. . .].

Aus: Gomes Eanes de Zurara: Crónica dos feitos de Guiné. A. J. Dias Dinis (ed.). Vol. II. Cap. XIV. Lisboa 1949, S. 82–83.   MM

17. Die Entdeckung der östlichen Kapverden durch Alvise da Ca'da Mosto und Antoniotto Usodimare (1456)

Nach einer Anzahl von Seereisen, vorwiegend im Mittelmeerraum und in einem Falle bis nach Flandern, trat der Venezianer Alvise da Ca'da Mosto 1454 in die Dienste Heinrichs des Seefahrers. Dieser betraute den Italiener bereits 1455 mit einer Expedition zum Gambiastrom. Sein Auftrag war es, in ostwärtiger Richtung stromaufwärts vorzustoßen und nach Möglichkeit Näheres über das dort vermutete Reich des „Erzpriesters Johannes" in Erfahrung zu bringen. Bereits in der Flußmündung stieß er jedoch auf heftigen Widerstand der Eingeborenen, so daß das Unternehmen abgebrochen werden mußte (vgl. Bd. 1, Dok. 52).

Im nächsten Jahr wurde ein neuer Versuch unternommen. Gemeinsam mit dem Genuesen Antoniotto Usodimare, den er auf seiner ersten Fahrt am Gambia getroffen hatte, brach Ca'da Mosto von Lagos auf. In Höhe des Kaps Blanco kam die aus drei Schiffen bestehende Flotte jedoch in einen Sturm, der sie nach Südwesten vom Kurs abtrieb. Durch Zufall entdeckte man auf dieser Irrfahrt den östlichen Teil der Kapverdischen Inselgruppe. Hierbei handelte es sich um eine wirkliche Erstentdeckung. Den Geographen der Antike waren die Kapverden unbekannt. Ca'da Mosto hat die Entdeckung der Inseln in seinen „Navigazzioni", die 1507 das erste Mal in Vicenza erschienen sind, geschildert.

Lit.: Vitorino Magalhães-Godinho: Documentos sobre a expansão portuguesa. Vol. III. Lisboa 1956 – Richard Hennig: Terrae incognitae. Bd. IV. Leiden² 1956 – Charles Verlinden: Navigateurs, marchands et colons italiens au service de la découverte et de la colonisation portugaise sous Henri le Navigateur. In: Le Moyen Âge (1958), S. 467–497.   MM

Im folgenden Jahr[1] rüsteten derselbe genuesische Edelmann[2] und ich zwei Karavellen aus, um jenen Fluß[3] zu erkunden. Nachdem wir den Infanten davon unterrichtet hatten, ohne dessen Lizenz wir nicht hätten auslaufen dürfen, war dieser sehr erfreut und schickte eine von ihm ausgerüstete Karavelle mit, die uns begleiten sollte.

---

[1] Ca'da Mosto kam 1455 von seiner ersten Reise zum Kap Verde zurück. Gemeint ist also 1456.

[2] Gemeint ist Usodimare, mit dem Ca'da Mosto auf seiner ersten Reise zusammengetroffen war.

[3] Ca'da Mosto war auf seiner ersten Reise bis zum Gambia gelangt. Dieser war bereits 1446 von Nuño Tristão entdeckt worden.

Eilig mit allem Notwendigen ausgestattet, verließen wir den Platz, der Lan-chus[4] genannt wird und in der Nähe des Kaps São Viçente liegt. Es war An-fang März, wir hatten günstigen Wind und nahmen Kurs auf die Kanaren, die wir nach wenigen Tagen erreichten. Da die Zeit günstig war, hielten wir es nicht für vorteilhaft, diese Inseln anzulaufen, sondern hielten stetig unseren südlichen Kurs. Und mit Hilfe einer Strömung, die stark nach SW trieb, ging es sehr schnell vorwärts.

Schließlich erreichten wir Kap Blanco, [...] und wandten uns ein wenig seewärts. In der folgenden Nacht kam ein Sturm aus SW auf. Um nicht zu-rückgetrieben zu werden, mußten wir WNW steuern [...], so hart als möglich am Wind. Dies dauerte zwei Nächte und drei Tage. Am dritten Tag sichteten wir Land, und jeder rief: „Land, Land!", aber wir staunten sehr, denn uns war von einem Land in dieser Gegend nichts bekannt. Zwei Mann im Ausguck meldeten zwei große Inseln. Als wir das hörten, dankten wir Gott, der uns zu neuen Entdeckungen geleitet hatte. Wir wußten nämlich genau, daß bisher keine solchen Inseln in Spanien[5] gemeldet worden waren.

Um uns zu vergewissern [ob diese Inseln unbewohnt waren], und um unser Glück weiter zu versuchen, segelten wir näher an eine von ihnen heran, [...] warfen Anker, und als das Wetter günstig war, ließen wir ein Boot zu Wasser. Gut bemannt wurde es an Land geschickt, um festzustellen, ob es dort irgend-welche Bewohner gab. [...] Aber wir fanden keine Spuren oder sonstigen An-zeichen, aus denen auf Menschen hätte geschlossen werden können. Nach-dem mir dies gemeldet worden war, [...] sandte ich am folgenden Morgen zehn Männer aus. Sie waren wohlbewaffnet, mit Waffen und Armbrüsten, und hatten den Auftrag, eine höhergelegene Stelle der Insel zu besteigen, um fest-zustellen, was es sonst noch zu finden gäbe und nach Möglichkeit weitere In-seln zu sichten. [...] Tatsächlich sahen sie vom uns abgewandten Teil der Insel aus drei weitere Inseln, die wir bisher nicht entdeckt hatten.

[...] Als wir an der Küste von einer [der Inseln] entlangsegelten, die uns gut mit Wald bestanden zu sein schien, entdeckten wir die Mündung eines Flusses, der dort entsprang. Da wir annahmen, daß das Wasser gut sein würde, anker-ten wir, um unsere Vorräte zu ergänzen. Einige meiner Leute, die an Land ge-gangen waren, liefen am Strand entlang zur Mündung des Flusses. Dort fan-den sie kleine Mengen von sehr weißem, reinen Salz. Etwas davon brachten sie mit aufs Schiff zurück. [...] Außerdem sollte ich erwähnen, daß wir hier Schildkröten in großer Zahl vorfanden, von denen wir einige fingen. [...] Die Matrosen schlachteten sie und ergänzten damit unseren Lebensmittelvorrat. [...] Wir pökelten viele von ihnen ein, denn sie bedeuteten eine gute Versor-gung für die weitere Reise. [...]

Aus: Carlo Rossi (ed.): Navegações de Luís de Cadamosto. Lisboa 1944, S. 71–73.   MM

---

[4] Lagos.
[5] Gemeint ist hier die iberische Halbinsel.

18. Die Verpachtung des Guineahandels an Fernão Gomes (1469–1475)

Nach dem Tode Heinrichs des Seefahrers am 13. November 1460 fiel König Afonso V. die Aufgabe zu, die Pläne seines großen Oheims fortzuführen. Für den portugiesischen König trat jedoch wegen vielfältiger politischer und militärischer Probleme, zunächst wegen der Auseinandersetzung mit den Mauren in Nordwestafrika und später wegen des kastilischen Erbfolgekrieges (1475–1479), das Interesse an den Entdeckungsfahrten zeitweilig in den Hintergrund. So verdankt Afonso V. seinen Beinamen „der Afrikaner" wohl eher den kriegerischen Unternehmungen Portugals in Marokko als seinem persönlichen Engagement für ein Vorantreiben der Entdeckung.

Dennoch wurden zu Beginn der sechziger Jahre die zum Teil bereits unter Heinrich dem Seefahrer geplanten Entdeckungsfahrten fortgesetzt. Pedro de Sintra erkundete die Elfenbein- und die Pfefferküste im Bereich des heutigen Sierra Leone und Liberia (1460/61). Diogo Afonso entdeckte die Gruppe der westlichen Kapverdischen Inseln (1461/62), die bereits Ca'da Mosto aus der Ferne gesichtet hatte. Wie der Chronist Barros bemerkt, hatte sich, obwohl das Hauptinteresse der Krone von anderen Problemen beansprucht wurde, in dieser Zeit bereits ein lebhafter Schiffsverkehr zwischen Portugal und der Guineaküste entwickelt.

Dennoch sah sich die portugiesische Krone gegen Ende der sechziger Jahre veranlaßt, die weiteren Entdeckungsfahrten privater Initiative zu überlassen: Im November 1469 verpachtete Afonso V. den Guineahandel an Fernão Gomes, einen wohlhabenden Bürger von Lissabon (Dok. 19a). Die Verpachtung wurde für fünf Jahre vorgenommen, 1473 noch um ein weiteres Jahr verlängert (Dok. 19b) und war mit der Auflage verbunden, pro Jahr 100 Leguas Küstengebiet neu zu entdecken.

Fernão Gomes übertrug diese Aufgabe einer Reihe erfahrener Kapitäne: Soeiro da Costa erkundete die Elfenbein- und die Pfefferküste (1470), Pero de Escobar und João de Santarem drangen weiter nach Osten zur Goldküste vor, wo sie einen lebhaften Tauschhandel mit dem Landesinneren einleiteten (1470), und schließlich stießen Lopo Gonçalves und Ruy de Sequeira über den Äquator hinaus auf die südliche Erdhalbkugel vor. Im Jahre 1472 gelangte Ruy de Sequeira an den südlichsten Punkt dieser Entdeckungsphase, an das Kap Santa Catarina, und zwischen den Jahren 1472 und 1473 schließlich entdeckte Fernão do Poo die Inseln des Guineagolfes.

Die Entdeckungsleistungen unter Fernão Gomes sind somit keineswegs gering zu veranschlagen. In den Jahren 1469–1475 erbrachten sie immerhin die Erkundung der gesamten Küste des Golfes von Guinea. Am Ende dieser Periode stand jedoch nach den großen Hoffnungen, die der Ostverlauf der Guineaküste zunächst bei den Portugiesen geweckt hatte, die Erkenntnis, daß die Westküste Afrikas wieder weiter in südlicher Richtung verlief und daß die Entdeckung des Seeweges nach Indien noch weitere Anstrengungen notwendig machen würde.

Nach Auslaufen des Pachtvertrages mit Fernão Gomes im Jahre 1475 verlangsamte sich das Tempo der Entdeckungen. Afonso V. hatte den Vertrag nicht mehr weiter verlängert, da die Monopolstellung des Gomes Interessen des Hofes zu beeinträchtigten begann.

Die politische Lage auf der iberischen Halbinsel hielt jedoch die Krone ihrerseits von einem konsequenten Vorantreiben der Entdeckungsfahrten ab. Zudem zeigten sich wohl die Auswirkungen der von Toscanelli der portugiesischen Krone unterbreiteten

Pläne einer Westfahrt nach Indien, die – angesichts der Tatsache, daß ein Ende des Verlaufs der afrikanischen Westküste nach Süden nicht abzusehen war – in Konkurrenz zu der bisher von den Portugiesen verfolgten Zielsetzung traten. Erst als der Friede von Alcaçovas (1479) der portugiesischen Krone die politische Handlungsfreiheit wiedergab und Portugal das Monopol für alle Gebiete der afrikanischen Küste südlich des Kaps Bojador „bis nach Indien" zusprach, nahm das Interesse an den Entdeckungsfahrten wieder zu.

Lit.: William Blake: European beginnings in West Africa. 1454–1578. A survey of the first century of white enterprise in West Africa, with special emphasis upon the rivalry of the Great Powers. London 1937 – Günther Hamann: Der Eintritt der südlichen Hemisphäre in die europäische Geschichte. Wien 1968, S. 81–118 – Charles Verlinden: Antonio da Noli et la Colonisation des îles du Cap Vert. In: Miscellanea storica ligure. Tom. III (1963), S. 129–144.   MM

a. João de Barros über die Entwicklung des Guineahandels

In dieser Zeit[1] hatte sich der Guineahandel zwischen unseren Leuten und den Bewohnern jener Gebiete bereits gut etabliert, und man verfuhr miteinander in Handelsdingen friedlich und mit Nächstenliebe, ohne wie zu Anfang in kriegerisches Rauben zu verfallen.

Das konnte auch nicht anders sein, vor allem bei Beziehungen zu einer Bevölkerung, die sowohl in ihren Gesetzen und Gebräuchen als auch im Umgang mit Dingen aus diesem unserem Europa so wild und barbarisch war. Soweit sich jene Menschen mit diesen Dingen nicht anfreunden konnten, zeigten sie sich immer sehr zurückhaltend. Aber nachdem sie einen gewissen Einblick in die Wahrheit bekommen hatten, durch die Vorteile, die sie erfuhren, wenn man ihnen Gebrauchsgegenstände gab, wurden sie sowohl in ihrer Seele als auch in ihrem Verstand so zutraulich, daß dieses Königreich [Portugal] nicht mehr tun mußte, als nur noch seine Schiffe abfahren zu lassen. Und wenn diese in ihre Häfen einfuhren, liefen viele Leute aus dem Landesinneren zum Handel mit unseren Waren zusammen. Und sie erfuhren dafür einen Wandel ihrer Seelen, die mehr Erlösung als Knechtschaft empfingen.

So lagen die Dinge, so fest und wohlgeordnet liefen sie in den bereits entdeckten Küstengebieten. Da aber der König mit den Regierungsgeschäften sehr beschäftigt war und es nicht für tunlich hielt, den Ausbau dieses Handels entweder selbst zu leiten oder ihm in bezug darauf, was diese Gebiete abwarfen, freien Lauf zu lassen, verpachtete er ihn im November des Jahres 1469 auf Antrag an Fernão Gomes, einen angesehenen Bürger von Lissabon, und zwar auf fünf Jahre für 200 000 Real pro Jahr. Bedingung war, daß er sich verpflichtete, jedes Jahr 100 Leguas des Küstenverlaufes zu entdecken, so daß am Ende der fünf Jahre 500 Leguas entdeckt sein würden. Dieser Entdeckungsauftrag hatte in Sierra Leone zu beginnen [. . .].

Aus: João de Barros: Ásia. Dos feitos que os Portugueses fizeram no descobrimento e conquista dos mares e terras do Oriente. Dec. I. Livr. II. Cap. II. Lisboa ⁶1945, S. 71–72.   MM

---

[1] Gemeint sind die sechziger Jahre des 15. Jahrhunderts.

b. Die Erneuerung des Patentbriefes für Fernão Gomes (1473)

Dom Afonso [etc.], allen denen dieser Brief gezeigt wird, tun Wir kund, daß Wir heute mit Fernam Gomes, Unserem Ritter, den folgenden Vertrag geschlossen haben. Und es ist Uns ein Vergnügen, ihm zusätzlich zu den fünf Jahren, in denen er die Pacht Unseres gesamten Guineagebietes und des Handels dorthin inne hatte, noch ein weiteres Jahr zu gewähren, und zwar in der gleichen Weise, zu denselben Bedingungen, mit denselben Erklärungen und Vereinbarungen, wie Wir sie ihm in dem Patentbrief gewährt haben, den er für die besagten fünf Jahre innehatte.

Die Bedingungen sind namentlich die folgenden: Der besagte Fernam Gomes ist verpflichtet, Uns 300 *milreis* zu entrichten und zu zahlen und zwar als Pachtsumme für jedes der besagten fünf Jahre. Dabei 200 *milreis,* die er bei Vertragsabschluß sich verpflichtet hat, während der fünf Jahre jährlich als Pacht zu zahlen, sowie 100 *milreis,* die er sich darüberhinaus verpflichtet hat, an Uns für den Malaguetta zu zahlen, bezüglich dessen Wir bestimmt haben, daß ihn aufgrund der besagten Patentbriefe niemand außer besagtem Fernam Gomes kaufen darf. So bestimmt es Unser Patentbrief, den er innehat.

Es ist aber weiterhin eine Abmachung – unter Bezugnahme auf die acht Freibriefe, die er noch besitzt[2] – daß er in dem besagten Jahr nach Ablauf der fünf [Pacht-]Jahre Schiffe ein- und auslaufen lassen kann. Dies haben Wir [auch] gewissen anderen Personen eingeräumt, so daß sie – bevor Wir mit ihm den besagten Vertrag abgeschlossen haben – nach Ablauf der fünf Jahre Schiffe ein- und auslaufen lassen dürfen. Daher dürfen sie während der Pachtzeit [mit dem Guineagebiet] Handel treiben. Unter Bezugnahme auf [diese] anderen Lizenzen, die Wir an andere Personen vergeben haben, dürfen sie nach Ablauf der fünf Jahre, die er, der besagte Fernam Gomes, gepachtet hat, Schiffe ein- und auslaufen lassen. Er aber soll seine Schiffe aussenden, sobald sie nach Portugal *(estes reynos)* zurückgekehrt sind, wann immer er sie zum Handel ausgeschickt hat, und zwar innerhalb jenes letzten Jahres, das Wir ihm hiermit gewähren.

Und wenn sie nicht innerhalb des besagten Jahres zurückkehren, sollen die Lizenzen null und nichtig sein. Und er [Fernão Gomes] darf sich ihrer nicht länger bedienen noch Gewinn aus ihnen ziehen.

Es ist außerdem Vertragsbedingung, daß Wir während des besagten Jahres an niemanden eine Lizenz, dort Handel zu treiben, vergeben oder vergeben lassen.

Denn Wir gewähren ihm den besagten Vertrag vollständig und uneingeschränkt für den Verlauf des besagten sechsten Jahres. Und zwar in der glei-

---

[2] Der Hinweis auf acht Freibriefe, die Fernão Gomes besitze, sowie die Erwähnung weiterer Lizenzinhaber im folgenden Text zeigt, daß Gomes keineswegs ein absolutes Monopol des Guineahandels besaß, wenngleich er offenbar einige Mitbewerber ausgekauft bzw. deren Lizenzen erworben hatte.

chen Art und Weise, wie der besagte Fernam Gomes sich [dieser Rechte] während der besagten fünf Jahre zu den obengenannten Bedingungen erfreut hat.

Und zu Unserer eigenen Erinnerung und zur Bekräftigung all dieser [Abmachungen] haben Wir angeordnet, ihm diesen Patentbrief auszuhändigen, durch den Wir allen Unseren Beamten, denen er vorgewiesen wird, welches Amt auch immer sie ausüben, befehlen, [die Abmachungen] zu beachten und einzuhalten sowie ihre Beachtung und Einhaltung durchzusetzen, wie es der Kontext [des Vertrages] bestimmt. Denn so ist es Unser Wille.

Gegeben zu Lissabon am 1. Juni. Ausgefertigt von Joham Carreiro im Jahre Unseres Herrn Jesus Christus 1473.

Aus: Archivo Naçional da Torre do Tombo. Chancellaria de D. Afonso V. Livr. 33, fol. 147 v.   MM

19. Die Fahrten des Diogo Cão
zur Kongomündung und entlang der angolanischen Küste
(1482–1483/84 und 1485–1486/87)

Die Entdeckungsfahrten des Diogo Cão waren nach der Gründung von El Mina im Jahre 1482 (vgl. Bd. 3, Dok. 20) der zweite konsequente Schritt, den die portugiesische Krone unternahm, um – gestützt auf die Bestimmungen von Alcaçovas – nun endlich die ersehnte Südspitze Afrikas zu erreichen und den Weg nach Indien zu öffnen.

Cãos Fahrten stellen jedoch den Historiker vor eine Reihe von Problemen. Umstritten ist sowohl die Anzahl der Reisen als auch ihre Datierung – Fragen, die insbesondere auch wegen der zeitlichen Koinzidenz der Reisen mit den Bemühungen des Kolumbus, die portugiesische Krone für seine Pläne einer Westfahrt nach Indien zu gewinnen, von hohem Interesse sind. Handelt es sich um eine einzige, längere, zusammenhängende Reise Cãos, oder müssen wir zwei Fahrten annehmen, zwischen denen ein kurzer Aufenthalt in Lissabon lag?

Die im folgenden abgedruckten Inschriften auf dem Behaim-Globus (Dok. a), die Chronik des António Galvão (Dok. c) und – wenn auch nicht eindeutig – die detailreiche und farbige Darstellung des Barros (Dok. d) lassen auf eine einzige Reise bzw. einen einzigen Reiseauftrag schließen. Ein 1482 in der Kongomündung errichteter Wappenpfeiler *(Padrão),* die im folgenden wiedergegebene Aufschrift auf dem Wappenpfeiler, den Cão 1485 am Kap Cross errichtet hat (Dok. b), und die Tatsache, daß Cão nachweislich im April 1484 – also zwischen erster Abfahrt und Aufstellung des zweiten Padrão – in Portugal geadelt worden ist, legen jedoch den Schluß nahe, daß zwei Reisen durchgeführt worden sind.

Ein weiteres Problem stellt die Datierung der Reisen dar. Die im folgenden wiedergegebenen Chroniken des Galvão und des Barros sowie die Legenden des Behaim-Globus sprechen von einer Abfahrt des Cão im Jahre 1484 – was angesichts seiner Adelserhebung in dieser Zeit unwahrscheinlich erscheinen muß.

Gestützt vor allem auf die epigraphische Quelle des von Cão aufgerichteten Padrão am Kap Cross – Cão war es, der die Tradition der Padrões im Auftrage Joãos II. begründet hat[1] – sowie auf ergänzende Urkunden, die einen Aufenthalt des Cão in Por-

---

[1] Bis zur Reise des Diogo Cão hatte man lediglich mit Holzkreuzen die Stationen der portu-

tugal während des April 1484 bezeugen, hat die jüngere historiographische Literatur nunmehr zwei Reisen des Cão belegt.

Die erste begann wahrscheinlich im Frühjahr 1482 und führte Cão nach einem Zwischenaufenthalt in El Mina zum Mündungsgebiet des Kongo. Dort kam es zu Kontakten mit Eingeborenen. Cão wurde von der Existenz eines bedeutenden Herrschers, des Manikongo, unterrichtet und sandte Kundschafter aus, um mit diesem Kontakt aufzunehmen. Er seinerseits nahm einige Eingeborene an Bord, die nach seiner Rückkehr in Lissabon bei Hofe vorgeführt wurden. Die weitere Reiseroute führte Cão entlang der Angolaküste bis etwa in Höhe des heutigen Luanda und zum Cabo Santo Agostinho. Die Rückkehr nach Lissabon kann nur ungenau datiert werden. Sie fällt in das Ende des Jahres 1483 oder den Beginn des Jahres 1484.

Zu seiner zweiten Fahrt brach Cão wahrscheinlich im Sommer 1485 auf. Nach einem Aufenthalt am Kongo, bei dem die mitgenommenen Eingeborenen wohlbehalten zurückkehren konnten und Cão seine auf der ersten Reise zum Manikongo ausgesandten Kundschafter wieder an Bord nahm, steuerte Cão das Kap Negro an und gelangte entlang der angolanischen Küste bis zum Kap Cross, wo er seinen südlichsten Padrão aufstellte. Über die Heimfahrt und das Datum der Rückkehr, die gegen Ende des Jahres 1486 oder zu Beginn des Jahres 1487 stattgefunden haben muß, berichten die vorliegenden zeitgenössischen Quellen wiederum nichts. Ja, über Diogo Cão wird gewissermaßen „gezielt" geschwiegen. Sicherlich hängt das mit der Enttäuschung zusammen, die die portugiesische Krone über die Ergebnisse der zweiten Fahrt des Cão empfinden mußte. Bereits nach der ersten Reise hatte man geglaubt, die Südspitze Afrikas und damit das ersehnte „Einbiegen" der afrikanischen Westküste nach Osten, nach Indien, sei in greifbare Nähe gerückt. Nicht zuletzt dieser Optimismus war es, der in den Jahren 1483 und 1484 neben einer Reihe von anderen Gesichtspunkten den Plänen des Kolumbus, die portugiesische Krone für eine Westfahrt nach Indien zu gewinnen, entgegenwirkte.

Nachdem die zweite Fahrt Diogo Cãos das so nahe geglaubte Ergebnis nicht erbracht hatte, muß – so legt es das absolute Schweigen der Quellen nahe – Cão am Hofe in Ungnade gefallen sein.

Lit.: Luciano Cordeiro: O ultimo Padrão de Diogo Cão. In: Bol. Soc. Geogr. 14. ser. 11 (1895) – Damião Peres: Diogo Cão. Lisboa 1957 – Günther Hamann: Der Eintritt der südlichen Hemisphäre in die europäische Geschichte. Wien 1968, S. 119–262 – Jaime Cortesão: Os descobrimentos portugueses. Vol. III. Lisboa 1975.   MM

a. Inschriften auf Martin Behaims Globus von 1492

Als man zählte nach Christi unsers Herrn Geburt 1484 Jahre, ließ zurüsten der durchlauchtige König Johann II. in Portugal zwei Schiffe, Karavellen genannt, bemannt, viktualiert und gewaffnet, versehen auf 3 Jahre. Dem Volke und den Schiffen war in Königs Namen Befehl gegeben, auszufahren über die Säulen, die Hercules in Afrika gesetzt hat, immer gegen Mittag und gegen den Aufgang der Sonne, sofern es ihnen möglich sei. Auch versah der genannte König die Schiffe mit allerlei Waren und Kaufmannschaft, die zum Kauf und

---

giesischen Entdeckungsfahrten markiert. Die seither verwendeten steinernen Wappenpfeiler wurden bereits in Portugal hergestellt und auf den Schiffen mitgeführt. Bei ihrer Aufstellung mußte dann nur noch das entsprechende Datum eingesetzt werden.

Verkauf [bestimmt waren]; auch 18 Rosse, mit allem Sattelzeug köstlich gerüstet, wurden in den Schiffen mitgeführt, um den Mohrenkönigen je eines zu schenken, wo es uns[2] gut däuchte, und manche und vielerlei Muster-Spezereien, die den Mohren gezeigt werden sollten, damit sie verstünden, was wir in ihrem Lande suchen wollten. Also gerüstet, fuhren wir aus dem Hafen der Stadt Ulisipona [Lissabon] von Portugal ab und segelten zur Insel Madeira, wo der Zucker Portugals wächst, und durch die Glücklichen Inseln und die Inseln der wilden Canarien. [...]

Diese Inseln[3] wurden gefunden mit den Schiffen, die der König aus Portugal ausgeschickt zu diesen Pforten des Mohrenlandes Anno 1484. Da war eitel Wildnis und keine Menschen; wir fanden dort nur Wald und Vögel. Dorthin schickt der König aus Portugal nun jährlich sein Volk, das den Tod verschuldet hat, Männer und Frauen, und gibt ihnen [das Nötige], damit sie das Feld bebauen und sich ernähren, damit dieses Land von Portugiesen bewohnt werde. [...]

Hier wurden gesetzt die Säulen des Königs von Portugal Anno Domini 1485 den 18. Januar[4]. [...]

Am 19. Monat kamen wir wieder zu unsrem König.

Aus: Der Behaim-Globus zu Nürnberg. Eine Faksimile-Wiedergabe in 92 Einzelbildern. In: Ibero-Amerikanisches Archiv. Jg. XVII. Heft 1/2 (1943), S. 34–35, Karten 64, 65, 66, 67.

b. *Inschrift auf dem von Diogo Cão am heutigen Kap Cross errichteten Padrão in lateinischer und portugiesischer Sprache*

Seit Erschaffung der Welt sind 6685[5] Jahre vergangen. Seit Christi Geburt 1485[6]. Der hocherhabene, allerdurchlauchtigste König João II. von Portugal hat befohlen, durch Diogo Cão, seinen Ritter, diesen Padrão hier aufstellen zu lassen.

Aus: Luciano Cordeiro: O ultimo Padrão de Diogo Cão. In: Bol. Soc. Geogr. 14. ser. 11 (1895).

MM

---

[2] Einige Formulierungen in der Legende des Behaim-Globus sowie die explizite Tatsachenbehauptung in Hartmann Schedels Nürnberger Chronik haben die Frage nach einer Beteiligung des Martin Behaim an einer Fahrt oder beiden Fahrten des Cão aufgeworfen. Gegen eine solche Teilnahme spricht jedoch unter anderem die falsche Datierung, insbesondere der Abfahrt des Cão, aber auch seiner Rückkehr, außerdem die gerade in dem von Cão erforschten Bereich der angolanischen Küste und dem weiteren südlichen Verlauf der afrikanischen Westküste recht ungenauen Angaben des Globus.

[3] Legende bei den Guinea-Inseln.

[4] Legende beim Kap Negro.

[5] Die letzte Ziffer der Jahreszahl ist in der lateinischen Fassung unleserlich. Am 1. September 1485 begann das Jahr 6685 nach Erschaffung der Welt gemäß einer damals noch in Portugal gebräuchlichen Zeitrechnung.

[6] Die letzte Ziffer der Jahreszahl ist hier ebenfalls in der lateinischen Fassung unleserlich.

c. António Galvão berichtet über eine Reise des Diogo Cão zum Kongo

Im Jahre 1484 wurde von besagtem König, D. João, Diogo Cão, ein Ritter seines Hofes, auf die folgende Entdeckungsreise ausgeschickt:

Er erreichte den Fluß des Manikongo[7], der sich auf der südlichen Erdhalbkugel am siebten oder achten Breitengrad befindet. Dort errichtete er einen steinernen Wappenpfeiler *(padram de pedra)*. Er enthielt das königliche Wappenschild und Briefe, die davon kündeten, wer ihn geschickt hatte und in welchem Jahr und an welchem Tag sie den Padrão dort aufgerichtet hatten. Dazu errichteten sie Kreuze aus Holz.

Von dort wandten sie sich zum Rio Pico de Capricornio[8] und richteten an den Stellen, wo es ihnen notwendig erschien, Padrões auf.

Wieder zum Kongo zurückgekehrt, suchte [Diogo Cão] den [dortigen] König auf. Dieser schickte einen Botschafter und angesehene Männer nach Portugal *(a este reyno)*, und im nächsten Jahr[9] oder im darauffolgenden kam João Alonso Daueiro vom Königreich Benim mit afrikanischem Pfeffer *(pimenta de rabo)*[10] [nach Portugal]. Das war der erste dieser Art, der aus diesem Land kam.

Aus: António Galvão: Tratado dos descobrimentos. Porto ³1944, S. 130.   MM

d. João de Barros' Bericht über die Fahrten des Diogo Cão

[...] Der König wollte nicht länger, daß die Kapitäne, die er ausgeschickt hatte, um die afrikanische Westküste *(este costa)* zu entdecken, Kreuze aus Holz an den von ihnen erkundeten Orten aufstellten. Dies war in der Zeit des Fernão Gomes so üblich, als dieser jene 500 Leguas der Küste [entdecken ließ], die in dem Vertrag, den er mit König Afonso abgeschlossen hatte, festgelegt waren.

Nunmehr ordnete er an, es sollte ein steinerner Wappenpfeiler *(um padrão de pedra)* aufgerichtet werden, zweimal mannshoch *(de dous estados de homem)*, mit dem Wappenschild der Könige Portugals, flankiert von einer lateinischen und einer portugiesischen Aufschrift, die besagte, welcher König den Auftrag zur Entdeckung jenes Landes gegeben hatte, zu welcher Zeit und durch welchen Kapitän der betreffende Padrão dort aufgestellt worden war. An seiner Spitze sollte [der Padrão] von einem mit Blei eingelegten steinernen Kreuz gekrönt werden.

Und der erste Entdecker, der einen solchen Padrão aufrichtete, war Diogo

---

[7] Gemeint ist der Kongo-Fluß. Die Vorsilbe „Mani" bezeichnet in der Sprache der Eingeborenen dieses Raumes einen Adligen, zumeist den Fürsten einer Region.

[8] Es handelt sich um ein Kopisten-Mißverständnis. Galvão meint den Wendekreis des Steinbocks: „o tropico de Capricornio".

[9] Gemeint ist das Jahr 1486.

[10] In der wörtlichen Übersetzung: Pfeffer mit Schwanz oder geschwänzter Pfeffer, die übliche Bezeichnung für die afrikanische Pfefferart (dem sog. Malaguetta-Pfeffer).

Cão, ein Ritter des Hofes, der im Jahre 1484 unmittelbar nach El Mina fuhr, um sich dort mit allem Notwendigen auszurüsten, und von da aus das Cabo de Lopo Gonçalves zu gewinnen, das sich am ersten Grad südlicher Breite befindet.

Nachdem dieses Kap und auch das [Kap] Catarina passiert worden waren – es handelte sich um das letzte Gebiet, welches man noch zur Zeit des Königs Afonso entdeckt hatte – gelangte er an einen bedeutenden Fluß, der sich [bereits] auf der Südhalbkugel befand. Er stellte dort den besagten Padrão auf und nahm auf diese Weise in Stellvertretung des Königs von allen Küstengebieten Besitz, die er hinter sich gelassen hatte.

Wegen dieses Padrão ist jener Fluß – obwohl er wegen der besonderen Verehrung, die der König diesem Heiligen entgegenbrachte, [Río] São Jorge hieß, lange Zeit hindurch Río do Padrão genannt worden. Und jetzt nennt man ihn Congo, weil er durch ein Königreich fließt, das so heißt und das Diogo Cão auf seiner Reise entdeckt hat. Dies, obwohl der wirkliche Name des Flusses unter den Eingeborenen Zaire ist. Aber er ist mehr wegen seiner Wassermengen bemerkenswert und berühmt als wegen seines Namens. Denn während der Zeit, zu der in diesen Breiten Winter ist, ergießt sich ein solches Hochwasser ins Meer, daß man noch bis zu 20 Leguas von der Küste entfernt sein Süßwasser vorfindet.

Nachdem Diogo Cão den Padrão aufgerichtet hatte, schien es ihm angesichts der Breite des Flusses an seiner Mündung und der Wassermenge, die er führte, sehr wahrscheinlich, daß an einem so großen Fluß viele Menschen wohnen mußten. Und nachdem er ein wenig flußaufwärts gefahren war, sah er, wie sich an seinen Ufern viel Volk versammelte, anzusehen wie an den zurückliegenden Küstengebieten, alle ganz schwarz mit Kräuselhaaren[11]. Und obwohl [Cão Männer mit sich führte, die] die verschiedenen Sprachen der [bereits] entdeckten Völkerschaften beherrschten, konnte man sich überhaupt nicht mit [diesen Menschen] verständigen[12].

Lediglich aus ihrem Kopfnicken war zu entnehmen, daß sie einen sehr mächtigen König hatten, der sich eine beträchtliche Anzahl von Tagesreisen im Landesinneren aufhielt.

Da er die Lebensart dieses Volkes sah und mit welcher Selbstverständlichkeit sie darauf vertrauten, ordnete er an, daß mit einigen von ihnen eine Anzahl unserer Leute mit einem Geschenk zum König des Landes geschickt werden sollten. Er gab ihnen für [den König] ein Geschenk mit, wie es zur Anbahnung [von Beziehungen] üblich ist, und sie versprachen, daß sie nach einer gewissen Zeit *(a tantos dias)* wieder dorthin zurückkehren würden.

Aber die vereinbarte Frist verstrich zweimal, ohne daß Diogo Cão oder alle,

---

[11] Barros erwähnt diese Tatsache, da die Portugiesen hofften, auf ihren Fahrten entlang der afrikanischen Westküste endlich auf Menschen zu stoßen, deren Äußeres dem verwandt sein konnte, was in Europa über die Inder bekannt war.

[12] In der Tat verläuft in diesem Gebiet eine Sprachgrenze: südlich von ihr werden Bantu-Dialekte gesprochen.

die dortgeblieben waren, irgendeinen Bescheid erhalten hätten. Und viel Volk lief wegen der Tücher und anderer Dinge, die [Cão] ihnen geben ließ, zusammen, und sie gingen mit solcher Sicherheit auf dem Schiff ein und aus, als hätten sie es schon seit langer Zeit gekannt.

Als Diogo Cão sah, wie sehr sich die Rückkehr der anderen verzögerte, entschloß er sich, einige von den Negern, die sich an Bord befanden, einzuladen und sich mit ihnen nach Portugal zu begeben. Und zwar aus dem Grund, weil die Unsrigen [die dageblieben waren,] dort, wo sie waren, die Sprache lernen und die Gegebenheiten des Landes in Augenschein nehmen konnten. [Auf der anderen Seite] konnten die Neger, die er mitgenommen hatte, ebenfalls unsere Sprache lernen, damit der König über die Dinge, die es dort gab *(que havia entre êles)*, unterrichtet werden konnte.

Und da er, bei einer Abfahrt, ohne irgendeinen Bescheid zu hinterlassen, unseren Leuten, die zurückgeblieben waren, schaden konnte, sobald er auf seinem Schiff vier von ihren Leuten mitnahm, machte er den anderen durch Kopfnicken klar, daß er fortfahre, um seinem König diese Menschen vorzuführen, weil dieser sie zu sehen wünsche. Er werde sie nach fünfzehn Mondumläufen *(lũas)* wieder zurückbringen, und zur größeren Sicherheit lasse er die Männer, die er zu ihrem König geschickt habe, bei ihnen.

Nachdem Diogo Cão nach Portugal zurückgekehrt war, freute sich König João sehr, solch gutwillige Menschen vor sich zu sehen. Sie waren nämlich vornehme Männer und hatten das, was Diogo Cão ihnen auf der Reise beigebracht hatte, gelernt. Und als sie nach Portugal kamen, gaben sie bereits auf Fragen Antwort, die man ihnen stellte.

Wegen des Zeitpunktes, bis zu dem Diogo Cão seine Rückkehr zugesagt hatte und damit den Unsrigen kein Leid geschehen sollte, befahl der König, daß sie sofort zurückfahren sollten *(que tornasse logo)*. Sie nahmen viele Geschenke für den König des Kongo mit und unter anderem auch die Einladung, wenn er wolle, zum christlichen Glauben überzutreten.

Nachdem Diogo Cão am Eingang des Río do Padrão angelangt war, wurde er von den Eingeborenen mit großer Freude empfangen. Und sie sahen ihre Landsleute [wieder], die er lebend, und so gut behandelt wie nur je, wieder mitgebracht hatte. Und wie es König João befohlen hatte, sandte er einen der vier Neger zusammen mit einigen Eingeborenen, die dieser kannte, mit einer Nachricht an den König des Kongo. Er teilte ihm mit, daß er angekommen sei und seine von ihm mitgenommenen Untertanen wieder mitgebracht habe. Des weiteren ersuche er ihn, ihm die Portugiesen, die er festhalte, mit einem seiner Hauptleute *(algum seu capitão)* zu schicken. Denn sein König habe ihm den Auftrag gegeben, weiter entlang jener Küste vorzustoßen, um verschiedene Angelegenheiten in seinem Dienst zu erledigen.

Diesem wolle er dann seinerseits die übrigen drei Untertanen, die er mitgebracht habe, aushändigen. [...]

Und die Unsrigen kamen unter dem Geleit *(em poder)* eines Hauptmanns, den der König des Kongo schickte. Diesem übergab Diogo Cão dessen

[Landsleute] zusammen mit einigen Geschenken für den König. Er verabschiedete sich von ihnen und setzte seine Entdeckungsfahrt entlang der Küste fort.

Auf dieser Reise legte Diogo Cão jenseits jenes Kongoreiches eine Strecke von 200 Leguas zurück, an der er zwei Padrões aufstellte: eines, das den Namen des heiligen Augustinus trug und jenem Ort seinen Namen gab[13], der sich am 13.Breitengrad der südlichen Erdhälfte befindet[14]. Der andere wurde in der Nähe einer Landenge *(manga das areas)* [aufgerichtet], weshalb dieser Ort heute Cabo do Padrão heißt[15]. Er liegt am 22.Breitengrad[16]. [. . .]

Aus: João de Barros: Ásia. Dos feitos que os Portugueses fizeram no descobrimento e conquista dos mares e terras do Oriente. Dec.I. Livr.III. Lisboa ⁶1945, S.85–87.   MM

20. Pero de Covilhã und das geopolitische Gesamtkonzept Joãos II. (1487)

Pero de Covilhã gehört zu den faszinierendsten Gestalten der portugiesischen Entdeckungsgeschichte. Seine Kenntnis der arabischen Sprache befähigte ihn – den Abkömmling einer portugiesischen Adelsfamilie aus Covilhã – zu einem Erkundungsunternehmen, das für die portugiesische Krone von großer Wichtigkeit war, für ihn und seinen Begleiter Afonso de Paiva jedoch angesichts der geplanten Reiseroute ein lebensgefährliches Wagnis darstellte.

Sein Auftrag war es, durch die „feindlichen" Linien der Araber hindurch zum Reich des „Erzpriesters Johannes" vorzudringen und dabei die Routen des arabischen Gewürzhandels mit Indien auszukundschaften – ein Unternehmen, das Teil der von João II. in genialer Großräumigkeit angelegten Gesamtkonzeption war, mit dem Ziel, endlich das langersehnte Indien zu erreichen. Die Zielstrebigkeit, mit der João II. dieses Vorhaben verfolgte und angesichts der konkurrierenden Pläne einer Westfahrt nach Indien auch durchsetzte, machen ihn neben Heinrich dem Seefahrer zur wichtigsten Figur im Bereich der Organisation der portugiesischen Entdeckungsfahrten.

Diogo Cão (1482–86) und später Bartolomeu Dias (1487–88) bildeten mit ihren Fahrten entlang der afrikanischen Westküste den einen Teil einer gleichzeitig vollzogenen „Zangenbewegung"[1], Pero de Covilhã und Afonso de Paiva den anderen, indem sie im Osten über Land und auf arabischen Seewegen nach Indien vorstießen. Voraussetzung für ihre Fahrt waren dabei Informationen, die vor allem auf dem Wege über italienische Handelsleute und Reisende nach Portugal gelangt sein müssen.

Covilhãs Reiseroute von Portugal über Ägypten und die arabische Halbinsel bis zur

---

13 Cabo Santo Agostinho, heute Cabo Santa María.
14 Die genaue Ortsangabe lautet 13° 26'.
15 Cabo da Cruz, heute Kap Cross.
16 Die genaue Ortsangabe lautet 21° 50' nördlich der Mündung des Swakop-Flusses in Namibia.
1 Barros belegt dieses Bild einer Zangenbewegung besonders eindrucksvoll, wenn er im Zusammenhang mit der Botschaft des Lucas Marcos von dem Interesse des portugiesischen Königs spricht, zu erfahren, wie weit das Reich des „Erzpriesters Johannes" von denjenigen Gebieten entfernt sei, die die Portugiesen bereits erkundet hatten.

Malabarküste und schließlich nach Äthiopien geht aus den im folgenden abgedruckten Quellen hervor. Neben anderen Einzelheiten ist jedoch fraglich, inwieweit tatsächlich – wie beide Quellen übereinstimmend berichten – auch während der Reise ein Kontakt zur portugiesischen Krone bestand, der deren Entscheidungen etwa bezüglich der Fahrt des Vasco da Gama beeinflussen konnte. Belege für eine solche Kommunikation sowie andere unmittelbare Zeugnisse der Reisen Covilhãs und Paivas liegen nicht vor. Wir müssen uns daher auf chronikalische Quellen stützen. Immerhin hat jedoch Francisco Álvares (Dok. 20b) persönlichen Kontakt zu Covilhã gehabt. Er war als Priester Mitglied der portugiesischen Gesandtschaft, die im Jahre 1520 unter Leitung des D. Rodrigo de Lima an den Hof des „Erzpriesters Johannes" geschickt wurde, den man im „christlichen" Kaiser von Äthiopien gefunden zu haben glaubte. Dort traf Álvares mit dem in Äthiopien festgehaltenen Pero de Covilhã zusammen. Aus seinem umfangreichen Bericht von der Gesandtschaftsreise ist der vorliegende Auszug entnommen.

João de Barros (Dok. 20a) stützt sich in seiner Chronik auf den Bericht des Francisco Álvares. Darüber hinaus müssen ihm jedoch weitere Quellen vorgelegen haben. Ob aber darunter auch jene Nachricht war, die Covilhã aus Ägypten nach Portugal geschickt haben soll, wie dies in der Literatur gelegentlich behauptet wird, muß dahingestellt bleiben. Barros erwähnt über die Reise Covilhãs und Paivas hinaus noch weitere Versuche der portugiesischen Krone, durch Botschafter mit dem „Erzpriester Johannes" in Verbindung zu treten. In diesen Versuchen tritt die für die Zeit Joãos II. charakteristische hartnäckige Zielstrebigkeit hervor, mit der die Portugiesen ihre Entdeckungspläne verfolgten. Insbesondere der Auftrag an den Abessinier Lucas Marcos offenbart dabei die geopolitische Gesamtkonzeption der Krone.

Lit.: Comte de Ficalho: Viagem de Pedro da Covilhan. Lisboa 1898 – Sir Harry H.Johnston: The Portuguese and their early Knowledge of Central African Geography. In: The Geographical Journal. XLVII. 3 (1916) – A.Teixeira da Mota: A Viagem de Bartolomeu Dias e as concepções geopoliticas de D. João II. In: Boletim da Sociedade de Geografia de Lisboa (1958) – Charles Verlinden: La signification de l'année 1487 dans l'histoire de la découverte et de l'expansion portugaise. In: Revue d'histoire économique et sociale XLII (1964), S.485–498 – Harald de Sicard: Pero de Covilhã's „Relacion" 1487. A bibliographical mystery. Lisboa 1970.   MM

a. João de Barros berichtet über Reiseroute und Auftrag des Covilhã, des Paiva und des Lucas Marcos

Kap.V. Wie der König zwei seiner Diener auf dem Landweg aussandte, den einen, um die indischen Seehäfen *(portos de navegação)* auszukundschaften, den anderen mit Briefen an den [Erz-]Priester Johannes; und wie aus Rom ein abessinischer Priester, der aus jener Gegend stammte, an den [portugiesischen] König abgesandt wurde, dessen sich jener ebenfalls bediente, um einige Briefe an den [Erz-]Priester zu senden.

Wegen der Gründe, die wir bereits beschrieben haben, und wegen der Informationen, die der König über jene Provinz besaß, wo der [Erz-]Priester Johannes wohnte, noch bevor Bartolomeu Dias von seiner Entdeckungsfahrt [dorthin] zurückgekehrt war, befahl er, [dieses Gebiet] auf dem Landwege entdecken zu lassen. Er hatte auch bereits zwei Personen auf dem Wege über

Jerusalem ausgeschickt, da er wußte, daß zu jenem Heiligen Haus viele fromme Pilger aus seinem Königreich wallfahrteten. Aber dieser Versuch brachte nicht den vom König gewünschten Erfolg, denn ein gewisser Bruder António de Lisboa und ein Pero de Montarroio, die er dorthin geschickt hatte, trauten sich nicht, die Pilger, die sie in Jerusalem gefunden hatten, zu begleiten, da sie der arabischen Sprache nicht mächtig waren. Und da der König erkannte, wie wichtig es war, die arabische Sprache zu beherrschen, wenn man diese Reise durchführen wollte, beauftragte er mit dieser Mission einen gewissen Pero de Covilhã, der Ritter an seinem Hofe war und diese [Sprache] sehr gut beherrschte, sowie zu seiner Begleitung noch einen anderen, nämlich Afonso de Paiva.

Die beiden brachen am 7. Mai 1486 in Anwesenheit des Herzogs von Beja, D. Manuel[2], von Santarem auf.

Nachdem sie der König verabschiedet hatte, wandten sie sich [zunächst] nach Neapel, von wo aus sie sich nach der Insel Rhodos einschifften. Dort nahmen sie Quartier bei zwei portugiesischen Ordensrittern *(cavaleiros da religião)*, Frei Gonçalo und Frei Fernando. Diese rüsteten sie auch mit allem Notwendigen für die Reise nach Alexandria aus. [Aber] nachdem sie sich eine Weile dort aufgehalten hatten, erkrankten sie lebensgefährlich an einem Fieber.

Nachdem sie dort so lange gewartet hatten, bis sie wieder reisefähig waren, wandten sie sich nach Kairo und von dort weiter nach Toro.

Sie waren aber in Begleitung von Mauren aus Tremecém und Fez, die nach Aden übersetzen wollten. Und da die Zeit dort für eine Seereise günstig war, trennte man sich: Afonso de Paiva wandte sich nach Äthiopien und Pero de Covilhã nach Indien. Dabei vereinbarten sie, daß sie sich nach Ablauf einer bestimmten Zeit in Kairo wieder treffen wollten.

Pero de Covilhã schiffte sich auf einem Segler ein, der von Aden abfuhr. Er kam bis Cananor und von dort bis nach Calicut und Goa, den wichtigsten Städten der indischen Küste. Dort schiffte er sich nach der Bergwerksstadt Sófala ein, die in Äthiopien liegt, und zwar über Ägypten *(que é na Etiópia, sôbre Egipto)*.

Nachdem er wieder nach Aden gelangt war, das an der Mündung der Meerenge des Roten Meeres auf der Seite von Arabia Felix liegt, schiffte er sich nach Kairo ein.

Dort erfuhr er, daß sein Begleiter Afonso de Paiva vor kurzem in ebendieser Stadt an einer Krankheit gestorben war.

Als er daraufhin [nach Portugal] zurückkehren wollte, um die Nachricht von dem, was er in Erfahrung gebracht hatte, zu überbringen, hörte er, daß zwei Juden aus Spanien auf der Suche nach ihm waren. Er traf sich mit ihnen in aller Heimlichkeit, und der eine nannte sich Rabbi Abrão aus Béja, der andere Josepe, ein Schuhmacher aus Lamego.

---

[2] Manuel wurde 1494 als Nachfolger Joãos II. König von Portugal.

Jener besagte Josepe war vor nicht allzu langer Zeit in jenen Gebieten[3] gewesen, und da er, zurück in Portugal, erfuhr, daß der König ein großes Interesse an Informationen über Indien hatte, ging er zu ihm.

Er erzählte ihm, daß er in Babylon gewesen sei, das heute Bagdad genannt
werde und am Euphrat liege. Dort habe er von den Zuständen auf der Insel
Ormuz gehört, die am Eingang des Persischen Golfes liege. Auf dieser Insel
gebe es eine Stadt, die die wichtigste der ganzen Gegend sei, weil dorthin [der
Handel] mit allen Gewürzen und Reichtümern aus Indien liefe. Diese würden
dann von dort mit Kamelkarawanen nach Aleppo und Damaskus gebracht.

Als der König von jenem Juden all diese Auskünfte bekam, war Pero de Covilhã bereits abgereist. Daher setzte [der König] diesen und noch einen weiteren, nämlich Rabbi Abrão, auf die Suche [nach Pero de Covilhã] an.

Josepe sollte Covilhã einige Briefe überbringen, die der König für ihn ausgefertigt hatte, und Abrão sollte sich mit Covilhã auf die Insel Ormuz begeben, um sich dort über Indien zu informieren. In den Briefen aber betonte der
König, [Covilhã] solle, falls er den [Erz-]Priester Johannes nicht bereits getroffen hätte, keine Mühe scheuen, um ihn aufzusuchen und ihm einen Brief
zu übergeben. Unterdessen solle er ihn durch den Juden Josepe von allem, was
er bisher in Erfahrung gebracht habe, unterrichten. Denn nur aus diesem
Grunde habe er diesen geschickt.

Pero de Covilhã war zwar all der Schiffahrten, der Reisen zu Lande und der
Erkundungen müde, aber er schrieb an den König und informierte Josepe
über alle Einzelheiten. Er verabschiedete sich von ihm und wandte sich mit
dem anderen Juden, Abrão, nach Aden, von wo aus sich beide nach Ormuz
einschifften. Nachdem er dort alles Wichtige in Augenschein genommen hatte, ließ er den Juden Abrão zurück, damit dieser mit den [erwähnten] Karawanen nach Aleppo ziehen sollte. Er selbst aber, Pero de Covilhã, kehrte um zum
Roten Meer und wandte sich von dort zum Hofe des [Erz-]Priesters. Dieser
hieß Alexander, wozu man dort Escander sagt. Er wurde mit großen Ehren
empfangen, und [der Erzpriester] wußte es sehr zu schätzen, daß ein christlicher Fürst aus Europa ihm einen Botschafter geschickt hatte. Dies gab Pero de
Covilhã die Hoffnung, daß er seinen Auftrag gut werde ausführen können.

Aber jener Alexander starb kurze Zeit nach der Ankunft [Covilhã's], und an
seiner Stelle übernahm sein Bruder Naut die Regierung. Dieser interessierte
sich weit weniger für [Covilhã] und vor allem wollte er ihm nicht die Erlaubnis
geben, das Land wieder zu verlassen. Es war nämlich [in Abessinien] der
Brauch, daß ein Europäer, wenn er einmal dorthin gelangt war, nicht wieder
heimkehren durfte. So verlor Pero de Covilhã alle Hoffnung, jemals wieder
nach Portugal zurückzukommen.

Später, nach vielen Jahren, nämlich um 1515, als David, der Sohn des Naut,

---

[3] Neben Italienern sind es vor allem jüdische Kaufleute gewesen, die gelegentlich die Gebiete
der arabischen Halbinsel und des Indischen Ozeans bereist haben. Vgl.: Jaime Cortesão: Os descobrimentos portugueses. Vol. III. Lisboa 1975, S. 831.

König war, fragte Dom Rodrigo de Lima, der als Botschafter König Manuels [in Abessinien] weilte, nach jenem Pero de Covilhã.

Aber [der König] lehnte es ab, ihn kommen zu lassen, und sagte, seine Vorfahren hätten [dem Covilhã] Ländereien und Erbschaften übergeben, um die er sich nun mit seiner Frau und den Kindern, die er inzwischen hatte, zu kümmern hätte.

Auf dem Weg über die Botschaft des Dom Rodrigo [. . .] haben wir [überhaupt erst] alles über die Reise des Pero de Covilhã erfahren.

Denn unter den Portugiesen, die mit [D. Rodrigo] gekommen waren, befand sich auch ein gewisser Francisco Álvares, ein Geistlicher, dem Pero de Covilhã sein Leben erzählte und der diesem die Beichte abnahm. Von diesem Francisco Álvares und aus dem Bericht, den er über den Reiseweg jener Botschaft des Dom Rodrigo verfaßt hat, wissen wir dies und auch andere Tatsachen über jene Länder.

Und im folgenden Jahr, es waren wenig mehr als neun Monate vergangen, seitdem Covilhã aufgebrochen war, sandte man dem König aus Rom einen Mönch mit Namen Lucas Marcos, der aus dem Lande des Erzpriesters Johannes stammte. Der König wollte für seine [politischen] Zwecke Verbindungen zu allen Gegenden der Levante unterhalten und ihm gefiel die Art jenes Mönches sehr, da dieser für alles, was er sagte, gute Gründe vorzubringen wußte. Und er ordnete sogleich an, daß dieser mit Briefen an den [Erz-]Priester abgesandt werden sollte, da er aus jenem Land stammte und mit den Barbaren dieser Gegenden gesprochen hatte. So wäre es für ihn leichter, dorthin zu gelangen, als für den Boten, den er im vergangenen Jahr geschickt hatte.

Darüber hinaus befahl der König, daß besagter Marcos einen Brief zu übersetzen habe, der auf drei oder vier [verschiedenen] Wegen an den [Erz-]Priester abgeschickt werden sollte. Darin wurde dargelegt, daß es der inständige Wunsch des Königs sei, die Freundschaft [des Erzpriesters] zu erwerben. Er wünsche Informationen über dessen Schiffahrt entlang der ganzen Küste Afrikas und Äthiopiens, über die Könige und Völker, die er dort entdeckt habe, über Bezeichnungen für Dinge, die es dort gebe, über die Sitten und Gebräuche, die die Völkerschaften dort pflegten, und über viele Vokabeln, die sie für allgemeine Dinge in ihrer Sprache benutzten, wie zum Beispiel: Gott, Himmel, Sonne, Mond, Feuer, Luft, Wasser und Erde. Aus der Kenntnis dieser Vokabeln wollte er darauf schließen, wie nahe man [dort] jenen Völkern wäre, die an dem Ozean lebten, auf dem seine [des Königs] Schiffe segelten.

Weiterhin gab der König in jenem Brief alle Informationen über die Ausdehnung seines [eigenen] Reiches (grandeza das terras de seu império)[4].

Und damit der König dem Brief Glauben schenken sollte, falls er an ihn gelangte, nannte man Marcos mit Namen: wessen Sohn er war und aus welchem Bezirk, Dorf und Gemeinde er stammte. Nachdem diese Briefe geschrieben

---

[4] Diese Informationen waren wichtig wegen der geopolitischen Pläne, die João II. im Zusammenhang mit dem „Erzpriester Johannes" hegte.

worden waren, schickte sie der König in die Levante, damit sie dort Mönchen seiner [des Marcos] abessinischen Nation ausgehändigt werden sollten. Wenn auch diese Briefe nicht durch sehr zuverlässige Personen weiterbefördert wurden, so konnte doch einer in die Hand des Erzpriesters gelangen und dort bewirken, daß man Pero de Covilhã Glauben schenkte – wenn dieser dorthin gelangt war – falls [der Brief] sonst nichts weiter bewirkte.

Und durch Lucas Marcos schrieb der König auch an den [Erz-]Priester über den Inhalt der [anderen] Briefe des Marcos, und berichtete, wie er nach Rom geschickt habe, um jenen, seinen Landsmann, zu suchen. Er habe beabsichtigt, ihm durch Lucas zu schreiben, damit er diesem als seinem Untertanen um so mehr Glauben schenken sollte. Er bat ihn, ihm [nun auch seinerseits] einen Boten zu schicken, damit er in dessen Begleitung einen anderen wieder zurücksenden könnte. Denn er wußte von einigen, die dort gewesen waren [...], daß man nicht sicher sein konnte, ob es möglich war, die Länder der Ungläubigen zu passieren, die zwischen [Abessinien] und der europäischen Christenheit lagen. Und er [schlug vor], daß [der Erzpriester] wegen seiner Nachbarschaft mit dem Sultan von Kairo am sichersten seine Botschafter von dort über Jerusalem nach Rom schicken sollte. Nach Auskunft seines Untertanen Lucas könnte dies ein Weg sein, um sich gegenseitig durch Briefe und Botschaften kennenzulernen. Sodann würde unser Herrgott einen anderen Weg eröffnen, auf dem sie sich, ohne von den Mauren behindert zu werden, als die Brüder im Glauben, die sie waren, gegenseitig nützlich sein könnten.

Aus: João de Barros: Ásia. Dos feitos que os portugueses fizeram no descobrimento e conquista dos mares e terras do Oriente. Sexta edição, actualizada na ortografia e anotada por Hernani Cidade. Notas históricas finais por Manuel Múrias. Dec. I. Livr. III. Cap. V. Lisboa 1945, S. 95–98.
Coe/MM

b. *Francisco Álvares berichtet über Pero de Covilhã als Gefangenen am Hofe des Königs von Abessinien*

Ich habe einige Male Pero de Covilhã erwähnt, einen Portugiesen, der in diesem Lande lebt. Ich habe ihn aufgesucht und werde dies auch weiter tun, denn er ist ein ehrenwerter Mann von großen Verdiensten und hoher Glaubwürdigkeit. Es ist daher verständlich, daß berichtet werden muß, wie er in dieses Land gekommen ist. Und ich will die Gründe dafür darlegen und [wiedergeben], was er mir selbst gesagt hat.

[Álvares gibt zunächst den Bericht Covilhãs über seine Herkunft und Jugend, seine Ausbildung, insbesondere seine Kenntnisse des Arabischen und schließlich den Auftrag König Joãos II. an den Weitgereisten wieder.]

[...]

Und der König habe ihnen 400 Cruzados für ihre Ausgaben gegeben. [...] Außerdem habe König Dom João ihm [Pero de Covilhã] ein Beglaubigungsschreiben für alle Länder der Welt mitgegeben, so daß, falls er sich in Gefahr befinden sollte, ihm dieser Brief des Königs habe helfen können. [...]

Nachdem sie aufgebrochen seien, seien sie zunächst am Tage Corpus domini[5] nach Barcelona gekommen, dann hätten sie ihren Weg nach Neapel genommen und seien dort am St. Josephstag[6] angekommen [...], und von dort hätten sie die Überfahrt nach Rhodos gemacht.

[Pero de Covilhã] sagte, zu jener Zeit seien nicht mehr als zwei Portugiesen auf Rhodos gewesen; einer habe Bruder Gonçalo, der andere Bruder Fernando geheißen, und man habe bei ihnen gewohnt. Von dort seien sie auf einem Schiff des Bartolomen de Paredes nach Alexandria übergesetzt. Um als Kaufleute gelten zu können, hätten sie eine Menge Honig gekauft und seien schließlich in Alexandria angekommen. Dort habe beide eine Fieberkrankheit befallen, und all ihr Honig sei vom Naib[7] von Alexandria beschlagnahmt worden, in der Annahme, daß sie sterben würden. Aber Gott habe ihnen Gesundheit gegeben [...], und sie hätten neue Ware gekauft und sich nach Kairo gewandt.

Dort seien sie geblieben, bis sie einige Mauren aus dem Maghreb getroffen hätten, die aus Fez und aus Tremecem kamen und nach Aden weiterreisen wollten. Diese hätten sie bis Tor begleitet, sich dort eingeschifft und seien nach Suaquem gelangt, das an der abessinischen Küste liegt. Und schließlich seien sie nach Aden gekommen. Da es aber Monsunzeit gewesen sei, hätten sich die Gefährten getrennt. Afonso de Paiva sei nach Äthiopien gegangen und Pero de Covilhã nach Indien. Sie seien beide überein gekommen, sich zu einer bestimmten Zeit in Kairo wieder zu treffen und sich gegenseitig darüber Bericht zu erstatten, was sie für den König entdeckt hätten.

Pero de Covilhã sei aufgebrochen und nach Cananor gelangt, von dort nach Calicut und dann nach Goa[8], habe sich nach Ormuz gewandt und sei schließlich nach Tor und Kairo zurückgekehrt. Dort habe er seinen Reisegefährten gesucht und herausgefunden, daß dieser verstorben war.

Während er dabei gewesen sei, sich wieder auf den Rückweg nach Portugal zu machen, habe er Nachricht von zwei Juden bekommen, die sich auf der Suche nach ihm befanden. Mit viel Geschick seien sie auch in Kontakt gekommen, und als sie sich getroffen hätten, hätten sie ihm Briefe des portugiesischen Königs gegeben. Der eine Jude habe sich Rabbi Abraham genannt, gebürtig aus Beja, der andere Josef, gebürtig aus Lamego. Letzterer sei ein Schuster gewesen. Dieser Schuster sei [bereits] in Babylon gewesen und hätte Informationen über die Stadt Ormuz erlangt. Diese habe er dem König Dom João übermittelt, und der König sei über diese Informationen sehr erfreut gewesen. Rabbi Abraham aber habe dem König geschworen, nicht eher nach Portugal zurückzukehren, als bis er Ormuz mit seinen eigenen Augen gesehen habe. [...]

Die Juden hätten Pero de Covilhã gebeten, selbst auszuziehen und Erkun-

---

[5] Corpus domini = Fronleichnam.
[6] St. Josephstag = 19. März.
[7] Es handelt sich hier um einen Generalbevollmächtigten des ägyptischen Mameluckensultans.
[8] Cananor, Calicut und Goa liegen an der Westküste Indiens, der Malabarküste.

digungen über den Priester Johannes einzuziehen, außerdem sollte er dem Rabbi Abraham die Stadt Ormuz zeigen. [Pero de Covilhã] habe den Schuster aus Lamego sofort aufschreiben lassen, wie er Zimt und Pfeffer in Calicut entdeckt habe, daß die Gewürze aus weiterer Entfernung kämen, man aber alles dort kaufen könne. Außerdem, daß er in Cananor, Calicut und Goa gewesen sei und die gesamte Küste kenne. Dieses Gebiet könne man [von Portugal aus] über den Golf von Guinea erreichen, indem man die Küste von Sófala anlaufe (wo er im übrigen auch gewesen sei). Oder man müsse eine große Insel ansteuern, die die Mauren „Mondinsel" [Madagaskar] nannten. Sie sagten, daß diese dreihundert Leguas von der Küste entfernt sei und daß man von überall dort die Küste von Calicut erreichen könne.

Nachdem er diese Botschaft durch den Juden aus Lamego an den König gesandt hatte, sei Pero de Covilhã mit dem anderen Juden aus Beja nach Aden und von da nach Ormuz gegangen. Dort habe er ihn verlassen und sei [nach Aden] zurückgekehrt, sei dann nach Mekka und Medina [. . .] und schließlich zum Berge Sinai gelangt.

Nachdem er all dies genau gesehen hätte, habe er sich wiederum in Tor eingeschifft und sei weit über die Meerenge hinaus bis zur Stadt Zeila gefahren, von dort sei er zu Lande gereist, bis er zum Priester Johannes gelangt sei, dessen Hof sich in ziemlicher Nähe von Zeila befindet. Er sei zum Hof gekommen und habe seine Briefe dem König Alexander, der zu dieser Zeit regierte, übergeben. Und dieser habe gesagt, er empfange [die Briefe] mit großem Vergnügen und großer Freude. Er werde ihn mit hohen Auszeichnungen in seine Heimat zurückschicken.

Aber bald darauf sei er gestorben, und sein Bruder Nahum sei an die Regierung gelangt. Dieser habe ihn ebenso huldvoll empfangen, als er aber darum gebeten habe, abreisen zu dürfen, habe er es nicht zulassen wollen. Und als Nahum gestorben und sein Sohn David zur Herrschaft gelangt sei, der immer noch regiere, habe er auch diesen gebeten, abreisen zu dürfen. Aber [auch er] habe dies nicht zulassen wollen und gesagt, er [Covilhã] sei nicht zu seiner Zeit angekommen und seine Vorgänger hätten ihm Ländereien und Rittergüter zu verwalten und zu nutzen gegeben. Fortreisen könne er ihn daher nicht lassen. Und so stünden die Dinge nun.

Dieser Pero de Covilhã aber ist ein Mann, der alle Sprachen kennt, die man nur sprechen kann, christliche, maurische und Eingeborenensprachen. Und er kennt die Dinge, wegen deren er ausgesandt wurde, ja er berichtet von ihnen, als lägen sie gegenwärtig vor ihm.

Aus: Francisco Álvares: Ho Preste Ioam das Indias. Verdadeira informaçam do Preste Ioam, segundo vio e escriveo ho padre Alvares. Lisboa o. J.   MM

21. Die Umfahrung des Kaps der Guten Hoffnung durch Bartolomeu Dias (1488)

Zum Befehlshaber der nächsten großen Entdeckungsfahrt unter João II. wurde Bartolomeu Dias ernannt. Er war Ritter am Hofe in Lissabon und hatte bereits 1482 als Kapitän an der Fahrt Diogo de Azambujas nach El Mina teilgenommen.

Der Auftrag des Dias knüpfte an die Ergebnisse der Cāo-Expedition an. Sein aus drei Schiffen bestehendes Geschwader sollte nunmehr endlich die Südspitze Afrikas umfahren und in den Indischen Ozean vordringen.

Dias brach Ende Juli 1487 von Lissabon aus auf. Die Fahrt führte zunächst zur Angola-Küste, wo man das Versorgungsschiff zurückließ, und dann weiter nach Süden zur Lüderitz-Bai. Im weiteren Verlauf der Südfahrt verschlechterte sich deutlich das Klima. Barros schreibt, daß sich die Seeleute in diesem Bereich an die rauhen Meeresverhältnisse der iberischen Atlantikküsten erinnert fühlten.

In der Gegend zwischen Oranje-Strom und Olifants-River kamen die beiden verbliebenen Schiffe im Verlauf eines stürmischen Unwetters in südwestlicher Richtung von der Festlandsküste ab. Nachdem sich das Wetter beruhigt hatte, drehte Dias, in dem Glauben, auf diese Weise am ehesten das weiter nach Süden verlaufende Festland gewinnen zu können, in ostwärtige Richtung ab. Als in dieser Richtung kein Land in Sicht kam, ahnte Dias, daß der Südverlauf der afrikanischen Küste beendet sein mußte. Folgerichtig steuerte er nunmehr nördlichen Kurs und landete an der Südostküste Afrikas in Höhe der heutigen Fish-Bay. Die Südspitze Afrikas lag hinter ihm. Nachdem die kleine Flotte des Dias die Fahrt für einige Tage in nordostwärtiger Richtung fortgesetzt hatte, setzten jedoch Mannschaft und Offiziere den Abbruch des Unternehmens durch. Dias blieb somit der „letzte" Erfolg, die Entdeckung Indiens, versagt. Die Chronik des Barros gewinnt bei der Schilderung des Abbruchs dieser bis dahin längsten Entdeckungsfahrt der Portugiesen ein beachtliches literarisches Niveau. Sie spricht menschliche Aspekte der Entdeckungsfahrten an, die die meisten Chronisten in ihrer Bewunderung vor der Entdeckerleistung oftmals unterschlagen.

Die Flotte des Bartolomeu Dias kehrte zunächst zum Südkap Afrikas, dem später so genannten Kap der Guten Hoffnung[1], zurück, da es galt, zunächst noch die geographischen Gegebenheiten der für weitere Reisen entscheidend wichtigen Kapregion zu erkunden, und trat dann die Heimreise nach Portugal an, wo sie Anfang Dezember 1488 eintraf.

Bartolomeu Dias wurde nach seiner Rückkehr mit weiteren wichtigen Aufgaben betraut. Er führte die Verhandlungen mit Kolumbus, als dieser auf seiner Rückreise von der Entdeckungsfahrt nach Amerika am 15. März 1493 in Lissabon Station machte. Im Jahre 1500 schließlich finden wir Dias als Kapitän in der Flotte des Cabral. Auf der

---

[1] Die Urheberschaft der Benennung des Kaps der Guten Hoffnung ist nicht endgültig geklärt. Nach Barros war es König João II., der mit der Namensgebung seiner Hoffnung, der Seeweg nach Indien sei nunmehr frei, Ausdruck geben wollte. Dagegen weist der Verfasser des seinerzeit berühmten Reise- und Segelhandbuches „Esmeraldo de Situ Orbis", Duarte Pacheco Perreira, dem Bartolomeu Dias die Urheberschaft zu. Immerhin kannte Perreira Bartolomeu Dias persönlich. Er hat an der Rückfahrt seiner Expedition von der Insel Principe im Golf von Guinea an teilgenommen und konnte daher noch vor dem Eintreffen der Flotte in Lissabon mit diesem die geographischen Entdeckungen durchsprechen.

Überfahrt von dem neu entdeckten brasilianischen Festland zum Indischen Ozean ist er mit seinem Schiff verschollen.

Lit.: Teixeira da Mota: A Viagem de Bartolomeu Dias e as concepções geopolíticas de João II. In: Boletim da Sociedade de Geografía de Lisboa (1958) – Günther Hamann: Der Eintritt der südlichen Hemisphäre in die europäische Geschichte. Wien 1968, S. 263–350 – Jaime Cortesão: Os Descobrimentos Portugueses. Vol. III. Lisboa 1975, S. 830–843.   MM

[...] Nachdem [der König] alle Aspekte bedacht hatte, die mit seinem heißempfundenen Wunsch, Indien zu entdecken, in Zusammenhang standen, entschloß er sich, noch in jenem Jahre 1486[2] auf zweierlei Weise zugleich vorzugehen *(determinou de enviar... dobrados)*, nämlich Schiffe auf dem Seewege und Männer auf dem Landwege auszuschicken, um [endlich] dieses Projekt zu Ende zu bringen, mit dem er soviel Hoffnung verband.

Zwei Schiffe von je 50 Tonnen wurden ausgerüstet sowie ein kleines Schiff *(naveta)*, das die zusätzlichen Lebensmittel transportieren sollte. An [solchen Lebensmitteln] hatte es [nämlich] oftmals den von ihrer Entdeckungsfahrt nach Portugal heimkehrenden Schiffen gefehlt.

Ende August des besagten Jahres stach man in See. Befehlshaber der Entdeckungsfahrt war Bartolomeu Dias, ein Ritter des Hofes, der bereits an Entdeckungsfahrten entlang der afrikanischen Westküste teilgenommen hatte *(que era um dos descobridores desta costa)*[3]. Steuermann seines Schiffes war Pero de Alanquer, und ein gewisser Leitão war erster Offizier *(mestre)*. Kapitän des zweiten Schiffes war João Infante, ein anderer Ritter. Álvaro Martins fuhr als Steuermann und João Grego als erster Offizier. Das Lebensmittelschiff wurde von Pero Dias, dem Bruder des Bartolomeu Dias, als Kapitän befehligt, sein Steuermann war João Santiago, und erster Offizier war João Álvares. Alle waren sehr erfahren in ihrem Beruf.

Und obwohl Diogo Cão zweimal 375 Leguas der Küste, beginnend vom Cabo Catarina bis hin zum Cabo Padrão entdeckt hatte, begann Bartolomeu dennoch, vom Kongo an der Küste zu folgen. Und zwar bis zur Bucht des Überfalls *(Angra do Salto)*, die sich so nannte, weil Diogo Cão dort zwei Neger überfallen hatte. Diese ließ nun der König, nachdem man sie gelehrt hatte, was sie tun sollten, durch Bartolomeu Dias wieder an jenen Ort zurückbringen. Darüberhinaus hatte er noch vier Negerinnen von anderen Plätzen der Guineaküste an Bord. Die erste von ihnen ließ er in der Bucht der kleinen Inseln *(Angra dos Ilhéus)*, wo er seinen ersten Padrão aufstellte, zurück, die zweite in der Bucht des Lavierens *(Angra das Voltas)*, die dritte starb, und die vierte blieb in der Bucht der Inseln vom Heiligen Kreuz *(Angra dos Ilhéus de Santa Cruz)*, zusammen mit zwei [weiteren] zurück, die sie dort aufgegriffen hatten

---

[2] Dieses Datum widerspricht den von Pacheco Perreira gemachten Angaben, der immerhin an der Rückreise des Dias teilgenommen hat. Unwahrscheinlich ist es darüber hinaus auch deshalb, weil zu diesem Zeitpunkt die Expedition des Cão noch kaum wieder in Lissabon eingetroffen war.
[3] Bartolomeu Dias wird von Barros als einer der Kapitäne des Diogo de Azambuja genannt.

[...] und die sie nicht mitnehmen wollten, da der König jegliche Gewaltanwendung [...] gegenüber den Eingeborenen der Länder, die sie entdecken sollten, untersagt hatte.

Der Grund, warum der König jene Menschen an der ganzen Küste entlang aussetzen ließ, und befohlen hatte, sie einzukleiden, gut zu behandeln und ihnen Gold, Silber und Gewürze zu zeigen, war der, daß sie in ihren Ansiedlungen [ihre Landsleute] über die Größe seines Königreiches und über die Dinge, die es dort gab, informieren sollten. Weiterhin darüber, daß seine Schiffe die gesamte Küste befuhren, daß er den Auftrag erteilt hatte, Indien zu entdecken und vor allen Dingen nach einem Fürsten suchte, der sich Priester Johannes nannte und von dem man sagte, daß er in jenem Lande wohne. Dies alles unternahm er in der Absicht, daß das Gerücht [von dieser Suche] zu dem Priester Johannes dringen und ihm Anlaß geben sollte, von dort, aus dem Landesinneren, wo er wohnte, [eine Botschaft] an jene Meeresküste zu schicken.

[...]

Im Verlauf der Küste, in Abständen, die ihnen günstig erschienen, richteten sie Wappenpfeiler auf. Sie wurden an markanten Punkten aufgestellt, so wie der erste Padrão, der, benannt nach dem Heiligen Jakobus *(Santiago)*, an einem Ort, dem man den Namen Serra Parda gab, errichtet wurde. Er befindet sich am 24. Breitengrad, 120 Leguas von dem Ort entfernt, an dem Diogo Cão seinen letzten [Wappenpfeiler] aufstellte[4]. Man gab den Kaps, Buchten oder markanten Punkten, die entdeckt wurden, Namen, und zwar entweder nach dem Tag, an dem man sie erreichte[5], oder nach irgendwelchen anderen Merkmalen *(ou por qualquer outra causa)*. So hat zum Beispiel die Bucht, die wir heute noch Angra das Voltas nennen, ihren Namen erhalten, weil Bartolomeu Dias sich dort fünf Tage lang wegen Wetterverhältnissen, die eine Weiterfahrt unmöglich machten, [vor der Küste lavierend] aufhalten mußte. Jene Bucht befindet sich auf 29 Grad südlicher Breite.

Nachdem sie von dort wieder die offene See angesteuert hatten, zwangen sie dieselben Wetterverhältnisse, dreizehn Tage lang mit gerefften Segeln zu fahren. Die Schiffe aber waren klein, und das Meer war kälter als im Guineagebiet. Wenn schon das Meer an der spanischen Küste bei Unwetter äußerst unwirtlich war, so konnte man jenes für tödlich halten.

Aber nachdem das Unwetter, das diesen Aufruhr des Meeres verursacht hatte, sich gelegt hatte, steuerten sie ostwärts, um wieder in Landnähe zu gelangen. Sie dachten nämlich, dieses verlaufe immer noch in Nord-Süd-Richtung, wie sie es bisher vorgefunden hatten. Als sie aber nach einigen Tagen noch immer nicht auf Land gestoßen waren, gingen sie mit gerefften Segeln auf einen nördlichen Kurs, der sie zu einer Bucht führte. Sie nannten sie Bucht der Viehhirten *(Angra dos Vaqueiros)*[6], weil sie dort viele Kühe sahen, die von

---

[4] Zur Zuverlässigkeit dieser Ortsangaben vgl. Günther Hamann, S. 280 f.

[5] Gemeint ist eine Benennung nach dem Heiligen, an dessen Namenstag der betreffende Ort erreicht wurde. Sie gibt wichtige Hinweise für die Chronologie der Entdeckungsfahrten.

[6] Es handelt sich mit großer Wahrscheinlichkeit um die heute so genannte Fish-Bay.

ihren Hirten gehütet wurden. Aber da niemand eine Sprache konnte, die sie verstanden hätten, konnte man nicht mit ihnen reden. Und wie vom Schrecken über eine große Neuigkeit gepackt, trieben sie ihr Vieh landeinwärts, so daß die Unsrigen nichts über sie in Erfahrung bringen konnten, als daß sie offenbar Neger mit Kraushaaren waren, wie diejenigen Guineas.

Indem sie weiter auf dem neuen, [nördlichen] Kurs die Küste entlangsegelten, was die Kapitäne mit großer Zufriedenheit erfüllte, gelangten sie zu einer Insel, die sich auf 33° 45' südlicher Breite befand. Dort richteten sie einen Padrão auf, der [Padrão] da Cruz genannt wurde und der Insel ihren Namen gab. Sie lag etwas mehr als eine halbe Legua vom Festland entfernt, und weil sich auf ihr zwei Quellen befanden, wurde sie von vielen Fels der Quellen *(Penedo dos Fontes)* genannt[7].

Dort angekommen, erfüllte das Schiffsvolk große Müdigkeit und Furcht wegen der großen Meeresgebiete, die sie hinter sich gebracht hatten. Und alle fingen wie ein Mann *(ua voz)* an, sich zu beklagen und zu verlangen, daß die Fahrt nicht weiter fortgesetzt werde. Sie sagten, daß die Lebensmittel nicht mehr ausreichen würden, um das [Versorgungs-]Schiff wieder aufzusuchen, das sie mit der überschüssigen Verpflegung zurückgelassen hatten. Dies sei schon so lange her, daß sie, falls man weiterführe, alle Hungers sterben müßten, bevor sie es wieder erreichen könnten.

Es sei für eine Reise genug, soviel Küste erforscht zu haben, und sie hätten bereits die wichtigste Erkenntnis erlangt, die aus dieser Entdeckungs-[fahrt] zu ziehen gewesen sei, nämlich daß sich das Festland immerfort in ostwärtiger Richtung erstrecke und daß es so scheine, als ob ein bedeutendes Kap hinter ihnen läge. Und es sei besser, umzukehren, um dieses zu erkunden.

Da ging Bartolomeu Dias, um die Klagen des Schiffsvolkes zu besänftigen, mit den Kapitänen, den Offizieren und den wichtigsten Seeleuten an Land und ließ sie unter Eid sagen, was ihrer wirklichen Meinung nach nunmehr im Dienste des Königs getan werden müsse. Und alle bekräftigten, daß man nach Portugal zurückkehren solle. Und es wurden übergeordnete Gesichtspunkte von solcher Gewichtigkeit angeführt, daß [Bartolomeu Dias] darüber eine Urkunde anfertigen ließ, die alle unterzeichneten.

Aber dennoch, es war sein Wunsch, weiterzufahren. Er hatte [den Kriegsrat einberufen], weil ihn die Bestimmungen der Instruktion des Königs dazu verpflichteten. Dieser hatte nämlich angeordnet, daß in wichtigen Angelegenheiten die wichtigsten Personen, die mitfuhren, um Rat gefragt werden sollten. Aber er bat alle, als er die getroffene Entscheidung unterzeichnete, sie sollten zustimmen *(que houvessem por bem)*, daß noch zwei oder drei Tage die Fahrt entlang der Küste fortgesetzt werde. Und wenn bis dahin nichts auftauche, was zur Weiterfahrt zwinge, dann wollten sie wie zugestanden umkehren.

Aber nach Ablauf dieser Tage, die er sich ausgebeten hatte, hatten sie ledig-

---

[7] Es handelt sich bei diesem nordöstlichen Punkt der Fahrt um die heute als Kwaai Hoeck oder False-Island bezeichnete, dem Festland vorgelagerte Felseninsel.

lich einen Fluß erreicht, der sich 25 Leguas jenseits der Ilhéu da Cruz, auf
32⅔° südlicher Breite, befand.

Und weil João Infante, der Kapitän des Schiffes São Pantaleão, der erste
war, der [dort] an Land ging, erhielt der Fluß den Namen Rio do Infante⁸.
Und dort kehrten sie um, denn das Schiffsvolk begann aufs neue zu klagen.

Sie steuerten nunmehr die Ilhéu da Cruz an, und als Bartolomeu Dias sich
von dem Padrão entfernte, den er dort aufgestellt hatte, wurde er von solchem
Schmerz und solcher Gefühlsaufwallung bewegt, als habe er einen Sohn auf
immer zurückzulassen. Und er bedachte, welch große Gefahren er und alle
jene Seeleute auf sich genommen hatten und daß diese lange Fahrt nur jenes
[Teil-]Ergebnis erbracht, Gott ihnen das Wichtigste [zu erlangen] aber nicht
vergönnt habe.

Nachdem sie von dort aufgebrochen waren, bekamen sie jenes große und
bemerkenswerte Kap zu Gesicht, das so viele Jahrhunderte im Verborgenen
gelegen hatte. Und als es zum Vorschein kam, wurde nicht nur dies allein entdeckt, sondern gleichzeitig eine neue Welt *(novo mundo dos terras)*.

Bartolomeu Dias und seine Begleiter nannten es wegen der Gefahren und
Unwetter, denen sie ausgesetzt waren, als sie es [auf der Hinfahrt] passierten,
das stürmische Kap *(Cabo Tormentoso)*. Aber König João II. gab ihm nach ihrer Rückkehr nach Portugal den wohlklingenden Namen, Kap der Guten
Hoffnung *(Cabo de Boa Esperança)*, weil er sich [von jener Entdeckung nun-
mehr] die so sehr erhoffte und durch all die Jahre erstrebte Entdeckung Indiens versprach.

Aus: João de Barros: Ásia. Dos feitos que os portugueses fizeram no descobrimento e conquista
dos mares e terras do Oriente. Sexta edição, actualizada na ortografia e anotada por Hernani
Cidade. Notas históricas finais por Manuel Múrias. Dec. I. Livr. II. Cap. IV. Lisboa 1945, S. 91–93.

MM

---

⁸ Mit großer Wahrscheinlichkeit handelt es sich um den Großen Fisch-Fluß.

Drittes Kapitel

Kolumbus und der westliche Seeweg nach Indien

Zu Beginn der siebziger Jahre des 15. Jahrhunderts geriet das portugiesische Vordringen an der Guineaküste auf der Suche nach einem Zugang zum Indischen Ozean ins Stocken: An der Bucht von Biafra wandte sich die bisher in West-Ost-Richtung verlaufende afrikanische Küste wieder nach Süden und behielt diese neue Richtung bei, soweit dies damals die Kapitäne des Unternehmers Gomes – in erster Linie wohl Lopo Gonçalves und Ruy de Sequeira – bei ihren Fahrten bis südlich des Äquators festzustellen vermochten. Damit trat die portugiesische Expansion unversehens in eine neue Phase ein. Indien bzw. Asien schien auf dem östlichen Seeweg, dem die portugiesischen Entdekker seit der Umschiffung des Cabo Verde gefolgt waren, nicht mehr oder doch wenigstens nur unter Inkaufnahme eines erheblichen Umwegs erreichbar zu sein. In dieser Situation lag es nahe, daß eine bislang wahrscheinlich wenig ins Auge gefaßte Route nach Indien ins Blickfeld der portugiesischen Krone trat: die später von Kolumbus eingeschlagene Westroute über den Atlantik.

Die bis heute bekannten Quellen geben uns keinen Aufschluß darüber, wann und an welchem Ort der Gedanke einer Westfahrt nach Indien – das damals weitgehend mit Ost- und Mittelasien gleichgesetzt wurde – aufgekommen ist. Dieser Gedanke war bereits von griechischen Kosmographen wie Eratosthenes geäußert worden, dann aber in Europa in Vergessenheit geraten, als die christliche Kirche die Vorstellung einer scheibenförmigen Erde als Mittelpunkt des Kosmos durchzusetzen vermochte. Die antike Vorstellung, daß die Erde rund sei – von arabischen Geographen tradiert –, dürfte erst mit den Kreuzzügen wieder nach Europa getragen worden sein. Im Spätmittelalter sprachen bereits Gelehrte wie Albertus Magnus, Roger Baco und Petrus Alliacus erneut davon, daß Asien auch auf dem Westwege erreicht werden könne. So bezweifelte wohl im 15. Jahrhundert kaum jemand mehr die Kugelgestalt der Erde, die zumal bei der Hochseenavigation klar zutage trat. In diesem Zeitraum entwickelten sich dann auch die tatsächlichen Voraussetzungen für eine Fahrt über den Atlantik: Seit der Veröffentlichung der Berichte von Marco Polo (1254–1324) und Nicolò de'Conti (1395–1469) über China, Hinter- und Vorderindien (vgl. Bd. 1, Dok. 17–21 und 23) besaßen humanistisch gebildete Kreise sowohl eine Vorstellung vom Reichtum wie von der Ausdehnung Asiens; einzelne Kosmographen stellten Berechnungen über den Erdumfang an; schließlich waren im Zuge der portugiesischen Vorstöße nach Süden über den Äquator hinaus und nach Westen zu der Inselgruppe der Azoren die Hochseenavigation und die Kenntnis der Winde und Strömungen des Atlantik so weit vorangetrieben worden, daß eine Westfahrt nach Asien um 1470 nichts grundsätzlich Unmögliches mehr darstellen konnte. Daß auf dieser Route eine irgendgeartete Festlandsbarriere auftauchen könnte, kam damals niemandem in den Sinn.

Etwa 1457/58 waren noch unter Heinrich dem Seefahrer die beiden westlichsten Azoreninseln Flores und Corvo aufgefunden worden. Seit 1457 hatte die portugiesische Krone wiederholt Patentbriefe für die Entdeckung und Inbesitznahme von „Inseln und Ländern im Westen" vergeben, was auf mehrere Vorstöße über die Azoren hinaus nach Westen schließen läßt. Doch war man sich in Portugal offenbar über die Entfernung der atlantischen Gegenküste von Europa und besonders über den Charakter dieser Gegenküste nicht im klaren. Die uns überlieferte dänisch-portugiesische Expedition von 1473, über die Carsten Grip knapp berichtet (Dok. 22), hatte daher ganz den Charakter der portugiesischen Vorstöße entlang der afrikanischen Küste nach Süden und zeigte besonders die gleichen logistischen Vorstellungen: Man versicherte sich der bestmöglichen Kenntnis und Unterstützung, die damals nur Dänemark bot, mit dem Norwegen in der Kalmarer Union vereinigt war, und mit den Inselgruppen nördlich von Schottland, zumal aber mit Island und Grönland (die beide zu Norwegen gehörten), boten sich für die Fahrt ausreichend Stützpunkte an. Zudem mußte eine Atlantiküberquerung im Norden dank der Abflachung der Erdkugel zu den Polen hin weitaus kürzer sein als eine Überquerung des Atlantik von Portugal aus oder in Äquatornähe. Im einzelnen wissen wir über die Durchführung dieser Fahrt und ihre Ergebnisse nichts, doch scheint sie im Sinn der portugiesischen Pläne nicht erfolgreich gewesen zu sein; sie wurde nicht wiederholt. Allerdings blieb dies nicht der einzige Versuch der portugiesischen Krone in den siebziger Jahren, über den westlichen Atlantik Aufschluß zu erhalten. Vielmehr wurden nach unserer Kenntnis sowohl im Juni 1473 wie im Januar 1474 Patentbriefe für die Entdeckung weiterer Inseln im Westen vergeben.

Gleichzeitig oder auch nach dem Fehlschlagen der dänisch-portugiesischen Expedition wandte sich der Lissaboner Kanonikus Fernam Martins de Roriz, Beichtvater des Königs Afonso V., höchstwahrscheinlich im Auftrag der portugiesischen Krone an den Florentiner Gelehrten Paolo dal Pozzo Toscanelli, um genauere Informationen über die Westroute nach Asien zu erhalten. Mit dem Antwortschreiben Toscanellis von 1474 und der von ihm beigefügten Karte (vgl. Dok. 1 und 2) tritt uns erstmals die genaue Fassung der dann von Kolumbus verwirklichten Vorstellung von einer Westfahrt nach Indien in südlichen Breiten entgegen. Kennzeichnend für die Vorstellung Toscanellis wie sicher der gesamten damaligen gelehrten Welt von der Gestalt der Erdoberfläche war der Umstand, daß man sich nichts anderes vorzustellen vermochte, als daß auf der westlichen Seite des Atlantik – von Europa aus gesehen – Asien läge. Der Gedanke an eine Neue Welt, wie sie Kolumbus dann entdeckte – freilich ohne dies je wahrzuhaben – lag damals wohl völlig außerhalb der Denkmöglichkeiten Europas.

Aus Gründen, die uns nicht bekannt sind – vermutlich infolge des Todes Enriques IV. von Kastilien im Dezember 1474 und des sich daran anschließenden Erbfolgekriegs zwischen Portugal und Kastilien, der bis 1479 anhielt und für Portugal äußerst verlustreich war –, unterblieb die von Toscanelli vorgeschlagene direkte Westfahrt nach Indien. Doch scheint in der Zwischenzeit der Gedanke der Westfahrt außer in Portugal und Italien auch in anderen europäischen Ländern Fuß gefaßt zu haben. Die geographischen Karten des 15. Jahrhunderts verzeichnen zum Beispiel eine Fülle von Fabelinseln im Atlantik – die häufigsten sind Brasil, Antilia (das auch die „Sieben-Städte-Insel" genannt wurde), St. Brendan und Monte Cristo –, die den Gedanken nahelegen, daß der eine oder andere westeuropäische Seefahrer bereits in diesem 15. Jahrhundert die mittelamerikanischen Inseln oder die des Atlantik vor der nordamerikanischen Küste erreicht haben könnte und davon berichtete. Die kartographische Existenz dieser Fabelinseln scheint aber auch mancherorts den Wunsch hervorgerufen zu haben, diese Inseln aufzufinden und sie in Besitz zu nehmen oder mit ihnen Handel zu treiben. Die gescheiterte Fahrt des englischen Kapitäns Thloyde zu der Insel Brasil im Jahre 1480 legt von diesem Wunsch Zeugnis ab (Dok. 23).

Aber auch andere Zeugnisse der Zeit zeigen uns, daß der Gedanke der Westfahrt allmählich breiter in das Bewußtsein in Europa drang. Das bedeutendste dieser Zeugnisse ist indirekt zweifellos der – verlorengegangene – Brief, den Kolumbus etwa 1480 oder 1481 seinerseits an Toscanelli richtete, um Aufschluß über die Westroute nach Indien zu erhalten. Der in Genua geborene Christoph Kolumbus (ital.: Colombo; portug.: Colom; span.: Colón; engl.: Columbus; französ.: Colomb) (1451–1506) war damals in Lissabon als Vertreter Genueser Bank- und Handelshäuser tätig, er war im Atlantik bereits nach Madeira, zu den Kanarischen Inseln und nach England, wahrscheinlich auch bis Guinea und möglicherweise bis nach Island gekommen. Sein Bruder Bartolomeo hatte sich ebenfalls in Lissabon niedergelassen, und zwar als Zeichner nautischer Karten.

Nach Las Casas, dem ersten Biographen des Kolumbus, war es Bartolomeo Kolumbus, der den Anstoß zu der Korrespondenz mit Toscanelli gab. Zur selben Zeit sei damals „etwas" vom Brief Toscanellis an Martins zu Ohren des Kolumbus gekommen. Toscanelli sandte dem Kolumbus später insgesamt zwei Briefe: Im ersten teilte er ihm den Wortlaut des 1474 an Martins gerichteten Schreibens mit, im zweiten ermunterte er ihn ausdrücklich zu einer Westfahrt nach Indien (Dok. 24). Doch die Fahrt kam nicht zustande. Kolumbus reichte zwar 1484 und 1485 ein entsprechendes Projekt beim portugiesischen König João II. ein, das dieser der 1484 gegründeten Junta de Matemáticos – einem beratenden Ausschuß der Krone in Angelegenheiten der Schiffahrt und des Seewesens – zur Begutachtung übergab. Doch der Ausschuß lehnte das Projekt aus triftigen Gründen ab: Kolumbus hatte die Westentfernung Europas von Asien offensichtlich falsch berechnet.

Kolumbus schöpfte seine Vorstellungen über Größe und Gestalt der Erde und ihrer einzelnen Länder vor allem aus dem Traktat des Petrus Alliacus „Imago Mundi" und der Schrift des Aeneas Sylvius Piccolomini (des späteren Papstes Pius II.). „Historia Rerum Ubique Gestarum", die er mit reichen zusammenfassenden Anmerkungen versah, etwa der Art: „Die Erde ist rund und kugelförmig". Bei der Berechnung des Erdumfangs hielt er sich an Alliacus – der sich seinerseits auf Ptolemäus stützte – und kam zu einem Ergebnis, das um ein Drittel unter dem tatsächlichen Wert lag. Weitere Irrtümer kamen hinzu, die teils auf Toscanelli zurückgehen, teils auf die falsche Auslegung von Reisewerken wie denjenigen Polos oder Contis, teils auch auf ein Für-bare-Münze-Nehmen einiger Weissagungen des Propheten Jesaia im Alten Testament und des apokryphen Vierten Buches Esra, in dem es heißt, daß Gott bei der Schöpfung der Erde sechs Siebtel trockenlegte, was bedeuten mußte, daß der Ozean zwischen Europa und Asien im Westen nur eine geringe Ausdehnung haben konnte. Im Endergebnis kam Kolumbus zu einer bei weitem zu großen Einschätzung der West-Ost-Ausdehnung Asiens, das dabei auf der anderen Atlantikseite ganz nahe an Europa heranrückte. Er notierte an den Rand der „Imago Mundi": „Bei weitem größer ist die Länge der Erde nach Osten hin, als Ptolemäus sie ansetzt. Das Ende Spaniens und der Anfang Indiens sind voneinander nicht weit entfernt ... Es ist offensichtlich, daß man mit günstigem Wind das Meer in wenigen Tagen durchqueren kann." Von den Kanarischen Inseln bis zum äußersten Ende Asiens, als das Kolumbus mit Marco Polo die Insel Zipangu (Japan) ansah, waren es nach seiner Berechnung nur 2 400 Seemeilen, während es tatsächlich 10 600, also mehr als das Vierfache, sind. Als Kolumbus dann später in der von ihm berechneten Entfernung von Europa auf der anderen Seite des Atlantik Inseln vor einem Festland antraf, gab es für ihn keinen Zweifel, daß er Asien erreicht hatte.

Natürlich kannte damals auch die Junta de Matemáticos nicht exakt die tatsächliche Entfernung Japans von den Kanarischen Inseln auf der von Kolumbus vorgeschlagenen Route. Aber sie verstand doch immerhin soviel mehr von den Dingen als der Antragsteller aus Genua, daß sie seinen Plan als in den Grundlagen fehlerhaft und insgesamt als absolut undurchführbar zurückwies. Daß der gleiche Plan später bei den Katholischen Königen Spaniens ein gewisses Echo fand, zeigt deutlich, wieviel umfassender die portugiesischen nautischen und geographischen Kenntnisse seinerzeit gegenüber den in Spanien anzutreffenden waren.

Inzwischen hatte der Vertrag von Alcaçovas zwischen Portugal und Spanien vom 4. 9. 1479 Portugal den gesamten überseeischen Raum entlang der afrikanischen Küste als Interessensphäre zugesprochen. Mit dem Übergang der Krone an João II. 1481 scheint Portugal sich dann wieder vorrangig der Erkundung des östlichen Seewegs nach Asien zugewandt zu haben: 1482 wurde El Mina an der Goldküste gegründet (vgl. Bd. 3, Dok. 20), im gleichen Jahr trat Diogo Cão seine erste Reise nach Süden an, die ihn bis zum Kongo führte und deren zügige Fortsetzungen noch im gleichen Jahrzehnt die erste Umrundung des Kaps der Guten Hoffnung zur Folge hatten. Zwar vergab die Krone noch 1484 und 1486 Patentbriefe für Westfahrten von den Azoren aus – u. a. an den Flamen Ferdinand van Olmen (port.: Fernam Dulmo), wobei erstaunlicherweise bereits von einem zu entdeckenden Archipel oder einer Festlandküste, nicht nur von einzelnen Inseln die Rede ist (Dok. 25) –, doch blieben die entsprechenden Fahrten, falls sie überhaupt zustande kamen, ohne Erfolg. Als Bartolomeu Dias auf seiner Reise von 1487/88 dann tatsächlich die Entdeckung des östlichen Seewegs nach Indien gelang, schwand in Portugal naturgemäß jedes Interesse an einem Auffinden der westlichen Route.

Doch die Abweisung durch die Junta de Matemáticos hatte Kolumbus nicht von seinem Vorhaben abgebracht. 1485 wandte er sich nach Spanien, um seinen Plan den Katholischen Königen Isabella von Kastilien und Ferdinand von Aragón vorlegen zu lassen. Ein von der Krone eingesetzter Ausschuß unter Leitung von Talavera, dem nachmaligen Erzbischof von Granada, beriet das Projekt fortan. Kolumbus wandte sich in der Zwischenzeit erneut an den portugiesischen König, außerdem durch seinen Bruder Bartolomeo auch an die englische und französische Krone, in allen Fällen ohne Erfolg. 1490 lehnte schließlich auch der Talavera-Ausschuß das Vorhaben ab. Isabella von Kastilien sicherte Kolumbus dabei allerdings zu, er könne sein Anliegen nach Beendigung des zur Zeit im Gang befindlichen Krieges gegen die Mauren erneut vorbringen. Als Granada am 2. Januar 1492 übergeben wurde, kam es nach einigem Hin und Her, dessen Umstände bis heute nicht geklärt sind, tatsächlich durch Vermittlung des Verwalters der königlichen Privatschatulle von Aragón, Luis de Santangel, zu einer Unterstützung des Kolumbus-Vorhabens durch die Katholischen Könige. Die Finanzierung des Unternehmens – der offensichtlich schwierigste Punkt der Verhandlungen – kam zustande: Von den anfallenden Kosten in Höhe von rund zwei Millionen Maravedís brachten die Katholischen Könige 1 140 000 Maravedís auf, Kolumbus selbst – wahrscheinlich großenteils durch Aufnahme einiger Kredite bei genuesischen Bankiers und Kaufleuten in Spanien wie Berardi, Pinello, Centurione, di Negro u. a. – eine Summe von einer halben Million Maravedís, und zur Bereitstellung des Rests verurteilte die Krone eine ihrer Schuldnerinnen, die Stadt Palos de la Frontera; vermutlich stellten zwei der drei für die Reise bereitgestellten Schiffe den Gegenwert dieser Summe dar.

In einer Reihe von Vereinbarungen und Dokumenten, die zwischen dem 17. und 30. April 1492 zwischen Vertretern der Katholischen Könige und des Kolumbus ausgehandelt wurden, wurden die rechtlichen und finanziellen Seiten des Unternehmens und die Ausrüstungsfragen geklärt (Dok. 26), desgleichen wurde den diplomatischen Erfordernissen der bevorstehenden Expedition Rechnung getragen durch Ausstellung eines Schutzbriefes (Dok. 27) und eines Empfehlungsschreibens an asiatische Fürsten für Kolumbus. Am 3. August endlich konnte Kolumbus mit drei Schiffen (dem Nao Santa María und den beiden Karavellen Niña und Pinta) und insgesamt 90 Mann Besatzung von dem andalusischen Küstenstädtchen Palos aus in See stechen. Er ließ seine Schiffe auf der Kanareninsel Gomera überholen und teilweise umrüsten und brach von dort aus am 6. September 1492 zu seiner Atlantiküberquerung auf. Er führte Tag für Tag Buch über die zurückgelegte Strecke und verzeichnete sorgfältig die Ereignisse an Bord, wozu er zweifellos von der Krone verpflichtet worden war (Dok. 28). Nach einer ruhigen, fast problemlosen Reise von rund 36 Tagen auf hoher See sichtete die kleine Flotte am 12. Oktober 1492 um zwei Uhr morgens erstmals Land: die Insel Guanahaní im Bereich der heutigen Bahamas, die Kolumbus San Salvador taufte.

Kolumbus wurde überall von den Einwohnern der Inselwelt, denen er in den folgenden Wochen begegnete, freundlich aufgenommen, hielt sich jedoch nirgends auf. Sein Reiseziel war nicht, naturwissenschaftliche Forschungen anzustellen, sondern Handelsverkehr mit Japan und China aufzunehmen: „... es war nicht meine Absicht, alles genau zu erforschen, denn dazu würden nicht einmal fünfzig Jahre ausreichen, sondern so viel als möglich neue Länder zu entdecken, um, wenn es Gott gefiel, im kommenden Monat April wieder vor das Angesicht Eurer Hoheiten treten zu können. Dem muß ich aber hinzufügen, daß ich, falls wir auf Gegenden stoßen sollten, wo Gold und Gewürze reichlich vorhanden sind, mich dort so lange aufhalten werde, als ich so viel als nur irgend möglich davon verladen habe."

Ende Oktober 1492 erreichte er Kuba, das er für die Ostspitze Asiens hielt, Anfang Dezember 1492 das heutige Haiti, das er La Española nannte. An der dortigen Nordküste verlor er am 25. Dezember sein Flaggschiff Santa María. Aus den Trümmern des gestrandeten Fahrzeugs baute er die erste europäische Siedlung der Neuen Welt *(villa de la Navidad)*, in der er einen Teil seiner Besatzung zurückließ, als er Anfang Januar 1493 die Heimreise antrat. Sie ging teilweise bei grober See und Sturm vor sich; am 15. Februar erreichte Kolumbus die Azoreninsel Santa María, am 4. März Lissabon, wo er vom portugiesischen König João II. empfangen und über seine Reise befragt wurde. Nach der Fortsetzung der Reise zur See nach Palos und einer Überlandreise nach Barcelona berichtete er dort Mitte April den Katholischen Königen und dem Hof von seinen Entdeckungen.

Kolumbus war zeit seines Lebens überzeugt, die Westroute nach Asien aufgefunden zu haben; er hatte sich auf Kuba nur einige Tagesreisen von Cathay (Nordchina) entfernt gewähnt. Er ließ sich weder durch die Erkenntnisse seiner folgenden drei Reisen in die Neue Welt noch durch die Ergebnisse anderer, ähnlicher Reisen von dieser Vorstellung abbringen. So blieb es nicht aus, daß die wissenschaftliche Reflexion seiner Zeitgenossen bald andere Erkenntnisse gewann und über des Kolumbus Einschätzung der geographischen Zusammenhänge hinwegschritt, indem sie dieses „Indien" zunächst als „Neue Welt" (Vespucci) und bald schon als eigenen Erdteil erkannte. Insofern ist es nicht ganz ungerechtfertigt, daß dieser „mundus novus" im Jahre 1507 von Ringmann und Waldseemüller nicht nach Kolumbus, sondern nach seinem wissenschaftlichen Entdecker Amerigo Vespucci „Amerika" getauft wurde. Asien, das Gewürz- und Goldland, das Kolumbus als begehrtes Ziel erreicht zu haben glaubte, wurde auf dem Westwege erst eine Generation später, im

Jahre 1521, von Fernão de Magalhães nach der ersten Umrundung Südamerikas angelaufen.

Lit.: Raccolta di Documenti e Studi pubblicati dalla R. Commissione Colombiana pel quarto centenario dalla scoperta dell America. 6 Teile in 14 Bänden. Roma 1892–1896 – Bibliografía Colombina. Real Academia de la Historia. Madrid 1892 – Richard Hennig: Columbus und seine Tat. Eine kritische Studie über die Vorgeschichte der Fahrt von 1492. Bremen 1940 – Samuel Eliot Morison: Admiral des Weltmeeres. Das Leben des Christoph Columbus. Bremen-Horn 1948 (engl. Originalausgabe: Admiral of the Ocean Sea. A Life of Christopher Columbus. Boston 1942) – Antonio Ballesteros Beretta: Cristóbal Colón y el descubrimiento de América. 2 vol. Barcelona etc. 1945 – Studi Colombiani. 1952, 1974 und 1977 – J. O. Bignardelli: Con la caravelle di Cristoforo Colombo alla scoperta del Nuovo Mondo. Torino 1959 – Damião Peres: Portuguese Discoveries in the Atlantic. Lisbon 1960 – Charles Verlinden: Christoph Kolumbus. Vision und Ausdauer. Göttingen-Berlin-Frankfurt 1962 – Juan Manzano Manzano: Cristóbal Colón. Siete años decisivos de su vida 1485–1492. Madrid 1964 – Jaime Cortesão: Os Descobrimentos Pre-colombinos dos Portugueses. Lisboa 1966 – Michel Mollat und Paul Adam (éd.): Les aspects internationaux de la découverte océanique aux XVe et XVIe siècles. Actes du Cinquième Colloque International d'Histoire Maritime (Lisbonne – 14–16 septembre 1960). Paris 1966 – Charles Verlinden: Les Italiens et l'ouverture des routes atlantiques. In: Anuario de estudios americanos. Bd. 25 (1968), S. 243–260 – Paolo Emilio Taviani: Cristoforo Colombo. La genesi della grande scoperta. 2 vol. Novara 1974 (französische Ausgabe: Paris 1980) – Charles Verlinden: Christophe Colomb: Esquisse d'une analyse mentale. In: Revista de Historia de America. Mexico 1980, S. 9–27 – Günther Hamann: Christoph Columbus zwischen Mittelalter und Neuzeit – Nachfahre und Wegbereiter. In: Europäisierung der Erde? Studien zur Einwirkung Europas auf die außereuropäische Welt (hrsg. v. G. Klingenstein, Heinrich Lutz, Gerald Stourzh). Wien 1980, S. 15–38 – Hermann Kellenbenz: Die Finanzierung der spanischen Entdeckungen. In: Vierteljahrschrift für Sozial- und Wirtschaftsgeschichte 69 (1982), S. 153–181.   Sch

22. Eine dänisch-portugiesische Grönlandexpedition im Jahre 1473

Im Jahre 1473 – möglicherweise erst 1476 – ließ der dänische König Christian I. auf Ersuchen der portugiesischen Krone eine Fahrt zu „neuen Inseln und Ländern" im Norden durchführen. Diese Expedition stand unter Leitung der in dänischen Diensten stehenden deutschen Kapitäne Dietrich Pining und Hans Pothorst, daneben nahmen der Portugiese João Vaz Corte Real (der spätere Statthalter der Azoreninsel Terçeira) und ein gewisser Johannes Scolvus teil. Die Expedition erreichte über Island die Ostküste Grönlands – nicht jedoch den nordamerikanischen Kontinent –, nahm aber vermutlich keinen Kontakt zu damals noch lebenden Nachfahren der Nordleute auf, die nach dem Jahr 1000 Grönland besiedelt hatten. Auf den weiteren Gang der Entdeckungen blieb diese Fahrt mit großer Wahrscheinlichkeit ohne Auswirkungen, sieht man von den Fahrten der beiden Söhne des damaligen portugiesischen Teilnehmers, der Gebrüder Gaspar und Miguel Corte Real in den Jahren 1500–1502 nach Grönland und

zur nordamerikanischen Küste ab. Die folgende Quelle stammt aus der Mitte des
16. Jahrhunderts, doch ist sie anschaulicher als die wenigen erhaltenen zeitgenössischen Belege, ihr Inhalt gilt der heutigen Forschung als glaubwürdig.

Lit.: Richard Hennig: Terrae incognitae. Bd. 4. Leiden ²1956, S. 252–282 [teilweise
überholt] – Sven Svensson: Kristian den Andres Planer på en Arktisk Expedition och
deras Föruttsättningar. Ett Bidrag till de Geografiska Upptäckternas Ideologi. Lund
1960 – Finn Gad: The History of Greenland. Vol. 1: Earliest Times to 1700. London
1970 – Klaus-Peter Kiedel: Eine Expedition nach Grönland im Jahre 1473. In: Deut-
sches Schiffahrtsarchiv 3 (= Schriften des Deutschen Schiffahrtsmuseums. Bd. 12).
1980, S. 115–140.   Ki/Sch

Auszug aus einem Brief des Kieler Bürgermeisters Carsten Grip an den dänischen König Christian III. vom 3. März 1551

Es sind in diesem Jahr auch Karten herausgekommen von Ihrer Königlichen
Majestät Land Island und von den alldort zu besichtigenden und zu erkun-
denden Wunderwerken, zu Paris in Frankreich, darauf wird öffentlich angezeigt, daß Island zweimal so groß ist wie Sizilien unterhalb von Italien und
daß die beiden Schiffer Pyningk[1] und Poidthorsth[2], die von Ihrer Königlichen
Majestät Herrn Großvater, König Christian I., auf Verlangen der Königlichen
Majestät zu Portugal etc., um im Norden neue Inseln und Länder aufzusuchen, mit etlichen Schiffen ausgerüstet wurden, auf der Klippe Wydthszerck[3]
vor Grönland und gegenüber von Sniefelssiekel auf Island[4] zum Meer hin gelegen eine große Bake aufgerichtet und hergestellt haben wegen der grönländischen Seeräuber, die mit vielen kleinen Schiffen ohne Boden[5] anfallen, um
andere Schiffe in großer Zahl zu überraschen etc . . .[6] [Übersetzung aus dem
Missingschen].

Aus: Louis Bobé (Hg.): Aktstykker om Grønlands Besejling 1521–1607 (= Danske Magazin.
5. Raekke. 7. Bd.). Kjøbenhavn 1909, S. 310.   Ki

23. Eine gescheiterte Fahrt von Bristol aus zu der Insel Brasil im Jahre 1480

Im Jahr 1480 erhielt eine Personengruppe in Bristol, zu der auch ein gewisser John Jay
gehörte, das Privileg, Schiffe für besondere Fahrten auszurüsten, wobei alle wertvol-
leren Waren, dagegen nicht Stapelwaren, gehandelt werden durften. Die neuere For-

---

[1] Pining.
[2] Pothorst.
[3] Heutige Schreibweise: Huitserk.
[4] Heutige Schreibweise: Snäffelsjökull. Huitserk und Snäffelsjökull waren bereits im Mittelalter Orte, die als Ansteuerungspunkte für die Schiffahrt zwischen den Inseln benutzt wurden und
dementsprechend in den alten Segelanweisungen überliefert sind.
[5] Hiermit dürften die kiellosen Kajaks der Eskimos gemeint sein.
[6] Daß die Bake wegen angriffslustiger Seeräuber aufgestellt wurde, klingt wenig glaubwürdig.
Eher ist in Zusammenhang mit dem Ansteuerungspunkt Huitserk an eine Funktion als Seezeichen
zu denken.

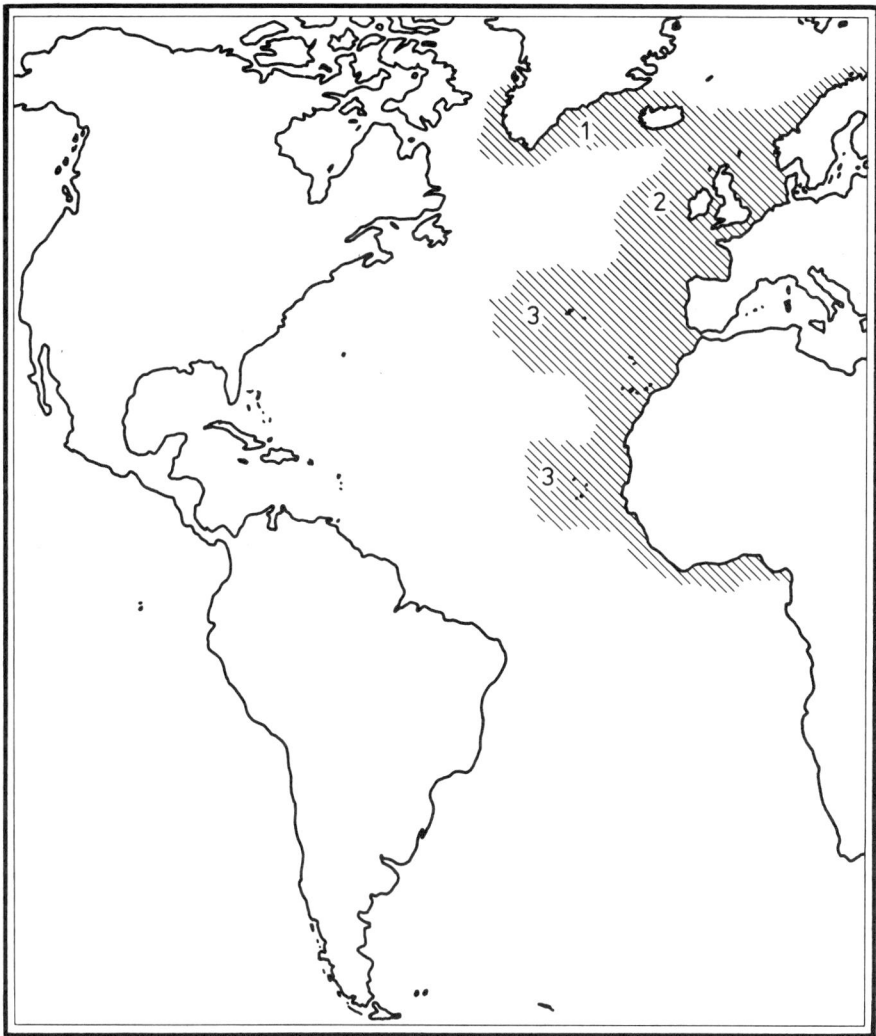

1. Der um 1473 bereits bekannte Atlantikraum:

  1 = Mit Sicherheit oder hoher Wahrscheinlichkeit durchgeführte Reisen
       hansischer, dänisch-norwegischer und englischer Schiffe.
  2 = Suchfahrten der Engländer nach der Insel Brasil.
  3 = Suchfahrten der Portugiesen nach „Inseln und Ländern im Westen".

schung, vertreten besonders durch Quinn und Williamson, vermutet, daß entsprechende Reisen der Herstellung einer Verbindung mit der sagenhaften Insel Brasil dienen
sollten. Auf spätmittelalterlichen Karten ist die Insel Brasil in der Regel unmittelbar vor
der westlichen Küste Irlands eingetragen: möglicherweise handelte es sich bei dem
Brasil der Kartographen um die Porcupine Bank, die ungefähr 140 Meilen westlich von
Irland im Atlantik liegt. Für die Bristolkaufleute dagegen mußte die Insel Brasil etwas

anderes bedeuten, nämlich ein Land, das eine teure Ausrüstung und mehrwöchige Fahrten rechtfertigte. Quinn und Williamson nehmen deshalb an, daß es sich bei der in der folgenden Quelle genannten Insel Brasil bereits um die Küste Neufundlands oder Neuschottlands gehandelt haben könnte, die der Kapitän Thloyde auf Grund einiger vager Informationen aufzufinden sich bemühte. Wir haben Kenntnis von dieser Quelle dank der Notizen von William Worcestre (1415–1485), dem ersten englischen Altertumsforscher, Topographen und Verfasser einer Frühform des historischen Reisehandbuchs. Worcestre beschäftigte sich besonders eingehend mit Bristol.

Lit.: James A. Williamson: The Cabot Voyages and Bristol Discovery under Henry VII (Works issued by the Hakluyt Society. 2nd ser. Vol. 120). Cambridge 1962, S. 19–32 – David B. Quinn: England and the Discovery of America, 1481–1620. London 1974, S. 5–87 – Ders.: North America from Earliest Discovery to First Settlements. The Norse Voyages to 1612. New York 1977 (dort S. 576–578 die wichtigste Lit.).   Sch

Am 15. Juli 1480 trat das Schiff [Lücken im Manuskript] und von John Jay dem Jüngeren von achtzig Lasttonnen eine Reise von Kyngrode, dem Hafen von Bristol, zu der Insel Brasylle[1] westlich von Irland an. Es durchpflügte die See nach [Lücke] und [Lücke]. Thloyde[2], der Kapitän des Schiffes, ist der erfahrenste Seemann von ganz England. Und Nachrichten kamen nach Bristol am Montag, dem 18. September, daß das besagte Schiff ungefähr neun Monate [Wochen?] lang segelte und jene Insel nicht fand, sondern durch Stürme auf See zurückgetrieben wurde zum Hafen [Lücke] in Irland, um das Schiff auszubessern und der Mannschaft Ruhe zu gönnen.

Aus: William Worcestre: Itineraries. Edited from the Unique Ms. Corpus Christi College Cambridge, 210 by John H. Harvey. Oxford (Oxford University Press) 1969 (© John H. Harvey 1969), S. 308 (lat. Fassg.) und S. 309 (engl. Fassg.).   Sch

24. Zweiter Brief des Toscanelli an Kolumbus, undatiert (zwischen 1480 und 1482)

Kolumbus war während seines langjährigen Aufenthalts in Lissabon Vertreter der Genueser Bank- und Handelshäuser Centurione und di Negro. In diesem Zeitraum – so schreibt sein Zeitgenosse und erster Biograph Las Casas – erhielt er Kenntnis vom Brief Toscanellis an Martins aus dem Jahr 1474 (vgl. Dok. 1). Durch Vermittlung des in Lissabon lebenden Florentiners Lorenzo Birardi wandte er sich an Toscanelli und erhielt von diesem im Rahmen eines ersten Antwortschreibens den Wortlaut jenes Briefs von 1474 sowie eine Kopie der an Martins gesandten Karte. In einem zweiten Antwortschreiben – das im folgenden wiedergegeben ist – bestärkte Toscanelli Kolumbus in seinem Plan einer Westfahrt nach Cathay. Beide Schreiben lassen sich auf den Zeitraum zwischen 1480 und 1482 datieren, d.h. auf die Zeit zwischen der Übersiedlung

---

[1] Brasil.

[2] Der Name Thloyde wird von den verschiedenen Autoren unterschiedlich aufgelöst: in Th[omas] Lloyd (Harrisse: The Discovery of North America. London-Paris 1892. Nachdruck Amsterdam 1961 und 1969), John Lloyd (Williamson) und John Thloyde (Quinn).

des Kolumbus-Bruders Bartolomeo – des Kartenzeichners – nach Lissabon und dem Tod Toscanellis im Mai 1482. Sie sind lediglich in der durch Las Casas vom Lateinischen ins Spanische übertragenen Fassung erhalten.

Lit.: Henry Vignaud: Toscanelli and Columbus. The Letter and Chart of Toscanelli. London 1902. Ndr. New York 1971 – Richard Hennig: Columbus und seine Tat. Eine kritische Studie über die Vorgeschichte der Fahrt von 1492. Bremen 1940 – Samuel Eliot Morison: Admiral des Weltmeeres. Das Leben des Christoph Columbus. Bremen-Horn 1948.   Sch

Deinen Brief und die mir zugesandten Gegenstände habe ich erhalten und darüber große Genugtuung empfunden. Von deinem mutigen und großartigen Plan, auf dem Westwege, den die dir übermittelte Karte anzeigt, zu den Ostländern zu segeln, nahm ich Kenntnis. Besser hätte er sich noch an Hand einer runden Kugel klar machen lassen. Es freut mich, daß du mich recht verstanden hast. Der geschilderte Weg ist nicht nur möglich, sondern wahr und sicher.

Unzweifelhaft ist die Reise ehrenvoll und vermag unberechenbaren Gewinn und höchsten Ruhm in der ganzen Christenheit zu bringen. Du kannst dies nicht so zuverlässig wissen wie ich, da du nicht so häufig Gelegenheit gehabt hast, vertrauenswürdige Nachrichten von bedeutenden, erfahrenen Männern zu sammeln, die hierher an den päpstlichen Hof gekommen sind, und von hochangesehenen Kaufleuten, die in jenen Ländern lange ihren Handel getrieben haben.

Eine derartige Reise führt zu mächtigen Königreichen, berühmten Städten und Provinzen, die alles im Überfluß besitzen, was wir benötigen, auch alle Arten von Gewürzen in reicher Fülle sowie Edelsteine in großer Menge aufweisen. Die Fürsten und Könige, zu denen man gelangt, dürften noch erfreuter als wir sein, daß sie mit Christen unsrer Länder in Verbindung kommen, da viele von ihnen Christen sind, und auch weil sie mit gelehrten, geistvollen Männern von hier über die Religion und Wissenschaft sich werden unterhalten können, im Hinblick auf den hohen Ruhm, den unsre Staaten und Regierungen dort genießen.

Aus diesem Grunde und aus andren, die man noch anführen könnte, bin ich keineswegs erstaunt, daß du, von hohem Sinn wie das ganze portugiesische Volk beseelt, das stets Männer von hervorragenden Leistungen bei großen Gelegenheiten hervorgebracht hat, vor Verlangen brennst, die Fahrt zur Wirklichkeit werden zu lassen.

Aus: Richard Hennig: Terrae incognitae. Bd. 4. Leiden (E. J. Brill) ²1956, S. 234–235.

25. Ein Patent des portugiesischen Königs João II. für die Entdeckung und Inbesitznahme von Inseln und Ländern im Westen (1486)

Seit 1457 vergab die portugiesische Krone wiederholt Patentbriefe für die Entdeckung und Inbesitznahme von Inseln und Ländern im Westen: Nach unserer gegenwärtigen Kenntnis war dies u. a. der Fall im Dezember 1457, im Februar und Oktober 1462, im Juni 1473, im Januar 1474 und im März 1486. Das im folgenden abgedruckte Privileg ging an Fernam Dulmo [Ferdinand van Olmen], einen Flamen, der damals portugiesischer Statthalter der Azoreninsel Terçeira war, sowie durch einen Teilungsvertrag an Joham Afonso do Estreito, einen Einwohner der Insel Madeira, der die für eine solche Entdeckungsfahrt notwendigen beträchtlichen Geldmittel aufbringen sollte.

Im vorliegenden Patentbrief werden die zu entdeckenden Gebiete als erbliches Lehen der portugiesischen Krone an Fernam Dulmo und mittelbar an Joham Afonso do Estreito vergeben. Alle mit der Lehensvergabe verbundenen Rechte werden ausführlich benannt. Diese feudale Vergabepraxis war typisch für die portugiesischen Entdeckungen und Landnahmen bis hinein ins 16. Jahrhundert. Sie wurzelte in der Tradition der portugiesischen Konquista gegen die Mauren und entsprach sowohl der sozialen Struktur und den ökonomischen Interessen des portugiesischen Adels als auch den finanziellen und personellen Möglichkeiten der Krone (vgl. Bd. 1, Kap. V).

Die vorliegende Quelle zeigt, daß König João II. auch nach der Zurückweisung des Kolumbus durch die Junta de Matemáticos eine Westfahrt über den Atlantik nicht ausschloß, wenn diese von privater Hand finanziert wurde. Das Hauptinteresse der portugiesischen Krone aber galt nach wie vor den Plänen, entlang der afrikanischen Westküste einen Seeweg nach Indien zu finden. Das Projekt Dulmos ist im übrigen trotz des vorgesehenen Westkurses kaum mit den damaligen Plänen des Kolumbus zu vergleichen. Beide Vorhaben wurzelten in unterschiedlichen Denkvorstellungen. Dulmo suchte nach der „Sieben-Städte-Insel" (Antilia), also nach einem den portugiesischen Seeleuten bereits seit geraumer Zeit geläufigen, sagenhaften Archipel im Atlantik bzw. nach einer Festlandküste im Westen des Atlantik und nicht nach Indien. Hier liegt der Unterschied zu Kolumbus. Dulmos Projekt war einer portugiesischen Tradition verhaftet, die bereits im 14. Jahrhundert, in der Entdeckung und Kolonisierung der Kanarischen Inseln und der Azoren wurzelte. Dagegen fußten die Pläne des Kolumbus auf geographischen Spekulationen, die erst seit der zweiten Hälfte des 15. Jahrhunderts in der gelehrten Welt seiner Zeit diskutiert wurden.

Die Frage, ob Dulmo tatsächlich zu einer Westfahrt aufgebrochen ist und dabei gar Erfolg hatte, wie dies in der historischen Literatur hin und wieder behauptet wird, ist wohl nicht mit endgültiger Sicherheit zu entscheiden. Vor allem Las Casas gibt einen Hinweis, daß bereits vor Kolumbus Westfahrten über den Atlantik, wie Dulmo sie plante, stattgefunden haben könnten. Auf Grund einer Anzahl uns erhalten gebliebener Urkunden, in denen Dulmo seine Vermögensverhältnisse auf Terçeira regelt, ist jedoch eine Anwesenheit des Flamen auf den Azoren auch für die Zeit nach der geplanten Westfahrt mit hoher Wahrscheinlichkeit zu belegen. Eine Nachricht über Durchführung und vielleicht sogar Erfolg seiner Westfahrtpläne läge uns unter diesen Umständen wohl vor.

Lit.: Charles Verlinden: Un précurseur de Colomb: Le Flamand Ferdinand van Olmen (1487). In: Mélanges Damião Peres (Revista Portuguesa de História. T.X. 1940). 1941, S.453–466 – Damião Peres: Portuguese Discoveries in the Atlantic. Lisboa 1960 (portugiesische Originalausgabe: Porto 1943) – Richard Hennig: Terrae incognitae. Bd.4. Leiden ²1956, S.283–317 – Charles Verlinden: Formes féodales et dominales de la Colonisation portugaise dans la zone atlantique aux XIVe et XVe siècles et spécialement sous Henri le Navigateur. Coimbra 1961.   MM/Sch

D.Joham, etc. allen, die dieses Unser Patent zu Gesicht bekommen, tun Wir kund, daß Wir die Urkunde eines Vertrages und einer Schenkung zwischen Fernam Dulmo[1] und Joham Afonso do Estreito, letzterer Einwohner der Insel Madeira, gesehen haben, deren Inhalt *(theor)* Wort für Wort folgender ist:

Im Namen Gottes Amen. Diejenigen, die das vorliegende Vertragsdokument sehen werden, sollen wissen, daß im Jahre 1486 nach der Geburt unseres Herren Jesus Christus am 12. Juli in den notariellen Diensträumen zu Lissabon erschienen sind:

Fernam Dulmo, Ritter am Hofe des Königs, unseres Herrn, Statthalter der Insel Terçeira *(capitam na ylha Terçeira)*, der nunmehr als Kapitän auszieht, um im Auftrag des Königs, unseres Herrn, die Sieben-Städte-Insel *(a ilha das sete Çidades)* zu entdecken. Ferner Joham Afonso do Estreito, Einwohner der Gegend von Funchal auf der Insel Madeira.

Darauf präsentierte der besagte Fernam Dulmo mir als Notar einen Patentbrief unseres bereits genannten Königs mit folgendem Inhalt:

Wir Dom Joham, von Gottes Gnaden König von Portugal und der Algarve, sowohl diesseits als auch jenseits des Meeres in Afrika und Herr von Guinea, tun kund, daß Fernam Dulmo, Ritter und im Auftrag des Herzogs D. Manuel, Unseres hochgeschätzten und geliebten Neffen, Statthalter auf der Insel Terçeira, nunmehr vor Uns erschienen ist und Uns mitgeteilt hat, daß er für Uns eine große Insel, mehrere Inseln oder die Küste eines Festlandes auffinden will, die, wie er vermutet, die Sieben-Städte-Insel ist. Dies alles soll auf seine eigenen Kosten durchgeführt werden. Und er bittet uns, daß Wir ihm die besagte Insel, die Inseln oder das Festland, die er selbst oder ein anderer in seinem Auftrag auffinden oder entdecken werden, als königliches Lehen geben *(fazemos merçee e real doaçam)*.

Und so verleihen Wir ihm die vollständige Gerichtshoheit und zwar sowohl die Halsgerichtsbarkeit *(poder emforçar matar)* wie das Recht, alle anderen Gerichtsstrafen zu verhängen, auf der besagten Insel, den Inseln oder dem Festland, seien sie bevölkert oder nicht. Darüber hinaus auch alle Gefälle *(remdas)* und Gerechtsame, die man aus den besagten Inseln und dem Festland ziehen kann.

[Wir verleihen diese Rechte] dem besagten Fernam Dulmo, seinen Erben und Nachkommen. Und nach dem Tode des besagten Fernam Dulmo soll

---

[1] Mutmaßungen, es habe sich bei Fernam Dulmo möglicherweise um den Deutschen Valentim Fernandes „Alemão" gehandelt, entbehren jeder Grundlage. Vgl. dazu Hennig, S.303–304.

Herrschaft und Gerichtshoheit über besagte Insel, Inseln oder Festland mit
Machtvollkommenheiten *(alçadas)* und Gefällen an seinen ältesten Sohn übergehen, wenn ein solcher vorhanden ist. Wenn aber kein Sohn vorhanden ist,
dann soll die älteste Tochter erben. Wenn aber weder Sohn noch Tochter vorhanden sein sollten, dann soll [das Erbe] an seinen nächsten männlichen oder
weiblichen Verwandten fallen.

Es gefällt Uns, diese Bestimmungen so zu treffen, und Wir wollen weiter,
daß über das bereits Gesagte hinaus Fernam Dulmo alle Ehrentitel erhält, die
Uns angemessen erscheinen und die Wir ihm verleihen werden, wenn er diese
Inseln oder das Festland entdeckt.

Wir geben ihm und seinen Nachkommen die besagten Inseln und das Festland vom heutigen Tage an auf immer zu Lehen. Und zwar mit der Vollmacht
der Zivil- und Strafgerichtsbarkeit, ohne daß dies jemals von Uns oder Unseren Nachfolgern widerrufen werden kann, so wie es gesagt wurde.

Und Wir befehlen und beauftragen diejenigen, die nach Uns kommen werden, alles zu bestätigen, was dieser Patentbrief enthält und zwar ohne Veränderung, sei es im einzelnen oder im ganzen. Durch diesen Patentbrief geben
wir ihm Macht und Autorität, umgehend wirklichen und gesetzlichen Besitz
von allen Inseln und dem Festland, das er entdecken wird, zu ergreifen, ohne
daß er Unsererseits einer weiteren Vollmacht bedarf, weil wir ihm kraft Unserer absoluten Macht *(poder aussolluto)* wirklich das besagte Lehen überlassen
haben.

Dies jedoch unter der Übereinkunft und Auflage, daß Wir von allen Einkünften und Gefällen, die der besagte Fernam Dulmo aus den besagten Inseln
und dem Festland, das er entdecken und finden wird, gewinnt, den Zehnten
erhalten. Im Falle aber, daß es dem besagten Fernam Dulmo nicht gelingen
sollte, über den Zehnten hinaus weitere Einkünfte und Gerechtsame zu erlangen, dann soll der Zehnte geteilt werden[2].

Im Falle, daß die besagten Inseln oder das Festland nicht befriedet werden
können, werden Wir dem besagten Fernam Dulmo Kriegsvolk, Waffen und
Schiffe mit Unserer Vollmacht zur Verfügung stellen, um die besagten Inseln
und das Festland zu befrieden. Und der besagte Fernam Dulmo soll stets der
Oberbefehlshaber *(capitam moor)* der besagten Truppen sein und Uns als Unser Vasall stets als seinen König anerkennen.

Zu seiner Sicherheit aber geben Wir ihm diesen Patentbrief, der von Uns
unterzeichnet und mit Unserem angehängten Siegel gesiegelt wurde.

Gegeben in Unserer Stadt Santarem am 3. März des Jahres 1486 nach der
Geburt unseres Herrn Jesus Christus.

Nachdem er den zitierten Patentbrief vorgelegt hatte, teilte Fernam Dulmo
folgendes mit: [Alles] sei im Sinne Gottes und des Königs und gereiche den

---

² Diese Regelungen sind charakteristisch für die Erwartungen, die man insbesondere mit der
Sieben-Städte-Insel verband. Eine Insel, auf der sich gleich sieben Städte befanden, mußte einen
beträchtlichen Reichtum bergen.

besagten Königreichen zur Ehre. Er, Fernam Dulmo, sei gegenwärtig nicht in der Lage, die Kosten für die Flotte und ihre Ausrüstung aufzubringen. Aber da er dem König [dennoch frühzeitig] zu dienen wünsche, tue er sich mit dem besagten Joham Afonso zu gleichen Teilen zusammen. Er überlasse [diesem] die Hälfte der besagten Capitanía, darüberhinaus die Hälfte einer Insel oder mehrerer Inseln und des Festlandes, seien sie bewohnt oder unbewohnt, die er mit der besagten Flotte finden oder entdecken würde. Und zwar mit allen Freiheiten und Privilegien sowie der Zivil- und Strafgerichtsbarkeit. Genau so, wie ihm, Fernam Dulmo, der König diese mitsamt der besagten Gerichtsbarkeit in dem besagten Patentbrief zugesichert habe, so machte er, Fernam Dulmo dem besagten Joham Afonso eine unwiderrufliche und unter Zeugen vorgenommene Schenkung des halben Anteils der Capitanía, der Insel oder des Festlandes. Diese sollte von heute an auf ewig gelten, mit dem Wunsch und der erklärten Absicht, niemals widerrufen zu werden.

Und zwar in der Form, daß er, Fernam Dulmo, von den Dingen, die Gott ihm zu finden helfe, nichts für sich beanspruchen dürfe, bevor er nicht die Hälfte an den besagten Joham Afonso gegeben habe. Und alles sollte zwischen beiden entweder durch sie selbst, durch unverdächtige vereidigte Männer oder aber durch das Los geteilt werden. Jeder habe den Anteil zu akzeptieren, der ihm durch das Los zufalle. Nach Empfang seines Anteils könne der besagte Joham Afonso diesen vergeben, verschenken, tauschen, verkaufen, verpachten oder vermieten. Er könne [auf seinen Anteil] Patentbriefe ausstellen, auf Zeit oder für immer, teilweise oder insgesamt. Er könne mit ihm anfangen, was immer er wolle, denn er gehöre ihm und sei an keine Auflage gebunden *(como de sua cousa propria, livre, e isemta)*.

Das alles geschehe unter folgenden Voraussetzungen: Der besagte Joham Afonso rüste auf seine eigenen Kosten zwei gute Karavellen mit allen Gegenständen aus, die für eine Reise zur Entdeckung der besagten Inseln und des Festlandes notwendig seien.

Der besagte Fernam Dulmo werde die Schiffe aussuchen, und sie mit guten Steuerleuten sowie den für diese Schiffe notwendigen Matrosen bemannen.

Fernam Dulmo werde die Heuer der Matrosen übernehmen und Joham Afonso werde den Schiffseigentümern die Charter bezahlen. Beide würden, wie vereinbart, im März 1487 auf der Azoreninsel Terçeira bereit sein.

Jeder von ihnen werde Kapitän auf seinem Schiff sein, und bevor die Reise losgehe, solle sich der besagte Fernam Dulmo unter den angeheuerten Steuerleuten den seinen wählen dürfen. Die zweite Wahl solle Joham Afonso haben. Wenn es aber mehr als zwei [Steuerleute] seien, dann solle Joham Afonso vor Fernam Dulmo wählen dürfen. Und der deutsche Edelmann, der [die beiden] begleiten werde[3], solle das Schiff selbst wählen, auf dem er fahren wolle.

---

[3] Der Name des hier erwähnten deutschen Edelmannes wird nicht genannt. Spekulationen, es handele sich um Martin Behaim, der auf seinem Globus 1492 die Sieben-Städte-Insel erwähnt, sind unbewiesen. Nachweisbar hingegen ist die Verbindung Behaims zu den Azoren, da dieser mit der Tochter des Jós de Huertere, dem Donatário der Inseln Faial und Pico, verheiratet war.

Von dem Tag an, an dem sie von der Insel Terçeira aufbrächen, solle der besagte Fernam Dulmo für die ersten 40 Tage nach seinem Gutdünken die Fahrtroute bestimmen *(fara seu caminho per homde lh aprouver)*. Und der besagte Joham Afonso werde mit der Karavelle, deren Kapitän er sei, der Route und dem von besagtem Fernam Dulmo eingeschlagenen Weg folgen. Und er werde seinem Oberbefehl *(forol)*[4] folgen, wie es das Regiment des Fernam Dulmo schriftlich festlegen werde. Nach Ablauf der 40 Tage werde der besagte Fernam Dulmo nicht mehr den Oberbefehl *(forol)* innehaben, noch werde er der anderen Karavelle befehlen, der seinigen zu folgen. Sondern im Gegenteil, er werde dem Weg folgen, den Joham Afonso anweisen werde *(requerer)*, und zwar ohne jede Widerrede. Mit Schiff und Leuten werde er Joham Afonsos Oberbefehl *(forol)* folgen und seinen Anordnungen nachkommen, denn dieser sei dann der Oberkapitän *(capitam principal)* und zwar bis zur Rückkehr des Joham Afonso nach Portugal.

Sie vereinbarten darüber hinaus, daß sie die besagten Inseln und Länder, die besagter Fernam Dulmo entdecken solle, in der Form teilen wollten, daß keiner in seinem Teil ohne Einverständnis des anderen weder etwas tun noch Gesetze zur Verwaltung des Landes erlassen dürfe. Falls [einer] dies doch täte, dann solle es ohne das Einverständnis des anderen keine Gültigkeit haben.

Falls sie einmal kein Einvernehmen erzielen sollten, so solle seine Hoheit der König, unser Herr, als dritter entscheiden [und zwar] danach, was ihm für Gott und das Königreich am besten erscheine.

In der Rechtsprechung wollten sie sich an die Gesetze Portugals *(estes regnos)* halten, und der besagte Joham Afonso könne eine Person nach seinem Gutdünken als Notar auf seinem Schiff mitnehmen. Fernam Dulmo aber solle für dessen Besoldung aufkommen.

Und Fernam Dulmo bestätigte darüber hinaus, daß ihm der besagte Joham Afonso, da dieser die Kosten trage und die Flotte zum Auslaufen fertigmache, aus dem Grunde, da er selbst dazu nicht in der Lage sei, zur Regelung seiner Obliegenheiten [aus dem Vertrag] 6000 Silberreal vorgestreckt habe. Diese habe er direkt von ihm erhalten und zwar unter Zeugen und im Beisein des Notars.

Er zahlte 10 Goldjustos, um anfallende Kosten – so zum Beispiel die sofortige Reise nach der Insel Terçeira – zu begleichen. Und übergab [Fernam Dulmo] darüberhinaus 6000 Real als Geschenk, damit alles wie vereinbart ausgeführt werden sollte. Unter Vorlage dieser Vertragsurkunde bittet der besagte Fernam Dulmo den König, die Übereinkunft zu genehmigen, denn [er habe sie geschlossen], um ihm dienstbar zu sein. Falls der König diesen Vertrag nicht in der vorliegenden Form genehmigen würde, vereinbaren beide Seiten,

---

[4] Im vorliegenden Text heißt es „forol", womit „farol", die Hecklaterne des jeweiligen Flaggschiffs gemeint sein könnte. Sinngemäß wäre dann im gegebenen Zusammenhang eine Übersetzung mit „Oberbefehl" korrekt. Es wäre darüber hinaus möglich, die Buchstabenfolge „forol" mit „foro" (Urteil, Befehl) in Verbindung zu bringen. Auch dann jedoch ergäbe sich eine sinngemäße Übersetzung mit „Oberbefehl".

daß er nicht gültig sein sollte. Keiner der beiden sollte [dann] den anderen für die Vertragsinhalte haftbar machen können *(obriguar ao outro em cousa alguma)*, der Vertrag sei als aufgekündigt [zu betrachten], und darüber hinaus habe der besagte Fernam Dulmo dem anderen die 6 000 Real, die er empfangen habe, zurückzuzahlen.

Die besagten Fernam Dulmo und Joham Afonso versprachen, [den Vertrag] in der beschriebenen Weise zu erfüllen und ihn einzuhalten. [Vertrags-]Strafe sollte die Summe von 2 000 Goldcruzados sein, die diejenige Partei, die den Vertrag nicht einhalten würde, an die andere zahlen müßte, und zwar zahlbar aus ihrem Eigentum und daraus, was sie in Zukunft an flüssigen Einkünften und Landeigentum erwerben würde, wenn der Vertrag nicht erfüllt werde.

Diese Vertragsurkunde wurde ausgefertigt und gesiegelt. Zeugen waren: Gomçallo do Valle, Junker *(escudeiro)* und Einwohner der Stadt, Ruy Gomez, Gefolgsmann des besagten Edelmannes und Einwohner der Insel Madeira, sowie Fernam Vaaz und Afonso Gerrao als Notare.

Und ich, Joham Gomçalvez, Untertan unseres Herrn, des Königs und öffentlicher Notar in dieser Stadt, habe diesen Vertrag niedergeschrieben und unterzeichnet.

Der oben Unterzeichnete hat Uns ersucht, die [vorliegende] Vertrags- und Schenkungsurkunde zu bestätigen. Und es gefällt Uns, sie zu bestätigen und alles zu bekräftigen und zu billigen, was in ihr geschrieben steht. Und wir versprechen bei Unserer königlichen Ehre, sie zu erfüllen und einzuhalten, dafür zu sorgen, daß sie von jedermann und in allen Punkten erfüllt wird. Entsprechend den geleisteten Unterschriften und Unserem Patentbrief, den Wir Fernam Dulmo gegeben haben, heißt das, daß wir niemals [auch nur einen Teil des Vertrages] leugnen werden.

Und zur Erinnerung daran sowie zur Sicherheit [der Vertragspartner] übergeben Wir ihm diesen Patentbrief, der von Uns unterschrieben und mit Unserem anhängenden Siegel gesiegelt worden ist.

Gegeben in Unserer sehr ehrwürdigen und immer treuen *(sempre leal)* Stadt Lissabon am 24. Juli.

Pero Lujs hat dies im Jahre 1486 geschrieben.

Aus: José Ramos-Coelho (ed.): Alguns documentos do Archivo Nacional da Torre do Tombo açerca das Navegações e Conquistas portuguesas. Lisboa 1892, S. 58–61.   MM

26. Der Kronvertrag von Santa Fé vom 17. April 1492 zwischen den Katholischen Königen und Kolumbus

Unter den sieben uns bekannten Urkunden, die sich auf die unmittelbare Vorbereitung des Kolumbus-Unternehmens von 1492 beziehen (Kronvertrag oder *capitulación* vom 17. April, Schutzbrief oder *pasaporte* vom 17. April, *título* vom 30. April, Beglaubigungsschreiben an asiatische Fürsten vom 30. April sowie drei Anweisungen der Katholischen Könige vom 30. April, die sich auf die Ausrüstung der Flotte beziehen), ist die im folgenden wiedergegebene *capitulación* die wichtigste. Der Inhalt dieser Urkunde ist zwischen Frater Juan Pérez als Vertreter des Kolumbus und dem königlichen Sekretär Juan de Coloma als Vertreter der Katholischen Könige Isabella von Kastilien und Ferdinand von Aragón in dem Ort Santa Fé vor Granada, wo der Hof noch nach der Übergabe Granadas residierte, ausgehandelt worden. In der Forschung ist strittig, ob es sich dabei um einen Vertrag – *capitulación* heißt wörtlich „Vertrag" – zwischen den Souveränen und Kolumbus handelte oder um eine einseitige Gunstbezeugung der Könige. Große Interpretationsschwierigkeiten hat auch die Eingangspassage – „Die erbetenen Titel und Rechte, welche Eure Hoheiten dem Don Cristóbal de Colón gewähren und verleihen als Belohnung für das, was er in den Ozeanischen Meeren entdeckt hat" *(que ha descubierto)* – bereitet: Die hier gebrauchte Vergangenheitsform könnte darauf hindeuten, daß Kolumbus sein Fahrtziel bereits vor 1492 gekannt hat, doch ist sie in Quellen damaliger Zeit nicht ungewöhnlich für Tatbestände, die der Gegenwart zugeschrieben werden. Der folgenden Übersetzung liegt eine offizielle Abschrift des abhanden gekommenen Originals zugrunde, die 1497 entstand.

Lit.: Antonio Muro Orejon: Cristóbal Colón: El original de la capitulación de 1492 y sus copias contemporáneas In: Anuario de Estudios Americanos 7 (1950), S. 505–515 – Jaime Colomer Montset: Las Capitulaciónes de Santa Fé registrados en el Archivo de la Corona de Aragón, en Barcelona. In: Studi Colombiani. Vol. 2. Génova 1952, S. 391–403 – Juan Manzano Manzano: Cristóbal Colón. Siete anōs decisivos de su vida 1485–1492. Madrid 1964, S. 279–315.   Sch

Don Fernando und Doña Isabella, von Gottes Gnaden König und Königin von Kastilien, León, Aragón, Sizilien, Granada, Toledo, Valencia, Korsika, Murcia, Jaén, den Algarven, von Algeciras, Gibraltar, den Kanarischen Inseln, Grafen von Barcelona, Herren von Biskaya und Molina, Herzöge von Athen und Neopatria, Grafen von Rosselon und Cerdaña, Markgrafen von Oristano und Gothia. Wir haben einige Vertragsartikel gesehen, die mit Unserem Namen unterzeichnet, mit Unserem Siegel gesiegelt und in dieser Weise abgefaßt sind.

Die erbetenen Titel und Rechte, welche Eure Hoheiten dem Don Cristóbal de [sic] Colón gewähren und verleihen als Belohnung für das, was er in den Ozeanischen Meeren entdeckt hat *(que ha descubierto)*, und für die Reise, die er jetzt mit Gottes Hilfe im Dienste Eurer Hoheiten auf diesen Meeren unternehmen soll, sind jene, die im folgenden ausgeführt werden:

Zum ersten ernennen Eure Hoheiten als Herrn über die genannten Ozeanischen Meere von heute an den genannten Don Cristóbal Colón zu ihrem Admiral über alle jene Inseln und Festlande, die von ihm und durch seine Bemühungen in den genannten Ozeanischen Meeren entdeckt und gewonnen werden, auf Lebenszeit, und nach seinem Tode seine Erben und Nachkommen auf ewig, von einem zum anderen fortlaufend, und mit allen jenen Vorrechten und Privilegien, die zu diesem Amt gehören und wie sie Don Alonso Enriquez, Euer Großadmiral von Kastilien, und dessen Vorgänger im genannten Amte in ihrem Amtsbereich innehatten. Ihre Hoheiten stimmen zu. Johan de Coloma.

Ferner ernennen Eure Hoheiten den genannten Don Cristóbal Colón zu ihrem Vizekönig und Generalgouverneur aller genannten Inseln und Festlande, und Inseln, die er, wie erwähnt, in den genannten Meeren entdeckt und gewinnt. Für die Verwaltung von allen und jeder einzelnen der Inseln und Festlande wird er für jedes Amt drei Personen vorschlagen, unter denen Eure Hoheiten diejenige Person auswählen werden, die für ihre Dienste am geeignetsten erscheint. So werden die Länder, die ihn Unser Herr zum Nutzen und Vorteil Eurer Hoheiten finden und gewinnen läßt, besser verwaltet werden. Ihre Hoheiten stimmen zu. Joan [sic] de Coloma.

Des weiteren wollen Eure Hoheiten, daß von allen und jedweden Waren, die gekauft, getauscht, gefunden, gewonnen oder vorgefunden werden innerhalb des Amtsbereichs der genannten Admiralität, welche Eure Hoheiten dem genannten Don Cristóbal Colón von heute an verleihen, dieser nach Abzug aller entstandenen Unkosten den zehnten Teil von allem für sich haben und einnehmen soll, ob es nun Perlen, Edelsteine, Gold, Silber, Spezereien oder irgendwelche anderen Dinge und Handelswaren welcher Art, Bezeichnung oder Gattung auch immer sind; in der Weise also, daß er von dem, was rein und unbelastet bleibt, den zehnten Teil haben und einnehmen und damit nach seinem Gutdünken verfahren soll, wobei die übrigen neun Teile für Eure Hoheiten bleiben. Ihre Hoheiten stimmen zu. Johan de Coloma.

Ferner, wenn wegen der Waren, die er von den Inseln und Festlanden, welche man, wie erwähnt, gewinnt und entdeckt, mitbringen wird, oder wegen der Waren, die im Tausch für jene hier von anderen Händlern erworben werden, an dem Ort, an welchem der genannte Handel und das Geschäft abgeschlossen wird, irgendein Rechtsstreit entsteht, so sollen Eure Hoheiten einverstanden sein und von heute an verfügen, daß in solch einem Verfahren von keinem anderen Richter als von ihm oder von seinem Vertreter ein Urteil gefällt wird, falls dies zu den Privilegien eines Admiralsamtes gehört. Ihre Hoheiten stimmen zu, falls dies zum Amte eines Admirals gehört, wie es der genannte Admiral Don Alonso Enriquez und seine Vorgänger in ihren Amtsbereichen besessen haben, und wenn es rechtens ist. Johan de Coloma.

Des weiteren soll der genannte Don Cristóbal Colón nach Wunsch den achten Teil der Kosten für Ausrüstung und Ladung bei allen Schiffen aufbringen dürfen, die für den genannten Handel und Verkehr eingesetzt werden, und zwar in jedem einzelnen Falle. Er soll auch den achten Teil des Nutzens haben und einnehmen, welcher sich dabei ergibt. Ihre Hoheiten stimmen zu. Johan [sic] Coloma.

Gegeben und ausgefertigt mit den Antworten Eurer Hoheiten am Ende jeden Artikels in der Stadt Santa Fé de la Vega vor Granada am 17. April im tausendvierhundertundzweiundneunzigsten Jahr nach der Geburt Unseres Erlösers Jesus Christus.

Ich der König. Ich die Königin.

Im Auftrag des Königs und der Königin Johan de Coloma.

Registriert: Calcena.

Aus: Antonio Muro Orejon: Cristóbal Colón: El original de la capitulación de 1492 y sus copias contemporáneas. In: Anuario de Estudios Americanos 7 (1950), S. 511–513.   Kr

27. Der Schutzbrief des Kolumbus vom 17. April 1492

Der Schutzbrief der Katholischen Könige für Kolumbus – in der Forschungsliteratur auch als Reisepaß *(carta, pasaporte)* bezeichnet – ist im Unterschied zu der in Santa Fé unterzeichneten *capitulación* in Granada ausgestellt. Seine Formulierungen zeigen deutlich, daß das Ziel der bevorstehenden Westreise Asien war *(ad partes Indie)* und daß sowohl Kolumbus wie die Katholischen Könige mit einer Kontaktaufnahme zu Herrschern Asiens rechneten, die im Rang dem spanischen Königspaar ebenbürtig sein würden. Während in der *capitulación* vorrangig Entdeckungs-, Handels- und Eroberungspläne des Kolumbus deutlich werden, wird hier als Reisezweck zum ersten Mal auch die Missionierung genannt. *Capitulación* und Schutzbrief zusammen erweisen, daß Kolumbus auf jede Möglichkeit der Kontaktaufnahme jenseits des Atlantik vorbereitet war und sich dafür in jeder Hinsicht der Unterstützung durch die Katholischen Könige versichert hatte. – Das lateinische Original der folgenden Urkunde ist erhalten, es befindet sich im Archivo de la Corona de Aragón in Barcelona.

Lit.: Alfonso García Gallo: Las bulas de Alejandro VI y el ordenamiento jurídico de la expansión portuguesa y castellana en Africa e Indias. Madrid 1957/58 (Anuario de Historia del derecho español. Tomo XXVII y XXVIII) – Juan Manzano Manzano: Christóbal Colón. Siete años decisivos de su vida 1485–1492. Madrid 1964.   Sch

Allen durchlauchtigsten und erlauchtesten Königen und ihren Erstgeborenen, Unseren Vettern und Basen[1] und liebsten Freunden [entbieten] Ferdinand und Isabella, von Gottes Gnaden König und Königin von Kastilien usw., Gruß zuvor und Segenswünsche; ebenso [entbieten Wir Unseren] Gruß allen erlauchten, hochansehnlichen, edlen und erhabenen Herzögen, Markgrafen, Grafen, Untergrafen *(vicecomitibus)*, Baronen, Inhabern von Herrschaften, Städten und einzelnen Personen, Unseren Uns gewogenen Freunden; auch den Schiffseignern *(capitaneis[2])*, Schiffsführern und Unterschiffsführern *(patronis et subpatronis)* aller Zwei- und Dreiruderer und der anderen Seeschiffe, unter wessen Flagge und in wessen Diensten auch immer sie fahren; ebenso auch allen Unseren Beamten und Untergebenen, gleich welchen Amtes und Ranges, gleich welcher Würde und welchen Ansehens und welcher Stellung, und allen anderen und jeder einzelnen Person, an die dieser Unser Brief gelangt.

Wir schicken heute den edlen Herrn Christoph Kolumbus mit drei gut ausgerüsteten Karavellen durch die ozeanischen Meere nach Indien *(ad partes Indie)* um des Dienstes an Gott und der Verbreitung des rechten Glaubens willen sowie auch zu Unserem Vorteil und Nutzen. Und obgleich Wir glauben, daß

---

[1] Allgemeine Anrede der Zeit für Fürsten gleichen Ranges.

[2] In der Schiffahrts- und Seefahrersprache des Mittelmeerraums im 15. Jahrhundert sind die Begriffe „capitanus" und „patronus" noch weitgehend gegeneinander austauschbar, sie können sowohl den Schiffseigner wie den Schiffsführer bezeichnen (wobei beide Funktionen häufig zusammenfallen). Vgl. Nouveau Glossaire nautique d'Augustin Jal., Paris-La Haye 1975 –, Stichwort „capitaine".

er Unsertwegen und wegen Eurer Liebe zu Uns Euch anempfohlen sein wird, wenn er vielleicht durch Meere, Häfen, Küsten, Länder, Städte und andere Teile Eurer Königreiche, Fürstentümer und Euch untertaner Länder, Orte, Gebiete und Gerichtsbarkeiten kommt, wünschen Wir doch sehr, daß er mit seinen Schiffen, Leuten, Waffen, Gütern, seiner Habe und seinen Waren und allem anderen, was er sonst noch mit sich führen mag, überall gut behandelt wird; und deshalb bitten Wir Euch, durchlauchtigste und erlauchteste Könige und Eure Erstgeborenen und alle übrigen Personen, welchen Ranges, Standes und welcher Würde sie immer auch seien, zu deren Meeren, Häfen, Küsten, Herrschaften, Ländern, Städten und Gerichtsherrschaften der vorgenannte Christoph Kolumbus kommt, inständig und liebevoll, daß Ihr ihn aus Rücksicht und Achtung gegen Uns als anempfohlen behandeln wollt; und daß Ihr ihn mit seinen Karavellen, Schiffen und seiner Mannschaft, die er mit sich führt, in Euren Königreichen, Fürstentümern, Städten, Flecken und Ländern, Häfen und Küsten gütigst aufnehmt und aufnehmen lassen wollt, und daß Ihr ihn desgleichen sicher und frei mit seinen Karavellen und anderen Seeschiffen und seiner Habe, seinen Waren und Gütern, die er in denselben Schiffen mit sich führt oder bringt, ziehen laßt und ihn ziehen zu lassen Erlaubnis und Befehl geben möget; und außerdem möget Ihr, von ihm um Unsretwillen darum gebeten und ersucht, dem Vorgenannten zweckmäßig Beistand, Tat, Hilfe, Rat und Gunst gewähren; gebt ihnen [Kolumbus und seinen Mannschaften] und erlaubt, befehlt und veranlaßt, daß ihnen alle für den Lebensunterhalt und die Ausrüstung der genannten Schiffe notwendigen Dinge, für die er [Kolumbus] freilich einen angemessenen Preis bezahlen soll, gegeben werden; und gewährt ihnen, wenn es nötig ist, Führung und Geleit, damit sie sicher ziehen können, und laßt sie durchziehen ohne Bezahlung irgendwelcher Abgaben oder Zölle.

Wenn Ihr dies für ihn tut, wie Wir hoffen, werden Wir Euch zum einen sehr dankbar sein und zum anderen wollen Wir, wenn es sich einmal so ergibt, daß die Euren zu Uns kommen und Unsere Meere durchziehen, sie dann als Uns anempfohlen behandeln, nicht nur, weil es so Unsere Gewohnheit ist, sondern auch aus Achtung vor Euch.

Und Ihr, Unsere vorgenannten Beamten und Untergebenen, werdet Uns besonders dienstbar sein und Euch nicht die Strafen zuziehen, welche diejenigen, die dem Befehl und Willen ihres Herrn und Königs zuwiderhandeln, zu Recht treffen.

Gegeben in der Stadt Granada am 17. April im Jahre des Herrn 1492.
Ich der König. Ich die Königin.
Im Auftrage des Königs und der Königin Juan de Coloma.

Aus: Alfonso García Gallo: Las bulas de Alejandro VI y el ordenamiento jurídico de la expansión portuguesa y castellana en Africa e Indias. Madrid 1957/1958 (Anuario de Historia del derecho español. Tomo XXVII y XXVIII), S. 788–789 (Apéndice 11).   Übers. aus d. Latein.: GS

28. Die Entdeckung der Neuen Welt im Jahre 1492: Auszüge aus dem Bordbuch des Kolumbus

Das Bord- oder Schiffstagebuch des Kolumbus enthält die Tag-für-Tag-Eindrücke des großen Entdeckers auf seiner ersten Westfahrt zwischen dem 3. August 1492, dem Tag der Ausfahrt aus Palos, und dem 15. März 1493, dem Tag der Rückkehr nach Palos in Andalusien. Dieses Bordbuch ist uns nur in den beiden Fassungen bekannt, die Fernando Colón, der Sohn des Kolumbus, in seiner „Historie ... della vita, & de fatti dell' Ammiraglio D. Christoforo Colombo, suo padre" (Venetia MDLXXI) und der berühmte Bischof und Indianerverteidiger Bartolomé de Las Casas in seiner „Historia de las Indias" überliefert haben. Das Original ist seinerzeit mit großer Wahrscheinlichkeit sofort nach der Ankunft des Entdeckers in Palos zur Überprüfung an die Kanzlei der Katholischen Könige gesandt worden, wie es damals bei jeder von der Krone genehmigten Erkundungs- und Entdeckungsreise der Fall war; es scheint verlorengegangen zu sein. Kolumbus erhielt später eine Kopie zurück, wie sich aus einem Brief der Königin Isabella vom 5. September 1493 ergibt. Aus dieser Kopie oder einer weiteren Abschrift haben Fernando Colón und Las Casas ihre Kenntnisse des Bordbuchs geschöpft.

In der Regel liegt jeder modernen Ausgabe dieses Bordbuches die von Las Casas überlieferte Fassung zugrunde; sie scheint getreuer zu sein als die bei der zeitgenössischen Übersetzung ins Italienische – die spanische Originalfassung konnte bisher nicht aufgefunden werden – offenbar verstümmelte und veränderte Fassung des Fernando Colón. Doch ist auch die von Las Casas überlieferte Fassung lediglich eine Zusammenfassung des Kolumbus-Textes, wie Las Casas selbst mitteilt: Sie besteht teils aus Originalzitaten, teils aus indirekten Zitierungen, die von Las Casas in die dritte Person übertragen sind und teils aus Interpolationen, die Las Casas angefertigt hat. Das Original des Bordbuchs war also wesentlich umfangreicher und enthielt wahrscheinlich vor allem wesentlich mehr nautische Einzelangaben als die uns heute bekannte Fassung. In Europa bekannt geworden ist der Text erst durch die Veröffentlichung des Manuskripts der „Historia de las Indias" des Las Casas durch Fernández de Navarrete im Jahr 1825.

Lit.: Historie Del S. D. Fernando Colombo; Nelle quali s'ha particolare, & vera relazione della vita, & de' fatti dell' Ammiraglio D. Christoforo Colombo, suo padre: El dello scoprimento, ch'egli fece dell' Indie Occidentali, dette Mondo Nuovo, hora possedute dal. Sereniss. Re Catolico: Nuovamente di lingua Spagnuola tradotte nell' Italiana dal S. Alfonso Vlloa. in Venetia MDLXXI (Neuausgabe durch Rinaldo Caddeo. Milano 1930. Span. Rückübersetzung Madrid 1932. 2 vol.) – Fernández de Navarrete: Colección de los viajes y descubrimientos que hicieron por mar los Españoles, desde fines del s. XV. 5 vol. Madrid 1825–1837. Vol. I (mehrere Nachdrucke) – Historia de las Indias, por Fray Bartolomé de Las Casas. Ahora por primera vez dada a luz por el Marqués de La Fuensanta del Valle y D. José Rayón. 5 vol. Madrid 1875–1876. Neuausgabe: Obras escogidas de Fray Bartolomé de Las Casas. I. Historia de las Indias. Texto fijado por Juan Pérez de Tudela y Emilio López Oto. 2 vol. Madrid 1957 – George E. Nunn: The Geographical Conceptions of Columbus. New York 1924 – Samuel Eliot Morison: Texts and Translations of the Journal of Columbus' First Voyage. In: The Hispanic American Historical Review. Vol. 19 (1939), S. 235–261 – Julio Rey Pastor: La ciencia y la técnica en el descubrimiento de América. Buenos Aires 1942 – Oeuvres de Christophe Colomb. Présentées, traduites de l'Espagnol et annotées par Alexandre

Cioranescu. Paris 1961 – Carlos Sanz (ed.): Diario de Colón. 2 vol. Madrid 1962 – Atti del Convegno internazionale di Studi Colombiani [13.–14. 10. 1973]. Génova 1974 – Dietmar Henze: Columbus. In: Enzyklopädie der Entdecker und Erforscher der Erde. Bd. 1. Graz 1978, S. 597–630 [dort alle weitere wesentliche Lit.] – [Eine einigermaßen textgetreue, doch nicht in allen Punkten zuverlässige Übersetzung ins Deutsche liegt erst seit 1981 vor:] Christoph Columbus: Schiffstagebuch. Übers. v. Roland Erb. Nachwort v. Jürgen Hell. Frankfurt am Main 1981 – [Alle übrigen deutschen Ausgaben sind in irgendeiner Weise sog. „bearbeitete" Quellen, d. h. die Herausgeber haben das Bordbuch entweder gekürzt, ohne anzugeben, wo und warum, oder sie haben die von Las Casas in der 3. Person berichteten Ereignisse in die 1. Person übertragen, so als berichte Kolumbus selbst, oder sie haben Teile des Textes umgestellt. So werden bislang nur die im folgenden wiedergegebenen Auszüge aus dem Bericht des Las Casas dem Anspruch einer gründlichen wissenschaftlichen Ausgabe des Kolumbus-Bordbuchs in deutscher Sprache gerecht.]   Sch

Donnerstag, 6. September

Am Morgen dieses Tages verließ der Admiral den Hafen von La Gomera und ging auf den für seine Fahrt vorgesehenen Kurs[1]. Von einer Karavelle, die von der Insel Hierro [Ferro] kam, erfuhr er, daß dort drei portugiesische Karavellen kreuzten, um ihn abzufangen: offenbar verargte es ihm der König, daß er nach Kastilien gegangen war. Den ganzen Tag und die folgende Nacht fuhr er bei sehr ruhigem Wetter und befand sich am andern Morgen zwischen den Inseln La Gomera und Teneriffa.

Montag, 1. Oktober

Er segelte weiter auf seinem Weg nach Westen. Sie legten 25 Meilen *(leguas)*[2] zurück: seinen Leuten sagte er nur etwas von zwanzig. Ein schwerer Regen ging nieder. Der Steuermann des Schiffes, auf dem der Admiral fuhr, äußerte heute die Auffassung, sie seien bis zum Tagesanbruch von der Insel Hierro bis hierher 578 Meilen nach Westen gefahren; nach der verminderten Rechnung, die der Admiral den Leuten zeigte, waren es 584 Meilen; aber nach der richtigen, die der Admiral führte und die er für sich behielt, waren es 707.

Donnerstag, 11. Oktober

Er segelte in Richtung Westsüdwest. Sie hatten hohen Seegang, der stärker war, als sie ihn auf der ganzen Fahrt hatten. Sie sahen Sturmvögel und eine

---

[1] Bis La Gomera fuhr Kolumbus in bekannten Gewässern. Erst danach begann seine eigentliche Entdeckungsreise. Es stellt sich die Frage, ob der von ihm gewählte Westkurs, den er bis zum 20. September beibehielt, zufällig war oder auf genauer Überlegung beruhte. Dieser Kurs verlief auf etwa 28° n. Br. und lag zu dieser Jahreszeit innerhalb der Nordgrenze der Passatwinde. Damit befand sich Kolumbus, gewollt oder nicht, in der Lage, von den für seine Reise günstigsten Winden zu profitieren. Ein weiterer Grund für die Wahl dieses Kurses könnte die Erwartung gewesen sein, etwa halbwegs zwischen Europa und Asien auf die Insel Antilia zu stoßen, die auf der Toscanelli-Karte von 1474 auf der entsprechenden Breite eingetragen gewesen sein dürfte (vgl. Dok. 2). Im übrigen bereitete ein reiner Westkurs angesichts der damaligen Möglichkeiten der Navigation ohnehin die geringsten Schwierigkeiten.

[2] Kolumbus rechnete in italienischen nautischen Meilen (1 ital. naut. Meile = 1480 m), nicht etwa in Leguas (5924 m), wie Las Casas irrtümlich angibt.

grüne Binse, die nahe am Schiff vorübertrieb. Die Besatzung der Karavelle Pinta sah ein Schilfrohr und einen Holzstamm; sie fischten außerdem einen kleinen Stock auf, der mit einem Eisenwerkzeug bearbeitet zu sein schien, sowie ein weiteres Stück Schilfrohr und ein Kraut, das an Land wächst, und ein kleines Brett. Die Männer von der Karavelle Niña sahen ebenfalls Anzeichen nahen Landes sowie einen Zweig voller Hagebutten. Bei diesen Anzeichen atmeten alle auf und freuten sich. Sie fuhren an diesem Tag bis Sonnenuntergang siebenundzwanzig Meilen.

Nach Sonnenuntergang segelte er wieder auf seinem ursprünglichen Kurs nach Westen: Sie fuhren etwa zwölf Seemeilen pro Stunde; bis zwei Uhr morgens legten sie neunzig Seemeilen *(millas)* zurück, was zweiundzwanzigeinhalb Meilen entspricht. Und da die Karavelle Pinta schneller segelte und vor dem Admiral fuhr, bekam sie Land in Sicht und gab die Signale, die der Admiral angeordnet hatte. Als erster sah dieses Land ein Matrose namens Rodrigo de Triana. Allerdings hatte auch der Admiral, als er um zehn Uhr nachts auf dem Hinterkastell stand, einen Lichtschein gesehen; doch war es so dunkel, daß er nicht sagen konnte, ob es sich tatsächlich um Land handelte. Dennoch rief er den königlichen Truchseß Pedro Gutiérrez und sagte ihm, er glaube einen Lichtschein zu sehen; er solle doch auch ausschauen, was dieser tat und das Licht gewahrte. Er sagte es auch Rodrigo Sánchez aus Segovia, den der König und die Königin der Flotte als Beobachter beigegeben hatten; doch der sah nichts, weil er sich nicht an einer Stelle befand, von wo aus er es hätte sehen können. Nachdem der Admiral es gesagt hatte, wurde das Licht ein- oder zweimal gesehen. Es war wie eine kleine Kerze, die sich senkte und hob, was nur wenigen als Anzeichen für nahes Land erschienen wäre. Aber der Admiral hielt es für sicher, daß er nahe an Land war[3]. Deshalb bat und ermahnte der Admiral alle seine Leute, als sie das *Salve Regina* beteten, das sie gewöhnlich – jeder auf seine Art – sprachen oder sangen und wozu sich alle an Deck versammeln, daß sie am Vorderkastell achtsam Wache hielten und sorgfältig nach Land ausschauten. Und dem, der ihm als erster melde, daß er Land sähe, würde er sogleich ein seidenes Wams schenken, unbeschadet der sonstigen Belohnungen, die das Königspaar versprochen hatte, nämlich zehntausend Maravedí Jahresrente für den, der zuerst Land erblickte. Zwei Stunden nach Mitternacht tauchte das Land vor ihnen auf; von dem sie etwa zwei Meilen entfernt sein mochten. Sie holten alle Segel ein und behielten nur die Brefock am Mast, das ist das Großsegel ohne Beisegel, und drehten bei; so verbrachten sie die Zeit bis zum Freitag, an dem sie dann eine kleine Insel der Bahamas er-

---

[3] Kolumbus' nachdrücklicher Hinweis, er selbst habe als erster Land entdeckt, kann sicher nicht dahingehend verstanden werden, daß er sich die – reell geringe – Prämie von 10 000 Maravedís sichern wollte, die für das Besatzungsmitglied ausgesetzt war, das als erstes Land meldete. Es ging ihm wohl eher darum, nachzuweisen, daß das Erscheinen des Landes exakt mit seinen Berechnungen zusammentraf. Fernando Colón (ch. XXI) interpretierte im übrigen dieses schwache Licht als Symbol für das geistliche Licht, welches Kolumbus in die Finsternis Amerikas brachte.

reichten, die in der Sprache der Indios Guanahaní[4] heißt. Schon bald sahen sie nackte Leute am Strand. Der Admiral ging mit dem bewaffneten Boot an Land; zusammen mit Martín Alonso Pinzón und Vicente Yáñez, dessen Bruder, der Kapitän der Niña war. Der Admiral nahm das königliche Banner mit und die beiden Kapitäne zwei Fahnen mit einem grünen Kreuz, die der Admiral als Kennzeichen auf allen seinen Schiffen führte und die die Buchstaben F und Y trugen[5]; über jedem der beiden Buchstaben war eine Krone: der eine stand links, der andere rechts vom waagerechten Balken des Kreuzes. An Land angekommen, sahen sie Bäume von sehr kräftigem Grün und viele Wasserläufe und allerlei Früchte. Der Admiral rief die beiden Kapitäne und die anderen, die an Land gegangen waren, zu sich; ebenso Rodrigo Descovedo, den Notar der Flotte, und Rodrigo Sánchez aus Segovia, und sagte, sie sollten bestätigen und rechtlich bezeugen, daß er vor aller Augen von der Insel Besitz ergriff, wie er es dann auch im Namen des Königs und der Königin, seiner Herren, tat. Er gab die dazu erforderlichen Erklärungen ab, wie sie ausführlicher in den Dokumenten enthalten sind, die dort bei dieser Gelegenheit schriftlich ausgefertigt wurden[6]. Schon versammelten sich um sie herum zahlreiche Bewohner der Insel. Das Folgende sind wörtliche Äußerungen des Admirals in seinem Buch über die erste Fahrt und die Entdeckung dieser Indien:

„Da ich (sagte er) ihre Freundschaft gewinnen wollte, und bemerkte, daß es Leute waren, die sich eher durch Liebe für unseren heiligen Glauben gewinnen und zu ihm bekehren ließen, gab ich einigen von ihnen ein paar bunte Mützen und einige Ketten aus Glasperlen, die sie sich um den Hals hängten, und allerhand andere Dinge von geringem Wert, an denen sie großes Vergnügen fanden, und uns derart zugetan waren, daß es ein wahres Wunder war. Hernach kamen sie zu den Booten geschwommen, in denen wir uns befanden und brachten uns Papageien und Knäuel von Baumwollfäden, Wurfspieße und viele andere Dinge und tauschten sie gegen Dinge ein, die wir ihnen gaben, wie kleine Glasperlen und Glöckchen. Kurz gesagt, sie nahmen einfach alles und gaben bereitwillig von allem, was sie besaßen. Aber mir schien es, als seien sie in jeder Hinsicht außerordentlich arme Leute. Sie gehen allesamt nackt herum, wie sie ihre Mutter zur Welt gebracht hat, auch die Frauen. Ich habe allerdings nur eine gesehen, und die war noch sehr jung. Alle Männer, die ich sah, waren ebenfalls jung; ich sah keinen, der älter als dreißig Jahr gewesen wäre:

---

[4] Wahrscheinlich handelt es sich bei diesem Namen um eine Einfügung, die Las Casas in seiner Zusammenfassung des Bordbuchs vorgenommen hat. Kolumbus selbst hat die Insel San Salvador genannt, wie sie auch heute wieder heißt. Ältere Autoren vertreten die Meinung, daß es sich dabei um das heutige Grand Turk Island gehandelt habe, doch spricht nach der neueren Forschung fast alles dafür, daß es sich um das gegenwärtige San Salvador handelte (vgl. Morison, S. 65, und Henze, S. 602).

[5] Die Anfangsbuchstaben der Namen des Königs und der Königin, Fernando und Ysabel.

[6] Kolumbus nimmt hier – wie später auch bei anderen Inseln – die aus der Geschichte der Kolonisation der atlantischen Inseln geläufigen Maßnahmen vor, die lehns- und völkerrechtlich die Besitzergreifung dokumentieren. Auffallend ist allerdings, daß keine dieser Urkunden überliefert ist.

sie waren sehr gut gebaut, von sehr schöner Gestalt und sehr angenehmen Gesichtszügen; ihre Haare waren fast so dick wie die von Pferdeschwänzen und recht kurz. Sie tragen sie vorn bis zu den Augenbrauen, hinten lassen sie einige Strähnen länger wachsen, die sie niemals abschneiden. Manche von ihnen malen sich dunkel an (sie haben die gleiche Hautfarbe wie die Kanarier, d.h. weder schwarz noch weiß), andere wieder malen sich weiß an, andere rot und wieder andere mit der Farbe, die sie gerade finden. Einige bemalen sich die Gesichter, andere den ganzen Körper, andere nur die Gegend um die Augen und wieder andere nur die Nase. Sie tragen keine Waffen und kennen sie auch nicht, denn ich zeigte ihnen Schwerter, und sie faßten sie an der Schneide und schnitten sich aus Unwissenheit. Sie haben überhaupt kein Eisen: ihre Wurfspieße sind Stäbe ohne Eisenspitze, und an manchen von ihnen ist vorne ein Fischzahn befestigt oder etwas anderes. Sie sind durchweg von großer Statur und gut gebaut, ihre Bewegungen sind anmutig; ich sah einige, deren Körper Spuren von Wunden aufwiesen; durch Gebärden fragte ich, was es damit auf sich habe, und sie bedeuteten mir, von anderen nahe gelegenen Inseln kämen Leute, die sie mitnähmen und gegen die sie sich zur Wehr setzten; ich aber war der Ansicht und bin es auch noch heute, daß diese Leute vom Festland dorthin kommen, um sie als Gefangene mitzunehmen. Sie sind sicher hervorragende Arbeitskräfte[7]; sie haben einen aufgeweckten Verstand, denn ich sehe, daß sie sehr schnell alles nachsagen können, was man ihnen vorspricht. Außerdem glaube ich, daß man sie leicht zum Christentum bekehren könnte, denn es scheint mir, daß sie noch keine Religion haben[8]. Ich werde, so es Gott gefällt, bei meiner Abfahrt von hier sechs Leute für Eure Hoheit mitnehmen, damit sie spanisch sprechen lernen. Auf dieser Insel sah ich keinerlei Tiere, außer den Papageien.“

All das sind Worte des Admirals.

Freitag, 19. Oktober

„... Ich kann mich gar nicht sattsehen an der schönen Vegetation, die so verschieden von der unseren ist. Und ich glaube sogar, daß es hier viele Kräuter und Bäume gibt, die in Spanien sehr viel wert sind, weil man Farbstoffe und heilkräftige Spezereien daraus gewinnen kann, aber ich kenne sie nicht, was ich sehr bedaure. Bei meiner Ankunft an diesem Kap drang ein solch guter und lieblicher Duft von Blüten oder Bäumen vom Land herüber, daß es unsagbar schön war. Morgen früh will ich vor der Weiterfahrt an Land gehen, um zu sehen, was auf dem Kap zu finden ist. Hier befindet sich nicht – es sei denn weiter im Landesinneren – jene Siedlung, wo – so versichern einige von jenen Männern, die ich mit mir führe – der König wohnt, der viel Gold besitzen

---

[7] Der spanische Text schreibt *servidores*, Diener. Hier wurde der moderne Terminus „Arbeitskräfte“ gewählt, weil sich im Bordbuch insgesamt eine Tendenz des Kolumbus zeigt, die *indios* als Untertanen und „ökonomische Faktoren“ der Katholischen Könige zu sehen. Er scheut sich daher auch nicht, einige dieser *indios* dem Königspaar „mitzubringen“, d.h. zu rauben.

[8] Las Casas sah sich durch diese Bemerkung des Kolumbus in seiner späteren Missionsmethode bestätigt, wie eine längere Passage in seiner Historia de las Indias zeigt (I, 41).

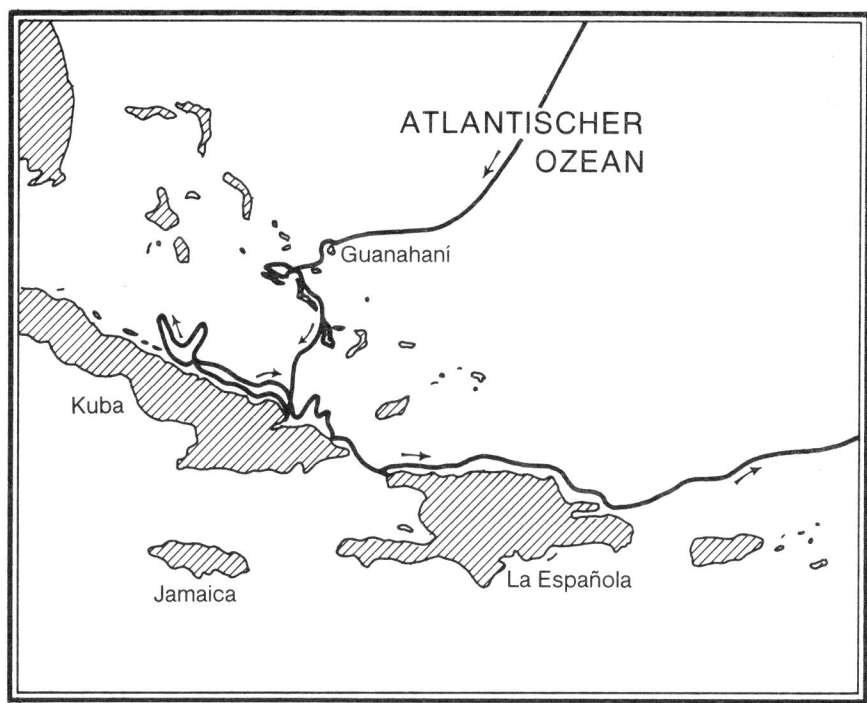

2. Die Entdeckung der Neuen Welt: Kolumbus stößt am 12. Oktober 1492 auf die Insel
   Guanahaní (heute: San Salvador) in der Bahama-Gruppe. In der Folge berührt er
   Kuba und das von ihm „La Española" genannte Haïti.

soll[9]; morgen will ich so weit ins Inselinnere vordringen, bis ich diese Siedlung
finde und diesen König sehe oder gar mit ihm sprechen kann. Dieser König
beherrscht, wie mir meine Leute durch Zeichen bedeuten, alle umliegenden
Inseln; er trägt Kleider und hat viel Gold am Körper; allerdings schenke ich
ihren Reden nicht viel Glauben, denn einerseits kann ich sie nicht richtig verstehen, andererseits bin ich der Meinung, daß ihnen, die so arm an Gold sind,
alles Gold, was dieser König auf sich trägt, viel erscheinen wird, mag es auch
noch so wenig sein. Dieses Kap, das ich *Cabo hermoso* [Schönes Kap] nenne,
ist offenbar eine von *Saomete*[10] getrennte Insel, und es gibt noch eine weitere

---

[9] Das hier zum ersten Mal auftretende Thema „Gold" wird sich durch das ganze Bordbuch
ziehen. Las Casas erklärt das fast obsessive Suchen des Kolumbus nach Gold mit dem Hinweis,
daß die Katholischen Könige die Durchführung seiner Fahrt gegen den Vorwurf der Höflinge
durchgesetzt hatten, die immer wieder auf die hohen Kosten und die nur geringen finanziellen
Aussichten hingewiesen hatten. Die moderne Forschung neigt jedoch eher der Auffassung zu, daß
eines der primären Motive des Genuesen für sein hartnäckiges Bemühen um ein Auffinden des
Westwegs nach Indien das Bedürfnis nach rasch errungenem Reichtum war: zahllose Stellen in
den Selbstzeugnissen des Genuesen sprechen in der Tat für diese Deutung.
[10] Kolumbus nannte die Insel „Ysabel"; es handelte sich um das heutige Crooked Island (vgl.
Morison, S. 68, und Henze, S. 603).

kleine, die dazwischen liegt: aber ich habe nicht die Absicht, diese vielen Einzelheiten genau anzusehen, weil ich das in fünfzig Jahren nicht bewerkstelligen könnte; sondern ich will so viel wie nur möglich in Augenschein nehmen und entdecken, um dann, wenn es Gott gefällt, im April zu Euren Hoheiten zurückzukehren. Sollte ich allerdings wirklich auf Gegenden stoßen, wo es Gold oder Spezereien in größeren Mengen gibt, werde ich mich dort so lange aufhalten, bis ich alles habe, was ich bekommen kann; deshalb fahre ich ständig weiter und setze mein ganzes Bemühen darauf, auf diese Gegenden zu stoßen."

Sonntag, 21. Oktober

„Um zehn Uhr kam ich hier bei dem Kap der kleinen Felseninsel an; ich ankerte, und ebenso die Karavellen; und nach dem Essen ging ich an Land, wo es keine Ansiedlung gab außer einem Haus, in dem ich niemand antraf; ich nehme an, daß die Bewohner aus Angst die Flucht ergriffen hatten, denn es war noch aller Hausrat darin. Ich ließ niemanden etwas anrühren; statt dessen ging ich mit den Kapitänen und einigen meiner Leute, mir die Insel anzusehen; wenn die anderen, die wir schon gesehen hatten, sehr schön und grün und fruchtbar sind, so ist es diese in noch weit höherem Maße, und sie hat große Waldungen von tiefem Grün. Hier gibt es große Lagunen, deren Ufer ringsherum von Bäumen herrlich bestanden sind. Hier und auf der ganzen Insel ist alles grün, und die Gräser sind wie in Andalusien im April; und einen Vogelgesang gibt es hier, daß es einem scheint, als wolle man nie mehr von hier weggehen, und Scharen von Papageien, die die Sonne verdunkeln, und große und kleine Vögel von so vielfältiger Art und so verschieden von den unseren gibt es, daß es wie ein Wunder ist. Auch gibt es Bäume von tausenderlei Art, und jeder trägt andere Früchte, und alle duften ganz wunderbar. Ich bedauere zutiefst, daß ich sie nicht wirklich kenne, denn ich bin fest überzeugt, daß sie alle von großem Nutzen sind, und ich bringe einiges davon als Muster mit und ebenfalls etwas von den Gräsern. [...] Ich habe hier Aloe entdeckt, und ich habe beschlossen, morgen zehn Zentner davon aufs Schiff bringen zu lassen, denn man hat mir versichert, daß sie sehr wertvoll ist[11]. Als wir uns auch auf die Suche nach gutem Trinkwasser machten, gelangten wir hier zu einer Siedlung, die nur eine halbe Meile von meinem Ankerplatz entfernt war; und als die Leute uns hörten, flohen sie alle und verließen die Häuser, versteckten ihre Sachen und alles, was sie hatten, im Wald; ich verbot, irgend etwas wegzunehmen und hätte es auch nur den Wert einer Nadel. Danach kamen ein paar Männer von ihnen auf uns zu, und einer kam nahe zu uns. Ich gab ihm ein paar Glöckchen und einige Glasperlen; er war höchst zufrieden und froh darüber; damit das Zutrauen noch größer würde und um auch von ihnen etwas zu erhalten, ließ ich ihn um Wasser bitten. Nachdem ich aufs Schiff zurückgekehrt war, kamen sie mit ihren vollen Kalebassen ans Ufer, und es

---

[11] Hier handelte es sich um einen Irrtum: Kolumbus hielt irgendein stark duftendes Holz für Aloë; die auf den Antillen heimische Gattung *Aloe barbadensis* fand sich erst später auf Jamaika.

machte ihnen große Freude, daß sie uns Wasser bringen durften. Ich ließ ihnen noch ein Glasperlenband geben, und sie sagten, daß sie am nächsten Morgen wieder herkommen würden. Ich wollte hier alle Gefäße, die auf den Schiffen waren, mit Wasser füllen lassen. Dann wollte ich, wenn es das Wetter erlaubte, weiterfahren und die ganze Insel umsegeln, bis ich jenem König begegnen würde und herausfände, ob ich von dem Gold bekommen kann, das er, wie ich höre, bei sich hat. Danach werde ich nach einer anderen sehr großen Insel aufbrechen, von der ich glaube, daß es sich um *Cipango*[12] handelt, zumindest besagen das die Hinweise, die mir die mitgeführten Indios geben; sie nennen diese Insel *Colba*[13], und auf ihr soll es, wie sie sagen, sehr große seetüchtige Schiffe geben; und von dieser Insel will ich zu einer weiteren Insel fahren, die sie *Bohío*[14] nennen und die auch sehr groß sein soll; und die anderen, die dazwischen liegen, werde ich im Vorbeifahren in Augenschein nehmen, und je nachdem, ob ich dort Hinweise auf Gold oder Spezereien finde, werde ich entscheiden, was weiterhin zu tun ist. Im übrigen beabsichtige ich, bis zum Festland und zur Stadt *Guisay*[15] zu fahren und dem Großen Khan die Briefe Eurer Hoheiten zu übergeben und Antwort von ihm zu erbitten und mit ihr zurückzukehren."

Sonntag, 28. Oktober

Von dort aus fuhr er in südsüdwestlicher Richtung auf der Suche nach der Insel *Cuba,* bis er zu ihrer nächstgelegenen Küste gelangte. Und er fuhr einen sehr schönen Fluß hinauf, der keinerlei Gefahr von Untiefen und anderen Hindernissen bot, und an dem ganzen Küstenstück, das er dort sah, war das Wasser sehr tief und klar bis dicht an das Land heran: die Mündung des Flusses war zwölf Faden tief und sehr breit und gut geeignet zum Kreuzen; er ging, wie er sagt, einen Kanonenschuß weit von der Einfahrt entfernt, innerhalb der Flußmündung vor Anker.

Der Admiral sagt, er habe niemals so etwas Schönes gesehen; die Flußufer sind überall von Bäumen bestanden, die schön und grün sind und anders als unsere, und jeder hat Blüten und Früchte nach seiner besonderen Art. Viele große und kleine Vögel, die da lieblich sangen. Es gab eine große Menge Palmen, die anders aussehen als die von Guinea oder die unseren: sie sind von mittlerer Größe und die Stämme unten ohne Faserhülle; die Blätter sind sehr groß, sie decken dort die Hausdächer damit; das Gelände ist sehr flach. Der Admiral stieg ins Beiboot und ging an Land; dort kam er zu zwei Häusern, von denen er vermutete, daß sie Fischern gehörten, die Angst bekommen und

---

[12] Bei Marco Polo, wo der Name zuerst vorkommt (vgl. Bd. 1, Dok. 18), wird er „Zipangu" geschrieben; wahrscheinlich gebrauchte Kolumbus die gleiche Schreibweise. Die Form „Cipango" könnte eine Hispanisierung des Namens durch Las Casas sein.

[13] Gemeint ist sicher Kuba.

[14] Gemeint ist die Insel Haiti, der Kolumbus den Namen „La Española" gab; das indianische Wort „bohío" hat Kolumbus mißverstanden: es bedeutete „Haus" und bezeichnete keineswegs eine Insel.

[15] Gemeint ist das „Quinsay" des Marco Polo (vgl. Bd. 1, Dok. 21), das spätere „Hang-Tschou".

die Flucht ergriffen hatten; in einem der Häuser traf er auf einen Hund, der die ganze Zeit über nicht bellte; und in beiden Häusern fand er Netze aus Palmfasern und Stricke; Angelhaken aus Horn, knöcherne Harpunen und andere Fischereigeräte und viele Feuerstellen, so daß er annahm, in jedem der Häuser müßten viele Leute wohnen. Er befahl, nichts von allen diesen Dingen anzurühren, und so geschah es denn auch. Das Gras war so hoch wie in Andalusien im April und Mai. Er fand eine Menge Portulak und Beermelde. Er kehrte zurück zum Beiboot und fuhr den Fluß ein gutes Stück aufwärts, und er sagt, daß es ein großes Vergnügen sei, das Grün und die vielen Bäume zu sehen, und auch an den Vögeln habe er sich nicht sattsehen können.

Er versichert, jene Insel sei die schönste, die Menschenaugen je erblickt hätten: sie ist voller ausgezeichneter Häfen und tiefer Flüsse, und das Meer schien hier niemals in Aufruhr zu geraten, denn das Ufergras reichte fast bis ans Wasser, was nicht der Fall zu sein pflegt, wenn das Meer häufig von Stürmen heimgesucht wird. Bis zu jenem Tag hatte er es übrigens bei allen jenen Inseln nie mit stürmischer See zu tun gehabt. Die Insel, sagt er, ist voller Gebirgszüge, die allerdings nicht sehr ausgedehnt, dafür aber hoch sind; das ganze Terrain der Insel ist hochgelegen wie auf Sizilien. Sie ist reich an vielerlei Flußläufen, wie er von den mitgeführten Indios erfahren konnte, die er auf der Insel Guanahaní aufs Schiff genommen hatte; diese gaben ihm durch Zeichen zu verstehen, daß es dort zehn große Flüsse gibt und daß sie die Insel mit ihren Kanus nicht einmal in zwanzig Tagen umfahren können. Als er mit den Schiffen an Land fuhr, tauchten zwei Einbäume oder Kanus auf. Aber als sie sahen, daß die Seeleute ins Beiboot stiegen und losruderten, um zu sehen, wie tief der Fluß war und um in Erfahrung zu bringen, wo sie ankern sollten, da flohen die Kanus.

Die Indios sagten, auf dieser Insel gäbe es Goldgruben und Perlen, und der Admiral sah einen dafür geeigneten Ort und ebenso Muscheln, die ein Anzeichen für Perlen sind, und der Admiral glaubte, daß dorthin Schiffe des Großen Khans kämen, und zwar große Schiffe, und daß von dort bis zum Festland zehn Tagesreisen seien. Der Admiral nannte jenen Fluß und Hafen *San Salvador*[16].

Montag, 12. November

Er fuhr in den ersten Morgenstunden vom Hafen am *Río de Mares* ab, um nach einer Insel zu segeln, die, wie die mitgeführten Indios immer wieder beteuerten, *Babeque*[17] heißt, und wo die Leute, wie die Indios durch Zeichen bedeuteten, das Gold nachts bei Kerzenlicht vom Strand auflesen und dann, wie er sagt, durch langes Hämmern Barren daraus machen; um zu ihr zu kommen, mußten sie den Bug nach Ost-zu-Süd richten. Nachdem er acht Meilen an der Küste entlanggefahren war, fand er einen Fluß, und als er von da aus

---

[16] Es handelte sich um die heutige Bahía Bariay an der Nordküste von Kuba (vgl. Morison, S. 71 und 74). Nach Henze, S. 604, könnte dieses San Salvador auch das heutige Cibara gewesen sein.

[17] Das heutige Great Inagua Island (nach Henze, S. 605).

weitere vier Meilen zurückgelegt hatte, stieß er auf einen weiteren Fluß, der sehr wasserreich schien und größer als alle anderen, die er bisher entdeckt hatte. Er wollte sich aber nicht aufhalten, noch in einen der Flüsse hineinfahren, und zwar aus zwei Gründen: der erste und hauptsächliche Grund war, daß Wind und Wetter dafür sprachen, sich auf die Suche nach der erwähnten Insel *Babeque* zu machen; der zweite war, daß, wenn es an dem Fluß eine volkreiche, bedeutende Stadt gäbe, man sie vom Meer aus hätte sehen müssen. Um den Fluß hinaufzufahren, hätte man außerdem kleine Schiffe benötigt, die seinigen aber waren zu groß; auch hätte er viel Zeit verloren, denn solche Flüsse zu erkunden, ist ein Unternehmen für sich. Diese ganze Küste war besiedelt, vor allem in der Nähe des Flusses, den er *Río del Sol* [Sonnenfluß] taufte. Er sagte, daß er es am vergangenen Sonntag, am 11. November, für richtig gehalten hatte, ein paar Leute von jenem Fluß mitzunehmen, um sie dem Königspaar mitzubringen und um sie in unserer Sprache zu unterrichten und durch sie zu erfahren, wie es im Landesinneren aussieht, und damit sie bei ihrer Rückkehr Dolmetscher der Christen würden und unsere Sitte und unseren Glauben annähmen, „denn ich habe bemerkt und weiß genau" (sagt der Admiral), „daß diese Leute keine Religion haben, noch Götzendienst treiben, sie sind vielmehr sehr fügsam und wissen nicht, was böse ist, noch was es heißt, andere zu töten oder zu rauben. Sie tragen keinerlei Waffe und sind so furchtsam, daß hundert von ihnen vor einem der unseren Reißaus nehmen, selbst wenn man nur seinen Spaß mit ihnen treibt; sie neigen zur Gläubigkeit und wissen, daß es einen Gott im Himmel gibt; sie sind fest davon überzeugt, daß auch wir vom Himmel gekommen sind. Sie sind sehr schnell bereit, jedes Gebet nachzusprechen, das wir ihnen sagen, und sie schlagen das Kreuzeszeichen. Und so sollten sich Eure Hoheiten entschließen, sie zu Christen zu machen, denn ich glaube, wenn man damit beginnt, wird man nach kurzer Zeit eine Vielzahl von Völkern vollends zu unserem heiligen Glauben bekehrt haben und zugleich große Gebiete und Reichtümer und alle diese Völker für Spanien gewinnen, denn zweifellos gibt es in diesen Gebieten riesige Mengen Gold, und nicht ohne Grund sagen die Indios, die ich mitführe, daß es auf diesen Inseln Orte gibt, wo man das Gold aus der Erde gräbt und die Leute es als dicke Ringe am Hals, an den Ohren, den Armen und Beinen tragen. Außerdem gibt es Edelsteine und Perlen und unendlich viele Gewürze; und am *Río de Mares,* von dem ich vorige Nacht abgefahren bin, gibt es zweifellos große Mengen Mastix[18], und es gäbe noch mehr, falls man es wollte. Denn diese Bäume wachsen sehr schnell an, wenn man Schößlinge setzt. Es sind viele und sehr große Bäume, und ihre Blätter und Früchte ähneln denen des Mastix-

---

[18] Mastix ist das aus Verletzungen der Rinde ausfließende, getrocknete Harz des Mastixbaumes; es spielte in Antike und Mittelalter eine bedeutende Rolle als Räucher- und Heilmittel, wurde – als Öl mit anderen Substanzen vermischt – zum Einbalsamieren verwendet und war und ist im Orient weit als Kaumittel verbreitet; daneben diente es als Zahnpulver, Arznei- und Gesichtspflegemittel und findet heute noch als Klebemittel zum Fixieren von Verbänden an der Haut Verwendung. Zur Zeit des Kolumbus wurde der beste Mastix auf der Ägäis-Insel Chios erzeugt.

baums, nur sind sowohl die Bäume als auch die Blätter größer als sie Plinius beschreibt; ich habe schon welche auf der Insel *Chios*[19] in der Ägäis gesehen, und ich habe eine ganze Reihe dieser Bäume anzapfen lassen, um zu sehen, ob sie Harz abscheiden, das ich hätte mitbringen können; aber da es die ganze Zeit, die ich mich an besagtem Fluß aufhielt, geregnet hat, konnte ich mir nur ganz kleine Mengen beschaffen, die ich Euren Hoheiten mitbringe; es kann auch sein, daß es nicht die rechte Zeit zum Anzapfen ist, denn ich glaube, am günstigsten ist es zu dem Zeitpunkt, wo die Bäume nach dem Winter Blüten treiben wollen; hier aber sind die Früchte jetzt schon fast reif. Man könnte auf dieser Insel auch eine große Menge Baumwolle ernten, und ich glaube, daß sie sich sehr gut hier in der Gegend verkaufen lassen würde, ohne sie erst nach Spanien bringen zu müssen. Man könnte sie in die großen Städte des Großen Khans bringen, die sicher bald entdeckt werden, und in zahlreiche andere Städte anderer Herrscher, die es als ein Glück ansehen werden, Euren Hoheiten dienen zu dürfen. Man wird ihnen auch andere Dinge aus Spanien und den Ländern des Ostens liefern können, denn jene Länder liegen, von uns aus gesehen, im Westen. Desgleichen gibt es hier unendlich viel Aloe, wiewohl man daraus keinen großen Gewinn ziehen kann. Aber der Mastix ist nicht hoch genug zu schätzen, denn es gibt ihn sonst nirgends außer auf der erwähnten Insel *Chios,* und ich glaube, dort wird eine Ausbeute von gut fünfzigtausend Dukaten erzielt, wenn ich mich recht entsinne; und hier in der Flußmündung wäre der beste Hafen, den ich je gesehen habe; er ist frei von Untiefen, breit und tief, mit einem sehr günstig gelegenen Gelände für die Anlage einer Stadt und eines Forts[20], so daß Schiffe beliebiger Größe direkt an den Mauern der Stadt anlegen könnten; außerdem hat das Gebiet ein sehr mildes Klima, ist hoch gelegen und hat Trinkwasser von bester Qualität [...]."

Dienstag, 25. Dezember, Weihnachtstag
Am gestrigen Tag war er mit mäßigem Wind von der Sankt Thomas-Bucht[21] bis zur *Punta Santa*[22] gesegelt und lag vor ihr eine Meile entfernt vor Anker. Nach Ende der ersten Nachtwache, etwa gegen elf Uhr nachts, beschloß er, sich schlafen zu legen, denn er hatte zwei Tage und eine Nacht nicht geschlafen. Da Windstille war, beschloß der Mann, der das Schiff steuerte, sich ebenfalls schlafen zu legen, und überließ das Steuerruder einem Schiffsjungen, was der Admiral im Laufe der ganzen Fahrt immer wieder streng verboten hatte; gleichgültig ob Wind wehte oder Windstille herrschte, die Schiffsjungen durften nicht ans Steuer. Der Admiral fühlte sich vor Sandbänken und Klippen sicher, denn am Sonntag, als er seine Boote zu jenem König geschickt hatte, waren die Seeleute östlich von der *Punta Santa* gut dreieinhalb Meilen vorge-

---

[19] Chios war genuesische Kolonie seit 1347 (vgl. Bd. 1, Dok. 45), es war wegen seines Wertes als Mastix-Produzent in Besitz genommen worden.
[20] Gemeint ist wohl die heutige Bahía de Puerto Sama (vgl. Henze, S. 605).
[21] Das heutige Vorgebirge Acul.
[22] Die heutige Pointe Picolet, am äußersten Ende des Cap Haïtien.

drungen und hatten die ganze Küste erkundet, auch die Untiefen, die sich von der *Punta Santa* aus gut drei Meilen nach Ostsüdosten hinziehen, und sie hatten geprüft, wo man hindurchfahren konnte; dies hatte er auf der ganzen Fahrt bislang nicht getan. Nun aber gefiel es Gott unserem Herrn, daß sich um Mitternacht alle schlafen legten, nachdem sie gesehen hatten, daß der Admiral sich zur Ruhe begab und daß es völlig windstill war und das Meer glatt wie Öl da lag; das Steuerruder blieb in der Hand jenes Schiffsjungen, und die Strömungen trieben das Schiff auf eine der Sandbänke. Es wäre leicht gewesen, ihnen auszuweichen, denn, da es Nacht war, konnte man das Geräusch der Wellen an ihnen eine gute Meile weit hören und sie auch sehen. Das Schiff lief so sanft auf, daß man es kaum merkte. Der Junge, der das Ausschlagen des Steuerruders spürte und das Geräusch der Wellen hörte, begann zu schreien, worauf der Admiral an Deck kam, bevor überhaupt jemand gemerkt hatte, daß sie aufgelaufen waren. Kurz darauf erschien der Schiffsführer[23], der eigentlich Wache hatte; und der Admiral befahl ihm und den anderen, das Boot, das sie im Schlepptau mit sich führten, heranzuholen, einen Anker zu nehmen und ihn am Heck ins Wasser zu werfen; der Schiffsführer und viele andere sprangen in das Boot, und der Admiral dachte, sie täten, was er ihnen befohlen hatte; sie aber kümmerten sich nicht darum, sondern flohen zur Karavelle, die eine halbe Meile entfernt von ihnen kreuzte[24]. Die Besatzung der Karavelle wollte sie aber nicht aufnehmen, und sie taten recht daran; deshalb kehrten sie zu dem Schiff zurück, aber das Boot der Karavelle kam noch vor ihnen an. Als der Admiral sah, daß sie flohen und ihn verließen, während das Schiff tiefer in den Sand und quer zur Strömung geriet, befahl er, da er keine andere Rettung mehr sah, den Mast zu kappen und das Schiff soviel als möglich zu erleichtern, um es vielleicht auf diese Weise flottzubekommen; und da das Wasser immer weiter sank, war nichts mehr zu retten: das Schiff bekam Schlagseite zur See hin, denn es hatte so gut wie kein Wasser mehr unterm Kiel. Schließlich klafften die Räume zwischen den Lehrspanten *(conventos)*, nicht aber der Rumpf auf[25]. Der Admiral fuhr mit dem Boot zur Karavelle, um seine Schiffsbesatzung auf ihr in Sicherheit zu bringen. Da sich ein leichter Wind vom Land her erhoben hatte und noch ein Gutteil der Nacht übrig war und sie nicht wußten, wie weit die Sandbänke reichten, blieb er bis Tagesanbruch beigedreht liegen und fuhr erst dann auf der Küstenseite der Sandbank zu dem gestrandeten Schiff. Schon vorher hatte er das Beiboot mit Diego de Arana aus Córdoba, dem Aufseher der Flotte, und Pedro Gutiérrez, dem Truchseß des Königlichen Hofes, an Land geschickt, um jenen König zu benachrichtigen, der ihn am Samstag eingeladen und ihn gebeten hatte, mit den Schiffen in seinen Ha-

---

[23] Bei Las Casas: *maestre de la nao:* es handelte sich um den berühmten Piloten und Kartographen Juan de la Cosa.

[24] Ob Juan de la Cosa aus Panik handelte oder ob es sich um einen regelrechten Verrat handelte, ist in der Forschung umstritten; die Frage wird nie geklärt werden können, da außer dem Zeugnis des Kolumbus keine andere Quelle zu dem Vorfall existiert.

[25] Was sich wirklich ereignete, bleibt auf Grund der Aussage des Kolumbus unklar.

fen zu kommen; seine Siedlung lag etwa anderthalb Meilen von der Sandbank
entfernt. Als dieser von dem Vorfall hörte, weinte er, wie sie sagten, und
schickte alle Einwohner seines Ortes mit vielen sehr großen Kanus aus, damit
alles aus dem Schiff ausgeladen werden könnte; so geschah es denn auch. In
kürzester Zeit wurde alles von den Decks geschafft, so groß war die von dem
König veranlaßte Hilfe und Unterstützung. Er selbst, seine Brüder und Anver-
wandten führten sowohl auf dem Schiff als auch bei der Verwahrung dessen,
was an Land gebracht wurde, die Aufsicht, damit alles in größte Sicherheit gebracht würde. Von Zeit zu Zeit schickte er einen seiner Verwandten zum Admiral, um diesen unter Tränen zu trösten und ihm auszurichten, er solle sich
nicht grämen noch zürnen, denn er werde ihm alles geben, was er habe. Der
Admiral versicherte dem König, nirgends in Kastilien hätte man sorgfältiger
mit den Sachen umgehen können als hier, wo nicht einmal ein Schuhriemen
abhanden kam. Er befahl, alles in der Nähe der Häuser zu stapeln, solange bis
einige Häuser ausgeräumt wären, die er zur Verfügung stellen wollte, und in
die alles gebracht und dort aufbewahrt werden sollte. Er ließ bewaffnete Männer um die Häuser herum aufstellen, die die ganze Nacht Wache hielten. „Der
König und sein ganzes Volk weinten bittere Tränen", (sagt der Admiral) „es
sind Menschen von großer Freundlichkeit, ganz ohne Habsucht und zu allem
bereit. Ich versichere Euren Hoheiten, daß es kein besseres Land auf der Welt
gibt: Sie lieben ihre Nächsten wie sich selbst, und ihre Art zu sprechen ist die
sanfteste von der Welt, dazu sind sie freundlich und haben stets lachende Gesichter. Männer wie Frauen gehen nackt umher, so wie ihre Mütter sie geboren haben. Aber Eure Hoheiten mögen mir glauben, daß sie sehr reine Sitten
untereinander haben, und der König hat einen bewunderungswürdigen Status
und ist in bestimmter Weise von einer Würde, daß es eine Freude ist, all dies zu
sehen. Desgleichen ihr außerordentliches Gedächtnis. Alles wollen sie sehen,
und sie fragen, was es ist und wozu es dient."
  All dies sind Worte des Admirals.

                                                              Mittwoch, 26. Dezember
Der König jener Gegend, der sich an dem Ort aufhielt, kam heute bei Sonnenaufgang zur Karavelle Niña, wo sich der Admiral befand. Er sagte ihm fast
unter Tränen, er möge nicht traurig sein, denn er wolle ihm alles geben, was er
besitze. Er habe den Christen, die an Land waren, zwei sehr geräumige Häuser zur Verfügung gestellt und werde ihnen auch noch mehr geben, sofern es
nötig sei, und so viele Kanus, wie sie brauchten, um das Schiff zu entladen und
soviel Leute an Land zu bringen, wie er nur wollte. Er habe es schon gestern
getan, ohne dafür auch nur eine einzige Brotkrume oder irgend etwas anderes
zu verlangen. Sie sind, sagt der Admiral, so redlich und ohne jegliche Habgier
nach fremdem Gut, und vor allem war es jener tugendhafte König. Während
der Admiral mit ihm sprach, kam ein anderes Kanu von einer anderen Siedlung mit einigen Goldstücken, die man für ein Glöckchen eintauschen wollte,
denn sie begehrten nichts so sehr wie diese Glöckchen. Das Kanu hatte das

Schiff noch nicht erreicht, als sie schon die Goldstücke zeigten und „tschuk tschuke" riefen, womit sie die Glöckchen meinten, denn sie sind ganz verrückt danach[26]. Nachdem diese Kanus aus den fremden Siedlungen wieder abgefahren waren, riefen die hiesigen nach dem Admiral und baten ihn, er möchte ihnen eines der Glöckchen bis zum nächsten Tag aufheben lassen, denn der König werde ihm vier faustgroße Goldstücke dafür bringen. Der Admiral freute sich, solches zu hören, und später berichtete ihm ein Matrose, der vom Land zurückkehrte, es sei ganz wunderbar, was für Goldstücke die Christen, die sich an Land befänden, gegen höchst geringfügige Dinge eintauschten; für einen Schuhriemen gäben sie Goldstücke, die mehr als zwei Castellanos wiegen, und das sei noch gar nichts im Vergleich zu dem, was man in einem Monat sehen werde. Der König freute sich sehr, den Admiral in guter Stimmung vorzufinden, und er begriff, daß er viel Gold haben wollte, und so bedeutete er ihm durch Zeichen, er wisse eine Stelle nicht weit von hier, wo es sehr viel Gold gäbe. Er solle frohen Herzens sein, denn er werde ihm so viel davon verschaffen, wie er nur wünsche. Darüber, sagte er, gab er ihm Auskunft und besonders darüber, daß man Gold in *Cipango* finde, das sie *Civao* nannten, und dort finde man so viel davon, daß die Einwohner es für gering ansehen; er werde es von dort holen lassen, obwohl es auf der Insel *Española*, die sie *Bohío* nennen, und besonders in der Provinz *Caribata*, sehr viel mehr davon gäbe. Der König speiste mit dem Admiral auf der Karavelle, und dann ging er mit ihm an Land, wo er dem Admiral viel Ehre erwies und ihm zwei oder drei Sorten Süßkartoffeln *(ajes)* zu kosten gab, dazu Granatkrebse und Wildbret und andere Speisen, die sie hatten, auch ihr Brot, das sie *cazavi* nennen; und dann zeigte er ihm einige Anpflanzungen in der Nähe des Dorfes, und mit ihm gingen an die tausend Indios, die alle nackt waren. Doch der König trug bereits ein Hemd und Handschuhe, die ihm der Admiral geschenkt hatte; über die Handschuhe frohlockte er mehr als über alles andere, was er ihm geschenkt hatte. An seiner Art zu essen – dies ging sehr sittsam, schön und reinlich vonstatten – sah man, daß er von edler Herkunft war. Nach dem Essen, das recht lange dauerte, brachte man gewisse Kräuter, mit denen er sich die Hände gründlich abrieb. Der Admiral glaubte, er tue dies, damit sie geschmeidig würden: dann reichte man ihm Wasser zum Händewaschen. Nachdem sie also mit dem Essen fertig waren, begleitete der König den Admiral zum Strand, und der Admiral ließ einen türkischen Bogen und ein Bündel Pfeile holen, und ließ einen seiner Männer, der sich darauf verstand, damit schießen; und dem Herrn, der nicht wußte, was Waffen waren, weil sie selbst so gut wie gar keine besitzen und verwenden, erschien es als etwas ganz Außerordentliches; übrigens kamen sie darauf, sagte er, weil sie von den Einwohnern von *caniba* sprachen, die sie Kariben nennen; diese fallen bei ihnen ein, um Gefangene zu ma-

---

[26] Nach Las Casas (I, 60) benutzten die Indios beim Tanz bereits kunstvoll gefertigte Schellen oder Rasseln aus Holz, mit denen sie ihre Gesänge begleiteten; sie sollen von den kräftig klingenden Metallglöckchen der Europäer fasziniert gewesen sein und sie um jeden Preis zu erlangen gesucht haben.

chen. Sie sind bewaffnet mit Bögen und Pfeilen ohne Eisenspitzen, denn auf
all diesen Inseln kennt man weder Eisen noch Stahl oder irgendein anderes
Metall, außer Gold und Kupfer. Allerdings hatte der Admiral nur wenig Kup-
fer gesehen. Der Admiral bedeutete dem König durch Zeichen, das Königs-
paar von Kastilien würde die Kariben niederwerfen und sie alle mit gefesselten
Händen zu sich bringen lassen. Der Admiral befahl, eine Lombarde und eine
Feldschlange abzufeuern, und als der König sah, was für eine Wirkung und
Durchschlagskraft jene Geschütze hatten, war er über die Maßen erstaunt.
Und seine Leute fielen zu Boden, als sie die Schüsse hörten. Sie brachten dem
Admiral eine große Maske, die in den Ohren und Augen und an anderen Stellen große Goldstücke hatte: der König schenkte sie ihm zusammen mit anderem Goldschmuck, den er dem Admiral an Kopf und Hals anlegte; auch den
anderen Christen, die dort waren, schenkte er zahlreiche Schmuckgegenstände. Der Admiral empfand große Freude und Tröstung angesichts dieser Dinge, so daß seine Sorge und sein Kummer über den Verlust des großen Schiffes
eben da nachließen; und er erkannte, daß Gott der Herr das Schiff hatte auf-
laufen lassen, damit er an jenem Ort eine Niederlassung gründete. „Und daraus" (so sagte er) „ergaben sich so viele andere Dinge, daß dies wirklich kein
Unglück, sondern ein großer Glücksfall war. Denn eines ist sicher" (sagte er),
„wenn ich nicht gestrandet wäre, dann hätte ich die Fahrt auf offener See fortgesetzt, ohne an diesem Ort vor Anker zu gehen. Denn er liegt ganz am Ende
einer großen Bai[27], durch die sich zwei oder mehr Sandbänke ziehen. Auch
hätte ich auf dieser Fahrt keine Leute hier zurückgelassen, und selbst wenn ich
es getan hätte, hätte ich ihnen beim besten Willen keine so gute Ausrüstung, so
guten Vorräte und so viel Proviant und Geräte zum Bau einer Festung geben
können. Und es ist tatsächlich wahr, daß mich viele meiner Leute gebeten hatten oder durch andere bitten ließen, hierbleiben zu dürfen. Gegenwärtig habe
ich befohlen, so gut wie es geht, einen Turm und eine Festung zu bauen mit einem tiefen Graben drumherum. Dies nicht etwa, weil ich dächte, es sei wegen
der Leute hier notwendig, denn ich bin überzeugt, daß ich mit den Leuten, die
ich bei mir habe, die ganze Insel unterwerfen könnte, die zwar größer als Portugal ist, und auf der mehr als doppelt so viel Menschen wohnen; die aber sind
nackt und unbewaffnet und über alle Maßen feige. Trotzdem ist es richtig,
diesen Turm zu bauen und zwar so, wie es zur Verteidigung nötig ist, befinden
wir uns doch so weit von Euren Hoheiten entfernt; richtig ist es auch, damit
die Indios die Kunstfertigkeit der Leute Eurer Hoheiten kennenlernen und sehen, wozu sie fähig sind, damit sie unseren Leuten in Liebe und Furcht gehorsam sind; so werden sie über genügend Holz verfügen, um die ganze Festung
daraus zu bauen, und Brot- und Weinvorräte für mehr als ein Jahr und Saatgut, um die Felder zu bestellen, und das Beiboot des großen Schiffes, einen
Schiffszimmermann, einen Tischler, einen Geschützmeister und einen Bött-
cher; und viele von ihnen sind Männer, die darauf brennen, im Dienste Eurer

---

[27] Gemeint ist die Bahía de Caracol an der Nordküste von Haiti.

Hoheiten und mir zur Freude nach der Mine zu forschen, in der das Gold gewonnen wird. So ist es alles höchst gelegen gekommen, um hier den Anfang
einer Besiedlung zu machen. Vor allem war es günstig, daß das Schiff so sanft
auflief, daß es kaum zu spüren war und weder Seegang noch Wind herrschte."
All dies sind die Worte des Admirals [. . .].

Aus: Diario de Colón. Libro de la primera navegación y descubrimiento de las Indias. Edición y
comentario preliminar por Carlos Sanz. Madrid 1962, Fol. 3^r, 6^v, 8^r–9^v, 15^r–15^v, 15^v–16^v, 17^v–18^v,
22^r–23^r, 46^r–47^r, 47^r–43^v.   Ti

Viertes Kapitel

Die Erschließung des östlichen Seewegs nach Indien durch Vasco da Gama und Pedro Álvares Cabral

König Manuel I. (1495–1521), dessen religiöser Eifer von den meisten zeitgenössischen Chronisten hervorgehoben wird, setzte die maritime Expansionspolitik seines Vorgängers, Joãos II., konsequent fort. Dabei hatte er die Indienfahrt Vasco da Gamas, die an die Entdeckungen Diogo Cãos und Bartolomeu Dias' anknüpfte, insbesondere aber die darauf aufbauenden Absichten einer portugiesischen Machtentfaltung und Stützpunktbildung im Bereich des Indischen Ozeans, wie sie mit dem Auftrag Cabrals verbunden waren, gegen starke Bedenken im Kronrat durchzusetzen. Man wandte ein, die militärischen Kräfte Portugals reichten nicht aus, die ehrgeizigen Expansionspläne stellten vor allem im Edelmetallbereich das wirtschaftliche Potential des Mutterlandes vor unlösbare Probleme und die unendlich weit gewordenen Schiffahrtswege überforderten Menschen und Material. Hinzu traten außenpolitische Erwägungen: Man befürchtete eine Allianz möglicher maritimer Konkurrenten, wohl vor allem der spanischen Königreiche und der Republik Venedig, die dem vergleichsweise schwachen Portugal, das zudem mit innenpolitischen Schwierigkeiten zu kämpfen hatte, gefährlich werden konnten.

Dabei bildete der am 7. Juni 1494 noch zur Regierungszeit Joãos II. mit den Katholischen Königen Spaniens abgeschlossene Vertrag von Tordesillas den rechtlichen Hintergrund der Fahrten Vasco da Gamas und Cabrals. Die in ihm festgelegten Daten der internationalen Politik bilden den Rahmen, in dem die beiden Entdeckungsfahrten nach Indien in bezug auf Voraussetzungen und Konsequenzen interpretiert werden müssen. Die Entdeckungen des Kolumbus hatten es notwendig gemacht, die 1479 im Vertrag von Alcaçovas getroffenen Teilungsvereinbarungen zwischen Kastilien und Portugal den neuen geographischen Erkenntnissen anzupassen. Nach längeren, seit 1493 etappenweise geführten Vorverhandlungen, in die sich auf Betreiben Spaniens auch die Kurie einschaltete, kam man schließlich zu der Übereinkunft, die Teilung der Machtsphären mittels einer von Pol zu Pol verlaufenden meridionalen Trennungslinie 370 Meilen westlich der Kapverdischen Inseln vorzunehmen. Zunächst ging es den Portugiesen dabei vor allem darum, die Spanier möglichst weit von ihrem Einflußgebiet an der afrikanischen Westküste, vor allem in Guinea, fernzuhalten. Erst später wurde klar, daß sich aus der vereinbarten Trennungslinie ein Anspruch auf Teile des südamerikanischen Festlandes ergab.

Zum Zeitpunkt der Fahrten Vasco da Gamas und Cabrals stand jedoch für die portugiesische Krone eine Westfahrt nicht mehr zur Debatte. Die Umrundung des Kaps der Guten Hoffnung durch Bartolomeu Dias hatte den Weg in den Indischen Ozean geöffnet, und durch den Vertrag von Tordesillas war diese Route abgesichert. Ihr galt es nunmehr mit aller Energie zu folgen, zumal den nautischen Beratern der portugiesischen Krone in der Junta de Matemáticos wohl bereits klar war, daß Kolumbus auf seiner Entdeckungsfahrt nach Westen nicht in Indien gelandet sein konnte.

Dabei war die später von Vasco da Gama durchgeführte Fahrt bereits gegen Ende der Regierungszeit Joãos II., zur Zeit der Verhandlungen von Tordesillas, geplant worden. Der König hatte den Vater Vasco da Gamas, Estevão da Gama, als Leiter der Expedition vorgesehen. Nach dem Tode Joãos verzögerten sich jedoch die Vorbereitungen und Manuel I. beauftragte schließlich Vasco da Gama mit der Führung des geplanten Unternehmens. Die Familie Vasco da Gamas zählte zum niederen Adel. Eine hervorragende seemännische und nautische Ausbildung, die da Gama in seiner Jugend durchgemacht hatte, war Voraussetzung für seinen späteren Erfolg.

Bei der Vorbereitung seiner Indienreise wurde Vasco da Gama von Bartolomeu Dias beraten. Insbesondere beaufsichtigte dieser den Schiffbau. Er begleitete die Expedition später bis zu den Kapverdischen Inseln, von wo aus ihn ein gesonderter Auftrag nach El Mina führte.

Die Flotte Vasco da Gamas bestand aus vier Schiffen, dem Flaggschiff, der Gabriel, der St. Raphael unter Vasco da Gamas Bruder Paulo, der Karavelle Berrio unter Nicolao Coelho sowie einem Proviantschiff, das von Gonçalo Nuñes befehligt wurde. Letzteres sollte nach der Instruktion des Königs in der Mossel-Bay zurückgelassen werden. An Bord waren insgesamt etwa 150 Besatzungsmitglieder.

Die Abfahrt des Geschwaders erfolgte am 8. Juli 1497, man passierte die Kanarischen Inseln bereits am 15. Juli und gelangte am 3. August zu den Kapverdischen Inseln. Auf Anraten des Bartolomeu Dias, der sich hier von der Expedition trennte, wählte Vasco da Gama nunmehr eine von den bisherigen Fahrten abweichende Route und steuerte südsüdwestlichen Kurs. Diesen Kurs hielt er über mehr als drei Monate bis zum 1. November, ohne Kontakt zur Küste bei. Daraufhin wandte er sich von der offenen See ostwärts und erreichte am 4. November das Kapland.

Nach einer längeren Rast in der St. Helenas Bay wagte man die Umsegelung des Kaps, die trotz widriger Wetterverhältnisse nach mehreren Versuchen bis zum 22. November gelang. Nachdem der letzte, 1488 von Bartolomeu Dias am False-Island aufgestellte Padrão passiert worden war, hatte man endgültig Neuland vor sich. Zunächst jedoch war eine seemännisch äußerst schwierige Strecke zu überwinden: Die Agulhas-Moçambique-Strömung trieb die kleine Flotte stets wieder in südlicher Richtung, wenn sie ein Stück Wegs entlang der afrikanischen Ostküste vor Madagaskar zurückgelegt hatte. Erst nach Aufkommen starker Südwestwinde konnte schließlich dieses Wegstück gemeistert werden.

Weihnachten 1497 war man in der Höhe des heutigen Natal angelangt, dessen Name an diese erste Vorüberfahrt von Europäern erinnert. Nun traten Versorgungsschwierigkeiten auf, die Vasco da Gama am 10. oder 11. Januar 1498 nordostwärts der Delagoa-Bay zur Landung zwangen. Wegen des guten Einvernehmens mit den dortigen Eingeborenen benannte man diese Gegend „terra de boa gente".

Ende Januar traf man an der Sambesi-Mündung zum ersten Mal auf Menschen, die nach Kleidung und Aussehen dem afrikanisch-arabischen Kulturkreis angehörten und sich deutlich von den bisher angetroffenen Eingeborenen unterschieden. Das wichtigste uns vorliegende Dokument, das von der ersten Indienfahrt Vasco da Gamas berichtet, nämlich das minutiös geführte Bordtagebuch *(Roteiro)* eines namentlich unbekannt gebliebenen Seemannes aus der Besatzung Vasco da Gamas (Dok. 29 und 30), vermittelt uns einen lebendigen Eindruck von dem Erstaunen der Portugiesen über das selbstsichere Auftreten jener ersten Vertreter der morgenländischen Welt. Diese, so schreibt er, seien offenbar so „verwöhnt" gewesen, daß sie kein Interesse für die sonst an Eingeborene verschenkten Waren gezeigt hätten. Einer von ihnen habe mit einem Blick auf die portugiesischen Schiffe zu verstehen gegeben, daß er aus einem fernen Lande komme und bereits Schiffe dieser Bauart gesehen habe. Trotz des eher zurückhaltenden Auftretens der Araber wertete man das Zusammentreffen als ein gutes Vorzeichen und benannte den Sambesi „Rio dos bons signāes".

Anfang März erreichte man die Stadt Moçambique. Hier berichtete man den Portugiesen, die sich bei Kontakten mit Eingeborenen stets nach dem „Erzpriester Johannes" erkundigt hatten, von einem sagenhaften Reich, das nicht weit von dort im Norden liege, große Städte entlang der ganzen Küste besitze und dessen Beherrscher weit im Landesinneren wohnte. Die Portugiesen selbst hielt man zunächst für Türken, trat ihnen dann aber mit zunehmender Feindlichkeit entgegen, als sie sich als Christen zu erkennen gaben.

Die Freude der Portugiesen, die nunmehr erkannten, wie nahe sie ihrem Ziel bereits gekommen waren, läßt sich aus den Worten des „Roteiro"-Verfassers entnehmen, wenn er schreibt: „Dies und noch vieles andere erzählten uns die besagten Mauren, und wir waren darüber so froh, daß wir vor Freude weinten und Gott baten, es möge ihm gefallen, uns Gesundheit zu geben, damit wir das Ersehnte zu Gesicht bekämen."

Das Geschwader Vasco da Gamas setzte seinen Kurs fort, und nachdem die südwärts drängende Moçambique-Strömung überwunden war, liefen die Schiffe am 7. April 1498 in Mombasa ein. Auch dort kam es, wie schon zuvor in Moçambique, zu Auseinandersetzungen mit Arabern, die offenbar recht klar erkannten, mit welcher gefährlichen Entwicklung sie es zu tun hatten.

Seit der Ankunft in Moçambique war die Fahrt Vasco da Gamas in ein neues Stadium getreten. Immer deutlicher waren die Anzeichen geworden, daß man nunmehr in den Bereich der morgenländischen Kultur gelangt war, in eine Gegend, die bereits von Pero de Covilhã bereist worden war. Dabei muß allerdings nach wie vor die Frage als nicht mit endgültiger Sicherheit ge-klärt gelten, ob man tatsächlich vor der Abfahrt Vasco da Gamas in Lissabon die Erkenntnisse Covilhãs hatte auswerten können, wie dies in der Literatur zumeist angenommen wird. Zwar erwähnen verschiedene Chroniken einen durch zwei jüdische Emissäre überbrachten schriftlichen Bericht Covilhãs an die portugiesische Krone. Ein entsprechendes Dokument ist jedoch nicht auf-gefunden worden.

Immerhin war jedoch klar, daß nunmehr die Überfahrt nach Indien gewagt werden mußte. Es galt aber, vorher einen Lotsen zu finden, der die nötige Kenntnis des Ozeans besaß. Dies gelang Vasco da Gama erst in Melinde, das man am 14. April 1498 erreichte. Nach anfänglichem Mißtrauen konnte man Einvernehmen mit dem dortigen Scheich erzielen, zumal eine traditionelle Feindschaft zwischen Melinde und Mombasa den Portugiesen in die Hände arbeitete. Der Scheich stellte einen Lotsen zur Verfügung, der mit den Wind-verhältnissen und Gezeiten des Indischen Ozeans vertraut war und sich im weiteren Verlauf der Fahrt als zuverlässig erweisen sollte. Mutmaßungen über eine Identität dieses Lotsen mit dem berühmten arabischen Nautiker Ibn Madjid (Dok. 31) konnten bisher nicht ausreichend belegt werden.

Im Hafen von Melinde trafen die Portugiesen darüber hinaus auf vier Schif-fe, auf denen nach dem Bericht des „Roteiro" „indische Christen" fuhren. Da jedoch der Verfasser des „Roteiro" die Inder in ihrer Gesamtheit für Christen hielt, sind hier möglicherweise Zweifel angebracht. Es ist jedoch andererseits nicht ausgeschlossen, daß es sich tatsächlich um malabarische Thomas-Chri-sten oder um Armenier gehandelt haben könnte.

Nachdem in Melinde die Schiffe überholt und mit allem Notwendigen ver-sehen worden waren, ließ Vasco da Gama am 24. April die Anker lichten. Un-ter Ausnutzung des Südwestmonsuns gelang es, den Indischen Ozean in 23 Tagen zu überqueren. Am 18. Mai tauchte die Malabarküste auf. Man steu-erte unter Anleitung des Lotsen die Hafenstadt Calicut an und schickte einen der zehn oder zwölf in der Flotte Vasco da Gamas mitfahrenden Sträflinge als Kundschafter an Land.

Die ersten Kontakte mit der Bevölkerung von Calicut und das Zusammen-treffen mit zwei Mauren aus Tunis schildert der Verfasser des „Roteiro" (Dok. 29) mit drastischen Worten: „Hol dich der Teufel!", so sei es den über-raschten Kaufleuten entfahren, „wer hat dich hierher gebracht?" Sie zeigten sich somit der Denkwürdigkeit dieses Augenblicks offensichtlich gewachsen. Sie sahen – wie dies ja auch schon in den Handelsstädten an der afrikanischen Ostküste zum Ausdruck kam – Beeinträchtigungen ihrer Vormachtstellung voraus (Dok. 31).

Da Vasco da Gama wußte, daß ihm die in Calicut lebenden Araber nicht wohlgesonnen sein konnten, sah er sich zunächst ganz auf die Gunst des Herrschers der Stadt angewiesen. Dieser nannte sich *Samudrin Radscha*, was soviel wie „Herrscher der Meere" bedeutete. Die Portugiesen hörten dies als „Samorim", eine Sprechweise, die sich im Laufe der Zeit erhalten hat.

Folgerichtig bemühte sich Vasco da Gama um ein gutes Einvernehmen mit dem Radscha. Er versuchte, ihn in einer ersten Audienz von den guten Absichten der Portugiesen und von den Vorteilen einer Zusammenarbeit zu überzeugen (Dok. 30). Aber bereits vor dem in Aussicht genommenen zweiten Zusammentreffen des Portugiesen mit dem Samorim begann sich das Verhältnis zu trüben. Die aus Portugal mitgebrachten Geschenke wurden von den zur Besichtigung erschienenen arabischen Kaufleuten, die in großer Zahl in der Stadt wohnten, verächtlich gemacht und von den Beamten des Samorim zurückgewiesen. Bereits hier zeichnete sich ab, was in den folgenden Jahrzehnten ein Grundproblem des portugiesischen Handelsverkehrs im Indischen Ozean werden sollte: es bestand in Indien kein Bedarf an europäischen Importwaren. Das Interesse des goldarmen Indien war einzig und allein darauf gerichtet, Edelmetall gegen einheimische Waren einzutauschen.

Die zweite Audienz beim Samorim verlief dementsprechend unbefriedigend, und in der Folgezeit hatte Vaso da Gama mit zunehmenden Intrigen und Behinderungen zu kämpfen. Sie werden anschaulich vom Verfasser des „Roteiro" geschildert. Unter dem Einfluß der arabischen Kaufleute spitzten sich die Dinge immer mehr zu. Portugiesische Waren wurden beschlagnahmt, Seeleute des Geschwaders gefangengesetzt und festgehalten. Ganz offensichtlich bereitete auch der Samorim den offenen Konflikt vor. Da sah Vasco da Gama den Zeitpunkt des Rückzuges gekommen. Am 29. August lichtete man die Anker. Da jedoch nur ein schwacher Wind wehte, konnte das kleine Geschwader nur langsam von der Küste freikreuzen. Diesen Umstand nutzte die inzwischen aufgerüstete Flotte des Samorim dazu, einen Angriff zu versuchen. Ein plötzlich hereinbrechender Gewittersturm gab jedoch den seetüchtigeren Schiffen der Portugiesen Gelegenheit zu einer Flucht; die schwerfälligen Sambuken des Samorim konnten ihnen nicht folgen.

Die Rückfahrt führte das Geschwader der Portugiesen zunächst nach Süden, dann zu den Angediven, wo man die Schiffe instand setzte und Trinkwasser an Bord nahm, sowie schließlich unter äußerst widrigen Wetterumständen zurück an die afrikanische Küste. Wegen der zu frühen Jahreszeit waren die Portugiesen nicht in der Lage, für ihre Überfahrt die günstigen Nordostmonsune zu nutzen. So waren die Schiffe mehr als ein Vierteljahr unterwegs. Die Mannschaft litt schwer unter Skorbut, und viele Seeleute starben. Erst am 2. Januar 1499 gelangte man völlig erschöpft in der Nähe von Mogadischu an die afrikanische Küste.

Zwar wurden in Melinde die Schiffe noch einmal überholt, aber bereits in der Gegend vom Mombasa stellte sich heraus, daß man nicht mehr genügend Mannschaften besaß, um alle drei Schiffe korrekt bedienen zu können. Vasco da Gama sah sich daher gezwungen, die St. Raphael aufzugeben.

Nunmehr wurde die Heimfahrt um das Kap der Guten Hoffnung angetreten. Nach dessen glücklicher Umrundung ließen günstige Winde das arg dezimierte Geschwader gut vorankommen, und der Verfasser des „Roteiro" bemerkt, wer bis hierher nicht den gewaltigen Anstrengungen zum Opfer gefallen sei, der müsse schon sehr „gesund und kräftig" *(de saude e rijo)* gewesen sein.

Gegen Ende April erreichten die beiden verbliebenen Schiffe die Kapverdischen Inseln. Während Vasco da Gama wegen einer schweren Erkrankung seines Bruders Paulo, der dieser schließlich erlag, sich zu einem Umweg über die Azoren gezwungen sah, brachte sein Kapitän Nicolao Coelho die Nachricht von dem geglückten Unternehmen nach Lissabon. Am 10. Juli 1499 fuhr er in die Mündung des Tejo ein.

Vasco da Gama kam erst im September in der portugiesischen Hauptstadt an. Zwar war zu diesem Zeitpunkt bereits die erste Euphorie verklungen, Vasco da Gama empfing jedoch trotzdem in Anerkennung und materiellen Zuwendungen den verdienten Lohn seiner Leistungen. Er erhielt seine Geburtsstadt Sines zu Lehen, und die Krone verlieh ihm den Titel eines „Admirals des Indischen Ozeans" *(almirante do mar da India)*. Von 1502 bis 1504 unternahm Vasco da Gama seine zweite Indienfahrt als Admiral einer Flotte von 20 Schiffen. Ein drittes Mal kehrte er erst im Jahre 1524, von König João III. als Vizekönig eingesetzt, nach Indien zurück und starb dort am 24. Dezember des gleichen Jahres.

Die Leistung Vasco da Gamas ist in der historischen Literatur stets recht hoch eingeschätzt worden. Vom Ergebnis her ist dies sicher gerechtfertigt: Das Ziel der Bemühungen eines ganzen Jahrhunderts, Indien, war endlich erreicht, der Reichtum des Landes und die Handelsmöglichkeiten waren erkundet. Dabei hatte Vasco da Gama jedoch feststellen müssen, daß sich die Portugiesen nur unter Anwendung militärischer Gewalt in das Gefüge der bestehenden Handelsbeziehungen im Indischen Ozean würden einschalten können. Für diese Erkenntnis – und sie rief auch bei der Krone zunächst eine skeptische Beurteilung hervor – zahlte Vasco da Gama einen hohen Preis. Zwei seiner Schiffe gingen verloren, und 80 der 150 Besatzungsmitglieder starben im Verlauf der Reise.

Bereits die Chronisten des 16. Jahrhunderts, vor allem Castanheda, Barros und Galvão, haben die Leistung Vasco da Gamas außerordentlich stark hervorgehoben. Wahrhaft volkstümlich aber wurde Vasco da Gama erst durch die Lusiaden *(os lusiades)* des Luís de Camões, der ihn in vielen Gesängen seines Nationalepos als Helden feiert und ihn als den portugiesischen Entdeckertypus par excellence darstellt.

Diese hervorragende Würdigung seiner Leistung hat Vasco da Gama in der Folgezeit auch in einem Großteil der historischen Literatur erfahren. Dabei ist oftmals unterschätzt worden, wie sehr gerade Vasco da Gama von den Vorleistungen eines Diogo Cão und insbesondere eines Bartolemeu Dias abhängig war – ganz abgesehen von den Grundlagen, die die portugiesischen Entdeckungsfahrten seit mehreren Generationen im Bereich von Kartographie, Nautik und Schiffbau systematisch entwickelt hatten.

Ein vergleichender Blick auf Kolumbus mag diesen Aspekt einer Wertung der Entdeckerleistung Vasco da Gamas verdeutlichen. Der Genuese konnte sich im Gegensatz zu dem Portugiesen kaum auf Erfahrungen anderer stützen. Er mußte sich die materiellen Voraussetzungen seiner Fahrt in unermüdlichem persönlichem Einsatz gleichsam erzwingen, und während die Erfolgschancen Vasco da Gamas im Bereich des Kalkulierbaren verblieben, unternahm Kolumbus eine Fahrt ins Ungewisse, die mit erheblichen Risiken nicht nur seemännischer Art verbunden war.

Aber auch Vasco da Gamas seemännische Leistung war außergewöhnlich. Eine für seine Zeit unglaublich lange Fahrtroute ist erstmals bewältigt worden, wobei allein die zweimalige Umrundung der Südspitze Afrikas eine Leistung ersten Ranges darstellte. Hohes seemännisches Können erforderte weiterhin die Überwindung der Agulhas-Moçambique-Strömung. Die gesamte Reise war mit härtesten physischen Strapazen verbunden, sie verlangte darüber hinaus großes organisatorisches Geschick und ein konsequentes Verhalten in einem sich zunehmend feindlicher gebärdenden fremden Kulturbereich.

Man muß Vasco da Gama insgesamt wohl als einen Vollender dessen sehen, was bereits zur Zeit Joãos II. eingeleitet worden war. Der Portugiese brachte eine Ära zum Abschluß – diejenige der Suche nach Indien – und verkörperte zugleich den Beginn einer neuen Epoche – derjenigen der Etablierung von Macht, des Ausbaus und der weiteren Erforschung des bereits Entdeckten.

Mit diesem von Vasco da Gama erzielten Ergebnis steht die Indienfahrt des Pedro Álvares Cabral in engstem Zusammenhang. Als seine bereits aus dreizehn Schiffen bestehende Flotte am 9. März 1500 den Tejo verließ, hatte sich die Krone – gegen den Widerstand vieler Berater – dazu entschlossen, den einmal eingeschlagenen Weg weiterzugehen, auch wenn dies den Einsatz militärischer Mittel notwendig machen sollte. Genau dieser Aspekt war es möglicherweise, der dem stark ausgeprägten und in seiner Korrespondenz oftmals zutagetretenden Kreuzzugsdenken König Manuels I. entsprach (Dok. 32).

Auftrag Cabrals war es, auf der nunmehr bekannten Route nach Indien zu segeln, dort den Portugiesen an strategisch wichtigen Punkten – zunächst in Calicut – Einfluß zu verschaffen und, ohne die Anwendung militärischer Gewalt zu meiden, gegen den arabischen Handelsverkehr in diesem Raum vorzugehen. Darüber hinaus dokumentiert sich ein missionarisches Interesse der Krone darin, daß acht Franziskanermönche unter der Leitung des Henrique de Coimbra, des späteren Bischofs von Ceuta, Cabrals Flotte begleiten.

Neben machtpolitischen waren es jedoch vor allem ökonomische Interessen, die die Fahrt Cabrals verfolgte. Ein portugiesischer Kaufmann mit seinen Leuten wurde mitgenommen. Er sollte in Calicut eine ständige Faktorei betreiben. Beteiligt waren weiterhin der Florentiner Kaufmann Bartolomeo Marchioni sowie weitere italienische Großkaufleute, die der Flotte mehrere Schiffe zur Verfügung stellten. Im Gegensatz zum Unternehmen Vasco da Gamas wurden diesmal reichlich Waren und Edelmetalle mitgeführt.

Es mag zunächst erstaunen, daß die Portugiesen trotz der schlechten Erfahrungen Vasco da Gamas nochmals die Absicht hegten, in Calicut Fuß zu fassen. Cabral führte ein längeres Schreiben König Manuels an den Samorim mit, in dem er diesem Freundschaft und Zusammenarbeit sowie – in Verkennung der Interessen Calicuts – ein Zusammengehen gegen die Mauren vorschlug. Die Portugiesen hatten wohl erkannt, daß Calicut das unbestrittene Zentrum des Handels im Indischen Ozean war. Offenbar konnte man nur hier die so begehrten Gewürznelken kaufen. Wollte man also wirtschaftlich bereits in einem Stadium profitieren, in dem noch keine eigenen Stützpunkte zur Verfügung standen, die den Handelsverkehr kontrollieren konnten, so sah man sich zunächst einmal auf Calicut angewiesen. Für eine solche eher kurzfristige Zielsetzung spricht sicherlich auch die Beteiligung der italienischen Kaufleute, die an unmittelbarem Profit interessiert sein mußten.

Die eigentliche „große Entdeckung" der Reise Cabrals, Brasilien, blieb zunächst ohne Bedeutung. Erst unter João III. (1521–1557) begann man mit der wirtschaftlichen Ausbeutung seiner Reichtümer. Bis dahin diente die brasilianische Küste lediglich als willkommene Zwischenstation der *Carreira da India* auf ihrer Fahrt in den Indischen Ozean.

Erst die erfolgreiche Beendigung der Indienfahrt Cabrals ließ für die zahlreichen ausländischen Beobachter in Lissabon die ganze Bedeutung auch der Fahrt Vasco da Gamas deutlich werden.

Insbesondere die venezianischen Verbindungsmänner in der portugiesischen Hauptstadt erkannten nunmehr, in welchem Ausmaß die Handelsinteressen ihrer Republik bedroht waren. Noch nach der Reise Vasco da Gamas konnte es so scheinen, als machten der lange Seeweg und die hohe Materialbelastung (immerhin waren zwei von vier Schiffen und über die Hälfte der Besatzung verlorengegangen) eine profitable Nutzung des entdeckten Seeweges nach Indien unmöglich. Nun aber waren die Schiffe Cabrals – wenn auch unter gewissen Verlusten – reichbeladen zurückgekehrt, und dies veränderte die Situation grundlegend (Dok. 33). Vor allem in Venedig, aber auch in anderen Städten Italiens, zeigte man nunmehr größtes Interesse für die Ergebnisse der beiden ersten erfolgreichen Indienfahrten.

Die geographischen Erkenntnisse, die die Reisen Vasco da Gamas und Cabrals erbracht hatten, fanden auch aus diesem Grunde binnen kürzester Frist ihren Niederschlag in einer Reihe von Kartenwerken.

Bereits im Jahre 1502 entstand die nach ihrem Überbringer, Alberto Cantino, einem Beauftragten des Herzogs Hercole d'Este von Ferrara, so genannte Cantino-Karte. Sie stammt von einem portugiesischen Zeichner, und die Eile, mit der sie nach Italien gebracht wurde, charakterisiert das gleichsam „ängstliche" Interesse, das man dort daran hatte, Näheres über das portugiesische Vordringen auf die asiatischen Märkte zu erfahren. Diese erste portugiesische Weltkarte stützt sich nicht nur auf die Ergebnisse Vasco da Gamas und Cabrals, sondern berücksichtigt auch einzelne Erkenntnisse der Fahrten Diogo Cãos und Bartolomeu Dias': Afrika zeigt in etwa seine uns bekannte, charakteristische Form, die afrikanische Ostküste verläuft nicht wie noch bei Henricus Martellus (1489) ostwärts in Richtung auf das dort vermutete Indien, sondern nimmt einen nordöstlichen Verlauf. Das Rote Meer und der Persische

Golf sowie der indische Subkontinent mit den ihm vorgelagerten Inseln zeigen die uns bekannten Konturen. Die Gestaltung des Gebietes von Hinterindien zeigt, daß die Portugiesen bereits 1502, also 6 Jahre, bevor sie im Jahre 1508 unter Lopes de Sequeira erstmals nach Malakka gelangten, Informationen über diese Region besaßen. Die Küsten Ostasiens sind, wie es dem Informationsstand der Zeit entsprach, lediglich schematisch wiedergegeben.

Auch die Landentdeckungen Cabrals im Westen sind bereits aufgenommen, die Demarkationslinie von Tordesillas ist an der korrekten Stelle verzeichnet.

In weiteren Kartenwerken, die etwa zur gleichen Zeit erschienen, zeigt sich ebenfalls, welche gewaltigen Fortschritte die Kartographie nunmehr vermelden konnte. Bereits im Jahre 1500 oder kurz danach verzeichnete die nach einem Weggefährten des Kolumbus so genannte Juan de la Cosa-Karte den westindischen Raum. Hier fehlen allerdings naturgemäß genaue Informationen über den exakten Verlauf der afrikanischen Ostküste.

Genannt werden muß schließlich noch die nach ihren jeweiligen Besitzern so benannte King- oder Hamy-Karte, die etwa auf das Jahr 1502 datiert wird. Sie gibt – ähnlich wie die Cantino-Karte – die Umrisse Afrikas wirklichkeitsgetreu wieder, stellt jedoch – im Gegensatz zu der gleichzeitig erschienenen Karte des portugiesischen Zeichners – den Bereich des Indischen Ozeans stark verkleinert dar.

Durch die Entdeckungsfahrten des Kolumbus, Vasco da Gama und Cabral hat sich, wie die Entwicklung der zeitgenössischen Kartographie belegt, das Weltbild allmählich zu wandeln begonnen: Die Küste einer Neuen Welt war entdeckt worden, die Umrisse Afrikas und sowohl Lage als auch ungefähre Ausdehnung des indischen Subkontinents waren bekannt geworden. Darüber hinaus hatten insbesondere die Entdeckungen des Kolumbus bald neue, realistischere Erkenntnisse über den Umfang der Erdkugel zur Folge. Lediglich das Innere der Neuen Welt, das Gebiet südlich des Kaps der Guten Hoffnung, wo noch lange Zeit nach einem »Südkontinent« gesucht wurde, Ostasien und der pazifische Raum blieben vorerst im Verborgenen.

Lit.: Henry E. J. Stanley (ed.): The three voyages of Vasco da Gama and his Viceroyalty. London 1869 (Hakluyt Society. First Series. No. 42) – Jaime Cortesão: A Expedição de Pedro Álvares Cabral e o Descobrimento do Brasil. Lisboa 1967 (Obras Completas. Vol. XII) – Élaine Sanceau: Good Hope. The Voyage of Vasco da Gama. Lisboa 1967 – André Labertit (éd.): Cinquième centenaire de la naissance de Vasco da Gama (1469–1969). Strasbourg 1972 (Actes du Coloque de Strasbourg. Avril 1970) – Damião António Peres: Pedro Álvares Cabral e o descobrimento do Brasil. Porto ⁴1975 – Jaime Cortesão: Os descobrimentos portugueses. Vol. IV. Lisboa 1975 – Ferdinand Salentiny: Aufstieg und Fall des portugiesischen Imperiums. Wien-Köln-Graz 1977 – Franz Hümmerich: Vasco da Gama und die Entdeckung des Seewegs nach Ostindien. Hildesheim-New York 1977 – Francisco Leite de Faria: Pensou-se em Vasco da Gama para comandar a armada que descobria o Brasil. Coimbra 1978 – Henry H. Hart: Vasco da Gama und der Seeweg nach Indien. Bremen o. J. – Peter Krendl: Ein neuer Brief zur ersten Indienfahrt Vasco da Gamas. In: Mitteilungen des österreichischen Staatsarchivs 33 (1980), S. 1–21.   MM

29. Die Überquerung des Indischen Ozeans und die Ankunft Vasco da Gamas in Calicut (April/Mai 1498)

Der im folgenden abgedruckte Auszug aus dem „Roteiro" Vasco da Gamas, dem von einem mitfahrenden Seemann abgefaßten Bordbuch der ersten Indienfahrt, schildert kurz die Überquerung des Indischen Ozeans unter der Leitung eines namentlich nicht näher bezeichneten Lotsen aus Melinde sowie sehr anschaulich die Ankunft und den Empfang in Calicut.

Der Lotse hatte Vasco da Gama auf Grund seiner Erfahrung, oder aber, wie der „Roteiro" berichtet, weil den Portugiesen dieser Name bekannt war, zur wichtigsten Hafenstadt der Malabarküste geleitet. Calicut war das Zentrum des Seehandelsverkehrs im Indischen Ozean. Die Herrscher der anderen malabarischen Küstenstädte standen in einem – wenn auch lockeren – Abhängigkeitsverhältnis zum Fürsten dieser Handelsmetropole. Dieser nannte sich denn auch im Bewußtsein seiner Macht Samudrin Radscha, Herr der Meere.

Calicut war Stapelplatz für alle Waren des indischen Marktes. Edelsteine aus Ceylon, Perlen, Duftstoffe und Gewürze aus Malakka sowie Gewürznelken von den Molukken wurden hierher transportiert, um sodann über Ägypten und die Levante nach Europa zu gelangen. Der Seehandel von Calicut wurde vollständig von arabischen Kaufleuten beherrscht, die mit ihren Familien zum Teil seit Jahrhunderten in der Stadt ansässig waren. Es war verständlich, daß für diese Kaufleute das Auftauchen der Portugiesen eine böse Überraschung darstellte.

Lit.: Donald F. Lach: Asia in the Making of Europe. Vol. I. The Century of Discovery. Book I. Part III. Chap. VI: India. Chicago-London 1965 – Franz Hümmerich: Vasco da Gama und die Entdeckung des Seewegs nach Ostindien. Hildesheim-New York 1977.   MM

[...]

Am Dienstag – es war der 24. besagten Monats[1] – fuhren wir von hier [Melinde] weg mit dem Lotsen, den uns der König gab, nach einer Stadt, die Calicut heißt. Von dieser Stadt hatte der König Kenntnis[2]. Und wir fuhren nach Osten, um sie zu erreichen. Hier verläuft die Küste in Nord-Süd-Richtung, während das Land eine riesige Bucht bildet und eine Meerenge. Und in jener Bucht gibt es, wie wir hörten, viele Städte, die von Christen und Mauren bewohnt werden, eine Stadt, die Cambaya heißt, und sechshundert Inseln, die man kennt. Dort ist das Rote Meer und das Haus von Mekka. Am folgenden Sonntag kam wieder der Polarstern in Sicht, den wir seit langem nicht mehr gesehen hatten, und an einem Freitag – es war der siebzehnte Mai – sahen wir ein hohes Land. Und es war 23 Tage her, daß wir kein Land gesehen hatten, obwohl wir immer in diesen Tagen vor dem Wind gesegelt waren, so daß das mindeste, was wir bei dieser Überfahrt machen konnten, sechshundert Leguas waren. Und es mochte von uns bis zum Lande zu der Zeit, wo wir es sahen, acht Leguas sein. Und an dieser Stelle warf man das Lot, und es maß 45 Faden.

---

[1] 24. April 1498.
[2] Dies könnte als Hinweis auf von Covilhã stammende Erkenntnisse gewertet werden.

In der gleichen Nacht machten wir Fahrt nach Süd-Süd-Ost, um uns von der Küste zu entfernen, und am folgenden Tag fuhren wir, um sie zu erreichen, und kamen ihr doch nicht so nahe, daß der Lotse das Land sicher erkennen konnte, und zwar wegen der vielen Regengüsse und Gewitter, die es in jenem Land und [. . .] an der Küste gab, wo wir segelten.

Und am Sonntag fuhren wir nah an Gebirgen vorbei, die oberhalb der Stadt Calicut liegen, und fuhren an jene so nah heran, bis daß der Lotse, den wir an Bord hatten, sie erkannte und sagte, daß dies das Land wäre, wo wir hin wollten. Und am gleichen Tag warfen wir nachmittags Anker, zwei Leguas unterhalb der Stadt Calicut. Dies taten wir, weil der Lotse eine Stadt, die dort lag und die Capuá[3] heißt, für Calicut hielt.

Und unterhalb dieser Stadt liegt eine andere, die Pandarane heißt, und wir warfen vor der Küste Anker, ungefähr eineinhalb Leguas vom Lande entfernt. Und nachdem wir so vor Anker lagen, kamen vom Lande vier Barken auf uns zu. Sie kamen, um zu erfahren, wer wir wären, und nannten und zeigten uns Calicut. Und desgleichen am anderen Tage kamen wieder diese Barken zu unseren Schiffen, und der Kommandant schickte einen der Verbannten[4] nach Calicut und die, mit denen er fuhr, führten ihn hin, wo zwei Mauren von Tunis wohnten, die kastilianisch und genuesisch sprechen konnten, und der erste Gruß, den sie ihm zuriefen, war der: „Hol dich der Teufel! Wer hat dich hergebracht?"

Sie fragten, was wir so weit in der Ferne suchten, und er antwortete ihnen: „Wir kommen, Christen und Gewürze zu suchen." Sie sagten zu ihm: „Warum schickt der König von Kastilien nicht her und der König von Frankreich und die Signoria von Venedig?" Und er gab ihnen zur Antwort, daß der König von Portugal es nicht dulden wolle, daß sie herschickten, und sie sagten, daß er gut daran täte.

Dann bewirteten sie ihn und gaben ihm Weizenbrot mit Honig zu essen, und nachdem er gegessen hatte, kam er zurück zu den Schiffen, und mit ihm kam einer von den besagten Mauren. Und als dieser an Bord trat, waren seine ersten Worte: „Willkommen, willkommen! Viele Rubine, viele Smaragde! Danket Gott auf den Knien, daß er euch in ein Land gebracht hat, wo es soviel Reichtum gibt!" Wir waren sehr überrascht, als wir ihn sprechen hörten, und konnten kaum glauben, daß es so weit von Portugal einen Menschen geben könnte, der unsere Sprache verstünde.

Aus: Alexandré Herculano und A. Castello de Paiva (ed.): Roteiro da Viagem de Vasco da Gama em MCCCCXCVII. Lisboa ²1861, S. 49–52.   MM

---

    [3] Es handelt sich um das heutige Kappata.
    [4] Erstmals hatte die portugiesische Krone bei der Fahrt Vasco da Gamas die Mitfahrt von 10 oder 12 zum Tode verurteilten Verbrechern vorgesehen. Sie sollten an wichtigen Punkten ausgesetzt werden und Informationen einholen sowie andere gefährliche Aufgaben übernehmen.

---

3. Die Erschließung des östlichen Seeweges nach Indien: ▷
    · · · · · · · ·   Alvise da Ca da'Mosto 1455   ————————   Vasco da Gama 1497–1499
    — · — · —   Bartolomeu Dias 1487–1488   — — — —   Pedro Álvares Cabral 1500

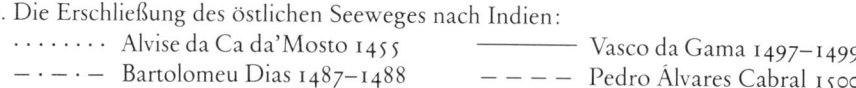

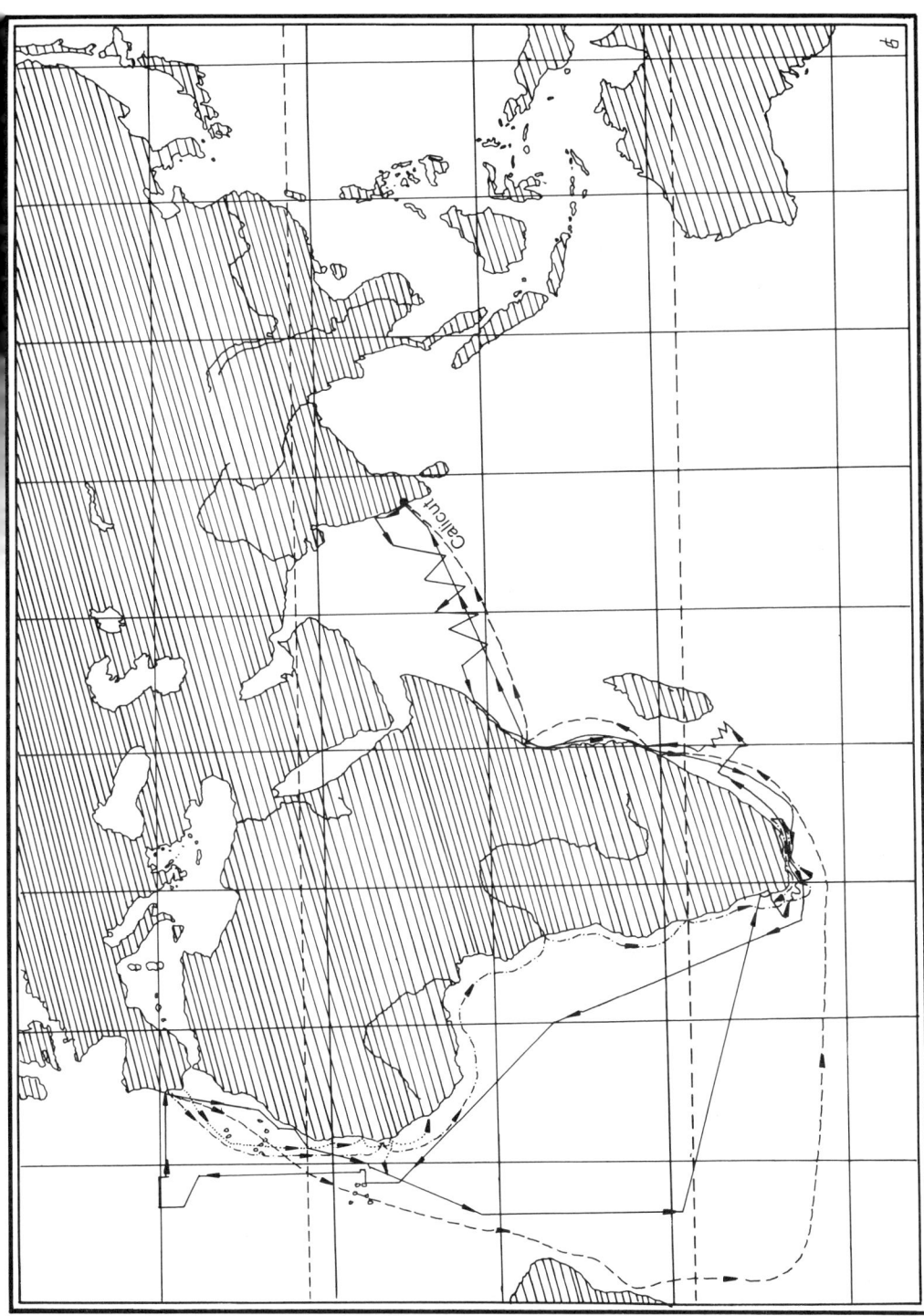

30. Der Mißerfolg der Portugiesen in Calicut
und ihr fluchtartiger Aufbruch (Ende August 1498)

Der im folgenden wiedergegebene Abschnitt aus dem „Roteiro" der ersten Indienfahrt Vasco da Gamas schildert den Mißerfolg der Portugiesen in Calicut, der sich von anfänglicher Zurückhaltung der Einheimischen über Verspottung und Beleidigung der Portugiesen bis schließlich hin zu einem Aufruhr der Bevölkerung und der Flucht der Portugiesen steigerte.

Vasco da Gama war von falschen Voraussetzungen ausgegangen, als er die Inder der Malabarküste, da sie keine Mohammedaner zu sein schienen, für Christen oder aber doch wenigstens für Verbündete gegen den Islam hielt.

Zwar waren die Einwohner Calicuts in ihrer Mehrzahl Hindus, aber auch der Islam besaß zahlreiche Anhänger in der Stadt. Zudem herrschte keinerlei Feindschaft zwischen beiden Gruppen. Allerdings hatten sich – und darauf mag neben unklaren Vorstellungen vom Reich des „Erzpriesters Johannes" die Hoffnung der Portugiesen, auf Christen zu stoßen, zurückzuführen sein – in einigen indischen Küstenstädten uralte Gemeinden von Thomas-Christen erhalten, die weder von Hindus noch von Moslems entscheidend angefochten wurden. So war auch der Samorim von Calicut kein grundsätzlicher Gegner der Portugiesen als Christen. Erst als er merkte, daß die Portugiesen sein Interesse an Edelmetallen nicht zu befriedigen vermochten und auch sonst keine in Calicut verkäuflichen Handelswaren mit sich führten, wurden diese ihm mit ihren Ansprüchen unbequem, und er ließ sich von den arabischen Kaufleuten allmählich dazu überreden, gegen die Fremden Stellung zu beziehen. Angesichts der militärischen Stärke der Portugiesen war es dann nur konsequent, im Inneren der Stadt einen Aufstand zu begünstigen und gleichzeitig den Versuch zu unternehmen, die schwerbewaffneten Schiffe Vasco da Gamas mit Hilfe einer heimlich zusammengestellten Flottille zu vernichten.

Lit.: K.M.Panikkar: Malabar and the Portuguese. Bombay 1929 – F.M.Rogers: The Quest for Eastern Christians: Travels and Rumors in the Age of Discovery. Minneapolis 1962.   MM

[...] Als der König [der Samorim von Calicut] dahin kam, wo der Kommandant *(capitam moor)* war, warf er sich auf ein Ruhebett, auf dem viele golddurchwirkte Stoffe lagen, und fragte den Kommandanten, was er wolle. Und der Kommandant sagte ihm, daß er Gesandter eines Königs von Portugal wäre, der Herr über große Ländereien sei und reich in jeder Hinsicht, mehr als irgendein König in jenen Gegenden, und daß seit sechzig Jahren die Könige, seine Vorgänger, jedes Jahr Schiffe auf Entdeckungsreisen ausgeschickt hätten, weil sie wüßten, daß es in jenen Regionen christliche Könige gebe wie sie. Deswegen hätten sie befohlen, dieses Land zu entdecken, und nicht, weil sie Gold oder Silber brauchten. Denn das hätten sie in solchem Überfluß, daß sie es nicht aus jenem Lande holen müßten.

Besagte Kapitäne wären gefahren und gefahren, ein Jahr um das andere, bis ihnen der Vorrat an Lebensmitteln ausgegangen sei, und sie wären, ohne etwas zu finden, nach Portugal zurückgekehrt.

Jetzt aber habe ein König, der Dom Manuel heiße, ihm drei Schiffe bauen lassen, ihn als Kommandanten derselben abgeschickt und ihm gesagt, daß er nicht nach Portugal zurückkehren solle, bis er ihm nicht jenen König der Christen entdeckt habe. Wenn er aber unverrichteter Dinge zurückkehre, würde ihm der Kopf abgeschlagen. Fände er ihn aber, solle er ihm zwei Briefe übergeben. Diese werde er ihm am anderen Tage geben. Mündlich lasse [der König] ihm ausrichten, daß er sein Bruder und Freund sei.

Der König antwortete darauf und sagte, daß er willkommen sei und daß auch er ihn für einen Bruder und Freund ansehen und ihm Gesandte nach Portugal mitschicken wolle. Darauf erwiderte ihm der Kommandant, daß er ihn auch um diese Gnade bitte, weil er nicht wagen würde, vor dem König, seinem Herrn, zu erscheinen, wenn er nicht einige Leute aus seinem Lande mitbrächte. Diese und noch viele andere Dinge besprachen die beiden. [...]

Und am Dienstag hatte der Kommandant folgende Dinge bereit, um sie dem König zu schicken, nämlich: zwölf Stück gestreiften Baumwollstoffes (lanbés), vier Mützen von Scharlach (capuzes de gram), sechs Hüte und vier Korallenzweige sowie einen Packen Metallbecken, worin sechs Stück waren, eine Kiste Zucker und vier gefüllte Flaschen, zwei voll Olivenöl und zwei voll Honig.

Aber es ist der Brauch, daß man dem König nichts bringt, ohne es zuerst seinem Haushofmeister, einem Mauren, sowie dem *Bayle*[1] wissen zu lassen. Und als der Kommandant es diesen zeigte, da kamen sie und fingen an, über das besagte Geschenk zu lachen und meinten, daß das nichts wäre, um es dem König zu schicken. Daß der ärmste Kaufmann, der von Mekka käme, oder ein Inder mehr als das gäben und daß, wenn er [dem König] ein Geschenk machen wolle, er ihm Gold schicken solle[2]. Dies hier aber werde der König nicht nehmen.

Als der Kommandant das sah, wurde er ärgerlich und sagte, daß er kein Gold mit sich führe und ferner, daß er kein Kaufmann, sondern Gesandter sei. Von dem, was er mitführe, schenke er etwas. Dies sei aber von seinem eigenen Gut, nicht von dem des Königs. Der König von Portugal, wenn er wieder hersende, werde ihm viele andere und wertvollere Geschenke mitschicken. Wenn der Samorim (Camolin) dies aber nicht wolle, werde er [die Geschenke] wieder mit an Bord zurücknehmen. Darauf sagten sie, daß sie selbst die Geschenke dem Samorim nicht bringen würden, noch zugeben könnten, daß man sie ihm überhaupt brächte. Und nachdem sie gegangen waren, kamen maurische Kaufleute von dort, und alle sprachen mit Verachtung von den Geschenken, die der Kommandant dem König machen wollte.

[...] Als sie dann am nächsten Tag kamen, sagte der Kommandant, daß sie

---

[1] Der „Bayle" war ein hoher Beamter des Hofes; in einer Reihe von Chroniken wird er als „Gozil" bezeichnet, was eine portugiesische Abwandlung des arabischen Wortes „Wesir" sein könnte.

[2] Dieser Hinweis ist charakteristisch für die wirtschaftlichen Interessen der edelmetallarmen Inder, die vorwiegend auf den Erwerb von Gold gerichtet waren.

ihm Barken geben sollten, um zu seinen Schiffen zurückzufahren. Sie fingen
aber an, miteinander zu flüstern, und sagten, daß er seine Schiffe näher an
Land kommen lassen solle. Dann könne er zu seinen Schiffen zurückfahren.
Der Kommandant antwortete, wenn er die Schiffe kommen lassen wolle,
dann werde sein Bruder glauben, sie hielten ihn gefangen und zwängen ihn
mit Gewalt, dies zu tun. Er werde dann die Segel setzen und nach Portugal
zurückkehren. Sie erklärten, wenn er die Schiffe nicht näher an Land kommen
lasse, dann dürfe er nicht auf andere Art auf sie zurückkehren.

[...] Sie sagten zwar, er solle auf die Schiffe zurückkehren, ließen es aber
dann nicht zu. Sie versperrten uns alle Türen und versammelten viel bewaffne-
tes Volk, so daß keiner von uns hinaus konnte, ohne daß viele Menschen mit-
gingen. Dann fingen sie wieder an zu drängen, daß wir ihnen die Segel und
das Steuerruder herausgeben sollten. Darauf erklärte der Kommandant, daß
er ihnen nichts von alldem herausgeben werde. [...]

Während der Kommandant und wir anderen alle recht niedergeschlagen
waren, wenn wir auch nach außen hin so taten, als ob wir uns nichts aus dem
machten, was sie vollführten, sagte der Kommandant, wenn sie ihn schon
nicht mehr an Bord gehen lassen wollten, sollten sie wenigstens seine Leute
freilassen, die vor Hunger hier stürben. Aber sie sagten, daß jene nur bleiben
sollten, auch wenn sie verhungern müßten, sie sollten sich mit ihnen einigen,
und so lange würden sie nichts bekommen.

[...] Aber als der andere Tag kam – es war Samstag, der zweite Juni – da
kamen [einige] vornehme Herren morgens zu uns. Sie kamen mit freundliche-
ren Gesichtern und sagten, da der Kommandant dem König berichtet habe,
daß er seine Waren an Land bringen werde, solle er sie ausladen lassen. Es sei
nämlich hierzulande Sitte, daß alle Schiffe, die dahin kämen, sogleich ihre
Ware an Land brächten und desgleichen die ganze Besatzung, und daß, ehe
die Ware nicht vollständig verkauft sei, der Kaufmann nicht an Bord zurückkehre.

[...] Und [der Samorim] schickte sieben oder acht Kaufleute, um die Ware
zu besehen, damit sie nach Belieben davon kaufen sollten. Außerdem schickte
er einen angesehenen Würdenträger mit dem Haushofmeister, der dort bleiben sollte, und ließ ausrichten, wenn irgendein Maure käme, so sollten sie ihn
töten, ohne dafür irgendwie bestraft zu werden.

Die genannten Kaufleute, die der König schickte, blieben ungefähr acht
Tage an Ort und Stelle, aber anstatt zu kaufen, drückten sie die Ware im Preis.
Die Mauren kamen nicht mehr zu dem Haus, wo unsere Ware lag, und waren
uns so feindlich gesonnen, daß sie – so oft einer von uns an Land ging, weil sie
glaubten, daß sie uns damit ärgerten – vor uns ausspuckten und „Portugal,
Portugal" dazu sagten. [...] Als der Kommandant aber sah, daß die Ware hier
nicht zu verkaufen war, ließ er es den König wissen und zugleich auch, daß er
sie nach Calicut[3] schicken wolle; er wolle abwarten, was er befehle. Als der

---

³ Die Portugiesen hatten zunächst ein Warenlager außerhalb Calicuts zugewiesen bekommen.

König diese Nachricht von dem Kommandanten erhielt, schickte er sogleich den Bayle, er solle viele Leute nehmen, die die ganze Ware auf dem Rücken tragen könnten, und sie solle sogleich nach Calicut gebracht werden. Die wolle er auf seine Kosten bezahlen. Und dazu sagte er, daß nichts, was dem König von Portugal gehöre, in seinem Lande Kosten verursachen solle. Bei all dem aber war die Absicht, uns Schaden zuzufügen wegen der Verleumdungen, die er über uns gehört hatte, nämlich daß wir Seeräuber wären und auf Raub ausgingen. [. . .]

Es kränkte uns aber sehr, daß ein christlicher König so schmählich an uns handelte. [. . .] Aber wir maßen ihm nicht so viel Schuld zu, wie wir Grund gehabt hätten, ihm zuzumessen, weil wir genau wußten, daß wir den Mauren, die hier wohnten, sehr unbequem waren. Sie waren nämlich Kaufleute von Mekka und vielen anderen Gegenden und kannten uns. Sie hatten dem König gesagt, wir seien Seeräuber und sobald wir beginnen würden, nach jenem Lande zu fahren, würde kein Schiff mehr von Mekka oder Cambaya, von Indien oder anderswo her mehr nach seinem Lande kommen können, so daß er keinen Gewinn mehr daraus ziehen könnte. Wir würden ihm auch nichts geben, sondern ihm eher noch etwas nehmen, und dadurch könne sein Land zugrunde gerichtet werden. Abgesehen von diesen Verleumdungen gaben sie ihm noch viel Geld dafür, daß er uns gefangennehmen und töten lassen sollte, damit wir nicht nach Portugal zurückkehren könnten. Dies erfuhren [wir] durch einen eingeborenen Mauren, der uns offenbarte, was geplant war.

An einem Mittwoch – es war der 29. August – beschloß der Kommandant, da er der Ansicht war, daß wir bereits gefunden und entdeckt hatten, wonach wir ausgefahren waren, nämlich Gewürze und Edelsteine, und weil wir doch nicht in Frieden und Freundschaft mit den Bewohnern von dem Lande Abschied nehmen konnten [. . .], abzufahren, und so gingen wir ohne Verzug unter Segel und traten unseren Weg nach Portugal an. Wir waren alle sehr froh, daß wir das Glück gehabt hatten, etwas so Bedeutendes zu finden, wie wir es gefunden hatten. Am Donnerstagmittag, während wir bei Windstille ungefähr eine Legua unterhalb Calicut fuhren, kamen ungefähr siebzig Barken mit zahllosem Kriegsvolk auf uns los, und sie trugen vorn Brustpanzer von rotem Stoff, doppelt genommen, so wie sehr starke Lederkoller. Und als sie unseren Schiffen auf Kanonenschußweite nahegekommen waren, wurde sofort vom Schiff des Kommandanten auf sie geschossen und ebenso von den anderen Schiffen. Sie mochten etwa eineinhalb Stunden hinter uns herfahren. Währenddessen aber brach ein Gewittersturm über uns herein, der uns auf die offene See hinaustrieb. Und als sie sahen, daß sie nichts mehr ausrichten konnten, wandten sie sich nach dem Lande zurück. Wir aber fuhren weiter des Wegs.

Aus: Alexandré Herculano und A. Castello de Paiva (ed.): Roteiro da Viagem de Vasco da Gama em MCCCCXCVII. Lisboa ²1861, S. 61–81. MM

31. Die Landung der Portugiesen aus arabischer Sicht

Bereits auf Vasco da Gamas erster Indienfahrt waren ihm die Araber, auf die er traf, reserviert oder später feindselig gegenübergetreten. Sie kannten die militärische Stärke der Europäer von den Konfrontationen im Mittelmeerraum her und wußten, daß ihre Handelsinteressen in Gefahr waren. Kutb-ad-din an Nahrawali, ein arabischer Chronist des 16. Jahrhunderts, ist daher mit seiner Beurteilung des Vordringens der Portugiesen im Bereich des Indischen Ozeans wohl typisch für den orientalischen Kulturkreis, dem er entstammte. Man betrachtete die Portugiesen als gewalttätige Seeräuber, die die jahrhundertealte Handelswelt des Indischen Ozeans durch ihr Erscheinen zerstörten.

Kutb-ad-din schildert die portugiesischen Entdeckungsfahrten entlang der afrikanischen Westküste bis zur Umrundung des Kaps der Guten Hoffnung und zum Vordringen der Portugiesen in den Indischen Ozean. Von besonderem Interesse ist dabei die Frage der Identität des Lotsen, der Vasco da Gama unter Ausnutzung des Südwestmonsuns über den Indischen Ozean nach Calicut geleitet hat. Barros, Castanheda und Góis nennen ihn in ihren Chroniken übereinstimmend Malmo Canaca. Der arabische Chronist hingegen nennt den Namen Ibn Madjid. Dies hat zu dem Versuch geführt, den Lotsen Vasco da Gamas mit dem berühmten arabischen Nautiker Ahmad Ibn Madjid zu identifizieren, der in der Zeit zwischen 1462 und 1495 eine Reihe wissenschaftlicher Segelhandbücher sowie geographischer und astronomischer Werke verfaßt hat. Obwohl eine solche These sicherlich ihren Reiz hat, muß sie als nicht ausreichend belegt gelten. Auch der Augenzeugenbericht des „Roteiro" (vgl. Dok. 29) erwähnt keine außergewöhnliche Qualifikation des Lotsen, was bei der Akribie, mit der der „Roteiro" wichtige Einzelheiten festhält, ungewöhnlich wäre, läge tatsächlich eine Identität vor. Darüber hinaus macht auch der Erscheinungszeitraum der Werke Ibn Madjids eine Lotsentätigkeit für Vasco da Gama unwahrscheinlich, da dieser zur Zeit der ersten Indienfahrt der Portugiesen bereits ein recht betagter Mann gewesen sein dürfte.

Lit.: Gabriel Ferrand: Introduction à l'astronomie nautique arabe. Paris 1928 – T. A. Chumovsky: Três Roteiros desconhecidos de Ahmad Ibn Madjid, o Piloto Árabe de Vasco da Gama. Lisboa 1960.   MM

[...]
Zu den erstaunlichen und außerordentlichen Ereignissen am Beginn des zehnten Jahrhunderts nach der Hedschra[1] zählt auch die Landung der verfluchten Portugiesen in Indien. Sie sind eine Nation der verfluchten Franken. Eine ihrer Banden hatte die Meerenge bei Ceuta angelaufen, war in das [Meer der] Finsternis vorgedrungen und hatte das Gebirge von Al-Komr[2] passiert, wo der Nil entspringt[3].

---

[1] Arabische Bezeichnung für die Auswanderung Mohammeds von Mekka nach Medina wahrscheinlich Ende September 622. Durch Dekret des Kalifen Omar I. Beginn der arabischen Zeitrechnung. Danach dauert das 10. Jahrhundert nach der Hedschra von 1495–1591.

[2] Gemeint ist, daß die portugiesischen Entdecker bis über die geographische Breite des Gebirges von Al Komr, der „Weißen Berge" des zentralafrikanischen Schwellengebietes hinweg entlang der afrikanischen Westküste nach Süden vorgestoßen sind.

[3] Diese Beschreibung der portugiesischen Entdeckungsfahrten von der Einnahme Ceutas bis

Dann wandte sie sich nach Osten und kam an eine Stelle in der Nähe der Küste, wo das Meer eine Enge bildet. Auf der einen Seite befindet sich hier ein Gebirge, auf der anderen befinden sich die [...] Wogen der Finsternis. Dort konnten ihre Schiffe nicht vor Anker gehen und zerschellten. Keiner konnte entkommen[4].

Die Portugiesen fuhren aber einige Zeit damit fort, Schiffe auszuschicken und erlitten [immer wieder] an dieser Stelle Schiffbruch. Keiner ihrer Banden gelang es, in das indische Meer vorzudringen, bis zu dem Zeitpunkt, zu dem eine ihrer Karavellen Indien [doch] erreichte.

[Bevor sie die Westküste Indiens erreicht hatten und sich noch an der afrikanischen Ostküste befanden] versuchten sie noch, Informationen über dieses Meer [den Indischen Ozean] zu erlangen. Dies bis zu dem Zeitpunkt, als sie einen erfahrenen Seemann namens Ahmad Ibn Majid als Lotsen benutzten. Der Anführer der Franken, der Almilandi genannt wurde, hatte ihn kennengelernt, und der portugiesische Admiral hatte ihn verhext.

Dieser Seemann – er war betrunken – offenbarte die Route dem Admiral, indem er zu den Portugiesen sagte: fahrt hier nicht an der Küste entlang, sondern versucht die offene See zu gewinnen. Dann versucht, die [indische] Küste zu erreichen, und ihr werdet von den Wellen verschont bleiben. Als sie diesem Rat folgten, entging eine große Zahl von portugiesischen Fahrzeugen dem Schiffbruch, und zahlreiche Schiffe erreichten das Seegebiet westlich von Indien.

In Gowwa[5], wie ein Ort an der Küste des Dekan heißt – und diese Stadt ist gegenwärtig in der Hand der Franken – bauten sie ein Fort, das sie Kuta nannten. Daraufhin nahmen sie Ormuz ein und verschanzten sich dort.

Ohne Verzögerung kam Nachschub aus Portugal; sie begannen gegen die Muselmanen zu kreuzen, machten Gefangene und plünderten. Sie nahmen jedes Schiff mit Gewalt und fügten dabei den Muselmanen, aber auch allen anderen Seeleuten große Verluste zu.

Aus: A. da Silva Rego/T. W. Baxter (ed.): Documentos sobre os Portugueses em Moçambique e na Africa central. 1497–1840. Vol. I. Lisboa 1962 (Documents on the Portuguese in Mozambique and Central Africa. 1497–1840), S. 32–35.   MM

---

zum Erreichen des Golfes von Guinea zeigt die geringe Kenntnis der Araber von der Westküste Afrikas.

[4] Wahrscheinlich meint Kutb-ad-din hier die Meerenge zwischen Madagaskar und der afrikanischen Ostküste, wo starke Südströmungen ein Vordringen nach Norden erschwerten.

[5] Goa.

32. Manuel I. teilt den Katholischen Königen von Spanien[1] die Entdeckung des östlichen Seeweges nach Indien durch Vasco da Gama mit (1499)

Die vorliegende Quelle ist Bestandteil der konsequenten Informationspolitik, die Manuel I. insbesondere gegenüber dem mächtigen Nachbarn Kastilien, aber auch gegenüber der Republik Venedig und der Kurie betrieb. Dabei konnte Portugal – nachdem nunmehr ein östlicher Seeweg nach Indien entdeckt war – selbstbewußt auftreten. Der Vertrag von Tordesillas (1494) hatte neuentdeckte Gebiete ostwärts einer meridionalen Trennungslinie, die 370 Leguas westlich der Kapverdischen Inseln verlief, eindeutig den Portugiesen zugesprochen, und Papst Alexander VI. hatte – wenn auch lediglich auf Betreiben Kastiliens – diese Teilung legitimiert. Manuel I. sah also das Recht an der Nutzung des entdeckten Seeweges unstreitig auf seiner Seite.

Dennoch hatte seine Informationspolitik eine wichtige Funktion. In einem Klima gegenseitiger Konkurrenz, ja eines Wettlaufes zu den Gewürzinseln, konnten Informationen als vertrauenbildende Maßnahmen für das militärisch schwache Portugal nur von Nutzen sein. Zudem postulierten diese Informationsschreiben immer wieder die entsprechenden portugiesischen Rechtsansprüche und riefen sie in Erinnerung.

Das im folgenden abgedruckte Schreiben Manuels I. an die Katholischen Könige ist in der Wiedergabe von Einzelheiten über Ziel der Entdeckungsfahrt, Route, mitgeführte Handelswaren und auftauchende Probleme weniger detailliert als andere erhaltengebliebene offizielle Informationsschreiben der portugiesischen Krone, gerade aus der Zeit Manuels I. Es zeigt jedoch deutlicher als vergleichbare Dokumente die Verflechtung ökonomischer, politischer und religiöser Motive, wie sie für die portugiesische Expansion nach Übersee im 15. Jahrhundert und für ihre Legitimation typisch sind. Dabei kommt dem Missions- und Kreuzzugsgedanken, wie er im vorliegenden Text von Manuel I. vorgetragen wird, abgesehen einmal von seiner bei diesem König stark ausgeprägten religiösen Fundierung, eine hohe Bedeutung als politisches Leitmotiv mit gleichzeitig integrierender und legitimierender Wirkung zu. Dies gilt, wie der vorliegende Text nachweist, auch für den Bereich der internationalen Politik.

Lit.: Carl Erdmann: Der Kreuzzugsgedanke in Portugal. In: Historische Zeitschrift 141 (1929), S. 23–53 – Richard Konetzke: Forschungsprobleme zur Geschichte der Religion und ihrer Bedeutung in den Kolonisationen Amerikas. In: Saeculum X (1959), S. 82–102 – Vitorino Magalhães-Godinho: Dúvidas e Problemas açerca de algumas Teses da História da Expansão. Lisboa 1943.   MM

[...]

Hochmögende, hervorragende Fürsten und hochmächtige Herren. Eure Hoheiten wissen, daß Wir Vasco da Gama, einen Adligen Unseres Hauses, und mit ihm seinen Bruder Paulo da Gama mit vier Schiffen auf eine Entdeckungsreise über den Ozean geschickt haben. Und es sind nunmehr bereits zwei Jah-

---

[1] Ferdinand II. von Aragón (1479–1516) und Isabella von Kastilien (1474–1504).

re vergangen, seit sie abgefahren sind. Das wichtigste Ziel dieses Unternehmens war, wie es in der Nachfolge Unserer Vorfahren unverändert auch Unser Trachten ist, sich im Dienste Gottes zu bewähren. Und es hat ihm gefallen, sie [die Entdecker] auf Ihrem Wege zu geleiten.

Wie Uns die besagten Entdecker mitteilen, die nunmehr[2] in dieser Unserer Stadt[3] angekommen sind, haben sie Indien sowie weitere Königreiche und Herrschaften, die ihm benachbart sind, erreicht. Und sie sind in jenes Meer [den Indischen Ozean] vorgedrungen, wo sie bedeutende Städte mit großen Bauwerken, wohlhabend und mit zahlreicher Bevölkerung, gefunden haben.

Und dort gibt es alle Sorten von Gewürzen und Edelsteinen. Sie werden mit Schiffen dorthin gebracht, die die besagten Entdecker dort in großer Anzahl und von bedeutender Größe gefunden haben. [Die Gewürze und Edelsteine] werden von dort nach Mekka gebracht und von da aus wiederum nach Kairo, von wo aus sie über die ganze Welt verteilt werden. Und [die Entdecker] haben nun einiges von den genannten Dingen erworben, genauer: Zimt, Nelken, Ingwer, Nüsse, Pfeffer und andere Arten von Gewürzen; darüber hinaus [kennen sie] die Herkunftsorte dieser Dinge.

Außerdem haben sie noch Ländereien gefunden, wo es Goldminen gibt. Davon aber und von den besagten Gewürzen und Edelsteinen erwarben sie nicht soviel, wie sie gekonnt hätten, da sie nur soviel Ware mit sich führten wie für ihre unmittelbaren Zwecke notwendig war.

Und weil Wir wissen, daß es Euren Hoheiten große Freude und Befriedigung bereiten würde, davon zu hören, haben Wir es für gut befunden, Euch diese Nachricht zu schicken. Und Eure Hoheiten mögen wissen, daß es, wie Wir von jenen Männern erfahren haben, keinen Zweifel daran gibt, daß die Bestimmung der christlichen Völkerschaften, die sie fanden – auch wenn diese nicht [im Glauben] völlig gefestigt sein mögen oder im Besitz eingehender Kenntnisse sind – so beschaffen ist, daß viel im Dienste Gottes durch ihre Bekehrung oder völlige Befestigung in Seinem heiligen Glauben geleistet werden kann. Dieser würde somit einen bedeutsamen Aufschwung nehmen.

Und der wichtigste Handel, der allen Mauren dieser Gegend Profit bringt, durch deren Hände er bisher ging, ohne daß andere Personen oder Rassen davon gewußt hätten, wird nunmehr geteilt und durch die Entdeckung dieser Meiner neuen Ländereien aller Christenheit bekannt. Und mit Hilfe desselben Gottes, der alles in Seiner Gnade so gefügt hat, soll dies für die Zukunft ein noch größerer Ansporn in Unserer Absicht sein, Seinen Dienst zu tun: Und zwar im Krieg gegen die Mauren.

Dort haben ja Eure Hoheiten ebensolche Entschlossenheit bewiesen, wie Wir Unsrerseits Hingabe. Und wir bitten Eure Hoheiten, Unserem Herrn all

---

[2] Das erste Schiff der Flotte von Vasco da Gama traf am 10. Juni 1499 unter Nicolao Coelho am Tejo ein.

[3] Gemeint ist Lissabon. Vasco da Gama traf dort allerdings erst im September 1499 ein.

das Lob zuteil werden zu lassen, das wir Ihm für die große Gnade schulden, die Wir empfangen haben. Wir werden dadurch tief in Eurer Schuld stehen.

Gegeben zu Lissabon

Juli 1499.

Aus: António da Silva Rego (ed.): Documentação para a História das Missões do Padroado Portugues do Oriente. India. Vol. I (1499–1522). Lisboa 1947, S. 3–5.   MM

33. Giovanni Matteo Cretico berichtet über Cabrals Indienfahrt und die Entdeckung Brasiliens an die Signoria von Venedig (1501)

Schon bald nach der Rückkehr Vasco da Gamas von seiner erfolgreichen Entdeckungsfahrt nach Indien rüstete man in Portugal eilends zu einem neuen, nunmehr größer angelegten Unternehmen, das den portugiesischen Einfluß im Bereich des Indischen Ozeans festigen sollte, bevor noch die Araber Zeit hatten, entsprechende Gegenmaßnahmen einzuleiten.

Befehlshaber der aus dreizehn Schiffen bestehenden Flotte war Pedro Álvares Cabral, ein junger Adliger aus angesehener Familie. Er wurde in allen Vorbereitungen, vor allem auch in Fragen der Fahrtroute, von Vasco da Gama beraten. Auftrag Cabrals war es, im Bereich des Indischen Ozeans Handelskontakte zu knüpfen, den Portugiesen an strategisch wichtigen Punkten Einfluß zu verschaffen und – auch unter Anwendung militärischer Gewalt – gegen den arabischen Handelsverkehr in diesem Raum vorzugehen.

Die Flotte, deren Schiffe von erfahrenen Kapitänen, unter anderem von Bartolomeu Dias, befehligt wurden, lief am 9. März 1500 in Lissabon aus, folgte zunächst der bekannten Guinearoute und wich dann – wohl auf Instruktion Vasco da Gamas hin – den gefürchteten Windstillen des Golfes von Guinea nach SW hin aus. Unerwartet kam am 21. April 1500 Land in Sicht. Es handelte sich um die brasilianische Küste in der Gegend des heutigen Porto Seguro. Am 23. April ging man mit kleineren Booten an Land und nahm das zunächst „Terra de Vera Cruz" benannte Küstengebiet für die portugiesische Krone in Besitz. Cabral, der die strategische Bedeutung seiner Entdeckung sofort erkannte, sandte umgehend ein Schiff seiner Flotte mit der entsprechenden Nachricht nach Lissabon (vgl. Dok. 37).

Er selbst hielt sich nicht länger in Brasilien auf, sondern nahm Kurs auf das Kap der Guten Hoffnung. Am 24. Mai verlor er auf dem Wege dorthin 4 Schiffe, darunter auch dasjenige des Bartolomeu Dias. Bis zur afrikanischen Ostküste fuhr man daraufhin in drei Verbänden. Dabei entdeckte der von der restlichen Flotte abgekommene Diogo Dias Madagaskar. Am 2. August erreichte die Flotte Melinde.

Von dort aus wurde nach dem Vorbild Vasco da Gamas der Indische Ozean überquert, und man gelangte am 13. September nach Calicut. Schon bald kam es jedoch – offenbar nicht ohne das Zutun der Portugiesen – zu Auseinandersetzungen mit arabischen Kaufleuten. Ein Aufruhr entstand, in dessen Verlauf der portugiesische Oberfaktor, Ayres de Correia, und etwa 20 weitere Portugiesen getötet oder gefangengesetzt wurden. Im Gegenzug ließ Cabral 10 arabische Schiffe, die im Hafen von Calicut lagen, zerstören und anschließend die Stadt mit seiner Schiffsartillerie beschießen.

Nach dieser ersten Demonstration militärischer Überlegenheit segelte Cabrals Flotte weiter nach Cochim, das am 24. Dezember 1500 erreicht wurde. Hier sah man Cabral als möglichen Verbündeten gegen die lästige Oberherrschaft des Samorim von Calicut und nahm ihn freundlich auf. Dieser Haltung schlossen sich weitere kleinere Hafenstädte an, die ebenfalls nach einer Stärkung ihrer Stellung gegenüber Calicut strebten. Die Portugiesen konnten sich hier nach Belieben mit den begehrtesten Gewürzen und anderen Handelsgütern, wie z. B. Benzoeharz und Lack, eindecken.

Ein Seeangriff des Samorim von Calicut konnte abgewehrt werden, und die Flotte Cabrals trat reich beladen den Rückweg nach Portugal an. Ein Botschafter des Herrschers von Cananor war an Bord. Zunächst galt es noch gemäß den Instruktionen der Krone das Goldgebiet von Sófala an der afrikanischen Ostküste zu erkunden, dann nahm die Flotte ihren langen Weg um das Kap der Guten Hoffnung, und am 23. Juni 1501 erreichte das erste Schiff den Hafen von Lissabon.

Ein genaues Gesamtbild der Fahrt des Pedro Álvares Cabral ist nicht leicht zu erstellen. Die Chroniken Castanhedas, Barros' und Galvãos berichten unterschiedliche Einzelheiten. Teile der Cabral mitgegebenen Instruktionen, auch Vasco da Gama zugeschriebene Fragmente sind erhalten, ebenso der offizielle Bericht des Pero Vaz de Caminha von der Entdeckung Brasiliens (vgl. Dok. 37) und schließlich eine umfangreiche Nachricht König Manuels an die Katholischen Könige vom 25. Juli 1501. Nur eine Zusammenschau dieser erhalten gebliebenen Quellen ergibt ein vollständiges Bild von Reiseroute, Auftrag und Hintergründen.

Hinzu treten Berichte ausländischer Beobachter, denn auch in anderen Teilen Europas – insbesondere in Venedig – wurde das Ergebnis der Entdeckungsfahrt Cabrals mit Spannung erwartet. Venedigs Wohlstand und Machtstellung basierten auf dem Handel mit Gewürzen, die in levantinischen und ägyptischen Häfen angekauft wurden. Die oberitalienische Stadtrepublik besaß hier eine uneingeschränkte Vormachtstellung, der auf der anderen Seite das Handelsmonopol entsprach, das die Araber in Händen hielten, seit die weiter ostwärts verlaufenden Handelswege durch die Osmanen blockiert waren. Das portugiesische Vordringen im Bereich des Indischen Ozeans bedrohte somit nicht nur die arabischen Handelsinteressen, sondern auch die Vormachtstellung Venedigs im europäischen Gewürzhandel, das heißt den Lebensnerv der Stadt.

Es kann daher kaum verwundern, wenn sofort nach der Rückkehr Cabrals, ja sogar bereits vier Tage nach der Ankunft des ersten Schiffes, Meldung an die Signoria von Venedig erstattet wurde. Autor des im folgenden abgedruckten Berichtes nach Venedig ist Giovanni Camerino, auch Giovanni Matteo Cretico oder il Cretico genannt, der als Sekretär Domenico Pisanis, des venezianischen Gesandten für Spanien und Portugal, in Lissabon weilte.

Lit.: William Brooks Greenlee: The Voyage of Pedro Álvares Cabral to Brazil and India. London 1938 (Hakluyt Society. Second Series. No. 81) – Damião António Peres: Pedro Álvares Cabral e o descobrimento do Brasil. Porto ⁴1975.   MM

Durchlauchtigster Fürst etc. Ich nehme an, daß Eure Durchlaucht bereits aus Briefen seiner Magnifizenz, des Botschafters[1], erfahren haben, daß der durchlauchtigste König [von Portugal] Schiffe auf eine Reise nach Indien geschickt

---

[1] Gemeint ist Domenico Pisani, venezianischer Botschafter in Spanien, der 1501 in Lissabon weilte.

hat. Diese sind nunmehr zurückgekehrt, aber von den 13, die ausgefahren sind, gingen 7 während der Reise verloren.

[Diese Reise verlief,] durchlauchtigster Fürst, zunächst entlang der Küste von Mauretanien und Getulia[2] Richtung Süden bis zum Kap Verde, das in alten Zeiten Hesperia genannt wurde, und wo sich die Inseln der Hesperiden befinden. Dort beginnt Äthiopien, und von da an war [das Land] den Alten unbekannt. Von hier aus verläuft die Küste von Äthiopien[3] in ostwärtiger Richtung und zwar so weit, daß die Höhe von Sizilien erreicht wird. In der Mitte der besagten Küste liegt El Mina, das dem durchlauchtigsten König [von Portugal] gehört. Und von da an erstreckt sich ein Kap, das sich bis jenseits des Wendekreises des Steinbocks ausdehnt, in südlicher Richtung. Dieses Kap nennt sich Kap der Guten Hoffnung. Danach folgt ein weites Ödland. Und von dort erstreckt sich die Küste mehr als 5 000 Meilen in unsere Richtung [. . . und zwar] wiederum bis zu einem Kap, das von den Alten Prasim Promontorium genannt wurde[4]. Die Gegenküste bis zu diesem Punkt war ihnen bekannt. Sie verläuft von dort fast genau in ostwärtiger Richtung bis zum Lande Trogloditia, wo es eine Goldader gibt, die sie Zuffala[5] nennen. Die antiken [Autoren] versichern, daß es dort mehr Gold gibt als irgendwo sonst.

Von dort erreichten sie das Arabische Meer *(mar Barbarico),* von da aus den Indischen Ozean und schließlich Calicut *(Colochut).* Das war ihre Reiseroute, und sie ist mehr als 15 000 Meilen lang. Aber indem sie [nicht entlang der Küste, sondern in gerader Linie] fuhren, kürzten sie sie etwas ab. Noch vor dem Kap der Guten Hoffnung, in westlicher Richtung, haben sie ein neues Land entdeckt[6]. Sie nennen es Papageienland, da dort einige [dieser Vögel] gefunden wurden, die verschiedenfarbig und 1½ Armlängen groß sind. Wir haben einige davon gesehen.

Ihrer Ansicht nach handelte es sich dabei um Festland, denn sie fuhren mehr als 2 000 Meilen an der Küste entlang und kamen nicht an ihr Ende[7]. [Das Land] wird von nackten und gutaussehenden Menschen bewohnt. Auf ihrer Weiterfahrt büßten sie 4 Schiffe ein. Zwei sandten sie nach Sófala. Sie sind verschollen, und sieben kamen in Calicut an, wo sie zunächst freundlich empfangen wurden und vom [dortigen] Herrscher ein Haus zugewiesen bekamen.

Einige der Schiffe blieben [in Calicut], die anderen fuhren an andere nahegelegene Orte. Später kamen die Kaufleute des Sultans und waren erzürnt, weil sie mit ihnen um Vorkaufsrechte in Streit geraten waren. Der Faktor des durchlauchtigsten [portugiesischen] Königs beschwerte sich beim Herrscher von Calicut, aber dieser war der Ansicht, daß er sich mit den Mauren verstän-

---

² Griechischer Name für das heutige Marokko.
³ Gemeint ist die Guineaküste.
⁴ Cretico bezieht sich auf Ptolemäus.
⁵ Sófala, an der afrikanischen Ostküste.
⁶ Die Nachricht von der Entdeckung Brasiliens war durch Cabrals Meldung bereits vor seiner Rückkehr in Lissabon bekannt (vgl. Dok. 37).
⁷ Hier ist Cretico einer Fehlinformation aufgesessen. Eine solche Erkundungsfahrt hätte dem Auftrag Cabrals, nach Indien zu fahren, eindeutig widersprochen.

digen sollte. Er sagte, wenn diese eine Schiffsladung übernähmen, sollte er die Gewürze erwerben dürfen. Im Gefolge dieser Entscheidung kam es zu Schlägereien, und das ganze Land hielt zu den Mauren. Sie liefen bei dem Haus zusammen, das den Portugiesen zugewiesen worden war und schlugen alle zusammen, die sie dort und anderswo vorfanden. Das waren ungefähr vierzig Mann, darunter auch der Faktor, der sich ins Wasser gestürzt hatte, um zu entkommen.

Als man auf den anderen 10 Schiffen[8] davon erfuhr, fuhr man eilends herbei und vertrieb die Leute des Sultans. Und mit ihrer [Schiffs-]artillerie richteten [die Portugiesen] im ganzen Land große Zerstörungen an und brannten eine Reihe von Häusern nieder, da diese mit Stroh gedeckt waren.

Wegen dieses Aufruhrs verließen [die Portugiesen] Calicut und wurden von ihrem Führer, einem getauften Juden, zu einem Land geführt, das 40 Meilen entfernt lag, und Cochim *(Cuzin)* genannt wurde. Dies wurde von einem anderen König beherrscht, der ein Feind des Königs von Calicut war. Dieser machte mit [den Portugiesen] gemeinsame Sache, und er verfügte [darüber hinaus] über größere Lieferungen von Gewürzen, als dies in Calicut der Fall war.

[Die Portugiesen] erwarben große Mengen davon (sie beluden 7 Schiffe mit Gewürzen) und zwar zu einem Preis, den ich kaum zu nennen wage. Sie behaupteten nämlich, einen Kantar Zimt für einen Dukaten und weniger erhalten zu haben.

Jener König von Cochim schickte mit diesen Schiffen[9] seine Botschafter zum durchlauchtigsten König [von Portugal] und stellte darüber hinaus zwei Geiseln, die in Sicherheit wieder zurückkehren konnten.

Nach ihrer Rückkehr [in die Stadt] machten die Einwohner von Calicut und die Mauren Pläne, die [portugiesischen Schiffe] abzufangen. Dazu bewaffneten sie mehr als 150 kleinere Schiffe und brachten mehr als 15 000 Mann auf.

Weil sie voll beladen waren, hegten jedoch [die Portugiesen] nicht die Absicht, sich zum Kampf zu stellen. Und die anderen konnten sie auch nicht angreifen, weil [die Portugiesen] mit einem seitlichen Wind segelten, den diese ihrerseits nicht nutzen konnten.

Auf der Fahrt gelangten sie zu einer Insel, auf der der heilige Apostel Thomas begraben liegt[10]. Ihr Herrscher behandelte sie sehr zuvorkommend, gab ihnen Reliquien des besagten Heiligen und bot ihnen an, von ihm Gewürze auf Kredit zu kaufen, die sie erst bei ihrer Wiederkehr bezahlen müßten. Aber sie hatten bereits voll geladen und konnten nichts mehr hinzunehmen.

Sie haben insgesamt 14 Monate für diese Reise gebraucht, davon aber nur 4

---

[8] Irrtum des Cretico. Zu dieser Zeit befand sich die gesamte restliche Flotte, also 7 Schiffe, vor Calicut und zerstörte im Verlauf der Auseinandersetzungen 10 maurische Schiffe.

[9] Gemeint ist die Flotte Cabrals.

[10] Von einem auf einer Insel gelegenen Grab des Heiligen Thomas ist der Überlieferung nichts bekannt.

für die Rückfahrt. Und sie behaupten, daß sie [die Fahrt] in Zukunft in längstens 8 oder 10 Monaten schaffen könnten.

Die Rückreise haben sechs der sieben [verbliebenen] Schiffe sicher überstanden. Das andere lief auf eine Sandbank, aber die Besatzung konnte gerettet werden. Dieses Schiff war 600 *botte*[11] schwer und reich beladen.

Bis jetzt ist nur ein Schiff von 300 *botte* hier [in Lissabon] angekommen. Aber man sagt, die anderen seien in der Nähe. Dieses eine kam am Abend des Johannistages[12] an. Ich selbst habe den durchlauchtigsten König begleitet. Er ließ mich rufen und forderte mich auf, ihm zu gratulieren, da seine Schiffe beladen mit Gewürzen aus Indien zurückgekehrt seien. Und so freute ich mich in angemessener Form mit ihm.

Und [der König] gab am Abend ein Fest im Palast, ließ die Glocken in der ganzen Stadt läuten und am nächsten Tag wurde eine festliche Prozession durchgeführt.

Später traf ich noch einmal mit Seiner Majestät zusammen. Er kam noch einmal auf seine Schiffe zu sprechen und sagte mir, ich solle an Eure Durchlaucht schreiben, daß Ihr von nun an Eure Schiffe hierher schicken solltet, um Gewürze zu kaufen. Er werde sie willkommen heißen, und sie sollten sich wie zu Hause fühlen. Und er werde dem Sultan verbieten, [im Indischen Ozean] Gewürze zu holen. Er wünsche insgesamt 40 Schiffe im Handelsverkehr [mit Indien] einzusetzen. Ein Teil sollte ausfahren, der andere zurückkommen. Kurz, er hat das Gefühl, Indien stehe für seine Befehle bereit.

Das bereits zurückgekehrte Schiff gehört Bartholomeo [Marchioni], einem Florentiner, ebenso die Ladung. Sie besteht aus: ungefähr 300 *cantaros*[13] Pfeffer, 120 *cantaros* Zimt, 50 oder 60 *cantaros* Lack und 15 *cantaros* Benzoeharz. Gewürznelken haben sie nicht, da die Mauren diese weggeschafft hatten[14]. Ebensowenig haben sie Ingwer mitgebracht, denn dieser wächst nicht an den Stellen, wo sie ihre Fracht gekauft haben, sondern nur in Calicut. Kleinere Gewürzsorten irgendwelcher Art haben sie [ebenfalls] nicht.

Wie sie sagen, haben sie viele Edelsteine während der Unruhen in Calicut eingebüßt.[...][15]

Lissabon am 27. Juni 1501.

Aus: S. Romanin: Storia documentata di Venezia. Venezia 1855, S. 457–460.   MM

---

[11] 600 botte = 200 portugiesische Tonnen.
[12] Johannistag = 23. Juni.
[13] „Cantaro" ist eine alte italienische Gewichtsbezeichnung. Ein Kantar entsprach ungefähr 100 Pfund.
[14] Vermutlich haben die Mauren bereits in Calicut den Erwerb von Gewürznelken verhindert.
[15] Der Brief wird fortgesetzt mit einigen kurzen Nachrichten über eine Gesandtschaft von der Guineaküste und über den Malaguettahandel.

Fünftes Kapitel

Entdeckungen an der Ostküste
Süd- und Mittelamerikas auf der Suche nach einer
Passage zu den Gewürzinseln

Die Konkurrenz der beiden iberischen Mächte im Bemühen, einen Seeweg nach dem legendären „Indien" mit seinen Reichtümern und Wundern ausfindig zu machen, schien im Jahre 1493 zunächst für Spanien entschieden worden zu sein: Kolumbus hatte im Dienste der Katholischen Könige Isabella von Kastilien und Ferdinand von Aragón den westlichen Seeweg entdeckt; so jedenfalls glaubten er und seine Auftraggeber. Er war im März 1493 von einer rund siebenmonatigen Reise mit bescheidenen Proben wie Gold, eingetauschten Perlen, verschiedenen Gewürzen und einer Anzahl von Sklaven zurückgekommen, die seinen Auftraggebern anzeigten, daß er offenbar tatsächlich in „Indien" gewesen war; zwar noch nicht in dem angeblich von Gold starrenden Zipangu (Japan), auch nicht im Reiche des Großen Khan, jenem mächtigen Cathay, das der Genuese aus der Lektüre der Reiseschriften des Marco Polo so gut kannte (vgl. Bd. 1, Dok. 17–21), und schon gar nicht auf den Gewürzinseln selbst, worunter italienische Kaufmannshandbücher bereits eindeutig die Molukken verstanden (vgl. Bd. 1, Dok. 22). Doch war Kolumbus der Überzeugung, er habe einige unmittelbar vor dem „indischen" Kontinent liegende Inseln erreicht und brauche nur noch bis zum Festland vorzustoßen. Diese seine sichere Gewißheit teilte sich seinen Auftraggebern und ihrer ganzen Umgebung mit. Sie führte dazu, daß noch im gleichen Herbst 1493 eine Armada von 17 Schiffen unter dem Oberkommando des nunmehrigen „Admirals des Ozeanischen Meeres" in See stach, um wiederum „Indien" anzulaufen und Prospektoren, Siedler und Verwaltungsleute auf die Insel La Española – die heutige Insel Haiti – zu bringen, den ersten Stützpunkt Spaniens jenseits des Ozeans. Von der Rückkehr dieser Flotte und den von ihr nach Kastilien eingeführten exotischen Handelswaren berichtet der Brief des italienischen Kaufmanns Strozzi aus Cádiz (Dok. 34).

In diesem Zusammenhang sei daran erinnert, daß die Katholischen Könige im Kronvertrag von Santa Fé vom April 1492 (vgl. Dok. 26) dem Genuesen in einem bestimmten Umfang das Privileg eingeräumt hatten, mit den auf dem Westweg aufzufindenden Ländern „Indiens" Handel zu treiben. Am 23. Mai 1493 hatte ein Erlaß dieses Privileg bestätigt und für alle anderen spanischen Untertanen hinsichtlich jener Länder „in der Gegend von Indien" ein striktes Handelsverbot ausgesprochen. Die kastilische Diplomatie tat ein übriges, um

das augenblickliche Überseehandelsprivileg des Admirals im eigenen Interesse
völkerrechtlich abzusichern: im Vertrag von Tordesillas vom 7. Juni 1494 teilten Spanien und Portugal die ganze damals noch unbekannte Welt von Pol zu
Pol in zwei Interessensphären auf durch eine Linie, die 370 Leguas westlich
der Kapverdischen Inseln im Atlantik verlief, d. h. – modern gesprochen – auf
etwa 46° westlicher Länge. Die östlich dieser Linie gelegene Zone wurde Portugal, die westlich davon gelegene Zone Kastilien zugesprochen. Auf diese
Weise wurde die von Kolumbus entdeckte Inselwelt zur rein spanischen Ein-
flußzone, da sie – von Europa aus gesehen – jenseits dieser Linie lag. Beide
Mächte vereinbarten im Vertrag, keine Schiffe in das Interessengebiet des Ver-
tragspartners fahren zu lassen, weder zu Entdeckungen noch zum Handel
oder gar zu Eroberungen. Doch wurde Spanien ein Durchfahrtsrecht in seine
Zone gewährt. So war das Handelsprivileg des Genuesen auf diese Weise zunächst praktisch gegenüber der portugiesischen Konkurrenz abgesichert und
in dem Maße, wie der Vertrag von Tordesillas international durchzusetzen
war, auch gegenüber jeder anderen europäischen Handelskonkurrenz.

Es gehört zur persönlichen Tragik des Kolumbus, daß er diese einzigartige
Konstellation in keiner Weise für sich auszunutzen vermochte. Weder stieß er
in den Jahren 1493–96 auf Küsten und Länder, die attraktive Handelswaren
boten, noch entdeckte er Zipangu oder Cathay oder die eigentlichen Gewürzinseln, noch hatte er Erfolg bei der Administration seiner großangelegten
Siedlungsunternehmungen auf der Insel La Española. Dazu kam, daß ungeachtet der Privilegien des Admirals recht bald heimliche Suchfahrten nach
Westen eingesetzt zu haben scheinen: Spätere Klagen des Genuesen, daß er in
seinen Rechten geschmälert worden sei, lassen darauf ebenso schließen wie
der sich allmählich verändernde und erweiternde Inhalt der Seekarten dieser
Jahre sowie der Umstand, daß Kolumbus schon bei seiner zweiten Reise im
November 1493 auf Guadeloupe Wrackteile eines europäischen Schiffes fand.

Die Katholischen Könige ihrerseits waren nicht in der Lage, dem Admiral
angesichts seiner Erfolglosigkeit allzu lange die gewährte Sonderrolle einzu-
räumen. Sie standen unter vielfältigem Druck von Reedern und Kaufleuten
aus Sevilla, die an Überseehandelsbeziehungen interessiert waren und am Privileg des Kolumbus teilzuhaben wünschten. So trugen die Katholischen Könige der sich allmählich entwickelnden Situation Rechnung, indem sie am
10. April 1495 das allgemeine Überseehandelsverbot von 1493 aufhoben (vgl.
Bd. 3, Dok. 52), wobei sie allerdings das Handelsprivileg des Genuesen in seinem Umfang von 1492 bestätigten. Doch war entscheidend, daß fortan jeder
Untertan der kastilischen Krone das Recht erhielt, nach „Indien" auszureisen,
dort zu siedeln, Gold zu schürfen oder Handel zu treiben und Entdeckungen
zu machen. Auf diese Weise kam eine bescheidene Auswanderung nach La
Española in Gang und ein ebenso bescheidener Verkehr mit der von Kolumbus aufgefundenen und in den folgenden Jahren etwas gründlicher durch-
forschten Inselwelt vor „Indien", die die Kartographen allmählich die „Antillen" zu nennen begannen, nach jener Sageninsel Antilia im Atlantik, die auf

der Karte des Toscanelli (vgl. Dok. 2) in eben der Entfernung von Europa eingezeichnet gewesen war, in der die von Kolumbus entdeckten Inseln tatsächlich lagen.

Nach Zipangu, in das Reich des Großkhan oder zu den Gewürzinseln war indessen bis zur Rückkehr des Kolumbus von seiner zweiten Reise 1496 niemand gelangt. Zwar hatte die Krone noch im Dezember 1495 an Vicente Yáñez Pinzón, den Kapitän der „Niña" auf der ersten Reise des Kolumbus, eine Lizenz für eine Fahrt zu einem geheimgehaltenen Reiseziel jenseits des Ozeans ausgegeben, bei der die Katholischen Könige sogar die Kosten übernommen hatten; doch aus welchen Gründen auch immer war Pinzón, soviel wir wissen, trotz gründlicher Vorbereitungen niemals ausgelaufen. Noch um 1498 wußte man auf diese Weise über das eigentliche „Indien", das Kolumbus ursprünglich angesteuert hatte, nicht viel mehr als 1492.

Inzwischen, im Sommer 1497, war Vasco da Gama im Auftrag der portugiesischen Krone mit drei Schiffen aufgebrochen, um dieses „Indien" auf dem östlichen Seeweg anzulaufen. Die Katholischen Könige und mehr noch ihr Admiral des Ozeans kamen auf diese Weise in einen gewissen Zugzwang. Vielleicht war das ehrgeizige Unternehmen des Vasco da Gama für Kolumbus der Grund, auf seiner dritten Reise eine völlig neue Route zu wählen: eine Route, die ihn nach Südwesten an den Äquator führte, auf jene geographische Breite, auf der nach sicheren Kenntnissen der Zeit auch „las especerías"[1], die begehrten Gewürzhandelsplätze, nämlich die Molukken, lagen.

Diese Reise hat für die Entdeckungsgeschichte fast ebenso viele Folgen gehabt wie die erste Reise des Kolumbus: denn der Admiral sichtete auf dieser Fahrt im August 1498 als erster Europäer das südamerikanische Festland (Dok. 35). Unter anderem fiel ihm die ungeheure Süßwassermenge auf, die der Orinoco in den Atlantik hinaustrug, und diese Beobachtung führte bereits bei ihm zu jenem Gedanken, der dann einige Jahre später sehr viel präziser von Vespucci geäußert wurde: daß man es hier mit – so wörtlich – „einer anderen Welt" *(un otro mundo)* zu tun habe. Kolumbus sandte ein paar Wochen später von Santo Domingo aus eine Karte des Küstenverlaufs des neuentdeckten Landes an die Katholischen Könige und dazu einen ausführlichen Bericht. In seinem Bordbuch hatte er für den 14. oder 15. August 1498 folgende Eintragung gemacht: „Ich glaube, daß dies ein sehr großer Kontinent ist, der bis heute unbekannt war. Und auch die Vernunft spricht sehr dafür wegen eines so großen Flusses und eines solchen Süßwassersees, und weil es doch von Esra in seinem vierten Buch Kap. 6 also verheißen ist, daß sechs Teile der Welt trocknes Land sind und ein Teil Wasser".

Diese Botschaft von einem Festland im Südwesten jenseits des Atlantik, das eine erhebliche Ausdehnung haben mußte, kam in Spanien Ende 1498 an. Da die bis dahin bekannten Reiseberichte und Kaufmannshandbücher über Asien von einem solchen Kontinent nichts wußten, wurde nach und nach zweifel-

---

[1] Häufig tritt auch die Schreibweise „las especierías" auf.

haft, ob die von Kolumbus entdeckte Inselwelt der Antillen wirklich so nahe
an Zipangu und Cathay lag, wie der Admiral stets versicherte. Die Kolumbus-
Nachricht von 1498 war so der eine von zwei Faktoren, die zu einem sich neu
belebenden „Indien"-Interesse in Spanien beitrugen. Der andere Faktor war
eine Nachricht, die kurze Zeit später aus Lissabon kam: im Sommer des Jahres
1499 war dort die Kunde von der erfolgreichen Öffnung nunmehr des östlichen Seewegs nach „Indien" durch Vasco da Gama (vgl. Dok. 29) eingetroffen; sie war wie ein Lauffeuer bis an den Hof der Katholischen Könige gelangt.

Beide Nachrichten zusammen schufen für Spanien eine neue Lage. Jetzt, da
Portugal auf dem östlichen Seeweg offenbar eine größere Menge der wertvollen Produkte Asiens nach Europa schaffen konnte, während Spanien dies auf
dem westlichen Seeweg immer noch nicht vermochte, gaben die Katholischen
Könige, um nicht ausschließlich auf das Glück und den Spürsinn des Genuesen angewiesen zu sein, nachdrücklich allen ihren Untertanen den Weg zu
Handels- und Entdeckungsfahrten nach Westen frei. Als Auflage für jeden
künftigen Entdecker setzten sie lediglich fest, 50 Leguas im Umkreis der Stelle, an der Kolumbus 1498 zuerst an Land gegangen war, nicht Anker zu werfen. Diese Neuorientierung der Katholischen Könige verfolgte einen doppel-
ten Zweck: einmal sollte die Suche nach einer Passage durch die bisher bereits
bekannte Inselwelt zu den eigentlichen Gewürzinseln intensiviert werden, damit Spanien gegenüber Portugal nicht ins Hintertreffen geriet; zum anderen
sollte die von Kolumbus jüngst entdeckte „andere Welt" des neuen Festlands
so rasch wie möglich für Spanien in Besitz genommen und erschlossen werden, um denkbaren Besitzergreifungen anderer Nationen zuvorzukommen.
Die Katholischen Könige reduzierten so kurzerhand einseitig ihre vertraglichen Vereinbarungen mit Kolumbus vom April 1492. Doch ließ ihnen im
Grunde die Staatsräson keine andere Wahl: Die sich stellenden Aufgaben
überstiegen die Möglichkeiten eines einzelnen Unternehmers inzwischen bei
weitem.

So kamen von 1499 an mit Lizenzen der Krone eine Reihe von weiteren
Entdeckungsfahrten in Gang: Mit dem spanischen Historiker Navarrete
nennt sie die Geschichtsschreibung seit langem die Fahrten der „Kleinen Entdecker", obwohl sie in ihren seemännischen Leistungen in der Mehrzahl den
Fahrten des Kolumbus durchaus ebenbürtig waren. Die meisten von ihnen
wurden unter Leitung von Seeleuten durchgeführt, die schon Kolumbus auf
seinen Reisen begleitet hatten und deshalb die Probleme der Atlantiküberquerung aus eigener Erfahrung gut kannten. Finanziert wurden sie von Kaufleuten und Reedern aus Sevilla und benachbarten andalusischen Hafenstädten,
von dort kamen auch die Mannschaften der Schiffe.

Schon 1499 hatte offenbar der für die Lizenzvergabe bei spanischen Über-
seereisen zuständige Sekretär der Katholischen Könige, das Mitglied des Königlichen Rats Juan de Fonseca, mehreren an Fahrten zu der von Kolumbus
entdeckten Küste des neuen Kontinents interessierten Personen Einblick in

dessen Karte von 1498 gewährt, so u. a. einem der Kapitäne des Admirals auf seiner zweiten Reise, Alonso de Ojeda (auch: Hojeda) sowie dem Kapitän des Schiffes „Niña" auf der ersten Reise, Vicente Yáñez Pinzón. Ojeda war denn auch der erste, der ein entsprechendes Unternehmen zustande brachte. Er brach im Mai 1499 mit drei Karavellen auf, mit ihm segelten der berühmte Kartograph und Schiffsführer der „Santa María" auf der ersten Reise des Kolumbus, Juan de la Cosa, und der Florentiner Amerigo Vespucci. Ojeda folgte im wesentlichen der Route des Kolumbus vom Vorjahr. Bedeutendere Erkenntnisse und Ergebnisse brachte seine Reise nicht, außer der Tatsache, daß im Golf von Maracaibo ein Indianerdorf, das auf Pfählen im Wasser stand, von ihm „Klein-Venedig" – Venezuela – getauft wurde: ein Gedankenblitz, der später einmal einem viel größeren Landstrich des Kontinents den Namen gab.

Die nächste Überseefahrt wurde von Peralonso Niño (häufig auch: Pedro Alonso Nuñez), dem Piloten des Flaggschiffs „Santa María" des Kolumbus auf dessen erster Reise, und Cristóbal Guerra Anfang Juni 1499 unternommen. Die Fahrt von Niño und Guerra ist deshalb berühmt geworden, weil sie so ziemlich die einzige Unternehmung dieser „Kleinen Entdecker" war, bei der die Europäer in keine kriegerischen Verwicklungen mit den Eingeborenen gerieten. Dazu kam, daß es Niño und Guerra – im Gegensatz zu Kolumbus und Ojeda – gelang, erstaunliche Mengen an Perlen an dem später „Perlenküste" genannten Landstrich gegenüber der Insel Margarita einzutauschen. Sie und ihre Leute waren bei ihrer Rückkehr „so reich mit Perlen beladen wie Bauern nach dem Dreschen mit Häcksel", schrieb der erste offizielle spanische Historiograph für die Geschichte der Neuen Welt, Peter Martyr von Anghiera, schon im Jahr 1500. Nach der Durchfahrt zu den Gewürzinseln hatten allerdings weder Niño noch Ojeda geforscht.

Eine Entdeckerleistung vom Format der Reisen des Kolumbus brachte dagegen die nächste Unternehmung, die noch im Dezember 1499 unter Vicente Yáñez Pinzón von Spanien aus in Gang kam (Dok. 36). Pinzón hatte, wie ausgeführt, schon 1495 eine Lizenz für eine auf Kosten der Krone durchzuführende Überseereise mit einer uns nicht bekannten Bestimmung erhalten; 1499 hat dann auch er offensichtlich die Kolumbus-Karte von 1498 eingesehen. Er rüstete vier Karavellen aus und steuerte mit ihnen von den Kapverdischen Inseln aus nach Südsüdwest. Mit einem anhaltenden stürmischen Wind im Rükken durchquerte er die Kalmenzone und erreichte die atlantische Gegenküste bereits nach 20 Tagen am 20. Januar 1500 (nach einer anderen Überlieferung am 26. Januar 1500) etwas südlich des Äquators, und zwar wohl in der Nähe des heutigen Cabo São Roque. Dies blieb für Jahrhunderte eine der schnellsten Atlantiküberquerungen überhaupt. Pinzón nahm das entdeckte Land unverzüglich für die Katholischen Könige in Besitz, mußte jedoch später zugeben, dies irrtümlich getan zu haben, da dieser Landstrich diesseits der Linie von Tordesillas lag und somit Portugal zustand. Immerhin hatte Pinzón damit Brasilien entdeckt, drei Monate vor dem Portugiesen Cabral, dem diese Erstentdeckung häufig – und damit fälschlich – zugeschrieben wird.

Pinzón wandte sich vom Cabo São Roque nach Nordwesten und erforschte fünf Monate lang die südamerikanische Küste einschließlich der Mündung des Amazonas bis zum Golf von Paria gegenüber der Insel Trinidad, wo Kolumbus etwa zwei Jahre zuvor an Land gegangen war. Damit war ein riesiger Küstenstrich Südamerikas bekannt geworden. Eine Passage zu den Gewürzinseln hatte sich allerdings nirgends gezeigt. Im übrigen erreichte bereits einen Monat später, am 28. Februar 1500, ein weiterer Spanier namens Diego de Lepe etwa auf der Route Pinzóns die brasilianische Küste und fuhr an ihr wie Pinzón entlang nach Norden bis nach Paria, worunter jene Zeit einen Landstrich verstand, der etwa der Küste des heutigen Venezuela entsprach.

Für die Erweiterung der geographischen Kenntnisse an der Schwelle vom 15. zum 16. Jahrhundert war insofern die Entdeckung Brasiliens durch den Portugiesen Cabral auf seiner Indienfahrt am Gründonnerstag des Jahres 1500 (Dok. 37) ohne Bedeutung, wenn sie auch in Portugal große Resonanz hatte. Cabral erreichte Brasilien etwas südlicher als Pinzón. Das Gewicht seiner Entdeckung lag in der Tat nicht auf geographischem, sondern auf strategischem Gebiet. Cabral hatte sofort die Bedeutung des von ihm angelaufenen Platzes erkannt: Er bot eine wertvolle Zwischenstation auf dem Wege nach Indien und war auch als Stützpunkt für eine Erforschung des Atlantik nach weiteren Inseln und Ländern, die möglicherweise auf der östlichen – also portugiesischen – Seite der Linie von Tordesillas lagen, gut geeignet. Von nun an etablierte sich nach Spanien eine weitere europäische Macht, Portugal, an der atlantischen Gegenküste.

In den auf die Entdeckung Brasiliens folgenden zwei Jahrzehnten bis zur Fahrt des Magalhães durch die nach ihm benannte Straße ganz im Süden des neuen Kontinents setzte sich die Erforschung der Ostküste Mittel- und Südamerikas in recht unregelmäßigen Abständen fort. Ein planmäßiges Vorgehen ist dabei nur für gewisse Einzelabschnitte und Einzelunternehmungen zu erkennen. Das ist bis zu einem gewissen Grade erstaunlich, und zwar insofern, als die spanische Krone ja nie das Ziel einer Auffindung der westlichen Passage zu den Gewürzinseln aus den Augen verlor, obschon die ursprünglichen Kolumbusziele „Zipangu" und „Cathay" rasch bedeutungslos geworden zu sein scheinen. Immerhin stachen von 1500 bis 1519 – dem Jahr der Ausreise des Magalhães – rund 500 Schiffe von spanischen Häfen aus nach den nunmehr meist „westliches Indien" genannten Küsten in See, wie Pierre Chaunu aus den Registern der Casa de la Contratación in Sevilla ermittelt hat[2]. Nur wenigen unter ihnen ist der ausdrückliche Auftrag gestellt gewesen, nach der Westpassage zu suchen: Zunächst erreichte der Spanier Alonso Vélez de Mendoza im Herbst 1500 ebenfalls etwa auf der Route Pinzóns die brasiliani-

---

[2] Pierre und Huguette Chaunu: Séville et l'Atlantique (1504–1650). 8 Vol. Paris 1955–1959. T. II: Le Trafic de 1504 à 1560, S. 6–107.

sche Küste und fuhr an ihr nach Norden entlang bis nach Paria. Das nächste spanische Unternehmen griff weiter aus. Es wurde von Rodrigo de Bastidas unternommen, der ebenfalls Einblick in die Kolumbus-Karte von 1498 erhalten hatte. Mit seinen beiden Karavellen fuhr erneut Juan de la Cosa mit, der eben erst von der Fahrt des Ojeda vom Mai 1499 zurückgekommen war und damals nach Kolumbus als bester Kenner der Neuen Welt galt. Bastidas stach Mitte des Jahres 1500 in See. Er hielt sich zunächst ganz an die Route des Kolumbus, erreichte Paria im Herbst 1500 an der gleichen Stelle wie dieser, folgte dann aber der Küste nach Nordwesten und später nach Westen weiter als jemals ein anderer Entdecker vor ihm, erkundete die gesamte Küste des heutigen Kolumbien – soweit sie am Karibischen Meer liegt – und erreichte den Golf von Darién an der Landenge von Panamá, von wo aus er sich nach Santo Domingo wandte.

Den unmittelbar daran anschließenden Teil der mittelamerikanischen Küste erforschte neben anderen im wesentlichen wiederum Kolumbus, und zwar auf seiner letzten, unglücklichen Reise, die von 1502 bis 1504 dauerte. Kolumbus begann sein Unternehmen in der Nähe der Küste von Yucatán und fuhr südwärts bis zum Golf von Darién, dabei stets ebenso hartnäckig wie erfolglos auf der Suche nach einer Passage zu den Gewürzinseln. Immerhin entdeckte er auf dem Gebiet des heutigen Panamá jene reichen Waschgoldvorkommen (Dok. 39), nach denen der Landstrich bald den Namen Castilla del Oro – Goldkastilien – erhielt und die rasch zu seinem kolonialen Aufschwung führten.

So war kurz nach 1500 bereits die gesamte mittel- und südamerikanische Küste südlich von Yucatán bis zu dem von Cabral erstmals gesichteten Monte Pascoal entdeckt. Diese neuen geographischen Erkenntnisse schlugen sich bald auf Karten nieder, deren Hersteller allmählich einen breiteren Abnehmerkreis in ganz Europa gewannen. Die bekannteste dieser frühen Kartendarstellungen des von Kolumbus „otro mundo" genannten Landes ist die des Juan de la Cosa gewesen, die im Jahre 1500 oder kurz danach entstand; sie gab große Teile der Küstenlinien des „westlichen Indien" von Brasilien bis zum Norden Nordamerikas mit erstaunlicher Genauigkeit wieder und hat vielen anderen Kartographen der Zeit als Vorbild gedient.

Im Jahre 1501 kam dann die regelrecht wissenschaftliche Erkundung der neu aufgefundenen Gebiete jenseits des Atlantik in Gang. Damals schickte die portugiesische Krone auf Cabrals Nachricht hin (vgl. Dok. 37) einen Kapitän namens Coelho mit drei Schiffen nach dem neu entdeckten Brasilien, um feststellen zu lassen, wie groß es sei, ob es östlich der Linie von Tordesillas liege und somit Portugal zugehöre und welche Produkte es liefern könne. Als Passagier und wohl auch als Navigationsfachmann war auf dieser Reise der Florentiner Amerigo Vespucci an Bord, der 1499/1500 bereits die Fahrt des Ojeda mitgemacht hatte. Diese Expedition traf wahrscheinlich in der Nähe des schon von Pinzón angelaufenen Cabo São Roque auf das südamerikanische Festland und wandte sich von dort nach Süden. Am Neujahrstag 1502 lief sie

in die Bucht von Guanabara ein, die sie entsprechend dem eben begonnenen
Monat Januar „Rio de Janeiro" taufte. Wie weit diese Expedition dann nach
Süden vorstieß, ist in der Forschung strittig und bis heute ungeklärt. Vespucci
selbst gibt in seinen Berichten an, er sei bis 50° s. Br. gekommen. Das entspräche der Breite Feuerlands und darf angesichts der übrigen vom Verfasser geschilderten Begebenheiten als nicht völlig sicher gelten. Manche neueren Forscher vertreten die Ansicht, daß Coelho und Vespucci nicht einmal den Río de
la Plata erreichten, denn diese eindrucksvolle Bucht wird in ihren Darstellungen nicht erwähnt. Sind Vespuccis Schilderungen in ihren geographischen Angaben mithin unsicher und von zweifelhaftem Wert, so sind seine uns überlieferten Beobachtungen über Flora, Fauna und Eingeborenenkulturen genau
und höchst einfühlend: Außer Kolumbus bewies keiner der Entdecker dieser
Jahrzehnte eine ähnliche Sensitivität für die angetroffenen Gegebenheiten der
Neuen Welt. Bestes Beispiel für diese wache Beobachtungsgabe des Florentiners ist der berühmte Brief, den er im Herbst 1502 an Lorenzo di Pier Francesco de' Medici von Lissabon aus über seine Brasilienfahrt schrieb (Dok. 38): Er
ist eines der aufschlußreichsten Zeugnisse für die heutige Ethnologie und An-
thropologie, soweit sie sich mit dem frühen Brasilien beschäftigt.

In den folgenden Jahren gab es viele Dutzende von weiteren Fahrten an allen Küsten Süd- und Mittelamerikas entlang, den Golf von Mexiko ausgenommen. Viele von ihnen waren bereits mit Siedlungs- und Prospektorenun-
ternehmungen verbunden. Im Verlauf dieser Fahrten traten naturgemäß manche weiteren topographischen Einzelheiten des neuen Kontinents zutage; wir
verdanken ihre Kenntnis nicht nur Portugiesen und Spaniern, sondern auch
Franzosen: So erreichte der normannische Kapitän Gonneville aus Honfleur
vermutlich 1504 Brasilien auf der südlichen Breite von etwa 26°, d.h. in der
Gegend des heutigen Curitiba, wo er sich zu Handelszwecken sechs Monate
lang aufhielt. Viele normannischen und bretonischen Seefahrer dürften ihm in
den nächsten Jahrzehnten gefolgt sein, ohne daß wir Einzelheiten über ihre
Route wüßten. Von besonderer Bedeutung war in den auf die Kolumbus-
Reisen folgenden Jahren eine spanische Expedition: 1508 betraute die Krone
Vicente Yáñez Pinzón und Juan Díaz de Solís, die beiden wohl bedeutendsten
Seefahrer ihrer Zeit in spanischen Diensten, mit der Aufgabe, die Küste des
riesigen neuen Kontinents noch einmal nach einer Westpassage abzusuchen.
Von dieser Expedition ist uns eine Aufstellung ihres Gesamtbedarfs überlie-
fert; wir erhalten so einen Einblick in die materiellen Voraussetzungen einer
typischen Entdeckerfahrt der Kolumbus-Zeit, wie er auf Grund der Quellenlage nur selten möglich ist (vgl. den Band „Schiffe, Seeleute und Leben an
Bord im Zeitalter der Entdeckungen"). Spätestens 1510 wurde dieses Unternehmen ergebnislos abgebrochen.

Doch hatte sich in der Zwischenzeit ohnehin eine veränderte geographische
Einschätzung der seit 1498 neu aufgefundenen Gebiete ergeben. Offenbar ist
damals Amerigo Vespucci der erste Entdecker gewesen, der voll begriff, daß
es sich bei dem 1498 von Kolumbus entdeckten Festland nicht um irgendeinen

Teil Asiens handeln konnte, sondern daß hier ein völlig neuer, dem Wissen der Alten Welt bisher nicht geläufiger Kontinent aufgefunden war, ein „Mundus Novus", wie er schrieb: eine Neue Welt. Da Vespuccis Bericht „Mundus Novus" seit 1503 in wenigen Jahren in 36 verschiedenen Auflagen und in fünf Sprachen über ganz Europa verbreitet wurde, fand seine Einschätzung dieser Neuen Welt bald Eingang in die Diskussion der humanistischen Gelehrtenwelt seiner Zeit.

Dort wurde sie schließlich als wissenschaftliche Erkenntnis akzeptiert. Als 1507 die beiden Geographen Ringmann und Waldseemüller in dem kleinen Vogesen-Städtchen Saint-Dié, das damals zu dem zum Verband des Heiligen Römischen Reichs zählenden Herzogtum Lothringen gehörte, eine neue „Cosmographiae Introductio" druckten, schlug sich diese wissenschaftliche Sicht bereits nieder. Ringmann schrieb damals „. . . ein anderer vierter Erdteil ist durch Americus Vesputius (wie im folgenden zu hören) entdeckt worden. Ich wüßte nicht, warum jemand mit Recht etwas dagegen einwenden könnte, diesen Erdteil nach seinem Entdecker Americus, einem Mann von Einfallsreichtum und klugem Verstand, Amerige, nämlich Land des Americus, oder America zu nennen, denn auch Europa und Asien haben ihren Namen nach Frauen genommen" (vgl. Dok. 3). Dieser Namensvorschlag Ringmanns für das 1498 von Kolumbus erstmals angelaufene Festland setzte sich überraschend schnell in Europa durch: zunächst für Südamerika, dann – mit der Weltkarte Mercators von 1538 – als Bezeichnung für den Nord- und Südteil des neuen Erdteils. Da Vespucci offenbar der erste war, der den eigenständigen Kontinentalcharakter der Neuen Welt erkannte und seine Auffassung davon wissenschaftlich begründet verbreitete, kommt ihm wohl zu Recht der Ruhm zu, der darin liegt, daß diese Neue Welt seither seinen Namen trägt.

Doch war zu diesem Zeitpunkt die Atlantikküste der Neuen Welt noch längst nicht zur Gänze erkundet. Erst 1511/12 scheinen zwei portugiesische Kapitäne namens Froes (auch: Flores) und João de Lisboa den Río de la Plata erreicht zu haben, den sie offenbar für die lange gesuchte West-Passage zu den Gewürzinseln hielten. Über die dortigen Möglichkeiten für den Handel informierte die wohl von einem Faktor der Fugger verfaßte „Copia der Newen Zeytung ausz Presillg Landt" die wichtigsten Partner des bedeutenden Handelshauses, wodurch die Kunde von einer – angeblichen – Westpassage nach ganz Europa drang. Als 1514 dann die Nachricht von der Entdeckung des Südmeers, d.h. des Pazifik, durch Balboa im Jahr zuvor (vgl. Dok. 76) in Spanien eintraf, schickte die Krone unverzüglich eine Expedition zum Río de la Plata mit dem Auftrag, die – vermeintlich bereits aufgefundene – Durchfahrt zum Südmeer zu erforschen und eine Verbindung zu Castilla del Oro, dem Gebiet um Panama, von der Westseite her aufzunehmen. Diese Expedition, die im Oktober 1515 aufbrach, stand unter der Leitung des erfahrenen spanischen Chefpiloten Juan Díaz de Solís. Sie scheiterte unversehens, als er an Land Kannibalen in die Hände fiel und vor den Augen seiner handlungsunfähigen, entsetzten Mannschaft verzehrt wurde. Immerhin hatte diese Expedition ebenfalls den Río de la Plata erreicht (Dok. 40).

Die Kunde, die sie 1516 davon nach Spanien zurückbrachte, hatte nunmehr großen Einfluß auf die Entscheidung des neuen spanischen Königs Carlos I. (des späteren Kaisers Karl V.) im Jahr 1518, den in spanische Dienste übergetretenen Portugiesen Magalhães (spanisch: Magallanes; deutsch: Magellan), einen erfahrenen Kenner Ostindiens, mit einer Flotte von fünf Schiffen auf genau diesen Weg zu den Gewürzinseln zu schicken. Magalhães brach im September 1519 auf. In den ersten Monaten des Jahres 1520 erkundete er den Río de la Plata genau und erkannte schließlich dessen Golfcharakter. In den folgenden Monaten erforschte er den Rest der südamerikanischen Festlandküste, bis er schließlich auf der Breite von etwa 53° die seit zwei Jahrzehnten so intensiv gesuchte Westpassage tatsächlich fand: Das Ziel dieser Suche, Las Especierías, die Gewürzhandelsplätze des Fernen Ostens, war bereits im Jahre 1492 eines der Hauptziele des Kolumbus bei seiner ersten Ost-West-Überquerung des Atlantik gewesen.

Lit.: Oscar Peschel: Geschichte des Zeitalters der Entdeckungen. Stuttgart ¹1858, zahlreiche Nachdrucke – Diego Luis Molinari: El nacimiento del Nuevo Mundo 1492–1534. Buenos Aires 1941. Ndr. 1942 und 1945 – R. Majó Framis: Vidas de los navegantes, conquistadores y colonizadores españoles de los siglos XVI, XVII y XVIII. T.I: Navegantes. Madrid 1957 – Max Justo Guedes: O Descobrimento do Brasil. São Paulo 1966 – Samuel Eliot Morison: The European Discovery of America. The Southern Voyages A.D. 1492–1616. New York 1974 – Louis André Vigneras: The Discovery of South America and the Andalusian Voyages. Chicago-London 1976 – Hermann Kellenbenz: Die Finanzierung der spanischen Entdeckungen. In: Vierteljahrschrift für Sozial- und Wirtschaftsgeschichte 69 (1982), S. 153–181.   Sch

34. Der italienische Kaufmann Strozzi berichtet aus Cádiz über die Produkte der von Kolumbus entdeckten Inseln (1494)

Noch im September 1493 war Kolumbus, nun als Admiral des Ozeanischen Meeres, mit einer Flotte von 17 Schiffen erneut in See gegangen. Sein Ziel war zum einen der Aufbau einer Kolonie auf La Española, wo er am 2. Januar 1494 die Stadt Santo Domingo gründete, zum anderen die weitere Suche nach dem „indischen" Festland, wobei er mit drei kleinen Entdeckerkaravellen allerdings nur bis Kuba kam. Dort ließ er seine Schiffsmannschaften im Juni 1494 schwören, daß dies das Festland sei, um anschließend umzukehren. Warum Kolumbus, der schon bis auf rund hundert Seemeilen an die Küste von Yucatán und damit an das tatsächliche Festland herangekommen war, damals nicht weiter nach Westen vorstieß, kann nur vermutet werden: Wahrscheinlich zwang ihn der schlechte Zustand seiner Schiffe und eine zur Meuterei bereite Mannschaft zur Umkehr, ähnlich wie dies Bartolomeu Dias nach Umrundung des Kaps der Guten Hoffnung sechs Jahre zuvor widerfahren war (vgl. Dok. 21). Inzwischen waren im Februar 1494 zwölf Schiffe unter Antonio de Torres nach Spanien zurückgefahren, um bei den Katholischen Königen um Pferde, wichtige Arzneien und Lebensmittel für die Kolonisten auf La Española nachzusuchen und um einheimische Produkte sowie Sklaven im Austausch dafür anzubieten. Über die Ankunft dieser

Schiffe und die von ihnen gebrachten Handelswaren berichtet Giambattista Strozzi in seinem Brief vom 19. März 1494, der – wahrscheinlich über Ferrara oder Florenz – an den Hof von Mantua ging. Der Eindruck, den die in diesem Brief verzeichneten Waren machten, führte u. a. im folgenden Jahr zur Aufhebung des 1493 ausgesprochenen generellen Überseehandelsverbots durch die Katholischen Könige (vgl. Bd. 3, Dok. 52).

Lit.: Samuel Eliot Morison: Admiral des Weltmeeres. Das Leben des Christoph Columbus. Bremen-Horn 1948.   Sch

Am Siebten dieses Monats [März] trafen hier, heil und unversehrt, zwölf Karavellen ein, die von den neuen, von Kolumbus aus Savona[1], dem Admiral des Ozeans im Dienste des Königs von Kastilien, entdeckten Inseln kamen. Für die Fahrt von diesen besagten Inseln von Antilia benötigten sie 25 Tage, sie hielten geraden Kurs, Richtung Nordnordost, und liefen um die 23. Stunde in Calis [Cádiz] ein, ohne Land gesehen zu haben. Mehr als 43 der genannten Inseln sind gezählt, 26 bis 31 Grad unter dem Äquinoktium [Äquator]. Dies zu Eurer Kenntnis.

Sie brachten Gold, nach ihren Angaben im Wert von 30 000 Dukaten, mit; Zimt in Menge, hell wie schlechter Ingwer *(gengero mechino),* Pfefferschoten, die wie Brechbohnen aussehen, der Pfeffer sehr scharf, aber [im Geruch] nicht so kräftig wie der levantinische; Hölzer, sie sagen, es seien Sandelhölzer, aber weiß; Papageien wie Jagdfalken und rot wie Fasane. Sie fanden Bäume, die feine Wolle, andere, die Wachs, und wieder andere, die Baumwolle geben. Und viele dunkelhäutige Menschen mit breiten Tatarengesichtern und bis auf die Schulter reichenden Haaren, hochgewachsen, intelligent und stolz; und sie essen Menschenfleisch, von Knaben wie von kastrierten Männern, die sie wie Kapaune mästen, um sie dann zu verspeisen. Man nennt solche Menschen *Kannibalen.* Auf den Inseln gibt es keine größeren Tiere, kein Getreide und keinen Wein, die Menschen leben von Wurzeln, Früchten und Menschenfleisch. Und sie haben des weiteren Inseln gefunden, ähnlich den Amazonen-Inseln, wo Frauen über Männer herrschen. Nach der nächsten Fahrt wird man alles wissen.   Giovanbatista Strozi, in Calis [Cádiz].

Aus: Raccolta di Documenti e Studi pubblicati dalla R. Commissione Colombiana pel quarto centenario dalla scoperta dell' America. Parte III. Vol. I. Roma 1892, S. 166.   Mil

35. Kolumbus sichtet als erster Entdecker das südamerikanische Festland (1498)

Es hat in den vierziger Jahren unseres Jahrhunderts eine lebhafte Debatte gegeben, ob Kolumbus bereits während seiner zweiten Reise in die Neue Welt (1493–1496) das südamerikanische Festland entdeckt habe, möglicherweise auf einer nur wenige Mona-

---

[1] Kolumbus ist nach dem Stand der heutigen Forschung so gut wie zweifelsfrei 1451 in Genua geboren; doch siedelte seine Familie 1470 nach Savona um. Die Kenntnis dieser Tatsache hat Strozzi vermutlich die Formulierung „Kolumbus aus Savona" in die Feder fließen lassen.

te währenden Fahrt im Jahr 1494 von Santo Domingo aus. Die wissenschaftliche Kritik ist sich heute jedoch darüber einig, daß eine solche vermutete Fahrt nie stattgefunden hat. Dennoch ist festzuhalten, daß Kolumbus der erste Europäer war, der Südamerika anlief: nämlich auf seiner dritten Reise (1498–1500). Dieses Mal segelte Kolumbus wesentlich südlicher als die beiden ersten Male über den Atlantik und erreichte die südamerikanische Gegenküste auf der geographischen Breite von 10°. Er stieß zunächst am 31. Juli 1498 auf Trinidad – dem er den Namen gab – und fuhr in der ersten Augusthälfte 1498 an der Küste entlang nach Norden bis zur Insel Margarita, von wo aus er das Karibische Meer in Richtung La Española durchquerte. In einem Brief vom 18. Oktober 1498, der den Zeitraum von Mai bis August 1498 umfaßt, informierte er die Katholischen Könige über seine Entdeckungen.

Lit.: George E. Nunn: The Geographical Conceptions of Columbus. New York 1924 – Paul Kahle: Die verschollene Columbus-Karte von 1498 in einer türkischen Weltkarte von 1513. Berlin-Leipzig 1933 – C. E. Nowell: The Historicity of the 1494 Discovery of South America. In: The Hispanic American Historical Review. Vol. 22 (1942), S. 193–210 – Samuel Eliot Morison: Admiral des Weltmeeres. Das Leben des Christoph Columbus. Bremen-Horn 1948 (engl. Originalausgabe 1942), S. 491–545 – Carlos Sanz: Descubrimiento del Continente Americano. Madrid 1962 – Samuel Eliot Morison: The European Discovery of America. The Southern Voyages A. D. 1492–1616. New York 1974, S. 141–161.   Sch

Jedesmal, wenn ich nach den Indien steuerte, änderte sich meiner Erinnerung nach die Temperatur stets, sobald ich 100 Leguas westwärts von den Azoren angelangt war. Daher entschloß ich mich, falls mir Gott günstigen Wind und gutes Wetter schenken würde, den südlichen Kurs aufzugeben und westwärts zu segeln. Am Ende dieser acht Tage gefiel es unserm Herrn, mir günstigen Ostwind zu schenken. Ich steuerte nun westwärts und war mir klar, diesen Kurs nicht zu ändern, bis ich Land zu finden hoffte, wo ich die Schiffe ausbessern und unsere Vorräte möglichst erneuern lassen wollte. Vor allem brauchten wir Wasser. Nach 17 Tagen, während denen der Herr mir günstigen Wind gab, sahen wir an einem Dienstag, dem 31. Juli, gegen Mittag Land. Ich hatte es bereits am Montag vorher erwartet und hielt daher zunächst den alten Kurs bei. Aber als die Hitze zunahm, das Wasser hingegen weniger wurde, beschloß ich, nordwärts nach den Kariben-Inseln zu fahren und setzte dementsprechend die Segel um. Wie mir Gottes Güte immer zugetan war, so auch jetzt. Einer der Seeleute erblickte vom Mastkorb aus gegen Westen eine Kette von drei Bergen[1]. Wir sprachen darauf das Salve Regina und andere Gebete, und alle dankten Gott. Ich gab unsern nach Norden gerichteten Kurs auf und hielt nach dem Lande zu. Um die Stunde des Abendsegens erreichten wir ein Kap, das ich Kap Galea[2] nannte. Der Insel selbst hatte ich bereits den Namen Trinidad gegeben. Hier stießen wir auf einen Hafen, der ausgezeichnet war, aber

---

[1] Las Casas berichtet, daß der Admiral gelobt hatte, das erste Land, das er entdecken würde, zur Ehre des dreieinigen Gottes „Trinidad" zu nennen. Als dann die drei Hügel gesichtet wurden, nachdem er das Gelübde getan hatte, sah er in dieser Entdeckung ein Wunder des dreieinigen Gottes.

[2] Heute Kap Galeota an der Südostspitze von Trinidad.

keinen Ankergrund besaß. Am Strande erblickten wir Häuser und Menschen. Das Land ringsum war sehr schön und so frisch und grün, wie die Gärten von Valencia im Monat März. Ich war enttäuscht, daß ich nicht in den Hafen einlaufen konnte, und ging daher an der Küste westwärts. Nachdem ich 5 Leguas gesegelt war, traf ich sehr guten Ankergrund und ankerte. Am nächsten Tage segelte ich in derselben Richtung weiter, um einen Hafen zu suchen, wo ich die Schiffe ausbessern, Wasser einnehmen und meine Vorräte ergänzen konnte. Als wir eine Pipe Wasser eingenommen hatten, drangen wir weiter vor bis zu einem Vorgebirge, wo wir guten Ankergrund und Schutz vor den Ostwinden fanden. Ich ließ die Anker sacken, das Wasserfaß ausbessern, neuen Wasser- und Holzvorrat einnehmen und die Mannschaft von den lang ertragenen Strapazen ausruhen. Dieser Spitze gab ich den Namen Sandspitze. Der Erdboden in der Nachbarschaft war voller Tierspuren, die an die der Ziegen erinnerten. Obgleich man daraus schließen mußte, daß es dort deren sehr viele gab, sahen wir nur eine, und diese war tot. Am Tage darauf erschien aus dem Osten ein großes Kanu, in dem 24 Mann hockten. Diese waren sämtlich jung, stattlich gebaut und mit Bogen, Pfeilen und Holzschilden wohl bewaffnet. Ihre Hautfarbe war nicht dunkel, sondern heller als bei allen andern Indianern, die ich bisher erblickt hatte. Sie zeichneten sich durch sehr gemessene Bewegungen und schöne Körperformen aus. Ihre Haare trugen sie lang und glatt, nach kastilischer Weise verschnitten. Um den Kopf waren ihnen baumwollene Tücher verschiedener Farbe geschlungen. Diese erinnerten an einen almaizar[3]. Einige dieser Schärpen wurden an Stelle eines Gewandes um den Körper getragen. Die Eingeborenen riefen uns aus weiter Entfernung vom Kanu aus an. Aber keiner von uns konnte sie verstehen. Ich machte ihnen durch Zeichen verständlich, sie möchten näher herankommen. Darüber verstrichen über zwei Stunden. Waren sie zufällig ein wenig näher getrieben, entfernten sie sich bald wieder. Um sie zum Herankommen zu veranlassen, ließ ich ihnen Becken und andere schimmernde Gegenstände zeigen. Endlich näherten sie sich weiter als bisher. Da ich mit ihnen sprechen wollte und sie durch nichts heranlocken konnte, ließ ich auf dem Achterdeck eine Trommel schlagen und einige unserer jungen Leute tanzen, in dem Glauben, die Indianer würden sich diese Lustbarkeit ansehen wollen. Aber, sobald sie den Trommelschlag und den Tanz innewurden, ließen sie ihre Ruder fallen und spannten ihre Bogen. Jeder ergriff seinen Schild, und sie begannen, ihre Pfeile auf uns zu schießen. Die Musik und der Tanz wurden daraufhin abgebrochen, und ich ließ einige unserer Armbrüste abschießen. Darauf wandten sie sich ab von uns, eilten zu der andern Karavelle und hielten sich unter deren Achterdeck auf. Der Pilot dieses Schiffes empfing sie höflich und schenkte dem, der ihr Häuptling zu sein schien, einen Rock und einen Hut. Man einigte sich durch Zeichen dahin, daß der Pilot sich an Land begeben und mit dem Häuptling reden

---

[3] *Almaizar (almaizal),* vom arab. *almizar,* maurischer Turban; in Almería und Granada gab es Fabriken, in denen diese *almaizares* hergestellt wurden.

sollte. Die Indianer begaben sich deshalb sofort dorthin und warteten auf ihn. Aber da der Pilot nicht ohne meine Erlaubnis gehen wollte, kam er in einem Boot zu mir aufs Schiff, worauf die Indianer in ihrem Kanu verschwanden. Ich habe weder einen von ihnen noch irgendeinen andern Bewohner der Insel je wiedergesehen. Bei meiner Ankunft an der Sandspitze stellte ich fest, daß die Insel Trinidad mit dem Land von Gracia [Küste von Paria] eine zwei Leguas breite Straße bildet, die von Westen nach Osten ging. Als wir sie passieren mußten, stießen wir auf heftige Strömungen, die laut brüllend die Straße kreuzten, woraus ich schloß, dort müsse ein Sand- oder Felsenriff sein, das uns die Einfahrt unmöglich machen würde. Hinter dieser Strömung lief wieder eine andere, die ebenfalls durch brüllenden Lärm wie an Felsen schlagende Brandungswellen angezeigt wurde. Ich ankerte im Schutze der Sandspitze, außerhalb der Straße und beobachtete, wie sich das Gewässer von Ost nach West stürzte. Dies ging ohne Unterlaß Tag und Nacht, so daß es unmöglich zu sein schien, rückwärts wegen der Strömung oder vorwärts wegen der Untiefen zu gehen. Während ich auf Deck war, hörte ich in der Stille der Nacht ein fürchterliches Brüllen, das von Süden gegen das Schiff kam. Ich wollte feststellen, was dies sein konnte, und sah, daß das Meer wie ein schiffshoher Berg von West nach Ost rollte und immer näher kam. Vor diesem tosenden Meer wälzte sich eine mächtige, schrecklich brüllende Woge, die ähnlich dem furchtbaren Aufruhr der andern Strömung war. An diesen Tag lebt in mir eine Erinnerung der Furcht, die ich damals fühlte, weil das Schiff möglicherweise unter der Gewalt dieses entsetzlichen Meeres zerschellen könnte. Aber das Unheil ging vorüber und erreichte den Ausgang der Straße, wo der Aufruhr lange Zeit anhielt. Am Tage darauf sandte ich Boote aus, die die Meerestiefe messen sollten. Sie fanden, daß an der tiefsten Stelle der Mündung der Straße 6 oder 7 Faden Wasser waren, und daß dort beständig Gegenströmungen sich bildeten, von denen die einen hinein-, die andern hinausstürzten. Dem Herrn gefiel es jedoch, uns günstigen Wind zu schenken. Ich drang durch die Straße vor und gelangte bald in ruhiges Fahrwasser. Wasser, das wir aus dem Meere heraufzogen, erwies sich als Flußwasser. Nun segelte ich nordwärts, bis ich zu einem stattlichen Hafen kam. Hier tauchten zwei hohe Vorgebirge auf. Eines lag nach Osten zu. Es bildete einen Teil der Insel Trinidad. Das andere zog sich gen Westen. Es gehörte zu dem Lande, dem ich den Namen Gracia gegeben hatte. Hier fanden wir einen Kanal, der noch schmaler als der an der Sandspitze war. Er zeichnete sich ebenfalls durch Strömungen, schreckliches Brüllen und Tosen aus. Das Wasser war nicht salzig[4].

Bisher war es mir noch nicht gelungen, mit Eingeborenen in Verbindung zu treten, so sehr ich mich darum bemühte. Ich segelte immer der Küste folgend westwärts. Je weiter ich vordrang, desto ungesalzener und bekömmlicher ward das Wasser, das ich fand. Als ich eine ziemliche Zeitlang weitergesegelt

---

[4] Der nördlichen Straße gab Kolumbus den Namen *boca del Drago*, Drachenschlund, der südlichen *boca de la Sierpe*, Schlangenschlund.

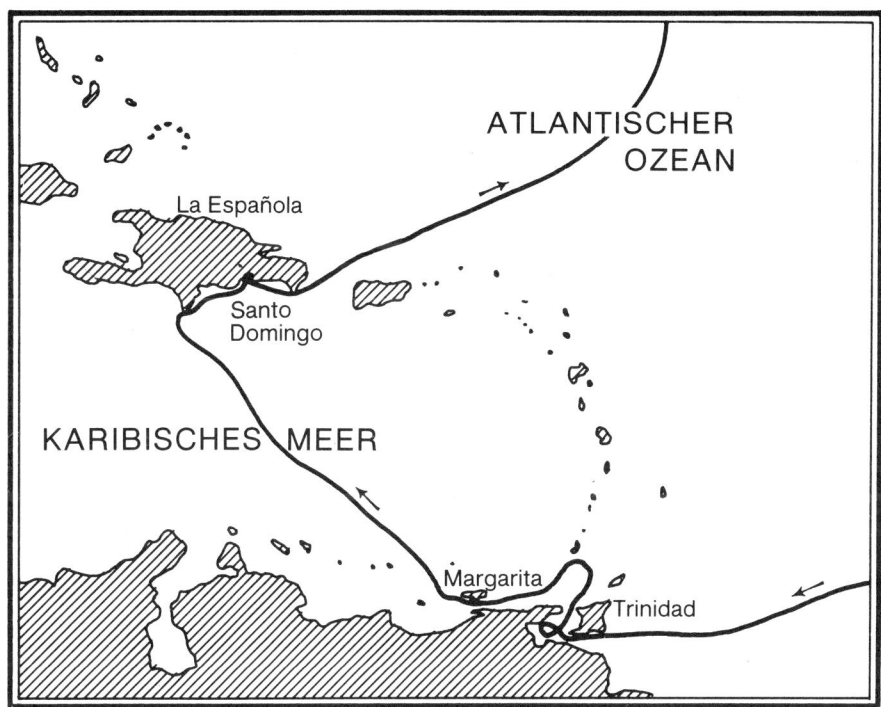

4. Kolumbus stößt im August 1498 auf seiner dritten Reise als erster Europäer auf die südamerikanische Festlandsküste.

war, erreichte ich eine Gegend, wo das Land bebaut zu sein schien. Dort ging ich vor Anker und sandte die Boote an Land. Die Mannschaften, die an den Strand gingen, stellten fest, daß die Eingeborenen diesen Platz erst vor kürzester Zeit verlassen hatten. Sie beobachteten auch, daß auf dem Berge Affen hausten. Da ich hoffte, gen Westen flacheres Land zu finden, lichtete ich die Anker und folgte der Küste, bis die Gebirgskette zu Ende ging. Dort ankerte ich an einer Flußmündung, wo wir bald durch viele Eingeborene besucht wurden, von denen wir erfuhren, daß dieses Land Paria genannt wurde und daß weiter westwärts die Bevölkerung zahlreicher sei. Ich ergriff vier der Eingeborenen und setzte meine Fahrt gen Westen fort. Als ich 8 Leguas weiter vorgedrungen war, fand ich im Rücken eines Vorgebirges, dem ich den Namen *punta de la aguja*[5] gab, eines der lieblichsten Gebiete der Welt, das obendrein dicht bevölkert war. Es war drei Uhr morgens, als ich dort ankam. Die grünen, schönen Gestade lockten mich, so daß ich dort vor Anker ging und mit den Eingeborenen in Verbindung trat. Einige dieser Fremdlinge kamen in ihren Kanus bald in die Nähe unseres Schiffes und forderten mich im Namen ihres

---

[5] Nadelkap, heute Kap Pelikan.

Häuptlings auf, an Land zu gehen. Sowie sie bemerkten, daß ich ihnen keine Aufmerksamkeit zollte, erschienen zahllose von ihnen auf ihren Booten an unsern Schiffen. Viele von ihnen trugen Goldstücke auf der Brust, einige hatten Perlenbänder um die Arme. Darüber war ich sehr erfreut und suchte von ihnen zu erfahren, wo sie diese fänden. Sie versicherten mir, daß es diese Sachen in der Nähe ihres Landes und auch nordwärts davon gäbe. Ich würde mich hier gern länger aufgehalten haben. Aber die Vorräte an Getreide, Wein und Fleisch, die ich für die in Española zurückgelassenen Kolonisten bestimmt hatte, waren nahezu dahingeschwunden, weshalb ich meine ganze Sorge darauf richtete, sie in Sicherheit zu bringen und mich nicht wegen jeder Sache aufzuhalten. Ich wollte mir jedoch einige von den Perlen, die ich gesehen hatte, verschaffen und sandte zu diesem Zweck Boote ans Land. Die Zahl der Eingeborenen war groß. Es waren prächtige Gestalten von gleicher Hautfarbe wie die übrigen Indianer. Sie waren überdies sehr entgegenkommend und nahmen unsere Matrosen äußerst höflich auf. Scheinbar waren sie uns sehr zugetan. Unsere Leute erzählten, daß zwei Häuptlinge, die sie für Vater und Sohn hielten, ihnen aus der Masse des Volkes entgegenkamen und sie zu einem sehr großen Hause führten, das mit Fassaden verziert war. Dieses Haus war nicht rund und zeltartig wie die andern Häuser. Im Innern befanden sich viele Schemel, auf die unsere Leute sich setzen mußten. Die Indianer ließen sich daneben nieder. Es wurde Brot gebracht, dazu Früchte aller Art, roter und weißer Wein, der nicht aus Weintrauben gewonnen war, sondern allem Anschein nach aus verschiedenen Früchten, vor allem aus Mais, einer Pflanze, die eine Ähre wie der Weizen trägt. Sie wuchs hier in großer Menge. Einige davon nahm ich mit nach Spanien. Die Männer saßen zusammen auf der einen Seite des Hauses, die Frauen auf der andern. Sie bemühten sich gegenseitig eifrig, Nachrichten über ihre Heimatländer zu erhalten. Nachdem unsere Leute im Hause des älteren Indianers bewirtet worden waren, nahm sie der jüngere in seine Hütte und bereitete ihnen den gleichen herzlichen Empfang. Darauf kehrten die Matrosen zu den Booten zurück und kamen an Bord. Ich lichtete sogleich die Anker. Denn ich hatte Eile, um die Lebensmittel zu retten, die zu Ende gingen, und die ich mit so großer Mühe und Sorge zusammengebracht hatte. Ich mußte außerdem auf meine Gesundheit achten, die durch langes Wachen angegriffen war. Obgleich ich auf meiner letzten Reise 33 Tage ohne Schlaf und Ruhe zugebracht und beinahe das Augenlicht verloren hatte, schmerzten doch jetzt meine Augen unter Bluten viel stärker als bei der früheren Reise.

Aus: Christoph Columbus. Bordbuch. Briefe. Berichte. Dokumente. Ausgewählt, eingeleitet und erläutert von Ernst Gerhard Jacob. Bremen (Carl Ed. Schünemann) o. J. (1956), S. 255–262 [die Anmerkungen Jacobs sind leicht gekürzt].

36. Vicente Yáñez Pinzón stößt als erster Europäer auf Brasilien und die Amazonas-Mündung (Januar 1500)

Vicente Yáñez Pinzón aus der berühmten Seemanns- und Reederfamilie in Palos hatte auf der ersten Reise des Kolumbus die Niña geführt, sein Bruder Martín Alonso die Pinta. 1495 hatte er bereits eine Lizenz für eine eigene Westfahrt erhalten, die aber nicht zustande kam. Drei oder vier Jahre später scheint es ihm gelungen zu sein, auf irgendeine Weise Einblick in die Kolumbus-Karte von 1498 zu nehmen. Er rüstete daraufhin eine neue Flotte von vier Karavellen aus, die Anfang Dezember 1499 in See stach. Am 20. Januar 1500, nach einer der raschesten Atlantiküberquerungen für Jahrhunderte, traf er südlich des Äquator vermutlich beim heutigen Cabo São Roque auf Land, das er irrtümlich für Spanien in Besitz nahm (es lag auf der portugiesischen Seite der Linie von Tordesillas). Damit scheint er der erste Entdecker gewesen zu sein, der Brasilien anlief, drei Monate vor dem Portugiesen Cabral. Vom Cabo São Roque fuhr er die südamerikanische Küste entlang nach Norden, entdeckte die Amazonas-Mündung, in die er 50 Meilen hineinsegelte, und erreichte Ende Juni 1500 Santo Domingo.
   Lit.: Samuel Eliot Morison: The European Discovery of America. The Southern Voyages A.D. 1492–1616. New York 1974 – Louis-André Vigneras: The Discovery of South America and the Andalusian Voyages. Chicago-London 1976.   Sch

Vicente Yáñes mit dem Beinamen Pinzón und Arias Pinzón, sein Neffe, hatten den Admiral Kolumbus auf seiner ersten Fahrt begleitet. Sie waren von ihm als Kapitäne der zwei kleineren Schiffe, die – wie oben gesagt – Karavellen heißen, angeworben worden. Die Größe der neuentdeckten Räume und Länder lockte sie erneut; sie erbauten auf eigene Kosten 4 Karavellen in der Hafenstadt, wo sie geboren waren, die von den Spaniern Palos genannt wird. Sie liegt an der Küste des Westmeeres.
   Nachdem die Pinzóns von den Königen die Erlaubnis zur Fahrt erhalten hatten, stachen sie um den 1. Dezember des Jahres 1499 in See. Der Abfahrtshafen ist von Cádiz 72 Meilen, von Sevilla, dem Handelsplatz in Andalusien, 64 Meilen entfernt. Alle Einwohner der Stadt Palos sind ohne Ausnahme am Seewesen interessiert und betreiben Schiffahrt. Die Pinzóns nahmen zuerst Kurs auf die Glückhaften Inseln der Hesperiden, d. h. die Kapverden, die andere auch als die Inseln der Meduse Gorgo[1] bezeichnen. Die Entdecker segelten geradewegs nach Süden. Von der Hesperiden-Insel, die von den portugiesischen Besitzern San Diego genannt wird, fuhren sie am 13. Januar in südwestlicher Richtung weiter, d. h. in der Mitte zwischen Süd und West. Nachdem die Pinzóns, diesem Winde folgend, 300 Leugen [Leguas] zurückgelegt zu haben glaubten, verloren sie den Polarstern aus der Sicht. Als der ihren Blicken entschwunden war, erhob sich ein Unwetter mit Sturmwinden, Was-

---

[1] Die Medusen Gorgo und Stheno waren Ungeheuer der griechischen Sage; sie sollten ihren Wohnsitz im Westen jenseits des Ozeans haben. Brausen und Stürme des Meeres, Flut und Ebbe wurden auf sie zurückgeführt.

serwirbeln und hohen Wogen. Wenn auch unter großer Gefahr, so segelten die kühnen Männer doch immer mit dem gleichen Wind weitere 240 Leugen, wobei der Polarstern sich ihnen nicht mehr zeigte.

Zwischen den Pinzóns und den Philosophen, Dichtern und Kosmographen des Altertums besteht daher die Streitfrage, ob das Gebiet am Äquator bewohnbar oder überhaupt nicht betretbar sei[2]. Unsere Seefahrer behaupten, es werde von zahlreichen Völkern besiedelt, jene dagegen schrieben, wegen des geraden Einfalls der Sonnenstrahlen biete es überhaupt keine Lebensmöglichkeit. Trotzdem fehlte es auch im Altertum nicht an Stimmen, welche die Bewohnbarkeit dieses Gebietes zu beweisen suchten. Als ich die Seeleute fragte, ob sie einen Polarstern des Südens gesehen hätten, gaben sie die Antwort, sie hätten keinen unserem nördlichen ähnlichen Stern bemerkt, der immer an einer Stelle wahrnehmbar sei. Aber ein anderes Sternbild[3], so erklärten sie, hätten sie beobachtet und einen dichten und wolkigen Dunst am Horizont, der den Blick stark behinderte. Auch sie behaupteten, die Erdkugel habe in der Mitte eine Wölbung; die verhindere, daß der südliche Pol sichtbar werde, bevor man über diese Ausbauchung ganz hinweggekommen sei. Sie wollen aber Sternbilder gesehen haben, die von denen unserer Hemisphäre ganz verschieden sind. Dies erzählten sie, und Du[3a] sollst es wissen. Die Pinzóns sind zwar einfache Leute und können keine Rätsel lösen wie Ödipus[4].

Am 20. Januar 1500 sichteten die Seefahrer endlich in der Ferne Land[5]. Und da sie sahen, daß das Meerwasser trübe war, warfen sie das Bleilot aus und fanden eine Tiefe von 16 Klafter; für Klafter sagt man gewöhnlich auch Faden[6]. Sie fuhren näher zur Küste, gingen an Land und blieben dort zwei Tage. Während dieser Zeit sahen sie aber keinen Menschen, obwohl menschliche Spuren am Strand wahrzunehmen waren. Nachdem die Pinzóns in die Bäume und Felsen am Ufer die Namen ihres Königs und ihre eigenen sowie die Nachricht von ihrer Landung eingeritzt hatten, stachen sie wieder in See. Nicht weit von diesem Rastplatz hielten sie nachts auf ein Feuer zu und entdeckten Angehörige eines Volksstammes, welche die Nacht in einem Lager unter freiem Himmel verbrachten. Die Seefahrer beschlossen, diese Leute nicht vor Sonnenaufgang zu stören. Bei Tagesanbruch rückten 40 Spanier bewaffnet gegen jene vor. Ihnen traten 32 Eingeborene entgegen, die Bogen und

---

[2] Die Bewohnbarkeit der äquatorialen Zone war durch die portugiesischen Seefahrer des 15. Jahrhunderts bereits bewiesen.

[3] Kreuz des Südens und südliche Milchstraße.

[3a] Buch 9 der 1. Dekade des Peter Martyr von Anghiera ist an den Kardinal Ludwig von Aragón gerichtet, einen Großneffen Ferdinands des Katholischen von Aragón.

[4] P. M. spielt hier auf einen Vers aus Terenz' „Andria" (I 2) an: „Davus (ein unwissender Sklave), non Oedipus sum." P. M. setzt die zwei Eigennamen in den Plural. – Ödipus, griechische Sagengestalt, löste bekanntlich das Rätsel von den drei Lebensaltern der Menschen, das die Sphinx den Vorübergehenden aufgab.

[5] Die vorspringende Küste Brasiliens südlich des Äquators nahe bei Kap Augustin, auf 8° 19'. – Die Pinzóns nannten es Cabo de la Consolación.

[6] Klafter oder Faden = 1,70 m.

Pfeile trugen und zum Kampf entschlossen waren. Weitere, in gleicher Weise ausgerüstet, folgten ihnen. Die Menschen dieser Rasse waren, wie die Spanier berichteten, größer als Deutsche oder Ungarn. Zunächst musterten die Eingeborenen mit drohenden und finsteren Blicken die Ankömmlinge. Diese meinten, man dürfe es nicht zu einem Kampf kommen lassen; ich weiß nicht, ob sie Furcht davor hatten oder die Absicht hegten, jene am Davonlaufen zu hindern. Jedenfalls suchten sie die Wilden durch schmeichelnde Worte und Anbieten von Geschenken heranzulocken. Diese wollten sich aber mit den Spaniern auf keinen Handel einlassen und wiesen, immer kampfbereit, jede Unterhaltung ab. Gleichgültig nahmen sie die Reden und Winke der Unsrigen hin.

So zogen sich beide Parteien zurück. Mitten in der Nacht aber räumten die Eingeborenen den Platz, den sie besetzt gehabt hatten und machten sich davon. Man nahm an, es sei ein Nomadenstamm gewesen wie die Skythen, die mit ihren Frauen und Kindern ohne feste Wohnsitze umherziehen und von den natürlichen Erträgen des Landes leben. Einige Spanier, die die Fußspuren jener auf dem Boden gemessen hatten, versicherten unter Eid, diese seien doppelt so groß gewesen wie die ihrer Landsleute mittlerer Größe.

Auf der Weiterfahrt entdeckten die Pinzóns einen Fluß, der aber nicht so tief war, daß die Karavellen hätten einfahren können. Die Kapitäne schickten also Bewaffnete in vier Ruderbooten auf Kundschaft zum Lande. Diese erblickten auf dem Hügel nahe dem Ufer eine Schar Eingeborener. Die Spanier luden die Wilden durch einen Abgesandten, der sich an Land begab, zum Warentausch ein. Jene wollten offenbar den Boten ergreifen und fortführen. Da dieser ein Glöckchen zu ihnen hinwarf, um sie anzulocken, schleuderten jene aus der Ferne einen Barren Gold, der eine Elle lang war, zu dem Spanier. Als dieser sich vornüberbeugte und das Gold aufheben wollte, umzingelten ihn die Eingeborenen überraschend und wollten ihn festnehmen. Der aber schützte sich mit seinem Schild und seinem Schwert, die er bei sich trug, gegen die Angreifer, bis seine Kameraden von den Booten ihm zu Hilfe kamen.

Ich muß mich hier kurz fassen, weil Du mir besorgt Deine Abreise als bevorstehend mitteilst. Die Eingeborenen töteten mit ihren Pfeilen und Wurfspeeren 8 Spanier und verwundeten mehrere andere. Sie umringten dann die Boote an der Flußmündung, stürmten verwegen zum Nahkampf vor und packten vom Ufer aus die Bootswände. Zwar machten unsere Leute mit ihren Lanzen und Schwertern einige Angreifer gleich Schafen nieder; die Eingeborenen waren nämlich nackt wie Tiere. Trotzdem wichen sie nicht zurück. Eines der Boote entrissen sie sogar den Unsrigen. Es war zwar bis auf den Steuermann unbesetzt; der aber war von den Angreifern mit einem Speer durchbohrt und getötet worden. Die übrigen Fahrzeuge entkamen zu den Schiffen. So verließen die Spanier jene kriegerischen Männer.

Betrübt über die Toten fuhren die Entdecker nach Nordwesten[7] entlang der

---

[7] Damit beginnt die Rückfahrt der Pinzóns entlang der Nordostküste Südamerikas.

Küste weiter. Sie hatten ungefähr 40 Leugen zurückgelegt, als sie in einen
Meeresteil mit so süßem Wasser kamen, daß sie darin die Krüge frisch füllen
konnten. Auf der Suche nach dem Ursprung des süßen Wassers entdeckten sie
einige reißende Flußläufe[8], die mit großem Wogenschwall von gewaltigen
Bergen herabströmten. In diesem Meerarm lagen zahlreiche Inseln mit frucht-
barem Boden und dichter Besiedlung. Die Einwohner waren freundlich und
umgänglich, konnten aber den Fremden wenig Brauchbares liefern; denn sie
besitzen keines der ersehnten Erzeugnisse wie Gold und Edelsteine. Die Spanier nahmen 36 Gefangene von dort mit.

Der einheimische Name für die ganze Gegend ist Maraitambal[9], für das
Gebiet im Osten des Flusses Camomorus, für das im Westen Paricora. Die
Einwohner erklärten, weiter landeinwärts fänden sich große Mengen Gold.
Die Pinzóns fuhren dann nördlich von diesem Fluß in gerader Richtung weiter, soweit es die Biegungen der Meeresküste zuließen. Schließlich sahen sie
auch den Polarstern wieder. Dieses Gebiet am Ozean hängt mit dem perlen-
reichen Paria zusammen, das schon Kolumbus, der Anreger all der Entdek-
kungen – wie wir sagten – gefunden hatte. Die ganze Küste steht mit der Drachenmündung in Verbindung, über die wir früher sprachen, und mit den Gebieten von Cumana, Mancapana, Curiana, Cauchieta und Cauchibacoa[10].
Man glaubte deshalb, dies sei der asiatische Kontinent mit Indien und dem
Gangesgebiet. Denn die weite Ausdehnung verbietet offensichtlich, dieses
Land für eine Insel zu halten, es sei denn, daß man die gesamte Festlandmasse
im weiteren Sinn als Insel bezeichnen darf.

Von der Landspitze an, wo man den Polarstern aus den Augen verliert, fuhren die Spanier in einem fort in westlicher Richtung etwa 300 Leugen[11] auf Paria zu. In der Mitte ihrer Küstenfahrt trafen sie auf den Fluß Maragnon[12], der
so breit sein soll, daß ich die Angabe für übertrieben halte. Als ich später die
Kapitäne fragte, ob das nicht ein Meer gewesen sei, das zwei Länder trenne,
antworteten sie mir, das Wasser in der Mündung sei süß gewesen, und je weiter flußaufwärts man gekommen sei, um so süßer sei es geworden. Auch Inseln
habe es in dem Strom gegeben und Süßwasserfische. Kühn behaupteten sie,

---

[8] Wahrscheinlich Deltamündung des Mearim bei der heutigen Stadt São Luis, kaum des Amazonas, der weiter unten ausdrücklich genannt wird.

[9] Maraitambal, Camomorus, Paricora: nicht genau lokalisierbare Landschaften im nordöstlichen Brasilien.

[10] Cumana, Mancapana, Curiana, Cauchieta, Cauchibacoa: offenbar ist dies die Reihenfolge
der Gebiete von Paria bis zum Golf von Maracaibo, wie sie auf der Seefahrerkarte eingezeichnet
waren, die die Pinzóns nach der dritten Fahrt des Kolumbus erhalten hatten. Diese lang verschollene Karte ist in dem türkischen Weltbild des Piri Re'is aus dem Jahr 1513 wiedergefunden worden. Vgl. Paul Kahle: Die verschollene Columbus-Karte von 1498 in einer türkischen Weltkarte
von 1513. Berlin-Leipzig 1933.

[11] Die Entfernungsangabe 300 Leugen = 1800 km vom Äquator bis Paria entspricht ungefähr
der Wirklichkeit.

[12] Der von den Pinzóns entdeckte Amazonenstrom, dessen Oberlauf heute noch Marañon
heißt. Nach einer Stromlänge von 6500 km mündet er in vielfach verästelten Armen, die die Insel
Marājo umschließen, auf einer Breite von 250 km ins Meer.

der Fluß sei über 30 Leugen breit gewesen, und in so gewaltigem Lauf ergieße er sich ins Meer, daß dieses vor seiner Strömung zurückweiche. Wenn wir bedenken, wie groß der nördliche und südliche Mündungsarm der Donau sein sollen und wie weit beide noch die Meeresflut beeinflussen und den Seefahrern süßes Wasser bieten, dann werden wir uns über die Angabe der Pinzóns nicht mehr wundern, mag auch die Größe des Flusses von ihnen übertrieben worden sein. Welche Macht sollte die Natur daran hindern können, einen Fluß zu erschaffen, der noch mächtiger ist als die Donau?

Aus: Peter Martyr von Anghiera: Acht Dekaden über die Neue Welt. Übersetzt, eingeführt und mit Anmerkungen versehen von Hans Klingelhöfer. Bd. 1. Darmstadt (Wissenschaftliche Buchgesellschaft) 1972, S. 107–110 [Die Anmerkungen Klingelhöfers sind teils gekürzt, teils erweitert].

37. Pedro Álvares Cabral nimmt Brasilien für Portugal in Besitz (April 1500)

Im September 1499 war Vasco da Gama von seiner ostindischen Entdeckungsreise nach Lissabon zurückgekehrt. Seine Fahrt hatte für Portugal bedeutende Möglichkeiten des Handels eröffnet, die es nunmehr abzusichern und auszubauen galt. Mit einem entsprechenden Auftrag verließ am 9. März 1500 eine aus 13 Schiffen bestehende Flotte unter dem Oberbefehl von Pedro Álvares Cabral den Hafen der portugiesischen Hauptstadt.

Vasco da Gama selbst hatte Cabral dahingehend instruiert, er solle auf seinem Weg entlang der afrikanischen Westküste nach Süden den Golf von Guinea wegen der dort häufig vorkommenden Windstillen in Höhe der Kapverden in südwestlicher Richtung umfahren, um später in ostwärtige Richtung abzudrehen und über das Kap der Guten Hoffnung in den Bereich des Indischen Ozeans zu gelangen. Meeresströmung und Windverhältnisse trieben jedoch Cabral weiter als ursprünglich vorgesehen in westliche Richtung. So kam am 22. April 1500 die brasilianische Küste in der Höhe von Porto Seguro in Sicht. Man warf Anker und nahm das Land für die portugiesische Krone in Besitz.

Auch wenn der Festlandscharakter der „Terra de Vera Cruz" noch unbekannt war, so erkannte Cabral doch sogleich die strategische Bedeutung des neuentdeckten Gebietes als Zwischenstation auf dem Wege nach Indien. Daneben mußte die Neuentdeckung von hoher politischer Bedeutung in den Auseinandersetzungen zwischen Portugal und Spanien um die Abgrenzung ihrer überseeischen Einflußgebiete und Besitzungen im Zusammenhang der Auslegung des Vertrags von Tordesillas sein.

So ist es zu erklären, daß sofort nach Vollzug der Besitzergreifung ein Schiff der Flotte Cabrals nach Lissabon zurückgeschickt wurde, um König Manuel I. die wichtige Nachricht zu überbringen. Zur eingehenderen Unterrichtung des Königs hatte Pero Vaz de Caminha, der Sekretär Cabrals, eine ausführliche Beschreibung der Landnahme in Brasilien verfaßt, aus der im folgenden ein Auszug abgedruckt ist.

Lit.: Max Justo Guedes: O Descobrimento do Brasil. São Paulo 1966 – Jaime Cortesão: A carta de Pero Vaz de Caminha. Lisboa 1967 (Obras Completas. Vol. XIII) – William Brooks Greenlee (ed.): The voyage of Pedro Álvares Cabral to Brazil and India. Nendeln/Liechtenstein 1967 (Hakluyt Society. 2nd ser. Vol. LXXXI).   MM

[...] Am Morgen des folgenden Mittwochs [22.4.1500] sahen wir Vögel, die man Seemöven nennt, und in den Abendstunden desselben Tages war Land in Sicht. Zuerst sahen wir einen großen Berg, sehr hoch und rund; dann erblickten wir südlich von ihm niedrigere Hügel und flaches Land mit großen Wäldern. Diesem hohen Berg gab der Kapitän den Namen Monte Pascoal [Osterberg][1] und dem Land den Namen Terra de Vera Cruz[2]. Dann befahl er, das Lot auszuwerfen. 25 Faden wurden gemessen. Gegen Sonnenuntergang, vielleicht sechs Meilen vom Festland, bei 19 Faden Tiefe, warfen wir Anker auf gutem Ankergrund. Dort lagen wir die ganze Nacht. Am Morgen des Donnerstages [23.4.] setzten wir Segel und fuhren auf das Land zu, die kleinen Schiffe an der Spitze, [...] bis auf eine halbe Meile vom Festland, wo wir alle gegenüber der Mündung eines Flusses [...] Anker warfen. Von Bord aus konnten wir Menschen am Strande erkennen, vielleicht sieben oder acht, wie man von den kleineren Schiffen mitteilte, die zuerst ankamen. Boote und Kähne wurden nun zu Wasser gelassen. Bald darauf kamen alle Kapitäne an Bord des Führerschiffes zur Besprechung. Der Kapitän befahl Nicolao Coelho, den Fluß mit einem Boot zu erkunden. Als dieser sich dem Lande näherte, liefen Eingeborene zu zweit und zu dritt zum Strand, so daß sich dort, als das Boot zur Mündung des Flusses kam, schon 18 bis 20 aufhielten.

Braun, nackt, ohne irgendwie ihre Scham zu bedecken, hielten sie in den Händen Bogen und Pfeile. So liefen sie geradewegs auf das Boot zu. Nicolao Coelho bedeutete ihnen durch Zeichen, die Bogen niederzulegen. Sie taten es. Eine Verständigung mit ihnen war bei der starken Brandung des Meeres unmöglich. Coelho schleuderte ihnen ein rotes Barett *(barrete)*, eine leinene Pudelmütze *(carapuça)*, die er trug, und einen schwarzen Hut zu. Einer von ihnen warf darauf eine Kopfbedeckung aus langen Vogelfedern zurück, mit einer Spitze aus roten und grauen Federn, wie die der Papageien. Ein anderer schenkte eine große Schnur mit kleinen weißen Muscheln, die aus Perlmutt zu bestehen scheinen. Diese Sachen sendet, wie ich glaube, der Kapitän Eurer Hoheit. Darauf kehrte Coelho zum Schiff zurück, da es schon spät war und das Rauschen des Meeres jede Verständigung verhinderte. [...]

Für den Morgen des Sonntag [26.4.] nach Ostern ordnete der Kapitän Messe und Predigt auf jener Insel an. Er befahl allen Kapitänen der Schiffe, sich zu versammeln und ihm mit den Booten zu folgen. So geschah es. Auf der

---

[1] Noch heute heißt dieser Berg *Monte Pascoal*. Mit einer Höhe von 356 m ist er einer der höchsten Berge in der Provinz Bahía. Die Namensgebung hängt wahrscheinlich mit den Osterfeierlichkeiten zusammen, die zur Zeit der Entdeckung stattfanden.

[2] Der Name steht in mehrfacher Beziehung zu Cabral und den Mitgliedern seiner Flotte. Cabral war Ritter des Christusordens, der ein rotes Kreuz auf weißem Grund in seiner Fahne führte. Das gleiche Zeichen trugen auch die Großsegel von Cabrals Flotte. Auch eine Bezugnahme auf das Kreuz des Südens, unter dem Cabrals Flotte viele Nächte lang gesegelt war, ist denkbar. Da zunächst der Festlandscharakter Brasiliens unbekannt war, ist in verschiedenen Quellen auch von einer *Ilha de Santa Cruz* die Rede. Bevor sich wegen des ökonomisch bedeutenden Handels mit Brasilholz der Namen Brasilien endgültig durchsetzte, war auch die Bezeichnung *terra de papagaios*, Papageienland, gebräuchlich.

Insel ließ er einen Thronhimmel und unter ihm einen wohlgerüsteten Altar errichten. Und hier in unser aller Gegenwart ließ er eine Messe lesen, die der Pater Frei Henrique intonierte, begleitet von den übrigen, ministrierenden Patres und Geistlichen. Nach meinem Eindruck wurde die Messe von allen mit großer Freude und Andacht gehört. Hoch neben dem Kapitän wehte die Fahne Christi[3], mit der er Belém verlassen hatte [. . .].

Und heute am Freitag, dem 1. Mai, gingen wir gegen Morgen mit unserer Fahne an Land. Wir landeten oberhalb des Flusses, nach Süden zu, wo es uns günstiger schien, das Kreuz aufzupflanzen, da es dort besser gesehen werden kann [. . .]. Wir fanden schon 70 oder 80 Eingeborene vor. Als sie uns kommen sahen, sprangen einige unter das Kreuz, um uns zu helfen [. . .]. Nachdem das Kreuz errichtet war, an das wir vorher Eurer Hoheit Wappen und Spruch geschlagen hatten, errichteten wir zu seinen Füßen einen Altar. Hier las Pater Frei Henrique die Messe, bei der die schon erwähnten Geistlichen sangen und ministrierten. Bei uns befanden sich 50 oder 60 Eingeborene, kniend wie wir alle. Als wir an das Evangelium kamen und uns alle mit emporgestreckten Händen aufrichteten, taten sie es mit uns, erhoben die Hände und blieben so bis gegen Ende, um sich dann wieder mit uns zu setzen. Als wir Gott dankten und uns hinknieten, taten sie wie wir und verhielten sich mit erhobenen Händen derart ruhig, daß es uns – ich versichere es Eurer Hoheit – mit großer Rührung erfüllte. [. . .] Wie mir und allen erschien, fehlt diesem Volk, um völlig christlich zu sein, nichts weiter als die Kenntnis unserer Sprache, denn sie faßten all unser Tun wie wir selbst auf [. . .].

Bis jetzt konnten wir noch nicht erfahren, ob es Gold oder Silber, Metallsachen oder Eisen gibt; wir sahen auch nichts dergleichen. Immerhin hat das Land an und für sich ein sehr gutes Klima, frisch und gemäßigt wie in Entre Douro und Minho. Zu dieser Jahreszeit fanden wir es wie dort. Gewässer sind unzählige dort. Und das Land ist derart lieblich, daß in ihm, wenn man es ausnutzen will, dank seines Wasserreichtums alles gedeihen wird. Aber der größte Gewinn, den man von ihm haben kann, ist meiner Meinung nach die Bekehrung der Eingeborenen. Und sie muß der wichtigste Samen sein, den Eure Hoheit hier ausstreuen sollten. Und wenn man an dem Lande nichts weiter als einen Zwischenlandungsplatz auf dem Seeweg nach Calicut haben sollte, würde es genügen. Ganz abgesehen einmal von der Gelegenheit, den innigen Wunsch Eurer Hoheit zu erfüllen: die Verbreitung unseres heiligen Glaubens.

Aus: A. Fontour a da Costa (ed.): Os Sete Unicos Documentos de 1500. Conservados em Lisboa, referentes à viagem de Pedro Álvares Cabral. Lisboa 1968, S. 66–92.   MM

---

[3] Gemeint ist die Fahne des Christusordens.

38. Amerigo Vespucci berichtet Lorenzo di Pier Francesco de' Medici über die Bewohner der Neuen Welt (1502)

Cabral hatte nach der Auffindung Brasiliens am 22. April 1500 unverzüglich ein Schiff aus seinem Flottenverband nach Lissabon zurückgeschickt, um die portugiesische Krone über das vorgefundene Land jenseits des Atlantik in Kenntnis zu setzen. 1501 sandte König Manuel I. eine Flotte von drei Karavellen unter dem Kommando von Gonçalo Coelho aus, um im Zuge einer eigenständigen Expedition die brasilianische Küste im einzelnen erforschen zu lassen. An Bord des Flaggschiffs befand sich als Passagier in der Funktion eines Beobachters auch der Florentiner Amerigo Vespucci, der ungeachtet seiner Stellung an Bord u. a. wichtige Navigationsaufgaben wahrnahm.

Vespucci (1451–1512) hat nach eigenem Bekenntnis vier Fahrten in die Neue Welt unternommen, von denen die heutige Forschung aber nur die zweite und dritte (1499/1500 zur Nordostküste Südamerikas, 1501/1502 zur brasilianischen Küste) als tatsächlich durchgeführt ansieht. Er war erstmals 1490 nach Sevilla gekommen, wirkte dort als Mitglied der einflußreichen italienischen Kaufmannskolonie und als Mann von beträchtlicher Bildung bei der Vorbereitung der zweiten und dritten Reise des Kolumbus mit, war kurze Zeit in Lissabon tätig – von dort aus nahm er an der Expedition des Coelho teil – und wurde 1508 Chefpilot *(Piloto Mayor)* der spanischen Überseehandelskontrollbehörde, der sogenannten Casa de la Contratación. Während seine Teilnahme an der Reise des Ojeda 1499/1500 auf den Spuren der Kolumbus-Reise von 1498 entdeckungsgeschichtlich ohne weiterführende Ergebnisse blieb, gewann seine Teilnahme an der Fahrt Coelhos 1501/1502 große Bedeutung: Diese Expedition stieß beim Cabo São Roque (nördlich des heutigen Natal) auf die brasilianische Küste und folgte ihr nach Süden. Wie weit, ist in der Forschung allerdings stark umstritten: Vespucci selber gibt in seinen später berühmt gewordenen Schriften an, auf dieser Fahrt bis 50° s. Br. gekommen zu sein, d. h. fast bis Feuerland. Das gilt den meisten Historikern als nicht ganz glaubwürdig, vor allem deshalb, weil Vespucci mit keinem Wort den Río de la Plata erwähnt, jene eindrucksvolle Bucht, die er zweifellos beschrieben hätte, wenn er in sie eingefahren wäre. Wenn er an anderer Stelle betont, daß die Expedition so weit südlich kam, daß man sowohl den Großen wie den Kleinen Bären nicht mehr sah, so bedeutet das allerdings – vorausgesetzt, daß der Autor die Wahrheit sagt –, daß immerhin eine südliche Breite von wenigstens 34–35° erreicht wurde[1], also eine Position, die gerade etwas nördlich der La Plata-Mündung gelegen hätte.

Vespuccis eigentliche Bedeutung liegt darin, daß er als einziger unter den frühen Brasilienfahrern eine durch Liebe zum Detail ausgezeichnete, überaus einfühlsame und lebendige Schilderung der angetroffenen Gegebenheiten,, insbesondere der Eingeborenenkultur der Guaraní, gab. So ist eines der wichtigsten Zeugnisse der heutigen Frühgeschichts- und ethnographischen Forschung Brasiliens der Brief, den er im

---

[1] Für eine gründliche, sachkundige Beratung in dieser Frage, zu der die geographischen wie historischen Autoren von A. v. Humboldt bis zu S. E. Morison die abenteuerlichsten Auffassungen vertreten, danke ich Fregattenkapitän Szillies (Marineschule Mürwik in Flensburg), Kapt. Ulrich Schaefer (Hamburg) und besonders Kapt. Prof. Christof Marcus (Hochschule für Nautik, Bremen).

Herbst 1502 an Lorenzo di Pier Francesco de'Medici schrieb: der sogenannte Bartolozzi-Brief[2], der im folgenden wiedergegeben ist.

Im übrigen kam Vespucci noch zu Lebzeiten unter seinen Zeitgenossen, besonders in den zahlreichen europäischen Humanistenzirkeln, zu hohem Ansehen. Seine anschaulichen Berichte und Reflexionen über die Neue Welt fanden starke Resonanz und wurden in fast alle europäische Sprachen übersetzt. Vespucci hat wohl als erster ganz klar erkannt und in seinen Schriften vertreten, daß Südamerika einen eigenen Kontinent darstellt. Von ihm stammt der Begriff „Mundus novus" als Bezeichnung für den von Kolumbus entdeckten Kontinent. Insofern war die Benennung dieser Neuen Welt nach seinem Vornamen „Amerigo" durch Ringmann und Waldseemüller im Jahr 1507 (vgl. Dok. 3) eine nicht unberechtigte Konsequenz. Die zunächst nur für Südamerika gebrauchte Bezeichnung „Amerika" wurde 1538 von dem Kartographen Mercator auf das ganze heutige Amerika übertragen und hat sich seither durchgesetzt.

Lit.: H. Harrisse: Americus Vespuccius. London 1895 – Kurt Trübenbach: Amerigo Vespuccis Reise nach Brasilien in den Jahren 1501–1502. Plauen i. V. 1898 (Wiss. Beilage zu dem Programm der städt. Realschule zu Plauen i. V. Ostern 1898. Progr. Nr. 605) – F. W. Paul Lehmann: Amerigo Vespucci als Kosmograph und Nautiker. In: Geographische Zeitschrift 27 (1921), S. 145–154 – A. Magnaghi: Amerigo Vespucci. Roma 1926 – Frederick J. Pohl: Amerigo Vespucci. Pilot Major. [1]1944, New York [2]1966 – Américo Vespucio: El Nuevo Mundo. Cartas relativas a sus viages y descubrimientos. Textos en Italiano, Español e Inglés. Estudio preliminar de Roberto Levillier. Buenos Aires 1951 – Amerigo Vespucci nel V centenario della nascita. [Firenze] 1954 (Numero speziale della Rivista geografica italiana) – Questioni e polemiche Vespucciane. Parte I und II (Memorie geografiche. Vol. II und III). Ed. Giuseppe Caraci. Roma 1955 und 1956 – Giuseppe Caraci: Documentazione, cartografia, polemica e metodo nello studio della questione Vespucciana (Memorie geografiche. Vol. IV). Roma 1958 – José Alberto Aboal Amaro: Amerigho Vespucci. Ensayo de bibliografía crítica. Madrid 1962 – Roberto Levillier: Américo Vespucio. Madrid 1966 – Vicente D. Sierra: Amerigo Vespucci. El enigma de la historia de América. Madrid 1968 – Samuel Eliot Morison: The European Discovery of America. The Southern Voyages A. D. 1492–1616. New York 1974.   Sch

Abschrift eines Briefes von Amerigo Vespucci an Lorenzo di Pier Francesco de'Medici aus dem Jahre 1502, geschrieben in Lissabon nach ihrer [der Expedition] Rückkehr von dem neu entdeckten Land, nach dem er im Auftrage Seiner Majestät, des Königs von Portugal, gesucht hatte.

Hochverehrter Lorenzo, ich grüße Euch mit schuldigstem Respekt.

In meinem letzten Brief an Eure Magnifizenz aus Capo Verde, einem Ort vor der Küste von Guinea, schilderte ich Euch die erste Etappe meiner Reise;

---

[2] Benannt nach dem Gelehrten Bartolozzi, der im Jahre 1789 eine aus dem frühen 16. Jahrhundert stammende Kopie dieses bis dahin unbekannten Briefes vom September 1502 im damaligen Codice Strozziano 318 (heute: Codice Galileiano 292) der Biblioteca Nazionale in Florenz auffand. Bartolozzi veröffentlichte seinen Fund allerdings in einer wissenschaftlich unzulänglichen Transskription: Seine Fassung enthält etwa 30 Lesefehler und läßt mehrere Zeilen des Textes vermissen. Ungeachtet dieser Mängel ist der Brief bislang ausschließlich in der Bartolozzi-Fassung nachgedruckt worden, so daß es notwendig war, für die folgende deutsche Übersetzung eine neue Transskription des Originaltextes vorzunehmen, die ich Dr. Carlo Milan und Dott.[ssa] Monti verdanke.

dieser soll Euch von ihrem Verlauf und Ihrem Ende Nachricht geben, wie folgt. Es gab von Anfang an keine Schwierigkeiten. Wir brachen von besagtem Capo Verde auf, versorgt mit allem Nötigen, wie Wasser, Holz und den anderen für eine Fahrt über den Ozean auf der Suche nach neuen Ländern notwendigen Mitteln, und so lange segelten wir vor dem Wind Richtung Südsüdwest, bis wir am 64. Tag auf ein unbekanntes Land stießen, das wir aus vielen Gründen, die im folgenden sichtbar werden, für Festland hielten: dieses Land durchzogen wir über 800 Meilen *(leghe)* in einer Richtung, nämlich ein Viertel Südwest gegen West, und wir fanden es dicht bewohnt, und ich sah wunderbare Dinge Gottes und der Natur, worauf ich beschloß, Eurer M. [Magnifizenz] über einen Teil Bericht zu erstatten, so wie ich es immer mit meinen anderen Reisen gehalten habe.

Wir durchfuhren diese Meere, bis wir in die tropische Zone kamen und überschritten die Äquatorlinie nach Süden in der Richtung des Wendekreises des Steinbocks; und wir fuhren so weit, bis der Mittagspunkt 50° über meinem Horizont stand, und entsprechend lag meine Breite von der Äquatorlinie entfernt, und wir segelten 9³ Monate und 27 Tage, wir sahen weder den Nordstern, noch den Großen oder Kleinen Bären, dafür nach Süden hin viele leuchtend klare und schöne Sterne, die den Bewohnern der nördlichen Hälfte immer verborgen sind. Ich hielt ihre wunderbar kunstvollen Bewegungen und ihre Größe fest, indem ich ihre Kreisbewegungen sowohl nach dem Durchmesser errechnete, als auch mit Hilfe von Figuren darstellte, und viele andere Himmelsbewegungen hielt ich fest, die zu erwähnen gefährlich ist⁴. Die wichtigsten Dinge, die mir auf dieser Reise begegneten, habe ich in einem kleinen Werk⁵ gesammelt, mit dem ich mich erst, wenn ich Muße habe, befassen kann, um eine Erinnerung an mich nach meinem Tode zurückzulassen. Ich wollte Euch einen Auszug schicken, aber der Durchlauchtigste König selbst hat die Aufzeichnungen an sich genommen; wenn ich sie wiederhabe, werde ich es nachholen. In der Tat bin ich bei den Antipoden gewesen, ich habe ein Viertel der Erde umsegelt; mein Zenit bildete mit dem 40.⁶ Breitengrad der Be-

---

³ Bei der Zahlenangabe im Originaltext könnte es sich statt um die Ziffer 9 auch um die Ziffer 4 handeln.

⁴ Diese Bemerkung läßt die Vermutung aufkommen, daß Vespucci – wie beinahe alle seine Zeitgenossen – stark an den Einfluß bestimmter Planetenkonstellationen auf das Geschick der Menschen glaubte. Nach den Ephemeriden des Johannes Stöffler (Ausgabe 1549) fand im Jahr 1502 eine Konjunktion (bis auf 7′ Abstand) von Saturn und Mars im Zeichen der Zwillinge statt. Nach Auffassung der Zeit galt eine Konjunktion dieser beiden Planeten als ungünstig. Möglicherweise hat Vespucci sie am Himmel der südlichen Hemisphäre beobachtet, jedoch nicht erwähnen wollen (frdl. Mitteilung von Almut Fricke-Hilgers, Göttingen, und Prof. Dieter Wuttke, Bamberg).

⁵ Gemeint ist zweifellos das Ende 1503 oder Anfang 1504 gedruckte Werk „Mundus Novus", das rasch in alle großen Sprachen Europas übersetzt wurde. Es erlebte allein bis 1511 27 verschiedene Auflagen (vgl. Aboal Amaro, S. 100–111). In diesem Traktat drückte Vespucci die Auffassung aus, daß es sich bei dem von Kolumbus aufgefundenen Land im Westen um einen eigenständigen, der Alten Welt bisher nicht bekannten Kontinent handeln müsse: m. a. W. um eine „Neue Welt".

⁶ Bei der Angabe im Originaltext könnte es sich statt um 40 auch um die Zahl 60 handeln.

wohner der nördlichen Hälfte einen sphärischen rechten Winkel, und das genügt.

Nun zur Beschreibung des Landes, der Bewohner, der Tiere und Pflanzen und der anderen dem Menschenleben dienenden, von ihm geschaffenen Dinge, die wir an diesen Orten fanden. Dieses Land ist sehr anmutig; es ist von zahllosen grünen und gewaltigen Bäumen bewachsen, die nie ihr Laub abwerfen, einen sehr süßen und aromatischen Duft verbreiten und zahllose Früchte hervorbringen, von denen viele wohlschmeckend und gesund sind; das offene Land ist voller Kräuter und Blumen und Wurzeln, die sehr süß und wohlschmeckend sind, so daß ich mich manchmal über den süßen Duft von Kräutern und Blumen, den Geschmack von Früchten und Wurzeln so sehr wunderte, daß ich dachte, in der Nähe des irdischen Paradieses zu sein. Wie sollen wir die zahllosen Vögel schildern, ihre verschiedenen Gefieder, Farben, Gesänge, die Vielfalt von Art und Schönheit: ich will mich darüber nicht verbreiten, weil ich zweifle, ob mir geglaubt würde. Wer könnte die Waldtiere zählen, die Menge der Löwen, Panther, Katzen – nicht wie in Spanien, sondern bei den Antipoden –, so viele Luchse, Affen und Meerkatzen verschiedenster Art, und viele von gewaltigen Körpermaßen, und so viele andere Tiere sahen wir, daß ich glaube, so viele Arten hätten kaum in der Arche Noahs Platz gefunden, und so viele Wildschweine und Böcke und Hirsche und Damhirsche und Hasen und Kaninchen; aber Haustiere sahen wir keine.

Kommen wir zu den vernünftigen Wesen. Wir fanden das Land von Menschen bewohnt, die völlig nackt gingen, Männer und Frauen, ohne darüber die geringste Scham zu empfinden. Ihre Körper sind wohlgeformt und die Körperteile stehen im richtigen Verhältnis, die Farbe ist weiß, die Haare sind schwarz, der Bartwuchs dünn oder nicht vorhanden. Ich unternahm einiges, ihr Leben und ihre Bräuche kennenzulernen, weshalb ich 27 Tage unter ihnen aß und schlief, und folgendes erfuhr ich bei ihnen.

Sie haben keine Gesetze und keinen Glauben, sie leben der Natur gemäß. Sie haben keinen Begriff von der Unsterblichkeit der Seele, es gibt unter ihnen kein persönliches Eigentum, weil alles gemeinsam ist; sie kennen keine Bezeichnung für Reich und Provinz; sie haben keinen König: sie gehorchen niemandem, jeder ist sein eigener Herr, sie kennen keine Freundschaft, kein Recht, dessen sie nicht bedürfen, weil sie nichts bekommen; sie wohnen gemeinsam in Häusern, welche nach Art sehr großer Strohhütten gebaut sind, und bei Menschen, die weder Eisen noch ein anderes Metall kennen, sind diese Hütten wohl als bewundernswerte Häuser zu bezeichnen, denn ich habe welche gesehen, die 220 Schritt lang und 30 Schritt breit waren, und hervorragend gebaut, und in einem von ihnen wohnten 500, ja sogar 600 Menschen. Sie schlafen in frei aufgehängten Baumwollnetzen, ohne jede Bedeckung; beim Essen sitzen sie auf der Erde; sie essen Kräuterwurzeln und die besten Früchte, Fisch unbegrenzt, große Mengen Schellfisch, und Krabben, Austern, Heuschrecken und Krebse und vieles andere, was das Meer hervorbringt. Das Fleisch, das sie essen, vor allem in Gemeinschaft, ist Menschenfleisch, ich wer-

de das näher schildern. Können sie Fleisch von Landtieren und Vögeln bekommen, essen sie es, aber sie erbeuten, weil sie keine Hunde halten, wenig
davon, und die Erde ist mit dichten Wäldern voll wilder Tiere bedeckt, so daß
sie sich kaum in sie wagen, wenn sie nicht in großer Anzahl sind.

Die Männer haben die Sitte, sich Lippen und Wangen zu durchbohren und
in die Löcher dann Knochen oder Steine, und keine kleinen, zu stecken, und
die meisten von ihnen bringen sich drei Löcher bei, manche sieben und manche neun, in die sie Steine aus grünem und weißem Alabaster schieben, lang
und breit wie eine Katalanische Pflaume, es scheint mir wider die Natur; sie
sagen, sie täten es, um wilder auszusehen; es ist letztlich ein roher Brauch.

Sie heiraten nicht nur eine Frau, sondern so viele, wie sie wollen, und ohne
großes Zeremoniell; wir haben nämlich einen Mann kennengelernt, der zehn
Frauen hat; sie wachen sehr eifersüchtig über sie, und läßt eine von ihnen sich
etwas zuschulden kommen, züchtigt er sie, wie er es für richtig hält, und verstößt sie, und damit ist sie geächtet.

Diese Menschen sind sehr fruchtbar; Erben gibt es nicht, weil es keinen persönlichen Besitz gibt; sind ihre Kinder, das heißt die Mädchen, geschlechts-
reif, dann ist der erste, der sie besitzen darf, der nächste Verwandte, den sie
haben, der Vater ist ausgenommen; dann werden sie verheiratet. Ihre Frauen
entbinden ohne jede Zeremonie, es ist nicht wie bei den unsrigen; sie essen alles, gehen am selben Tag aufs Feld, waschen sich selbst, sie scheinen ihre Ent-
bindung kaum zu fühlen.

Die Menschen werden sehr alt, denn wir haben Männer kennengelernt, die
in ihrer Abstammungslinie bis zu vier lebende Generationen aufweisen konnten. Sie zählen nicht nach Tagen, Jahren oder Monaten, sondern messen die
Zeit nur nach Monden, und um die Dauer einer Sache anzugeben, nehmen sie
Steine, für jeden Mond einen Stein, und der älteste Mann, den ich fand, zeigte
mir mit Steinen, daß er 1700 Monde alt sei, das sind ungefähr 132 Jahre,
13 Monde für ein Jahr genommen.

Des weiteren sind sie kriegerisch und grausam gegeneinander. Alle ihre
Waffen sind, wie Petrarca sagt, *commessi al vento*[7], also Pfeil und Bogen,
Wurfspieße und Steine, und sie schützen ihre Körper nicht, weil sie so nackt
gehen wie sie geboren wurden, sie verfolgen im Krieg keine Taktik, außer daß
sie den Ratschlägen ihrer Ältesten gehorchen, und wenn sie kämpfen, töten sie
sich sehr grausam, und die den Platz behauptende Partei begräbt ihre Toten,
die toten Feinde werden zerstückelt und verspeist. Ihre Gefangenen führen sie
als Sklaven ab, mit den Frauen schlafen sie und die jungen Männer verheiraten
sie mit ihren Töchtern, und zu gewissen Zeiten, wenn sie eine teuflische Rase-
rei überfällt, rufen sie die Verwandten und das ganze Volk zusammen, stellen
die Mutter mit ihren Kindern, die sie von dem jungen Mann hat, vor alle hin,
töten sie unter gewissen Zeremonien mit Pfeilen, und verspeisen sie, und das
gleiche machen sie mit den oben genannten Sklaven und den Kindern, die von

---

[7] „Dem Winde anvertraut".

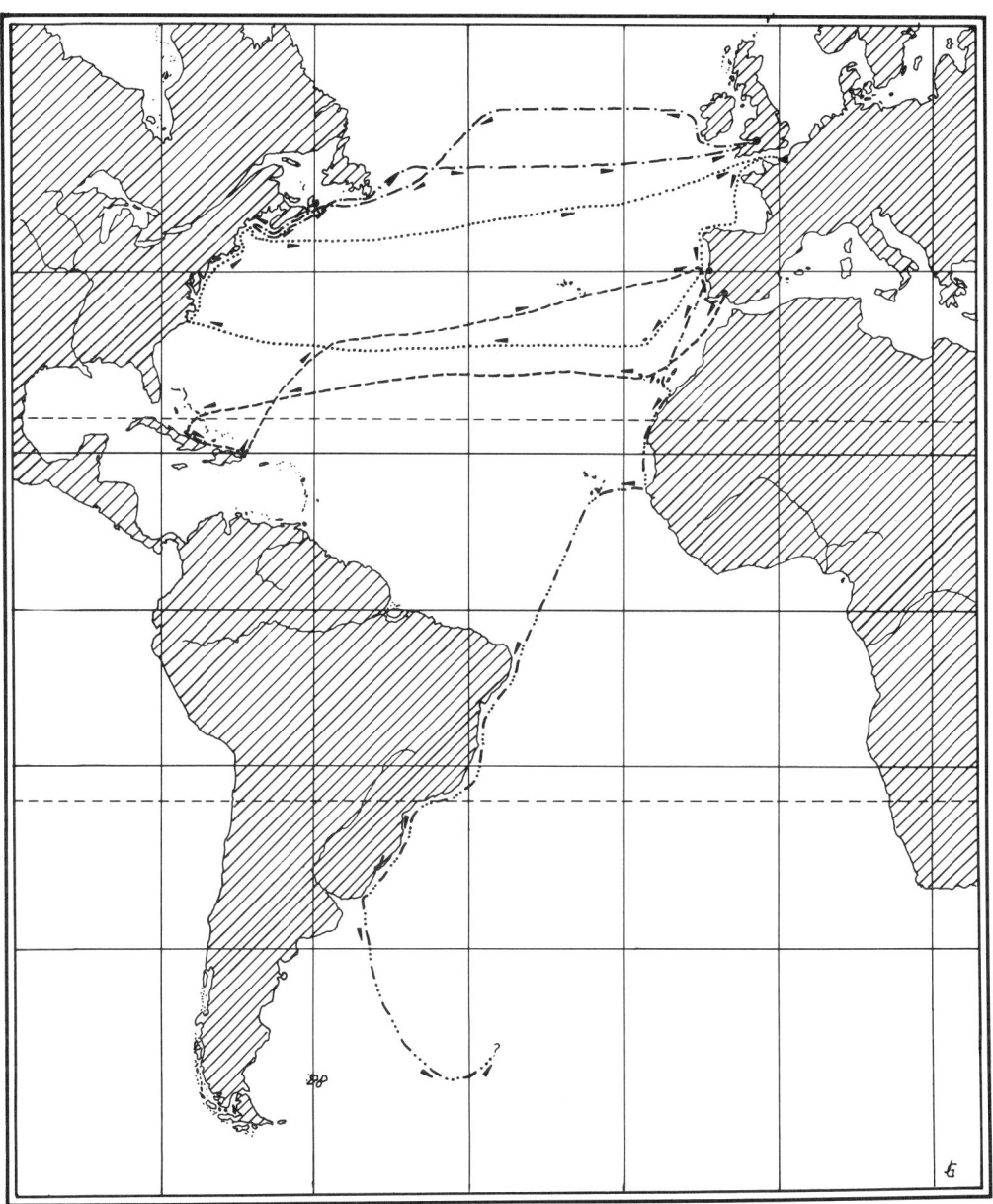

5. Vier der wichtigsten frühen Expeditionen zur Aufhellung der atlantischen Gegenküste:

   – – – – Kolumbus 1492–1493
   – · – · – John Cabot 1497
   – ·· – ·· Amerigo Vespucci 1501–1502
   ········ Giovanni da Verrazzano 1524

ihnen geboren wurden. Das alles ist sicher, denn wir fanden in ihren Häusern viel zum Räuchern aufgehängtes Menschenfleisch, und 10 arme Kreaturen kauften wir ihnen ab, Männer und Frauen, die für dieses Opfer, oder besser für dieses Verbrechen bestimmt waren. Wir tadelten sie heftig dafür, aber ich weiß nicht, ob sie sich besserten, und das für mich Verwunderlichste an ihren Kriegen und ihrer Grausamkeit ist, daß ich von ihnen nicht erfahren konnte, warum sie miteinander Krieg führen, denn sie haben keinen Besitz, weder Imperien noch Königreiche, sie wissen nicht, was Erbschaft ist, das heißt Eigentum, oder Herrschsucht, nach meiner Meinung die einzigen Gründe für Kriege und alle Arten von Unordnung. Fragte man sie nach dem Grund, wußten sie keinen anderen anzugeben, als daß der Krieg zwischen ihnen schon vor ihnen begonnen habe und sie nur den Tod ihrer Vorväter rächen wollten. Ich kann nur sagen, es ist unmenschlich; einer von ihnen hat mir gestanden, das Fleisch von über 200 Menschen gegessen zu haben, und ich glaube das und damit genug.

Zur allgemeinen Beschaffenheit des Landes ist zu sagen: es ist ein anmutiges Land, nicht zu heiß und nicht zu kalt, und gesund, denn in der Zeit, in der wir es durchzogen, es waren 10 Monate, starb keiner von uns und nur wenige erkrankten. Wie ich sagte, werden die Menschen dort sehr alt, sie kennen keine Krankheiten, keine Seuchen und keine Fieberdünste, und sterben sie nicht eines natürlichen Todes, dann von der Hand eines anderen oder aus eigener Schuld, kurz, Ärzte hätten dort einen schweren Stand.

Da wir gefahren sind, um Entdeckungen zu machen, und nur in dieser Absicht von Lissabon aufbrachen, nicht aber, um nach Reichtümern zu suchen, gaben wir uns keine Mühe, das Land nach Reichtümern zu durchsuchen, so daß wir auch nichts von besonderem Nutzen fanden, nicht, weil ich glaube, das Land biete nicht jede Art von Reichtum auf Grund seiner wunderbaren Beschaffenheit, auf Grund seines Klimas. Und es ist nicht verwunderlich, daß nicht jeder Reichtum offen zu Tage lag, weil die Bewohner weder Gold noch Silber noch andere Kostbarkeiten schätzen, außer, wie gesagt, Federn und Knochen, und ich habe Hoffnung, es werden, wenn der D. [Durchlauchtigste] König erneut in dieses Land schicken wird, wenige Jahre vergehen, bis es dem Königreich Portugal den größten Reichtum und Gewinn einbringen wird. Wir fanden die größten Mengen Brasilholz und so viele Güter, daß sie die heute auf dem Meer fahrenden Schiffe füllen würden, und alles ohne die geringsten Kosten. Das gleiche gilt für Röhrenkassie *(Cassia fistula)*[8]. Wir sahen Kristalle und Spezereien, von verschiedenstem Duft und Geschmack, und Gewürze, die niemand kennt.

Die Menschen dieses Landes sprechen von Gold und anderen Metallen, oder von den wunderbarsten Gewürzen, aber ich gehöre zu denen, die mit

---

[8] Hat in ihren röhrenförmigen gefächerten Früchten ein schwarzes Mus, vergleichbar dem Mark der Manna. Möglicherweise meint Vespucci aber den Kaneelbaum aus derselben Pflanzenfamilie *(Cinnamomum cassia)*, der in Brasilien häufig ist und dessen Rinde einen beträchtlichen Wert als Gewürz besitzt.

dem Hl. Thomas langsam sind im Glauben, die Zeit wird es lehren. Der Himmel war meistens heiter und von vielen und klaren Sternen leuchtend, von denen ich viele samt ihren Bewegungen festgehalten habe. Das sind in aller Kürze nur „capita rerum"[9], die ich dort gesehen habe. Lassen wir vieles Erwähnenswerte, um nicht weitschweifig zu werden, und weil Ihr es im einzelnen in meinem Reisebericht finden werdet. Für jetzt bin ich in Lissabon und warte, wie der König über mich entscheiden wird. Möge es Gott gefallen, daß es das Beste sein werde, sowohl für seinen heiligen Dienst als auch für das Heil meiner Seele.

Aus: Biblioteca Nazionale Centrale di Firenze. Codice Galileiano 292. Cimento Parte III. Carteggio. Vol. 18: Carte 137, 138, 139. Mil

39. Kolumbus' „Lettera rarissima" an die Katholischen Könige über den Goldreichtum der Küste von Veragua und Panamá (1503)

Am 11. Mai 1502 brach Kolumbus mit vier altersschwachen Karavellen zu seiner vierten Atlantiküberquerung von Cádiz aus auf, mit dem Auftrag der Katholischen Könige, Inseln und Kontinente „in Indien in jenen Teilen [zu] entdecken, die uns gehören" (Instruktion vom 14. März 1502). Ein dem Kolumbus mitgegebenes Empfehlungsschreiben an Vasco da Gama, der sich damals auf seiner zweiten Reise nach Indien befand, zeigt, daß die spanische Krone erwartete, Kolumbus werde auf dieser Reise die westliche Passage zu den Gewürzinseln entdecken, durchfahren und dabei gegebenenfalls auf die portugiesische Expedition stoßen. Kolumbus erkundete von August 1502 bis Mai 1503 die mittelamerikanische Küste von Yucatán bis zum Golf von Darién, strandete dann jedoch auf der Rückfahrt an der Nordküste von Jamaica. Dort schrieb er am 7. Juli 1503 die „lettera rarissima" an die Katholischen Könige, aus der die folgende Passage entnommen ist. Dieser Brief gewährt einen ganz seltenen Einblick in seine Wesensart. Nirgends wird das Leitmotiv seiner Entdeckungsreisen deutlicher als hier: ein Getriebensein von dem Gedanken, Gold oder andere Reichtümer in unermeßlichen Mengen aufzufinden. Dank seiner Kenntnis der Ephemeriden des Astronomen und Mathematikers Regiomontanus vermochte er auf Jamaica zu überleben, als er am 1. März 1504 eine Mondfinsternis voraussagen und die Eingeborenen damit beeindrucken konnte. Ein Freiwilliger der Expedition, Diego de Méndez, hatte im Sommer 1503 allein in einem Kanu die Strecke von Jamaica bis Santo Domingo auf La Española bewältigt und den Überlebenden der Expedition im Juni 1504 Entsatz bringen lassen können. Kolumbus erreichte Sanlúcar de Barrameda in Andalusien am 6. November 1504, krank, verbittert und körperlich nicht mehr fähig, eine neue Fahrt zu unternehmen.

Lit.: Christoph Kolumbus: Entdeckungsfahrten. Reiseberichte und Briefe von der zweiten, dritten und vierten Entdeckungsfahrt nach Amerika 1493–1506. Zürich-Leipzig 1943 – Samuel Eliot Morison: Admiral des Weltmeeres. Das Leben des Christoph Columbus. Bremen-Horn 1948 – Ders.: The European Discovery of America. The Southern Voyages A. D. 1492–1616. New York 1974. Sch

---

[9] Das Wesentliche.

Als ich die indischen Lande entdeckte, sagte ich, sie seien das reichste Gebiet, das es in der Welt gibt. Ich sagte, daß dort Gold, Perlen, Edelsteine, Gewürze zu finden seien, daß es Handel und Märkte gebe. Doch weil alles nicht so schnell zum Vorschein kam, erfand man Verleumdungen gegen mich. Diese schlechte Behandlung zwingt mich jetzt zur Vorsicht, und ich sage nur das, was ich von den Einwohnern des Landes erfuhr. Eines allerdings wage ich bestimmt zu sagen, denn darüber gibt es viele Zeugen, und das ist, daß ich in diesem Lande Veragua in den ersten zwei Tagen mehr Zeichen von Gold sah, als in La Española während vier Jahren. Auch steht fest, daß das Ackerland in diesen Gegenden nicht schöner sein könnte, daß es aufs beste bestellt ist und daß die Bewohner sehr feige sind, daß es einen guten Hafen gibt, mit schönem Fluß und gegen alle Welt sehr leicht zu verteidigen. Alles dieses fällt mit Sicherheit den Christen anheim, und ihre Herrschaft darüber ist gewiß. Große Hoffnung darf man haben, daß die Ehre der Christenheit erhöhet werden und daß die christliche Religion weit ausgebreitet wird. Und die Reise hierhin ist nicht weiter als die nach La Española, denn sie geht mit günstigem Winde. Eure Hoheiten sind jetzt schon gewiß die Herrscher über diese Länder, wie sie es über Jerez und Toledo sind. Wenn Eure Schiffe dorthin fahren, so kommen sie in ihr eigenes Haus. Von dort werdet Ihr Gold herausholen. Auch das, was es in anderen Ländern gibt, soll man mitnehmen, damit die Schiffe nicht leer zurückkehren. Und wenn man im Lande ist, so muß man sich beim Umgang mit den Wilden vorsehen. Alles andere, was ich nicht mehr sage, verschweige ich aus den wohlbekannten Gründen. Ich schweige darüber und will auch nicht alles, was ich jemals sagte oder schrieb, dreifach betonen. Genuesen, Venezianer und alle Leute, die Perlen, Edelsteine und andere wertvolle Dinge haben, tragen sie vom Ende der Welt her und sie tauschen sie und verwandeln sie zu Golde. Das Gold ist überaus vortrefflich. Aus Gold sammelt man Schätze und wer es hat, der macht damit alles, was er in der Welt nur will. Er kann selbst die armen Seelen ins Paradies bringen[1]. Die Herrscher über jenes Land in der Gegend von Veragua begraben, wenn sie sterben, das Gold, das sie besitzen, zusammen mit dem Körper. Es steht geschrieben: Dem Salomon brachte man in einer Ladung sechshundertundsechsundsechzig Zentner Gold, abgesehen von dem, was Kaufleute und Seefahrer mit sich führten und abgesehen von dem, was man ihm aus Arabien bezahlte. Aus diesem Gold machte er zweihundert Lanzen und dreihundert Schilde und obendrein schmückte er alles mit Edelsteinen. Auch viel andere Dinge ließ er aus Gold arbeiten, viele Gefäße, von herrlicher Größe und reich mit Steinen besetzt. Das beschreibt Josephus[2] in seiner Chronik de Antiquitatibus. Auch im Paralipomenon[3] und im Buch der Könige wird davon berichtet. Josephus behauptet, daß dies Gold

---

[1] Dies ist die im Anschluß an Karl Marx (Das Kapital. Erster Band. Erstes Buch. 3. Kapitel) wohl meistzitierte Stelle aus den Berichten des Kolumbus.
[2] Flavius Josephus, Historiker der Juden, geb. 37 n. Chr., bei der Eroberung Jerusalems durch Titus (70) gefangengenommen.
[3] Biblisches Chronikenbuch.

aus dem Lande Aurea[4] gekommen sei. Wenn dem aber so ist, dann sage ich, daß jene Gruben des Goldlandes ein und dieselben sind und mit denen von Veragua übereinstimmen[5]. Wie ich oben schon sagte, erstreckt sich dies Land zwanzig Tagesreisen in Richtung zum Sonnenuntergang, und seine Entfernung vom Pol und von der Linie ist gleich groß. Salomon kaufte alles dies, das Gold, die Edelsteine und das Silber. Aber Ihr könnt einfach dorthin ausschikken und Befehle geben, daß man es zusammentrage, wenn es Euch gut scheint. Als David sein Testament machte, hinterließ er Salomon dreitausend Zentner indischen Goldes, um ihm zu helfen, den Tempel zu bauen, und so wie Josephus sagt, kam das Gold genau aus dem Land, das ich hier beschreibe. Jerusalem und der Berg Zion wird von den Christen einst wieder aufgebaut werden. Wer das vollbringen wird, das sagt Gott durch den Mund des Propheten im vierzehnten Psalm. Der Abt Joachim sagte, daß es einer sein werde, der aus Spanien kommt. Dem Heiligen Hieronymus zeigte Unsere Liebe Frau den Weg, wie es zu vollbringen sei. Es ist erst Tage her, seitdem der Kaiser von Catayo [China] wünschte, daß gelehrte Männer kämen, auf das sie ihn im Glauben an Christus unterwiesen. Wer wird sich dafür anbieten? Wenn Gott der Herr mich nach Spanien zurückbringt, dann verpflichte ich mich, einen solchen Mann mit Gottes Hilfe wohlbehalten dorthin zu bringen. Diese Leute, die mit mir fuhren, haben unglaubliche Mühsal und Gefahren bestanden. Ich bitte Euer Hoheiten inständig, daß diesen armen Männern alsbald ihr Geld ausbezahlt werde und daß Ihr ihnen Geschenke und Gunstbeweise gebet, jedem wie es ihm gebührt. Ich bestätige, daß sie die besten Nachrichten mitbringen, die jemals nach Spanien gelangten. Der Quibián von Veragua und andere Häuptlinge dieser Gegend haben viel Gold, doch es schien mir weder wohlgetan noch förderlich für den Dienst an Euren Hoheiten, daß man es ihnen mit Gewalt wegnehmen sollte. Halten wir dort gute Ordnung, so vermeiden wir unliebsames Aufsehen und einen schlechten Leumund. Dann wird auch alles, was man dort findet, dem Staatsschatz zugute kommen, und kein Gramm wird umkommen. Wenn ich einen Monat lang schönes Wetter habe, dann bringe ich diese Reise zu gutem Ende.

Aus: Christoph Columbus. Bordbuch, Briefe, Berichte, Dokumente. Ausgewählt, eingel. u. erläut. v. Ernst Gerhard Jacob. Bremen (Carl Ed. Schünemann) o. J. (1956), S. 303–306 [die Anmerkungen Jacobs sind gekürzt].

40. Juan Díaz de Solís läuft in den Río de la Plata ein (1516)

Im Jahr 1512 war Juan Díaz de Solís dem Italiener Vespucci als Piloto Mayor der Casa de la Contratación in Sevilla nachgefolgt. Als 1514 die Nachricht von der Entdeckung des Südmeers durch Balboa (vgl. Dok. 76) in Spanien eintraf, ordnete König Ferdinand

---

[4] Im heutigen Indochina.
[5] Vgl. zu dieser Paraphrasierung des Ophir-Stoffes den Text des Varrerius in diesem Band samt seinen gründlichen Anmerkungen (Dok. 5) (Anm. Sch).

von Aragón – damals Regent Kastiliens – unverzüglich die erneute Suche nach einer Passage zum Pazifik an. De Solís erhielt den Auftrag, mit drei Schiffen zu versuchen, Castilla del Oro (die Region von Panamá) von der Westseite her anzulaufen und so eine Verbindung zur See zu dem an der Landenge von Panamá entstehenden neuen Stützpunkt Spaniens auf dem Weg zu den Gewürzinseln herzustellen. De Solís brach Anfang Oktober 1515 auf, passierte den Atlantik und segelte vom Cabo São Agostinho nach Süden, wo er in den Río de la Plata einlief. Dort fand er Mitte Februar 1516 den Tod. Seine Flotte kehrte unter großen Verlusten unverrichteter Dinge nach Spanien zurück. Doch hatte die sichere Kunde vom Río de la Plata, der als Passage zum Südmeer angesehen wurde, große Bedeutung für die 1519 beginnende Reise des Fernão de Magalhães.

Lit.: José Toribio Medina: Juan Díaz de Solís. 2 vol. Santiago 1897 – Luciano Pereira da Silva: João Dias de Solis, pilôto português. In: Ders.: Obras completas. Vol. III. Lisboa 1946, S. 273–299 – Samuel Eliot Morison: The European Discovery of America. The Southern Voyages A. D. 1492–1616. New York 1974.   Sch

Solís hatte kein Glück bei seinem Unternehmen. Er fuhr viele Meilen über das Kap oder die Landspitze St. Augustin hinaus und wollte jenseits des Äquators die Südseite des für einen Kontinent angesehenen Landes erreichen. Wir erwähnten schon, daß jene Landspitze sieben Grad südlich des Äquators liegt. 600 Leugen [Leguas] fuhr er noch weiter, fand aber, daß sich die Küste über Kap St. Augustin hinaus jenseits des Äquators so weit nach Süden ausdehnt, daß er über den 30. Grad der südlichen Halbkugel hinauskam. Längst hatte er die Drachenmündung und das spanische Paria hinter sich gelassen, die weiter nördlich liegen und wo man den Polarstern noch sieht, als er gräßlichen, menschenfressenden Kariben in die Hände fiel. Über sie sprachen wir eingehend an anderer Stelle. Wie listige Füchse machten sie ihm Zeichen des Friedens, aber ihre Gedanken richteten sie schon auf das bevorstehende leckere Mahl. Ihnen lief wie Schlemmern das Wasser im Munde zusammen, als sie die Fremden nur aus der Ferne sahen.

Der unglückliche Solís selbst ging mit so viel Kameraden an Land, wie das Boot der größeren Karavelle fassen konnte. Sogleich fiel eine große Menge Wilder ihn aus dem Hinterhalt an. Mit Keulen schlugen sie alle Spanier vor den Augen der an Bord gebliebenen Kameraden nieder. Das Boot brachten sie in ihren Besitz und zerschlugen es in einem Augenblick. Niemand entkam. Dann schickten sich die Kannibalen an, die Erschlagenen am Ufer in Stücke zu schneiden und ein leckeres Mahl zu bereiten.

Das schreckliche Schauspiel mußten die Kameraden vom Meer aus mitansehen. Da sie von dem gräßlichen Vorgang ganz erschüttert waren, wagten sie nicht zu landen und ihren Führer sowie ihre Kameraden zu rächen. Sie verließen diese grausige Küste[1]. Anderswo nahmen sie Baumstämme aus rotem Holz an Bord. Von den Italienern, so sagten wir schon, wird diese Holzsorte

---

[1] De Solís wurde von den Eingeborenen bei Montevideo auf 35° südlicher Breite in der Mündung des Río de la Plata – nach ihm auch Río de Solís genannt – am 2. Februar 1516 erschlagen.

„Verzinum", von den Spaniern „Brasil" genannt. Sie eignet sich besonders gut zum Färben von Wolle. Die restlichen Leute kamen glücklich in die Heimat zurück[2]. Diese Ereignisse hat man mir in Briefen mitgeteilt; ich habe sie kurz niedergeschrieben.

Aus: Peter Martyr von Anghiera: Acht Dekaden über die Neue Welt. Übersetzt, eingeführt u. mit Anmerkungen versehen v. Hans Klingelhöfer. Bd. 1. Darmstadt (Wissenschaftliche Buchgesellschaft) 1972, S. 322–323.

---

[2] Der Rest der Flotte – zwei Schiffe – gelangte im September 1516 wieder in Spanien an.

Sechstes Kapitel

Die Entdeckung
der westlichen Passage zu den Gewürzinseln:
Magalhães und die erste Weltumseglung

Die Nachricht, daß Balboa im Jahr 1513 die Neue Welt im Gebiet von Gold-kastilien – dem heutigen Panamá – durchquert und ein riesiges Südmeer[1] ent-deckt habe (vgl. Dok. 76), war 1514 in Spanien eingetroffen. Damit war klar geworden, daß die Gewürzinseln von Europa aus auf dem westlichen Wege doch weiter entfernt lagen, als Kolumbus ursprünglich angenommen hatte. Dieser neue Sachverhalt stellte Ferdinand von Aragón, der nach dem Tode der Königin Isabella Regent von Kastilien geworden war, vor drei große Fragen: Gab es irgendwo durch die allmählich bekanntgewordenen Landmassen und die Inselgruppen der Neuen Welt hindurch eine Passage zu den Gewürz-inseln, gab es jene Durchfahrt, nach der der Genuese auf seiner letzten Fahrt so besessen gesucht hatte (vgl. Dok. 39) und die dann in den Jahren 1508–10 nochmals Gegenstand intensiver Suchfahrten des Juan Díaz de Solís und des Vicente Yáñez Pinzón geworden war? Und weiter: Lagen diese Gewürz-inseln, da sie offenbar immer weiter nach Westen rückten, überhaupt noch in einer erreichbaren Entfernung von Spanien aus? Und schließlich drittens: La-gen sie überhaupt noch auf der spanischen Seite der Linie von Tordesillas, wenn man sich diese durch die beiden Pole hindurch verlängert vorstellte?

Die erste Frage schien ihre Antwort dank der Südexpedition des de Solís von 1515/16 (vgl. Dok. 40) gefunden zu haben: als Westpassage nahm man in Spanien von diesem Zeitpunkt an den damals noch nicht gründlich erforsch-ten Río de la Plata an. Doch unterblieb zunächst die Ausrüstung einer neuen Expedition, da Ferdinand der Katholische im gleichen Jahr 1516 starb. Schwieriger gestaltete sich die Beantwortung der zweiten und der dritten Fra-ge, die ja zusammenhingen. Denn die Portugiesen hatten zwar die Molukken – die eigentlichen Gewürzinseln – 1512 von Malakka aus erreicht. Doch ga-ben sie die genaue Lage der Inseln nicht preis. Sie reklamierten den gesamten Archipel lediglich grundsätzlich als in ihrer Interessenzone liegend für sich, wogegen es in Spanien zunächst keine Möglichkeit eines triftigen Einwands gab. Dies war die Situation, in der der Portugiese Fernão de Magalhães am

---

[1] Dieses Südmeer *(mar del Sur)* lag für Balboa von der Landbrücke von Panamá aus im Süden. Als Nordmeer *(mar del Norte)* bezeichneten die Spanier damals und bis ins 18. Jahrhundert hinein den Atlantik (einschließlich der Karibischen See).

kastilischen Hof auftrat und sich erbot, die Gewürzinseln auf dem westlichen
Wege aufzufinden.

Magalhães (span.: Magallanes; engl., französ., dt.: Magellan; ital.: Magel-
lano), ein um 1480 geborener Adliger normannischer Abstammung aus dem
Norden des Landes, war 1505 mit dem portugiesischen Vizekönig Almeida
nach Ostindien gekommen. Im Gefolge des Generalgouverneurs Albuquerque
hatte er 1511 an der Eroberung Malakkas teilgenommen und war im gleichen
Jahr als Kapitän einer Karavelle zu einer kleinen Flotte abkommandiert worden, die von Malakka aus die Molukken erkunden sollte. Er selber kam dabei
lediglich bis Amboina und zu den Banda-Inseln. Doch erfuhr er später brieflich durch seinen Freund Francisco Serrão, der bis Ternate – einer der Hauptinseln der eigentlichen Gewürzinseln – gelangt war, vom dortigen Überfluß
an Nelken, Zimt und Muskatnüssen (vgl. Dok. 49); Serrão scheint im übrigen
in seinem Brief die Entfernung zwischen Malakka und Ternate gewaltig übertrieben zu haben, was nicht ohne Einfluß auf das Denken des Magalhães
blieb: denn in diesem Denken schrumpfte die Entfernung von der jüngst entdeckten Neuen Welt über das Südmeer hinweg bis nach Asien auf wenige Tagereisen zusammen, ähnlich wie seinerzeit bei Kolumbus die vermutete Entfernung zwischen Europa und Asien über den Atlantik hinweg.

Magalhães kehrte um 1512 nach Portugal zurück. Irgendwann zwischen
seinem vieljährigen Aufenthalt in Ostindien und seiner Rückkehr nach Europa
scheint dabei die Idee von ihm Besitz ergriffen zu haben, daß die auf dem Ost-
weg über das Kap der Guten Hoffnung, den Stützpunkt Goa in Indien und
die Straße von Malakka so mühsam zu erreichenden Gewürzinseln auf dem
Westwege weitaus rascher und gefahrloser anzulaufen sein müßten. Mit anderen Worten: Er griff, ohne sich dessen gewahr zu werden, die ursprüngliche
Idee des Kolumbus auf, und diese Idee suchte er in den folgenden Jahren
durch intensives Studium der kosmographischen und geographischen Literatur seiner Zeit als realisierbar zu erweisen, wobei er offenbar Zugang zu jenem
geheimen Kabinett der portugiesischen Krone hatte, in dem die nautischen
Karten und das Erfahrungsmaterial der portugiesischen Kapitäne der letzten
Jahrzehnte aufbewahrt wurden.

Aus Gründen, die uns nicht genau bekannt sind, fiel Magalhães jedoch um
1515 beim portugiesischen König Manuel I. in Ungnade, es gelang ihm trotz
zähen Zuwartens nicht, dessen Zustimmung zu einer Westfahrt zu den Gewürzinseln zu gewinnen. Zur selben Zeit hatte sich eine enge Zusammenarbeit
zwischen Magalhães und dem bekannten, in Lissabon lebenden Gelehrten
Ruy Faleiro, einem Spezialisten der Astronomie und der theoretischen Navigation, entwickelt, die ihrerseits allmählich die beiden Partner, den Praktiker
und den Theoretiker, vom politischen Interesse der portugiesischen Krone
wegführte. Denn Magalhães und Faleiro kamen zusammen im Verlauf eingehender Studien zu der Überzeugung, daß die Linie von Tordesillas, verlängert
über beide Pole, westlich der Molukken verlaufe und daß sich deshalb diese
Inselgruppe – da sie östlich der Linie im „Südmeer" liege – auf der spanischen

„Hälfte" der Erdkugel befinde und nicht auf der portugiesischen, wie Portugal stets gegenüber Spanien behauptete.

Dieser Gedankengang machte den nächsten Schritt der beiden Partner angesichts der Haltung der portugiesischen Krone fast unvermeidlich: Beide entschlossen sich im Herbst 1517, nach Spanien zu gehen und am kastilischen Hof ihren Plan einer Westfahrt zu den Molukken vorzutragen; denn mit dem Beweis, den sie sich zu führen imstande fühlten, nämlich daß diese Inselgruppe überhaupt nicht im vertraglich fixierten portugiesischen Interessenbereich läge, hofften sie – nicht ohne Grund – starke spanische Unterstützung für ihr Projekt zu finden.

In Spanien war im Jahr zuvor Carlos I. (der spätere Kaiser Karl V., der dann auch in Spanien Carlos Quinto genannt wurde) König von Kastilien und Aragón geworden; er war als junger, ehrgeiziger Monarch aufgeschlossen für neue überseeische Unternehmungen, er mag in ihnen sogar die Gelegenheit, sich vor anderen Königen auszuzeichnen, gesehen haben. Jedenfalls trafen Magalhães und Faleiro zu einem für ihr Anliegen ungewöhnlich günstigen Zeitpunkt am Hof von Valladolid ein, wo sie Gelegenheit erhielten, ihren Plan ausführlich zu erläutern (Dok. 41). Sie fanden denn auch, unterstützt von Großkaufleuten aus Sevilla, Mitgliedern der Casa de la Contratación – der spanischen Überseehandelsbehörde – und Mitgliedern des königlichen Rats verhältnismäßig leicht Zustimmung zu ihrem Plan. Bereits im März 1518 kam ein Vertrag zwischen der Krone und den beiden Antragstellern – ähnlich der *capitulación* zwischen den Katholischen Königen und Kolumbus vom April 1492 (vgl. Dok. 26) – zustande, der beide zu Generalkapitänen einer Flotte von fünf Schiffen bestellte und ihnen fast ebenso weitgehende Privilegien gewährte, wie sie seinerzeit Kolumbus bei seiner ersten Westfahrt erhalten hatte.

Nach umfangreichen Vorbereitungen und trotz verschiedener Versuche Portugals, die Fahrt zu verhindern, stach die Flotte am 20. September 1519 von Sanlúcar de Barrameda aus in See, allerdings ohne Faleiro, der kurz vorher aus einer Reihe von Gründen, die hier nicht zu erörtern sind, von Karl V. abgesetzt worden war. Magalhães selbst führte das Flaggschiff Trinidad. Die übrigen vier Schiffe waren spanischen Kapitänen unterstellt. Dagegen waren die Piloten der Schiffe ausnahmslos Portugiesen, die in der Navigation in den Gewässern des Südatlantik und des Indischen Ozeans erfahren waren. Die Schiffsmannschaften – insgesamt 265 Personen – bestanden in der Mehrzahl aus Spaniern, daneben waren rund 30 Landsleute des Generalkapitäns an Bord, weiter eine Reihe von Genuesen, Griechen, Zyprioten, Sizilianern, einige Iren und Engländer und schwarze Sklaven; die Geschützmeister kamen ausnahmslos aus England, Frankreich, den Niederlanden und Oberdeutschland. Im übrigen nahm an dem Unternehmen auch ein Adliger namens Pigafetta aus dem oberitalienischen Städtchen Vicenza auf eigene Kosten teil: Er sollte später zu den rund dreißig Überlebenden der ersten Weltumseglung gehören; ihm verdanken wir den einzigen genauen und überdies sehr farbigen Bericht über diese Expedition.

Diese Mischung von Spaniern mit einer relativ hohen Anzahl von Nicht-Spaniern in der Mannschaft der Flotte führte von Anfang an zu Spannungen und wurde zu einem gewissen Unsicherheitsfaktor des Unternehmens. Dazu kam die ständige Bereitschaft der spanischen Kapitäne, aus nationalen Gründen gegen ihren portugiesischen Oberbefehlshaber eine Fronde zu bilden. In der Tat hatte Magalhães in den nächsten sieben Monaten drei schwere Meutereien niederzuschlagen, die alle von den Kapitänen ausgingen. Mit viel Glück und Geschick behielt er jedoch bei allen auftretenden Zwischenfällen die Oberhand.

Nachdem Magalhães den Río de la Plata hatte erforschen lassen, wobei sich erwies, daß es sich lediglich um eine Flußmündung und nicht um eine Durchfahrt nach Westen handelte, stieß er nach Süden vor, wobei er die Küste sorgfältig nach einer Passage absuchte. Den Südwinter verbrachte er in der Bucht von San Julián in Patagonien, wobei eines der Schiffe bei einer kurzen Erkundungsfahrt Schiffbruch erlitt und verlorenging. Im Oktober 1520, mit Beginn des Südfrühlings, nahm Magalhães seine Suche wieder auf. Am 21. Oktober 1520, am Tag des Fests der Hl. Ursula und der elftausend Jungfrauen, stieß seine Flotte dann auf jenes Kap, das nach den Tagesheiligen seither Cabo Vírgines heißt, und dort auf eine ins Landesinnere führende Meeresstraße, die später Seeleute nach ihrem Entdecker benannt haben: die Magalhães- oder Magellan-Straße (Dok. 42). Im Verlauf der folgenden gefährlichen Fahrt an scharfen Riffen und Klippen entlang in teilweise engen Kanälen und bei in Stärke und Richtung oft wechselnden Winden bemächtigte sich der Pilot der Karavelle „San Antonio" seines Schiffs, desertierte und kehrte nach Spanien zurück, so daß die Flotte des Generalkapitäns seither nur noch aus drei Schiffen bestand. Am 28. November schließlich erreichte Magalhães mit den ihm verbliebenen Schiffen das große Meer im Westen, das sich zu diesem Zeitpunkt als ganz ruhig erwies: Er taufte es deshalb *mar pacífico,* das friedliche Meer, und diesen Namen trägt es bis heute.

Der folgende Abschnitt der Westfahrt zu den Gewürzinseln wurde unerwartet zum schwierigsten Teil der Reise: Während Magalhães sich nunmehr bald die Inselwelt des Malaiischen Archipels erwartete, folgten in Wirklichkeit mehr als drei entbehrungsreiche Monate ohne eigentliche Landberührung, in deren Verlauf die Lebensmittel zur Neige gingen und der Skorbut hohe Opfer forderte. Pigafetta widmete dieser Phase der Reise folgende kurze Eintragung: „Der Zwieback, den wir aßen, war kein Brot mehr, sondern bloß Staub, der mit Würmern, die die Substanz des Zwiebacks aufgezehrt hatten, vermischt und überdies durch den Urin von Mäusen von einem unerträglichen Gestank durchdrungen war. [...] Um nicht Hungers zu sterben, waren wir sogar gezwungen, Stücke Rindsleder zu essen, mit denen man die große Rah bedeckt hatte, um zu verhindern, daß das Holz die Seile zerreibe. [...] Oft waren wir auch dahin gebracht, Sägespäne zu essen, und selbst Mäuse, so widrig sie den Menschen sind, waren eine so gesuchte Speise geworden, daß man bis zu einem halben Dukaten für das Stück bezahlte".

Erst am 6. März 1521 kamen – nachdem die Flotte inzwischen den Äquator gekreuzt hatte – die Marianen (von Magalhães Ladrones genannt) in Sicht, wo sich die Mannschaft auf der Insel Guam notdürftig stärkte, um sich dann vom 17. März an auf der Philippinen-Insel Homonhon gründlich zu erholen. Anfang April 1521 nahm Magalhães auf der Insel Cebu freundschaftliche Beziehungen zum dortigen Sultan auf, den er mit einem Teil seines Gefolges zum Christentum bekehrte und schließlich sogar als Lehensmann des Königs von Kastilien zu gewinnen vermochte. Dieser doppelte Erfolg ließ ihn dann aber eine Verpflichtung eingehen, die ihm persönlich zum Verhängnis werden sollte. Er erbot sich nämlich aus eigenen Stücken, für einen Freund des Sultans von Cebu die Nachbarinsel Matan zu erobern.

Das damalige Verhalten Magalhães' hat manchen Historiker zur Kritik herausgefordert, weil es ihn ohne jede Notwendigkeit in den eigenen Tod geführt habe. Doch ist dieses Verhalten im Grunde aus seiner damaligen Lage heraus ohne weiteres verständlich, es ist in seiner Grundtendenz unschwer zu durchschauen und erscheint auch alles andere als ungewöhnlich: Indem Magalhães mit Nachdruck die Gegner seiner neuen Verbündeten bekriegte, versuchte er, seine Freunde enger an sich zu binden. Cortés verfuhr um die gleiche Zeit bei der Eroberung des Aztekenreiches in Mexiko ganz ähnlich, die spanische Konquista in Südamerika bediente sich überwiegend des gleichen strategischen Prinzips, und nicht viel anders verfuhren etwa Champlain in Kanada, Dupleix und Clive in Indien oder die Engländer bei der Eroberung von Carolina. Da Magalhães auf den Philippinen im Grunde bereits täglich damit rechnen mußte, Portugiesen zu begegnen, die ihn als unerwünschten Eindringling in ihr Handelsimperium angesehen hätten, mußte ihm daran gelegen sein, so viele Verbündete und Freunde wie möglich zu gewinnen. Diesem Ziel diente auch sein Kampf auf der Insel Matan.

Beim Angriff auf diese Insel fand Magalhães am 27. April 1521 völlig unerwartet den Tod (Dok. 43). Es ist oft die Ansicht vertreten worden, daß der Generalkapitän, da er bereits auf den Philippinen ums Leben kam, die Welt gar nicht umrundet habe. Das ist nicht richtig. Morison nämlich hat berechnet, daß Magalhães bereits in den Jahren 1511/12 auf Amboina 128° östlich von Greenwich weilte, während die Insel Matan, auf der er starb, auf einer Länge von 124° östlich von Greenwich liegt: das bedeutet nichts anderes, als daß Magalhães bereits auf seiner Fahrt von Guam zur Insel Homohon etwa um den 10. März 1521 die Erde gänzlich umrundet hatte. Nur ein einziges Besatzungsmitglied hätte ihm diese Erstlingstat streitig machen können, wenn es sie seinerzeit überhaupt begriffen hätte: sein malaiischer Sklave Enrique, der nach dem Tode seines Herrn nach wenigstens zehnjähriger Bindung an ihn zum Sultan von Cebu entlief.

Der Tod des Generalkapitäns brachte die Expedition im übrigen beinahe zum Scheitern. Denn Sultan Humabon von Cebu, dessen Bekehrung offenbar von kurzer Dauer blieb, ließ auf Grund vertraulicher Informationen des eben genannten Sklaven Enrique die von der Mannschaft neu gewählten Führer

Barbosa und Serrão ermorden, mit Mühe entgingen die übrigen Expeditionsmitglieder dem gleichen Schicksal. Da nur noch etwa 130 Mann zur Verfügung standen, wurde eines der Schiffe abgetakelt und verbrannt, seine Besatzung wurde auf die restlichen beiden Schiffe aufgeteilt: auf die Nao Trinidad, das Flaggschiff, und auf die Karavelle Victoria.

Beide Schiffe liefen auf großen Umwegen schließlich die Insel Tidore in der Molukkengruppe an. Dort wurden die Spanier mit offenen Armen empfangen: denn der Sultan der Nachbarinsel Ternate war der Todfeind des Sultans von Tidore, und da die Portugiesen seit der Ankunft des Francisco Serrão 1512 beste Beziehungen zu Ternate pflogen, waren die Spanier dem Herrscher von Tidore als Gegengewicht in jeder Hinsicht erwünscht, wie sie umgekehrt für den Herrscher von Ternate äußerst ungelegen kamen (Dok. 44 a und b).

Auf Tidore luden beide Schiffe Gewürznelken. Um für die Heimfahrt eine doppelte Chance zu haben, wurde vereinbart, daß die Victoria mit den eben einsetzenden östlichen Monsunwinden über den Indischen Ozean und das Kap der Guten Hoffnung direkt nach Spanien, die Trinidad dagegen mit der größeren Mannschaft, unterstützt von den später einsetzenden westlichen Monsunwinden, zurück über den Pazifik nach Neu-Spanien segeln sollte. Über den Isthmus von Panamá gedachte man dann die Ladung auf Schiffe im Golf von Mexiko zu schaffen und von dort nach Spanien bringen zu lassen.

Die Trinidad scheiterte an der ihr zugedachten Aufgabe. Es gelang ihr nicht, obschon sie bis Nord-Japan auf 43° n. Br. gelangte, die für die Pazifiküberquerung erforderlichen Westwinde zu finden (die erste West-Ost-Überquerung des Pazifik gelang erst Arellano und Urdaneta fast gleichzeitig 1565, vgl. Dok. 104). Sie kehrte deshalb mit einer infolge hoher Verluste stark reduzierten Mannschaft zu den Gewürzinseln zurück, wo sie von den inzwischen alarmierten Portugiesen gekapert wurde. Lediglich vier Besatzungsmitglieder erlagen den grausamen Bedingungen ihrer nun folgenden Gefangenschaft nicht und gelangten später nach Europa zurück, unter ihnen der deutsche Geschützmeister Hans Barge.

Bei weitem mehr Glück hatte die Victoria unter ihrem Kapitän Elcano. Sie gelangte durch die Alor-Straße wenig nördlich von Timor in den Indischen Ozean und von dort unter unsäglichen Mühen um das Kap der Guten Hoffnung herum bis zu den Kapverden. Dort nahmen die Portugiesen allerdings fast die Hälfte der überlebenden Mannschaft gefangen, die um Hilfe nachgesucht hatte. Der Rest der Besatzung – nicht mehr als achtzehn Mann – erreichte schließlich am 6. September 1522 den Hafen von Sanlúcar de Barrameda, von wo die Armada des Magalhães fast genau drei Jahre zuvor ausgelaufen war. Damit war die erste Weltumseglung zu Ende geführt worden. Sie ist seither oft – und wahrscheinlich zu Recht – die größte seemännische Leistung aller Zeiten genannt worden.

In Spanien angekommen, sind Elcano und seine Mannschaft zunächst dem Vorwurf ausgesetzt gewesen, ihr Logbuch gefälscht oder nachlässig geführt zu haben. Denn ihre Zeitrechnung lag einen Tag hinter dem in Europa geführten Kalender zurück (Dok. 45). Doch hat die wissenschaftliche Welt damals rasch das Problem gelöst: da die Flotte des Magalhães im Prinzip stets in Richtung Sonnenuntergang gefahren war, hatten ihre Tage an Bord oft länger gedauert als es an Land der Fall ist: Die Summe dieser zeitlichen Gewinne hatte bei einer ganzen Erdumseglung einen vollen Tag ergeben. Seither stellte sich die Frage einer Datumsgrenze, die in den folgenden Jahrhunderten zunächst willkürlich und pragmatisch behandelt wurde. Diese Datumsgrenze verläuft nach internationalem Übereinkommen seit 1845 – mit geringen Abweichungen – auf dem 180. Längengrad. Bei ihrem Überschreiten von West nach Ost muß ein Tag übersprungen werden, wahrend bei umgekehrter Reiserichtung das gleiche Datum zwei Tage lang benutzt wird.

Im übrigen war das Unternehmen des Magalhães trotz seiner immensen Menschen- und Schiffsverluste kaufmännisch gesehen kein Fiasko, was schlaglichtartig das wirtschaftliche Interesse der Zeit an den Molukkenfahrten deutlich zu machen vermag: denn der Wert der von der Victoria unter Elcano nach Spanien zurückgebrachten Gewürznelken übstieg sämtliche Aufwendungen für die Expedition in den Jahren 1518/19. Es ergab sich nach ihrem Verkauf sogar noch ein kleiner Gewinn für die beiden Ausrüster, die kastilische Krone und den Sevillaner Kaufmann Cristóbal Haro.

So war es nicht zu verwundern, daß sich Portugal und Spanien nicht sofort über den Besitz der Molukken einig werden konnten. Beide Mächte beanspruchten seit 1522 die Inselgruppe. Auf einer Expertenkonferenz, die 1524 auf der portugiesisch-spanischen Grenze bei Badajoz stattfand und zu der auch Elcano zugezogen wurde, suchten die beiden iberischen Interessenten zunächst die Frage zu klären, auf welcher Seite der über die Pole verlängerten Linie von Tordesillas die Molukken lägen, was aber zu keinem Ergebnis führte. Erst als mehrere spanische Flotten auf dem Westwege zu den Gewürzinseln gescheitert waren, weil sich die von Magalhães aufgefundene Route nicht etwa als einfacher, sondern als bei weitem schwieriger als die portugiesische Ostroute erwies, gab Karl V. nach: Im Vertrag von Saragossa von 1529 vereinbarten die iberischen Mächte, daß eine Linie 297½ Leguas oder 17 Grad östlich der Molukken von Pol zu Pol gezogen werden solle; daß Portugal alle Inseln, Länder und Meere westlich davon – also auch die eigentlichen Gewürzinseln – als seine ausschließliche Einflußsphäre betrachten solle; daß Spanien auf den Gewürzhandel mit den Molukken verzichten und der Kaiser schließlich als Entschädigung dafür von Portugal 350000 Golddukaten erhalten solle. Damit war auf diplomatischem Weg die durch die Magalhães-Expedition aufgeworfene Molukkenfrage gelöst worden. Die Linie von Saragossa durch den Pazifik – die keineswegs eine Verlängerung der Linie von Tordesillas über die Pole darstellte, wie oft behauptet wird – blieb zwischen beiden iberischen Mächten bis zum Vertrag von Madrid 1750 gültig und gab dafür den Ausschlag, daß Spanien sich niemals auf Dauer (von einer Episode zwischen 1606 und 1662 auf Tidore abgesehen) auf den Molukken etablierte, obschon es in der Praxis den Vertrag durch seine Besiedlung der Philippinen bald durchbrach.

Lit.: J. G. Kohl: Geschichte der Entdeckungsreisen und Schiffahrten zur Magellan's-Straße und zu den ihr benachbarten Ländern und Meeren. Berlin 1877 – Die erste Umseglung der Erde durch Fernando de Magallanes und Juan Sebastian del Cano. Dargestellt nach den Quellen von Oscar Koelliker. München-Leipzig 1908 – Pablo Pastells: El descubrimiento del estrecho de Magalhanes en commemoración del IV centenario. 2 vol. Madrid 1920 – Magellan's Voyage. A Narrative Account of the First Circumnavigation by Antonio Pigafetta. Vol. I: Translated and edited by R. A. Skelton [mit einer vorzüglichen Einführung]. Vol. II: A Facsimile of the Manuscript in the Beinecke Rare Book and Manuscript Library of the Yale University. New Haven 1969 – Martin Torodash: Magellan Historiography. In: The Hispanic American Historical Review 51 (1971), S. 313–335 – Samuel Eliot Morison: The European Discovery of America. The Southern Voyages A. D. 1492–1616. New York 1974 – A. Teixeira da Mota (ed.): A viagem de Fernão de Magalhães e a questão das Moluccas. Actas do II Coloquio Luso-Espanhol de Historia Ultramarina. Lisboa 1975 – Hermann Kellenbenz: Die Finanzierung der spanischen Entdeckungen. In: Vierteljahrschrift für Sozial- und Wirtschaftsgeschichte 69 (1982), S. 153–181.   Sch

41. Las Casas berichtet über seine Begegnung mit Magalhães am Königshof zu Valladolid (1518)

Magalhães hatte nach seiner Rückkehr aus dem Fernen Osten aus Gründen, über die wir nur ungenau Bescheid wissen, im Verlauf eines militärischen Unternehmens in Marokko die Ungnade des portugiesischen Königs Manuel I. auf sich gezogen. Da ihm in der Folge Aufgaben, die seinem Ehrgeiz und seinem Können entsprochen hätten, verweigert wurden, wechselte er aus portugiesischem Dienst in die Dienste des Königs von Kastilien über. Im Herbst 1517 wurde er formell spanischer Untertan. Kurz darauf muß jene Begegnung mit Las Casas, dem späteren „Apostel der Indianer", am Königshof von Valladolid zustande gekommen sein, von der wir in der folgenden Quelle erfahren. Magalhães unterbreitete in Valladolid König Karl I. – dem späteren Kaiser Karl V. – seinen Vorschlag, im Auftrage Kastiliens die schon lange gesuchte Westpassage zu den Gewürzinseln aufzufinden. Das entscheidende Argument für eine Annahme seines Gesuchs war der an Hand eines Globus offenbar überzeugend geführte Beweis, daß die Gewürzinsel auf der spanischen Seite der Linie von Tordesillas lägen. Daneben empfahl sich Magalhães für das Unternehmen vor allem durch seine persönlichen Erfahrungen in Ostindien sowie durch seine Kenntnis einer Reihe offenbar als Staatsgeheimnis streng gehüteter portugiesischer Seekarten, die ihm die Meinung vermittelt hatten, die Auffindung der Passage zu den Molukken sei ein ohne größere Schwierigkeiten zu lösendes Problem.

Lit.: Die erste Umsegelung der Erde durch Fernando de Magallanes und Juan Sebastian del Cano 1519–1522. Dargestellt nach den Quellen von Oscar Koelliker. München-Leipzig 1908 – Samuel Eliot Morison: The European Discovery of America. The Southern Voyages A. D. 1492–1616. New York 1974.   Sch

Magalhães brachte einen schön gemalten Globus mit, auf dem die ganze Erde dargestellt war. Auf diesem zeigte er uns den Weg, den man nehmen müsse. Nur hatte er die Meerenge mit Absicht weiß gelassen, damit ihm niemand [bei ihrer Auffindung] zuvorkommen könne. Ich befand mich zur gleichen Zeit im Gemach des Großkanzlers[1], als der Bischof[2] den Globus brachte und dem Großkanzler die Route zeigte, die man nehmen müsse. Ich sprach dann mit Magalhães und fragte ihn, welche Route er einzuschlagen gedächte. Er antwortete mir, man müsse um das Kap von Santa María herum fahren, das wir den Río del la Plata nennen, und von dort aus müsse man der Küste nach oben [Süden] folgen. So müsse man nach seiner Meinung auf die Meerenge stoßen. Ich sagte ihm weiter: „Und wenn Ihr nicht auf die Meerenge stoßt, wo müßt Ihr dann in das andere Meer hinüberfahren?" Er antwortete mir, wenn man sie nicht fände, müsse man den Weg nehmen, den die Portugiesen benutzten.

Wie aber in einem Brief ein italienischer Edelmann namens Pigafetta aus Vicenza[3] schrieb, der auf der Entdeckungsreise des Magalhães dabei war, war dieser sich sicher, die Meerenge zu finden. Denn nach seinen Worten hatte er auf einer Seekarte – angefertigt von einem Martin aus Böhmen[4], einem großen Piloten oder Kosmographen –, die sich in der Schatzkammer des Königs von Portugal befand, die Meerenge so gezeichnet gefunden, wie er sie erreichte. Da sich die genannte Meerenge an der Küste innerhalb des Gebietes der Könige von Kastilien befand, mußte er kommen und sich erbieten, für den König von Kastilien einen neuen Weg zu den besagten Molukken und den übrigen Inseln zu entdecken.

Aus: Bartolomé de las Casas: Historia de las Indias II. Ausgabe Biblioteca de Autores Españoles (Vol. 96). Madrid 1961, S. 415.   Schp

42. Pigafetta: Magalhães findet die Westpassage zu den Gewürzinseln (1520)

Magalhães hatte Sanlúcar de Barrameda mit seiner Flotte von 5 Schiffen am 20. September 1519 verlassen. Da ihm noch in Andalusien zugetragen worden war, daß die portugiesische Krone zwei Flotten ausgesandt habe, um ihn abfangen zu lassen, hielt er sich fern der üblichen Route nach Brasilien und segelte über die Kanareninseln Teneriffa und die Kapverden stets nahe der afrikanischen Küste bis in die Nähe des Äquators, um dort den Atlantik zu überqueren. Das zeitweilige Stilliegen der Flotte in der Kalmenzone ließ eine erste Meuterei entstehen, die der Generalkapitän aber ohne große Mühe niederschlagen konnte. Ende November 1519 erreichte die Flotte das Cabo São Agostinho, die östlichste Ausbuchtung Brasiliens, und steuerte von dort nach Süden. In

---

[1] Großkanzler des jungen, noch um seine Anerkennung durch die in Valladolid versammelten *Cortes* [Stände] ringenden Königs war Juan Sauvage.

[2] Gemeint ist Kardinal Juan Rodríguez de Fonseca, Bischof von Burgos: Er war damals Leiter der „Indienangelegenheiten" am kastilischen Hof.

[3] Antonio Pigafetta nahm auf eigene Kosten an der Expedition des Magalhães teil. Ihm verdanken wir den eingehendsten Augenzeugenbericht über die erste Weltumseglung.

[4] Las Casas meint hier Martin Behaim, der jedoch bereits 1507 in Lissabon gestorben war. Die neuere Forschung macht wahrscheinlich, daß es sich um einen von Johannes Schöner 1515 verfertigten Globus oder eine Kopie davon handelte.

der Bucht von Rio de Janeiro, die Coelho und Vespucci 1502 entdeckt hatten (vgl. Dok. 38), erholte sich die Expedition fast einen Monat lang von den überstandenen Strapazen.

Danach begann die Suche nach der Straße, die zum „Südmeer" führen sollte. Magalhães ließ zunächst den Río de la Plata gründlich erforschen, wobei sich zweifelsfrei herausstellte, daß er eine Strommündung darstellte, und wandte sich dann weiter nach Süden. In der Folge wurde jede Bucht der patagonischen Küste in der Hoffnung abgetastet, sie könne den Zugang zu einer Durchfahrt bilden. Im März 1520 entschloß sich der Generalkapitän, mit der Flotte wegen des einbrechenden Südwinters zu überwintern, und zwar in der Bucht, die seither Bahía de San Julián heißt.

Hier hatte er einer sehr ernsthaften Meuterei, die von den spanischen Kapitänen der Schiffe „San Antonio", „Victoria" und „Concepción" (Cartagena, Mendoza und Quesada) ausging, zu begegnen. Mit Glück und Geschick und trotz der Tatsache, daß er zunächst nur im Besitz von zwei Schiffen war, gelang es ihm, die Oberhand zu behalten. Das Schiffsgericht unter seinem Vorsitz bestrafte die Meuterer exemplarisch: Cartagena wurde geviertelt, Mendoza auf der Flucht erstochen und Quesada zusammen mit einem aufsässigen Priester ausgesetzt.

Hier, an der patagonischen Küste, ging auch im Oktober 1520 das Schiff „Santiago" verloren: Die Mannschaft konnte aber ausnahmslos gerettet werden. Und hier traf die Expedition auch auf jene „patagonischen Riesen", die dann bis Ende des 18. Jahrhunderts in unzähligen Entdeckerberichten wiederauftauchen sollten und die in Europa zu endlosen publizistischen Kontroversen Anlaß gaben. Der italienische Teilnehmer Pigafetta schrieb seinerzeit über den ersten Patagonier, den Europäer sahen: „Dieser Mann war so groß, daß unser Kopf kaum bis an seinen Gürtel reichte".

Am 17. Oktober 1520 brach der Generalkapitän den Winteraufenthalt seiner Flotte ab und setzte die Suche nach einer Westpassage fort. Bereits eine knappe Woche später, am Tag des Fests der Hl. Ursula und der elftausend Jungfrauen, erreichte er eine Bucht, die tief ins Land hineinging: das Kap an ihrem Eingang nannte er Capo Vírgines; hier fand die Expedition dann in der Tat die langgesuchte Durchfahrt. Bei Erkundung der Straße – sie heißt seither Magalhães-Straße – bemerkte man, daß nachts auf den Höhen in ihrem Süden viele Feuer brannten: Dieser Umstand verhalf dem Land zu dem noch heute gebräuchlichen Namen „Feuerland".

Im Verlauf der Erkundung der Passage – die im folgenden Quellenauszug geschildert ist – desertierte das Schiff „San Antonio" nach einer erfolgreichen Meuterei unter Führung des Piloten Estevão Gomes (spanisch: Esteban Gómez). Bei ihrer Rückkehr nach Spanien bemühten sich die Meuterer, den bisherigen Verlauf der Expedition als ganz erfolglos darzustellen und besonders Magalhães und sein Verhalten anzuschwärzen. Die Historie hat sich deshalb bis ins späte 19. Jahrhundert hinein kein genaues Bild von den Vorfällen bis zur Entdeckung der Magalhães-Straße zu machen vermocht. Eingehende Forschungen haben inzwischen jedoch das Bild, das Pigafetta von Magalhães gezeichnet hat, als im wesentlichen richtig hinsichtlich der Qualität seiner Führung und der Weitsichtigkeit seiner Entscheidungen erwiesen. So gilt Pigafettas Bericht trotz mancher Übertreibungen und Ausschmückungen heute als die getreueste Quelle für unsere Kenntnis der Expedition des Magalhães[1].

---

[1] Nach den quellenkritischen Forschungen von Skelton (s. Lit.) ist unter den erhaltenen Abschriften des Berichts von Pigafetta das in der Biblioteca Ambrosiana in Mailand aufbewahrte Manuskript die Fassung, die dem verlorenen Original am nächsten kommt; sie wurde im Jahr

Lit.: Die erste Umseglung der Erde durch Fernando de Magallanes und Juan Sebastian del Cano 1519–1522. Dargestellt nach den Quellen von Oscar Koelliker. München-Leipzig 1908 – Magellan's Voyage. A Narrative Account of the First Circumnavigation by Antonio Pigafetta. Translated and edited by R. A. Skelton. Vol. I. New Haven
1969 – Samuel Eliot Morison: The European Discovery of America. The Southern
Voyages A. D. 1492–1616. New York 1974.   Sch

Indem wir unsern Weg gegen Süden fortsetzten, fanden wir den 21. October
unter 52° südlicher Breite eine Meerenge, die wir die Meerenge der Elftausend Jungfrauen nannten, weil dieser Tag ihnen gewidmet war. Diese Meerenge ist, wie wir in der Folge sahen, Vierhundert Vierzig Meilen oder Einhundert und Zehn See-Meilen, jede zu Vier Meilen gerechnet, lang und eine halbe Meile, bald etwas mehr, bald etwas weniger, breit. Sie endigt sich in ein
andres Meer, das wir das stille Meer nannten. Hohe und mit Schnee bedeckte
Berge umgeben sie: auch ist sie sehr tief, so daß wir daselbst nirgends als ganz
nah am Lande, in fünf und zwanzig bis dreyßig Faden Wasser Anker werfen
konnten.

Die ganze Schiffsmannschaft war so überzeugt, daß diese Meerenge keinen
Ausgang nach Westen habe, daß man sich, ohne die großen Kenntnisse des
Oberbefehlshabers, nicht würde haben einfallen lassen, ihn zu suchen. Aber
dieser Mann, der eben so geschickt als muthvoll war, wußte, daß der Weg
durch eine sehr verborgene Meerenge ginge; er hatte sie aber auf einer Charte
gesehen, die Martin Behaim[2], ein vortrefflicher Kosmograph, gezeichnet hatte, und die der König von Portugal in seinem Schatz aufbewahrte.

Sobald wir in dieß Gewässer einliefen, welches man für nichts als eine Bay
hielt, schickte der Capitain zwey Schiffe, den Sanct Antonius [San Antonio]
und die Conception [Concepción] ab, um zu untersuchen, wie weit sie sich erstrecke; wir warteten am Eingange der Bay mit der Dreyeinigkeit [Trinidad]
und der Victoria.

In der Nacht überfiel uns ein erschrecklicher Sturm, der Sechs und Dreyßig
Stunden dauerte, und uns zwang, die Ankertaue zu kappen und uns der Will-
kühr der Fluthen und des Windes zu überlassen. Die zwey andern Schiffe, die
dasselbe Schicksal hatten, wie wir, konnten nicht wieder um das Cap herum
und zu uns kommen: auch sie mußten sich den Winden überlassen, welche sie
stets gegen das Innere dieser Gegend, die sie für eine Bay hielten, trieben, so
daß sie jeden Augenblick zu scheitern erwarteten. Aber eben, als sie sich für
verlohren hielten, wurden sie eine Oeffnung gewahr, die sie für eine kleine
Bucht der Bay ansahen, und in welche sie einliefen. Sie bemerkten, daß dieser
Kanal nicht verschlossen war, und fuhren also fort, ihn zu untersuchen, wodurch sie in eine andere Bay kamen, in welcher sie fortsegelten, bis sie noch

---

1800 zum ersten Mal ediert, aus der zuverlässigen deutschen Übersetzung von 1801 stammen die
entsprechenden Quellenausschnitte in diesem Kapitel.
  [2] Hier irrten Pigafetta und vor ihm bereits Magalhães und Las Casas (vgl. den einleitenden
Kommentar zu diesem Kapitel).

eine Meerenge fanden, aus welcher sie wiederum in eine Bay kamen, die noch grösser als die vorherigen war. Anstatt aber weiter zu gehen, hielten sie für besser, hier umzukehren, um dem Befehlshaber von dem, was sie gefunden hatten, Nachricht zu geben.

Zwey Tage waren verflossen, ohne daß wir die zwey zur Untersuchung der Bay abgeschickten Schiffe wieder erscheinen sahen: wir glaubten daher, daß sie in dem Sturme, den wir selbst erfahren hatten, untergegangen wären; und da wir Rauch auf dem Lande gewahr wurden, so schlossen wir, daß die, welche das Glück gehabt hätten, sich zu retten, diese Feuer angezündet hätten, um uns ein Zeichen ihres Lebens und ihres Unglücks zu geben. Aber indem wir uns in dieser Ungewißheit über ihr Schicksal befanden, sahen wir sie mit vollen Segeln und mit wehenden Flaggen auf uns zukommen: als sie uns nah kamen, thaten sie einige Kanonenschüsse und stiessen ein Freudengeschrey aus. Wir thaten dasselbe, und da wir von ihnen erfuhren, daß sie die Fortsetzung der Bay oder vielmehr der Meerenge gefunden hätten, schlossen wir uns ihnen an, wenn es möglich wäre, unsern Weg weiter zu verfolgen.

Als wir in die dritte Bay, deren ich eben erwähnt habe, eingelaufen waren, wurden wir zwey Oeffnungen oder Kanäle gewahr, den einen gegen Süd-Ost, den andern gegen Süd-West. Der Oberbefehlshaber schickte die beyden Schiffe St. Antonius und Conception nach Süd-Ost ab, um zu erforschen, ob dieser Kanal sich in ein Meer öffne? Das erste Schiff segelte unverzüglich mit vollem Segel fort, ohne das zweyte zu erwarten; es hatte vielmehr die Absicht, dieß zurückzulassen, und der Steuermann wollte die Dunkelheit der Nacht benutzen, auf dem Wege, den wir gekommen waren, umzukehren und nach Spanien zurück zu segeln.

Dieser Steuermann war Stephan Gomez [Esteban Gómez], der aus dem einzigen Grunde Magellans Feind war, weil er kurz vorher, als dieser nach Spanien kam und dem Kayser den Vorschlag that, die Moluckischen Inseln auf dem Wege nach Westen aufzusuchen, auch um einige Caravellen zu einer Entdeckungsreise nachgesucht hatte, und im Begriff stand, sie zu erhalten. Die Ankunft Magellans aber machte, daß man ihm sein Gesuch abschlug, und daß er, anstatt an die Spitze der von ihm projectirten Expedition gestellt zu werden, nun bloß den subalternen Posten eines Steuermanns erhielt. Was ihn hierbey am meisten aufbrachte, war, daß er unter den Befehlen eines Portugiesen[3] stehen mußte. Während der Nacht vereinigte er sich mit den übrigen unter seiner Mannschaft befindlichen Spaniern. Sie legten den Capitain des

---

[3] Pigafetta war über Gómez nicht hinreichend informiert: Dieser hatte zwar als Steuermann eine kastilische Lizenz der Casa de la Contratación, war aber wie Magalhães Portugiese; zwischen beiden bestanden starke Spannungen, da Gómez den Auftrag für die Suche nach der Westpassage für sich selbst angestrebt hatte und dann von Magalhães ausgestochen worden war. Gómez' Ehrgeiz wurde einige Jahre später befriedigt: Er erhielt 1524 den Auftrag, eine kürzere und einfachere Durchfahrt zu den Gewürzinseln zu finden als die Magalhães-Straße. Zu diesem Zweck fuhr er – fast gleichzeitig mit Verrazzano (vgl. Dok. 56) – die nordamerikanische Küste von Florida bis Labrador entlang, kehrte aber 1525 mit der Nachricht zurück, daß es im Norden keine Durchfahrt zum Stillen Ozean gebe.

Schiffs, Álvaro de Meschita [Mezquita], Geschwisterkind des Oberbefehlshabers, in Fesseln, verwundeten ihn sogar und führten ihn nach Spanien. Auch
wollten sie den einen von den zwey Riesen, die wir gefangen hatten, und welcher auf ihrem Schiffe war, mit dahin nehmen: aber bey unsrer Zurückkunft
erfuhren wir, daß er in der Nähe des Aequators gestorben war, weil er die
grosse Hitze daselbst nicht aushalten konnte.

Die Conception, die dem St. Antonius nicht folgen konnte, kreuzte hierauf
in dem Kanal, um seine Rückkehr zu erwarten: aber umsonst!

Wir waren mit den zwey andern Schiffen nach dem zweyten Kanal gesegelt, der nach Südwest sich öffnete; auf dieser Fahrt kamen wir an einen Fluß,
den wir den Sardellenfluß nannten, weil wir von diesen Fischen eine unermeß-
liche Menge daselbst fanden. Wir ankerten dort, um die zwey andern Schiffe
zu erwarten und brachten vier Tage daselbst zu. Während dieser Zeit schickten
wir eine gut ausgerüstete Schaluppe ab, um das Cap dieses Kanals, der sich in
ein andres Meer endigen mußte, zu suchen. Die Matrosen, die hierzu ausgeschickt waren, kamen am dritten Tag wieder zurück und verkündigten uns,
daß sie das Cap, wo die Meerenge sich endige und ein grosses Meer, nemlich
den Ocean, gesehen hätten. Wir weinten alle für Freuden. Dieß Cap wurde
daher il Capo Dezeado, (Cap Desiré oder Cap des Verlangens) genannt, da
wir in der That seit langer Zeit das Verlangen hegten, es zu sehen.

Wir kehrten nun zurück, um uns mit den zwey andern Schiffen zu vereinigen, fanden aber nur die Conception. Der Steuermann, Johann Serano [Juan
Serrano], den wir fragten, was aus dem andern Schiffe geworden sey? antwortete, daß er es für verlohren halte, weil er es seit dem Augenblicke, wo er in
den Kanal hineingesegelt wäre, nicht wiedergesehen hätte. Der Oberbefehlshaber gab hierauf den Befehl, es überall zu suchen, vorzüglich aber in dem
Kanal, wohin es eingelaufen war. Er schickte die Victoria bis an den Eingang
der Meerenge zurück, und befahl, daß, wenn sie das Schiff nicht wieder fände, auf einem erhabenen Platze eine Flagge aufsteckt und an dem Fuß derselben in einem kleinen Topfe ein Brief niedergelegt werden sollte, der jenem den
Weg anzeigte, auf dem es dem Geschwäder folgen könnte. Diese Art, sich im
Fall einer Trennung zu benachrichtigen, war bey unserer Abreise verabredet
worden. Auf eben diese Art pflanzte man zwey andere Zeichen auf erhabene
Oerter in der ersten Bay und auf einer kleinen Insel in der dritten, wo wir eine
Menge Seewölfe [Seehunde] und Vögel wahrnahmen. Der Oberbefehlshaber
erwartete die Rückkehr der Victoria bey dem Sardellenfluß und ließ da auf einer kleinen Insel, am Fuß zweyer mit Schnee bedeckten Berge, aus welchen
der Fluß entspringt, ein Kreuz errichten.

Im Fall wir diese Meerenge, die aus einem Meere in das andre führt, nicht
entdeckt hätten, war der Oberbefehlshaber entschlossen, bis zum 75° südlicher Breite zu schiffen, wo während des Sommers keine, oder nur eine sehr
kurze Nacht eintritt, so wie es im Winter nicht Tag wird. Während wir in der
Meerenge waren – im Monath October – hatten wir nur drey Stunden Nacht.

Das Land an dieser Meerenge, das zur linken Hand sich gegen Süd-Osten

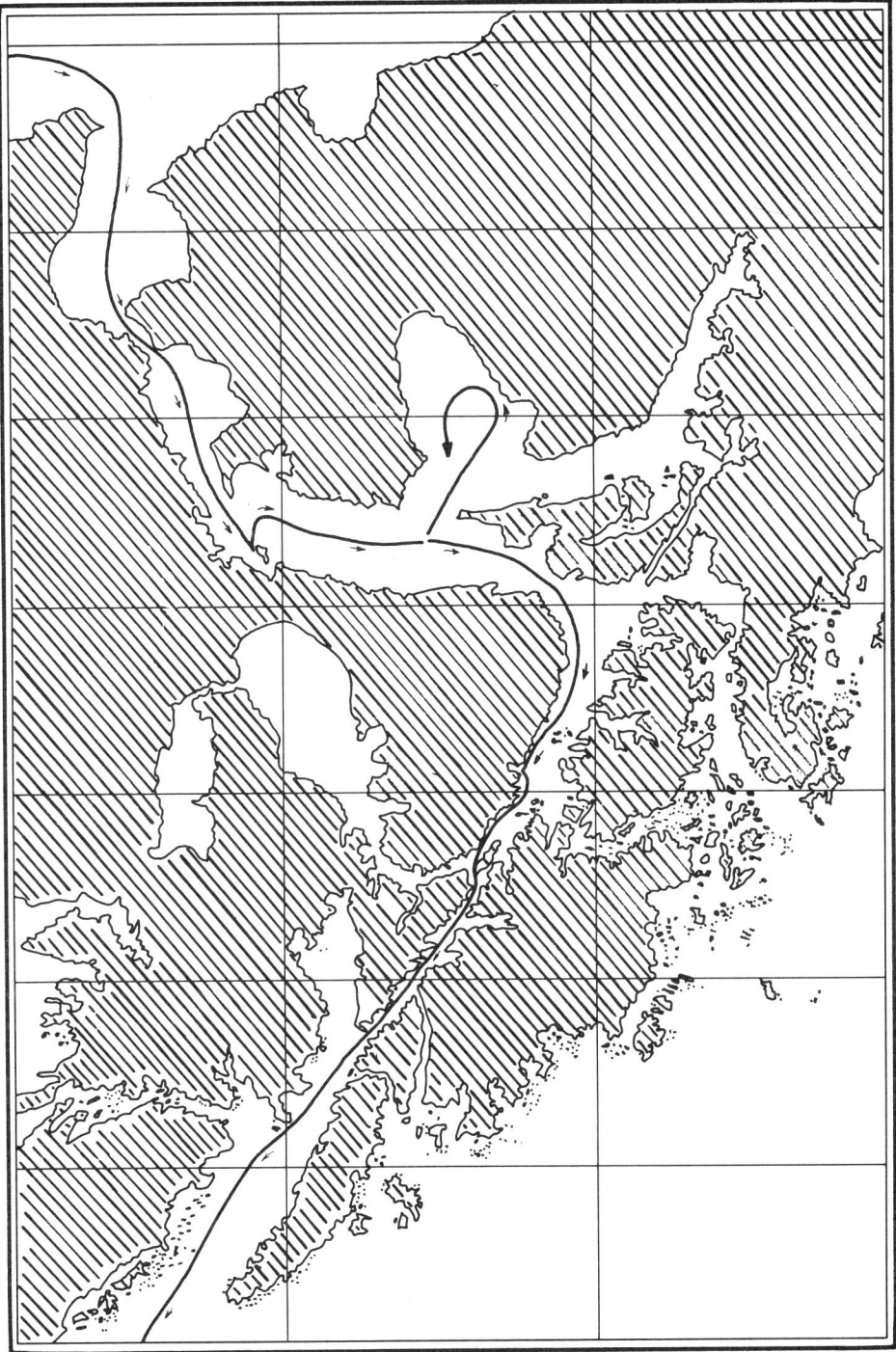

6. Die Auffindung der Passage zu den Gewürzinseln durch Fernão de Magalhães zwischen 21. Oktober und 28. November 1520: sie wird seither Magalhães- oder Magellan-Straße genannt.

zieht, ist niedrig. Wir nannten sie patagonische Meerenge [heute: Magalhães-Straße]. Alle halbe Meilen weit findet man in ihr einen sichern Hafen, vortreffliches Wasser, Cedernholz, Sardellen und eine Menge Muscheln. Auch finden sich hier Kräuter, von welchen einige bitter, andre aber sehr gut zu essen waren, vorzüglich eine Art süssen Sellery, der an den Quellen wächst, und welchen wir in Ermangelung anderer Nahrungsmittel verzehrten. Mit Einem Worte: ich glaube, daß man nirgends in der Welt eine bessere Durchfahrt finden könne.

Aus: Anton Pigafetta's Beschreibung der von Magellan unternommenen ersten Reise um die Welt. Aus einer Handschrift der ambrosianischen Bibliothek zu Mailand von Amoretti zum erstenmal herausgegeben. Gotha 1801, S. 45–52.

43. Pigafetta: Der Tod des Magalhães auf der Insel Matan am 27. April 1521

Mitte März hatte die Flotte des Magalhães nach ihrer entbehrungsreichen Überquerung des Pazifik die Philippinen erreicht. Dort wurde auf der Insel Homohon ein längerer Erholungsurlaub für die gesamten Mannschaften eingelegt. Nach Fortsetzung der Reise lief die Flotte am 7. April die Insel Cebu an. Dort gelang es dem Generalkapitän, den einheimischen Sultan Humabon und Hunderte aus seiner Gefolgschaft zum Christentum zu bekehren. In den folgenden Tagen bewirkte er zusammen mit seinem Bordgeistlichen sogar eine Wunderheilung an einem malaiischen Kranken, was den Zulauf zu den Bekehrungen erheblich steigerte. In der allgemeinen Euphorie gewann Magalhães den Sultan als Lehensmann der kastilischen Krone und vermochte ihm feierlich den Treueid abzunehmen. Dieser Missionserfolg und die Gewißheit, dem König von Kastilien so etwas wie eine neue Provinz zu seinem Reich hinzugewonnen zu haben, ließen ihn aber in der Folge eine Verpflichtung eingehen, die aus einem kleinen Anlaß heraus zu seinem Verhängnis wurde.

Die Nachbarinsel von Cebu – Matan – besaß zwei einander befehdende Radschas: einen gewissen Zula, der ein Freund des Sultans von Cebu war, und Cilapulapu (auch: Lapulapu), der mit diesen beiden verfeindet war. Gegen Ende April erbot sich Zula, bei entsprechender Unterstützung durch Magalhães seinen Rivalen von der Insel zu vertreiben und die Gesamtherrschaft über Matan an sich zu reißen. Obschon Sultan Humabon kein Interesse an einem Konflikt zeigte – die Jahreszeit schien ihm dafür ungeeignet –, drängte es Magalhães danach, für einen weiteren neuen Verbündeten und Freund in den Kampf zu ziehen. Er sagte rasche Hilfe zu, doch war er über die Situation nicht genau im Bild und überschätzte dabei insbesondere seine militärischen Kräfte. Er ließ sich weder von seinen eben bekehrten Freunden von der Insel Cebu unterstützen noch wurde er in der entscheidenden Phase des Kampfes von Zula unterstützt. Ganz allein, lediglich begleitet von 48 Mann aus der Besatzung seiner Flotte, suchte er den malaiischen Fürsten ein kriegerisches Schau- und Lehrstück zu liefern. Bis zu den Knien im Wasser stehend, ohne Möglichkeit, durch die Kanonen seiner Schiffe oder auch nur von seinen Arkebusieren im Mann-gegen-Mann-Kampf Entlastung zu erhalten, erlag er einer erdrückenden Übermacht und kam mit mehreren Leuten ums Leben. Der Chronist des folgenden Quellenauszugs, der italienische Edelmann Pigafetta, war der einzige die gesamte Reise überlebende Augenzeuge dieser denkwürdigen Begegnung. Es ist nicht abzusehen, wie die Geschichte der kastilisch-portugiesischen Auseinandersetzung um die Gewürzinseln verlaufen wäre, wenn Magalhães damals am Leben geblieben wäre, die Leitung der Flotte behalten hätte und erfolgreich nach Spanien zurückgekehrt wäre, was von den Grundgegebenheiten der Expedition her leicht hätte der Fall sein können.

Lit.: Die erste Umseglung der Erde durch Fernando de Magallanes und Juan Sebastian del Cano 1519–1522. Dargestellt nach den Quellen von Oscar Koelliker. München-Leipzig 1908 – Samuel Eliot Morison: The European Discovery of America. The Southern Voyages A.D. 1492–1616. New York 1974.   Sch

Freytags, den 26ten April, schickte Zula, einer von den Häuptern der Insel Matan, dem Oberbefehlshaber [Magalhães] einen seiner Söhne mit zwey Ziegen, und ließ ihm dabey sagen, daß, wenn er ihm nicht Alles schicke, was er ihm versprochen habe, dieses nicht seine, – sondern die Schuld eines andern Haupts sey; dieser Nahmens Cilapulapu, wolle die Macht des Königs von Spanien nicht anerkennen: wenn indessen der Oberbefehlshaber ihm in der folgenden Nacht eine Schaluppe mit bewaffneten Leuten zur Hülfe schicken würde, so mache er sich verbindlich, seinen Nebenbuhler zu schlagen, und gänzlich zu unterjochen.

Auf diese Nachricht entschloß sich der Oberbefehlshaber, selbst mit drey Schaluppen nach der Insel abzugehen: wir baten ihn, nicht in Person diesem Unternehmen beyzuwohnen: er antwortete uns aber, daß er als ein guter Hirte seine Heerde nicht verlassen dürfe.

Wir fuhren um Mitternacht ab, an der Zahl Sechzig Mann, mit Panzern und Helmen bewaffnet. Der neuchristliche König [Sultan Humabon], der Prinz, sein Schwiegersohn und mehrere Häupter von Zubu [Cebu] mit einer Menge bewaffneten Leute folgten uns in zwanzig bis dreyßig Balangai[1]. Es war noch drey Stunden vor Tag, als wir auf Matan ankamen. Der Oberbefehlshaber, der noch keinen Angriff unternehmen wollte, schickte den Mauren[2] ans Land und ließ dem Cilapulapu und den Seinigen sagen: wenn sie die Oberherrschaft des Königs von Spanien anerkennen, dem christlichen König von Zubu sich unterwerfen und den Tribut, den man ihnen abfordern werde, entrichten würden, so werde man sie als Freunde ansehen: ausserdem aber werde man ihnen die Macht unserer Lanzen fühlen lassen.

Die Insulaner liessen sich von unsern Drohungen nicht schrecken. Sie antworteten, daß sie, so gut wie wir, Lanzen hätten, ob dieß gleich nur zugespitzte Röhre und im Feuer gehärtete Pfähle wären: sie verlangten bloß, wir möchten sie nicht während der Nacht angreifen, weil sie noch Verstärkung erwarteten und dann von grösserer Anzahl seyn würden! Dieß sagten sie aus Tücke,

---

[1] Balangai wurden – so erklärt Pigafetta an anderer Stelle – die größeren, mit Auslegern versehenen Barken genannt, auf denen einige Dutzend Menschen Platz fanden.
[2] Bei diesem Mauren handelte es sich um einen mohammedanischen – möglicherweise arabischen – Kaufmann aus Siam, den Magalhães im Hafen der Insel Cebu angetroffen hatte und der als Unterhändler diente.

um uns zu veranlassen, daß wir sie auf der Stelle angreifen sollten: sie hofften, daß wir so in die Graben fallen würden, welche sie zwischen dem Ufer und ihren Häusern aufgeworfen hatten.

Wir warteten aber wirklich den Tag ab. Unsre Schaluppen konnten sich wegen der Klippen und Untiefen dem Ufer nicht ganz nähern und wir sprangen daher bis an die Hüften ins Wasser, Neun und Vierzig Mann stark, weil wir Eilf Mann zur Bedeckung der Schaluppen zurückliessen. So mußten wir eine Zeitlang im Wasser waden, ehe wir das Land erreichten.

Hier fanden wir die Insulaner Fünfzehnhundert an der Zahl, in drey Schaaren getheilt: sie warfen sich sogleich mit einem schrecklichen Geschrey auf uns; zwey Bataillons griffen uns von der Seite, das dritte von vorne an. Unser Oberbefehlshaber theilte hierauf seinen Haufen in zwey Peloten[3]. Die Musketen- und Armbrustschützen schossen, eine halbe Stunde lang, von weitem auf sie, ohne ihnen den mindesten Schaden zu thun, oder wenigstens war ihre Wirkung sehr klein. Denn obgleich die Kugeln und Pfeile ihre Schilde, die nur aus dünnen Bretern gemacht waren, durchschlugen und selbst zuweilen sie an den Armen verwundeten, so hielt sie doch dieß nicht zurück, weil diesen Wunden nicht ein so schleuniger Tod, wie sie sich eingebildet hatten, folgte: sie wurden sogar kühner und wüthender. Auch verliessen sie sich auf ihre stärkere Zahl und schleuderten Wolken von Rohrlanzen und Pfählen in Feuer gehärtet, von Steinen und Erde auf uns, so daß wir uns mit vieler Mühe vertheidigten. Einige warfen Pfähle, die mit einer eisernen Spitze versehen waren, nach unserm Oberbefehlshaber, der, um sie zu zerstreuen und in Furcht zu setzen, einigen von uns befahl, Feuer an ihre Hütten zu legen: dieses wurde auf der Stelle vollbracht. Der Anblick der Flammen machte sie noch wilder und blutgieriger: einige liefen nach dem Orte der Feuersbrunst, die zwanzig bis dreyssig Häuser verzehrte, und tödteten zwey unserer Leute auf der Stelle. Ihre Zahl sowohl, als ihr Ungestüm, mit welchem sie uns angriffen, schien sich zu vermehren. Ein vergifteter Pfeil durchbohrte den Schenkel des Oberbefehlshabers, und dieser befahl sogleich, uns langsam und in guter Ordnung zurückzuziehen: aber der größte Theil unsrer Leute nahm in voller Uebereilung die Flucht, so, daß unsrer nur sieben bis acht Mann bey dem Oberbefehlshaber blieben.

Die Indianer hatten wahrgenommen, daß ihre Streiche uns, wenn sie unsern Kopf oder unsern Leib trafen, wegen unsrer Rüstung nichts Uebles zufügten, daß aber unsre Schenkel keine Schutzwehr hätten! sie richteten daher ihre Pfeile, Lanzen und Steine gegen unsre Schenkel und dieß in so grosser Anzahl, daß wir ihnen weichen mußten. Die Kanonen, die wir auf den Schaluppen hatten, waren uns von keinem Nutzen: denn die Untiefen erlaubten ihnen nicht, sich uns hinlänglich zu nähern. Wir zogen uns so nach und nach, unter beständigem Fechten, zurück, und wir waren schon in der Weite eines Armbrustschusses, bis an die Kniee im Wasser, als die Insulaner, die uns auf dem

---

[3] Peloton: Bezeichnung des 18. Jahrhunderts für eine kleinere militärische Einheit.

Fuß folgten, dieselben Lanzen fünf bis sechsmahl auf uns warfen und wieder zurückzogen. Da sie unsern Oberbefehlshaber kannten, so richteten sie ihre Würfe vorzüglich gegen ihn, so daß sie ihm zweymahl den Helm vom Kopfe rissen: er wich indessen nicht und wir kämpften in sehr geringer Anzahl an seiner Seite. Dieser ungleiche Kampf dauerte fast eine Stunde. Endlich glückte es einem Indianer, den Oberbefehlshaber mit der Spitze seiner Lanze an der Stirne zu verwunden: dieser, über den Unfall erzürnt, durchbohrte den Indianer mit seiner Lanze, die er in seinem Leib stecken ließ. Er wollte dann seinen Degen ziehen, aber er vermochte es nicht, weil sein rechter Arm sehr stark verwundet war. Die Indianer, die dieß gewahr wurden, drangen alle auf ihn ein, und einer von ihnen versetzte ihm einen so heftigen Säbelhieb in das linke Bein, daß er auf sein Gesicht fiel: in demselben Augenblicke warfen sich die Feinde auf ihn, und so kam er um, der unser Führer, unser Licht, unsre Stütze war.

Als er fiel und sich von den Feinden überwältigt sah, wendete er sich mehrmals gegen uns, um zu sehen, ob wir uns hätten retten können. Da keiner unter uns war, der nicht verwundet gewesen wäre, und da wir uns Alle ausser Stand befanden, ihm beyzustehen oder ihn zu rächen, so begaben wir uns auf der Stelle zu unsern Schaluppen, die im Begriff waren abzusegeln, und so verdankten wir unserm Oberbefehlshaber unsre Rettung, da in dem Augenblick, als er umkam, alle Insulaner sich an dem Ort, wo er fiel, zusammendrängten.

Der christliche König hätte uns zur Hülfe kommen können und würde es gewiß gethan haben, wenn nicht der Oberbefehlshaber, weit entfernt, zu ahnden, was geschah, als er mit seinen Leuten ans Land ging, jenem befohlen hätte, seinen Balangai nicht zu verlassen und unserer Art zu fechten bloß zuzusehen. Der König weinte bitterlich, als er den Oberbefehlshaber fallen sah.

Magellans Ruhm wird jedoch seinen Tod überleben. Er war mit allen Tugenden geschmückt: mitten in den größten Gefahren zeigte er eine unerschütterliche Standhaftigkeit: auf dem Meer unterwarf er sich selbst grössern Beschränkungen, als die übrige Mannschaft. Er besaß eine genauere Kenntniß der Seecharten, als irgend jemand, und war der Schiffahrtkunst vollkommen mächtig, wie er auf seiner Reise um die Welt an den Tag legte, die kein Andrer vor ihm zu unternehmen gewagt hat.

Jene unglückliche Schlacht fiel am 27ten April 1521 vor; diesen Tag, einen Sonnabend, hatte der Oberbefehlshaber ausdrücklich gewählt, weil er ihm besonders heilig war. Mit ihm fanden Acht von unsern Leuten und vier getaufte Indianer hier ihren Tod und wenige von uns kehrten ohne Wunden auf die Schiffe zurück.

Aus: Anton Pigafetta's Beschreibung der von Magellan unternommenen ersten Reise um die Welt. Aus einer Handschrift der ambrosianischen Bibliothek zu Mailand von Amoretti zum erstenmal herausgegeben. Gotha 1801, S. 126–131.

44. Der Radscha von Ternate gibt dem König von Portugal Kunde von der Ankunft der Kastilier auf der Nachbarinsel Tidore (1521 oder 1522)

Am 8. November 1521 hatten die beiden kastilischen Schiffe Victoria und Trinidad unter der Leitung des Piloten Elcano Tidore, die Hauptinsel der eigentlichen Gewürzinseln – der Molukken – erreicht. Die Radschas der beiden Nachbarinseln Tidore und Ternate waren zu diesem Zeitpunkt bereits verfeindet, Ternate hatte sich seit 1512 dem freundschaftlichen Handel mit den Portugiesen geöffnet, während Tidore nur widerstrebend einen Kontakt zu ihnen hingenommen hatte. Im Frühjahr 1521 hatte der Radscha von Tidore den sich auf Ternate aufhaltenden portugiesischen Handelsagenten Serrão – den Freund des Magalhães, der mit ihm bereits 1511 zum ersten Mal von Malakka aus die Gewürzinseln zu erreichen versucht hatte – sogar durch Gift ermorden lassen. So waren die Kastilier als Konkurrenten der Portugiesen dem Radscha von Tidore bei ihrer Ankunft durchaus willkommen, während der Radscha von Ternate nun Repressalien von seiten seines Rivalen auf Tidore und der mit ihm rasch verbündeten Kastilier zu befürchten hatte. Dies ist die Ausgangssituation für den Brief, der Mitte 1522, im Namen des damals noch unmündigen Radscha Abu Hayat von Ternate geschrieben, an den portugiesischen Gouverneur von Malakka, Jorge de Albuquerque, gelangte.

Dieser Brief gehört zu den ältesten vorhandenen malaiischen Urkunden überhaupt. Er ist relativ leicht zu datieren: er berichtet von der Abfahrt des einen kastilischen Schiffes – der Victoria –, die nach unserer Kenntnis am 21. Dezember 1521 stattfand, weiß aber noch nichts von der Abfahrt des zweiten Schiffes, der Trinidad, die am 6. April 1522 erfolgte. So kann als Zeitraum für seine Abfassung die Spanne zwischen Ende Dezember 1521 und Anfang April 1522 angesetzt werden. Dieser Brief war bis in die dreißiger Jahre unseres Jahrhunderts hinein nur in seiner von Albuquerque für den Hof in Portugal bestimmten Übertragung ins Portugiesische bekannt. Dieser Übertragung war offenbar das malaiische Original seinerzeit beigefügt worden, und so wanderten beide Fassungen später ins Archivo Naçional da Torre do Tombo in Lissabon.

Beide Texte hat der englische Islamist Blaggen 1930 herausgegeben. Ein Vergleich dieser beiden Textfassungen zeigt auf, mit welchem diplomatischen Weitblick, mit welchem strategischen Geschick Albuquerque damals in die für die portugiesische Krone bestimmte Übersetzung selbständig verändernd eingriff, so daß das Dokument auch in den unweigerlich bevorstehenden diplomatischen Auseinandersetzungen mit Spanien verwendet werden konnte: Albuquerque formulierte das Ansuchen des Radschas von Ternate um Unterstützung gegen die eben eingetroffenen Kastilier um in einen regelrechten Hilferuf eines portugiesischen Vasallen, er ließ den malaiischen Radscha auf die Demarkationslinie von Tordesillas hinweisen, die dieser sicher nicht kannte und wohl auch nicht anerkannt hätte. Auf diese Weise unterstellte der Brief des malaiischen Fürsten, daß die Kastilier in die vertraglich den Portugiesen zugestandene Interessensphäre eingedrungen seien, ohne daß es ausgesprochen wurde: ein Meisterwerk des Mißbrauchs eines Dokuments zu einem vom Auftraggeber der Übersetzung angestrebten politischen Zweck, eines Mißbrauchs, der nach Lage der Dinge in Europa nicht durchschaut oder zumindest nicht bewiesen werden konnte. Es ist nicht unwahrscheinlich, daß dieser Text in den portugiesisch-spanischen Unterhandlungen von Badajoz im

Jahr 1524 um die Frage, auf wessen Seite der Demarkationslinie von Tordesillas die Molukken lägen, eine Rolle spielte.

Beide Texte sind hier aus der englischen Fassung übersetzt, die von Blaggen stammt. Eine um 1930 vorhandene – offenbar handschriftliche – Übertragung ins Deutsche durch Schurhammer konnte nicht mehr ausfindig gemacht werden.

Lit.: Two Malay Letters from Ternate in the Moluccas, written in 1521 and 1522, Edited and translated by C.O. Blaggen. In: The Bulletin of the School of Oriental Studies. London Institution. Vol. VI. (1930–1932), S. 87–101.   Sch

a. Die portugiesische Version des Briefes

Brief des Sultans Aabohad [Abu Hayat] an den König von Portugal, den sehr großen König, den mächtigen, und Herrn der Welt. Herr! Ich sende Eurer Hoheit Botschaft. Denn ich weiß, daß es Euch Kummer bereiten wird, zu erfahren, daß mein Vater gestorben ist und ich [jetzt] seinen Platz einnehme. Eure Hoheit soll unterrichtet sein, daß zwei Schiffe des Königs von Kastilien hierher gekommen sind, die nur Güter und Waffen an Bord hatten, mit dem Auftrag, die Insel Tudoree [Tidore] zu befestigen, weil sie sagen, daß dieser Ort auf ihrer Seite [der Linie von Tordesillas] liege. Mögen Eure Hoheit nun veranlassen, daß das Land Tarnatee [Ternate] Schutz erhalte, denn es ist ein Land Eurer Hoheit. Die Kastilier geben dem König von Tidore vierzig Kanonen und sechzig Arkebusen und sie versprachen ihm, nächstes Jahr mit zwanzig Schiffen zu kommen. Das eine Schiff stach sofort wieder in See mit diesen Neuigkeiten, und das andere blieb im Hafen, um, wie sie sagten, zu bleiben, bis sie [die zwanzig Schiffe] kämen. Was mich betrifft, Herr, so habe ich diesen Leuten niemals Gehorsam geleistet und werde es auch nie tun, so lange, wie es Portugiesen auf der Erde gibt. Im Gegenteil, ich werde im Dienste Eurer Hoheit leben und sterben. Deshalb flehe ich Eure Hoheit nochmals an, für Euer Land Tarnate [sic] Sorge zu tragen und es zu verteidigen, denn ich bin ein Waise und noch ein Kind. Herr, ich sage zu Eurer Hoheit nur: tragt Sorge, daß ich und dieses Land Euer bleiben. Herr, wenn dieser Brief eine Unziemlichkeit gegen Eure Hoheit enthalten sollte, vergebt mir, denn ich bin ein Kind und weiß es nicht besser.

[Fußnote zu dieser Fassung:] Dieser Brief wurde von Álvaro Fernamdez, Dolmetscher dieser Festung Malakka, übersetzt. Dieser Brief ist eine Übersetzung des beigefügten malaiischen Briefes, den ich öffnete, da ich nicht weiß, ob es in Portugal jemanden gibt, der ihn lesen kann, und so tat ich es. Malakka, den 28. August 1522. Jorge de Albuquerque.

b. Die malaiische Version des Briefes

Dies ist ein ehrfurchtsvoller Brief des Sultans Abu Hayat, ein Brief an seinen Vater, den König von Portugal, der in der Welt der größte ist. Jetzt hält der mißliche Zustand im Lande an, denn sein Vater, Sultan Bayan Sirrullah, ist

vom Lande Ternate gegangen[1], und das Land Ternate ist gegenwärtig in einem
Notstand. Zwei Schiffe des Königs von Kastilien sind gekommen und haben
Waffen und Güter gebracht, und sie geben dem Hafen des Radscha von Tidore Schutz, der [jetzt] in Wahrheit ganz ein Hafen des Königs von Kastilien ist,
wohingegen der Sultan von Ternate sich dem Schutz des Königs von Portugal
anvertraut, weil der Hafen des Sultans von Ternate ein Hafen des Königs von
Portugal ist. Gerade zu dieser Zeit gibt der König von Kastilien dem Radscha
von Tidore vierzig Kanonen und verspricht, daß er noch dieses Jahr siebzig
Arkebusen nach Tidore schicke. Das eine Schiff segelte ab im Monat Muharram[2], das andere bleibt dort und wartet zwanzig Schiffe ab, die im nächsten
Jahr kommen. Nunmehr besitzt Euer Sohn, Sultan Abu Hayat, keine andere
Hoffnung mehr als sein Vertrauen in seinen Vater, den König von Portugal:
daß der König von Portugal wahrhaftig seinem Sohn, einem Waisen und
Kind, und wahrhaftig dem Land Ternate Schutz gewähren werde. Eures Soh-
nes Geschenke sind nicht angemessen. Lebt wohl!

Aus: Two Malay Letters from Ternate in the Moluccas, written in 1521 and 1522. Edited and
translated by C. O. Blaggen. In: The Bulletin of the School of Oriental Studies. London Institution. Vol. VI (1930–1932), S. 96–98.   Sch

45. Peter Martyr von Anghiera:
Der bei der Weltumseglung „verlorene Tag"

Auf ihrer entbehrungsreichen Rückfahrt von den Molukken über den Indischen Ozean
nach Europa lief die „Victoria", die Elcano befehligte, die Kapverdischen Inseln an, um
Lebensmittel zu fassen. Dort erfuhr die Mannschaft, daß man an Land bereits den
Donnerstag zählte. Pigafetta berichtet: „Dieß befremdete uns, weil es unsrer Rechnung nach erst Mittwoch seyn sollte. Wir konnten unmöglich glauben, daß wir uns um
einen Tag geirrt haben sollten; und ich war am meisten darüber erstaunt, weil ich mich
immer so wohl befunden hatte, daß ich mein Tagebuch führen konnte, und die Wo-

---

[1] Gemeint ist: Sultan Bayan Sirrullah ist gestorben.
[2] Muharram ist der erste Monat des mohammedanischen Mondjahres.

7. Die Auffindung der Gewürzinseln durch die Unterführer des Magalhães nach des- ▷
sen Tod auf der Insel Matan am 27. April 1521:

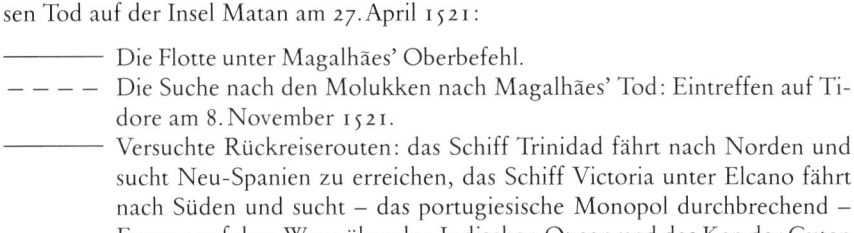

——————— Die Flotte unter Magalhães' Oberbefehl.

— — — — Die Suche nach den Molukken nach Magalhães' Tod: Eintreffen auf Tidore am 8. November 1521.

——————— Versuchte Rückreiserouten: das Schiff Trinidad fährt nach Norden und
sucht Neu-Spanien zu erreichen, das Schiff Victoria unter Elcano fährt
nach Süden und sucht – das portugiesische Monopol durchbrechend –
Europa auf dem Wege über den Indischen Ozean und das Kap der Guten
Hoffnung zu erreichen.

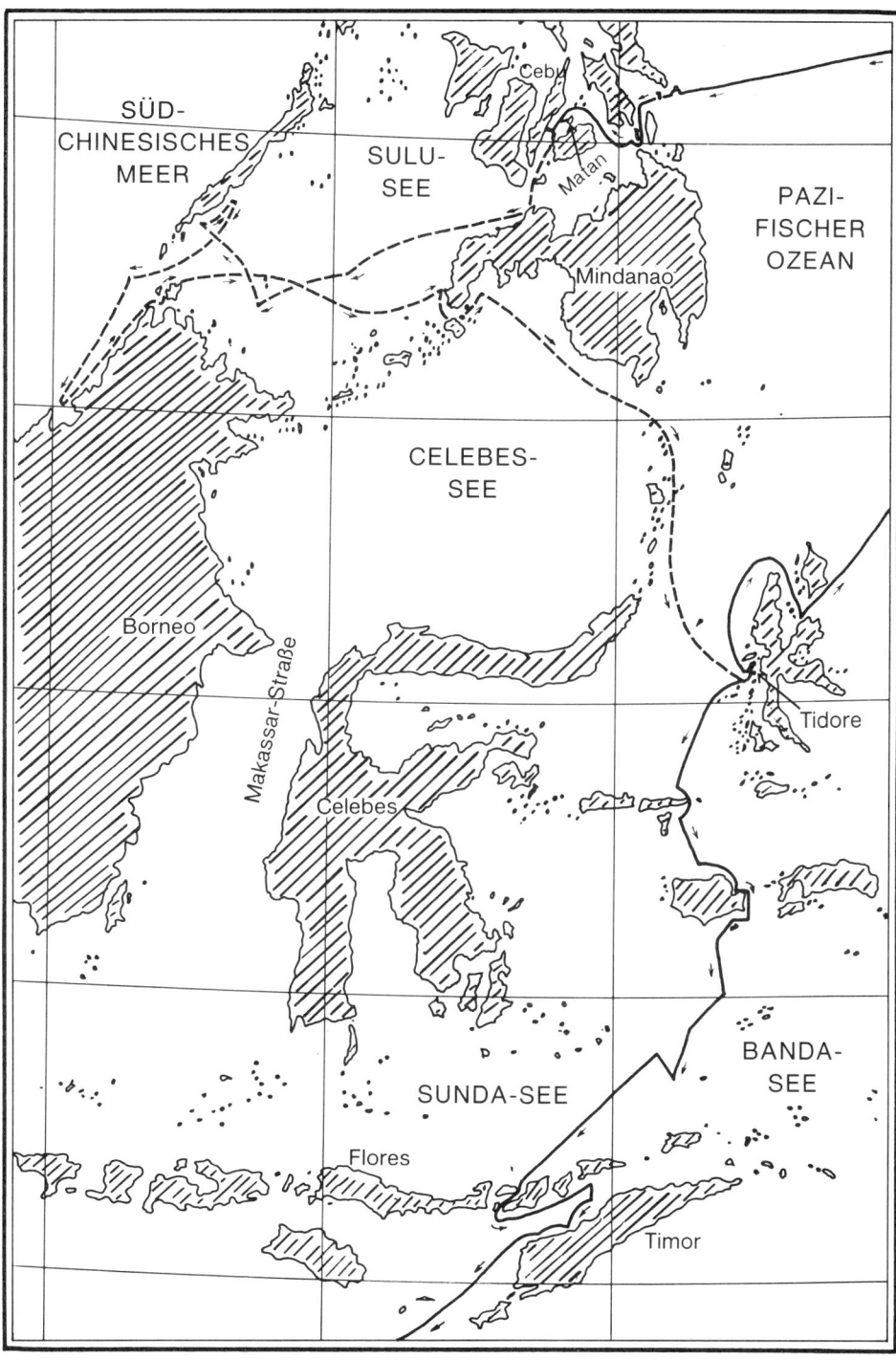

chen- und Monats-Tage ununterbrochen darin angemerkt hatte". Die Beobachtung einer Diskrepanz in der Zählung des Kalenders rief an Bord Unsicherheit hervor. Sie bedeutete offensichtlich, daß die Besatzung an den Samstagen vor Ostern, d. h. am Karfreitag, möglicherweise Fleisch gegessen hatte und daß sie das Osterfest jeweils an einem Montag gefeiert hatte. Am 8. September 1522 langte die Schiffsmannschaft in Sevilla an und dankte tags darauf in Bußhemden, jeder mit einer Kerze in der Hand, in einer Prozession von der Seefahrerkirche Santa María de la Victoria zur Kathedrale von Sevilla für ihre glückliche Rückkunft. Der offizielle spanische Hofhistoriograph Petrus Martyr Anglerinus sprach seinerzeit persönlich mit den Überlebenden, um die Hintergründe des Kalenderirrtums zu erfahren.

Lit.: Mairin Mitchell: Elcano: The First Circumnavigator. London 1958 – Samuel Eliot Morison: The European Discovery of America. The Southern Voyages A. D. 1492–1616. New York 1974.   Sch

Als das Schiff Victoria zu den Kapverdischen Inseln zurückkam, glaubten die Matrosen, es sei Mittwoch; sie erfuhren aber, daß es Donnerstag war. Man hielt ihnen vor, sie hätten bei der Weltumseglung im Laufe von drei Jahren einen Tag vergessen. Ich sagte ihnen daheim: „Eure Geistlichen haben euch eine falsche Angabe gemacht, sie haben bei den Festtagen oder den Stundengebeten einen Tag übersehen." Die Leute der Victoria erwiderten mir: „Was? Sollten wir das nicht alle bemerkt haben? Glaubst du, verständige und erfahrene Männer hätten sich so irren können? Es ist bei uns allen das gleiche; wir haben über die Tage und Monate laufend Tagebuch geführt; außerdem hatten viele von uns ihre Gebetsbücher bei sich und wußten genau, welche stille Andacht sie täglich verrichten mußten. Auch die Stundengebete für die Heilige Jungfrau hielten wir ein, vor deren Bild wir zu bestimmten Zeiten niederknieten, um ihre Hilfe zu erflehen. Viele benutzten auch ihre Freizeit dazu, an bestimmten Tagen der Toten zu gedenken; suche also eine andere Erklärung! Es besteht kein Zweifel, daß uns ein Tag verlorengegangen ist."

Die einen trugen diese Erklärung vor, die anderen eine davon abweichende, aber alle stimmten darin überein, sie hätten einen Tag verloren. Ich machte dann folgenden Einwand: „Bedenkt, meine Freunde, daß das Jahr nach eurer Abfahrt, nämlich das Jahr 1520, ein Schaltjahr war, und überlegt, ob nicht daher der Irrtum entstanden ist." Aber sie versicherten mir, den sonst kürzeren Monat Februar hätten sie in jenem Jahr mit 29 Tagen gerechnet und hätten nicht vergessen, den 24. Februar[1] in jenem Jahr doppelt zu zählen. Die achtzehn Überlebenden der Victoria sind zwar ungebildete Menschen, in diesem Punkt machten sie aber alle nacheinander die gleiche Angabe.

Die Frage ließ mir keine Ruhe, und ich begab mich zu Gasparo Contarini[2],

---

[1] Im damals noch gültigen Julianischen Kalender war der Schalttag der 24. Februar, d. h. der Tag nach dem römischen Fest der Terminalien.

[2] Gaspar Contarini (1483–1542) aus berühmtem venezianischem Geschlecht, vielseitig interessiert, war lange als Gesandter seiner Heimatstadt am Hof Karls V. tätig. Dann trat er in den Dienst der Kurie, wurde zum Kardinal ernannt und bemühte sich um einen Ausgleich in den religiösen Streitigkeiten der Zeit.

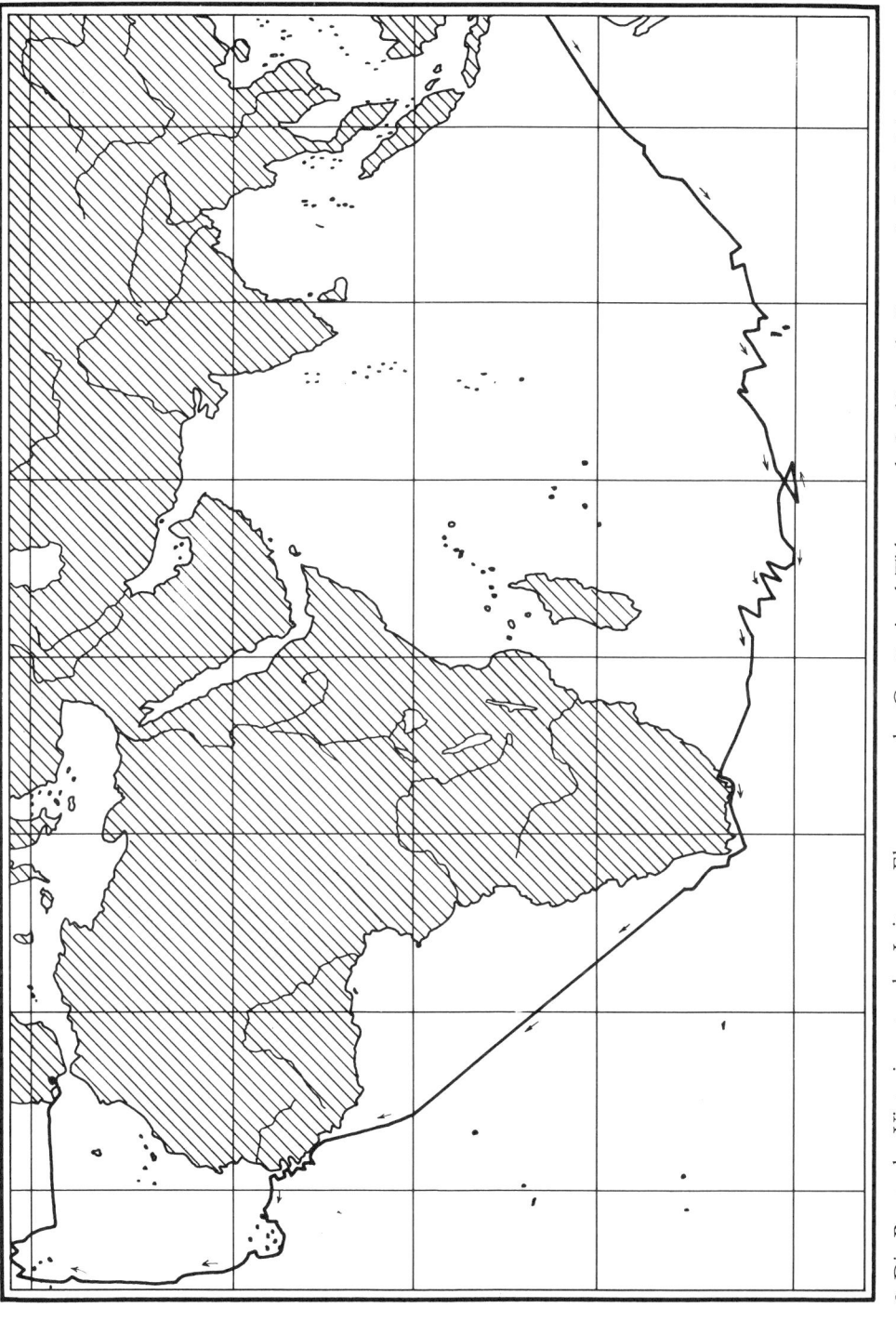

8. Die Route der Victoria unter der Leitung Elcanos von der Gewürzinsel Tidore nach Sanlúcar de Barrameda in Andalusien (21. Dezember 1521–6. September 1522).

der am kaiserlichen Hofe seine erlauchte Republik Venedig als Botschafter
vertritt und in jedem Zweig der Wissenschaften gründlich gebildet ist. Wir haben diese bisher nicht beobachtete und ungewöhnliche Erscheinung hin und
her erörtert und kamen zu dem Ergebnis, es könne folgendermaßen sich verhalten: Das spanische Schiff fuhr von den Kapverdischen Inseln nach Westen
in der Richtung, in der auch die Sonne geht. So kam es, daß für das Schiff, da
es mit dem Lauf der Sonne fuhr, jeder Tag entsprechend der zurückgelegten
Wegstrecke ein wenig länger als normal dauerte. Als die Victoria die gesamte
Fahrt um die Erde zurückgelegt hatte, welche die Sonne in 24 Stunden auch in
westlicher Richtung umkreist, hatte sie dadurch einen ganzen Tag verloren;
deshalb zählte die Mannschaft einen Tag weniger als die, welche in diesem
Zeitraum an der gleichen Stelle der Erde geblieben waren. Wenn die Flotte der
Portugiesen, die nach Osten zu fahren pflegt, mit Ostkurs auf dem Wege, der
jetzt erst von den Menschen entdeckt worden ist, wiederum zu den Kapverdischen Inseln zurückkehrte, dann würde zweifellos folgendes eintreten: Da für
diese Flotte die Tage etwas kürzer wären, würde sie nach Beendigung der Um-
fahrt 24 volle Stunden, d. h. einen ganzen Tag, gewonnen haben, würde also
einen Tag zuviel gezählt haben. Und ebenso wäre das Ergebnis, wenn an dem
gleichen Tage eine spanische und eine portugiesische Flotte von den Kapverdischen Inseln mit entgegengesetztem Kurs abführen, die spanische nach Westen, die portugiesische nach Osten, und wenn sie innerhalb derselben Zeit in
demselben Augenblick auf den verschiedenen Wegen zu den Kapverden zurückkehrten. Wenn man dort den Donnerstag zählte, dann wäre der Tag der
Rückkehr für die Spanier ein Mittwoch, da für sie wegen der jeweils längeren
Tage ein ganzer Tag verlorengegangen wäre; für die Portugiesen wäre derselbe Tag aber ein Freitag, da von ihnen wegen ihrer kürzeren Tage ein Tag zu
viel gezählt worden wäre.

   Die Gelehrten mögen das wissenschaftliche Problem genau erörtern. Wir
legen im Augenblick nur diese Ansicht vor. Nunmehr habe ich über die Erd-
umsegelung, über die Gewürzinseln, über den einen verlorenen Tag und über
die neuentdeckten Länder genug berichtet.

Aus: Peter Martyr von Anghiera: Acht Dekaden über die Neue Welt. Übersetzt, eingeführt und
mit Anmerkungen versehen v. Hans Klingelhöfer. Bd. 2. Darmstadt (Wissenschaftliche Buchgesellschaft) 1975, S. 99–101.

Siebentes Kapitel

Das Vordringen der Portugiesen im Bereich des Indischen Ozeans und im Fernen Osten

Nach der Entdeckung des Seeweges nach Indien durch Vasco da Gama im Jahre 1498 (vgl. Dok. 29) ging die portugiesische Krone mit großer Zielstrebigkeit daran, die neuerworbenen Kenntnisse zu nutzen und weiter auszubauen. Bereits im Herbst des Jahres 1500 fuhr die Flotte Pedro Álvares Cabrals in den Hafen von Calicut ein, wo man ihn im Namen des Samorims begrüßte (vgl. Dok. 30). Nachdem jedoch, wie schon bei Vasco da Gama, Unruhen in der Stadt ausgebrochen waren, ließ Cabral Calicut beschießen. In Cochim sowie später in Cananor und Quilon fand er jedoch bald Verbündete, die bereit waren, mit den Portugiesen Handelsverträge abzuschließen, und die in der Lage waren, ihnen Gewürze in ausreichender Menge zu liefern.

Im Juli 1501 erreichte die Flotte Cabrals reichbeladen mit den begehrten Gewürzen den Hafen von Lissabon. Den Portugiesen war damit ein wichtiger Schritt gelungen: Sie waren in der Lage, das bis dahin von den Venezianern in Europa und den Arabern in Asien gehaltene Gewürzmonopol zu durchbrechen.

Diese Tatsache wurde jedoch von den Geschädigten nicht ohne weiteres hingenommen. Venezianische Gesandte waren es, die den Sultan von Ägypten gegen die Portugiesen aufwiegelten. Die Drohung des Mamelukken, er werde, falls die Portugiesen ihre einmal begonnene Politik fortsetzten, die heiligen Stätten der Christenheit in Palästina zerstören, mobilisierte – sicherlich nicht ohne Zutun der Venezianer – sogar den Papst.

Der portugiesische König Manuel I. (1495–1521) ließ sich jedoch nicht beirren. Im März 1505 beauftragte er Francisco de Almeida mit der militärischen Sicherung des portugiesischen Gewürzhandels und ernannte ihn zum ersten Vizekönig von Indien. Almeida ließ zunächst Kilwa und Mombasa an der afrikanischen Ostküste erstürmen und besetzen, um die Westflanke des portugiesischen Vorgehens zu sichern. Daraufhin errichtete er in den verbündeten Städten an der Malabarküste, Goa und Cananor, befestigte Faktoreien und nahm zunächst in Cochim sein Hauptquartier. Hier bestand bereits ein im Jahre 1503 von Afonso de Albuquerque errichtetes Fort.

Am 17. März 1503 brachte Lourenço de Almeida, der Sohn des Vizekönigs, der Flotte des Samorim von Calicut vor Cananor eine vernichtende Niederlage bei. Der Mameluckensultan von Ägypten entschloß sich seinerseits erst zu einem militärischen Eingreifen, als Almeida den Golf von Aden für den ägyptisch-venezianischen Handel sperrte. Im Jahre 1507 besiegte der Sultan einen Teil der portugiesischen Flotte vor Bombay. Almeida gelang es jedoch zwei Jahre später, im Gegenzug die ägyptische Flotte bei Diu vollständig zu vernichten.

Bereits im Jahre 1507 hatte Afonso de Albuquerque die dem Eingang zum Roten Meer vorgelagerte Insel Sokotra und die auf ihr befindliche Festung gestürmt. Noch im gleichen Jahr belagerte er Ormuz, das er bei einem zweiten Angriff 1511 einzunehmen vermochte, und hielt damit nunmehr eine Schlüsselstellung am Eingang des Persischen Golfes. Danach besaßen die Portugiesen im Bereich des Indischen Ozeans eine Position, die es ihnen erlaubte, den gesamten Handel dieses Raumes zu kontrollieren. An der Nordostküste Afrikas, an den Einfahrten zum Roten Meer und zum Persischen Golf sowie in Indien unterhielten sie eine Vielzahl von befestigten Stützpunkten, die es ihnen ermöglichten, die Seeherrschaft zwischen der Malabarküste und dem afrikanischen Kontinent für fast ein Jahrhundert aufrechtzuerhalten. Die Überlegenheit des europäischen Schiffbaus, der Schiffsartillerie, aber auch der navigatorischen Kenntnisse kam ihnen gegenüber der Mehrzahl ihrer Gegner ohne Zweifel sehr zugute. Den seit 1509 von Afonso de Albuquerque auf eine zureichende politische und administrative Basis gestellten Herrschaftsbereich der Portugiesen in diesem Raum bezeichnete man als „Estado da India".

In den folgenden Jahren galt es jedoch, die Vormachtstellung Portugals zu sichern und möglicherweise weiter auszudehnen. An der Westflanke ihres Herrschaftsbereichs hatten die Portugiesen die wichtigsten Entdeckungen bereits in den ersten zehn Jahren des 16. Jahrhunderts abgeschlossen: Vasco da Gama hatte 1498 die Ostküste Afrikas bis in die Gegend von Mogadischu erkundet. Im Jahre 1500 gelangte Diogo Dias, der den Anschluß an das Geschwader Cabrals verloren hatte, zum Nadelkap und nach Madagaskar. Im Verlauf seiner zweiten Indienreise, 1502, fand Vasco da Gama die Seychellen. In zunehmendem Maße entdeckte man nun die im Indischen Ozean gelegenen Inselgruppen: So gelangten in den Jahren 1506 und 1508 portugiesische Schiffe zu den Komoren, und 1511 entdeckte der portugiesische Kapitän Simião de Andrade die südwestlich von Ceylon gelegenen Malediven.

Neben den strategischen Zielen, denen die portugiesischen Unternehmungen entlang der afrikanischen Ostküste galten, verfolgten die Portugiesen auch ökonomische Interessen in diesem Raum. Bereits der Auftrag Pero de Covilhãs (vgl. Dok. 20 a) hatte unter anderem darin bestanden, sich nach dem afrikanischen Goldhandel, insbesondere in der Gegend von Sófala, zu erkundigen. Auf der Suche nach Goldvorkommen stießen die Portugiesen nunmehr auch ins Landesinnere vor. Im Jahre 1514 schließlich konnte Afonso de Albuquerque nach Portugal melden, daß von Sófala aus die Hauptstadt des sagenhaften Goldreiches Monomotapa entdeckt worden sei.

Wenn man die Geschichte der portugiesischen Entdeckungsfahrten seit dem Beginn des 15. Jahrhunderts überblickt, so mag es erstaunen, daß die Portugiesen nicht sogleich nach ihrer Ankunft im Indischen Ozean Kontakt mit jenem afrikanischen Herrscher aufnahmen, den sie mit dem Namen „Priester-könig Johannes" oder „Erzpriester Johannes" bezeichnet hatten. Die Suche nach dem Reich jenes sagenhaften christlichen Potentaten war schließlich eines der Leitmotive der portugiesischen Expansion gewesen. Von Anfang an hatte man geglaubt, in ihm einen Verbündeten gegen die Macht des Islam sehen zu können (vgl. Kommentar zu Kap. 2). Tatsächlich hatten die portugiesischen Kapitäne auf ihren Entdeckungsfahrten immer wieder nach dem Erzpriester gefragt, und noch Vasco da Gama hatte auf seiner ersten Indienreise an der afrikanischen Ostküste Hinweise auf die Existenz eines mächtigen christlichen Reiches weiter im Norden erhalten. Die Auseinandersetzungen mit den ägyptischen Mamelukken hatten dann während der ersten zehn Jahre des 16. Jahrhunderts eine direkte Kontaktaufnahme verhindert. Im Jahre 1512 endlich war jedoch ein Gesandter der Königin Ylena von Abessinien namens Mateus in Indien eingetroffen. Mit Briefen an den Papst und an den König von Portugal ausgestattet, hatte er den Auftrag, mit den Portugiesen Kontakt aufzunehmen und über ein mögliches Bündnis zu verhandeln.

Die abessinischen Herrscher sahen sich damals durch einen zunehmenden politischen Druck, der von Ägypten ausging, bedroht.

Nach einer Reihe von Verzögerungen und Fehlschlägen – so fand etwa der zunächst als Gesandter vorgesehene Duarte Galvão bei einem Angriff von Eingeborenen den Tod – sahen sich die Portugiesen erst im Jahre 1520 ihrerseits in der Lage, mit einer eigenen Gesandtschaft auf die Geste des Negus zu antworten (Dok. 46). Mateus, der abessinische Botschafter, sollte die Gesandtschaft begleiten, starb jedoch bereits während der Anfangsphase der Expedition.

Mit D. Rodrigo de Lima hatte der portugiesische Vizekönig, Diogo Lopes de Sequeira, jedoch einen Mann als Botschafter ausgewählt, der sich den Aufgaben, die auf ihn zukamen, nicht gewachsen zeigen sollte. Der mit der geistlichen Betreuung der Gesandtschaft beauftragte Francisco Álvares, aus dessen Bericht wir den Verlauf der Expedition sehr genau kennen, schildert de Lima als einen engstirnigen, selbstgefälligen Mann, der nicht in der Lage gewesen sei, das Einvernehmen zwischen sich und den ihn begleitenden Männern zu erhalten. Immerhin drang die portugiesische Gesandtschaft bis zum Hofe des Negus vor. Álvares schildert sehr lebendig die Eindrücke, die die Portugiesen dort empfingen (Dok. 47). D. Rodrigo gelang es schließlich, eine persönliche Unterredung mit Lebna Dengel, dem König von Abessinien, zu erreichen. Dieser jedoch war an den wohl allzu kühnen Plänen der Portugiesen nicht interessiert. Er hielt den portugiesischen Gesandten hin, bis dieser schließlich im Jahre 1526 ohne ein greifbares Ergebnis das Land verließ.

Ohnehin galt, seit Vasco da Gama Indien erreicht hatte, das Hauptinteresse der Portugiesen weniger dem afrikanischen Kontinent, dessen strategische Bedeutung man gleichwohl nicht verkannte, als vielmehr einem weiteren Vordringen nach Osten. Schon bald hatte man erkannt, daß die begehrten Gewürze nicht aus Indien selbst, sondern aus weiter ostwärts gelegenen Gegenden kamen. Ein Italiener, der aus Bologna stammende Ludovico di Varthema, war es schließlich, der im Jahre 1506 den Portugiesen genauere Informationen bieten konnte. Auf seinen Reisen durch den gesamten Orient war er bis auf die Molukken, nach Malakka und Sumatra gelangt (Dok. 48).

Nunmehr gingen die Dinge schnell voran. Bereits im Jahre 1508 erhielt Diogo Lopes de Sequeira in Lissabon den Auftrag, Malakka anzulaufen. Nachdem Sequeira seine Erkundigungen eingezogen hatte, zog Afonso de Albuquerque mit einer Flotte vor die Stadt und eroberte jene strategische Schlüsselstellung im August 1511, allerdings unter schweren Verlusten.

Die Einnahme dieser Stadt versetzte die Portugiesen nicht nur in die Lage, mit der Straße von Malakka die Verbindung zwischen dem Golf von Bengalen und dem Südchinesischen Meer, also den gesamten indisch-chinesischen Handel kontrollieren zu können, sie erbrachte darüber hinaus noch eine Reihe von Handelsverträgen mit den Herrschern von Birma und Java sowie von Kotschinchina. Aber noch war die genaue Lage jener Inseln nicht bekannt, auf denen, wie die Portugiesen wußten, ein Großteil der begehrten Gewürze, vor allem aber Muskat und Gewürznelken, geerntet wurde.

Sogleich nach der Einnahme Malakkas wurde denn auch ein aus drei Schiffen bestehendes Geschwader zusammengestellt, das unter dem Kommando António de Abreus den Auftrag erhielt, die Molukken anzulaufen (Dok. 49). Als de Abreu im Dezember 1512 wieder in Malakka eintraf, hatte er ausreichende Informationen über den Seeweg zu den Gewürzinseln eingeholt. Er selbst war jedoch nicht bis zu den Molukken gelangt. Dies glückte trotz widriger Wetterverhältnisse lediglich einem einzigen Schiff seines Geschwaders, nämlich der von Francisco Serrão kommandierten Santa Catarina. Die freundliche Aufnahme, die die Portugiesen auf Ternate, der von Serrão erreichten Insel des Molukkenarchipels, fanden, schuf auch hier günstige Voraussetzungen für die allmähliche Herausbildung einer portugiesischen Vorherrschaft (vgl. Dok. 44).

Bereits vor der Einnahme Malakkas und der Entdeckung der Gewürzinseln hatte das Interesse der Portugiesen dem chinesischen Handel mit Indien und Indonesien sowie dem „Reich der Mitte" selbst gegolten, mit dem man in Europa seit den Berichten Marco Polos die Vorstellung von großem Reichtum verband. Dies zeigt nicht zuletzt die Instruktion für Diogo Lopes de Sequeira aus dem Jahre 1508 (Dok. 50).

In der Tat war China im 15. und noch zu Beginn des 16. Jahrhunderts keineswegs jenes später oft beschriebene in sich erstarrte Festlandsreich, dessen agrarische Determinanten jede maritime Orientierung ausschlossen. Im Gegenteil, China hatte vor allem in der ersten Hälfte des 15. Jahrhunderts unter dem Kaiser Ch'eng-tsu zwischen 1405 und 1433 eine ausgesprochene maritime Expansion betrieben. Chinesische Schiffe waren dabei bis an die afrikanische Ostküste gelangt. Diesen Fahrten war es jedoch nicht um militärische Eroberung gegangen, sondern um die Eingliederung der besuchten Länder in das chinesische Tributsystem. Ausgangspunkt der meisten maritimen Expeditionen der Chinesen war dabei Nanking gewesen.

Gegen Ende des 15. Jahrhunderts kam es jedoch aus Gründen, die die Sinologie bis heute nicht zureichend erklären konnte, zu einem Niedergang der chinesischen Seemacht. Strenge Verbote für den privaten Handel mit dem Ausland, die ein traditionelles Monopol der chinesischen Krone sichern sollten, schränkten zu Beginn des 16. Jahrhunderts die chinesischen Auslandskontakte weiter ein. Die Portugiesen sahen sich somit unversehens zur See einem Machtvakuum gegenüber, das zu einem weiteren Vordringen in den Raum des südchinesischen Meeres herausforderte.

Zunächst waren es portugiesische Kaufleute, die in privaten Aktionen mit Chinesen in Kontakt traten. Obwohl inzwischen der Außenhandel bei Todesstrafe verboten war, fuhren chinesische Seeleute auch nach der Einnahme Malakkas durch die Portugiesen fort, diese Stadt anzulaufen und dort Handel zu treiben. Auch die portugiesischen Kaufleute interessierten sich für die hohen Profitraten, die mit dem Gewürzhandel nach China erzielt werden konnten.

Während somit anzunehmen ist, daß schon bald nach der Einnahme Malakkas portugiesische Kaufleute in Südchina landeten, ist erst für 1514 die erste offizielle portugiesische Entdeckungsfahrt nach China überliefert (Dok. 51). Jorge Álvares, der lediglich mit einem einzelnen Schiff aufgebrochen war, gelangte bis Kanton und warf im Gebiet der im Mündungsdelta des Kantonflusses liegenden Insel Tamau Anker. Die Portugiesen bezeichneten diese Insel mit dem malaiischen Namen „Veniaga", was soviel wie „Insel des Handels" bedeutete. Jorge Álvares konnte hier die aus Malakka mitgebrachten Handelsgüter mit beträchtlichem Gewinn verkaufen.

Der auf den ersten Blick recht günstige Verlauf dieser Expedition ermutigte den Vizekönig Lopo Soares de Albergaria, der im Jahre 1515 von Albuquerque das Amt des portugiesischen Oberbefehlshabers übernommen hatte, dazu, nunmehr eine Gesandtschaft an den Hof des Kaisers von China abzuschicken. Als Gesandten wählte er Tomé Pires, einen Apotheker, der sich jedoch bereits unter Albuquerque als ein Mann gezeigt hatte, dessen Fähigkeiten über den Bereich seines ursprünglichen Berufes hinausreichten. Sein im Jahre 1550 im Druck erschienenes Buch „Suma Oriental" erweist ihn zudem als einen Kenner der asiatischen Verhältnisse.

Unter dem Kommando von Fernão Peres de Andrade traf die Flotte, die den portugiesischen Botschafter nach China bringen sollte, am 15. August 1517 in Kanton ein. Nachdem Tomé Pires von den dortigen Mandarins zunächst freundlich empfangen worden war, begann man jedoch bald, seine Abreise nach Peking, zum Hof des Kaisers, zu verzögern. Erst am 23. Januar 1520 konnte er mit seiner Gesandtschaft Kanton verlassen und sich auf den Weg zur Hauptstadt begeben.

In der Zwischenzeit jedoch hatte eine weitere portugiesische Expedition den guten Eindruck, den Thomé Pires durch sein zurückhaltendes Auftreten in Kanton gemacht hatte, entscheidend getrübt. Ende 1519 war Simião de

Andrade, der Bruder des Fernão Peres, auf der „Insel des Handels" gelandet und hatte dort trotz eines strikten Verbotes der chinesischen Behörden versucht, ein Fort zu errichten. Auch wenn der Vorwurf chinesischer Beamter nicht zutreffen sollte, Simião de Andrade habe einzelne Bewohner der Insel als Sklaven verkauft, so hatte der Portugiese doch die chinesischen Gesetze eindeutig verletzt, von dem chinesischen Empfinden für Etikette ganz zu schweigen.

Die Folgen dieses ungeschickten Verhaltens hatte die Gesandtschaft des Thomé Pires zu tragen. Pires war im Juli 1520 in Peking eingetroffen, um dort auf die Ankunft des Kaisers zu warten. Dieser traf jedoch erst im Februar des darauffolgenden Jahres in der Hauptstadt ein. Der unerwartete Tod des Herrschers im Mai des gleichen Jahres setzte den Bemühungen Thomé Pires' um eine Audienz vorläufig ein Ende.

Bereits zuvor jedoch war Argwohn gegen die Legitimation der Gesandtschaft lautgeworden. Fernão Peres de Andrade hatte die Beglaubigungsschreiben für Thomé Pires von Dolmetschern ins Chinesische übertragen lassen, und die Räte des Kaisers hatten Abweichungen zwischen diesen Übersetzungen, mit denen sich der Botschafter in Kanton Unterstützung verschafft hatte, und dem Originaltext festgestellt. Hinzu kam, daß sich eine Reihe von Mandarins aus Kanton wegen der Übergriffe der Portugiesen auf der „Insel des Handels" beschwerten. Auch eine Delegation von Flüchtlingen aus Malakka führte Klage über das brutale Vorgehen der Portugiesen bei der Einnahme ihrer Stadt. Angesichts der eingetretenen Thronvakanz und der sich häufenden Beschwerden entschloß man sich daraufhin, die portugiesische Gesandtschaft zunächst einmal nach Kanton zurückzuschicken.

Am 22. September 1521 traf Tomé Pires mit seinen Leuten wieder in Kanton ein. Die Behandlung, die die Portugiesen erfuhren, wurde nun zunehmend unfreundlicher, und schließlich warf man Thomé Pires und die Mitglieder seiner Gesandtschaft in ein Gefängnis, das sie für den Rest ihres Lebens nicht mehr verlassen sollten.

Zwei Mitgliedern der Gesandtschaft gelang es jedoch in der Folgezeit, Nachrichten aus dem Gefängnis herauszuschmuggeln. Den Briefen Christovão de Vieyras (Dok. 52) und Vasco Calvos, die sie zwischen 1534 und 1536 geschrieben haben, verdanken wir die einzigen authentischen Berichte vom unseligen Verlauf der ersten portugiesischen Gesandtschaftsreise nach China.

Hatte sich bereits bei den Kontaktaufnahmen mit China gezeigt, daß die private Initiative von Kaufleuten und Schiffseignern gegenüber offiziellen Erkundungsfahrten eine zunehmende Rolle zu spielen begann, so gilt dies vollends für die letzte große Entdeckung der Portugiesen in Ostasien. Bei der Entdeckung Japans lagen weder Auftrag noch längerfristige Planung vor. Obwohl man in der Administration des „Estado da India", zu dem auch der ostasiatische Raum gehörte, über entsprechende Informationen verfügte, ist bis zum Beginn der vierziger Jahre des 16. Jahrhunderts keine offizielle Expedition zur Suche nach jenem Inselreich, mit dem sich seit Marco Polo unter dem Namen „Zipangu" schemenhafte Vorstellungen verbanden, geplant worden.

Dabei ist heute nicht mehr mit Sicherheit zu entscheiden, ob sich die in Frage kommenden, verstreuten Hinweise tatsächlich auf Japan, oder aber auf die zwischen Formosa und Japan gelegenen Riukiu-Inseln beziehen. Zumeist ist in den vorliegenden Quellen bis 1544 von einem den Chinesen benachbarten Volk die Rede, das man als „Léquios" bezeichnete. Afonso de Albuquerque nennt an verschiedenen Stellen diesen Namen, ebenso Ruy de Brito (1514), Giovanni da Empoli (1514 und 1515), Duarte Barbosa (1516), Pigafetta (1524) und noch Gaspar Correa (1550) sowie Barros (1552 und 1553). Dabei wußte man weder, ob dieses Volk der Léquios auf einer Insel oder aber auf dem Festland wohnte, noch wo jenes Reich lag.

Der Tatbestand, daß Japan nicht Ziel einer offiziellen Entdeckungsfahrt gewesen ist, hat Zweifel über die Entdecker und über den genauen Termin der Entdeckung aufkommen lassen. Im Grunde gilt es jedoch heute in der historischen Literatur als unbestritten, daß die portugiesischen Kaufleute António da Mota, António Peixoto und Francisco Zeimoto die ersten Europäer waren, die Japan im Jahre 1542 oder 1543, wahrscheinlich aber 1543 nachweislich betreten haben (Dok. 53a und b).

Eine Entdeckerschaft des portugiesischen Kaufmannes Fernão Mendes Pinto, wie sie dieser in seinem Reisebericht, der „Peregrinaçam", für sich in Anspruch nimmt, wird zumeist als unwahrscheinlich angesehen.

Innerhalb eines halben Jahrhunderts war es den Portugiesen gelungen, als Vormacht in dem riesigen Bereich des Indischen Ozeans und der Insulinde Fuß zu fassen, ja sogar ihren Einfluß bis nach China und Japan hin auszudehnen. Voraussetzung dafür war zum einen der technologische Vorsprung der Europäer zur See, vor allem, was die Schiffsartillerie anbelangte, zum anderen aber auch das Fehlen einer gleichwertigen Seemacht in diesem Raum. Die auf einem System von Küstenstützpunkten basierende Thalassokratie der Portugiesen stützte sich zudem auf eine erfolgreiche Verbindung von privaten Profitinteressen und strategischen Bestrebungen der Krone.

Gefährdet schien die Vorherrschaft der Portugiesen, vor allem ihre Vormachtstellung im Gewürzhandel, lediglich einmal zu Beginn der zwanziger Jahre des 16. Jahrhunderts, als nach der Weltumsegelung des Magalhães die Spanier in das Inselgebiet der Molukken einzudringen begannen (vgl. Dok. 43 und 44). Der Vertrag von Saragossa (1529) beendete jedoch die Auseinandersetzungen zwischen den iberischen Mächten, so daß die Vormachtstellung der Portugiesen bis zum Auftauchen niederländischer und englischer Handelskompanien in Ostindien und Asien zu Beginn des 17. Jahrhunderts unangefochten blieb.

Lit.: Serafim de Freitas: Do iusto imperio asiático dos Portugueses. Lisboa 1955 – J. M. Braga: China Landfall 1513. Jorge Álvares' voyage to China. A Compilation of some relevant material. Hongkong 1955 – Donald F. Lach: Asia in the Making of Europe. Vol. I. The Century of Discovery. Chicago-London 1965 – Donald F. Lach: China in the Eyes of Europe. The Sixteenth Century. London 1968 – Pierre Chaunu: Conquête et exploitation des nouveaux mondes (XVIᵉ siècle). Paris ¹1969 – Armando Martins Janeira: O impacte portugues sobre a civilização Japonesa. Lisboa 1970 – Ronald B. Smith: Diogo Lopes de Sequeira. Lisboa 1975 – Jaime Cortesão: Os descobrimentos portugueses. Vol V. Lisboa 1976 – Charles R. Boxer: The Portuguese Seaborne Empire. 1415–1825. London ²1977 – Ferdinand Salentiny: Aufstieg und Fall des portugiesischen Imperiums. Wien-Köln-Graz 1977 – Bailey W. Diffie and George D. Winius: Foundations of the Portuguese Empire, 1415–1580. Minneapolis 1977.   MM

46. Die Instruktion des ersten portugiesischen Gesandten zum Hof des Königs von Äthiopien (1520)

Die Instruktionen, die der portugiesische Vizekönig von Indien, Diogo Lopes de Sequeira, dem Gesandten, D. Rodrigo de Lima, auf seine Reise an den Hof des Königs von Äthiopien mitgab, zeigen die Vielschichtigkeit der portugiesischen Interessen in dem strategisch wichtigen Gebiet am Horn von Afrika. Das Vordringen der Türken nach Ägypten seit dem Jahre 1516 machte die Suche nach einem Verbündeten notwendig. Gemeinsam mit dem Negus von Äthiopien, einem Herrscher, mit dem man die Vorstellungen von dem sagenhaften „Priesterkönig Johannes" verband, wollte man gegen die türkische Vormachtstellung am Roten Meer vorgehen und, wenn möglich, sogar Kairo einnehmen.

Die Bündnispläne der Portugiesen basierten zum einen auf den überlieferten, ungenauen Vorstellungen von einem christlichen Reich, über das der „Erzpriester" herrsche, zum anderen aber auch auf der Tatsache, daß Königin Ylena von Abessinien im Jahre 1512 einen Botschafter zum damaligen Generalgouverneur Afonso de Albuquerque nach Indien geschickt hatte, der Gespräche über eine mögliche Zusammenarbeit führen und nach Europa weiterreisen sollte.

Über die strategischen Erwägungen hinaus galt, wie die Instruktion zeigt, das Interesse der Portugiesen auch der Anknüpfung von Handelsbeziehungen und Informationen über die im Landesinneren vermuteten Goldvorkommen, von denen man glaubte, daß sie im Machtbereich des Negus liegen könnten. Wie ungenau allerdings diese Vorstellungen immer noch waren, zeigt die in der Instruktion formulierte Frage, ob auch das Kap der Guten Hoffnung zum Reich des abessinischen Herrschers gehöre.

Die Gesandtschaft des Rodrigo de Lima erreichte noch im Jahre 1520 den Hof des seit 1508 inthronisierten Königs, Lebna Dengel. Sie verließ jedoch im Jahre 1526 das Reich des Negus ohne ein greifbares Ergebnis.

Lit.: R. S. Whiteway (ed.): The Portuguese Expedition to Abyssinia. Nendeln/Liechtenstein 1967 (Hakluyt Society. Second Series. No. 10) – Ronald B. Smith: Diogo Lopes de Sequeira. Lisboa 1975.   MM

Dies ist der Auftrag, dem Ihr, Dom Rodrigo, während der ganzen Reise folgen sollt, auf die Ihr Euch nun begebt.

1. Zunächst ermahne ich Euch, unseren [religiösen] Bräuchen stets zu folgen und die Bräuche der Eingeborenen zu respektieren, da es hier keine allzu großen Unterschiede geben dürfte. Und was unsere oder ihre Bräuche betrifft,

so sollt Ihr Euch mit ihnen in keine Diskussionen einlassen oder Auseinandersetzungen vom Zaun brechen. Dies gilt auch für alle anderen Angelegenheiten. Ihr sollt vielmehr vollkommenen Frieden und gute Eintracht halten, so
wie es sich für Leute geziemt, die in ein fremdes Land kommen und darauf
achten müssen, was sie tun.

2. Item. Ihr sollt dem Erzpriester mitteilen, daß der König, mein Herr, zur
Zeit meiner Abfahrt von Portugal der Meinung war, daß sein Botschafter bereits bei ihm eingetroffen sei. Und daß ich, in Indien angekommen, erfahren
mußte, daß der Botschafter, Duarte Galvão, gestorben war. Dieser hatte mit
Mateus, dem Botschafter [des Erzpriesters][1], kommen sollen. Ebenso hatten
Lourenço de Cosmo und andere in Dalaqua den Tod gefunden[2]. Und da der
König, mein Herr, mich dringend beauftragt hatte, hier nach Massawa zu
kommen und die Ergebnisse seiner Botschaft entgegenzunehmen, habe ich,
nachdem ich erfahren hatte, daß alles durch den Tod des besagten Botschafters in Aufschub geraten war, Vorbereitungen getroffen, gerüstet und seinen
Botschafter mitgenommen. [...]

3. Und ihr sollt [dem Erzpriester] melden, daß der König, mein Herr, seine
Freundschaft wünsche, um so Unserem Herrn dienen zu können. Er wünsche
in der Nähe seines Landes ein Fort zu errichten, damit dieses besser verteidigt
werden könne. Dafür solle er uns Hilfe und Unterstützung gewähren und es
uns auf diese Weise ermöglichen, unsere Feinde direkter zu verfolgen, als dies
bisher von Indien aus möglich war. Für diese Belange hielte ich sein Land für
das geeignetste, wolle aber nicht anfangen, [das Fort] zu bauen, bevor ich ihm
dies nicht angekündigt habe. Ihr sollt ihm weiterhin melden, daß Ihr keine
Briefe des Königs mit Euch führt, da diese beim Tod all jener Männer [der ersten Expedition] in Dalaqua verloren gegangen seien. Und Ihr sollt ihm berichten, wie die Könige von Portugal unablässig gegen die Mauren gekämpft
und viele Städte in Afrika mit Waffengewalt eingenommen hätten. Ihr sollt
ihm weiterhin berichten, daß sie in den letzten 60 Jahren viele Länder und Inseln entdeckt hätten und daß der König, mein Herr, während seiner Herr-
schaftszeit diese Dinge noch mehr als alle anderen vorangetrieben und mehr
Städte in Afrika erobert habe als seine Vorgänger. Und schließlich sollt Ihr ihm
von der Entdeckung Indiens berichten, von den Königreichen und Städten,
die er erobert hat. Und zwar insbesondere von Sófala bis hin nach China.

4. Item. Ihr sollt um Auskunft darüber nachsuchen und alles aufs genaueste
in Erfahrung bringen über die Macht des besagten Königs und seiner Adligen,
über die Reiche und Goldminen, die er, wie wir gehört haben, besitzen soll,
über seinen Handel und die Machtmittel, über die er verfügt. Weiterhin über
die Ausdehnung seiner Lehnsgüter und über die Könige, die ihm untertan
sind, um wieviele es sich handelt und über welche Macht sie verfügen, wieviele

---

[1] Mateus war im Jahre 1512 als Botschafter nach Indien geschickt worden.
[2] Der portugiesische Botschafter, Duarte Galvão, war mit einigen Angehörigen seiner Gesandtschaft den Angriffen von Eingeborenen in der Nähe von Dalaqua zum Opfer gefallen.

von ihnen Christen sind und wieviele Mauren, über die Einkünfte, die ihm zufließen und auf welche Summe sie sich jährlich belaufen.

Item. Über die Gerichtsbarkeit, wie sie durchgeführt wird und von wem.

Und [Ihr sollt in Erfahrung bringen], ob er mit jemandem Krieg führt und mit wem, mit dem Sultan oder mit einem anderen und ob er sich überhaupt mit dem Sultan in einem Friedens- oder Kriegszustand befindet, ob er ihn in irgendeiner Weise anerkennt, wie weit es von seinem Land nach Kairo ist und welchen Weg sie [dahin] nehmen.

Und [Ihr sollt Euch nach dem] Kirchenoberhaupt *(patryarqua)*, das sie haben, [erkundigen], welches seine geistliche Macht ist, welche Achtung man ihm zollt und welche religiösen Gebräuche sie haben.

Und nach der Art ihrer Taufen, Bekenntnisse, Fastenzeiten, Ämter, nach ihren wichtigsten Festtagen im einzelnen und nach anderen Zeremonien, die sie ausüben und pflegen.

Und ob es dort Bischöfe und Erzbischöfe gibt, wieviele es sind, ob jeder dem Patriarchen Gehorsam leistet und welche Einkünfte sie haben.

Item. Nach der Art und Weise, wie sie die Erzbistümer und Bistümer besetzen, wie die Einsetzung geschieht, ob der König hier einen entscheidenden Einfluß hat oder ob der Patriarch allein entscheidet.

Item. Bezüglich der Kirchen und Klöster, wie sie gehalten werden, ob der König eine Gerichtshoheit über die Geistlichkeit innehat, oder nur der Patriarch.

Item. Ob es dort Klöster gibt, welche Ordnung sie besitzen, ob es dort welche von bedeutender Größe gibt, wie man uns hier berichtet hat, und wie groß die Anzahl der Mönche ist.

5. Und Ihr sollt die gesamte Reise von dem Zeitpunkt an, zu dem Ihr von hier aufbrecht, bis zu dem, an dem Ihr endlich zurückkehrt, aufzeichnen und die Namen der Städte und Ortschaften sowie der Kirchen, die sich in ihnen befinden, notieren, und aufzeichnen, welche Lebensmittel es in jeder von ihnen gibt, Früchte und alles andere, die Wesensart der Bevölkerung und von wem sie regiert wird.

6. Item. Ihr sollt, wenn sich die Gelegenheit dazu ergibt, beim Erzpriester in Erfahrung bringen, wieviele Männer er dem König, meinem Herrn, zur Eroberung von Kairo zur Verfügung zu stellen vorbereitet ist und was er uns gegebenenfalls an Lebensmitteln liefern könnte. Und Ihr sollt Euch nach dem Land erkundigen, durch das [die Truppen] marschieren müßten, wenn sie kämen. Aber wenn Ihr keine Gelegenheit seht, mit ihm darüber zu sprechen, dann erwähnt [diesen Plan] ihm gegenüber nicht.

Item. Ihr sollt Euch über alle diese Dinge in allen Einzelheiten unterrichten und auch über vieles andere, das hier zu erwähnen ich keinen Grund sehe.

7. Item. Ihr sollt der Königin Ylena[3] über alles Bericht erstatten, den Brief

---

[3] Königin Ylena, Witwe des abessinischen Königs Baeda Maryam (1468–1478), hatte als Regentin des Reiches den Botschafter Mateus nach Indien gesandt.

erwähnen, den der König ihr geschickt hat und wie er ihr in allen Dingen voll vertraue. Er habe nämlich von Mateus, ihrem Botschafter erfahren, daß es ihr ein großes Bedürfnis sei, den Glauben an Jesus Christus zu verbreiten. Deswegen habe er seinerseits seine Flotte ausgesandt, um alle jene Häfen zu entdekken und zu erkunden, die nunmehr, gelobt sei Gott, entdeckt worden seien.

Item. Ihr sollt auch den Patriarchen aufsuchen, ihm meinen Brief überreichen und ihm die gleichen Dinge sagen. Ihr sollt ihm ausrichten, wie groß die Freude des Königs, meines Herrn, und der gesamten Christenheit gewesen sei, als man von seinen Tugenden gehört habe. Und Ihr sollt ihm sagen, er möge den König ermuntern und ihn von einem Krieg gegen die Mauren überzeugen, wie er dies dem Vernehmen nach immer getan habe.

Item. Wenn es aber am Hofe des Erzpriesters andere Könige oder bedeutende Adlige gibt, sollt Ihr sie in meinem Auftrag aufsuchen, ihre Namen kennenlernen, wo ihre Länder liegen, in welcher Gegend, und welche Einkünfte sie haben. Ihr sollt aber diese Frage nicht an sie selbst, sondern an andere Leute stellen, von denen Ihr glaubt, daß sie sie beantworten können.

8. Item. Ich befehle und erwarte, daß unter anderem darauf geachtet wird, daß Ihr und diejenigen, die Euch begleiten, ein Leben führen, das so ehrbar ist, daß kein schlechtes Beispiel gegeben wird. Denn Ihr wißt genau, daß wir alle nach Eurem Verhalten beurteilt werden. Deswegen sollt Ihr und alle, die mit Euch gehen, danach streben, Euer Leben so ehrbar und aufrecht zu führen, daß ein gutes Beispiel gegeben wird.

9. Item. Ihr sollt Euch nach der Art ihrer Taufen erkundigen, namentlich in welchem Alter sie getauft werden, welche Worte dabei gesprochen werden, ob man Wasser dazu benutzt oder ob die Handauflegung der unseren gleicht oder wie sie vollzogen wird.

Item. [Ihr sollt Euch erkundigen] nach der Art, in der Ehen geschlossen werden, mit welchen Worten und ob Frauen oder Männer, wenn sie verwitwet sind, wieder heiraten und ob die Frauen in der gleichen Weise wie bei uns in die Ehe gegeben werden (se com as molheres se daa casamento como custumamos).

Item. [Ihr sollt in Erfahrung bringen], ob Sohn oder Tochter das Vermögen des Vaters erben, oder ob ein Neffe, ein Sohn von dessen Bruder oder Schwester das Erbe antritt. Außerdem, ob jeweils der Älteste das gesamte Vermögen erbt oder ob zu gleichen Teilen geteilt wird.

10. Item. Ihr sollt dem König melden, daß ich, falls er auf dem Festland an der Küste von Zeila[4] gegen die Mauren Krieg zu führen gedenke, die Stadt für ihn erobern würde und sie einem beliebig von ihm zu bestimmenden Angehörigen seines Hofes übergeben würde. Dies würde ich tun, um ihm zu Diensten zu sein, da der König, mein Herr, Wohlgefallen an jedem Dienst, den ich ihm erwiese, fände.

11. Item. Ihr sollt dafür Sorge tragen, daß die Männer, die mit Euch gehen,

---

4 Zeila ist eine Hafenstadt südlich von Dschibuti am Golf von Aden.

sowohl unterwegs als auch am Hof zur Nacht immer in einem Haus schlafen und nicht herumlaufen und irgendjemanden belästigen oder ihm ein Leid antun. Dies eingedenk der Tatsache, daß Ihr Euch in einem fremden Land befindet.

12. Item. Ihr nehmt vier Waffenröcke, ein Schwert, dessen Griff mit Gold ausgelegt ist und dessen Handschutz und Heft aus Gold sind, sowie einen goldverzierten Dolch, einige Schutzpanzer mit rotem Samtschurz und einen Helm mit. Diese Dinge werdet Ihr von dem Faktor, João Gonçalvez, erhalten, und Ihr sollt sie in meinem Namen dem Priesterkönig Johannes als Geschenk überreichen. Sagt ihm aber, daß ich diese Dinge nur als Dienstmann sende und daß die Geschenke, die mein Herr, der König, ihm senden werde, im nächsten Jahr gebracht würden.

13. Item. Ihr sollt Euch darüber informieren, wie es um den Handel in diesem Land steht und welchen Wert dort die Waren haben, die aus Indien und Portugal kommen, welche mehr wert sind und wie hoch der Bedarf nach ihnen ist. Und über alle diese Dinge soll von Eurem Schreiber eine Liste angefertigt werden *(fara voso stprivam lyvro)*.

14. Und über das hinaus, was in diesen Instruktionen enthalten ist, sollt Ihr anordnen, daß alles Ungewöhnliche und Althergebrachte schriftlich festgehalten wird. Und Ihr sollt außerdem die Namen der Adligen in Erfahrung bringen, welche Würden sie bekleiden, ob sie Untertanen des Erzpriesters und ob sie alle Christen sind oder ob es auch Mauren oder Juden unter ihnen gibt, wie sie behandelt werden und ob sie alle zusammenleben, wie sie sich kleiden, ob sie immer Fleisch essen oder Fisch und was sie in der Fastenzeit tun.

15. Item. Ihr sollt versuchen in Erfahrung zu bringen, wo der Nil entspringt, ob es Seitenarme gibt oder ob er in einem einzigen Hauptstrom verläuft, ob es weitere Flüsse gibt und ob das Kap der Guten Hoffnung auf dem Gebiet seines Reiches liegt, ob er noch aus anderen Quellen als aus der vorliegenden von unseren Seefahrten gehört habe.

16. Item. Falls es dort Einhörner geben sollte, dürft Ihr keine Mühe scheuen, eines davon für den König, meinen Herrn, einzufangen. Und Ihr dürft es nicht zulassen, daß irgendein anderer es bekommt. Es soll einzig und allein dem König gehören.

17. Item. Eure Ausgaben, sowohl was Geld, als auch was Lebensmittel anbetrifft, die Ihr mit Euch führt, sind dem Faktor, João Gonçalvez anvertraut. Er soll Euch entsprechend Eurer Anordnung Vorschüsse auszahlen und von einem Schreiber verzeichnen lassen.

Item. Falls man Euch nicht so rechtzeitig abfertigen sollte, daß Ihr im Verlaufe des März hier sein könnt – und dies ist die Zeit, in der ich, so Gott will, auch hier sein werde – sollt Ihr einen Faktor und einen Schreiber hersenden, die Bericht darüber erstatten sollen, wie es Euch ergangen ist. Und Ihr sollt mir die Namen der Männer aufschreiben, die mit Eurer Erlaubnis bei Euch geblieben sind, damit sie ihren Lohn *(hordenado)* für eine längere Zeit erhalten können als aus ihren Anstellungsurkunden *(alvaras)* hervorgeht.

Item. Ich halte Euch dazu an, mit Euren Ausgaben so zurückhaltend wie möglich umzugehen, denn es wird besser für Euch sein, wenn Ihr etwas spart, als wenn Ihr in einem fremden Land in Geldnot geratet.

Und wenn Ihr bei Gelegenheit vom Erzpriester oder von einem anderen Adligen Geschenke erhalten solltet, um Euch zu unterstützen, dann sollen diese dem besagten Faktor gemeldet und vom Schreiber verzeichnet werden.

Auch wenn dem König, meinem Herrn, oder mir ein Geschenk zukommen sollte, soll dieses dem besagten Faktor gemeldet und von ihm verzeichnet werden. Es soll festgehalten werden, um was es sich handelt, und Ihr werdet es mir mit eigener Hand überbringen.

18. Item. Falls nach seiner Heimkehr der Botschafter des Erzpriesters behaupten sollte, er sei nicht so behandelt und geehrt worden, wie das dem Botschafter eines so hohen Herren zusteht, so sollt Ihr antworten, daß der Anlaß für Zweifel und Meinungsverschiedenheiten vom Teufel heraufbeschworen worden sei und daß, so Gott will, alles wieder ins rechte Lot gebracht werde[5].

19. Item. Es ist mir bei dieser Gelegenheit ein Vergnügen, Euch Vollmacht und Gerichtshoheit über all jene zu erteilen, die mit Euch auf diese Gesandtschaftsreise gehen. Ihr sollt sie strafen, wie es ihre Vergehen erfordern, und der Schreiber soll Aufzeichnungen über ihre Verfehlungen anfertigen, soweit es sich nicht um natürlichen Tod oder eine Hinrichtung handelt. Und dabei ordne ich an, daß alle, die mit Euch gehen, Euch gehorchen und allen Anordnungen folgen, als ob es meine wären. Dies bei einer Strafe, die Ihr über sie verhängen mögt, und über die der Schreiber Eurer Kanzlei einen Bericht und eine Liste anfertigen soll.

Item. Diese Instruktionen sollen vom Schreiber aufbewahrt werden. Er soll Euch eine Abschrift davon geben, damit Ihr sie ständig vor Augen haben und sie strikt befolgen könnt. Und ich befehle Euch, mit aller Sorgfalt, von der ich weiß, daß Ihr sie walten lassen werdet, entsprechend zu verfahren.

Gegeben im Hafen von Massawa am 25. April 1520.

Aus: T. W. Baxter e A. da Silva Rego (ed.): Documentos sobre os Portugueses em Moçambique e na Africa Central. Tom. VI. Lisboa 1962, S. 20–33.   MM

47. Die erste portugiesische Gesandtschaft am Hof des Königs von Äthiopien (1520–1527)

Der im folgenden in einer frühneuhochdeutschen Übersetzung des Jahres 1576 abgedruckte Ausschnitt aus dem Bericht des Paters Francisco Álvares von der ersten portugiesischen Gesandtschaftsreise zum Hofe Lebna Dengels, des damaligen Herrschers

---

[5] In der Tat war Mateus, der kein eingeborener Äthiopier, sondern Armenier war, im Jahre 1512 bei seiner Ankunft in Indien eingehenden Verhören unterworfen worden, bevor man ihm Vertrauen schenkte. Mateus konnte sich allerdings nicht mehr über eine unangemessene Behandlung beschweren. Er starb kurz nach der Landung der Gesandtschaft des Rodrigo de Lima in Abessinien.

von Äthiopien, schildert die ersten Eindrücke der Portugiesen vom Hofstaat des Ne-
gus. Dieser betont seine hohe Position, indem er zunächst mit den Europäern nur über
Mittelsleute in Kontakt tritt. Erst sehr viel später sollte der portugiesische Botschafter,
D. Rodrigo de Lima, zu einer persönlichen Audienz vorgelassen werden.

Die Schilderung des Francisco Álvares läßt die Erwartungen erkennen, die die Portugiesen damit verbanden, im „Priesterkönig Johannes"[1] endlich einen christlichen
Verbündeten inmitten des ihnen feindlich gesinnten mohammedanischen Kulturkreises
gefunden zu haben. Je prächtiger der Negus seine Macht entfaltete, desto wertvoller
mußte ihnen eine mögliche Zusammenarbeit erscheinen.

Die Tatsache, daß bereits im Jahre 1576 eine deutsche Ausgabe des Berichts von der
Gesandtschaftsreise zum Hof des sagenhaften „Priesterkönigs" vorlag, zeigt, welch
großes Interesse die gebildeten Schichten der nicht oder noch nicht an der überseeischen Expansion beteiligten europäischen Nationen dieser Thematik entgegen-
brachten.

Lit.: Lord Stanley of Alderley (ed.): Narrative of the Portuguese Embassy to Abyssi-
nia during the Years 1520–1527. By Father Francisco Álvares. New York 1881. Ndr.
New York 1970. (Hakluyt Society. First Series. No. 64) – Leone Metzner: O Preste
João das Indias. Lisboa 1974.   MM

Wie wir all vor den Priester Johann erfordert wurden / und von seiner Hofordnung und Statt

Am Freytag den 20. Octobris [1520] kam unser Mönche eylend gelauffen /
und sagt / der Priester Johann ließ uns erfordern / Derhalben befahl Herr Roderich[2] alle ding / so uns der Oberste auff der Armada[3] hette zugestellet / mit
fleiß auffzuladen und ordentlich zuzurichten /

Wie wir nu solches alles mit hülff deß Allmechtigen auff das zierlichst be-
stellet hetten / kam viel Volcks zu Roß und fuß uns zu beleyten. Mit denselben
zogen wir in guter ordnung dahin / biß an die erste Pforten / Unterwegen sahen wir von allen seiten einen unseglichen hauffen grosser breyter Zelt / gleich
wie ein Statt / darunter stund ein hohes weisses Gezelt / auff einer grossen
weite / darunter / wie wir berichtet / pflegte sich der Priester Johann gewönli-
chen zuenthalten / und denn vor demselben ein ander groß rothes Gezelt /
welchs er nicht lasset auffschlagen / denn so große Feste sind / oder wenn er
etwa ein statliche handlung oder Verhör vor hat /

Vor bemeltem rohten Gezelt stunden zwo reigen oder zeilen mit geschlossenen Schwibbogen / die waren einer umb den andern / mit weisser und roter
seiden / geringsummher bedeckt und uberzogen / doch war die Seiden nicht
vorgehengt / sondern umb der Bogen Seulen ummwickelt / gleich wie man
die hohen Stangen pflegt zu wickeln / da man die Creutze aufftregt / also /
daß die Bogen offen stunden / Derselben stunden ungefehrlich bey zwentzig

---

[1] Zu den Vorstellungen vom „Priesterkönig Johannes" vgl. die Ausführungen im Kommentar
zu Kapitel 2 und 4.
[2] Gemeint ist Rodrigo de Lima, der Gesandte.
[3] Gemeint sind die Geschenke des portugiesischen Vizekönigs, Diogo Lopes de Sequeira.

auff einer seiten / in der grösse und breyt wie ein kleiner Creutzgang / Und war ein zeil eines steinworffs weit von der andern / da stundt ein unseglich Volck / auffbeiden seiten umbher / welchs ich / meineserachtens uber die viertzig tausend schätzete / doch alles in guter ordnung one einig getümmel.

Also daß allezeit die Vornemsten sich nicht weit / von den bemelten Schwibbogen finden liessen / Darunter sahen wir viel Canonicos und andere geistliche ehrliche Leute / die hetten grosse Kappen auff / nicht in der gestalt wie andere Hauben / sondern gespitzt ubersich von mancherley farben auß Seyden / Carmesin / Sammet und dergleichen Gewandt / Deßgleichen waren auch viel von weltlichen ansehenlichen unnd wolgekleydten Leuten darunter /

vor denen stunden vier gesattelte Hengste / auff jeder seiten zween gantz prächtig / mit Gueldenstücken biß auff die Erden behenget / also daß man die Rüstung / so die Pferd darunter fuhrten / nicht sehen mochte / Diese Pferd hetten ein hohen Geschmuck auff dem kopff / der reichet jnen biß uber die Ohren / und gieng herab biß auff das Gebiß / mit grossen und und mancherley Federbüschen. Unter diesen Pferden hinab / stunden viel anderer schöner gewaltiger Roß / die gleicher gestalt gesattelt / und mit Sammet und Seiden behenget waren / die stunden alle so wol / als die Leute / in solcher ordnung / daß sie mit den Köpffen gleich / und keines vor dem andern / uber reichete / Als bald nach und hinter diesen Pferden (dieweil das gedränge etwas groß) stunden viel ansehenlicher Männer / die hetten kein ander Kleydt an / allein daß sie mit einem subtilen weissen thuch von Bommasin umbgürtet waren / Das ander Volck / so etwas gröber und geringer gekleydet / stund mit und hinter jnen unter menget.

Es ist bey diesem König und andern gewaltigen Herren der gebrauch / daß sie allezeit vor jnen etliche Männer haben mit Peytschen / das ist ein kurtz holtz mit einem langen Riemen / Damit klappen und patschen sie sehr laut / damit die Leute zu rück gehalten werden / derselben kamen uns mehr denn hundert entgegen / deren jeder in ein klein Seydens Hembd bekleydet war / die machten an allen orten platz / und hatten ein solch groß gepatsche / daß kein Mensche sein eygen wort hören kondte /

Die jenigen / die auff Rossen unnd Mauleseln mit uns ritten / die stiegen zeitlich ab / als sie noch ein guten weg zu deß Königes Gezelt hetten / also / daß wir noch gute weil fort ritten / biß ungefehrlich eines Armbrustschuß weit von dem rohten Gezelt. Da fiengen die andern alle / so uns beleiteten an / die gebürliche Reverentz zuthun / derhalben stiegen wir auch ab / unnd theten wie die andern / in massen wir zuvorn dessen unterwiesen und unterrichtet waren / Nemlich / daß wir die rechte Hand liessen biß auff die Erden sincken /

da kamen uns alsbald wol sechtzig Manne / schier eines Bogenschuß weit / sehr eylend entgegen / gleich als ob sie halb lieffen / in massen wie bey uns die Thürknecht / so die massa tragen. Denn der ort ist der brauch / daß einjeder / der von dem Priester Johann befelch hat / ein Bottschafft außzurichten / dazu lauffen müsse / Dieselben Thürknechte hetten weisse Hembder an / von gutem seiden Gewandt / unnd hatten umb die Schuldern eine rauwe Haut von

roter oder lederfarber farb / welche / wie sie sageten / solten Löwenhäute
seyn / die hiengen jhnen wol hinab über den Leib / ob denselben rauhen Häuten trugen sie güldene Ketten von grobem gemächt oder arbeit / darinnen waren etliche Kleinoter oder Edelgesteine versetzt / deßgleichen trugen sie noch
etliche andere schöne Kleinoter umb den Halß / unnd waren mit einer seyde-
nen Binden oder Gürtel umbgürtet / von mancherley farben / in der breyte
unnd gestalt wie ein Roßgurte / alleine / daß sie auff beyden seiten lange dol-
len mit Fränsen hatten / die jnen biß auff die Erden hengen /

Dieselben leyteten uns biß an die ersten Schwibbogen / da bliebe wir stehen
/ Zuvorn aber unnd ehe wir zu den Schwibbogen kamen / lagen vier Löwen
anketten geschmiedet / daselbsten mußten wir durch gehen / wie wir für dieselben mitten auff einen Platz kommen waren / stunden unter dem Schwibbogen in dem Schatten vier sehr stattlicher Männer / unter denen war einer von
den zweyen fürnembster Herrn an deß Priester Johanns Hof / die man *Betudete* / das ist / die groß oder Oberhäuptleute nennet / Deren einer gegen der
rechten hand / und der ander gegen der lincken zu gebieten hat / Der zu der
rechten hand lag dazumal zu Feld wider die Moren[4] / Aber der gegen der
lincken hand der stunde da / deßgleichen waren die andern drey auch gewaltige ansehnliche Herrn zu Hof /

Wie wir zu jhnen kamen / stunden wir eine gute weil / daß sie nicht mit uns
/ noch wir mit jnen / einiges wort redten. Mitlerzeit kam ein alter Priester /
der solte deß Priester Johanns Freund und Beichtvatter seyn / und hatte ein
weisse Kappen an / in massen / wie ein *Bernusso*[5] / das ist / ein besunder Kleid
bey jhnen / in der form / wie ein Provincialmantel / und einen grossen seiden
Hut auff / Sein Titel war *Cabeata* / das ist / der ander nach dem König / den
sahen wir auß deß Priester Johanns Zelt gehen.

Wie wir noch wol zween stein würff davon waren / demselben giengen die
drey von den vieren / so bey uns stunden / auff halben weg entgegen / und
liessen den *Betudete* bey uns stehen / Wie sie aber schier gar zu uns kamen / da
gieng jener *Betudete* / auch ein schritt oder drey entgegen / und kamen also
alle fünff zugleich miteinander zu uns gegangen / Wie sie nu gar zu uns kamen / fragt der *Cabeata* / was wir wolten / und von wannen wir herkämen?
Dem antwortet Herr Roderich / wir kommen auß Indien / und brächten ein
Gewerb oder Bottschafft an den Priester Johann / von deß Königes zu Portugal Oberhauptmann und Gubernator in Indien.

Mit der antwort gieng er wider zum Priester Johann / Und kam gleich mit
derselben frage / und der antwort / die im gleicher gestalt darauff begegnet /
zum dritten mal / hin und wider zu und von dem Priester Johann. Zum vierten
mal sagt der *Cabeata* / Berichtet mich / was ich dem Könige von euwert wegen sol anzeigen.

---

[4] Álvares bezieht sich auf den Krieg zwischen König Lebna Dengel von Äthiopien und dem
Imam Ahmad von Ägypten.
[5] Gemeint ist ein Burnus, die traditionelle Kopfbedeckung der Araber.

Darauff antwortet Herr Roderich / daß er mit seiner Geselschafft da were / seiner Hoheit Reverentz zuthun / und die Hände zu küssen / und danckten Gott / daß er sie jrer Bitte gewehret hette / Daß sie als Christen / möchten andere Christen / die in dem Glauben etwas älter weren / besuchen.

Mit dieser Antwort gieng der *Cabeata* abermals hinweg / unnd kam balde wider / dem allzeit die obermeldten vier entgegen giengen / allermassen / wie hiebevorn angezeigt / Wie er aber wider zu uns kam / sagt er / Der Priester Johann liesse uns anzeigen / daß wir im gantz willkumm weren / Und daß wir allda bleiben und außruhen solten.

In dieser ersten Verhör oder Audientz gefiele kein andere Rede. Es liesse sich auch der Priester Johann zu mehrer erhaltung seiner Reputation gar nicht sehen. Darauff liesse Herr Roderich alle Verehrung oder Present / die der obbemeldte Gubernator dem Priester Johann verordnet / von stück zu stücken hierfür bringen / und anzeigen / Darneben auch vier Säck Pfeffer / die man uns zu unser zehrung hatte mitgeben /

Solchs alles ward also bald inn deß Priester Johanns Zelt / und von dannen wider heraus unter die Schwibbogen getragen / da wir stunden.

Da befahl man die Tappezzereyen / so wir gebracht / auff die Schwibbogen aufzubreyten / und alle stück der Verehrung öffentlich außzulegen / daß sie jederman zu gesicht stünden / und wurde außgeruffen / daß man soll still seyn / Darauff stund einer auff / den man die hohe Oberkeit zu Hof nennet / und erkläret öffentlich mit lauter Stimme alle Verehrung / die der Gubernator dem Priester Johann geschickt hatte / von stück zu stücken / mit dem angang / daß derhalben jedermänniglich Gott dem Herrn sol danckbar seyn / der die Christenheit dermassen vereyniget hette / Wem es nicht gefiele / der solte sich als ein trauwriger erzeigen / dem es aber zu gefallen reichet / der solte sich mit Gesang vernemen lassen. Darauff schreye jederman / Jung und Alt / und ward ein grausam grosses Geschrey / Gott damit zu loben / welchs auch ein gute weil währet /

Da solchs geschehen / erläubte man uns wider / und geleytet uns inn unser Losament / eines grossen Bogenschuß weit von deß Priester Johanns Gezelt / da das Gezelt auff geschlagen worden / welches er uns zuvor verehren lassen / da wir dann unser ubriges Gerehte gelassen hatten.

Aus: Francisco Álvares: Die Reise zu dess Christlichen Königs in hohen Ethiopien. Frankfurt 1576, S. 103–105.

48. Informationen der Portugiesen über Malakka und Sumatra (1506)

Der im folgenden abgedruckte Ausschnitt aus dem umfangreichen Reisebericht des italienischen Reisenden Ludovico di Varthema vermittelt einen Hinweis auf die geographischen Kenntnisse, über die die Portugiesen in den ersten Jahren des 16. Jahrhunderts verfügten. Sie hatten bereits früh erkannt, daß die vor allem in Calicut, an der Malabarküste, gehandelten Gewürze nicht vom indischen Festland stammten, sondern aus weiter ostwärts gelegenen Gebieten dorthin transportiert wurden.

Der Bologneser Ludovico di Varthema war es nun, der den Portugiesen bei seiner Ankunft in Cananor im Jahre 1506 sehr gute Informationen über die Inselwelt, von der die Gewürze stammten, sowie über Malakka, einen der wichtigsten Umschlagplätze für diese Waren, bieten konnte.

Im Jahre 1503 war di Varthema von Venedig nach Ägypten gesegelt und besuchte Alexandria, Kairo sowie später Beirut und Damaskus. Als Mitglied einer Mamelukkentruppe, die die Pilgerzüge nach Mekka und Medina begleitete, gelangte er zu den heiligen Stätten des Islam. Er ist der erste bekannte europäische Reisende, der von diesen Orten ausführlich berichtet, obschon andere italienische Kaufleute – etwa Giovanni Caboto (vgl. Komm. zu Dok. 54) – vor ihm bis in das Innere Arabiens gelangt zu sein scheinen. Nach einer Flucht aus Mekka gelangte di Varthema nach Aden und setzte von dort nach Zeila an der afrikanischen Ostküste über. Von hier kam er über Diu nach Persien, bereiste das Land und wandte sich schließlich nach Indien. Über die Hafenstädte der Malabarküste, Goa, Cananor und Calicut gelangte er nach Madras an der Koromandelküste. Von dort schiffte er sich nach der malaiischen Halbinsel ein und erreichte Tenasserim. Seine weitere Reise führte ihn durch die Straße von Malakka über die Bandainseln zu den Molukken, von dort wiederum über Java zur Stadt Malakka. Nach einer Zwischenstation auf Sumatra gelangte di Varthema schließlich zurück nach Indien.

In Cananor traf di Varthema auf Ludovico de Almeida, den Sohn des Vizekönigs Francisco de Almeida. Ihm berichtete er von seiner Reise nach Malakka und zu den Molukken und schuf damit wichtige Voraussetzungen für die späteren Fahrten Diogo Lopes de Sequeiras nach Malakka 1508 und António de Abreus nach den Molukken 1511.

Im Jahre 1507 verließ Ludovico di Varthema Cananor auf dem italienischen Schiff San Vicenzo, um nach Europa zurückzukehren.

Die Reise di Varthemas ist neben anderen ein deutlicher Hinweis auf die Möglichkeit, daß der weite Raum des Indischen Ozeans und wohl auch der indonesischen Inselwelt einschließlich der Molukken den Europäern – insbesondere den am Gewürzhandel beteiligten Italienern – bekannt gewesen sein dürfte, noch bevor Vasco da Gama schließlich den Seeweg nach Indien gefunden hatte. Italienische Kaufleute und Reisende, wie di Varthema, oder noch früher Nicolò de'Conti (vgl. Bd. 1, Dok. 23) waren es, die erste Informationen über die Handelswege des Indischen Ozeans und damit des Gewürzhandels nach Europa gebracht und auf diese Weise mit die Voraussetzungen für das relativ schnelle Vordringen der Portugiesen in diesem Raum geschaffen hatten.

Den Aufzeichnungen Ludovico di Varthemas galt nach seiner Rückkehr nach Europa schon bald ein breites Interesse. Bereits 1510 erschien in Rom die erste Auflage seines Reiseberichts. Er wurde bald in verschiedene europäische Sprachen übersetzt. Die erste deutsche Ausgabe erschien 1515 in Augsburg.

Lit.: George Percy Badger (ed.): The Travels of Ludovico di Varthema in Egypt, Syria, Arabia Deserta and Arabia Felix, in Persia, India and Ethiopia, a.D. 1503 to 1508. New York 1863 (Hakluyt Society. First Series. No. 32) – Donald F. Lach: Asia in the Making of Europe. Vol. I. Book II. Chicago-London 1965.   MM

[...]

Am nächsten Tag schifften wir uns in Richtung einer Stadt, die Malakka genannt wird, ein. Sie liegt im Westen, und wir erreichten sie nach 8 Tagen. In der Nähe der Stadt bemerkten wir eine riesig langgezogene Meerenge[1]. Es war die größte, die wir jemals gesehen haben. Sie [die Einwohner] nennen sie „Gaza", und sie ist offensichtlich mehr als 25 Meilen breit.

Auf der gegenüberliegenden Seite der Enge liegt eine sehr große Insel, die Sumatra heißt. Ihre Einwohner sagen, der Umfang [der Insel] betrage 4500 Meilen. [...] Nachdem wir in der Stadt Malakka angekommen waren, wurden wir sofort dem Sultan vorgeführt. Er ist ein Maure wie alle seine Untertanen. Besagte Stadt befindet sich auf der Festlandsmasse und zahlt Tribut an den König von China[2]. Er hat vor ungefähr 80 Jahren diese Stadt bauen lassen, weil sich dort ein guter Hafen befindet, der der wichtigste Ankerplatz an der offenen See ist. Und ich glaube wahrhaftig, daß hier mehr Schiffe ankommen, als an irgendeiner anderen Stelle auf der Welt.

Insbesondere werden hier alle Sorten von Gewürzen und eine riesige Menge anderer Handelswaren angeliefert.

Das Land ist nicht sehr fruchtbar; dennoch baut man dort Getreide und Viehfutter in kleinen Mengen an. [Weiterhin] gibt es Wald und Vögel wie die in Calicut, außer den Papageien, die hier schöner sind.

Von Sandelholz und Zinn findet man hier große Mengen. Außerdem gibt es viele Elefanten, Pferde, Schafe, Kühe und Büffel, Leoparden und Pfauen in großem Überfluß. Einige Früchte ähneln denen in Ceylon.

Es ist nicht notwendig, hier mit anderen Waren Handel zu treiben als mit Gewürzen und Seidenstoffen.

Die Leute hier haben eine olivfarbene Haut und tragen lange Haare. Ihre Kleidung ist von der Art, wie sie in Kairo getragen wird. Sie haben breite Gesichter, runde Augen und eine plattgedrückte Nase. Bei Dunkelheit hier herumzuspazieren ist unmöglich. Die Leute werden wie Hunde getötet, und alle Händler, die hier ankommen, schlafen auf ihren Schiffen.

Die Einwohner der Stadt gehören zum Volk der Javaner. Der König[3] unterhält zwar einen Gouverneur, der für die Rechtsprechung über die Ausländer zuständig ist. Aber die Leute des Landes üben Selbstjustiz, und sie sind die übelste Rasse, die auf Erden erschaffen wurde.

Wenn der König versucht, sich in ihre Angelegenheiten einzumischen, dann sagen sie, daß sie das Land verlassen würden. Sie seien Menschen der See.

---

[1] Gemeint ist die Straße von Malakka.

[2] In Varthemas Bericht heißt es hier: *paga tributo al Re delle Cine*. George Percy Badger (vgl. Kommentar) meint, hier könne es sich sinngemäß nur um den König von Siam, als dem Oberherren Malakkas, handeln. Es kann jedoch als gesichert gelten, daß die Chinesen bis ins 15. Jahrhundert hinein ein überseeisches Tributsystem unterhielten, das den Bereich des Indischen Ozeans umfaßte und sich bis an die ostafrikanische Küste erstreckte. Varthema dürfte daher wohl tatsächlich den Kaiser von China gemeint haben.

[3] Vgl. Anm. 2. Die Oberherrschaft über Malakka besaß der König von Siam.

Das Klima hier ist sehr gemäßigt. Aber die Christen, die sich in unserer Begleitung befanden, gaben uns zu verstehen, wir sollten [trotzdem] nicht lange bleiben, weil die Bevölkerung hier ein bösartiger Menschenschlag sei.

Das war der Grund, weshalb wir eine Dschunke nahmen und uns nach Sumatra wandten. Und zwar nach einer Stadt namens Pider[4], die achtzig Leguas vom Festland entfernt ist – jedenfalls ungefähr.

Man sagt, dies sei der beste Hafenplatz der ganzen Insel, die – wie ich bereits sagte – einen Umfang von 4500 Meilen hat. Nach meiner Ansicht – und sie entspricht dem, was auch viele andere sagen – ist es Taprobana[5], wo es drei gekrönte Könige gibt, die Heiden sind. Ihr Glaube, ihre Lebensweise, ihre Kleidung und ihre Gebräuche sind die gleichen wie in Tarnassari[6]. Und die Frauen werden wie dort [beim Tod des Gatten] lebendig verbrannt. Die Hautfarbe dieser Leute ist fast weiß. Sie haben breite Gesichter und ihre Augen sind rund und grün. Ihre Haare tragen sie lang, die Nase ist breit und platt, und sie sind von kleiner Statur.

Hier wird die Rechtsprechung konsequent gehandhabt; so wie in Calicut. Es gibt Gold-, Silber- und Zinngeld und zwar alles geprägt. Ihre Goldmünzen zeigen auf der einen Seite den Teufel, auf der anderen ist etwas, das an eine Sänfte erinnert, die von Elefanten getragen wird: das gleiche gilt für die Silber- und Zinnmünzen.

[...] Dieses Volk ist nicht kriegerisch, aber auf seinen Handel bedacht und sehr freundschaftlich gegenüber Ausländern.

Aus: Giovanni Battista Ramusio: Navigazioni e viaggi. A cura di Marica Milanesi. Vol. 1. Torino (Giulio Einaudi) 1978, S. 858–859.   MM

49. Die Entdeckung der Molukken (1511/12)

Sogleich nach der Einnahme Malakkas durch die Portugiesen im Jahre 1511 ließ Afonso de Albuquerque ein aus drei Schiffen bestehendes Geschwader ausrüsten, das den Auftrag hatte, nach den nunmehr in unmittelbarer Nähe vermuteten Gewürzinseln zu suchen. Den Oberbefehl führte der aus Madeira stammende António de Abreu, die beiden anderen Kapitäne des Verbands waren Simião Afonso und Francisco Serrão.

Ein Jahr nach der Abfahrt kehrte de Abreu mit zwei Schiffen nach Malakka zurück. Diese waren reichlich mit Gewürzen, vor allem mit Muskatnüssen und -blüten, beladen, die die Portugiesen auf den Bandainseln gekauft hatten. António de Abreu hatte zwar wegen widriger Wetterverhältnisse sein eigentliches Ziel nicht erreicht, es war ihm aber gelungen, auf seiner Fahrt ausreichende Informationen über die Lage der Ge-

---

[4] Die Ortsangaben Varthemas sind hier nicht eindeutig zu verifizieren. (Vgl. über deren Genauigkeit: Donald F. Lach: Asia in the Making of Europe. Vol. I. Book II. Chicago-London 1965, S. 588.) Es handelt sich jedenfalls bei Pider um eine Hafenstadt im Nordosten Sumatras in der Gegend von Lhokseumawe am Kap Jamboaye.

[5] Vgl. Anm. 4. Taprobane war bei den Griechen und Römern die Insel Ceylon.

[6] Es handelt sich um das heutige Tenasserim in Thailand.

würzinseln einzuholen, so daß er wohl als derjenige anzusehen ist, der für die Portugiesen den Zugang zu jener Inselgruppe eröffnete.

Das dritte, zur Flotte des António de Abreu gehörende Schiff, die Santa Catarina unter dem Kommando des Francisco Serrão, geriet in Seenot und verlor den Anschluß an den Rest des Geschwaders, Serrão setzte aber schließlich seine Fahrt zu der Molukkeninsel Ternate fort. Es gelang dem portugiesischen Kapitän, sich mit dem dortigen König, Quechil Boleif, anzufreunden. Beide fielen jedoch bald einem Giftanschlag der Feinde des Königs zum Opfer. Immerhin jedoch war es Serrão gelungen, den Grundstein für eine langandauernde Vorherrschaft der Portugiesen über die Molukken zu legen, die im Jahre 1522 durch den Bau eines Forts auf der Insel Ternate bekräftigt wurde (vgl. auch Dok. 44). Die Vermutungen, die der portugiesische Chronist Castanheda über verräterische Beziehungen Serrãos zu dem später in spanische Dienste eingetretenen Magalhães anstellt, entbehren zwar einer soliden Grundlage, doch erscheinen sie als nicht ganz aus der Luft gegriffen (vgl. Kap. 6).

Lit.: Pierre Chaunu: Conquête et exploitation des nouveaux mondes (XVI⁰ siècle). Paris 1969 – Jaime Cortesão: Os Descobrimentos Portugueses. Vol. V. Lisboa 1976.

MM

[Von seiner Fahrt zur Straße von Singapur nach Malakka zurückgekehrt, traf Fernão Peres de Andrade[1] auf] António de Abreu, der aufgebrochen war, um die Molukken zu entdecken. Aber dieser war nicht dorthin gelangt, da die Wetterverhältnisse seine Pläne durchkreuzt hatten. Er und Simião Afonso konnten nicht weiterfahren als bis zu den Amboina-Inseln *(âs ilhas Damboyno)*[2], die in der Nähe der Molukken liegen. Dort fand er eine gewisse Menge Gewürze in der Hand von Kaufleuten und kaufte sie ein.

Nur Francisco Serrão gelangte bis zu einer Insel des Molukkenarchipels, die Ternate heißt. Dort verlor er sein Schiff[3], konnte sich aber mit einigen [Besatzungsmitgliedern] mit dem Beiboot *(batel)* des Schiffes retten. Mit diesem gelangte er nach Ternate, wo ihm der dortige König soviel Ehre und Aufmerksamkeit erwies und ihm derartige Reichtümer *(tanta fazēda)* schenkte, daß er dort bleiben und nicht mehr nach Malakka zurückkehren wollte.

Und dieser Francisco Serrão war es, der Fernão Magalhães eine Nachricht über die [Lage der] Molukken zukommen ließ. [Fernão Magalhães] aber übte Verrat am portugiesischen Königshaus, indem er versuchte, diese Inseln dem portugiesischen Machtbereich *(conquista)* zu entreißen und sie der kastilischen Krone zuzuschanzen. Dabei redete er Karl V., dem Kaiser und König [von Kastilien] ein *(metēdo em cabeça)*, daß [die Molukken] sich in dem Meeresgebiet befänden, das zu Kastilien gehörte[4].

António de Abreu aber, der nichts von dem Schiffbruch *(perdição)* Francisco

---

[1] Fernão Peres de Andrade hatte an der Eroberung Malakkas teilgenommen und befand sich auf einer Erkundungsfahrt, die ihn zur Straße von Singapur führte.

[2] Es handelt sich um eine Inselgruppe südlich von Ceram.

[3] Serrão erlitt zweimal Schiffbruch, bevor er endlich nach Ternate gelangte.

[4] Castanheda nimmt Bezug auf den zwischen Kastilien und Portugal abgeschlossenen Teilungsvertrag von Tordesillas (1494). Vgl. auch Kap. VI, insbes. den Kapitelkommentar.

Serrãos wußte und einsah, daß dieser auch nach längerem Warten nicht nachkommen würde, wandte sich zu den Bandainseln. Dort gibt es eine Hauptinsel, auf der Bäume wachsen, die Muskatnüsse sowie Muskatblüten *(maça)* tragen. Man sagt, daß sie so ähnlich aussähen wie unsere Pfirsichbäume. [. . .] Die Menschen dort sind zugänglich *(como saluajē)* und befleißigen sich jeder möglichen Höflichkeit. Sie haben keinen König und werden nur von ihren Ältesten regiert. Auf dieser Hauptinsel fand [de Abreu] auch Gewürznelken. Er belud aber [sein Schiff] mit Muskatnüssen und -blüten und kehrte nach Malakka zurück.

Aus: Fernão Lopes de Castanheda: História do descobrimento e conquista da India pelos Portugueses. Liv. III. Cap. LXXXVI. Coimbra 1928, S. 209–210.   MM

50. Diogo Lopes de Sequeira erhält den Auftrag, die Handelsverbindungen der Chinesen nach Malakka zu erkunden (1508)

Als Diogo Lopes de Sequeira[1] am 13. Februar 1508 den Auftrag erhielt, die Stadt Malakka anzulaufen, hatte er eine Fülle von Aufgaben. Der Ruf Malakkas als wichtiger Knotenpunkt des Handelsverkehrs im gesamten Indischen Ozean, insbesondere aber als Umschlagplatz des Gewürzhandels, war den Portugiesen bald nach ihrer Ankunft in diesem Raum bekannt. De Sequeira sollte dieses Handelszentrum zunächst einmal ausfindig machen und als zweiten Schritt, falls dies sich als möglich erwies, mit dem Herrscher der Stadt einen Freundschafts- und Handelsvertrag abschließen.

Wie der im folgenden abgedruckte Auszug aus der de Sequeira unmittelbar von König Manuel I. erteilten Instruktion zeigt, verfolgte die portugiesische Krone jedoch bereits zu diesem Zeitpunkt Pläne, die noch über Malakka hinausreichten: mit China, dem „Cathay" Marco Polos, einem Land, dessen Reichtum nach den Vorstellungen der Portugiesen sagenhaft sein mußte, wollte man in Kontakt kommen. Dabei verweisen die Fragen, die de Sequeira klären sollte, zunächst auf rein handelspolitische Interessen. Wie eng jedoch dieser Bereich mit strategisch-machtpolitischen Erwägungen zusammenhing, zeigt die Tatsache, daß man zugleich Näheres über die Wehrhaftigkeit der chinesischen Bevölkerung sowie über möglicherweise auszunutzende innere Konflikte des Landes wissen wollte.

Lit.: Henry Yule (ed.): Cathay and the way thither. Vol. I. Preliminary Essay on the intercourse between China and the western nations previous to the Discovery of the Cape route. Nendeln/Liechtenstein 1967 (Hakluyt Society. Second Series. No. 38) – Chang T'ien-tsê: Sino-Portuguese Trade from 1514 to 1644. A Synthesis of Portuguese and Chinese Sources. Leyden 1934.   MM

Item. Du sollst Dich nach den Chinesen *(Chijns)* erkundigen: Woher und aus welcher Entfernung kommen sie, wenn sie Malakka oder die anderen Plätze anlaufen, an denen sie Handel treiben? Welche Waren bringen sie? Wieviele ihrer Schiffe kommen jedes Jahr, wie steht es mit Größe und Art ihrer Schiffe

---

[1] Diogo Lopes de Sequeira wurde später Vizekönig von Indien (1518–1522).

und kehren sie im gleichen Jahr zurück, in dem sie gekommen sind? Haben sie [die Chinesen] Faktoren oder Lagerhäuser in Malakka oder in irgendeinem anderen Landesteil? Handelt es sich bei ihnen um reiche Kaufleute, sind sie schwach oder kriegstüchtig, haben sie Waffen oder Artillerie? Welche Kleider tragen sie und sind sie groß von Gestalt?

Auch alle anderen Informationen über sie [sollst Du einholen]: Sind sie Christen oder Heiden? Ist ihr Heimatland groß, und haben sie mehr als einen König? Wohnen unter ihnen Mauren oder andere Leute, die nicht in Übereinstimmung mit den dortigen Gesetzen und dem herrschenden Glauben leben? Wenn sie aber keine Christen sind, an was glauben sie oder was beten sie an, welche Sitten haben sie, bis wohin dehnt sich ihr Land aus, und woran grenzt es?

Aus: José Ramos-Coelho (ed.): Alguns Documentos do Archivo Nacional da Torre do Tombo áçerca das navegações e conquistas portuguezas [sic]. Lisboa 1892, S. 194–195.   MM

51. Eine Expedition nach Kanton unter Jorge Álvares (1514)

Nach dem Fall von Malakka im Jahre 1511 und nachdem sich die Verhältnisse dort bis zum Jahre 1514 konsolidiert hatten, konnte der Gouverneur der Stadt, Jorge de Albuquerque, seine Aufmerksamkeit der seit langem geplanten Kontaktaufnahme mit China zuwenden.

Im Jahre 1514 wurde eine Expedition unter der Leitung von Jorge Álvares zusammengestellt, die den Auftrag hatte, den Süden des chinesischen Festlandes anzulaufen. Vom Verlauf dieser Entdeckungsfahrt ist uns im einzelnen recht wenig bekannt.

João de Barros ist der einzige portugiesische Chronist, der diesen ersten Versuch einer Kontaktaufnahme – allerdings nur beiläufig – erwähnt. Ein Italiener in portugiesischen Diensten, Giovanni da Empoli, ist es vielmehr, dem wir den einzigen etwas ausführlicheren Bericht von der Entdeckung Chinas durch die Portugiesen verdanken. In seiner Schilderung, die für seinen in Lissabon lebenden Vater bestimmt ist, hebt Giovanni da Empoli vor allem den großen Reichtum Chinas hervor, dem die hauptsächlich auf den Handel gerichteten Interessen der Portugiesen an erster Stelle galten.

Giovanni da Empoli schreibt seinen sicherlich etwas enthusiastischen Bericht am 15. November 1515, kurz nachdem er mit dem neuen Vizekönig, Lopo Soares de Albergaria, in Indien angekommen ist. Bereits zu diesem Zeitpunkt war offenbar die Nachricht von der erfolgreichen Entdeckungsfahrt nach Indien gelangt.

Lit.: Chang T'ien-tsê: Sino-Portuguese Trade from 1514 to 1644. A Synthesis of Portuguese and Chinese Sources. Leyden 1934 – Donald F. Lach: China in the eyes of Europe. The Sixteenth Century. London 1968.   MM

[...]

Von Malakka aber sind Schiffe und Dschunken gekommen. [...] Und sie haben unter anderem China entdeckt. Dort sind Leute von den Unsrigen gewesen, die jetzt hier[1] sind.

China besitzt den größten Reichtum, den es überhaupt auf der Welt geben

---

[1] Empoli schreibt unter dem Datum des 15. November 1515 aus Cochim.

kann. Sein Grenzgebiet reicht bis zur Hohen Tatarei und wird Balascia[2] genannt. [Die Chinesen] sind alle weiß wie wir. Die Art ihrer Kleidung ähnelt derjenigen der Deutschen, so zum Beispiel [haben sie] pelzverbrämte Mützen und Wämser.

[In China] gibt es Landschaften, die den unsrigen ähneln, auch Steinhäuser wie bei uns. Man hält Gesetz und Ordnung hoch und ist sehr freundlich zu uns.

Im Lande gibt es feine weiße Seide im Überfluß, und sie kostet dreißig Cruzados pro Kantar[3]. Damast, bestehend aus 16 guten Teilen, gibt es für 500 Real das Stück, Satine und Brokate findet man sowie Muskat für einen halben Dukaten pro Unze und weniger. Viele Perlen aller Sorten [findet man] in großem Überfluß, und viele [Arten von] Kopfbedeckungen, so daß [beim Handel] von dort nach hier [auf diese Waren] ein Profit von dreißig zu eins zu erzielen ist.

Es kommen von dort erstaunliche Dinge, und, um die Wahrheit zu sagen, ich berichte Euch nichts über das hinaus, was es dort nicht auch wirklich gibt.

Man bringt mit Schiffen Gewürze dorthin. So werden jedes Jahr von Sumatra einige sechzigtausend Kantar Pfeffer geliefert. Und allein von Cochim und der Malabarküste werden fünfzehn- bis zwanzigtausend Kantar Pfeffer geliefert. Dieser ist fünfzehn bis zwanzig Dukaten pro Kantar wert.

Ebenso werden Ingwer, Muskat, Muskatnuß, Weihrauch, Aloeholz, Samt, Goldzwirn, Korallen, wollene Sachen und Kleidungsstücke [. . .] gehandelt.

Alles wird nach Gewicht verkauft, beides, Waren und Nahrungsmittel, auch lebende und tote Tiere – alles nach Gewicht!

Sie haben dort viele Getreidesorten: der großartigen Dinge sind so viele, die von dort kommen, daß es schon erstaunlich ist. Wenn ich nicht bis dahin gestorben sein sollte, hoffe ich, bevor ich hier [aus Cochim] weggehe, einen Abstecher dorthin machen zu können, um den Großkhan zu sehen, der dort als König herrscht. Er wird König von Cathay genannt. Und auf dem Landwege [dorthin] macht man eine dreimonatige Reise zu Pferde, immer an einem Fluß, etwa wie dem Rhein, entlang, der hier und dort von volkreichen Städten gesäumt wird. Und am Ende der Reise kommt man nach Zeiton, in des Königs Stadt, der dort residiert[4].

Dieses Jahr noch werden Botschafter mit wertvollen Geschenken zum König gesandt werden. Ich hoffe, eine Ladung Pfeffer und andere Dinge dorthin senden zu können. Vom Ergebnis werdet Ihr dann hören [. . .].

Aus: Archivo storico Italiano. Appendice. Tom. III. Firenze 1846, S. 81.   MM

---

[2] Gemeint ist möglicherweise Badakshan (vgl. Chang T'ien-tsê: Sino-Portuguese Trade from 1514 to 1644, S. 36, Anm. 4).

[3] Früheres Handelsgewicht in Italien und in den vom Fernhandel der italienischen Handelsrepubliken berührten Gebieten im mediterranen Raum und in der Levante von unterschiedlichem Umfang, jedoch grundsätzlich ein Hundertpfundgewicht wie der Zentner (vom lat. *centenarium*) (Anm. Sch).

[4] Hier unterliegt Empoli einem Irrtum. Der königliche Hof befand sich in Peking.

52. Die Gesandtschaft des Tomé Pires an den Hof des Kaisers von China (1517)

Christovão Vieyra, der Autor des im folgenden abgedruckten Berichtes, war Mitglied der Botschaft des Tomé Pires, die 1517 in Kanton eintraf und den Auftrag hatte, erste offizielle Beziehungen zwischen Portugal und dem Reich der Ming in China herzustellen.

Der Bericht ist – was auch in dem hier wiedergegebenen Abschnitt deutlich wird – nicht logisch aufgebaut, wiederholt sich einige Male, wechselt unversehens die zeitlichen Ebenen und die Schauplätze und steckt zudem, was die Übersetzung kaum vermitteln kann, voller grammatikalischer Ungereimtheiten. Dennoch handelt es sich um ein authentisches Dokument von hohem Wert. Christovão Vieyra schildert als Augenzeuge eine der ersten intensiveren Begegnungen zwischen Chinesen und Portugiesen. Er berichtet, wie die Chinesen die Lage nach der Landung der Europäer auf dem chinesischen Festland einschätzten, welches Auftreten sie von Angehörigen fremder Nationen erwarten zu können glaubten und wie dagegen das Vorgehen der Portugiesen wirkte. Der Bericht Vieyras über die Verhandlungen am Hofe des Kaisers, insbesondere aber über die Gesandtschaft aus Malakka, zeigt, daß die Portugiesen in einen geographischen Raum eingedrungen waren, der über eine entwickelte politische Kultur verfügte und in dem den Chinesen offenbar eine traditionelle Schutzfunktion und Führungsrolle zukam.

Der wahrscheinlich im Jahre 1534 verfaßte Brief Vieyras ist in der Gefangenschaft geschrieben und aus Kanton herausgeschmuggelt worden. Der im folgenden abgedruckte Ausschnitt beginnt mit dem Aufbruch der Gesandtschaft von Kanton nach Peking im Jahre 1520 und endet mit der Gefangennahme des Tomé Pires und seiner Begleiter Mitte des Jahres 1522.

Lit.: Donald Ferguson: Letters from Portuguese Captives in Canton, written in 1534 and 1536. In: The Indian Antiquary. Vol. XXX. Bombay 1901 – Chang T'ien-Tsê: Sino-Portuguese Trade from 1514 to 1644. A Synthesis of Portuguese and Chinese Sources. Leyden 1934 – Thomas Höllmann: Das Reich ohne Horizont. Berührungen mit den Fremden jenseits und diesseits der Meere (14. bis 19. Jahrhundert). In: Wolfgang Bauer (Hg.): China und die Fremden. 3000 Jahre Auseinandersetzung in Krieg und Frieden. München 1980, S. 161–196.   MM

Am 23. Januar 1520 brachen wir [von Kanton aus] zum König von China auf. Im Mai waren wir zur gleichen Zeit wie der König in Nanking. Er befahl uns aber, unseren Weg von dort nach der Stadt Peking fortzusetzen, damit er uns dort seine Anweisungen geben könne.

Am 2. August schrieb ich nach Kanton [um zu berichten], was bis zu diesem Zeitpunkt mit dem König geschehen war. Die Briefe gingen an Jorge Botelho und Diogo Calvo[1], die sich auf der Insel[2] befanden, wo sie ihren Geschäften

---

[1] Es handelt sich um zwei Kapitäne portugiesischer Schiffe vor der „Insel des Handels" bei Kanton. Jorge Botelho war Kapitän in der Flotte des Simião de Andrade.
[2] Gemeint ist die „Insel des Handels", Tamau, vor Kanton.

nachgingen. Darüber will ich aber nichts weiter schreiben, denn die Lage erfordert schnelles Handeln und erlaubt nur wenig Worte.

Im Februar [1521] kam der König nach Peking. Er war aber krank und starb drei Monate später. Am nächsten Tag aber [sagte man uns,] wir sollten uns mit unserem Gastgeschenk wieder nach Kanton zurückbegeben. Der neue König, der sich jetzt noch in einer anderen Stadt befinde, werde uns dann nach Kanton Bescheid zukommen lassen. Wir brachen daher von Peking am 22. Mai auf, kamen aber erst am 22. September in Kanton an. Der Führer ging nämlich, wie es ihm gefiel, recht langsam. Das war der Grund, warum unser Geschenk nicht angenommen worden ist[3].

Als Fernão Peres [de Andrade] im Hafen von China[4] ankam, befahl er den Dolmetschern, sie sollten [ihm] Briefe anfertigen, in denen stehen sollte, daß ein Großkapitän *(Capitão moor)* eingetroffen sei, der einen Botschafter für den König von China mitgebracht habe. Die Dolmetscher fertigten diesen [Brief] nach den Sitten des Landes an: Kapitän und Botschafter kämen nach China im Auftrag des Königs der Franken *(do Rey dos franges),* um Tribut zu zahlen. Sie bäten, wie es der Landessitte entspreche, um die Erlaubnis, dem Herrn der Erde, dem Sohn Gottes, gehorsam sein zu dürfen. Gemäß der Landessitte wurden wir daraufhin aufgrund dieses Briefes an Land empfangen. Das Gesagte aber war der wesentliche Gehalt des Briefes, den [die Dolmetscher] ausgefertigt hatten, ohne daß sie Fernão Peres darüber Rechenschaft abgelegt hätten. Und dieser wußte zu keiner Zeit davon. Die Dolmetscher sagten lediglich, daß der Brief nach Landessitte korrekt ausgefertigt sei, den Wesensgehalt aber verschwiegen sie.

In Peking wurde in den Häusern des Königs der Brief des Königs, unseres Herrn[5], geöffnet und man fand darin das Gegenteil von dem, was die Dolmetscher geschrieben hatten. Da schien es allen, daß wir uns auf betrügerische Weise Einlaß nach China verschafft hätten, um das Land auszukundschaften. Der Betrug aber liege im Unterschied der [beiden] Briefe. Es wurde daraufhin ein Brief an den König geschrieben, und dieser befahl, daß wir sein Haus nicht mehr betreten dürften, um ihm unsere Aufwartung zu machen. Und man gab uns Soldaten zur Bewachung.

Nach Landessitte schickt man die Botschafter in Peking in Häuser mit hohen Mauern. Dort werden sie am ersten Vollmondtag *(dia da lua)* eingeschlossen. Und dann, nach 15 Vollmondtagen, gehen sie zu den Häusern des Königs, einige zu Fuß, andere auf Kleppern *(sendeyros)* mit Halftern aus Stroh. Und sie müssen 5 Kniefälle *(mensuras)* vor einer Mauer der königlichen Häuser machen und zwar mit beiden Knien auf dem Boden und dem Kopf und Gesicht zur Erde. Und so gebeugt müssen sie warten, bis man ihnen bedeutet, sich zu erheben. Diese [Zeremonie] müssen sie an der Mauer fünfmal vollziehen. Dann kehren sie in ihre geschlossenen Häuser zurück. Und man ordnete

---

[3] Der Autor geht nunmehr unvermittelt zur Vorgeschichte der Gesandtschaft über.
[4] Gemeint ist Kanton.
[5] Gemeint ist der versiegelte und verschlossene Brief des portugiesischen Königs.

an, daß wir bereits zu dieser Zeremonie nicht mehr zugelassen werden sollten *(que não fossemos mais)*.

[Daraufhin] wurden die Dolmetscher gefragt, warum sie einen falschen Brief ausgefertigt hätten, der demjenigen des Königs, unseres Herrn, nicht entspräche. Sie aber antworteten, daß sie ihn nach der Sitte des Landes angefertigt hätten und daß der Brief des Königs, unseres Herrn, dicht geschlossen *(cerrada)* und versiegelt gewesen sei, so daß man ihn weder habe lesen noch öffnen können. [Der Brief] habe dem König persönlich *(em sua mão)* übergeben werden müssen. Außerdem seien wir aus einem weit entfernten Land und kennten den Brauch in China nicht, der [aber wohl] so bedeutend sei, daß wir ihn in Zukunft berücksichtigen müßten. Sie trügen keine Schuld, denn sie hätten den Brief nach der Sitte [des Landes] angefertigt.

Aber die Mandarine gaben sich mit dieser Antwort nicht zufrieden. Es wurde ein jeder ausgefragt, woher er wäre. Und sobald der König gestorben war, wurden sie gefangengesetzt. [...] Im Januar 1521 begab sich der König an einen Ort, der zwei Leguas von Peking entfernt lag. Ein Verwandter von ihm, der sich gegen ihn erhoben hatte, war abgeurteilt worden. Und er ordnete an, ihn zu verbrennen, nachdem er zuvor erwürgt worden sei. Und dort ließ er sich zu einem Bescheid an uns herbei, da ihm drei Briefe gegen die Portugiesen zugegangen waren. Einer von zwei Mandarinen aus Peking, einer von den Mandarinen von Kanton und ein anderer von den Malaien *(Melays)*. Ihr Inhalt war der folgende: Mandarine, die auf der Insel des Handels gewesen waren, um die Steuern *(os direytos)* zu erheben, teilten dem König auf dem Wege über die Mandarine von Kanton mit, als sie dieses Jahr gekommen seien, um die Steuer zu erheben, hätten sie Franken angetroffen. Diese seien schwer bewaffnet gewesen und hätten Kanonen gehabt. Es habe sich um starke Leute gehandelt und sie hätten die Steuer nicht bezahlt, wie es dem Brauch entsprochen hätte. [Die Franken] errichteten Befestigungsanlagen, und sie hätten sagen hören, daß sie Malakka eingenommen, es beraubt und viele Menschen getötet hätten. Der König solle sie nicht empfangen, wenn er sie aber [durchaus] empfangen wolle, dann sollten sie darüber Auskunft geben, an welche Königreiche dasjenige der Franken grenze und wer sie geschickt habe. Aber man solle sie nicht empfangen.

Der Brief der Mandarine von Kanton besagte, daß die Franken keine Steuern zahlen wollten und daß sie die Abgaben von Siam *(Syamis)* an sich gebracht hätten. Sie hätten die Leute dort ergriffen, ihnen ihre Dschunken weggenommen und sie durch Wachen daran gehindert, Handel zu treiben oder Abgaben zu zahlen. Sie unterhielten ein Fort, aus Steinen gebaut, mit Ziegeln gedeckt und rundum bestückt mit Artillerie. Auch innerhalb [des Forts] befänden sich viele Waffen. Weiterhin hätten sie Hunde gestohlen und sie gebraten verzehrt. Sie seien mit Gewalt nach Kanton eingedrungen und führten eine große Anzahl Geschütze *(bombardas)* mit sich. Sie erkundeten die Flußläufe und feuerten Geschütze vor der Stadt sowie an anderen Orten ab, wo dies verboten sei.

Die Malaien sagten, daß der Botschafter des Königs von Portugal, der sich zur Zeit in China aufhalte, nicht in ehrlicher Absicht gekommen sei. Er sei unter Vorspiegelung falscher Tatsachen *(falsamente)* nach China gekommen, um zu betrügen. Wir seien gekommen, um das Land auszukundschaften. Und sobald wir in ein Land gelangten und dort einen Stein von der Erde aufhöben oder ein Haus besäßen, dann hielten wir das Land für unser Eigentum. So hätten wir es nämlich in Malakka gemacht und auch an anderen Orten. Wir seien Diebe.

Ein hochgestellter *(grande)* Mandarin berichtete, wir hätten ihn mit einem Brief darum gebeten, einen Wohnsitz *(asento)* oder Häuser in Kanton zugeteilt zu bekommen. Aber weil wir Franken seien, sei ihm dieses [Ansinnen] als sehr verhängnisvoll *(muito mal)* erschienen. Denn statt [zuerst] Gehorsam zu üben, bäten wir um einen Wohnsitz auf dem Festland. Und ein anderer Mandarin berichtete, daß im Jahre 1520 die Franken ihm auf der Insel des Handels den Hut zerbrochen[6] und ihn verprügelt hätten. Und sie hätten ihn gefaßt, als er im Auftrag der Mandarine von Kanton die Steuern eintreiben wollte.

Auf alle diese Anschuldigungen antwortete der König: „Jene Leute kennen unsere Gebräuche nicht, sie werden sie jedoch Schritt für Schritt *(manso)* in Erfahrung bringen." Er sagte weiter, er werde in der Stadt Peking selbst entsprechenden Bescheid erteilen. Daraufhin betrat er die Stadt, erkrankte noch am gleichen Tag[7] und verstarb drei Monate darauf, ohne irgendeine Entscheidung getroffen zu haben.

Mit der Antwort, die der König gegeben hatte, aber waren die Großen [des Reiches] nicht sehr zufrieden. Und so schickte der König alsbald nach Kanton und gab den Befehl, daß das Fort, das die Portugiesen [dort] errichtet hatten, niedergerissen werden sollte. Alle Bewohner sollten vertrieben und jeglicher Handel zwischen den beiden Nationen unterbunden werden. Und wenn jemand ankäme, solle der zurückgeschickt werden. Und alsbald machten diejenigen sich auf den Weg, die herausfinden sollten, ob das, was [die Mandarine] berichtet hatten, die Wahrheit war oder nicht. Aber die Mandarine von Kanton handelten nicht dementsprechend. Um zu rauben, rüsteten sie eine bewaffnete Flotte aus, und mit List ergriffen sie alle, die ihnen in die Hände fielen, und beraubten sie.

Sobald aber wir [die Mitglieder der Botschaft] nach Kanton kamen, wurden wir vor den Pochacy[8] geführt. Dieser befahl, uns in einige gefängnisartige Häuser zu bringen, die [sonst] zur Lebensmittelaufbewahrung dienten. Aber Tomé Pires weigerte sich, diese [Häuser] zu betreten. Daraufhin brachten uns die Aufseher in andere Häuser, und wir blieben dort dreiunddreißig Tage. Und von dort führte man Tomé Pires mit weiteren 6 Personen in das Gefängnis des Pochacy, das man Libanco nennt. Mich aber und weitere vier Per-

---

[6] Die Mandarine trugen als äußeres Kennzeichen ihrer Würde hohe Hüte.
[7] Vieyra deutet hier möglicherweise den Verdacht eines Mordes an dem den Portugiesen allzu wohlgesonnenen Kaiser an.
[8] Es handelt sich um einen hohen chinesischen Justizbeamten.

sonen brachte man in das Gefängnis des Tomeci[9], wo wir zehn Monate festgehalten wurden. [...]

Aus: Donald Ferguson: Letters from Portuguese Captives in Canton, written in 1534 and 1536. In: Indian Antiquary. Vol. XXX. Bombay 1901, S. 467–468. MM

53. Die Landung der Portugiesen in Japan (1543)

a. Der Bericht des Dairiuji-Bunji

Als portugiesische Kaufleute im Jahre 1543 im Süden Kiuschus auf der Insel Tanegashima landeten, trafen sie auf eine hilfsbereite, aufgeschlossene und eher neugierige Bevölkerung.

Der japanische Chronist, Dairiuji-Bunji, der uns einen Augenzeugenbericht von der vermutlich ersten Begegnung zwischen Japanern und Europäern überliefert, war ein buddhistischer Priester aus Satsuma. Er verfaßte zwischen 1596 und 1614 das „Buch der Feuerwaffen" *(Téppô-ki),* aus dem der im folgenden abgedruckte Ausschnitt stammt. Dairiuji-Bunji bezieht sich in seiner Darstellung auf einen gewissen Hisatoki, der als Sohn des damaligen Gouverneurs der Insel Tanegashima die ersten Kontakte zwischen Japanern und Portugiesen miterlebt hatte. Dabei galt das Interesse des Gouverneurs Tokitaka vor allem den Feuerwaffen der Europäer. Er erkannte sogleich, daß diese Waffen es waren, die den Portugiesen ihre Überlegenheit über die etablierten Mächte Asiens verliehen.

Lit.: Georg Schurhammer: O descobrimento do Japão pelos Portugueses no ano de 1543. In: Ders.: Gesammelte Studien II. Orientalia. Rom 1963, S. 485–579 – Armando Martins Janeira: O Impacte Portugues sobre a civilização Japonesa. Lisboa 1970. MM

Im Süden der Provinz Osumi[1] gibt es eine Insel, die 18 *ri*[2] von jener Provinz entfernt liegt. Die Insel heißt Tanegashima. Meine Vorfahren wohnen dort seit langen Zeiten. Im Herbst des Jahres 12, am 25. [Tag] des 8. Monats[3] kam ein großes Schiff nach Nishimura ko-ura[4]. Man wußte nicht, woher es kam. Die Besatzung des Schiffes bestand aus ungefähr 100 Mann. Ihr Aussehen unterschied sich von dem unseren, und ihre Sprache war für uns unverständlich.

Alle, die [die Fremden] sahen, wunderten sich.

Unter der Besatzung fand sich einer, der die chinesische Schrift kannte. Er hieß Gohô. Seinen Familiennamen wissen wir nicht. Nun war aber auch der Vorsteher *(presidente)* jenes Ortes Nishimura ein Mann, der die [chinesische] Schrift beherrschte. Dieser traf mit Gohô zusammen und schrieb mit seinem Stab [folgendes] in den Sand: „Ich weiß nicht, aus welcher Gegend die Män-

---

[9] Es handelt sich um einen chinesischen Justizbeamten.
[1] Provinz südöstlich Kiuschus.
[2] 1 *ri* entspricht ungefähr 4 Kilometern.
[3] Am 23. September 1543.
[4] Kleine Bucht an der Ostküste Tanegashimas.

ner auf diesem Schiff kommen. Sie wirken sehr fremd!" Und Gohô schrieb als Antwort: „Diese Männer sind Kaufleute aus Seinamban"[5].

Oribe schrieb darauf als Antwort: „13 *ri* von hier gibt es einen Ort *(abra)*, der sich Akaoki nennt. Dort wohnen seit langem meine Vorfahren. Es gibt dort einige Tausend Häuser, und die Einwohner sind sehr wohlhabend. Von Norden und von Süden kommen dort die Kaufleute zusammen. Euer Schiff ist hier vor Anker gegangen. Es ist [aber] besser, jenen Hafen anzulaufen, denn dort ist das Meer tief und sehr ruhig.

Davon gab er meinem Großvater, Yohitoki, und meinem Vater, Tokitaka, Nachricht[6]. Tokitaka sandte 20 bis 30 Boten aus, um die Fremden aufzusuchen, und am 27. Tag des 8. Monats lief das Schiff in den Hafen von Akaoki ein. Es gab aber dort einen Priester *(bonzo)* namens Chyuckuza, einen guten Kenner der Klassiker und der chinesischen Schriftzeichen. Er und Gohô veranstalteten ein Gespräch mit Hilfe des Schreibpinsels. Unter den Kaufleuten gab es zwei Anführer. Der eine nannte sich Mura Shukusha[7], der andere Kirisha ta Mota[8]. Sie hielten ein Gerät in Händen. Die Größe des Gerätes betrug etwa 2–3 *shaku*[9]. Innen war es leer und außen gerade und schwer. Weitgehend hohl, hatte es einen massigen Abschluß und an der Seite ein Loch – den Weg des Feuers. Man kann dieses Gerät mit keinem anderen vergleichen. Und was seine Handhabung anbetrifft, so füllt man eine gewisse, außerordentliche Sache in es hinein[10] und daraufhin eine kleine Kugel aus Blei.

Zunächst nahm man eine in Stein gefaßte, kleine weiße Scheibe [zum Ziel]. Der Schütze, das Gerät in der Hand, stellte sich auf, schloß ein Auge, entzündete das Feuer durch die Öffnung und hatte nun das Gerät nur noch direkt auf das Weiße zu richten.

Es gab ein Leuchten wie von einem Blitz, und man hörte einen Donnerschlag, der so schrecklich war, daß alle wie betäubt dastanden.

Tokitaka sah das und dachte bei sich: „Dies ist ein einzigartiger Schatz, der auf Erden nicht seinesgleichen hat."

Aus: Georg Schurhammer: O descobrimento do Japão pelos Portugueses no ano de 1543. In: Ders.: Gesammelte Studien II. Orientalia. Rom 1963, S. 535–537.   MM

b. Der Bericht des António Galvão

Der portugiesische Chronist, António Galvão (bis 1557), dem wir einen der wenigen zeitgenössischen Berichte über die Entdeckung Japans verdanken, bestätigt, was die

---

[5] Seinamban bedeutet: „Land der südöstlichen Barbaren". Gemeint ist wahrscheinlich China.
[6] Es handelt sich um Sakonye Shôkan Tokitaka, den 14. Gouverneur von Tanegashima. Der Autor läßt Hisatoki, den Sohn Tokitakas, sprechen.
[7] Die gelegentliche japanische Aussprache von Francisco, „Furanshisuko", hat zu Vermutungen über eine Identität mit Francisco Zeimoto geführt.
[8] Hier handelt es sich mit hoher Wahrscheinlichkeit um António da Mota. „Kirishita" könnte Cristão, der Christ, in japanischer Aussprache bedeuten.
[9] 1 *Shaku* entspricht 30 Zentimetern.
[10] Gemeint ist Schießpulver.

beteiligten Personen angeht, die Schilderung des Japaners Dairiuji-Bunji. Er nennt mit António da Mota, Francisco Zeimoto und António Peixoto Namen, die ebenfalls im japanischen Text anklingen. Galvão überliefert jedoch mit dem Jahr 1542 ein von den Angaben Dairiuji-Bunjis abweichendes Datum. Sicherlich ist hier jedoch der vollständigeren Datierung des Japaners der Vorzug zu geben. Galvão berichtet aus einer wesentlich größeren zeitlichen und geographischen Entfernung zu dem Geschehen. Für die Datierung des japanischen Chronisten spricht ferner die Tatsache, daß der von ihm angegebene 23. September genau in die Zeitspanne fällt, zu der – aufgrund der Monsunwinde – die Schiffe der damaligen Zeit Japan aus Richtung China kommend anlaufen konnten. Bei Galvãos Datierung fließen offensichtlich Nachrichten über eine frühere Entdeckung der Riukiu-Inseln mit derjenigen über die Entdeckung Japans zusammen. MM

Im Jahre des Herrn 1542 befand sich Diego de Freitas als Schiffskapitän im Königreich von Siam und in der Stadt Udiá. Da desertierten von ihm drei Portugiesen. Sie flohen in einer Dschunke in Richtung China. Und ihre Namen waren: António da Mota, Francisco Zeimoto und António Peixoto. Sie nahmen Kurs auf die Stadt Liampó, die etwa in Höhe des dreißigsten Breitengrades liegt.

Aber sie bekamen so starken achterlichen Wind, daß er sie auf Land zutrieb. Und nach wenigen Tagen sahen sie im Osten *(ao Levāte)* eine Insel, die sich etwa in Höhe des zweiunddreißigsten Breitengrades befand. Man nennt sie Japan, und sie scheint zu jenem Zipangu *(aquelas Cipangas)* und seinen reichen Gebieten zu gehören, von denen die Schriften soviel erzählen. Und so gibt es dort auch Gold, viel Silber und andere Reichtümer[11].

Aus: António Galvão: Tratado dos descobrimentos. Porto ³1944, S. 273 und 463–464.   MM

---

[11] Galvão bezieht sich offenbar auf die Berichte Marco Polos, die den sagenhaften Goldreichtum Chinas hervorheben.

Achtes Kapitel

Entdeckungen an der Ostküste Nordamerikas auf der Suche nach einer Passage nach Japan und China

Westfahrten von Europa in den Atlantik hinaus mit dem Ziel, neue Länder und Inseln zu entdecken, sind in der zweiten Hälfte des 15. Jahrhunderts keine Seltenheit gewesen (vgl. Dok. 22, 23 und 25), und Kolumbus war nur der erste, von dem sich mit Sicherheit sagen läßt, daß er die atlantische Gegenküste erreichte. Neben Spanien beteiligten sich Portugal, Dänemark und in der Folge England, Frankreich und die Niederlande an solchen Unternehmungen, wobei sich allmählich entsprechend der Erweiterung der geographischen Kenntnisse auch die Zielsetzungen veränderten: ging die Suche zunächst etwa nach der Sieben-Städte-Insel (Antilia), nach St. Brendan oder Brasil, so wurden mit Kolumbus das Zipangu (Japan) und das Cathay (China) Marco Polos (vgl. Bd. 1, Dok. 17–21) sowie die Gewürzinseln Gegenstand der Suchfahrten, und als sich herausstellte, daß die „Neue Welt" einen oder mehrere eigenständige Kontinente bildete, verlagerte sich das europäische Interesse stark auf die Suche nach einer Passage durch die Landmassen dieser Neuen Welt hindurch nach Asien, dessen vermeintlicher Reichtum auf Europa wie ein Magnet wirkte.

Dabei trat die nordamerikanische Ostküste bereits relativ früh ins europäische Blickfeld, noch vor der südamerikanischen Ostküste. Obwohl es einige frühe, allerdings zeitlich nicht genau bestimmbare Erwähnungen von englischen Landentdeckungen jenseits des Atlantik gibt – die wichtigste ist ein erst 1956 aufgefundener Brief eines John Day vom Ende des 15. Jahrhunderts –, ist doch die erste klar dokumentierte Reise zum nordamerikanischen Festland die des Giovanni Caboto (englisch: John Cabot) gewesen. Caboto, ein nach Venedig eingebürgerter Genuese, der auf Handelsreisen bis nach Mekka gekommen war, hatte zunächst vergeblich in Spanien und Portugal für eine Westfahrt geworben und war 1495 nach London gekommen. Dort erhielt er 1496 von der englischen Krone einen Patentbrief für eine entsprechende Reise (Dok. 54a). Seine erste Fahrt scheint fehlgeschlagen zu sein, doch erreichte Caboto auf seiner zweiten Fahrt im Juni 1497 tatsächlich Nordamerika, und zwar wohl im Küstenstrich zwischen dem heutigen Maine und Labrador. Er ging einmal, am 24. Juni 1497, an Land; danach segelte er rund einen Monat lang an der Küste entlang, wobei allerdings nicht klar ist, in welcher Richtung. Ein Brief des Raimondo de Soncino an den Herzog von Mailand gibt uns eine farbige Schilderung von dem Eindruck, den diese Reise in London hervorrief (Dok. 54 b). Dieser Brief machte gleichzeitig auch recht deutlich, welches hohe Interesse damals italienische Gesandte, Kaufleute und Fürsten daran hatten, über alle westeuropäischen Bemühungen, den bislang von den italienischen Stadtrepubliken kontrollierten Orienthandel gewissermaßen auf den Atlantik zu verlagern, auf dem laufenden zu bleiben. Was Caboto anlangt, so lief er 1498 mit fünf Schiffen ein drittes Mal von Bristol aus. Er selber kehrte nie zurück; wohl aber zumindest einer seiner Söhne, Sebastian, der 1526–1530 durch eine Reise in spanischen Diensten, bei der er der Route des Magalhães folgen sollte, von sich hören machte: Allerdings lief Sebastian Cabot seinerzeit in den Río de la Plata und den Paraná ein, wo er sein ursprüngliches Reiseziel aufgab und sich mit seiner Mannschaft auf die Suche nach dem legendären Silberkönig (vgl. Kap. 11) machte.

Die Nachricht von den Suchfahrten des Giovanni Caboto von Bristol aus drang rasch auch bis auf die iberische Halbinsel. Da Spanien und Portugal 1494 im Vertrag von Tordesillas die überseeische Welt unter sich in zwei große Interessensphären aufgeteilt hatten, nahmen beide Mächte Anstoß an den englischen Unternehmungen. Portugal war allerdings stärker betroffen als Spanien: denn dort waren gegen Ende des 15. Jahrhunderts offenbar die Kenntnisse über den Verlauf der nordamerikanischen Küste bereits so genau, daß man sofort den Eindruck gewann, das von Caboto angelaufene Land liege – ähnlich wie Brasilien – östlich der Demarkationslinie von Tordesillas, also auf der portugiesischen Seite. Für die nun folgende portugiesische Aktivität mag außerdem – wie bereits bei der portugiesisch-dänischen Grönlandfahrt von 1473 (vgl. Dok. 22) – der Gedanke eine Rolle gespielt haben, daß Asien auf dem Wege über den Atlantik doch rascher zu erreichen sein könnte als auf der eben von Vasco da Gama befahrenen Route um das Kap der Guten Hoffnung (vgl. Dok. 29).

Jedenfalls folgten nun ab 1499 eine Reihe von portugiesischen Nordamerikafahrten. Zunächst beauftragte König Manuel I. einen kleinen Grundbesitzer (portugiesisch: *lavrador*) namens João Fernandes von der Azoreninsel Terçeira mit einer entsprechenden Suchfahrt. Nach ihm erhielt der Nordosten Amerikas – ursprünglich einschließlich Grönlands – den Namen „Labrador". Vom nächsten Jahr an folgten dann die Söhne des 1473 hervorgetretenen João Vaz Corte Real den Spuren ihres Vaters: Im Jahre 1500 unternahm Gaspar Corte Real eine Reise, die ihn wohl nach Neufundland führte, im Jahr darauf eine weitere mit drei Schiffen, wobei die Expedition so weit nördlich kam, daß sie auf Treibeis stieß. Später erreichte sie ebenfalls die nordamerikanische Küste (Dok. 55). Dabei verscholl der Expeditionsleiter mit seinem Schiff. Sein Bruder, Miguel Corte Real, machte sich 1501 mit drei Schiffen auf die Suche nach ihm, vor Neufundland trennten sich die Schiffe, um gesondert die zahlreichen Buchten und Flußmündungen der Küste abzusuchen. Dabei verscholl auch Miguel Corte Real. An eine Inschrift am Taunton Rock in Massachusetts, die „MIGVEL CORTEREAL V DEI HIC DUX IND A D 1511" lautet, ist die These geknüpft worden, daß der Verschollene später Häuptling der Wampanoag-Indianer geworden sei: doch erscheint diese These wie die Echtheit der Inschrift wenig glaubwürdig.

Obwohl zwischen 1501 und 1505 einige weitere Westfahrten eines Konsortiums von englischen Kaufleuten und portugiesischen Seefahrern der Azoren stattfanden, denen der englische König Heinrich VII. Patentbriefe gewährt hatte, blieb Nordamerika doch in den ersten zwei Jahrzehnten des 16. Jahrhunderts offenbar eine portugiesische Domäne. Jedenfalls heißt Neufundland auf den Karten dieser Zeit – die wichtigsten sind die Cantino-Karte (1502) und die Reinel-Karte (1505) – teils „Terra del Rey de portuguall", teils „Terra Corte Regalis", teils einfach „Baccalaos" [Kabeljau-Land]. Doch war Portugals Interesse wohl bald nur noch ein Interesse an den reichen Fischgründen vor Neufundland; die Ausbeutung dieser Fischgründe durch portugiesische Fischer nahm nach 1500 so rasch zu, daß schon von 1506 an ein besonderer Einfuhrzoll auf Neufundland-Schellfisch im Mutterland erhoben wurde. Die Unwirtlichkeit des Landes an der nordwestlichen atlantischen Gegenküste hat vermutlich dann den portugiesischen Entdeckungsfahrten, deren letzte João Álvares Fagundes 1520 unternahm, ein Ende gesetzt. Eine Durchfahrt nach Japan und China hatte dort nicht aufgefunden werden können.

Aus Gründen, die ähnlicher Natur gewesen sein dürften, mögen dort die englischen Erkundungsfahrten zunächst eingestellt worden sein. Doch liefen seither Fischerfahrzeuge aus West-und Nordwesteuropa die Neufundlandbank Jahr für Jahr an. Aus der Bretagne fuhren Fischer nachweislich seit 1504 nach Neufundland. Als der französische Entdecker Cartier 1534 in den St. Lorenz-Golf einlief, begegnete ihm dort bereits ein Schiff aus La Rochelle. Andere Berichte aus der ersten Hälfte des 16. Jahrhunderts sprechen davon, daß zeitweise über hundert europäische Fahrzeuge vor Neufundland lagen, um Fischfang zu betreiben: Es gibt keinen einzigen unmittelbaren Bericht von diesen Fahrten, weil Fischer keine Reiseberichte schreiben, doch werden Teile der nordamerikanischen Küste – und natürlich nicht nur der Küste Neufundlands – bereits Tausenden von Seeleuten und Fischern bekannt gewesen sein, als Verrazzano 1524 in französischen Diensten zu der ersten großen Erkundungsfahrt der Küste entlang ansetzte.

Frankreich, der Auftraggeber Verrazzanos, trat relativ spät in den Kreis der Entdeckermächte ein. Das Land hatte seit dem Einfall seines Königs Karl VIII. in Italien seine Kräfte im Süden verzettelt. Als dann 1519 der Enkel Kaiser Maximilians I., der junge spanische König Karl, als Karl V. zum Kaiser des Heiligen Römischen Reiches deutscher Nation gewählt worden war, sah es sich zudem einer Habsburgischen „Umklammerung" ausgesetzt, die es auch fortan militärisch in Atem hielt. Anlaß für seine Entdeckeraktivität wurde dann gerade ein spanischer Doppelerfolg in Übersee: 1522 war Elcano von der ersten Weltumseglung mit einem Schiff voller Gewürznelken zurückgekehrt, deren Wert noch immer die immensen Verluste der gesamten Expedition überstieg (vgl. Kap. VI); im gleichen Jahr hatte Cortés aus dem im Jahr zuvor eroberten Mexiko die erbeuteten Aztekenschätze als Geschenk an Karl V. geschickt (vgl. Dok. 72), die aber von normannischen Kaperfahrern erbeutet worden und in die Hände des damaligen französischen Königs Franz I. gelangt waren. Beide Erfolge Spaniens lösten den Versuch einer französischen Rivalität in Übersee aus.

Zu diesem Zeitpunkt war in Europa allgemein bekannt, daß die Spanier und die Portugiesen zwei Jahrzehnte lang von den Antillen bis nach Patagonien ohne Erfolg nach einer Passage zu den Gewürzinseln gesucht und eine Durchfahrt erst im tiefsten Südwesten des Atlantik gefunden hatten. Die entsprechenden Bemühungen Englands und Portugals im Nordwesten des Atlantik auf der Suche nach einer Passage nach Japan und China hatten ebenfalls auf den Karten der Zeit ihren Niederschlag gefunden. Noch unerforscht schien dagegen die Region der Neuen Welt zwischen Neufundland im Norden und Florida im Süden geblieben zu sein, ob aus Respekt vor dem im Vertrag von Tordesillas festgeschriebenen Interesse Spaniens an dieser Zone oder aus anderen Gründen, mag dahingestellt bleiben. Eine Gruppe italienischer Bank- und Handelshäuser in Lyon, dem damals wichtigsten französischen Handelsplatz, zeigte jedenfalls ab März 1523 an einer weiteren Suche nach einer Westpassage nach Asien in dieser Zone größtes Interesse. Es traf auf ein ganz ähnliches Interesse der französischen Krone, die auf Vorschlag des Lyoner Konsortiums den Florentiner Giovanni da Verrazzano mit einem entsprechenden Patentbrief ausstattete, während der normannische Reeder Jean Ango und das italienische Banken- und Kaufmannskonsortium die Reise finanzierten und der französische König das Schiff „Dauphine" stellte.

Verrazzano brach im Herbst 1523 von Dieppe aus auf, ging zunächst mit einem zweiten Schiff auf Kaperfahrt an der spanischen Küste und sandte dann dieses zweite Schiff zurück nach Frankreich, vermutlich beladen mit Beutegut. Er selber machte sich mit der „Dauphine" zu seiner Suchfahrt auf, die er am 23. Januar 1524 von der Madeira-Gruppe aus begann. Er verfolgte im Prinzip denselben Kurs wie Kolumbus vor ihm, wobei er sich etwa fünf Grad nördlicher hielt, bis er auf etwa 34° n. Br. am heutigen Cape Fear in North Carolina auf die atlantische Gegenküste stieß. Zunächst segelte er an ihr nach Süden entlang, kehrte aber – wohl aus Sorge vor einer Begegnung mit spanischen Schiffen – um und folgte dann der Küste nach Norden. Den oft nur wenige hundert Meter breiten Dünenstreifen der Outer Banks vor North Carolina, über den er von seinem Schiff aus hinwegschauen konnte, hielt er für eine schmale Landbarriere, einen Isthmus wie jenen von Panamá, den Balboa 1513 (vgl. Dok. 76) überquert hatte, und den tiefen Pamlico-Sund dahinter vor dem eigentlichen Festland für jenes Meer, an dem China liegen müsse. Bei seiner Weiterfahrt nach Norden traf er wiederholt mit freundlichen Eingeborenen zusammen, die er mit viel Einfühlungsgabe beschrieb: Sein Bericht ist die wertvollste ethnographische Quelle für die Erforschung der frühen Bevölkerung Nordamerikas (Dok. 56). Er fuhr wohl als erster Europäer in die Bucht von New York ein, und nachdem er – vermutlich im heutigen Maine – einen

ersten feindlichen Zusammenstoß mit Indianern gehabt hatte (bis hierher
reichte offensichtlich bereits der europäische Kultureinfluß von Neufundland
her), kehrte er nach Dieppe zurück, wo er im Juli 1524 wohlbehalten eintraf.

Verrazzano hatte mit seiner Fahrt die noch bestehende Lücke in der Kenntnis der Alten Welt vom Verlauf der amerikanischen Ostküste geschlossen. Da
er allerdings die Outer Banks irrigerweise für einen schmalen Isthmus zwischen dem Atlantik und dem „Orientalischen Ozean" – wie er ihn nannte,
Balboa hatte ihn „Südmeer" getauft, Magalhães „Pazifischer Ozean", und die
Franzosen des 17. und 18. Jahrhunderts sollten ihn „Westmeer" nennen – hielt,
wurde die Phantasie der Europäer weiter angeregt; bis ins 18. Jahrhundert
hinein blieb die Idee von einer Westpassage nach Asien irgendwo durch Nordamerika hindurch lebendig. Verrazzano selbst hielt nichts mehr von dieser
Idee: Er machte sich 1528 zwar erneut auf die Suche nach einer Durchfahrt
nach Asien, wiederum finanziert von seinen früheren Geldgebern, dieses Mal
aber auf einer Südroute. Auf dieser Fahrt ist er verschollen; den spärlichen Informationen zufolge, die nach der Rückkehr seines Schiffes durchsickerten,
ist er irgendwo auf einer Insel im Bereich der Antillen oder vor der südamerikanischen Küste von Kannibalen erschlagen und verspeist worden.

Inzwischen hatte jedoch auch die spanische Krone jede Möglichkeit einer
Westpassage nach Asien auf einer relativ nördlichen Route überprüft. Nachdem Ponce de León schon 1513 den Golfstrom entdeckt und die Atlantikküste
von Florida – das er noch für eine Insel hielt – berührt hatte (vgl. Dok. 65), erkundeten 1521 im Auftrag des Auditors und Richters Ayllón aus La Española
die Kapitäne Francisco Gordillo und Pedro de Quexos die nordamerikanische
Atlantikküste von Florida bis etwa 30° n. Br. Im Jahr 1525 – also kurz nach
Verrazzanos Fahrt – erreichte Pedro de Quexos ebenfalls die Outer Banks vor
North Carolina von Süden her, wiederum im Auftrag Ayllóns, der inzwischen
eine förmliche königliche Erlaubnis zum Aufbau einer Kolonie an der Atlantikküste erwirkt hatte. Allerdings ging die vermutlich am heutigen Cape Fear
River errichtete Siedlung bald wieder ein.

Fast gleichzeitig mit der Fahrt Verrazzanos fand außerdem eine systemati-
sche Erkundung der gesamten nordamerikanischen Küste im Auftrag der spa-
nischen Krone durch den erfahrenen Piloten Esteban Gómez (portugiesisch:
Estevão Gomes) statt. Gómez war Pilot des Schiffes „San Antonio" in der
Flotte des Magalhães gewesen; er hatte bei Erkundung der später Magalhães-
Straße genannten Meerenge im Oktober 1520 gemeutert, das Schiff in seine
Hand gebracht und es auf eigene Faust nach Spanien zurückgeführt (vgl.
Dok. 42), wo er zunächst ins Gefängnis gesteckt worden war. Die Rückkehr
Elcanos von der ersten Weltumseglung hatte dann aber zweierlei erwiesen:
zum einen die Gefährlichkeit der von Gómez zuvor kritisierten Route des
Magalhães, zum anderen aber die Attraktivität des Molukkenhandels. Die
Krone erinnerte sich des Gómez und ließ für ihn durch die 1518 in La Coruña
neu eingerichtete Casa de la Especiería – die Kontrollbehörde für den künfti-
gen Gewürzhandel mit Asien – eine spezielle Entdeckerkaravelle bauen, mit

der er eine günstigere Route für den China- und Molukkenhandel als Magalhães ausfindig machen sollte. Zweifellos spielten bei dieser Entscheidung auch Nachrichten von der Vorbereitung Verrazzanos für eine ähnliche Reise eine Rolle, die nach Spanien drangen (wie ja auch die portugiesische Krone über die Vorbereitungen Verrazzanos in Dieppe aufs genaueste unterrichtet war). Doch zog sich der Bau der Karavelle in La Coruña hin, so daß Gómez erst im November 1524 aufbrechen konnte.

Die neueste Forschung (Vigneras 1970) hat dargetan, daß Gómez mit seiner Karavelle „La Anunciada" die nordamerikanische Küste nicht von Norden her nach einer Durchfahrt absuchte, wie bislang von der Historie angenommen worden war, sondern daß er seine eigentliche Exploration der nordamerikanischen Küste von Süden her begann, daß er sich zuvor in Santiago de Cuba nochmals verproviantierte und sich dann, vom Golfstrom unterstützt, allmählich nach Norden vortastete, wobei er nur bei Tag fuhr, um nicht die geringste Einbuchtung der Küste zu übersehen. Gómez kam dabei bis Neu-Schottland, vielleicht sogar bis in den St. Lorenz-Golf, wo er die Suche abbrach, da ihm die Witterung so weit im Norden als für eine Chinareise zu rauh vorkam: eine Entscheidung, die ihm später von der Krone ausdrückliches Lob einbrachte. Um nicht mit ganz leeren Händen nach La Coruña zurückzukehren, entführte er am Schluß seiner Fahrt noch eine große Anzahl von Indianern, die er in Spanien als Sklaven zu verkaufen gedachte. Seine Reise hatte zehn Monate gedauert, war weitaus sorgfältiger durchgeführt worden als die des Verrazzano und hatte die absolute Haltlosigkeit der These vom Vorhandensein einer Nordwestdurchfahrt nach China erwiesen. Leider ist von dieser Fahrt kein unmittelbarer Bericht erhalten. Jedenfalls wurde in Spanien mit den Ergebnissen der Suche des Esteban Gómez das Kapitel „Nordwest-Passage" endgültig geschlossen, nicht anders, als dies zwei Jahrzehnte zuvor nach den Fahrten der Gebrüder Corte Real in Portugal der Fall gewesen war. Daß es in Nordwesteuropa bis weit ins 17. Jahrhundert hinein offenblieb, macht den außerordentlichen Rückstand der künftigen Seemächte Frankreich, England und Niederlande an Entdeckererfahrung und Entdeckerwissen gegenüber den beiden iberischen Mächten im 16. Jahrhundert recht augenfällig.

Der letzte große Abschnitt der nordamerikanischen Ostküste, der zu diesem Zeitpunkt noch nicht klar ins europäische Bewußtsein gedrungen war, war die Küste des St. Lorenz-Golfs. Möglicherweise ist dieser riesige Golf von dem Portugiesen Fagundes bereits um 1520 befahren worden, möglicherweise hat er dort eine Kolonie zu gründen versucht. Ob Esteban Gómez 1525 in ihn einfuhr, ist ebenfalls ungeklärt. Der Engländer John Rut kam 1527 bis Labrador und Neufundland, „to seke strange regions", wie er in einem Brief vom 3. August 1527 an König Heinrich VIII. schrieb: Wie weit er dabei seinerseits in den Golf eindrang, ist ebenfalls unklar. So bleibt das Verdienst, ihn und seine Küsten endgültig erforscht zu haben, dem Franzosen Jacques Cartier.

Anlaß für Cartiers Fahrt war alles andere als wissenschaftlicher Erkenntnisdrang. Vielmehr befand sich der französische König Franz I. im Jahrzehnt nach seiner Gefangenschaft, in die er während der Schlacht von Pavia 1525 gegen die Heere Karls V. geraten war und auf Grund einer Lösegeldzahlung in Höhe von 200000 Gold-Ecus *(Escus au soleil)* in starker finanzieller Verlegenheit. In der Instruktion der Krone für Cartier von 1534 wurden Ziel und Zweck der neuen Übersee-Expedition auch unverhüllt beim Namen genannt. Cartier sollte „gewisse Inseln und Länder . . . entdecken, wo, wie es heißt, eine große Menge Gold und andere kostbare Dinge zu finden sind": Noch immer glaubte man damals in Frankreich – wie vierzig Jahre zuvor Kolumbus – an die Möglichkeit, zu den Schätzen Asiens auf dem Westwege über den Atlantik zu gelangen. Dieses längst veraltete Konzept hatte denn auch die entsprechenden Ergebnisse: Cartier fuhr mit zwei Schiffen durch die Straße von Belle Isle in den St. Lorenz-Golf ein und rekognoszierte zwar seine Küsten, erreichte auch die Mündung des St. Lorenz-Stroms zwischen der Halbinsel Gaspé und der Insel Anticosti, kehrte aber mit leeren Händen nach Frankreich zurück (Dok. 57).

Immerhin war mit dieser Fahrt die gesamte Küstenlinie Nordamerikas von Florida bis Grönland endgültig aufgehellt worden. Und Cartiers erste Reise hatte eine weitere Folge: auf seinen beiden nächsten Reisen fuhr der bretonische Entdecker tief in den St. Lorenz-Strom ein, begann freundschaftliche Kontakte – besonders Handelskontakte – mit den in der Region siedelnden Indianerstämmen zu pflegen und legte mit seinem Landsmann Roberval die erste französische Siedlung in Kanada an. Zwar mußte sie binnen kurzem wieder aufgegeben werden, doch blieb als gewichtiges Ergebnis dieser Unternehmungen die Tatsache, daß mit Cartier erstmals ein Europäer in jene riesige Querachse des nordamerikanischen Kontinents eingedrungen war, auf der im 17. und 18. Jahrhundert im wesentlichen die Erforschung und Entschleierung Nordamerikas ansetzen sollte: in jenen Wasserweg, der über den St. Lorenz-Strom in die Großen Seen und über ihre westlichen Zuflüsse bis zu den Rocky Mountains führte sowie über kurze Trageplätze für Kanus auch in die Hudson-Bai und über den Mississippi in den Golf von Mexiko. Von Champlain über La Salle bis zu La Vérendrye waren es dann auch Franzosen, die auf diesem Weg in das Innere Nordamerikas gelangten und Grundlegendes für seine Erforschung leisteten.

Lit.: Adolf Rein: Der Kampf Westeuropas um Nordamerika im 15. und 16. Jahrhundert. Stuttgart-Gotha 1925 – Ch.-André Julien: Les voyages de découverte et les premiers établissements (XVe–XVIe siècles). Paris 1947. Nachdruck Brionne 1979 – L.-A. Vigneras: The voyage of Esteban Gómez from Florida to the Baccalaos. In: Terrae incognitae. The Annals of the Society for the History of Discoveries. Vol. II (1970), S. 25–28 – Samuel Eliot Morison: The European Discovery of America. The Northern Voyages A. D. 500–1600. New York 1971 – W. Cumming, R. A. Skelton, D. B. Quinn: The Discovery of North America. London 1971 (deutsch: Die Entdeckung Nordamerikas. Gütersloh 1972) – David Beers Quinn: England and the Discovery of America, 1481–1620. From the Bristol Voyages of the Fifteenth Century to the Pilgrim Settlement at Plymouth: The Exploration, Exploitation, and Trial-and-Error Colonization of North America by the English. London 1973 – Ders.: North America from Earliest

Discovery to First Settlements. The Norse Voyages to 1612. New York 1975 – Ders.: New American World. A Documentary History of North America to 1612. 5 vols. London 1979.   Sch

54. John Cabot erreicht die Ostküste Nordamerikas (1497)

Was ihre Herkunft, ihren frühen Werdegang, ihre geographische Vorstellungswelt und ihren Entdeckerelan angeht, so zeigen sich zwischen John Cabot (Giovanni Caboto) und Kolumbus einige Parallelen. Wohl aus Genua gebürtig, hinterließ Cabot zuerst in Venedig dokumentarisch gesicherte Spuren, als er dort 1476 das Bürgerrecht verliehen bekam. Seine Tätigkeit im Gewürzhandel führte ihn bis nach Mekka, wo sich ihm wohl zum erstenmal der Gedanke erschloß, die Herkunftsgebiete dieser wertvollen Handelswaren auf dem entgegengesetzten Weg – also von Osten her – zu erreichen. Um 1490 siedelte Cabot nach Valencia über; er bemühte sich, die spanische und auch die portugiesische Krone für seine Idee der Westroute zu den Gewürzinseln zu gewinnen – vergeblich. Mehr Erfolg im Antichambrieren war seinem Landsmann Kolumbus beschieden, der 1492 in kastilischem Auftrag zu seiner Fahrt über den Atlantik aufbrach.

Bald nachdem Kolumbus mit der Nachricht zurückgekehrt war, er habe Asien auf der Westroute erreicht, ging John Cabot nach England; spätestens im Jahre 1495 ließ er sich in Bristol nieder, in derjenigen Hafenstadt in Westengland, deren Fischereiflotte jedes Jahr bis weit in den Atlantik hinein vorstieß; daß im Zuge dieser Fangexpeditionen auch die Ostküste Nordamerikas berührt wurde, läßt sich quellenmäßig nicht mit letzter Sicherheit belegen, wird von der einschlägigen Historiographie jedoch für möglich gehalten.

Die Atlantikfahrten der Seefahrer aus Bristol (vgl. Dok. 23), die Nachricht von dem erfolgreichen Unternehmen des Kolumbus, dazu die Aussicht, auf einer nördlicheren Route einen kürzeren Weg nach Asien zu finden, mögen Heinrich VII. dazu bewogen haben, John Cabot und seinen drei Söhnen den gewünschten Freibrief auszustellen; sie wurden ermächtigt, neuentdeckte Länder im Osten, Westen und Norden für die englische Krone in Besitz zu nehmen – Gebiete also, die weder von Spanien noch von Portugal beansprucht wurden (Dok. 54a). Die erste Fahrt Cabots, 1496 unternommen, war ein Fehlschlag; auf seiner zweiten Reise jedoch, die er im folgenden Jahr 1497 antrat, stieß er nach 35 Tagen auf See auf die atlantische Gegenküste. Cabot war der Meinung, Asien erreicht zu haben; die einschlägigen Informationen übermittelte der mailändische Gesandte in London, Raimondo de Soncino, seinem Herrn in einem Schreiben vom 18. Dezember 1497 (Dok. 54b). Die genaue Lokalisierung der Landung ist in der modernen Forschung umstritten: Labrador, Cap Breton, Neu-Schottland oder Neufundland lauten die Alternativen, und die spärlichen und zudem oft widersprüchlichen Quellenbelege erschweren eine Verifizierung. Cabots dritte Reise im Jahre 1498, die Licht in das Dunkel hätte bringen können, endete in einem Desaster: von den fünf beteiligten Schiffen kehrte nur eines zurück, das Flaggschiff mit Cabot an Bord blieb verschollen.

Lit.: L. A. Vigneras: New Light on the 1497 Cabot Voyage to America. In: The Hispanic American Historical Review 36 (1956), S. 503–509 – Ders.: The Cape Breton Landfall: 1494 or 1497. Note on a Letter from John Day. In: Canadian Historical Review 38 (1957), S. 219–228 – James A. Williamson: The Cabot Voyages and Bristol Discovery under Henry VII. Cambridge 1962 (Hakluyt Society. Second Series. No. 120).

Mi

a. Freibrief für John Cabot vom 5. März 1496

Heinrich, von Gottes Gnaden König von England und Frankreich und Herr über Irland, entbietet seinen Gruß allen, die dieses Dokument erreicht.

Es sei bekanntgemacht, daß Wir Unserem hochgeschätzten John Cabot, Bürger von Venedig, und Lewis, Sebastian und Santius, den Söhnen des genannten John, sowie ihren Erben – jedem einzelnen von ihnen und ihren Bevollmächtigten – unbeschränkte und ungehinderte Ermächtigung, Genehmigung und Vollmacht gewährt und erteilt haben und hiermit für Uns und Unsere Erben gewähren und erteilen, unter Unseren Bannern und Hoheitszeichen mit fünf Schiffen, von welcher Tragfähigkeit und Größe sie auch sein mögen, und mit so vielen Seeleuten oder Männern, wie sie in den besagten Schiffen mitnehmen wollen, zu allen Gebieten, Ländern und Meeren des Ostens, Westens und Nordens zu fahren – auf eigene Kosten und zu ihren Lasten – und alle möglichen Inseln, Länder, Gegenden und Gebiete irgendwelcher Heiden und Ungläubigen, in welchem Teil der Welt sie auch gelegen sein mögen, zu suchen, zu entdecken und zu finden, soweit sie bis zu diesem Zeitpunkt den Christen unbekannt waren. Wir haben jedem einzelnen von ihnen und ihren Erben sowie ihren Bevollmächtigten zugebilligt und erlaubt, Unsere Banner und Hoheitszeichen bei der Entdeckung in jedem Dorf und Marktflecken, auf jeder Burg, auf jeder Insel und jedem Festland aufzuziehen. Darüber hinaus mögen der vorgenannte John und seine Söhne oder ihre Erben und Rechtsnachfolger[1], soweit sie dazu in der Lage sind, alle von ihnen entdeckten Marktflecken, Städte, Burgen und Inseln unterwerfen, in Besitz nehmen und beherrschen, und zwar als Unsere Vasallen und Statthalter, während sie für Uns die Oberherrschaft, den [Besitz-]Titel und die Rechtsprechung über diese so entdeckten Dörfer, Marktflecken, Burgen und über das so entdeckte Festland erwerben.

Zugleich jedoch sind der vorgenannte John, seine Söhne und Erben sowie ihre Bevollmächtigten angehalten und verpflichtet, von allem Gewinn und Profit, allen Einkünften und Vorteilen, die aus einer solchen Seefahrt erwachsen, Uns für jede ihrer Fahrten, so oft sie nach Unserem Hafen Bristol zurückkehren – sie sind gehalten und verpflichtet, nur nach diesem Hafen zurückzukehren –, und nach Abzug jeglicher von ihnen gemachter notwendiger Auslagen und Unkosten den fünften Teil des so erhaltenen Kapitalgewinns in Waren oder Geld auszuzahlen. Wir gewähren und bewilligen ihnen, ihren Erben und Bevollmächtigten Befreiung von jeglicher Entrichtung von Zollgebühren für alle Güter, die sie von den neuentdeckten Orten mitbringen.

Und darüber hinaus haben Wir ihnen, ihren Erben und Bevollmächtigten zugestanden und bewilligt, daß alles Festland, alle Inseln, Dörfer, Marktflecken, Burgen und Plätze, alles was sie auch immer entdecken mögen, von kei-

---

[1] Die Bezeichnung „deputati" in der lateinischen Originalvorlage wird in diesem Fall von Hakluyt nicht wie sonst mit „deputies", sondern mit „assignes" wiedergegeben.

nem anderen Unserer Untertanen angelaufen und besucht werden darf ohne die Genehmigung des vorgenannten John, seiner Söhne und ihrer Bevollmächtigten, unter Androhung des Verlustes von Schiffen und sämtlicher Waren für alle, die es wagen sollten, in jene so entdeckten Gebiete zu fahren.

Es ist Unser Wille und Wir geben direkte Anweisung an jeden einzelnen Unserer Untertanen an Land wie auf See, dem vorgenannten John, seinen Söhnen und Bevollmächtigten angemessene Unterstützung zu gewähren und ihnen jede Hilfe und Gunst zu erweisen, sowohl bei der Bewaffnung und Ausrüstung ihrer Schiffe oder Fahrzeuge als auch in der Versorgung mit Nahrungsmitteln, im Ankauf von Proviant für ihr Geld und in allen anderen Dingen, die für die besagte Fahrt notwendig sind und für die sie Sorge tragen müssen.

Zum Zeugnis dessen haben Wir verfügt, daß dieser Unser Freibrief ausgestellt wird. Dies wird von Uns bezeugt, zu Westminster, am fünften Tag des März, im elften Jahr Unserer Regierung.

Aus: Richard Hakluyt: The Principal Navigations, Voyages, Traffiques & Discoveries of the English Nation. Vol. 7. Glasgow 1904, S. 143–144.   Mi

b. Raimondo de Soncino berichtet dem Herzog von Mailand über die erste erfolgreiche Reise von John Cabot (1497)

Erlauchtigster, hoch- und wohlgeborener Herr[2].

Ich hoffe, Eurer Exzellenz ist es bei all Ihren Geschäften nicht lästig, zu hören, wie die hiesige Majestät ohne einen Schwertstreich einen Teil von Asien erworben hat. Es lebt in diesem Königreich ein Venezianer namens Zoanne [Giovanni] Capoto, ein Mann aus dem Volk, aber ein edler Geist und erfahrener Seemann, der gesehen hatte, wie die ehrwürdigsten Majestäten, zunächst Portugals, dann Spaniens, unbekannte Inseln in Besitz nahmen, worauf er beschloß, eine ähnliche Erwerbung für obengenannte Majestät zu machen. Nachdem ihm Besitz und Nutznießung jeder Entdeckung, die er machen würde, durch königliches Privileg zugesichert waren, das Recht der Krone vorausgesetzt, versuchte er mit einem kleinen Schiff und 18 Mann Besatzung sein Glück, brach von Bristol, einem im Westen des Königreiches gelegenen Hafen, aus auf, fuhr an Irland vorbei im äußersten Westen, und steuerte nach Norden ins offene Meer; dann begann er sich nach dem Orient *(a la parte orientale)*[3] zu wenden, hatte so den Nordwind (für einige Tage) zu seiner Rechten, fuhr lange so und stieß endlich auf Festland, wo er die königliche Flagge aufpflanzte, von dem Land für diese Majestät Besitz nahm, Beweisstücke aufnahm und zurückfuhr. Besagtem Zoanne würde als Fremdem und einfachem Mann nicht geglaubt werden, wenn seine Gefährten, fast nur Engländer und aus Bristol, nicht bestätigten, was er als wahr behauptet. Dieser

---

[2] Ludovico Maria Sforza.
[3] Gemeint ist offensichtlich, daß er Asien auf dem Westwege ansteuerte.

Zoanne besitzt eine Weltkarte und eine feste Weltkugel, die er selber gebaut
hat, und zeigt, wie weit er gekommen ist, und immer weiter in Richtung
Orient *(andando verso el levante)* fahrend ist er weit über das Land am Don[4]
hinausgelangt.

Sie sagen, es sei das beste Land, und von mildem Klima, vermuten, von dort
würden Brasilholz und Seide herkommen, und versichern, das Meer sei von
Fischen voll, die man nicht nur mit dem Netz, sondern mit Körben herausho-
le, wozu ein Stein an den Korb gebunden wird, damit er untergeht; das habe
ich Herrn Zoanne erzählen hören.

Besagte Engländer, seine Gefährten, behaupten, sie könnten soviel Fisch
herbeischaffen, daß das Königreich auf Island nicht mehr angewiesen wäre,
von wo große Mengen Stockfisch – so heißt er – auf den Markt kommen.
Aber Herr Zoanne hat seine Ziele weitergesteckt und überlegt schon, von dem
erreichten Ort immer die Küste entlang weiter in Richtung Orient *(verso el levante)* vorzustoßen, bis er eine um den Äquator gelegene Insel, die er Cipango
nennt, vor sich hätte. Von dort, glaubt er, kämen alle Gewürze der Welt und
alle Edelsteine, und er sagt, er sei frühere Male in Mekka gewesen, wohin die
Karawanen aus fernen Ländern die Gewürze brächten, und die Kaufleute,
nach den Gewürzländern gefragt, antworteten, die wüßten sie nicht, andere
Karawanen brächten die Ware aus fernen Ländern zu ihnen, und diese wieder
sagten, die Ware sei aus anderen entfernten Gegenden zu ihnen gekommen.
Und daraus zieht er den Schluß: wenn die Orientalen den Südländern erklären, diese Waren kämen von weit her, würden so von Hand zu Hand weiter-
gegeben, dann müßten, die Kugelgestalt der Erde vorausgesetzt, die letzten
sie [schließlich] vom Norden [d. h. von China oder Japan] nach dem Westen
bringen. Und das sagt er so, daß auch ich, den es nicht viel kostet, ihm Glauben schenke. Mehr ins Gewicht fällt, daß Seine Majestät bei ihrer Weisheit
und Sparsamkeit ihm einigen Glauben schenkt und ihn seit seiner Rückkehr,
wie Herr Zoanne mir selbst sagt, angemessen besoldet. Und demnächst, so
heißt es, würde eben erwähnte Majestät einige Schiffe ausrüsten und sie mit
allen Übeltätern beladen und sie würden in dieses Land fahren und dort eine
Kolonie gründen, mit der man hofft, in London einen größeren Gewürzmarkt
eröffnen zu können, als er in Alexandria besteht. Und die führenden Leute des
Unternehmens sind aus Bristol, hervorragende Seeleute, die sagen, seit sie wissen, wohin die Reise geht, die Fahrt würde mit ein wenig Glück nicht länger
als 15 Tage dauern, wenn man Irland hinter sich hat. Ich habe auch mit einem
Burgunder gesprochen, einem Gefährten von Herrn Zoanne, der alles bestätigt und dorthin zurückkehren will, weil der Admiral (so wird Herr Zoanne
inzwischen betitelt) ihm eine Insel geschenkt hat; und eine andere hat er seinem Barbier, einem Genuesen, geschenkt, und beide betrachten sich als Gra-

---

[4] Nach damals gängiger Auffassung bildete der Don die Grenze zwischen Europa und Asien
(vgl. Cosmographia Oder Beschreibung der gantzen Weltt. Durch Sebastianum Munsterum. [La-
tein. Erstausg. 1544] Ausgabe Basel 1628. Ndr. Lindau 1978. Erstes Buch. Cap. XX).

fen, der Herr Admiral selbst hält sich für nicht weniger als einen Prinzen. Ich glaube, auch ein paar arme italienische Mönche, denen ein Bistum versprochen wurde, machen die Fahrt mit. Und ich könnte, nachdem ich mit dem Admiral befreundet bin, ein Erzbistum haben, wenn ich mitfahren wollte, aber ich habe gedacht, die Pfründen, die mir Eure Exzellenz in Aussicht gestellt haben, seien sicherer; dennoch bitte ich Eure Exzellenz, sie auf mich zu übertragen, wenn sie in meiner Abwesenheit frei werden sollten, weil dadurch am ehesten, wenn nötig, verhindert wird, daß andere sie mir wegnehmen, die anwesend sind und sich besser darum kümmern können als ich, der ich gezwungen bin, in diesem Land Mahlzeiten von 10 oder 12 Gängen einzunehmen und zweimal am Tag drei Stunden bei Tisch zu sitzen aus Liebe zu Eurer Exzellenz, der ich mich ergebenst empfehle.

London, den 18. Dezember 1497
Eurer Exzellenz allerergebenster Diener
Raimundus

Aus: F. Tarducci: Di Giovanni e Sebastiano Caboto. Memorie. Venezia 1892, S. 351–353. Englisch in: Calendar of State Papers. Milan. Vol. I. Ed. by Allen B. Hinds. London 1912, S. 336–338.

Mil/Bo

55. Die Signoria von Venedig erhält durch ihren Gesandten in Lissabon, Pietro Pasqualigo, Kenntnis von den Fahrten der Gebrüder Corte Real (1501)

Über die portugiesischen Reisen nach Nordamerika ab 1499 sind wir nicht durch Augenzeugenberichte, sondern nur durch indirekte Zeugnisse unterrichtet: durch Entdeckerlizenzen der portugiesischen Krone, durch Belege über entsprechende Transaktionen zur Finanzierung der Fahrten, durch spärliche Chronistennotizen, durch Prozeßakten um die Nachfolge in den Rechten der Gebrüder Corte Real und schließlich durch Berichte italienischer politischer Beobachter in Portugal an ihre Auftraggeber, die in vieler Hinsicht am instruktivsten sind: denn sie spiegeln das argwöhnische Interesse der italienischen Stadtrepubliken an allen Versuchen Portugals, im Asienhandel – sei es über die Ost- oder Westroute – Fuß zu fassen.

Insgesamt fanden zwischen 1499 und 1503 mindestens fünf portugiesische Such- und Entdeckungsfahrten von Portugal oder den Azoren aus in nordwestlicher Richtung statt, bei denen die atlantische Gegenküste erreicht wurde: 1499 durch João Fernandes, der 1501 nochmals an einer englisch-portugiesischen Nordamerikafahrt teilnahm, 1500 durch Gaspar Corte Real (der dabei Grönland wiederentdeckte), 1501 ebenfalls durch Gaspar Corte Real, wobei mit Sicherheit Neufundland, darüber hinaus aber ein großer Teil der nordamerikanischen Festlandküste berührt wurde (das Kapitänsschiff verscholl bei dieser Fahrt, über die Rückkehr eines Begleitfahrzeugs berichtet das folgende Dokument), 1502 durch Miguel Corte Real, aus dessen Schiffsverband ebenfalls nur ein Begleitschiff zurückkam, 1503 auf Initiative der Krone hin durch Vasco Annes Corte Real, der eine Suchexpedition nach seinen beiden Brüdern durchführte. Danach scheint die portugiesische Krone nur noch an Fahrten zur fischreichen

Neufundlandbank interessiert gewesen zu sein: Bereits 1506 erhob sie einen eigenen Zoll auf Neufundland-Schellfisch, der inzwischen offenbar in beträchtlichen Mengen in Portugal eintraf. Im übrigen fanden die portugiesischen Entdeckungen in Nordamerika rasch kartographischen Niederschlag: Die berühmteste und instruktivste zeitgenössische Quelle dieser Art ist die Cantino-Weltkarte von 1502, auf der Neufundland – zweifellos mit politischer Absicht – weit nach Osten auf die portugiesische Seite der Linie von Tordesillas gerückt ist und bezeichnenderweise „Terra del Rey de portuguall" heißt.

Lit.: W. P. Cumming, R. A. Skelton, D. B. Quinn (Hg.): Die Entdeckung Nordamerikas. München-Gütersloh-Wien 1972 – (engl. Orig.: 1971) – Samuel Eliot Morison: The European Discovery of America. The Northern Voyages A. D. 500–1600. New York 1971 – David B. Quinn: North America from Earliest Discovery to First Settlements. The Norse Voyages to 1612. New York u. a. 1977 – Ders.: New American World. A Documentary History of North America to 1612. Vol. I. London 1979.   Sch

Kopie eines Briefes, geschrieben in Portugal am 18. Oktober 1501, empfangen am 28. Dezember 1501

Am 9. dieses Monats kam hier eine der beiden Karavellen an, die Seine Majestät, der oben genannte König [Manuel I.], vergangenes Jahr zur Entdeckung von Land im Norden ausgeschickt hat. Sie brachte je sieben Männer, Frauen und Kinder mit aus dem von ihr entdeckten Land Richtung Westnordwest 1800 Meilen *(miglia)* von hier entfernt. Diese Menschen gleichen in Aussehen, Körperform und Wuchs Zigeunern; sie tragen an verschiedenen Stellen ihres Gesichts Zeichen, die einen mehrere, die anderen weniger, bekleidet sind sie mit den Fellen verschiedener Tiere, vor allem mit Otterfellen; ihre Sprache ist völlig verschieden von jeder anderen, die man bisher im Königreich hörte, und sie wird von niemandem verstanden. Ihre Glieder sind von ebenmäßigem Wuchs, ihre Gesichtszüge äußerst sanft, aber ihre Art und ihre Gesten sind recht tierisch und wie bei Waldmenschen. Die Mannschaft der Karavelle glaubt, das oben beschriebene Land sei Festland und mit einem anderen Land verbunden, das von anderen Karavellen dieses Königs im vergangenen Jahr im Norden entdeckt wurde, obwohl sie nicht dorthin gelangen konnten, weil das Meer zugefroren und mit riesigen Schneemassen bedeckt war, die wie Berge auf dem Land aussahen. Ebenso glauben sie, das Land sei mit den Antillen verbunden, und mit dem neulich von den Schiffen dieses Königs, die nach Calicut gingen, gefundenen Papageienland[1]. Zu diesem Glauben werden sie einmal dadurch gebracht, daß sie nach einer Fahrt von über 600 Meilen an der Küste besagten Landes entlang kein Ende sahen; dann, sagen sie, hätten sie viele breite Ströme gefunden, die ins Meer mündeten. Man erwartet täglich die andere Karavelle, die Kapitänskaravelle, von der man Genaueres über Natur und Zustand des oben erwähnten Landes hören wird, weil sie weiter die Küste entlang gefahren ist, um so viel wie möglich über das Land zu erfahren. Seine

---

[1] Gemeint ist das im April des Jahres 1500 von Cabral entdeckte Brasilien (vgl. Dok. 37).

königliche Majestät zeigte sich sehr befriedigt über diese Neuigkeiten, da sie glaubt, dieses Land sei sehr nützlich für ihre Belange, aus vielen Gründen, aber vor allem aus diesem, weil sie, da das Land diesem Königreich sehr benachbart ist, leicht und in kurzer Zeit über jede Menge Holz zur Herstellung von Mastbäumen und Rahen verfügen wird, sowie über genügend Sklaven für jede Arbeit, da sie sagen, das Land sei dicht bevölkert und voll von Pinien und anderen wertvollen Hölzern. Und so sehr war Seine Majestät befriedigt, daß sie wünschte, Schiffe ein zweites Mal an diesen Ort zu schicken und ihre Indienflotte zu vergrößern, eher um zu erobern als um zu entdecken; denn sie glaubt, Gott begünstige die Unternehmungen Seiner Majestät, und verhelfe jedem ihrer Pläne zum Erfolg.

Aus: I Diari di Marino Sanuto. Vol. IV. A curo di F. Stefani. Venezia 1880, Sp. 200–201.   Mil/Bo

56. Verrazzano erkundet die amerikanische Ostküste (1524)

Im Jahr 1524 nahm erstmals die französische Krone am Vorgang der europäischen Entdeckungen in Übersee teil: in ihrem Auftrag machte sich der Florentiner Giovanni da Verrazzano auf die Suche nach einer westlichen Durchfahrt nach Cathay. Er segelte am 17. Januar 1524 mit seinem Schiff „Dauphine" von den Ilhas desertas der Madeira-Gruppe ab und stieß nach strikter Westfahrt in der Nähe des heutigen Cape Fear (North Carolina) auf Land. Nach kurzer Suchfahrt in südlicher Richtung kehrte er um und erkundete systematisch die Küste in nördlicher Richtung. Den schmalen Streifen der Outer Banks – eine kaum unterbrochene rund 300 km lange Nehrung vor Carolina – hielt er zeitweise für einen Isthmus, hinter dem er das Meer wähnte, an dem Cathay liegen müsse. Er verpaßte in der Folge – vermutlich wegen schlechten Wetters – die Chesapeake Bay, fuhr jedoch wahrscheinlich als erster Europäer in die Bucht von New York und in den Hudson ein. Nach lebhaftem Kontakt mit den Eingeborenen setzte er seine Küstenfahrt noch bis Neufundland fort. Dort nötigte ihn der einsetzende Mangel an Vorräten zur Heimfahrt. Ohne weitere Zwischenfälle erreichte er Dieppe an der Küste der Normandie am 8. Juli 1524.

Der im folgenden in Auszügen wiedergegebene Brief Verrazzanos an König Franz I. ist noch am Tag der Rückkehr an Bord der „Dauphine" geschrieben, und zwar auf italienisch. Das Original konnte bis heute nicht aufgefunden werden: es muß wohl als verloren betrachtet werden. Doch existieren drei Abschriften davon: eine befindet sich in der Bibliothek des Vatikan, eine weitere in der Biblioteca Nazionale Centrale in Florenz und eine dritte in der Pierpont Morgan Library in New York. Letztere – der sogenannte Cèllere Codex – ist in einer typischen Kopistenschrift niedergeschrieben. Doch enthält er sechsundzwanzig erläuternde und ergänzende Anmerkungen[1] von einer anderen Hand, und zwar von derselben, die diesen Brief an die Empfänger – die Kaufleute Tedaldi und Sartini in Lyon und an Bonacorso Ruscellai in Rom – adressiert hat: Da diese Glossen stets die Formel „wir" (gemeint ist die Schiffsmannschaft) enthalten und ihr Schreiber sich als völlig vertraut mit den Problemen der Expedition und ihrer

---

[1] Diese Originalanmerkungen des Cèllere Codex sind im folgenden mit kleinen lateinischen Buchstaben bezeichnet.

Führung erweist, ist der Schluß fast zwingend, daß Verrazzano sie selber eingefügt hat. Auf jeden Fall ist der Informationswert des Cèllere Codex höher als jener der beiden anderen Abschriften des Briefes. Deshalb ist diese Vorlage ins Deutsche übertragen worden.

Lit.: Alessandro Bacchiani: Giovanni da Verrazzano e le sue scoperte nell' America settentrionale (1524) secondo l' inedito codice sincrono Cèllere di Roma. In: Bollettino della Società Geografica Italiana. Vol. XLVI. (1909), S. 1274–1323 (englisch in: Fifteenth Annual Report of the American Scenic and Preservation Society. Albany 1910. Appendix A. S. 133–202) – Jacques Habert: La Vie et les Voyages de Jean de Verrazzane. Ottawa 1964 – Lawrence C. Wroth: The Voyages of Giovanni da Verrazzano 1524–1528. New Haven-London 1970 – Norman J. W. Thrower: New Light on the 1524 Voyage of Verrazzano. In: Terrae incognitae. Vol. XI (1979), S. 59–65 – Giovanni et Girolamo Verrazano [sic], navigateurs de François Ier. Dossiers de voyages établis et commentés par Michel Mollat du Jourdin et Jacques Habert. Paris 1982.   Sch

[Eingangs seines Briefes teilt Verrazzano dem französischen König mit, daß er 1523 mit zwei Schiffen an der spanischen Küste entlang auf Kaperfahrt gegangen sei; das zweite Schiff habe er nach Frankreich zurückgeschickt. Er selbst habe sich Anfang 1524 mit dem Schiff „Dauphine" auf die Suche nach einer Passage zu dem Land Cathay gemacht:]

Von den Ilhas desertas *(deserto scopulo)* nahe der Insel Madeira, die dem Erlauchten König von Portugal[a] gehört, brachen wir mit der genannten Dalphina [Dauphine] am 17. Tag des letzten Monats Januar mit fünfzig Mann auf, versehen mit Verpflegung, Waffen und anderem Kriegsgerät sowie Schiffsmunition für acht Monate, und segelten nach dem Zephyros [Westen], als der Subolanus [Ost-Süd-Ost-Wind] mit zarter und lieblicher Sanftheit wehte. Innerhalb von fünfundzwanzig Tagen legten wir achthundert Leguas[2] zurück. Am 24. Februar[b] erlebten wir einen so heftigen Wirbelsturm, wie ihn noch kein Mensch bei einer Seefahrt erlebt hat. Aus diesem wurden wir durch göttliche Hilfe und dank der Stärke des Schiffes gerettet, dessen berühmter Name und dessen glückliches Geschick es geeignet sein läßt, die heftigen Meereswogen auszuhalten. Wir setzten unsere Reise nach Westen fort, wobei wir ein wenig nach Norden steuerten. In weiteren 25 Tagen legten wir mehr als 400 Leguas zurück, bis ein neues Land erschien, das noch von keinem der Alten oder heute Lebenden gesehen worden ist. Das Land sah zunächst recht flach aus. Als wir uns auf eine Viertellegua genähert hatten, erkannten wir an den riesengroßen Feuern, die sie [die Einwohner] am Meeresufer machten,

---

a) Zu Beginn des Jahres 1524 [Im Cèllere-Codex stand ursprünglich 1523, wohl entsprechend dem damaligen französischen Kalenderstil; diese Jahreszahl wurde später in 1524, dem italienischen Kalenderstil entsprechend, geändert. Anm. Sch].

[2] Der von Verrazzano benutzte Begriff „lega" entspricht der spanischen „Legua" (5 924 m) und ist dementsprechend übersetzt; er wird nur für Entfernungsangaben auf See benutzt. Dagegen verwendet Verrazzano für Entfernungen über Land den italienischen Begriff „miglio", womit eine römische Landmeile (1 132 m) gemeint sein dürfte; er ist im folgenden mit „Meile" wiedergegeben.

b) Etwa sechzehn Stunden lang.

daß es bewohnt war. Wir sahen, daß es sich unendlich weit nach Süden aus-
dehnte, als wir es erkundeten, um irgendeinen Hafen zu finden, in dem wir
mit dem Schiff hätten ankern und die Natur des Landes untersuchen können,
aber wir fanden auf einer Strecke von fünfzig Leguas keinen Hafen und keine
Bucht, wo wir mit dem Schiff hätten anlegen können. Und als wir erkannten,
daß sich das Land immer weiter nach Süden hinzog, entschlossen wir uns[c], zu
wenden und nach Norden an ihm entlangzusegeln, wo wir dieselbe Stelle wie-
derfanden. Wir warfen den Anker vor der Küste und schickten das Boot an
Land. Wir haben dort viele Menschen erblickt, die ans Meeresufer kamen,
und, als sie uns kommen sahen, flohen. Manchmal blieben sie stehen und
drehten sich um, um uns mit großer Verwunderung anzuschauen. Als wir sie
mit verschiedenen Zeichen beruhigt hatten, kamen einige von ihnen heran und
zeigten große Freude darüber, uns zu sehen; sie verwunderten sich über unsere Kleidung, unser Aussehen und helle Hautfarbe und bedeuteten uns mit verschiedenen Zeichen, wo wir mit dem Boot bequemer an Land gehen könnten,
und boten uns von ihrer Nahrung an. Wir waren an Land, und was wir über
ihr Leben und ihre Gebräuche erfahren konnten, will ich Eurer Majestät kurz
mitteilen.

Sie laufen vollkommen nackt herum, abgesehen davon, daß sie um ihre
Schamteile einige Felle von kleinen Tieren, ähnlich dem Marder, und einen
schmalen Gürtel aus Gras tragen, der mit allerlei Schwänzen von anderen Tieren verflochten ist, die von ihm herabhängen und den Körper bis zu den Knien
umgeben; der Rest bleibt nackt, der Kopf ebenfalls unbedeckt. Und einige tragen eine Art Girlanden aus Vogelfedern. Sie sind von schwarzer Farbe, nicht
viel anders als die Äthiopier, und haben schwarze, dichte, nicht sehr lange
Haare, die sie am Hinterkopf zu einem kleinen Schwanz zusammenbinden.
Was das Ebenmaß des Mannes betrifft, so sind sie gut gebaut, von mittlerer
Größe und überragen uns ein wenig. Sie haben eine breite Brust, kräftige
Arme, die Beine und anderen Körperteile sind gutgewachsen. Sonst haben sie
nichts Besonderes an sich, als daß ihre Gesichter zur Breite neigen, jedoch
nicht bei allen, denn bei vielen von ihnen sahen wir ein scharfgeschnittenes
Gesicht. Die Augen sind schwarz und groß, der Blick ist gerade und rasch. Sie
haben keine besonders große Kraft, aber einen scharfen Verstand, sind gewandt und ausgezeichnete Läufer. Nach dem, was wir durch eigene Erfahrung erleben konnten, ähneln sie in beidem letzteren den Orientalen und besonders denen aus den entferntesten chinesischen Gegenden. Wir konnten von
diesen Leuten über ihr Leben und ihre Gebräuche im einzelnen nichts in Erfahrung bringen, da wir uns nur kurze Zeit an Land aufhielten, weil wir so wenig Leute waren und das Schiff auf hoher See vor Anker lag. An der Küste fanden wir, nicht weit von diesen entfernt, andere Völker, deren Lebensweise, so
glauben wir, ganz ähnlich ist. Ich will Eurer Majestät später davon berichten
und zunächst die Lage und die Natur des besagten Landes schildern. Die

---

c) Um nicht den Spaniern zu begegnen.

Meeresküste ist ganz von feinem Sand bedeckt, der 15 Fuß tief reicht und sich in Form von kleinen Hügeln erhebt auf einer Breite von etwa fünfzig Schritten. Begibt man sich von da weiter landeinwärts, so findet man einige Bäche und – durch manche Mündungen vom Meer her eindringend – Wasserarme, die den Windungen *(come³ la versura)* der Küste folgen. Dann kann man das weite Land sehen, das so hoch ist, daß es die sandige Küste mit seinen vielen schönen Feldern und Ebenen überragt, die voll von riesigen Wäldern sind, zum Teil licht, zum Teil dicht bewachsen mit Bäumen von so vielen Farben, von solcher Anmut und entzückendem Anblick, wie man sie überhaupt nur beschreiben kann. Und Eure Majestät möge nicht glauben, sie seien wie die Herzynischen Wälder oder wie die rauhe Einsamkeit Skythiens und nordischer Erdstriche, voll von groben Bäumen, sie sind vielmehr geschmückt und bekleidet mit Palmen, Lorbeerbäumen, Zypressen und mit verschiedenen anderen Bäumen, die wir in unserem Europa nicht kennen. Und einige entsenden auf weite Entfernung süßeste Düfte[d], deren Eigenschaften wir aus dem obengenannten Grund nicht erfahren konnten, ohne daß es etwa für uns schwierig gewesen wäre, die Wälder zu durchqueren, denn sie sind nicht so dicht, daß sie überhaupt undurchdringlich wären. Doch glauben wir, daß sie nicht ohne berauschende *(drogheria)* oder aromatische Flüssigkeit sind, weil sie nach ihrer Lage ja am Orient teilhaben. Und andere Reichtümer [gibt es offenbar]: Gold, wozu ein Boden solcher Farbe immer neigt. Das Land ist reich an vielen Tieren, Hirschen, Damwild, Hasen, gleichfalls an Seen und Weihern von frischem Wasser mit einer unterschiedlichen Anzahl von Vögeln, geeignet und bequem für jedes erfreuliche Jagdvergnügen. Dieses Land befindet sich auf dem 34. Grad[e, f]. Die Luft ist gesund und rein, und die Temperatur reicht von mäßiger Hitze bis zu mäßiger Kälte, es wehen in diesen Gegenden keine heftigen Winde, und die, die stets in der Sommerzeit, zu deren Beginn wir dort waren[g], vorherrschen, sind Corus [Nordwestwind] und Zephyros [Westwind]; der Himmel ist klar und heiter, es regnet selten, und wenn sich einmal durch Südwinde die Luft in Dunst oder dichten Nebel verwandelt, so löst er sich in einem kurzen Moment wieder auf, und die Luft wird wieder rein und klar. Das Meer ist ruhig und wenig bewegt, seine Wellen sind sanft. Auch wenn die Küste überwiegend seicht ist und keine Häfen hat, ist sie doch den Seefahrern nicht feindlich, denn sie ist deutlich erkennbar und frei von Riffen, so daß die Tiefe vier oder fünf Schritte vom Land weg ohne Ebbe und Flut 20 Fuß beträgt und mit der Entfernung vom Land entsprechend ansteigt, mit solch einem festen Grund, daß ein vom Sturm angegriffenes Schiff in dieser

---

³ Im Cèllere-Codex steht „come" (Wroth, S. 101, Blatt 3ʳ, Zeile 5 des Faksimiles), die Transkription von Frederick B. Adams liest irrtümlich „corre" (Wroth, S. 124, Zeile 13).
d) Wir spürten den Duft hundert Leguas weit und noch weiter, als man Zedern verbrannte und die Winde vom Land her wehten.
e) Wie Karthago und Damaskus.
f) Wir tauften dieses Land Selva die Lauri [Lorbeerwald] und ein wenig weiter nannten wir es Campo di Cedri [Zedernfeld] wegen der schönen Zedern.
g) In diesen Gegenden.

Gegend niemals untergehen kann, es sei denn, die Ankertaue brechen. Und dies haben wir durch eigene Erfahrung bewiesen: denn als wir mehrmals zu Märzbeginn – so wie zu dieser Zeit überall die Kräfte der Winde zu sein pflegen – von Stürmen überfallen wurden und auf hoher See ankerten, fanden wir eher unseren Anker gebrochen vor, als daß er sich vom Boden losgerissen oder sonst irgendwie bewegt hätte. Wir brachen von dieser Stelle auf und folgten immer der Küste, die, wie wir feststellten, nach Osten abbog. Wir sahen an ihr entlang riesige Feuer, denn es leben viele Menschen dort. Als wir keinen Hafen fanden, ankerten wir am Ufer. Da wir Wasser brauchten, sandten wir das Boot mit 25 Mann an Land. Aber das Meer stürzte sich mit ungeheuren Wellen auf die Küste, weil das Ufer offen dalag, und so war es ohne Gefahr, das Boot zu verlieren, nicht möglich, an Land zu gehen. Wir sahen viele Menschen am Strand, die verschiedene Zeichen der Freundschaft machten und winkten, damit wir an Land kämen. Dabei erlebte ich eine großartige Tat, von der Eure Majestät erfahren soll. Wir schickten einen unserer jungen Matrosen schwimmend an Land, der allerlei Flitterkram *(fantasie)* wie Glöckchen, Spiegel und andere Geschenke mitbrachte, und als er 4 Faden *(braccia)* von ihnen entfernt war, ihnen die Sachen zuwarf; und als er umkehren wollte, wurde er derartig von den Wellen zurückgestoßen, daß er wie halbtot auf den Uferstrand geschleudert wurde. Als die Leute dieses Landes das sahen, liefen sie sofort herbei: sie faßten ihn am Kopf, an den Beinen und Armen und trugen ihn etwas weiter fort. Sobald der Bursche sah, daß er auf solche Weise weggetragen wurde, packten ihn Schrecken und Entsetzen, und er stieß die lautesten Schreie aus. Darauf taten sie dasselbe in ihrer eigenen Sprache, um ihm damit zu erklären, er brauche sich nicht zu fürchten. Als sie ihn am Fuß eines Hügelchens auf die Erde in die Sonne gelegt hatten, bekundeten sie lebhaft ihr Erstaunen, betrachteten die weiße Farbe seiner Haut und untersuchten ihn überall. Sie zogen ihm Hemd und Hose aus, beließen ihn nackt, entzündeten ein großes Feuer und legten ihn recht nahe an die Wärme. Wie die Seeleute, die im Boot geblieben waren, dies sahen, waren sie ganz entsetzt, wie in jedem Fall, der ihren Gewohnheiten neu ist, und glaubten, die Leute wollten ihn rösten, um ihn zu verspeisen. Sobald ihm die Kräfte wieder gekommen waren und nachdem er ein Weilchen bei ihnen verbracht hatte, machte er ihnen durch Zeichen verständlich, er wolle auf das Schiff zurückkehren. Sie hielten ihn mit größter Liebe immer fest und begleiteten ihn mit mehrmaligen Umarmungen zum Meer und entfernten sich, um ihn zu beruhigen auf einen hohen Hügel, blieben dort stehen und schauten ihm zu, bis er im Boot war. Dieser Bursche lernte von diesen Leuten, daß sie so sind: von schwarzer Farbe wie die übrigen, ihre Haut stark glänzend, von mittlerer Größe, das Gesicht schärfer geschnitten, von sehr viel feinerem Körper und Gliedern, von viel geringerer Kraft und rascherem Verstand. Sonst sah er nichts. Nach unserem Aufbruch von dort[h] folgten wir immer der Küste, die sich ein wenig nach Norden

---

h) Wir nannten es [das Land] Annunciata [Verkündigung] nach dem Tag der Ankunft; dort bewandte, und gelangten nach einer Strecke von fünfzig Leguas zu einem anderen Land, das sehr viel schöner und voll von endlosen Wäldern zu sein schien. Dort ankerten wir. 20 Männer gingen etwa zwei Leguas ins Land hinein, wo wir feststellten, daß die Leute aus Furcht vor uns in die Wälder geflohen waren. Überall suchend stießen wir auf eine sehr alte und eine junge Frau im Alter von 18 bis 20 Jahren, die sich aus Angst im Gras versteckt hatten. Die Alte hatte zwei kleine Mädchen bei sich, die sie auf den Schultern trug, und auf dem Rücken einen kleinen Knaben, alle Kinder waren acht Jahre alt. Genausoviel [Kinder] hatte die junge Frau bei sich, aber alles Mädchen. Als wir zu ihnen gelangten, begannen sie zu schreien. Die Alte erklärte uns durch Zeichen, daß die Männer in die Wälder geflüchtet seien. Wir gaben ihr von unseren Lebensmitteln zu essen, die sie mit großem Vergnügen annahm: die junge Frau jedoch verweigerte alles und warf es voll Zorn auf den Boden. Wir nahmen den Knaben der Alten weg, um ihn nach Frankreich zu bringen, und wollten die junge Frau packen, die von großer Schönheit und hoher Gestalt war, aber es war überhaupt nicht möglich, sie zum Meer zu schaffen, weil sie die schrillsten Schreie ausstieß. Da wir aber einige Wälder durchqueren mußten – vom Schiff waren wir weit entfernt –, beschlossen wir, sie dazulassen und allein den Knaben mitzunehmen. Diese Menschen fanden wir viel heller als die, die wir früher gesehen hatten, bekleidet mit bestimmten Gräsern, die von den Ästen der Bäume herabhängend wachsen und die sie mit verschiedenen Fasern wilden Hanfs zusammenknüpfen. Sie haben den Kopf unbedeckt in derselben Tracht wie die anderen. Ihre Nahrung besteht vor allem aus Gemüse, wovon es reichhaltig gibt, in Farbe und Größe anders als das unsrige, aber von bestem und köstlichem Geschmack, im übrigen von Wild, von Fischen und Vögeln, die sie mit Bogen und Schlingen erlegen. Sie fertigen sie [die Bogen] aus hartem Holz, die Pfeile aus Rohr und befestigen an deren Ende Knochen von Fischen und anderen Tieren. Die wilden Tiere sind in diesen Gegenden sehr viel scheuer als in unserem Europa, weil die Jäger sie ständig belästigen. Wir sahen viele von ihren Booten, zwanzig Fuß lang und vier Fuß breit, die aus einem einzigen Baumstamm gemacht werden, aber nicht mit Hilfe von Stein, Eisen oder einer anderen Metallart. Wir haben nämlich in diesem ganzen Land auf einer Strecke von zweihundert Leguas, die wir abgingen, kein einziges Gestein irgendeiner Art gesehen. Sie behelfen sich mit dem

---

fand sich eine Landenge von einer Meile *(uno miglio)* Breite und zweihundert Meilen Länge, von dort aus konnte man vom Schiff aus das Orientalische Meer im Nordwesten sehen. Das ist ohne Zweifel jenige Meer, das das äußerste Ende von Indien, China und Cathay umgibt. Wir segelten an der besagten Landenge entlang in der ständigen Hoffnung, irgendeine Meerenge *(freto)* oder ein richtiges Vorgebirge zu finden, an dem das Land gegen Norden endete, um zu den glücklichen Gestaden von Cathay gelangen zu können. Dieser Landenge gab man den Namen Verazanio nach ihrem Entdecker: so wie man das gesamte entdeckte Land Francesca nach unserem Franz nennt [Die Namensgebung „Annunciata" bezog sich wohl auf das Datum der dortigen Ankunft – den 25. März – der Dauphine: an diesem Tag feierte man seinerzeit in der Heimatstadt des Verrazzano, Florenz, den Anfang des Jahres. „Annunciata" dürften die Outer Banks, das „Orientalische Meer" dürfte der Pamlico-Sund gewesen sein. Anm. Sch].

vierten Element, indem sie von dem Holz soviel wegbrennen, wie für die Höhlung des Boots genügt, ebenso vom Heck und vom Bug, so daß es im Fahren die Wellen des Meeres durchpflügen kann. Das Land ist nach Lage, Fruchtbarkeit und Schönheit wie das andere, die Wälder licht, voll von Bäumen verschiedener Art, aber nicht von solch einem Duft, denn es ist weiter nördlich und kälter. Wir sahen in diesem Land viele wildwachsende Reben, die sich aufwärts um die Bäume schlingen, wie sie es in Gallia Cisalpina zu tun pflegen: Wenn sie von den Bauern eine sorgfältige methodische Pflege erhielten, würden sie ohne Zweifel die besten Weine hervorbringen, da wir ihre Früchte, die wir mehrmals getrocknet kosteten, süß und lieblich fanden, nicht anders als unsere. Sie werden auch von ihnen [den Einwohnern] geschätzt, denn überall, wo sie wachsen, beseitigen sie das umstehende Gebüsch, damit die Trauben reifen können. Wir fanden wilde Rosen, Veilchen und Lilien und viele Arten von Kräutern und duftenden Blumen, die sich von unseren unterscheiden. Ihre Behausungen lernten wir nicht kennen, weil sie weiter im Land lagen. Wir nehmen nach den vielen Anzeichen, die wir beobachteten, an, daß sie aus Holz und Gras gebaut sind; wir glauben auch, daß viele von ihnen auf dem freien Feld schlafen, ohne ein anderes Dach als den Himmel über dem Kopf zu haben. Weiteres haben wir von ihnen nicht erfahren. Wir denken, daß alle anderen in dem von uns besuchten Land auf dieselbe Weise leben. Nachdem wir uns dort drei Tage vor der Küste vor Anker liegend aufgehalten hatten, faßten wir wegen des Mangels an Häfen den Entschluß, abzureisen und dabei immer die Küste[i] entlangzufahren in nordöstlicher Richtung, indem wir nur tagsüber segelten und abends den Anker warfen[j]. Nach einer Strecke von hundert Leguas fanden wir eine recht liebliche Stelle zwischen zwei kleinen

---

i) Diesem Küstenstrich gaben wir wegen der Schönheit seiner Bäume den Namen Archadia [der Name geht wahrscheinlich zurück auf die damals in Italien volkstümliche Hirtendichtung „Arcadia" des Jacopo Sannazano, die das Vorbild für die Gattung der europäischen Schäferdichtung abgab; die entsprechende Region dürfte die Halbinsel Accomac am Eingang der Chesapeake Bay gewesen sein Anm. Sch]. In Arcadia [sic] trafen wir einen Mann, der ans Ufer kam, um zu sehen, wer wir seien: Er stand mißtrauisch und fluchtbereit da. Er beobachtete uns, wollte aber nicht näherkommen. Er war schön, nackt, von olivbrauner Farbe, sein Haar zu einem Knoten zusammengebunden. Wir waren mit ungefähr zwanzig Mann an Land und lockten ihn, bis er sich auf zwei Faden *(braza)* ein wenig näherte und uns ein angezündetes Holzscheit zeigte, wie um uns Feuer anzubieten. Und wir machten ein Feuer mit Pulver und Feuerstein *(azalino)*, und er bebte vor Angst am ganzen Körper, und wir ließen einen Schuß abfeuern. Er stand wie vom Donner gerührt und betete andächtig wie ein Mönch, zeigte mit dem Finger zum Himmel, deutete auf das Schiff und das Meer und schien uns andere zu segnen.

j) Wir folgten einer Küste, die ganz grün von Wald war, aber ohne Häfen, und mit einigen lieblichen Vorgebirgen und kleinen Flüssen. Wir gaben der Küste den Namen Lorenna [Lothringen] nach dem Kardinal, das erste Vorgebirge nannten wir Lanzone [d'Alençon], das zweite Bonivetto, den größten Fluß Vandoma [Vendôme] und einen Hügel, der am Meer liegt, S. Polo nach dem Grafen [„Lorenna" bezieht sich auf den am Hof Franz' I. einflußreichen Kardinal Johann von Guise aus dem Hause Lothringen; „Lanzone" bezieht sich auf den Herzog von Alençon, der mit Marguerite d'Orléans, der Schwester Franz' I., verheiratet war; Guillaume Gouffier, seigneur de Bonnivet, war damals Admiral von Frankreich; Charles de Bourbon, Graf von Vendôme, war 1515 von Franz I. zum Herzog erhoben worden; Franz von Bourbon-Vendôme, der Bruder des Herzogs von Vendôme, hatte den Titel eines Grafen von Saint-Pol. Anm. Sch].

aufragenden Hügeln gelegen, zwischen denen ein sehr mächtiger Strom zum
Meer floß, der an der Mündung tief war und der vom Meer mit ansteigender
Flut, die wir acht Fuß hoch fanden, bis zu jenen Erhebungen von jedem Last-
schiff befahren werden könnte. Da wir gutgeschützt vor der Küste ankerten,
wollten wir uns nicht ohne Kenntnis der Mündung hineinwagen. Wir gingen
ins Boot und fuhren den genannten Fluß hinauf zum Land, das wir stark bevölkert vorfanden⁴. Die Menschen sahen fast genauso aus wie die anderen, mit
Vogelfedern in allerlei Farben bekleidet, und kamen erfreut auf uns zu, stießen
laute Rufe des Staunens aus und zeigten uns, wo wir das Boot am sichersten
an Land bringen könnten. Wir fuhren auf dem besagten Fluß etwa eine halbe
Legua ins Land hinein, bis wir sahen, daß er einen wunderschönen See von einem Umfang von ungefähr drei Leguas bildet. Auf diesem See waren an die
30 Boote voll von unzähligen vielen Leuten unterwegs, die von dem einen zum
anderen Ufer fuhren, um uns zu sehen. Ganz plötzlich, wie es bei der Seefahrt
zu kommen pflegt, erhob sich ein widriger Windstoß vom Meer, und wir waren gezwungen, zum Schiff zurückzukehren, nicht ohne das besagte Land mit
großem Bedauern wegen seiner Anmut und Lieblichkeit zu verlassen, doch
dachten wir, es sei nicht ohne jeglichen Reichtum, denn seine ganzen Hügel
schienen mineralhaltig zu sein[k]. Wir lichteten den Anker, segelten nach
Osten, da das Land sich dahin wandte, und legten, uns immer in Sicht der Küste haltend, 80 Leguas zurück. Wir entdeckten eine Insel von dreieckiger
Form, vom Festland zehn Leguas entfernt, von ähnlicher Größe wie die Insel
Rhodos, hügelig, mit Bäumen bestanden und dicht bevölkert, wie wir an den
endlosen Feuern, die sie an der ganzen Küste machten, sahen. Wir gaben ihr
den Namen Eurer Erlauchten Mutter[l], ohne daß wir aber dort ankerten, weil
das Wetter ungünstig war. Wir gelangten dann zu einem anderen Land, 15 Leguas von der Insel entfernt, wo wir einen sehr schönen Hafen⁵ fanden, und bevor wir in ihn hineinfuhren, erblickten wir rund 20 Boote mit Leuten, die mit
verschiedenen Rufen der Verwunderung von allen Seiten zum Schiff kamen.
Sie näherten sich uns bis auf fünfzig Schritte, hielten an und betrachteten das
[Schiffs-]Bauwerk, unser Aussehen und unsere Kleidung, dann stießen sie alle
zusammen einen lauten Schrei aus, der bedeutete, daß sie sich freuten. Als wir
sie ein wenig beruhigt hatten, indem wir ihre Gesten nachahmten, näherten sie
sich soweit, daß wir ihnen einige Glöckchen, Spiegel und mancherlei Tand zu-

---

⁴ Hier handelt es sich eindeutig um die Bucht von New York, die von Verrazzano zum ersten
Mal beschrieben wurde.

k) Das Land wurde Angoleme [Angoulême] genannt nach dem Fürstentum, das Du in den Tagen geringeren Glücks innehattest, und die Bucht, die das Land bildet, Santa Margarita nach dem
Namen Deiner Schwester, die alle anderen Frauen an Tugend und Geist überragt [bevor Franz I.
die französische Krone erlangte, hatte er den Titel eines Herzogs von Angoulême getragen. Anm.
Sch].

l) Aloysia [nach Louise von Savoyen, der Mutter Franz' I.; es dürfte sich entweder um Block
Island oder um Martha's Vineyard gehandelt haben. Anm. Sch].

⁵ Wahrscheinlich das heutige Newport (Rhode Island); die Gesamtbeschreibung Verrazzanos
dürfte sich auf die Narraganset Bay beziehen.

werfen konnten, den sie annahmen und lachend betrachteten, und dann kamen sie vertrauensvoll an Bord. Unter ihnen waren zwei Könige, von solch schöner Gestalt und [so prächtigem] Aussehen, wie man es kaum beschreiben kann. Der erste war ungefähr 40, der junge 24 Jahre alt, ihre Kleidung war so: Der ältere trug auf dem bloßen Körper ein Hirschfell, das wie Damast kunstvoll mit verschiedenen Stickereien gearbeitet war; der Kopf war ohne Bedeckung, die Haare mit allerlei Bändern nach hinten gebunden, um den Hals hing eine breite Kette mit vielen verschiedenfarbigen Steinen verziert. Der junge Mann hatte fast dasselbe Aussehen. Dieses ist das schönste und in seinen Gebräuchen höflichste Volk, das wir auf dieser Seereise gefunden haben. Sie sind größer als wir, haben eine bronzene Hautfarbe, einige neigen mehr zu weiß, andere mehr zu goldgelb, das Gesicht ist scharf geschnitten, das Haar lang und schwarz, zu dessen Schmuck sie den größten Eifer aufwenden, die Augen schwarz und flink, ihr Wesen milde und sanft, geradezu die Antike nachahmend *(imitando molto l'antico)*. Von den anderen Körperteilen will ich Eurer Majestät nichts sagen, sie haben alle die Proportionen, die zu jedem gutgebauten Mann gehören. Ihre Frauen sind ebenso wohlgestalt und schön, überaus anmutig, von liebreizendem Wesen und angenehmem Anblick, in Sitte und Anstand nach weiblichem Brauch, so wie es sich für ein Menschenkind schickt. Sie laufen nackt herum, mit einem einzigen Hirschfell bekleidet, das wie bei den Männern bestickt ist und einige tragen an den Armen sehr reiche Luchsfelle, der Kopf ist unbedeckt, mit allerlei Schmuck aus Zöpfen, aus den eigenen Haaren geflochten, die auf der einen und anderen Seite auf die Brust herabhängen. Einige haben anderen Kopfputz wie bei den Frauen in Ägypten und Syrien üblich, und das sind diejenigen, die schon älter und verheiratet sind. Sie tragen an den Ohren verschiedene Schmuckstücke, wie es die Orientalen zu tun pflegen, und zwar sowohl Männer als auch Frauen, unter diesen [Schmuckstücken] sahen wir viele aus Kupfer gearbeitete Plättchen, das von ihnen höher geschätzt wird als Gold. Das Gold halten sie wegen seiner Farbe nicht für wertvoll, weshalb es von ihnen am geringsten von allem geachtet wird, während Blau und Rot ihnen kostbarer als alles andere ist. Das, was sie von unseren Geschenken am höchsten schätzten, waren Glöckchen, blaue Kristalle und anderer Tand, den man an den Ohren oder am Hals tragen kann. Sie hielten nichts von den Stoffen aus Seide und Gold noch von irgendeiner anderen Sorte, und ihnen lag nichts daran, welche zu erlangen; ähnlich war es bei Metallen wie Stahl und Eisen, weil sie, als wir ihnen unsere Waffen zeigten, sie mehrmals nicht bewunderten und keine verlangten, sondern lediglich die handwerkliche Arbeit *(artificio)* betrachteten. Mit den Spiegeln pflegten sie es ähnlich zu machen: sobald sie sie angesehen hatten, gaben sie sie lachend zurück. Sie sind sehr freigebig und verschenken alles, was sie besitzen. Wir schlossen mit ihnen herzliche Freundschaft; und eines Tages, als widriges Wetter uns zwang, eine Legua draußen auf dem Meer zu ankern, noch bevor wir mit unserem Schiff in den Hafen einfahren konnten, kamen sie mit einer großen Anzahl von ihren Booten zum Schiff, im Gesicht mit verschiedenen Farben bemalt und bestrichen, womit sie uns ihre Freude zeigen wollten. Sie brachten uns von ihren Lebensmitteln und bedeuteten uns mit Zeichen, wo wir zur Sicherheit des Schiffs im Hafen zu ankern hätten und begleiteten uns unaufhörlich, bis wir dort den Anker warfen. In diesem Hafen ruhten wir uns 15 Tage aus und frischten unsere Vorräte an notwendigen Dingen wieder auf; da kamen jeden Tag Leute zu uns, um unser Schiff zu sehen, wobei sie ihre Frauen mitbrachten. Mit diesen sind sie dort sehr eigen *(curiosi)*, denn während sie selbst an Bord kamen und lange Zeit blieben, ließen sie ihre Frauen in den Booten warten, und wie oft wir sie auch baten und ihnen verschiedene Geschenke anboten, so konnten wir doch nicht von ihnen erreichen, daß sie ihnen das Schiff zu betreten erlaubten. Und viele Male kam einer von ihren zwei Königen mit der Königin und vielen Edelleuten *(gentil huomini)*, um uns zu seinem Vergnügen zu besuchen; zunächst hielten sie immer an Land etwa zweihundert Schritte von uns entfernt an und sandten ein Boot, um uns ihre Ankunft anzukündigen und zu sagen, sie wollten kommen, um das Schiff zu sehen. Dies war eine Vorsichtsmaßnahme. Und sobald sie von uns Antwort hatten, kamen sie sofort und blieben ein Weilchen zum Schauen. Wenn sie das eintönige Rufen der Mannschaft hörten, sandte er [der König] die Königin mit ihren Zofen *(damigelle)* in einem ganz leichten Boot zum Ausruhen zu einem Inselchen, das von uns eine Viertellegua entfernt war, während er selbst eine sehr lange Zeit blieb, sich mit uns mit Zeichen und Gesten über alle möglichen Dinge unterhielt, und alle Ausrüstung des Schiffes betrachtete, wobei er sich besonders nach ihren Eigenschaften erkundigte; er ahmte unsere Gewohnheiten nach und kostete von unseren Speisen; dann nahm er liebenswürdig von uns Abschied. Und wenn manchmal unsere Leute zwei oder drei Tage auf einem dem Schiff nahen Inselchen waren zu verschiedenen Zwecken, wie es die Gewohnheit der Seeleute ist, pflegte er mit sieben oder acht seiner Edelleute zu kommen, unsere Unternehmungen zu beobachten und uns mehrmals zu fragen, ob wir hier für lange Zeit bleiben wollten, und bot uns alles, was er hatte, dazu an. Dann schoß er mit seinem Bogen, lief und veranstaltete mit seinen Edelleuten verschiedene Spiele, um uns eine Freude zu bereiten. Wir drangen mehrfach fünf bis sechs Leguas ins Land ein, das wir so lieblich fanden, wie man es kaum schildern kann, geeignet für alle Arten von Anbau, Weizen, Wein, Öl. Denn dort gibt es Felder, 25 bis 30 Leguas lang, offen und ohne jegliche Beeinträchtigung durch Bäume, von einer solchen Fruchtbarkeit, daß jede beliebige Saat den besten Ertrag hervorbrächte. Dann gelangten wir in die Wälder, die von jedem vielköpfigen Heer auf jede Weise durchquert werden können und in denen Eichen, Zypressen und andere Bäume wachsen, die in unserem Europa unbekannt sind. Wir fanden lukullische Früchte *(pomi luculliani)*[m], Pflaumen und Haselnüsse und viele Arten von Früchten, die anders als unsere sind. Tiere gibt es dort in ungeheurer Zahl, Hirsche, Damwild,

---

m) Oder Kirschen [Lukullus hatte im ersten Jahrhundert vor Christus die Kirsche von Pontos nach Italien eingeführt. Anm. Sch].

Luchse und andere Arten, die sie genauso wie die anderen mit Schlingen und Bogen erjagen, die ihre wichtigsten Waffen sind. Die Pfeile dazu sind mit großer Schönheit gearbeitet, an ihrer Spitze befestigen sie an Stelle von Eisen Smaragde, Jaspise, harten Marmor und andere scharf schneidende Steine. Diese Steine gebrauchen sie statt Eisen, um Bäume zu fällen und um aus einem einzigen Holzstamm, den sie mit wundervoller Handfertigkeit aushöhlen, ihre Boote herzustellen, in denen bequem vierzehn bis fünfzehn Männer Platz finden; sie bedienen ein kurzes, am Ende breites Ruder allein mit der Kraft des Armes und fahren ohne irgendeine Gefahr auf dem Meer so schnell, wie es ihnen gefällt. Bei unserem weiteren Vordringen sahen wir ihre Behausungen, rund wie Kreise, von 14 bis 15 Schritten Umfang, aus hölzernen Halbrunden errichtet, die eine von der anderen ohne besondere Ordnung der Bauweise getrennt und mit fein gearbeiteten Matten aus Stroh gedeckt, die sie vor Regen und Wind schützen. Es gibt keinen Zweifel daran, daß sie, wenn sie die Fertigkeit unserer Handwerker hätten, prachtvolle *(magni)* Gebäude errichten könnten, denn die ganze Meeresküste ist voll von blauem Gestein, von Kristallen und Alabaster und zu einem solchen Zweck [zum Transport der Steine] auch reich an Häfen und Schutzplätzen für Schiffe. Sie tragen diese Häuser von einem Ort zum andern entsprechend der Witterung *(tempo)* und dem Reichtum der Gegend, in der sie leben. Sie nehmen nur die Matten mit, und im Nu haben sie sich eine neue Behausung gebaut. In jedem Haus lebt ein Vater mit einer vielköpfigen Familie, so daß wir in einigen 25 bis 30 Seelen sahen. Ihre Nahrung ist wie bei den anderen: Gemüse, das sie mit mehr Methode im Anbau erzeugen als die anderen, indem sie beim Säen den Einfluß des Mondes, den Aufgang der Plejaden und viele Bräuche beobachten, die ihnen von den Alten überliefert sind, dazu Wild und Fisch. Sie haben ein sehr langes Leben und leiden selten unter Krankheit. Wenn sie von einer Wunde geplagt werden, so heilen sie sich selbst mit Feuer, ohne jede Klage. Ihr Ende kommt mit dem höchsten Alter. Wir glauben, daß sie sehr hilfsbereit und liebevoll zu ihren Verwandten sind, denn sie beginnen in deren Unglück ein großes Klagen und erinnern sie in ihrem Elend an all ihr bisheriges Glück. Und die Familie stimmt, wenn einer von ihnen stirbt, gemeinsam die sizilianische Klage an, vermischt mit einem Gesang, der eine lange Zeit andauert. Das ist alles, was wir über sie in Erfahrung bringen konnten.

[In der Folge segelt Verrazzano weiter an der Küste entlang, die nach Osten abbiegt und später wieder in nördlicher bis nordöstlicher Richtung verläuft. Beim nächsten Kontakt mit Eingeborenen – vermutlich im heutigen Maine – erlebt er eine böse Überraschung: er und seine Mannschaft werden mit Pfeilen überschüttet, die Indianer lassen niemanden an Land. Da die Vorräte des Schiffs zur Neige gehen, beschließt Verrazzano die Rückkehr nach Frankreich; er mag bis vor die Küste des heutigen Nova Scotia oder vor Neufundland gekommen sein: nach eigenen Worten bis auf eine nördliche Breite von 54°, was stark übertrieben erscheint. Verrazzano fährt fort:]
Meine Absicht war es, auf dieser Seereise nach Cathay und zum äußersten

Osten von Asien zu gelangen, aber ich erwartete nicht, auf ein solches Hindernis an neuem Land zu stoßen, wie ich es gefunden habe; und soweit ich aus irgendeinem Grund doch gedacht hatte, darauf zu stoßen, nahm ich an, es sei
nicht ohne irgendeinen Durchlaß *(freto)*, der den Zugang zum Orientalischen
Ozean eröffnet. Und dies ist auch die Meinung aller Alten gewesen, die glauben, daß unser westlicher Ozean gewiß mit dem östlich von Indien ein einziges [Meer] bilde, ohne daß Land dazwischen liege.

[Der Rest des Berichts besteht aus gelehrten Berechnungen über den Umfang der Erde, mit deren Hilfe Verrazzano dem französischen König darlegt,
welchen Fortschritt die Geographie dank seiner Reise erfahren habe. Verrazzano schließt:]

Ich hoffe, daß wir mit Hilfe Eurer Majestät darüber [über die Ost-West-
Ausdehnung des neuen Kontinents zwischen der Alten Welt und Asien] genauere Kenntnis erlangen werden. Möge Gott der Allmächtige Euch mit ewi-
gem Ruhm segnen, damit wir diese unsere Kosmographie zu einem glücklichen Ende bringen und sich das heilige Wort des Evangeliums erfülle In om-
nem terram exivit sonus eorum etc.

Auf dem Schiff Dalphina am 8. Juli 1524.

Euer ergebener Diener Janus Verazanus.

Aus: Lawrence C. Wroth: The Voyages of Giovanni da Verrazzano 1524–1528. New Haven (Yale
University Press) 1970 (Chapter 8: Transcription of the Cèllere Codex by Frederick B. Adams, Jr.),
S. 123–132.   GS

57. Jacques Cartier dringt in den St. Lorenz-Golf ein (1534)

Verrazzano hatte auf seiner Fahrt von 1524 auf der Suche nach Cathay und Zipangu
die amerikanische Ostküste von Carolina bis etwa Maine oder Neufundland erforscht.
An die Ergebnisse dieser Reise knüpfte Jacques Cartier zehn Jahre später an; er – von
dem einige Forscher behaupten, er habe schon an Verrazzanos Fahrten von 1524 bis
1528 teilgenommen – setzte seine Suche nach den reichen Ländern des Orients genau
da an, wo der Florentiner aufgehört hatte, nämlich im Seestrich von Neufundland.
Cartier brach am 20. April 1534 mit zwei Schiffen von Saint-Malo aus auf, überquerte
den Atlantik in zwanzig Tagen – womit er die Rekorde Pinzóns vom Jahre 1500 und
des Kolumbus vom Jahre 1502 einstellte – und stieß in der Neuen Welt auf die östlichste Spitze Neufundlands. Von dort wandte er sich mehr oder weniger der Küste entlang nach Norden, durchfuhr Ende Mai 1534 die Belle-Isle-Straße, die Neufundland
von Labrador trennt, und drang in den St. Lorenz-Golf ein. Cartier bewegte sich dabei
in keiner völlig unbekannten Welt: so traf er etwa 100 Meilen westlich der Belle-Isle-
Straße auf ein Fischereifahrzeug aus La Rochelle; auch stammten manche geographischen Namen, die er benutzte, nicht von ihm, sondern waren portugiesischen Ursprungs, was nicht nur beweist, daß iberische Seefahrer vor ihm einige Küstenteile des
Golfs berührt und ihnen Namen gegeben hatten, sondern daß diese Namen auch Cartier oder Mitgliedern seiner Mannschaft vertraut gewesen sein müssen, mit anderen
Worten: daß auch Cartier oder Teile seiner Mannschaft nicht zum ersten Mal in den
Golf eindrangen.

Cartier selbst tastete sich nunmehr an der Westküste Neufundlands entlang nach Süden bis in die Mitte des Golfs vor und wandte sich dann nach Westen, wo er am 14. Juli 1534 auf das amerikanische Festland stieß, und zwar an der später „baie de Gaspé" genannten Bucht. Hier nahm er freundschaftliche Beziehungen zu Irokesen auf, die dorthin zum jährlichen Fischfang gekommen waren. Am 24. Juli 1534 ließ er auf der heutigen Pointe Penouille ein großes hölzernes Kreuz aufstellen, das ohne Zweifel die Besitzergreifung des Landes im Namen des französischen Königs anzeigen sollte, obschon Cartier den beunruhigten Indianern andere Gründe dafür plausibel zu machen versuchte (dieses Geschehen teilt der folgende Quellenausschnitt mit). Die Franzosen nahmen im übrigen im Einvernehmen mit dem Häuptling der Irokesen, Donnacona, zwei seiner Söhne – Domagaya und Taignoagny – nach Frankreich mit, um sie zu Dolmetschern auszubilden und zu „französisieren". Cartier brach noch am 25. Juli 1534 von Gaspé zur Rückfahrt nach Saint-Malo auf, wo er wohlbehalten am 5. September 1534 eintraf.

Jacques Cartier hat den St. Lorenz-Golf, ein bis dahin auf Karten nicht verzeichnetes riesiges Binnenmeer, als erster europäischer Entdecker systematisch erforscht und kartiert, obgleich es möglich ist, daß vor ihm dort bereits Giovanni Caboto, die Gebrüder Corte Real und die Portugiesen Fernandes und Fagundes Erkundungsvorstöße durchgeführt haben. Cartier hat so die Voraussetzungen für weitere Forschungsfahrten geschaffen, deren erste er 1535 selber durchführte: Bei dieser Gelegenheit entdeckte er die große Querachse des nordamerikanischen Kontinents, den St. Lorenz-Strom, und befuhr ihn bis zum heutigen Montreal. Insofern gilt Cartier wohl mit Recht als der eigentliche Entdecker des St. Lorenz-Golfs und -Stroms.

Über seine erste Reise 1534 existiert ein ausführlicher Bericht, dessen Verfasser anonym geblieben ist. Dieser Bericht wurde in einer etwas verstümmelten italienischen Fassung erstmals 1556 von Ramusio in seiner berühmten Sammlung von Reisebeschreibungen veröffentlicht. Das französische Originalmanuskript wurde 1867 in der Pariser Nationalbibliothek entdeckt: Die neuere Forschung macht glaubhaft, daß dieser Text von niemand anderem als Cartier selbst verfaßt wurde, obwohl der Verfasser vom Leiter der Expedition stets in der dritten Person spricht. Aus dieser Originalfassung wurde der folgende Abschnitt ins Deutsche übertragen.

Lit.: H. P. Biggar (éd.): Les Précurseurs de Jacques Cartier 1497–1534. Collection de Documents relatifs à l'Histoire primitive du Canada. Ottawa 1913 (engl. Fassung: The Precursors of Jacques Cartier, 1497–1534. Ottawa 1911) – Ders. (ed.): The Voyages of Jacques Cartier. Published from the originals with translations, notes and appendices. Ottawa 1924 – Ders. (ed.): A Collection of Documents relating to Jacques Cartier and the Sieur de Roberval. Ottawa 1930 – Gaston-Martin: Jacques Cartier et la découverte de l'Amérique du Nord. Paris 1938 – Ch.-André Julien: Les voyages de découvertes et les premiers établissements (XVᵉ–XVIᵉ siècles). Paris 1947. Ndr. Brionne 1979 – W. P. Cumming, R. A. Skelton, D. B. Quinn (Hg.): Die Entdeckung Nordamerikas. München-Gütersloh-Wien 1972 – David B. Quinn (ed.): New American World. A Documentary History of North America to 1612. Vol. I: America from Concept to Discovery. Early Exploration of North America. London 1979.   Sch

Am XXIIII. Tag dieses besagten Monats [Juli 1534] ließen wir ein Kreuz von dreißig Fuß Höhe machen, das in Gegenwart von mehreren von ihnen [d. h. in Gegenwart einer Gruppe von Irokesen, die zum jährlichen Fischfang an den St. Lorenz-Golf gekommen waren] zusammengefügt wurde, und zwar auf der

Spitze an der Einfahrt zu besagtem Hafen [Gaspé]. Unter dem Querbalken
brachten wir ein Schild mit drei Lilien im Relief an und darüber ein Holzbrett,
auf das in großen gotischen Lettern geschnitzt war: ES LEBE DER KÖNIG VON
FRANKREICH. Und dieses Kreuz errichteten wir in ihrer Gegenwart auf besagter Spitze, und sie sahen zu, wie es zusammengefügt und aufgerichtet wurde.
Und als es hoch in die Luft ragte, ließen wir uns mit gefalteten Händen auf die
Knie nieder und beteten es in ihrer Gegenwart an und machten ihnen Zeichen,
indem wir den Himmel anschauten und vor ihnen zu ihm hoch wiesen, daß
wir durch es [das Kreuz] unsere Erlösung bekämen, woraufhin sie mehrfach
ihre Verehrung bezeugten, indem sie sich besagtem Kreuz zuwandten und es
anschauten.
    Als wir auf unsere Schiffe zurückgekehrt waren, kam der Häuptling *(cappi-
taine)*, in ein altes, schwarzes Bärenfell gekleidet, in einer Barke, und mit ihm
kamen drei seiner Söhne und sein Bruder. Sie kamen nicht so nahe an die
Schiffe heran wie sonst. Er [der Häuptling] hielt eine große Rede, indem er
auf das besagte Kreuz wies und mit zwei Fingern das Kreuzzeichen machte.
Und dann zeigte er auf das Land rings um uns herum, als wolle er sagen, daß
das ganze Land ihm gehöre und daß wir das Kreuz nicht ohne seine Erlaubnis
hätten aufrichten dürfen. Und als er seine besagte Ansprache beendet hatte,
hielten wir ihm eine Axt hin, wobei wir vorgaben, sie gegen sein [Bären-] Fell
tauschen zu wollen. Er ging darauf ein und näherte sich nach und nach der
Wand unseres Schiffes in der Meinung, sie zu bekommen. Und einer von unseren Männern, der in unserem Beiboot saß, packte seine besagte Barke und
ließ unverzüglich zwei oder drei [unserer] Leute hineinsteigen. Diese veranlaßten sie [die Indianer], auf unser Schiff zu kommen, was sie mit großem
Erstaunen taten. Als sie an Bord waren, versicherte ihnen der Kapitän, daß ihnen kein Leid zugefügt würde, während er ihnen viele Zeichen seiner Zuneigung zuteil werden ließ. Er ließ ihnen zu essen und zu trinken vorsetzen und
bei der Bewirtung allerhand springen. Und dann erklärten wir ihnen durch
Zeichen, daß besagtes Kreuz aufgerichtet worden sei, um als Landmarke und
als Wegweiser bei der Einfahrt in den Hafen zu dienen; und daß wir bald dorthin zurückkommen würden, um ihnen Eisenwaren und andere Dinge zu bringen; und daß wir zwei von seinen [des Häuptlings] Söhnen mit uns nehmen
und nachher zu diesem Hafen zurückbringen wollten[1]. Und wir zogen seinen
besagten zwei Söhnen Hemden, Dienerkleidung und rote Kappen an und legten jedem eine Messingkette um den Hals. Darüber waren sie sehr vergnügt
und sie warfen ihre alten Fetzen denen zu, die [ans Land] zurückkehrten. Und
jedem von den dreien, die wir zurückschickten, schenkten wir sein eigenes
Beil und zwei Messer, was große Freude bei ihnen auslöste. Und nachdem sie
ans Land zurückgefahren waren, teilten sie die Neuigkeiten den anderen mit.
Ungefähr zur Mittagszeit desselben Tages kamen sechs Barken ans Schiff zu-

---

[1] Die beiden Häuptlingssöhne Domagaya und Taignoagny kehrten 1535 mit Cartier auf dessen
zweiter Reise in ihr Heimatland zurück.

rück, in jeder saßen fünf bis sechs Mann, die den beiden, die wir bei uns hatten, Lebewohl sagen wollten; und sie brachten ihnen Fisch. Und sie gaben uns durch Zeichen zu verstehen, daß sie das besagte Kreuz nicht niederreißen würden, wobei sie mehrere Ansprachen an uns hielten, die wir nicht verstanden.

Aus: Première relation de Jacques Cartier de la Terre Neufve, dite la Nouvelle France, trouvée en l'an 1534. In: Ch.-A. Julien, Herval, Th. Beauchesne (éd.): Les Français en Amérique pendant la première moitié du XVIᵉ siècle. Introduction par Ch.-A. Julien. Textes des voyages de Gonneville, Verrazano, J. Cartier et Roberval. Paris 1946, S. 106–107.   Sch

Die Suche nach einer Nordost- und einer Nordwest-Passage durch die Engländer und Niederländer

Die Anstrengungen vor allem der Engländer und der Niederländer, einen Seeweg nach Ostindien in nördlichen Breiten zu finden, entsprang dem Bemühen, den Vorsprung der iberischen Mächte bei der Etablierung des Handelsverkehrs mit dem ostindischen Raum, so vor allem mit den Gewürzinseln, wettzumachen. Die Route um das Kap der Guten Hoffnung war seit der Fahrt des Vasco da Gama und der anschließenden Errichtung des Vizekönigreichs Indien den Portugiesen vorbehalten, während es Spanien gelungen war, mit der Umschiffung des südamerikanischen Kontinents durch Magalhães und mit der Einrichtung eines Pendelverkehrs zwischen dem Vizekönigreich Neu-Spanien und den Philippinen einen Zugang zum ostindischen Raum aus östlicher Richtung herzustellen.

Um an den Reichtümern Ostindiens teilhaben zu können, waren die nordwesteuropäischen Mächte also auf Seewege verwiesen, die der Kontrolle der iberischen Staaten entzogen waren. Während Frankreich auf Grund innenpolitischer Wirren weitgehend aus dem Rennen um solche Alternativrouten ausschied, kam es in England und später auch in den Niederlanden zu einer Reihe von Unternehmungen, die die Auffindung einer nordöstlichen oder einer nordwestlichen Passage nach Japan, China und zu den Gewürzinseln zum Ziel hatten.

Das Bemühen, auf diesen Routen in das iberische Monopol des Gewürzhandels einzubrechen, bewegte sich keineswegs nur auf illusionären Bahnen, die von kommerziellen Wunschvorstellungen genährt wurden. Auf der Grundlage einschlägiger geographischer Konzeptionen, die durch Beobachtungen von Entdeckungsreisenden gestützt zu werden schienen, ging man davon aus, daß sowohl der eurasiatische als auch der nordamerikanische Kontinent vom Meer umgeben seien; ja einige Enthusiasten traten sogar mit der Auffassung hervor, daß eine Route nach Ostindien über den Nordpol nicht nur praktikabel, sondern wegen der Kürze der Distanz und der andauernden Helligkeit während der Sommermonate immense Vorteile biete gegenüber den von den iberischen Konkurrenten eingeschlagenen Seewegen.

Robert Thorne, ein in Sevilla ansässiger englischer Kaufmann, richtete 1527 einen entsprechenden Vorschlag an Heinrich VIII. Der König reagierte prompt und sandte zwei Schiffe aus, die jedoch nach dem Bericht eines der Kapitäne, John Rut, an der Labradorküste auf 53° n. Br. durch starkes Eisaufkommen zur Umkehr gezwungen wurden.

Roger Barlow, wie Thorne Kaufmann in Sevilla und mit ihm befreundet, verfaßte im Winter 1540–1541 seinen Traktat „A Brief Summe of Geographie", in dem die Polarroute noch einmal angepriesen wurde; Pläne wurden erörtert, kamen jedoch nicht zur Ausführung.

Mehr Resonanz erfuhr dagegen eine Abhandlung von Humphrey Gilbert, die 1566 verfaßt und 1576 veröffentlicht wurde (Dok. 58). Gilbert, der Grundbesitzerschicht aus Devonshire entstammend, hatte an der Entsatzexpedition teilgenommen, die Elisabeth I. 1562 zur Unterstützung der bedrängten Hugenotten nach Le Havre gesandt hatte. In der Forschung ist die Meinung verbreitet, daß Gilberts Interesse an Entdeckung und Kolonisation durch seine Verbindung zu hugenottischen Kreisen geweckt wurde – Jean Ribault war im selben Jahr von seinem Siedlungsunternehmen in Florida nach Frankreich zurückgekehrt.

Gilberts Abhandlung ist eine Zusammenfassung des zu seiner Zeit verfügbaren Wissens, eine Kompilation von Mythen, Phantasie und Fakten. Er zitierte antike wie moderne Autoritäten, soweit sie seine Auffassung einer Passage nach Ostindien in hohen Breiten stützten. Er betrieb jedoch auch eigene Nachforschungen: Er sah die Karten und Aufzeichnungen Sebastian Cabots ein, die inzwischen verlorengegangen sind, und er war informiert über die Reise des Urdaneta (vgl. Dok. 104); doch wie sich Tatsachen und Gerüchte in der Entdeckerpsyche zu Gewißheiten verdichten konnten, wird deutlich in Gilberts Versicherung, Urdaneta sei über die Nordwest-Passage vom Pazifik in den Atlantik gelangt.

Die geographische Konzeption, wie sie in Gilberts Abhandlung literarisch zum Ausdruck kam, fand ihren Niederschlag in den bedeutenden Kartenwerken der Zeit, so in der Mercator-Weltkarte von 1569 und der Ortelius-Weltkarte von 1587.

Die praktische Suche nach einer Passage war indessen fortgeführt worden, als sich 1553 eine Gruppe Londoner Kaufleute zusammenfand, um eine Expedition mit entsprechendem Auftrag auszuschicken. Die Anzapfung des Gewürzhandels, aber auch die akuten Absatzschwierigkeiten für englische Wollwaren, die sich aus der instabilen Lage auf dem Kontinent, insbesondere in Flandern, ergaben, stellten die Hauptmotive für ein Unternehmen dar, von dem man sich bei den Geldgebern die Erschließung neuer, immenser Märkte versprach. Die unter dem Kommando von Sir Hugh Willoughby ausgeschickte Expedition wählte – wohl auf Grund von Ruts Mißerfolg – die Route über den Nordosten. Wenngleich sie das ihr gesetzte Ziel nicht erreichte, war die Fahrt dennoch kein Fehlschlag. Während Willoughby mit der Besatzung von zweien seiner Schiffe im arktischen Winter umkam, verschlug es das dritte Schiff unter Richard Chancellor in das Weiße Meer; er landete unweit von Archangelsk an der Dwina-Mündung. Mit seiner Einladung an den Hof des Zaren Iwan IV. begannen englisch-russische Handelsbeziehungen, die zum beiderseitigen Vorteil fast ein Jahrhundert lang andauerten.

Die Geldgeber der Expedition gründeten eine Handelsgesellschaft, die 1555 als Muscovy Company inkorporiert wurde. Als ihren Direktor bestimmte sie keinen anderen als Sebastian Cabot, der 1547 aus Spanien nach England zurückgekehrt war. Ihm wird in der Forschung allgemein das Verdienst zugesprochen, das Interesse an der Suche nach einer „englischen" Passage nach Ostindien wiederbelebt zu haben. Gerade in der Entdeckerpersönlichkeit des Sebastian Cabot manifestiert sich die Entwicklung in der Kenntnis von dem Charakter der neuentdeckten Länder im Westen. Er selbst behauptete, als junger Mann an der Fahrt seines Vaters John im Jahre 1497 teilgenommen zu haben, auf der man Asien erreicht zu haben glaubte (vgl. Dok. 54). Seiner 1508 oder 1509 unternommenen Reise zur Auffindung einer Nordwest-Passage, deren Authentizität in der Forschung allerdings angezweifelt wird, und seiner unter kastilischer Flagge durchgeführten Fahrt, die ihn 1525–1528, der Route des Magalhães folgend, an den Río de la Plata geführt hatte, lag bereits die Gewißheit von der kontinentalen Gestalt der Landmasse im Westen zugrunde.

Die Bemühungen um ihre Umschiffung erfuhren in den siebziger Jahren in England einen erneuten Auftrieb, und zwar aus zwei Gründen: eine 1556 von der Muscovy Company ausgesandte Expedition unter Stephen Borough war nicht über die Insel Waigatsch südlich von Nowaja Semlja hinausgelangt. Zwar hatte Antony Jenkinson, der Chefagent der Muscovy Company in Rußland, im Jahre 1565 noch einmal versucht, die Krone in ausführlicher Weise von der Existenz und den Vorteilen einer Nordost-Passage zu überzeugen (Dok. 59), doch, wie sich bei einer ähnlichen Eingabe Gilberts zwei Jahre danach zeigte, stand die Muscovy Company mit der Behauptung ihres Monopolanspruchs auf den in nördlicher Richtung abgewickelten Asienhandel diesen Entdeckungsprojekten im Wege.

Erst die Verbindung des Londoner Kaufmanns und Schiffseigentümers Michael Lok, der selbst der Muscovy Company angehörte, mit dem abenteuernden Seefahrer Martin Frobisher brachte Bewegung in die Entdeckerszene. Ihrem Kreis, dem der ältere Richard Hakluyt, der Mathematiker und Hobby-Kartograph John Dee wie auch Humphrey Gilbert zugehörten, gelang es, sich der freundschaftlichen Dienste des einflußreichen Earl of Warwick zu versichern, der über den Lord High Treasurer Burleigh und den Privy Council von der Muscovy Company eine Freigabe der Entdeckungsfahrten in nordwestlicher Richtung erwirkte.

Michael Lok und Sir Thomas Gresham, der Gründer der Londoner Börse, waren die hauptsächlichen Geldgeber für die erste Reise von Frobisher, die ihn 1576 zum Eingang der so von ihm benannten „Frobisher Strait" an der Baffin-Insel auf 63° 45′ n. Br. führte – der heutigen Frobisher Bay. In der Meinung, Amerika im Süden und das langgestreckte Horn von Asien vor sich im Norden zu haben, kehrte Frobisher zurück.

Die Nachricht von der vermeintlich aufgefundenen Passage, mehr noch

aber der vermutete Goldgehalt einiger von Frobisher mitgebrachten Gesteinsproben, führte im März des folgenden Jahres zur Gründung der Cathay Company mit Lok als Direktor und Frobisher als ihrem Admiral (Dok. 60).

Elisabeth I. gab dem Spekulationsfieber ihre königliche Weihe und investierte £ 1000 in die zweite Reise Frobishers, zu der er im Mai 1577 auslief.
Eher als maritimes Bergbauunternehmen denn als Entdeckungsfahrt geplant,
brachte sie keine neuen geographischen Resultate; dafür wurde tonnenweise
Gestein geladen und nach England verschifft. Noch bevor dessen Gehalt exakt
untersucht war, lief Frobisher im Mai 1578 zu seiner letzten Reise aus; Aristokratie und Gentry glaubten noch immer an eine günstige Gelegenheit zu mar-
ginaler, hochspekulativer Geldanlage, während sich die Londoner Kaufmannskreise nun deutlich zurückhielten.

Die Ungunst der Winde hätte beinahe dafür gesorgt, daß Frobisher auf dieser seiner zweiten „Bergbauexpedition“ doch noch zu Entdeckerruhm gekommen wäre: Er wurde zunächst weit nach Südwesten von der von ihm ange-
steuerten Position am Eingang von Frobisher Bay verschlagen; die dabei ge-
sichtete Meeresöffnung, die er als „Mistaken Strait“ bezeichnete, war in Wirklichkeit der Eingang zur Hudson-Bai!

Als man endlich erkannt hatte, daß Frobishers Gestein wertlos war, daß
England kein neues Peru gefunden hatte, engte sich der Kreis der an der Auffindung der Passage Interessierten auf einige wenige Enthusiasten geographischer Exploration ein. Einer von ihnen, der Londoner Kaufmann und Grundbesitzer William Sanderson, konnte sich der Dienste des erfahrenen Kapitäns
John Davis versichern, der auch als Navigationstheoretiker hervortrat. Davis
lief zu seiner ersten Reise im Juni 1585 in reiner Entdeckerfunktion aus: Er
folgte der Küste Grönlands bis zum Godthåb Fjord, überquerte die nach ihm
benannte Meeresstraße und traf auf der Höhe des Cumberland Sound auf die
Baffin-Insel. In der Hoffnung, eine Passage gefunden zu haben, kehrte er zurück.

Während seiner zweiten Reise ein Jahr darauf versuchte er, entlang der
grönländischen Küste weiter nach Norden vorzustoßen in der Vermutung, die
Passage vor sich zu haben; auf 63° n. Br. wurde er jedoch durch eine Eisbarriere an der Weiterfahrt gehindert. Auf dem Weg nach Süden entlang der Baffin-Insel nahm er dann die Position von Cumberland Sound, Frobisher Bay
und Hudsonstraße auf, so daß er seinem Geldgeber hoffnungsvoll mitteilen
konnte, er sei nun sicher, daß die gesuchte Passage an einer dieser vier Stellen
liegen müsse.

Er vermutete sie wohl noch immer in hohen nördlichen Breiten, denn auf
seiner letzten Reise im Jahre 1587, die Sanderson nur unter großen Schwierigkeiten zu finanzieren vermochte, stieß er an der grönländischen Küste bis 72°
12′ n. Br. vor, nannte seinen Landfall Sanderson's Hope, wurde jedoch bei eis-
freier See von starken nördlichen Winden zur Umkehr gezwungen.

Mangel an Geld, vor allem aber der Konflikt mit Spanien verhinderten in
den folgenden Jahren eine Fortsetzung der Fahrten.

Kaum war die Bedrohung Englands durch die spanische Armada abgewehrt, als der unermüdliche Davis die Suche erneut aufnahm, diesmal jedoch vom westlichen Ausgang der vermuteten Passage her. Schon Drake hatte für seine Reise 1577 den Auftrag erhalten, nach der in spanischen Berichten genannten Straße von Anian zu suchen – Gilbert war in seiner Abhandlung von ihrer Existenz ausgegangen, bestätigte sie doch seine geographische Grundkonzeption. In der Forschung ist man uneins darüber, wie ernst Drake diesen Auftrag nahm: jedenfalls blieb seine Suche erfolglos. Und auch Davis scheiterte bei seinem Versuch im Jahre 1592, nachdem er nach dem Durchfahren der Magalhães-Straße durch widriges Wetter an der Weiterreise gehindert worden war.

Inzwischen hatten auch die Niederländer die Suche nach einem nördlichen Seeweg nach Ostindien aufgenommen. Der Brüsseler Oliver Brunel, der im Dienste der russischen Kaufmannsfamilie Stróganow anscheinend bereits 1576 auf dem Seeweg die Mündung des Ob erreicht hatte, unterbreitete 1581 Mercator den Plan, von der Dwina aus durch die Jugor-Straße eine Nordost-Passage zu finden. Auf der Suche nach Geldgebern für dieses Unternehmen frischte er die Bekanntschaft mit dem Antwerpener Kaufmann Balthasar de Moucheron auf, der seit langem im Rußlandhandel tätig war. Seinen Kapitänen und Steuerleuten war die Route zum Weißen Meer bekannt; sein Bruder Melchior de Moucheron wurde nach 1591 zusammen mit François de la Dalle Leiter der niederländischen Faktorei in Archangelsk.

1584 unternahm Brunel von Enkhuizen aus einen wahrscheinlich von Moucheron finanzierten ersten Versuch. Über den Verlauf dieser Reise gibt es nur einen kurzen Bericht in dem von Waghenaer 1592 edierten „Thresoor der Zeevaert". Danach ist Brunel an der Westküste Nowaja Semljas entlang bis zur Bai von Kostin Schar vorgedrungen und dann zur Petschora-Mündung zurückgekehrt, wo er seine Handelswaren gegen Pelze und Bergkristalle eintauschte. Bei der Verladung der Güter ging ein Boot mit Brunel und einem Teil seiner Mannschaft unter; die restliche Besatzung kehrte mit dem Schiff nach Enkhuizen zurück.

Moucheron konnte in den nächsten Jahren nicht an neue Unternehmungen denken. Die Belagerung Antwerpens durch die Spanier und die schließliche Kapitulation der Stadt im Jahre 1585 zwangen ihn, nach Seeland überzusiedeln, von wo aus er 1587 die Handelsfahrten zum Weißen Meer wieder aufnahm. Erst 1593 beschäftigte er sich erneut mit dem Plan, eine Nordost-Passage zu finden. Er verhandelte mit dem Statthalter der Niederlande, Prinz Maurits, und den Staaten von Holland und Seeland, die schließlich einen Vertrag mit ihm schlossen, demzufolge er zwei seeländische Schiffe ausrüstete und bei der Vorbereitung der Expedition seine Kenntnisse zur Verfügung stellte. 1594 segelten im Rahmen dieses gemeinsamen holländisch-seeländischen Unternehmens insgesamt vier Schiffe aus. Die beiden Amsterdamer Fahrzeuge unter Willem Barents erreichten die Oranien-Inseln vor der Nordspitze Nowaja Semljas. Die beiden Segler aus Enkhuizen konnten durch die Jugor-Straße bis in die Kara-See vordringen, die sie in nordöstlicher Richtung durchquerten, bis sie sich in der Nähe des nach damaligen Vorstellungen nördlichsten Punktes Asiens, des Kap Tabin wähnten. In der Überzeugung, die Nordost-Passage gefunden zu haben, kehrten sie zurück.

Die scheinbar so positiven Ergebnisse der Reise der beiden seeländischen Fahrzeuge erweckten in den Niederlanden große Hoffnungen. Bereits im April 1595 begann Moucheron mit den Vorbereitungen für eine zweite Reise. Er war nun völlig von der Möglichkeit überzeugt, Ostindien auf dem Weg durch die Jugor-Straße erreichen zu können, und schlug sogar vor, diese militärisch zu verstärken, um andere europäische Nationen von dieser Route auszuschließen. Nach neuerlichen Verhandlungen faßten der Statthalter und die Staaten von Holland und Seeland am 9. Mai 1595 die Beschlüsse, die die Grundlagen für die großangelegte und mit großen Erwartungen angetretene zweite Nordmeer-Reise bildeten (Dok. 61).

Die Expedition wurde jedoch in der Kara-See durch Eisbarrieren zur Umkehr gezwungen; dieser Ausgang bedeutete für die Auftraggeber eine große Enttäuschung. Die Staaten von Holland und Seeland wollten nun kein weiteres Geld mehr in solche Unternehmungen stecken. Die Generalstaaten der Niederlande setzten jedoch für denjenigen, der die Durchfahrt finden würde, eine Prämie von 25 000 Gulden aus und versprachen ihm Befreiung von Ein- und Ausfuhrzöllen für die auf der neuen Route durchgeführten Handelsreisen.

Bereits im folgenden Jahr kam es daher wieder zu einem Versuch, diesmal allein von Amsterdam aus. Dort war es vor allem Petrus Plancius, der weitere Unternehmungen dieser Art förderte. Plancius, wie Moucheron ein Südniederländer, hatte 1585 aus Brüssel fliehen müssen und lebte seitdem in Amsterdam. Er war Theologe, Astrologe, Geo- und Kartograph. Durch ihn gelangten die Niederländer zu der Kenntnis der neuesten iberischen Entdeckungen, da er portugiesisches und spanisches Kartenmaterial verarbeitete und veröffentlichte. Er unterhielt eine Steuermannsschule, aus der u. a. Willem Barents, der selbst als Kartograph tätig war, und Jacob van Heemskerck hervorgingen.

Plancius glaubte an eine offene Pol-See, d. h. eine Pol-See ohne Land, und war wie vor ihm schon Robert Thorne und Roger Barlow der Ansicht, daß man Ostindien auf einer dicht am Pol vorbei- oder sogar über ihn hinwegführenden Route erreichen könne. Dabei ging er davon aus, daß das Eis hauptsächlich aus den Flußmündungen stamme und nahe den Küsten entlangtreibe, die man infolgedessen meiden müsse. Außerdem stellte er sich vor, daß in den Sommermonaten die Sonneneinstrahlung in Polnähe größer und deshalb imstande sei, nördlich von 70° ein milderes Klima zu erzeugen, – Annahmen, die sich 1611/12 bei einem unter Leitung von Jan Cornelisz May unternommenen Versuch endgültig als falsch erwiesen.

Auf solchen Annahmen basierende Instruktionen arbeitete Plancius nun für die beiden 1596 aussegelnden Fahrzeuge aus. Die Expedition stand unter dem Oberbefehl von Willem Barents, der damit bereits zum dritten Mal das Kom-

mando über Amsterdamer Nordmeerfahrer innehatte. Im Verlauf dieser Reise
kam es zu der berühmten Überwinterung auf Nowaja Semlja und der anschließenden Fahrt in offenen Booten bis zur russischen Küste, die Barents
selbst nicht überlebte (Dok. 62).

Gemessen an den Erwartungen war das Ergebnis der Fahrt mager. 1598 erschien unter Barents Namen eine posthum herausgegebene Karte, auf der
zum ersten Mal eine Pol-See ohne Land zu sehen ist. Mercators Nordpol-
Land ist verschwunden, ebenso Willoughbys Land, das in zeitgenössischen
Karten westlich von Nowaja Semlja eingezeichnet war und das Barents auf
dem Weg von der Bäreninsel nach Nowaja Semlja als Hirngespinst entlarvt
hatte. Dafür werden, wenn auch fehlerhaft, zum ersten Mal Spitzbergen und
die Bäreninsel wiedergegeben. Als einziges Phantasieprodukt erscheint der
von Mercator übernommene Polus Magnetis.

Balthasar de Moucheron hatte sich an diesem Unternehmen nicht beteiligt,
sondern dessen Ausgang sowie das Ergebnis der ersten niederländischen Fahrt
um das Kap der Guten Hoffnung nach Indien und Südostasien abgewartet.
Nach dem erneuten Mißerfolg im Norden und der erfolgreichen Rückkehr
Cornelis de Houtmans aus Ostindien, ebenfalls 1597, entschied er sich für den
südlichen Weg. Fortan gehörte er zu den eifrigsten an solchen Fahrten beteiligten Kaufleuten.

In den folgenden Jahren erwiesen weitere niederländische und auch englische Fahrten, daß Portugal nicht in der Lage war, seinen Monopolanspruch
auf die Route um das Kap der Guten Hoffnung aufrechtzuerhalten. Die daraufhin im Jahr 1600 in England formierte East India Company war dennoch
bestrebt, sozusagen eine weitere Route in der Hinterhand zu haben, und
schickte 1602 George Waymouth zur Auffindung einer Nordwest-Passage
aus. Das einzige Ergebnis des Unternehmens war die Erkenntnis, daß „Frobisher Strait" lediglich eine langgestreckte Bucht darstellte.

Auch in den Niederlanden entstand durch die Gründung der Verenigde
Oostindische Compagnie (VOC) 1602 eine neue Situation. Diese Handels-
kompanie erhielt ein Monopol für alle Handelsfahrten um das Kap der Guten
Hoffnung und durch die Magalhães-Straße. Im Mittelpunkt des Interesses
stand nun nicht mehr die Entdeckung eines von den iberischen Nationen un-
benutzten Wegs nach China und Ostindien; vielmehr ging es für die nicht der
Kompanie angehörenden Kaufleute darum, einen nicht im Monopol der
VOC einbegriffenen Weg zu den Schätzen Asiens zu finden, während die Direktoren (Bewindhebbers) der VOC ihr Augenmerk darauf richten mußten,
eben dies zu verhindern.

Ein ernstzunehmender Gegner erwuchs der Gesellschaft in Isaac Le Maire.
Er war anfangs sowohl Bewindhebber in der Kammer Amsterdam wie Mitglied der Heeren XVII, des obersten Beschlußorgans der VOC, schied aber
bereits im Februar 1605 wegen prinzipieller Meinungsverschiedenheiten mit
den anderen Direktoren und wegen unseriöser Geldgeschäfte aus der Kompanie aus. Dabei mußte er eine hohe Geldsumme als Sicherheit dafür stellen, daß

er sein über die VOC gesammeltes Wissen nicht mißbrauchen und keine sie benachteiligende Handelsunternehmungen durchführen werde.

Im Auftrag König Heinrichs IV. von Frankreich, der ehrgeizige Expansionspläne verfolgte, nahm der französische Gesandte im Haag, Jeannin, heimlich Kontakte zu Le Maire auf. Dieser ging bereitwillig auf den Plan ein, in Diensten des Königs den ostindischen Handel in die französischen Häfen zu ziehen. Als der Engländer Henry Hudson Ende 1608 in die Niederlande kam (vermutlich, weil er nach zwei mißglückten Reisen auf der Suche nach einer Passage in England keine Geldgeber mehr fand), hörten sich die Bewindhebbers der VOC zwar seine Pläne an, waren aber nicht gewillt, sofort eine neue Nordmeer-Expedition auszurüsten. Erst als ihnen zu Ohren kam, daß Isaac Le Maire zu Hudson Verbindung aufgenommen hatte, um ihn für ein im Namen des französischen Königs durchzuführendes Unternehmen anzuwerben, schlossen sie mit ihm einen Vertrag. Le Maire ließ sich dadurch nicht abschrecken und stellte Melchior van der Kerckhove als Leiter seiner Expedition an, die vollständig von Heinrich IV. finanziert wurde, aber erfolglos blieb.

Auch Hudsons dritte Reise führte nicht zu der Entdeckung einer Passage, wohl aber zur Wiederentdeckung des Hudson-River, und bildete damit die Voraussetzung für die Gründung von Neu-Amsterdam, des heutigen New York, im Jahre 1625.

Von großer geographischer Bedeutung dagegen war die vierte Reise Hudsons, die nun von einer Gruppe Londoner Großkaufleute unter der Führung von Sir Thomas Smith (oder Smythe), einem Direktor der East India Company, finanziert wurde. Hudson lief im April 1610 aus, erreichte Frobisher Bay im Juni und unterzog daraufhin Frobishers „Mistaken Strait" einer genauen Prüfung. Er erkannte ihren Passagencharakter und gelangte in die nach ihm benannte Bai. Nach einer präzisen Aufnahme ihres Ostufers und einer harten, entbehrungsreichen Überwinterung wollte Hudson die Erkundung fortsetzen. Ein Teil der Mannschaft meuterte jedoch, setzte Hudson mit den ihm ergebenen Seeleuten aus und kehrte nach England zurück (Dok. 63).

Der Mangel an genauer Kenntnis der Vorgänge, vor allem jedoch die Nachricht von einer Passage, mit der sich die Meuterer in der Hauptstadt lieb Kind machten, verhinderten ein Seegerichtsverfahren gegen sie.

Statt dessen wurde sogleich eine weitere Expedition unter dem Kommando von William Button ausgesandt, die die Ausgesetzten aufnehmen und die Durchfahrt nach Westen vollenden sollte. Button kehrte 1613 zurück, ohne eines der Ziele erreicht zu haben. Er hatte die Hudson-Bai umfahren, war im Westen bis auf 60° 40' n. Br. auf eine durchgehende Küstenlinie gestoßen und hatte seinen Umkehrpunkt in ebenso lapidarer wie plastischer Weise bezeichnet: Hopes checked.

Ein letzter Versuch, den Nebel um die Passage doch noch zu lichten, unternahm William Baffin zusammen mit Robert Bylot. Im Jahre 1616 folgten sie der von Davis vorgezeichneten Route in das nach Baffin benannte Meer bis auf 78° n. Br. Ihre Suche nach einer westlichen Durchfahrt blieb erfolglos

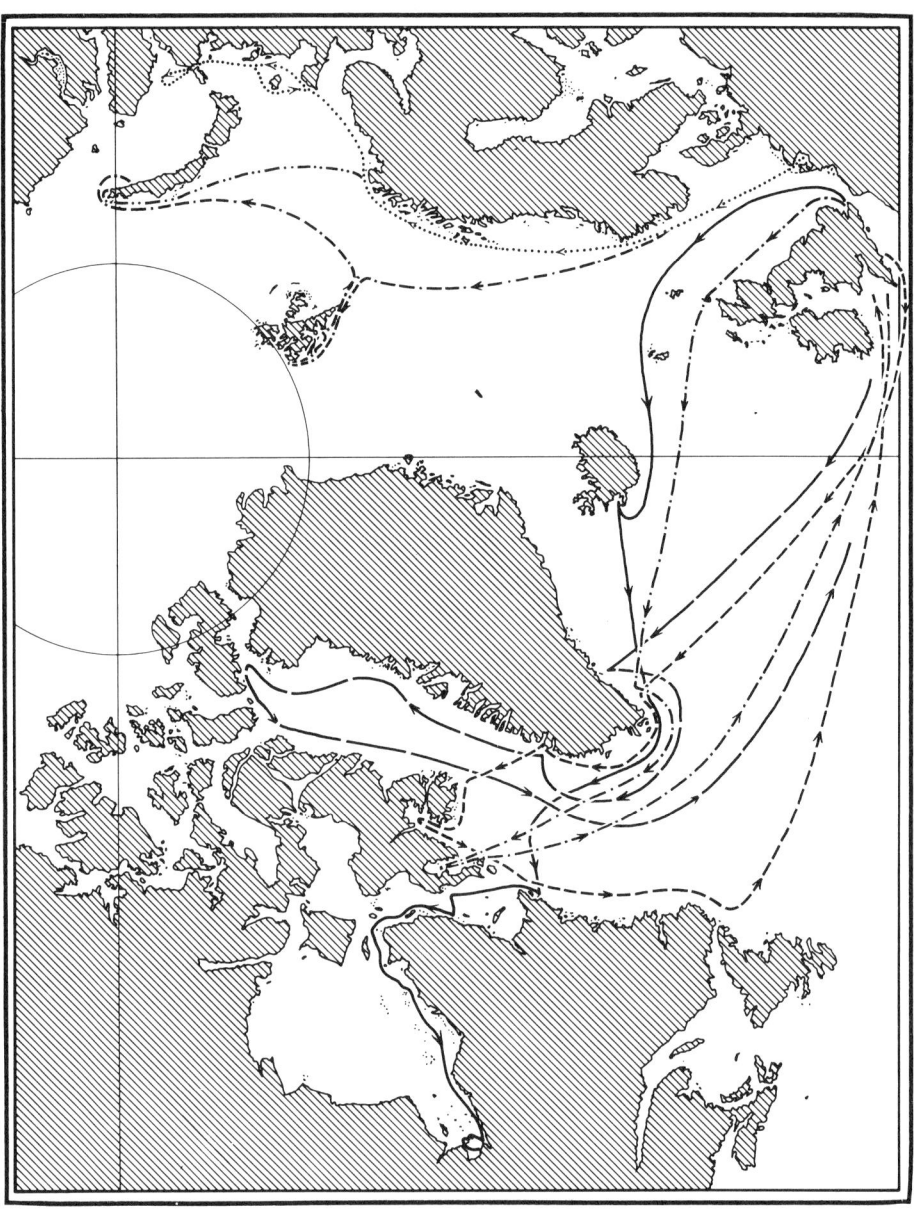

9. Die Suche der Engländer und Niederländer nach einer NO- und NW-Passage:

— · — · — ·— Frobisher, 2. Reise 1577   — · — · — ·— Barents, Heemskerck,
— — — — — Davis 1586   Rijp 1596/97
· · · · · · · · · · Linschoten 1594, 1595   —————— Hudson, 4. Reise 1610
— · · — · · — Barents 1594   —— —— Baffin 1616

(Dok. 64) und markierte das Ende der bedeutsamen frühen Bemühungen um die Auffindung einer Nordwest-Passage. Bereits zwei Jahre zuvor fanden die Versuche, eine nordöstliche Durchfahrt nach Ostindien zu finden, ihr vorläufiges Ende, als der Niederländer Jan Jacobz. May auf der bis dahin noch nicht erreichten Breite von 83° und nach der Entdeckung der Insel Jan Mayen umkehren mußte.

Die frühen Unternehmungen zur Auffindung eines nördlichen Seeweges nach Ostindien – die ersten bedeutenden Entdeckerleistungen von Engländern und Niederländern – waren an der unwirtlichen Witterung in den hohen Breiten gescheitert. Die am Ostindienhandel interessierten Kaufmannskreise in beiden Ländern, die den ersten Anstoß zu diesen Fahrten gegeben und die Mittel dazu bereitgestellt hatten, konnten diesen Mißerfolg freilich verschmerzen: Die Ostindienkompanien beider Staaten waren inzwischen auf der etablierten Kaproute erfolgreich in das iberische Monopol im Ostindienhandel eingebrochen.

Die Suche nach den Passagen blieb jedoch eine Herausforderung, die im 18. und vor allem im 19. Jahrhundert Entdeckerdrang und geographische Wißbegier mit den strategischen, zuweilen auch den kommerziellen Interessen Englands, Rußlands und der USA verband; doch erst 1878–1879 gelang dem Schweden Nils Nordenskjöld die Durchfahrt der Nordost-Passage, der berühmte Polarforscher Roald Amundsen konnte in den Jahren 1903–1905 das nordwestliche Gegenstück bezwingen.

Lit.: G. M. Asher (ed.): Henry Hudson the navigator. The original documents in which his career is recorded. Reprint New York o. J. (Hakluyt Society. 1st ser. No. 27. 1860). Einleitung – R. C. Bakhuizen van den Brink: Isaac Le Maire. In: Historisch Leesboek, verzameld door H. Brugmans. 's-Gravenhage 1906 – S. Muller Fz. (Hg.): De reis van Jan Cornelisz. May naar de IJszee en de Amerikaanse kust, 1611–1612. 's-Gravenhage 1909 (Werken der Linschoten-Vereeniging I). Einleitung – S. P. L'Honoré Naber (Hg.): Reizen van Jan Huyghen van Linschoten naar het Noorden, 1594–1595. 's-Gravenhage 1914 (Werken der Linschoten-Vereeniging VIII). Einleitung – Ders.: Reizen van Willem Barents, Jacob van Heemskerck, Jan Cornelisz. Rijp en anderen naar het Noorden, 1594–1597. Verhaald door Gerrit de Veer. Tweede deel. 's-Gravenhage 1917 (Werken der Linschoten-Vereeniging XV) – Ders.: Henry Hudson's Reize onder Nederlandsche vlag van Amsterdam naar Nova Zembla, Amerika en terug naar Dartmouth in Engeland, 1609. Volgens het Journael van Robert Juet. 's-Gravenhage 1921 (Werken der Linschoten-Vereeniging XIX). Einleitung – Ernest S. Dodge: Northwest by Sea. New York 1961 – K. R. Andrews: The Aims of Drake's Expedition of 1577–1580. In: American Historical Review 73 (1968), S. 737–739 – Robert O. Lindsay: Henry IV. and the northeast passage to the Indies. In: Terrae incognitae II (1970), S. 61–74 – Samuel E. Morison: The European Discovery of America. The Northern Voyages A. D. 500–1600. New York 1971, S. 494–616 – George M. Thomson: The North-West Passage. London 1975, S. 1–91 – David B. Quinn: North America from Earliest Discovery to First Settlements. The Norse Voyages to 1612. New York u. a. (1977), S. 369–384 – A. van der Moer (Hg.): Een zestiende-eeuwse Hollander in het Verre Oosten en het Hoge Noorden. Leven, werken, reizen en avonturen van Jan Huyghen van Linschoten (1563–1611). 's-Gravenhage 1979 (Jan Huyghen Serie I).

Mi/Pa

58. Humphrey Gilberts „A Discourse of a Discoverie for a new Passage to Cataia" (1576)

Gilberts Abhandlung versucht in zehn systematisch angeordneten Kapiteln den Existenznachweis eines nördlichen Seeweges nach Ostasien zu erbringen und seine Vorteile für den englischen Handel aufzuzeigen. Sie stammt in ihren Grundzügen bereits aus dem Jahre 1566, in dem der Autor und Jenkinson um einen Königlichen Freibrief für eine Entdeckungsfahrt zur Auffindung dieses nördlichen Seeweges nachgesucht hatten. Ihre Petitionen waren unbeantwortet geblieben, und Gilbert hatte sich in der Folgezeit Kolonisationsprojekten in Irland zugewandt. Wohl ohne seine Erlaubnis wurde seine Abhandlung im Mai 1576 mit einigen Ergänzungen von George Gascoigne veröffentlicht, einem Literaten, der mit Frobisher und Lok in Verbindung stand und für ihre Unternehmung zur Auffindung einer Nordwest-Passage öffentliches Interesse wecken wollte. Im folgenden wird das erste Kapitel der Abhandlung wiedergegeben.

Lit.: David Beers Quinn (ed.): The Voyages and Colonising Enterprises of Sir Humphrey Gilbert. 2 vols. Nendeln 1967 (Hakluyt Society. 2nd ser. Nos. 83, 84). Vol. 1, S. 4–31.   Mi

Glaubwürdige Zeugnisse zum Beweis dafür, daß eine Passage an der Nordseite Amerikas existiert, die nach Cathay, China, Ostindien etc. führt

Als ich mich dem Studium der Geographie verschrieb und nachdem ich die Beschreibungen von Europa, Asien und Afrika durchgelesen, eingehend geprüft und sie mit antiken und modernen Karten und Globen verglichen hatte, kam ich schließlich zu dem vierten Teil der Welt, der gewöhnlich Amerika genannt wird; und ich fand, daß er allen Beschreibungen zufolge eine Insel ist, die rundherum vom Meer umgeben ist, mit der Meerenge oder Straße des Magellan an ihrer Südseite, an der Westseite das Südmeer *(Mare de sur)*, das sich gegen Norden erstreckt und sie von dem östlichen Teil Asiens – dort, wo die Herrschaftsgebiete der Cathayer liegen – trennt, mit unserem westlichen Ozean an den östlichen Gestaden und an der Nordseite mit dem Meer, das sie von Grönland trennt – eben das nördliche Meer, durch das die Passage führt, die zu entdecken ich mir nunmehr vornehme.

Platon spricht im Timaios und in dem Dialog Kritias von einer unvergleichlich großen Insel, die damals Atlantis genannt wurde und die größer als ganz Afrika und Asien gewesen sein soll, westlich der Straße von Gibraltar gelegen haben soll und ganz zu umschiffen gewesen sei. Er behauptet ferner, daß die Fürsten von Atlantis die Herrschaft über ganz Afrika und über den größten Teil von Europa wie auch über Atlantis selbst innehatten.

Und um zu beweisen, daß Platons Meinung von dieser Insel [und die Auffassung], daß sie in alten Zeiten von Leuten aus Europa bewohnt war, um so größere Glaubwürdigkeit besitzen: Marineo Sículo berichtet in seiner Chronik Spaniens, daß von den Spaniern in den Goldminen Amerikas bestimmte Geldstücke gefunden wurden, in die das Abbild des Kaisers Augustus eingra-

viert war. Diese Stücke wurden von Johannes Rufus, dem Erzbischof von Co-
senza, dem Papst zur Bestätigung der Angelegenheit übersandt.

Des weiteren war nicht nur Platon, sondern auch Marsilius Ficinus, ein her-
vorragender Florentiner Philosoph, Crantor, der Grieche, Proclus und auch
Philon, der berühmte Jude – wie aus seinem Buch De Mundo und in den
Kommentaren zu Platon hervorgeht – der Meinung, daß [diese Insel] vom
Wasser überflutet und bei einem gewaltigen Erdbeben, als es aus den himmlischen Schleusen herunterströmte, verschlungen wurde. Etwas Ähnliches widerfuhr einem Teil Italiens, als das Meer, das Superum genannt wurde, durch
seine Gewalt Sizilien vom kalabrischen Festland lostrennte, wie es bei Justinus
zu Beginn seines vierten Buches heißt. Das Gleiche geschah auch in Seeland
und einem Teil von Flandern.

Und auch die Städte Pyrrha und Antissa am Maiotis palus[1] wurden ebenso
wie die Stadt Bura am Korinthischen Meerbusen, gewöhnlich Sinus Coryn-
thiacus genannt, von der See verschluckt und sind heute nicht mehr zu sehen.
Auf einen solchen Unglücksfall ist es zurückzuführen, daß die Kenntnis von
Amerika für lange Zeit verlorenging, bis auf unsere späten Tage; es wurde erst
vor kurzem – im Jahre unseres Herrn 1497 – wiederentdeckt von Amerigo
Vespucci; einige freilich meinen, daß es zuerst von Christoph Kolumbus, einem Genuesen, im Jahre 1492 entdeckt worden sei.

Eben dieses Unglück stieß dieser Insel Atlantis etwas über 600 Jahre vor
Platons Zeit zu; einige Leute aus den Gebieten im Südosten der Erde berechneten es auf 9000 Jahre, denn die Methode damals bestand darin, die Dauer
eines Mondkreislaufes als ein Jahr zu nehmen, das, was für gewöhnlich unser
Monat ist, der bestimmt ist von einem kleinen Himmelsgestirn *(luminari mino-
re).*

Es kann also in diesen unseren Tagen kein anderes Festland und keine andere Insel gefunden werden oder für einen Teil von diesem Atlantis gehalten
werden als jene westlichen Inseln, die nun den Namen Amerika tragen und die
sich, im Wissen unserer Zeit, als das alte Atlantis erweisen.

Falls also zu dem Zeitpunkt, als kein Teil des besagten Atlantis von Fluten
und Erdbeben bedrängt war, seine Küsten rundherum befahrbar waren, so besteht jetzt eine viel größere Hoffnung, daß dies in nordwestlicher Richtung
[weiterhin der Fall ist] – wenn man nämlich bedenkt, daß der größte Teil davon seitdem vom Wasser verschluckt wurde, was die bestehenden Tiefen und
Kanäle nicht gänzlich beseitigen konnte, sondern vielmehr die Folge hatte, sie
zu vergrößern und dazu sehr viele neue aufzubrechen. Warum also sollten wir
nun Zweifel hegen bezüglich unserer Nordwest-Passage und unseres Seeweges von England nach Indien etc.? Sehen wir doch, daß Atlantis, das jetzt
Amerika genannt wird, stets als eine Insel bekannt und in jenen Tagen zu umschiffen war, was durch den Zustrom von mehr Wasser nicht beeinträchtigt
werden konnte.

---

[1] Die antike Bezeichnung für das Asowsche Meer.

Auch sagen Aristoteles in seinem Buch De Mundo und der gebildete Deutsche Simon Grynaeus in seinen Bemerkungen dazu, daß die ganze Erde – wobei sie, wie klar hervorgeht, Asien, Afrika und Europa meinen, alle Landstriche eben, die damals bekannt waren – nur eine Insel ist, die umgeben ist von der Weite der atlantischen See; dies wiederum bestätigt, daß Amerika eine Insel ist und an keiner Stelle mit Asien oder dem Rest zusammenhängt.

Auch bezeichneten viele alte Autoren, wie Strabo und andere, das ozeanische Meer, das östlich von Indien liegt, wie auch das Meer an den Westküsten Spaniens und Afrikas als Atlantisches Meer; die Entfernung zwischen diesen beiden Küsten beträgt beinahe den halben Erdumfang.

Es ist also unwahrscheinlich, daß das ostindische Meer, wie aus Platon offenbar hervorgeht, den Namen Atlantisches Meer von dem Berg Atlas in Afrika erhalten hatte oder daß das an Afrika angrenzende Meer nach demselben Berg Atlantischer Ozean genannt wurde. Vielmehr wurden jene Meere und der Berg Atlas so benannt nach dieser großen Insel Atlantis, und das eine wie das andere erhielt seinen Namen zur Erinnerung an den mächtigen Fürsten Atlas, den ehemaligen König [von Atlantis]; er war Japhet, der jüngste Sohn Noahs, zu dessen Zeit die ganze Erde aufgeteilt wurde unter die drei Brüder Sem, Ham und Japhet.

Aus diesem Grunde bin ich der Meinung, daß sich Amerika im Nordwesten als vielversprechend für unser Vorhaben erweisen wird, und ich werde um so mehr ermutigt, dies zu glauben, als ich es nicht nur von Platon, Aristoteles und anderen alten Philosophen bestätigt finde, sondern auch von den besten modernen Geographen wie Gemma Frisius, Münster, Apian, Honter, Gastaldi, Guicciardini[2], Michele Tramezini, Franciscus Demongenitus[3], Bernard van der Putte, Giovanni de Vavassore, Tramontanus[4], Petrus Martyr und auch von Ortelius, der auf seiner großen Karte, die im Jahre 1569 entworfen wurde, die Küsten aller Länder und Kaps auf der Nordwestseite von Amerika, von Hochelaga bis Kap de Paramantia[5] nachzeichnet; ebenso beschreibt er die den Gestaden Amerikas gegenüberliegenden Küsten von Cathay und Grönland und macht aus Grönland wie auch aus Amerika Inseln, die durch ein großes Meer von allen Gebieten Asiens getrennt sind.

Alle diese gelehrten Leute und unternehmungslustigen Reisenden haben einmütig und mit einer Stimme versichert, daß Amerika eine Insel sei und daß ein großes Meer zwischen ihr, Cathay und Grönland liege, auf dem jeder

---

[2] Guyzardinus im Original. Es gab zwei zeitgenössische Kartographen namens Guicciardini, Giovanni Baptista und Luigi. Man darf vermuten, daß Gilbert ersteren meint, der 1549 in Antwerpen eine Weltkarte veröffentlichte.

[3] Wohl mit dem Globusmacher François de Mongenet zu identifizieren.

[4] Der Herausgeber der Textvorlage, D. B. Quinn, identifiziert diesen Namen – nicht ganz überzeugend – mit Regiomontanus (= Johannes Müller), dem deutschen Mathematiker und Astronomen.

[5] Diese Bezeichnung erscheint zum erstenmal auf der Weltkarte, die Ortelius 1564 (nicht 1569) veröffentlichte. Auf der Karte, die Gilbert seinem Traktat beigab, findet sich ein C. de Paramantia etwa in der Mitte der angenommenen Nordküste Amerikas.

Mann aus unserem Lande, der nur den Versuch dazu macht, unter geringer Gefahr nach Cathay, zu den Molukken, nach Indien und zu all den anderen Plätzen im Osten fahren könne, und das in einer viel kürzeren Zeit als es die Spanier oder die Portugiesen von dem nächstgelegenen Teil eines ihrer Gebiete in Europa aus tun oder tun können.

Was diese Gelehrten dazu brachte, solche Behauptungen aufzustellen, kann ich nicht sagen, auch nicht, zu welchem Zweck so viele verschiedene Seefahrer beider Epochen ebendies versicherten. Ich vermute jedoch, daß sie niemals in so beständiger Weise entsprechende Behauptungen aufgestellt und ihre Meinung darüber der Öffentlichkeit kundgetan hätten, wenn sie nicht alle Veranlassung und viele plausible Gründe gehabt hätten, die sie dazu bewogen.

Falls Ihr nun die antiken Autoren oder ihre Reiseerfahrungen, die sie lange vor unserer Zeit machten, geringachtet und ihre Zeugnisse als bedeutungslose Fabeln betrachten solltet, so habe ich zur weiteren Bestätigung jener Beweise einen Teil einer Abhandlung aufgezeichnet, die in sächsischer Sprache abgefaßt und von Mister Nowel, dem Bediensteten des Erstministers Cecil, ins Englische übertragen wurde. Darin ist eine Seefahrt beschrieben, die ein gewisser Ottar[6] im Jahre 871 unternahm, in der Zeit König Alfreds, des Königs von Wessex. Der Text dieser Abhandlung lautet wie folgt: Er segelte geradewegs nach Norden, wobei er auf Steuerbord stets das Ödland, auf Backbord die hohe See hatte; er behielt seinen Kurs bei, bis er erkannte, daß sich die Küste direkt nach Osten wandte oder das Meer sich jedenfalls in das Land hinein öffnete, wie weit, das konnte er nicht sagen. Er war gezwungen, an dieser Stelle zu verharren, bis er Westwind bekam, der etwas nach Norden drehte. Von dort segelte er direkt nach Osten, entlang der Küste, so weit, wie ihm das in vier Tagen möglich war. Daraufhin mußte er erneut verweilen, bis er Nordwind hatte, denn die Küste dort wandte sich direkt nach Süden oder wenigstens öffnete sich [das Meer] ins Land, wie weit, wußte er nicht. Er segelte also von da an beständig geradewegs nach Süden, an der Küste entlang, so weit, wie er im Zeitraum von fünf Tagen gelangen konnte. Da entdeckte er einen mächtigen Fluß, der sich weit in das Land hinein öffnete und an der Mündung dieses Flusses kehrte er um.

Hieraus geht hervor, daß er genau denselben Weg eingeschlagen hatte, auf dem wir nun Jahr für Jahr über St. Nicholas[7] Handel mit Moskau treiben. Und niemand in unseren Tagen wußte mit Bestimmtheit, daß dort offene See war, bis dies dann von unseren Landsleuten in der Zeit von König Edward VI. entdeckt wurde[8]; vielmehr glaubte man zuvor, daß Grönland mit Normoria Bjarmia[9] verbunden war, so daß dies als Neuentdeckung angesehen wurde, was es

---

[6] Es wurde die Schreibweise von Hennig, Terrae Incognitae, Bd. 2, S. 202–215 übernommen. Hennigs Angabe auf S. 208, daß die Aufzeichnung über Ottars Reise erstmals von Hakluyt 1598 ins Neu-Englische übertragen wurde, ist offensichtlich nicht zutreffend.

[7] Die der Dwina-Mündung vorgelagerte Bucht im Weißen Meer.

[8] Ein Hinweis auf die Willoughby/Chancellor-Expedition aus dem Jahre 1553.

[9] Ein Gebiet mit dieser oder einer ähnlichen Bezeichnung findet sich auf zeitgenössischen Karten im Nordosten Kareliens, etwa in Höhe der Halbinsel Kola.

in Wirklichkeit gar nicht war, wie aus dieser Abhandlung von Ottar hervorgeht.

Falls trotzdem irgend jemand diese Fahrt unternommen haben sollte, ermutigt allein durch diesen Autor, so wäre er als einfältig angesehen worden, in
Anbetracht der Tatsache nämlich, daß dieser Seefahrtsbericht vor so vielen
Jahren abgefaßt wurde, noch dazu von einem obskuren Autor und in einer
derart barbarischen Sprache. Und doch finden wir in diesen unseren Tagen
durch unsere eigene Erfahrung, daß seine damaligen Aufzeichnungen richtig
waren.

Wieviel eher sollten wir also an die Existenz dieser Passage nach Cathay
glauben, die durch die Auffassung all der besten, der antiken wie der modernen Geographen bestätigt und deutlich auf den besten und anerkanntesten
Land- und Seekarten, Globen, kosmographischen Tabellen und Abhandlungen unseres Zeitalters dargestellt wird – und von den übrigen nicht bestritten,
sondern als eine noch ungewisse Angelegenheit betrachtet wird?

Aus: David B. Quinn (ed.): The Voyages and Colonising Enterprises of Sir Humphrey Gilbert.
2 vols. Nendeln 1967 (Hakluyt Soc. 2nd ser. Nos. 83, 84). Vol. 1, S. 137–141.   Mi

59. Die Vorteile einer Nordost-Passage: Anthony Jenkinsons Petition an die Krone vom 30. Mai 1565

Wenngleich es der Willoughby/Chancellor-Expedition nicht gelungen war, ihr ursprüngliches Ziel der Auffindung einer Nordost-Passage nach Ostasien zu erreichen,
so hatte sie doch erste Kontakte mit dem Rußland Iwans IV. aufnehmen können. Nach
der Rückkehr Chancellors im Jahre 1554 formierte sich eine Gruppe interessierter
Kaufleute zur Muscovy Company, die durch eine königliche Charter das Monopol für
den Rußlandhandel verliehen bekam. Als ihr Chefagent fungierte Anthony Jenkinson,
der sich bei seinen Reisen nach Astrachan und Buchara (1558–1559) sowie nach Persien (1562–1563) um eine Ausweitung des englischen Handels bemühte – auf Grund
der instabilen politischen Lage in dieser Region jedoch mit nur geringem Erfolg. Diese
Erfahrungen dürften ihn veranlaßt haben, nach seiner Rückkehr nach England das
Projekt der Auffindung eines nördlichen Seeweges nach Ostasien wiederaufzuneh-
men.

Lit.: M. S. Anderson: Britain's Discovery of Russia 1553–1815. London 1958.   Mi

An Ihre erhabenste Majestät die Königin.
Es ist, gnädigste Herrscherin, natürlich – wie jede Erfahrung beweist –, daß
alle Fürsten bestrebt sind, ihren Eifer darauf zu verwenden und ihre Macht
dafür einzusetzen, ihre Ehre, ihren Ruhm und ihr Ansehen zu befördern und
ihre Herrschaftsgebiete, Königreiche und Territorien zu erweitern. Es ist deshalb nicht verwunderlich zu sehen, daß sie stets bereit sind, dies unter Beweis
zu stellen, ungeachtet aller Kosten, Gefahren und Mühen, die damit verbunden sein mögen.

Alle Welt weiß, daß das Verlangen der Fürsten, ihre gewünschten Ziele zu erreichen, von solcher Leidenschaft getragen war, daß sie Wagnisse auf sich genommen und Dinge vollbracht haben, die in der Vorstellung der Menschen unmöglich waren und die sie [dennoch] sehr wohl möglich gemacht haben; Dinge auch, die sehr mühsam und schwierig erschienen, haben sie sehr leicht und einfach gemacht. Und um dies zu vollbringen, haben einige, die weder Gott fürchteten, noch natürlichen Anstand beachteten, gegen alles, was recht und billig ist, gegen Menschenrecht und Gewissensgebote verstoßend, viele mächtige Städte und Länder, die ihnen benachbart waren, beraubt, geplündert und verwüstet sowie vornehme Fürsten enterbt und sie sogar zu Gefangenen gemacht, solche auch, die nach jedermanns Vorstellung ihnen in keiner Weise unterlegen waren. Andere, die sich aus Furcht vor Gott in den Schranken der Mäßigung hielten, die jedoch nicht weniger Edelmut und vortreffliche Kühnheit [bewiesen] als jene, haben keine Mühen gescheut, den ganzen Erdball wieder und wieder hinauf- und hinabzufahren, so daß die Leute, die die entferntesten Gegenden im Westen bewohnen, mit glühendem Verlangen, unter Mühen, Gefahren und Wagnissen darangingen, sich Zugang zu den entlegensten Regionen des Ostens zu verschaffen und in sie einzudringen; und ebenso zeigten jene Leute aus dem Osten nicht weniger Mühe und Verlangen, sich Zutritt zu den entlegensten Teilen des Westens zu verschaffen und in sie einzudringen. In ihren Anstrengungen haben sie nicht nachgelassen, bis sie nicht mehr weiter vordringen konnten wegen der weiten Meere, die sie für das Ende der Welt hielten.

Wenn man nun bedenkt, daß dieses hochherzige und kühne Verlangen niemals vergeht, sondern in den Herzen aller edlen Fürsten verborgen liegt und auf eine Gelegenheit wartet, sich zu offenbaren, so betrachtete ich es – wohlwissend, daß es Eurer Majestät daran nicht mangelt – schlechthin als meine Pflicht und Schuldigkeit, Eurer Erhabensten Majestät meine Meinung kundzutun, auf welche Weise Eure Hoheit nicht nur Euren hochedlen Ruhm und Euer Ansehen gewaltig befördern, sondern auch – so Gott dem Unternehmen gnädig ist – Eure Herrschaftsgebiete und Reichtümer in wunderbarer Weise vergrößern können.

Es ist dies ein Unternehmen zur Entdeckung bestimmter Gegenden und Inseln über die nördlichen Meere, die bislang noch von keinem Fürsten in diesen Teilen der Welt entdeckt wurden. Es scheint, daß drei Teile der Welt bereits von anderen Fürsten entdeckt wurden. Denn von Spanien aus hat man das ganze im Westen gelegene Indien mit seinen Meeren entdeckt, und von Portugal aus das ganze im Osten gelegene Indien mit seinen Meeren. Sie haben also über den Osten und Westen drei Teile der unbekannten Welt erfaßt. Während nämlich die einen zum Osten hin aufbrachen und die anderen zum Westen hin, trafen sie sich auf ihren Fahrten in südlich gelegenen Gebieten[1]. Und von

---

[1] Die unter spanischer Flagge fahrende Expedition Magalhães' traf bei ihrer Weltumseglung im Bereich der Molukken auf die Portugiesen.

dem vierten Teil der Welt, der sich zum Norden hin erstreckt, haben die hoch-
berühmten Vorfahren Eurer Majestät[2] und Eure Hoheit selbst ein Stück entdeckt. Aber der beste Teil davon bleibt weiterhin unentdeckt – das berühmte
Gebiet von Cathay nämlich und die unzähligen Inseln, die ihm benachbart
sind. Überall dort findet sich eine Überfülle an gewaltigen Schätzen wie Gold,
Silber, Edelsteinen, Balsam, Gewürzen, Drogen und Gummiharz; denn wie
sich von den Wendekreisen zu beiden Polen hin durch Bodenbearbeitung Produkte wie Hanf und Flachs, Früchte und Getreide wie Äpfel, Nüsse und Weizen, Metalle wie Blei, Zinn und Kupfer, Steine wie Kristall, Jaspis etc. gewinnen lassen, so vom Äquator zu den beiden Wendekreisen hin Produkte wie
Seide und Baumwolle, Früchte und Getreide wie Datteln, Granatäpfel, alle
Arten von Gewürzen, Gummiharz, Drogen und Reis, Metalle wie Gold und
Silber, Steine wie Rubine, Diamanten, rote Spinelle etc. Wenn es also Gott
dem Allmächtigen gefallen sollte, daß dieses Gebiet von Cathay durch Eure
Majestät entdeckt und eine Passage dorthin im Norden gefunden wird, so
sollte auch, da an der Auffindung all dieser Waren in großer Fülle kein Zweifel
sein kann, diesem Eurer Majestät Königreich von England großer Nutzen erwachsen durch den beträchtlichen Absatz, den man in diesen kalten Ländern
zwischen der vermuteten Meeresstraße, die ohne Zweifel gefunden wird, und
dem besagten Land Cathay mit allen Arten von Wollwaren, die in diesem Königreich hergestellt werden, erzielen kann. Die Fahrt im Norden wäre kürzer
als die der Portugiesen im Süden. Denn zu den Gewürzinseln, die Molukken
genannt werden und von ihnen schon entdeckt sind, würden wir gerade zweitausend *leagues*[3] – das sind sechstausend Meilen – fahren, was der Entfernung
dieser Inseln von Cathay entspricht; um soviel kürzer werden also unsere
Fahrten sein, und doch werden wir genauso reichlich mit Gewürzen beliefert
werden wie sie dort – neben Seidenstoffen, Gold, Silber und Edelsteinen in
Überfülle auch mit anderen Handelsartikeln, wie ich auf meinen Reisen in Erfahrung gebracht habe.

Was nun die Gefährlichkeit der Fahrt und [die Auffassung] angeht, daß die
nördlichen Meere wegen der extremen Kälte unbefahrbar seien – was einige
Kosmographen behauptet haben –, so trifft dies tatsächlich zu, falls nicht die
richtige Jahreszeit gewählt wird. Aber wie Erfahrung und Praxis den Irrtum
dieser Kosmographen in der von ihnen geäußerten Vermutung erwiesen haben, wonach die Gebiete zum Süden zu wegen der extremen Hitze weder bewohnbar noch befahrbar seien, so zweifle ich auf Grund der wenn auch nur
geringen Praxis und Erfahrung, die ich in jenen nördlichen Gebieten hatte,
nicht im geringsten daran, daß sie sich auch in diesem Falle täuschen. Denn
sowohl auf dieser Seite wie auch jenseits des Pols müßten – und darüber sollten alle Gelehrten einmal nachdenken – die Meere und Länder auf zwei- oder
dreihundert *leagues* so gemäßigt sein – wenn sich die Sonne am nördlichen

---

[2] Ein Hinweis auf die Entdeckungsfahrten von Cabot, Willoughby und Chancellor.
[3] Gemeint ist wohl die *marine league*, die etwa 5,5 km entsprach.

Wendekreis befindet – wie sie es in diesen Breiten sind. Und dort, wo ich umherreiste, ist auf einem Zeitraum von zehn Wochen beständig Tag, mit der Sonne dauernd über dem Horizont; und je näher dem Pol desto länger der Tag, was ein nicht geringer Vorteil und eine Erleichterung für die Seefahrer ist. Und wenn man sieht, wie die Portugiesen und Spanier ständig an unbekannten Küsten entlangfuhren, wo sie in der Nähe des Äquators lange Nächte hatten, sollten wir überhaupt keine Furcht haben, sondern eher ermutigt sein, auszufahren auf die Suche nach dieser Passage, wo wir, falls die Jahreszeit richtig gewählt wird, für so lange Zeit beständig Sonnenlicht haben.

Und wenn es nun auch verschiedene Meinungen gibt bezüglich der Passage von diesem unseren Ozean nach dem Ozean im Osten – einige behaupten, sie liege im Nordwesten, und stützen sich dabei auf das Zeugnis bestimmter Autoren, die Mutmaßungen anstellten –, so bin ich, auch wenn ich diese Meinung nicht ganz verwerfe, vollkommen davon überzeugt, daß im Nordosten ohne Zweifel eine Passage gefunden werden wird. Als ich nämlich in Skythien und Baktrien war, sprach und unterhielt ich mich einige Male mit verschiedenen Cathayern, die sich dort zum Handelsaustausch aufhielten, über die Erzeugnisse ihres Landes und darüber, wie die Meere an ihr [Land] grenzten. Ich erfuhr von ihnen, daß diese Meere sich nach bestimmten nördlichen Regionen zu erstrecken, mit denen sie über das Meer verkehren. Auch führte ich Unterhaltungen mit Bewohnern von Jugrien[4] und anderen Leuten, Samojeden und Kalmücken, deren Länder sehr weit im Norden liegen, nahe der Region, wo ich die besagte Passage vermute. Diese Leute befahren diese Küsten, um den großen Fisch, der Walroß genannt wird, wegen seiner Zähne zu fangen. Von ihnen habe ich erfahren, daß jenseits ihres Gebietes dieses Land und die Küsten nach Osten und Südosten sich wenden und erstrecken und daß die Strömungen und Gezeiten sehr stark nach OSO und WNW verlaufen, was deutlich für eine Passage spricht. Zudem ergab es sich, als ich letztes Jahr am Hofe des Kaisers von Moskau war, daß einige der Bewohner der vorgenannten Länder dorthin kamen, um diesem Fürsten einen seltsamen Schädel mit einem Horn daran zum Geschenk zu machen; sie hatten ihn auf der Insel Waigatsch[5] gefunden, die nicht weit vom Fluß Ob und dem Festland Jugrien entfernt liegt. Und da weder der Kaiser noch einer seiner Leute wegen seiner Fremdartigkeit wußten, was es war, ordnete er an, daß diejenigen Fremden, die sich, wie man glaubte, ein Urteil darüber bilden konnten, ihn sehen und gefragt werden sollten, was es ihrer Meinung nach sei. Es ergab sich, daß ich darunter war. Und so fand man auf Grund der Aussagen derer, die bereits etwas Ähnliches gesehen hatten, heraus, daß es der Schädel und das Horn eines Einhorns[6] war, dessen Preis und Wert von dem genannten Fürsten nicht ge-

---

[4] Ein sibirisches Stammesland zwischen Pechora und nördlichem Ob.

[5] Südlich von Nowaja Semlja gelegen.

[6] Die Herausgeber der Textvorlage vermuten, daß es sich um den Schädel eines Narwals handelte; der männliche Vertreter dieser Spezies weist eine rüsselartige Verlängerung des Oberkiefers auf.

ring veranschlagt wird. Ich fragte mich daraufhin, von wo der besagte Schädel kommen konnte, und da ich wußte, daß Einhörner in den Ländern Cathay, China *(Chynaye)* und anderen östlichen Regionen vorkommen, überlegte ich mir, ob nicht dieser Schädel von der Meeresströmung dorthin getrieben worden sein könnte und ob nicht notwendigerweise eine Durchfahrt von dem besagten östlichen Ozean nach unserem Nordmeer existieren müsse. Wie sonst sollte dieser Schädel auf diese Insel Waigatsch gekommen sein?

Es können weitere Gründe zum Nachweis der genannten Passage angeführt werden, die ich jedoch weglasse, um nicht auszuschweifen.

Wenn Ihr nun, gnädigste Fürstin, das Gesagte überdenkt, Eure vortreffliche Marine betrachtet, [auch in Erwägung zieht], daß Ihr nun gottlob Frieden mit allen fremden Fürsten habt und dazu über Männer verfügt, die geeignet, fähig und willens sind, ihr Leben bei ehrenvollen Unternehmungen aufs Spiel zu setzen, schließlich auch, mit welch geringen Kosten ein so treffliches Vorhaben, das denen anderer Fürsten in keiner Weise nachsteht, bewerkstelligt werden kann, wenn Ihr dann, erhabenste Herrscherin, geruhen solltet, diese bedeutende Entdeckung des berühmten Cathay voranzutreiben und rechtzeitig Anweisungen dafür zu geben – solche Dinge dürfen und können nämlich nicht in Eile erledigt werden –, so zweifle ich nicht, daß Eurer Majestät durch den Handelsverkehr [mit dieser Region] in kurzer Zeit unermeßlicher Reichtum erwachsen würde und Ihr als die ruhmreichste Fürstin dieser Welt betrachtet werden würdet, zur Erhöhung Eures Ansehens, zur Entmutigung Eurer Feinde und zur großen Bereicherung Eures Königreichs und Eurer Untertanen, neben dem großen Nutzen, der mit der Erhaltung Eurer Marine [verbunden wäre].

Was nun die Weiterführung und endgültige Vollendung dieses Unternehmens angeht, so bin ich und werde ich voll und ganz bereit sein – falls Eure Hoheit geruhen, mich, Euren armseligen Diener, dafür einzusetzen und mich für würdig zu erachten, die genannte Aufgabe zu übernehmen –, Eurer Majestät pflichtgetreu zu dienen und, von glühendem Eifer getrieben, mein Leben einzusetzen. Und sollte ich seine Vollendung erleben, so hätte ich den Gipfel meines Strebens erreicht, denn dieses ist stets gewesen, Dienst zu leisten, der Eurer Majestät willkommen ist und zugleich vorteilhaft für mein Heimatland. Gott gewähre mir dies und bewahre Eurer Hoheit lange gedeihlichen Erfolg in all Euer Gnaden Unternehmungen.

Am letzten Tag im Mai 1565.

Eurer Majestät ergebenster und getreuester Diener

Anthony Jenkinson

Aus: E. Delmar Morgan und C. H. Coote (eds.): Early Voyages and Travels to Russia and Persia by Anthony Jenkinson and other Englishmen. 2 vols. New York o. J. (Hakluyt Soc. 1st ser. Nos. 72, 73). Vol. 1, S. 159–166.   Mi

60. Die Gründung der Cathay Company (Frühjahr 1577)

Frobisher war am 9. Oktober 1576 von seiner ersten Entdeckungsfahrt zur Auffindung der Nordwest-Passage zurückgekehrt. Er war überzeugt davon, eine Durchfahrt zum Pazifik entdeckt zu haben – tatsächlich handelte es sich um die nach ihm benannte Bucht nördlich des Eingangs zur Hudson-Bai. Seine Zuversicht und die Expertisen mehrerer Mineralogen, die den von ihm mitgebrachten Gesteinsproben Goldgehalt bescheinigten, führten zur Formierung einer Gruppe von Kapitalgebern für eine zweite Reise, in der neben Londoner Kaufleuten auch die Königin und Mitglieder ihres Privy Council vertreten waren; die Gruppierung wurde am 17. März 1577 mit einer königlichen Charter ausgestattet.

Lit.: David Beers Quinn: North America from Earliest Discovery to First Settlements. The Norse Voyages to 1612. New York etc. 1977, S. 371–374.   Mi

Artikel, die von der Cathay Company vereinbart und vertraglich genau festgelegt wurden

Die Kompanie soll Cathay Company genannt werden.

Michael Lok soll für die nächsten sechs Jahre Direktor sein.

X. Y. sollen für drei Jahre Beiräte sein.

X. Y. Z. sollen für drei Jahre Geschäftsführer sein.

A. soll für drei Jahre Sekretär *(agent)* sein zur Erledigung aller Kompaniegeschäfte entsprechend den Anweisungen der Kompanie; er soll jährlich ... Gehalt beziehen.

Edmund Hogan[1] soll für drei Jahre Schatzmeister sein.

In Anerkennung des Eifers, der kundigen Anleitung und der Mühen, die Michael Lok bei der kürzlich unternommenen ersten Fahrt zur Entdeckung von Cathay und anderen neuen Ländern in nordwestlicher Richtung auf sich genommen hat, aber auch in Berücksichtigung seiner hohen Kosten, Ausgaben und seines großen Einsatzes für die Verproviantierung und Ausrüstung dieser Fahrt soll er von der Kompanie zu eigenem Gewinn auf Dauer haben, erhalten und entgegennehmen den Anteil von einem Prozent aus allen Waren, Gütern und Handelsartikeln, die auf Rechnung der Kompanie nach England oder anderen Ländern gebracht werden, entsprechend ihrem Tarif und Wert bei der Entrichtung der Zollabgaben an Ihre Majestät die Königin.

[Und] in Anerkennung des gleichen Eifers, der tüchtigen Führerschaft und der großen Anstrengungen des Gentleman Martin Frobisher bei der Durchführung der ersten Fahrt, die er vor kurzem in eigener Person zur Entdeckung von Cathay und anderen neuen Ländern in nordwestlicher Richtung unternommen hat, soll er auf Lebenszeit Generalkapitän zur See und Admiral der Schiffe und der Marine der Kompanie sein, auf Lebenszeit einen Sold von ...

---

[1] Der Vorname von Hogan, eines Seidenhändlers und Gründungsmitglieds der Kompanie, wird zuweilen auch mit Edward angegeben.

jährlich erhalten und darüber hinaus von der Kompanie zu eigenem Gewinn auf Dauer haben, erhalten und entgegennehmen den Anteil von einem Prozent aus allen Waren, Gütern und Handelsartikeln, die auf Rechnung der Kompanie nach England oder anderen Ländern gebracht werden, entsprechend ihrem Tarif und Wert bei der Entrichtung der Zollabgaben an Ihre Majestät die Königin.

Vom heutigen Tag an soll für alle Zeit die Summe von einhundert Pfund englischen Geldes als ein einzelner Anteil oder eine Teilhaberschaft am Kapital der Kompanie gezählt werden.

Jeder Gesellschafter dieser Kompanie, sowohl diejenigen, die jetzt die ersten Unternehmer *(ventures)* sind, als auch alle anderen, die künftig die Teilhaberschaft an dieser Kompanie erwerben und Unternehmer sein werden, soll einhundert Pfund englischen Geldes als seinen Kapitalanteil einbringen, die als ein einzelner Anteil gezählt werden, und so viele weitere einzelne Anteile, wie er es wünscht – jedoch nicht mehr als fünf einzelne Anteile; dies unter der Voraussetzung, daß es das Handelsaufkommen gestattet, dann und wann große Kapitalmengen zu binden.

Jeder einzelne Erstunternehmer soll das Vorrecht besitzen, doppelt so viele Einzelanteile in das Gesellschaftskapital einzubringen wie die anderen Unternehmer, [die] nach und nach [hinzukommen].

Jede neue Kapitalbildung, die von Zeit zu Zeit mit neuer Buchführung [erfolgt], soll auf drei Jahre befristet sein, und zu diesem Termin soll dann die Abrechnung darüber klar und deutlich abgewickelt und abgeschlossen werden; dann sollen Gewinnanteile daraus gebildet und jedem Teilhaber *(venturers)* der Kompanie in diesem Rechnungszeitraum oder den Erben oder Testamentsvollstreckern derjenigen, die in der Zwischenzeit verstorben sind, ausbezahlt werden – und zwar alles, was ihnen nach Rechnungslegung zusteht gemäß dem Kapitalanteil, den sie daran hatten.

Alle Personen, die zur nächsten Fahrt und geplanten Unternehmung in die Teilhaberschaft dieser Kompanie aufgenommen werden, sollen eine Gebühr von dreißig Pfund entrichten zur Begleichung der Kosten und Verluste, die die Unternehmer der ersten Entdeckungsreise auf sich genommen haben.

Michael Lok und Martin Frobisher sollen das Vorrecht haben, nach Belieben zehn Personen zu bestimmen, die unentgeltlich in die Teilhaberschaft dieser Kompanie aufgenommen werden; das bedeutet, daß jeder von ihnen fünf Personen benennt.

Keine weitere Person soll nach dieser nächsten Fahrt in die Teilhaberschaft dieser Kompanie aufgenommen werden bis nach Ablauf von drei Jahren und nach Rechnungsabschluß.

Alle weiteren Personen, die nach Ablauf dieser besagten drei Jahre und nach Rechnungsabschluß durch Erwerb von Anteilen die Teilhaberschaft dieser Kompanie erwerben, sollen als Gebühr zweihundert Pfund [englischen] Geldes entrichten zum Nutzen und Gebrauch der gesamten Kompanie.

Für den Geschäftsbetrieb der Kompanie sollen ein geeignetes Haus und eine Lagerhalle gemietet werden; desgleichen sollen Angestellte und Bedienstete, die dazu notwendig sind, angeworben werden.

Alle Waren und Handelsgüter der Kompanie sollen am Rand mit einer Markierung versehen werden.

Alle männlichen Nachkommen der vorgenannten Personen, die Erstunternehmer in dieser Kompanie waren, dazu die männlichen Erben aller dieser Nachkommen sollen fortwährend in die Freiheiten und Vorrechte der genannten Kompanie unentgeltlich aufgenommen werden, wenn es sich so ergibt.

Derjenige Gesellschafter, der ohne männliche Nachkommenschaft stirbt, kann seine Vorrechte in dieser Kompanie in seinem letzten Willen und durch sein Testament an eine andere Person abtreten und übertragen.

Aus: Vilhjalmur Stefansson (ed.): The Three Voyages of Martin Frobisher. 2 vols. London 1938 (Argonaut Press). Vol. 2, S. 106–107.   Mi

61. Zweite Reise Linschotens auf der Suche nach einer Nordost-Passage. Gefährliche Begegnung mit einem Eisbären (1595)

Einer der bekanntesten Teilnehmer der beiden ersten niederländischen Expeditionen zur Auffindung der Nordost-Passage war Jan Huyghen van Linschoten aus Enkhuizen, der sich bereits jahrelang in Ostindien und auf den Azoren aufgehalten hatte und von dessen Beschreibungen seiner Erlebnisse und dort gesammelter Kenntnisse wichtige Impulse für die Aufnahme niederländischer Handelsfahrten in den südasiatischen Raum ausgingen. Aus seiner Feder stammen auch die Reiseberichte der beiden Polarmeer-Fahrten, an denen er als Kommis teilnahm. Im Frühjahr 1595 rüsteten die Staaten von Holland und Seeland drei Schiffe von je rund 200 Tonnen und sechs Jachten von je rund 30 Tonnen aus. Cornelis Nai führte den Oberbefehl über die gesamte Flotte, Willem Barents den über die Amsterdamer Fahrzeuge. Den drei großen und vier der kleineren Schiffe gelang es, durch die Jugor-Straße in die Kara-See vorzudringen, wo das Eis einen weiteren Vorstoß verhinderte. Nachdem sie einige Zeit vor dem Ausgang der Jugor-Straße gekreuzt hatten, mußten sie den Versuch aufgeben und nach Hause zurückkehren. Die Seeleute hatten sich die Wartezeit mit der Suche nach Bergkristallen an der russischen Küste vertrieben, wobei das folgende von Linschoten geschilderte Unglück geschah.
Lit.: S. P. L'Honoré Naber (Hg.): Reizen van Jan Huyghen van Linschoten haar het Noorden, 1594–1595. 's-Gravenhage 1914 (Werken der Linschoten Vereeniging VIII). Einleitung, S. LXVII–LXX.   Pa

Mittwoch, den 6. [September] wurde das Wetter etwas klarer und milder. Der Wind oder Luftzug kam von Westen, meist war es jedoch still, wobei sich das Eis etwas ostwärts zu bewegen schien. Der Wind lief dann südlich und zum

Schluß östlich um, doch mit einer schlaffen Kühlte. Das Wetter blieb den ganzen Tag dunkel, neblig und feucht.

Da nun nicht viel auszurichten war, fuhr das Seevolk aus Begierde, die Steine oder Kristalle zu suchen, an Land; der eine hier-, der andere dorthin, ein jeder an die Stelle, an der er glaubte, am besten etwas zu finden. Dort rutschten sie auf Knien und Ellenbogen herum, ohne irgendwelchen Argwohn und ohne ein Gewehr bei sich zu haben. Sie dachten, das sei nicht nötig, da wir desgleichen an allen Tagen und auch im vorigen Jahr getan hatten. Unter diesen Steinsuchern waren zwei, die beieinander lagen (mit der genannten Sorglosigkeit und Unbekümmertheit), um die Erde umzugraben und -zuwühlen, und zwar auf dem Festland, nicht weit vom Ufer entfernt, wo in ihrer Nähe wohl noch weitere dreißig Personen mit derselben Tätigkeit beschäftigt waren. Da kam ein großer weißer Bär, vermutlich derselbe, den [die Matrosen] am vorigen Tag von der Staaten-Insel verjagt hatten und der anscheinend dem Verhungern nahe war. Er schlich ganz leise bis zu der Stelle, wo diese beiden Steinsucher in ihre Arbeit vertieft waren, ohne zu ahnen, welches Unheil ihnen so nahe war. Endlich kam der Bär [heran], faßte den einen von hinten im Nakken und trug ihn weg, bevor der arme Kerl *(Pacient)* Zeit hatte, zu sehen, wer ihn ergriffen hatte. Und obwohl er sofort um Hilfe rief, ist sein Gefährte, der keinen anderen Rat wußte, entsetzt geflohen. Dies sahen und hörten die anderen, die hier und da verstreut waren, und kamen gleich gelaufen, um dem Bären seine Beute abzujagen. Aber es war vergebens, denn er hatte dem armen Opfer hastig die halbe Kinnlade und Wange mit dem halben Kopf abgebissen und saugte das Blut so lange aus, bis der unglückliche Matrose den Geist aufgab, nachdem er sich lange Zeit mit seinem Messer gewehrt hatte.

Etliche auf den Schiffen hörten dieses Spektakel von ferne und ruderten sofort mit dem Boot darauf zu, aber ehe sie dort ankamen, war die Tat schon geschehen. Und das Unglück fand hiermit noch kein Ende, sondern forderte noch einen Mann. Denn als der Bär von dem ersten [Opfer] genug hatte, wandte er sich der größten [Menschen-] Gruppe zu. Obwohl sie sich ihm zuerst entgegenstellten, ergriff ein jeder [von ihnen] die Flucht, als sie sahen, daß er so wütend auf sie losging, mit dem Ergebnis, daß es derjenige, der nicht laufen konnte, mit dem Leben bezahlen mußte. Dies war ein Bootsmann von unserer Jacht (der erste war ein Matrose der Jacht des Admirals), den [der Bär] auf die gleiche Weise umbrachte wie den ersten, ohne daß die unseren etwas dagegen tun konnten. Doch danach schossen und schlugen sie so lange [auf den Bären ein], daß sie ihn töteten. Dann häuteten sie ihn ab, um Nutzen aus seinem Fell zu ziehen. In seinem Magen fanden sie noch die halben Köpfe und Kinnladen der umgebrachten Seeleute liegen, aber sonst nichts. Der Bär war von ausnehmender Größe, dem Anschein nach mächtiger als ein großer Ochse.

Dieses elende Unglück war ein großer Schreck und verursachte große Furcht unter den Mannschaften. Doch wir konnten dagegen nichts anderes tun, als [die beiden Toten] am nächsten Tag auf der Staaten-Insel nach bestem

Vermögen und aufs Anständigste zu begraben. Diese Geschehnisse führten dazu, daß das Seevolk keine große Lust mehr bekam, an Land zu gehen, ohne gut bewaffnet zu sein und gute Wache zu halten.

Aus: S.P.L'Honoré Naber (Hg.): Reizen van Jan Huyghen van Linschoten naar het Noorden, 1594–1595. 's-Gravenhage 1914 (Werken der Linschoten Vereeniging VIII), S. 178–179.   Pa

62. Die Reise von Willem Barents und die Überwinterung auf Nowaja Semlja nach dem Tagebuch von Gerrit de Veer (1596/97)

Nach dem Mißerfolg der zweiten niederländischen Reise auf der Suche nach einer NO-Passage waren zwar nicht die Teilnehmer, wohl aber die Auftraggeber entmutigt. Außerdem wollte man wohl zunächst den Ausgang der ersten Handelsreise einer niederländischen Flotte um das Kap der Guten Hoffnung nach Ostindien abwarten, die im April 1595 ausgesegelt war. Nur der bekannte Amsterdamer Kartograph Petrus Plancius entwarf einen neuen Plan. Er glaubte, daß man China auf einem viel dichter am Pol vorbei- oder sogar direkt über ihn hinwegführenden Weg erreichen könnte.

1596 liefen erneut zwei Amsterdamer Schiffe aus, um eine nördliche Durchfahrt nach China zu suchen. Die Expedition stand unter dem Oberbefehl von Willem Barents, der bereits die beiden ersten Reisen ins Eismeer mitgemacht hatte. Er war ein Schüler des Plancius und hatte sich auch schon als Kartograph hervorgetan. Ihm zur Seite standen die Schipper[1] der beiden Schiffe, Jan Cornelisz. Rijp und Jacob van Heemskerck, zwei erfahrene Seeleute.

Den Verlauf dieser Reise schildert auf lebendige Art das Tagebuch eines Mitfahrenden, des jungen Gerrit de Veer. Barents scheint von Beginn an entgegen der von Plancius verfaßten Instruktion eine nordöstliche Route bevorzugt zu haben, nämlich um Nowaja Semlja herum, wie er es 1594 schon einmal versucht hatte. Zunächst jedoch konnte sich Rijp, der für die Ausführung der Instruktion eintrat, durchsetzen. Vom Nordkap aus folgte man einem nördlichen Kurs und entdeckte zunächst die Bären-Insel und dann Spitzbergen. Das Eis verhinderte ein weiteres Vordringen, so daß man zur Bären-Insel zurückkehrte. Hier trennten sich die beiden Schiffe, offenbar wegen Meinungsverschiedenheiten über das weitere Vorgehen. Rijp versuchte erneut erfolglos, in der Nähe Spitzbergens eine Passage zu finden, und kehrte im Herbst in die Niederlande zurück.

Barents setzte mit seinem Schipper Heemskerck nach Nowaja Semlja über. Es gelang ihnen, die Nordspitze der Insel zu umrunden und deren Ostküste eine Strecke weit in südliche Richtung zu verfolgen, bevor das Schiff in einer Bucht (der Barents-Bai) vom Packeis eingeschlossen und die Mannschaft zum Überwintern gezwungen wurde. Die Schilderung dieser rund zehn Monate, die die Männer dort unter extremen

---

[1] Der Schipper ist der Kommandierende eines Handelsschiffes und trägt die Verantwortung für das gesamte Schiff mit allem Zubehör, für die Mannschaft und für die Ausführung der Beschlüsse, die die Oberkommandierenden einer Flotte gefaßt haben. In dieser Funktion trat naturgemäß Heemskerck während der Überwinterung mehr in den Vordergrund als Barents, nachdem die Expedition, die dieser hatte führen sollen, gescheitert war.

Bedingungen überlebten, gehört ohne Zweifel zu den großartigsten und spannendsten Dokumenten aus der Entdeckungs- und Seefahrtsgeschichte, die uns überliefert sind.

   Lit.: S. P. L'Honoré Naber: Reizen van Willem Barents, Jacob van Heemskerck, Jan Cornelisz. Rijp en anderen naar het Noorden (1594–1597) verhaald door Gerrit de Veer. Tweede deel: Inleiding. 's-Gravenhage 1917 (Werken der Linschoten-Vereeniging XV).   Pa

1596

Am 27. August trieb das Eis rund um das Schiff und es war gutes Wetter. Wir gingen an Land, und als wir ein Stück des Weges landeinwärts gegangen waren, begann ⌊der Wind⌋ kräftig aus SO zu wehen und das Eis sich gewaltig vor dem Bug aufzupacken. Es trieb das Schiff vorne gut vier Fuß in die Höhe, so daß es achtern in eine Lage kam, als ob es mit seinem hinteren Teil auf Grund säße und also hätte auseinanderbrechen müssen.

   [. . .]

Am 28. wich das Eis wieder etwas und das Schiff senkte sich wieder in seine natürliche Lage. Noch bevor es sich ganz zurechtgesetzt hatte, ging Willem Barents mit dem anderen Steuermann[2] vor den Bug, um zu sehen, wie es um das Schiff stand und um wieviel es emporgehoben worden war. Während sie auf Knien und Ellenbogen liegend damit beschäftigt waren, [die Höhe] zu messen, stürzte das [Vor-] Schiff mit einem solchen Krachen [auf das Eis] herunter, daß sie bereits meinten, ihr Leben verloren zu haben, da sie nicht gewußt hätten, wo sie sich hätten in Sicherheit bringen sollen.

Am 29. August, als das Schiff wieder seine richtige Lage hatte, unternahmen wir große Anstrengungen, um mit eisernen Kuhfüßen[3] und anderen Instrumenten die Eisschollen zu zerbrechen, die übereinandergeschoben [um das Schiff] lagen. Aber alle Arbeit war vergebens und alle Mühe verloren, so daß wir es Gott überlassen und von ihm Rettung erwarten mußten, denn das Eis trieb nicht weg, was [allein] uns weitergeholfen hätte.

Am 30. August begann sich das Eis bei einem heftigen Wind aus Süden bis Westen[4] und dichtem Schneetreiben wiederum und noch viel gewaltiger als vorher übereinander und gegen das Schiff zu schieben, wodurch dieses ganz emporgehoben und eingeklemmt wurde. Es begann in allen Fugen zu krachen und zu bersten, so daß es schien, als würde es in hundert Stücke brechen, was sehr schrecklich anzuhören und zu sehen war, so daß einem von diesem greulichen Schauspiel die Haare zu Berge standen. In dieser Gefahr wurde das Schiff nun (da sich das Eis, das es so einzwängte, von beiden Seiten unter es schob) geradewegs in die Höhe gehoben, als ob es mit einer Schraubenwinde hochgestemmt worden wäre.

   [. . .]

---

   [2] Vermutlich der am 20. Juni 1597 verstorbene Claes Andriesz. (Goutijk). *Anm. d. niederländischen Herausgebers.*

   [3] Runde Eisenstangen, die an einem Ende flach und mit einer querstehenden Spitze (ähnlich einer Hacke) versehen waren. Sie dienten als Hebelinstrumente sowie dazu, Nägel auszuziehen.

   [4] Das bedeutete, daß das Eis vom Wind in die Bucht gedrückt wurde, in der das Schiff lag.

Am 11. September war das Wetter ruhig und wir gingen zu acht Personen an Land, gut mit Gewehren versehen, um festzustellen, ob stimmte, was die anderen drei[5] uns gesagt hatten, daß nämlich in der Nähe des Flusses Holz läge. Denn da wir bis dahin einige Male [in unserem Boot] lange herumgeschweift und dabei mehrmals ins Eis und dann wieder aus ihm heraus gekommen waren und unseren Kurs dementsprechend geändert hatten, so hatten wir inzwischen festgestellt, daß wir [mit dem Schiff] nicht [mehr] aus dem Eis herausgelangen konnten, sondern dort festsaßen und nicht wieder, wie so oft vorher, loskommen konnten. Und da es auf Herbst und Winter zuging, zwang uns die Not, Rat zu schaffen und nach Lage der Dinge die besten Vorbereitungen zu treffen, um dort zu überwintern und abzuwarten, in welches Abenteuer uns Gott schicken wollte. Daher fanden wir es ratsam – um besser vor der Kälte und den wilden Tieren geschützt zu sein –, dort eine Hütte oder ein Haus zu errichten, um uns darin so gut wir konnten, zu erhalten und alles weitere Gott anzubefehlen.

[Es fanden sich am Strand tatsächlich ganze angetriebene Bäume, die sowohl als Bau- wie als Brennmaterial dienen konnten. Auf Schlitten wurden sie mühsam zur Baustelle gezogen].

[...]

Am 26. September wehte ein Westwind und die See war offen. Aber unser Schiff blieb ebenso fest liegen [wie vorher], so daß es uns mehr Verdruß als Freude machte. Doch es war Gottes Werk, mit dem wir zufrieden sein mußten, und wir begannen, das Haus abzudichten. Ein Teil unserer Mannschaft holte Brennholz, der andere Teil zimmerte und war am Haus beschäftigt. Wir waren nun noch sechzehn Personen, denn unser Zimmermann war gestorben, und von uns übrigen war außerdem noch einer krank.

[...]

5. Oktober. [...]

Am selben Tag brachen wir das Vorunter[6] des Schiffes ab und deckten mit den Planken das Haus, [und zwar] in der Mitte etwas höher für den Wasserablauf. Wir bekamen es an diesem Tag fast dicht. [...]

[...]

Am 7. war ziemlich gutes, doch sehr kaltes Wetter und wir kalfaterten oder trieben das Haus dicht und brachen den Achterraum [des Schiffes] ebenfalls aus, um das Haus weiter abzudichten. Der Wind lief an diesem Tag rundum.

[...]

Am 24. Oktober kam der Rest unserer Mannschaft, nämlich acht Personen, ins Haus und schleppte den kranken Mann auf einem Schlitten [herbei][7]. Wir

---

[5]　Am 7. September hatten drei Mitglieder der Besatzung einige Meilen landeinwärts an einem Fluß viel Treibholz gefunden. Die Gewehre waren wegen der zum Teil angriffslustigen Eisbären nötig.

[6]　So hieß auf Fahrzeugen mit einem Deck der vorderste Raum.

[7]　Wegen schlechten Wetters hatte man ihn bisher nicht transportieren können, weshalb ein Teil der Mannschaft bei ihm im Schiff übernachtete. Er starb am 26. Januar 1597.

schleiften mit großer Mühe und Arbeit unser Beiboot *(scheeps Bock)* zum Haus
und kehrten seinen Boden nach oben, um es in zukünftigen Zeiten (falls Gott
uns die Gnade verlieh, über den Winter zu kommen) wieder zu benutzen. [. . .]

Da die Zeit bevorstand, in der uns die Sonne (das höchste und beste, das wir
[in dieser Einöde] sehen konnten) verlassen sollte, holten wir mit allem Fleiß
täglich noch Schlitten mit Gütern aus dem Schiff ins Haus, sowohl Eßwaren
als Getränke und alles, was sonst nötig war. Der Wind kam aus Norden.

[. . .]

Am 4. November war ruhiges Wetter. Nun sahen wir die Sonne nicht mehr,
da sie nicht länger über dem Horizont stand. [An diesem Tag] befahl unser
Schiffsarzt, nach seinem Entwurf aus einem Weinfaß ein Bad zu machen, in
dem man ein Dampfbad nehmen konnte. Einer nach dem anderen gingen wir
allesamt hinein und fanden uns sehr wohl dabei, so daß es unserer Gesundheit
sehr zustatten kam. Am selben Tag fingen wir einen weißen Fuchs. [Die Füch-
se] ließen sich nun – anders als früher – oft sehen, denn während uns die Bären mit der Sonne verließen und nicht zurückkamen, bevor die Sonne wieder
erschien, so zeigten sich dagegen die Füchse in der Zeit, in der die Bären abwesend waren.

[. . .]

8. November. [. . .]

Am selben Tag teilten wir das Brot untereinander auf. Jeder Mann erhielt
vier Pfund und zehn Lot für acht Tage, so daß wir nun acht Tage lang an einer
Tonne Brot aßen, womit wir vorher nur fünf oder sechs Tage ausgekommen
waren. Fleisch und Fisch zu rationieren war noch nicht notwendig, aber unsere [gewöhnliche Menge an] Getränken hatten wir nicht zur Verfügung. Darin
mußten wir zusammenlegen und untereinander teilen, denn unser schönes
Bier, das wir noch besaßen, hatte durch den Frost fast seine gesamte Stärke
eingebüßt und ein großer Teil davon war außerdem verloren gegangen[8].

[. . .]

Am 20. November war schönes, stilles Wetter, der Wind kam aus Osten.
Wir wuschen unsere Hemden, aber es war so kalt, daß sie, nachdem wir sie
gewaschen, ausgewrungen und eben aus dem warmen Wasser [gezogen hat-
ten], so steif froren, daß wir sie alle neben ein großes Feuer legen mußten.
[Dort] weichte die dem Feuer zugewandte Seite auf, aber die abgekehrte blieb
ebenso steif gefroren [wie vorher], so daß [die Hemden] eher gebrochen wären, als daß wir sie hätten auseinanderziehen können. So mußten wir sie wieder ins siedende Wasser legen, damit sie auftauten, so eine gewaltige, große
Kälte herrschte.

[. . .]

Am 3. Dezember war immer noch dasselbe Wetter[9] und wir konnten nur in

---

[8] Schon am 20. Oktober war festgestellt worden, daß das gefrorene Bier z. T. die Fässer ge-
sprengt hatte.

[9] Seit dem ersten Dezember war das Wetter so schlecht, daß man das Haus nicht verlassen

unseren Kojen liegen und dabei deutlich das Eis in der See krachen hören, obwohl diese eine halbe Meile von uns entfernt lag. Es machte einen schrecklichen Lärm von Bersten und Krachen, so daß wir vermuteten, daß die großen
Eisberge aufeinanderstießen und -geschoben wurden, die wir im Sommer so
viele Faden dick hatten daliegen sehen. Und da wir in diesen zwei oder drei
Tagen wegen des beißenden Rauchs kein so großes Feuer machten wie bisher,
fror es im Haus so gewaltig, daß Wände und Balkendecke von einer gut zwei
Finger dicken Eisschicht überzogen waren, ja sogar das Innere der Kojen, in
denen wir lagen, ebenso dick. Während dieser drei Tage, in denen wir wegen
des schlechten Wetters nicht herauskonnten, stellten wir das Zwölfstundenglas
auf, ließen es auslaufen und drehten es dann wieder um, worüber ständig ge-
wacht wurde, damit wir uns in der Zeitrechnung nicht irrten. Denn die Kälte
war so groß, daß die Uhr eingefroren war und nicht mehr ging, obwohl wir
schon mehr Gewichte als früher anhingen[10].

[...]

Am 7. Dezember herrschte noch ebenso schlechtes Wetter und es wehte ein
fliegender Sturm aus NO, der eine so gewaltige Kälte mitbrachte, daß wir keinen Rat wußten, uns davor zu schützen. Und als wir untereinander berieten,
wie wir es am besten anstellen sollten, so schlug einer unter uns vor, die Steinkohlen[11], die wir auch aus dem Schiff ins Haus gebracht hatten, nun in der
äußersten Not zu gebrauchen und ein Feuer damit zu entfachen, da dies einen
heißen und langandauernden Brand geben werde. Am Abend legten wir ein
großes Feuer mit den genannten Steinkohlen an, das große Hitze spendete,
aber wir rechneten nicht mit dem Gegenschlag. Denn da uns die Wärme so
sehr erquickte, suchten wir nach einer Möglichkeit, sie lange zu halten. Wir
fanden es daher ratsam, alle Türen und den Schornstein dicht zu verstopfen,
um die liebliche Wärme drinnen zu halten. Dann gingen wir jeder in unsere
Koje, um zu schlafen, frohgemut wegen der erreichten Wärme, und schwatz-
ten lange Zeit miteinander. Aber schließlich befiel uns eine merkwürdige Du-
seligkeit, und zwar den einen mehr als den anderen. Wir wurden dessen erst
gewahr durch einen, der krank darniederlag und dies darum weniger vertra-
gen konnte. [Dann] merkten wir auch an uns selber, daß uns eine große Ban-
gigkeit überkam, so daß einige, die noch am kräftigsten waren, aus ihren Kojen kamen und zuerst den Schornstein und dann die Tür aufstießen. Aber derjenige, der die Tür öffnete, fiel dabei in Ohnmacht (swijm) und stürzte mit
lautem Stöhnen auf den Schnee nieder, was ich hörte, da meine Koje neben
der Tür lag. [Ich] lief hin und sah ihn in seiner Bewußtlosigkeit liegen, holte
schnell Essig (edick) und rieb damit sein Gesicht ab, wodurch er wieder zu sich

---

konnte. Es war so unter Schnee begraben, daß der Rauch des Feuers kaum noch einen Abzug
fand.
  [10] Es handelte sich um eine Pendelwanduhr, die bereits am 7. November stehengeblieben war.
In der Zwischenzeit hatte man die Zeit anscheinend nach den Gestirnen berechnet.
  [11] Die Steinkohlen waren ursprünglich für den Schiffsschmied, vielleicht aber auch als Heiz-
material bestimmt. *Anm. d. niederländischen Herausgebers.*

kam. Als nun die Türen geöffnet waren, wurden wir alle wiederum durch die
Kälte, die uns zuvor ein so harter Feind gewesen war, erfrischt und erquickt.
Sie war also die Ursache unserer Rettung, denn wir wären unzweifelhaft alle
ohnmächtig geworden und dann gestorben. Nachdem wir wieder etwas zu
uns gekommen waren, gab der Schipper jedem etwas Wein, um unsere Herzen zu stärken.

[...]

Anno 1597
Nachdem wir nun mit großer Kälte, Gefahr und Ungemach das Jahr zu Ende
gebracht hatten, traten wir in das Jahr 1597 nach der Geburt Unseres Herrn
ein. Und selbiges Jahr nahm denselben Anfang, wie der Ausgang des Jahres 96
gewesen war, denn das Wetter blieb ebenso schlecht, kalt und unerträglich
(onghesturich) mit viel Schneetreiben, so daß wir am ersten Januar im Haus
bleiben mußten. Der Wind kam aus Westen. Am selben Tag begannen wir, den
Wein in Rationen von einem kleinen Maß auszuteilen, und zwar in zwei Tagen eines. Und da wir fürchteten, daß es noch lange dauern würde, bevor wir
diesen Ort verlassen konnten (wozu die Hoffnung ohnehin gering war), so
sparten einige denselben Wein noch so lange auf, wie sie konnten, damit sie,
falls das Abenteuer noch lange dauern sollte, zur Not noch etwas vorrätig hätten.

[...]

Am 5. war das Wetter etwas sanfter. Wir gruben die Tür wieder auf, damit
wir herauskommen konnten, und trugen all den Abfall nach draußen, der
während der Tage, an denen wir eingeschlossen gewesen waren, angefallen
war. Wir säuberten alles, holten Holz herein, hackten es und waren den ganzen Tag damit beschäftigt, um so viel wie möglich in Vorrat zu haben, denn
wir fürchteten, wieder eingeschlossen zu werden. Und da in der Frontseite
(Portael) [unseres Hauses] drei Ausgänge oder Türen waren und das Haus unter Schnee begraben lag, nahmen wir die mittlere Tür heraus und gruben ein
großes Loch oder eine Höhle in den Schnee außerhalb des Hauses, wie ein
Gewölbe oder einen Keller, in den wir gehen konnten, um unsere Notdurft zu
verrichten, und um den anderen Abfall hineinzuwerfen.

Nachdem wir uns nun den ganzen Tag abgerackert hatten, fiel uns ein, daß
es der Abend vor Dreikönigen war. Wir begehrten vom Schipper, daß er uns in
all unserem Verdruß auch einmal etwas Vergnügen gönnen solle. Dazu wollten wir einen Teil der Weinrationen einbringen und anlegen, deren Zuteilung
uns alle zwei Tage zustand und von denen [wir] etwas aufgespart oder übrig
hatten. Also erquickten wir uns an diesem Abend etwas und spielten „Kleiner
König", wobei uns zwei Pfund Mehl zur Verfügung standen, die wir mitgenommen hatten, um die Kardusen zu kleben[12]. Daraus buken wir Pfannku-

---

[12] Aus dem Mehl sollte Kleister gemacht werden, um damit die Kardusen zu kleben. Eine Kar-
duse war ein zylinderförmiger Beutel aus Papier oder Pergament, in dem sich das zur Ladung ei-

chen in Öl und legten in jeden einen Weißbrot-Zwieback, den wir in Wein tunkten, und ließen uns träumen, wir wären in unserem Vaterland bei unseren Freunden. Wir wurden davon so vergnügt, als ob wir zu Hause eine herrliche Mahlzeit gehabt hätten, so gut schmeckte es uns. Wir hatten auch Lose ausgeteilt und unser Konstabler wurde König von Nowaja Semlja, das zweihundert[13] Meilen lang war und zwischen zwei Meeren eingeschlossen lag.

[. . .]

Am 24. Januar war schönes, klares Wetter mit einem westlichen Wind. Ich ging mit Jacob Heemskerck und noch einem dritten aus unserer Hütte zum Strand, wo ich, für uns alle völlig unerwartet, zum allerersten Mal die Kimme der Sonne sah. Deshalb eilten wir schnell zu unserem Haus oder unserer Hütte zurück, um es Willem Barents und den anderen Gefährten als eine erfreuliche Nachricht zu verkünden. Willem Barents als kluger und erfahrener Steuermann wollte dies unter keinen Umständen glauben, da es noch ungefähr 14 Tage vor der Zeit sei, zu der sich die Sonne auf unserer Breite zeigen sollte. Wir dagegen behaupteten hartnäckig, daß wir die Sonne gesehen hatten, worüber verschiedene Wetten abgeschlossen wurden.

Am 25. und 26. herrschte nebliges und diesiges Wetter, so daß man keine Aussicht hatte. Die, die dagegen gewettet hatten, glaubten schon, gewonnen zu haben, aber am 27. war das Wetter klar und hell und wir sahen allesamt die Sonne mit ihrer vollen Scheibe über dem Horizont [stehen], woraus genugsam zu ersehen ist, daß wir sie am 24. erblickt hatten[14].

[. . .]

[Am 22. Februar mußte ein Teil der Mannschaft, darunter de Veer, mit dem Schlitten neues Brennholz holen].

Und der Rückweg wurde uns so sauer, daß wir fast den Mut verloren. Denn wir waren durch die lange Kälte und die Beschwernisse so schwach und aufgerieben, daß wir kaum noch Kraft hatten. Wir begannen schier zu verzweifeln [und zu fürchten], daß uns die Kräfte [ganz] verlassen würden und wir nicht

---

ner Kanone erforderliche Pulver befand. Ihr Durchmesser entsprach dem Kaliber der Kanone. Sie wurde zuerst in den Lauf geschoben, dann folgte die Kugel.

[13] In der Längsrichtung gemessen ist die Insel Nowaja Semlja einschließlich der Insel Waigatsch nach den Kartenzeichnungen de Veers 165 geographische (deutsche) Meilen lang. *Anm. d. niederländischen Herausgebers.*

[14] Nicht nur Barents selbst, sondern auch andere gelehrte Zeitgenossen zweifelten dieses Datum so stark an, daß de Veer sich genötigt sah, vor der Drucklegung eine längere Rechtfertigung und Beteuerung seiner Aussage in sein Tagebuch aufzunehmen. Es gab lange wissenschaftliche Auseinandersetzungen darüber, ob dieses frühe Erscheinen der Sonne unter bestimmten Voraussetzungen nicht doch möglich sei. Der Herausgeber dieser modernen Ausgabe de Veers kommt schließlich zu dem Schluß, daß de Veer hier absichtlich das Datum vorverlegte, um sich selbst – denn er will die Sonne ja als erster gesehen haben – in den Vordergrund zu rücken. Denn selbst wenn de Veer hier – freilich ohne es anzugeben –, den julianischen Kalender benutzt, kann die Sonne frühestens am 27. Januar alten Stils erschienen sein, und auch das nur aufgrund besonderer Strahlenbeugungen. Ein Erscheinen am 24. Januar (alten Stils) ist völlig unmöglich. Vgl. L'Honoré Naber: Reizen van Willem Barents, . . . Einleitung, S. LXXXIII – CXXVI und LXXIV.

länger Holz holen könnten, wodurch wir hätten erfrieren müssen. Aber die augenblickliche Not und die Hoffnung auf Besserung gaben uns zusätzliche Stärke, so daß wir mehr taten, als unsere Körperkräfte [eigentlich] zuließen. [...]

[...]

Am 4. Juni war schönes und nicht sehr kaltes Wetter mit klarem Sonnenschein. Ungefähr mit der südöstlichen Sonne[15] gingen wir zu elft zu unserer Schute[16] an den Graben *(cingel)*, in dem sie lag, und schleppten sie zum Schiff. Die Arbeit fiel uns leichter als zuvor, als wir es versucht hatten und aufgeben mußten[17]. Die Ursache, daß wir nun besser vorankamen, lag unseres Erachtens darin, daß der Schnee nun zusammengesackt, härter und dadurch fester geworden war, auch war unser Mut nun vielleicht größer, da wir sahen, daß die [Jahres-] Zeit uns offenes Wasser bescherte, so daß wir darauf vertrauten, daß wir von dort wegkommen würden. Also blieben drei [von uns] bei der Schute, um sie aufzuzimmern. Da es eine Heringsschute war, die hinten schmal zulief, sägten sie sie hinten etwas auf und versahen sie mit einem Spiegel, damit sie in See besser zu gebrauchen war. Auch erhöhten sie die Bordseiten etwas *(boyden se op)*[18] und machten sie so auf die bestmögliche Weise zurecht. Die anderen Kameraden arbeiteten fleißig im Haus, um alle Dinge, die für die Reise nötig waren, vorzubereiten. Sie schleppten an diesem Tag zwei Schlitten mit Lebensmitteln und anderen Gütern zum Schiff, das ungefähr auf halbem Weg zwischen dem Haus und dem offenen Wasser lag, damit man später einen viel kürzeren Weg hatte, um die Waren ans Wasser zu bringen, wenn wir abfahren wollten. Und alle Arbeiten, die wir verrichteten, fielen uns leicht durch die Aussicht, von diesem wüsten, wilden, strengen, Verdruß bringenden, kalten Land fort zu kommen.

[...]

Am 13. Juni war gutes, schönes Wetter und der Schipper ging mit den Zimmerleuten zum Schiff. Sie machten die Schute und das Beiboot so weit fertig und rüsteten sie so weit aus, daß nun nichts anderes mehr zu tun blieb, als sie zu Wasser zu bringen. Und da der Schipper ebenso wie die anderen, die bei ihm standen, sah, daß das Wasser offen war und eine gute Kühlte[19] aus dem Westen wehte, ging er wieder ins Haus und gab Willem Barents (der seit langem krank war) zu verstehen, daß er es für ratsam halte und der geeignete Zeitpunkt [gekommen] sei, von dort abzufahren. Und sie beschlossen zusammen mit den einfachen Gefährten, die Schute und das Beiboot zu Wasser zu lassen und im Namen Gottes unsere Reise anzutreten, um von Nowaja Semlja zu scheiden.

---

[15] Ungefähr 7.30[h] morgens. *Anm. d. niederländischen Herausgebers.*

[16] Kleines Fahrzeug, das vorne spitz und hinten und vorne gleich hoch gebaut ist.

[17] Am 29. Mai hatten sie die Schute aus dem Schnee gegraben, aber nicht mehr die Kraft aufgebracht, sie zum Haus zu schleppen.

[18] Das Boot erhielt demnach ein flaches Heck und einige zusätzliche Außenplanken, mit denen es seitlich erhöht wurde.

[19] Ein frischer Wind.

[Zuvor schrieb Barents auf einem Zettelchen kurz ihre Geschichte auf. Es wurde in einem Musketenmaß verschlossen im Schornstein aufgehängt.][20]

Nachdem wir nun hierin alle übereingekommen waren, brachten wir das Beiboot zu Wasser und ließen einen Mann in ihm. Darauf [folgte] die Schute, und dann schleppten wir gut elf Schlitten mit Waren, sowohl Lebensmittel und Wein, den wir noch hatten, als auch Handelsgüter [zu den Booten], was wir mit aller Emsigkeit taten, um so viel wie möglich zu bergen. [. . .] Schließlich stiegen wir in die Schuten, auf die wir aufgeteilt waren und in denen je ein Kranker saß. Der Schipper ließ beide Boote sich Bord an Bord nebeneinander legen und uns das Schreiben unterzeichnen, [. . .] das im Wortlaut folgt[21]. Danach empfahlen wir uns der Gnade Gottes und gingen bei einem WNW-Wind und angesichts einer ziemlichen Strecke offenen Wassers unter Segel.

[Die Heimreise in zwei offenen Booten, dem Wetter ausgesetzt, unzureichend verpflegt und ohne nautische Hilfsmittel, war entbehrungsreich und gefährlich. Sie führte um die Nordspitze Nowaja Semljas herum und dann die Westküste der Insel entlang. Am 20. Juni starben sowohl Willem Barents als auch Claes Andriesz. im Abstand einer halben Stunde. Die restlichen zwölf Überlebenden trafen am 30. August bei Kola auf ihren alten Reisegefährten Jan Cornelisz. Rijp, der sie mit Nahrung versorgte und auf seinem Schiff mit nach Hause nahm. Am 1. November 1597 erreichten sie Amsterdam.]

Aus: S. P. L'Honoré Naber (Hg.): Reizen van Willem Barents, Jacob van Heemskerck, Jan Cornelisz. Rijp en anderen naar het Noorden (1594–1597) verhaald door Gerrit de Veer. Eerste deel. 's-Gravenhage 1917 (Werken der Linschoten Vereeniging XIV), S. 65/66; 69; 73; 75; 79; 82; 83; 84/85; 86/87; 87/88; 93/94; 94/95; 99; 109; 127/128; 130/131.   Pa

63. Hessel Gerritszoons[1] Darstellung der Entdeckung der Hudson-Bai auf Henry Hudsons vierter und letzter Reise (1610)

Bereits kurz nach der Rückkehr von seiner dritten Reise nach England 1609 schloß Henry Hudson mit drei englischen Geldgebern und Kaufleuten, nämlich Sir Dudley Diggs, Sir Thomas Smith und John Wolstenholme, Esq., einen Vertrag. Sie beauftrag-

---

[20] Der von Barents verfaßte Brief wurde am 29. Juli 1877 bei Nachforschungen auf Nowaja Semlja in den Resten des Hauses zusammen mit anderen Gebrauchsgegenständen durch Chs. Gardiner wiedergefunden. Diese Dinge sind heute im Rijksmuseum in Amsterdam zu besichtigen.

[21] Der Brief enthielt eine kurze Schilderung ihres Schicksals und den Beschluß, eine Heimreise auf den beiden offenen Booten zu wagen. Er trug elf Unterschriften und sollte zur Benachrichtigung der Nachwelt und zur Rechtfertigung vor ihr dienen, falls eines der Boote mit seiner Besatzung verlorengehen sollte.

[1] Hessel Gerritszoon (1581–1632) war Mathematiker und Kartenzeichner und wurde am 16. Oktober 1617 zum Kartographen der VOC ernannt. Vgl. Nieuw Nederlandsch Biografisch Woordenboek III (1914), Sp. 462. Seine erste Veröffentlichung, die im Herbst 1612 erschien, war eine ursprünglich von Hudson selbst skizzierte Karte über die Entdeckungen seiner vierten Reise, die Gerritszoon in Kupfer stach und mit einer kurzen Erklärung in niederländischer Sprache versah, die hier in Übersetzung wiedergegeben wird. Sie erlebte noch im selben Jahr mehrere Neuausgaben in Niederländisch und Latein. Vgl. Asher, S. XLIII–XLV.

ten ihn, eine Nordwest-Passage zu finden und rüsteten dafür das Schiff Discovery aus. Im April 1610 verließ Hudson England und trat seine letzte Fahrt an.

Den Plan, durch die Hudson-Straße, deren Existenz seit längerem bekannt war, eine solche Durchfahrt zu suchen, hatte Hudson schon 1608 und 1609 mit dem Geographen Plancius in Amsterdam erörtert. Die Quellenlage läßt eine genaue Rekonstruktion der von Hudson genommenen Route nur unvollkommen zu, da sein Logbuch nur bis zur Einfahrt in die nach ihm benannte Bai erhalten ist. Seine späteren Aufzeichnungen wurden anscheinend von der meuternden Mannschaft nach Aussetzung ihres Kapitäns vernichtet, weil sie als belastendes Beweismaterial hätten dienen können. Die übrigen von der Reise erhaltenen Berichte schildern zwar die Ereignisse an Bord, bieten aber nur wenige geographische Anhaltspunkte. So wurde die von Hudson hinterlassene Karte zum wichtigsten Zeugnis seiner Entdeckung, die sich später für den Pelzhandel Englands und Frankreichs als so bedeutsam erwies.

Lit.: G. M. Asher (ed.): Henry Hudson the navigator. The original documents in which his career is recorded. New York 1860 (Hakluyt Society. 1st series. No. 27). Einleitung.   Pa

Mr. Hudson, der etliche Male westwärts einen Durchgang gesucht hatte[2], richtete sein Augenmerk darauf, durch Lumley's Inlet[3] in der Davisstraße in eine durchgehende See zu gelangen – wie wir dies aus seiner Karte bei Mr. Plancius ersehen haben[4] – und westlich von Nova Albion[5] in das Südmeer zu laufen, wo ein [anderer] Engländer[6] laut seiner eigenen Kartenzeichnung hindurchgefahren war. Nur mit viel Mühe fand [Hudson] den Weg, der auf dieser Karte hier eingezeichnet ist. Er hätte ihn [weiter] verfolgt, wäre das ge-

---

[2] Dies bezieht sich auf Hudsons vorhergehende Reisen, nämlich die erste 1607, die ihn nach Spitzbergen und zur Ostküste Grönlands führte, seine zweite Fahrt 1608, bei der er vergeblich nach einer nordöstlichen Durchfahrt suchte, und seine dritte 1609, in deren Verlauf der Hudson-River entdeckt wurde.

[3] Lumley's Inlet, von Davis 1587 so genannt nach Sir John Lumley, Kanzler *(high steward)* der Universität Oxford und ein einflußreicher Mann am Hofe Königin Elisabeths I., ist identisch mit Frobisher Bay, die Davis auf Grund der mangelhaften zeitgenössischen Kartographie nicht wiedererkannte. Vgl. S. E. Morison: The European Discovery of America. The Northern Voyages A. D. 500–1600. New York 1971, S. 601–602. Aus der von Gerritszoon herausgegebenen Karte geht hervor, daß Hudson nicht in die Frobisher Bay ein-, sondern an ihrem Eingang vorbei in die Hudson-Straße laufen wollte.

[4] Aus der Schilderung Abacuk Prickets, der als Vertreter Sir Dudley Diggs' an der Reise teilnahm und mit den Meuterern zurückkehrte, ist bekannt, daß Hudson von der später nach ihm benannten Straße und Bai eine Karte zeichnete, die die Mannschaft auf ihrer Heimreise zu Rate zog. Diese Karte hat anscheinend kurz nach ihrer Ankunft in England den Weg zu dem international bekannten Amsterdamer Geographen Plancius gefunden, aus dessen Händen sie dann wohl Gerritszoon erhalten hat. Vgl. Asher, S. XLV–XLVII.

[5] Die Namensgebung stammt von Drake, der damit ganz Nordamerika außer dem bereits von Spanien in Besitz genommenen Neu-Spanien im Süden und dem zu Frankreich gehörenden Neu-Frankreich im heutigen Kanada für England beanspruchte. Vgl. Z. Nuttal: New light on Drake. New York 1914 (Hakluyt Society. Second series. No. 34), S. LV–LVI.

[6] Gemeint ist George Weymouth, der 1602 eine ansehnliche Strecke weit in die Hudson-Straße hineinsegelte, wegen einer Meuterei seiner Mannschaft aber umkehren mußte. Das Logbuch dieser Fahrt kam in die Hände Plancius', wo Hudson es vor Beginn seiner dritten, in holländischen Diensten unternommenen Reise kennenlernte. Vgl. Asher, S. CXVIII–CXX und S. 190–191 (Zeugnis von Hessel Gerritszoon).

wöhnliche Schiffsvolk nicht so unwillig gewesen. Denn sie waren [bereits] gut zehn Monate unterwegs – obwohl sie nur für acht Monate Verpflegung an Bord hatten – und hatten auf der ganzen Fahrt nur einen [einzigen] Mann getroffen, der ihnen ein großes [erjagtes] Tier brachte, das sie aßen, der aber, da er schlecht behandelt wurde, nie wiederkam. Nachdem sie [nun] von der Höhe von 52° [n. Br.], wo sie überwintert hatten, entlang der westlichen Seite der Bai[7], in die sie eingelaufen waren, bis zur Höhe von 60° hinaufgefahren waren, wo sie auf eine offene See und starke Strömung aus Nordwesten stießen, erhob sich das gemeine Schiffsvolk gegen seine Leiter, die weiter vordringen wollten. [Die Matrosen] setzten alle Befehlshaber zusammen in einer Schaluppe oder Schute[8] über Bord und segelten dann mit dem Schiff nach England [zurück]. Bei ihrer Ankunft wurden sie wegen [dieses Verbrechens] allesamt ins Gefängnis geworfen. Auf Befehl des Königs und des Prinzen von Wales schickte man diesen Sommer erneut Schiffe dorthin[9], um die Durchfahrt weiter zu erforschen und um Mr. Hudson und seine [Gefährten] zu suchen. Diese Schiffe haben den Befehl, zu zweit der Passage zu folgen, wenn sie gefunden wird, während das dritte mit der Nachricht nach Hause geschickt werden soll, die wir erwarten.

Aus: G. M. Asher (ed.): Henry Hudson the navigator. The original documents in which his career is recorded. New York 1860 (Hakluyt Society. 1st series. No. 27), S. 181–183.   Pa

64. Die Suche nach einer Nordwest-Passage erweist sich als aussichtslos: William Baffins Brief an Sir John Wolstenholme (1616)[1]

Die Entdeckung der Hudson-Bai nährte in Londoner Kaufmannskreisen erneut die Hoffnung auf Auffindung eines nördlichen Seeweges nach Ostasien. Im Jahre 1612 wurde eine Gesellschaft zur Entdeckung der Nordwest-Passage ins Leben gerufen; zu ihren Gründern gehörten Sir Thomas Smith, maßgeblich beteiligt an den Virginia-Unternehmungen und an der East India Company, und Sir John Wolstenholme, der königliche Zollpächter. Zwischen 1612 und 1615 wurden zwei Fahrten durchgeführt,

---

[7] Gemeint ist die Hudson-Bai. Die Mannschaft überwinterte in deren südlichstem Teil, James Bay, den sie am 18. Juni 1611 verließ. Wenige Tage später, am 21. Juni, kam es zu der Verschwörung (vgl. Asher, S. CCIX–CCXIII).

[8] Eine Schaluppe war ein Ruderboot mit mindestens vier Riemen, das meist zwei Masten mit Sprietsegeln führte. Eine Schute war ein vorne spitz und hinten und vorne gleich hoch gebautes Boot, das ebenfalls mit einem Segel versehen sein konnte. Beide Typen wurden als Beiboote auf Segelschiffen benutzt. Vgl. Röding II, Sp. 491–493 und 527–528.

[9] König James I. und Henry, Prince of Wales, bestellten Sir Thomas Button, Mitglied des Hofstaates Prince Henrys, zum Leiter über diese 1612 ausgesegelte Expedition. Sie überwinterte in der Hudson-Bai und kehrte 1613 zurück, ohne etwas Bedeutendes ausgerichtet zu haben. Vgl. Asher, S. CCXIII und S. 194, Anm. 1.

[1] Die Originalvorlage trägt kein Datum. Es darf jedoch als sicher angenommen werden, daß der Brief kurz nach Baffins Rückkehr Ende August 1616 verfaßt wurde.

wobei man auf die Ortskundigkeit der Seeleute, die gegen Hudson gemeutert hatten, nicht verzichtete. Die Hudson-Bai erwies sich indes als Sackgasse, so daß man sich wieder dem von Davis vorgezeichneten Weg zuwandte. Am 26. März 1616 lief eine Expedition unter Robert Bylot als Kapitän und William Baffin als Steuermann aus, ein Gespann, das bereits die Hudson-Bai erkundet hatte. Sie stießen bis auf eine Breite von 78° vor, ehe sie das Packeis zur Umkehr zwang. Auf ihrer Rückfahrt entdeckten sie den Lancaster Sound, den sie lediglich für eine weitere Bucht hielten. An dieser Stelle jedoch befand sich der Eingang zur Nordwest-Passage, die Roald Amundsen in den Jahren 1903–1905 zum ersten Mal in ihrer ganzen Länge durchfuhr.

Lit.: Clements R. Markham (ed.): The Voyages of William Baffin, 1612–1622. New York o.J. (Hakluyt Soc. 1st ser. No. 63), S. I–LIX.   Mi

Werter Herr,

es ist nicht nötig, ein Reisetagebuch oder eine Kurzdarstellung mit Vorwort, ausführlicher Beschreibung und Ergänzung anzufertigen, und deshalb will ich nur sagen, daß ich stolz bin, wenn ich mich Eurer Verdienste um mein Selbstbewußtsein erinnere, und daß ich erfreut bin über mein günstiges Geschick, da ich doch den Vorwurf der Undankbarkeit vermeiden kann bei der Anerkennung Eurer vielen Gunstbeweise.

Ich sehe, daß es Euer Gnaden nicht unbekannt ist, in welcher Lage sich das den Nordwesten betreffende Unterfangen vordem befand, und daß die einzige Hoffnung darin bestand, die Davis-Straße abzusuchen. Und wenn Ihr selbst es nicht so sehr gefördert hättet, wäre das Unternehmen beinahe aufgegeben worden. Es bleibt mir nun nur noch übrig, Euer Gnaden davon zu unterrichten, was in diesem Jahr bewerkstelligt wurde. Weshalb ich Euch ersuche, meiner Gewohnheit stattzugeben und es mir nachzusehen, wenn ich die Einzelheiten frei heraus berichte, ohne irgendwelche vornehmen Wendungen oder ausdrucksvollen Redensarten zu gebrauchen.

Da dies nun die erste Absicht war, will ich den ganzen Ablauf der Reise in einem Wort aufzeigen. Daher kurz dies: Es gibt keine Passage und auch keine Hoffnung auf eine Passage im Norden der Davis-Straße. Wir sind die Küste entlang gefahren in ihrem ganzen oder doch fast ganzen Umfang und haben herausgefunden, daß sie nichts anderes ist als eine große Bucht, wie die Fahrt unzweifelhaft aufzeigte. Weshalb ich das Werk des Allmächtigen nur sehr bewundern kann, wenn ich nämlich bedenke, wie vergeblich doch die besten und größten Hoffnungen der Menschen in ungewissen Dingen sind. Und um von nichts anderem zu reden als der vielversprechenden Passage im Nordwesten: Wie viele der besten Sorte von Männern haben ihr ganzes Bemühen daran gesetzt, eine Durchfahrt auf diesem Wege nachzuweisen? Und dies nicht nur bei [privaten] Zusammenkünften, sondern auch in Schriften und Veröffentlichungen vor der ganzen Welt. Ja, welch gewaltige Summen wurden nicht für dieses Unternehmen ausgegeben, wie Euer Gnaden auf kostspielige Weise erfahren haben. Auch hätten die großsprecherischen Spanier nicht so viele falsche Karten und Schiffstagebücher im Ausland verbreitet, wenn sie nicht von einer Durchfahrt auf diesem Wege überzeugt gewesen wären, so daß sie dann – so

Gott wollte, daß eine Durchfahrt gefunden werde – die entsprechende Anerkennung für die Unternehmer und die wahren Entdecker hätten trüben können. Und ich für meinen Teil hätte kaum das Gegenteil geglaubt, bis meine
Augen Zeugen dessen wurden, was ich nicht zu finden wünschte. Jedes viel-
versprechende Anzeichen gab stets Anlaß zur Hoffnung, bis zu dem Zeitpunkt, als wir die Küsten dieser großen Bucht fast in ihrem ganzen Umfang
abgefahren hatten. Auch durfte Kapitän Davis nicht getadelt werden für seinen Bericht und für seine große Zuversicht, daß er nämlich, als er bei Sanderson's Hope[2] geankert hatte, die Gezeiten beobachtet habe. Denn bis zu diesem
Ort, der sich bei 72° 12' befindet, ist das Meer offen und von einer unerforsch-
lichen Tiefe und einer guten Färbung; nur die Gezeiten halten einen bestimmten Kurs bei und steigen nur auf eine geringe Höhe, so um die acht oder neun
Fuß. Die Flut kommt aus südlicher Richtung, und in der ganzen Bucht sind
jenseits dieser Stelle die Gezeiten so niedrig, [daß] sie kaum wahrgenommen
werden. Wegen der Schneeschmelze auf dem Land jedoch ist die Ebbe stärker
als die Flut; dadurch und auf Grund der Winde, die im Frühjahr beständig aus
nördlicher Richtung [wehen], werden die großen Inseln aus Eis nach Süden in
Bewegung gesetzt, einige zur Hudson-Straße, andere nach Neufundland,
denn überall in dem Kanal, dort, wo die See offen ist, treibt eine große Anzahl
von ihnen auf und ab; und bis zu diesem Jahr ist nicht genau bekannt, wo sie
entstanden.

[Im letzten Teil seines Briefes vertritt Baffin, freilich etwas gezwungen, die
Meinung, daß die Suche nach der Nordwest-Passage durchaus nicht nutzlos
gewesen sei, habe sie doch den Reichtum an Walen in den befahrenen Gewässern aufgezeigt.]

Aus: Clements R. Markham (ed.): The Voyages of William Baffin, 1612–1622. New York o. J.
(Hakluyt Soc. 1st ser. No. 63), S. 149–155.   Mi

---

[2] Das heutige Upernavik. Davis' Benennung drückt die Erwartung des Entdeckers, aber auch
Achtung und Mitgefühl für einen Geldgeber aus.

Zehntes Kapitel

Die Durchdringung und Eroberung des Festlandes um den Golf von Mexiko

Der Entdecker der Neuen Welt, Kolumbus, ist auf seinen Fahrten 1492–1504 niemals in den Golf von Mexiko eingedrungen. Auch die Berichte der sogenannten „Kleinen Entdecker" enthalten keinen Hinweis auf eine Erforschung der Golfregion, was erstaunlich erscheinen mag angesichts der intensiven spanischen Suche nach einer Westpassage in den Jahren bis etwa 1517. Sonderbar sind auch folgende Umstände: Als im Jahre 1508 Vicente Yáñez Pinzón und Juan Díaz de Solís von der spanischen Krone den Auftrag erhielten, die karibische Küste nochmals sorgfältig nach einer Durchfahrt zu den Gewürzinseln abzusuchen, überprüften sie die Küste des sich anschließenden Golfs von Mexiko allenfalls bis zum Río Pánuco; als dann Balboa 1513 im Bereich von Goldkastilien den Pazifik entdeckte (vgl. Dok. 76), schickte die spanische Krone den inzwischen zum spanischen Chefpiloten avancierten de Solís ohne Bedenken sofort zum Río de la Plata – den man in diesen Jahren für die Westpassage hielt –, um eine Seeverbindung zu dem neuen Stützpunkt am Südmeer herzustellen (vgl. Dok. 40). Zu keinem Zeitpunkt der Suche nach einer Passage scheint der Golf von Mexiko von großem Interesse gewesen zu sein, obschon er so nahe an den von Spaniern besetzten Inseln La Española (Haiti), Kuba und Jamaica lag sowie von der Karibischen See nur durch den Yucatán-Kanal getrennt war. Die Beobachtung dieses Umstands macht den Schluß fast zwingend, daß gewisse Kenntnisse des Verlaufs und der Gestalt der Küsten des Golfs von Mexiko bei spanischen Entdeckern bereits vorhanden gewesen sein müssen, als die Suche nach einer Passage nach Asien im Mittelpunkt ihres Interesses stand: Kenntnisse, die eine Suche nach der Durchfahrt in dieser Region als von vornherein zwecklos erscheinen ließen, die uns aber nicht schriftlich überliefert sind.

Unsere ersten gesicherten Kenntnisse von einer Erforschung der Golfregion gehen auf Ponce de León zurück. Ponce hatte 1506 die Insel Puerto Rico erobert und regierte sie als Gouverneur bis 1512, bis es Diego Colón, dem Sohn des Kolumbus, gelang, die auf ihn vererbten Ansprüche seines Vaters durchzusetzen und diesen Posten selbst einzunehmen. Als Entschädigung erhielt Ponce de León von Ferdinand dem Katholischen die Erlaubnis, die damals unter den Spaniern auf den Antillen-Inseln bereits legendäre Insel Bimini zu entdecken und zu erobern. Nach einem unter den Ureinwohnern der Neuen Welt verbreiteten Mythos lag auf dieser Insel der „Brunnen der Jugend": nicht etwa ein irdisches Paradies, wie häufig gemeint worden ist, sondern eine Quelle, die ältere und sieche Leute wieder kräftig und sexuell potent werden ließ, wie uns der Chronist Oviedo mitteilt. In die Suche nach diesem Jungbrunnen investierte Ponce seine riesigen Gewinne aus Puerto Rico. Er brach mit drei Schiffen im März 1513 nach Norden auf und glaubte Bimini bereits am 2. April entdeckt zu haben: Es handelte sich dabei wahrscheinlich um eine Insel vor der nordamerikanischen Festlandsküste unmittelbar vor dem heutigen Daytona Beach. Da es Osterzeit – spanisch: Pascua Florida – war und die Insel sich mit blühenden Hainen überzogen zeigte, nannten die Spanier sie „La Florida", – ein Name, der später auf den hinter der Insel liegenden großen Südausläufer des Kontinents übertragen wurde und ihm bis heute geblieben ist (Dok. 65).

Ponce de León fand jedoch den gesuchten Jungbrunnen auf der Insel nicht und suchte in der Folge die Küste des heutigen Florida – das er für eine große Insel wie Kuba oder Puerto Rico hielt – nach ihm ab, wobei er sich gegen den Golfstrom, dessen eigentlicher Entdecker er war, nach Süden vorarbeitete, in den Golf von Mexiko gelangte und sich dort an der Floridaküste bis zur heutigen Tampa Bay vortastete, stets ohne Erfolg, was ein Auffinden des Brunnens anlangte, und stets in Gefechte mit Indianern verwickelt. Von der Tampa Bay segelte er quer über den Golf von Mexiko zur Nordküste von Yucatán, wobei er den Hafen des heutigen Mérida entdeckte, und kehrte im Herbst 1513 unverrichteter Dinge nach Puerto Rico zurück.

Die Ausgangsbasis für alle weiteren bekannten Vorstöße in den Golf von Mexiko wurde dann Kuba, das 1511 von den Spaniern unter Velásquez besetzt worden war. Von dort aus erfolgte auch die Entdeckung und Eroberung des Aztekenreiches in Mexiko, von dort ging jener – neben der Eroberung des Inka-Reiches – spektakulärste Akt der spanischen Konquista im 16. Jahrhundert aus.

Dieser Eroberung voran gingen Erkundungsfahrten des Francisco Hernández de Córdoba und des Juan de Grijalva in den westlichen Bereich des Golfs von Mexiko. Zunächst stach Córdoba im Februar 1517 mit drei Schiffen in westliche Richtung in See mit der Absicht, Sklavennachschub für Kuba zu beschaffen. Die Expedition, dirigiert vom Piloten des Ponce de León, Antón de Alaminos, stieß bald auf unbekanntes Land, nämlich auf die Halbinsel Yucatán, und dort auf in baumwollene Hemden gekleidete Indios, auf Brunnen und sorgfältig angelegte Maisfelder, auf Siedlungen mit großen Steinbauten und auf Tempel mit goldenen Kultgegenständen. Die Expeditionsteilnehmer wurden jedoch von den Indios in heftigen Kämpfen stark dezimiert und erreichten erst im Herbst 1517 auf dem Umweg über Florida wieder ihren Ausgangshafen.

Velásquez, der Gouverneur von Kuba, sandte daraufhin im April 1518 Juan de Grijalva mit vier Schiffen aus, um die Entdeckungen des Córdoba fortzuführen (Dok. 66). Grijalva erkundete die mexikanische Küste von Yucatán aus nach Norden etwa bis zum heutigen Río Pánuco, an dessen Mündung die

Stadt Tampico entstanden ist. Er nahm verschiedentlich Kontakt mit den sich inzwischen abwartend verhaltenden Indios auf, traf auf formierte indianische Truppen, an deren Lanzenspitzen Fähnchen flatterten – was auf einen verhältnismäßig hohen Grad militärischer Organisation schließen ließ – und tauschte zahlreiche Goldgegenstände gegen spanische Waren ein. Er hatte keine größeren Zusammenstöße mit den Ureinwohnern und kehrte im Herbst des Jahres 1518 nach Kuba zurück. An dieser Expedition nahmen bereits die späteren Hauptleute des Cortés, Pedro de Alvarado und Bernal Díaz del Castillo teil. Im übrigen führte bereits im nächsten Jahr – also 1519 – Alonso Álvarez de Pineda die Erkundung der Golfküste zu Ende. Von Jamaica kommend setzte er auf nördlichem Kurs etwa an der Tampa Bay in Florida an und folgte der Küste zunächst nach Norden, dann nach Osten. Dabei stieß er wahrscheinlich als erster Europäer auf die Mündung des Mississippi. Schließlich erreichte er von Norden her den Río Pánuco in Mexiko, den Grijalva gerade im Herbst zuvor von Süden her angelaufen hatte. So war im Jahr 1519 innerhalb kürzester Zeit der Umriß des Golfs von Mexiko bekanntgeworden. Das Interesse der Spanier wandte sich in der Folge – anders als an der Ostküste Süd- und Nordamerikas – unmittelbar dem Landesinneren zu: Noch während Pineda unterwegs war, setzte der Spanier Hernán Cortés bereits zur Eroberung und Zerstörung des Aztekenreiches an, einer der wenigen Hochkulturen der Neuen Welt.

Cortés, ein Angehöriger des niederen Adels der Hidalgos, stammte aus der Stadt Medellín in der spanischen Provinz Estremadura. Er war 1485 geboren. 1504 war er nach La Española gekommen, 1511 hatte er sich bei der Besetzung der Insel Kuba unter dem neuen Gouverneur Velásquez ausgezeichnet. Dies war die Voraussetzung für den Auftrag gewesen, den er 1518 von diesem erhielt: von Kuba aus mit den Bewohnern des neuentdeckten Reiches im Westen Handel zu treiben und dabei die Kenntnisse über Land und Leute gründlich zu erweitern, die Córdoba 1517 hatte erwerben können und die Grijalva – der noch nicht zurück war – ergänzen würde. In der Zwischenzeit bemühte sich Velásquez um eine offizielle Ermächtigung der spanischen Krone, das neuentdeckte Land erobern, kolonisieren und als Statthalter und Gouverneur regieren zu dürfen. Der Auftrag des Cortés war also ganz den Zielen des Velásquez untergeordnet und strikt begrenzt.

Bemerkenswert an den Unternehmungen des Cortés in den folgenden Jahren war unter diesen Umständen nicht nur die Kühnheit, mit der sie durchgeführt wurden. Ebenso bemerkenswert war der Umstand, daß sie außerhalb der spanischen Legalität vor sich gingen. Cortés hielt sich zu keinem Zeitpunkt an die Ordre seines Gouverneurs: Er rüstete vielmehr konsequent von Anfang an eine regelrechte Invasionsarmee aus; als Velásquez darauf aufmerksam wurde und ihm den Oberbefehl über die Expedition entziehen wollte, unterlief Cortés diese Absicht und ließ seine Flotte bei Nacht und Nebel auslaufen und in einem abgelegenen Hafen Kubas zu Ende ausrüsten. Als er schließlich am 10. Februar 1519 in See stach, war er bereits ein Rebell und als solcher zum Erfolg verurteilt. Anders hätte sich ihm nicht die geringste Möglichkeit einer späteren Wiedereingliederung in die spanische Gesellschaft geboten. Es ist sicher, daß sich Cortés dieser Situation bewußt war, denn er handelte entsprechend, und seine späteren Briefe an Kaiser Karl V. sind nicht nur Rechenschaftsberichte, sondern auch Meisterwerke der Selbstrechtfertigung und der Umdeutung seines Tuns zu seinen Gunsten, die den strengen Regeln der historischen Kritik nur teilweise standhalten (Dok. 67).

Zu Beginn seiner Expedition verfügte Cortés über elf Schiffe, an Truppen einschließlich der Seeleute und der eben zurückgekehrten Leute des Grijalva, die sich ihm anschlossen, über 663 Mann, hinzu kamen ungefähr 200 Indianer; er besaß weiter zehn Bronzegeschütze, vier leichte Kanonen und 16 Pferde. Bemerkenswerterweise nahmen seine militärischen Kräfte im Laufe der folgenden Kämpfe nicht ab, sondern erfuhren jeweils zum günstigsten Zeitpunkt eine Verstärkung von außen, was nicht nur auf Glück, sondern auch auf die Fähigkeit des Cortés, das Glück zu seinen Gunsten durch Entschlossenheit, Überzeugungskraft und Charisma zu wenden, zurückging.

Bereits an der Küste von Yucatán gelang es Cortés, einen der Maya-Sprache mächtigen, ehemals schiffbrüchigen spanischen Gefangenen namens Aguilar zu befreien. An der mexikanischen Küste bei Tabasco erhielt er kurz darauf eine dorthin verkaufte aztekische Fürstentochter namens Malitzin (auch „Malinche" genannt) geschenkt, die ihrerseits die Maya-Sprache beherrschte. Diese aztekische Fürstentochter, bald als Doña Marina von den Soldaten verehrt, leistete Cortés unschätzbare Dienste: Über Aguilar und Doña Marina vermochte sich Cortés mit den verschiedenen Stämmen des Aztekenreiches, die alle der Sprachgruppe des Náhuatl angehörten, mühelos zu verständigen. Überdies klärte ihn Doña Marina, die seine Geliebte wurde, über die damaligen Gegebenheiten des Aztekenreiches auf.

Dieses Aztekenreich war ein auf Tributleistungen unterworfener Völkerschaften aufgebauter Militärstaat, der seinen Mittelpunkt in Tenochtitlán, einer Stadt auf einer Insel im Texcoco-See (dem Zentrum des heutigen Mexiko-Stadt), hatte. Sein Herrscher war Moctezuma II. (auch: Montezuma, Moctezuma, Moctezuoma u. ä.), ein Priesterkönig, der dieses Reich in seiner Regierungszeit erheblich erweitert hatte, doch nicht überall hatte festigen können. So bot dieses Reich um 1519 kein einheitliches Bild (vgl. Bd. 1, Dok. 54–57): An seiner Peripherie und sogar teilweise in der Nähe seines Zentrums – so in Tlaxcala – besaßen einzelne Stämme die volle oder eine noch kaum beschränkte Selbständigkeit oder aber waren eben erst unterworfen worden. Alle diese Völkerschaften boten sich Cortés als Verbündete und Hilfsvölker an.

Doch ein noch bei weitem stärkerer Schwächefaktor dieses Reiches war der Glaube der herrschenden Azteken an die „Weißen Götter". Der ursprünglich toltekische, dann auch aztekische Gott Quetzalcóatl, der nach der Überlieferung weiße Haut und einen Bart haben sollte, hatte sich vor Jahrhunderten an der Küste Mexikos nach Westen eingeschifft mit dem Versprechen, in einem bestimmten fernen Jahr zurückzukehren. Nach dem aztekischen Kalender, der auf einem 52jährigen Zyklus aufgebaut war, konnte diese Prophezeiung nur in den Jahren 1363, 1415, 1467 oder 1519 in Erfüllung gehen. Als Cortés 1519 in Mexiko landete, hielten ihn die Azteken ohne Zögern für den zurückgekehrten Gott oder einen Abgesandten von ihm. Ihr Glaube lähmte in den ersten Monaten ihre Widerstandskraft fast völlig: Sie wagten ihre Hand nicht gegen einen ihrer Hauptgötter zu erheben, im Gegenteil, sie erwarteten von seinem Erscheinen den Weltuntergang. Die an Handlungsunfähigkeit grenzende Unentschlossenheit Moctezumas findet in diesem Umstand ihre Erklärung (vgl. Bd. 1, Dok. 57). Cortés gründete an der mexikanischen Küste als Operationsbasis die Rica Villa de la Vera Cruz, eine der ersten europäischen Ansiedlungen auf dem amerikanischen Kontinent. Von dort schickte er seinen ersten Bericht per Schiff an Kaiser Karl V., um von seinem Vorgehen Botschaft zu geben und es zu rechtfertigen. Alaminos, der Pilot des Schiffes, war wohl der erste Europäer, der von Mexiko aus über die Straße von Florida Spanien erreichte. Die übrigen Schiffe ließ Cortés auf den Strand ziehen und abtakeln, um unter seinen Mannschaften jeden Gedanken an einen Rückzug im Keim zu ersticken. Am 16. August 1519 brach er, von ersten Verbündeten, den Totonaken, begleitet, ins Landesinnere auf. Im September rückte er bereits in die kleine, unabhängige Republik Tlaxcala im Hochland von Mexiko ein, die in der Folge zu seinem bedeutendsten und treuesten Verbündeten werden sollte, wofür sie später, in der Kolonialzeit, erhebliche Privilegien erhielt.

Beim weiteren Vormarsch gegen Tenochtitlán stieß Cortés immer wieder auf verhaltenen oder zähen, aber niemals bis zum Letzten entschlossenen Widerstand, so auch in der berühmten Tempelstadt Cholula, wo er unter den Einwohnern ein entsetzliches Blutbad anrichten ließ, das ihm Zeitgenossen wie Las Casas oder Sahagún zum schweren Vorwurf gemacht haben. Am 8. November 1519 schließlich zog der spanische Konquistador, ohne daß ihm ernstlicher Widerstand entgegengesetzt worden wäre, über eine der drei Dammstraßen in die Inselstadt Tenochtitlán ein. Dort wurde er von Moctezuma feierlich empfangen und in ein vornehmes Quartier eingewiesen (Dok. 69).

Tenochtitlán bot damals einen Anblick, der den Spaniern bekannte Städte wie Sevilla und Granada im Bewußtsein verblassen ließ. Es war nach Pracht und Größe, nach Reichtum und Betriebsamkeit seiner Bewohner eine Weltstadt wie das damalige Rom oder Konstantinopel (Dok. 70). Der Handvoll eingedrungener Spanier und Tlaxcalesen stand eine Stadtbevölkerung von schätzungsweise 100000 bis 130000 Menschen gegenüber, so daß sich Cortés und seine Leute in der Tat bald wie in einer goldenen Falle fühlten. Im wesentlichen zu ihrer eigenen Sicherung nahmen sie in einem Handstreich Moctezuma gefangen, den Cortés zur Abdankung und zur Huldigung an Kaiser Karl V. zu veranlassen vermochte, was amtlich zu Protokoll gebracht wurde und der Rechtskonstruktion nach die Voraussetzung für die spätere Einverleibung Mexikos in das spanische Reich Las Indias bilden sollte.

Inzwischen, im Frühjahr 1520, war eine von Velásquez aus Kuba entsandte

Strafexpedition gegen Cortés, die über 900 Mann umfaßte, unter dem Kommando von Pánfilo de Narváez in Mexiko gelandet. Cortés rückte ihr mit einem Teil seiner Streitmacht entgegen, nahm Narváez in einem Handstreich gefangen und brachte es fertig, die Soldaten zu überreden, sich seiner Armada anzuschließen, wobei er ihnen den ungeheuren Reichtum der Aztekenmetropole vor Augen stellte. Auf diese Weise verstärkte er seine Armee erheblich.

In Tenochtitlán war es während seiner Abwesenheit zu starken Spannungen gekommen: Die Spanier hatten Zwangsbekehrungen zum Christentum vorgenommen, dabei Kultstätten der Azteken zerstört und auf diese Weise – mehr als durch Übergriffe gegen die Bevölkerung – die eigentlichen Grundlagen ihrer Autorität zerstört, nämlich den Glauben der Eingeborenen, in Cortés sei der Gott Quetzalcóatl oder sein Abgesandter zurückgekehrt. Nach einem erneuten Blutbad, das der in der Inselstadt zurückgebliebene Befehlshaber Pedro de Alvarado grundlos unter den Tänzern eines aztekischen Götterfestes angerichtet hatte, brach der Aufstand aus. In seinem Verlauf wurde der gefangene Moctezuma so schwer verletzt, daß er drei Tage später starb: Damit verloren die Spanier ihr wertvollstes Faustpfand.

Auch die Rückkehr des Cortés und seiner Verstärkung vermochte das Blatt nicht zu wenden: Die Azteken brachen die Dammbrücken zum Festland ab und versuchten, die Spanier durch eine Lebensmittelblockade und gleichzeitige Sturmangriffe zu überwältigen. Schließlich blieb Cortés nur noch der Versuch des Ausbruchs. In der sogenannten *noche triste* vom 30. Juni zum 1. Juli 1520 kämpften sich die Belagerten unter riesigen Verlusten (darunter 450 Spanier, Hunderte von Tlaxcalesen, alle indianischen Trägerinnen, 80 Pferde, sämtliche Geschütze) zum Festland durch und zogen sich unter unaufhörlichen Gefechten nach Tlaxcala zurück (Dok. 71). Der Versuch einer mehr oder weniger kampflosen Besetzung des Aztekenreiches war damit fehlgeschlagen.

Nun blieb noch die ultima ratio einer militärischen Eroberung. Da Cortés unter allen Umständen zum Erfolg gezwungen war, arbeitete er eine Strategie aus, die er in der Folge mit Intelligenz, Verbissenheit und äußerster Härte in die Tat umsetzte. Er hatte bei seinem Ausbruch aus Tenochtitlán nicht nur die Stärke, sondern auch die logistische Verwundbarkeit der Inselstadt erkannt: So ging er daran, die Stadt im See nach und nach systematisch von ihren Verbindungen zur Außenwelt abzuschneiden. Er eroberte und zerstörte allmählich alle Ortschaften und Befestigungen rund um den Texcoco-See, brachte die Bevölkerung durch Einschüchterung und Brutalität zum Abfall von Tenochtitlán, wobei seine tlaxcalesischen Verbündeten die Grausamkeiten der Weißen bei weitem noch übertrafen, und reduzierte so mit der Zeit die Macht des Aztekenreiches auf seine Hauptstadt und auf Außenposten, die voneinander isoliert zu handeln gezwungen wurden. Gleichzeitig erhielt er Zuzug von weiteren Spaniern aus Kuba, Jamaica und sogar von den Kanarischen Inseln – die Kunde von der Belagerung Tenochtitláns hatte er in weiteren Berichten an

Karl V. nach Europa dringen lassen –, so daß seine militärische Macht im Frühjahr 1521 wieder fast tausend gutausgerüstete Spanier und rund 24000 Mann indianischer Hilfstruppen umfaßte.

Im Mai 1521 begann Cortés den konzentrierten Angriff auf Tenochtitlán. Er hatte in Tlaxcala dreizehn Brigantinen bauen lassen, die er zerlegt zum Texcoco-See schaffen und dort mit den Masten und dem laufenden Gut der in Vera Cruz abgetakelten Schiffe ausrüsten ließ. Diese Brigantinen setzte er nun zur unmittelbaren Blockade der Inselstadt ein. Mit ihrer Hilfe zerstörte er die aztekische Kriegsflotte von Einbäumen, unterbrach die vom Festland kommende Wasserleitung der Stadt und sperrte jegliche Zufuhr von Nachschub. In einem regelrechten Aushungerungs- und Vernichtungskrieg zwang Cortés in der Folge in 75 Tagen härtester Kämpfe die Hauptstadt des Aztekenreiches unter ihrem neuen Kaiser Quauhtémoc nieder. Am 13. August ergab sich die Stadt (Dok. 72). Nach den Angaben des Eroberers sind bei den Kämpfen und durch die in Tenochtitlán bald einsetzende Hungersnot über 70000 Stadtbewohner ums Leben gekommen. Der Aztekenkaiser Quauhtémoc und ein kleiner Rest des aztekischen Adels wurden gefangengenommen. Obschon der Hauptteil des Aztekenschatzes in der *noche triste* im See untergegangen oder in der Folge darin versenkt worden war – von wo er bis heute nicht gehoben ist –, war die Beute der Konquistadoren für europäische Verhältnisse doch noch von geradezu unermeßlichem Wert.

Mexiko hatte mit der Invasion der Spanier den Namen „Neu-Spanien" erhalten, der ihm während der ganzen Kolonialzeit blieb. Der Feldzug des Cortés hatte die Überlegenheit europäischer militärischer Disziplin und Waffentechnik, einer vorausschauenden und konsequent verfolgten Strategie, aber auch einer entschlossenen Führung und einer flexiblen Taktik dieser Führung über einen zahlenmäßig selbst um das Vielfache überlegenen, durchaus mutigen und gut gerüsteten Gegner erwiesen. Freilich wäre der Sieg des Cortés ohne die tatkräftige Unterstützung zahlreicher einheimischer Ethnien, die vor allem die Versorgungs- und Nachschubprobleme der Invasoren lösten, nicht denkbar gewesen. Zwei weitere Faktoren hatten die Eroberung des Aztekenreiches zusätzlich erleichtert. Zum ersten war für alle Mitglieder der Expedition die Aussicht, einen Beuteanteil an den unvorstellbar reichen Gold- und Silberschätzen der Aztekenherrscher zu erhalten, eine Triebfeder gewesen, die beinahe jede Strapaze hatte erträglich werden lassen (Dok. 68): Im Verlauf des Cortés-Unternehmens war denn auch der Sozialtypus des Konquistadors in seiner vollen Ausprägung sichtbar geworden, obschon er Vorläufer auf den Antillen, in Panamá und in Darién hatte; und zum zweiten wußten diese Konquistadoren – allen voran Cortés –, daß sie bei ihren Unternehmungen in Mexiko Erfolg haben mußten, um bei einer Rückkehr in das spanische Reich nicht als Aufständische abgeurteilt zu werden. Die Rechnung des Cortés ging in der Tat auf: Er wurde später zum Markgrafen erhoben und starb 1547 einen friedlichen Tod.

Mit der Eroberung des Aztekenreiches hatte Spanien ein volkreiches und wirtschaftlich blühendes Land gewonnen, dessen Administration sich in der Tradition der Aztekenverwaltung verhältnismäßig gut ordnen ließ, wobei sich Cortés als erster Gouverneur noch erhebliche Verdienste gerade in der Erhaltung der hochentwickelten Indianerkultur – sieht man von der sofortigen Christianisierung der Bevölkerung ab – erwarb. Die Erforschung der mittelamerikanischen Landbrücke nach beiden Seiten schritt in den folgenden Jahren rasch voran, man erkannte den Halbinselcharakter von Yucatán, erreichte das „Südmeer" und stellte nach erneuter Suche endgültig fest, daß es im Bereich Mittelamerikas keinerlei mit Schiffen zu befahrende Passage nach Asien gab.

Der Erfolg des Cortés im Kampf gegen das Aztekenreich löste im übrigen zahlreiche weitere Expeditionen aus, deren Hauptmotiv der Hunger nach Edelmetallen, Perlen, Edelsteinen, kurz: nach raschem Reichtum war. In einem unsäglich grausamen und brutalen Feldzug eroberte u. a. Pedro de Alvarado das Land Guatemala, das als „reino de Guatemala" fortan eine gewisse Sonderstellung im spanischen Kolonialreich gewann (Dok. 73). Überall rund um die Karibik und um den Golf von Mexiko kursierten in jenen Jahren Andeutungen, Erzählungen und Gerüchte von noch uneroberten gold- und silberstarrenden Reichen. Während der Süden bis Panamá bald durchstreift war, wo dann das Unternehmen des Pizarro (Kap. 11) ansetzte, bot der Norden Amerikas fast unendlich viel Raum für entsprechende Vorstöße. Die Spanier drangen dort in den beiden Jahrzehnten nach der Einnahme von Tenochtitlán in zahllosen mühseligen Expeditionen immer weiter vor: 1528 zog Pánfilo de Narváez von Florida bis zur Mississippimündung; Álvar Núñez Cabeza de Vaca, der an der gleichen Expedition teilnahm, gelang nach einem Schiffbruch in den Jahren 1528–1536 auf großen Umwegen ein Marsch vom Mississippi bis nach Mexiko; 1539 entdeckte de Ulloa Niederkalifornien. Und Hernando de Soto, einer der Hauptleute des Francisco Pizarro bei der Eroberung von Peru, drang 1539–1542 auf der Suche nach einem neuen El Dorado mit einer stattlichen Streitmacht von der Tampa Bay in Florida bis nach Carolina, dann westwärts über die Appalachen in das Quertal von Tennessee und von dort über den Mississippi bis in die Great Plains von Oklahoma vor (Dok. 74). Seine allmählich zusammengeschrumpfte und erschöpfte Armada wurde nach seinem Tod 1542 von Luís de Moscoso in selbstgezimmerten Booten den Mississippi hinab und an der Küste entlang bis zum Río Pánuco in Mexiko geführt, wo sie im September 1543 angelangte.

Ein letzter Kraftakt des Konquistadorenzeitalters in Mittel- und Nordamerika war der Zug des Francisco Vásquez de Coronado 1540–1542 nach den sagenhaften „Sieben Städten" von Cíbola (Dok. 75), von denen Marcos de Nizza erstmals berichtet hatte; sie sollten von Silber strotzen. Auf der Suche nach diesen und anderen Silberstädten gelangten einzelne Gruppen der aufgeteilten Streitmacht Coronados teils bis zum Grand Canyon – der erst 1776 von spanischen Missionaren wiederentdeckt wurde –, teils in die Wüste des Llano Estacado im heutigen Arizona und New Mexico, teils bis in die Great Plains in

Kansas, wohin der Franzose La Vérendrye von Norden her erst genau zweihundert Jahre später wieder vorstoßen sollte (vgl. Dok.96).

Riesige Gebiete rund um den Golf von Mexiko waren von den Spaniern
durchquert, zum Teil erobert und erforscht worden. Doch gerieten sie großenteils wieder in Vergessenheit: Denn nicht um Kolonisation, Christianisierung von Eingeborenen und den Aufbau eines spanischen Verwaltungsnetzes
war es den in diese Region eingedrungenen Konquistadoren gegangen, sondern um den schnellen und gewalttätigen Erwerb sagenhaften Reichtums und
eines damit verbundenen unmittelbaren Gewinns an Macht und sozialem
Rang, wofür Cortés das Modell geliefert hatte. Da sich aber in Nordamerika
keine weitere Möglichkeit eines Zugriffs auf eine reiche und blühende Hochkultur ergab, starben dort die Konquistadoren sozusagen von selber aus. Sie
wurden in ihrer vielfältigen Aktivität nach und nach verdrängt durch Missionare, Siedler, disziplinierte Militärs, Verwaltungsbeamte, Händler, später
durch Waldläufer, Trapper und Fallensteller und von der Mitte des 18.Jahr-
hunderts an auch durch Forschungsreisende. Ihre nach und nach durchgeführten und auch bisweilen vereinigten Vorstöße führten zur allmählichen
Durchdringung, Eroberung und Erschließung Nordamerikas: doch sie alle
verfolgten Ziele, die der Mehrzahl der gewalttätigen Konquistadoren sehr
fern gestanden hatten.

Lit.: The Discovery of Yucatán by Francisco de Córdoba. A Translation of the Original
Texts with an Introduction and Notes by Henry Wagner. Whittier (USA) 1942. Ndr.
New York 1969 – The Discovery of New Spain in 1518 by Juan Grijalva. A Translation
of the Original Texts with an Introduction and Notes by Henry R. Wagner. Pasadena
1942. Ndr. New York 1969 – Die Briefe des Cortés an Kaiser Karl V. sind in mehreren
neueren deutschen Ausgaben greifbar: hg. v. E. Schultze. Hamburg 1907; hg. v.
A. Schurig. Leipzig 1918; hg. v. Claus Litterscheid. Frankfurt am Main 1980 – Denkwürdigkeiten des Hauptmanns Bernal Díaz del Castillo oder Wahrhafte Geschichte
der Entdeckung und Eroberung von Neuspanien (Mexiko) [verfaßt 1568]. Hg. und bearbeitet v. Georg A. Narciß. Stuttgart ³1971, unter d. Titel: „Wahrhafte Geschichte der
Entdeckung und Eroberung von Mexiko" wiederveröffentlicht Frankfurt/M. 1981 –
Francisco Lopez de Gómara: Primera y segunda parte de la Historia General de las Indias. Çaragoça 1552 – William Prescott: Die Eroberung Mexikos (amerikanische Originalausgabe 1842). Zahlreiche deutsche Ausgaben, zuletzt Leipzig 1973 – F. A. Kirck-
patrick: Die spanischen Konquistadoren. Leipzig 1935. Ndr. München 1960 – Henry
R. Wagner: The Rise of Cortés. Los Angeles 1944. Ndr. New York 1969 – Jacques Sou-
stelle: So lebten die Azteken am Vorabend der spanischen Eroberung. Stuttgart 1956 –
R. Majó Framis: Vidas de los navegantes, conquistadores y colonisadores españoles de
los siglos XVI, XVII y XVIII. T.II: Conquistadores. Madrid 1956 – Rückkehr der
Götter. Die Aufzeichnungen der Azteken über den Untergang ihres Reiches. Hg. v.
Miguel León-Portilla und Renate Heuer. Köln-Opladen 1962 – Richard Konetzke:
Entdecker und Eroberer Amerikas. Von Christoph Kolumbus bis Hernán Cortés.
Frankfurt/M.-Hamburg 1963 – Herbert Matis: Hernán Cortés. Eroberer und Koloni-
sator. Göttingen-Frankfurt-Zürich 1967 – R. Valle: Bibliographía de Hernán Cortés.
New York 1970 – Cottie A. Burland: Montezuma, Herrscher der Azteken 1467–1520.

Würzburg 1974 – Eberhard Straub: Das bellum iustum des Hernán Cortés in Mexico. Köln-Wien 1976 – David Vinas: México y Cortés (Historia de América latina. Hechos, documentos, polemica IV). Madrid 1978 – David B. Quinn (ed.): New American World. A Documentary History of North America to 1612. 5 vols. London 1979. Vol. I: America from Concept to Discovery. Early Exploration of North America. Vol. II: Major Spain Searches in Eastern North America. Franco-Spanish Clash in Florida. The Beginnings of Spanish Florida – William Weber Johnson: Cortez. Die Eroberung und Zerstörung des Aztekenreiches. Wiesbaden 1979.   Sch

65. Ponce de León sucht den Jungbrunnen und entdeckt das Land Florida (1513)

Juan Ponce de León, ein 1474 geborener Adliger aus der Provinz Valladolid, war 1493 mit Kolumbus nach La Española gekommen, wo er sich bald durch rastlosen und – wie Las Casas sagt – brutalen Einsatz in den Kämpfen gegen die einheimischen Arawaks hervortat. 1506 erhielt er die Erlaubnis, die östliche Nachbarinsel Puerto Rico zu erobern, was ihm in kürzester Zeit gelang. Die spanische Krone ernannte ihn dort 1509 offiziell zum Gouverneur. In den drei folgenden Jahren gewann er außerordentlichen Reichtum, den er der einheimischen Bevölkerung durch Druck, Verfolgung und Zwangsarbeit abpreßte. Als er 1512 durch Diego Colón, den Sohn des großen Entdeckers, in seinem Amt abgelöst wurde, weil dieser die rechtmäßigen Ansprüche seines Vaters, des Admirals, auf die Spitzenpositionen in Westindien hatte durchsetzen können, erwies ihm die Krone dennoch ihre Gunst: Sie ermächtigte ihn, neue Inseln zu entdecken und zu erobern.

Ponce verwandte sein jüngst gewonnenes erhebliches Vermögen auf diesen Zweck. Er setzte sich die Auffindung der unter Indianern legendären Boiuca- oder Bimini-Inseln, auf denen sich ein Jungbrunnen befinden sollte, zum Ziel. Der Mythos vom Jungbrunnen war Ponce, einem Mann mit adliger Erziehung, zweifellos bereits aus der Literatur und der bildenden Kunst der Renaissance in Europa geläufig, wo er keinen unbedeutenden Platz einnahm. Ponce rüstete auf eigene Kosten einige Schiffe aus und stach im März 1513 von Puerto Rico aus in See, wobei er sich nach Norden hielt. Er stieß zunächst auf einige Inseln der Bahama-Gruppe. Am 2. April, dem Freitag nach Ostern, legte er an einer Küste an, die er für die gesuchte Insel hielt: Er nannte sie „La Florida" sowohl nach der spanischen Bezeichnung für das Osterfest „Pascua florida" wie auf Grund des Umstands, daß sich die Insel mit blühendem Gebüsch und Blumen überzogen zeigte. Später erhielt eine kleine Inselgruppe etwa halbwegs zwischen der heutigen Stadt Miami und der Bahama-Insel Andros den Namen „Bimini-Inseln". Ponce jedoch scheint seinerzeit weitaus nördlicher, etwa vor der heutigen Stadt Daytona Beach, auf sein „La Florida" gestoßen zu sein, wo er allerdings den Jungbrunnen nicht fand. Der Name für die von ihm benannte Küste übertrug sich später nicht nur auf den dahinter liegenden Festlandssporn – der diesen Namen heute noch trägt –, sondern auf die gesamte nordamerikanische Atlantikküste bis Neufundland, ähnlich wie die englische Bezeichnung „Virginia" ursprünglich ebenfalls für die gesamte Festlandsküste benutzt wurde.

Ponce erkundete in der Folge die ganze Küste des heutigen Florida in südlicher

Richtung, drang an den Florida-Keys entlang gegen den Golfstrom in den Golf von Mexiko ein und stieß dort vermutlich bis zur Tampa-Bay vor, immer in heftigste Kämpfe gegen Indianer verwickelt, wie es anscheinend seinem Naturell entsprach. Von der Tampa-Bay aus überquerte er im Sommer 1513 den Golf von Mexiko und erreichte die Spitze der Halbinsel Yucatán im Bereich der heutigen Stadt Mérida, wahrscheinlich in dem Bemühen, Kuba im Westen zu umfahren und in das Karibische Meer zu gelangen. Ob er damals Kunde von der Hochkultur der Mayas erhielt, ist unbekannt geblieben, er selber kehrte jedenfalls unverrichteter Dinge nach Puerto Rico zurück. Nur eine sichere Beziehung zwischen seinem Vorstoß bis Yucatán und den 1517 einsetzenden spanischen Suchfahrten in den westlichen Golf von Mexiko konnte nachgewiesen werden: Antón de Alaminos, Chefpilot des Ponce de León, war 1517 auch Chefpilot der Expedition des Francisco Hernández de Córdoba und nahm 1519 die gleiche Funktion in der Armada des Hernán Cortés bei dessen Expedition nach Mexiko wahr.

Im übrigen sind wir über die Fahrt des Ponce de León im Jahr 1513 nur spärlich und ungenau unterrichtet: Wir verfügen lediglich über knappe zeitgenössische Notizen von Peter Martyr, Oviedo, Las Casas und Herrera. Der Bericht des Oviedo ist im folgenden wiedergegeben, weil er am knappsten und anschaulichsten ist; er ist 1535 verfaßt.

Lit.: Leonardo Olschki: Ponce de León's Fountain of Youth, History of a Geographic Myth. In: The Hispanic American Historical Review. Vol. 21 (1941), S. 361–385 – Vicente Murga Sanz: Juan Ponce de León. Fundador y primer gobernador del pueblo Puertorriqueño, descubridor de la Florida y del Estrecho de las Bahamas. Barcelona ¹1959, ²1971 – Aurelio Tió: Historia del descubrimiento de la Florida y Beimeni o Yucatán (Academia Puertorriqueña de la Historia. Boletín II. No 8). 1972 – Samuel Eliot Morison: The European Discovery of America. The Southern Voyages A. D. 1492–1616. New York 1974.   Sch

Und so nahm man jenem Joan Ponce den Posten, weil schließlich der König befahl, daß der Admiral [Diego Colón] dort jene Verwaltungsbeamten *(Oficiales de Justicia)* einsetzte, die er wollte.

Als Joan Ponce dies erfuhr, entschloß er sich, sich auszurüsten, und begab sich mit zwei Karavellen in nördliche Breiten, und er entdeckte die Bimini-Inseln, die nördlich der Insel Fernandina [Kuba] liegen; und zu dieser Zeit war jene Fabel im Umlauf von der Quelle, die die Alten wieder verjüngen oder zu Jünglingen machen würde; das war im Jahre 1512. Jene Geschichte wurde so [eindringlich] verbreitet und durch die Indios jener Gegend bestätigt, daß der Hauptmann Joan Ponce, seine Leute und seine Karavellen mehr als sechs Monate lang unter großen Anstrengungen zwischen jenen Inseln umherirrten, um diese Quelle zu suchen. Es war schon ein sehr großer Streich gewesen, den sich die Indios erlaubten, als sie die Geschichte erzählten, aber noch größer war die Narrheit der Christen, daran zu glauben und Zeit darauf zu verschwenden, diese Quelle zu suchen. Aber er erfuhr auch vom Festland, und als er es sah, gab er einem Teil desselben, der wie ein Arm in das Meer ragt – in einer Ausdehnung von hundert Leguas Länge und gut fünfzig Leguas Breite –, einen Namen und nannte ihn La Florida. Die Spitze oder der Vorsprung desselben liegt bei fünfundzwanzig Grad vom Äquator aus in der Breite unseres arktischen Pols und erstreckt und verbreitet sich gegen 20 Grad nordwestlich, außerdem liegen vor der besagten Spitze viele Inselchen und Sandbänke, die sie „los Mártires" nennen[1].

Aus: Gonzalo Fernández de Oviedo: Historia General y Natural de las Indias. T. II. Libro XVI. Cap. XI. Ausgabe Madrid 1959 (Biblioteca de Autores Españoles 118), S. 102.   Kü

66. Grijalva erkundet die Küste von Yucatán und Mexiko (1518)

Über den Zeitpunkt der Entschleierung der mexikanischen Küste besteht wenig Klarheit. Die sogenannten „Kleinen Entdecker" hatten, soweit sie Kuba umrundeten, zweifellos bereits Yucatán gesichtet. Im Juni 1513 war Ponce de León auf der Suche nach dem Brunnen der ewigen Jugend dort bereits an Land gegangen. Doch erst 1517 fand von Kuba aus unter der Leitung Córdobas eine erste selbständige Expedition dorthin statt, die Nachschub an Indianersklaven besorgen sollte. Die Teilnehmer dieser Expedition berichteten nach ihrer Rückkehr von den Steinbauten, dem Wohlstand und den Goldobjekten, die sie auf Yucatán angetroffen hatten. Daraufhin rüstete der Gouverneur von Kuba, Velásquez, eine weitere Expedition aus, die im April 1518 zur mexikanischen Küste absegelte. Befehlshaber dieser Expedition war Juan de Grijalva, Chefpilot Antón de Alaminos, der bereits die Fahrt Ponce de Leóns nautisch geleitet hatte; weitere Teilnehmer waren die späteren Hauptleute des Cortés Pedro de Alvarado und Bernal Díaz del Castillo. Die Expedition Grijalvas segelte an der Küste von Yucatán und Mexiko westwärts bzw. nordwärts bis etwa in das Gebiet der heutigen Stadt Tampico. Sie hatte vielfach Kontakt mit der einheimischen Bevölkerung, ihre Nachrichten über die hohe materielle Kultur und den Goldreichtum der Küstenstädte trugen zur Zielstrebigkeit der Expedition des Hernán Cortés im folgenden Jahr und damit zur Eroberung und Zerstörung des Aztekenreiches bei.

Lit.: Henry R. Wagner: The Discovery of New Spain in 1518 by Juan de Grijalva. Berkely 1942 – Samuel Eliot Morison: The European Discovery of America. The Southern Voyages 1492–1616. New York 1974.   Sch

Die Spanier landeten dann an der Küste von Coluacán und trieben friedlich Handel. Der Häuptling schenkte ihnen einen goldenen Kessel, Armreife, Halsketten, Medaillons und viele andere Schmuckstücke jeglicher Art. Sie dankten ihm mit europäischen Waren, die ihm Freude machten. Einige Fahrtteilnehmer wünschten, sich hier niederzulassen und eine Kolonie zu gründen. Aber Grijalva verbot es. Darüber entstand damals zwischen dem Führer und seinen Leuten Mißstimmung.

In dem Land Coluacán gibt es turmbewehrte Häuser und 15 große Städte. Einige Spanier bezeugen, sie hätten dort Orte mit mehr als 20000 Gebäuden gesehen. Die Häuser sind meist nicht zusammengebaut, sondern Gärten und Höfe liegen dazwischen. Viele stehen auch ganz allein. Die Städte haben von Mauern eingefaßte Plätze, auf denen Gericht und Markt abgehalten wird, ge-

---

[1] Die heutigen Florida Keys: Sie wurden von Ponce de León „Märtyrer" genannt, „weil die hohen Felsen aus der Ferne wie Leute aussahen, die Leiden auszustehen hatten".

pflasterte Straßen, Backöfen und Heizanlagen[1]. Als Baustoff dienen Kalk und gebrannte Ziegel. Unter den Einwohnern finden sich geschickte Töpfer, Zimmerleute, Bildhauer und Handwerker aller Gewerbe. Der Häuptling dort heißt Tavasco, die Landschaft Palmaria. Die Hauptstadt Potenchian[2] soll 15 000 Häuser haben. Wenn die Bewohner unbekannte Fremde in ihrem Haus aufnehmen, die mit ihnen in Frieden leben wollen, dann entnehmen sie – um Freundschaft zu schließen – ihrer Zunge, ihrer Hand, ihrem Arm oder einem anderen Körperteil einige Tropfen Blut, sei es mit einem Messerchen oder einem Dolch aus Stein; und der Gast schaut dabei zu.

Ihre Priester leben unverheiratet und sittenstreng. Geschlechtsverkehr kennt vor der Ehe niemand. Es anders zu halten ist eine Sünde und wird mit dem Tode bestraft. Ihre Frauen sind von besonderer Keuschheit. Jeder Adlige darf, nachdem er eine Frau geheiratet hat, nach Belieben mehrere Nebenweiber haben. Eine Frau, die beim Ehebruch erwischt wird, darf der Mann, besonders wenn er ein Adliger ist, verkaufen; jedoch steht es den Verwandten der Frau frei, sie auszulösen. Kein Unverheirateter hat das Recht, mit einem Verheirateten zusammen am Tische zu sitzen, aus derselben Schüssel zu essen, aus demselben Becher zu trinken und sich in gleicher Weise wie ein Verheirateter zu betragen. In den Monaten August und September fasten diese Menschen 35 Tage; sie essen dann nicht nur kein Fleisch – sie kennen davon vorzügliche Sorten –, kein Geflügel und Wild, sondern nicht einmal Fisch oder irgendein Tier mit Blut. In diesen Tagen ernähren sie sich nur von Früchten und Gemüsen.

Bei diesen Menschen verbrachten die Spanier einige Tage im Überfluß. Sie fuhren dann weiter, immer derselben Küste entlang. Dabei kamen sie zu einem Häuptling, dem sie den Namen Ovando gaben[3]. Sobald dieser merkte, daß die Fremden Gold suchten, ließ er ihnen zu Barren geschmolzenes Gold bringen. Der spanische Führer deutete ihm durch die Dolmetscher an, er wünsche größere Mengen dieses Metalls zu erhalten. Am folgenden Tage gebot der Herrscher, die goldene Statue eines Menschen von der Größe eines Zwerges, einen goldenen Fächer, eine kunstvoll gefertigte Maske und Ketten aus Edelsteinen herbeizuschaffen. Auch schenkte er den Spaniern eine Menge Medaillons als Brustschmuck, mannigfache Juwelen und Edelsteine in verschiedenen Farben; dazu beköstigte er sie mit vortrefflichen, gut gewürzten Speisen. Für die zum Aufenthalt eingeladenen Gäste errichteten auf des Häuptlings Befehl die Eingeborenen am Strand eiligst Hütten und bedeckten sie mit grünen Zweigen. Die Untertanen, welche sich beim Heranbringen der

---

[1] Heizanlagen für Schwitzbäder, sogenannte Tamascales, gehören zur Kultur der Azteken; sie ähneln unseren bäuerlichen Backhäusern.

[2] Potenchian, Küstenstadt am Golf von Campeche. Nach dem Häuptling Tavasco heißt der heutige Staat Mexikos, der dort liegt, Tabasco.

[3] Ovando nannten ihn die Spanier nach der Angabe Peter Martyrs; nach Bernal Díaz: Ovandillo. Sein aztekischer Name war Cuitlapitoc; er war Statthalter Moctezumas im Küstengebiet gegenüber San Juan de Ulua.

Zweige träge zeigten, schlug der Gebieter mit dem Herrscherstab, den er in der Hand trug. Die Diener duckten sich und nahmen geduldig die Schläge hin. Als man den Herrscher fragte, wo denn soviel Gold gefunden werde, zeigte er mit dem Finger auf die nahen Berge und die von dort herabströmenden Flüsse. Die Eingeborenen sind so daran gewöhnt, in den Flüssen und Seen zu schwimmen, daß ihnen die Bewegung darin nicht mehr bedeutet als auf der Erde zu gehen. Wenn sie Gold sammeln wollen, dann tauchen sie in den Flüssen unter und füllen ihre Hände mit Sand. Indem sie dann den Sand von der einen Hand in die andere rieseln lassen, lesen sie das Gold aus; innerhalb von zwei Stunden sollen sie ein fingerlanges Rohr mit Gold füllen.

Über den Duft und die Wohlgerüche dieser Länder könnte man viele süße und zarte Worte sagen; aber Äußerungen dieser Art unterdrücke ich, weil sie den Leser mehr zu weichen Gefühlen veranlassen als ihm Charakterstärke verleihen würden.

Der Häuptling Ovando bot dem spanischen Führer einen zwölfjährigen Knaben zum Geschenk an. Der lehnte die Gabe ab und schickte den Knaben zurück; aber ein schön geschmücktes Mädchen nahm er zum Unwillen seiner Leute an.

Die Fahrtteilnehmer berichten, unter den Edelsteinen, die sie vom Häuptling erhielten, habe einer den Wert von 2000 Goldkastellanos gehabt. Mit Gold und Juwelen beladen, schieden schließlich die Spanier von diesem Herrscher. Grijalva schickte eine von den Karavellen zu seinem Onkel, dem Gouverneur [Diego de Velázquez] nach Fernandina [Kuba] zurück. Sie brachte dorthin Nachrichten sowie das Gold und die Edelsteine, die die Entdecker erhalten hatten. Die übrigen Schiffe fuhren die Küste entlang weiter nach Westen. Ein Fahrzeug, das der stellvertretende Flottenbefehlshaber, Francisco Montejo, führte, hielt sich näher am Gestade, die zwei anderen segelten – zwar in Sichtweite – auf dem hohen Meer. Die Küstenbewohner wunderten sich über die ungewöhnliche Erscheinung und hielten sie für ein Wunder. Dreizehn Kanus kamen zu Montejo herausgefahren; ihre Insassen sprachen mit den Spaniern durch Dolmetscher. Beide Gruppen begrüßten sich freundlich. Die Eingeborenen baten dann inständig, die Fremden möchten aussteigen. Sie machten ihnen große Versprechungen, wenn sie den Häuptling ihres Gebietes aufsuchten. Montejo lehnte es ab, ihren Bitten zu willfahren, weil seine Kameraden zu weit von ihm entfernt seien. Dennoch entließ er die Boten zu ihrer Zufriedenheit, da er ihnen einige unserer Waren schenkte, die ihnen willkommen waren.

Die Spanier kamen dann zu einer anderen volkreichen Stadt[4], die drei Karavellen hielten zusammen auf den Strand zu; aber an der Landung wurden die Mannschaften von den Bewohnern gehindert.

Mit Schilden, Bogen, vollen Köchern, mit breiten Holzschwertern und im Feuer gehärteten Lanzen bewaffnet, rückten die Eingeborenen zum Angriff

---

[4] Offenbar Tampico an der Mündung des Río Pánuco.

vor. Als sie ihre Pfeile aus größerer Entfernung abschossen, antworteten die Spanier mit einer Salve Kugeln aus den Geschützen. Überrascht von dem Dröhnen der Kanonen und von Schrecken erfüllt, entflohen jene und baten um Frieden. Zu dieser Zeit waren den Spaniern die Lebensmittelvorräte knapp geworden, und ihre Schiffe waren von der langen Fahrt arg mitgenommen. Sie fuhren also zur Insel Fernandina zurück. Grijalva war von seinen Erfolgen und Entdeckungen befriedigt, seine Kameraden aber weniger.

Aus: Peter Martyr von Anghiera: Acht Dekaden über die Neue Welt. Übersetzt, eingeführt und mit Anmerkungen versehen von Hans Klingelhöfer. Bd. 1. Darmstadt (Wissenschaftliche Buchgesellschaft) 1972, S. 100–105.

67. Cortés an Karl V.: „Hatte ich doch beschlossen, ihn [Moctezuma] entweder tot oder lebendig als Untertanen Seiner Majestät herbeischaffen zu wollen" (Brief vom 30. 10. 1520)

Cortés hat im Laufe der Eroberung Mexikos insgesamt fünf Berichte *(cartas de relación)* an Kaiser Karl V. gesandt, von denen die letzten vier erhalten sind[1]; sie gelten überwiegend als „klassische Werke kastilischer Prosa" (E. Straub). Cortés hat in ihnen nicht nur Rechenschaft über seine Handlungen und Erfolge abgelegt, er hat in ihnen auch in meisterhafter Weise die Wirklichkeit zu deformieren und zu seinen Gunsten umzudeuten verstanden. Die Grundidee des Cortés, die keineswegs nur als reine Heuchelei verstanden werden darf, wie das eine flache Kritik häufig tut, war der Gedanke, die Pax Christiana unter der Herrschaft des Königs von Kastilien als einem wahren Weltenherrscher in Mexiko und darüber hinaus schlechthin zu Wasser und zu Land in der Neuen Welt zu verbreiten. Cortés sah sich als Werkzeug einer universalen Reichssendung Karls V., wodurch er allerdings gleichzeitig seine Mißachtung der Weisungen des Velásquez, des Gouverneurs von Kuba, sowie seine in der Rechtskonstruktion umständliche Selbsterhebung zum allein vom Kaiser abhängigen Oberbefehlshaber in Mexiko geschickt auf die Ebene des Belanglosen abdrängte. Die Bekämpfung und Beseitigung des Tyrannen Moctezuma als einer Inkarnation des Bösen, die Unterwerfung seines Reiches ordnungsstiftend unter spanische Herrschaft und die Christianisierung der unermeßlichen Bevölkerung des Landes deutete er als seine eigentliche Aufgabe – eine Aufgabe, der Velásquez nicht gewachsen gewesen wäre, wohingegen er, Cortés, dem spanischen König zu seinem deutschen Kaisertum (er spricht Karl V. als „emperador de Alemaña" an) ein weiteres Kaisertum in der Neuen Welt und damit die Grundlage für eine künftige Universalmonarchie gewinnen würde. Cortés bezog seine Legitimierung für die Eroberung Mexikos ganz aus der spanischen Scholastik seiner Zeit, die er rudimentär aus seiner Universitätszeit kennen konnte. Sie dürfte der Selbstinterpretation Karls V. in hohem Maße entgegengekommen sein.

Die folgende Passage stammt aus dem zweiten Brief des Cortés vom 30. Oktober 1520, faßt jedoch seine Beweggründe für den mexikanischen Feldzug vor dessen Be-

---

[1] Der erste Bericht ist möglicherweise nie abgesandt worden; erhalten ist jedoch die Abschrift eines Briefes des Stadtrats von Veracruz an Karl V. vom 10. Juli 1519, der in der Literatur häufig als erster Brief des Cortés firmiert und in der Tat sicher von ihm angeregt worden ist.

ginn zusammen, d.h. vor den Ereignissen, die in den folgenden Quellen wiedergegeben sind (Dok. 67–72).

Lit.: Victor Frankl: Die Begriffe des mexikanischen Kaisertums und der Weltmonarchie in den „Cartas de relación" des Hernán Cortés. In: Saeculum XIII (1962), S. 1–34 – Eberhard Straub: Das bellum iustum des Hernán Cortés in Mexico. Köln–Wien 1976. Sch

Allerhöchster, Großmächtigster, Sehr Katholischer Fürst, Unüberwindlichster Kaiser und Herr! Ich übersandte Eurer Majestät mit einem Schiffe, das am 16. Juli 1519 aus Neuspanien absegelte, einen ausführlichen Bericht über alles, was sich seit meiner Ankunft, bis auf den heutigen Tag, zugetragen hat. Ich vertraute diese Nachricht dem Alonso Hernández Puertocarrero an und dem Francisco de Montejo, Prokuratoren von Villa rica de la Veracruz, die ich im Namen Eurer Majestät erbaut hatte. Seither habe ich meine Berichte über die bisherigen Geschehnisse einstellen müssen, weil ich infolge meiner Eroberungszüge und der Besiegung dieser Länder und ferner aus Mangel an Schiffen und in Unkenntnis über den Verbleib meiner ersten Schiffe keine Gelegenheit dazu gehabt habe. Gott allein weiß, wie sehr ich darunter gelitten habe! Mein Wunsch wäre natürlich, Eure Majestät über die Verhältnisse dieses Landes auf dem laufenden zu halten, und diese entsprechen durchaus den Angaben meines ersten Berichtes: Eure Majestät kann also den Titel eines Kaisers dieser unermeßlichen Provinzen mit demselben Rechte führen wie den eines Kaisers von Deutschland, den Eure Majestät durch die Gnade Gottes bereits besitzt. Wenn ich Eurer Majestät all das, was ich in diesen neuen Königreichen gefunden habe, bis ins einzelne berichten sollte, so würde ich nie ein Ende finden, und ich flehe Eure geheiligte Majestät an, mir verzeihen zu wollen, wenn es mir weder meine Fähigkeiten, noch die Lage, in der ich mich befinde, ermöglichen. Dennoch werde ich mich bemühen, nach bestem Vermögen die Wahrheit zu sagen und Eurer Majestät von dem Nachricht zu geben, was zu wissen Eurer Majestät augenblicklich not tut. Auch bitte ich demütigst um Vergebung, wenn ich einige wesentliche Umstände auslasse, wenn ich nicht genau die Zeit und die Art der Vorgänge angebe, und wenn ich mich nicht mehr recht an die Namen der Städte, Dörfer und Herrschaften derer erinnere, die Eurer Majestät ihre Dienste angeboten und sich als Eure Untertanen und Vasallen erklärt haben. Denn infolge eines Mißgeschicks, von dem ich Eurer Majestät Kunde geben werde, habe ich all meine Schriftstücke und Berichte über meine Verhandlungen mit den Eingeborenen dieser Länder nebst vielerlei anderem verloren. Ich habe, Allervortrefflichster Fürst, Eurer Majestät in meinem vorigen Bericht das Verzeichnis der Städte und Ortschaften vorgelegt, die ich bisher unter Eure Botmäßigkeit gebracht habe. Auch habe ich bereits von einem großen Fürsten, mit Namen Moctezuma, gesprochen, der nach den Erkundigungen, die ich eingezogen, neunzig oder hundert Meilen von der Küste und dem Hafen, wo ich angelegt habe, wohnen soll. Ich fügte hinzu, daß ich im Vertrauen auf die Macht Gottes und des königlichen Namens Eurer Majestät Moctezuma aufsuchen wollte, wo er auch weilen möge. Ja, ich erinnere mich sogar, daß ich in dieser Sache noch mehr zu leisten versprochen habe, als ich zu tun imstande war, hatte ich doch beschlossen, ihn entweder tot oder lebendig als Untertanen Seiner Majestät herbeischaffen zu wollen.

Aus: Die Eroberung Mexikos. Drei Berichte von Hernán Cortés an Kaiser Karl V. Übers. v. Mario Spiro u. C.W.Koppe. Hg. v. Claus Litterscheid. Frankfurt am Main (Insel) 1980, S.9–10.

68. Die Goldgier der Konquistadoren
aus der Sicht der Azteken (1519)

Die im 12.Buch des Codex Florentinus in mexikanischer (Náhuatl) und auszugsweise in spanischer Sprache von dem Franziskaner Fray Bernardino de Sahagún um 1585 niedergeschriebene „Eroberung Mexikos" ist ein einzigartiges Dokument altmexikanischer Kultur; es gibt in sehr bildhafter Sprache Eindrücke und Erinnerungen von Angehörigen des Aztekenvolkes wieder, die die Eroberung selbst miterlebt hatten. Sahagún, der seit 1529 in Mexiko wirkte, hatte sich wie kaum ein Chronist seiner Zeit dem Sammeln von aztekischen Mythen, Traditionen und von Augenzeugenberichten der Konquista verschrieben. Sein Text gibt das zusammengetragene Material in seinem chronologischen Zusammenhang wieder. Er beginnt mit dem Erscheinen unheilvoller Vorzeichen noch vor Ankunft der Spanier an der Küste von Veracruz und endet mit einer Rede, in der Cortés die Herren von México-Tenochtitlán, Texcoco und Tlacopán auffordert, ihr Gold und alle anderen Schätze abzuliefern.

Dabei kommt die Goldgier der Spanier in anschaulicher Weise zur Sprache. „Die Reichen und das Gold", schrieb schon 1526 ein Stadtschreiber aus Mexiko-Stadt an die Casa de la Contratación in Sevilla, „haben eine so große Macht, daß sie Herzen verblenden und Ohren taub machen, die einen zum Reden bringen und die anderen stumm werden lassen"[1]. War nämlich zunächst – etwa durch Cortés[2] – das Anliegen der Konquistadoren als Unternehmen zur Mehrung sowohl der weltlichen Macht der Krone wie des Reiches Christi auf Erden gedeutet worden, so hoben bereits die frühen Chronisten des 16.Jahrhunderts – sowohl die geistlichen wie die profanen – entschieden die ausbeuterischen Aspekte der Eroberung von denen der politisch-ökonomischen Organisation und der geistigen Durchdringung der Einheimischen durch das Christentum ab. In die Reihe dieser der Konquista und bestimmten ihrer Folgen durchaus kritisch gegenüberstehenden Chronisten gehört Sahagún.

Lit.: Miguel León-Portilla (ed.): El Reverso de la Conquista. Relaciónes Aztecas, Mayas e Incas. México ⁴1974 – Ders. und Renate Heuer (Hg.): Rückkehr der Götter. Die Aufzeichnungen der Azteken über den Untergang ihres Reiches. Köln-Opladen 1962 – D. de Durán: Historia de las Indias de Nueva España e Islas de la Tierra Firme (1570–1588). Ed. por A.M.Garibay K. 2 vol. México 1967 – Georges Baudot: Utopie et Histoire au Méxique. Toulouse 1976, insb. S.477–487.   Ne/Sch

---

[1] Brief des Diego de Ocaña. In: García Icazbalceta, J. (ed.): Colección de Documentos para la Historia de México. 2 vol. México ²1971. I, S.524.

[2] Vgl. die Ermahnungen des Cortés im Jahre 1520 an seine Soldaten in der Stadt Tlaxcala oder auch die militärischen Anordnungen desselben an Francisco Cortés, den Anführer einer Expedition zur Küste von Colima. Ebd. I, S.446 und 465. Vgl. auch Eberhard Straub: Das bellum iustum des Hernán Cortés in Mexico. Köln–Wien 1976.

[Aus Buch 12, Kap. 12 des Florentiner Kodex: Abgesandte des Motecuhzoma treffen die der aztekischen Hauptstadt sich nähernden Spanier auf dem Paß zwischen den beiden Vulkanen Iztactépetl und Popocatépetl:]

Sie schenkten den Spaniern Goldfahnen, Fahnen aus Quetzalfedern und goldene Halsketten.

Nachdem sie ihnen das Geschenk überreicht hatten, wurde ihr [der Spanier] Gesicht heiter, sie freuten sich sehr und waren vergnügt. Wie Affen hoben sie das Gold auf. Es war, als ob sie zufriedengestellt worden seien, als ob ihr Herz neu und erleuchtet würde. Wirklich! sie dürsten mächtig nach Gold, ihr Körper streckt sich, sie werden wie wild vor Hunger danach. Wie hungrige Schweine waren sie gierig nach Gold.

Sie entreißen die goldenen Fahnen, schwenken sie hin und her, betrachten sie auf der einen Seite und auf der anderen. Sie sind wie jemand, der eine wilde Sprache spricht. Alles, was sie sagen, ist ein Kauderwelsch.

Übersetzt aus der Náhuatl-Fassung des Codex Florentinus [Faksimile-Ausgabe, veranlaßt durch die mexikanische Regierung, o.O. 1979] unter Berücksichtigung folgender Ausgaben: Einige Kapitel aus dem Geschichtswerk des Fray Bernardino de Sahagún. Aus dem Aztekischen übersetzt von Eduard Seler. Hg. v. C. Seler-Sachs, W. Lehmann u. W. Krickenberg. Stuttgart 1927 – Florentine Codex. General History of the Things of New Spain. Translated from the Aztec into English by Arthur J. O. Anderson and Charles E. Dibble. 12 vols. Santa Fe (New Mexico) 1950–1974 – Historia general de las Cosas de Nueva España. Versión directa y completa del náhuatl al castellano por A. M. Garibay K. 4 vol. México 1956.   Ne

69. Erster Einzug der Spanier in die Stadt Tenochtitlán (1519)

Als Cortés am 8. November 1519 mit seiner kleinen spanischen Armee und rund 1 000 Mann tlaxkalesischer Hilfstruppen in Tenochtitlán, der im Texcoco-See gelegenen Hauptstadt des Aztekenreiches, einzog, empfanden die Ankömmlinge vermutlich nicht weniger Beklemmung als die Bevölkerung der Stadt selber und ihr Herrscher. Während diese – ohne dessen ganz sicher zu sein – in Cortés einen Abgesandten ihres ehemaligen Fürsten und jetzigen Gottes Quetzalcóatl erblickten und einem prophezeiten möglichen Strafgericht ins Auge zu sehen hatten, konnte umgekehrt die Größe und die sichtbare Macht der Aztekenmetropole bei den Spaniern Angstträume auslösen. Dementsprechend vorsichtig behandelten sich die beiden Parteien zunächst. Cortés, der Moctezuma sofort freundschaftlich umarmen wollte, wurde von Höflingen schroff daran gehindert, doch blieb sein Verstoß gegen die aztekische Etikette ungeahndet; Moctezuma seinerseits bot zwar Cortés anschließend verbaliter sein Reich an, tat aber in der Folge nichts dazu, dieses Angebot in die Tat umzusetzen. Abwartende Unsicherheit und Vorsicht prägten so diese weltgeschichtliche Begegnung. Der entsprechende Zustand hielt mehrere Monate lang an.

Lit.: Eduard Seler: Der Einmarsch der Spanier in die Hauptstadt König Motecuhçoma's. In: Ders.: Gesammelte Abhandlungen zur Amerikanischen Sprach- und Altertumskunde. Bd. 4. Graz 1961, S. 445–452 – Herbert Matis: Hernán Cortés. Eroberer und Kolonisator. Göttingen–Frankfurt–Zürich 1967 – William Weber Johnson: Cortez. Die Eroberung und Zerstörung des Aztekenreichs. Wiesbaden 1979.   Sch

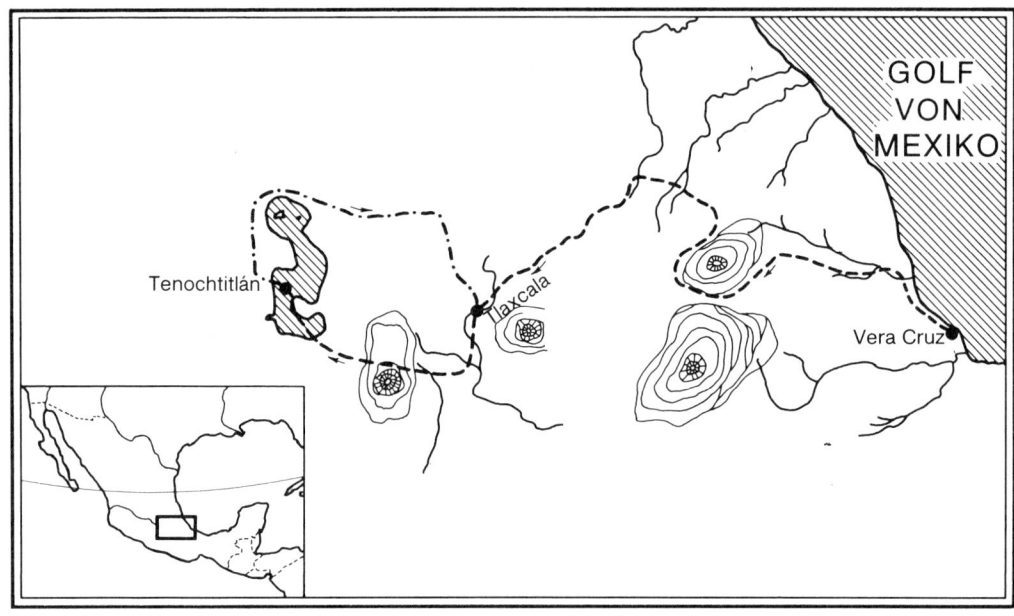

10. − − − − Der Zug des Hernán Cortés über Tlaxcala nach Tenochtitlán
              (16. August–8. November 1519).
    − · − · − Der Rückzug nach Tlaxcala im Anschluß an die „noche triste"
              (Juli 1520).

Kommen wir endlich zu dem Schauspiel, das die Spanier wohl beseligte, weil
sie es schon so lange ersehnt hatten, das bei vorausschauenden Bewohnern
von Tenustitan [Tenochtitlán] aber andere Gefühle erweckte; denn manche
einsichtigen Tenustitaner befürchteten, diese Fremden könnten ihre himmli-
sche Ruhe stören; anders hingegen war es beim Volk, das nichts so ergötzlich
findet, wie Aufsehen erregende Ereignisse mit eigenen Augen zu sehen, und
das sich keine Sorgen um die Zukunft macht. Bis zu der erwähnten Damm-
kreuzung zogen aus der Stadt 1000 Mann in Landestracht dem Cortés entgegen, und jeder begrüßte ihn nach der dort üblichen Sitte. Diese besteht darin,
zum Zeichen der Unterwürfigkeit mit der Rechten die Erde zu berühren und
sie dann an der berührten Stelle zu küssen. Die zum Empfang erschienenen
Männer waren alles Adlige, die zum königlichen Hof gehörten. Im Hintergrund zeigte sich dann der schon so lange erwartete König. Die Straße ist, wie
ich schon sagte, eineinhalb Leugen [Leguas] lang – andere berichten sogar
zwei – und so gerade, daß sie mit dem Rotstift auf Papier nicht gerader gezeichnet werden könnte. Wenn jemand, der scharfe Augen besitzt, geradeaus
blickt, kann er von der Befestigung am Anfang der Dammstraße aus leicht den
Stadteingang erkennen. Cortés zog nun dem Großkönig entgegen. Dieser
schritt in der Mitte des Dammweges, hinter ihm auf beiden Seiten das Volk in
strenger Ordnung, gruppenweise hintereinander in regelmäßigen Abständen,

alle barfuß. Zwei Fürsten stützten Muteczuma, indem sie ihn unter den Armen festhielten; einer von ihnen war sein Bruder, der Herr von Ixtapalapán, auch der andere gehörte dem Adel an. Sie taten das, nicht weil der König solcher Hilfe bedurft hätte; sondern es ist bei ihnen Sitte, die Könige in der Weise zu ehren, daß sie von der Macht der Großen gestützt erscheinen.

Als Muteczuma nahte, sprang Cortés vom Pferd, auf dem er bis dahin ritt. Er schritt auf den König zu, um ihn zu umarmen. Daran hinderten ihn aber die beiden Fürsten an dessen Seite. Denn es ist bei ihnen verboten, den König zu berühren. Die Menschen, die an den zwei Seiten der Straße in bestimmter Reihenfolge schritten, verließen nun ihre angewiesenen Plätze, um einzeln Cortés nach der Sitte des Landes willkommen zu heißen. Danach trat jeder wieder in seine Reihe zurück, damit die Ordnung nicht gestört wurde. Nach diesem zuvorkommenden Empfang wandte sich Cortés dem König zu, nahm die Kette ab, die er selbst um den Hals trug, und legte sie dem König um. Sie war zwar von geringem Wert; denn sie bestand zum Teil aus bunten Steinen, zum Teil aus Metall und aus Perlen von Goldbronze und Glas. Dennoch gefiel das Geschenk Muteczuma, und er überreichte als Gegengabe zwei Halsketten aus Edelsteinen mit goldenen Muscheln und Krebsen als Anhängern.

Nachdem die Spanier die Huldigung aller, die zur Begrüßung erschienen waren, in Empfang genommen hatten, richteten sie ihren Blick auf jene gewaltige Stadt, die man als ein Wunder bezeichnen muß. In derselben Ordnung, wie sie gekommen waren, zogen die Einheimischen auf den beiden Seitenstreifen dieser einzigartigen Brücke zurück. Die Mittelbahn blieb allein dem König Muteczuma und den Fremden vorbehalten. Doch dann bot sich den Spaniern ein furchtbarer Anblick, über den ich nur mit Schaudern berichte! Zu beiden Seiten des Brückendamms, aber außerhalb davon, standen im See zahlreiche prächtige Türme, die als Tempel dienten. Auf diesen Türmen wurden jetzt allenthalben dazu gekaufte Sklaven oder Söhne von Untertanen, die anstelle eines Tributs für diesen Zweck bestimmt worden waren, als Opfer geschlachtet. So etwas Schreckliches kann man nicht begreifen. Die meisten Spanier, die es bemerkten, bekannten später, ihnen hätten sich beim Vorübergehen die Eingeweide im Leibe umgedreht.

Schließlich gelangte man zu einem gewaltigen Palast, der mit königlicher Pracht geschmückt war. Es war dies die alte Residenz der Ahnen Muteczumas. Hierherein führte der Herrscher seinen spanischen Gast und ließ ihn in der Königshalle auf einem goldenen Thron Platz nehmen. Dann kehrte er zu seiner Residenz zurück. Er hatte veranlaßt, daß alle Begleiter des Cortés mit wohlschmeckenden Speisen reichlich bewirtet und als Gäste mit allen Bequemlichkeiten untergebracht würden. Einige Stunden später, nachdem auch er gegessen hatte, stellte sich Muteczuma wieder bei Cortés ein. Er brachte seine Kammerdiener und seine nächsten Vertrauten mit; sie trugen Lasten von Baumwollgewändern herbei, die mit Gold besetzt waren und in den lebhaftesten Farben glänzten. Die eben genannte Menge klingt übertrieben, aber wir werden weiter unten erzählen, weshalb sie doch glaublich ist. Die, welche da-

bei waren, berichten, es seien 6000 Gewänder gewesen. Dasselbe schreibt
auch Cortés. Gleichzeitig brachten die Höflinge noch viele andere Geschenke
aus Gold und Silber. Neben dem erhöhten Sessel des Cortés wurde ein zweiter
aufgestellt, der in gleicher Weise geschmückt war wie der andere. Auf diesen
setzte sich Muteczuma. Nachdem er alle Großen seiner Reiche um sich berufen hatte, hielt er folgende Rede. Die Spanier begriffen sie mit Hilfe der Dolmetscher, die seinerseits Jeronimo von Aguilar wieder verstand:

„Ihr Männer, die ihr ungewöhnlichen Mut im Kampf und Milde gegenüber
den Demütigen gezeigt habt, ich wünsche und hoffe, daß unser Zusammentreffen einen glückhaften Ausgang nimmt. Möge eure Ankunft diesem Lande
Segen bringen." Darauf sich zu den Großen des Landes wendend, fuhr er fort:
„Aus den Berichten unserer Ahnen wissen wir, daß auch wir hier Einwanderer
sind. Vor aller Menschen Gedenken führte ein großer Fürst unsere Ahnen zu
Schiff an die Küste dieses Landes. Wir wissen nicht mehr, ob er freiwillig oder
vom Sturm verschlagen hierher kam. Später verließ er seine Begleiter und fuhr
allein wieder in seine Heimat, wenn er auch gern gesehen hätte, daß die anderen mit ihm Gelandeten ebenfalls zurückgekehrt wären. Aber sie hatten sich
schon Hütten erbaut, hatten Frauen des Landes geheiratet, Kinder gezeugt
und besaßen feste Wohnsitze in einer friedlichen Welt. Deshalb lehnten unsere
Ahnen die Rückkehr ab und hörten nicht mehr auf seinen Befehl. Sie hatten
sich schon einen Rat gewählt und Vertreter des Volkes, deren Anweisungen sie
sich fügen wollten. So soll jener Fürst unter Drohungen von ihnen geschieden
sein. Nirgends ist bis jetzt jemand aufgetreten, der die Rechte jenes Herrschers für sich in Anspruch nahm. Euch, die Großen meiner Reiche, bitte ich
dringend, diesem Führer hier, der von einem mächtigen König kommt, mit
demselben Gehorsam wie mir zu dienen und ihm nach seinen Anweisungen
die Abgaben zu leisten, die ihr mir schuldet."

Dann sich wieder Cortés zuwendend, fügte er hinzu: „Nach dem, was ich
gesagt habe, stammt also der König, der euch geschickt hat, von jenem Fürsten ab, wie ich glaube. Möge das Glück mit euch sein! Ruhet euch von den
Anstrengungen aus, die – wie ich weiß – groß waren, seitdem ihr dieses Land
betreten habt! Pflegt eure müden Glieder! Alle Reiche, die wir besitzen, gehören euch. Wer du auch immer sein magst, der du als Führer hierher geschickt
worden bist, du sollst als Fürst über all die Reiche gebieten, die bislang mir untertan waren. Was aber die Berichte der Leute von Cempoala, Tascalteca und
Guazuzingo über meine Person betrifft, so müssen sie mit vollem Recht als Erfindungen bezeichnet werden, die nur aus feindlicher Gesinnung heraus entstehen konnten. Die Erfahrung wird dir zeigen, daß diese Leute gelogen haben. Sie schwätzen dir vor, meine Häuser seien aus Gold, meine Matten aus
Gold, mein Hausrat aus Gold und ich sei ein Gott und kein Mensch. Du siehst
selbst, daß meine Häuser aus Stein, meine Matten aus Binsen, meine Woh-
nungsausstattung aus Baumwolle ist. Ich gebe zu, meine Schatzhäuser bergen
goldenen Schmuck. Der gehört dir; gebrauche ihn im Namen jenes unseres
großen Königs nach Belieben. Wenn sie aber gesagt haben, ich sei kein

Mensch, sondern ein Unsterblicher, so sieh her, ob meine Arme und Beine nicht aus Fleisch und Knochen bestehen!" Bei diesen Worten entblößte er, fast weinend, seine Arme und Beine. Als er geendet hatte, tröstete Cortés ihn und machte ihm Hoffnung auf einen guten Ausgang.

Hiernach verließ Muteczuma mit ziemlich heiterem Antlitz den Palast. Ob er auch in seinem Inneren beruhigt war, darüber kann nur der urteilen, der schon einmal Macht gekostet hat, ohne einen Nebenbuhler zu dulden. Und ob man gewaltsam aufgedrängte Gäste gerne aufnimmt, dazu mögen die etwas sagen, die darin Erfahrung haben. Wie „angenehm" den zusammengerufenen Vasallen aber jene Sitzung war, konnte man von ihren Gesichtern ablesen. Denn nur mit gesenkten Blicken hatten sie der Rede gelauscht. Unter Tränen, mit Schluchzen und Seufzen hatten sie den Vorgang hingenommen und verharrten noch lange in Schweigen. Schließlich versprachen sie, die Befehle Muteczumas zu befolgen. Aber, so wandten sie doch ein, über die gewaltige und plötzliche Veränderung aller Verhältnisse seien sie aufs tiefste bestürzt.

Aus: Peter Martyr von Anghiera: Acht Dekaden über die Neue Welt. Übers., eingeführt u. mit Anmerkungen versehen v. Hans Klingelhöfer. 2 Bde. Darmstadt (Wissenschaftliche Buchgesellschaft) 1972 und 1975. Bd. 2, S. 32–35.

70. Bernal Díaz: Blick über die Stadt Tenochtitlán (1519)

Wenige Tage nach seinem Einzug in Tenochtitlán holte Cortés die Zustimmung des Moctezuma für einen Besuch des Marktes und der Tempel der Stadt ein. Unter den zeitgenössischen Berichten über die Eindrücke der Spanier bei den folgenden Rundgängen ist der des Hauptmanns Bernal Díaz der lebendigste; er macht deutlich, daß Tenochtitlán größer, reicher und geschäftiger gewesen sein muß als jede spanische Stadt des 16. Jahrhunderts.

Lit.: Herbert Matis: Hernán Cortés. Eroberer und Kolonisator. Göttingen–Frankfurt–Zürich 1967 – William Weber Johnson: Cortez. Die Eroberung und Zerstörung des Aztekenreichs. Wiesbaden 1979.   Sch

Wir waren nun schon vier Tage in Mexiko, und niemand von uns hatte bis jetzt das Quartier verlassen. Cortés wollte aber den großen Marktplatz der Stadt und den Haupttempel besichtigen. Er schickte deshalb seine Dolmetscher, die Donna Marina und Aguilar und einen seiner Pagen, den Ortega, der schon etwas Mexikanisch gelernt hatte, zu Moteczuma, und ließ ihn um sein Einverständnis bitten. Der Fürst antwortete zwar, daß wir überall willkommen seien, hatte aber doch Sorge, daß wir seine Götzen in irgendeiner Form beleidigen könnten, und begleitete uns daher, zusammen mit vielen seiner Großen. Es war ein prachtvoller Aufzug. Auf halbem Weg stieg er aus der Sänfte; denn er hielt es für unehrerbietig, sich den Götzen anders als zu Fuß zu nahen. Die ersten Männer seines Hofes führten ihn unter den Armen; andere gingen vor ihm her und trugen zwei Stöcke, die wie Szepter aussahen und die Nähe des Fürsten ankündigten. In der Sänfte trug er immer einen kleinen Stab, halb Gold, halb Holz, der wie ein Richterstab aussah. Er bestieg den Tempel in Begleitung von vielen Papas[1] und brachte dem Huitzilopochtli, dem Kriegsgott, Rauchopfer dar. Unser Generalkapitän aber und wir anderen Berittenen waren wie üblich bewaffnet. Wir ritten, begleitet von zahlreichen Kaziken, über den großen Marktplatz von Tlatelolco.

Dort fanden wir eine unerwartet große Menge Menschen, zahlreiche Verkaufsstände und eine ausgezeichnete Ordnungspolizei. Die Kaziken machten uns auf alle Besonderheiten aufmerksam. Jede Warengattung hatte ihre Plätze. Da gab es Gold- und Silberarbeiten, Juwelen, Stoffe aller Art, Federn, Baumwolle und Sklaven. Der Sklavenmarkt war hier genauso groß wie der Negermarkt der Portugiesen in Guinea. Damit sie nicht fliehen konnten, waren sie mit Halsbändern an lange Stangen geschnallt. Nur wenige durften frei herumgehen.

Dann kamen die Stände mit einfacheren Waren, mit grobem Zeug, mit Zwirn und Kakao zum Beispiel. Ganz Neuspanien bot hier seine Erzeugnisse an. Ich kam mir vor wie auf der großen Messe zu Hause, in meinem Geburtsort Medina del Campo, wo auch jede Ware ihre eigene Straße hat. Da gab es Sisalstoffe, Seile und Strickschuhe. Dort wurden gekochte süße Yucawurzeln und andere aus dieser Pflanze gewonnene Produkte angeboten. Es gab rohe und gegerbte Häute von Tigern, Löwen, Schakalen, Fischottern, Rotwild, wilden Katzen und anderen Raubtieren. Wir fanden aber auch Stände, an denen Bohnen, Salbei und vielerlei andere Gemüse und Gewürze verkauft wurden. Es gab einen besonderen Geflügel- und Wildbretmarkt, einen für die Kuchenbäcker und einen für die Wursthändler. In den Ständen der Töpfer fanden wir von großen irdenen Gefäßen bis zum kleinsten Nachttopf alles. Wir gingen an Verkäufern von Honig, Honigkuchen und anderen Leckereien vorbei, an Möbel-, Holz- und Kohlenhändlern. Ganze Kähne mit menschlichen Fäkalien lagen am Ufer. Die Mexikaner brauchten sie zum Gerben. Ich finde kein Ende mit dieser Aufzählung, und doch habe ich das Papier, die Röhren mit dem flüssigen Eukalyptusöl und mit dem Tabak, die wohlriechenden Salben und die Hallen mit den Sämereien noch gar nicht genannt, ganz zu schweigen von den Heilkräutern. Und nun hätte ich doch fast die Handwerker vergessen, welche die Feuersteinmesser machen, das Salz, den Fischmarkt und die Brote, die aus getrocknetem Schlamm gemacht werden, den man in den Seen fischt. Sie schmecken wie Käse. Schließlich gab es noch Instrumente aus Messing, Kupfer und Zinn, handgemalte Tassen und Krüge aus Holz, kurz so vielerlei Waren, daß mein Papier nicht ausreicht, sie alle zu nennen. Es gab übrigens auch eine Art Marktgericht mit drei Richtern und mehreren Gehilfen, die für die Warenschau verantwortlich waren.

Wir wollten aber den großen Cue[2] besteigen. Als wir auf dem Weg dorthin an den Vorhöfen des Marktes vorbeikamen, sahen wir noch Kaufleute, welche

---

[1] Bezeichnung für die aztekischen Priester.
[2] Haupttempel der Stadt und insbesondere der Götzenschrein auf seiner Spitze.

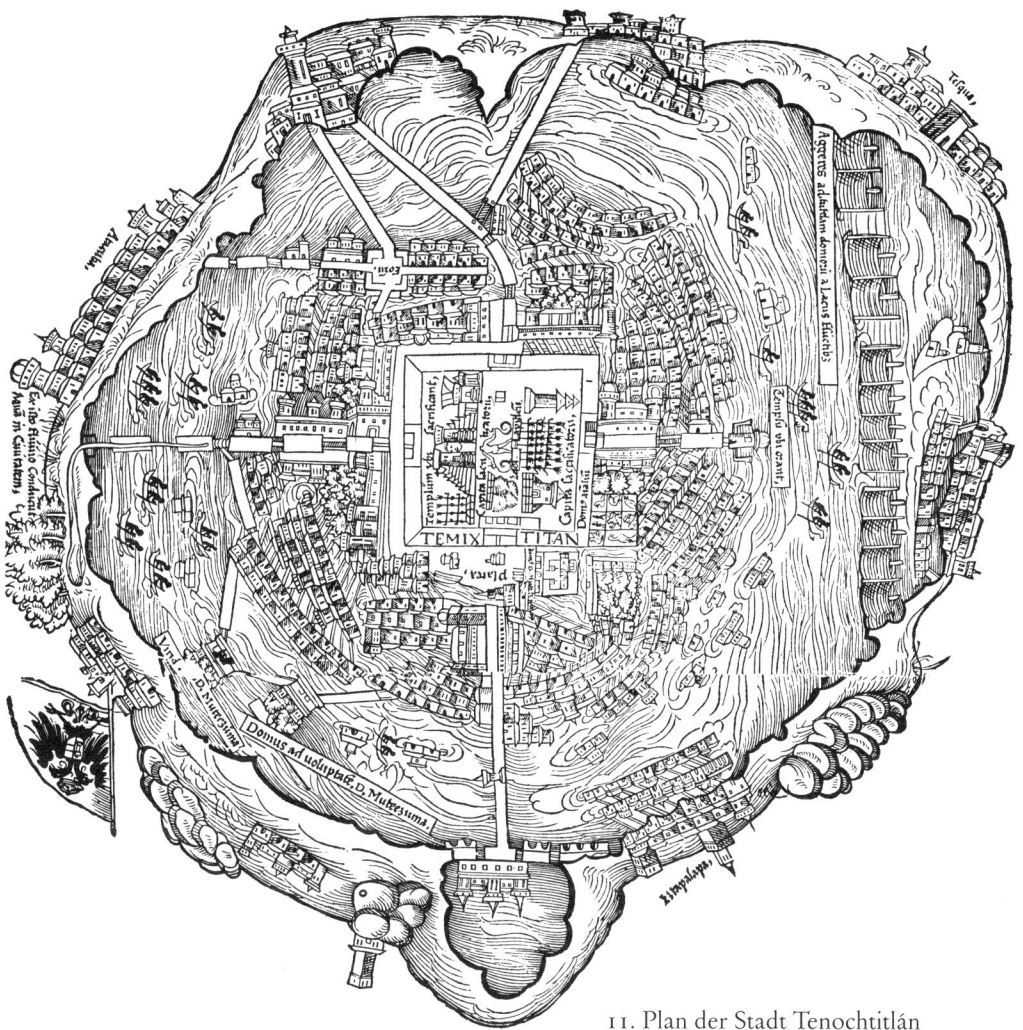

11. Plan der Stadt Tenochtitlán

die Goldkörner aus den Bergwerken verkauften. Sie schütteten ihre wertvolle Ware in große Gänseknochen, deren Wände sie so lange bearbeiteten, bis das Gold durchschien. Je nach der Länge und Dicke dieser Röhren konnte man dafür soundso viele Packen Zeug oder Kakaobohnen (die heute noch als kleine Münze verwendet werden) oder Sklaven oder andere Waren eintauschen.

Vom Markt aus kamen wir bald in die großen Höfe, die den Haupttempel der Hauptstadt Mexiko umgaben. Sie waren größer als der Marktplatz von Salamanka. Um den riesigen Hof lief eine doppelte Mauer aus Kalk und Stein. Er war durchweg mit weißen, sehr glatten Platten gepflastert, die in einem bestimmten Wechsel von einem bräunlichen Estrich unterbrochen wurden. Alles war so sauber, daß man nirgends einen Strohhalm oder ein Stäubchen sah.

Moteczuma war bei seinen Opferzeremonien hoch oben auf dem Tempel. Er schickte uns über die vielen Stufen sechs Papas und zwei vornehme Staatsbeamte entgegen, die Cortés hinaufführen sollten. Es waren einhundertundvierzehn hohe Stufen. Die Mexikaner fürchteten, daß der Aufstieg unserem Cortés ebenso schwerfallen werde wie ihrem Moteczuma. Sie wollten ihm deshalb den Arm reichen. Er lehnte aber jede Hilfe ab. Die stumpfe Spitze des Cue war eine breite Plattform mit großen Steinen, auf welche die armen Opfer gelegt wurden. Darüber stand ein großes Götzenbild, ein Drache, umgeben von anderen abscheulichen Figuren. Überall sahen wir Spuren von frischem Menschenblut, Moteczuma trat mit zwei Papas aus einer Art Kapelle, in der seine verfluchten Götzen standen, und empfing Cortés mit großer Höflichkeit. Er sagte: „Der Aufstieg wird dich wohl ermüdet haben, Malinche?"[3] Cortés antwortete, daß uns nichts ermüden könne. Daraufhin nahm der Fürst ihn an der Hand und forderte ihn auf, von hier oben aus seine Hauptstadt, die anderen in den See gebauten Städte und die zahlreichen Ortschaften ringsherum zu betrachten, nicht zuletzt auch den großen Marktplatz, den man von hier aus besonders gut übersehen konnte.

Dieser Teufelstempel beherrschte wirklich die ganze Gegend. Wir sahen die drei Dammstraßen, die nach Mexiko führten: die von Iztapalapa, über die wir eingezogen waren, die von Tacuba, über die wir acht Monate später unter großen Verlusten fliehen mußten, und die von Tepeaquilla. Wir sahen die große Wasserleitung, die von Chapultepec kommt und die ganze Stadt mit süßem Wasser versorgt, und die langen hölzernen Brücken, von denen die Dammstraßen unterbrochen waren, um die Verbindung zwischen den vielen Teilen des Sees zu ermöglichen. Auf dem See wimmelte es von Fahrzeugen, die Waren und Lebensmittel aller Art geladen hatten. Wir stellten einwandfrei fest, daß man Mexiko nur über die Zugbrücken oder in Kähnen erreichen konnte. Aus allen Orten ragten die weißen Opfertempel wie Burgen über die Häuser mit ihren Söllern, über kleinere kapellenartige Bauten und über die Befestigungstürme hinaus. Es war ein einmaliger Blick.

Lange staunten wir dieses herrliche Gemälde unter uns an. Dann besahen wir uns von hier oben aus noch einmal den Marktplatz mit seinem Gewimmel von Menschen, die einen Lärm machten, den man über eine Stunde weit hören konnte. Leute, die Konstantinopel und Rom gesehen hatten, erzählten, daß sie noch nirgendwo einen so großen und volkreichen Marktplatz gefunden hätten.

Aus: Denkwürdigkeiten des Hauptmanns Bernal Díaz del Castillo oder Wahrhafte Geschichte der Entdeckung und Eroberung von Neuspanien (Mexiko). Hg. u. bearb. v. Georg A. Narciß. Stuttgart (Steingrüben) 1965, S. 256–260.

---

[3] Die Spanier nannten die Cortés als Dolmetscherin dienende aztekische Häuptlingstochter Tenepal stets Doña Marina; dieser Name wurde von den Azteken an ihr Wort für Gras „Malinalli" angeglichen und in „Malintzin" umgewandelt, was die Spanier ihrerseits mit „Malinche" wiedergaben. Dieser Name wurde von den Azteken auch häufig für Cortés selbst benutzt.

71. Verlustreicher Rückzug aus der Stadt Tenochtitlán: die *noche triste* vom 30. Juni 1520

Am 14. November 1519, kaum eine Woche nach seinem Einzug in Tenochtitlán, ließ Cortés seinen Gastgeber Moctezuma festnehmen und behandelte ihn fortan als Geisel sowie als Vasallen. Im Dezember 1519 kam es vor den Fürsten des Aztekenreiches zu einem förmlichen Huldigungsakt Moctezumas gegenüber Kaiser Karl V., den Cortés vertrat. Dieser Vorgang wurde vom Notar Godoy offiziell zu Protokoll gebracht und diente später als juristische Grundlage für die Einverleibung des Aztekenreiches in das spanische Reich Las Indias. In der Folge regierte Cortés das Reich durch Moctezuma, dessen Autorität ungebrochen zu sein schien, solange jedenfalls, wie die Spanier ihrerseits das administrative, kulturelle und religiöse Regelgefüge des Aztekenstaats (vgl. Bd. 1, Dok. 54–57) intakt ließen.

Dieser Zustand hielt bis zum Frühjahr 1520 an. Mitte Mai mußte Cortés einer Strafexpedition des Gouverneurs von Kuba unter Leitung des Hauptmanns Pánfilo de Narváez gegen sich entgegentreten. Er konnte deren Mitglieder zwar größtenteils für sich gewinnen, doch zwang ihn dieser Zwischenfall zu einer längeren Abwesenheit von der Hauptstadt. In dieser Zeitspanne brach in Tenochtitlán der Aufstand gegen die dort verbliebene Garnison aus: Die Spanier hatten durch Versuche der Unterdrückung des heidnischen Gottesdienstes und dabei begangene Brutalitäten die Grundlage ihres Ansehens – nämlich ihr Einbezogensein in das Gesamtgeflecht des Mythos vom Gott bzw. Fürsten Quetzalcóatl – nachhaltig zerstört. Cortés konnte zwar noch am 24. Juni 1520 mit seiner vergrößerten Streitmacht in die Stadt zurückkehren, doch brachen die Azteken danach die Dammbrücken zum Festland ab. Die Invasoren saßen in der Falle. Es blieb ihnen nur die bittere Erkenntnis, daß sie sich den Weg nach draußen freikämpfen mußten, um wieder Bewegungsspielraum zu gewinnen. Am Abend des 30. Juni 1520 gab Cortés den unumgänglich notwendigen Befehl zum Ausbruch, der gut vorbereitet zu sein schien. Gleichwohl waren die dabei erlittenen Verluste dann so groß, daß diese Nacht als „noche triste" in die spanische Kolonialgeschichte einging. Der farbigste Bericht über diese Ereignisse stammt von dem Hauptmann Bernal Díaz, der Augenzeuge war, allerdings seine Eindrücke erst 1568 im Alter von 84 Jahren einem Schreiber diktierte.

Lit.: Herbert Matis: Hernán Cortés. Eroberer und Kolonisator. Göttingen-Frankfurt-Zürich 1967 – William Weber Johnson: Cortez. Die Eroberung und Zerstörung des Aztekenreichs. Wiesbaden 1979. Sch

So verminderte jeder Tag unsere Kräfte, während die der Indianer wuchsen. Viele waren gefallen, die meisten verwundet. Unsere Tapferkeit konnte auf die Dauer nichts ausrichten gegen die großen Massen der Feinde, unsere Pulvervorräte gingen zu Ende, Lebensmittel und Wasser wurden immer kärglicher. Moteczuma war nicht mehr, und seine Nachfolger verweigerten uns den Frieden, um den wir sie baten. Der Feind hatte die Brücken an den drei Dammstraßen abgebrochen. Überall lauerte der Tod auf uns.

Darum beschlossen wir in einem Kriegsrat, die Stadt heimlich zu räumen, in der Nacht, wenn die Wachsamkeit der Feinde erfahrungsgemäß nachließ. Um sie noch sicherer zu machen, sollte ihnen am Abend vor der Nacht, in der wir fliehen wollten, durch einen vornehmen Papa[1] mitgeteilt werden, daß wir alles Gold und alle anderen Schätze zurücklassen würden, wenn sie uns in acht Tagen ungehindert ausziehen ließen. Auf diesen Entschluß hatte einer unserer Soldaten, Botello, besonderen Einfluß gehabt. Er war ein geborener Italiener, ein sehr gelehrter Ehrenmann, von dem manche behaupteten, er könnte Tote beschwören, andere, er könne Horoskope stellen. Er wollte mit Hilfe seiner geheimen Künste festgestellt haben, daß keiner von uns aus Mexico hinauskomme, wenn wir die Stadt nicht spätestens in der nächsten Nacht verließen. Dem Cortés sagte er vorraus, er werde noch viel Unglück erleben, Hab und Ehre verlieren, schließlich aber ein reicher und sehr angesehener Mann werden.

Nun aber zu den Vorbereitungen für unseren Rückzug: das Wichtigste war eine bewegliche Brücke aus starken Balken, auf der wir die Kanäle überschreiten wollten. Vierhundert Tlaxcateken und einhundertfünfzig Spanier sollten sie transportieren, auf- und abbauen und verteidigen. Weitere zweihundertfünfzig Tlaxcateken und fünfzig Spanier waren für den Transport und die Verteidigung der Geschütze eingeteilt. Der Vortrab stand unter dem Befehl von vier Hauptleuten, denen acht oder zehn Offiziere von Narváez zugeteilt waren. Sie mußten die Straßen vom Feind freihalten. Zwischen dem Gepäck, den indianischen Dienstfrauen und den Gefangenen sollte Cortés mit mehreren Offizieren und fünfzig Mann reiten. Er wollte von dieser Stelle aus überall eingreifen, wo es besonders nötig war. Den Nachtrab mit der ganzen Reiterei, hundert Fußsoldaten und dem größten Teil der Leute von Narváez kommandierten zwei Offiziere. Die Gefangenen, Donna Marina und Donna Luisa wurden einer Eskorte von dreißig Spaniern und dreihundert Tlaxcateken anvertraut.

Cortés ließ durch seinen Kämmerer den ganzen Gold- und Silberschatz zusammentragen. Das kaiserliche Fünftel[2] wurde acht verwundeten Pferden und achtzig Tlaxcateken aufgeladen. Cortés ließ ein Protokoll darüber aufnehmen, daß er alles versucht habe, das kaiserliche Fünftel zu retten. Dann gab er den Rest des Schatzes frei. Jeder Mann konnte so viel mitnehmen wie er wollte. Ich nahm mir nur vier der begehrten indianischen Halbedelsteine und steckte sie zwischen Panzer und Brust. Diese Steine konnte ich später gut gebrauchen.

Es war Mitternacht und ziemlich dunkel, als wir unseren Marsch antraten. Über der Stadt lag ein feiner Nebel. Dazu regnete es. Kaum war die Brücke zum erstenmal gelegt, da erhob sich plötzlich die wilde Kriegsmusik der Indianer. Sie schrien: „Auf nach Tlatelolco! Auf nach Tlatelolco! Heraus mit den Kähnen! Die Teules[3] wollen fliehen! Schneidet ihnen den Weg über die Brücken ab!" Im Nu war der See so dicht mit Kähnen bedeckt, daß wir nicht

---

[1] Priester der Azteken.
[2] Von allem gewonnenen oder erbeuteten Edelmetall in Übersee stand der spanischen Krone ein Fünftel zu.
[3] „Götter", „gottähnliche Wesen": Bezeichnung der Azteken für die Spanier.

mehr weiterkamen, obwohl viele von uns die Brücke schon hinter sich hatten. Um den Besitz dieser Brücke wurde besonders heftig gekämpft. Zwei unserer Pferde rutschten auf den nassen Brettern aus, wurden scheu und stürzten in den See. Dadurch kam die ganze Brücke aus dem Gleichgewicht und stürzte um. Die Mexikaner waren so zahlreich und griffen so heftig an, daß wir die Brücke nicht zurückerobern konnten. Dafür füllte sich der Kanal mit toten Pferden und ihren Reitern, die von den Nachdrängenden ins Wasser gestoßen wurden. Wer nicht schwimmen konnte, war verloren. Den Indianern fielen die Geschütze, viele Tlaxcateken und Dienstfrauen und der größte Teil des Gepäcks in die Hände. Es gab herzzerreißende Szenen, denn jeder einzelne wurde von einer ganzen Meute von Mexikanern gejagt, zwischen den Häusern, auf dem Wasser und auf den engen Straßendämmen. An die vorgesehene Marschordnung war nicht mehr zu denken. Wer jetzt nicht selbständig handelte, war ein Tor. Cortés und seine Offiziere sprengten auch, ohne auf ihre Mannschaften zu achten, mit verhängten Zügeln über die Brücken weg und versuchten, so schnell wie möglich festes Land zu gewinnen. Die Reiter konnten in dieser Lage ohnehin nichts ausrichten. Sie wurden von allen Seiten mit Wurfspießen und Pfeilen beschossen, von den Söllern aus mit Steinen überschüttet und mußten durch einen Wald von Schwertern und Speeren. Nur sehr wenige Rosse und Reiter konnten diesen vielfachen Gefahren entrinnen. Die Musketen und die Armbrüste konnte man beim Kampf im Wasser nicht verwenden, denn sie waren naß. Dazu kam die Dunkelheit, die nur vorsichtige Bewegungen erlaubte, so sehr sie uns auf der anderen Seite nützte. Bei Tag wären unsere Verluste viel größer gewesen, ja wahrscheinlich hätte sich kaum einer retten können. Wir versuchten immer wieder, uns zu einer Kampfgruppe zusammenzuschließen, und kamen in diesem gemeinsamen Einsatz auch immer wieder ein kleines Stück weiter. Letzten Endes wäre aber keiner von uns mit dem Leben davongekommen, wenn nicht ein jeder versucht hätte, seine Haut allein zu retten.

In Tacuba kamen wir endlich wieder auf festes Land. Dort trafen wir den Vortrupp unter Sandoval, mit vielen Reitern und anderen Mannschaften. Sandoval und andere Offiziere wollten mit ihren Leuten noch einmal umkehren, um den Kameraden zu helfen. Cortés sagte ihnen aber, es wäre ein Wunder, daß sich noch so viele gerettet hätten. Wenn sie jetzt wieder bis zu den Brücken zurückritten, dann wären sie mitsamt ihren Rossen verloren. Trotzdem ritt Cortés mit seinen Offizieren und sechs oder sieben Reitern zurück. Sie kamen aber nicht weit. Pedro de Alvarado kam ihnen, schwer verwundet, auf seine Lanze gestützt, mit sieben Spaniern und acht Tlaxcateken entgegen. Das war der ganze Rest seiner Kompanie. Da kehrten alle wieder um und zogen nach Tacuba. Die Mexikaner hatten inzwischen auch die Einwohner dieser Stadt und der Nachbarorte zu den Waffen gerufen. Wir mußten uns also auch hier noch tüchtig herumschlagen. Sie griffen uns vor allem mit langen Spießen an, auf die sie unsere eigenen Degen gesteckt hatten.

Als Alvarado über das Schicksal der Zurückgebliebenen berichtete, brach

Cortés in Tränen aus. Juan Velázquez de León war mit dem größten Teil der Reiterei und über zweihundertfünfzig Mann verloren. Als die Pferde gefallen waren, hatte Alvarado achtzig Mann zusammengerafft und hatte mit ihnen, über Leichen und Gepäck weg, den ersten Kanal überschritten. Juan de Velázquez ist dort mit rund zweihundert Mann gefallen. Die zweite Brücke konnten sie nicht passieren, weil sie über die zahlreichen Leichen nicht wegkamen. Alvarado soll den Kanal mit Hilfe seiner Lanze übersprungen haben, und deshalb heißt die Brücke jetzt „Der Alvaradosprung". Ich halte es aber für unmöglich, daß er mit Hilfe seiner Lanze über diesen breiten Kanal springen konnte, auch wenn er noch so gewandt war.

Die Gegend um Tacuba wurde für uns immer gefährlicher. Wir büßten bei den Kämpfen mit den dortigen Mexikanern noch drei Mann ein. Wir wollten uns deshalb so bald wie möglich von dieser unangenehmen Nachbarschaft befreien. Einige Tlaxcateken wußten einen Seitenweg in ihre Heimatstadt. Sie führten uns sehr geschickt. Auf einer Anhöhe fanden wir einige Häuser und einen Opfertempel, in denen wir uns zur Verteidigung einrichteten. Denn die Mexikaner hatten uns auch auf diesem Weg keinen Augenblick Ruhe gelassen. Wir zündeten viele Feuer an und verbanden unsere Wunden. Zu essen gab es nichts. Dafür waren wir alle sehr erkältet und spürten die Schmerzen unserer Wunden doppelt. Aber viel schlimmer war der Verlust so vieler tapferer Männer. Wenn ich ihre Namen hier alle aufzählen wollte, würde ich damit nicht so bald fertig. Von den Leuten des Narváez blieben die meisten an den Brücken. Sie hatten sich zu viel Gold aufgeladen. Das gleiche Schicksal erlitten die Tlaxcateken mit dem Kronschatz. Auch der Astrologe Botello, die Söhne Moteczumas und die übrigen gefangenen Fürsten sind in dem allgemeinen Unglück untergegangen.

Es war für uns schwer, neue Entschlüsse zu fassen. Wir waren alle verwundet und hatten nur noch dreiundzwanzig Pferde, Geschütze und Pulver waren dahin. Auch die meisten Armbrüste waren verloren. Diese konnten wir aber am ehesten ersetzen. Für jeden Fall machten wir uns noch in unserem Tempel neue Pfeile. Der Feind ließ uns auch hier Tag und Nacht keine Ruhe. Dazu kam die bittere Frage, ob wir noch mit unseren Freunden in Tlaxcala rechnen konnten. Trotz all diesen Bedenken brachen wir um Mitternacht wieder auf. Die Wegweiser gingen mit den Tlaxcateken voraus, die Schwerverwundeten und alle, die an Stöcken gehen mußten, wurden in die Mitte genommen, und wer nicht mehr gehen konnte, wurde auf eines der frei gewordenen Pferde gebunden. Wer noch Waffen tragen oder reiten konnte, nahm die Spitze oder verteidigte den Zug in den Flanken. Die Tlaxcateken wurden in gleicher Weise auf den Zug verteilt. Die Mexikaner blieben uns auf den Fersen. Sie begleiteten uns vor allem mit Pfeifen und Schreien. Sie riefen: „Geht nur! Geht nur! Es kommt doch keiner von euch mit dem Leben davon!" Wir erfuhren erst später, was sie mit diesen Drohungen meinten. Große Freude empfanden wir darüber, daß unsere Donna Marina und die Donna Luisa, die Tochter des alten Xicotencatl, sich retten konnten. Sie waren unter den ersten, welche die

Stadt verlassen hatten. Leider sind die meisten anderen indianischen Frauen, die man uns in Tlaxcala und in Mexiko selbst gegeben hatte, nicht so glücklich gewesen. Sie sind fast alle an den Brücken umgekommen.

Aus: Denkwürdigkeiten des Hauptmanns Bernal Díaz del Castillo oder Wahrhafte Geschichte der Entdeckung und Eroberung von Neuspanien (Mexiko). Hg. u. bearb. v. Georg A. Narciß. Stuttgart (Steingrüben) 1965, S. 355–361.

72. Die Eroberung Tenochtitláns durch Cortés (1521)

Die „noche triste" vom 30. Juni 1520 hatte einen Rückschlag für Cortés gebracht: In einem Brief vom 30. 10. 1520 informierte er Kaiser Karl V. im einzelnen über die Ereignisse bis zum verlustreichen Rückzug aus Tenochtitlán und bekräftigte seine Absicht, das Aztekenreich nunmehr mit Waffengewalt zu erobern. Er hatte bei seinen Verbündeten in Tlaxcala Rückhalt gefunden und erhielt in der Folge mehrmals Verstärkungen aus Spanien sowie aus Kuba und Jamaica. Gegen Ende des Jahres hatte er nicht nur seine Verluste ausgeglichen. Er verfügte sogar über eine besser ausgerüstete und stärkere Armee als je zuvor: über 900 Spanier und – wie der Augenzeuge und Chronist López de Gómara schätzte – an die 20000 Mann indianischer Hilfstruppen. Er rückte Ende Dezember 1520 erneut in das Hochtal von Mexiko vor und zerstörte in zähen Kämpfen nach und nach alle Städte um den Texcoco-See, die natürlichen Außenposten des Aztekenreiches, wobei er schwere Verluste erlitt, die er aber durch Zuzüge von der Küste her immer wieder ausgleichen konnte.

Am 20. Mai 1521 begann Cortés den konzentrischen Angriff auf die Inselstadt. Taktisch unterstützt wurde er dabei von einer Flottille von zwölf Brigantinen, die er hatte bauen lassen und die allmählich Tenochtitlán vom Nachschub abschnitten. Der Widerstand der Stadt und ihrer zum Zeitpunkt der Belagerung wahrscheinlich an die 200000 Personen zählenden Bevölkerung (einschließlich der Flüchtlinge vom Festland) war jedoch zäh, der Mann-gegen-Mann-Kampf war die Regel, er war unerbittlich hart und grausam. Die Azteken waren stets darauf aus, ihren Gegner lebendig in die Hand zu bekommen. Bernal Díaz schreibt darüber: „Ich hielt mich für einen guten Soldaten und stand auch in dem Ruf, einer zu sein. [...] Aber wenn ich mitansehen mußte, wie meine Kameraden geopfert, ihre noch schlagenden Herzen herausgeschnitten, ihre Arme und Beine vom Rumpf getrennt wurden, dann ergriff mich wahrlich die Furcht, auch mir könnte dies eines Tages zustoßen. Sie hatten mich schon zweimal gefangen. Aber es hat Gott gefallen, mich entkommen zu lassen; [...] seitdem fürchtete ich den Tod jedoch mehr denn je. Vor jeder Schlacht erfaßte mich eine Art Grauen ..." (Johnson, S. 183).

Am 13. August 1521 ergab sich die großenteils zerstörte, ausgehungerte und erschöpfte Stadt. Cortés berichtete Karl V. in einem Brief vom 15. Mai 1522 über die Ereignisse, die zum Untergang der Aztekenmetropole führten. Dieser Bericht, der im folgenden wiedergegeben ist, darf als weitgehend getreu gelten, wenn er auch die Leistungen des Schreibers etwas überbetont.

Lit.: Herbert Matis: Hernán Cortés. Eroberer und Kolonisator. Göttingen-Frankfurt-Zürich 1967 – William Weber Johnson: Cortez. Die Eroberung und Zerstörung des Aztekenreichs. Wiesbaden 1979. Sch

[Ende Juli/Anfang August 1521]

Am folgenden Tage in der neunten Stunde, als wir uns von neuem zu einem Angriff rüsteten, sahen wir auf den zwei höchsten Türmen am Markt Rauch aufgehen, dessen Ursache und Bedeutung wir nicht ermessen konnten. Er war viel stärker als der, den die Mexikaner bei ihren Opfern zu machen pflegten. Da fiel mir ein, es möchte ein Zeichen Alvarados sein, der vielleicht bis dahin vorgedrungen wäre. Und so war es auch, so wenig ich es für möglich gehalten hatte, denn er hatte noch viele Gräben und Wälle zu erobern gehabt, und gerade diese hatten die Belagerten mit aller Kraft verteidigt. In tapferem Kampfe hatte er alles aufgeboten, um bis zum Markt vorzudringen, aber er kam nur bis an die besagten Türme. Seine Reiter mußten schließlich umkehren, wobei drei Pferde verwundet wurden. Also zog sich Alvarado mit seinem Kriegsvolk in sein Lager zurück. Wir aber wollten an diesem Tage den einzigen Wassergraben, der noch vorhanden und einzunehmen war, nicht erobern, sondern waren nur beflissen, die bereits genommenen Straßen zu ebnen. Auf unserem Rückzug ward uns von den Feinden hart zugesetzt, doch nur zu ihrem Schaden.

Am nächsten Tage in der Morgenfrühe rückten wir von neuem wider die Stadt, um den letzten Wassergraben nebst seiner Schanze am vermeldeten Turm zu nehmen. Während des Angriffes sprang ein Fähnrich mit vier Hispaniern ins Wasser, um den Wall zu stürmen. Alsbald verließen die Temixtitaner[1] ihre Stellung und zogen sich zurück.

Während der Graben zugeschüttet ward, kam Peter von Alvarado mit vier Reitern vom anderen Ende der Gasse hergeritten, zur großen Freude meiner Leute, denn die Verbindung unserer beiden Abteilungen war ein gewaltiger Schritt zum endlichen Siege. Alvarado hatte die ganze Strecke hinter sich bis zu seinem Lager mit Fußknechten besetzt, teils um das Eroberte zu wahren, teils zum Schutze seiner Person.

Als der neu genommene Weg geebnet war, ritt ich mit etlichen Reitern nach dem großen Markte, um ihn zu besichtigen, nachdem ich den in der Gasse Zurückbleibenden den Befehl gegeben hatte, nicht weiter vorzurücken. Auf dem Markte sahen wir, daß die Tempel und die Dächer der noch nicht genommenen Teile der Stadt voller Feinde waren. Da aber der Platz riesig groß ist, und wir alle zu Roß waren, so wagte sich niemand an uns heran.

Sodann stieg ich auf die große Tempelpyramide, die zunächst dem Markte steht. Dort fand ich eine Menge Köpfe von abgeschlachteten Hispaniern, auch viele von Tlaskalanern, die der Temixtitaner Urfeinde sind. Von der Höhe des Tempels nun überschaute ich alles, was wir von der Stadt schon erobert hatten. Ohne Zweifel hatten wir von acht Teilen bereits sieben. Es ward mir dabei klar, daß die Feinde, deren Anzahl noch ungeheuerlich groß war, in dem, was sie von der Stadt noch inne hatten, dicht gedrängt sein mußten, zumal die Häuser daselbst klein und zum größten Teil in das Wasser hinein ge-

---

[1] Schreibweise des Cortés für die Einwohner von Tenochtitlán.

baut waren. Um so größer war offenbar der Mangel an Lebensmitteln bei ihnen. In der Tat hab ich nach der Eroberung des letzten Teiles der Stadt Bäume vorgefunden, von denen man vor Hunger die Rinden abgenagt hatte.

Nach dieser Betrachtung entschloß ich mich, in den nächsten Tagen nicht zu stürmen, sondern den Belagerten Vorschläge anzubieten, um so viel Volk vor dem völligen Untergange zu bewahren. Die Not der Stadt tat mir im Herzen leid. Tag um Tag ließ ich ihnen nun den Frieden antragen, aber sie antworteten mir immer wieder, daß sie sich nimmermehr wollten ergeben, sondern sich bis auf den letzten Mann wehren. Und von der Habe, die sie noch hätten, solle nichts in unsere Gewalt kommen; vielmehr wollten sie alles verbrennen oder ins Wasser werfen. Auf solch höhnischen Bescheid wartete ich trotzdem noch mehrere Tage, da ich nicht Böses mit Bösem vergelten wollte, und unternahm keinerlei Angriff und Sturm.

[. . .]

Vier Tage hatten wir nicht gestürmt. Jetzt fanden wir die Gassen, durch die wir zogen, voll von Weibern, Kindern und allerlei elenden Leuten, die vor Hunger ganz schwach und halbtot aus den Häusern herauskamen. Es war ein traurig Schauspiel. Ich befahl unseren indianischen Verbündeten, dies erbärmliche Volk zu verschonen und ihm kein Leid anzutun. Streitbare Männer waren nicht darunter. Diese standen alle oben auf den Tempeln, in die im Lande üblichen Tücher gehüllt und ohne Waffen. Ich ließ ihnen von neuem den Frieden anbieten, aber ihre Antwort war nur Lug und Trug. Nachdem sie mich den ganzen Tag hingezogen hatten, tat ich ihnen kund, daß der Angriff nunmehr wieder beginne. Deshalb sollten sie ihr wehrloses Volk aus den Gassen zurückziehen. Wenn dies nicht geschehe, sollten meine Indianer die Erlaubnis bekommen, alles ohne Erbarmen umzubringen. Darauf gaben sie mir den Bescheid, sie begehrten Frieden. Ich ließ ihnen wieder sagen, wenn es an dem wäre, so solle ihr Herr erscheinen, denn nur mit ihm könne ich unterhandeln. Ich verspräche ihm sicheres Geleit, wenn er zu mir käme.

Als ich aber erkannte, daß man mich zum besten hatte, daß meine freundlichen Angebote nutzlos waren und daß sich die Feinde zum weiteren Kampfe rüsteten, da faßte ich den Entschluß, die Not der Feinde auf das Ärgste zu steigern. Peter von Alvarado bekam den Befehl, von der einen Seite in ein Stadtviertel zu rücken, in dem mehr denn 1 000 Häuser standen, die im Besitze der Feinde verblieben waren. Von der anderen Seite zog ich mit all meinem Volk hinein, und zwar auch zu Fuß, denn zu Roß konnten wir hier nichts schaffen. Es kam so heftig zur Schlacht, daß wir die ganze Gasse eroberten und daß an diesem einen Tag mehr denn 12 000 Temixtitaner totgeschlagen und gefangen worden sind. Mit den Gefangenen verfuhren die uns verbündeten Indianer auf das grausamste. Sie ließen keinen am Leben, der ihnen in die Hände fiel, wiewohl wir sie eifrig verwarnten und sie davon abzuhalten versuchten.

Am Tag darnach, als ich wiederum gegen die Stadt zog, befahl ich meinen Leuten, nicht zu fechten und den Feinden keinerlei Schaden zuzufügen. Als

diese nun eine so große Menge wider sich sahen, darunter ehemalige Unterge-
bene und Lehensleute, die ihnen jetzo mit Tod und Verderben drohten, da
ward ihnen ihre höchste Not bewußt, in der sie keinen Raum mehr hatten
denn auf den toten Leibern der Ihrigen. Da waren sie all dieses Jammers und
Leides müde, und etliche riefen uns zu: Kommt und schlagt uns vollends tot,
damit die Marter aufhört! – Dann aber schrien sie herüber, man solle mich holen; man wolle mit mir reden. Und dieweil die Hispanier längst das Ende dieses Krieges begehrten und wenig Freude an dem täglichen Kämpfen und Vernichten hatten, so freuten sie sich darob gar sehr und kamen eilends zu mir,
um mich zu rufen. Ich solle an eine der Schanzen kommen, wo etliche Vornehme von Temixtitan mit mir sprechen wollten. Wiewohl ich im voraus wußte, daß der Gang dahin wenig ersprießlich war, so ging ich dennoch hin. Ich
war überzeugt, daß der Starrsinn der Stadt, weiterzukämpfen, ganz allein auf
Herrn Guatemozin² beruhte, sowie vielleicht auf drei oder vier seiner Großwürdenträger, während alle übrigen sich sehnten, lebendig oder noch wenigstens halb am Leben, ihrem unsäglichen Elend endlich zu entrinnen.

Als ich vor der Schanze ankam, riefen sie mir zu: Ihr seid ein Sohn der Sonne! Bedenkt, die Sonne durcheilt binnen einem Tage und einer Nacht den ganzen Himmelskreis, und Ihr vermögt in der nämlichen Zeit nicht einmal unserem elenden Leben und unserer erbärmlichen Not ein Ende zu setzen! Wir
begehren ja nichts anderes denn zu sterben und in das Jenseits zu kommen
zum Sonnengott, zu ewiger Ruh und Rast. – Ich redete viel mit ihnen, um sie
zur friedlichen Übergabe zu bewegen, aber ich konnte nichts ausrichten,
wenngleich ich ihnen alles nur mögliche verhieß, weit mehr denn je ein Sieger
dem Besiegten geboten hat. Sieger aber waren wir durch Gottes gnädige Fü-
gung.

[. . .]

Am folgenden Tage ging es abermals wider die Stadt. Die Verteidiger waren
nunmehr schon dermaßen niedergerungen, daß große Scharen unserer Indianer über Nacht dicht an ihnen verblieben waren. Und als wir unter die Augen
unserer Feinde traten, machten wir keineswegs einen Angriff, sondern spa-
zierten vor ihnen im eroberten Teile der Stadt hin und her, immer von neuem
verhoffend, daß sie herauskämen und Frieden machten. Um ihnen Anlaß zu
geben, ritt ich an eine ihrer Schanzen heran und rief etliche ihrer Vornehmsten
an, die ich in Person gut kannte, und die ich hinter dem Walle erblickte, und
ließ ihnen sagen, sie sollten doch ihre Not einsehen. Wenn ich wolle, könne
ich sie binnen einer Stunde vertilgen. Ich begriffe nicht, daß Herr Guatemozin
nicht käme und mit mir unterhandle. Ich verspräche ihm sicher Geleit, und es
solle ihm nichts widerfahren. Und wenn in seinem Namen Vornehme kämen,
um mit mir friedlich zu reden, so sollten sie von mir freundlich empfangen und
gut behandelt werden.

Diese und andere Worte, die ich ihnen sagte, trieben ihnen die Tränen in die

---

² Schreibweise des Cortés für den Aztekenkaiser Quauhtémoc.

Augen und weinend gaben sie mir die Antwort, sie sähen gar wohl ein, daß sie
im Unrecht und nahe ihrem Verderben wären; deshalb wären sie bereit, zu ihrem Herrn zu gehen, mit ihm zu reden, und mir dann eilends Antwort zu bringen. Bis dahin sollte ich nicht fortgehen. Also gingen sie, und nach einer kleinen Weile kamen sie wieder mit der Antwort, für heute sei es zu spät, doch
verhofften sie, Herr Guatemozin werde am anderen Morgen nach dem
Marktplatze kommen und mit mir verhandeln. Darauf zogen wir in unser Lager. Ich befahl, für den nächsten Tag auf dem Markte Sitze vorzubereiten, wie
sie bei den Temixtitanern bei feierlichen Unterredungen Sitte sind. Auch solle
ein Festmahl vorgerichtet werden.

Am anderen Tage marschierten wir in die Stadt. Ich hatte meinem Kriegsvolk geboten, vorsichtig zu sein, dieweil der Feind eine Hinterlist im Schilde
führen konnte. Auch Peter von Alvarado ward von mir also gewarnt. Als wir
nun auf dem Markte ankamen, ließ ich Herrn Guatemozin sagen, daß ich ihn
daselbst erwartete. Wie es sich aber hernach herausgestellt hat, war er entschlossen, nicht zu kommen. Indessen schickte er mir fünf Edelleute. Selbige
vermeldeten mir, Herr Guatemozin ließe sich entschuldigen; er hätte Furcht
vor mir, und überdies wäre er krank. Sie seien gekommen, meine Vorschläge
anzuhören. Wiewohl der Herr der Stadt in eigener Person nicht erschienen
war, so waren wir doch sehr froh, daß die Edelleute geschickt worden waren,
und alle verhofften wir, der Krieg werde nun zu Ende sein. Ich empfing die
Gesandten freundlich und ließ ihnen Speise und Trank vorsetzen. An ihrer
Gier am Essen ersahen wir, welch großen Hunger sie erlitten hatten. Nach
dem Mahle forderte ich sie auf, ihrem Herrn zu verkünden, daß er keineswegs
Furcht vor mir haben solle, und gab ihnen mein feierlich Wort, wenn er zu mir
käme, solle ihm kein Leid widerfahren und ich wolle ihn auch nicht etwa bei
mir behalten. Ohne sein Beisein aber könne nichts verhandelt noch ausgerichtet werden. Nachdem ich den Edelleuten etliche Labung für ihren Herrn mitgegeben hatte, entließ ich sie. Sie versprachen mir, in der Sache zu tun, was sie
nur vermöchten.

[...]

Als ich nun sah, daß man mich zum Narren hatte, und daß weder der Herr
noch sonst jemand erschien, da ließ ich unsere indianischen Verbündeten vor-
rücken, denen ich geboten hatte, am Eingang der Stadt zu verharren und nicht
in die Stadt hineinzugehen. Dies nämlich hatten die Edelleute gewünscht. Jetzo nun kamen unsere Indianer und ebenso Peter von Alvarado samt seinem
Kriegsvolk eilends herbei.

Sobald sie eingetroffen waren, stürmten wir etliche Schanzen und Wasser-
straßen, die bisher noch in den Händen der Feinde gewesen waren. Es waren
ihre letzten Stützpunkte. Frühmorgens, als ich von meinem Standquartier ab-
ritt, hatte ich dem Obristen von Sandoval den Befehl geschickt, er solle mit seinen Rennschiffen von der Nordseite an die Stadt herankommen, aber nicht
eher den Angriff beginnen, als bis er sähe, daß wir von unserer Seite her zu
kämpfen angefangen hätten. Dadurch waren die Feinde völlig umzingelt und

von allen Seiten bedrängt. Wohin sie auch gingen, führte ihr Weg über Tote. Nur etliche Tempel waren ihnen noch verblieben. Kaum hatten sie noch Pfeile, Wurfspieße und Schleudersteine.

An diesem Tage wurden durch uns und unsere Indianer über 40000 Temixtitaner niedergemacht oder gefangengenommen. Das Heulen, Weinen, Schreien und Wehklagen der Weiber und Kinder hätte selbst ein Herz von Stein erweichen und rühren müssen. Es war schwer für uns, unsere Indianer in ihrer Wut und ihrem Grimm davon zurückzuhalten, daß sie nicht alles niedermetzelten, was ihnen vor die Augen kam. Es gibt aber in der ganzen Welt kein Volk, das grausamer und unmenschlicher wäre als die Indianer gegen ihre Feinde.

Wir Hispanier waren unserer nur an die 900; der Indianer aber waren mehr als 150000. Nichts half, sie vom Plündern abzuhalten, und so machten sie an diesem Tage viel Beute. Dies hatte ich vorausgesehen, und das war es auch gewesen, warum ich den letzten Sturm von der Stadt hatte abwenden wollen. Vieles ist von den Temixtitanern in das Wasser geworfen und versenkt worden; von dem, was übriggeblieben, raubten unsere Indianer das meiste und beste. Für Eure Kaiserliche Majestät und für uns ist derhalben die Beute nicht gar groß gewesen.

Dieweil es sehr spät geworden war, und wir wegen des argen Gestankes der zahllosen Toten in allen Gassen nicht länger verbleiben konnten, rückten wir in unser Lager zurück. Die Stadt war im allerjämmerlichsten Zustande.

[...]

Am anderen Morgen, als der Tag anbrach, stand mein gesamtes Kriegsvolk bereit, dazu unsere schweren Geschütze. Peter von Alvarado hatte schon am Abend zuvor von mir den Befehl erhalten, auf dem großen Markte meiner zu warten und keinen Angriff zu machen, bis ich ankäme. Nachdem wir aber alle versammelt waren und auch die Rennschiffe hinter den Häusern klar zum Gefecht standen, gab ich den Befehl, auf das Zeichen eines Büchsenschusses habe der allgemeine Angriff auf den Teil der Stadt zu beginnen, der noch zu erobern war, wobei der Feind in der Richtung auf die Rennschiffe ins Wasser getrieben werden solle. Besonders zu achten sei auf Herrn Guatemozin, damit man ihn gefangennehme und mir lebendig überantworte, denn damit wäre der Krieg mit einem Schlage zu Ende.

[Nach fünf Stunden weiteren Zuwartens gab Cortés schließlich den Befehl zum Sturmangriff:]

Die Temixtitaner standen über Leichen oder im Wasser. Wer sich durch Fortschwimmen retten wollte, ertrank im weiten See. Der Jammer und das Elend war ungeheuerlich. Es ist mir unmöglich zu ermessen, wie das Volk die Belagerung hat erleiden können. Eine große Menge von Weibern und Kindern lief auf uns zu, und damit ein jedes das erste wäre, eilten sie dabei so, daß sie sich einander in das Wasser stießen und zwischen den ungezählten Toten darin umkamen. Fast alle waren sie todkrank vor Hunger und durch das Salzwasser, das sie aus Angst, zu verdursten, in den letzten Tagen getrunken hatten. Der Gestank um alle diese Menschen war unerträglich. Mehr denn 50 000 waren in der Stadt gestorben. Etliche der Leichen hatte man in den See geworfen, die meisten aber in den Häusern verborgen oder auf den Gassen liegenlassen, damit wir die Not der Belagerten nicht gewahr werden sollten. Als wir später durch die Gassen gingen, fanden wir so viele Tote, daß wir den Fuß nicht auf den Erdboden zu setzen vermochten.

Als das Volk aus der Stadt zu uns herausströmte, um Zuflucht bei uns zu suchen, da hab ich den Befehl gegeben, daß die Hispanier achtgeben sollten, daß unsere indianischen Bundesgenossen die Ärmsten nicht niedermetzelten. Die indianischen Hauptleute ermahnte ich, es keineswegs zu dulden, daß man die bei uns Hilfe und Rettung Suchenden vernichte. Es half nicht viel. Die Masse unserer Freunde vom Morden abzuhalten, dazu waren unserer zu wenige. An diesem Tage sind über 15 000 Temixtitaner erwürgt oder geopfert worden.

Unterdessen verteidigten die Edelleute und das Kriegsvolk den letzten Winkel ihrer Stadt, stehend auf den Tempeln, auf den Dächern, auf den Gassen und im Wasser. Immer noch leugneten sie ihre Not, so sehr sich uns ihre Ohnmacht und ihre Verzweiflung verriet.

Als ich sah, daß sie sich nicht ergaben, und es schon spät war, da ließ ich die schweren Geschütze laden und wider sie richten. Noch erhoffte ich, die Übergabe zu erzwingen. Hätte ich jetzo aber meine Indianer wider die Feinde losgelassen, so wäre es ihnen noch schlimmer ergangen, wenngleich die Geschütze große Lücken in sie rissen. Als auch dies nichts half, ließ ich den Signalschuß abfeuern, und der allgemeine Angriff meiner Truppen hub an.

Bald war der letzte kleine Teil der Stadt erstürmt. Die noch darinnen waren, wurden in den See gejagt. Etliche ergaben sich uns. Zu gleicher Zeit drangen unsere Rennschiffe von der Seeseite vor und griffen die mexikanischen Zillen und Kähne an, deren Besatzung kaum mehr zu kämpfen wagte.

Gott der Allmächtige fügte es, daß der Hauptmann eines der Rennschiffe, Garcia von Holguin, eine ansehnliche feindliche Zille verfolgte, die sich mit zwei anderen durchgeschlagen hatte. Es kam ihm vor, als wären besonders vornehme Leute darauf. Als er ihr näher kam und die Armbruster ihre Bolzen auflegten, da winkten die Leute des feindlichen Schiffes, man möge nicht schießen: der König sei an Bord. Alsbald sprangen die Hispanier auf die Zille und nahmen Herrn Guatemozin sowie den Fürsten von Tezkuko und etliche Edelleute und Großwürdenträger gefangen.

Der Hauptmann Holguin brachte sie mir unverzüglich nach dem Tempel, auf dem ich mich aufhielt, der nahe am Hafen lag. Ich hieß Herrn Guatemozin sich setzen und war freundlich und gütig mit ihm. Er sprach mich in der Sprache seines Landes an und sagte: Ich habe alles getan, was ich vermochte, um mich und mein Volk zu retten. Es war umsonst. Macht nun mit mir, was Euch beliebt! – Dabei griff er nach dem Dolche, den ich an meinem Gürtel trug, und rief aus: Am liebsten wäre es mir, Ihr stecht mich damit tot! – Ich tröstete ihn und sagte: Fürchtet nicht! Ihr sollt mit allen Ehren behandelt werden. Ihr habt Eure Stadt tapfer verteidigt. Ein Hispanier achtet den Mut auch an seinen Feinden.

Mit der Gefangennahme des Königs war der Kampf um die Hauptstadt und zugleich der ganze Krieg zu Ende. Es war am 13. August des Jahres 1521, am Tage des heiligen Hippolyt. Die Belagerung und Bestürmung der Stadt hatte begonnen am 30. Mai und also gedauert 75 Tage. Wie Eure Kaiserliche Majestät aus meinem Bericht ermessen kann, war sie reich an Gefahren, Mühsal und Anstrengung, und mancher hat dabei in Allerhöchstdero Diensten Leib und Leben gelassen. Es war kein Tag in dieser langen Zeit, der nicht ein größeres oder geringeres Gefecht mit dem Feinde gebracht hätte.

An jenem Tage aber, da wir Temixtitan erstürmt und Herrn Guatemozin gefangen hatten, sind wir nach dem Zusammentragen der Beute zurückgekehrt in unsere Lager und haben Gott dem Allmächtigen gedankt für den großen Sieg, zu dem er uns gnädiglich verholfen hatte.

Vier Tage verblieben wir noch in unseren Standorten, bis allerlei nötige Dinge bestens geordnet waren. Darnach zogen wir nach der Stadt Kojohuakan, wo ich bis heute verweile, immerdar beschäftigt, das eroberte Land in Frieden zu erhalten.

Nachdem wir das Gold zusammengebracht hatten, ließ ich es einschmelzen. Wir hatten davon insgesamt 130000 Pfund, von denen ich den fünften Teil Allerhöchstdero Schatzmeister übergeben habe. Überdies ist Eurer Kaiserlichen Majestät ein Fünftel der Sklaven und aller anderen Beutestücke überwiesen worden, worüber ein besonderer Rechnungsbericht beiliegt. Das übrige Gold ist auf mich und alle Hispanier verteilt worden, je nach Verdienst und Rang.

Unter der Kriegsbeute waren eine Menge goldene Schilde, kostbare Helmbüsche, wunderbare Federarbeiten und viele andere Merkwürdigkeiten, die unmöglich zu beschreiben sind und die man sich ohne Beschreibung nicht vorstellen kann. Dieweil diese Dinge unübertrefflich sind, hielt ich es für gut, sie nicht zu teilen, sondern sie Eurer Kaiserlichen Majestät im ganzen zu überreichen. Ich berief alle Obristen, Hauptleute und Soldaten, stellte ihnen meinen Wunsch vor und bat sie, alles dies Eurer Kaiserlichen Majestät als freiwillige Ehrengabe von uns übersenden zu dürfen. Einmütig und mit großer Freude willigten alle darein. Also haben wir diese Schätze an Eure Kaiserliche Majestät aus Neu-Hispanien abgefertigt[3].

Aus: Die Eroberung von Mexiko durch Ferdinand Cortés. Mit den eigenhändigen Berichten des Feldherrn an Kaiser Karl V. von 1520 und 1522. Hg. v. Arthur Schurig. Leipzig 1918. Ndr. 1923, S. 290–303.

---

[3] Die mit den für Karl V. bestimmten Schätzen nach Spanien abgefertigten drei Karavellen wurden Ende 1522 von dem normannischen Kaperfahrer Jean Fleury gekapert, die Beute wurde dem französischen König Franz I. übergeben, sie ist später verschollen. Der Eindruck, den die aztekischen Kostbarkeiten auf Franz I. machten, wurde einer der Hauptbeweggründe für die Ausrüstung der Expedition des Verrazzano im folgenden Jahr (vgl. Dok. 56).

73. Pedro de Alvarado erobert Guatemala und El Salvador (1524)

Einer der kühnsten und erfolgreichsten Haudegen und Unterführer des Cortés bei der Eroberung von Mexiko war Pedro de Alvarado gewesen. Cortés vertraute ihm daraufhin Ende 1523 ein militärisches Unternehmen gegen die Hochlandmayas in Guatemala, die Quiché, und ihre Hauptstadt Utatlán an. Im Verlauf der Expedition sollte Mittelamerika nicht nur weiter erobert, sondern auch geographisch – besonders im Hinblick auf eine mögliche Durchfahrt vom Karibischen Meer zum Pazifik – erkundet werden. Alvarado kam der ihm anvertrauten Aufgabe mit beispielloser Härte und Brutalität nach. In zwei Briefen an Cortés aus dem Jahr 1524 berichtete er über seine Erfolge: ein Auszug aus seinem ersten Brief vom 11. April 1524 ist im folgenden abgedruckt. Allerdings sind seine Berichte höchst aussagearm: Alvarado brachte kein Verständnis für die großartige Schönheit Guatemalas auf, ebensowenig für die Bedeutung der Kulturzeugnisse des eroberten Landes. Seine Berichte erschöpfen sich vielmehr in reinen Aufzählungen seiner militärischen Taten. 1527 wurde Alvarado die Statthalterschaft über Guatemala übertragen, das in den folgenden Jahrhunderten als „reino de Guatemala" eine gewisse Sonderentwicklung im spanischen Kolonialreich durchmachte. Der neue Statthalter selbst gab sich mit seiner Aufgabe nicht zufrieden: 1534 setzte er ein abenteuerliches Unternehmen in Gang, um an der Eroberung des Inkareiches teilzunehmen, wurde aber von Almagro in Ekuador aufgehalten und zum Abzug bewegt; später bemühte er sich um einen Zug – ähnlich wie ihn Coronado durchführte (vgl. Dok. 75) – zu den legendären „Sieben Städten" von Cíbola, den er aber nicht zustande brachte.

Lit.: J. E. Kelly: Pedro de Alvarado Conquistador. Princeton 1932 – Quauhtemallan und Cuzcatlan. Der erste und zweite Bericht des Pedro de Alvarado über die Eroberung von Guatemala und El Salvador im Jahre 1524. Erstmalig in deutscher Übersetzung hg., eingeleitet u. mit einem wiss. Komm. vers. von Franz Termer. Hamburg 1948.

Sch

[...]

[Die Kaziken der Stadt Utatlán] hätten tatsächlich ihren bösen Plan [nämlich die Spanier in ihre Stadt zu locken, diese dann vom Umland abzuriegeln und anzuzünden] in die Tat umgesetzt, wenn nicht Unser Herrgott verhindert hätte, daß diese Ungläubigen einen Sieg gegen uns errangen. Denn die Stadt ist eine außerordentlich starke Festung. Sie besitzt nur zwei Zugänge, von denen einer eine steile Treppenanlage von etwa 30 in den Fels gehauenen Stufen bildet. Auf der anderen Seite liegt ein künstlich aufgeschütteter Damm. Dieser war bereits an mehreren Stellen angegraben, damit er in der Nacht des Überfalls ganz unterbrochen werden konnte und auf diese Weise kein Pferd in die benachbarte Hochebene entkam. Bei der stark zusammengedrängten Bauweise der Stadt mit ihren äußerst engen Gassen hätten wir unweigerlich in den Flammen zugrunde gehen müssen oder wären auf der Flucht vor dem Feuer über die Steilwände der Barrancos [Steilschluchten] in die Tiefe gestürzt.

Als wir zur Stadt hinaufgestiegen waren und ich mich in ihr drinnen sah, bemerkte ich, daß sie eine starke Festung darstellte, in der wir uns wegen der engen, mit Kalkbelag versehenen Gassen nicht unserer Pferde bedienen konnten. Sogleich faßte ich den Entschluß, mich wieder aus ihr fort auf die Ebene hinauszubegeben, wenn auch die Oberhäupter der Stadt dem widersprachen und mich aufforderten, dort zu verweilen, um das Essen einzunehmen, damit sie, wenn ich dem nachkam, Gelegenheit fänden, ihren Plan in die Tat umzusetzen.

Als ich der Gefahr, in der wir schwebten, gewahr wurde, schickte ich sofort Leute voraus, um den Damm mit der Brücke zu nehmen, damit wir die Hochfläche wieder erreichen konnten. Der Damm war schon in einen derartigen Zustand versetzt worden, daß sich kaum ein Pferd darauf fortzubewegen vermochte.

Im Umkreis um die Stadt war eine Menge von Kriegern aufgestellt. Als sie mich auf der Hochfläche sahen, wurden sie dadurch noch nicht so sehr überrascht und in Schrecken versetzt, um mir nicht schweren Schaden zuzufügen. Aber ich ließ mir meine Lage nicht anmerken, um die Oberhäupter, die sich bereits entfernt hatten, in meine Gewalt zu bringen. Ich nahm sie durch List und Geschenke, die ich an sie verteilte, um meiner Sache sicher zu sein, gefangen und hielt sie in meinem Lager in Gewahrsam. Doch auch durch diesen Gewaltstreich ließen ihre Untertanen nicht davon ab, mich in der Umgebung anzugreifen, wo sie viele von meinen Indianern, die zum Futterholen sich entfernt hatten, verwundeten und töteten. Auf einen Spanier, der einen Armbrustschuß vom Lager entfernt am Rande eines Barrancos Futter sammelte, warfen sie einen Felsblock und töteten ihn.

Das Land ist durch Barrancos ganz vortrefflich geschützt, unter denen einer von zweihundert Mannslängen Tiefe sich befindet. Infolge dieser Schluchten waren wir nicht imstande, den Indianern eine offene Feldschlacht zu liefern oder sie so zu bestrafen, wie sie es verdienten. Mit Rücksicht darauf, daß ich die Feinde nur durch Streifzüge im offenen Lande und durch Brandstiftungen zur Anerkennung des Dienstes für Seine Majestät bringen konnte, faßte ich den Entschluß, die Herrscher dem Scheiterhaufen zu überantworten. In dem Augenblick, als ich sie verbrennen lassen wollte, gestanden sie, daß sie den Befehl erteilt hatten, mir den Krieg zu erklären, und daß sie die Anführer waren. Sie legten auch ein Geständnis über ihren Plan ab, daß sie mich in der Stadt verbrennen lassen wollten und mich nur in dieser Absicht hineingelockt hatten. Auch ihren Untertanen hatten sie befohlen, Unserm Kaiserlichen Herrn keinen Gehorsam zu leisten, für ihn keine Dienste zu verrichten und weiterhin nichts Gutes zu tun.

Da ich durch ihre Geständnisse einen so schlechten Willen für den Dienst Seiner Majestät erkannte, ließ ich sie zum Besten und zur Beruhigung dieses Landes dem Flammentod preisgeben, die Stadt anzünden und bis auf die Grundmauern niederreißen, weil sie als Festung so stark und gefährlich ist, daß sie eher der Wohnplatz von Räubern als von Siedlern zu sein scheint.

[...] Nach meinen Informationen habe ich zukünftig noch viel vor mir. Infolgedessen werde ich mich beeilen, um die Regenzeit in einer fünfzig bis hundert Leguas über Guatemala hinausliegenden Gegend zu verbringen. Nach den mir von den Indianern des hiesigen Landes übermittelten Nachrichten sollen dort wunderbar große Gebäude und ausgedehnte Städte nach dieser Richtung hin liegen. Ferner hat man mir berichtet, daß fünf Tagemärsche über eine sehr große Stadt hinaus, die von hier zwanzig Tagereisen entfernt ist, dieses Land sein Ende findet. Und die Indianer bekräftigen diese Aussage. Verhält es sich wirklich so, dann bin ich sicher, daß dort die Meerenge [die Passage vom Atlantik in den Pazifik] liegt. Möge unser Herr mir gnädig den Sieg über diese Ungläubigen schenken, damit ich sie in Euren Dienst und den Dienst Seiner Majestät zwinge.

Aus: Quauhtemallan und Cuzcatlan. Der erste und zweite Bericht des Pedro de Alvarado über die Eroberung von Guatemala und El Salvador im Jahre 1524. Erstmalig in deutscher Übersetzung hg., eingeleitet u. mit einem wiss. Komm. vers. von Franz Termer. Hamburg (Hansischer Gildenverlag) 1948, S. 39–42.

74. Hernando de Soto gelangt auf der Suche nach einem neuen El Dorado bis in die Prärien des Mittleren Westens (1539–1543)

Hernando de Soto hatte als Hauptmann unter Francisco Pizarro an der Eroberung des Inkareiches teilgenommen. Er wurde später Gouverneur von Kuba und Adelantado (Statthalter) von Florida, worunter die Zeit die gesamte Atlantikküste vom heutigen Florida bis hinauf nach Neufundland verstand. Im Jahr 1539 setzte er sein in Peru gewonnenes Vermögen ein, um nach Möglichkeit ein ähnlich von Gold und Silber starrendes Reich zu erobern wie Cortés oder Pizarro. Im Mai 1539 landete er mit neun Schiffen in der Tampa Bay oder in deren Nähe in Florida, wo er mit einem Heer von 620 Mann, die über 223 Pferde verfügten, an Land ging und nach Norden zog. Das Ziel de Sotos scheint sich jeweils nach den Erzählungen der Indianer gerichtet zu haben, die ihn offenbar häufig mit phantasiereichen Fabelberichten von sich fortzulotsen vermochten. Dabei kam er zunächst an den heutigen Savannah River in Georgia, wo seine Leute eine Siedlung zu gründen wünschten.

Die Ruhelosigkeit de Sotos ließ das nicht zu: Er zog weiter nach Norden, vermutlich bis North Carolina, bog dann aber ohne ersichtlichen Grund nach Westen ab, überquerte den Gebirgszug der Appalachen und zog im Quertal des Tennessee nach Westen, gewissermaßen vom Reichtum der Küste zur Armut der Prärie. Eine bedeutende Leistung stellte seine Überquerung des Mississippi dar: Warum er aber den Strom überschritt, ist der Forschung nie deutlich geworden. Nach seinem Tod 1542 zog sein Nachfolger Moscoso bis in die Great Plains von Oklahoma, resignierte aber dann und kehrte zum Mississippi zurück. Auf selbstgezimmerten Booten fuhren er und seine Begleiter den Strom hinab und dann an der Golfküste entlang bis Mexiko. Am 10. September 1543 erreichten 311 Mann – der Rest des Expeditionskorps – die nordmexikanische Stadt Pánuco, überwiegend in Felle gekleidet und total erschöpft.

Wenn die Expedition aus der Sicht ihrer Führer auch ein einziger Mißerfolg war, so hat sie doch zur geographischen Aufhellung des südlichen Nordamerika mehr beige-

tragen als jede andere Expedition vor dem späten 18. Jahrhundert. Über den Zug de
Sotos liegen vier frühe Berichte vor: der eines anonymen adligen Teilnehmers aus Portugal, der als der beste und farbigste gilt, der offizielle Bericht des Sekretärs der Expedition, Ranjel, der Bericht des Hernando de Biedma sowie eine kurz nach 1600 aus
Augenzeugenberichten und eigenen Mutmaßungen zusammengestellte Chronik des
Geschichtsschreibers Garcilaso de la Vega „el Inca". Aus dem ersten Bericht sind im
folgenden Auszüge wiedergegeben.

Lit.: James A. Robertson: True Relation of the Hardship Suffered by Governor
Fernando de Soto and Certain Portuguese Gentlemen During the Discovery of the
Province of Florida. 2 vols. Deland (Florida) 1933 – Final Report of the United States
de Soto Expedition Commission. Washington (D.C.) 1939 – W. P. Cumming, R. A.
Skelton, D. B. Quinn (Hg.): Die Entdeckung Nordamerikas. München-Gütersloh-
Wien 1972.   Sch

[Nach einem fast einjährigen Zug nach Norden traf de Soto im Land Cutifa-
chiqui – wahrscheinlich in der Nähe des heutigen Silver Bluff am Savannah
River – auf einen Stamm mit einem weiblichen Häuptling. Dort gelangte er
auf etwas ungewöhnliche Weise in den Besitz eines reichen Perlenfundes.]

Wenig später verließ die Kazikin die Stadt. Sie saß in einer Sänfte, in der sie
von ausgewählten, vornehmen Indianern bis zum Flußufer hinunter getragen
wurde. Dort bestieg sie ein Kanu *(almadia),* über dessen Heck ein Sonnensegel
gespannt war. Über den Boden war eine Binsenmatte ausgebreitet, auf der
man zwei Kissen übereinandergeschichtet hatte. Sie ließ sich darauf nieder,
und mit den vornehmen Indianern sowie weiteren Indianern, die sie in anderen Kanus begleiteten, fuhr sie dahin, wo der Gouverneur wartete. Und als sie
angekommen war, sprach sie folgendes: „Werter Herr *(excellente Senhor),* die
Ankunft Euerer Wohlgeboren in diesem meinem Land ist sehr willkommen.
Zwar entsprechen meine Möglichkeiten nicht meinem Willen, Euch zu Diensten zu sein und auch nicht meinem Wunsch, Euch so zu behandeln, wie es einem so vornehmen Herrn zusteht. Aber diesen guten Willen entgegengebracht
zu bekommen, ist mehr wert als alle Schätze dieser Erde, und so verfügt denn
über meine Person, mein Land und diese armseligen Dinge hier." Und damit
präsentierte sie eine Menge Kleidungsstücke jenes Landes, die man in anderen
Kanus mitgebracht hatte, sowie Tücher und Felle. Und sie zog sich eine große
Perlenkette über den Kopf, die sie dem Gouverneur um den Hals hing, wobei
sie mit ihm viele wohlwollende Worte der Zuneigung und Höflichkeit wechselte. Und sie befahl Kanus herbei, mit denen der Gouverneur und seine Leute
[ans andere Flußufer] übersetzen konnten.

Kaum hatte er in der Stadt Logis genommen, als man ihm auch schon eine
große Menge Truthühner zum Geschenk machte. Das Land aber war wunder-
schön mit fruchtbaren Tälern entlang den Flüssen. Der Wald war licht, mit einer Fülle von Walnuß- und Maulbeerbäumen. Man sagte, daß das Meer zwei
Tagereisen entfernt sei. Rund um den Ort lagen in einem Umkreis von einer
halben bis einer ganzen Legua größere, entvölkerte Städte. Sie waren von
Gras überwuchert und sahen aus, als seien sie schon seit langer Zeit nicht mehr

bewohnt. Die Indianer sagten, vor zwei Jahren habe in diesem Landstrich eine Pest geherrscht, und die Einwohner seien in andere Städte gezogen. In den Behältern, die [die Indianer] mit sich führten, befanden sich große Mengen von Kleidungsstücken, Tuche aus Fasern von Baumrinde gewebt und andere aus weißen, grünen, roten und gelben Federn, dick und für den Gebrauch im Winter vorgesehen. Es gab auch viele gut gegerbte Tierhäute, mit bunten Mustern bemalt, aus denen man Hosen, Strümpfe und Schuhe gemacht hatte.

Als die Kazikin merkte, daß die Christen an Perlen interessiert waren, sagte sie dem Gouverneur, er solle befehlen, in bestimmten Gräbern dieser Stadt suchen zu lassen, dann werde er viele davon finden. Und wenn er auch die Gräber in den unbewohnten Städten öffnen lasse, könne er wohl alle seine Pferde mit Perlen beladen. Sie durchsuchten die Gräber in dieser Stadt und fanden Perlen im Gewicht von 40 *arrobas*[1], darunter Figuren von kleinen Kindern und Vögeln, aus Perlen gemacht.

Die Bevölkerung [dieser Gegend] war von brauner Hautfarbe, gut gewachsen, wohlproportioniert und wesentlich gesitteter als alle Völkerschaften, die wir bisher in allen Gegenden Floridas gesehen hatten. Außerdem trugen sie Kleider und Schuhe. [...]

Allen erschien es richtig, diese Gegend zu besiedeln, weil es ein günstiger Platz war; im Falle seiner Besiedlung konnten alle Schiffe von Neuspanien, Peru, Sancta Marta[2] und Terra Firme[3], die nach Spanien bestimmt waren, hier einen Anlaufhafen finden, der am Wege liegt und gut dazu geeignet ist, Schiffsvorräte zu liefern.

Aber der Gouverneur, dessen Ziel es war, einen weiteren Schatz, wie den von Tabalipa [Atahualpa], dem Herrscher von Peru, zu finden, wollte sich damit nicht begnügen. Weder mit dem günstigen Landgebiet noch mit den Perlen.

[Nach etwa einem weiteren Jahr gelangte de Soto an den Mississippi; die im folgenden beschriebene Überquerung des Stromes fand höchstwahrscheinlich etwas unterhalb der heutigen Stadt Memphis statt.]

Weil es in der Stadt, wo sich der Gouverneur aufhielt, wenig Mais gab, zog man in eine andere Stadt, die eine halbe Legua vom großen Fluß [Mississippi] entfernt lag. Dort gab es Mais in ausreichender Menge. Als er ging, um sich den Fluß anzuschauen, fand er, daß es in der Nähe viele Bäume gab, aus denen man Pirogen bauen konnte. Außerdem eignete sich der Ort dazu, ein Lager aufzuschlagen.

---

[1] 1 *arroba* entspricht etwa 15 kg.

[2] Die Region der Sierra Nevada de Santa Marta mit der Hafenstadt Santa Marta in der heutigen kolumbianischen Provinz Magdalena unterstand als Gouvernement und Generalkapitanat von Santa Marta der Audiencia de Santa Fé de Bogotá und gehörte bis 1739 zum Vizekönigreich Peru, danach zum neugeschaffenen Vizekönigreich Neu-Granada.

[3] Die Gouvernemente von Portobelo, Veragua und Darién unterstanden als *Reino de Tierra Firme* bis 1752 der Audiencia de Panamá und gehörten ebenfalls bis 1739 zum Vizekönigreich Peru, danach zum neugeschaffenen Vizekönigreich Neu-Granada.

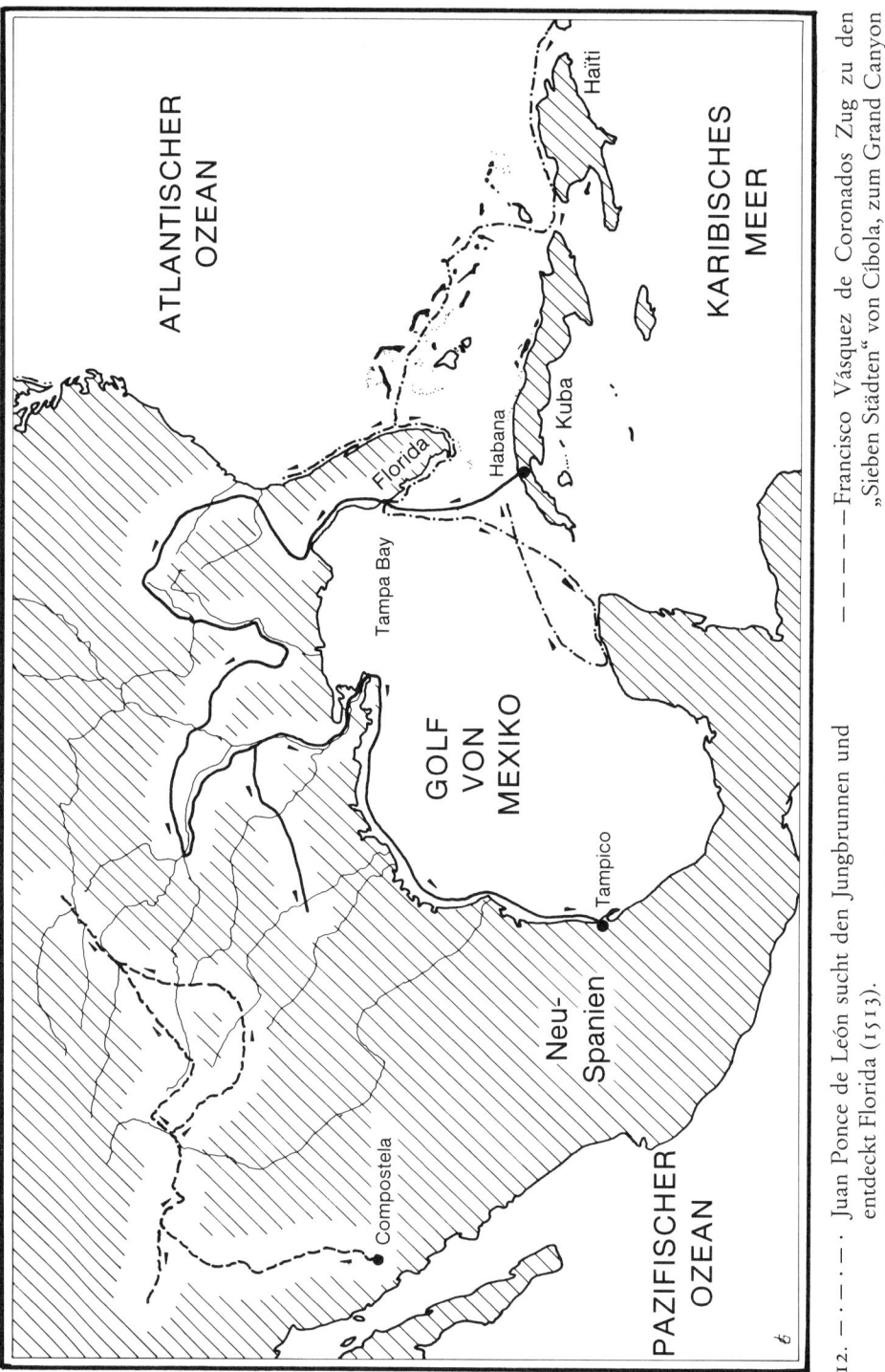

12. — · — · — · — Juan Ponce de León sucht den Jungbrunnen und entdeckt Florida (1513). — — — — Francisco Vásquez de Coronados Zug zu den „Sieben Städten" von Cibola, zum Grand Canyon und in die Great Plains des amerikanischen Mittelwestens (1540–1542). ———— Hernando de Sotos Zug ins Landesinnere Nordamerikas, Rückkehr der Expedition unter Luís de Moscoso (1539–1543).

Man zog umgehend dorthin, errichtete Häuser und siedelte auf einer Ebene, die einen Armbrustschuß vom Wasser entfernt war. Dort trug man den
ganzen Mais aus den hinter ihnen liegenden Städten zusammen, so daß unverzüglich die Arbeit beginnen konnte: man fällte Bäume, zersägte sie und fertigte aus den Planken Boote.

Die Indianer kamen bald den Strom herauf, sprangen an Land und berichteten dem Gouverneur, daß sie die Vasallen eines großen Herrschers seien, der
sich Aquixo nenne und viele Städte und Völker am anderen Ufer des Flusses
beherrsche. Dieser lasse ihm durch sie ausrichten, er wolle am nächsten Tag
mit seinem ganzen Gefolge kommen, um zu hören, was Seine Wohlgeboren
ihm zu befehlen habe.

Tatsächlich traf am nächsten Tag der Kazike mit zweihundert Kanus ein, in
denen mit Pfeil und Bogen bewaffnete Indianer saßen. Sie waren mit Ocker
bemalt, trugen große Büschel von weißen und anderen Federn in vielen Farben, hatten federbesetzte Schilde in den Händen, mit denen sie die Ruderer
von beiden Seiten schützten, wobei die Krieger aufrecht vom Bug bis zum
Heck standen, mit Pfeil und Bogen in der Hand.

Das Kanu, in dem der Kazike kam, hatte ein Sonnensegel über dem Heck,
unter dem er saß, und ebenso war es bei den Kanus, in denen andere vornehme Indianer saßen. Von dort aus aber, wo der höchste Mann *(principal)* unter
seinem Baldachin saß, wurde der Kurs bestimmt und den anderen Befehle erteilt. Alle kamen zugleich in Ufernähe an und zwar einen Steinwurf weit von
einem [dort aufgestellten] Zelt. Von dort aus sagte der Kazike zum Gouverneur, der mit anderen, die ihn begleiteten, am Flußufer dahinging, er sei gekommen, um ihn aufzusuchen, ihm zu gehorchen und ihm zu dienen, denn er
habe gehört, daß er der größte der Herren sei, der mächtigste auf der ganzen
Welt, und er wolle sehen, was er von ihm wünsche. Der Gouverneur äußerte
sein Wohlgefallen und forderte ihn auf, an Land zu kommen, damit sie besser
verhandeln könnten. Aber [der Kazike] gab darauf keine Antwort, sondern
befahl lediglich drei Booten, näher zu fahren. [In diesen Booten] befanden
sich eine große Menge von Fischen und Laiben wie Brei aus Pflaumen [Persi-
monen]. [De Soto] nahm sie entgegen, dankte [dem Kaziken] und bat ihn
abermals, an Land zu kommen.

Aber da es lediglich dessen Absicht war, sich zu verstellen und dabei zu
schauen, ob er nicht auf irgendeine Weise dem Gouverneur Schaden zufügen
könnte, begann [der Kazike] wieder vom Ufer wegzurudern, denn er sah, daß
der Gouverneur und sein Gefolge auf der Hut waren. Daraufhin schossen die
vorher bereitgestellten Armbrustschützen auf die Indianer und streckten fünf
oder sechs von ihnen nieder. Die anderen zogen sich in mustergültiger Ordnung zurück. Keiner ließ das Ruder fahren, mochte auch der Mann neben ihm
gefallen sein. So deckten sie sich gegenseitig und zogen sich zurück.

Später kamen sie häufig und gingen an Land, wollte man sich ihnen aber
nähern, so wandten sie sich zu ihren Kanus zurück. Es waren gutaussehende
Männer, sehr groß und wohlgebaut; und mit den Sonnensegeln, den Federn

und Schilden, den Wimpeln und den vielen Menschen wirkte ihre Flotte wie eine Armada von Booten.

Während der dreißig Tage, die der Gouverneur an diesem Ort zubrachte, wurden vier Pirogen gebaut. Eines Morgens, drei Stunden vor Tagesanbruch, befahl der Gouverneur, daß drei der Boote mit zwölf Berittenen besetzt werden sollten, und zwar vier in jedem Boot. Es handelte sich dabei um Männer, denen er zutraute, daß sie trotz der Indianer das Land erreichen und die Überfahrt sichern, oder aber ihr Leben verlieren würden. [...] Kaum hatten sie das Ufer erreicht, kehrten die Pirogen zu dem Ort, an dem sich der Gouverneur befand, zurück, und als die Sonne zwei Stunden am Himmel stand, war die Überfahrt beendet. Die Flußbreite betrug fast eine halbe Legua; stand ein Mann an einem Ufer, so konnte er einen Mann am anderen nicht mehr als solchen erkennen. Der Fluß war sehr tief und die Strömung sehr stark, das Wasser zog in Wirbeln dahin, und es führte von flußaufwärts ständig eine Menge Äste und sogar Bäume mit, die es durch seine Kraft fortriß.

Aus: Relação verdadeira dos trabalhos que o governador D. Fernando de Souto e certos fidalgos portugueses passaram no descobrimento da província da Flórida agora novamente escrita por um fidalgo de Elvas. [Erstausgabe Évora 1557] 3.ª edição prefaciada e anotado, com um glossário e índices por F. Gavazzo Perry Vidal. Lisboa 1940, S. 57–59 und 93–95.   MM

75. Coronado entdeckt auf seinem Zug zu den „Sieben Städten" von Cíbola den Grand Canyon, den Llano Estacado und die Great Plains (1540–1542)

1539 war der Franziskaner-Pater Marcos de Nizza mit einer farbigen Schilderung von Kultur und Reichtum der sogenannten „Sieben Städte" im Norden von Neu-Spanien, die auch „Cíbola" genannt wurden, nach Mexiko-Stadt zurückgekommen. In der Hoffnung, die Hand auf ein zweites Mexiko oder Peru legen zu können, betraute daraufhin der damalige Vize-König von Neu-Spanien, Antonio de Mendoza, den Statthalter der Teilprovinz Nueva Galicia, Francisco Vásquez de Coronado, mit der Aufgabe, einen Zug zu diesen „Sieben Städten" und nach Möglichkeit zu dem sagenhaften Königreich Quivira im Norden von ihnen durchzuführen. Diese Expedition verfolgte gleichzeitig den Zweck, unruhige Elemente aus Neu-Spanien abzuziehen und sie in einem neuen Konquista-Unternehmen zu binden. Sie erfüllte damit eine Funktion, wie sie die Expedition Mendañas 1667 für Peru wahrnahm (vgl. Dok. 105).

Coronado brach mit rund 300 Bewaffneten und zahlreichen indianischen Hilfstruppen im Februar 1540 auf, von einer Schiffsexpedition unter Hernando de Alarcón begleitet, die auf ihrem Weg nach Norden zwar den Kontakt zu Coronados Truppe verlor, doch durch den damals „Mar Vermejo" (Purpurmeer) genannten Golf von Kalifornien bis zur Mündung des Colorado River gelangte und zweimal in Booten tief in den Fluß einfuhr. Eines der Hauptergebnisse der Fahrt Alarcóns war, daß seither der Halbinselcharakter Kaliforniens feststand.

Coronado selbst erreichte bereits im Sommer 1540 das Flußbecken des Río Grande in der Nähe der heutigen Stadt Albuquerque in New Mexico, wo sich die „Sieben Städte" aber lediglich als ein Verband von Pueblos ackerbautreibender Indianer erwiesen. Die Reaktion der Konquistadoren war entsprechend: „Sie kamen in Sichtweite des ersten Pueblo. Das war Cíbola. Da waren die Flüche, die einige über Fray Marcos [de Nizza] ausstießen, derart, daß Gott ihn davor schützen möge. Es ist ein kleiner, felsiger, ganz zusammengedrückter Pueblo" (Castañeda, S. 424/425). Teilexpeditionen der Unterführer Hernando de Alvarado bzw. García López de Cárdenas erreichten die Pueblos von Tiguex am oberen Río Grande mit ihrer hochentwickelten Kultur bzw. den mittleren Grand Canyon (darüber berichten die hier wiedergegebenen Quellentexte aus der Feder des Teilnehmers Pedro de Castañeda). Coronado selbst zog mit einer Abteilung 1541 bis zum Llano Estacado im Osten und dann auf der – vergeblichen – Suche nach dem Königreich Quivira nach Norden durch die Great Plains bis etwa zum heutigen Smoky Hill River in Kansas. Enttäuscht von der Armut und dem Edelmetallmangel der angetroffenen Indianerkulturen kehrten die Teilnehmer der Expedition – zuletzt unter großen Verlusten – 1542 nach Neu-Spanien zurück.

Lit.: F. W. Hodge und T. H. Lewis: Spanish Explorers in the Southern United States, 1528–1543. New York 1907, mehrere Nachdrucke – The Journey of Coronado 1540–1542 from the City of Mexico to the Grand Canon [sic] of the Colorado and the Buffalo Plains of Texas, Kansas and Nebraska. ... edited with an introduction by George Parker Winship. 1922. Ndr. New York 1969 – C. Sauer: The Road to Cíbola. Berkeley 1932 – G. P. Hammond: Coronado's Seven Cities. Albuquerque 1940 – George P. Hammond und Agapito Rey (ed.): Narratives of the Coronado Expedition 1540–1542. Albuquerque 1940 – H. E. Bolton: Coronado. Knight of Pueblos and Plains. New York-London-Toronto 1949 – W. P. Cumming, R. A. Skelton, D. B. Quinn (Hg.): Die Entdeckung Nordamerikas. München-Gütersloh-Wien 1972.   Sch

Tiguex ist eine Provinz von zwölf Dörfern, die an den Ufern eines großen, mächtigen Flusses [Río Grande] liegen, einige auf der einen, andere auf der anderen Seite. Es ist ein weites Flußtal, zwei Leguas breit, und östlich davon liegt eine sehr hohe, rauhe und schneebedeckte Gebirgskette. [. . .]
Im allgemeinen haben diese Dörfer alle die gleichen Gebräuche und [religiösen] Riten, wenn auch manche [unter ihnen] einige eigene Dinge *(cosas)* haben, die bei den anderen nicht üblich sind. Im Gemeinwesen regiert die Versammlung der Älteren *(gobiernanse por acuerdo de los mas uiejos).* Beim Bau der Dörfer arbeiten sie alle zusammen, wobei die Frauen damit beschäftigt sind, die [Lehm-] Mischung herzustellen und die Wände zu bauen, während die Männer das Holz holen und zum Bauplatz bringen. Kalk haben sie nicht, aber sie stellen eine Mischung aus Asche, Holzkohle und Erde her, die fast genauso gut wie Mörtel ist. Denn für ein Haus von vier Stockwerken Höhe machen sie die Wände nicht dicker als eine halbe Elle [ca. 45 cm]. Sie sammeln eine große Menge von Thymianzweigen und Riedgras und zünden es an, und wenn [das Ganze] nicht mehr Kohle, aber auch noch nicht Asche ist, schütten sie viel Erde und Wasser darüber und mischen alles durcheinander. [Aus diesem Gemisch] formen sie runde Klumpen, die sie trocknen und wie Steine verwenden, und diese verbinden sie mit derselben Mischung, die hart wie [trockener] Lehm wird. Bevor sie heiraten, dienen die jungen Männer im allgemeinen dem ganzen Dorf, sie holen das benötigte Holz und stapeln es in den Innenhöfen der Dörfer, von wo es die Frauen holen und in ihre Häuser schaffen.

Die jungen Männer leben in den *estufas,* und diese befinden sich unter den Innenhöfen des Dorfes. Sie sind viereckig oder rund und [ihre Decke] ruht auf Kiefernstützen. Man fand *[estufas]* vor mit zwölf Pfeilern und [davon] vier in der Mitte, die so dick waren, daß zwei Männer sie kaum umspannen konnten. Normalerweise haben sie drei oder vier Pfeiler. Der Fußboden bestand aus breiten, glatten Steinen wie bei den Bädern, die man in Europa benutzt. Sie haben innen einen Herd, der wie das Kompaßhaus auf einem Schiff gebaut ist; auf ihm verbrennen sie [von Zeit zu Zeit] auf einmal eine Handvoll Thymian, um die Wärme zu halten, und sie können darin verweilen wie in einem Bad. Die Decke war auf derselben Höhe wie der Erdboden [außen]. Manche, die man vorfand, waren groß genug, um [darin] Ball zu spielen.

Wenn irgendein Mann heiraten will, muß das von denen, die das Dorf leiten *(de los que gobiernan),* geregelt werden. Der Mann muß spinnen und eine Dek-ke weben und sie vor der Frau niederlegen, und sie bedeckt sich damit und wird seine Frau. Die Häuser gehören den Frauen, die *estufas* den Männern. Wenn ein Mann seine Frau verstößt, muß er [wieder] in die *estufa* gehen. Den Frauen ist es verboten, in den *estufas* zu schlafen oder sie aus irgendeinem Grund zu betreten, ausgenommen, wenn sie ihrem Mann oder ihren Söhnen Essen bringen. Die Männer spinnen und weben. Die Frauen ziehen die Kinder auf und bereiten das Essen zu. Der Landstrich ist so fruchtbar, daß sie den Boden das ganze Jahr nicht umzubrechen brauchen; es genügt, wenn sie die Saat aussäen, die bald vom fallenden Schnee bedeckt wird, und die Ähren kommen unter dem Schnee heraus. In einem Jahr ernten sie genug für sieben [Jahre]. Eine Menge von Kranichen und Wildgänsen, Krähen und Staren ernähren sich von dem, was gesät worden ist, und trotz allem sind die Felder, wenn sie [die Indios] kommen, um fürs nächste Jahr zu säen, noch voller Mais, den sie nicht zu Ende haben einsammeln können. [...]

Die Dörfer sind frei von Unrat, weil sie [die Indios] hinausgehen, um sich zu entleeren *(estercolar),* und ihr Wasser in Gefäße aus Steingut abschlagen, die sie in einigem Abstand vom Dorf ausgießen. Sie haben besondere Häuser, in denen sie die Nahrungsmittel zum Kochen aufbereiten und wo sie das Mehl mahlen, und sie halten sie sehr sauber. Dafür [zum Mehlmahlen] haben sie einen eigenen Raum, in dem ein Trog mit drei Steinen steht, der im harten Lehm verankert ist. Drei Frauen gehen hier hinein, jede nimmt einen Stein. Die eine bricht damit den Mais, die nächste mahlt ihn, und die dritte mahlt ihn noch einmal. Sie ziehen sich die Schuhe aus, stecken sich das Haar hoch, schütteln ihre Kleider aus und bedecken sich den Kopf, bevor sie durch die Tür eintreten. Dort [an der Tür] sitzt ein Mann und spielt auf einer Flöte, während sie mahlen. Sie führen die Steine nach der Musik und singen zusammen. Sie zerstoßen und mahlen eine große Menge auf einmal. Denn sie backen all ihr Brot aus [diesem] Mehl, das sie zuvor mit warmem Wasser durchtränken, genau wie beim Waffelnmachen. Sie sammeln große Mengen von Buschholz und trocknen es, sie benutzen es das ganze Jahr hindurch zum Kochen. Es gibt in dem [ganzen] Land keine gut genießbaren Früchte außer Piniennüssen

(piñones). Sie haben ihre Prediger. Sodomie [hier gemeint: Homosexualität]
findet man bei ihnen nicht. Sie essen weder Menschenfleisch noch verwenden
sie es als Opfer. Das Volk ist nicht grausam. Sie haben nämlich Francisco de
Ovando ungefähr vierzig Tage lang bei sich in Tiguex gehabt, nachdem er ums
Leben gekommen war, und als das Dorf eingenommen war, wurde er unter
ihren Toten gefunden, unversehrt und ohne jede andere Wunde außer der
einen, an der er gestorben war, und er war weiß wie Schnee und verbreitete
keinerlei schlechten Geruch. Ich fand verschiedene Dinge über sie [die Bewohner von Tiguex] dank eines unserer Indios heraus, der ein ganzes Jahr bei
ihnen als Gefangener gewesen war. Ich fragte ihn besonders darüber aus, warum die jungen Frauen in dieser Provinz vollkommen nackt gingen, so kalt es
auch sein mochte, und er berichtete mir, daß die Jungfrauen so herumgehen
müßten, bis sie einen Mann nähmen, und daß sie sich dann selbst bedecken
würden, sobald sie mit einem Mann zusammengewesen seien. Die Männer
hier tragen kleine Hemden aus brauner Hirschhaut und darüber ihre langen
Gewänder. In all diesen Provinzen haben sie Tongefäße, die mit Antimon gla-
siert sind, und sehr sehenswerte Krüge, die mit außerordentlicher Mühe und
Kunstfertigkeit gemacht sind.

[Bald, nachdem die Expedition des Coronado Tiguex erreicht hatte, kehrte
einer der Hauptleute, Pedro de Tovar, von einer Teilexpedition zurück. Er
überbrachte Berichte von Indianern, nach denen es im Nordwesten von Tiguex einen mächtigen Fluß in einer noch mächtigeren Schlucht gäbe, die jeden
Weitermarsch nach Norden zum Stillstand bringen würde. In der Tat betrafen
die Berichte den Grand Canyon. Coronado beauftragte seinen Hauptmann
García López de Cárdenas, mit zwölf Begleitern einen Aufklärungsvorstoß
durchzuführen:]

Er [de Cárdenas] erreichte [die Provinz] Tusayan und wurde dort von den
Bewohnern gut aufgenommen und verpflegt. Sie gaben ihm Führer für seinen
Zug mit. Von hier brachen sie auf, beladen mit Proviant, denn sie mußten
durch wüstes Land ziehen, bevor sie [wieder] bewohntes Gebiet erreichten.
Die Indios sagten, daß es mehr als zwanzig Tagemärsche entfernt liege. Als sie
zwanzig Tage lang [durch das Land] gezogen waren, kamen sie zu den Ufern,
zwischen denen der Fluß floß, und die oben drei bis vier Leguas weit auseinander zu sein schienen. Dieses Land lag hoch und war voll von niedrigen ver-
krüppelten Kiefern. Es war sehr kalt und lag nach Norden hin offen, so daß
dort, obwohl die warme Jahreszeit herrschte, wegen der Kälte niemand leben
konnte. Sie verbrachten drei Tage an diesem Ufer und hielten Ausschau nach
einer Abstiegsmöglichkeit zum Fluß hinunter, der von oben aussah, als sei sein
Wasser sechs Fuß breit, obwohl die Indios sagten, es sei eine halbe Legua breit.
Es war unmöglich, hinunterzusteigen. Denn nach diesen drei Tagen unternahmen Hauptmann Melgosa und ein gewisser Juan Galeras und ein weiterer
Mann, die die drei leichtesten und geschicktesten Leute waren, einen Versuch,
an der am wenigsten gefährlichen Stelle hinabzusteigen, und sie kletterten
hinab, bis die, die oben standen, sie nicht mehr sehen konnten. Sie kehrten un-

gefähr um vier Uhr nachmittags zurück; sie hatten den [Tal-]Grund nicht erreichen können, weil sich ihnen große Schwierigkeiten entgegengestellt hatten. Denn was von oben mühelos schien, war gar nicht leicht, ganz im Gegenteil, sehr schwierig und gefährlich, wie sie sagten. Sie berichteten, daß sie etwa
ein Drittel des Weges hinabgestiegen seien und daß der Fluß von der Stelle
aus, die sie erreicht hätten, sehr breit wirke. Und daß nach dem, was sie gesehen hätten, ihre Meinung sei, daß die Indios die Breite richtig angegeben hätten. Diejenigen, die oben geblieben waren, hatten geschätzt, daß ein paar
mächtige Felsen an der Wand des Steilufers ungefähr so groß wie ein Mann
seien, doch die, die hinuntergestiegen waren, schworen, daß diese Felsen, als
sie sie erreichten, größer waren als der große Turm von Sevilla.

Aus: Relación de la Jornada de Cíbola por Pedro de Castañeda de Naçera. Ed. by George Parker
Winship. In: Smithsonian Institution. Bureau of American Ethnology. Fourteenth Report (1896),
S. 411–546 [span. Fassung: S. 414–469; engl. Fassung: S. 470–546]. Der erste Teil des Textes
stammt aus: Segunda parte, cap. quarto (S. 451–452), der zweite Teil stammt aus: Primera parte,
cap. once (S. 429).   Sch

Elftes Kapitel

Die Durchdringung und Eroberung Südamerikas durch die Konquistadoren

Nach der Entdeckung Südamerikas 1498 durch Kolumbus (vgl. Dok. 28) war es in den folgenden Jahren zu einem regelrechten Boom an Entdeckungsfahrten zur süd- und mittelamerikanischen Ostküste gekommen (vgl. Kap. V). In seinem Verlauf waren bereits ab 1509 erste spanische Ansiedlungen zu beiden Seiten des Golfs von Darién im heutigen Kolumbien entstanden, und zwar in der Region der Stadt Cartagena und auf der westlichen Seite des Golfs von Urabá (Santa María de la Antigua). Von der Landschaft Darién ging auch die erste Konquistadoreninitiative aus, die nach und nach die Durchdringung und Eroberung der größten und wirtschaftlich bedeutendsten Räume Südamerikas nach sich zog. Denn dort, in Darién, nahe der Landenge von Panamá, wurden lebhafte Berichte von Indianern über Goldländer und Goldschätze irgendwo tief im Süden und darüber hinaus über ein mächtiges Meer ebenfalls im Süden, auf dem große Schiffe mit Segeln kreuzen sollten, zur Triebfeder für die Entdeckung des „Südmeers" durch Balboa und für die Gründung der künftigen Entdecker- und Konquistadorenbasis Panamá-Stadt an der pazifischen Küste Mittelamerikas.

In Vasco Núñez de Balboa tritt uns zum ersten Mal in der Geschichte der Sozialtypus des spanischen Konquistadors in beinahe seiner ganzen Ausprägung entgegen. Balboa war 1510 als blinder Passagier auf der Flucht vor Gläubigern von La Española nach Darién gekommen, wo ihn sein zupackender Wagemut, seine Fähigkeit zur Intrige und eine Mischung von tatkräftigem, brutalem Streben nach Herrschaft und Gewinn sowie einem starken Charisma zum Anführer und Alkalden der neuen Kolonie werden ließen. Vom Vizekönig in Santo Domingo bald als Gouverneur von Santa María de la Antigua anerkannt, suchte er so rasch wie möglich durch eine hervorstechende Leistung auf sich aufmerksam zu machen, um in seinem Amt auch von den spanischen Behörden bestätigt zu werden. Im Herbst 1513 brach er mit 190 Spaniern und 600 indianischen Lastenträgern auf, um den Berichten über das große Meer im Süden – die Landbrücke von Darién und Panamá verläuft im großen und ganzen von Ost nach West – auf den Grund zu gehen. Mit einer reduzierten Mannschaft überquerte er in fast übermenschlicher Anstrengung, häufig in blutige Kämpfe mit Indianern verwickelt, die Kordillere von Darién und den sich im Süden anschließenden sumpfigen und zu einer einzigen grünen Wand verfilzten Urwald und erblickte am 25. September 1513 von einem Berg aus als erster Europäer das offene Meer, das er „Mar del Sur" taufte. In Entsprechung zu diesem Namen wurde das hinter ihm liegende Meer, der Atlantik, fortan „Mar del Norte" genannt. Am 29. September 1513 stieg Balboa am heutigen Golf San Miguel bis an die Knie in das neuentdeckte Weltmeer und nahm es in seiner ganzen Ausdehnung „am Nordpol wie in der Antarktis, beiderseits der Äquatorlinie, innerhalb und außerhalb der Wendekreise des Krebses und des Steinbocks" feierlich für Spanien in Besitz (Dok. 76). Balboa war sich der Bedeutung seiner Entdeckung vollauf bewußt. In der Tat sollte seine Besitzergreifung des Pazifik noch in der Zeit der Französischen Revolution die Grundlage für spanische Ansprüche auf Westkanada und Alaska bilden.

Balboas Entdeckerleistung leitete tatsächlich eine neue Phase der spanischen Expansion in Übersee ein. Eines der beiden Hauptergebnisse seines Zuges war, daß seit diesem Jahr 1513 endgültig feststand, daß es jenes große Meer jenseits der karibischen Küsten wirklich gab, von dem schon Kolumbus 1504 gehört hatte und zu dem er regelrecht besessen eine Durchfahrt gesucht hatte in der Hoffnung, zu dem Gold-Zipangu und Cathay des Marco Polo zu gelangen (vgl. Dok. 39). Die Krone von Kastilien begriff damals auch sofort die strategische Bedeutung der Entdeckung Balboas und sandte 1515 ihren Chefpiloten, Juan Díaz de Solís, mit drei Schiffen aus, um die Seeverbindung über eine vermeintlich bereits tief im Süden gefundene Westpassage (den Río de la Plata) herzustellen (vgl. Dok. 40). Aber auch die Führer der weiteren Entdecker- und Konquistadorenzüge über Land in Mittelamerika sahen im Auffinden einer Durchfahrt vom Nord- ins Südmeer noch lange eines ihrer Hauptanliegen, so etwa der „Indianerschlächter" Pedro de Alvarado bei seiner Eroberung Guatemalas im Jahr 1524 (vgl. Dok. 73).

Ein anderes und auf lange Sicht wichtigeres Ergebnis war das Faktum des Konquistadorenzuges von Balboa selber mit seinen komplexen Zielvorstellungen, seinen Techniken und seinem aufsehenerregenden Erfolg. Dieses Faktum wirkte gewissermaßen als Initialzündung für zahllose weitere Züge ähnlicher Art, die alle irgendwelchen vagen Erzählungen oder Mythen über von Gold und Silber strotzende Indianerreiche und -kulturen nachspürten, dabei Entdeckungen von größter Bedeutung machten, Herrschaft über Indianer erkämpften oder zu erkämpfen suchten und, indem sie selbst unendlich schwere Strapazen auf sich nahmen, eine einzige Spur von Blut und Zerstörung hinter sich ließen.

Um die Konquista[1] Südamerikas im 16. Jahrhundert ganz zu verstehen, ist es notwendig, sich mit drei grundlegend wichtigen Tatbeständen jener Zeit vertraut zu machen: zum einen mit dem Abenteuerdurst, dem Goldhunger und einem nicht unbeträchtlichen Wunderglauben der erobernden Spanier dieser Jahrzehnte, ihrer Besessenheit, das Reich von „El Dorado" oder etwas ähnliches, wie es sich dank vager Berichte, Indianerlegenden und -mythen im Bewußtsein festgesetzt und dort selbständig verformt und weitergebildet hat-

---

[1] Vom spanischen „conquista": „Eroberung".

te, ausfindig zu machen und zu erobern, zum zweiten mit den in der mittelalterlichen Tradition der *Reconquista* im Mutterland wurzelnden Rechtsformen der Konquista, und zum dritten mit ihren typischen Umständen – hauptsächlich ihren Techniken –, die das überraschend hohe Maß an Erfolg bei entsprechenden Vorstößen verbürgten. Niemals mehr im Verlauf der jüngeren Geschichte hat eine Handvoll entschlossener Haudegen ähnlich riesige Reiche mit Millionenbevölkerungen bezwungen und so nachhaltig zerstört wie während der spanischen Durchdringung Mittel- und Südamerikas bis etwa 1550.

Der Wunsch nach raschem Gewinn von Gold und Silber, Perlen und Edelsteinen, von großem Landbesitz, von Dienst-, Sach- und Tributleistungen in Form der Encomienda oder von Ländereien mit Repartimientos arbeitender Indios (vgl. Bd. 5, Dok. 37) und damit nach einem von Subsistenzsorgen ungeplagten weiteren Leben und rascher sozialer Statuserhöhung war die Haupttriebkraft aller Konquista. Schon für Kolumbus waren Goldhunger und schneller materieller Gewinn durch Gewürzhandel mit dem Fernen Osten (vgl. Kap. III) das Hauptmotiv für seine Entdeckungsfahrten gewesen, und dieses Motiv übertrug sich nach den ersten Goldfunden auf La Española und in Goldkastilien (vgl. Dok. 39) sowie nach den sensationellen Perlenfunden vor der Insel Margarita auf alle weiteren spanischen Entdecker und Eroberer in der Neuen Welt. Bereits auf den karibischen Inseln waren die Spanier von den Indios stets nach Westen und Süden auf andere, bei weitem goldreichere Kulturen verwiesen worden. Balboa hörte dann ab 1510 in Darién durch befreundete Indio-Kaziken von einem Goldreich auf dem Festland im Süden. Proben des verarbeiteten Metalls bekam er selbst in die Hand, teils durch Tausch, teils durch sogenannte „entradas", Beutezüge ins Landesinnere, und er brauchte das Gold auch, um seine Schulden und allen weiteren benötigten Nachschub zu bezahlen. Las Casas erfaßte den dabei bereits wirksamen Mechanismus der Konquista treffend, als er in seiner „Historia de las Indias" festhielt: „Vasco Núñez [de Balboa] schrieb an den Admiral [seinen Gönner Diego Colón], er habe 30 Kaziken aufgehängt und werde so viele hängen, als er in seine Hände bekäme. Er begründet dies mit der geringen Zahl [der Spanier]; es bliebe ihm kein anderes Mittel, ehe man ihm nicht eine starke Mannschaft zur Verstärkung schicke [...]. Er gab noch 300 Mark Gold mit, das sind 15 000 Castellanos oder Goldpesos, die die Beamten auf der Insel [La Española] an den König schicken sollten, als das der Krone zustehende Fünftel. Daraus kann man errechnen, daß jene unglückseligen Wegelagerer 75 000 Pesos geraubt hatten"[2].

Schon 1512 war dann Balboa, 1517 waren Tabira und Birúes mit Begleitmannschaften den Fluß Atrato in Darién hinaufgezogen, um das Land „Dabeiba" zu finden, in dem es vom indianischen Hörensagen her ein goldenes

---

[2] Bartolomé de las Casas: Historia de las Indias. Libro tercero, cap. XLII (Ausgabe Biblioteca de Autores españoles. Vol. 96). Madrid 1957, S. 274. Den Hinweis auf diese Stelle und die Übersetzung verdanke ich L. u. Th. Engl.

Götzenbild und einen goldgedeckten Tempel geben sollte. Hier tritt uns zum
ersten Mal eine jener Goldlandlegenden entgegen, deren Kern die Konquistadoren herauszufinden suchten und die sie zu übermenschlichen Strapazen in
Sumpf, Urwald und Gebirge, häufig von Indios überfallen und diese ihrerseits
überfallend, veranlaßten. Dabeiba ist bis 1590 unzählige Male umsonst wie-
dergesucht worden und dann in Vergessenheit geraten, bis die neuere Forschung herausgefunden hat, daß die Indio-Legende tatsächlich einen richtigen
Kern hatte: Es gab damals in der Nähe der Landschaft Dabeiba, jenseits der
kolumbianischen Westkordillere, die Minen von Buriticá, Goldschmelz- und
-verarbeitungsstätten, die zur Zeit des Balboa vielleicht hundert Leute beschäftigt haben mögen.

Ein anderer Fall: 1516 erhielt der Konquistador Gonzalo de Badajoz in der
westpanamesischen Landschaft Coclé vom Kaziken von Paris eine Reihe mit
Hirschhaut überzogener großer Palmblattkörbe voller Goldschmuckstücke
als Geschenk. Bei der Bestattung dieses Fürsten erbeutete sein Kamerad Gaspar de Espinosa später goldene Grabbeigaben im Gewicht von 355 Pfund,
kostbarste Goldschmiedearbeiten, wie sie später in Mexiko, Peru oder im
Chibcha-Reich ebenso angetroffen wurden: Helme mit getriebenen Orna-
menten, Schmuckscheiben mit Filigranmustern, Ohren-, Nasen-, Hals- und
Armschmuck, Schellen, Goldketten, Golddrahtgeflechte und unzählige andere Schmuckgegenstände. Nicht erst die Begegnungen mit den Hochkulturen
in Mexiko oder Peru regten also die Phantasie und die Goldgier der Spanier
an, sondern zahlreiche andere Beobachtungen, Eindrücke und Erfahrungen
bereits in Darién und Mittelamerika.

„Gold! Gold!" sollen nach dem Chronisten Oviedo y Valdés die Leute des
Grijalva gerufen haben, als sie 1518 auf der Halbinsel Yucatán auf entsprechend verarbeitete Zeugnisse der Mayakultur stießen (vgl. Dok. 66). Auf zwei-
einhalb Seiten seines Berichts über dieses Ereignis kommen fünfundvierzigmal
die Wörter „oro" oder „dorado" vor: eine Beobachtung, die nach Friederici
ihre Entsprechung in fast allen spanischen Entdeckerberichten der Zeit von
Kolumbus bis Pizarro findet. In der Haupttendenz war denn auch die „entra-
da" des Cortés in Mexiko im folgenden Jahr ein Ausdruck des Bemühens der
Zeit um ein Aufspüren und In-Besitz-Nehmen von Goldländern und goldverarbeitenden Kulturen. Als in der „noche triste" (vgl. Dok. 71) die Spanier
fluchtartig die Aztekenmetropole verlassen mußten, beluden sich einige so
schwer mit Teilen des Moctezuma-Schatzes, daß ihre ganze Verteidigungsfä-
higkeit darunter litt. Der Chronist Gómara sagt dazu lapidar: „Auf diese Weise tötete sie das Gold und sie starben als Reiche". Die in Tenochtitlán vorgefundene Beute bestätigte im übrigen letztlich an einem herausragenden Beispiel die kursierenden indianischen Goldlandlegenden. Auf viele Spanier in
der Alten und in der Neuen Welt, die bis dahin diesen Berichten distanziert ge-
genübergestanden hatten, dürfte von da an das Goldfieber wie eine Infektion
übergesprungen sein.

Im gleichen Jahr 1519, in dem Cortés in Mexiko an Land ging, wurde am

Isthmus von Panamá von Pedrarias Dávila auf der Pazifikseite die Stadt Panamá gegründet, von der aus in der Folge die spanische Konquista nach beiden Seiten der Landenge vorangetrieben wurde. In Panamá-Stadt trafen sich besonders viele Nachrichten von vielversprechenden Gold-, Silber- und Edelsteinländern. 1522 kam Pascual de Andagoya in das Gebiet des Kaziken Birú – nach ihm benannten später die Spanier ein weitaus südlicher liegendes Land „Peru" – und brachte zum ersten Mal genauere Nachrichten vom Inkareich und seinem mächtigen Herrscher, seinen Goldschätzen und sonderbaren Tragtieren (wohl Lamas oder Alpakas) mit. Ein etwa 1527 abgefaßter Bericht von einer Kaperung einer „Balsa" – einem mehrstöckigen seetüchtigen Floß aus Rohr – in der Nähe des Äquators sagt: „Sie [die Indios] führten mit sich viel Silber- und Goldschmuck, zum Tauschhandel bestimmt [. . .], darunter Kronen, Diademe, Gürtel, Armreifen; Brustharnische sowie Pinzetten, Schellen, Ketten, Bündel von Perlen, rote Schminke, versilberte Spiegel, Becher und andere Trinkgefäße [. . .]"[3]. Derartige Nachrichten bildeten die Voraussetzungen für die Expeditionen des Pizarro, die 1532 zur Eroberung des Inkareiches und zu einer unvorstellbar reichen Edelmetallbeute führten, was wiederum als Verstärker für andere kursierende Goldlandlegenden wirkte.

So fuhr 1534 Pedro de Mendoza von Sanlúcar de Barrameda in Spanien mit zwölf Schiffen zur Eroberung des Reiches des „Weißen oder versilberten Königs" zum Río de la Plata aus. Etwa 1535 kam dann einer der für die Folgezeit wirksamsten Wunderlandberichte zu Ohren eines Spaniers: Sebastián de Benalcázar, einer der Unterführer des Pizarro, hörte im heutigen Westkolumbien über ein Land namens Cundinamarca im Hochland von Kolumbien. Dort – so der Indio – herrsche der Brauch, daß der Kazike seines Stammes als Kleidung nur Goldstaub auf seinem Körper trage. Am Abend fahre er jedesmal auf eine Lagune hinaus, wo er den Staub abwasche und Gold und Edelsteine als Opfergaben für die Gottheit hinterherwürfe (vgl. Bd. 3, Dok. 6). Diese Indianererzählung bildete den Kern und Ausgangspunkt des später über ganz Südamerika verbreiteten Mythos vom El Dorado. Dieser Mythos hatte mit Sicherheit – so die heutige Forschung – einen wahren Kern, die Lagune mag der See von Guatavitá gewesen sein, den man bisher erfolglos trockenzulegen versuchte. Der Mythos vom Vergoldeten – nichts anderes heißt „El Dorado" – wanderte bald überallhin, und rasch wurde das Wort selbst zur Bezeichnung für eine Landschaft, in der es Gold im Überfluß und darüber hinaus alle anderen Schätze und Wunder gebe. Das Goldland Omagua – wohl das Land der goldverarbeitenden Chibchas im Hochland von Kolumbien – wurde zum Synonym für El Dorado, ebenso die Landschaft „Meta" und das nie aufgefundene Land „Paitití" am Amazonas. Das Expeditionsziel El Dorado selbst zog sich nach jeweils vorhergehenden vergeblichen Suchfahrten und -zügen von der Meseta von Kolumbien zum Orinoco, zum Amazonas, in den Gran

---

[3] Die Eroberung Perus in Augenzeugenberichten. Hg. u. eingel. v. L. u. Th. Engl. München ¹1975, ²1977, S. 40.

Chaco und bis nach Patagonien und Chile zurück, ja – in Nordamerika – bis zu den Sieben Städten von Cíbola und bis zu dem nie aufgefundenen Königreich Quivira in den Great Plains irgendwo zwischen dem Mississippi und der pazifischen Küste: diesen vermeintlichen Wunderländern galt ja Coronados Zug von 1540–1542 (vgl. Dok. 75).

Der Gold- und Wunderglaube der Zeitgenossen ließ nicht nur das gesuchte El Dorado immer wieder neu hinter der nächsten Flußmündung, hinter dem nächsten Wäldchen oder Gebirge entstehen, er führte auch – hundertfach bezeugen es Chronisten – zu grotesken Irrtümern und Halluzinationen: Auf der zweiten Reise des Kolumbus beispielsweise hielt ein Armbrustschütze weiße Störche auf Kuba für weißgekleidete Mönche, von Cortés vorausgeschickte Reiter berichteten einmal von silberverkleideten Häuserwänden, die in Wirklichkeit nur gegipst waren, und – um ein Beispiel aus einer anderen Entdeckernation zu nennen – der Franzose Jacques Cartier lud bei seiner dritten Neu-Frankreich-Reise 1541 sein Schiff voll mit Mineralien und Erzen, die er für Diamanten und Goldgestein hielt, die sich aber im Mutterland bei genauerem Zusehen als wertlos herausstellten; der Kosmograph Thevet teilt uns mit, daß daher das verbreitete Sprichwort „Voilá un Diamant de Canada!"[4] stamme. Und noch 1577 setzten vermeintliche Goldgesteinfunde Frobishers aus der Region der Hudson-Bai die rasche Gründung der Cathay Company, an der sich sogar Königin Elisabeth I. beteiligte, zur Ausbeutung der erwarteten riesigen Mineralvorkommen in Gang (vgl. Dok. 60). Alles in allem muß wohl die Bereitschaft und das Verlangen der Zeit, Wunderländer mit ungeheuren Reichtümern anzutreffen, in Verbindung mit der Tatsache, daß Unerwartetes und Wundersames tatsächlich vielmals angetroffen wurden, als eine der Haupttriebfedern der spanischen Konquista schlechthin angesehen werden.

Den Rechtsformen – dem zweiten wichtigen Tatbestand –, in denen sich die Konquista vollzog, ist lange Zeit hindurch von der Forschung allzu geringe Aufmerksamkeit gewidmet worden. Horst Pietschmann hat jüngst eindringlich dargelegt, daß die Eroberung der Neuen Welt ganz in den Traditionen der *Reconquista* im Mutterland und in deren Konsequenzen für die politische, wirtschaftliche und soziale Verfassung Kastiliens, des rechtlichen Trägers der Konquista in Übersee, wurzelte. Charakteristisch waren vor allem die vertraglichen Abmachungen *(capitulaciónes)* der Krone mit einem „Generalunternehmer" einer bestimmten Konquista in Amerika – etwa mit Ponce de León (vgl. Dok. 65) oder Francisco Pizarro –, die dem Führer des geplanten Eroberungsunternehmens den Titel eines Generalkapitäns oder Adelantado (Statthalters) oder Gouverneurs übertrugen und darüber hinaus für einen begrenzten Raum und eine bestimmte – meist befristete – Zeit ganz bestimmte Hoheitsrechte: etwa das Recht der Verteilung von Encomiendas, d. h. von Zuteilungen von Gruppen unterworfener Indios an einzelne Teilnehmer des Unternehmens bei

---

[4] Vgl. Ch.-A. Julien: Les voyages de découverte et les premiers établissements (XVᵉ–XVIᵉ siècles). Paris 1947. Ndr. Brionne 1979, S. 161.

gleichzeitiger Auferlegung wechselseitiger Verpflichtungen, oder das Recht auf Siedlungsgründungen oder die höchste Rechtsprechungsbefugnis etc.

Für das Zusammenbringen der Konquista-Truppe *(hueste)* erhielt der Generalkapitän von der Krone auf Grund seines Patents die Kompetenz, in bestimmten Orten oder Regionen für sein Unternehmen die Werbetrommel rühren zu lassen – Pizarro beispielsweise durfte in Kastilien, nicht aber in Panamá werben lassen –, und vom Zeitpunkt des Eintretens in die Truppe an unterstanden die Angeworbenen dem Kriegsrecht und der absoluten Befehlsgewalt dieses Generalkapitäns. Parallelen zu der Kriegspraxis des späten 15. und des frühen 16. Jahrhunderts in Europa sind dabei deutlich sichtbar: die Anwerbung von Landsknechten durch scharf die finanziellen Gewinn- und Verlustchancen kalkulierende „Kriegsunternehmer" vom Typus des italienischen Condottiere (Beispiel: Castruccio Castracani) oder des deutschen Landsknechthauptmanns (Beispiel: Schertlin von Burtenbach) war im Grunde ein vergleichbarer Vorgang. In seinem Bericht der Eroberung der La Plata-Länder sind denn auch für den Straubinger Ulrich Schmidl (vgl. Dok. 87) die Begriffe „Konquistador" und „Landsknecht" jederzeit gegeneinander austauschbar.

Pietschmann hat im übrigen auf eine der wichtigsten Folgen des spanischen Herrschaftserwerbs in Übersee durch vorher festgelegte, formelle Kontrakte einerseits zwischen der Krone und Konquistaführern und andererseits zwischen Konquistaführern und einfachen Konquistadoren aufmerksam gemacht: „Ungeachtet der verschiedenartigen persönlichen Motive, die die Männer jener Zeit dazu veranlaßten, Kriegsdienste zu leisten oder sich an Entdeckungsunternehmen zu beteiligen, finden sich bei ihnen allen, gleichgültig, ob sie in Amerika, Flandern, Deutschland oder Italien kämpften, so etwas wie ein Nationalstolz und das Bewußtsein, im Dienste der Krone für ihr Land und zumeist auch für ihren Glauben zu kämpfen. Mit vollem Recht hat Mario Góngora[5] darauf hingewiesen, daß die Konquistadoren aus diesem Bewußtsein heraus ein Anrecht auf Belohnung durch die Krone ableiten zu können glaubten und daß diese von der Krone gesetzlich anerkannte Anwartschaft auf Belohnung im Prozeß der Kolonisation von erheblicher politischer und sozialer Bedeutung war, weil durch die Bevorzugung dieses Personenkreises bei der Vergabe von *Encomiendas*, Ämtern und Würden eine *de jure* privilegierte Schicht entstand, die einen gesellschaftlich prägenden Einfluß ausüben, aber auch den Kern einer Opposition gegen das Mutterland bilden sollte, als sie sich in ihren Erwartungen enttäuscht sah"[6].

Dabei war im Prinzip die Bindung des Konquistaführers an die Krone öffentlich-rechtlicher Natur, während die des einfachen Konquistateilnehmers an seinen Anführer privatrechtlicher Natur war. Das Entgelt des Generalkapitäns war rechtsgültig festgelegt und bestand bei Erfolg sowohl in Würden, so-

---

[5] Mario Góngora: Studies in the Colonial History of Spanish America. Cambridge u. a. 1975 (Cambridge Latin American Studies. 20), S. 21 ff. (Anm. Pietschmann).

[6] Horst Pietschmann: Staat und staatliche Entwicklung am Beginn der spanischen Kolonisation Amerikas. Münster 1980, S. 28–29.

zialer Statuserhebung wie in materiellen Werten, während das des einfachen Konquistadors weniger scharf definiert war und auf jeden Fall in Beuteanteilen, nicht in Sold, bestand. So sehr dieses System eine auf den unbedingten Erfolg eines Konquista-Unternehmens gerichtete Motivation bei allen Teilnehmern hervorzubringen vermochte, so sehr trug es doch auch zur internen Intrige – um Konkurrenten vom Beuteanteil fernzuhalten –, zum Vertragsbruch gegenüber Indio-Kaziken, zu vielfachen Formen des Verlusts an Anstand, zu Äußerungen der brutalen Habgier und des Beuteneids innerhalb einer Konquista-Truppe bei. Und es barg in sich bereits den Keim für spätere Konflikte aller Art mit der Krone: denn die Einbindung des Konquistadors in ein sozusagen privatwirtschaftlich geführtes Gewinnmaximierungsunternehmen, für das er sein Leben aufs Spiel setzte, führte seine Interessen oftmals weg von den eigentlichen Interessen der Krone und des von ihr vertretenen, im Entstehen befindlichen frühmodernen Staates, dem es um den Aufbau eines möglichst homogenen Untertanenverbandes, um die Einrichtung von kontinuierlicher Herrschaft und staatlicher Ordnung in- Übersee ging (vgl. zum Konfliktpotential, das die Konquista-Unternehmen schufen, Dok. 88–90 sowie Bd. 3, Kap. V).

Die spanische Konquista war die dominierende Form des Herrschaftserwerbs in Übersee im jeweiligen Auftrag der Krone während der ersten sieben Jahrzehnte des 16. Jahrhunderts. Sie hat dem spanischen Reich die Neue Welt von Mexiko und Florida bis Patagonien in großen Zügen – mit Ausnahme Brasiliens – unterworfen. Ihre Begleitumstände – und das ist der dritte wesentliche Tatbestand, den man kennen muß, um sie überhaupt verstehen zu können – waren dabei sowohl Ergebnis der Mentalität der Zeit wie des damaligen Standes der europäischen Kriegstechnik wie Auswirkung einer Reihe von spezifischen Faktoren, die im einzelnen erläutert werden müssen. Diese Begleitumstände lassen sich, auf ihren Kern reduziert, etwa folgendermaßen zusammenfassen:

Ein oft entscheidender Faktor spanischer Überlegenheit in der Neuen Welt war der Schock des Auftretens von bärtigen und fremdartig gekleideten und bewaffneten Weißen überhaupt, zu dem sich ein die einheimische Handlungsfähigkeit lähmendes Trauma gesellte, wie bei den Azteken (Rückkehr des strafenden Gottes Quetzalcóatl) oder bei den Inkas der Region von Cuzco (Rückkehr der „viracochas", der Abgesandten des Gottes vom Pazifik her). Dieser psychische Schock war bei den wenigen Völkern einer hohen Kulturstufe stärker als bei staatlich kaum organisierten Völkern, etwa auf den Antillen oder in den riesigen Tiefebenen des Orinoco oder Amazonas. In allen Fällen waren die weißen Eroberer bei ihren Kämpfen mit der Urbevölkerung, wie immer diese organisiert war, zahlenmäßig erheblich unterlegen, was zu einer festen Geschlossenheit unter ihnen führte, oftmals auch den Mut der Verzweiflung bewirkte und rasche Entscheidungen und unvermutetes Verändern des Verhaltens jederzeit ermöglichte.

Die Waffen der Spanier lösten oft ebenso Entsetzen aus wie ihr Auftreten

selber, sie kamen deutlich sichtbar und spürbar aus einer technisch weit fortge-
schritteneren Zivilisation. Die wirksamste spanische Waffe war die Armbrust,
deren Geschoß die gewöhnlich leichte indianische Schutzpanzerung durchschlug. Stahl und Eisen der spanischen Lanzen und Schwerter waren dem entsprechenden indianischen Kriegsmaterial hoch überlegen. Der Gebrauch von
Hakenbüchsen (Arkebusen) und Kanonen dagegen hatte beim Auslösen des
Schusses durch Blitz und Donner zwar einen starken Effekt – nämlich eine
Terrorwirkung (vgl. auch Dok. 53 a) –, aber die Geschosse selbst waren häufig
wirkungslos, überdies wurde Pulver in tropischen Gegenden rasch feucht, was
das entsprechende Kriegsgerät als solches unbrauchbar machte. Eine indianische Gegenwaffe, die den Spaniern schwere Verluste zufügte und die bei ihnen sehr gefürchtet war, bestand alles in allem eigentlich nur in den vergifteten
Pfeilen und Blasrohrkugeln der primitiven Bevölkerungen zwischen Darién
und Guayana, die die Spanier in der Tat teilweise bis ins 18. Jahrhundert nicht
unterwerfen konnten.

Einen weiteren wichtigen Faktor der spanischen Überlegenheit stellten die
in der Neuen Welt unbekannten Pferde dar. Wurde eine ausgebildete Reiterei
gegen indianische Heere in offener Feldschlacht eingesetzt – wie etwa von Alvarado –, konnte sie Kriegshaufen von vielen tausend Mann zersprengen und
teilweise niederreiten. Eine ebenso starke oder stärkere Wirkung hatten die
spanischen Bluthunde, die in mächtigen Meuten jeden Konquistadorenzug
begleiteten. Ihnen dürften allein in Mittelamerika bei den Zügen des Balboa
und Alvarado Zehntausende von Indios zum Opfer gefallen sein. Chronisten
berichten, daß es Hunde gegeben habe, die freundliche von feindlichen Indios
hätten unterscheiden können: feindliche hätten sie auf der Stelle zerrissen.

Die Spanier zeichneten sich in ihren Kämpfen durch rasche Entschlußkraft,
genau kalkulierten Einsatz der einen oder anderen Waffe und durch Ausnutzen aller sich bietenden taktischen Vorteile vor den Indianern aus. Eine oft von
ihnen geübte Technik der Schwächung des Gegners war das Ergreifen und
Gefangensetzen oder Töten der indianischen Kaziken oder ihrer Frauen und
Kinder im Verlauf einer Überraschungsaktion. Oft überfielen sie Siedlungen
im allerersten Morgengrauen, bevor die Bevölkerung eigentlich wach war, oft
benutzten sie nach außen freundschaftlich geführte Gespräche und Verhandlungen nur zu dem Zweck, das gegnerische Führungspersonal in die Hand zu
bekommen. Eine ebenso häufig geübte Technik war das Kidnappen von Indianern, die mit allen Mitteln dazu gebracht wurden, als Führer in einem unbekannten Gelände zu dienen und den Weg zur nächsten Ansiedlung zu zeigen.

Der stärkste Faktor der spanischen Überlegenheit lag jedoch auf der indianischen Seite selbst; er ist erst in den letzten Jahrzehnten in aller Deutlichkeit
herausgearbeitet worden: Dieser Faktor bestand in dem Umstand, daß die
Spanier fast ausnahmslos bei ihren „entradas" mit der Unterstützung zahlreicher und häufig fanatisch kämpfender Hilfsvölker rechnen durften. Mitunter
waren entsprechende Bündnisse erzwungen oder durch Geiselnahme regelrecht erpreßt. Doch in den meisten Fällen waren sie freiwillig zustande ge-

kommen, wenn die Indios auch die Ergebnisse ihrer Komplizenschaft nicht
abzusehen vermochten. Einheimische Ethnien begleiteten die spanischen
Konquistadoren bei beinahe allen ihren Zügen, sie sorgten für den Lebensmit-
telnachschub, zogen die Kanonen, leisteten Kundschafter-, Führer- und Trä-
gerdienste und kämpften in den Schlachten oft erbitterter als die Spanier, etwa
die Tlaxcalesen bei der Einnahme von Tenochtitlán oder die Huancas in Mittelperu als Bundesgenossen des Pizarro gegen die Inkas (vgl. Dok. 90). Letzten
Endes haben erst einheimische Ethnien, die untereinander heftige Feindschaf-
ten pflogen und die Spanier als Instrument bei der Verwirklichung ihrer eigenen Zielsetzungen zu benutzen versuchten, die spanische Konquista Süd- und
Mittelamerikas ermöglicht. Zunächst Partner bei den spanischen Unternehmungen, wurden sie erst in der Kolonialzeit Untertanen zweiter Ordnung,
mitunter allerdings wesentlich besser gestellt als die besiegten Völkerschaften.
So blieben etwa die Huancas in Peru frei von der drückenden und gefürchteten „mita" (vgl. Bd. 5, Dok. 38), und die Bewohner von Tlaxcala erhielten von
Cortés ebenfalls bleibende Privilegien für ihre Dienste.

Der Vorgang der Durchdringung und Eroberung Süd- und Mittelamerikas
durch die Konquistadoren selbst vollzog sich in mehreren Schüben, die von
verschiedenen Seiten her ansetzten. Dreh- und Angelpunkt aller frühen Vorstöße war Panamá-Stadt. Von dort aus wurden das westliche Panamá, Costa-
rica und Nicaragua sowie Teile von Honduras, Guatemala und El Salvador
vor allem durch Morales, Meneses, Badajoz, Espinosa, Gil Gonzáles Ávila,
Córdoba und Estete durchzogen und erobert. Diese Konquista Mittelamerikas ging im Auftrag und unter der Kontrolle des Pedrarias Dávila (auch Pedro
Arias de Ávila) vor sich, der 1514 Balboa als Statthalter von Goldkastilien
nachgefolgt war. Sie begegnete um 1525 der von Norden, von Mexiko, her
vorgetragenen Konquista vor allem durch Alvarado (vgl. Dok. 73) und Cortés.

Von Panamá-Stadt aus setzte auch das später am berühmtesten gewordene
Unternehmen der Konquista an: die Eroberung des Inka-Reiches im Süden.
Anders als bei den meisten Konquistadorenzügen dieser Zeit stand am Beginn
des Peru-Unternehmens ein regelrechtes Entdeckersyndikat von drei Perso-
nen, das eine klare Aufgabentrennung hinsichtlich der Bewältigung der bevor-
stehenden Probleme vornahm und 1526 in einem förmlichen Vertrag festlegte:
Partner waren Francisco Pizarro, Diego de Almagro und Hernando de Luque
(Dok. 77).

Von diesen dreien war nur einer – de Luque, Koadjutor der Kathedralkir-
che von Panamá-Stadt – ein in der Entdeckungsgeschichte Amerikas bis dahin
unbeschriebenes Blatt. Francisco Pizarro dagegen hatte reiche Erfahrungen
erworben, seit er die Neue Welt betreten hatte. In Estremadura zwischen 1475
und 1478 als illegitimer Sohn eines Adligen geboren, war er 1509 als Soldat
nach La Española gekommen und hatte sich dort unverzüglich der Expedition
Ojedas angeschlossen, in deren Verlauf Ende 1509 die erste spanische Ansiedlung in Südamerika – San Sebastián in der Nähe des heutigen Cartagena – gegründet worden war. Von Ojeda noch zum Hauptmann befördert, schloß er

sich 1510 mit den wenigen Überlebenden des San Sebastián-Unternehmens Balboa an und war 1513 an der Überquerung des Isthmus von Darién und an der Auffindung des Pazifik beteiligt. Danach diente er als Soldat dem neuen Statthalter Pedrarias Dávila, genau wie Diego de Almagro, der 1514 mit diesem nach Darién gekommen war.

Ausschlaggebend für das Interesse des Entdeckersyndikats an einer Konquista im Süden dürfte die Kunde von der Eroberung des Aztekenreiches durch Cortés und vor allem von der dabei angefallenen beträchtlichen Beute gewesen sein. Spärliche Nachrichten über Peru waren schon in Darién – auf beiden Seiten des Isthmus – zu den Spaniern gedrungen, später auch in Panamá-Stadt, und 1522/23 hatte Andagoya, wie bereits erwähnt, von einer Südfahrt an der pazifischen Küste entlang erste genauere Angaben über das Inkareich zurückgebracht. 1524/25 unternahm Pizarro selbst einen Vorstoß per Schiff nach Süden, der aber ganz erfolglos blieb. Die 1526 von Hernando de Luque in das Unternehmen eingebrachten Gelder ermöglichten 1526–1528 eine zweite Expedition, die bis zur Mündung des Santa-Flusses auf 9° s. Br. kam. Immerhin traf man in der Inka-Grenzgarnison Tumbes jenen sagenhaften Reichtum an verarbeiteten Edelmetallen an, den man erträumt hatte. Aus Tumbes erfuhr auch der damals regierende Inka Huayna Capac zum ersten Mal Genaueres über die bärtigen weißen Menschen, die auf Schiffen vom Westen gekommen waren (Dok. 78).

In Panamá-Stadt verweigerte indessen der Gouverneur die Unterstützung eines großangelegten Konquista-Unternehmens, um seine eigene Provinz nicht entvölkert zu sehen. So trug Pizarro den Plan einer Eroberung des Inkareiches 1529 Karl V. in Spanien selbst vor und erhielt in der Tat eine entsprechende Ermächtigung des Indienrats, ein Gebiet von 200 Leguas[7] selbständig zu erobern, samt Vorwegernennung zum Gouverneur der gedachten neuen Provinz und zahlreichen anderen Ehrungen; Almagro sollte Gouverneur von Tumbes und de Luque Bischof eben dieser Stadt und Region werden. Damit waren die Voraussetzungen für ein von der Provinzzentrale Panamá unabhängiges Handeln des Entdeckersyndikats geschaffen. Im Januar 1531 brach Pizarro gutausgerüstet mit etwa 200 Mann und 37 Pferden zu seinem Feldzug auf: Gemessen an den Ressourcen des Inkareiches war das eine Streitmacht, die bei weitem hinter der des Cortés vom Jahre 1519 zurückstand.

Das Inkareich erstreckte sich damals von etwa 1° n. Br. über eine Strecke von rd. 4000 km bis auf 35° s. Br., d.h. etwa von Quito in Ekuador bis in die Gegend des heutigen Valdivia in Chile. Es nannte sich „Tahuantinsuyu", „Reich der vier Weltgegenden". Wie das Aztekenimperium war es erst im 15.Jahrhundert durch militärische Expansion vom Zentrum Cuzco aus zum Großreich geworden, es beherrschte fast den gesamten Andenraum in Südamerika. Im Grunde besaß es ähnliche Schwächen wie das Reich Moctezumas: Es hielt durch militärische Macht über hundert verschiedene Ethnien zu-

---

[7] Eine spanische Legua entsprach 5924 m.

sammen, die von ihrem eigenen Selbstverständnis her überwiegend von Cuzco abzudriften trachteten, überdies teilweise in einem Rivalitäts- oder Feindschaftsverhältnis untereinander standen. Die herrschende Inkakaste begegnete dieser zentrifugalen Bewegung u. a. durch planmäßige Umsiedlung der Bevölkerungen, durch Anlage eines für damalige Verhältnisse perfekt ausgebauten Straßennetzes und Versorgungssystems und durch wohlabgewogene Präsenz ihrer Streitkräfte in der Provinz. Doch konnte das Reich um 1530 nicht als konsolidiert angesehen werden, falls ein Reich von solchem Umfang überhaupt mit damaligen Mitteln auf Dauer beherrscht werden konnte, was man bezweifeln darf (vgl. Bd. 1, Dok. 58–61).

An der Spitze des Reiches stand ein gottähnlich verehrter Kaiser, der als unmittelbarer Abkömmling der Sonne galt und – wenigstens in der Person des Inka Huayna Capac – als oberster Priester fungierte. Sonderbarerweise kannten die Inkas ein ähnliches Trauma wie die Azteken: Nach der Überlieferung sollten unter dem zwölften herrschenden Inka unbekannte Männer das Reich erobern und zerstören; darüber hinaus erwartete man zu dieser Zeit die Rückkehr des Gottes Viracocha vom Meer im Westen her. Der elfte Herrscher in unmittelbarer Reihenfolge war Huayna Capac gewesen, der um 1527 gestorben war. Nach dem Chronisten Garcilaso de la Vega hatte er sein Reich, abweichend von der Regel, zweien seiner Söhne geteilt hinterlassen, was jedoch von der neueren Forschung in Frage gestellt wird: Jedenfalls erhielt offenbar Huascar das Kernreich mit dem alten Zentrum Cuzco, sein jüngerer Bruder Atahualpa das Gebiet im Norden mit dem Zentrum Quito. Da Huascar im Bewußtsein der unteilbaren Majestät der Inkaherrscher nicht bereit war, diese Regelung zu akzeptieren, entstand ein erbitterter Bürgerkrieg zwischen den beiden Erben und ihren Anhängern, der gerade zu Gunsten Atahualpas entschieden schien, als Pizarro mit seiner kleinen Streitmacht – Almagro war zunächst in Panamá zurückgeblieben, um Nachschubprobleme zu lösen – auf das Inkareich vorzurücken begann.

Der Vormarsch der Spanier gestaltete sich anfangs recht schwierig, da zu Fuß und zu Pferd an der Tropenküste von Ekuador nur mühsam vorwärtszukommen war (Dok. 79). Pizarro war zu diesem Zeitpunkt über die Vorgänge in Peru dank seines Dolmetschers, des Indios Felipillo, so weit orientiert, daß er sich ein Bild von der Lage zu machen vermochte. Als er erfuhr, daß sich Atahualpa vom Norden her im Anmarsch auf Cuzco befand und in den Bergen von Cajamarca Lager bezogen hatte, setzte er alles auf eine Karte und rückte in Gewaltmärschen ebenfalls auf Cajamarca vor (Dok. 80). Dort traf er, wie er es sich vorgestellt hatte, mit Atahualpa zusammen.

Man mag sich fragen, warum es der Inkaherrscher überhaupt so weit kommen ließ. Eine befriedigende Antwort auf diese Frage ist bisher nicht gefunden worden: Vermutungen gehen sowohl dahin, daß Atahualpa sich für seine weiteren Kämpfe mit der Cuzco-Partei eines zusätzlichen Verbündeten versichern wollte, zumal sich verschiedene Ethnien – wie die Cañares – ihrerseits Pizarro bereits als Verbündete gegen den Inka angeboten hatten, wie dahin, daß Atahualpa die Handvoll eingedrungener Spanier überhaupt nicht als Gefahr erkannte. Wie dem auch sei: In einem waghalsigen Handstreich nahm Pizarro am 16. November 1532 den Inkaherrscher gefangen (Dok. 81) und erpreßte von ihm in den folgenden acht Monaten den größten Goldschatz, von dem wir in der jüngeren Geschichte verläßlich Zeugnis haben. Es ist errechnet worden, daß er einen Raum von 88 Kubikmetern füllte (Dok. 82).

Daß Pizarro den Inkaherrscher trotz des eingegangenen Lösegeldes 1533 nach einem Scheinprozeß ermorden ließ, ist von den meisten seiner spanischen Zeitgenossen verurteilt worden: Erst nach 1550 begannen einzelne Chronisten (Gómara, Herrera) eine Uminterpretation der Geschehnisse mit Ansätzen zu einer Rechtfertigung des Konquistadors zu verbinden. Dessen eigentliche Aufgabe stand nach dem Königsmord noch bevor: Er mußte versuchen, das Land unter seine Kontrolle zu bringen. Zu diesem Zweck besetzte er, begleitet von inzwischen stark angewachsenen Hilfsvölkern und überdies von den Gegnern Atahualpas als Befreier und Abgesandter der Götter *(viracochas)* begrüßt, im November 1533 die heilige Stadt Cuzco (Dok. 83). Dort ließ er einen Halbbruder Huascars, Manco Inka, zum neuen Inkakaiser unter der Oberhoheit Karls V. bzw. seines Gobernadors Pizarro wählen: Dieser Akt verschaffte dem spanischen Konquistador eine reale Machtbasis, die ihm dazu diente, in den folgenden Jahren durch Unterführer die Reste des Inkareiches erobern und besetzen zu lassen.

Im Verlauf dieser Unternehmungen eroberte Sebastián de Benalcázar (auch: Belalcázar) Ekuador, das Land Atahualpas, unterstützt vom Stamm der Cañares. Dort stieß u. a. Pedro de Alvarado mit Truppen zu ihm, um sich an der inzwischen in der ganzen Alten und Neuen Welt als Sensation empfundenen Konquista Perus zu beteiligen und besonders an der üppigen Beute einen Anteil zu sichern. Es gelang jedoch Benalcázar und vor allen Dingen etwas später Almagro, den berüchtigten Rivalen kampflos dazu zu bewegen, in sein Generalkapitanat Guatemala zurückzukehren. Fast gleichzeitig wurde Diego de Almagro, der Kampfgefährte Pizarros, der ungeachtet des Entdeckervertrags von Panamá in Peru zu kurz gekommen war, von der spanischen Krone dazu ermächtigt, südlich von Pizarros Gebiet eine eigene Statthalterschaft zu erobern. Er durchzog 1535–1537 das Hochland von Bolivien, die Atacama-Wüste in Chile und kam bis 30° s. Br., d. h. fast bis an die Grenzen des Inkareiches zur Zeit seiner größten Ausdehnung. Da er aber keine Hochkultur antraf, die ihm einer Statthalterschaft wert erschien, kehrte er nach Peru zurück. Dort war inzwischen eine großangelegte Erhebung unter Führung des Hohenpriesters und des Inka Manco gegen Pizarro in Gang gekommen, die zum Auftakt zweier Jahrzehnte innerer Kämpfe und regelrechter Bürgerkriege in Peru wurde. In diesen Wirren kamen sowohl Almagro wie Pizarro samt zahlreichen anderen Konquistadoren der ersten Stunde um. 1544–1548 riß einer der Brüder Pizarros, Gonzalo Pizarro, die Macht an sich und sagte sich sogar von Spanien los.

In der Zwischenzeit setzte sich – gewissermaßen an der Peripherie des In-

kareiches – die spanische Durchdringung und Eroberung Südamerikas fort.
Benalcázar zog 1538 von Ekuador aus nach Norden und gelangte in das Land
der Chibchas, die von der Expansion des Inkareiches nie erfaßt worden waren
(vgl. Bd. 1, Dok. 62). Dic Chibchas, politisch in ncun Staatswcscn zcrsplittcrt,
besaßen eine der Inka- und Azteken-Kultur vergleichbare handwerklich wie
künstlerisch hochentwickelte Technik der Goldverarbeitung und entsprechende Golderzeugnisse, so daß die Spanier reiche Beute machten. Im Hochland
von Kolumbien stießen im übrigen mehrere Konquistadorenzüge aufeinander: Seit 1536 war Gonzalo Jiménez de Quesada den Río Magdalena vom Karibischen Meer her aufwärts gezogen, hatte die Chibcha-Staaten geplündert
und war 1538 auf Benalcázar gestoßen; kurz darauf traf Nicolaus Federmann,
Vertreter des Augsburger Handelshauses der Welser, vom Stützpunkt Coro in
Venezuela her ein. Die drei Konquistadoren, mit ihren Begleitmannschaften
jeweils etwa gleich stark, einigten sich nach einigem Hin und Her darauf, der
spanischen Krone die Entscheidung darüber zu überlassen, wem das besetzte
Land zufallen solle: Wir haben hier einen der seltenen Fälle einer friedfertigen
Lösung von Konquistadorenproblemen vor uns. Benalcázar, Quesada und Federmann gründeten zusammen im April 1539 die heutige kolumbianische
Hauptstadt Santa Fé de Bogotá und zogen anschließend zu ihren Ausgangs-
basen zurück, wobei sie z. T. riesige Landstriche im nördlichen Südamerika
erkundeten. Ein Zeugnis dieses typischen Konquistadoren-Alltags ist der in
Dok. 84 wiedergegebene Bericht Federmanns über seine bereits im Jahr 1530
durchgeführte Expedition in Venezuela mit dem Ziel der Auffindung des sagenhaften Goldlandes Omagua.

Während so allmählich der nördlich des Amazonas gelegene Teil Südamerikas einschließlich weiter Teile des Orinoco-Einzugsgebietes in groben Umrissen bekannt wurde, blieb das riesige Tiefland des Amazonas so gut wie unbekannt und unerforscht, mit einer Ausnahme: 1539–1541 war Gonzalo Pizarro
auf der Suche nach dem „Zimtland" – mehr oder weniger einem Synonym für
„El Dorado" – nach Überquerung der gesamten Andenkette von Quito aus
zum Río Napo gelangt, einem der Zuflüsse des Amazonas. Er hatte seinen
Hauptmann Francisco de Orellana mit einer kleinen Gruppe von Leuten zur
Requirierung von Proviant flußabwärts vorausgeschickt. Doch anstatt zurückzukehren, fuhr Orellana 1541/42 im Verlauf von acht Monaten den Amazonas bis zur Mündung hinab. Dabei kam es zu jener denkwürdigen kriegerischen Begegnung mit kampferprobten hellhäutigen Indianerinnen (Dok. 85),
nach denen der Strom später seinen Namen erhielt. Orellana hat auf diese
Weise als erster Europäer ganz Südamerika durchquert. Bei einer später
stromaufwärts unternommenen Suche nach El Dorado ist er verschollen, man
hat 1546 zum letzten Mal von ihm gehört.

Merkwürdigerweise haben sich die Portugiesen in der ersten Hälfte des
16. Jahrhunderts bei der Durchdringung und Eroberung Südamerikas viel zu-
rückhaltender gezeigt als die Spanier. Der erste und eigentlich einzige den
spanischen Konquista-Unternehmen vergleichbare Zug fand um 1522 statt

und wurde von Alejo García durchgeführt. García erreichte damals von São Vicente von Osten her mit etwa 2000 Mann Guaraní-Hilfstruppen nach Überschreiten des oberen Paraná und des Paraguay den Gran Chaco. Er durchzog ihn bis zu den Anden, an die er bei Tamina in der Provinz Charcas gelangte und stieß noch bis Taracubo vor, womit er bereits in die Nähe des später so berühmten Silberbergs von Potosí gelangte. Erst dort hielten ihn die Truppen des damals noch herrschenden Inkakaisers Huayna Capac auf und drängten ihn zurück. García soll bedeutende Schätze an Silber und Kupfer erbeutet haben. Unmittelbare Folgeunternehmungen sind nach den spärlichen uns zur Verfügung stehenden Informationen dann am Widerstand der Guaranís gescheitert, die damals weite Teile des Gran Chaco und des brasilianischen Hochlandes zur Atlantikküste hin als Siedler besetzt hielten.

Dennoch gab es im Verlauf des 16. Jahrhunderts zahllose kleinere Züge in das Innere Brasiliens südlich des Amazonas auf der Suche nach Gold und Edelsteinen, wobei reiche Vorkommen von grünen Turmalinen, aber auch gelegentlich von Gold, gefunden wurden. Die eigentlichen Entdecker und Durchdringer Brasiliens sind aber nicht die Portugiesen, sondern die Brasilianer selber gewesen: In der Hauptsache die sogenannten Paulistas, im Land geborene Weiße und vor allem Mischlinge portugiesischer Sprache und Kultur. Sie haben im 17. und 18. Jahrhundert auf Sklavenjagden das brasilianische Hinterland weitgehend erkundet, ganz in der Art der französischen Waldläufer etwa derselben Zeit.

Im Bereich des Río de la Plata dagegen betrieben die Spanier die Konquista genau wie sonst überall in Südamerika, wobei die Suche nach Silber die Haupttriebkraft war. Bereits 1526 stieß von hier aus Sebastiano Caboto, der Sohn Giovanni Cabotos, ins Landesinnere vor. Er brach dabei die dritte von der Krone angeordnete Molukkenfahrt via Magalhães-Straße ab, die ihn auch nach Ophir, Ost-Cathay und Zipangu hätte führen sollen. Als er an der argentinischen Küste von einem Berg im Westen hörte, der angeblich aus massivem Silber war (zweifellos handelte es sich um den Berg von Potosí) und von einem dort herrschenden „weißen König" (vermutlich dem Inkakaiser), fuhr er mit zwei Schiffen den Paraná und Paraguay aufwärts bis in die Gegend des heutigen Asunción, wo er allerdings von kriegerischen Indianern zur Umkehr gezwungen wurde. Eine 1528 mit dem speziellen Ziel der Eroberung des La Plata-Gebiets unter Diego García eingetroffene Expedition setzte mit Caboto zusammen bis Ende 1529 die Konquista fort, allerdings ohne nennenswerten Erfolg und ohne Beute.

Cabotos Berichte führten indessen in Spanien zu einer genaueren Kenntnis der La Plata-Region. Ihr unmittelbares Ergebnis war die umfangreiche Expedition des ersten Gouverneurs, Pedro de Mendoza, 1534/35, der mit zwölf Schiffen und mehreren tausend Mann das heutige Argentinien anlief und 1536 Buenos Aires gründete, das einige Jahre später allerdings wieder einging und von Peru aus 1580 wiedergegründet werden mußte. Mendoza setzte die Erschließung vor allem des heutigen Paraguay fort. Im Zuge dieser Konquista

wurde 1536 oder 1537 von Juan de Ayolas Asunción gegründet, das in der
Folge zum Mittelpunkt der weiteren spanischen Vorstöße in Richtung Gran
Chaco und Anden wurde. Dabei erfuhren die Konquistadoren – inzwischen
auf der Suche nach dem im Norden und Westen vermuteten El Dorado und
Paitití – immer wieder vom Inkareich und seinen Schätzen, auch bereits von
bärtigen weißen Menschen, die dort aufgetaucht waren, was sie immer wieder
von neuem zu den entbehrungsreichsten Märschen anspornte.

Beim Versuch eines direkten Anschlusses an die spanische Konquista im
mittleren Peru gelangte 1543 Álvar Núñez Cabeza de Vaca, der erste Europäer, der 1528–1536 Nordamerika durchquert hatte, nunmehr als Gouverneur und Nachfolger Mendozas genau wie zwei Jahrzehnte vor ihm Alejo
García bis in die Nähe des Silberbergs von Potosí. Aus politischen Gründen
zur Umkehr gezwungen, sandte er seinen Hauptmann Hernando de Ribera
den Paraguay weiter aufwärts in das Land der Xarayes-Indianer, von wo dieser 1544 mit neuen Nachrichten über das Silberland zurückkam, die er 1545
feierlich vor Zeugen zu Protokoll gab (Dok. 86). Die direkte Verbindung zwischen der argentinischen und der peruanischen Konquista kam 1549 zustande.
An diesem Zug von Asunción aus nahm auch der Straubinger Landsknecht
Ulrich Schmidl teil, der in seinem später verfaßten Bericht – der als eine der
drei wichtigsten Quellen der frühen Geschichte des La Plata-Raums gilt[8] –
ungeniert seine Sympathien für den im Jahr zuvor hingerichteten selbst-
ernannten Caudillo Perus, Gonzalo Pizarro, bekundet: Er und seine Kameraden hätten in dessen Lage genauso gehandelt, sie „hetten den [vom Kaiser
eingesetzten] Gubernator [Pedro de la Gasca] zum Land hinaus trieben"
(Dok. 87).

Das letzte große Unternehmen der spanischen Konquistadorenzeit schloß
an die chilenische Expedition Almagros an und wurde von Pedro de Valdivia
durchgeführt, einem erfahrenen Soldaten, der schon in Italien gedient hatte,
bevor er 1537 zu den Pizarros in Peru gestoßen war. Valdivia drang ab 1540
wiederum nach Chile vor, wo er es vom Fluß Bio-Bio an mit dem außerordentlich kriegerischen Stamm der Araukaner zu tun bekam, der sehr rasch mit
Pferden umzugehen lernte und mit zum schwierigsten Gegner wurde, auf den
die Spanier jemals stießen. Chile besaß damals reiche Gold- und Kupfermi-
nen, und die Beute der Konquistadoren war beträchtlich. Valdivia nutzte 1548
die Gelegenheit, zugunsten des von Karl V. ernannten Geheimbevollmächtigten zur Beilegung der Konquistadorenrevolte in Peru unter Führung des Gonzalo Pizarro, Pedro de la Gasca (seine offizielle Funktion war nach außen nur
die eines „presidente de la Audiencia de Lima"), einzugreifen. Er schlug Gonzalo Pizarro in der entscheidenden Schlacht und ließ ihn gefangennehmen,

---

[8] Die beiden anderen Hauptquellen sind die „Comentarios" des zweiten Gouverneurs der Provinz „Río de la Plata", Álvar Núñez Cabeza de Vaca (Erstausgabe Valladolid 1555) und die
„Wahrhaftig' Historia vnd beschreibung eyner Landtschafft der Wilden" (Erstausgabe Marburg
1557) des Hans Staden aus Homburg bei Kassel, der einige Jahre als Gefangener unter Eingeborenen verbrachte.

was kurz danach zu dessen Hinrichtung führte. Valdivia wurde im Anschluß
an seinen für die kaiserliche Partei erfochtenen Sieg zum Statthalter von Chile
ernannt und kehrte anschließend dorthin zurück (Dok. 88). Er führte einen
gnadenlosen Krieg und rühmte sich später, jedem die Nase abgeschnitten zu
haben, der sich ihm nach der Proklamation des Requerimiento (vgl. Bd. 3,
Dok. 96 a–c) widersetzt habe. Mit Blick für die Gunst der topographischen
Lage gründete er mehrere Städte, u. a. Valparaiso und Santiago, und gedachte
nach und nach das ganze Land bis zur Magalhães-Straße zu kolonisieren.
Ende 1553 geriet er im Verlauf eines Aufstands in die Gefangenschaft der
Araukaner und starb nach grausamen Folterungen. Der Krieg der Spanier
gegen dieses Indianervolk überdauerte im übrigen die ganze Kolonialzeit: Er
ging erst im 19. Jahrhundert mit der Niederlage der Araukaner zu Ende.

Im Bewußtsein der Zeit war die Eroberung des Inkareiches das ganz her-
ausragende und alle übrigen Unternehmungen der Durchdringung Südamerikas in den Schatten stellende Ereignis gewesen. Es war in seiner historischen
Tragweite in der Tat sicher auch der bedeutendste Vorgang der Konquista:
Das spätere Vizekönigreich Peru wurde zum größten, kulturell blühendsten
und angesehensten Überseereich der spanischen Krone und bewahrte diesen
Rang bis in die Zeit der Unabhängigkeitskriege im 19. Jahrhundert.

Daß im Verlauf der spanischen Durchdringung und Eroberung Südameri-
kas nicht jeder der Konquistadoren zufriedengestellt werden konnte, war
kaum zu vermeiden gewesen und wurde sogar zur Regel. Trotzdem genossen
die Leute der ersten Stunde häufig erhebliche Vorteile und Privilegien, in allen
Fällen auf Kosten einer ausgebeuteten oder versklavten Indianerbevölkerung.
So führten bereits die königlichen Indianerschutzgesetze von 1542 (vgl. Bd. 5,
Dok. 40) zu starker Unruhe unter den spanischen Eroberern in Peru, und die
Unruhe wuchs, als gleichzeitig eine vom Indienrat in Spanien bestellte Ziviladministration ihre Arbeit aufzunehmen begann. Die Bürgerkriege der vierziger, fünfziger und sechziger Jahre in Peru – auch in Asunción herrschten ähnliche Wirren – sind wesentlich auf den Gegensatz zwischen einer kriegsge-
wohnten, wenig zimperlichen Soldateska, die die Konquista unter Lebensge-
fahr durchgeführt hatte, und einer die überzogenen Ansprüche dieser Eroberer und ihre Übergriffe gegen die Bevölkerung beschneidenden Verwaltung, die rechtskonform zu handeln versuchte, zurückzuführen. Auch nach
dem endgültigen Sieg der kolonialspanischen Ziviladministration gegen örtliche Usurpatoren und Caudillos blieben alternde Konquistadoren, die sich keinen bleibenden Anteil an der Konquista-Beute zu sichern gewußt hatten und
verarmten, eine ständige Gefahr für den öffentlichen Frieden und insgesamt
ein Unruheherd im Land. Unter diesen Umständen wurden mehr als einmal
neue Konquista-Unternehmen in Gang gesetzt, die neben einem offen genannten Ziel noch einen unausgesprochenen Zweck hatten, nämlich den, unruhige Elemente aus dem Land abzuschieben: Die Expedition Coronados zu
den Sieben Städten von Cíbola und nach Quivira (vgl. Dok. 75) gehörte dazu
ebenso wie das Unternehmen des Pedro de Ursúa und Aguirre 1559–1561

(Dok. 89); de Ursúa wurde sogar amtlich mit dem Titel eines „gobernador y capitán general del Dorado" ausgestattet; und die erste Fahrt des Mendaña vom peruanischen Hafen Callao 1567 zur angeblichen Terra australis aurifera gehörte in keine andere Kategorie (vgl. Dok. 105).

Die Beruhigung der Lage nach den Bürgerkriegen in Peru führte aber auch zu ersten Demonstrationen des Selbstbewußtseins der autochthonen Bevölkerung, die sich in das kolonialspanische System zu integrieren begann und teilweise allmählich die ihr von den Kolonialherren gewährten Rechte in Anspruch zu nehmen versuchte. Die „informaciones", d.h. die Aussageprotokolle der indianischen Kaziken der Konquista-Zeit, die aus den Jahren 1560–1583 stammen und auf petitionsähnliche Versuche, indianische Verdienste an der spanischen Eroberung Perus nachträglich geltend zu machen, hinauslaufen, die erst vor kurzem aufgefunden und ausgewertet wurden, bilden eine der wertvollsten Quellen für die Erforschung eines Aspekts des Untergangs des Inkareiches, der bislang kaum beachtet worden war; so sehr nämlich die Durchdringung und Eroberung Südamerikas durch die Konquistadoren eine ungewöhnlich beeindruckende Leistung gewesen sein mag – ohne die tatkräftige Hilfe einheimischer Völker und Stämme wäre sie nicht durchzuführen gewesen. Diesen neuesten Erkenntnisstand der Geschichtswissenschaft vermittelt der im Zeugenstand abgegebene Bericht des Kaziken Guacrapáucar, der für viele andere steht (Dok. 90). Er macht die in so kurzer Zeit abgeschlossene Konquista Südamerikas eigentlich erst verständlich.

Lit.: Ferdinand Adalbert Junker von Langegg: El Dorado, Geschichte der Entdekkungsreisen nach dem Goldlande El Dorado im 16. und 17. Jahrhundert. Leipzig 1888. Ndr. Graz 1973 – J.A.Zahm: The Quest of El Dorado. New York 1917 – Manuel Domínguez: Eldorado, enigma de la historia américana, era el Perú de los Incas. In: Boletín de la Junta de Historia y Numismática Americana (Academia nacional de la Historia. Buenos Aires). Vol. I (1924), S. 23–33 – Georg Friederici: Der Charakter der Entdeckung und Eroberung Amerikas durch die Europäer. 3 Bde. Stuttgart 1925–1936. Ndr. Osnabrück 1969 – Manuel Ferrandis: El mito del oro en la conquista de América. Valladolid 1933 – F.A.Kirkpatrick: Die spanischen Konquistadoren. Bern-Leipzig-Wien o.J. [ca. 1935]. Ndr. München o.J. (Goldmanns Gelbe Taschenbücher 859) – Julian H.Steward (ed.): Handbook of South American Indians. 7 vols. New York 1963 – Hermann Trimborn: Versunkene Königreiche. Studien zur Völkerkunde und Altertumskunde Nordwest-Kolumbiens (Kulturgeschichtliche Forschungen 2). Braunschweig 1948 – Ders.: Das Alte Amerika (Große Kulturen der Frühzeit N.F.). Stuttgart 1959 – Ders.: Eldorado. Entdecker und Goldsucher in Amerika. München-Wien 1961 – R.Majó Framis: Vidas de los Navegantes, Conquistadores y Colonizadores de los siglos XVI, XVII y XVIII. Madrid 1956–1959. T.II: Conquistadores. 1956. T.III: Colonizadores y Fundadores en Indias. 1959 – Mario Góngora: Los grupos de conquistadores en Tierra Firme (1509–1530). Fisonomia historico-social de un tipo de Conquista. Santiago de Chile 1962 – Lieselotte und Theo Engl: Glanz und Untergang des Inkareiches. München ¹1967, ²1981 – John Hemming: The Conquest of the Incas. New York-London 1970 – Ursula Schlenther: Im Reiche El Dorados. Eine Kulturgeschichte der Indianer in Kolumbien. Leipzig-Jena-Berlin 1971 – Albert Garcia: La découverte et la conquête du Pérou d'après les sources originales. Paris 1975 – Die Eroberung Perus in Augenzeugenberichten. Hg. u. eingel. v. Lieselotte u. Theo Engl. München ¹1975, ²1977 – Marianne Mahn-Lot: La conquête de l'Amérique espagnole (Que sais-je? N° 1584). Paris 1974 – Roberto Levillier: El Paitití, El Dorado y las Amazonas. Buenos Aires 1976 – Victor W. von Hagen: Auf der Suche nach dem Goldenen Mann. Die Geschichte von El Dorado. Reinbek 1977 – Siegfried Huber: Pizarro. Gold, Blut und Visionen. Olten-Freiburg (Br.) 1978 (Erstaufl. Freiburg (Br.) 1962 u. d. T.: Pizarro und seine Brüder) – José Antonio del Busto Duthurburu: Diccionario Histórico Biográfico de los Conquistadores del Perú. 10 vol. Lima 1973 – Ders.: Historia general del Perú: Descubrimiento y conquista. Lima 1978 – Ders.: Francisco Pizarro. El marques gobernador. ²1978 – Edmundo Guillen Guillen: Vision peruana de la conquista (la resistencia incaica a la invasion española). Lima 1979 – Horst Pietschmann: Staat und staatliche Entwicklung am Beginn der spanischen Kolonisation Amerikas. Münster 1980.   Sch

76. Die Entdeckung des Südmeers durch Vasco Núñez de Balboa (1513)

Vasco Núñez de Balboa war 1501 nach La Española gekommen, wo er sich als Ansiedler rasch verschuldet hatte. Er entging dem Zugriff seiner Gläubiger, indem er sich – in einem Faß verborgen – 1510 als blinder Passagier einer Siedlungsexpedition nach dem Golf von Urabá in Darién unter Enciso anschloß. Dort schwang er sich rasch zum Anführer einer Revolte auf, schickte zunächst Enciso zu Schiff nach La Española zurück und etwas später auch den neuen Gouverneur Nicuesa, der auf See umkam. Die junge Siedlung Santa María de la Antigua, der Balboa als Alkalde vorstand, hatte bald mit größten Schwierigkeiten zu kämpfen: Der aus Spanien und La Española herbeigeschaffte Nachschub wurde so teuer, daß die Bezahlung immer mehr Gold erforderte, das wiederum durch immer weiter ausgreifende „entradas", d.h. Beutezüge ins Landesinnere, beigebracht werden mußte. Santa María de la Antigua wurde schließlich 1513 zum Ausgangspunkt für die erste Isthmusüberschreitung durch die Spanier.

Den Grundstock für Balboas berühmtes Südsee-Unternehmen bildete ein Bündnis mit dem Kaziken von Careta am Westufer des Golfs von Darién. Er war durch Verrat von einigen Spaniern, denen er Asyl gewährt hatte, in Balboas Hand gefallen, hatte diesem seine Tochter als Konkubine geben müssen und ihn mit Lebensmitteln, Trägern und Hilfstruppen versorgt. Auch die Hinweise und Nachrichten über das „andere Meer" erhielt Balboa von den „befreundeten" Küstenstämmen. Diese Informationen wurden ergänzt durch Erzählungen von märchenhaften Reichtümern jenseits der Berge, die den eigentlichen Anziehungspunkt bei Balboas Unternehmen bildeten. Balboa schrieb am 20. Januar 1513 an den König: „Alle Kaziken und Indios jener Provinz Comogre sprechen von so großen Goldschätzen, die in den Häusern der Kaziken am anderen Meer angesammelt seien, daß es uns alle ganz verrückt macht; sie sagen, daß an allen Flüssen der anderen Küste Gold in großen Mengen und als große Körner vorhanden sei, sie sagen, zum Hause dieses Kaziken Comogre kämen Indios vom anderen Meere über einen Fluß mit Kanus und brächten ihm viel Gold in dicken Körnern aus den Minen zum Schmelzen; als Gegengabe für das Gold erhielten sie Baumwollgewebe und schön gestaltete Indios und Indias; sie äßen sie aber nicht, wie es die Stämme am großen Fluß tun, sondern es seien gute Leute dort an der anderen Küste, und man könne gut mit ihnen reden. Sie sagen mir, das andere Meer sei sehr gut mit Kanus zu befahren, denn es sei beständig ruhig und niemals so wild bewegt wie das Meer auf der hiesigen Seite. Ich glaube, in jenem Meer liegen viele Inseln, und ich habe gehört, daß es dort Perlen in großer Menge gibt, sehr dicke; die Kaziken hätten ganze Körbe davon. [...] Weil nun Gott der Herr, wie man nicht vergessen darf, Eure königliche Hoheit zum Herrn dieses großen Landes mit seinen ganzen reichen Gütern gemacht hat, erkühne ich mich, falls man mir Leute gibt und herschickt, mit Gottes Hilfe diese große Entdeckung zu machen, wo so viel Gold und Perlen zu bekommen sind, daß man damit einen großen Teil der Welt erobern kann [...]. Wenn ich das Ziel nicht schaffe, habe ich nichts besseres als meinen Kopf zum Pfand zu bieten [...]"[1].

Balboa brach Anfang September 1513 mit 190 Spaniern und 600 indianischen Lastenträgern zur Isthmusüberquerung auf, ließ aber zwei Drittel seiner Leute auf den ersten Stationen der Expedition zurück. Die Bergstämme waren bereits gewarnt, Dörfer und Kazikenpaläste leer; wenn es zum Gefecht kam, bildeten die auf Menschenjagd abgerichteten Hunde immer die vorderste Linie. Sie waren die gefährlichste und grausamste Waffe gegen die unbekleideten Indios. Der spanische Hofhistoriograph Peter Martyr schrieb zwischen 1514 und 1516 über das Gefecht mit dem Stamm der Cuarecua: „Schnell war alles zu Ende. Nur eine kurze Weile hielten sie den Pfeilen der Armbrüste und den Musketenschüssen stand (bei deren Krachen sie sich einbildeten, die Unseren hätten Blitz und Donner zu ihrer Verfügung). Sie wandten den Rücken und flohen. Wie im Schlachthaus die Fleischstücke von einem Rind oder Schaf geschnitten werden, so hieben die Unseren mit einem Schlag einem die Hinterbacken ab, dem anderen den Oberschenkel, wieder anderen die Schulter; wie wilde Tiere verendeten 600 Indios mit ihrem Kaziken"[2].

So wurde wie an vielen Schwerpunkten der spanischen Konquista das Land herrenlos gemacht, und der feierlichen Besitzergreifung für die spanische Krone stand nichts mehr im Wege. Der spanische Kronbeamte Gonzalo Fernández de Oviedo beschreibt in der folgenden Quelle minutiös das Ritual jedes einzelnen Rechtsaktes der Entdeckung und Inbesitznahme der „Südsee" durch Balboa. Diesem selbst blieb in der Folge die eigentliche Anerkennung versagt. Er wurde zwar Adelantado [Statthalter] der Südsee. Aber Gouverneur der Isthmusländer wurde sein Schwiegervater Pedrarias Dávila, mit dem er sich überwarf. Dieser ließ ihn 1519[3] in einem manipulierten Verfahren zum Tode verurteilen und hinrichten.

Lit.: José Toribio Medina: El descubrimiento del océano pacífico. Vasco Núñez de Balboa, Hernando Magallanes y sus companeros. T.I: Núñez de Balboa. Santiago de Chile 1914 – Richard Konetzke: Entdecker und Eroberer Amerikas. Frankfurt/M.-Hamburg 1963.   Engl/Sch

---

[1] Carta dirigada al Rey por Vasco Núñez de Balboa desde Santa María de Darién, pidiendo los auxilios nescesarios para asegurar la población, y adelantar los descobrimientos en aquellas tierras. Santa María del Antigua (Urabá) 20 de Enero de 1513. In: Colección de documentos inéditos relativos al descubrimiento, conquista y organización de las antiguas posesiones españoles de América y Oceanía. I, 39. Madrid 1883, S. 251–253 (Übers. Engl).

[2] Petrus Martyr de Angleria [auch: Anghiera]: De orbe nouo Petri Martyris ab Angleria Mediolanensis protonotarii Cesaris senatoris decades. Tertie decadis. Cap. primum [Alcalá-Ausgabe von 1516. Ndr. Graz 1966]. Die Übersetzung stammt von Engl; weniger brauchbar ist die deutsche Übersetzung von H. Klingelhöfer [Darmstadt 1972].

[3] Das von dem Chronisten Herrera angegebene und in fast allen Lexika, Handbüchern und Monographien wiederkehrende Datum 1517 ist falsch: Es existieren von Balboa stammende und unmittelbar auf ihn bezogene Briefe und Urkunden noch nach diesem Zeitpunkt (Anm. Engl).

An einem Dienstag, dem 25. September jenes Jahres 1513 um zehn Uhr vormittags war der Hauptmann Vasco Núñez [de Balboa], allen seinen Begleitern vorauseilend, auf einer freien Bergkuppe angelangt und sah von dort aus das Meer des Südens als erster jener Schar von [70] Christen, die mit ihm gingen; und er wandte das Gesicht seinen Leuten zu voller Freude und erhob die Hände und die Augen zum Himmel und lobte Jesus Christus und seine glorreiche Mutter, unsere heilige Jungfrau; dann fiel er auf beide Knie und dankte vielmals Gott für die ihm erwiesene Gnade, dieses Meer entdecken und damit Gott und den Durchlauchtigsten Katholischen Königen von Kastilien, unseren Herrn, damals König Ferdinand der Katholische, der fünfte seines Namens, der Granada einnahm und Kastilien regierte durch die Königin Doña Juana, seine Tochter und Mutter der cäsarischen Majestät Kaiser Karls, unseres Herrn, und allen nachfolgenden Königen einen so großen Dienst erweisen zu dürfen.

Und er befahl allen, die mit ihm waren, sich ebenfalls niederzuknien und Gott den Dank darzubringen und ihn mit tiefster Andacht anzuflehen, er möge sie die großen Geheimnisse und Reichtümer, die es an jenem Meer und an seinen Küsten gebe und die man erhoffen könne, entdecken und schauen lassen zur höheren Ehre Gottes und zur Mehrung des christlichen Glaubens, zur Bekehrung der eingeborenen Indios jener südlichen Regionen und zum Wohle des Thrones von Kastilien und seiner Fürsten, sowohl der lebenden wie der kommenden. Alle taten dies willig und freudig; unmittelbar darauf ließ der Hauptmann einen schönen Baum fällen. Man fertigte aus ihm ein hohes Kreuz und rammte es an Ort und Stelle auf dem hohen Berge fest ein, von dem aus man zum ersten Mal jenes südliche Meer gesehen hatte.

Das erste, was man von diesem Meer sah, war ein Golf oder Meeresarm, der tief ins Land hinein reicht, und weil vier Tage darauf das Fest des Erzengels Michael war, nannte er ihn Golf von Sanct Miguel, und er befahl gleichermaßen, von allen Leuten, die dabei waren, die Namen aufzuschreiben, damit die Erinnerung an ihn und an sie, die ja die ersten Christen waren, die jenes Meer gesehen hatten, erhalten bleibe.

Dann sangen alle zusammen jenen Choral der glorreichen heiligen Kirchenväter Ambrosius und Augustinus: *Te Deum laudamus: Te Dominum confitemur*, etc., und der fromme Geistliche Andrés de Vera, der dabei war und mitsang, hatte vor Freude und Ergriffenheit Tränen in den Augen.

Ich habe alle, die damals dabei waren, kennen gelernt und gesehen und viele Male mit ihnen gesprochen; denn ich kam, wie bereits erwähnt, im Jahr darauf, als Pedrarias Dávila das Gouvernement übernahm, in die Stadt Darién; alle Schriftsachen des Vasco Núñez gelangten damals in meine Hände, und nach seinem Tode führte ich im Auftrag des Kaisers, unseres Herrn, die Bestandsaufnahme seines Vermögens durch. So kann ich genau sagen, wer damals mit dem Capitán Vasco Núñez bei der Entdeckung zugegen war, die eine so großartige Leistung darstellte und ein so entscheidender Schritt war in der Geschichte der Neuen Welt; denn sie waren ja die ersten Christen, die jenes

Meer sahen, so beurkundete es der anwesende aus der Stadt Sanct Martín de Valdeiglesias gebürtige königliche Notar Andrés de Valderrábano, dessen Zeugnis ich gesehen und gelesen habe. Dieser Notar selbst hat es mir gezeigt. Später, als Vasco Núñez starb, starb jener mit ihm; so kamen auch dessen Schriftsätze in meine Hände, darunter die Entdeckungsurkunde, die wie folgt lautet: „Die Caballeros, Hidalgos und ehrenwerten Männer, die bei der Entdeckung des Südmeers mit dem vieledlen Herrn und Hauptmann Vasco Núñez de Balboa, Gouverneur durch Seine königliche Hoheit auf der Tierra Firme, zugegen waren, sind folgende: Zuerst der Herr Vasco Núñez; er war der erste von allen, der jenes Meer erblickte und den unten Aufgeführten zeigte:

Andrés de Vera, Geistlicher
Francisco Pizarro
Diego Albítez
Fabián Pérez
Bernardino de Morales
Diego de Texerina
Cristóbal de Valdebuso
Bernardino de Cienfuegos
Sebastián de Grijalba
Francisco de Avila
Joan de Espinosa
Joan de Velasco
Benito Burán
Andrés de Molina
Antonio de Baracaldo
Pedro de Escobar
Cristóbal Daza
Francisco Pesado
Alonso de Guadalupe
Hernando Muñoz
Hernando Hidalgo
Joan Rubio de Malpartida
Alvaro de Bolaños
Alonso Ruiz
Francisco de Lucena
Martín Ruiz
Pascual Rubio de Malpartida
Francisco González de Guadalcama
Francisco Martín
Pedro Martin de Palos
Hernando Díaz
Andrés García de Jaén
Luis Gutiérrez Alonso Sebastián

Joan Vegines
Rodrigo Velázquez
Joan Camacho
Diego de Montchermoso
Joan Mateos
Maestre Alonso de Sanctiago
Gregorio Ponce
Francisco de la Tova
Miguel Crespo
Miguel Sánchez
Martín García
Cristóbal de Robledo
Cristóbal de León, Goldschmied
Joan Martínez
Valdenebro
Joan de Beas Loro
Joan Ferrol
Joan Gutiérrez de Toledo
Joan de Portillo
Joan García de Jaén
Mateo Lozano
Joan de Medellín
Alonso Martín, Asturier
Joan García Marinero
Joan Gallego
Francisco de Lentín, Sizilianer
Joan del Puerto
Francisco de Arias
Perro de Orduña
Nuflo de Olano, von schwarzer Farbe
Pedro Fernández de Aroche

Ich, Andrés de Valderrábano, Notar Ihrer Hoheiten am Hofe und in allen Ihren Königreichen und Herrschaften, war zugegen, gebe Zeugnis davon und sage, daß im ganzen 67 Männer als erste Christen das Meer des Südens sahen. Ich war mit ihnen dabei und zähle als einer von ihnen, ich, der ich stamme aus Sanct Martín de Valdeiglesias."

Nach dem Gebet setzten Vasco Núñez und seine Begleiter den Weg fort bis zu einigen Indiohütten nahe am Südmeer im Lande des Kaziken Chape, die von ihren Bewohnern verlassen waren. Dort warteten die Spanier auf ihre Kameraden, die in den Hütten des Kaziken Torecha geblieben waren.

Am 29. des Monats, dem Sankt Michaels-Tage, nahm Vasco Núñez 26 bewaffnete Männer mit sich, diejenigen, die ihm am kräftigsten schienen, ließ die anderen hier in Chapes zurück, und ging direkt auf die Südmeerküste zu,

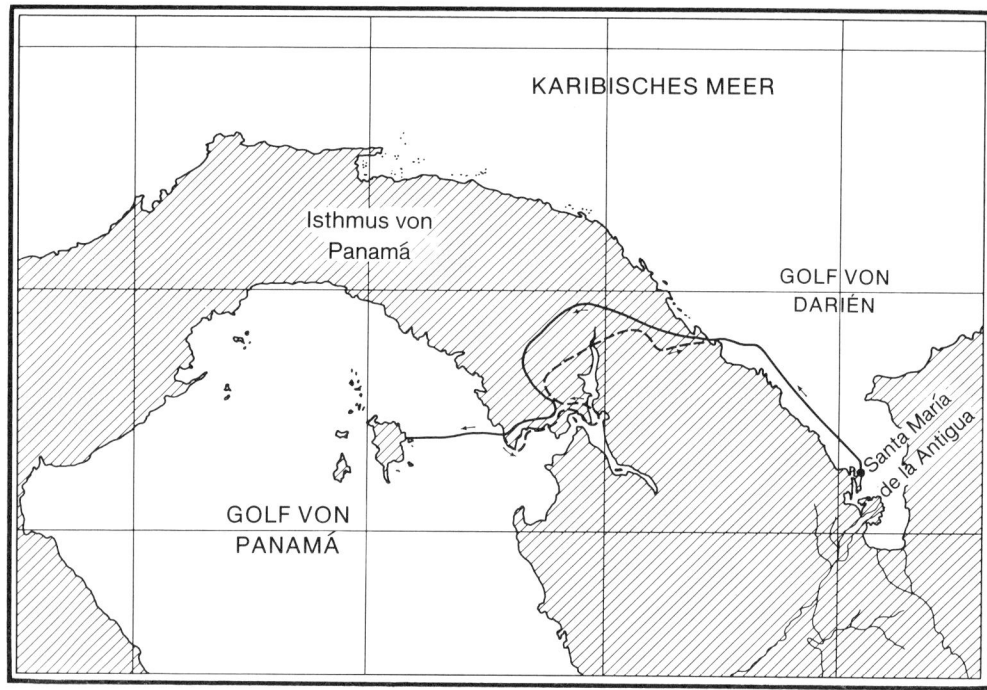

13. Vasco Núñez de Balboa entdeckt das Südmeer (September 1513).

jenen Golf, den er nach dem Heiligen Michael benannt hatte, es mochte etwa
eine halbe Meile bis dorthin gewesen sein. Am späten Nachmittag kam er zum
Ufer. Es waren große Buchten, eingefaßt von dichtem Wald, in denen das
Meerwasser stark stieg und sank, und es war gerade Ebbe. Er und die mit ihm
waren, setzten sich und warteten, bis das Wasser wieder stieg; denn meerwärts
war lauter Schlamm und der Zugang war schlecht. Während sie warteten,
stieg das Meer vor aller Augen zusehends: Es kam die Flut mit großer Gewalt.
Da nahm der Hauptmann Vasco Núñez im Namen Seiner erlauchten Majestät des Katholischen Königs Don Fernando, des Fünften seines Namens, und
der erlauchten Katholischen Königin Doña Juana, seiner Tochter, für die
Krone und das Zepter von Kastilien die königliche Fahne Ihrer Hoheiten in
die Hand, auf welcher ein Bild der heiligen Jungfrau Maria, unserer Herrin,
mit ihrem lieben Sohn, unserem Erlöser, in den Armen, und am Fuß des Bildes
das königliche Wappen von Kastilien gemalt waren, watete mit gezogenem
Schwert und einem Schild in der Hand in das salzige Wasser des Meeres hinein, bis es ihm zu den Knien ging und rief, während er auf und ab schritt: „Es
lebe der König Don Fernando und die Königin Doña Juana, die hohen und
mächtigen Könige von Kastilien, León und Aragón etc. Ich nehme und ergreife in ihrem Namen und für die Krone von Kastilien hier und jetzt unwiderruf-
lich faktisch und körperlich *(real y corporal)* Besitz von diesen Meeren und
Ländern und Küsten und Häfen und Inseln des Südens, mit allen angrenzen-

den Königreichen und Provinzen, auf Grund welcher Rechtstitel sie auch immer dazugehören oder dazugehören werden, seien sie nun älter oder moderner, aus der Vergangenheit, der Gegenwart oder der Zukunft. Wenn ein anderer Fürst oder Hauptmann, Christ oder Ungläubiger, unter welchem Gesetz, in welchem Dienst er auch stehen oder welcher Sekte er angehören mag, einen Rechtsanspruch erhebt auf diese Länder und Meere, bin ich bereit und gerüstet, ihm zu widersprechen und entgegenzutreten im Namen der Könige von Kastilien, sowohl der lebenden wie der zukünftigen; denn ihrer ist dieses Reich und die Herrschaft hier in Indien, auf den Inseln und dem nördlichen und südlichen Festland, mit ihren Meeren sowohl am Nordpol wie in der Antarktis, beiderseits der Äquatorlinie, innerhalb und außerhalb der Wendekreise des Krebses und des Steinbocks, weil all das und jedes Ding und jeder Teil davon mit Fug und Recht den Majestäten und ihren Nachfolgern zusteht und gehört; und ich bekräftige schriftlich noch ausführlich, was dafür spricht, sprechen mag oder zum Beweis dafür herangezogen werden kann, daß dies hier Kronbesitz ist, jetzt und für alle Zeiten, solange die Welt währt, bis zum Jüngsten Gericht über die Sterblichen."

Er vollzog so die Besitzergreifung in voller rechtlicher Form, ohne daß Einrede erfolgte, und da sich solche Einrede oder solcher Widerspruch nirgends, auch nicht andeutungsweise erhob, bat er dies zu beurkunden. So übernahm er im Namen ihrer Majestäten faktisch, körperlich und de jure *(real e corporal e autoral)* mit unumschränkter königlicher Macht, frei und ohne Anerkennung irgendeines anderen weltlichen Anspruchs Herrschaft samt Gerichtsbarkeit und Blutbann *(mero e mixto imperio)* über den Golf von Sanct Miguel und das Südmeer, sowohl in diesem Teil wie auch auf den übrigen zum genannten Indien gerechneten oder noch zuzurechnenden Inseln, Festlandgebieten und Meeren, mögen sie bereits entdeckt sein oder noch der Entdeckung harren.

Nachdem er die Handlungen vollzogen und die entsprechende Erklärung abgegeben hatte, sich solchermaßen verpflichtend, die königlichen Rechte sowohl auf dem Meer wie zu Lande gegen jedermann mit dem Schwert in der Hand zu verteidigen, bat er dies zu beurkunden. Alle Anwesenden antworteten dem Hauptmann Vasco Núñez de Balboa, sie seien wie er Diener der Könige von Kastilien und León und ihre geborenen Untertanen und Vasallen *(naturales vasallos)*, bereit und gerüstet, für das gleiche zu kämpfen wie ihr Hauptmann, gegen alle Könige, Fürsten und Mächtigen der Welt *(personas del mundo)*, auch dafür zu sterben, wenn es denn sein müsse, und sie baten dies zu beurkunden. Es waren folgende Personen anwesend:

> Der Hauptmann Vasco Núñez de Balboa
> Andrés de Vera, Geistlicher
> Francisco Pizarro
> Bernardino de Morales
> Diego Albítez
> Rodrigo Velázquez
> Fabián Pérez

Francisco de Valdenebro
Francisco González de Guadalcama
Sebastián de Grijalba
Hernando Muñoz
Hernando Hidalgo
Alvaro de Bolaños
Ortuño de Baracaldo, Baske
Francisco de Lucena
Bernardino de Cienfuegos, Asturier
Martín Ruiz
Diego de Texerina
Joan de Espinosa
Pascual Rubio de Malpartida
Francisco Pesado de Malpartida
Joan de Portillo
Joan Gutiérrez de Toledo
Francisco Martín
Joan de Beas.

Diese Sechsundzwanzig und der Notar Andrés de Valderrábano waren die ersten Christen, die ihre Füße in das Südmeer tauchten, und alle probierten mit den Händen das Wasser und führten es zum Munde, wie etwas noch nie Dagewesenes, um festzustellen, ob es salzig sei wie das andere Meer im Norden; und als sie merkten, daß es salzig war, und sie sich vor Augen führten und bewußt machten, wo sie sich befanden, dankten sie Gott unzählige Male.

Jener Golf von Sanct Miguel, d. h. der Teil, der ins Land hineinragt, liegt bei etwa sieben Grad nördlicher Breite, ein paar Minuten mehr oder weniger. Hier nahm Vasco Núñez weitere Handlungen zum Zeichen der Besitzergreifung vor:

Er zog seinen Dolch aus dem Gürtel und schnitt ein Kreuz in einen Baum, an den das Seewasser schlug; und machte weitere Kreuze an zwei anderen Bäumen, damit es drei wären zu Ehren der Heiligen Dreifaltigkeit, Vater, Sohn und Heiliger Geist, drei Personen in einem wahren Gott, in dessen Namen er für Kastilien und für die erlauchten regierenden und zukünftigen Könige Besitz nahm. Dann machten alle Anwesenden viele Kreuze in weitere Bäume und fällten einige davon mit ihren Schwertern, so die Besitznahme fortsetzend. Und alles ließ der Hauptmann Vasco Núñez beurkunden. Dann kehrte er zu den Hütten des Kaziken Chape, wo er den Rest der Leute gelassen hatte, zurück; dorthin kamen auch die anderen Spanier, die in dem Land und den Hütten des Kaziken Torecha geblieben waren. Während er dort Rast hielt, bemühte sich der Hauptmann Vasco Núñez, mit dem Lande Frieden zu schließen. Zu diesem Zweck schickte er seine Boten und Dolmetscher überall hin, um den Indios Mut zu machen und ihre Freundschaft zu gewinnen.

Aus: Gonzalo Fernández de Oviedo: Historia general y natural de las Indias. Libro XXIX, capítulo III. Ausgabe Madrid 1959, S. 212–215.   Engl

77. Der Entdeckervertrag von Panamá zwischen Pizarro, Almagro und de Luque vom 10. März 1526

Bereits vor der ersten Durchquerung des Isthmus von Panamá auf der Suche nach dem Südmeer im Jahr 1513 hatte Balboa von einem Goldland im Süden des Kontinents gehört. Einer der Teilnehmer an dieser Expedition war der spanische Hauptmann Francisco Pizarro gewesen. 1519 wurde Panamá gegründet. 1522 unternahm der Regidor Pascual de Andagoya eine Fahrt bis in das Gebiet des Kaziken Birú – dessen Name im heutigen Namen „Peru" erhalten geblieben ist – im heutigen Grenzbereich von Panamá und Kolumbien und brachte erstmals genauere Nachrichten über das Inkareich zurück. Daraufhin bemühte sich Pizarro erfolgreich darum, vom damaligen Gouverneur von Panamá, Pedrarias Dávila, die Lizenz für die Entdeckung des Landes im Süden zu bekommen. Zur Durchführung und Finanzierung des Unternehmens schloß er sich mit dem Konquistador Diego de Almagro und dem reichen Koadjutor der Kathedrale von Panamá, Hernando de Luque – hinter dem, wie wir neuerdings wissen, die spanische Bankiersfamilie Espinosa stand –, zusammen. Nach einer ersten, verlustreichen Expedition Pizarros und Almagros nach Süden in den Jahren 1524/25 gründeten die drei ungleichen Partner eine Entdeckungsgesellschaft, in die de Luque das notwendige Kapital, Pizarro und Almagro dagegen ihre Entdeckererfahrung und ihr militärisches Können einbrachten. Die von de Luque eingeschossenen Gelder ermöglichten die weiteren Unternehmungen, die ab 1532 zur Eroberung des Inkareiches führten. De Luque, der 1533 als designierter Bischof von Tumbes starb, erhielt seinen Anteil an den riesigen erzielten Gewinnen nicht mehr. Der im folgenden abgedruckte Entdeckervertrag spiegelt in seiner umständlichen Ausdrucksweise und seinen zahlreichen Wiederholungen das tiefe Mißtrauen der drei ungleichen Vertragspartner untereinander. Doch sind darüber hinaus Aufbau und Stil charakteristisch für die meisten juristischen Dokumente der damaligen Zeit. Sie gehorchen – wie übrigens noch heutige staatsrechtliche Urkunden, z.B. UNO-Dokumente – den alten Schemata der antiken Rhetorik.

Lit.: Rosa Arciniega: Pizarro. Biografía del conquistador del Perú. Madrid 1936 – Rolando Mellafe: Diego de Almagro y el descubrimiento del Perú. Santiago de Chile 1954 – Manuel Ballesteros Gaibros: Descubrimiento y conquista del Perú. Barcelona 1963 – Albert Garcia: La découverte et la conquête du Pérou d'après les sources originales. Paris 1975 – Die Eroberung Perus in Augenzeugenberichten. Herausgegeben und eingeleitet von Lieselotte und Theo Engl. München, [1]1975, [2]1977 – Hermann Kellenbenz: Die Finanzierung der spanischen Entdeckungen. In: Vierteljahrschrift für Sozial- und Wirtschaftsgeschichte 69 (1982), S. 153–181.   Sch

Urkunde über die Compagnie zwischen Francisco Pizarro, Diego de Almagro und Pater Don Hernando de Luque für die Eroberung von Peru.

Panamá, 10. März 1526

Im Namen der Heiligen Dreieinigkeit, des Vaters, des Sohnes und des Heiligen Geistes, drei verschiedene Personen aber doch nur ein einziger, wahrhafter Gott, und unserer lieben Gottesmutter, der Heiligen Jungfrau Maria, gründen wir diese Compagnie.

Allen, welche diesen Compagnievertrag sehen, soll kundgetan sein, daß ich, Don Hernando de Luque, Priester und Vikar der Kirche von Panamá, einerseits und andererseits Capitán Francisco Pizarro und Diego de Almagro, die wir alle Bürger von Panamá sind, bekunden, daß wir verabredet haben und übereingekommen sind, eine Compagnie zu gründen und zu errichten, welche unter den nachfolgend genannten Bedingungen auf immerdar gelten und währen soll. Da wir, die genannten Capitán Francisco Pizarro und Diego de Almagro, vom Herrn Gobernador Pedrarias de Ávila das Privileg und die Erlaubnis zur Entdeckung und Eroberung der Länder und Provinzen jenes Königreiches besitzen, welches Peru genannt wird und das sich nach den vorliegenden Nachrichten auf der anderen Seite, jenseits dieses Golfes und Meerbusens befindet, und da wir aber für die genannte Besitznahme und das kriegerische Unternehmen Schiffe, Kriegsvolk, Vorräte und anderes Notwendiges brauchen, welche wir aber nicht aufbringen können, weil es uns an Geldern und so großem Vermögen gebricht und Ihr, der genannte Don Hernando de Luque, uns die notwendigen Mittel zur Verfügung stellt, gründen wir mit Euch diese genannte Compagnie zu gleichen Anteilen. Wir haben verabredet und sind übereingekommen, daß wir drei in brüderlicher Weise gleichen Anteil haben sollen an all dem, was in den genannten Königreichen und Provinzen von Peru entdeckt, gewonnen, erobert und besiedelt wird, ohne daß einer von uns einen Vorteil gegenüber dem anderen oder dem dritten haben soll. Für die Auslagen wegen der genannten Schiffe und des Kriegsvolks, die für das genannte kriegerische Unternehmen und die Eroberung des genannten Königreiches von Peru ausgerüstet werden, habt Ihr, der genannte Don Hernando de Luque, uns gegeben und gleichsam als Euren Anteil in diese genannte Compagnie eingebracht den Betrag von zwanzigtausend Pesos in Goldbarren, jeder Peso zu vierhundertfünfzig Maravedís, die wir soeben in Gestalt der genannten Goldbarren in Gegenwart des Ausfertigers dieses Schriftsatzes, der die Goldbarren einzeln und in ihrer Gesamtheit gezählt und geprüft hat, erhalten haben und die somit von Eurem Besitz in den unseren übergegangen sind. Und ich, Hernando del Castillo, lege darüber Zeugnis ab, sowohl darüber, daß ich gesehen habe, wie die erwähnten zwanzigtausend Pesos in den genannten Goldbarren übergeben wurden und sie die genannten Capitán Francisco Pizarro und Diego de Almagro in meiner Gegenwart empfangen haben, wie auch darüber, daß sie sich durch diese Goldbarren als bezahlt und zufriedengestellt erklärt haben. Als unseren Anteil in dieser genannten Compagnie bringen wir, die genannten Capitán Francisco Pizarro und Diego de Almagro, das Privileg ein, welches uns im Namen Seiner Majestät vom genannten Herrn Gobernador für das genannte Eroberungsunternehmen und das Königreich, welches wir im Gebiet des genannten Peru entdecken werden, verliehen wurde, und dazu alle weiteren Privilegien, die uns von heute an der Gobernador gewährt und Seine Majestät oder die [Mitglieder] von Seiner Majestät Indienrat uns erweitern und vergrößern werden, so daß Ihr, der genannte Don Hernando de Luque, an allem Euren Anteil und dritten Teil habt

und ihn nutznießen könnt, ohne daß einem von uns an irgendeinem Gut ein
größerer Anteil zustehen soll als dem anderen, vielmehr sollen wir alle gleich
große Anteile besitzen; und des weiteren bringen wir in diese genannten Compagnie unsere eigenen Personen ein und die zwingende Verpflichtung zu der
genannten Eroberung und Entdeckung, dazu noch die Auflage, während der
gesamten Zeit, die es dauern wird, das genannte Königreich von Peru zu erobern, zu gewinnen und zu besiedeln, in Person teilzunehmen, ohne daß uns
daraus ein Vorteil noch ein Nachteil erwächst, der über jenen Anteil hinaus-
reicht, den Ihr, der genannte Don Hernando de Luque, besitzt, und der für
uns alle drei gleich groß sein soll; und diese Teilung und diese gleich großen
Anteile betreffen alle Vorteile und Nutzen, die unseren Personen zuteil werden, als auch alle Anteile bei den Aufteilungen, in welcher Form auch immer
sie vorgenommen werden, die uns während des Eroberungskrieges, bei der
Beute, den Erwerbungen oder in anderen Glücksfällen zukommen werden,
und die sowohl ich, der genannte Capitán Francisco Pizarro, als auch ich,
Diego de Almagro, im Land von Peru bekommen und nutznießen werde; von
all dem sollt Ihr den dritten Teil bekommen, und er soll Euer sein, und wir
werden Euch Euren Anteil treu und redlich entrichten und abtreten, ohne
Euch zu hintergehen: somit erklären und bestätigen wir, daß wir von Stund an
von all dem, was uns Gott der Herr gewährt, Euch und Euren Erben oder
demjenigen, der sonst auf Euch in dieser genannten Compagnie nachfolgt und
dem es von Rechts wegen zusteht, Euren Anteil in Eurem Namen entrichten
und abtreten und Euch oder Euren Nachfolgern in ruhiger und friedfertiger
Weise Rechnung legen werden, ob nun Euch selbst oder Euren Erben und
Nachfolgern, ohne daß einem von uns ein größerer Anteil zukommen soll als
Euch, dem genannten Don Hernando de Luque, oder wer auch immer Eure
Vollmacht besitzt und darauf Anspruch erheben kann. Und dies betrifft jede
Verleihung und Zuerkennung eines Adelstitels oder einer Herrschaft, auf
Dauer oder auf Zeit, die Seine Majestät in dem genannten Königreich von
Peru sowohl an mich, den genannten Capitán Pizarro, als auch an mich, den
genannten Diego de Almagro, oder an einen von uns verleiht, davon soll Euch
zukommen und zufallen der dritte Teil, und dies von jedem Einkommen, jeder
Herrschaft und von allen Untertanen *(vasallos)*, die einem von uns gunsteshal-
ber verliehen werden, in welcher Art und Weise auch immer dies in dem genannten Königreich von Peru geschehen wird, ob nun in der Gestalt einer
Herrschaft, eines Einkommens oder in Form von Untertanen *(vasallos)*, davon
sollt Ihr Herr und Gebieter des dritten Teiles sein, und Ihr sollt ihn ohne irgendeinen Einwand oder eine Bedingung nutzen und nießen; sollte es aber
Einwände oder Bedingungen geben und sollten wir uns auf sie berufen, entweder ich, der genannte Capitán Pizarro oder Diego de Almagro, oder in unserem Namen unsere Erben, so sollen wir weder vor noch außer Gericht gehört werden und wir bekennen uns in allem und jedem schuldig und pflichtig,
zu bezahlen und auszuführen, was in diesem Schriftsatz enthalten ist. Und ich,
der genannte Don Hernando de Luque, schließe und gründe diese genannte

Compagnie zu den Bedingungen, wie sie zuvor genannt sind, und ich gebe die genannten zwanzigtausend Pesos in massivem Gold für die genannte Entdekkung und Eroberung des genannten Königreiches von Peru auf Gewinn oder Verlust, wie es dem Herrn gefällt, als meinen Anteil in diese Compagnie ein. Was das genannte Entdeckungsunternehmen, die genannten Regierungsämter und den Landerwerb betrifft, von denen ich den ersten Dritteil, den anderen Capitán Francisco Pizarro und den dritten Diego de Almagro bekommen und nutznießen sollen, ohne daß einem von uns sowohl an Herrschafts- und Besitzrechten und Zuteilungen von Indios auf Dauer, als auch an Ländereien, Stamm- und Erbgütern, wie auch an Schätzen und vergrabenen Horten, desgleichen an allen Reichtümern und Nutzungen an Gold, Silber, Perlen, Smaragden, Diamanten und Rubinen, und allen Titeln und Herrschaften, welche Ihr, die genannten Capitán Francisco Pizarro und Diego de Almagro, in dem genannten Königreich von Peru verliehen bekommt und besitzt, mehr zusteht oder zukommt als dem anderen, so habt Ihr mir von all dem den dritten Teil zu entrichten. Und wir, der genannte Capitán Francisco Pizarro und Diego de Almagro, bestätigen und tun kund, daß wir diese genannte Compagnie gründen und errichten und wir sie mit dem genannten Don Hernando de Luque zu den Bedingungen schließen, wie er sie fordert und bestimmt, nämlich, daß wir alle zu gleichen Teilen an allem und bei allem Anteil haben und besitzen sollen, und dies sowohl bei den Herrschaften auf Dauer, die uns von Seiner Majestät verliehen werden, den Verleihungen von Untertanen und Indios oder anderen Einkünften jedweder Art, daran soll der genannte Don Hernando de Luque teilhaben und den genannten dritten Teil voll und ganz besitzen und nutznießen, so wie seinen eigenen Besitz, und dies von dem Tag an, an dem uns Seine Majestät irgendeine solche Gnade erweist, wie dies festgelegt wurde. Und zur größeren Sicherheit und Wahrhaftigkeit dieses genannten Schriftsatzes über unsere Compagnie und alles dessen, was in ihm enthalten ist, und [zum Zeugnis dessen], daß wir, die genannten Capitán Francisco Pizarro und Diego de Almagro, Euch, dem genannten Don Hernando de Luque, den dritten Teil von all dem, was wir bekommen und entdecken werden, wie dies auch immer geschehen wird, entrichten und bezahlen werden, schwören wir zur Bekräftigung, daß wir alles so erfüllen werden, wie es in diesem Schriftsatz enthalten ist, bei Gott unserm Herrn und den heiligen Evangelien, wie sie hier in diesem Meßbuch ausführlich geschrieben stehen. In meiner, des anwesenden Ausfertigers des Schriftsatzes Gegenwart, haben der genannte Francisco Pizarro und Diego de Almagro ihre Hände auf das Meßbuch gelegt und mit den Schwurfingern das Kreuzzeichen nach der Form des Kreuzes da nachgezeichnet, und sie haben geschworen, daß sie diese genannte Compagnie und diesen Schriftsatz in allem und jedem einhalten werden, so, wie es hier geschrieben steht, bei der Strafe, die meineidige und abtrünnige Christen trifft, und bei Verlust ihres Vermögens, und daß Gott der Herr sie es bitter und teuer büßen lasse, und der genannte Francisco Pizarro und Diego de Almagro haben Amen gesagt; so schwören wir es und wir werden ihm den dritten Teil von all dem geben, was wir im genannten Königreich und Land von Peru entdecken, erobern und besiedeln werden, auf daß er seinen Anteil nutze und gebrauche, wie wir selbst ihn mit unseren eigenen Personen nutzen und gebrauchen werden, und zwar von all dem, was uns gehört und woran wir Anteil haben werden, wie es in diesem Schriftsatz festgelegt ist. Und wir verpflichten uns zudem, mit diesem dritten Teil Euch, den genannten Don Hernando de Luque, aufzusuchen, oder denjenigen, dem dieser dritte Teil in Eurem Namen gehören soll und der ihn zu empfangen hat, und wir werden ihm über alles und jedes Rechnung legen, und wo und wann auch immer dies von uns verlangt wird, nachdem die genannte Entdeckung, Eroberung und Besiedlung des genannten Königreiches und Landes von Peru vollbracht ist, und wir versprechen, daß wir selbst bei der genannten Entdeckung und Eroberung anwesend sein und daran teilnehmen werden, ohne uns sonst irgendeinem Unternehmen anzuschließen, bis das Land erobert und gewonnen ist. Wenn wir das nicht einhalten, so sollen wir mit aller Strenge des Gesetzes als Meineidige und Ehrlose bestraft werden und verpflichtet sein, Euch, dem genannten Don Hernando de Luque, die genannten zwanzigtausend Pesos in Gold, die wir von Euch erhalten haben, wieder zurückzuzahlen. Für Einhaltung, Zahlung und Erfüllung all dessen, was in diesem genannten Schriftsatz enthalten ist, hat jeder der Vertragspartner, was ihn betrifft, alle und jedes einzelne Gesetz, Statut, Verordnung und andere Satzungen und Regeln jedweder Art, die zu ihren Gunsten bestehen könnten und jedes einzelne von ihnen, zurückgewiesen und erklärt, daß diese für ihn auch dann keine Gültigkeit haben sollen, wenn er sich darauf berufen und sie ins Treffen führen wollte; Gültigkeit soll nur dieser genannte Schriftsatz besitzen und das, was in ihm enthalten ist. Und dieser Schriftsatz soll sofort und schuldhaft Vollzug und Vollstreckung nach sich ziehen können, sowohl hinsichtlich ihrer Personen wie auch ihrer beweglichen und unbeweglichen Güter, Besitztümer und Liegenschaften, welche sie jetzt besitzen oder in Zukunft besitzen werden. Für die Erfüllung und Bezahlung hat jeder der Vertragspartner seine eigene Person sowie die Besitztümer, die er jetzt oder in Zukunft besitzen wird, eingesetzt und verpfändet, wie es geschrieben steht, und stellt eine Vollmacht an jedweden Gerichtsbeamten oder Richter Seiner Majestät aus, damit er mit aller Strenge und auf dem kürzesten Wege gezwungen und dazu angehalten werden kann, alles so zu erfüllen und zu bezahlen, als ob dies in einem endgültigen Rechtsspruch vom zuständigen Richter als rechtskräftig ausgefertigtes Urteil angeordnet worden wäre; und er hat auf diese Anwendung von jederlei Gesetz, Brauch oder Statut, die zu seinem Vorteil angeführt werden könnten, verzichtet, besonders auf die Anwendung jenes Rechtsgrundsatzes, nach dem es heißt: „Ein allgemeiner und vollständiger Verzicht auf die Anwendung von Gesetzen hat keine Gültigkeit und Rechtskraft".[1] Was geschehen und gegeben ist in der Stadt Panamá, am 10. Tag des

---

[1] Mit dem Verzicht auf die Anwendung von allgemeinen Rechtssätzen wollten die Vertragsparteien offensichtlich ihre Rechte und Pflichten ausschließlich auf die im Vertrag niedergelegten

Monats März, im Jahre nach der Geburt unsers Erlösers Jesus Christus ein-
tausendfünfhundertundsechsundzwanzig. Als Zeugen für das, was gesagt
wurde, waren Joan de Panes, Alvaro del Guijo und Joan de Vallexo, Bürger
der genannten Stadt Panamá, anwesend, und der genannte Don Hernando de
Luque hat selbst unterzeichnet; weil weder der genannte Francisco Pizarro
noch der genannte Diego de Almagro schreiben können, haben Joan de Panes
und Alvaro del Guixo das Protokoll dieses Schriftstückes unterzeichnet; von
welchen Unterzeichnern ich, der anwesende Schreiber, beglaubige, daß ich sie
kenne.
   Don Hernando de Luque.
   Auf Bitten des Francisco Pizarro, Joan de Panes, und
   auf Bitten des Diego de Almagro, Alvaro del Guijo.

Es soll heißen „va entre renglones" wo es heißt „los vala", „va testado" wo
steht „las dichas", wo „y" steht, wo „a" steht, wo „go" steht und wo „L" steht,
das hat keine Gültigkeit². Und ich, Hernando del Castillo, Amtsschreiber Seiner Majestät und wirklicher und öffentlicher Notar dieser Stadt Panamá, war
bei der Ausstellung dieses Schriftsatzes anwesend und ich habe ihn auf diesen
vier Papierblättern niedergeschrieben, als Zeichen der Beglaubigung setze ich
hier mein Notariatszeichen und meine Unterschrift.
                           Hernando del Castillo, öffentlicher Notar.

Aus: [Miguel] Maticorena [Estrada]: El Contrato de Panamá, 1526, para el Descubrimiento del
Perú. In: Cahiers du Monde hispanic et luso-brésilien (Caravelle) 7 (1966), S. 55–84. Apéndice,
S. 79–83. In moderner spanischer Orthographie und leicht gekürzt auch bei Albert Garcia: La dé-
couverte et la conquête du Pérou d'après les sources originales. Paris 1975, S. 34–36.   Kr

78. Der Herrscher des Inkareiches, Huayna Capac, erhält erste Nachrichten vom Auftauchen der Spanier in Tumbes (1527 oder 1528)

In den Jahren 1526–1528 unternahm Francisco Pizarro von Panamá aus die zweite
Seereise zur Entdeckung des legendären Goldlandes im Süden. Der ältere und krän-
kelnde Almagro sorgte für den Nachschub. Nachdem die Expedition schon als ge-

beschränken. Doch war nach einem damals geltenden Rechtsgrundsatz – der wörtlich aufgeführt
ist – eine derartige generelle Verzichtsklausel ungültig. Der eventuellen Infragestellung ihrer Abmachungen dachten nun die Vertragsparteien vorzubeugen: Um zu verhindern, daß eine von ihnen andere Ansprüche als die vereinbarten aus anderem geltenden Recht herleitete, indem sie sich
auf den genannten allgemeinen Rechtsgrundsatz berief, wurde ausdrücklich dessen Gültigkeit für
die vorstehenden Abmachungen ausgeschlossen. Es sei dahingestellt, ob bei einem späteren
Rechtsstreit diese spitzfindige Vereinbarung der Vertragsparteien von irgendeiner rechtlichen Bedeutung gewesen wäre. (Anm. GS)
   ² Korrekturen des Notars, die wohl im verlorengegangenen Original, nicht aber in der von
Maticorena aufgefundenen und erstmals edierten Abschrift, der diese Übersetzung folgt, einen
Bezug hatten.

scheitert aufgegeben und der größte Teil der Mannschaft von der kolumbianischen Küste zurückgeholt worden war, fuhr Pizarro mit einem kleinen Schiff, einem Dutzend Gefährten und gefangenen Indio-Dolmetschern weiter nach Süden, brachte dank außergewöhnlich günstiger Winde den Äquator hinter sich und gelangte bis zur Mündung des Santatals an der mittelperuanischen Küste auf 9° s. Br. Er gewann dort einen Eindruck von der weitgehenden Selbständigkeit der dem Inkareich nur lose unterstehenden Vasallenfürsten und -fürstinnen. In der Inkagarnison Tumbes am Golf von Guayaquil gingen einige Spanier mehrere Tage an Land. Ihre begeisterten Schilderungen von dem hohen Kulturstand und dem Gold- und Silberprunk in der Inkastadt und die eingetauschten oder erbeuteten Wertstücke und Textilien verschafften der im Grunde bereits bankerotten peruanischen Unternehmung wieder neues Renommee und Pizarro die Unterstützung der Krone in Spanien für die Fortsetzung der Konquista.

Die spanischen Originalberichte über den ersten Besuch Pizarros und seiner Leute in Tumbes sind leider verschollen. Glücklicherweise hat sich jedoch eine Widerspiegelung dieses Ereignisses durch mündliche Überlieferung aus Inkakreisen in späteren spanischen Chroniken erhalten. Der Pater Bernabé Cobo (1572–1659) schildert in einer Passage seiner „Historia del nuevo mundo" suggestiv, welche Bestürzung am Inkahofe die Nachrichten vom Auftauchen der spanischen Seefahrer auslösten.

Lit.: Información a pedimento de Pedro de Candía fecha en Panamá 25 agosto 1528. In: Colección de Documentos inéditos para la Historia de España. Vol. 26. Madrid 1855, S. 261–264 – Die Eroberung Perus in Augenzeugenberichten, herausgegeben und eingeleitet von L. u. T. Engl. München ¹1975, ²1977.   Engl

Huayna Capac erholte sich gerade in seinen Palästen in Tumibamba; da erfuhr er von der Ankunft der Spanier an den Küsten und in der Stadt von Tumbes; das war gerade damals, als der Capitán Pizarro mit seinen dreizehn Gefährten die Küsten dieses Reiches erkundete. Die Boten brachten diese Nachricht vor den Inka, völlig verstört wie von einem Ereignis, das sie sich niemals hätten vorstellen können; sie erzählten, am Strande von Tumbes seien sonderbare Fremdlinge, wie man sie nie vorher gesehen habe, gelandet; sie hätten neue Lehren und Gesetze gepredigt; sie seien so tapfere Männer, daß sie keine Gefahr fürchteten; sie gingen in Kleider gehüllt von Kopf bis Fuß, seien weiß, hätten Bärte und ein wildes Aussehen. Sie sprachen noch von vielen anderen Dingen, die den Inka erstaunten, und als er sie fragte, von welchem Teile der Welt die Männer gekommen seien, antworteten sie, sie wüßten nicht mehr, als daß jene in großen hölzernen Häusern übers Meer führen, diese lenken und wenden und damit hin und her fahren könnten und kommen und verschwinden, wohin sie wollten[1]; bei Nacht begäben sie sich aufs Meer und schliefen in ihren Häusern, und bei Tag gingen sie wieder an Land. Die Fremden hätten durch Zeichen gefragt, wer der Herr des Landes sei; man habe ihnen geantwortet, er sei weit von dort.

Der Inka war sprachlos über das Gehörte, und ihn überkam eine solche

---

[1] Vor Tumbes erschien damals nur ein europäisches Schiff; es ist jedoch möglich, daß dem Inka, der in seinen letzten Jahren in Ekuador residierte, auch Mitteilungen über die sonstigen vor der Küste kreuzenden spanischen Schiffe zugingen.

Bestürzung und Melancholie, daß er sich allein in sein Gemach zurückzog und nicht mehr herauskam bis zum Anbruch der Nacht.

Da kamen weitere Chasqui oder Boten von den Gouverneuren der Küste und ließen ihn wissen, jene Leute seien in ihre Häuser und königlichen Paläste eingedrungen, hätten sie geplündert und alle Schätze mitgenommen; es habe auch nichts geholfen und ihnen keine Furcht eingejagt, als man sie in die Löwengrube brachte, wo der Inka seine wilden Tiere hielt[2].

Huayna Capac war wie gelähmt und außer sich über das Gehörte, über diese neuen und außerordentlichen Dinge und befahl den Boten, noch einmal von vorne zu erzählen, was geschehen war. Sie sprachen: „Herr, es gibt weiter nichts zu sagen, als daß die Löwen und wilden Tiere, die Du in Deinen Palästen hältst, sich vor ihnen auf die Erde werfen und schmeichelnd mit dem Schwanze wedeln, als ob sie zahme Tiere wären." Der Inka sprang aufs höchste erregt von seinem Sitz auf, schüttelte seinen Mantel und rief: „Hinaus, hinaus, ihr Herren und Wahrsager! Wollt ihr meine Macht erschüttern und den Staat in Verwirrung bringen?!" Im nächsten Augenblick setzte er sich wieder nieder auf einen anderen Sitz und hieß die Boten den Fall von neuem und wieder und wieder erzählen, denn er konnte die unerhörte Neuigkeit einfach noch nicht glauben.

Aus: Bernabé Cobo: Historia de Nuevo Mundo (Ausgabe Biblioteca de Autores Españoles. Vol. 92). Madrid 1964, S. 92–93.   Engl

79. Schwierigkeiten Pizarros beim Vormarsch an der Tropenküste von Ekuador (1531)

Die dritte Expedition von Francisco Pizarro und seinen Brüdern und Gefährten nach Peru war, besser als die vorigen, offiziell legitimiert durch die königliche Kapitulation, die sich Pizarro auf seiner letzten Spanienreise 1529 geholt hatte. Im Januar 1531 verließ er Panamá in Richtung Peru, „um dort", wie es die Kapitulation von ihm forderte, „auszuhalten bis zur endgültigen Eroberung"[1]. Die Expedition bestand aus etwa 200 Männern und 37 Pferden; die Angaben der verschiedenen Chronisten differieren hier.

Diego de Trujillo, ein Soldat Pizarros, verfaßte 1571 als Veteran in Cuzco auf Geheiß des Vizekönigs Francisco de Toledo in Kurzform einen Erinnerungsbericht dieser dritten Pizarroreise und der anschließenden Eroberung Perus in allen ihren wesentlichen Etappen von Panamá über Ekuador, die Insel Puná, die peruanische Küstenwüste, den Marsch nach Cajamarca, die Gefangennahme und Hinrichtung des Inkas Atahualpa, bis zum Einzug in Cuzco am 15. November 1533. Die erste Etappe, die Seefahrt bis zu der schon bekannten Esmeraldasküste in Ekuador, war unerwartet kurz –

---

[2] Spätere spanische Chronisten (Naharro, Herrera) sprechen von der Vorführung einer oder zweier Raubkatzen. In Altperu galten Puma und Jaguar als heilig und ihr Verhalten in der inkaischen Justiz, ähnlich wie in der Antike, als Gottesurteil. Griff das Tier einen Beschuldigten nicht an, war er rehabilitiert.

[1] Colección de documentos inéditos relativos al descubrimiento, conquista y organización de las antiguas posesiones españolas de América y Oceanía. Vol. 42. Madrid 1884, S. 40.

„mit sehr gutem Wetter gelangten wir in sechs Tagen zur Bahía de San Mateo", berichtet Trujillo. Dann stockte der Fortgang des Unternehmens wie bei vielen weiteren Fahrten in dieser Weltgegend. Es ging zu Lande weiter und wurde ein Durst- und Hungermarsch entlang der Küste; keine Siedlung wurde gegründet; das schon auf der zweiten Reise Pizarros entdeckte Peru südlich des Golfs von Guayaquil erschien unerreichbar.

Lit.: Diego de Trujillo: Relación del descubrimiento del Reyno del Perú. Edición, prólogo y notas de Raúl Porras Barrenechea. Sevilla 1948 – Raúl Porras Barrenechea: Los Cronistas del Perú (1528–1650). Lima 1962, S. 116–122 – Lieselotte und Theo Engl· Glanz und Untergang des Inkareiches. München ¹1967, ²1981, S. 109–110 – Die Eroberung Perus in Augenzeugenberichten. Hg. und eingel. v. Lieselotte und Theo Engl. München ¹1975, ²1977, S. 72–77.   Engl

In diesem Landstrich [Ekuadorküste bei ca. 1° n. Br.] herrschte Mangel an Süßwasser und wir hatten sehr darunter zu leiden; auch fehlte es uns an [indianischen] Führern, die uns hätten sagen können, wohin wir gehen und lagern sollten. So schickte der Gobernador [Francisco Pizarro] den Hauptmann Escobar landeinwärts in die Berge, um zu sehen, ob man einen Indio auftreiben könne. Ich ging mit ihm. Wir kamen zu einer trockenen Schlucht ohne Wasser, und sahen Rauch; wir blieben in der Schlucht bis kurz vor Morgengrauen und wollten dann die Behausungen überfallen. Es regnete so stark in dieser Nacht, daß ein großer Wasserschwall die Schlucht herunterkam und ein Soldat ertrank und andere nur schwimmend sich retten konnten. Wir fielen über die Ansiedlung her; es waren drei oder vier Indios da; sie hatten ihre Betten oben auf hohen Bäumen wie Storchennester und schrien wie Katzen und Affen; wir ergriffen einen Indio, aber weder konnten wir ihn verstehen noch er uns; dann brachten wir ihn ins Lager, und er gab uns durch Zeichen zu verstehen, daß erst nach fünfzehn Tagereisen besiedeltes Land komme, wo es zu essen gebe, und etwas anderes wollten wir ja gar nicht, als etwas zu essen.

Wir bewegten uns weiter entlang der Küste und trafen schließlich an einem Steilufer auf einen Wasserfall mit Süßwasser, worüber große Freude herrschte, weil wir ja alle so an Wassernot litten. Von dort gingen wir zu Fuß bis zu den Flüssen von Cojemíes, wo Flöße angefertigt wurden, um sie zu überqueren. Dort litten wir wieder unter großem Hunger und Wassermangel, weil die Flüsse erst viel weiter oben Süßwasser führten. Da kam Bartolomé Ruiz[2] mit dem Schiff und der Barke, und wir erhielten eine Ration Maismehl, für jeden ein Viertelpfund. Als wir die zwei Flüsse hinter uns hatten, deren jeder eine Viertelmeile [1,5 km] breit war, fanden wir viele Camotes [Süßkartoffeln] und viel Yukka[3], aus der wir Kassava[4] machten; auch gab es reichlich Guayabas[5] und andere Früchte, und so konnten die Leute sich wieder stärken.

---

[2] Bartolomé Ruiz war der Steuermann, der Francisco Pizarro und seine kleine Mannschaft auf der zweiten Seereise zur Entdeckung des Goldlandes bis zur Mündung des Santaflusses auf 9° s. Br. gesegelt hatte.

[3,4] Yukka, auch Maniok genannt; im rohen Zustand giftig, ist ihre Wurzel, aufbereitet zu Kassavamehl, eines der wichtigsten Grundnahrungsmittel Südamerikas.

[5] Guayaba: birnenförmige Frucht.

Dann kam noch ein weiterer Fluß, der noch breiter war als die vorherigen; dort wie schon vorher trieb man eine Stute ins Wasser, band sie an das Floß und ließ die übrigen Pferde frei schwimmen; so brachten wir diejenigen, die nicht schwimmen konnten, und die Pferdesättel auf dem Floß hinüber; Gepäck gab es so wenig, daß es jeder noch in der Hand halten konnte.

Nach dieser Überquerung zogen wir weiter der Küste entlang und kamen in ein Sumpfgebiet, wo es viele Krebse gab. Diese hatten sich von Manzanillo[6] ernährt, und jene Nacht war die ganze Mannschaft nahe am Sterben, weil sie von den giftigen Krebsen gegessen hatten.

Wir hatten bereits Nachrichten über Coaque, eine große Ortschaft, reich an Gold, Silber, Smaragden und vielen anderen Steinen verschiedener Farbe, Chaquira [Perlenschmuck] aus Gold, Silber und Knochen, und mit einer starken Bevölkerung. Wie gesagt, befanden sich unsere Leute in einer desolaten Verfassung, und so blies man die Trompeten zum Sturm auf diese Ortschaft Coaque und überfiel sie. Dabei wurde der Ortskazike gefangen und lange in Gewahrsam gehalten. Man fand große Mengen weißer Baumwollware vor. Es war ein Ort mit großen Häusern, mit zahlreichen Kultgegenständen und Trommeln; es gab große Vorräte an Mais, Früchten, Basilikum wie in Kastilien, und Pfeffer; die Indios waren stark und kriegerisch, die Ortschaft bestand aus 300 sehr großen Buhíos[7]. In dem Land regnet und donnert es viel; es wimmelt von großen Schlangen und Kröten. Das Land ist sehr feucht. Als nichts mehr zu essen da war, aßen drei Soldaten eine Schlange; zwei starben, der dritte blieb am Leben, weil er die Schlange mit Knoblauch eingerieben hatte; dafür schälte sich seine Haut, und er blieb lange bewußtlos.

In dieser Ortschaft wurden 18 000 Goldpesos und etwas geringwertiges Silber erbeutet. Der Gobernador schickte Bartolomé Ruiz und Quintero mit den beiden Schiffen nach Nicaragua und Panamá, um mit dem Gold Leute anzuwerben. Wir blieben in Coaque über acht Monate. In diesem Zeitraum starben viele Leute an verschiedenen Krankheiten, wie an einem schweren Ausschlag, der dort unter den Spaniern ausbrach.

Nachdem das Schiff nach Panamá gesegelt war, kam zu uns nach Coaque Pedro Gregorio, ein Kaufmann, und brachte Geräuchertes, Schinken und Käse von den Kanarischen Inseln und neue Leute. Von diesen leben heute [1571] nur noch Pedro Díaz – der von Huamanga –, Juan de la Torre – der von Arequipa – und Isasaga, der in Lima wohnt, die anderen sind alle tot. [Hier folgt eine Aufzählung von Namen später eintreffender Konquistadoren].

Dort in Coaque kannte niemand die Smaragde, außer Bruder Reginaldo. Er sammelte hundert und noch gut etwas darüber, nähte sie in sein Unterkleid

---

[6] Manzanillo: giftige Olivenart Äquatorialamerikas.
[7] Buhío: gebräuchliche Bezeichnung für Hütten oder auch große Häuser der Einheimischen. Nach der französischen Chronik von 1534 „Nouvelles certaines des isles du Pérou" waren die Häuser in Coaque aus Stein gebaut, aber mit Strohdächern versehen.

und fuhr gleich mit dem Schiff des Pedro Gregorio nach Panamá zurück, wo er starb. Man fand die Smaragde bei ihm und schickte sie Seiner Majestät dem Kaiser als Präsent. In jener Zeit setzte der Gobernador den Kaziken von Coaque wieder in Freiheit, und dieser erhob sich mit allen seinen Leuten und brannte uns die ganze Siedlung ab, so daß uns nur noch ein Buhío verblieb, wo wir uns alle zurückzogen und verteidigten, damit er uns nicht auch das noch verbrannte. Es wurde bekannt, daß der Kazike sich mit seinen Leuten in den Urwald verzogen hatte. Man bekam einen Indio in die Hand, der wußte, wo sie sich befanden; daraufhin brach der Gobernador mit ein paar Leuten zu Fuß zur Suche auf, denn mit Pferden war nicht durchzukommen, und sie nahmen den Indio als Führer mit. Als sie einen Fluß mit einer Balsa[8] überquerten, sprang der Führer ins Wasser und ertrank. So kehrten der Gobernador und seine Leute unverrichteter Dinge zurück.

Inzwischen waren die Schiffe von Panamá und Nicaragua zurückgekehrt, und wir brachen von Coaque auf, die meisten Leute krank, und fuhren bis zum Kap Pascio [Pasado], kamen aber nicht um die Landspitze herum. So brachen wir uns einen Weg durch den Urwald und kamen zu der Ortschaft Padao [Pasado?] und weiter bis zur Bucht von Caraques, immer unter großem Trinkwassermangel. Dort brachte man alle Kranken auf ein Schiff und fuhr damit zu dem Dorf Charapoto in der Provinz Puerto Viejo. Drei Gesunde begleiteten sie, um sie zu pflegen; der Gobernador zog mit den übrigen Leuten stromaufwärts bis zu einer Ortschaft namens Tocagua [Tosagua], und von dort ging er weiter bis zu einer Ortschaft in der gleichen Provinz von Puerto Viejo, dessen Herrin eine reiche Witwe war.

Wir blieben in diesem Land von Puerto Viejo über zwei Monate; es gab Mais, Fisch und Früchte des Landes, Papayas[9]; es gab Honig aus Mais gemacht; das Land ist so trocken, daß sich unter der Sonne Spalten in der Erde öffnen; einige Landesteile sind von Urwald bedeckt, und es wächst Kakao wie in Mexiko, obschon wenig.

Von Puerto Viejo ab kamen wir nach Picuaza und zu einem anderen Hafen, der Marchan [wahrscheinlich Manta] heißt. Von dort unternahm der Hauptmann Benalcázar einen Streifzug landeinwärts; ich ging mit. Dabei fanden wir die ersten Lucuma-[10] und Camito-Bäume[11] und Enten *(patos de la tierra)*[12]. Wir ergriffen einige Leute, kehrten zur Küste zurück und zogen dort dem Meer entlang durch ein wasserloses Trockengebiet. Von dort schickte der Gobernador den Diego Maldonado, späteren Bürger von Natá, auf Wassersuche, weil die Leute vor Durst fast starben. Der Gobernador war drauf und dran umzukehren; Hernando Pizarro aber sagte nein, wenn auch alle stürben; und die Leute, die vorangingen, entdeckten einen kleinen Weiher mit grünem

---

 [8] Balsa: Floß aus leichtem Balsaholz.
 [9] Papaya: tropische Frucht.
[10], [11] Tropenbäume mit eßbaren Früchten.
 [12] Die Chronisten Diego de Molina, Oviedo und Cieza sprechen von Haustieren wie Enten oder einer Art Rebhuhn.

Wasser. Daraus stillten wir unseren Durst, obwohl einige Schweine, die Hernando Pizarro aus Panamá mitführte, das Wasser in einen solchen Zustand versetzten, daß wir den reinsten Schlamm tranken, nur diejenigen nicht, die schon vorher mit Diego Maldonado angekommen waren[13].

Von dort zogen wir zur Landspitze Santa Helena, wo man Knochen der Riesen fand[14]. Die Bevölkerung jenes Landstriches hatte sich mit Frauen und Kindern und allen ihren Habseligkeiten in Balsas aufs Meer hinaus zurückgezogen und war nicht zu bewegen, wieder an Land zu kommen. Wir litten dort großen Hunger, da kam uns folgender Umstand zu Hilfe: weil die Leute auf dem Meer waren und ihre Siedlungen verlassen hatten, heulten bei Nacht die Hunde; da machten wir Jagd auf sie, und mit diesen Hunden ernährten wir uns. Wenn sie nicht gewesen wären, hätten wir große Not gelitten.

Von dort zogen wir weiter zu einer Provinz Odón bei den Guancavilcas [heute Provinz Guayas], einem Land, wo es zu essen gab im Überfluß; dort blieben wir zwei Wochen, damit die Leute und die Kranken sich wieder erholen konnten.

Dann kamen wir zur Wasserstraße des Huayna Capac – sie hieß so, weil dort Huayna Capac, als er an die Eroberung der Insel Puná ging, das Meer überquerte – und dort kam der Herr der Insel, der sich Tumbalá nannte, mit viel Volk in Balsas, und empfing uns mit großen Festen und Lustbarkeiten. Gerade als wir mitten auf der Meerenge waren, lösten die Insulaner die Verbindung der Flöße, und wir wären beinahe alle ertrunken[15].

Aus: Diego de Trujillo: Relación del descubrimiento del Reyno del Perú. Edición, prólogo y notas de Raúl Porras Barrenechea. Sevilla 1948, S. 46–51.
Engl

80. Der Marsch nach Cajamarca (1532)

Francisco Pizarro und einem Teil seiner Mannschaft war die peruanische Küste von der zweiten Reise (1526/27) her schon bis zur Mündung des Santa-Flusses bekannt; die Inkagarnison Tumbes sogar genauer. Als sie vier Jahre später, diesmal von der Küste Ekuadors und der Insel Puná aus, wieder in Tumbes landeten, fanden sie eine veränderte Welt vor. Das prunkvolle Tumbes war zerstört; im Inkareich herrschte Krieg seit dem Tode Huayna Capacs; in Mittelperu und bei Cuzco lieferten sich die Heere seiner Söhne Huascar und Atahualpa große Schlachten; in vielen Teilen des Reiches versuch-

---

[13] Jede Konquista-Expedition führte ihre Schweineherde mit; wie die Pferde hatten auch die Schweine in der Neuen Welt einen ungeheuren Wert. In der Chronik des Cieza de León (1553) ist zu lesen: „Noch im Bauch des Mutterschweines wurden die Ferkel im voraus verkauft".
[14] Es handelt sich hier um fossile Knochenreste und eine altperuanische Legende von über See eingewanderten Riesen.
[15] Der hier erwähnte große Inka Huayna Capac, Vater Atahualpas, wollte wenige Jahre vor Pizarro die Insel Puná dem Inkareich einverleiben, besuchte sie und ließ sich dort huldigen. Auf der Rückfahrt wurde ein großer Teil seines Adels von den Insulanern durch Demontieren der Flöße ertränkt. Den Spaniern bereiteten die Insulaner noch viele Jahre nach der Eroberung große Schwierigkeiten (L. u. T. Engl 1967, S. 53–54 u. 110).

ten die Völker die Tribut- und Kriegslasten abzuschütteln und ihre seit einer oder zwei Generationen verlorene Selbständigkeit zurückzugewinnen; daneben flammten wieder alte Rivalitäten auf wie zwischen Tumbes und Puná. Zwangsrekrutierungen gehörten zum Alltag; allerorts zahlte die Bevölkerung einen hohen Blutzoll; Strafexpeditionen der jeweiligen Sieger verbreiteten Angst und Schrecken. Wie überleben, das war die Devise, damals und später, als die Spanier Herren im Lande waren und ihre Bürgerkriege führten[1].

Merkwürdigerweise fand Pizarros Trupp bei dem letzten Stück seines Marsches ins Inland nach Cajamarca, wo er schließlich mit dem Inka Atahualpa zusammentraf, keine nennenswerten Hindernisse mehr vor. Die Organisation des Inkareiches, seine Straßen und gefüllten Vorratshäuser standen ihnen zu Gebote fast wie in Friedenszeiten; die Spanier wurden aufgesucht von Boten und Abordnungen Huascars, Atahualpas und verschiedener Volksgruppen wie den Cañares, die ihre Dienste anboten, vor Atahualpa warnten und Hilfe erhofften. So stellen es die meisten Augenzeugen dar, unter ihnen Pizarros Hauptmann Cristóbal de Mena in dem ersten, noch vor der Chronik des Francisco de Xerez publizierten Bericht über den Marsch nach Cajamarca und die Gefangennahme Atahualpas. Mena machte zusammen mit Hernando de Soto einen Abstecher in die Bergstadt Caxas und schreibt von vorausgegangenen Massakern und Verwüstungen durch Truppen Atahualpas, verschweigt aber, daß gerade Hernando de Soto diese Praktiken, vielleicht im Einverständnis mit der Atahualpa-Partei, selbst betrieb.

Lit.: Raúl Porras Barrenechea: Las Relaciónes Primitivas de la Conquista del Perú. Paris 1937, S. 45–56, 79–101 – Ders.: Los cronistas del Perú (1528–1650). Lima 1962, S. 78–86 – Lieselotte und Theo Engl: Glanz und Untergang des Inkareiches. München [1]1967, [2]1981, S. 112–113 – Die Eroberung Perus in Augenzeugenberichten. Hg. u. eingel. v. Lieselotte und Theo Engl. München [1]1975, [2]1977, S. 83–87 – Waldemar Espinoza Soriano. Los mitmas Huayacuntu en Quito o Guarniciones para la represión armada, siglos XV y XVI. In: Revista del Museo Nacional. Lima 1975. Vol. XLI, S. 351–394. Engl

Dort [in San Miguel de Piura] erkundigte sich der Gobernador [Francisco Pizarro] bei den Indios [über Atahualpa], und sie sagten ihm, dieser Kazike befinde sich in einer Stadt namens Cajamarca; dort erwarte er sie mit viel Volk. Auf die Frage nach dem Weg und der Besiedlung antworteten die Indios und eine India, die wir mit uns führten, auf jenem Wege gäbe es viele unbewohnte Strecken; fünf Tagereisen gehe es über ein sehr kaltes Gebirge; zwei Tagereisen gäbe es kein Wasser. Der Herr Gobernador brach mit seinen Leuten auf; sieben von ihnen kehrten zur Ortschaft [San Miguel de Piura] zurück aus Furcht vor den schlechten Wegen und der Wasserknappheit. Erfüllt von dem großen Wunsch, Seiner Majestät zu dienen, scheuten der Gobernador und seine Begleiter nicht vor den Strapazen des Weges zurück und zogen zwei

---

[1] Nach dem Zweiten Weltkrieg haben verschiedene, vor allem peruanische Historiker wie W. Espinoza Soriano Archivmaterial aus dem 16. Jahrhundert über indianische Zeugenbefragungen in den Provinzen des ehemaligen Inkareiches ausgewertet und dabei Daten zutage gefördert, die die spanischen Augenzeugenberichte, Chroniken und gängigen Inkageschichtsdarstellungen teilweise erheblich korrigieren (vgl. Dok. 90).

Meilen weiter zu einer Ortschaft, die dem Herrn Hauptmann Hernando Pizarro als Repartimiento² zugeteilt war. Dieser war schon vier Tage voraus geritten, um den dortigen Kaziken zu befrieden.

Als der Gobernador ankam, erfuhr er von einer Ortschaft Caxas, drei Tagereisen weiter, in der viele Indiokrieger lagerten; sie hätten große Tribute für die Versorgung von Atahualpas Heerlager eingetrieben. Hernando Pizarro wollte dorthin, und der Gobernador wollte ihm die Erlaubnis nicht geben; er schickte den Hauptmann Hernando de Soto voller Besorgnis wegen der wenigen Leute, die sie hatten, gab ihm 50 oder 60 Männer mit und sagte ihm, daß er ihn in einer Ortschaft namens Çarán [Serrán] erwarte; dort solle er innerhalb von zehn Tagen wieder mit ihm zusammentreffen oder Botschaft schicken. Der Hauptmann Hernando de Soto brach mit seinen Leuten nach Caxas auf. Als sie sich der Ortschaft näherten, erfuhren sie, hier im Gebirge habe Kriegsvolk auf sie gewartet, sich dann aber wieder zurückgezogen. Sie kamen in die ziemlich große Ortschaft. In hohen Häusern fanden sie Mais, Schuhe, viel Wolle und in einem 500 Frauen vor, die nichts anderes taten als Kleidung fertigen und Maiswein bereiten für das Kriegsvolk. In diesen Häusern war viel von diesem Wein. Dieser Ort war stark zerstört von dem Krieg, den Atahualpa geführt hatte. Auf den Hängen sah man viele erhängte Indios, die sich nicht hatten ergeben wollen. Jene Ortschaften standen nämlich vorher auf der Seite des Cuzco [gemeint ist Atahualpas Bruder, der Inka Huascar in Cuzco], den sie als ihren Herrscher betrachteten und dem sie Tribut zahlten.

Der Hauptmann ließ den Kaziken der Stadt holen. Dieser kam und klagte bitter über die von Atahualpa verursachte Verwüstung und über die vielen Toten. Von seinen 10 000 bis 12 000 Indios seien nur noch 3 000 übriggeblieben. Ein paar Tage vorher sei Kriegsvolk durchgekommen, sei aber wieder abgezogen aus Angst vor den Christen. Der Hauptmann [Soto] sagte ihnen, sie sollten mit den Christen Frieden halten und des Kaisers Untertanen werden; dann bräuchten sie Atahualpa nicht mehr zu fürchten. Darüber war der Kazike hoch erfreut. Anschließend öffnete er eines der verschlossenen Häuser, vor denen Atahualpas Wachen standen. Holte daraus vier oder fünf Frauen und übergab sie dem Hauptmann³; sie sollten den Christen auf dem Wege dienen und kochen. Gold habe er nicht, Atahualpa habe alles mitgenommen; schließlich aber gab er ihnen doch vier oder fünf Plättchen Gold.

Da traf ein Hauptmann von Atahualpa ein: Der Kazike bekam große Furcht und erhob sich sofort; er wagte nicht vor dem Höhergestellten sitzen zu bleiben, jedoch Hernando de Soto hieß ihn wieder neben sich niedersitzen. Dieser Hauptmann brachte ein Geschenk von Atahualpa für die Christen. Es

---

² In der Frühzeit der spanischen Eroberung identisch mit „Encomienda": bedeutete das vom König oder einem seiner Stellvertreter verliehene unentgeltliche Nutzungsrecht von Konquistadoren an der Arbeitskraft von Indiodörfern. Es lief in der Praxis auf brutal erzwungene Zwangsarbeit hinaus.

³ Bei Diego de Trujillo ist zu lesen: Man holte die Frauen auf den Platz heraus – es waren über 500 –, und der Hauptmann gab viele von ihnen den Spaniern.

waren lauter enthäutete Enten, was zu bedeuten hatte, daß man so den Christen die Haut abziehen werde; außerdem überbrachte er zwei aus Ton gefertigte starke Festungen mit der Bemerkung, weiter voraus gebe es ähnliche[4].

Dann brach der Hauptmann Hernando de Soto von Caxas auf und nahm Atahualpas Hauptmann mit und brachte ihn zum Gobernador, der sehr darüber erfreut war, jenen Hauptmann von Atahualpa kennenzulernen. Er gab diesem ein kostbares Hemd und zwei gläserne Kelche für dessen Herrn Atahualpa mit und bat ihn auszurichten, daß er Atahualpas Freund sei, sich sehr freuen würde, ihn kennenzulernen und ihm, wenn er mit jemandem im Krieg stehe, gerne unterstützen würde. Der Hauptmann von Atahualpa kehrte zu seinem Herrn zurück.

Zwei Tage später machte sich auch der Gobernador auf den Weg zu Atahualpa hin. Unterwegs fand er die meisten Ortschaften zerstört vor und die Kaziken abwesend, denn alle waren bei ihrem Herrn [Atahualpa]. Die Straße, die wir weiterzogen, war meist auf beiden Seiten mit Mauern eingefaßt und von Bäumen beschattet; alle zwei Meilen fanden wir ein Rasthaus vor[5]. Als wir dem Gebirge näher kamen, ritten Hernando Pizarro und Hernando de Soto mit einigen Leuten voraus, einen großen Fluß schwimmend überquerend. Man hatte uns gesagt, etwas weiter voraus gebe es eine Ortschaft mit großen Schätzen. Als wir dort gegen Abend ankamen, hatte sich der größte Teil der Bevölkerung versteckt. Hierüber schickten wir dem Gobernador Nachricht.

Am nächsten Tag in der Frühe überquerte der Gobernador mit allen Leuten den Fluß. Bevor wir in die Ortschaft kamen, ergriffen wir zwei Indios, um Neuigkeiten über den Kaziken Atahualpa zu erfahren. Der Hauptmann befahl, sie an zwei Pfähle zu binden, um ihnen Angst einzujagen. Der eine sagte, er wisse nichts über Atahualpa, aber der andere sei vor ein paar Tagen bei Atahualpa gewesen; der Ortskazike von hier sei dort zurückgeblieben. Von dem zweiten erfuhren wir, daß Atahualpa mit viel Volk sich in der Ebene von Cajamarca aufhalte und auf die Christen warte, daß viele Indios zwei schwierige Pässe in der Sierra bewachten, daß sie jenes Hemd, welches der Gobernador dem Kaziken Atahualpa geschickt habe, als Fahne benützten. Sonst wüßte er nichts; und weder mit Feuer noch mit anderen Mitteln war mehr aus ihm herauszuholen. Die Hauptleute berichteten dem Gobernador, was sie von den zwei Indios in Erfahrung gebracht hatten. Nach zwei Tagen brachen wir wieder auf; der Gobernador verließ jene schöne zwischen Mauern geführte Straße und bog ab in einen schlechteren Weg bis zum Fuße der Sierra.

Aus: El anónimo sevillano de 1534: el Capitán Cristóbal de Mena. In: Raúl Porras Barrenechea: Las Relaciones Primitivas de la Conquista del Perú. Paris 1937, S. 80–82.   Engl

---

[4] Francisco de Xerez spricht von getrockneten enthäuteten Enten, die, zu Staub zermahlen, nach den Bräuchen der Herren des Landes zum Räuchern dienten, sowie von steinernen, wie Festungen geformten Trinkgefäßen.

[5] Die sogenannten Tampus waren nicht nur Rasthäuser, sondern auch Vorratslager. Es gab Haupt- und Nebenstützpunkte; die größten waren regelrechte befestigte Garnisonen.

81. Die Gefangennahme Atahualpas am 16. November 1532

Pizarros Handstreich in Cajamarca fand zu einem Zeitpunkt statt, als das Inkareich erst ca. hundert Jahre imperialer Entwicklung hinter sich hatte; der Ort des Geschehens war eine Garnison fern vom Reichszentrum Cuzco. Die verschiedenen Stadtstaaten und Königreiche – um nur einige zu nennen: Chachapoya, Lupaca, Chanca, Huanca, Cañar, Chimu, Chincha, Cajamarca u. a. – hatten nur widerwillig die Vorherrschaft Cuzcos akzeptiert. Als Vasallen der Inka betrieben die unterworfenen Jatuncuracas [Obercuracas, Gaufürsten] eine Schaukelpolitik zwischen den rivalisierenden Inkaparteien, um zu überleben; sie warteten auf eine günstige Konstellation, um die Fremdherrschaft der Inka abzuschütteln und ihrerseits wieder wie einst über Vasallen uneingeschränkt herrschen zu können.

Die Machtinstrumente der Herren von Cuzco – Einheitssprache, Inkastraßen, Sonnenkult, Menschenopfer, Zwangsumsiedlungen *(Mitmas)* – hatten diese verschiedenartigen Ethnien nicht zu einer Nation zu verschmelzen vermocht, und die Inkaelite selbst wurde regelmäßig von Krisen geschüttelt, wie die blutigen Thronwirren in jeder Generation zeigen. Trotzdem betrachtete das Herrenvolk den einmal erwählten Inka als von der Sonne berufen und eingesetzt. So ist es zu lesen in fast allen spanischen Quellen über die Einsetzung von Pachacutec, Tupac, Huayna Capac, Huascar und auch dem so häufig als Usurpator bezeichneten Atahualpa. Der peruanische Historiker F. Pease spricht hier von echter Hierophanie, in der sich die Gottheit (die Sonne) offenbart, einen konkreten Auftrag erteilt und die Ausführung dem Helden überträgt.

Während 1532 Francisco Pizarro auf dem Marsch nach Cajamarca war, nahmen Atahualpas Generale Quizquiz und Chalcochima in einer Schlacht vor Cuzco den Gegeninka Huascar gefangen. Chalcochima riß ihn, sowie es wenig später Pizarro mit Atahualpa tat, aus der Sänfte. Trotz bedingungsloser Unterwerfung der Inkageschlechter von Cuzco wurde ein großer Teil von ihnen vor der Stadt niedergemacht. Damit war der Inkaadel stark dezimiert und seine Handlungsfähigkeit geschwächt.

Pizarro und seine Spanier erfuhren einige Tage, bevor sie nach Cajamarca kamen, von Boten Atahualpas, die sie mit Nahrungsmitteln versorgten und die ihnen Goldpräsente überreichten, von der Niederlage der Cuzcopartei. Jetzt wußten sie, daß nunmehr Atahualpa der Herr Tahuantinsuyus war. Kurz darauf, am 16. November 1532, nahm Francisco Pizarro auf dem Platz von Cajamarca den Inka Atahualpa, der von seinem Hofstaat und Kriegern umgeben war, eigenhändig gefangen.

Lit.: María Rostworowski de Diez Canseco: Succession, Cooption to Kingship, and Royal Incest among the Inca. In: Southwestern Journal of Anthropology. Winter. University of New Mexiko, Albuquerque 1960. Vol. XVI, S. 417–427 – Lieselotte und Theo Engl: Glanz und Untergang des Inkareiches. München ¹1967, ²1981, S. 115–121 – Lieselotte Engl: La aparación del Sol al joven Inca Pachacutec en la Fuente Susurpuquio. In: Revista Española de Antropología Americana. Madrid 1970. Vol. 5, S. 123–134 – Waldemar Espinoza Soriano: Los huancas aliados de la conquista. Tres informaciónes inéditas sobre la participación indígena en la conquista del Perú 1558–1561. In: Anales científicos de la Universidad Nacional del Centro del Perú. Huancayo (Peru) 1972. Vol. I, S. 42–49 – Franklin Pease G. Y.: Los últimos Incas del Cuzco. Lima 1972, S. 45–65 – Die Eroberung Perus in Augenzeugenberichten. Hg. u. eingel. v. Lieselotte u. Theo Engl. München ¹1975, ²1977, S. 88–101.   Engl

Die Indios jenes Landes [Peru] fanden erstaunlich schnell Kontakt zu den Spaniern; denn die indianischen Burschen, die Pizarro bei der [ersten] Entdeckung des Landes nach Spanien mitgenommen hatte, beherrschten unsere Sprache schon recht sicher. Jetzt hatte er sie dabei und konnte sich mit ihrer Hilfe sehr gut mit den Einheimischen verständigen.

Nun zur Sache: Von jener Provinz [Çaran] aus brach Hauptmann [Pizarro] mit all seinen Leuten auf und zog entlang jener [Inka-] Straße durch eine Reihe ansehnlicher Städte, vorbei an Blumengärten, beschattet von Bäumen, und man sah viel Volk, unzählige Sonnentempel und andere Dinge, deren Schilderung hier zu weit führen würde.

Wir wollten aber hinauf ins Hochland in die Provinz Cajamarca, wo der besagte Atahualpa residierte, und so mußten wir die königliche Heerstraße und die schönen Ortschaften hinter uns lassen und [hier ist im Original ein Wort gestrichen] eine Nebenstraße nehmen.

Auf unserem Weg lag ein kahles Gebirge, zu dem der Anstieg über eineinhalb Meilen lang war und über so beschwerliche und gefährliche Pässe führte, daß ein weiterer Vormarsch sinnlos gewesen wäre, wenn Atahualpa dort vorsorglich Krieger postiert hätte.

Aber da es Gott gefiel, daß das Land erobert und unterworfen werde, ließ Er es zu, daß der Inka diese Gelegenheit nicht wahrnahm. Da dieser vielmehr unsere Zahl als sehr gering einschätzte und nicht damit rechnete, daß ihn einhundertfünfzig Mann angreifen könnten, erlaubte er uns, über jenen Paß und über viele andere ebenso schwierige zu ziehen. Wie sich später herausstellte und bestätigte, hatte er nämlich die Absicht, uns in Augenschein zu nehmen und uns zu fragen, woher wir kämen und wer uns mit welcher Absicht dorthin geschickt hätte. Denn obwohl er ohne Bildung und des Lesens und Schreibens unkundig war, war er sehr weise, klug, verständig und voller Wissensdurst. Und wenn er dann mit uns Bekanntschaft gemacht hätte, wollte er uns die Pferde und all das nehmen, was ihm am besten gefiel, und die übrigen opfern.

Aber da es nach Gottes Willen anders kommen sollte und es Ihm gefiel, daß Seine heilige Religion unter jenen Barbaren eingepflanzt werde, richtete Er es ganz anders ein, als jener dachte. Und so erblickten wir nach drei oder vier Tagesmärschen durch jene Gebirge und über beschwerliche Pässe an einem Donnerstagabend, dem 15. November, den Ort Cajamarca und das Lager, das Atahualpa eine Meile außerhalb aufgeschlagen hatte. Dieses Lager erstreckte sich über mehr als eineinhalb Meilen das Tal entlang, und so viele Zelte waren zu sehen, daß wir darüber schier erschraken, denn wir hatten bei den Indios kein so prächtiges Lager und so viele und so gut errichtete Zelte erwartet. Bis dahin hatte im Indioland niemand dergleichen gesehen, und daher versetzte der Anblick uns Spanier in große Verwirrung und Furcht. Es war jedoch nicht ratsam, dies zu zeigen, geschweige denn umzukehren; wären nämlich bei uns irgendwelche Anzeichen von Mutlosigkeit zu bemerken gewesen, so hätten uns selbst die Indios, die mit uns zogen, niedergemacht.

Also zogen wir, nachdem wir den Ort und die Zelte lange betrachtet und

ausgespäht hatten, Mut vortäuschend das Tal hinab und in den Ort Cajamarca
hinein, wo wir nur Unbewaffnete und einige von Atahualpas Kriegern vorfanden. Es war beeindruckend zu sehen, wie sie sich entlang der einfach angelegten Straße, die eine Meile weit vom Lager zur Stadt führte, dicht an dicht
drängten, um uns zu sehen. Als wir, ohne abzusitzen, in die Stadt gekommen
waren, wurde beschlossen, Pizarros Bruder Hernando solle sich mit etwa
dreißig Reitern, einigen [einheimischen] Vornehmen und dem Dolmetscher
Martín zum Lager Atahualpas begeben, ihn von unserer Ankunft unterrichten,
mit ihm absprechen, in welcher Weise die Begegnung ablaufen solle, und ihn
fragen, ob er sie lieber in der Stadt oder in seinem Lager haben wolle; denn alles solle gehen, wie es der Inka befehle. Also machte sich Hernando Pizarro
auf den Weg, und ich war auch in seiner Begleitung.

Wir gelangten zu einer Brücke über einen Bewässerungskanal, der zu einer
Art Lusthaus führte, wo Atahualpa Bäder angelegt hatte, die schön anzusehen
waren. Auf der anderen Seite der Brücke waren viele Abteilungen von bewaffneten Indios postiert. Wir passierten sie unbehelligt und sie wiesen uns den
Weg zu ihrem obersten Herrn. Im Hof vor dem besagten Lusthaus angekommen, sahen wir jenen großen Herrn Atahualpa, von dem wir soviel gehört hatten, inmitten einer großen Schar Indios sitzen. Er trug eine Krone auf dem
Haupt, aus der ihm als Zeichen seiner Königswürde eine lange Quaste über
die ganze Stirn fiel. Er saß auf einem ganz niedrigen Sitz, wie man ihn auch
bei den Türken und Mauren findet, in einer Majestät und Pracht da, wie man
sie noch nicht gesehen hatte; er war umgeben von sechshundert Vornehmen
seines Landes.

Hernando Pizarro sprach zuerst und berichtete über unsere Ankunft und
erklärte, daß wir Vasallen eines Kaisers und großen Herrn seien, der uns ausgesandt hätte, diese Länder zu erkunden und zu entdecken und in ihnen den
Glauben an Jesus Christus, unseren Herrn zu predigen und ihn und die Seinigen darin zu unterweisen.

Atahualpa, dessen Absicht es war, von uns zu erfahren, woher wir kamen
und was wir hier suchten, und uns und unsere Pferde zu sehen, hörte sich dieses und viele andere Worte von Freundschaft und Frieden mit großer Gelas-
senheit an. Seine ganze Haltung drückte solche Würde und solchen Ernst aus,
daß er selbst kein Wort auf das Gesagte erwidern wollte; statt dessen sagte einer seiner Vornehmsten nur: „Es ist gut."

Als Hernando Pizarro sah, daß der Inka nicht sprach und statt seiner jener
Dritte antwortete, ersuchte er ihn von neuem, selbst zu sprechen und ihm nach
seinem Belieben zu antworten. Darauf wandte sich der Inka ihm zu und sagte
lächelnd: „Sagt diesem eurem Hauptmann, der euch hergeschickt hat, daß ich
noch bis morgen früh faste. Dann werde ich, nachdem ich getrunken habe,
mich zusammen mit einigen dieser Vornehmen mit ihm treffen. Mittlerweile
soll er in diesen Häusern an der Plaza Quartier nehmen, die öffentlicher Besitz sind, und kein anderes Haus betreten, bis ich selbst komme, denn ich werde alles Erforderliche anordnen."

Nach dieser Antwort lud uns der Würdenträger von vorher ein, abzusitzen und zu essen, was wir mit höflichen Entschuldigungen ablehnten. Darauf sagte er: „Wenn ihr schon nicht essen wollt, so bleibt dort sitzen, wo ihr seid, und trinkt wenigstens von dem hiesigen Wein." Das konnten wir nicht gut abschlagen, und so kamen einige Frauen mit Goldbechern und gaben den Nächststehenden daraus zu trinken. Danach betrachtete er eingehend unsere Pferde, die ihm offensichtlich gut gefielen. Als wir das bemerkten, führte ein Hauptmann namens Hernando de Soto einen Zuchthengst herein und fragte, ob er ihn in dem Hof vorführen solle. Der Vornehme nickte Zustimmung, und so zeigte de Soto einige Zeit lang seine Reitkünste. Der Hengst war feurig und schäumte, und der Indio war über die Schnelligkeit der Wendungen erstaunt. Noch mehr Verwunderung zeigten die einfachen Krieger, unter denen sich großes Gemurmel erhob. Eine Gruppe davon wich zurück, als sie das Pferd auf sich zustürmen sahen; dies bezahlten sie noch in derselben Nacht mit ihrem Leben, denn Atahualpa ließ sie hinrichten, weil sie Furcht gezeigt hatten. Nachdem die Vorführung vorüber war und wir die offenkundige Größe des Heeres und des Zeltlagers begutachtet hatten, kehrten wir dorthin zurück, wo uns der besagte Anführer [Pizarro] erwartete. Wir waren höchst beeindruckt und beunruhigt von dem Gesehenen und beratschlagten ausführlich, was zu tun sei; denn es machte uns große Angst, daß wir so wenige und so weit im Inkaland waren, wo uns niemand zu Hilfe kommen konnte, denn bis zur Stadt San Miguel waren es mehr als achthundert Meilen.

Als wir beim Gobernador angekommen waren und Bericht erstattet hatten, versammelten sich alle nachts in seinem Quartier, um zu beraten, was am anderen Tage geschehen sollte. Die Spanier zeigten in jener Nacht viel Mut und Munterkeit und nur wenige schliefen, und so hielten wir auf der Plaza Wache, von wo wir die Lagerfeuer des Indioheeres sehen konnten. Es war ein furchterregender Anblick: die meisten Feuer brannten an einem Bergabhang und waren so dicht nebeneinander, daß man meinen konnte, einen sternenübersäten Himmel zu sehen.

Früh am Freitagmorgen hörten wir die Messe und befahlen uns in den Schutz unseres Gottes. Danach befahl der Gobernador allen Reitern, sich in ihren rund um den Platz liegenden Quartieren in Bereitschaft zu halten, um mit ihm kämpfen zu können, falls Atahualpa mit seinem Kommen etwas anderes im Schilde führen sollte, als er angekündigt hatte. Das Fußvolk sollte sich in seiner Nähe aufhalten, denn er wollte zu Fuß kämpfen, was er besser beherrschte als den Kampf zu Pferde. Als die Leute so postiert waren, stellte er zwei Wachen auf ein steinernes Gebäude, eine Art Moschee, die mitten auf dem Platz stand, um die Ankommenden zu beobachten. Die Wachen bezogen also ihren Aussichtsposten und spähten von oben aus, was sich im Inkalager tat:

Die ganze Zeit von 6 Uhr früh bis 4 Uhr nachmittags wurde dort damit verbracht, die Abteilungen von Kriegern zu ordnen und in Reih und Glied aufzustellen und all die Ausstattung und den Schmuck für Atahualpa, seine Frauen

und seine Günstlinge vorzubereiten. Man muß nämlich wissen, daß jeder der
mehr als fünftausend Krieger, die er hatte, auf der Stirn eine runde, reichzise-
lierte Scheibe aus Kupfer, Gold oder Silber trug; das blitzte und funkelte so,
daß der Feind davor in Angst und Schrecken versetzt werden sollte.

Um 4 Uhr kamen sie die Straße daher, geradewegs auf unser Quartier zu;
um 5 Uhr oder ein wenig später gelangten sie am Stadttor an; das ganze Vor-
feld war bedeckt von Menschen; nach und nach füllte sich der Platz mit etwa
fünfhundert Menschen – es waren wohl Pagen – mit Bogen und Pfeilen, und
sie stimmten einen Gesang an, der ganz und gar nicht angenehm in unseren
Ohren klang, schon eher schrecklich, ja er schien uns geradezu höllisch. Sie
schritten eine Runde um die Moschee herum und machten mit den Händen
Gebärden, als ob sie den Boden reinigen wollten; das schien nicht notwendig,
denn die Leute in der Stadt hatten ihn zum Empfang schon gekehrt. Nach der
Runde um den Tempel blieben sie stehen, und es kam eine zweite Schwadron
von etwa tausend Männern mit Speeren ohne Eisen, deren Spitzen angekohlt
waren, alle in farbigen Livreen: die ersten waren weiß und rot gemustert wie
die Felder eines Schachbretts. Nach der zweiten eine dritte in anderer Livree,
alle mit Hämmern aus Kupfer und Silber – das ist auch eine ihrer Waffen. Mitten unter ihnen viele Herren von Adel und schließlich Atahualpa selbst in einer
prachtvollen offenen Sänfte, deren Tragegriffe mit Silber beschlagen waren
und die von achtzig Adelsherren auf den Schultern getragen wurde. Diese gingen in kostbarer blauer Livree; er selbst saß, besonders reich gekleidet, mit einer Krone auf dem Haupt und um den Hals ein Gehänge großer Smaragde, in
seiner Sänfte auf einem ganz niederen, mit einem prachtvollen Kissen bedeckten Sitz. Mitten auf dem Platz angekommen, hielt er, stand in der Sänfte auf,
so daß man seinen Körper halb sah, und alles hereinströmende Volk scharte
sich um ihn, so daß er von 600 oder 700 Männern umgeben war. Als er sah,
daß niemand sich blicken ließ oder herauskam, ihn zu begrüßen, glaubte er –
wie er nach seiner Gefangennahme aussagte –, wir hätten uns aus Angst vor
seiner Macht versteckt, und rief laut: „Wo sind sie?"

Daraufhin trat aus dem Quartier des Gobernadors Pizarro der Mönch Fray
Vicente de Valverde vom Predigerorden, der später Bischof dieses Landes
wurde, mit der Bibel in der Hand und begleitet von dem Dolmetscher Martín.
Zusammen gingen sie in die Menge, um mit Atahualpa zu reden und ihm von
der Heiligen Schrift zu erzählen und zu predigen, Jesus habe befohlen, zwischen den Seinen dürfe kein Krieg und keine Zwietracht herrschen, sondern
nur vollkommener Friede; er erbitte und erflehe diesen Frieden in seinem Namen; außerdem sei man ja am vorigen Tage dabei verblieben, daß der Inka
friedlich und allein ohne Kriegsvolk komme. Auf diese und viele andere Worte, die der Mönch sprach, verharrte der Inka in Schweigen und gab keine Antwort; erst als der andere nicht aufhörte zu mahnen, Gottes Gebot zu gehorchen, welches in jenem Buch, das er in der Hand halte, geschrieben stehe,
stutzte der Inka, nach meinem Gefühl wohl mehr wegen des Schriftbildes als
wegen des Inhalts, verlangte danach, öffnete es und blätterte darin, besah sich

Form und Anordnung, warf es sodann unter das Volk und rief mit zorngerötetem Antlitz: „Sagt es ihnen, sie sollen herkommen! Ich weiche nicht von der Stelle, bis sie mir Rechenschaft geben und für alles zahlen, was sie im Lande angerichtet haben." Als der Mönch das sah und wie wenig seine Worte verfingen, hob er sein Buch auf und rannte mehr als er ging mit gesenktem Kopf zurück zu Pizarro und rief ihm zu: „Seht ihr nicht, was da los ist? Wie könnt ihr euch noch aufhalten mit höflichem Getue und *requerimientos* [das Wort ‚requerimiento' verwendet Estete doppelsinnig, einmal als jenen bekannten juristischen Ausdruck für Huldigungsforderung, zum anderen als ‚Bittgang'] mit jenem Hund, der vor Hochmut birst und ringsum alles voller Indios? Greift ihn an! Ich gebe euch die Absolution!" Kaum hatte er das gerufen, als die Trompeten schmetterten, und mit dem Ruf „Santiago, auf sie los!" stürzte er [Pizarro] mit dem ganzen Fußvolk, das bei ihm war, aus seinem Quartier, und wir übrigen folgten diesem Ruf. Alle stürmten zugleich auf die Plaza, denn die Häuser um die Plaza hatten viele Türen und schienen zu diesem Zweck eingerichtet. Wie ein Mann griffen die Reiter an und fielen über die Indios her. Auf unserer Seite kam niemand ums Leben, nur ein Neger; die Indios aber wurden alle geschlagen und Atahualpa gefangengenommen[1]. Die übrigen versuchten zu fliehen, doch das Tor, durch welches sie hereingekommen waren, war zu klein, und in der allgemeinen Panik verstopften sie den Ausgang, so daß nur einzelne durchkamen. Als nun die Zurückgebliebenen sahen, wie wenig an Flucht und Rettung zu denken war, warfen sich zweitausend oder dreitausend von ihnen an einer Stelle, wo keine Häuser standen, gegen ein großes Stück Mauer und stürzten mit ihr zur Erde; so entstand eine breite Bresche, durch die sie in das freie Feld hinaus flüchten konnten. Als die Abteilungen, die außerhalb der Stadt auf dem Feld geblieben waren, sie unter großem Geschrei fliehen sahen, lösten sie sich ebenfalls auf, und fast alle ergriffen die Flucht. Es war beeindruckend: Das ganze Tal, vier bis fünf Meilen lang, war gedrängt voll Menschen! Darüber brach schnell die Nacht herein; unsere Leute sammelten sich und Atahualpa wurde in einem steinernen Haus, dem Sonnentempel, gefangengesetzt. So verging die Nacht mit großer Begeisterung und Freude über den Sieg, den Unser Herr uns gegeben hatte. Dabei wurde besonders

---

[1] Über die Gefangennahme Atahualpas schreibt Pedro Pizarro: „Der Marqués [F. Pizarro] ging auf Atahualpas Sänfte zu, sein Bruder auf die des Herrn von Chincha, der auf der Stelle in seiner Sänfte getötet wurde. Dasselbe Schicksal hätte Atahualpa ereilt, wenn der Marqués nicht zugegen gewesen wäre. Vergebens versuchten sie den Herrscher aus der Sänfte zu zerren; denn kaum war ein Träger blutend zu Boden gesunken, schob sich ein anderer darunter, um sie auf seine Schultern zu nehmen. Eine gute Weile ging das so fort, die Indios wurden mit Gewalt weggerissen und getötet. Dieses Spieles müde, warf ein Spanier [Estete] sein Messer nach Atahualpa, um ihn zu töten. Der Marqués Don Francisco Pizarro wehrte es ab; dabei verletzte ihn der Spanier an der Hand. Laut verkündete der Marqués: ‚Keiner verletze diesen Indio bei Todesstrafe!' Nun stießen sieben oder acht Spanier zu der Sänfte vor, hängten sich gemeinsam an eine Seite und zerrten daran, bis sie kippte. So geriet Atahualpa in Gefangenschaft, und der Marqués führte ihn in seine Gemächer, wo er Tag und Nacht bewacht wurde. Als es dunkelte, sammelten sich die Spanier und dankten Unserem Herrn, daß Er sie behütet und beschützt hatte." (Die Eroberung Perus in Augenzeugenberichten. Hg. u. eingel. v. Lieselotte u. Theo Engl. München [1]1975, [2]1977, S. 100).

auf die Bewachung Atahualpas geachtet, damit sie ihn uns nicht wieder entführten.

Es war gewiß der Wille Gottes und bei diesem großen Erfolg waren wir von
Seiner Hand geleitet, denn wenn wir den Inka mit seinem ganzen Hochmut
nicht an diesem Tag gefangengenommen hätten, wären wir in dieser Nacht sicher niedergemacht worden; sie waren uns ja in der Zahl dermaßen überlegen.

Aus: Miguel de Estete: Noticia del Perú. De los papeles del Arca de Santa Cruz – 1572 [Chronik
in den Papieren aus der Truhe des Kosmographen Santa Cruz]. In: Biblioteca Ecuatoriana Mini-
ma. Vol. Poesía popular, Alcances y Apéndice. Quito 1960, S. 361–368.   Engl/De

82. Das Ansammeln des Goldschatzes in Cajamarca (1532/1533)

Von dem sensationellen Goldschatz, den der gefangene Inka Atahualpa dem spanischen Anführer Francisco Pizarro für seine Freilassung anbot[1], ist nichts mehr geblieben außer einigen trockenen Aufzählungen von spanischen und indianischen Augenzeugen, die die Stücke bereitstellten, ablieferten, entgegennahmen und registrierten,
bevor sie zertrampelt, zerschlagen und eingeschmolzen wurden zum Transport nach
Spanien, wo sie Karls V. Kriege gegen Frankreich, die Türken und die deutschen Pro-
testanten finanzieren halfen und in Europa eine galoppierende Inflation auslösten.

Nur wenige besonders eindrucksvolle Kultgegenstände wurden unversehrt dem
Kaiser zur Ansicht über den Ozean geschickt. Auch von diesen hat sich die Spur verloren, so daß wir nur durch den Vergleich mit altperuanischer Keramik und Textilkunst,
kolumbianischem Gold oder mit ägyptischen Grabschätzen uns eine gewisse Vorstellung machen können, welchen künstlerischen, historischen, religiösen und gesell-
schaftspolitischen Aussagewert die zerstörten Stücke besessen haben. Eine kulturelle
Defloration größten Ausmaßes, die „Ausrottung des Götzendienstes", verbunden mit
wirtschaftlicher Ausplünderung nahm hier ihren Anfang; in der Provinzstadt Cajamarca wurde die Identität der Völkergemeinschaft Altperus, die Idee des inkaischen Kö-
nigtums, der kultischen Tradition des Andenraumes zerschlagen; Kollaborateure[2] aus

---

[1] Am Tage nach seiner Gefangennahme bot Atahualpa, wie allgemein bekannt, Pizarro Gold
und Silber als Preis für seine Freilassung. Es wurde festgelegt, das Zimmer, in dem er sich befand,
mit Gold, und einen großen Speicher mit Silber zu füllen. Dieses Verhandlungsergebnis ließ Francisco Pizarro durch seinen Notar beurkunden. Der Chronist Xerez, Pizarros Sekretär, schreibt,
daß in dem Raum, in dem das Gold angesammelt werden sollte, ein weißer Strich auf einer Höhe
von ca. 2½ m gezogen worden war. Der Raum war 24 Fuß lang und 17 Fuß breit.

[2] Diverse angestammte Herren von Ethnien, die kurz vorher Strafexpeditionen der Inka hinnehmen mußten, verhielten sich zunächst abwartend. Parvenus unter den Curacas der betroffenen
Gebiete, frisch ausgestattet mit zahlreichen Privilegien und großen Machtbefugnissen, stellten
sich rasch auf die neue Konstellation ein. So z. B. der Curaca Guamán, ein Chachapoya (Hochland östlich des Marañón), der mit zwangsrekrutierten Truppenkontingenten auf dem Weg nach
Cajamarca war, diese Mannschaften sofort nach Hause schickte und selbst nach Cajamarca eilte,
um den Spaniern seine Dienste anzubieten. Es kam zu einem Pakt, von dem sich beide Teile Vorteile erwarteten. In den ca. 8 Monaten, die die Spanier in Cajamarca weilten, versorgten die
Chachapoya sie mit Lebensmitteln, Trägern und Kriegern und allem Nötigen. Der kollaborations-
willige Guamán seinerseits versprach sich von der Schirmherrschaft der Spanier den Aufstieg zum
Jatuncuraca (Obercuraca), er ließ sich taufen – mit Francisco Pizarro als Paten – und durfte von
da an den Namen Francisco Pizarro Guamán führen.

den Reihen der Hilfsvölker des Inkareiches und rivalisierende Parteien unter den Inka selbst trugen gezwungen, freiwillig oder unwissentlich dazu bei.

Das Gold war so leicht und in so kurzer Zeit zu beschaffen, weil es nicht als Zahlungsmittel in Privatbesitz verstreut war, sondern als Schmuck der Paläste und Heiligtümer und in Form von Weihegaben, Tributleistungen oder Beutegut aus den verschiedenen Eroberungskriegen in Cuzco und anderen politischen und religiösen Zentren akkumuliert war. In Cajamarca selbst waren einige Generationen vorher von den Inka die erbeuteten Schätze des besiegten Chimureiches aufgehäuft worden.

Die Tatsache, daß die Geiselnahme Atahualpas die Freigabe so großer Palast- und Tempelschätze bewirkte, zeigt einerseits, wie groß das Prestige des Inka als Sohn der Sonne noch war, läßt aber andererseits den Schluß auf einen fortgeschrittenen Säkularisierungsprozeß im Inkareich zu, der die Person der Herrscher oder Parteiführer höher bewerten ließ als die in Jahrhunderten aufgebauten Kulttraditionen.

Die spanischen Quellen machen aber auch deutlich, daß keineswegs im ganzen Reich die Bereitschaft so stark war, Atahualpa zu helfen und die Tempelschätze herauszugeben; in Cuzco mußten sich die Spanier das Gold selbst holen; in Pachacamac, dem mächtigen Küstenheiligtum in der Nähe des späteren Lima, standen Hernando Pizarro und Hernando de Soto mit 20 spanischen Reitern vor dem leeren, von seinen Dienern selbst seines Schmuckes entkleideten Tempel und mußten sich mit dem zufriedengeben, was willfährige Curacas herbeischafften.

Bemerkenswert ist, in welcher Sicherheit und mit welchem Komfort die Spanier sich dank der Weisungen des gefangenen Atahualpa oder dank der Kollaboration der einzelnen Curacas in Peru bewegen konnten: Die Fremden reisten teilweise von Läufern in Hängematten getragen mit großem Gefolge wie einheimische Herren. Es war die goldene Zeit der Konquista Perus; der eigentliche zwanzigjährige Kolonialkrieg und die Verelendung der breiten Massen setzte erst nach der Hinrichtung Atahualpas ein.

Lit.: Waldemar Espinoza Soriano: Los señoríos étnicos de Chachapoyas y la alianza hispano chacha. Visitas, informaciónes y memoriales de 1572–1574. In: Revista histórica. Organo de la Academia Nacional de la Historia. Lima 1967, S. 261–267 – Waldemar Espinoza Soriano: Los huancas, aliados de la conquista. Tres informaciónes inéditas sobre la participación indígena en la conquista del Perú. 1558–1560–1561. In: Anales Científicos de la Universidad Nacional del Centro del Perú. Huancayo (Peru) 1972. Vol. I, S. 42–76 – Die Eroberung Perus in Augenzeugenberichten. Hg. u. eingel. v. Lieselotte u. Theo Engl. München [1]1975, [2]1977, S. 103–119. Engl

Der Kazike [Atahualpa] teilte dem Gobernador [Pizarro] mit: das Gold könne nicht so schnell herbeigeschafft werden, denn wegen seiner Gefangenschaft befolgten die Indios seine Anordnungen nicht mehr. Er [Pizarro] solle drei Christen nach Cuzco schicken, diese würden viel Gold beitreiben. Sie sollten in bestimmten Häusern die Goldverkleidungen entfernen. Auch in Jauja würden sie viel Gold bekommen. Sie könnten in voller Sicherheit reisen, denn ihm gehöre das ganze Land. [Hier liegt nur ein scheinbarer Widerspruch zum Vorigen vor: wenn die Spanier selbst auftraten, wirkten Atahualpas Weisungen noch.] Der Gobernador ließ [die drei Spanier] ziehen und empfahl sie Gottes Fürsorge. Es zogen viele Indios mit und trugen sie in Hängematten. So waren sie vortrefflich bedient. Sie kamen in eine Stadt namens Jauja; hier hielt sich ein bedeutender Hauptmann Atahualpas [Chalcochima] auf. Das war derjenige, der den Cuzco [Atahualpas Bruder Huascar] gefangengenommen hatte, und alles Gold war in seiner Gewalt. Er gab den Christen 30 Lasten Gold; das kam ihnen wenig vor, und so sagten sie, ihm damit beweisend, daß sie keine Angst vor ihm hatten, das sei zu wenig. Da ließ er ihnen weitere fünf Lasten Gold aushändigen[3]. All dies schickten sie mit dem Neger, den sie dabei hatten, zum Gobernador [nach Cajamarca] zurück, und setzten ihre Reise fort, bis sie in der Stadt Cuzco anlangten. Dort trafen sie einen Hauptmann Atahualpas namens Quizquiz, was in ihrer Sprache „Barbier" bedeutet. Dieser hielt nicht viel von den Spaniern, obwohl er über ihr Erscheinen erstaunt war. Einer der Christen wollte mit dem Degen auf ihn losgehen, wagte es aber nicht wegen der großen Menge des Volkes, die der Machthaber um sich hatte. Dieser bedeutete ihnen, viel Gold könnten sie von ihm nicht erwarten; wenn sie den Kaziken [Atahualpa] nicht herausgäben, werde er kommen, um ihn zu befreien. Daraufhin schickte er sie zu einigen „Bohíos del Sol" [Innenräume des Sonnentempels], in denen sie die Sonne anbeten. Diese Bohíos waren an jener Seite, die der aufgehenden Sonne gegenüberliegt, verkleidet mit Gold in großen Platten. In den beschatteten Bereichen, wo die Sonne seltener hinkam, war der Goldgehalt geringer. Die Christen traten in die Bohíos und schickten sich an, mit kupfernen Stangen die Goldplatten herunterzureißen. Die Indios wollten ihnen unter keinen Umständen helfen, weil das nach ihrer Überzeugung den sofortigen Tod zur Folge gehabt hätte, und brachten den Christen aus der ganzen Stadt goldene Gefäße in Menge, damit sie diese als Lösegeld für ihren Herrn mitnähmen. So rissen die Spanier die goldene Wandverkleidung selbst herunter. Sie erzählten das mit eigenem Munde. Es ist kaum zu glauben, wieviel Gold es in den verschiedenen Gebäuden gab. Sie traten in ein anderes Haus; dort fanden sie einen Opferstuhl aus Gold vor, der etwa 19 000 Pesos wog; er war so groß, daß man zwei Menschen darauf legen konnte.

In einem anderen Haus fanden sie viele mit dünnen Lagen Gold verkleidete Tonkrüge, die sehr schwer waren. Die Spanier wagten nicht, sie zu zerschlagen, um die Indios nicht gegen sich aufzubringen. In jenem Haus, das von vielen Frauen bewohnt war, befanden sich zwei einbalsamierte Tote mit einer Goldmaske vor dem Antlitz und reich verzierten Stäben aus Gold in der Hand. Eine Frau hielt mit einem Wedel Staub und Fliegen von den Toten fern

---

[3] Jauja, eine inkaische Garnisonsstadt, lag im Bereich des früheren Huancakönigreiches im Zentrum des heutigen Peru. Nachdem Atahualpas Generale Quizquiz und Chalcochima den Gegenkönig Huascar besiegt hatten, waren auch hier wie in Cuzco die Vergeltungsaktionen besonders hart. Die Curacas der Provinz Huanca hatten in der Hoffnung, ihre Autonomie wiederzugewinnen, unmittelbar nach der Gefangennahme Atahualpas mit den Spaniern durch Eilboten *(chasqui)* Verbindung aufgenommen, ihnen Llamaherden, Lebensmittel, Gold und Silber mit Hunderten von Trägern nach Cajamarca geschickt, Pizarro gehuldigt und ihre Hilfe angeboten. So mußte Chalcochima auf das Drängen der Spanier mehr Gold herausgeben, als ihm lieb war. Hinzu kam, daß ein weiterer Spanier in Begleitung von einem Orejón der Huascarpartei mit einer Anweisung von Francisco Pizarro nachgereist war, den General Chalcochima, wenn möglich, dazu zu bewegen, mit nach Cajamarca zu kommen, um ihn der königlichen Geisel Atahualpa gegenüberzustellen. Dieses gelang erst später Hernando Pizarro, als er nach seinem Raubzug in Pachacamac zurück nach Cajamarca den Umweg über Jauja nahm.

und litt es nicht, daß sie eintraten, ohne die Schuhe abzulegen; sie gehorchten, traten hinzu, um die ausgetrockneten Gestalten zu betrachten und nahmen ihnen viele reiche Stücke. Aber sie beraubten sie doch nicht bis aufs Letzte; denn der Kazike Atahualpa hatte sie gebeten, nichts zu nehmen, da es die Mumie seines Vaters, des Cuzco [Huayna Capac], sei; deshalb wagten sie nicht, noch mehr wegzunehmen.

Schließlich luden sie ihr Gold auf; der Hauptmann [Quizquiz] rüstete sie so gut aus, wie er konnte. Die Christen fanden in der Stadt so viel Silber vor, daß sie dem Gobernador berichteten, daß es dort ein großes Haus gebe, voll von Krügen und großen Gefäßen, Pokalen und anderen Stücken. Sie hätten viel mehr mitbringen können. Aber ihnen sei daran gelegen gewesen, sich nicht zu lange dort aufzuhalten, da sie allein waren und mehr als 250 Meilen von den anderen Christen entfernt.

Sie verschlossen die Türen des Hauses und versahen sie mit dem Siegel Seiner Majestät des Kaisers und des Gobernadors Francisco Pizarro, stellten eine Wache von Indios auf und setzten einen Stadtherrn ein; denn so war es ihnen befohlen. Mit dem Gold zogen sie ihres Weges. Sie hatten sehr schöne Stücke dabei, darunter einen sehr großen Brunnen aus schwerem Gold, der aus vielen Teilen bestand: er wog mehr als 12000 Pesos. Diese und noch viele andere Stücke brachten sie mit.

[Hierauf bringt der Chronist Mena eine Einblendung über die Reise Hernando Pizarros zu der Tempelstadt Pachacamac, neben Cuzco dem wichtigsten religiösen Zentrum Altperus, und führt anschließend den Leser wieder nach Cajamarca, wo Pizarro und Atahualpa auf die Goldlieferung warten.]

Ich spreche jetzt wieder von den Christen, die aus Cuzco zurückkehrten. Sie hielten mit 190 goldbeladenen Indios ihren Einzug ins Lager des Gobernadors. Sie brachten 20 Krüge und andere große Stücke – eines davon wurde getragen von 12 Indios – und noch weitere Stücke mit, die sie aus den Häusern geholt hatten. Silber hatten sie nicht viel dabei, denn der Gobernador hatte ausdrücklich befohlen, nicht Silber, sondern Gold mitzubringen[4].

Aus: El anónimo sevillano de 1534: el Capitán Cristóbal de Mena. In: Raúl Porras Barrenechea: Las Relaciones Primitivas de la Conquista del Perú. Paris 1937, S. 91–94, 97.   Engl

---

[4] Zur Veranschaulichung dessen, was die Spanier als Lösegeld Atahualpas an Goldgegenständen in Cajamarca aufhäufen ließen, hier eine Liste von verschiedenen besonders wertvollen Stücken, zusammengestellt aus verschiedenen Chroniken und Kommentaren. In den „Nouvelles certaines" heißt es: „Sie brachten 4 goldene Schafe von der Art, wie sie in diesem Land gedeihen – sie sind etwa so groß wie ein 4–5 Monate altes Fohlen – und zwei Hirten gleichfalls aus Gold, etwas unter Lebensgröße." Francisco de Xerez, Pizarros Sekretär, erwähnt „große Brunnen mit Röhren, aus denen Wasser in einen künstlichen See fließt, mit Vögeln darauf von den verschiedensten Arten, und Menschen, die Wasser aus der Quelle schöpfen, alles aus Gold." Der Lizentiat Gaspar de Espinosa, stiller Teilhaber an der Konquista Perus, erwähnt in dem Brief an den Kaiser aus Panamá vom 1. Oktober 1533 „eine goldene Landschaft mit 6 weidenden Schafen [Llamas] und 2 Hirten: 80 Indios konnten sie kaum tragen." Pedro Pizarro erwähnt in seiner Chronik: „Sie brachten einen in Stein gehauenen mit Gold verkleideten Thron; wie uns versichert wurde, war es der Sitz der Sonne. [...] Der Marqués Don Francisco Pizarro suchte dieses Prunkstück für sich

83. Der Einzug der Spanier in Cuzco (1533)

Mit dem Tode Atahualpas war ein für die Spanier zwar nervenaufreibender, aber noch leidlich sicherer und sehr lukrativer politischer Schwebezustand im Inkareich beendet. Die ehemaligen Truppenkommandeure Atahualpas – Quizquiz mit über 15 000 Mann im Süden bei Cuzco und der in Ekuador dominierende Rumiñahui – brauchten auf keinen gefangenen Inka mehr Rücksicht zu nehmen; auch der General Chalcochima, selbst Geisel der Spanier, besaß in Mittelperu noch gefährlichen Anhang.

Der Zerfall des Inkareiches in Teilgewalten, der schon in den letzten Regierungsjahren des alten Inka Huayna Capac begonnen und anfangs das Vordringen der Spanier begünstigt hatte, wurde nun zum Risiko. Die vielen kleinen nach Autonomie strebenden Machtzentren waren die große Unbekannte. Pizarro brauchte erstens einen neuen von ihm abhängigen Inka, der für ihn und den spanischen König die Loyalität der Andenvölker verbürgen sollte, zweitens mußte er selbst mit den Spaniern umgehend ins Herz des Reiches, zu dem eineinhalbtausend Kilometer entfernten Cuzco vorstoßen, bevor sich dort wieder ein politisches Zentrum formieren konnte[1].

Der Inkanachfolger war bald gefunden in Gestalt des Prinzen Tupac Huallpa. Er vereinigte die Sympathien der meisten Curacas [Gaufürsten], die die Quitopartei haßten. „Gemäß den vorgeschriebenen Zeremonien" – so schreibt Sancho de la Hoz, Pizarros Sekretär – traten die anwesenden Curacas hervor und überreichten Tupac Huallpa „einen weißen Federbusch zum Zeichen der Vasallenschaft und Tributpflicht". Als Zeichen seiner Unterwerfung unter den König von Spanien überreichte Tupac Huallpa dem Gobernador Francisco Pizarro ebenfalls einen weißen Federbusch. In einer weiteren Zeremonie wurde den Curacas und dem neueingesetzten Inka das Requerimiento – die förmliche Inbesitznahme des Landes, verbunden mit dem Angebot der christlichen Heilsbotschaft – verlesen, die Namen der anwesenden Curacas registriert und

---

aus [. . .]. Es war 60 000 Castellanos wert." Nochmals „Nouvelles certaines": „Aufstellung der goldenen und silbernen Stücke, die nach Spanien gebracht werden sollen und als Geschenk für Seine Majestät bestimmt sind: [. . .] 24 Behälter in der Form eines spanischen Zubers, die ein Fassungsvermögen von mehr als 7½ Eimern haben. Allem Anschein nach wurde bei der Herstellung viel Gold verwendet; es ist halbfingerdick; 50 kleine Platten Gold, um bei Tisch zu servieren; [. . .] zwei Bündel voll kleiner Goldgegenstände mit einem Gesamtgewicht von 8 Zentnern; [. . .] eine Frauenfigur aus Gold; große und kleine goldene Llamas; [. . .] drei kleine, feine goldene Strümpfe; [. . .] zwei goldene Medaillen mit dem Bild des Cuzco [Huayna Capac] und seiner Frau, in einer Silberschachtel verwahrt; die goldene Nachbildung eines Mannes in der Größe eines zehnjährigen Knaben; zwei Maispflanzen mit je zwei goldenen Kolben; zwei goldene Köcher für Pfeil und Bogen; ein goldener Spiegel; [. . .] zwei goldene Trommeln, in der Art unserer Schweizer Feldtrommeln; zwei große goldene Flaschen; zwei mittelgroße goldene Burgen; [. . .] einen goldenen Löffel; 27 nach der hiesigen Mode mit Gold, Silber und Federn verzierte Hemden; 27 besonders seltsame und erlesene Überwürfe [. . .]. Majestät! 22 oder 23 Mann, die in diesem Krieg dabei waren, kehren mit je 20, 18, 16, mindestens 10 000 Goldpesos [nach Spanien] zurück. Hernando Pizarro bringt, nach dem, was wir beobachten konnten, mehr als 29 000 Goldpesos mit; hinzukommt, was er insgeheim dabei hat." (Aufstellung aus: Die Eroberung Perus in Augenzeugenberichten. Hg. u. eingel. v. L. und T. Engl. München ¹1975, ²1977, S. 115–117.)

¹ Atahualpa hatte nach dem Sieg über seinen Bruder Huascar keine Zeit gehabt, seine militärische und politische Macht zu konsolidieren. Schon kurz darauf kam es zu seiner Gefangennahme durch die Spanier (Vgl. Dok. 81). Trotz Zahlung des geforderten Lösegelds (vgl. Dok. 82) ließen ihn die spanischen Offiziere und Beamten nach kurzfristig zustandegekommenem Übereinkommen – gegen den Widerstand Pizarros – am 26. Juli 1533 ohne Prozeß öffentlich erdrosseln.

diesen verkündet, „für sie sei nun der Kaiser der oberste Herr, nach ihm der Goberna-dor und schließlich Tupac Huallpa, denen sie somit im Namen des Kaisers dienten"[2]. Der Zug nach Cuzco brach am 11. August 1533 in Cajamarca auf. Es waren ca. 400 Spanier teils zu Pferd, teils zu Fuß, der neue Inka Tupac Huallpa und der gefangene Chalcochima in Traghängematten; dazu kamen Hunderte von indianischen Hilfstrup-pen, Lastträgern, Spähern und Boten und ein großer Troß von einheimischen Frauen, trotz eines königlichen Erlasses, der es verbot, Eingeborene als Hilfstruppen einzuset-zen[3].

In der inkaischen Garnisonsstadt Jauja machte Pizarro 14 Tage halt. Hier, im Gebiet der spanienfreundlichen Huancas, sollte entsprechend dem für die Entdecker ver-pflichtenden Vertrag mit der Krone *(capitulación)* endlich eine weitere spanische Stadt gegründet werden. Die erste und bis dahin einzige dieser Gründungen war San Miguel de Piura weit im Norden in der Nähe der Küste. Die ganze über tausend Kilometer lange Strecke dazwischen hatte man ohne Stützpunkte gelassen. Aber auch in Jauja mochten keine Spanier siedeln; es war ihnen zu unsicher, und alle wollten bei der Er-oberung Cuzcos und bei der zu erwartenden Beute mit von der Partie sein. Ein Pro-blem war das mitgeschleppte Gold. Hunderte von Indioträgern brachen unter seiner Last zusammen. So mußte der Schatzmeister Riquelme mit dem Gold, 40 Reitern und 40 Fußsoldaten in Jauja bleiben[4].

In Jauja starb auch der Schatteninka Tupac Huallpa, angeblich von Chalcochima vergiftet[5], und die Lage wurde wieder gespannt. Die meisten Curacas wollten keinen Inka mehr über sich haben, sondern nur Pizarro allein[6]; die Quitopartei schlug einen Sohn Atahualpas namens Aticoc vor, die Cuzcopartei den Prinzen Manco, der 1536 den einzigen großangelegten Aufstand gegen die Spanier führen sollte. Pizarro ließ die Sache vorderhand in der Schwebe und zog mit 100 Spaniern zu Pferde, 30 zu Fuß und einer großen Anzahl von Indios weiter in Richtung Cuzco[7]. Die Vorhut war bereits un-terwegs. Nach einem regelrechten Wettrennen der verschiedenen spanischen Gruppen, unklugen Übergriffen auch gegen befreundete Indios und mehreren Gefechten und Beinahe-Katastrophen langten die Spanier ohne nennenswerte Verluste[8] auf den Hö-hen westlich von Cuzco an, wo der junge Inka Manco ihnen entgegenkam und ihnen ein Bündnis anbot, falls Francisco Pizarro ihm helfe, gegen die Quitotruppen des Quizquiz, unter denen Cuzco so lange zu leiden gehabt hatte, vorzugehen. Diesmal griff Pizarro nicht zur Methode der Geiselnahme, sondern trennte sich von Manco in Freundschaft.

Vor Cuzco kam es noch zu kleinen Gefechten. Starke Gruppen, vor allem Fremdvöl-ker wie Cañares und Chachapoyas, liefen zu den Spaniern über und beteiligten sich

---

[2] Sancho de la Hoz in: Die Eroberung Perus in Augenzeugenberichten, S. 125–127.

[3] Waldemar Espinoza Soriano: La destrucción del Imperio de los Incas, S. 131: „Nach einem königlichen Erlaß, ausgestellt in Pamplona am 9. November 1526, war es den spanischen Entdek-kern und Siedlern untersagt, Eingeborene als Hilfstruppen einzusetzen. Dieser wie viele andere Erlasse wurde bereits an dem Tage, als er in Indien eintraf, außer acht gelassen."

[4] Ebd. S. 119.

[5] Am 12. November 1533 noch vor dem Einzug in Cuzco wurde Chalcochima in Jaquijahuana deshalb von den Spaniern verurteilt und auf dem Scheiterhaufen verbrannt. J. A. del Busto D.: Hi-storia General del Perú, S. 104.

[6] W. Espinoza S.: La destrucción del Imperio de los Incas, S. 133.

[7] Ebd. S. 119.

[8] Unter den Indios gleich welcher Parteiung gingen die Verluste in die Tausende.

wie auch die Huancas am folgenden Tag an der Plünderung der heiligen Stadt. Die Quitotruppen hatten sich in der Nacht zurückgezogen.

Der Marsch von Cajamarca nach Cuzco hatte ca. drei Monate gedauert. Am 15. November 1533, ein Jahr nach der Gefangennahme Atahualpas, zog Pizarro in die Inkametropole ein. Der hier abgedruckte Bericht über den Einzug der Spanier in Cuzco stammt aus der Feder von Pizarros Sekretär Sancho de la Hoz[9].

Lit.: Raúl Porras Barrenechea: Los Cronistas del Perú (1528–1650). Lima 1962, S. 99–105 – Lieselotte u. Theo Engl: Glanz und Untergang des Inkareiches. München ¹1967, ²1981 S. 129–133 – Waldemar Espinoza Soriano: La destrucción del Imperio de los Incas. Lima ¹1973, ²1977. S. 94–134 – Die Eroberung Perus in Augenzeugenberichten. Hg. u. eingel. v. Lieselotte u. Theo Engl. München ¹1975, ²1977, S. 125–157 – José António del Busto Duthurburu: Historia General del Perú – Descubrimiento y Conquista. Lima 1978, S. 97–106.   Engl

Hier [im Hochtal Jaquijahuana vor Cuzco] rasteten die Spanier in jener Nacht. Sie hatten genügend Wachen im Feld aufgestellt; denn es hieß, Quizquiz sei mit allen seinen Leuten in der Nähe.

Am nächsten Morgen suchte den Gobernador [Pizarro] ein Sohn von Huayna Capac auf, ein Bruder des toten Kaziken. Es war der größte und bedeutendste Herr, den es damals in diesem Lande gab; er befand sich aber fortwährend auf der Flucht, weil er fürchtete, von den Quitoleuten ermordet zu werden. Er sagte dem Gobernador zu, er werde ihm, soweit es in seinen Kräften stehe, bei der Vertreibung der Quitoleute helfen, denn sie seien seine Feinde und haßten ihn und wollten sich keinen Fremden unterwerfen. Ihm stand die Provinz von Rechts wegen zu, und alle dortigen Kaziken wollten ihn als ihren Herrn. Als er den Gobernador aufsuchte, kam er über die Berge, denn er mied aus Furcht vor Quitoleuten die Straßen. Der Gobernador zeigte sich über sein Kommen sehr befriedigt und erwiderte: „Ich bin sehr erfreut über deine Worte und auch über deine Bereitschaft, diese Quitoleute zu vertreiben. Du sollst wissen, daß ich nur deshalb von Jauja gekommen bin, um sie daran zu hindern, dir Schaden zuzufügen, und um dich von ihrer Unterdrückung zu befreien. Du kannst mir glauben, daß ich nicht aus Eigennutz komme; denn mir erschien bereits in Jauja der Krieg mit den Quitoleuten unvermeidlich,

---

[9] Pedro Sancho de la Hoz (?–1547) war von Juli 1533 bis zum 15. Juli 1534 Sekretär von Francisco Pizarro. Seine „Relación de la Conquista del Perú", abgeschlossen in Jauja/Perú am 15. Juli 1534, ist der offizielle Bericht von Pizarros Marsch von Cajamarca nach Cuzco. Das Originalmanuskript ist verschollen. Erhalten ist nur eine Übersetzung ins Italienische in den Reiseberichten des Ramusio in: Terzo volume delle navigationi et viaggi, fol. 398v–414v: Relatione per sua maesta di quel che nel conquisto & pacificatione di queste provincie della nuova Castiglia è successo & della qualità del paese dopo che il capitano Fernando Pizarro si parti & ritorno á sua Maesta. Il rapporto del conquistamento di Caxamalca & la prigione del cacique Atabalipa. Venecia, di Hiunti, 1550. Der Mexikaner J. García Icazbalceta fertigte 1849 eine Rückübersetzung ins Spanische an. Es gibt auch eine Übersetzung ins Englische von Ph. A. Means. Die Sammlung von Reiseberichten des Ramusio wird zur Zeit neu ediert unter dem Titel „Navigazioni e viaggi" durch Marica Milanesi. Bisher erschienen vier Bände (Torino 1978–83); der Bericht des Sancho de la Hoz wird in Band 6 abgedruckt sein. Weitere bibliographische Angaben sind in R. Porras Barrenechea: Los Cronistas del Perú, S. 101, zu finden.

14. Die Konquista des Inka-Reiches und die erste Durchquerung Südamerikas:

—————— Francisco Pizarro (Januar 1531–November 1533)

· · · · · Diego de Almagro (1535–1537)

— · — · Francisco de Orellana (1542)

— — — Pedro de Valdivia (1546–1547)

und ich hätte mir die Mühen des langen und beschwerlichen Marsches sparen
können. Ich wußte jedoch um das Unrecht, das sie dir antaten, und wollte
kommen, um es zu rächen und ihm ein Ende zu machen, wie es mir mein
Herr, der Kaiser, aufgetragen hat. Und so kannst du sicher sein, daß ich für
dich alles tun werde, was mir dienlich scheint, und daß ich auch alles unternehmen werde, um die Cuzcoleute von dieser Tyrannei zu befreien."

Diese großen Versprechungen machte ihm der Gobernador, um ihn sich ge-
wogen zu machen und um von ihm in Zukunft laufend Nachricht über den
Stand der Dinge zu erhalten. Der Kazike war auch äußerst befriedigt, und
ebenso alle, die mit ihm gekommen waren. Und er antwortete ihm: „Von heute an werde ich dir genau berichten, was die Quitoleute unternehmen, damit
sie dich nicht behelligen." Danach verabschiedete er sich von ihm mit den
Worten: „Ich wollte gerade fischen gehen, da ich weiß, daß die Spanier morgen kein Fleisch essen; dabei stieß ich auf diesen Boten, der mir mitteilte,
Quizquiz habe mit seinem Kriegsvolk vor, Cuzco niederzubrennen; er sei
schon in der Nähe. Mir lag daran, es dir mitzuteilen, damit du es verhinderst."
Da befahl der Gobernador, alle Leute sollten sich bereithalten. Obwohl es
Mittag war, wollte er sich angesichts der Gefahr nicht mit dem Essen aufhalten, sondern marschierte mit allen Spaniern direkt auf Cuzco zu, das noch
etwa vier Meilen entfernt war. Er hatte die Absicht, kurz vor der Stadt sein Lager aufzuschlagen, um am frühen Morgen des kommenden Tages einzuziehen. Nach zwei Meilen Weges sah er in der Ferne eine große Rauchfahne aufsteigen. Als er sich bei einigen Indios nach der Ursache erkundigte, erfuhr er,
eine Abteilung von Quizquiz sei den Berg heruntergekommen und habe Feuer
gelegt. Zwei Hauptleute mit ungefähr vierzig Mann zu Pferde eilten voraus,
um den Indiotrupp abzufangen. Dieser vereinigte sich aber rasch wieder mit
dem Kriegsvolk des Quizquiz und der anderen Anführer, das sich auf einer
Anhöhe eine Meile vor Cuzco postiert hatte und die Christen auf halber Strek-
ke auf einem Paß erwartete. Als die beiden Hauptleute und die übrigen Spanier das Kriegsvolk sahen, war es nicht mehr möglich, einer Begegnung auszuweichen, obwohl der Gobernador seine Leute angewiesen hatte, zu warten,
bis die anderen zu ihnen aufgeschlossen hätten. Dies hätten sie auch befolgt,
wenn die Indios sich nicht vorher mit großer Heftigkeit ihnen entgegengewor-
fen hätten. So fielen sie ihrerseits am Fuß eines Hügels über die Indios her, bevor diese sie erreicht hatten. Binnen kurzer Zeit hatten sie sie überwältigt, trieben sie in die Flucht auf die Berge und töteten zweihundert von ihnen. Eine
andere Abteilung von Berittenen kam über einen anderen Bergabhang, wo
sich zwischen zweitausend und dreitausend Indios befanden. Diese hatten gar
keinen Mut mehr, sich ihnen entgegenzustellen, sondern ließen die Lanzen
fallen, um schneller laufen zu können, und ergriffen die Flucht.

Nachdem die erste Truppe jene zwei Abteilungen überwältigt und in Verwirrung gestürzt hatte, so daß sie auf die Berghöhen flohen, sahen zwei
schnelle Reiter der Spanier, daß einige Indios wieder zurückkamen. Sogleich
verwickelten sie sie in einen Kampf, und wenn sie nicht rechtzeitig Hilfe be-

kommen hätten, wären sie in äußerste Gefahr geraten. Einem der beiden töteten die Indios das Pferd, was ihren Mut so anfeuerte, daß sie weitere drei oder vier Pferde verletzten, sowie auch einen Christen, und die Spanier zwangen, in die Ebene zurückzuweichen. Da die Indios bis dahin die Christen noch nie auf dem Rückzug gesehen hatten, vermuteten sie darin eine Kriegslist, um sie in die Ebene zu locken und dort anzugreifen, wie es in Vilcas geschehen war. Das berieten sie untereinander und blieben deshalb zusammen und wollten die Spanier nicht ins Tal verfolgen. Da traf der Gobernador mit den übrigen Spaniern ein und sie schlugen, da es schon spät war, dort das Lager auf. Die Indios hielten sich bis Mitternacht auf dem Berg etwa einen Musketenschuß entfernt unter ständigem Kriegsgeschrei. Die Spanier wachten die ganze Nacht und ließen die Pferde gesattelt. Ganz früh am nächsten Tage ordnete der Gobernador sein Fußvolk und seine Reiter zum Einzug in die Stadt Cuzco und brach beim Morgengrauen auf mit großer Vorsicht und immer gewärtig, daß die Feinde ihn auf dem Wege überfallen könnten; aber niemand war zu sehen. Zur Stunde der Hauptmesse, am Freitag, dem 15. November im Jahre des Herrn unseres Erlösers und Erretters Jesus Christus MDXXXIII, hielt der Gobernador so mit seinen Leuten Einzug in jene große Stadt Cuzco ohne Kampf und Widerstand.

Auf Anordnung des Gobernadors machten die Spanier in den Gebäuden am Hauptplatz der Stadt Quartier. Bei Nacht mußten sie jedoch mitsamt den Pferden auf den Platz heraus und in den Zelten schlafen, denn man konnte nicht wissen, was der Feind vorhatte. Diese Vorsichtsmaßnahmen befolgte man einen ganzen Monat lang.

Am Tage darauf setzte der Gobernador jenen Sohn Huayna Capacs [Manco] zum Herrn [über Tahuantisuyu] ein, weil er jung, klug und ansprechend war und darüber hinaus auch der ranghöchste von allen damals Anwesenden. Auch von Rechts wegen stand ihm die Herrschaft zu. Der Gobernador faßte diesen Entschluß so rasch, damit die Vornehmen und Kaziken aus den verschiedenen weit voneinander entfernten Provinzen nicht in ihre Länder zurückkehrten und damit die Einwohner keine Gelegenheit bekämen, sich mit den Quitoleuten zu verbünden. Sie sollten ihren eigenen Herrn haben, dem sie huldigten und gehorchten, und keine Parteien bilden. So befahl der Gobernador allen Kaziken, ihn [Manco Inca] als ihren Herrn anzuerkennen und seinen Anordnungen Folge zu leisten.

Daraufhin wies er diesen neuen Kaziken an, zahlreiches Kriegsvolk zum Kampf gegen Quizquiz und zur Vertreibung der Quitoleute aufzubieten. Da er nun der Herr sei, ginge es nicht an, daß sich ein anderer weiterhin gegen seinen Willen in seinem Land aufhalte. Dies und anderes erklärte der Gobernador öffentlich, damit alle die Gunst und Zuneigung sehen konnten, die er ihm bewies, nicht, um daraus Vorteil für die Spanier zu ziehen, sondern allein zu seinem Nutzen. Der Kazike war über diesen Auftrag sehr erfreut und rief innerhalb von vier Tagen mehr als fünftausend gut bewaffnete Indios zusammen. Der Gobernador teilte ihnen einen seiner Hauptleute mit fünfzig Reitern zu, während er selbst mit dem Rest seiner Leute zurückblieb, um die Stadt zu bewachen. Nach zehn Tagen kehrte der Hauptmann zurück und berichtete dem Gobernador, was sich ereignet hatte:

Bei Einbruch der Nacht hatte er mit seinen Leuten das Lager Quizquiz', das fünf Meilen entfernt lag, erreicht; der Kazike hatte ihn auf einem Schleichweg dorthin geführt. Doch bevor er zum feindlichen Lager kam, stieß er unterwegs auf zweihundert Indios, die sich in einer Senke verschanzt hatten. Wegen des unwegsamen Geländes konnte er sie nicht aus ihrer Stellung vertreiben und es war ihm auch nicht möglich, ihnen zuvorzukommen und zu verhindern, daß sie im feindlichen Lager sein Anrücken meldeten. Obwohl diese Indios sich in einer schwer einnehmbaren Stellung befanden, wagten sie nicht, seinen Angriff abzuwarten, sondern zogen sich auf die andere Seite einer Brücke zurück. Diese Brücke war ohnehin unpassierbar, denn von einem darüber gelegenen Berg warfen die dort versammelten Indios so viele Felsbrocken herunter, daß niemand vorbeikommen konnte. Da das Gelände äußerst unwegsam und der Ort uneinnehmbar war, kehrten sie [die Spanier] um. Der Hauptmann berichtete noch, daß zweihundert Indios getötet worden seien, und der Kazike sei über das Erreichte sehr erfreut gewesen. Auf dem Rückweg zur Stadt führte er ihn über einen anderen, kürzeren Weg, wo der Hauptmann an vielen Stellen große Mengen aufgehäufter Steine fand, die dort zur Verteidigung gegen die Christen bereitgelegt waren. Einen der Pässe fand er so steil und beschwerlich, daß er mit seinen Leuten große Schwierigkeiten hatte und nicht mehr weiterkonnte. Da erwies sich die wahre und ungeheuchelte Freundschaft des Kaziken zum Gobernador und den Christen, denn er führte sie aus diesem Weg heraus, wo kein Spanier hätte entrinnen können. Nach den Worten des Hauptmanns waren sie keinen Musketenschuß weit durch ebenes Gelände gekommen, seitdem sie die Stadt verlassen hatten. Die ganze Gegend war gebirgig, steinig und äußerst unwegsam, und er wäre umgekehrt, wenn er nicht zum ersten Mal mit dem Kaziken unterwegs gewesen wäre, von dem er sich nicht Furchtsamkeit nachsagen lassen wollte.

Der Gobernador wollte ursprünglich die Feinde verfolgen und aus ihrer Stellung vertreiben lassen. Als er jedoch hörte, wie schwierig das Gelände war, zeigte er sich zufrieden mit dem Erreichten. Der Kazike berichtete, er habe seine Leute gegen die Feinde in Marsch gesetzt und erwarte, daß sie ihnen beträchtliche Verluste zufügen würden. Innerhalb von vier Tagen kam die Kunde, daß tausend Indios gefallen seien. Da beauftragte der Gobernador den Kaziken erneut, noch mehr Truppen auszuheben, die er zusammen mit seinen Reitern gegen den Feind ziehen lassen wollte, denn er gedachte nicht zu ruhen, bis die Feinde aus dem Land vertrieben wären. Von dem Streifzug zurückgekehrt, zog sich der Kazike drei Tage zum Fasten in ein Haus auf einem Berge zurück, das sein Vater gebaut hatte; dann ging er auf die Plaza, wo die Männer des Landes entsprechend dem hiesigen Brauch ihm, wie schon damals dem Kaziken Tupac Huallpa in Cajamarca, zum Zeichen des Gehorsams den weißen Federbusch überreichten. Danach berief er alle Kaziken und Würdenträger des Landes zu sich und hielt ihnen eine Ansprache darüber, wieviel Schaden die Quitoleute in seinem Land anrichteten, und wie nützlich es für alle sei, wenn dem ein Ende gemacht würde. Daraufhin wies er sie an, Leute einzuberufen und zu bewaffnen, um gegen die Quitoleute zu ziehen und sie aus ihrer Stellung zu vertreiben. Diesem Befehl leisteten seine Hauptleute sogleich Folge und brachten es tatsächlich zuwege, in solch kurzer Zeit Truppen auszuheben. So trafen im Zeitraum von acht Tagen mehr als zehntausend ausgesuchte Krieger in Cuzco ein; der Gobernador gab ihnen einen Capitán mit fünfzig schnellen Reitern bei. Sie alle sollten am letzten Weihnachtsfeiertag [1533] aufbrechen. Zuvor aber ging der Gobernador, um den Friedens- und Freundschaftsbund mit dem besagten Kaziken und seinen Leuten zu bekräftigen, mit zahlreichen Leuten aus seinem Gefolge nach der Weihnachtsmesse auf die Plaza, wo der Kazike und die Würdenträger des Landes mit ihrem Kriegsvolk neben den Spaniern Platz nahmen, der Kazike auf einem erhöhten Sitz und seine Leute im Umkreis auf dem Boden.

Der Gobernador hielt ihnen die für einen solchen Anlaß übliche Rede, und ich als sein Sekretär und Amtsschreiber des Heeres las auf seine Veranlassung das von S. M. vorgeschriebene Requerimiento [Amtsschrift der Inbesitznahme eines neueroberten Landes und Angebot der christlichen Heilsbotschaft] vor. Der Inhalt wurde ihnen von einem Dolmetscher erklärt. Sie verstanden alles gut, denn sie beantworteten sämtliche Fragen. Man forderte sie auf, sich als Vasallen S. M. zu betrachten, und der Gobernador nahm ihn [Manco] mit der gleichen Feierlichkeit als Freund und Verbündeten an wie damals den Tupac Huallpa. Die königliche Standarte wurde zweimal gehoben und beim Schall der Trompeten umarmte der Gobernador sie [die neuen Vasallen] herzlich zum Zeichen seiner Freundschaft. Die weiteren Zeremonien beschreibe ich nicht, um nicht zu ermüden. Zum Abschluß stand der Kazike auf, nahm einen goldenen Becher und gab eigenhändig dem Gobernador und den Spaniern zu trinken. Schließlich gingen sie essen, da es schon spät war.

[Sancho de la Hoz berichtet im weiteren von dem Mißtrauen der meisten Spanier gegen den Prinzen Manco und seinen Anhang, das dieser nur mit kriegerischen Erfolgen gegen die Heeresmacht des Quitogenerals Quizquiz und durch immer neue Truppenaushebungen – einmal 25 000, dann 4 000 und wieder 2 000 usw. für die Spanier – entkräften kann. Die Ankunft der Invasionstruppe des Pedro de Alvarado in Peru als eines unerwünschten Konkurrenten für Pizarro wird flüchtig gestreift, die Gründung des spanischen Cuzco erwähnt und Stadt, Umgebung und Zitadelle von Cuzco werden als eine Art Weltwunder beschrieben.]

Die Stadt Cuzco – die wichtigste von allen Städten, wo die großen Herren ihre Residenz hatten – ist so groß und schön, daß sie sich sogar unter den Städten Spaniens sehen lassen könnte. Sie ist voller Adelspaläste, denn in ihr wohnen keine armen Leute, und jeder Herr [aus Inkageschlecht] baut sich dort ein Haus und ebenso alle Kaziken, auch wenn diese nicht dauernd dort wohnen.

Die meisten Häuser sind aus Stein und bei den übrigen ist die halbe Fassade aus Stein gemauert. Viele Häuser sind aus Lehm, aber alle sehr ordentlich gebaut. Die Straßen sind sehr gerade und treffen rechtwinklig aufeinander, alle sind gepflastert, mit einer steinverkleideten Wasserleitung in der Mitte. Sie haben den Nachteil, daß sie recht eng sind, denn auf jeder Seite der Wasserrinne hat nur ein Reiter Platz.

Die Stadt liegt sehr hoch; viele ihrer Häuser stehen am Hang, andere unten in der Ebene. Die Plaza ist quadratisch, zum größten Teil eben und mit Kieselsteinen gepflastert; außen herum stehen die vier wichtigsten Herrenhäuser der Stadt, alle gemauert und angemalt, und das vornehmste davon gehört Huayna Capac, dem alten Kaziken. Sein Portal ist aus weißem, rotem und buntem Marmor; an das Haupthaus schließen sich noch mehrere repräsentative Anbauten mit flachen Dächern an.

In der Stadt finden sich noch viele Wohn- und Herrenhäuser; sie wird auf beiden Seiten umflossen von zwei Flüssen, die eine Meile oberhalb von Cuzco entspringen. Diese sind von ihrer Quelle bis zur Stadt und noch bis zwei Meilen unterhalb ganz mit Steinplatten eingefaßt, damit das Wasser klar und sauber dahinfließen kann und auch bei Hochwasser nicht über die Ufer tritt; sie werden von Brücken überquert, die in die Stadt hineinführen.

Oben auf dem Berg, der zur Stadt hin rund gewölbt und sehr felsig ist, liegt eine sehr schöne Festung aus Lehm und Stein, mit großen Fenstern, die zur Stadt hinschauen und sie noch schöner erscheinen lassen. Ihr Inneres beherbergt viele Räume, in der Mitte liegt ein Hauptturm, der würfelförmig aus vier oder fünf aufeinanderliegenden Blöcken geschichtet ist. Die Wohn- und Aufenthaltsräume darin sind klein, und die Steine, aus denen der Turm besteht, sind so gut behauen und zusammengefügt, daß es scheint, als ob gar kein Mörtel dazu verwendet worden wäre. Die Steine erscheinen so glatt wie gehobelte Bretter und sind so wie in Spanien Fuge gegen Fuge zusammengesetzt. Es gibt so viele Räume und Türme dort, daß eine Person die ganze Festung nicht an einem Tag besichtigen könnte; viele Spanier, die in der Lombardei und anderen ausländischen Königreichen waren, sagen, daß sie noch kein vergleichbares Bauwerk und keine stärkere Burg gesehen haben. 5 000 Spanier fänden darin Platz; man kann sie weder beschießen noch untergraben, denn sie liegt auf einem Felsen. Zur Stadt hin, wo der Berg sehr steil abfällt, wird sie nur von einer Befestigungsmauer begrenzt; auf der anderen, weniger unwegsamen Seite umgeben sie drei Wälle, von denen einer höher liegt als der andere; der innerste liegt am höchsten. Diese Wälle sind das Schönste, was man in diesem Land an Bauwerken finden kann, denn sie sind aus so großen Steinen gefügt, daß keiner, der sie sieht, glauben würde, daß sie von Menschenhand dort hingesetzt wurden. Diese Steine sind so groß wie Felsblöcke; darunter gibt es manche von 30 Spannen Höhe, andere von ebensolcher Breite, andere von 25 und wieder andere von 15 Spannen, aber es ist keiner so klein, daß ihn drei Karren transportieren könnten. Alle diese Steine sind nicht glatt, aber sehr gut ineinandergepaßt und zusammengefügt.

Die Spanier, die sie sehen, sagen, weder die Brücke von Segovia noch irgendein Bauwerk des Herkules oder der Römer sei so eindrucksvoll wie dieses. Die Stadt Tarragona besitzt in ihrer Stadtbefestigung einige Bauwerke dieser Art, jedoch nicht von solcher Stärke und auch nicht aus großen Steinen gefügt.

Diese Wälle verlaufen im Zickzack, so daß man sie nicht im rechten Winkel von vorn beschießen kann, sondern nur schräg von außen. Sie sind alle aus derselben Art von Steinen, und zwischen den Außenmauern ist so viel Erde aufgeschüttet, daß darauf drei Karren nebeneinander Platz haben. Sie sind in drei Stufen angelegt, die aneinander anschließen.

Diese ganze Festung ist ein Lager voller Waffen, Keulen, Lanzen, Bogen, Pfeilen, Beilen, Rundschilden, festen gepolsterten Baumwoll-Wämsern und anderen Waffen verschiedener Art sowie Soldatenkleidung, die aus allen Himmelsrichtungen aus den von den Herren von Cuzco beherrschten Gebieten hierher zusammengetragen wurden.

Es gibt auch viele Farben zum Bemalen: blau, gelb, braun und viele andere, Wäsche und viel Zinn und Blei, zusammen mit anderen Metallen, viel Silber und etwas Gold sowie eine große Zahl Decken und gepolsterte Wämser für die Krieger. Daß diese Festung so kunstfertig angelegt ist, liegt daran, daß sie, als die Stadt gegründet wurde, von einem großen Herrn *(orejón)* erbaut wurde, der aus der Gegend von Contisuyo nahe am Meer kam. Er war ein großer Kriegsmann und eroberte dieses Land bis hin nach Vilcas. Als er sah, daß dies der beste Ort war, um sich niederzulassen, gründete er diese Stadt mit ihrer Festung. Alle nachfolgenden Herrscher nahmen Verbesserungen an der Festung vor, so daß sie im Laufe der Zeit immer mehr erweitert und vergrößert wurde.

Von dieser Festung aus sieht man rund um die Stadt Häuser in einer Viertelmeile, einer halben und einer ganzen Meile Entfernung liegen, und in dem Tal, das in der Mitte von Befestigungsanlagen eingeschlossen ist, gibt es mehr als einhunderttausend Häuser. Viele davon dienten den früheren Herrschern zum Vergnügen und zur Erholung, andere gehörten den Kaziken aus dem ganzen Land, die ihren ständigen Wohnsitz in der Stadt haben. Die übrigen Häuser sind Lager voller Decken, Wolle, Waffen, Metalle und Kleidung und all den Dingen, die das Land hervorbringt oder die dort hergestellt werden. Da sind Häuser, wo der Tribut der Vasallen an die Kaziken [Inkas] gelagert wird; da gibt es Häuser, wo mehr als einhunderttausend getrocknete Vögel aufbewahrt werden, denn aus deren bunten Federn werden Gewänder hergestellt; ähnlichen Zwecken dienen viele Häuser. Dort gibt es Rundschilde, Lederschilde, Balken zum Decken der Häuser, Messer und anderes Gerät. Hanfschuhe und Brustpanzer für die Krieger, und alles in solchen Mengen, daß man gar nicht begreifen kann, wie die Vasallen so viele und so verschiedenartige Dinge als Tribut haben aufbringen können.

Jeder verstorbene Herr hat da sein Haus für den Tribut, der ihm zu Lebzeiten gezollt wurde, denn kein Nachfolger (und das ist dort so Gesetz) darf

nach dem Tod seines Vorgängers dessen Besitz erben. Jeder hat sein eigenes
Gold- und Silbergeschirr, sein Gerät und Gewand, und davon nimmt sein
Nachfolger nichts weg. Die verstorbenen Kaziken und Herren behalten ihre
Lusthäuser mit der entsprechenden Dienerschaft an Knechten und Mägden,
die für sie weiter Mais anbauen und ihnen davon einen kleinen Teil auf das
Grab legen.

Sie beten die Sonne an und haben ihr viele Tempel gebaut, und von allem,
was sie haben, sei es Kleidung, Mais oder andere Dinge, opfern sie der Sonne,
und danach kommen die Opfergaben dem Kriegsvolk zugute.

[Hierauf folgt eine Beschreibung der ersten spanischen Erkundung des Gebiets um den Titicacasee].

Cuzco ist die Hauptstadt und wichtigste Provinz unter allen anderen, und
von dort bis zur Küste von San Mateo [Nordekuador] und in der anderen
[südöstlichen] Richtung bis über die Provinz Collao hinaus [heutiges Boli-
vien], die ganz von pfeilschießenden Kariben [gemeint sind kriegerische In-
dios] bewohnt wird, ist alles Land einem Herrn untertan, zuletzt Atahualpa
und vor ihm anderen Herren; gegenwärtig herrscht über das ganze Land jener
[Manco], ein anderer Sohn Huayna Capacs.

Dieser Huayna Capac, der so gefürchtet wurde und dessen Name so oft zu
hören war – und das sogar noch heute nach seinem Tod –, wurde von seinen
Vasallen sehr geliebt. Er unterwarf große Provinzen und machte sie tributpflichtig. Alle gehorchten ihm vollkommen und verehrten ihn fast wie einen
Gott. Sein Leichnam ist eingehüllt in kostbare Tücher und fast unversehrt in
der Stadt Cuzco; nur die Nasenspitze fehlt. Es finden sich auch Abbilder aus
Gips oder Ton, die nur mit seinen abgeschnittenen Haaren und Fingernägeln
und den Kleidern versehen sind, die er zu Lebzeiten trug, und diese Bilder
werden von diesen Leuten so verehrt, als wären sie Götter. Sie tragen ihn oft
mit Musik und Tanz auf die Plaza heraus, bleiben Tag und Nacht an seiner
Seite und halten die Fliegen von ihm fern.

Wenn einer von den höhergestellten Herrschaften dem Kaziken [Manco]
seine Aufwartung macht, geht er zuerst diese Figuren begrüßen, dann erst den
Kaziken, und alle vollführen mit ihnen große Zeremonien, deren Beschreibung hier zu weit führen würde. Zu diesen Festen auf der Plaza kommen wohl
mehr als einhunderttausend Menschen zusammen. Es stellte sich als glücklicher Griff heraus, daß man den Sohn Huayna Capacs zum Oberkaziken gemacht hatte, denn alle Kaziken und Herren des Landes und auch der entle-
gendsten Provinzen kamen, ihm ihre Dienste anzubieten und durch ihre Ehrerbietung ihm gegenüber auch dem Kaiser Gehorsam zu bezeigen.

Die Konquistadoren hatten viele Mühen zu überstehen, denn das ganze
Land gehört zu den gebirgigsten und unwegsamsten Gegenden, in denen man
mit den Pferden kaum mehr durchkommt, und man kann sich durchaus vorstellen, daß die Spanier nie bis nach Cuzco gelangt wären, wenn nicht die
Feindseligkeiten zwischen den Quitoleuten und den Einwohnern und Herren
von Cuzco und seiner Provinz bestanden hätten. Die Spanier wären nicht ein-

mal zahlreich genug gewesen, um über Xauxa [Jauja] hinauszukommen. Um bis ins Innere vorzudringen, hätten sie eigentlich mehr als 500 sein müssen, und um sich dort zu halten, hätte es einer noch größeren Zahl bedurft, denn das Land ist so weit und unwegsam und es gibt dort Berge und Pässe, die zehn Mann gegen zehntausend verteidigen können. Der Gobernador hatte niemals vor, mit weniger als 500 Christen auszuziehen, um Cuzco zu erobern, zu befrieden und tributpflichtig zu machen. Als er jedoch von der großen Uneinigkeit hörte, die zwischen den Cuzco- und den Quitoleuten herrschte, beschloß er, mit den wenigen Christen, die er hatte, auszuziehen, um jene von Knechtschaft und Unterdrückung zu befreien und das Unrecht und den Schaden abzuwenden, die diesem Land von den Quitoleuten widerfuhr, und Gott war ihm gnädig.

Auch hätte der Gobernador sich niemals auf den langen und mühevollen Zug [nach Cuzco] eingelassen und damit das ganze Unternehmen gefährdet, wenn er nicht hätte vertrauen können auf seine Spanier, die er bei so vielen Eroberungszügen erprobt und als geschickte, erfahrene, mit diesem Land vertraute und an die Mühsale des Kriegshandwerks gewöhnte Männer kennen und schätzen gelernt hätte.

Das bewiesen sie voll und ganz auf diesem Kriegszug bei Regen und Schnee, indem sie viele Flüsse durchschwammen, hohe Gebirge überwanden und manche Nacht auf nacktem Erdboden schliefen, ohne Essen und Trinken und Tag und Nacht unter vollen Waffen und auf der Hut vor Feinden. Sie bewiesen es, indem sie gleich nach Beendigung des Krieges auszogen, um viele aufständische Kaziken und Provinzen zu unterwerfen, und indem sie von Xauxa nach Cuzco kamen, wo sie zusammen mit ihrem Gobernador so viele Strapazen auf sich nahmen und ihr Leben so oft in Flüssen und Gebirgen aufs Spiel setzten, wobei viele Pferde abstürzten und umkamen.

Dieser Sohn des Huayna Capac bringt den Christen viel Freundschaft entgegen und stimmt in vielem mit ihnen überein, weshalb die Spanier unendliche Anstrengungen unternahmen, um ihn an der Herrschaft zu erhalten; sie zeigten insgesamt so große Tapferkeit in all diesen Unternehmungen und nahmen solche Leiden auf sich, wie nur irgendwelche anderen Spanier im Dienste des Kaisers es je tun konnten. Und so wundern sich die Spanier, die an diesen Unternehmungen teilgenommen haben, sogar selbst bei der Erinnerung an das, was sie vollbracht haben, und wissen gar nicht, wie sie all das überleben und solche Strapazen und Entbehrungen überstehen konnten.

Aber dennoch sind sie davon überzeugt, daß all dies wohlgetan war und machen sich von neuem erbötig, wenn dies erforderlich würde, noch größere Mühen auf sich zu nehmen und jene Völker zu bekehren und unseren heiligen katholischen Glauben zu predigen und zu preisen. Von der Größe und Lage des vorgenannten Landes soll hier nicht mehr die Rede sein, und es bleibt nur, unserem Gott und Herrn zu danken und ihn zu preisen, denn es hat ihm gefallen, so offenkundig das Anliegen Seiner Majestät und damit auch das Schicksal dieser Länder mit gnädiger Hand zu leiten, so daß die Länder durch seine göttliche Vorsehung erleuchtet und auf den wahren Weg der Erlösung gebracht worden sind. Möge es Gott in seiner unendlichen Güte gefallen, daß es von nun an immer besser gehe, durch das Eintreten seiner heiligen Mutter, Fürsprecherin all unserer Schritte, auf daß er alles zu einem guten Ende führe.

Hiermit endet der Bericht in der Stadt Xauxa am 15. Tag des Monats Juli des Jahres 1534, den ich, Pedro Sancho, Oberster Notar in diesem Reich Neukastilien und Sekretär des Gobernadors Francisco Pizarro, auf sein und der Beamten Seiner Majestät Geheiß getreulich niedergeschrieben habe, genauso, wie sich alles ereignet hat; nach der Abfassung habe ich ihn in Anwesenheit des Gobernadors und der Beamten Seiner Majestät vorgelesen, und die Richtigkeit des Sachverhalts wurde durch die eigenhändige Unterschrift des Gobernadors und der Beamten Seiner Majestät bestätigt. Francisco Pizarro. – Alvaro Riquelme. – António Navarro. – Garcia de Salcedo. – Auf Geheiß des Gobernadors und der Beamten. – Pedro Sancho.

Aus: Pedro Sancho de la Hoz: Relación de lo sucedido en la conquista y pacificación de estas provincias de la Nueva Castilla, y de la calidad de la tierra, después que el capitán Hernando Pizarro se partió y llevó a Su Magestad la relación de la victoria de Caxamalca y de la prisión del Cacique Atabalipa. In: Obras completas de J. García Icazbalceta. Vol. 8, S. 299–423 (Biblioteca de autores méxicanos). México 1898, S. 372–381, 407–413, 419–423.   Engl/De

84. Konquistadoren-Alltag auf der Suche nach El Dorado: Nicolaus Federmann in Venezuela (1530/1531)

Im Jahr 1528 hatte das Augsburger Handelshaus der Welser von der spanischen Krone die Statthalterschaft über eine noch zu erschließende und zu besiedelnde Provinz zwischen Kap Vela und Kap Maracapana – über einen Landstrich, der etwa dem heutigen Venezuela entsprach – samt allen Nutzungsrechten daran erhalten. Zwei Jahre später erreichte der Ulmer Nicolaus Federmann im Auftrag der Augsburger Gesellschaft mit einer Verstärkung Coro, die Hauptstadt der neuen Provinz. Dort wurde er vom Gouverneur Ambrosius Alfinger vorübergehend zum Statthalter ernannt. Er benutzte einen Genesungsurlaub Alfingers in Santo Domingo – dem damaligen Sitz der Welser-Faktorei in der Neuen Welt –, um eigenmächtig eine Expedition auszurüsten, mit der er sich unverzüglich auf die Suche nach dem Südmeer und dem sagenhaften Goldland Omagua machte. Dabei drang er tief ins Landesinnere vor und überquerte als erster Europäer die Kordilleren-Bresche von Barquisimeto, den wichtigsten Zugang zum riesigen Hinterland Venezuelas, durch den später Joerg von Hohermuth, Philipp von Hutten und er selbst bei seiner Expedition von 1537–1539 ins Hochland von Bogotá zogen. Federmann unterschied sich, was Wagemut, Härte und Grausamkeit anlangt, in nichts von den typischen Konquistadoren seiner Zeit, mit denen ihn die Forschung auf eine Stufe stellt. Seinen Zug von 1530/31 hat er in der erstmals 1557 erschienenen „Indianischen Historia" beschrieben, die zu den bedeutendsten Zeugnissen der Entdeckung Venezuelas gehört.

Lit.: Konrad Haebler: Die überseeischen Unternehmungen der Welser und ihrer Gesellschafter. Leipzig 1903 – Juan Friede: Vida y viajes de Nicolás Féderman, conquistador, poblador y confundador de Bogotá, 1506–1542. Bogotá 1960 – Juan Friede:

Los Welser en la conquista de Venezuela. Carácas-Madrid 1961 – Siegfried Huber: Entdecker und Eroberer. Deutsche Konquistadoren in Südamerika. Mit zeitgenössischen Erlebnisberichten und Dokumenten. Olten-Freiburg/Br. 1966 – Victor W. von Hagen: Auf der Suche nach dem Goldenen Mann. Die Geschichte von El Dorado. Reinbek 1977. Sch

Am nächsten Morgen, eine Stunde vor Tagesanbruch, erhoben wir uns, um weiterzuziehen, aber nicht durch das Gebiet der Caquetios, sondern durch das ihrer Feinde, der Cyparicotes, die am Gebirge wohnen. Ich ließ einen Indio im Buhío [Dorf], in dem die elf Toten lagen, lebendig an eine Säule der Barbacoa binden. Er sollte den Caquetios, die zurückkommen würden, sagen, daß ich den Kaziken und die Einwohner dieses Fleckens nur deswegen bestraft hätte, weil sie mir nicht geglaubt und gewagt hätten, sich davonzumachen. Das hätten alle, die das gleiche tun würden, zu erwarten. Diejenigen aber, die mir Glauben schenkten, würden gut behandelt, wie er gesehen hätte.

Wir benutzten einige Indios, die wir in diesem Pueblo gefangen hatten und in Ketten mit uns führten, als Führer. Sie brachten uns in ein Gehölz, bis wir den Weg verloren hatten. Wir sollten jedoch, wenn wir weiterreisten, auf einem anderen Weg zu den Cyparicotes kommen. Die Indios berichteten uns nämlich, dieser Weg sei verwachsen, weil er nur sehr wenig gebraucht würde, und zwar nur dann, wenn sie sich gegenseitig überfallen wollten. Das war jedoch nicht wahr; denn diesen Weg benutzten die Caquetios nur dazu, um Holz zum Bau ihrer Häuser zu holen. Da wir nun diesen Tag keinen anderen Weg fanden, obwohl uns die Führer damit getröstet hatten, und uns die Nacht überfiel, ließen wir uns an einem Bach nieder und behalfen uns mit der wenigen Speise, die wir mit uns genommen hatten. Es war sehr wenig; denn wir hatten gehofft, an diesem Tag Pueblos zu erreichen[1]. Ich ließ die Indios genauestens fragen, sie jedoch beharrten auf ihrer ersten Aussage. Auch am nächsten Tag erreichten wir keinen Weg, sondern zogen immer nur gegen Aufgang der Sonne durch den Wald nach Osten. Die Hoffnung verließ uns schließlich vollständig, und wir sahen ein, daß wir von den Indios betrogen worden waren. Wir hatten auch den ganzen Tag nichts gegessen, ja auch kein Wasser getrunken als das, das wir morgens von dem Ort, an dem wir gelagert hatten, mitgenommen hatten. Wir konnten von den Führern nichts erfahren, weder gütlich noch mit Strenge. Deswegen ließ ich zwei von ihnen zerhacken, um den anderen Furcht einzuflößen, aber das half ganz und gar nichts. Sie wollten lieber erstochen werden als unsere Gefangenen zu sein. Sie hatten uns diesen Weg auch nur gewiesen, um uns fehlzuleiten, damit wir Hungers stürben. Dadurch wollten sie sich an uns rächen. Es wäre ihnen auch bald gelungen. In dieser Angst konnten wir weder vor- noch zurückziehen; denn wir waren durch den Mangel an Nahrung und den großen Hunger sehr mutlos, hatten auch kein Wasser und befanden uns in einem Gehölz, in dem wir den Weg nicht wußten

---

[1] Federmanns Expedition ernährte sich fast ausschließlich von Vorräten, die sie in Eingeborenendörfern requirierte.

und auch den Rückweg nicht mehr fanden. Auch war es schwierig, die Pferde weiter zu bringen; denn sie hatten großen Durst. Nachdem einige von uns, die ich auf die höchsten Bäume geschickt hatte, etwa eine Meile entfernt eine Wiese sahen, zogen wir dorthin. Wir waren nicht weit gekommen, als die Hunde, die wir dabei hatten, etwas abseits Laut gaben, so daß wir annahmen, ein wildes Schwein, von denen es dort viele gibt, vorzufinden. Ich schickte also einige Leute den Hunden nach und hoffte, sie würden etwas jagen, damit wir unseren Hunger stillen könnten. Auch hoffte ich, daß sie Wasser fänden. Dadurch könnten wir es eher erwarten, zu einem Pueblo zu kommen. Als mein Volk aber zu den Hunden kam, fanden sie in dem Dickicht einen starken Tiger, von deren Art nachher noch gesprochen werden wird[2]. Er hatte schon zwei der Hunde zerrissen. Die Christen wagten das Tier nicht anzugreifen, sondern ein Mönch, der auch mit dabei war, lief ihn an, um ihn zu erstechen. Als der Tiger ihn anspringen wollte, verfing er sich in einem Bejuco [Lianen], von dem es viel in diesen Wäldern gibt. Das ist ein zähes Gewächs, wie die Weiden. Sie wachsen über den Weg, von einem Baum zum andern, und sind wie ausgespannte Stricke. Das war das Glück des Mönchs; denn sonst wäre ihm seine Kühnheit teuer zu stehen gekommen. Die anderen Christen kamen auch herbei und stachen das Tier nieder. Einer traf es mit seinem Spieß genau ins Maul. Da biß es ihm das Eisen in der Mitte ab, als ob es Blei gewesen wäre. Als sie es erstochen und getötet hatten, luden wir es auf ein Pferd und führten es mit uns; denn es war der größte Tiger, den ich in India gesehen habe. Das Pferd hatte genug an ihm zu tragen, und er war wegen seines Alters schon ganz gelb. Wir erreichten die obengenannte Wiese, konnten aber auch dort keinen Weg finden, sondern uns nur umsehen, ob das Land bewohnt war. Wir zogen weiter und kamen an ein kleines Bächlein, das am Ende des Gebirges durch ein Gehölz rinnt. Dort ließen wir uns nieder. An diesem Bächlein hing nämlich unser aller Heil; denn wenn wir an diesem Abend das Bächlein nicht erreicht hätten, wäre es uns sehr schlecht ergangen. Wegen des Durstes hätten wir auch viel Volk zurücklassen müssen; denn einigen fiel es schon schwer, uns zu folgen. Als der Durst gelöscht worden war und der Hunger sich bemerkbar machte, wir aber nichts zu essen hatten, aßen sie den Tiger, obwohl er sonst nicht gegessen wird; denn es ist ein sehr stinkendes und ungesundes Fleisch. Jeder von uns bekam aber nur ein etwa zwei Nüsse großes Stück. Wir hatten nämlich etwa fünfeinhalbhundert Personen bei unserem Troß, der Tiger war jedoch nur so groß wie ein halbjähriges Kalb.

Am dritten Tag zogen wir weiter und hofften, möglichst bald bewohntes Land zu finden. Gegen zwei Uhr mittags stießen wir auf einen Weg, der vom Gebirge herab auf die Ebene führte. Dieser Weg war nicht mehr als zwei Meilen von dem Platz entfernt, an dem wir die Nacht zugebracht hatten, obwohl wir von früh bis zwei Uhr nachmittags gereist waren. Aber ich kam sehr

---

[2] Federmann bezieht sich hier offenbar auf ein Werk, das er noch zu schreiben vorhatte; es ist entweder nie entstanden oder aber nicht erhalten.

schlecht mit meinem Volk voran. Ich schickte vier Reiter voraus, die diesem Weg folgen sollten und zog mit dem Rest des Volks langsam nach. Sie kamen zurück mit der Nachricht, daß sie einen Pueblo erreicht hätten, aber nicht wüßten, zu welchem Stamm die Einwohner gehörten. Sie hätten die Einwohner gesehen, die sehr aufrührig wären. Das hörten wir nicht gern. Als wir nun den Pueblo oder Flecken erreichten, fanden wir dort niemand; denn die Einwohner hatten diesen bereits verlassen. Dagegen fanden wir im Flecken eine große Menge Proviant und Nahrung, die die Einwohner vergessen hatten, mitzunehmen. Das war uns viel lieber als die Gegenwart der Bewohner. Wir ließen uns nieder und blieben bis zum vierten Tag dort. Es war der größte Hunger, den wir auszustehen hatten, und wenn es noch eine Nacht länger gedauert und wir das Bächlein nicht gefunden hätten, dann hätten wenige von uns Coro wieder erreicht. Wir hatten nämlich keine Kraft mehr, besonders diejenigen zu Fuß. Obwohl wir, wie ihr schon gehört habt, auf unserem Weg von Barquisimeto zu den Cuybas auch großen Hunger gelitten haben, so war das doch mit dem jetzt Erlittenen nicht zu vergleichen. Während wir dort lagen, schickte ich einige Christen zur Erkundung der Gebirgswege aus. Sie fingen drei Indios der Cyparicotes und brachten sie zu mir. Wir konnten jedoch nicht mit ihnen reden und sie uns nicht verstehen. Wir deuteten ihnen jedoch an, daß wir ihnen kein Leid zufügen wollten, und sagten, weshalb wir gekommen wären. Ich ließ sie auch gut behandeln und schickte den einen von ihnen mit Geschenken zu seinem Kaziken. Am gleichen Tag kam auch ein einzelner Indio zu uns ins Lager, der ebenfalls ein Cyparicote war, die Sprache der Caquetios jedoch verstand. Er brachte mir ein goldenes Geschenk, das mir sein Kazike schicken ließ, um die Gefangenen freizugeben. Von ihm erfuhr ich etwas über die Beschaffenheit des Landes und daß wir nur fünf Tagesreisen bis zur Küste des Meeres zurückzulegen hätten.

Aus: Nicolaus Federmann: Indianische Historia. Mit einer Einführung von Juan Friede. München (Klaus Renner) 1965, S. 89–93.

85. Orellana fährt den Amazonas hinab: Kampf mit den Amazonen (1542)

Am Weihnachtstag des Jahres 1539 hatte sich Gonzalo Pizarro, ein Bruder des Francisco Pizarro und Sub-Gouverneur von Ekuador, von Quito aus mit 220 Spaniern und rund 4000 Mann indianischer Hilfstruppen sowie 1000 auf Menschenjagd dressierten Hunden und 5000 Schweinen als Fleischvorrat auf die Suche nach dem legendären Zimtland *(Tierra de la Canela)* und dem See des Vergoldeten *(Laguna del Dorado)* nach Osten begeben. Unter großen Strapazen war die Expedition über die Kordilleren in den überschwemmten Regenwald am Oberlauf des Amazonas hinabgestiegen, wo sie beinahe in einer Hungerkatastrophe umkam. Gonzalo Pizarro schickte Ende 1541 den Hauptmann Francisco de Orellana und rund 60 Mann mit einer im Urwald gebauten Brigantine flußabwärts, um sie dort Lebensmittel requirieren zu lassen. Es ist unklar, ob

Orellana auf der Suche nach Proviant so weit den Fluß hinabgetrieben wurde, daß eine Rückkehr als aussichtslos erscheinen mußte, oder ob er bewußt die Gelegenheit benutzte, um Gonzalo Pizarro und das Gros der Expedition im Stich zu lassen. Jedenfalls befuhr er als erster Europäer über acht Monate hindurch den damals Marañon genannten Strom von seinem Oberlauf bis zur Mündung und gelangte im September 1542 nach einer Fahrt an der Atlantikküste entlang nach Norden auf der Insel La Margarita vor Venezuela an, während Gonzalo Pizarro und seine Restexpedition etwa zur gleichen Zeit unter namenlosen Strapazen und großen Verlusten über die vereisten Andenpässe nach Quito zurückkehrten. Nach den weiblichen indianischen Kriegern, denen Orellana und seine Leute auf ihrer Fahrt begegneten, erhielt der zweitgrößte Strom der Erde später den Namen Amazonas. Die im folgenden wiedergegebene Schilderung stammt von einem Teilnehmer der Fahrt, dem Dominikaner Gaspar de Carvajal.

Lit.: The Discovery of the Amazonas according to the account of Friar Gaspar de Carvajal and other Documents. Ed. by H. C. Heaton. New York 1934 – José Toribio Medina: The Discovery of the Amazon. Translated and edited by B. T. Lee and H. C. Heaton. New York 1934 (span. Original: Descubrimiento del río de las Amazonas según la relación hasta ahora inédita de fra. Gaspar de Carvajal, con otros documentos referentes a Francisco de Orellana y sus compañeros ... con una introducción histórica y algunas ilustraciones por José Toribio Medina. Sevilla 1894) – Siegfried Huber: Pizarro, Gold, Blut und Visionen. Olten-Freiburg (Br.) 1978 (Erstaufl. 1962 u. d. T.: Pizarro und seine Brüder).   Sch

[Orellana] rief alle seine Gefährten zusammen und eröffnete ihnen [. . .], jetzt wäre der Zeitpunkt günstig, eine Brigantine zu bauen. Man ging gleich ans Werk; unter uns befand sich ein Bildschnitzer namens Diego Mexia, welcher, obwohl es nicht sein Beruf war, anzugeben wußte, wie der Bau zu bewerkstelligen war. Dann teilte der Hauptmann jedem seine Arbeit zu: einer hatte z. B. eine Spante mit zwei Absteifungen zu liefern, andere mußten den Kiel herstellen, wieder andere den Steven; die übrigen mußten Planken zuschneiden, so daß alle vollauf zu tun hatten und jeder sich einsetzen mußte; es war nämlich Winter [Regenzeit] und das Holz wuchs in ziemlicher Entfernung. Jeder nahm seine Axt, ging in den Wald, schlug seinen Anteil Holz und trug es auf dem Rücken her. Während die einen schleppten, deckten andere sie vor etwaigen indianischen Überfällen, und auf diese Weise war in sieben Tagen das ganze Holz für die geplante Brigantine geschlagen. Als man mit dieser Arbeit fertig war, gab er ihnen die nächste auf: sie mußten Kohlen brennen, um Nägel und anderes Eisenzeug zu schmieden.

Es war wirklich erstaunlich, mit welchem Eifer und welcher Freude unsere Kameraden arbeiteten und Kohlen schleppten, und so war bald alles Notwendige beisammen.

Es gab keinen Mann unter uns, der mit derartigen Tätigkeiten vertraut gewesen wäre; aber ungeachtet aller Schwierigkeiten gab Gott unser Herr allen den nötigen Verstand, um ihrer Aufgabe gerecht zu werden; denn es ging ja ums Leben, und wir brauchten das Schiff wie auch die Kanus, um hier herauszukommen [. . .].

Der Schiffsbau wurde so rasch vorangetrieben, daß die Brigantine in 35 Tagen gezimmert und zu Wasser gebracht war, kalfatert mit Baumwolle und Pech – diese Rohstoffe hatten die Indianer auf Bitte des Hauptmanns beschafft.

Die Freude unserer Kameraden war übergroß, als das Werk fertig war, welches alle so ersehnten.

Es gab an diesem Ort so schrecklich viel Moskitos, daß wir uns Tag und Nacht ihrer nicht erwehren konnten [...], aber das Quartier war so gut, und der Wunsch, unsere Fahrt zu Ende zu bringen, beflügelte uns so, daß die Arbeit uns nichts ausmachte.

[...]

Wir verbrachten am gleichen Ort die ganze Fastenzeit; alle Kameraden beichteten bei den beiden Mönchen, und ich predigte alle Sonn- und Feiertage [...] der Passions- und Osterzeit. [...]

Auch das kleine Schiff [die alte Brigantine des Gonzalo Pizarro] wurde wieder hergerichtet, denn es begann schon zu faulen, und als alles fertig war, hieß Orellana die Leute sich bereithalten und den Proviant einzuladen; denn mit der Hilfe Gottes unseres Herrn wollte er den nächsten Montag die Fahrt wieder aufnehmen.

[Nun folgen die Ereignisse Schlag auf Schlag. Die Gerüchte über starke Besiedlung, hohen Kulturstand und Reichtum in den Flußniederungen östlich der Anden, die ja Gonzalo Pizarro zu seiner mißglückten Reise animiert haben, und die selbst der Chronist Cieza noch als Zweckpropaganda der Indios abgetan hat, scheinen sich, wenn man der Darstellung des Paters de Carvajal folgt, zu bewahrheiten. Er sieht vom Schiff aus nah und fern Häuser und Dörfer schimmern in immer dichterer Folge, bis sich schließlich das ganze südliche Stromufer als geschlossener Siedlungsraum darstellt. Es ist keine Rede mehr von naiv gläubigen Indios, die Orellana und seine verwitterten Gefährten anstaunen und bedienen, sondern die Bevölkerung formiert sich zum Widerstand, und als dessen treibende Kraft treten weibliche Hauptleute auf: Gaspar de Carvajal sieht in ihnen Vertreterinnen der Amazonen, über deren Existenz ebenfalls schon die Indios von Quito erzählt haben:]

Am folgenden Donnerstag fuhren wir an Dörfern von mittlerer Größe vorüber, unternahmen aber keinen Versuch, dort anzuhalten. Alle diese Dörfer sind Unterkünfte für Fischer aus dem Inneren des Landes. Wir aber fuhren weiter auf der Suche nach einem friedlichen Ort, an dem wir das Fest des gesegneten Hl. Johannes des Täufers, des Herolds Christi, feiern und uns daran freuen konnten. Da war es Gottes Wille, daß wir, als wir um eine Biegung des Flusses fuhren, am Ufer vor uns viele Dörfer sehen sollten, und zwar sehr große, die weiß leuchteten. Hier stießen wir plötzlich auf das Land und den Herrschaftsbereich der Amazonen. Die genannten Dörfer waren gewarnt worden und wußten von unserem Kommen. Deshalb eilten auch die Bewohner heraus zum Wasser, aber keineswegs, um uns in freundlicher Absicht zu treffen. Als sie nahe an den Kapitän herangekommen waren, hätte sie dieser gerne so weit gebracht, daß sie Frieden hielten. Deshalb begann er auf sie einzureden, sie aber lachten und machten sich über uns lustig. Sie kamen nahe zu uns heran und sagten uns, wir sollten weiterfahren. Auch fügten sie hinzu, daß sie dann weiter unten auf uns warten, uns alle ergreifen und zu den Amazonen bringen wollten. Der Kapitän, der über das dreiste Auftreten der Indianer verärgert war, gab den Befehl, mit Armbrüsten und Arkebusen auf sie zu schießen, damit sie darüber nachdenken und der Tatsache gewärtig werden könnten, daß auch wir etwas in den Händen hätten, womit wir sie angreifen könnten. Auf diese Weise wurde ihnen Schaden zugefügt, und sie wandten sich dem Dorf zu, um zu melden, was sie gesehen hatten. Wir hingegen säumten nicht, weiterzufahren und nahe an die Dörfer heranzusteuern. Bevor wir jedoch noch auf eine halbe Meile an das Ufer herangekommen waren, standen am Ufer entlang in Abständen ganze Scharen von Indianern, und je weiter wir vordrangen, desto näher rückten sie allmählich zusammen und zogen sich auf ihre Wohnstätten zurück. In der Mitte eines Dorfes stand eine große Schar von Kriegern in guter Ordnung aufgestellt. Der Kapitän gab den Befehl, die Brigantinen direkt dorthin zu steuern, wo diese Männer standen, da er nach Lebensmitteln suchen wollte.

Als wir dem Ufer immer näher kamen, begannen die Indianer zur Verteidigung ihres Dorfes mit Pfeilen nach uns zu schießen, und da es zahlreiche Krieger waren, schien es, als regne es Pfeile. Aber unsere Arkebusiere und Armbrustschützen waren auch nicht träge. Obwohl sie viele töteten, schienen es die Indianer gar nicht zu merken, denn trotz des Schadens, der ihnen zugefügt wurde, machten sie unermüdlich weiter, indem die einen kämpften, die anderen Kriegstänze vollführten. Hier waren wir alle dem Untergang nahe, denn weil so viele Pfeile flogen, hatten unsere Gefährten alle Hände voll zu tun, sich davor zu schützen, und konnten nicht rudern. Deshalb fügten die Indianer uns so viel Schaden zu, verwundeten fünf von uns, darunter auch mich, noch ehe wir an Land springen konnten. Sie trafen mich mit einem Pfeil direkt in die Seite, wenn meine Kleider nicht so dick gewesen wären, hätte das mein Ende bedeutet. Angesichts der Gefahr, in der wir schwebten, begann der Kapitän die Leute an den Rudern zu ermuntern und anzufeuern, eiligst die Schiffe auf den Strand laufen zu lassen. So gelang es uns, wenn auch unter großen Mühen, die Boote an Land zu bringen, und unsere Gefährten sprangen ins Wasser, das ihnen bis zur Brust reichte. Hier kam es nun zu einem harten Gefecht, da die Indianer sich unter unsere Spanier mischten, die sich wiederum so tapfer verteidigten, daß es ein wundervoller Anblick war. Über eine Stunde dauerte dieser Kampf, und die Indianer verloren nicht den Mut, ja es schien, als verdopple er sich, wo sie viele ihrer eigenen Leute fallen sahen. Sie schritten über deren Leichen hinweg, zogen sich etwas zurück und stießen dann wieder vor. Ich will, daß man erfährt, warum diese Indianer sich auf solche Weise verteidigten. Es muß erklärt werden, daß sie die tributpflichtigen Untertanen der Amazonen sind.

Als sie von unserem Kommen erfahren hatten, wandten sie sich mit der Bitte

um Hilfe an diese, und es kamen so etwa zehn oder zwölf von ihnen, denn wir
selbst sahen diese Weiber, die als weibliche Hauptleute in vorderster Front vor
allen Indianermännern kämpften. Diese Frauen waren so tapfer, daß die indianischen Männer es nicht wagten, sich zur Flucht zu wenden, und jeden vor
unseren Augen mit Keulen töteten, der uns den Rücken kehrte. Das ist auch
der Grund dafür, daß die Indianer die Verteidigung so lange aufrechterhiel-
ten. Die Frauen sind sehr hellhäutig und groß und tragen sehr langes Haar,
das sie geflochten und um den Kopf gewickelt haben. Sie sind sehr kräftig und
gehen ganz nackt, wobei allerdings ihre Schamteile bedeckt sind. In den Händen tragen sie ihre Pfeile und Bogen, und sie leisten im Kampf so viel wie zehn
Indianermänner. Es war unter ihnen ungelogen eine Frau, die einen Pfeil eine
Spanne tief in eines unserer Boote schoß; andere trafen weniger tief, aber unsere Brigantinen sahen bald aus wie Stachelschweine.

Um auf unsere eigene Lage und unseren Kampf zurückzukommen: Dem
Herrn gefiel es, unseren Gefährten Kraft und Mut zu geben, so daß sie sieben
oder acht von den Amazonen töteten, worauf dann die Indianer den Mut verloren. Sie wurden besiegt, in die Flucht geschlagen und erlitten beträchtliche
Verluste. Weil aber viele Krieger da waren, die aus anderen Dörfern stammten
und Hilfe gebracht hatten und die jetzt ihre Kriegsrufe ausstießen, gab der
Kapitän unseren Leuten den Befehl, eilends in die Boote zu gehen, denn er
wollte nicht das Leben aller aufs Spiel setzen. Deshalb gingen sie nicht ohne
Schwierigkeiten in die Boote, da die Indianer bereits wieder zu kämpfen begannen. Außerdem näherte sich auf dem Wasser eine große Kanuflotte. So
stießen wir rasch ab, hinaus auf die Mitte des Flusses.

Wir waren nun von der Stelle unseres Aufbruchs, an der wir Gonzalo Pizarro verlassen hatten, vierzehnhundert Meilen gefahren, eher mehr als weniger,
und wir wußten nicht, wie weit es von hier noch bis zum Meer war. In dem
eben erwähnten Dorf wurde ein indianischer Trompeter gefangen, der zu den
kämpfenden Truppen gehört hatte. Er war ungefähr dreißig Jahre alt. Nach
seiner Gefangennahme begann er dem Kapitän vielerlei über das Gebiet weiter
landeinwärts zu erzählen, und der Kapitän nahm ihn mit.

Als wir nun – wie ich berichtet habe – draußen auf dem Fluß waren, ließen
wir uns, ohne zu rudern, weitertreiben, denn unsere Gefährten waren so
müde, daß sie nicht die Kraft hatten, die Ruder zu halten. Kaum waren wir
auf der Fahrt flußabwärts ungefähr einen Armbrustschuß weit gekommen, da
entdeckten wir ein nicht besonders kleines Dorf, in dem keine Leute zu sehen
waren. Deshalb baten alle Gefährten den Kapitän, doch dorthin zu steuern.
Sie hofften, wir könnten uns vielleicht Nahrungsmittel beschaffen, die man
uns in dem letzten Dorf verweigert hatte. Der Kapitän lehnte ab und meinte,
wir müßten hier noch mehr auf der Hut sein als an einer Stelle, an der wir die
Indianer deutlich sehen könnten. So berieten wir wieder miteinander, und ich
schloß mich den Bitten aller Gefährten an, uns in dieser Sache entgegenzu-
kommen. Der Kapitän gewährte endlich unseren Wunsch, und obwohl wir an
dem Dorf schon vorüber waren, gab er den Befehl, die Brigantinen an das

Ufer zu steuern. Die Indianer hielten sich aber in einem mit Bäumen bedeckten Gelände verborgen, aufgeteilt in kleine Gruppen, und warteten nur darauf, aus dem Hinterhalt über uns herzufallen. Als wir nahe genug ans Ufer herangekommen waren, ergriffen sie deshalb die Gelegenheit, uns anzugreifen, und begannen so wütend mit Pfeilen auf uns zu schießen, daß wir einander nicht sehen konnten. Da aber unsere Spanier von Machiparo an mit guten Schilden ausgerüstet waren, fügten sie uns nicht so viel Schaden zu als sie wohl getan hätten, wenn wir nicht mit den genannten Schutzwaffen ausgerüstet gewesen wären. Und von uns allen trafen sie in diesem Dorf niemanden außer mich, denn sie setzten mir einen Pfeil direkt in eines meiner Augen, und zwar so, daß der Pfeil durchging bis auf die andere Seite. Durch diese Verwundung habe ich das Auge verloren, und selbst jetzt leide ich noch daran und bin nicht ohne Schmerzen, obwohl unser Herr so gütig war, mir das Leben zu erhalten, so daß ich meinen Lebenswandel bessern und ihm besser dienen konnte, als ich es bis dahin getan hatte. Mittlerweile waren die Spanier aus dem kleineren Boot an Land gesprungen. Die Indianer umzingelten sie aber, und wäre nicht der Kapitän mit der großen Brigantine zu Hilfe gekommen, es wäre um sie geschehen gewesen, und die Indianer hätten sie getötet. Bei der Verteidigung aber hatten unsere Gefährten eine so glänzende Geschicklichkeit und Tapferkeit bewiesen, daß sie nun erschöpft waren und dadurch in eine sehr ernste Lage gerieten. Der Kapitän rief sie zurück, und als er sah, daß ich verwundet war, befahl er den Leuten, auf die Boote zurückzukehren. Und so gingen sie denn an Bord, weil die Indianer zahlreich und hartnäckig waren, so daß unsere Gefährten ihnen nicht standhalten konnten. Der Kapitän fürchtete, einige von ihnen zu verlieren, er wollte sie nicht einem solchen Risiko aussetzen, zumal er ganz offensichtlich annehmen mußte, daß die Indianer angesichts des dichtbesiedelten Landes hier auf jeden Fall Hilfe erhalten würden. Hier lag nämlich ein Dorf neben dem anderen, keine halbe Meile entfernt, und an der ganzen rechten Flußseite, dem südlichen Ufer, lagen sie sogar noch dichter. Und ich kann hinzufügen, daß abseits vom Fluß, in einer Entfernung von rund zwei Meilen landeinwärts, einige sehr große Städte zu sehen waren, deren weiße Farbe von weitem glänzte. Im übrigen ist dieses Land so fruchtbar und so normal in seinem äußeren Bild wie unser Spanien. Wir betraten es am St.-Johannistag, und die Indianer begannen schon, ihre Felder abzubrennen. Es ist ein Land mit gemäßigtem Klima, in dem man Weizen ernten und alle Sorten von fruchttragenden Bäumen anbauen kann. Außerdem ist es geeignet für die Aufzucht verschiedener Vieharten, weil es dort, gerade wie in unserem Spanien, vielerlei Grassorten gibt, wie wilden Majoran und Disteln von einer farbigen Art. In den Wäldern dieses Landes gibt es immergrüne Eichen und Korkbäume. Das Land liegt hoch und bildet gewellte Savannen, deren Gras nicht weiter als bis zu den Knien reicht, und es gibt dort Wild von allen Arten.

[Nach der Schlacht mit den Amazonen flüchten sich Orellana und seine Leute in eine unbewohnte Gegend und lagern in einem Eichenhain nahe am

Fluß. Als sich alle etwas beruhigt haben, beginnt er mit einem gefangenen Indio eine Fragestunde über die Amazonen:]

Der Hauptmann Orellana nahm sich hier den Indio vor, den man bei dem
Kampfe gefangen hatte. Er verstand ihn ein wenig mit Hilfe eines Vokabulars,
das er sich angelegt hatte, und befragte ihn, wo er herstamme. Der Indio antwortete: aus dem Ort, wo er gefangen worden war. Der Hauptmann fragte
ihn, wie der Herrscher des Landes heiße; der Indio antwortete, er sei ein großer Herr, und seine Herrschaft reiche bis hierher, wo wir uns befänden; das
waren demnach 150 Meilen.

Der Hauptmann fragte, was das für Frauen seien, die ihnen Hilfe gebracht
und uns bekriegt hätten; der Indio gab Bescheid, diese Frauen wohnten sieben
Tagereisen landeinwärts; jener Häuptling Couynco sei ihr Untertan; deshalb
seien sie gekommen, um die Küste zu verteidigen.

Der Hauptmann fragte, ob jene Frauen verheiratet seien; der Indio sagte:
nein. Der Hauptmann fragte ihn nach ihrer Lebensweise; Antwort des Indio:
wie schon gesagt, wohnten jene im Hinterland; er selber sei schon viele Male
dort gewesen und habe ihre Wohnungen gesehen und ihre Gebräuche beobachten können, denn als ihr Vasall sei er immer von seinem Herrn geschickt
worden, die Tribute zu überbringen.

Der Hauptmann fragte, ob die Zahl dieser Frauen groß sei; der Indio sagte:
ja; er wüßte 70 Ortschaften mit Namen, und er zählte diese auch in Gegenwart von uns allen auf; in einigen sei er selbst gewesen.

Der Hauptmann fragte, ob jene Dörfer aus Stroh seien; der Indio sagte:
nein, sondern aus Stein und mit Türen, und von einem Dorf zum anderen
führten Wege mit Zäunen rechts und links und Wachtposten in gewissen Abständen, damit sie niemand betrete ohne Zahlung einer Gebühr.

Der Hauptmann fragte, ob jene Frauen Kinder gebären; der Indio sagte: ja.
Der Hauptmann fragte, wie sie denn schwanger werden könnten, wo sie doch
nicht verheiratet seien und kein Mann unter ihnen wohne, und erhielt den Bescheid: jene Indianerinnen hätten von Zeit zu Zeit Gemeinschaft mit Indios.
Wenn sie jene Lust ankomme, sammelten sie eine Menge Kriegsvolk und
überfielen einen großen Herrn, dessen Residenz und Land an das jener
Frauen angrenzt, entführten mit Gewalt die Männer in ihr Land, behielten sie
bei sich, solange es ihnen dienlich erscheine, und schickten sie, wenn sie sich
schwanger fühlten, wieder heim, ohne ihnen ein anderes Übel zuzufügen.
Wenn sie dann niederkämen und es sei ein Sohn, dann töteten sie ihn und
schickten ihn zu seinem Vater; wenn es eine Tochter sei, dann feierten sie Feste
und zögen sie auf und lehrten sie alle Künste des Krieges.

Der Indio erzählte noch mehr: unter all diesen Frauen gebe es eine Herrin,
die alle übrigen unter ihre Hand und Gerichtsbarkeit zwinge; diese Herrin
heiße Coñori. Er berichtete von unermeßlichen Gold- und Silberschätzen; alle
Frauen von Rang ließen sich alles auf Gold und Silber servieren; die übrigen
Frauen vom Volk bedienten sich hölzerner Gefäße mit Ausnahme jenes Ge-
schirrs, welches aufs Feuer kommt; dieses sei aus Ton. Er sagte, in der Haupt-

stadt, in der die Königin residiere, stünden fünf ganz große Häuser: das seien die der Sonne geweihten Heiligtümer und Häuser, und sie nennten sie Caranain. Das Innere jener Häuser sei vom Boden weg bis auf halbe Mannshöhe verkleidet mit starken, in den lebhaftesten Farben bemalten Tafeln und beherberge zahlreiche goldene und silberne Götterbilder in Frauengestalt, desgleichen viele tönerne Gefäße, ebenfalls in Frauengestalt, sowie anderes Gold- und Silbergeschirr für den Dienst der Sonne.

Jenes Frauenvolk kleidet sich in Gewänder aus feinster Wolle, denn dort zu Lande gibt es viele Schafe von der Art [der Lamas] in Peru.

[Abschließend erzählt der indianische Gewährsmann:]

Viele jenem Frauenstaat benachbarte indianische Provinzen seien ihnen untertänig und müßten Tribute und Dienste leisten; mit anderen stünden die Frauen im Krieg, insbesondere mit dem schon erwähnten Stamm, dessen Männer sie sich holen, um mit ihnen Umgang zu pflegen. Dieser Stamm sei sehr stark an Zahl und seine Mitglieder besonders hoch gewachsen und hellhäutig. Der Gewährsmann betonte, er habe alles, von dem er hier erzähle, viele Male gesehen; er sei ja täglich dort aus- und eingegangen.

[Pater Carvajal bemüht sich seinerseits, die Aussagen jenes von Orellana so eifrig befragten Indios durch Vergleiche mit schon früher empfangenen Mitteilungen zu stützen:]

Alles, was jener Indio gesagt hat, ja mehr noch, hatten wir bereits sechs Meilen von Quito weg erfahren. Dort waren nämlich über jene Frauen viel Nachrichten im Umlauf: um sie zu sehen, fahren die Indios in großer Zahl 1 400 Meilen weit den Fluß hinab.

Zu uns hatten die Indios dort oben gesagt: wer es auf sich nehme, zu diesen Frauen im Tiefland zu wandern, der müsse als Knabe aufbrechen und käme als Greis wieder.

Aus: Die Eroberung Perus in Augenzeugenberichten. Hg. u. eingel. v. Lieselotte u. Theo Engl. München (dtv) ¹1975, ²1977, S. 263–271.

86. Konquistadorenzug von Asunción aus in den Gran Chaco: Bericht des Hernando de Ribera (1545)

Die spanische Konquista der La Plata-Region erfolgte zwar vom Atlantik her, kam aber spät in Gang: Erst 1536 lief Pedro de Mendoza als erster Gouverneur mit einer Armada von zwölf Schiffen das heutige Argentinien an, nahm das Land für Spanien in Besitz und gründete 1536 Buenos Aires. Zentrum der spanischen Vorstöße ins Landesinnere wurde allerdings das 1537 von Juan de Ayolas – in dessen Begleitung sich der Straubinger Landsknecht Ulrich Schmidl befand – gegründete Asunción am Paraguay. Es liegt gut 1 000 km nördlich von Buenos Aires tief im Inneren des Kontinents und kann auf leichten Schiffen über den Paraná gut erreicht werden. Ziel der spanischen „Entradas" von Asunción aus war ausnahmslos der legendäre „weiße oder silberne König", nach dem bereits Sebastiano Caboto 1526–1529 gesucht hatte: Hinter dieser indianischen Bezeichnung verbarg sich mit großer Wahrscheinlichkeit der Inkakaiser, von dessen Reich und unermeßlichen Reichtümern vielfach vage Nachrichten zu den Spaniern drangen. Häufig ist in den Quellen auch von der Suche nach der „Sierra de la Plata" die Rede, die im Westen liege: Entweder meinten die indianischen Gewährsleute damit den Silberberg von Potosí – den die Spanier erst 1543 oder 1545 entdeckten, den die Indios aber lange vorher kannten – oder schlechthin die Andenkette. Wahrscheinlich war das erstere der Fall. Denn die Bucht von Río de la Plata[1] erhielt ihren Namen – folgt man den Forschungen von Manuel Domínguez – nach dem größten Flußlauf, der in sie mündet: dem Paraná; als „Río de la Plata" erscheint in den Quellen weiter dann jene Strom- oder Flußverbindung, die über den Paraguay und den Pilcomayo – der bei Asunción in den Paraguay mündet – bis in die Andenkette führt. Der Pilcomayo aber entspringt in der Region des Silberbergs von Potosí.

Die Situation in der Konquistadorenbasis Asunción blieb lange geprägt von inneren Auseinandersetzungen und von Meutereien gegen die von der spanischen Krone eingesetzte Obrigkeit, ähnlich wie in Peru. In diesen Zusammenhang gehört die folgende Quelle: 1543 unternahm der Nachfolger Mendozas, Álvar Núñez Cabeza de Vaca, eine Expedition mit dem Ziel, die „Sierra de la Plata" zu erreichen, wobei er weit nach Nordwesten vorstieß. Von seinen Unterführern wegen Proviantmangels zur Umkehr gezwungen, sandte Cabeza de Vaca gleichwohl den offenbar zuverlässigen Hauptmann Hernando de Ribera mit einer kleinen Abteilung flußaufwärts in die Richtung des Silberlandes. Während Ribera seinerzeit seinem Auftrag nachkam und bis in die Nähe der Quellflüsse des Amazonas gelangte, erkrankten Cabeza de Vaca und Teile seiner Mannschaft im Stützpunkt Puerto de los Reyes[2]. Ribera kehrte im Januar 1544 von seinem Streifzug zurück, hatte aber offenbar keine Gelegenheit, dem Gouverneur Bericht zu erstatten. Im April 1545 fand in Asunción eine Rebellion gegen Cabeza de Vaca statt, in deren Verlauf dieser zuerst gefangengesetzt und anschließend in Ketten nach Spanien zurückgeschafft wurde. Ribera sah sich deshalb genötigt, vor dem Notar über seine Entdeckungen Bericht zu erstatten. Sie eröffneten in der Tat – zusammen mit denen seines Gouverneurs – den Weg für einen Anschluß der vom La Plata vorgetragenen Konquista an die peruanische Konquista.

Lit.: Manuel Domínguez: Las Amazonas y el Dorado. Asunción 1918 – Julián M. [a] Rubio: Exploración y conquista del Río de la Plata, siglos XVI y XVII. Barcelona-Buenos Aires 1942 – Theodor Gustav Werner: Die Beteiligung der Nürnberger Welser und Augsburger Fugger an der Eroberung des Rio de la Plata und der Gründung von Buenos Aires. In: Stadtarchiv Nürnberg (Hg.): Beiträge zur Wirtschaftsgeschichte Nürnbergs. I. 1967, S. 494 ff. – Samuel Eliot Morison: The European Discovery of America. The Southern Voyages A. D. 1492–1616. New York 1974.   Sch

Ascensión [Asunción] am Paraguayfluß in der Provinz Río de la Plata, den 3. März 1545 nach Christi Geburt.

In der Klosterkirche Unserer Lieben Frau von der Erlösung der Gefangenen erklärte der Hauptmann Hernando de Ribera, Konquistador in dieser Provinz, vor mir, dem öffentlichen Schreiber [Notar], und den unterzeichneten Zeugen:

---

[1] Wörtlich: „Silberfluß".
[2] Nach Henze (Art. „Cabeza de Vaca") am oberen Paraguay, wahrscheinlich in der Nähe des Gaiba-Sees. Anderer Ansicht ist Morison, S. 576, der „Puerto de los Reyes" weiter nach Norden verlegt.

Als der Herr Álvar Núñez Cabeza de Vaca, königlicher Gouverneur, Adelantado und Generalkapitän der Provinz Río de la Plata, sich im Hafen de los Reyes aufgehalten habe (von wo aus er seine Entdeckungsfahrt 1543 begonnen habe), habe er ihm folgenden Befehl erteilt: er solle mit einer Brigantine und Mannschaft auf Entdeckungsfahrt gehen. Sie sollten den Fluß Igatú hinauffahren, der ein Seitenarm zweier großer und wasserreicher Flüsse sei. Der eine davon heiße Yacareatí, der andere Yaiva. Diese würden nach den Berichten der eingeborenen Indianer bei den Siedlungen im Binnenland entspringen. Sie hätten diesen Befehl ausgeführt. Nachdem sie bei den Dörfern der Indianer, die man Xarayes nenne, angekommen seien, hätten sie von diesen Informationen eingeholt. Auf Grund derselben hätten sie die Brigantine im Hafen in guter Obhut zurückgelassen. Sie seien mit vierzig Mann landeinwärts weitergezogen, um das Land selbst zu sehen und zu entdecken. Sie seien auf ihrem Weg durch viele Dörfer der Indios gekommen. Er hätte mit den eingeborenen Indianern aus diesen Dörfern und mit anderen, die von weiter her gekommen seien, um ihn zu sehen und mit ihm zu reden, gesprochen. Sie hätten ihm einen sehr ausführlichen Bericht erstattet. Er habe sich bemüht, diesen bis in alle Einzelheiten zu überprüfen, um von ihnen die Wahrheit zu erfahren. Er spreche nämlich die Sprache der Cariós[3] und habe sich durch Übersetzung in diese Sprache mit den Leuten verständigt und sich über das genannte Land informiert. In seiner Begleitung habe sich zu jener Zeit Juan Valderas, Notar Seiner Majestät, befunden. Dieser habe einiges über die erwähnte Entdeckung schriftlich niedergelegt. Er habe aber dem erwähnten Juan Valderas nicht die Wahrheit über die Gegenstände, Reichtümer, Siedlungen und die Verschiedenartigkeit der Bevölkerung jenes Landes für den erwähnten Bericht zu Protokoll geben wollen. Dieser habe das alles weder klar gewußt und verstanden noch habe er es mitgeteilt oder eine Erklärung darüber abgegeben. Es sei nämlich zu jener Zeit seine [Riberas] Absicht gewesen, alles dem Herrn Gouverneur zu sagen und mitzuteilen, damit dieser später selbst die Konquista des Landes durchführe. Denn so entspreche es dem Dienst für Gott und Seine Majestät. Nachdem sie einige Tagereisen in das Land vorgedrungen seien, sei man auf einen schriftlichen Befehl des Herrn Gouverneurs hin zum Hafen de los Reyes zurückgekehrt. Er habe den Gouverneur und alle Leute krank vorgefunden. Deshalb habe er ihn nicht über die Entdeckung informieren und ihm den Bericht übergeben können, den er von den Eingeborenen erhalten hatte. Wenige Tage später sei er, durch die Krankheit gezwungen, damit seine Leute nicht zu Tode kämen, in diese Stadt und den Hafen von Ascensión gekommen. Hier hätten ihn [Cabeza de Vaca] wenige Tage nach seiner Ankunft die Beamten Seiner Majestät festgenommen (wie allgemein bekannt ist), obwohl er krank gewesen sei. Aus diesem Grund habe er den Bericht damals nicht erstatten können. Nun aber führen die Beamten Seiner Majestät mit dem

---

[3] Die „Cariós" sind eine Gruppe der Tupí-Guaraní; ihre Sprache wurde – und wird z. T. noch heute – in der Paraná-Region gesprochen (vgl. Hb. of South Am. Indians III, S. 69–94).

Herrn Gouverneur in das Königreich Spanien. In der Zwischenzeit könnte ihm möglicherweise etwas zustoßen oder er könnte sich irgendwo aufhalten, wo er nicht erreichbar sei, und dadurch könnten der Bericht und die Mitteilungen über die Entdeckung verloren gehen. Damit würde Seiner Majestät ein sehr schlechter Dienst erwiesen und dem Herrn Gouverneur entstünde großer Schaden und Verlust. Dies alles wäre [dann] seine [Riberas] Schuld und ginge zu seinen Lasten. Aus diesem Grund und zur Entlastung seines Gewissens sowie zur Erfüllung des Dienstes für Gott, Seine Majestät und den Herrn Gouverneur als seinen Stellvertreter wolle er jetzt vor mir, dem Notar, Bericht erstatten über diese seine genannte Entdeckung. Er wolle Seine Majestät in Kenntnis setzen über sie und die Informationen und Berichte, die er von den eingeborenen Indianern erhalten habe. Er bat und forderte von mir, dem erwähnten Notar, daß ich den Bericht aufnähme. Er erstattete ihn in der nachstehenden Form:

Der erwähnte Hauptmann Hernando de Ribera erklärte, daß er am 20. Dezember des Jahres 1543 auf Befehl des Herrn Gouverneurs aus dem Hafen de los Reyes mit der Brigantine „Golondrino" mit zweiundfünfzig Mann an Bord ausgelaufen sei. Er sei den Fluß Igatú hinaufgesegelt, der ein Seitenarm der zwei Flüsse Yacareatí und Yaiva sei. Dieser Arm sei sehr groß und wasserreich. Nach sechs Tagereisen habe er den Zusammenfluß der beiden [Flüsse] erreicht, wie ihm die eingeborenen Indianer überall, wo er an Land ging, berichteten. Sie sagten ihm, daß diese zwei Flüsse aus dem Landesinnern kämen. Der Fluß, den man Yaiva nenne, müsse in der Sierra von Santa Marta entspringen. Er sei ein sehr großer und mächtiger Fluß, größer als der Yacareatí. Dieser entspringe, wie ihm die Indios gesagt hätten, in den Sierras von Peru. Zwischen den beiden Flüssen lägen ein großes Land und Dörfer mit unendlich vielen Leuten, wie die Eingeborenen sagten. Diese beiden Flüsse, Yaiva und Yacareatí, vereinigten sich im Land der Indios, die man Perobazaes nennt. Dort trennten sie sich erneut. Sechzig Meilen flußabwärts vereinigten sie sich wieder. Nachdem er siebzehn Tagereisen weit auf dem genannten Fluß gesegelt sei, habe er das Land der Perobazaes-Indianer durchquert und sei zu einem anderen Land gekommen, in dem sich die Indios Xarayes nannten. Diese seien Bauern mit großen Höfen und Züchter von Enten, Hühnern und anderem Geflügel, Fischen und Wild. Sie seien vernünftige Leute und gehorchten ihrem Häuptling.

Als er bei diesem Indianerstamm der Xarayes angekommen sei, sei er in einem ihrer Dörfer mit fast tausend Häusern geblieben. Ihr dortiger Häuptling heiße Camire. Dieser habe ihn mit Wohlwollen empfangen. Von ihm habe er Informationen eingeholt über die Siedlungen im Landesinnern. Auf Grund des Berichtes, den man ihm hier gegeben habe, habe er die Brigantine mit zwölf Männern als Bewachung zurückgelassen. Er sei mit einem Führer, den er von den erwähnten Xarayes erhalten habe, weitergezogen und habe drei Tagereisen zurückgelegt, bis er in den Dörfern und dem Land eines Indianerstammes angelangt sei, die sich Urtueses nannten. Diese seien gute Leute und Bauern, ebenso wie die Xarayes. Von dort aus sei er durch dicht besiedeltes Land weitergereist, bis er in westlicher Richtung auf [etwa] vierzehnzweidrittel Grad [s. Br.] gelangt sei. Als er sich in den Dörfern der Urtueses und Aburuñes aufgehalten habe, seien viele Indianerhäuptlinge aus anderen Dörfern weiter im Landesinnern dorthin gekommen, um mit ihm zu sprechen. Sie hätten ihm Federn gebracht, die denen von Peru glichen und Platten aus Metall; er habe sich über diese Dinge mit ihnen unterhalten. Er habe mit jedem einzelnen aus den Siedlungen und Stämmen aus dem Innern Gespräche geführt und Erkundigungen eingezogen. Die genannten Indios hätten ihm übereinstimmend und ohne jeden Unterschied gesagt, daß zehn Tagereisen von dort in westnordwestlicher Richtung einige Frauen wohnten und große Dörfer besäßen. Diese verfügten über viel weißes und gelbes Metall. Die Stühle und das Geschirr ihrer Häuser seien sämtlich aus dem genannten Metall. Ihr Häuptling sei eine Frau aus demselben Stamm; sie seien kriegerische Leute und bei dem Stamm der Indianer gefürchtet. Bevor man zum Stamm der erwähnten Frauen gelange, stoße man auf einen Stamm von Indianern, die sehr kleine Leute seien. Mit diesen und mit dem Stamm derer, die ihn informierten, hätten die genannten Frauen Streit und führten Krieg gegen sie. Zu einer bestimmten Zeit im Jahr kämen die Frauen mit diesen Indianern aus der Nachbarschaft zusammen und schliefen mit ihnen. Wenn diejenigen, die schwanger wurden, Töchter zur Welt brächten, behielten sie sie bei sich; ebenso zögen sie die Söhne auf, bis sie nicht mehr gestillt würden und schickten sie dann zu ihren Vätern.

In jener Gegend, in der die Dörfer der genannten Frauen seien, gebe es sehr große Siedlungen und Stämme von Indianern, die an sie angrenzten; das hätten sie berichtet, ohne daß man danach gefragt habe. Sie hätten ihm auch gesagt, es gebe dort einen sehr großen See, den die Indianer „Haus der Sonne" nennen würden; man sage, dort schließe sich die Sonne ein. Es sei so, daß zwischen [der Sierra von] Santa Marta und dem genannten See die erwähnten Frauen in westnordwestlicher Richtung lebten. Weiter im Landesinnern, nach den Dörfern der Frauen, gebe es andere sehr große Siedlungen von Stämmen, die Schwarze seien. Nach ihren Berichten hätten sie Spitzbärte wie die Mauren. Man habe sie gefragt, woher sie wüßten, daß diese schwarz seien. Sie antworteten, ihre Väter hätten sie gesehen und andere Stämme, die in der Nachbarschaft des genannten Landes lebten, hätten es ihnen berichtet. Es seien Leute, die Kleidung trügen; ihre Häuser und Dörfer bestünden aus Stein und Erde und seien sehr groß. Sie seien Leute, die viel weißes und gelbes Metall besäßen, und zwar in solcher Menge, daß sie kein anderes Material in ihren Häusern für Gefäße, Töpfe, sehr große Krüge und alles übrige verwendeten. Er habe die erwähnten Indios gefragt, in welcher Gegend die Dörfer und Wohnungen dieser schwarzen Menschen sich befänden und sie hätten gesagt, diese lägen im Nordwesten; wenn sie dorthin gehen wollten, so kämen sie in fünfzehn Tagereisen zu den Dörfern, die in der Nachbarschaft jener erwähnten Schwarzen lägen. Seiner Meinung nach und nach der Richtung, die man ihm genannt habe, befänden sich die erwähnten Dörfer zwölf Grad in nord-

westlicher Richtung, zwischen den Sierras von Santa Marta und denen des
Marañon. Sie seien kriegerische Leute und kämpften mit Pfeil und Bogen. Die
erwähnten Indianer hätten ihm ebenfalls berichtet, daß von Westnordwest bis
zum Nordwesten, eine Spanne nach Norden zu, viele weitere und sehr große
Indianersiedlungen seien. Es gäbe Dörfer, die so groß seien, daß man sie in einem Tag nicht von einem Ende bis zum anderen durchqueren könne. Alle
Stämme besäßen viel weißes und gelbes Metall und gebrauchten es in ihren
Häusern. Auch seien sie alle Leute, die Kleidung trügen. Wenn man wolle,
könne man sehr schnell dorthin gelangen und der ganze Weg führe durch
dichtbesiedeltes Land. Ebenso liege in östlicher Richtung ein sehr großer See,
so groß, daß man von einem Ufer aus das andere nicht sehen könne. Am Ufer
des genannten Sees gebe es sehr große Siedlungen von Leuten, die Kleidung
trügen und viel Metall besäßen. Diese besäßen Steine, mit denen sie die Kleidung bestickten und die sehr leuchteten. Diese Steine holten die Indianer aus
dem genannten See. Sie hätten sehr große Dörfer und alle Leute aus diesen
Dörfern seien Bauern. Sei besäßen sehr große Höfe und züchteten viele Enten
und anderes Geflügel. Man könne von hier aus, wo er sich befinde, zu dem genannten See und seinen Siedlungen, wie sie ihm berichteten, in fünfzehn Tagereisen gelangen; man komme ständig durch besiedeltes Land, wo es viel Metall und gute Wege gebe, wenn das Wasser gefallen sei, das zur Zeit hoch stehe. Sie würden ihn führen. Sie seien aber wenige Christen und die Dörfer,
durch die sie reisen müßten, seien groß und volkreich.

Er erklärte weiter, man habe ihn auch darüber informiert, daß in westlicher
Richtung, eine Spanne nach Südwesten, sehr große Siedlungen seien, deren
Häuser aus Erde bestünden. Dort lebten friedliche Leute, die Kleidung trügen, sehr reich seien und viel Metall besäßen. Sie züchteten große Herden von
riesigen Schafen [Lamas]. Sie bedienten sich ihrer zum Roden und Pflügen
und lüden ihnen Lasten auf. Er habe sie gefragt, ob die genannten Siedlungen
dieser Indianer sehr weit entfernt seien. Man habe ihm geantwortet, daß man
zu ihnen durch dicht besiedeltes Land gelange und in kurzer Zeit dorthin
kommen könne. Mitten unter den genannten Siedlungen befänden sich weitere Christen. Es gebe große Sandwüsten und kein Wasser. Man fragte sie daraufhin, woher sie wüßten, daß es in der Richtung der erwähnten Siedlungen
Christen gebe, und sie antworteten, daß in der Vergangenheit die Indianer in
der Nachbarschaft der genannten Siedlungen von den Eingeborenen dieser
Siedlungen gehört hätten, Leute von deren Stamm hätten auf dem Weg durch
die genannten Wüsten viele Menschen gesehen, die Kleidung getragen hätten.
Diese Leute seien Weiße gewesen, hätten Bärte getragen und einige Tiere mit
sich geführt (nach ihren Berichten waren es Pferde). Sie sagten, daß auf den
Pferden Reiter gewesen seien. Sie hätten auch gesehen, daß diese Leute umgekehrt seien, weil sie kein Wasser gehabt hätten. Viele von ihnen seien gestorben. Die Indianer aus den genannten Siedlungen glaubten, daß die erwähnten
Leute aus der Richtung jener Wüsten gekommen seien. Ebenso teilten sie mit,
daß es in westlicher Richtung, eine Spanne nach Südosten, große Gebirge

gebe und menschenleeres Land. Die Indianer hätten versucht, die Gebirge zu überqueren, da sie geglaubt hätten, daß es in dieser Richtung Menschen gebe. Es sei ihnen jedoch nicht gelungen, da sie vor Hunger und Durst gestorben seien. Man habe sie gefragt, woher sie das alles wüßten. Sie antworteten, daß sie mit allen Indianern dieses ganzen Landes in Verbindung stünden und wüßten, daß dies alles sicher wahr sei, weil sie es persönlich von ihnen erfahren hätten. Diese Indianer hätten die genannten Christen und Pferde gesehen, die durch die Wüste gekommen waren. Am Fuße der erwähnten Sierras, im südwestlichen Teil, gebe es große Siedlungen und reiche Leute, die viel Metall besäßen. Die Indianer, die das Obengesagte mitgeteilt hätten, hätten gesagt, daß sie auch Nachricht hätten, daß in der anderen Richtung auf dem Salzwasser große Schiffe segelten. Man fragte sie, ob es unter der Bevölkerung der genannten Siedlungen auch Häuptlinge gebe, die den Befehl über sie führten. Sie antworteten, jeder Stamm und jede Siedlung habe nur einen Mann aus demselben Stamm, dem alle gehorchten. Er erklärte, daß er, um die Wahrheit von den genannten Indianern zu erfahren und herauszubekommen, ob sie in ihren Erklärungen voneinander abwichen, jeden von ihnen einen Tag und eine Nacht lang auf verschiedene Weise über die erwähnten Berichte ausgefragt habe. Sie hätten in dieser bei wiederholter Darlegung ohne Unterschied oder Abweichung übereingestimmt.

Der Hauptmann Hernando de Ribera erklärte feierlich, er habe den Bericht des obengenannten Inhaltes mit aller Klarheit, Treue und Loyalität, ohne Betrug und Hinterlist gegeben. Daher könne man diesen seinen Bericht mit gutem Glauben und Vertrauen entgegennehmen. Man könne und solle nicht an ihm zweifeln, auch nicht an einem Teil davon. Er sagte, er schwöre bei Gott, der Heiligen Maria und den Worten der vier Heiligen Evangelien und legte zum Zeichen dafür seine rechte Hand auf ein Meßbuch, das der verehrte Pater Francisco González de Paniagua in seinen Händen trug. Es war an der Stelle aufgeschlagen, wo die Heiligen Evangelien geschrieben standen. Und er legte seine rechte Hand auf das Kreuzzeichen, so wie es hier abgebildet ist ✠. Er schwor, daß ihm der Bericht in der Art und Weise, wie er ihn feierlich erstattet habe und er in dem Obigen niedergelegt wurde, von den genannten Indianerhäuptlingen dieses Landes und anderen alten Männern erstattet und übermittelt worden sei. Er habe diese Leute mit aller Sorgfalt geprüft und ausgefragt, um von ihnen die Wahrheit und klare Aussagen über die Dinge des Landesinnern zu erfahren. Nachdem er den genannten Bericht erhalten habe, seien auch weitere Indianer von anderen Dörfern zu ihm gekommen, vor allem aus einem sehr großen Dorf namens Uretabere, eine Tagereise weit von dem Punkt entfernt, wo er umgekehrt sei. Er habe sich bei allen diesen genannten Indianern ebenfalls erkundigt und alle hätten voll und ganz mit dem obigen Bericht übereingestimmt. Er erklärte unter Eid, daß er an keiner Stelle dieses Berichtes etwas übertrieben oder vorgespiegelt habe, allerdings unter der Voraussetzung, daß alles, was man ihm gesagt und berichtet habe, wahr und ohne Arglist sei. Weiterhin erklärte er feierlich, die erwähnten Indianer hätten ihm mitgeteilt, der Yacareatí-Fluß bilde einen großen Wasserfall, der in einige große Bergketten einschneide. Was er gesagt habe, sei die Wahrheit, so wahr ihm Gott helfe. Wenn dies nicht wahr sei, möge Gott ihn in diesem Leben hart am Leibe strafen und im anderen Leben an der Seele, und das für die Ewigkeit. Am Ende dieses Schwures sagte er: „Ich schwöre es, Amen". Er verlangte von mir, dem genannten Notar, ich solle davon dem Herrn Gouverneur feierlich Zeugnis geben, um so seine Rechte zu wahren. Als Zeugen waren anwesend der verehrte Pater Paniagua, Sebastián de Valdivieso, Kämmerer des Herrn Gouverneurs, Gaspar de Ortigosa und Juan de Hoces, Bürger der Stadt Córdoba. Alle Genannten unterzeichneten mit ihrem Namen: Francisco Gonzáles de Paniagua – Sebastián de Valdivieso – Juan de Hoces – Hernando de Ribera – Gaspar de Ortigosa – Dies geschah in meiner Gegenwart, Pero Hernández, Notar.

Aus: Álvar Núñez Cabeza de Vaca: Naufragios y Comentarios. Ausgabe Madrid 1957, S. 255–262.   Schp

87. Die Konquistadoren der La Plata-Region stellen 1549 eine Verbindung zu den Konquistadoren von Peru her: Bericht des Ulrich Schmidl[1]

Als Cabeza de Vaca 1544 von den meuternden Konquistadoren von Asunción gefangengenommen, abgesetzt und in der Folge nach Spanien zurückgeschafft wurde, geschah dies unter der Führung des früheren Interimsgouverneurs Domingo Martínez de Irala, der schon mit Ayolas gegen die Indios gekämpft hatte. Irala verkörperte ganz den Typus des brutalen, aber führungsstarken Haudegens, unter dessen Herrschaft u. a. die Indianersklaverei unerhörte Ausmaße annahm und Asunción in den Ruf eines „Paradieses Mahomets", d. h. eines Paradieses des Antichrist, geriet. Zu seinen Gefolgsleuten zählte auch der Straubinger Landsknecht Ulrich Schmidl. Er gilt heute als der früheste Historiker der Geschichte Argentiniens. Aber dies darf nicht vergessen lassen, daß er zuallererst Landsknecht und Konquistador war, obschon er über den Status des gemeinen Soldaten nie hinauskam.

Schmidl hatte sich 1534 zusammen mit etwa 150 Oberdeutschen, Sachsen und Niederländern sowie rund 2500 Spaniern für die Expedition des Pedro de Mendoza anwerben lassen und war mit dessen mächtiger Flotte 1535 in die neu zu erobernde Provinz Río de la Plata gelangt. Er nahm bereits an der Gründung von Asunción teil und später an verschiedensten „Entradas", u. a. an denen des Cabeza de Vaca und des Ribera; allerdings weicht er bei der Schilderung der Gegebenheiten und Ereignisse dieser Zeit entscheidend von der Darstellung seines damaligen Gouverneurs sowie seines damaligen Hauptmanns ab, was das Interesse der Historiker in besonderem Maße auf ihn gezogen hat. Schmidl macht im übrigen in seinem Bericht keinen Hehl aus seiner Abneigung gegen Cabeza de Vaca, der ihm unkriegerisch und aufgeblasen vorkam und an

---

[1] Der Name wird in der Literatur sehr unterschiedlich geschrieben. Die hier benutzte Schreibweise folgt dem Gebrauch des berühmten Straubingers selbst. Er ließ nach seinem Umzug in das protestantische Regensburg an dem von ihm umgebauten Haus am Neupfarrplatz folgende Wappentafel anbringen: „1563 Ulrich Schmidl von Stravbing".

dem ihm nicht zum wenigsten sein scharfes Eingreifen gegen plündernde und Indios mißhandelnde Konquistadoren mißfiel. So nahm er teil an der Verschwörung und Rebellion des Irala gegen den Gouverneur, was er erstaunlicherweise aus dem Geist des Genossenschaftsdenkens der frühen Neuzeit heraus wie folgt rechtfertigte: „Denn ein yder hauptman [ist seiner] lannztsknecht wegen bestelt und nicht die kriegsleut des hauptmans wegenn auffgenomen. Da ist aber kein respet gewest der personn, sonnder dieser unnser hauptman wolt in allenn diengenn seinem stolzenn und hoffertigenn kopff nachkhumen."[2]

Als Irala 1547 vorschlug, eine Expedition zur Sierra de la Plata (vgl. Dok. 86) durchzuführen, schloß Schmidl sich ihm an. Auf einem entbehrungsreichen Marsch gelangten die Konquistadoren aus Asunción quer durch den Gran Chaco in die Nähe des berühmten Silberbergs von Potosí nach Peru, um dort allerdings feststellen zu müssen, daß das Land bereits von anderen Spaniern besetzt war. Iralas Truppe kam unmittelbar nach dem Sieg des von Karl V. nach Peru entsandten Geheimbevollmächtigten Pedro de la Gasca über den lokalen Caudillo Gonzalo Pizarro (vgl. Dok. 88), der Peru zwischen 1544 und 1548 beherrscht hatte, an. La Gasca forderte Irala zum unverzüglichen Rückzug auf, und dieser kam der Aufforderung notgedrungen nach, obschon die Sympathien seiner Leute bei dem eben hingerichteten Gonzalo Pizarro lagen, dessen Konquistadorenpraktiken auch die ihren waren. Schmidl erlebte diese historische Wende mit: Wäre Irala einige Monate früher in Peru eingetroffen und hätte er sich dort mit Pizarro zusammengetan, dann hätte La Gasca vermutlich einen sehr schweren Stand gehabt. Im übrigen erreichte den Landsknecht Schmidl Mitte 1552 in Asunción eine Nachricht des Fugger-Faktors in Sevilla, die ihn aufforderte, nach Europa zurückzukommen, vermutlich, um dem Augsburger Handelshaus genaue Informationen über die Möglichkeiten der wirtschaftlichen Nutzung jener Region südlich des Pizarro-Gebiets zu geben, für das die Fugger bereits 1531 mit dem Indienrat einen Konzessionsvertrag ausgehandelt hatten, der aber nie in Kraft trat[3]. Schmidl kehrte relativ wohlhabend in die Alte Welt zurück, erreichte Lissabon, zog über Land nach Cádiz und gelangte nach einem Schiffbruch via Antwerpen 1554 in Deutschland an, wo sich die Nachrichten über seine Leistungen für das Fuggersche Unternehmen verlieren. Interessant ist allenfalls noch, daß er sich offenbar sofort der lutherischen Lehre anschloß. Er starb 1581 als Bürger der protestantischen Reichsstadt Regensburg.

Seine Schilderung der Konquista der La Plata-Region erschien 1567 – möglicherweise als Antwort auf Cabeza de Vacas „Comentarios" von 1555 – in Frankfurt als Teil eines aus Reisebeschreibungen bestehenden Sammelwerks an zweiter Stelle unter dem Titel „Warhafftige und liebliche Beschreibung etlicher fürnemen Indianischen Landtschafften und Insulen ...", sie wurde in stark voneinander abweichenden Fassungen 1597 im berühmten de Bry'schen Sammelwerk „Das VII Theil Americae" (wiederaufgelegt im Jahr 1617), 1599 von Levinus Hulsius in Nürnberg (wiederaufgelegt 1602 und 1612) und im übrigen in der Folge in zahlreichen anderen Fassungen nachgedruckt; Übersetzungen erschienen in lateinischer, niederländischer, englischer, französischer und spanischer Sprache. Die beiden existierenden Handschriften des Berichts – die Schmidlsche Erstfassung, die sich heute in der Landesbibliothek Stuttgart befindet,

---

    [2] Ausgabe Tübingen 1889 (hg. v. V. Langenmantel), S. 75.
    [3] Vgl. Hermann Kellenbenz: The Role of the Great Upper German Families in Financing the Discoveries. In: Terrae incognitae. The Annals of the Society for the History of Discoveries. Vol. X (1978), S. 45–59.

und eine stark überarbeitete Kopie dieser Erstfassung, die die Staatsbibliothek München besitzt – sind 1893 bzw. 1889 ediert worden. Die folgenden Textauszüge stammen aus der Münchner Kopie der Erstfassung: Diese Variante des Schmidlschen Textes ist die umfangreichste und gleichzeitig farbigste, sie ist zudem mit größter Wahrscheinlichkeit die Schmidlsche Fassung letzter Hand. Der in der bisherigen Literatur immer noch anzutreffenden Meinung Mondscheins, daß dieser Text „eine höchst flüchtige, nachlässige, von einem unwissenden, gedankenlosen Abschreiber herrührende" Fassung (S. 43) sei, kann m. E. nicht beigepflichtet werden. Als Mondschein dieses Urteil formulierte, war nämlich die Schmidlsche Urfassung des Manuskripts noch nicht bekannt, auf die formal ohne weiteres das gleiche Urteil zutrifft. So beruhte Mondscheins Urteil seinerzeit lediglich auf einem Vergleich der Münchner Kopie mit den gedruckten Fassungen des 16. und 17. Jahrhunderts, die sich aber allesamt als von den Verlegern nach dem Publikumsgeschmack geglättete und veränderte Fassungen erweisen. Insofern erscheint es gerechtfertigt, im folgenden auf die Münchner Abschrift des Schmidlschen Originalmanuskripts zurückzugreifen.

Lit.: Johannes E. Mondschein: Ulrich Schmidel von Straubing und seine Reisebeschreibung. Straubing 1881 – Karl Schottenloher: Die Bayern in der Fremde. München 1950 [darin eine Bibliographie der Lit. über Schmidl] – Hans Krieg: Ein Landsknecht am La Plata. Auf den Spuren Ulrich Schmidels im Indianerland Südamerikas. Stuttgart 1950 – Katalog der Ausstellung „Exposición Histórica del Río de la Plata". Buenos Aires 1964 [darin eine Bibliographie der Lit. über Schmidl] – Ulrich Schmidel: Wahrhafftige Historien einer wunderbaren Schiffart. Graz 1962 – Marion Lois Huffines: The Original Manuscript of Ulrich Schmidl: German Conquistador and Chronicler. In: The Americas. A Quarterly Review of Inter-American Cultural History. Vol. 24 (1977/78), S. 202–206.   Sch

[Nach der Absetzung und zwangsweisen Zurückbeförderung des Gouverneurs Cabeza de Vaca nach Spanien 1544 war es in Asunción zu schweren inneren Kämpfen gekommen, danach – bis 1546 – zu einem Kriegszug gegen den Guanarí-Stamm der Cariós, der mit einem Friedensschluß beendet wurde:]

Darnach furen wir wiederumb nach der statt Nostra Singnora de Sunssion [Nuestra Señora de Asunción] unnd pliebenn alda 2 gannze jhar in dieser statt. Nachdem aber in dieser zeit khein schieff oder post aus Hispanienn nit khumen war, da [liesse] unnser hauptman Marthin Domenigo Eyolla [Domingo Martínez de Irala] dem folck fürhaltenn, ob sie für guet dünckht, so wolt er mit etlichem folckh in das lanndt zihenn unnd wolt sehen, ob golt oder silber verhannden wehr. Darauff anntwort im das folckh, er wolt in Gottes namen nur zihen.

So lies er alsdann zusamen rueffenn von Spaniernn 350 mann unnd fragtt, ob sie woltenn mit im zihenn, so wolt er sie versehen mit aller notturft auff dieser reis, es wehr vonn Inndianeren, rossenn oder kleideren; so erpueten sie sich ganntz willig, mit im zu ziehen. Darnach ließ er auch die principales oder obersten der Carios zusammen forderenn unnd zusprechen, ob sie [mit] ime woltenn zihen mit 2000 mann starckh; so erzaigten sie sich gannz willig unnd gehorsam mit im zu zihen.

Auff solcher paider partheien guethe unnd freundtliche bewilligung machet sich gemelter unnser oberster hauptman Marthin Domenigo Eyolla palt über 2 monat darnach auff unnd fur aus mit dießem folckh anno 1548 jar das wasser Paraboc auffwertz mit 7 schieffenn bergenntin und mit 200 canaen. Das folckh, so nit in die schieff noch canaen mocht khumen, das gienng zu fueß mit denn 130 pferten über lanndt. Unnd da wir zu lanndt unnd zu wasser alle zusamen khomen pey einem runden hohenn perg, haist S. Ferdinando, do dann die vorgenannten Peyenbas wohneten, alsdann manndirt unnser hauptman die 5 schieff bergenntin unnd die canaen wieder zurückh zur statt Nostra Singnora de Sunssion.

Die annderen 2 schieff pergentin lies er alda pey S. Fernando mit 50 Spanieren, denen ornet er einen hauptman, hieß Petter Dieß[4], schueff inen auch profant und anndere notturfft auff 2 jhar unnd soltenn alda wartenn piß er wiederumb aus dem landtt kumptt, auff das ihme nit auch also gesche und seinem volckh, wie dem guethenn herrenn Joann Eyollas unnd seinen mitgesellenn geschehenn, welche die Pyenbaß so schendtlich habenn umbpracht. Gott genadtt inen allenn! Darvon gehert wordenn am plat.

So zog darnach unnser hauptman mit 300 Chriesten unnd 130 pfertenn unnd 3000 Carios fortt ann 8 tag lanng, das wir khein nazionn fanden. Am 9 tag fannden wir eine, haist Naperus, haben annderst nichts zu essenn, dann fischs und fleischs, ist ein lanng unnd starckh volckh, ire weyber gehenn bedeckht mit irer scham, seindtt nit schen.

Vonn gemeltem perg S. Ferdinando alher ist 38 meil; pliebenn über nacht da und zogenn alsdann fort 7 tagreiß und khamen zu einer nazionn, haist Maieaieß, ist ein grosse mennig des volckhs; ihre unterthann miessen inen jagenn unnd vischen unnd was inen geschaff[t] wirt, gleichwie herausen die paurenn eim edelman unnderworffen sindtt.

Diese nazionn hatt grosse profannt vom türckischem khorenn mandeochade, mandepoere, mandeos propy, padades, mannduiß, bachakhue unnd ander wurtzl mehr, so zur essenntenn speis diennstlich. Item sie habenn auch hirschen, inndianische schaff, straussenn, ennten, genns, hiener unnd annder gefliegl vil mehr. Auch stehenn die welder voller henig, draus man wein macht unnd zu annder notturff praucht; jy[e] weider man ins lanndt zeucht, jye fruchtparer man es findtt. Item sie habenn das ganze jhar auff dem velt vonn dem türckhischenn khorenn unnd anndere izt angezaigte wurzl. Diese schaff, derenn sie heimlich unnd wilt habenn, prauchen sie wie hier ausen die roß zum fürenn unnd reiten; ich pin selber einmal mit auff der reiß weider dann 40 meil auff einem solchenn schaff gerietten, nemlich als ich kranckh whas an einem fueß; ihn Peru fhüret man die güetther drauff, wie auff den samrossenn.

Diese Mayeaieß seindt lanng, geratht unnd streitparlich leut, welchs alls sein fleis auff denn krieg wennt. Ihre weyber sindt schönn unnd bedeckht mit der scham; sie arbaiten nit auff dem velt, sonnder der man mueß alle narung

---

⁴ Pedro Díaz.

suchen; sie thuet auch im haus nichts annderst, dann das sie spint unnd wirckht vonn paumwol; auch macht sie essenn unnd annder dieng, was sonnst dem mann beliept vonn ir unnd annderenn guethenn gesellenn mehr, der es drum pit; darvonn nit weider zu schreibenn. Wer es sehen wil, der zich hin unnd ob ers sunst nit glaubenn wil, so wirt ers doch also finden.

[In der Folge schlug sich die Expedition des Irala weiter durch den Gran Chaco bis in das Hochland von Bolivien durch, traf auf zahlreiche verschiedene Indianerstämme, die ihr teils freundlich, teils feindlich begegneten, und erreichte schließlich die äußersten Vorposten der spanischen Herrschaft in Peru:]

Nachdem wir nun zu mehr getachten Machkaysis auff ein guethe meil wegs hinzu naheten, do khamen sie uns enttgegenn unnd empfiengen unnß sehr wol unnd huebenn darnach an mit unns spanischs zu redenn; da erschrackhen wir gar hart unnd fragetenn sie darnach, wem sie underthenig sein, oder was sie für einen herren hetten, sagtenn sie unnserem hauptman unnd unns, sonnst geheretenn sie einem edelman zu in Hispania, hieß Peter Ansuleß[5]. Nun wie whir in ihrenn fleckhenn giengenn unnd fanndenn ihr khinder, auch ettlich man unnd weib, die warenn all derpiessenn [von einem unzifer], das sicht gleich einem floch; dieses, so es denn menschen, mit ehren zu melden, zwischen [die] zehen oder sunst etwo am leib annkumptt, so friest es hinein, das lezlich ein wurm darausen wirtt, als mann in denn haselnuessenn findt, aber man mus ihme pey zeitenn fürkhumen, das er nicht schaden mag thun dem fleischs; übersicht man es aber zu lanng, so friest er lezlich einem die zehen ab, es were vil darvonn zu schreibenn. Vonn unnser offt getachtenn statt Nostra Singnora de Sunssion ist über lanndt zu diessem fleckhen Machkaysies 377 meil nach der altnere[6].

Nun lagenn wir pey 20 tagenn lanng in diesem der Machkhaysies fleckhen. Alsdann kam unns ein brieff vonn einer statt haist Lyeme[7] in Peru, alda dann kay. may. oberster statthalter mit namen presente[8] oder lizenziatt[9] de Cascha[10] ist gewest, der dann dem Connsulo Presero[11] hatt den kopff lassenn abschlagenn samptt annderen edel unnd unedel, die ehr mit im entthauptten hatt lassenn unnd auff die galehen schmiden, nemlich dero ursachenn, das gemelter Consulo Piesiero seliger ime lizenziat de Cascha nit unndertenig sein wolt, sonnder sich mit dem landt wieder kay. may. auffrürich machett, darauff im mehr getachter presente de Cascha im namen kay. may. solchenn lohn geben, wie wol offt einer mehr thuet oder sich eines mehrer[n] gewalt annimptt,

---

[5] Pedro de Anzures, ein Offizier Pizarros, der 1538 die Stadt Chuquisaca östlich der Andenkette gegründet hatte.

[6] Wahrscheinlich „altura“: Kamm-, Gipfelhöhe.

[7] Lima.

[8] Gemeint: „presidente“ [der Audiencia von Lima].

[9] Der Titel „licenciado“ bezeichnete einen Rechtsgelehrten, der den Doktorgrad einer Universität erworben hatte.

[10] Pedro de la Gasca, Geheimbevollmächtigter Karls V. zur Niederwerfung des Konquistadorenaufstandes in Peru.

[11] Gonzalo Pizarro.

dann er vonn seinem herren pefelch hatt, wie es dann in der welt zugehet. Ich
glaub wol, das kay. may. gemelten Connsulo Piesiero hette das lebenn gefriest,
wann in sein mst. in persona selbst hett gefangen; es thet im wehe, das man im
einen herren über sein guet stellet, dann dieses lanndt Peru war pilich vor Gott
und der weltt sein gewest des Consulo Piesiro, darumb das er solches reichs
lanndt sampt seinen prüdern Margose¹² und Ernando Piesieron¹³ zum allerersten erfunden unnd gewunen. Dieses reich wirtt pilich das re[i]ch lanndt ge-
nandt, dann aller reichtumb, den kay. may. hatt, der kumpt aus Peru unnd
aus Nove Hispaniam¹⁴ und Terra firma¹⁵. So ist aber der neit unnd haß so groß
in der weltt, das einer dem annderen nichts guets ginett; also geschach auch
dem armen Connsulo Piesiero, welcher ein könig gewest, darnach hat man im
den kopff lassenn abschlagen. Gott sey im genedig, es wehr vil darvonn zu
schreibenn, aber zeit gibts nicht.

Nun der vorgetachte prieff laut also, aus pefelch kay. may. das unnser
haupttman Marthin Domenigo Eyolla mit dem kriegsvolckh pey leib unnd pey
leben nicht soll fortzihenn, sonnder soll alda pey denn Maygosis wartenn auff
weiteren pescheit. Solches aber was dahin angesehen, das der gubernator be-
sorgett, wir würden ein auffrur wieder [ihn] im lanndt machenn unnd unns mit
denen, so noch darvonn khumen unnd die flucht gegeben in die welt unnd
perg, wieder verainigen; das were auch gewiß geschehen, so wir annderst weren zusammen khumen; wir hettenn denn gubernator zum lanndt hinaus trie-
benn. So machet aber gemelter gubernator einen contract mit unnserem
haubttman unnd thet im ein grosse schennckhung, damit er zufrieden waß
und sein lebenn darvonn pracht; wir kriegsleit aber wusten vonn der hannt-
lung nichts, hettenn wirs aber gewist, so hetten wirs unnserem haupttman alle
vier zusammen gepunden unnd nach Peru gefirtt.

Nach solchem schickhett unnser haupttman nach Peru zu dem gubernator
4 gesellenn, als einen haupttman, hieß Nuffle de Schaifeß¹⁶, der annder Unn-
gnate¹⁷, der driet Michel Pude¹⁸, der virt Abai de Korthua¹⁹. Diese 4 gesellenn
kamen in annderhalb monaten in Peru unnd erstlich zu einer statt haist Podu-
esies²⁰ darnach zu einer, haist Kuesken²¹, die driet Bille de le Platte²² unnd die
viert haupttstat haist Lieme; diese 4 sinndt die principalisten stet unnd reichs-
stet in Peru.

---

¹² D.h. „marqués": gemeint ist Francisco Pizarro.
¹³ Hernando Pizarro.
¹⁴ Nueva España: Neu-Spanien, d.h. Mexiko.
¹⁵ Tierra firme: gemeint sind die Gouvernemente von Portobelo, Veragua und Darién, d.h. der
südliche Teil Mittelamerikas und die Nordküste von Südamerika.
¹⁶ Nuflo de Chaves.
¹⁷ Wahrscheinlich Pedro de Oñate.
¹⁸ Miguel de Rutia.
¹⁹ Konnte nicht geklärt werden.
²⁰ Potosí.
²¹ Cuzco.
²² Wahrscheinlich ist Chuquisaca gemeint, das von Pedro de Anzures unter dem Namen
„Ciudad de la Plata" (Silberstadt) gegründet worden war.

Da nun diese 4 gesellenn zur erstenn statt Poduesis in Peru khamen, da pliebenn die 2 mit namen Michel Puedt unnd Abaie schwachait halbenn, das sie auff der reiß krannckh warenn; unnd die annderen zwen Nueffle unnd Ungenade, die sassenn auff die post unnd furenn gen Lieme zum gubernator; so empfienng er sie gar wol unnd nam alsdann vonn inen allennthalben relazionn, wie die sach gestalt sey im lanndt Rio do le Platta unnd manndiret darnach, das man diese soll woll einfuriren unnd aufs best tractiren, auch schennckht er ydem 2000 ducaten. Darnach befalch der gubernator dem Nuefle Schaifies, er soll seinem hauptman schreiben, damit er alda pey denn Marchkaysies mit dem volck auff weitteren beschaidt [verzüge], doch soll er ihnen nichts nemen, noch thun, denn was vonn speis [da were], dann wir wuesten woll, das silber pey innen verhannden wehr; weil sie einem Spanier unnthersessig und unthertheig warenn, durftenn wir inen derhalbenn nichts thun.

So warte aber diese des gubernators post underwegenn vonn einem Spanier, hieß Parnau, nidergelegt aus befelch unnsers hauptmans, dann er besorget sich, es würde ein annderer hauptman, zu gubernirenn sein volckh, aus Peru khumen, wie dann auch schonn einer verornnet was[23]; darumb schickhet er, unnser hauptman, den genanten Pernau auf die strassenn unnd befalch ime, ob sach wehr, das prieff vorhanden sein, er solts mit ihme zu denn Carios füren; alsdann solches beschehen.

Also richtet unnd fienng unnser hauptman so vil an pey dem volckh, das wir profandt halber pey denn Marchkhaysies nit lenger pleibenn kunden, dann wir hetten nit auff ein monat profant; aber hettenn wirs gewist, das wir probiedo[24] oder versehen werenn gewest mit einem [neuen] gubernator, wir weren nit darvonn gezogen, hetten vil speis und remedi gefunden; aber es ist alles buberey auff der welt. Darnach zogenn wir wieder zurückh zu denn Karchkokoes. Auch solt ich euch annzaigt habenn, nemlich das getachte Machkaysis ein solch fruchtpar lanndt habenn, dergleichen ich zuvor nit gesehen, nemlich wann ein Indianer hinaus ins holz oder walt gehet unnd machet in den nechsten paum, darzu er nahet, ein loch mit der hackhenn, so rint ein fünff oder ein 6 maß honig heraus, so lautter wie ein meht; dieselbenn imen sein gar klein und stechen nicht. Solches ir henig, welches vonn der güet [ist], mag man essen mit prott oder in annder speis, sie machenn auch draus guetten wein, als hie zu lanndt der meht, [ist] auch pesser unnd liplicher zu trinckhenn.

[In der Folge zog die Expedition des Irala unter großen Strapazen und zahlreichen Kämpfen nach Asunción zurück, wo sich inzwischen ein neuer Caudillo der Stadt bemächtigt hatte. Im Juli 1552 erhielt Schmidl eine Aufforderung seines Bruders, nach Deutschland zurückzukehren.]

Aus: Ulrich Schmidels Reise nach Süd-Amerika in den Jahren 1534 bis 1554. Nach der Münchener Handschrift hg. v. Valentin Langmantel. Tübingen 1889, S. 84–86, 95–99.

---

[23] La Gasca hatte bereits die Verwaltung von Río de la Plata dem kaisertreuen Diego de Centeno übertragen; doch starb dieser in Chuquisaca, bevor er von seiner Ernennung erfuhr.

[24] „Proveido": versehen.

88. Brief des Konquistadors Pedro de Valdivia aus Chile an Kaiser Karl V. vom 15. Oktober 1550

Der Eroberer Pedro de Valdivia, ein armer Adliger aus der Provinz Estremadura, hatte einige Jahre im Heer Karls V. in Italien gedient. Im Jahre 1534 schiffte er sich nach Südamerika ein und schloß sich 1537 den Gebrüdern Pizarro in Peru an. Obwohl er sich dort reiche Besitzungen erworben hatte, nahm er ab 1540 das nach der Expedition des Diego de Almagro (1535–37) aufgegebene Unternehmen, Chile zu erobern, wieder auf. Er nannte das eroberte Land Neu-Estremadura und gründete dort 1541 die Stadt Santiago. 1546 erreichte er, mittlerweile als vom König bestätigter Gouverneur, die Mündung des Bio-Bio. In den folgenden drei Jahren beteiligte er sich an den Kämpfen in Peru und setzte dann die Eroberung Chiles weiter fort, wobei er 1550 am Bio-Bio die Stadt Concepción del Nuevo Extremo gründet. 1553 kam er bei einem Indianerüberfall unter noch nicht ganz geklärten Umständen ums Leben. Wichtige Quellen für seinen persönlichen Werdegang und sein Vorgehen in Chile bilden elf von ihm verfaßte ausführliche Briefe aus den Jahren 1545–1552, die in verschiedenen spanischen und südamerikanischen Archiven entdeckt wurden. Weitere 19 lassen sich auf Grund der vorliegenden erschließen, konnten jedoch nicht gefunden werden. Der Brief an Karl V., aus dem hier Teile abgedruckt werden, ist der längste von allen und soll, wie Valdivia zu Beginn schreibt, „ausführlich Bericht erstatten und Rechenschaft geben". Eine Faksimile-Ausgabe der elf Briefe wurde herausgegeben von José Toribio Medina: Cartas de Pedro de Valdivia, Santiago 1953. 1960 erfolgte eine weitere Edition von Francisco Esteve Barba im Rahmen der Cronicas del Reino de Chile. Eine deutsche Ausgabe ist am Lehrstuhl für Geschichte der frühen Neuzeit der Universität Augsburg in Vorbereitung.

Lit.: Crescente Erráruiz: Historia de Chile, Pedro de Valdivia. 2 vol. Santiago 1911 – Cunninghame R. B. Graham: Pedro de Valdivia, Conqueror of Chile. London 1926 [Briefe z. T. ins Englische übersetzt] – Ida Weldon Vernon: Pedro de Valdivia, Conquistador of Chile. New York 1946 (2. Aufl. 1969) – Santiago del Campo: Pedro de Valdivia, el capitán conquistador. Madrid 1961 – M. E. Carmona: Pedro de Valdivia, un español en Chile. Barcelona 1962 – José M. Doussinagüe: Pedro de Valdivia o la novela de Chile. Madrid 1963.   PN/WR

[Valdivia berichtet dem Kaiser, wie er voll Schrecken von der Usurpation des Gonzalo Pizarro in Peru gehört habe und alsbald mit zehn Edelleuten von Chile aufgebrochen sei, um gegen den Rebellen zu kämpfen.]

[. . .] Am Vorabend von Weihnachten 1547 ankerten wir im Hafen von Tarapacá in Peru, 80 Meilen von der Stadt Arequipa und 200 Meilen von der Stadt der Könige[1] entfernt. Ich setzte das Boot aus mit einem halben Dutzend Edelleuten, die vom Meer aus auf der Hut sein sollten und von denen nur einer an Land gehen sollte, um bei den Indianern oder irgendeinem Christenmenschen Erkundigungen einzuziehen, was im Lande los sei. Wir waren alle auf der Hut. Der an Land ging, stieß auf zwei Spanier, die ihm mitteilten, daß

---

[1] Das heutige Lima.

Gonzalo Pizarro vor 14 Tagen 30 Meilen von da landeinwärts im Collao mit 500 Mann, mehr hatte er nicht, den Kapitän Diego Centeno, der 1 200 gegen ihn ins Feld führte, in die Flucht geschlagen habe und in Cuzco mächtiger denn je sei und ihm das ganze Land gehorche. Nach Neuigkeiten aus Spanien befragt, sagten sie, in Panamá solle sich ein Präsident namens Licenciado de la Gasca aufhalten, dem Gonzalo Pizarros Kapitäne die Flotte ausgeliefert hätten. Aber er habe keine Gefolgschaft und kein Heer und werde Peru bestimmt nicht betreten. Sollte er es trotzdem wagen, werde man ihn und seine Begleiter töten; denn Gonzalo Pizarro habe bei der Madonna geschworen, daß er ihm an Lichtmeß in der Stadt der Könige entgegentreten werde.

Auf diese Nachricht hin befahl ich noch in derselben Nacht, unser Schiff segelfertig zu machen und Segel zu setzen. In 18 Tagen erreichte ich die Höhe der Stadt der Könige und erfuhr, daß der Präsident hier an Land gegangen war und mit seinen Soldaten in Richtung Cuzco gegen Gonzalo Pizarro zog. [...] Ich setzte dem Präsidenten nach mit allen Begleitern, legte in einem Tagesmarsch die Strecke zurück, wozu er drei Tage brauchte, und holte ihn und Ew. Maj.[2] Heer 50 Meilen vor Cuzco, im Tal von Andaguaylas, ein.

Als mich der Präsident erblickte, freute er sich sehr und empfing mich sehr freundlich. Meine Reise und die Mühe, die ich mir gegeben hatte, um aus solchem Anlaß zu kommen, rechnete er mir im Namen Ew. Maj. sehr hoch an. Öffentlich sagte er, meine Person sei ihm mehr wert als 800 der besten Soldaten, die in diesem Augenblick zu ihm stoßen könnten. Ich dankte ihm und schätzte seine Worte als ganz besondere Auszeichnung und Gnade. Sodann übertrug er mir alle Vollmacht, die ihm Ew. Maj. für den Kriegsfall erteilt hatte, und stellte das ganze Heer unter mein Kommando. Er befahl allen Edelleuten, Offizieren und Soldaten im Namen Ew. Maj., sie sollten im Kriege allen meinen Befehlen gehorchen und sie ausführen als wären es die seinigen, und auch seinerseits bat er sie dringend darum, denn der Dienst des Kaisers verlange das. Das ganze Heer erklärte sich dazu bereit. Mir selbst sagte er, daß er mir Ew. Maj. Ehre anvertraue. Ich verbeugte mich, küßte ihm als dem Vertreter des Kaisers die Hand und erwiderte, daß ich die ihm erteilte kaiserliche und königliche Vollmacht übernehmen werde und im Dienste Ew. Maj. und mit dem Beistand von Ew. Maj. allergetreuestem Heere mit allem Eifer, aller Umsicht und Erfahrung, die ich in Kriegsangelegenheiten besäße, davon Gebrauch machen wollte. Damit und im Vertrauen auf Gott und auf Ew. Maj. Glück hoffte ich, die Ordnung im Lande wiederherzustellen, es wieder zum Gehorsam und zur Lehenspflicht zurückzubringen und Gonzalo Pizarro und seine Anhänger niederzuwerfen, damit sie entsprechend ihren Verbrechen gerichtet würden, oder ich würde in der Schlacht fallen. Das ganze Heer war zufrieden und freute sich über meine Anwesenheit so wie ich mich über das Heer freute. [...]

[Nun berichtet Valdivia über den Aufmarsch und seine militärischen Maß-

---

[2] Abkürzung für: Eure Majestät.

nahmen, die nach seiner Darstellung zu dem unblutigen Erfolg auf der Ebene
Jaquijahuana bei Cuzco über die Rebellen geführt haben.]

[...] Der Schrecken, den ihnen unsere Artillerie einjagte, war so groß, wie
mir Caruajal später gestand, daß sie niemand mehr zusammenhalten konnte,
sie den Kopf verloren, und Gonzalo Pizarro sich schließlich einem Soldaten
ergeben und sein Leben dessen Schutz anvertrauen mußte, ohne daß Ew. Maj.
Heer irgendeinen Verlust erlitt. Nachdem die Schlacht zu Ende war und die
Hauptschuldigen gefangengenommen worden waren, mit denen man an Ort
und Stelle nach Recht und Gerechtigkeit verfuhr, begab ich mich zum Präsidenten in Anwesenheit des obengenannten Marschalls, des Generals Pedro de
Hinojosa, dreier Bischöfe, aller Offiziere und Edelleute des Heeres und richtete folgende Worte an ihn: „Ew. Gnaden, Hochwohlgeborene Herren, ich
bin meines Versprechens und Ehrenwortes ledig, die ich täglich Ew. Gnaden und Euch, Hochedle Herren, gab und gestern noch dem Marschall wiederholte, daß ich die Feinde in die Flucht schlagen werde, ohne auch nur
30 Mann dabei zu verlieren." Der Präsident erwiderte darauf: „Herr Statthalter, S. Maj. schuldet Euch großen Dank", – bisher hatte er mich immer nur
Hauptmann genannt. Auch der Marschall erklärte, ich hätte sehr viel mehr
geleistet, als ich versprochen hätte. Damit gab ich dem Präsidenten die Vollmacht zurück, die er mir zu Anfang der geschilderten Ereignisse seitens Ew.
Maj. übertragen hatte. Allen Hauptleuten und Soldaten dankte ich für alles,
was sie in Ew. Maj. Diensten Tüchtiges geleistet hätten, da sie mir in Treue und
mit gutem Willen bisher in allem gehorcht hätten, was ich ihnen in des Kaisers
Namen befahl. Wir dankten Gott für den Beistand, den er uns gewährt hatte,
und freuten uns. Die Richter nahmen ihre Aufgabe wahr, in Sachen der Rebellen Recht zu sprechen. Wie ich an seiner persönlichen Rechtschaffenheit erkannt habe, ist der Präsident ein gewissenhafter Mann und ein aufrichtiger
Diener und Vasall Ew. Maj.; daher vertraue ich zuversichtlich, daß er von den
Diensten, die ich Ew. Maj. in diesem Feldzug geleistet habe, wahrheitsgemäß
berichtet hat und weiterhin berichten wird.

Nachdem der Rebell Pizarro und einige seiner Hauptleute auf dem Schau-
platz ihrer Niederlage hingerichtet worden waren, was zwei Tage in Anspruch
nahm, begab sich der Präsident nach Cuzco, um Ordnung zu schaffen, was
dem Land dringend not tat. Ich zog mit ihm und hielt mich 14 Tage in Cuzco
auf. Ich empfing die Ernennung zum Statthalter in Chile im Namen Ew. Maj.,
kraft der Vollmacht, die der Präsident dafür besaß. Als ich ihn um gewisse
Gnadenerweise als Belohnung meiner Dienste bat, sagte er mir, er hätte keine
Vollmacht, mir gegenüber noch mehr zu tun, als er schon getan habe. Ich
möchte aber mein Gesuch an den königlichen Indienrat richten, und er werde
für mich bei Ew. Maj. gewiß ein guter Fürsprecher sein. Ich bat ihn um die Erlaubnis, Soldaten aus jenen Provinzen[3] auf dem Land- und Seeweg zum kaiserlichen Dienst in diese[4] zu schaffen. Er gewährte sie und auch jede weitere

---

[3] Peru.   [4] Chile.

Unterstützung. Als er von den Ausgaben erfuhr, die ich für die Reise und den Feldzug gehabt hatte, und wie ich infolge meiner Verschuldung keine Mittel besaß, um mir Schiffe zu beschaffen, befahl er den kaiserlichen Beamten, mir eine Galeone und eine Galeere der königlichen Flotte, die im Hafen der Könige[5] lag, auf Kredit zu überlassen. [...]

[Als nunmehr vom kaiserlichen Beauftragten und nicht mehr nur von den peruanischen Machthabern bestallter Statthalter und Generalkapitän kehrt Valdivia nach Chile zurück. So rasch wie irgend möglich bricht er nach Süden auf, um die früher geplante Stadtgründung noch im Sommer vornehmen zu können. Im Januar wird der Bio-Bio erreicht, unter wiederholten heftigen Kämpfen mit der hier erschreckend zahlreichen Indianerbevölkerung.]

[...] Ich besichtigte den Platz, wo ich schon vor Jahren beschlossen hatte, eine Siedlung anzulegen, einundeinhalb Meilen nördlich des großen Flusses, des Bio-Bio, in einer Bucht, am besten Hafen von ganz Indien[6], und einem großen Fluß bei einem Kap, das ins Meer vorspringt, wo es die besten Fische der Welt gibt, Sardinen in Menge, Barsche, Thunfische, Dorsche, Neunaugen, Schollen und noch tausenderlei andere Arten, und auf der anderen Seite ein Flüßchen, das während des ganzen Jahres weiches, klares Wasser führt.

Hierher verlegte ich am 23. Februar das Lager, um mich der Galeere und der kleinen Galeone bedienen zu können, die mir mein Stellvertreter zur See, Kapitän Juan Bautista de Pastene, an der Küste entlang fahrend herbrachte, den ich beauftragt hatte, mich in der Gegend des Flusses zu suchen. Am Morgen des folgenden Tages veranlaßte ich zuerst, daß eine befestigte Stellung aus dicken Baumstämmen, die als Umzäunung in den Boden getrieben und verbunden wurden, errichtet werde. Rings um die Umzäunung zogen wir einen breiten und tiefen Graben. So konnten wir zum Kampfe vorbrechen, wann wir wollten, und nicht erst, wenn uns die Indianer dazu herausforderten. [...] Nach der Fertigstellung bezogen wir alle am 3. März des genannten Jahres 1550 das befestigte Lager, und ich teilte allen Quartier und Behausung zu, wozu wir den geeigneten Platz wählten.

Neun Tage lang, d. h. bis zum zwölften des genannten Monats, erwarteten wir täglich den Angriff jener wilden Krieger. Wir hatten nämlich schon drei Tage vorher die Nachricht erhalten, daß sich sämtliche Bewohner der Gegend verbündet hätten, um uns zu überfallen, weil wir wegen der Befestigungsarbeiten keinen Kontakt mit ihnen aufnehmen konnten. Um die Mittagszeit erschienen in Sichtweite unseres Lagers bei ein paar Hügeln über 40 000 Indianer und dahinter mehr als noch einmal so viele, die sich nicht sehen lassen durften. Sehr herausfordernd näherten sie sich in vier Abteilungen, auserlesene und kampfbereite Krieger, wie wir hierzulande noch keine gesehen hatten. Sie waren überdies gut geschützt mit Schaf- und Seehundfellen in vielerlei Farben und mit Federbüschen geschmückt. Ein außerordentlich prächtiger Anblick. Alle trugen einen Kopfschutz aus dem gleichen Material, nach Art

---

[5] Lima.   [6] Amerika.

großer Klerikerbarette, und keine noch so scharfe Streitaxt vermochte den Träger eines solchen Kopfschutzes zu verletzen. Bewaffnet waren sie mit Pfeilen und Lanzen von vier bis fünf Metern Länge, mit Keulen und Knüppeln. Steine benutzen sie nicht beim Kampf. Als ich sah, daß uns die Indianer von vier Seiten angreifen wollten, daß aber ihre Abteilungen sich gegenseitig nicht beistehen konnten, weil sie uns einschließen und auf der Frontseite belagern wollten, ließ ich den Hauptmann Jerónimo de Alderete aus einem Lagertor einen Ausfall mit 50 Reitern machen, damit er die Abteilung, die gerade dieses Tor angreifen wollte und einen Musketenschuß weit entfernt war, zersprenge. Die Reiter waren noch nicht herangekommen, als die Indianer kehrtmachten und flohen. Als die anderen Abteilungen die erste zersprengt sahen, taten sie dasselbe. Bis in die Nacht hinein dauerte die Verfolgung. Etwa 1 500 oder 2 000 wurden erschlagen, viele andere mit der Lanze getötet und wieder andere gefangengenommen. Ich ließ etwa 200 von ihnen die Hände und Nasen abschneiden zur Strafe für ihre Rebellion. Denn ich hatte ihnen oft Boten geschickt und ihnen die *requerimientos*[7] Ew. Maj. bekanntgemacht. Nachdem dieser Akt der Gerechtigkeit vollzogen war und alle versammelt waren, sprach ich erneut zu ihnen, da unter ihnen einige Kaziken und angesehene Indianer waren. Ich erklärte ihnen, warum das geschah, wie ich sie oft hätte rufen und zum Frieden auffordern lassen. Ich teilte ihnen weiter mit, wozu mich Ew. Maj. in ihr Land geschickt habe. Sie hätten die Botschaft wohl empfangen, aber den Befehlen nicht gehorcht. Ich fügte weiter hinzu, was mir noch zur Erfüllung der Befehle Ew. Maj. und zur Genugtuung Eures Königlichen Gewissens notwendig schien. Und damit entließ ich sie. [. . .]

Ich versichere Ew. Maj., seit der Entdeckung Indiens wurde bis heute noch kein derartiges Land für Ew. Maj. entdeckt: Es ist dichter bevölkert als Neu-Spanien[8], sehr gesund, sehr fruchtbar und mild. Es besitzt ein sehr angenehmes Klima und ist außerordentlich reich an Goldminen, und nirgends hat man erfolglos geschürft. Das Land hat Überfluß an Menschen, Vieh und Nahrungsmitteln und – eine wichtige Nachricht – ganz in der Nähe findet man eine Menge Gold an der Erdoberfläche. Nur eines fehlt im Land: Spanier und Pferde! Das Land ist sehr eben, abgesehen von ein paar mäßigen Anhöhen, und reich an schönem Holz. Es ist so dicht besiedelt, daß es in den bewohnten Gegenden keine wilden Tiere gibt, keine Füchse, keine Wölfe und anderes derartiges Getier; und gibt es welches, dann muß es schon zahm sein, denn nur zwischen den Häusern und Feldern der Indianer können sie ihre Jungen

---

[7] „Aufforderung", ein 1513 verfaßtes Schriftstück, das Eingeborenen bei der Konquista vor der Eröffnung von Feindseligkeiten vorzulesen war. Sie wurden darin aufgefordert, sich dem ausführlich dargelegten Herrschafts- und Missionsanspruch der spanischen Könige zu unterwerfen. Widrigenfalls würden sie bekriegt und gefangengenommen werden. Der Vorgang war zu protokollieren und von anwesenden Geistlichen zu überwachen. Im Laufe des 16. Jahrhunderts, insbesondere im Zuge der Gesetze von 1542, erfuhr das Dokument verschiedene Veränderungen und Abmilderungen. Es läßt sich nicht feststellen, welche Fassung(en) Valdivia benutzt hat (vgl. Bd. 3, Dok. 96 a–c).

[8] Mexiko.

aufziehen. Ich vertraue auf Gott, daß ich hier in Ew. Maj. Namen mehr Konquistadoren eine Existenz verschaffen kann, als es in Neu-Spanien und Peru möglich war. Ich versichere, daß ich mehr *repartimientos*[9] vornehmen werde, als es in jenen beiden Provinzen gibt, und daß jeder sehr reichlich und entsprechend seinen Diensten und seinem Rang bekommen soll. Anscheinend will unser Herrgott dieses Land zu seinem Dienst erhalten, daß er darin verehrt werde und der Teufel daraus entweiche, wo er so lange verehrt wurde. Denn wie die Indianer sagten, sei an dem Tag, als sie unser Fort überfielen, gerade in dem Augenblick, als die Reiter sie angriffen, plötzlich inmitten ihrer Abteilungen ein alter Mann auf einem weißen Pferd aufgetaucht und habe gerufen: „Flieht alle, diese Christen werden euch töten", und der Schrecken, der sie deswegen ergriff, war so groß, daß sie flohen. Weiter erzählten sie, drei Tage vorher, als sie den Bio-Bio überschritten, um uns zu überfallen, ging bei ihnen an einem Sonntag, gerade um die Mittagszeit, ein Komet nieder. Viele Christen sahen ihn auch von unserem Fort aus in jener Richtung ziehen, viel leuchtender als andere Kometen, die sie früher beobachteten. Nachdem er niedergegangen war, trat eine sehr schöne, weißgekleidete Frau daraus hervor und sprach zu ihnen: „Dient den Christen und leistet ihnen nicht länger Widerstand, denn sie sind sehr tapfer und werden euch alle töten." Als die Frau wieder aus ihrer Mitte verschwand, kam Satan, ihr Schutzpatron. Er war ihr Führer und sagte ihnen, sie sollten sich in Massen zusammenrotten und er werde mit ihnen ziehen, denn wenn wir solche Scharen von Feinden auf uns zukommen sähen, würden wir vor Angst vergehen und so hätten sie den Angriff fortgesetzt. Die Indianer nennen uns „ingas" und unsere Pferde „hueque ingas", d. h. Schafe der Ingas. [...]

Da ich nun sah, wie die Kaziken dieser Gegend schon friedlich kamen und uns mit ihren Indianern dienten, gründete ich an dem Platz, wo wir das Fort errichtet hatten, eine Stadt und nannte sie Concepción del Nuevo Extremo[10]. Am 5. Oktober 1550 ernannte ich den Stadtrat, die Gerichtsbehörde und ausführende Organe und pflanzte den Baum der Gerechtigkeit. Ich bestimmte die Bürger der neuen Stadt und teilte Kaziken (samt ihren Indianern) unter sie auf, und so sind sie, gottlob, zufrieden. [...]

Aus: José Toribio Medina (ed.): Cartas de Pedro de Valdivia que tratan del descubrimiento y conquista de Chile. Santiago de Chile 1953, S. 181 f., 192 f., 203 f., 206.   PN/WR

---

[9] „Zuteilungen" von Indianern als Arbeitskräfte an Spanier, auch als *encomiendas* bezeichnet. Seit 1536 wurden nicht mehr Personen bzw. deren Arbeit vergeben, sondern die an sich dem König zustehenden Tributleistungen dieser Personen. Die Ablösung dieser Zahlungen durch Arbeit, die sog. *encomienda de servicios personales*, war seit 1549 verboten, wurde aber vor allem in den Randzonen des spanischen Amerika weiter praktiziert, nicht zuletzt auch in Chile. Nur so konnten die Ansprüche der Eroberer befriedigt werden. Für die Indianer lief das System auf mehr oder weniger brutale Ausbeutung hinaus.

[10] Das heutige Concepción, benannt zu Ehren der unbefleckten Empfängnis Marias.

89. Auf der Suche nach El Dorado kündigt Aguirre dem spanischen König den Gehorsam auf (1561)

Die Konquistadoren hatten der spanischen Krone in der ersten Hälfte des 16. Jahrhunderts mutig und gewalttätig, unter harten Entbehrungen und meist auf eigene Kosten oder auf Kredit, unter Mißachtung zahlloser Gesetze im einzelnen und doch bis auf wenige Ausnahmen ihrem König gegenüber loyal ein in Ausdehnung und Reichtum beinahe unermeßliches Reich erschlossen. In Lope de Aguirre erfuhr der auf Unabhängigkeit der Entscheidung, Handlungsfreiheit und persönliche Verantwortung pochende Sozialtypus des Konquistadors seine letzte Übersteigerung. Aguirre gehörte einer Expedition von rund 300 Mitgliedern an, die der damalige Vizekönig von Peru, Cañete, unter Leitung des Pedro de Ursúa 1559 auf die Suche nach den legendären Landschaften Omagua und El Dorado, die im Inneren des heutigen Kolumbien vermutet wurden, schickte: nicht zuletzt deshalb, um nach zwanzigjährigem Bürgerkrieg in Peru eine vielfach marodierende und rebellische Soldateska abzuschieben. Aguirre ermordete am 1. Januar 1561 am Oberlauf des Amazonas de Ursúa und riß die Leitung der Expedition an sich. Im März 1561 sagte er sich mit seinen Leuten in einem formellen Akt von der spanischen Krone los und bestellte den Adligen Fernando de Guzmán zum König von Peru, ermordete ihn und seine engste Umgebung jedoch bereits wenig später ebenfalls. In der Folge schiffte die Schar der aufständischen Marañonen – Aguirre nannte sie die *nación marañona* – unter großen Entbehrungen den gesamten Amazonas bis zur Mündung hinab, folgte der Atlantikküste bis Venezuela und drang dann bis Barquisimeto ins Landesinnere vor. Auf ihrem Weg plünderte sie unter brutaler Gewaltanwendung jede erreichbare Siedlung der Indios und Spanier und ließ eine einzige Spur von Blut und Zerstörung hinter sich. Auf der Insel La Margarita diktierte Aguirre im Oktober 1561 seinen berühmten Brief an Philipp II., in dem der ganze Haß des – nach seiner Meinung – durch die neu eingeführte königliche Administration um die Früchte seiner Mühen und Entbehrungen gebrachten Soldaten der Konquistadorenzeit zum Ausdruck kommt. Aguirre wurde am 27. Oktober 1561 von seinen eigenen Leuten getötet, die zu den Truppen des Gouverneurs von Barquisimeto übergelaufen waren. – Die folgende Fassung des Aguirre-Briefs an Philipp II. stammt aus der 1723 erschienenen „Historia de la conquista y población de la provincia de Venezuela . . ." (lib. IV, cap. 7) des José de Oviedo y Baños, der fast wörtlich die Fassung übernahm, die Fray Pedro Simón in seiner Chronik „Primera Parte de las noticias historiales de las conquistas de Tierra Firme, en las Indias Occidentales, compuesto por el Padre Fray Pedro Simon . . ." (1627) überliefert hatte.

Lit.: Clements R. Markham: Introduction zu: The Expedition of Pedro de Ursúa & Lope de Aguirre in Search of El Dorado and Omagua in 1560–1 (Hakluyt Society. First Series. No. 28. 1861. Ndr. 1971, S. I–LIII) – José Emiliano: La expedición de Pedro de Ursúa y la rebelión de Lope de Aguirre. Huesca 1927 – Francisco Vásquez: Aguirre ou la fièvre de l'indépendance. Relation véridique de l'expédition de l'Omagua et de l'El Dorado (1560–1561), traduite, présentée et annotée par Manoel Faucher. Paris 1979.   Sch

König Philipp, Spanier, Sohn des unbesiegbaren Karl, Lope de Aguirre, Dein allergeringster Untertan, alter Christ, von Eltern mittleren Standes, in meinen guten Zeiten Edelmann, geborener Baske in jenem Königreich Spanien, Bürger der Stadt Oñate.

Ich bin in meiner Jugend übers Meer in das Land Peru gefahren, weil ich mehr gelte als Mann mit der Lanze und um die Pflicht zu erfüllen, die jeder gute Mann zu tun schuldig ist.

Während vierundzwanzig Jahren habe ich Dir große Dienste geleistet bei der Unterwerfung der Indianer von Peru und der Gründung von Ortschaften in Deinem Dienst, besonders in Schlachten und Treffen, die in Deinem Namen stattgefunden haben, immer mit eigenen Kräften und ohne Deine Beamten wegen Sold oder Hilfe zu belästigen, wie es aus Deinen königlichen Büchern hervorgeht.

Ich glaube wohl, christlicher König und Herr – wenngleich Du mir und meinen Kameraden so undankbar bist für so gute Dienste, wie Du sie von uns empfangen hast –, daß jene Dich täuschen, welche Dir über dieses Land schreiben, da Du ja so fern davon lebst. Daher zeige ich Dir, König und Herr, an, was nach Recht und Redlichkeit so guten Untertanen zusteht, wie Du sie in diesem Lande hast, obgleich ich mich, weil ich die Grausamkeiten Deiner Richter, Vizekönige und Gouverneure nicht länger ertrage, zusammen mit meinen Kameraden, deren Namen ich danach nenne, von allem Gehorsam Dir gegenüber losgesagt und die Gemeinschaft mit unserem Vaterland Spanien aufgekündigt habe[1], und entschlossen bin, Dir in diesen Ländern den grausamsten Krieg zu machen, den unsere Leute durchstehen können.

Und dazu, König und Herr, glaube mir, dazu sind wir gebracht worden, weil wir nicht länger die Unterdrückung und Strafen Deiner Minister ertragen können, welche, um ihre Söhne und Diener zu fördern, unseren Ruhm, unser Leben und unsre Ehre geraubt haben.

Welch ein Jammer, o König, die üble Behandlung, die man uns angetan hat! Und dennoch folgte ich, an meinem rechten Bein hinkend von den Schüssen, die mich unter Marschall Alonso de Alvarado im Tal von Coquimbo trafen, Deiner Stimme und Deinem Ruf gegen Francisco Hernández Jirón[2], der in Deinem Dienste zum Rebell geworden war, so wie ich und meine Kameraden es jetzt sind und bis zu unserm Tode sein werden. Denn in diesem Lande glauben wir an Deine Verzeihung weniger als an die Bücher des Martin Luther.

---

[1] In der Nähe der Mündungen des Catua und des Coari zwang Lope de Aguirre seine Gefährten, sich mit der Wahl D. Fernando de Guzmáns von Spanien und Philipp II. loszusagen und ein Königreich der „Nación Marañona" auszurufen. Er beabsichtigte nicht weniger, als sich mit seinem Haufen, die meisten von ihnen Landesverwiesene, Perus zu bemächtigen.

[2] Als Hauptbeteiligter an der Meuterei des Sebastián de Castilla in Charcas von A. de Alvarado zum Tode verurteilt, entzog sich Lope de Aguirre zunächst der Urteilsvollstreckung durch die Flucht und erreichte dann durch seine Beteiligung an der Niederwerfung des Aufstandes von Francisco Hernández seine Begnadigung. Es war die letzte gewaltsame Erhebung der alten Konquistadoren gegen die neuen Indiengesetze in Peru. Auch die Klagen Aguirres über die „schlechten und grausamen Richter und Ordensleute" entstammen diesem Geist der Rebellion gegen die spanische Gesetzgebung.

Denn Dein Vizekönig, der Marqués von Cañete³, bös, lüstern, ehrsüchtig und herrschsüchtig, ließ Martín Robledes, einen in Deinem Dienste erprobten Mann, und den wackeren Thomas Vásquez, einen Konquistador aus Peru, hängen, ebenso den traurigen Alonso Díaz, der in der Entdeckung Perus mehr geleistet hat als die Kundschafter des Moses, und den guten Hauptmann Piedrahita, der in Deinem Dienste viele Schlachten geschlagen hat und Dir auch bei Pucara den Sieg gewann; denn wenn sie nicht übergelaufen wären, wäre heute Francisco Hernández Herr von Peru.

Halte nicht so viel von den „großen Verdiensten" Deiner Richter, über die sie Dir berichten. Es sind Fabeln; außer sie nennen Verdienst, aus Deiner königlichen Kasse achthunderttausend Pesos für ihre Laster und Schlechtigkeiten ausgegeben zu haben. Bestrafe sie als das, was sie sind!

Sieh zu, sieh zu, spanischer König, daß Du nicht undankbar seiest gegen Deine Untertanen. Denn als Dein Vater, der Kaiser, in Kastilien herrschte, hat man Dir ohne Mühen um den Preis seines Blutes so viele Königreiche und Herrschaften gegeben, als Du jetzt in diesen Ländern besitzest. Und schau, Herr, Du kannst unter dem Titel eines gerechten Königs keinen Gewinn aus jenen Ländern ziehen, wo Du selbst nichts riskiert hast, ohne zuerst jene, die die Last getragen haben, zu belohnen. Wie ich es denn für gewiß halte, daß wenige Könige in den Himmel kommen; denn ich glaube, ihr seid schlechter als Luzifer, da ihr den Ehrgeiz, Durst und Hunger habt, euch zu sättigen an menschlichem Blut. Aber ich wundere mich nicht und kümmere mich nicht um euch, da ihr euch ja immer als die „Jüngeren" bezeichnet. Und jeder gutgläubige Mensch ist ein Narr, und eure Regierung ist Luft.

Ich und meine zweihundert Schützen vom Marañón, alles Edelleute, geloben feierlich vor Gott, keinen Deiner Minister am Leben zu lassen; denn ich weiß schon, wie weit ihre Macht reicht.

Heute fühlen wir uns als die Glücklichsten aller Geborenen, weil wir, so wie wir sind, in diesen Teilen der indischen Länder leben, den Glauben an Gott und seine Gebote ganz ohne Verderbnis bewahren und alles beobachten, was die römische Kirche predigt. Und wir sind bereit, obgleich Sünder im Leben, für die Gebote Gottes das Martyrium zu erleiden.

Nach dem Verlassen des Amazonenstromes, der Marañón heißt⁴, kamen wir zu einer Insel, die La Margarita genannt wird⁵. Da sahen wir aus Nachrichten, die von Spanien eintrafen, die große Unruhe, die von den Lutheranern ausgeht, was uns in große Furcht und großen Schrecken versetzte. Denn

---

³ D. Andrés Hurtado de Mendoza, Marqués de Cañete, der dritte Vizekönig von Peru von 1556 bis 1561. Unter seiner Regierung wurden die letzten Erhebungen regionaler Caudillos, wie die F. Hernández', niedergeworfen, und das Land erhielt Frieden.
⁴ Beide Bezeichnungen wurden lange Zeit synonym gebraucht.
⁵ Die Meuterer erreichten, von Unwetter und Stürmen gejagt, die Insel am 21. Juli 1561. Der Hafen, in dem Aguirre landete, erhielt danach den Namen „Puerto del traidor", „Hafen des Verräters". Aguirre bemächtigte sich der Insel, ermordete den Gouverneur J. de Villandrando und Anna de Rojas, die vornehmste Frau von La Margarita.

hier in unserer Kompanie gab es einen mit Namen Monteverde. Ich ließ ihn in Stücke hauen. Das Schicksal wird über die Leiber die Strafe verhängen. Aber wo wir sind, glaubt es, erhabener König, bleibt es dabei, daß alle vollkommen im Glauben Christi leben.

Besonders groß ist in diesen Ländern die Willkür der Mönche, so groß, daß eine Strafe kommen muß. Ist doch da keiner, der sich weniger als ein Gouverneur dünkt. Schau, König, glaube nicht, was sie Dir erzählen. Denn die Tränen, die sie dort vor Deiner königlichen Person vergießen[6] [über das Los der Indianer], fließen nur, damit sie hierherkommen, um zu befehlen. Wenn Du wissen willst, was sie hier für ein Leben führen: Sie treiben Handel, machen Geschäfte, erwerben Güter und verkaufen die Sakramente, sind Feinde der Armen, Ehrgeizige und Schlemmer, so daß ein Mönch, und wäre er der geringste, über alle diese Länder zu befehlen beansprucht[7].

Hilf dem ab, König und Herr! Denn mit solchen Sachen und schlechten Beispielen läßt sich der Glaube den Indianern nicht einprägen. Ich füge hinzu: Wenn Du diese Willkür der Mönche nicht abschaffst, werden Skandale nicht ausbleiben, obzwar wir, ich und meine Kameraden, entschlossen sind, für die große Sache *(razón)*, der wir uns ergeben haben, zu sterben.

Dafür und für andere geschehene Dinge hast Du, König, die Schuld, weil Dir Deine Untertanen nicht leid tun und Du nicht darauf achtest, was Du ihnen schuldest. Denn wenn Du nicht auf sie schaust und Dich nicht in acht nimmst vor diesen Deinen Richtern, wird es mit der Regierung nie gut geraten.

Um dies zu bestätigen, brauche ich weiter keine Zeugen, als Dir zu sagen, daß jeder dieser Deiner Richter viertausend Pesos Einkommen bezieht, dazu achttausend Pesos Spesen, und nach drei Jahren hat ein jeder siebzigtausend Pesos Ersparnisse samt Besitzungen und Gütern. Und wollten sie bei all dem wenigstens Dir als Männer dienen, unser Leid und unsre Plage wären geringer.

Aber, unserer Sünden wegen, wollen sie, daß wir sie anbeten wie Nebukadnezar. Eine unerträgliche Sache; und nicht daß ich, ein in Deinem Dienste versehrter und an meinen Gliedern behinderter Mann, und meine dabei alt und müde gewordenen Kameraden, davon ablassen würden, Dich zu warnen, je diesen Juristen Dein königliches Gewissen anzuvertrauen! Denn es widerspricht Deiner Aufgabe, nicht auf sie aufzupassen, die ihre Zeit damit verbringen, ihre Kinder zu verheiraten und sich um keine andere Sache kümmern. Und das ist überall dieselbe Leier bei ihnen. Das ist Unrecht ganz und gar.

Die Mönche nun wollen keinem armen Indianer predigen und hausen in den besten Wohnungen. Ihr Leben ist sehr rauh; denn ein jeder von ihnen hat

---

[6] Ein Gegenangriff gegen den von Ordensleuten getragenen Kampf um die Einengung der Allmacht der Konquistadoren.

[7] Ähnliche Vorwürfe finden sich gelegentlich in der Polemik gegen die Audiencias und die Orden. Die intellektuelle Unterlegenheit gegenüber den „Letrados", den Juristen, findet immer wieder erbitterten, natürlich auch oft berechtigten Ausdruck.

als Buße in seinen Küchen ein Dutzend Mädchen und ebenso viele Burschen, die für sie fischen, Rebhühner jagen und Früchte einsammeln.

Bei meinem christlichen Glauben schwöre ich Dir, König und Herr, wenn Du den Übelständen in diesen Ländern nicht Abhilfe schaffst, wird eine Geißel vom Himmel über Dich kommen.

Und das sage ich, um Dich über die Wahrheit zu unterrichten, obwohl ich und meine Kameraden von Dir Barmherzigkeit weder wollen noch erwarten.

Ach, ach, was für ein großer Jammer! Dein Vater, der Kaiser, hat mit Macht Oberdeutschland erobert und so viel Geld ausgegeben, das von den durch uns entdeckten indischen Ländern eingegangen war, und Du erbarmst Dich nicht unseres Alters und unserer Ermüdung, so daß uns fast der Hunger umbringt[8]. Du weißt, erhabenster König und Herr, daß wir sehen, wie Du Deutschland mit Waffen erobert hast und Deutschland Spanien mit seinen Lastern erobert, von denen wir frei sind, recht zufrieden mit Mais und Wasser, allein deshalb, weil wir fern dieser bösen Ironie leben.

Soll der Krieg doch kommen, wohin der will – er ist ja für den Menschen geschaffen; aber zu keiner Zeit und durch kein Unglück, das über uns hereinbricht, werden wir aufhören, gehorsam und untertan zu bleiben den Geboten der heiligen Kirche Roms.

Wir können nicht glauben, erhabener König und Herr, daß Du grausam mit Deinen guten Untertanen bist, wie Du sie in diesen Ländern hast. Diese Deine Richter und Minister müssen [offenbar all das] tun ohne Deine Einwilligung.

Ich rede davon, weil in der Stadt der Könige [Lima], zwei Meilen vom Meer, eine Lagune entdeckt wurde, wo man Fischerei betreibt. Gott hat erlaubt, daß es so sei. Aber diese Deine schlechten Richter verpachten die Lagune, um sich an der Fischerei zu bereichern für ihren Luxus und ihre Laster, und sie geben uns zu verstehen, als wären wir Tölpel, daß das alles mit Deinem Einverständnis geschehe.

Wenn dem so ist, laß uns wenigstens eigenen Fischfang treiben; denn durch unsere Mühe wurde jene Lagune entdeckt. Und der König von Kastilien braucht die vierhundert Pesos nicht, um die sie verpachtet wurde. Schließlich, erlauchter König, erbitten wir dies Erbe nicht in Córdoba oder Valladolid. Es schmerzt Dich, Herr, die Armen, Müden zu nähren mit den Früchten und Einkünften dieses Landes. Schau, Gott ist für alle die gleiche Gerechtigkeit, der gleiche Lohn, Himmel und Hölle.

Im Jahre 1559 übertrug der Marqués von Cañete die Expedition zum Amazonasstrom an Pedro de Ursúa, einen Navarrer, besser gesagt, einen Franzosen. Er brauchte mit dem Bau der Schiffe in der Provinz Motilonen[9] bis 1560. Als wir dann die im Regenwald gebauten Schiffe ins Wasser setzten, zerbra-

---

[8] Während des letzten Abschnittes der Fahrt auf dem Amazonas waren die Meuterer, von Unwetter verfolgt, nahe am Verhungern.

[9] Es ist die Gegend am Huallaga. Die Expedition, bekannt als „Expedition zu den Omaguas" [die auch Ph. von Hutten suchte], gehört zu den Unternehmungen auf der Suche nach dem Dora-

chen sie uns. Wir bauten uns Flöße und fuhren flußabwärts und ließen unsere Pferde und Hab und Gut zurück. Dann durchfuhren wir die mächtigsten Ströme Perus, bis wir uns in einer Süßwasserbucht befanden.

Wir legten aufs erste Mal dreihundert Meilen zurück. Dieser schlechte Gouverneur war niederträchtig, ehrsüchtig und gemein, so daß wir ihn nicht ertragen konnten. Wir haben ihn durch einen sicheren und kurzen Tod ums Leben gebracht.

Dann erhoben wir einen Caballero namens D. Fernando de Guzmán aus Sevilla zu unserm König und leisteten ihm den Eid wie Deiner Person, wie aus den Unterschriften aller, die dabei waren, hervorgeht[10]. Mich ernannten sie zu seinem Feldmeister. Weil ich mich seinen Beleidigungen und Bosheiten nicht fügte, wollten sie mich töten. Da tötete ich den neuen König, den Hauptmann seiner Wache und Generalleutnant, vier Hauptleute, seinen Verwalter, seinen Kaplan, einen Messepriester, eine Frau, einen Komtur der Rhodosritter, einen Admiral, zwei Fähnrige und weitere fünf oder sechs seiner Diener, mit der Absicht, den Kampf weiterzutragen und dabei zu sterben wegen der vielen Grausamkeiten, die Deine Minister gegen uns verüben.

Ich ernannte dann aufs neue Hauptleute und Feldwebel. Als sie mich töten wollten, ließ ich sie alle aufhängen.

Auf unserm Weiterweg brauchten wir, unter all diesen bösen Abenteuern, bis zur Flußmündung mehr denn elfeinhalb Monate in über hundert Fahrten mit über fünfzehnhundert Meilen.

Der Strom hat mehr als tausend Meilen Süßwasser, weite Strecken unbewohnt, wie Eure Majestät aus einem Bericht, den wir wahrheitsgetreu anfertigten, ersehen kann.

Gott weiß, wie wir dem schrecklichen Wasser *(lago)* entronnen sind.

Ich warne Dich, König; stimme nicht zu, daß man eine Flotte in diesen Unglücksfluß entsende. – Gott bewahre Dich, erhabener König, auf viele Jahre.

Ich, Sohn Deiner treuen Untertanen im Baskenland, Rebell bis in den Tod: Lope de Aguirre – El Peregrino [Der Pilger oder auch der Fremde].

Aus: Siegfried Huber: Entdecker und Eroberer. Deutsche Konquistadoren in Südamerika mit zeitgenössischen Erlebnisberichten und Dokumenten. Olten-Freiburg/Br. (Walter) 1966, S. 351–357.

90. Die Rolle der Andenvölker beim Untergang des Inkareiches: Zeugnisse aus den Jahren 1560/61

Über 400 Jahre ist es her, daß das Inkareich unterging, und ebenso lange wird die Frage diskutiert: Wie erklärt es sich, daß eine Handvoll spanischer Abenteurer – wenn es hoch kam 168 Männer – es fertigbrachte, ein so mächtiges Staatswesen wie das Anden-

do. Die abenteuerliche Fahrt auf Flößen, unter Zurücklassung von vierzig Pferden und dem Gepäck, begann am 26. September 1560.

[10] Dieser dramatische Akt fand am 23. März 1561 statt. [...] Das entsprechende Schriftstück wird gelegentlich als „erste Unabhängigkeitsurkunde Amerikas" bezeichnet.

kaiserreich zu vernichten, ein Reich, das sich auf Tausende von Kriegern und Millionen von Arbeitern stützte?

Über die Ursachen, die bestimmenden Motive, gewann man nähere Aufschlüsse, ja man kam sozusagen zu eindeutigen Schlüssen ab 1967, als wir darangingen, eine Reihe von unveröffentlichten Dokumenten auszugraben und zu veröffentlichen, die die einheimische Aristokratie des XVI. Jahrhunderts selbst hinterlassen hat. Der erste Fund waren die *Informaciones* [Aussageprotokolle] der Curacas von Chachapoyas aus den Jahren 1572–1574; der zweite die *Informaciones* der Huanca-Herren von 1560–1561, zuletzt die 1579/1583er *Informaciones* des Don Jerónimo Puento, des Kaziken von Cayambe, und andere mehr, aus denen offenkundig hervorgeht, daß der leichte und schnelle Triumph der Spanier und der überraschende Zusammenbruch der Inka bedingt war durch den Antagonismus der regionalen Aristokratien zu der Machtgruppe in Cuzco. Das waren – nach dem Archivmaterial – die vorrangigen Faktoren für das katastrophale Ende des Inkareiches. Natürlich gab es darüber hinaus noch weitere, die es beschleunigen halfen. Dazu gehören z. B. 1) die zerstörische Wirkung der europäischen Feuerwaffen, 2) die Pferde, 3) der erleichternde Umstand einer einheitlichen Verwaltungssprache im Andenraum, 4) die gefühlsmäßigen Bindungen indianischer Frauen an die Invasoren und 5) der Bürgerkrieg zwischen Huascar und Atahualpa. Die wirklich entscheidende Ursache aber war die Hilfe, die die regionalen Könige oder Stammesfürsten *(reyes o señores étnicos)* den Invasoren angedeihen ließen; letzten Endes gingen sie alle gemeinsam auf die Vernichtung des Inkareiches aus.

Als nun plötzlich die Spanier auftauchten, mußten die regionalen Aristokratien annehmen, das seien die idealen Helfer, um die *verlorene Freiheit* zurückzuerobern, ihre vormaligen Privilegien wiederzuerlangen, die Bevormundung durch Cuzco abzuschütteln und mit den Inka abzurechnen[1]. Lang ist die Reihe der Andenvölker und ihrer Fürsten, die geradezu enthusiastisch den Spaniern ihren Beistand anboten und ihre Sympathie bezeugten. Die Herren des Fürstentums Cañar z. B. taten dies von den ersten Tagen an, als Francisco Pizarro am Strand von Tumbes landete, die Chachapoyas seit der Ankunft der Spanier in Cajamarca; das gleiche trifft zu für die Huancas [in Mittelperu]. Später schlossen sich an sie an die Huayllas [Santatal], Tarmas, Chancas [Mittelperu], Caracaras [Titicaca-Gebiet], Charcas [Südostperu und Bolivien] und viele andere.

Die Cañares und Chachapoyas taten sich hierbei besonders hervor; von viel größerem Gewicht jedoch war das Bündnis, das die Huancas mit den Spaniern schlossen, und zwar wegen ihrer geographischen Lage in dem strategisch wichtigen Gebiet zwischen der Region Cuzco-Vilcashuaman[2] und Lima, zwischen der Hauptstadt des vergehenden Kaiserreiches und der aufstrebenden kolonialen Metropole[3]. Deshalb spielten sich die meisten Kämpfe und entscheidenden Schlachten gegen die Cuzqueños [die Inkaelite und ihren Anhang] im Lande der Huancas ab, und dieser Volksstamm wirkte hierbei tatkräftig mit.

An den Folgen dieser Bündnisse hatte die andine Landbevölkerung schwer zu tragen. Nach den *Informaciones* der Huanca-Curacas ging allein von diesem Volksstamm

---

[1] Der großangelegte Indioaufstand des Inka Manco 1536–1538 scheiterte an der mangelnden Unterstützung von Seiten der Curacas.

[2] Vilcas-Huaman war ein von Cuzco zwar unterworfenes, aber kultisch immer noch bedeutendes Zentrum südlich von Ayacucho.

[3] Lima wurde am 18. Januar 1535 von Pizarro unter dem Namen Ciudad de los Reyes („Dreikönigsstadt") gegründet und setzte sich nur langsam gegen Cuzco durch.

nahezu die Hälfte der erwachsenen Bevölkerung zu Grunde. Sie starben als Soldaten, als Lastträger und in der Yanacona-Dienstbarkeit. Gering waren die Vorteile, die die Kollaborateure für sich herausschlagen konnten. Den Chachapoyas und Cañares in Cuzco, Jauja, Vilcas und Chiara erließ man auf immer die *Mita* oder die persönliche Arbeitsverpflichtung. Im Gebiet der Huancas hielt sich das Verbot, *Haciendas* [Landgüter] und *Estancias* [Viehzuchtgüter] anzulegen, so daß sich kein großer Landbesitz (Latifundien) bilden konnte. Demnach fehlten dort verschiedene Formen persönlicher Dienstbarkeitsverhältnisse, *wie Yanacona, Pongo, Huasicama, Huataruna, Arrendir, Semanero* etc[4]. Die übrigen Curacas wurden mehr oder minder freiwillig in das koloniale Gesellschaftssystem *(maquinaria colonial)* eingegliedert; im allgemeinen taten sie das von sich aus, um ihre Privilegien zu wahren, und verwandelten sich so alle auf Dauer in beflissene Diener des kolonialen Staates.

Das folgende Dokument ist nur eines der vielen, die in den letzten Jahren aufgefunden worden sind.

Lit.: Waldemar Espinoza Soriano: Los señoríos étnicos de Chachapoyas y la alianza hispano-chacha. Visitas, informaciones y memoriales de 1572–1574. In: Revista Histórica. Organo de la Academia Nacional de la Historia. Lima 1967. Vol. XXX, S. 224–333 – Ders.: El Memorial de Charcas. Crónica inédita de 1582. Cantuta. Ediciones de la Universidad de Educación. Lima 1969. Nº 4, S. 117–152 – Los huancas, aliados de la conquista. Tres informaciones inéditas sobre la participación indígena en la conquista del Perú. 1558/1560/1561. In: Anales Científicos de la Universidad Nacional del Centro del Perú. Huancayo 1972. Nº 1, S. 1–407 – El curaca de los Cayambes y su sometimiento al imperio español. Siglos XV y XVI. In: Bulletin de l'Institut Français d'Etudes Andines. Lima 1980. Vol. IX, Nº 1–2, S. 89–119.

W. Espinoza Soriano (Kürzungen, Übersetzung und Anmerkungen von L. u. Th. Engl)

a. Bericht des Huanca-Kaziken Don Jerónimo Guacrapáucar und Zeugenbefragung

Bericht, ausgefertigt in der Audiencia [von Lima] auf Antrag des Don Jerónimo [Guacrapáucar über die von ihm und der ihm unterstehenden Landschaft *(parcialidad)* Lurinhuanca seit der Ankunft von Francisco Pizarro geleisteten Dienste], Lima 1560.

In der Ciudad de los Reyes [Lima], Vizekönigreich und Provinzen von Peru, erschien am 25. Juni 1560 vor dem Herrn Präsidenten und den Herren Oidoren der Audiencia und Kanzlei Seiner Majestät, die hier in dieser Stadt

---

[4] *Yanacona:* häufigste Bezeichnung für Dienstverhältnisse von Indianern in den verschiedensten Abarten, schon im Inkareich gebräuchlich für abhängige Personen, die aber manchmal Vertrauensstellungen einnahmen, in spanischer Zeit das heimatlose indianische Proletariat oder schollengebundene Landarbeiter ohne Lohn, mit Landparzellen entschädigt. Letztere heißen in Ekuador *Huasipungos. Pongo:* in Mittel- und Südperu gebräuchliche Bezeichnung für Yanaconas, die zu häuslichen Diensten in den Stadtwohnungen der Großgrundbesitzer abgestellt waren. Sie erhielten keinen Lohn. Auch die Corregidoren und Kleriker verfügten über solche Dienstleute. Im nordperuanischen Bergland hießen sie *Huasicama. Huataruna:* Name für Yanaconas, die die niedrigsten Arbeiten wie Latrinenreinigung tun müssen. *Arrendir:* die Ärmsten der Armen, die wiederum für die Yanaconas arbeiteten. *Semanero:* turnusmäßig für eine Woche dienstverpflichteter Indio (bis 1971).

residiert, anläßlich einer öffentlichen Anhörung von Petitionen Don Jerónimo Guacrapáucar, Kazike und Oberhaupt einer der [drei] Landschaften von Jauja und brachte vor mir, Sancho de Guinea, Notar Seiner Majestät, und vor dem beamteten Sekretär Francisco de Caruajal, Schriftführer der Kammer der erwähnten königlichen Audiencia, eine Petition und verschiedene Anliegen vor, deren Tenor der folgende ist:

Mächtigster Herr!

Ich, der unterzeichnete Don Jerónimo Guacrapáucar, oberster Kazike des einen Teils der Provinz Xauxa⁵, küsse Eurer Majestät Hände und erkläre: Dieser Don Jerónimo Guacrapáucar, meine Wenigkeit, fand sich, sobald Don Francisco Pizarro und Don Diego de Almagro, die ersten Gobernadores dieser Reiche, dort ankamen, in Cajamarca ein, um Eurer Majestät Gehorsam zu erweisen. Dort wurde er von Don Francisco Pizarro in Eurem königlichen Namen empfangen, und seitdem hat der besagte Don Jerónimo nie aufgehört, Euch bei allen nur sich bietenden Gelegenheiten zu dienen. So hat er bedeutende Dienste bei der Eroberung des Landes geleistet, indem er beispielsweise vielerorts eine große Zahl Kaziken zum Friedensschluß und zum Dienst für Eure Majestät überredete. Dies tat er, bevor und nachdem die Bevölkerung rebellierte⁶, an deren Befriedung *(pacificación)* der besagte Don Jerónimo beteiligt war. Er war auch in der Stadt Los Reyes [Lima], von der aus der Hauptmann Gómez de Alvarado zum Entsatz der Stadt Cuzco auszog. Bei jenem Streifzug gab es viele Gefechte mit aufrührerischen Indios, gegen die der besagte Don Jerónimo seine Leute, seinen Besitz und seine eigene Person einsetzte. Aus all dem hier Aufgezählten kommt mir, dem besagten Don Jerónimo, das Recht zu, den Beweis zu führen, daß ich auf diese Weise Eurer Majestät gedient und dabei außerordentliche Mühsal und Strapazen erduldet habe. Ich bitte Eure Hoheit untertänigst, daß dies gemäß Eurem königlichen Erlaß *(Real Ordenanza)*⁷ zu Protokoll genommen und hiervon eine, zwei oder mehrere Abschriften angefertigt und publik gemacht werden, damit der Beweis geführt und die Zeugen, die ich benennen werde, über die folgenden Punkte befragt werden:

Befragung:

1) Kennen die Zeugen den besagten Don Jerónimo und seit wann?

2) Item. Ist den Zeugen bekannt, daß ich, Don Jerónimo, der oberste Kazike und Herr des einen Teils der Provinz Xauxa bin, der nach der Gefangennahme Atahualpas durch den Marqués Don Francisco Pizarro sich nach Caja-

---

⁵ Xauxa, moderne Schreibweise Jauja, Stadt im mittelperuanischen Hochland am Ufer des Mantaro. Sie war inkaische Garnisonsstadt und erste spanische Siedlung im Inland, wurde aber nach der Gründung von Lima aufgegeben (siehe auch Textkommentar zu Dok. 83). Heute von untergeordneter Bedeutung, war Jauja im spanischen Mutterland der Konquistadoren der Inbegriff von Reichtum und Wohlleben; „Tierra de Jauja" heißt im Spanischen soviel wie „Schlaraffenland".

⁶ Aufstand des von Francisco Pizarro eingesetzten Inka Manco 1536–1538.

⁷ Die Ordenanzas bezeichnen die umfassende Regelung oder Teilkodifikation einer besonderen Materie.

marca[8] begab, um dort Eurer Majestät seinen Gehorsam zu erweisen, wo der besagte [Pizarro] in Eurem königlichen Namen Gobernador war, und können sie folgende Fakten bestätigen:

[Guacrapáucar] gab ihm 1 200 Pesos in Gold und Silber sowie 40 Schafe [Lamas], Mais, Kleidung und andere Dinge; der Gobernador empfing ihn in Eurem königlichen Namen, und als er seinen guten Willen sah, setzte er sein Vertrauen in den besagten Don Jerónimo und sandte ihn in das Tal von Xauxa. Er sollte seine Indios mitbringen zum Lastentragen für den Nachschub des Gobernadors und der übrigen Christen, der Entdecker dieses Reiches. Don Jerónimo führte den Auftrag des Gobernadors aus und traf im Tal von Xauxa auf Yura Gualpa und Guaypal, Hauptleute des Atahualpa, die ihm schon großen Schaden zugefügt hatten. Aufgrund seiner Treue und mit der ihm eigenen Umsicht und Bereitwilligkeit zum Dienst für Eure Majestät und seiner Zuneigung zu den Christen zog der besagte Don Jerónimo nachts mit 1 500 Indios aus dem Tal und führte sie zum Gobernador Don Francisco Pizarro, den er in der Provinz Bombón traf. Dort übergab er ihm die Indios und bat ihn, dem schädlichen Treiben dieser beiden Inka-Hauptleute im Tal von Xauxa Einhalt zu gebieten. Daraufhin entsandte der Gobernador den Hauptmann Hernando de Soto mit 50 Mann, der die besagten Inkas schlug; danach kam der Gobernador selbst mit allen seinen Leuten in das Tal von Xauxa, wo sie sich in einem Ort einquartierten. Dabei unternahm Don Jerónimo große Anstrengungen, indem er für sie Quartier machte und sie während ihres Aufenthaltes sechs Monate lang mit jeder Art von Verpflegung versorgte. Dadurch erlitt er großen Schaden, denn da die Spanier bis dahin keine Dienstkräfte zur Verfügung gehabt hatten, nützten sie jetzt die 1 500 Indios, die Don Jerónimo ihnen zugeführt hatte, als Lastträger und machten so Yanaconas [Hörige] aus ihnen. Sie nahmen Don Jerónimo und den anderen Kaziken aus diesem Tal viele Frauen und Burschen – aus dem ihm unterstehenden Gebiet allein 40 Frauen und 37 Indios – sowie eine große Menge Kleidung, Mais, Kartoffeln und anderes Gut, vor allem Schafe [Lamas], die sie herdenweise davontrieben, [kurz] alles was sie vorfanden. Die Zeugen sollen sagen, was sie darüber wissen.

3) Item. Ist den Zeugen folgendes bekannt usw.: Der Gobernador Don Francisco Pizarro ließ nach seinem Abmarsch aus dem Tal von Xauxa nach Cuzco den Schatzmeister Alonso Riquelme mit 20 Mann zurück. Dieser machte sich auf die Suche nach Atahualpas Hauptmann Quizquiz, der im Tal von Xauxa erschien und dort in seiner hinterlistigen Art eine große Zahl von Indios zusammenrief und viele von ihnen töten ließ, weil sie den Christen gedient hatten. Als der besagte Don Jerónimo davon erfuhr, teilte er es dem Schatzmeister mit. Daraufhin hatten der Schatzmeister und seine 20 Spanier, Don Jerónimo und der Rest seiner Indios ein Gefecht mit dem Quizquiz,

---

[8] Atahualpa und Cajamarca, in der Quelle Atabaliba bzw. Caxamalca geschrieben, in der Übersetzung wie heute üblich orthographiert. Die übrigen Orts- und Personennamen dieses Dokuments wie Xauxa, Yura Gualpa und Guacrapáucar wurden in der originalen Schreibweise belassen.

schlugen ihn und vertrieben ihn aus dem Tal. Die Zeugen sollen sagen, was sie
darüber wissen.

4) Item. Ist den Zeugen folgendes bekannt usw.: Er [der Gobernador] kam
eine gewisse Zeit nach seinem Abmarsch nach Cuzco wieder mit allen Christen und noch anderen Truppen in das Tal von Xauxa zurück und hielt sich
dort 2 oder 3 Monate auf. Dort versorgten ihn Don Jerónimo und die übrigen
Kaziken mit allem, was sie an Mais, Vieh und sonst noch brauchten. Während
dieser Zeit erreichte den Gobernador die Nachricht, Quizquiz sei in der Provinz Guánuco [Huánuco] und richte dort großen Schaden an. Daraufhin entsandte der Gobernador den Hauptmann Hernando de Soto mit Manco Inka[9]
und Paullo Inka[9], wofür Don Jerónimo viele Guanca-Indios [Huancas] zur
Verfügung stellte. Mit ihrer Hilfe wurde Quizquiz geschlagen. Die Zeugen
sollen sagen, was sie darüber wissen.

5) Item. Ist den Zeugen folgendes bekannt usw.: Der Gobernador nahm
während seines Aufenthaltes im Tal von Xauxa eine Landverteilung (repartimiento de la tierra)[10] vor. Dort erschien es ihm aber besser, nach Lima hinun-
terzuziehen und an der günstigsten Stelle eine Stadt anzulegen. So gründete er
[1535] die Stadt Los Reyes [Lima]. Zur Ausführung dieses Vorhabens verlangte er im Tal von Xauxa von Don Jerónimo Indios als Lastträger, und dieser
stellte sie mit allem, was er sonst noch brauchte, zur Verfügung. Diese Indios
erlitten großen Schaden, weil sie im Sommer hinunterziehen mußten, um diese Stadt zu besiedeln; dort starben alle von Don Jerónimo zum Lastentragen
abgestellten Indios. Die Zeugen sollen sagen, was sie darüber wissen.

6) Item. Ist den Zeugen bekannt usw., daß Don Jerónimo vom Gobernador
nach seiner Ankunft im Tal von Lima einen neuen Auftrag erhielt? Er und seine Indios bauten die Häuser des Gobernadors, die an der Plaza stehen, wobei
eine große Zahl von Indios starb. Die Zeugen sollen sagen, was sie darüber
wissen.

7) Item. Ist den Zeugen folgendes bekannt usw.: Vor etwa 24 Jahren
schickte der Gobernador Don Francisco Pizarro einen Hauptmann namens
Gaete mit 20 Mann in das Tal von Xauca. Während dieser sich dort aufhielt,
kam aus Cuzco ein Anführer von Manco Inka namens Quico Yupanqui und
tötete Gaete und die übrigen Christen und Indios, die bei ihm waren. Von dort
zog dieser Inka zur Stadt Los Reyes hinunter und belagerte sie mit einer großen Zahl von Kriegern. In dieser Stadt hielt sich Don Jerónimo zu jener Zeit
auf und leistete dem Gobernador bei der Verteidigung dieser Stadt gegen die
Inka-Indios durch seinen guten Willen und seine Zuverlässigkeit so gute

---

[9] Manco Inca war damals, frisch als Herrscher eingesetzt, noch Verbündeter Pizarros, ebenso
sein Bruder Paullo Inka, der später, als Manco sich gegen die Spanier auflehnte, zum Gegeninka
eingesetzt wurde.

[10] Daß der einheimische Curaca Guacrapáucar hier den Ausdruck „repartimiento de la tierra"
– Landverteilung – wählt, während sonst meist nur von der Zuteilung und Rekrutierung der In-
dios die Rede ist, zeigt die Wichtigkeit des Landes um Jauja in der spanischen Konquista Perus:
Endlich sollten Spanier, den königlichen Erlassen gemäß, wirtschaftlich an einen bestimmten
Landstrich gebunden werden. Siehe auch Anm. 5.

Dienste, daß die Belagerung aufgehoben und der Inka besiegt wurde. Dafür erwies ihm der Gobernador große Ehre und dauernde Dankbarkeit. Die Zeugen sollen sagen, was sie darüber wissen.

8) Item. Ist den Zeugen folgendes bekannt usw.: In jenem Jahr [15]36 rebellierten viele Inka-Anführer, verschanzten sich in Guadacheri [Huarochiri] und anderen Pässen und verteidigten sie so erbittert, daß jeder christliche Truppenführer, der über den Paß nach Cuzco durchkommen wollte, den Tod fand wie die Hauptleute Gaete, Pedro de Tapia, Diego Pizarro, Mogrovejo und noch andere mit ihren Leuten. Um dem abzuhelfen, ließ der Gobernador den Hauptmann Alonso de Alvarado rufen, der zu der Zeit auf Eroberungszug in der Provinz der Chachapoyas war. Dieser kam in diese Stadt [Lima] und zog von dort aus mit 500 Mann nach dem Tal Xauxa; dabei diente ihm Don Jerónimo mit seinen Indios. [...]

9) Item. Ist den Zeugen folgendes bekannt usw.: Der besagte General blieb mit 500 Mann mehr als drei Monate lang im Tal von Xauxa, und wurde von Don Jerónimo und seinen Indios mit allem versorgt, was sie brauchten, wie mit Lebensmitteln, z. B. Schafen und allem, was nötig war, um die Eroberung fortzusetzen und die Straße nach Cuzco zu sichern und zu befrieden. [...]

10) [...]

11) Item. Ist den Zeugen folgendes bekannt usw.: Wegen der großen Freundschaft Don Jerónimos und der anderen Kaziken von Xauxa zu den Christen überfiel sie ein Inka-Anführer namens Caya Colla mit vielen Kriegern, richtete großen Schaden an, verbrannte die Dörfer, tötete viele Indios, raubte und trieb viele Herden weg. Don Jerónimo führte seine Leute gegen sie und vertrieb sie, konnte ihnen aber ihre Beute nicht abnehmen, die sie schon in Sicherheit gebracht hatten – und sie hatten ihnen eine große Menge geraubt. Zu jener Zeit kam ein anderer Inka namens Quilla Topa[11], um sie ganz zu vernichten; er verbrannte ihre Dörfer und tötete viele Leute aus diesem Tal. Gegen diese Inkas sammelte Don Jerónimo seine Leute und lieferte ihnen ein Gefecht, in dem auf beiden Seiten viele Indios fielen. Die Zeugen sollen sagen, was sie darüber wissen.

12) [...]

13) Item. Ist den Zeugen folgendes bekannt usw.: Als Manco Inka erfuhr, daß Don Jerónimo solch ein guter Freund der Christen war – wie es aus seinem guten Willen und seinen Taten ersichtlich war –, überfiel er mit vielen Indiokriegern, die er aus den Anden holte, einige vom Tal von Xauxa abhängige Ansiedlungen, vor allem Andamarca, wo Don Jerónimo seine Pfefferpflanzungen hat. Dort raubte ihm Manco Inka das Land aus, brannte Dörfer nieder und tötete viele seiner tapfersten Indios aus diesem Tal. Trotzdem mußte er auf die entschlossene Verteidigung hin, die ihm Don Jerónimo entgegensetzte, geschlagen abziehen, kehrte jedoch mit vielen Kriegern zurück und zog überall

---

[11] Bei dem Inka Quilla Topa handelt es sich nicht um einen regierenden Inka, sondern um einen der vielen Inkaadeligen, die militärische oder Verwaltungspositionen im Inkareich innehatten.

plündernd durch das Tal von Llacxapallanga bis Xauxa, das sie La Grande nennen. Dabei ließen sie keinen Winkel aus, wo sie nicht Männer und Frauen niedermachten; außerdem raubte Manco Inka dem Don Jerónimo eine große Menge Herdenvieh. Daraufhin führte dieser mit der Hilfe Gottes Unseres Herrn seine Leute am Ende des Tales gegen ihn und lieferte ihm eine Schlacht, in der er den besagten Inka besiegte und in die Flucht schlug. Die Zeugen sollen sagen, was sie darüber wissen.

14) Item. Ist den Zeugen folgendes bekannt usw.: Als Don Jerónimo den großen Schaden und die Nachteile sah, die ihm aus seinem Dienst für Eure Majestät und aus seiner Freundschaft zu den Christen erwuchsen, entschloß er sich, dies dem Gobernador Don Francisco Pizarro mitzuteilen. Also sandte er ihm einen Boten, der ihm berichtete, wie übel ihm die Inkas mitspielten und ihm sein Land ausplünderten, nur weil er ihm solche Dienste erwies. Der Gobernador empfing den Boten sehr huldvoll, bedauerte sehr die Schäden, die Don Jerónimo entstanden waren, sandte diesem einen Morisken und einen Neger, die ihm im Krieg helfen sollten, und ließ ihm sagen, er [Don Jerónimo] solle als tapferer Mann mit seinen Indios kämpfen und sich an Manco Inka rächen. Auf diese Aufforderung hin rief Don Jerónimo viele Leute von seinen befreundeten und verwandten Vasallen zusammen, zog gegen Manco Inka, der bei Guamanga[12] stand, und lieferte ihm eine Schlacht, in der er ihn schlug, so daß Manco Inka sich nur durch die Flucht retten konnte. Die Zeugen sollen sagen, was sie darüber wissen.

15) [...]

16) [...]

17) Item. Ist den Zeugen folgendes bekannt usw.: Vor ungefähr 16 Jahren kamen die Hauptleute Per Álvarez Holguin und Gómez de Tordoya mit vielen Leuten in das Tal von Xauxa, um sich mit dem Licenciado Vaca de Castro[13] zu treffen. Dort blieben sie einige Tage und Don Jerónimo versorgte sie mit allem, was sie brauchten. Sie nahmen 1000 Indios und Don Jerónimo bis zur Provinz Guaylas mit, und während dieser Zeit kam Don Diego de Almagro der Junge[14] mit vielen Leuten in das Tal und hielt sich dort zwei Monate auf. In seiner Begleitung befand sich Paullo Inka, der viel Schaden anrichtete, indem er Don Jerónimo und seinen Indios ihr Land, ihre Herden und sogar Frauen und Kinder wegnahm und in seine Dienste zwang. Die Zeugen sollen sagen, was sie darüber wissen.

18) Item. Ist den Zeugen folgendes bekannt usw.: Vor etwa 19 Jahren kam der Licenciado Vaca de Castro mit 1000 Mann in das Tal von Xauxa, wo er

---

12 Guamanga = Huamanga, heute Ayacucho.

13 Cristóbal Vaca de Castro, 1540–1544 von der Krone zur Schlichtung des Bürgerkrieges zwischen Pizarristen und Almagristen in Peru eingesetzter Interimsgouverneur.

14 Diego de Almagro el Mozo, Sohn von Pizarros Compagnon und späterem Rivalen Diego de Almagro und einer mittelamerikanischen Indianerin, wurde nach der Ermordung Francisco Pizarros (1541) von den Anhängern seines Vaters zum Gouverneur ausgerufen, von Vaca de Castro in der Schlacht von Chupas besiegt und 1542 hingerichtet.

zwei Monate blieb. Dabei diente ihm Don Jerónimo mit allem, was er besaß, baute ihm viele Häuser und Pferdeställe und gab ihm Kupfer für seine Geschosse. Als dieser Vaca de Castro wieder von dem Tal von Xauxa abzog, gab Don Jerónimo ihm und den erwähnten 1000 Mann alles, was sie benötigten, und Indios als Lastträger bis Guamanga mit. Dort fand die Schlacht von Chupas[15] statt, in der die Guanca-Indios des Don Jerónimo dem Vaca de Castro dienten. Die Zeugen sollen sagen, was sie darüber wissen.

19) [...]

20) Item. Ist den Zeugen folgendes bekannt usw.: Der Vizekönig Blasco Núñez Vela[16] trug einige Zeit nach seiner Ankunft Don Jerónimo auf, für ihn eine bestimmte Anzahl Spieße machen zu lassen, worauf dieser für ihn 1000 Spieße herstellen ließ. Zu diesem Zeitpunkt kam Gonzalo Pizarro[17] durch das Tal und nahm Don Jerónimo viele Herden und Indios weg, die er als Lastträger bis nach Quito mitnahm, von wo sie nie zurückkehrten. Die Zeugen sollen sagen, was sie darüber wissen.

21) Item. Ist den Zeugen folgendes bekannt usw.: Nach der Schlacht von Quito[18] kam Francisco de Caruajal[19] in das Tal und raubte Don Jerónimo viel Besitz, Herden und andere Dinge. Einige Zeit danach kehrte der besagte Caruajal in das Tal zurück und nahm 300 von Don Jerónimos Indios bis zum Meer mit, von denen er unterwegs einige tötete, weil sie erschöpft waren. Dasselbe tat Juan de Acosta in diesem Tal, indem er Don Jerónimo Herden und Besitz raubte und eine große Zahl seiner Indios mitnahm. Die Zeugen sollen sagen, was sie darüber wissen.

22) Item. Ist den Zeugen folgendes bekannt usw.: Wenige Tage darauf kam Caravantes in das Tal und verlangte von Don Jerónimo, er solle ihm 1000 Spieße, Brustpanzer und Helme aus Kupfer sowie Beinschienen, 28 Rüstungen und Kupferkugeln für den Präsidenten Gasca[20] anfertigen lassen, der mit dem ganzen Heerlager Eurer Majestät in dieses Tal kam und dort mehr als zwei Monate blieb. Dabei stellte ihm Don Jerónimo alles zur Verfügung, was er brauchte, und gab ihm Indios als Lastträger bis Guamanga und Cuzco mit. Die Zeugen sollen sagen, was sie darüber wissen.

23) Item. Ist den Zeugen folgendes bekannt usw.: Als Nachrichten von der Auflehnung und Tyrannei des Francisco Hernández Girón[21] eintrafen, kam

---

15 Siehe Anm. 14.

16 Erster Vizekönig von Peru (1544–1546), als Vollstrecker der von Las Casas inspirierten „Nuevas Leyes" zum Schutze der Indios von Anfang an von den Konquistadoren bekämpft und 1546 in der Nähe von Quito gefallen.

17 Gonzalo Pizarro, jüngerer Bruder von Francisco Pizarro, rebellierte gegen die Krone und ergriff 1544 die Macht in Peru. 1548 bei Cuzco hingerichtet (vgl. Dok. 88).

18 Siehe Anm. 16.

19 Achtzigjähriger Feldhauptmann Gonzalo Pizarros, der „Schrecken der Anden".

20 Pedro de la Gasca, Prälat, 1546 von Karl V. als Geheimbevollmächtigter zur Beilegung des Konfliktes mit den peruanischen Konquistadoren eingesetzt (vgl. Dok. 88).

21 Anführer des Konquistadorenaufstandes 1553–1554 in Peru, mit Hilfe indianischer Truppen besiegt, 1554 hingerichtet.

Luis de Tapia mit 12 Spaniern in jenes Tal, wo ihm Don Jerónimo zu Diensten war und ihm Indios als Lastträger bis Vilcas mitgab. Außerdem kam der Hauptmann Lope Martín mit 40 Spaniern in das Tal, dem Don Jerónimo ebenfalls zu Diensten war und 500 Indios nach Guamanga mitgab. Diese kehrten mit Lope Martín in das Tal von Xauxa zurück, von wo er sie nach Guadacheri mitnahm. Die Zeugen sollen sagen, was sie darüber wissen.

24) Item. Ist den Zeugen folgendes bekannt usw.: Nach Lope Martíns Abzug kam Francisco Hernández [Girón] in das besagte Tal, wo er Don Jerónimo großen Schaden zufügte, indem er ihm seinen Besitz raubte, seine Häuser niederbrannte und ihm die Indios samt den Frauen wegführte, wo er sie nur fand. Die Zeugen sollen sagen, was sie darüber wissen.

25) Item. Ist den Zeugen folgendes bekannt usw.: Nach der Flucht des Francisco Hernández aus dem Tal von Lima kam das Feldlager Eurer Majestät zusammen mit den Herren Oidores[22] in das Tal von Xauxa, wo es zwei Monate blieb. Don Jerónimo versorgte es mit allem, was er hatte: Verpflegung, Waffen, Spieße, Kupferhelme, Brustharnische, und gab dem Heer Indios bis Cuzco mit. Im Dienst des Heeres zog Don Jerónimo bis zu dieser Stadt mit und diente mit 100 Indios bis zur Schlacht von Pucara[23], von der nur wenige Indios – wenn überhaupt einer – zurückkehrten. Die Zeugen sollen sagen, was sie darüber wissen.

26) Item. Ist den Zeugen folgendes bekannt usw.: Nachdem Francisco Hernández durch die Herren Oidores und die übrigen Diener Eurer Majestät geschlagen worden war, kamen die Hauptleute Serna und Joan Tello mit 30 Christen in das Tal. Drei Tage später kam Francisco Hernández mit einer Zahl Musketenschützen in das Tal, wo die besagten Hauptleute und ihre Leute mit der Hilfe Gottes Unseres Herrn und Don Jerónimos den besagten Francisco Hernández und seine Leute gefangennahmen, wobei mehrere Indios fielen. Die Zeugen sollen sagen, was sie darüber wissen.

27) [...]

28) Item. Ist den Zeugen folgendes bekannt usw.: daß es in diesem ganzen Reich keinen Kaziken gibt, der den Christen mit dem Einsatz aller Kräfte und über so lange Zeit hin gedient hat [wie Don Jerónimo], der ein Mann von Vernunft und Verstand ist, der sein Staatswesen (*república*) sehr gut und anerkanntermaßen als kluger und weiser Christ regiert und nicht als Barbar, und der den Christen seit ihrer Ankunft in diesem Lande sehr zugetan gewesen ist und ihnen seinen guten Willen erwiesen hat? Daß er trotz der Steuerabgaben, die die königlichen Kontrollbeamten (*visitadores*) für den Vertrieb von Lebensmitteln in den Ortschaften erheben, diese den Christen kostenlos überläßt und veranlaßt, daß man die durchreisenden Spanier bedient und ihnen jedwede Ehrerbietung erzeigt, und den Armen große Wohltaten erweist, wie jeder

---

[22] Oidoren, von der spanischen Krone bestellte Verwaltungsrichter in den größeren Städten des spanischen Überseereiches.

[23] 1554 Sieg der königstreuen Truppen über das „Ejército de la Libertad" des Caudillo Francisco Hernández Girón. Nach der Niederlage suchte er Zuflucht in der alten Inkafestung Pucará.

gute barmherzige und mildtätige Christ? Die Zeugen sollen sagen, was sie darüber wissen.

29) Item. Ist den Zeugen folgendes bekannt usw.: Nachdem er die christliche Lehre angenommen und sich hatte taufen und rechtmäßig trauen lassen, wie es die heilige Mutter Kirche befiehlt, hat er [Don Jerónimo] große Gottesfurcht gezeigt und [stets] Sein heiliges Gesetz befolgt. Obwohl er bei Visitationen und öffentlichen Untersuchungen seine Lebensumstände offengelegt hat, wurde nie etwas gefunden, was gegen ihn als guten Christen gesprochen hätte.

30) Item. Ist den Zeugen bekannt, daß der besagte Don Jerónimo aufgrund der genannten Dienste, die er geleistet hat, sehr wohl die Auszeichnungen und Privilegien verdient, die Eure Majestät ihm erteilen möge, und daß diese seiner Person wohl zustehen und entsprechen?

31) Item. Ist den Zeugen bekannt, daß alles hier Aufgeführte jedermann kund und in aller Munde ist?

Aus: Waldemar Espinoza Soriano: Los huancas, aliados de la conquista. Tres informaciones inéditas sobre la participación indígena en la conquista del Perú. 1558/1560/1561. In: Anales Científicos de la Universidad Nacional del Centro del Perú. Huancayo (Perú) 1972. N° 1, S. 217–226.

Engl/De

b. Ergebnis der Zeugenbefragungen und Petitionen der Huanca-Kaziken

[Die Audiencia von Lima, vor der Don Jerónimo Guacrapáucar am 25. Juni 1560 und später nochmals 1561 zusammen mit zwei Huanca-Nachbarfürsten vorstellig wurde, hielt sich nicht für kompetent, den Fall zu entscheiden und überwies ihn an den König bzw. an den Indienrat in Spanien.

Die drei Huanca-Kaziken schickten 1562 oder 1563, um ihren Anliegen Nachdruck zu verleihen, Felipe Guacrapáucar, den Sohn des Don Jerónimo, selbst nach Spanien. Dieser strich jedoch dort vor allem die Verdienste seines Vaters und seiner Sippe heraus, auf Kosten der Ansprüche der anderen. Ihr Ziel, selbst die Befugnisse von Encomenderos zu erhalten und für die folgenden Generationen über die Tribute ihrer Heimatregion zu verfügen, erreichten sie nicht, sondern lediglich Privilegien von lokaler Bedeutung.

Die ertragreiche und in Spanien als Schlaraffenland („tierra de Jauja") geltende Region der Huancas verblieb drei Spaniern als Encomienda zugeteilt.]

Zusammenfassung nach W. Espinoza Soriano: La destrucción del Imperio de los Incas. Lima [1]1973, [2]1977, S. 242–243, 251–258 und 261.

Engl

Zwölftes Kapitel

Die Durchdringung Nordamerikas
durch die Europäer

Die Durchdringung und Erforschung Nordamerikas durch die Europäer ist weitaus später und zögernder in Gang gekommen als die des mittel- und südamerikanischen Festlandes. Zwar hatten spanische Konquistadoren wie Ponce de León (vgl. Dok. 65), de Soto (vgl. Dok. 74) und Coronado (vgl. Dok. 75) bereits in der ersten Hälfte des 16. Jahrhunderts gewaltige Räume im Süden des Erdteils durchstreift und flüchtig kennengelernt, aber ihr Wissen von Land und Leuten war großenteils bald wieder in Vergessenheit geraten. Denn die angetroffenen Eingeborenenkulturen waren weitaus einfacher gewesen als etwa die der Azteken, der Inkas oder der Chibchas, sie hatten über keine nennenswerten Vorräte an Gold oder Silber verfügt und weder Herrschaftserwerb über sie noch Handelsverkehr mit ihnen als lohnenswert erscheinen lassen.

Ebenfalls noch im 16. Jahrhundert hatte es an der Atlantikküste mehrfach europäische Siedlungsversuche gegeben, die auch mit mehr oder minder bescheidenen Vorstößen ins Landesinnere verbunden waren: so 1520–1526 durch den Spanier de Ayllón im heutigen North Carolina, 1541–1543 durch die Franzosen Cartier und Roberval in Kanada, 1562–1565 durch die Franzosen Ribault und de Ladonnière in Florida, ab 1565 durch den Spanier Pedro Menéndez de Avilés ebenfalls in Florida, 1566–1568 durch die Spanier im Bereich der Outer Banks vor Carolina, 1570–71 durch spanische Jesuiten in der Chesapeake Bay und 1585–1590 durch Engländer am heutigen Roanoke River in North Carolina. Aber alle diese Versuche, auf dem Kontinent Fuß zu fassen, waren fehlgeschlagen, von einem einzigen abgesehen: dem spanischen Sich-Festsetzen in Florida aus strategischen Gründen; dort kam es 1565 zur Gründung von St. Augustine, der ältesten europäischen Stadt in Nordamerika.

Die nachhaltigsten Folgen für die spätere Durchdringung des nordamerikanischen Festlandes haben die Expeditionen Cartiers gehabt. Denn während die englischen, niederländischen und schwedischen Landnahmen, die dann im 17. Jahrhundert mit großenteils bleibendem Erfolg zustande kamen, durch den Riegel der dichtbewaldeten, bis 2000 m ansteigenden Appalachen vom eigentlichen Inland ausgesperrt blieben, setzte die französische Kolonisierung dort an, wo Cartier und Roberval aufgehört hatten; dort hatte Cartier schon auf seiner zweiten Reise 1535/36 den einzigen Zugang vom Osten tief ins Innere des Kontinents entdeckt: den St. Lorenz-Wasserweg (vgl. Dok. 57).

Als deshalb Samuel de Champlain 1603 die Pläne Cartiers und Robervals wiederaufnahm und den nächsten französischen Kolonisierungsversuch in Kanada ansetzte, fiel damit auch eine Vorentscheidung über die Erkundung des Landesinneren: sie wurde ganz überwiegend von Franzosen durchgeführt. Wichtigste Voraussetzung dafür war der Umstand, daß Nordamerika jenseits der Appalachen bis zu den Rocky Mountains im Westen praktisch ausnahmslos und in seiner ganzen, fast unermeßlichen Weite auf dem Wasserweg befahrbar ist. In der Tat gingen die französischen Reisen zur Entdeckung und Erschließung des Kontinents und nach ihnen auch die der Amerikaner selbst dem Fluß- und Stromnetz des Landes entlang vor sich, sie wurden von dem System der Wasserläufe sozusagen regelrecht gelenkt. Ein Boot erhielt deshalb bald im kanadischen Französisch die Bezeichnung „voiture": denn es war das dominierende Reisemittel des 17. und 18. Jahrhunderts.

Wer auf Wasserwegen reiste, benutzte in der Regel das Boot aus Rinde, meist aus Birkenrinde: das Kanu (Dok. 92). Die Franzosen hatten es wie die übrigen Europäer von den Indianern übernommen. Mit leichtem Gepäck beladen, konnte es überall um Wasserfälle und Stromschnellen herumgetragen werden, man konnte damit auf zahlreichen kurzen Tragewegen – etwa vom Chicago River zum Illinois oder vom Erie-See zum Ohio – von einem Flußsystem in das andere gelangen, vom St. Lorenz-Strom in die fünf Großen Seen und von dort zur Mississippi-Mündung, in die Hudson-Bai oder nach Nordwesten zum Saskatchewan. Im Bereich des unteren Mississippi erleichterte eine besondere Erscheinung das Reisen auf dem Wasserweg: dort gibt es die sogenannte Bayous, tote oder träge Wasserarme, die zwei Flüsse miteinander verbinden, etwa den Arkansas und den White River, und die je nach Jahreszeit und Wasserstand in die eine oder in die andere Richtung fließen.

Der erste unter den großen französischen Entdeckern und Erforschern des Binnenlandes war Samuel de Champlain, der oft der „Vater Kanadas" genannt wird. Auf neun großen Reisen zwischen 1603 und 1616 erkundete er systematisch einen großen Teil des Gebiets zwischen dem St. Lorenz-Golf und den Großen Seen mit seinem Hinterland. Er kartierte Flüsse und Häfen – seine Karten waren das ganze 17. Jahrhundert hindurch maßgebend –, beschrieb eingehend das Land und seine Bewohner, die Huronen, Algonkin und Irokesen, und vermittelte erstmals genauere Kenntnisse über die niederkanadische Tier- und Pflanzenwelt. Er gründete 1608 Québec, die Hauptstadt der „Neu-Frankreich" genannten neuen Kolonie, fand 1609 den nach ihm benannten See auf dem Territorium der heutigen US-Bundesstaaten New York und Vermont und entdeckte 1615 den Huron-See (Dok. 91). Champlain, der von Richelieu zum ersten Gouverneur der Kolonie ernannt wurde, prägte auch den Typus des französischen Erkundungsvorstoßes in die Weite des nordamerikanischen Kontinents: Er zog von Anfang an Missionare zur Mitarbeit heran und schuf überall freundschaftliche Beziehungen zu den Indianern, – ausgenommen den mächtigen Bund der Irokesen, der seinerseits mit den am St. Lorenz-Strom, an den Großen Seen und im Gebiet des Ohio und Illinois lebenden Stämmen verfeindet war. Die französischen Missionare – Jesuiten, Franziskaner, Patres des Ordens von St. Sulpice in Paris – nahmen in der Folge so häufig an Entdeckungsfahrten und -zügen teil, daß ihre Berichte (besonders die Relationen der Jesuiten) mit zu den wichtigsten Quellen für die Geschichte der Durchdringung und Erschließung Nordamerikas gehören.

Noch im Auftrag Champlains gelangte Jean Nicolet in den dreißiger Jahren des 17. Jahrhunderts bis zum Michigan-See und in das Quellgebiet des Wisconsin. Einzelne weitere Vorstöße erbrachten dann eine genauere Kenntnis der Region um die Großen Seen. Bereits 1673 erreichte der Grundbesitzer, Händler und Waldläufer Louis Jolliet zusammen mit dem Jesuitenpater Jacques Marquette erstmals den Mississippi und fuhr mit ihm bis zur Mündung des Arkansas hinunter. Aus Furcht, den Spaniern in die Hände zu fallen, kehrten beide dort um und gelangten über den Illinois zum Michigan-See zurück. Im Jahr 1680 wurde der Franziskaner Louis Hennepin auf einer der ersten Expeditionen La Salles von Sioux entführt und lernte während seiner Gefangenschaft am oberen Mississippi deren Lebensgewohnheiten kennen. Seine Einschätzung der Chancen für eine friedliche Christianisierung der Urbevölkerung sind ein wertvolles Zeugnis seiner Missionstätigkeit (Dok. 94). Unterdessen hatten die Gouverneure Neu-Frankreichs, gelegentlich allerdings massiv behindert durch Restriktionsmaßnahmen der Zentrale gegen eine allzu rasche Exploration des Kontinents, mit der die systematische Besiedlung nicht Schritt zu halten vermochte (Dok. 93), eine Kette von Forts bis zum Illinois angelegt, die ständig erweitert wurde. Diese Forts dienten in erster Linie als Handelsstützpunkte: Gegen die wertvollen Pelze der Indianer tauschten die Franzosen Artikel des täglichen Bedarfs wie Nadeln, Garn, Messer, Äxte etc., mitunter auch Waffen und Alkohol. Die Preise für Pelze und damit das Interesse an guten Handelsbeziehungen zu den Indianern waren hoch, da sowohl die auf der Insel Manhattan sitzenden Holländer – auch nach der Übergabe der Stadt Neu-Amsterdam 1664 an den Herzog von York, der sie New York nannte – wie die von Norden her operierende englische Hudson's Bay Company als regionale Konkurrenten der Franzosen auftraten. Diese Forts bildeten aber auch militärische Stützpunkte gegen häufige Überfälle der Irokesen und gleichzeitig Nachschubbasen für weitere Vorstöße nach Westen und nach Süden.

Der aufsehenerregendste dieser Vorstöße wurde die Expedition des Ex-Jesuiten Robert Cavellier de La Salle den Mississippi hinab bis zu seiner Mündung und die Inbesitznahme des Stromes samt allen Zuflüssen und angrenzenden Ländern für Frankreich im Jahr 1682 (Dok. 95). La Salle nannte das Land zu Ehren Ludwigs XIV. „Louisiana". Vom Mississippi aus drangen französische Militärs, Händler und Waldläufer an den Zuflüssen des Stromes entlang weiter nach Westen vor, erreichten den Red River und den Río Grande del Norte (ca. 1688) und den Missouri (1694). Doch auch nach Osten wurde das Land bis hin zu den Appalachen erforscht, vor allem am Tennessee entlang, wobei französische Waldläufer sogar die Appalachen überquerten und auf dem Savannah 1699 bis nach South Carolina vorstießen.

Das 18. Jahrhundert kennt im wesentlichen nur noch eine große Stoßrich-
tung der französischen Erforschung des Inneren des Kontinents, aber von
zwei Zentren aus: Vom unteren Mississippi aus erkundeten Louis St. Denis
1714–1716 das amerikanische Tiefland bis zum mexikanischen Grenzsaum
sowie der Offizier Jean Baptiste Bénard de la Harpe 1719–1722 den Bereich
des Red River und des Arkansas bis zu den Rocky Mountains; von den Großen Seen aus stießen der Offizier Pierre Gaultier de Varennes et de la Vérendrye und seine Söhne Louis-Joseph und François zunächst bis zum Stamm
der Mandan am Missouri vor (Dok. 96), 1743 erreichten die beiden Söhne
allein die Rocky Mountains wahrscheinlich im Bereich des Bighorn River, wie
schon ihr Vater stets auf der Suche nach dem Mer Vermeille (Purpurmeer)
oder Westmeer, dem sie sich schon ganz nahe glaubten.

Der Österreichische Erbfolgekrieg (1740–1748) bzw. der damit zusammenhängende King George's War (1744–1748) und der sich in Übersee fast über-
gangslos daran anschließende Siebenjährige Krieg (1756–1763) beendeten
schließlich die französischen Vorstöße nach Westen. Bereits im Jahr 1759 eroberten die Engländer Québec, das Nervenzentrum der französischen Besitzungen in Nordamerika. 1763 wurde Neu-Frankreich formell im Frieden von
Paris an England abgetreten: Die französische Phase der Durchdringung des
Kontinents war abrupt zu Ende gegangen.

An der restlichen Durchdringung und Erforschung Nordamerikas hatten
Spanier, Engländer, Russen und Amerikaner Anteil. Spanische Konquistadoren waren seinerzeit im 16. Jahrhundert die ersten gewesen, die den Süden der
heutigen USA durchzogen hatten, wobei insbesondere die Südausläufer der
Rocky Mountains und Niederkaliforniens durch Francisco de Ulloa (1539),
Coronado (1540–1542) und Juan de Oñate (1598–1605) genauer erforscht
worden waren. Dort setzten spanische Erkundungsvorstöße im 18. Jahrhundert wieder an: 1776 durchzogen die Franziskaner S. V. de Escalante und
F. Domínguez in einem großen Bogen die heutigen amerikanischen Bundes-
staaten New Mexico, Colorado, Utah und Arizona, eine Region, in der in der
Folge zahlreiche Missionsstationen gegründet wurden. Aber auch an der Küste des Stillen Ozeans wurde Spanien aktiv. Seit Balboa 1513 alle Gestade am
Pazifik „sowohl am Nordpol wie in der Antarktis, beiderseits der Äquatorlinie, innerhalb und außerhalb des Wendekreises des Krebses und des Steinbocks" für die spanische Krone in Besitz genommen hatte (vgl. Dok. 76), erhob sein Land Anspruch auf die gesamte Westküste des Kontinents. Auf
Nachrichten hin, daß russische Expeditionen an der amerikanischen Nordwestküste aufgetaucht seien und Handelsposten errichtet hätten, sandte der
spanische Vizekönig von Neu-Spanien (Mexiko) wiederholt Expeditionen
über See nach Norden, die teilweise bis Alaska vorstießen, um den spanischen
Besitzansprüchen Nachdruck zu verleihen. 1776 wurde San Francisco, 1791
wurde Los Angeles gegründet. Bereits 1789 hatten Spanier englische Schiffe
im Nootka-Sund auf Vancouver Island im heutigen British Columbia gekapert
und dort eine Siedlung angelegt, was Spanien und England an den Rand des

Krieges führte. 1790 kam jedoch unter dem Eindruck der Französischen Revolution von 1789 eine spanisch-englische Konvention zustande, die zu einer Abgrenzung der jeweiligen Interessensphären führte. 1794 trat Spanien das Land nördlich des heutigen US-Bundesstaats Washington an England ab.

Währenddessen hatten Engländer und Russen, ganz überwiegend im Dienste bedeutender Pelzhandelsgesellschaften, den Nordteil des Kontinents in großen Zügen erkundet. Die Vertreter der seit 1670 bestehenden Hudson's Bay Company hatten nach und nach das für den Pelztierfang so wichtige nördliche Kanada durchstreift: So hatte u.a. Samuel Hearne 1770–1772 vom Fort Prince of Wales (dem heutigen Churchill) an der Hudson-Bai aus eine Expedition durch die nordwestlichen Tundren zum heutigen Coppermine River unternommen und war bis zu dessen Mündung in das Nordpolarmeer gekommen. Alexander Mackenzie erreichte 1789 im Auftrag der 1779 gegründeten North West Company, eines Konkurrenzunternehmens der Hudson's Bay Company, den Großen Sklavensee und zog an dem später nach ihm benannten Fluß sehr viel weiter westlich als Hearne bis zum Nordpolarmeer; 1792–1793 durchquerte er als erster den nordamerikanischen Kontinent im Norden, wobei er wesentlich zur Kenntnis Kanadas beitrug, das sich in seiner Ost-West-Ausdehnung als bei weitem größer erwies, als man sich bis dahin hatte vorstellen können.

Für die geographische Erkundung des nördlichen Teils des Kontinents fast noch bedeutender war David Thompson, der – ebenfalls im Dienst der North West Company – auf zahlreichen Reisen zwischen 1789 und 1813 den Westen Kanadas bereiste und als erster gründlich vermaß. 1813/14 schuf er eine erste detaillierte Karte des Landes für seine Gesellschaft, 1816–1826 gehörte er der Internationalen Grenzkommission zur Vermessung der Grenze zwischen Kanada und den Vereinigten Staaten an.

Ebenfalls im Dienst einer Pelzhandelsgesellschaft erschlossen russische Pioniere den äußersten Nordwesten des Kontinents. Bereits 1655 hatte Deschnjöw, 1728 hatten dann Bering und Tschirikow die Asien und Amerika trennende Meeresstraße – die später Bering-Straße genannt wurde – erreicht (vgl. Dok. 101 u. 102). Im Jahre 1763 gelangte durch den Kosaken Daurkin die erste Nachricht vom Yukon nach Sibirien. In den folgenden Jahrzehnten drangen russische Expeditionen auf der Pelztierjagd an der amerikanischen Nordwestküste bis nach Kalifornien vor, wo es zu Zusammenstößen mit Angehörigen spanischer und englischer Handelsposten kam. 1799 entstand schließlich nach verschiedenen Anläufen eine starke Russisch-Amerikanische Pelzhandelsgesellschaft, die Alaska mit einem Netz von Handelsposten nach dem Muster der Hudson's Bay Company und der North West Company überzog (vgl. Dok. 103). Die weitere Erschließung Alaskas wurde in der Folge im wesentlichen von dieser Gesellschaft getragen, bis Rußland im Jahre 1867 Alaska an die Vereinigten Staaten verkaufte.

Als letzte nahmen Angehörige der Vereinigten Staaten selbst am Vorgang der Erschließung ihres Kontinents teil, und zwar in größerem Maße erst nach

Abschluß des Unabhängigkeitskrieges gegen England. Dabei griffen vielfach Landnahme von Siedlern, Züge von Indianerhändlern und Expeditionen, hinter denen ein politisches Interesse von Regierungskreisen stand, ineinander. Im Jahr 1803 kauften die Vereinigten Staaten das riesige Gebiet zwischen Mississippi und Rocky Mountains von Frankreich, im gleichen Jahr überschritt die Besiedlung des Westens den Mississippi und drang allmählich in die Great Plains vor. Doch vollzog sich die Erschließung des Kontinents auf diesem Wege innerhalb der Grenzen der heutigen USA im wesentlichen erst im Laufe des 19. Jahrhunderts und bleibt deshalb außerhalb unserer Betrachtung. Lediglich einzelne Erkundungsvorstöße fanden vorher statt, vielfach sind sie anonym geblieben. Von erheblicher Bedeutung an der Grenze zum 19. Jahrhundert war im großen und ganzen nur ein Unternehmen, das einen durchaus politischen Hintergrund hatte und vom damaligen Präsidenten Jefferson ausging: In den Jahren 1804–1806 drangen im Regierungsauftrag Meriwether Lewis und William Clark den Missouri und Yellowstone aufwärts vor und überquerten die Rocky Mountains, wobei sie dem Columbia River bis zum Pazifik folgten; das war die erste Durchquerung Nordamerikas auf dem Boden der Vereinigten Staaten (Dok. 97). Damit war in groben Zügen, vielfach aber auch bereits in allen Einzelheiten die Physiognomie des nordamerikanischen Kontinents bekannt geworden. Dem 19. Jahrhundert blieb es überlassen, die vielen kleinen Lücken in der Kenntnis des Kontinents allmählich auszufüllen.

Lit.: J. B. Brebner: Die Erforscher von Nordamerika. Bern-Leipzig-Wien 1936 – Georg Friederici: Der Charakter der Entdeckung und Eroberung Amerikas durch die Europäer. Einleitung zur Geschichte der Besiedlung Amerikas durch die Völker der Alten Welt. 3 Bde. Stuttgart 1925–1936. Ndr. Osnabrück 1969. Bd. 2 und 3 – Ch.-A. Julien, Herval, Th. Beauchesne (éd.): Les Français en Amérique pendant la première moitié du XVIe siècle. Paris 1946 – Dictionnaire biographique du Canada. Dictionary of Canadian Biography. Vol. Ier (1000–1700). Vol. IIème (1701–1740). Vol. IIIème (1741–1770). Vol. IVème (1771–1800). Toronto 1966, 1969, 1974, 1979 – W. P. Cumming, S. E. Hillier, D. B. Quinn, G. Williams: The Exploration of North America 1630–1776. London 1974 – Alan Cooke, Clive Holland: The Exploration of Northern Canada 500 to 1920. Toronto 1978 – David B. Quinn (ed.): New American World. A Documentary History of North America. 5 vols. London 1979 – Eberhard Schmitt: Nordamerika im Spiegel französischer Reiseberichte des 17. und 18. Jahrhunderts. In: Reiseberichte als Quellen europäischer Kulturgeschichte. Hg. v. Antoni Mączak u. Hans Jürgen Teuteberg (Wolfenbütteler Forschungen. Bd. 21). Wolfenbüttel 1982, S. 257–280. Sch

91. Champlain überwintert im Huronenland an den Großen Seen (1615/16)

Samuel de Champlain gilt als der „Vater Kanadas": Er war der erste erfolgreiche Kolonialpionier und endgültige Begründer Neu-Frankreichs, nachdem frühe französische Kolonisierungsversuche am St. Lorenz-Strom durch Cartier und Roberval 1541–1543 gescheitert waren. 1603 kam Champlain das erste Mal nach Kanada, das er in der Folge auf einem knappen Dutzend langer und mühevoller Reisen, die ihn teils in das Hinterland des heutigen Neuengland, teils nach Oberkanada bis zu den Großen Seen führten, gut kennenlernte und als erster Europäer kartierte und sorgfältig beschrieb. Unter Champlain bildete sich jene Form des freundschaftlichen Umgangs der Franzosen mit den am St. Lorenz-Strom siedelnden Algonkin und den in Oberkanada an den Großen Seen seßhaften Huronen und ihren Verbündeten im Westen heraus, die auf Grund einer gemeinsamen Gegnerschaft zum südlicher siedelnden mächtigen Bund der Irokesen und den mit ihnen verbündeten Engländern und Holländern bis zum Zusammenbruch der französischen Herrschaft in Kanada andauerte.

Diese guten Beziehungen zu den Indianern erlaubten den Franzosen – anders als den Engländern – im 17. und 18. Jahrhundert unerhört weite Vorstöße in das Innere Nordamerikas, denen wir relativ früh recht gute Kenntnisse über die ethnologischen Verhältnisse, aber auch über Fauna und Flora des Landes zwischen Appalachen und Rocky Mountains verdanken. Der erste unter den zahllosen französischen Forschungsreisenden, Soldaten, Händlern, Missionaren und Waldläufern, der die große „Verteilerscheibe" der Großen Seen – von dort konnte man mit dem Kanu über kurze Trageplätze in jedes Flußsystem Nordamerikas gelangen (vgl. Dok. 92) – erreichte, war Champlain. Er kam auf seiner 8. Expedition, die als seine bedeutendste gilt, bis zum Huron-See. Dort, im Huronenland, überwinterte er. Seine hier wiedergegebene Beschreibung der Lebensweise, insbesondere des Heiratsverhaltens, der Attigouautan – einer der vier Nationen der Huronen – ist um so wertvoller, als der Großteil des rund 30 000 Menschen umfassenden Stammes der Huronen 1648/49 von den Irokesen in einem großen Feldzug vernichtet wurde. Diese demographische Katastrophe führte im übrigen dazu, daß sich die Stammesreste ebenso wie die dem Irokesenbund nicht angeschlossenen Stämme der Region in der Folge dem Verkehr mit den Franzosen um so bereitwilliger öffneten, von denen sie im Austausch gegen Felle Schnaps, Geräte und besonders Waffen erhielten.

Lit.: Histoire de la Nouvelle-France par Marc Lescarbot, etc. [Erstausgabe: 1609]. 3 vol. Toronto 1914. Ndr. New York 1968 – G. Gravier: Vie de Samuel Champlain. Fondateur de la Nouvelle France (1567–1635). Paris 1900 – Marcel Trudel: Samuel de Champlain. In: Dictionnaire biographique du Canada. Vol. Ier (1000–1700). Toronto 1966, S. 192–204.   Sch

Während des Winters, der vier Monate dauerte, hatte ich genügend Muße, um ihr Land, ihre Sitten und ihre Gebräuche kennenzulernen, desgleichen ihre Lebensweise, Art und Form ihrer Versammlungen und andere Dinge, die ich gern beschreiben möchte. [Zunächst berichtet Champlain über die geographische Lage Kanadas, über den Wild- und Fischreichtum des Landes sowie darüber, daß nach Aussage der Huronen im Westen weiße Indianer lebten, die den Franzosen glichen. Dann geht er auf das Land seiner Gastgeber ein. Er schildert die Bauweise ihrer Häuser und die Anlage ihrer Dörfer, ihre Ernährung, die Hauptbeschäftigungen der Frauen und Männer im Dorf, ihre Feste und Tänze, um dann auf die Heiratsgepflogenheiten des Stammes zu kommen:] Es gibt bei ihnen eine Art von Heirat. Sie sieht folgendermaßen aus: Wenn ein Mädchen elf, zwölf, dreizehn, vierzehn oder fünfzehn Jahre alt ist, bekommt es Verehrer *(serviteurs)*, auch mehrere, was von seinen Reizen abhängt. Diese machen ihm eine Zeitlang den Hof. Danach hält der Verehrer beim Vater und bei der Mutter des Mädchens um dessen Hand an. Aber häufig suchen die Mädchen gar nicht die Zustimmung ihrer Eltern, außer wenn sie sehr vernünftig und gut erzogen sind; dann unterwerfen sie sich dem Willen ihres Vaters und ihrer Mutter. Dieser Verliebte oder Verehrer schenkt dem Mädchen einige Halsbänder, Ketten und Armbänder aus Porzellan[1]: Wenn dem Mädchen der Verehrer gefällt, nimmt es das Geschenk an. Daraufhin schläft dieser Verehrer drei oder vier Nächte lang bei ihm, ohne während dieser Zeit ein Wort mit ihm zu wechseln, und da ernten sie dann gegenseitig die Frucht ihrer Zuneigung. Doch geschieht es recht häufig, daß sie nach acht oder vierzehn Tagen zu keiner Verständigung finden. Dann läßt sie ihren Verehrer stehen, der seine Halsketten und anderen Geschenke umsonst aufgeboten hat. Es bleibt ihm nur die Erinnerung an einen mageren Zeitvertreib. Wenn es soweit gekommen ist, sucht er, in seinen Hoffnungen getrogen, nach einer anderen Frau, und sie nach einem anderen Verehrer, die zu ihnen passen könnten. Und so fahren sie fort in ihrer Suche bis zu einem erfolgreichen Rendez-vous. Es gibt Frauen, die [mit dieser Suche] ihre Jugend verbringen und mehr als zwanzig [Ehe-]Männer gehabt haben. Diese sind aber nicht die einzigen, die wie das Tier dem Trieb gefrönt haben, wie oft verheiratet sie auch gewesen sein mögen. Denn wenn die Nacht kommt, gehen die jungen Frauen von einer Hütte zur anderen, genau wie die jungen Männer, und nehmen sich, doch ganz ohne Gewalt, was ihnen gut scheint, wobei sie aber alles dem Willen der Frau überlassen. Der Ehemann macht das gleiche bei seiner Nachbarin, aber es entsteht keine Eifersucht deshalb unter den Eheleuten, es kommt zu keiner Ehrlosigkeit oder Beschimpfung: so ist eben der Brauch des Landes. Aber es gibt eine Zeit, in der sie [die Frau] auf keinen Fall ihren Ehemann verläßt: das ist, wenn sie ein Kind bekommt. Ihre früheren Ehemänner gehen dann zu ihr, bezeugen ihr die Zuneigung und Freundschaft, die sie ihr in der Vergangenheit entgegengebracht haben, jeder mehr als der andere, und [beteuern,] daß das Kind, das sie erwartet, ihm zugehöre und von ihm gezeugt sei: ein anderer redet ebenso, am Ende trägt der, der es am besten versteht, den Sieg davon und bekommt sie zur Frau. Und so liegt es in der Wahl und Entscheidung der Frau, den [Mann] zu nehmen und zu bekommen, der ihr am besten gefällt. So hat sie auf ihrer Suche und im Verlauf ihrer Liebschaften viel Porzellan[-ketten] gewonnen und mehr: den Ehemann ihrer Wahl. Sie bleibt dann bei ihm, ohne ihn je wieder zu verlassen. Oder wenn sie ihn verläßt, ist dafür ein schwerwiegender Grund notwendig, auf keinen Fall Impo-

---

[1] Über die „colliers" genannten Ketten berichtet Lahontan: „Das COLIER ist eine gewise Binde 2. oder 3. Schuh lang und 6. Daumen breit/ mit kleinen Porcelain-Körnern/ die man an dem Uffer des Meers zwischen Neu-York und Virginien in gewissen Muscheln findet ausgestaffiret. Diese Körner sind rund/ in Grösse einer kleinen Erbsen/ und öffters etwas länger als ein Frucht-Körnlein. Sie sind blau oder weiß/ länglicht wie Perlen/ und eben als dieselbe in Fäden auff jeder Seite eingefast" (Des berühmten Herrn Baron De Lahontan Neueste Reisen Nach Nord-Indien/ Oder dem Mitternächtischen AMERICA. Hamburg-Leipzig 1709 [Orig.ausgabe 1703], S. 54).

tenz, und [dieser Grund] muß offenkundig sein. Nichtsdestoweniger tut sie
sich, obwohl sie mit diesem Ehemann lebt, [in ihrem Geschlechtsleben] keinen
Zwang an. Sie bleibt bei ihm, immer im selben Haushalt, und ist zufrieden.

Die Kinder, die sie zusammen haben, die auf diese Weise von einer solchen
Frau geboren werden, können nicht sicher sein, daß sie legitim sind. Es gibt
denn auch einen Brauch, der dieser Gefahr steuert: Die Kinder sind, was den
Besitz und die Würden angeht, niemals die Erben ihres Vaters, von dem man,
wie ich schon sagte, nicht sicher sein kann, daß er sie gezeugt hat. Die Ehemänner setzen vielmehr zu ihren Nachfolgern und Erben die Kinder ihrer
Schwestern ein, von denen sie sicher sein können, daß sie von diesen geboren
worden sind.

Aus: H. P. Biggar (ed.): The Works of Samuel de Champlain in 6 vols. Vol. III: Voyages et descov-
vertvres faites en la Novvelle France, depuis l'année 1615 iusques à la fin de l'année 1618 [Erstaus-
gabe Paris 1619]. Toronto 1929. Ndr. 1971, S. 114 sowie 137–140.   Sch

92. Das dominierende Reisemittel im Inneren Nordamerikas: das indianische Kanu; Bericht des Franziskaner-Paters de Galinée (1669)

Jener große Teil Nordamerikas, den Franzosen durchforscht und teilweise erschlossen
und besiedelt haben – er wurde seit dem späten 17. Jahrhundert in seiner ganzen Ausdehnung von Neufundland über die Großen Seen bis nach Louisiana „Neu-Frankreich", vereinzelt auch insgesamt „Louisiana" genannt –, zeichnete sich durch einen
einzigartigen Umstand aus: er war praktisch ausnahmslos auf dem Wasserweg befahrbar. Ein Kanu erhielt deshalb bald im kanadischen Französisch die Bezeichnung „voiture": denn es war das dominierende Reisemittel des 17. und 18. Jahrhunderts.
Die Reisegeschwindigkeit bei Benutzung eines solchen Kanus war in der Regel genauso hoch oder etwas höher als bei einer Reise zu Pferd. So sind uns kaum Berichte
vor dem 19. Jahrhundert bekannt, bei denen das Pferd als Fortbewegungsmittel eine
Rolle gespielt hätte. Denn das Kanu war fast durchwegs praktischer. Als Proviant hatte
man in den Rindenbooten meist Zwieback, Maismehl, Bohnen, Pemmikan und häufig
ein Fäßchen Schnaps bei sich. Im übrigen lebte man unterwegs von den Früchten des
Landes (Kürbissen, Nüssen, Eßkastanien, Äpfeln, Pflaumen, Kirschen, dunklen
Weintrauben, Bucheckern) und in vielen Fällen relativ mühelos in dem dünnbesiedelten
Land von der Jagd und vom Fischfang.
Lit.: Georg Friederici: Der Charakter der Entdeckung und Eroberung Amerikas
durch die Europäer. Bd. 2, S. 370–571 – Eberhard Schmitt: Nordamerika im Spiegel
französischer Reiseberichte des 17. und 18. Jahrhunderts. In: Reiseberichte als Quellen
europäischer Kulturgeschichte. Hg. v. Antoni Mączak u. Hans Jürgen Teuteberg
(Wolfenbütteler Forschungen. Bd. 21). Wolfenbüttel 1982, S. 257–280.   Sch

Mit Ausrüstung versehen brachen wir, wie gesagt, von Montréal am 6. Juli
1669 auf und bewältigten die Stromschnellen von Saint-Louis, die nicht mehr
als eineinhalb Meilen entfernt sind. Die Schiffahrt oberhalb von Montréal

geht ganz anders vor sich als die unterhalb der Stadt: für diese benutzt man große Schiffe, Barken, Schaluppen und Kähne, da der St. Lorenz-Strom bis Montréal auf eine Länge von zweihundert Meilen ziemlich tief ist; doch unmittelbar oberhalb von Montréal befinden sich Stromschnellen oder Wasserfälle voller mächtiger Felsen, die keinem [größeren] Fahrzeug das Vorbeikommen erlauben. Deshalb muß man Kanus verwenden. Das sind kleine Boote aus Birkenrinde, ungefähr zwanzig Fuß lang und zwei Fuß breit, innen verstärkt durch ganz schwache Spanten und Planken, so daß ein Mann ein Boot ganz bequem tragen kann, während das Boot vier Leute oder achthundert bis neunhundert Pfund Gepäck zu tragen vermag. Es gibt Kanus, die bis zu zehn oder zwölf Leute mit ihrer Ausrüstung aufnehmen, aber man braucht dann zwei oder drei Mann, um es zu tragen.

Mit diesen Kanus geht die Schiffahrt ganz allgemein und auf eine bequeme Weise in diesem Lande vor sich. Trotzdem muß man sagen, daß man in diesen Fahrzeugen stets nicht etwa einen Fingerbreit, sondern nur fünf oder sechs Blatt Papier vom Tode entfernt ist. Diese Kanus kommen einem Franzosen, der eines [von einem Indianer] kauft, auf neun oder zehn Ecus[1] zu stehen, aber von Franzose zu Franzose kosten sie sehr viel mehr. Das meine kostete mich achtzig Livres[2]. Und bauen können diese Boote nur die Leute wirklich gut, die die Algonkinsprache sprechen. Die Irokesen benutzen für ihre Kanus alle Arten von Rinde, außer Birkenrinde, und bauen damit schlechte und ganz schwere Boote, die höchstens einen Monat alt werden, während die Kanus der Algonkins, wenn sie pfleglich behandelt werden, fünf bis sechs Jahre lang halten.

Man bewegt sich in diesen Kanus nicht wie in einem Kahn, bei dem das Ruder in einem Zapfen auf der Bordwand aufliegt, fort; hier hält man das Ruder ganz nahe an der Schaufel mit der einen Hand, und mit der anderen Hand am Ende des Schafts, und man geht damit so um, daß man das Wasser hinter sich stößt, ohne daß man mit der Schaufel das Kanu berührt. Darüber hinaus muß man in diesen Kanus die ganze Zeit über knien oder sitzen und sich sehr in acht nehmen, um das Gleichgewicht zu halten. Diese Fahrzeuge sind nämlich so leicht, daß ein Übergewicht von zwanzig Pfund auf der einen Seite sie zum Kentern bringen kann, und zwar so plötzlich, daß man kaum imstande ist, etwas dagegen zu tun. Sie sind so zerbrechlich, daß sie ein Loch bekommen können, wenn man sie auf einem Stein absetzt oder wenn man damit ein wenig heftig gegen irgend etwas stößt. Doch läßt sich ein solches Loch leicht mit Pech *(bray)* flicken.

Diese Kanus sind sehr bequem hier auf diesen Flüssen, die voller Katarakte oder Wasserfälle und Stromschnellen sind, an denen man mit keinem Fahr-

---

[1] Französische Münze: vor 1640 stets eine Gold-, nach 1640 stets eine Silbermünze; letztere, der *écu blanc*, wurde 1641 erstmals im Zuge der französischen Münzreform unter Ludwig XIII. geprägt und war ganz nach dem Vorbild und im Fuß des spanischen *Peso de a ocho* ausgebracht.

[2] Im wesentlichen Rechnungseinheit des französischen Münzsystems: 1641 galt der *écu blanc* 3 *livres,* von 1740 bis 1789 6 *livres.*

zeug vorbeikommt. Wenn man [auf ein solches Hindernis] stößt, lädt man sich
Kanu und Gepäck auf die Schultern und geht soweit über Land, bis das Wasser wieder gut befahrbar ist. Dann läßt man das Kanu zu Wasser und fährt
weiter. Wenn es Gott gefällt, daß ich einmal nach Frankreich zurückkomme,
werde ich mir Mühe geben, eines dieser Kanus mitzubringen und es dann denen zeigen, die noch nie eines gesehen haben. Und ich kenne kein Werk der
Wilden, das meiner Meinung nach die Aufmerksamkeit der Europäer so stark
verdient wie ihre Kanus und die Schneeschuhe, mit denen sie über den Schnee
laufen. Es gibt überhaupt kein besseres und schnelleres Fahrzeug *(voiture)* als
das Kanu; denn vier gute Kanufahrer brauchen keine Scheu davor zu haben,
es mit ihrem Kanu gegen acht bis zehn Ruderer in der schnellsten Schaluppe,
die sich finden läßt, aufzunehmen.

Ich habe mich so lange über die Kanus ausgelassen, weil ich hier, wie schon
gesagt, nichts gefunden habe, was schöner und bequemer wäre. Ohne diese
Kanus gäbe es weder oberhalb von Montréal noch auf sonst irgendeinem Fluß
in diesem Land eine Schiffahrt, und Flüsse gibt es sehr viele. Und ich wüßte
darunter keinen einzigen, der nicht irgendeinen Katarakt oder eine Strom-
schnelle hat, wo man, wollte man weiterfahren, ganz unfehlbar zugrunde
ginge.

Aus: Récit de ce qui s'est passé de plus remarquable dans le voyage de MM. Dollier et Gallinée
(1669–1670). In: Pierre Margry (éd.): Découvertes et établissements des Français dans l'Ouest et
dans le Sud de l'Amérique septentrionale 1614–1754. Mémoires et Documents inédits. 6 vol. Paris
1879–1888 (Ndr. New York 1974). Première partie: Voyages des Français sur les Grands Lacs et
découverte de l'Ohio et du Mississippi (1614–1684). Paris 1879, S. 117–119.   Sch

93. Begrenzter Entdeckungsstopp: Brief Colberts an Frontenac, den Gouverneur von Neu-Frankreich, vom 17. Mai 1674

In der zweiten Hälfte des 17. Jahrhunderts bemühte sich die französische Krone außerordentlich stark darum, die Zahl der Siedler in Kanada zu erhöhen. Das Ziel war, auf
diese Weise die noch wenig entwickelte Kolonie gegen die Konkurrenz Neuenglands,
das starke Einwanderungsquoten hatte, zu behaupten. Dafür boten Staatsminister Colbert und Talon, der Intendant Neu-Frankreichs, einen Katalog von Maßnahmen auf,
der von Frauenimporten über Vergünstigungen bei der Ansiedlung von Soldaten bis zu
Heiratszwang und Prämierung des Geburtenreichtums von Kolonistenfamilien reichte. Dieses Konzept zielte auch darauf ab, die landwirtschaftliche Produktion so weit zu
heben, daß sich die Kolonie selbst erhalten konnte. Es wurde aber in der Praxis von
verschiedenen Interessengruppen durchkreuzt.

Am nachteiligsten wirkte sich wohl das Verhalten der Waldläufer, einer regelrechten
Massenerscheinung, aus: Sie entzogen sich den planerischen Maßnahmen der Administration, indem sie auf Pelztierjagd gingen, Handel mit den Indianern trieben und ein
relativ ungebundenes Leben führten. Die Kolonialverwaltung führte einen ständigen,
aber letzten Endes aussichtslosen Kampf gegen diese Massenerscheinung: In den Bereich ihrer Restriktionsmaßnahmen gehörte u. a. auch die im folgenden wiedergegebe-

ne Weisung an den damaligen Gouverneur Frontenac, Entdeckungsfahrten weitgehend einzuschränken. Diese Weisung kam sicherlich auf den Druck Talons und des kanadischen Klerus hin zustande. Selbst Entdecker wie La Salle hatten stets gegen ein ab-
grundtiefes Mißtrauen der Administration zu kämpfen: Man warf ihnen vor, nur um
des ungebundenen Lebens der Waldläufer willen Erkundungsvorstöße durchzuführen.

Auf der anderen Seite waren es aber gerade die Waldläufer, die in die unbekannten
Räume im Westen und Süden vordrangen, die viele Indianeridiome beherrschten und
so Handelskontakte herzustellen vermochten und die überhaupt über die Landes-
kenntnisse verfügten, die es möglich machten, den französischen Einfluß noch im
17. Jahrhundert vom St. Lorenz-Strom bis zum Mississippi auszudehnen.

Lit.: W. J. Eccles: Canada under Louis XIV, 1663–1701. London-New York 1964.

SP

Sie werden auf Grund meiner eben gemachten Ausführungen und noch mehr
auf Grund der Lage in Europa, die ich Ihnen zu Beginn meines Schreibens
dargelegt habe, leicht begreifen, daß Seine Majestät weder den Wunsch haben, daß Sie große Reisen den St. Lorenz-Strom aufwärts durchführen, noch
den Wunsch, daß die Bewohner [Neu-Frankreichs] in Zukunft ebenso weit
verstreut siedeln wie in der Vergangenheit. Im Gegenteil, Seine Majestät wünschen, daß Sie während Ihres gesamten Aufenthalts in diesem Lande ohne Unterlaß daran arbeiten, die Siedler zusammenzuziehen, sie untereinander zu
verbinden und durch sie und mit ihnen Städte und Dörfer anzulegen, damit sie
um so besser in den Stand versetzt werden, sich gut zu verteidigen. Das auch
dann, wenn sich in Europa die Lage zum Ruhme und zur Zufriedenheit Seiner
Majestät durch einen günstigen und vorteilhaften Frieden änderte. Denn Seine Majestät ist der Auffassung, daß ein richtig verstandener Dienst für sie viel
eher dann vorliegt, wenn Sie sich ganz darauf verlegen, viel zu roden und die
fruchtbaren und verkehrsgünstigen Plätze in Küstennähe zu besiedeln, als
wenn Sie die Entdeckungsvorstöße in so weit entfernte Länder vortragen, daß
die Franzosen sie nie besiedeln oder in Besitz nehmen können.

Von dieser allgemeinen Regel gibt es nur in zwei Fällen eine Ausnahme:

Erstens: Wenn Sie Länder in Besitz nehmen, die für den Handel und Wandel der Franzosen notwendig sind und die von irgendeiner anderen Nation
entdeckt und in Besitz genommen werden könnten, um beides zu stören. Aber
da es dort [in Neu-Frankreich] ein Land von derartiger Beschaffenheit nicht
gibt, ist Seine Majestät der Auffassung, daß Sie den Wilden ihre Freiheit belassen können und müssen, ihre Pelzwaren zu Ihnen heranzuschaffen und nicht
die Mühe auf sich nehmen, diese [Pelze] weit entfernt bei ihnen zu holen.

Der andere Fall ist, daß Sie Länder entdeckten, die zwischen Ihnen und
Frankreich die Verbindung verkürzen würden, [etwa] über irgendein Meer,
das südlicher liegt als die Mündung des St. Lorenz-Stroms, so wie es bei Aka-
dien[1] ist. Der Grund dafür ist Ihnen vollkommen geläufig: den größten Nach-

---

[1] Die von den Franzosen *Acadie* genannte Landschaft umfaßte die heutigen kanadischen Provinzen Nova Scotia und New Brunswick an der Atlantikküste.

teil in Kanada stellt die Mündung dieses Stromes dar, die so weit im Norden liegt, daß sie den Schiffen eine Einfahrt nur während vier, fünf oder sechs Monaten im Jahr erlaubt.

Aus: Découvertes et établissements des Français dans l'Ouest et dans le Sud de l'Amérique septentrionale 1614–1754. Mémoires et documents inédits. Recueillis et publiés par Pierre Margry. 6 vol. Paris 1879–1888 (Ndr. New York 1974). Première partie: Voyages des Français sur les Grands Lacs et découverte de l'Ohio et du Mississippi (1614–1684). Paris 1879, S. 256–257.   Sch

94. Die nordamerikanische Indianerbevölkerung im Urteil des Paters Hennepin (1680)

Der Rekollektenpater Louis Hennepin kam 1675 mit Cavelier de La Salle als Missionar nach Kanada. Er begleitete diesen 1679/80 auf einer Expedition zur Erkundung des Westens von Neu-Frankreich bis zum Mississippi. Von La Salle beauftragt, den Oberlauf dieses Stromes zu erforschen, fiel er im April 1680 mit zwei Begleitern einem Trupp Sioux in die Hände, der ihn bis in das Gebiet des heutigen Mille Lacs Lake im nördlichen Minnesota verschleppte. Dort lebte er als Sklave unter recht wechselnden Bedingungen bis September 1680 und lernte die Lebensart und die religiösen Gebräuche des Stammes besser kennen als jemals ein Missionar vor ihm. Nach seiner Freigabe durch die Sioux kehrte er über Québec nach Paris zurück, wo er seine Erlebnisse farbig ausgeschmückt in drastischer Sprache zu Papier brachte. Mit insgesamt 46 Ausgaben, die sein Bericht samt zweier später teils hinzuerfundener Fortsetzungen in vielen europäischen Ländern erlebte, wurde Hennepin neben Lahontan und de Tonty zu einem der meistgelesenen Reiseschriftsteller des 17. und 18. Jahrhunderts.

Die Darstellung seiner Erlebnisse unter Indianern hat das Bild der Zeit von Nordamerika und seinen Ureinwohnern stark mitgeprägt. Hennepin verband seine eigenen negativen Missionserfahrungen bei den Sioux sowie seine sonstigen Seelsorgeerfahrungen unter Indianern offenbar mit allgemeinen Erfahrungen seines Ordens, die allesamt auf eine letztlich pessimistische Einschätzung der Aussichten hinausliefen, die einheimische amerikanische Bevökerung allein mit gutem Willen zu einem Bekenntnis zum Christentum zu bringen. Statt reiner Missionierung empfahl Hennepin eine Kolonisierung des Landes, Unterwerfung der Indianer unter eine straffe französische Administration – im Grunde ganz nach dem Muster der spanischen Konquista – und im Rahmen einer allgemeinen Umerziehung der Indianer auch ein unter strikter Aufsicht stehendes Heranführen der Indianer an das Evangelium.

Doch dieses Programm, das durchaus auch französischen Kolonialbeamten der Zeit vorschwebte, ließ sich auf Grund der geringen militärischen Präsenz der Franzosen in Nordamerika und infolge eines einschneidenden Mangels an weißen Kolonisten kaum in Angriff nehmen, geschweige denn verwirklichen. In der Tat haben aufs Ganze gesehen französische Missionare in der Erkundung und Erforschung des Landes weitaus mehr geleistet als in ihrem ureigenen Metier, der Bekehrung der Indianer. Mit der Ausrottung der katholisierten Huronen durch den Bund der Irokesen noch vor der Mitte des 17. Jahrhunderts verschwand der einzige sichtbare Erfolg französischer Missionstätigkeit in Nordamerika bereits sehr früh aus der Realität des Lebens in Neu-Frankreich. Danach hat die französische Missionsinitiative nie wieder nennenswerte Erfolge bei den Indianern erzielt.

Lit.: Jean Delanglez: Hennepin's Description of Louisiana. A Critical Essay. Chicago 1941 – J. Stengers: Hennepin et la découverte du Mississippi. In: Bulletin de la société royale belge de géographie d'Anvers, Jgg. 1945, S. 61–82 – Armand Louant: Le Cas du Père Louis Hennepin, récollet, Missionaire de la Louisiane 1626–170? ou Histoire d'une vengeance (=Annales du Cercle Royal d'Histoire et d'Archéologie d'Ath et de la région et Musées Athois. T. XLVII (1978/79). 1980.   Sch

Die Wilden sind zu allen Dingen so indifferent/ daß ihnen alles gleich viel gilt: so daß ihres gleichen in diesem Stück unter der Sonnen nicht zu finden ist. Sie sind überaus gutwillig/ alles das anzuhören/ was man ihnen mit Ernst erzehlet; und alles zu thun/ was man sie heisset. Sprechen wir zu ihnen: Bete mit mir mein Bruder/ so beten sie; und sprechen die Gebete/ so wir sie lehren/ alles von Wort zu Wort nach; heissen wir sie niederknien/ die Mütze abziehen/ oder stille schweigen/ so thun sie es: Sagen wir/ sie sollen nicht Taback schmauchen/ so lassen sie es bleiben: Heisset man sie zuhören/ so hören sie sittiglich zu: gibt man ihnen Bilder/ Crucifix/ oder Rosen-Kräntze/ so tragen sie es zum Zierrath/ als ob es Kleinode oder Porcellan-Corallen wären. Wenn ich zu ihnen sagte/ Morgen ist Bet-Tag: so antworteten sie/ Niaova; es ist gut: sagte ich: trinck dich nicht mehr voll: so antworteten sie; es ist gut ich wills bleiben lassen. Nichts desto weniger/ so bald als sie nur/ entweder von den Franzosen/ oder Holländern/ die ihnen um Peltz-Werck gerne geben/ zu trinken bekommen können/ sauffen sie sich alsbald wieder voll. Wann ich sie fragte/ ob sie glaubeten/ antworteten sie/ Ja. Alle wilde Weiber/ so viel ihrer von einigen Missionarien offentlich für die Gemeine getauffet worden; verlassen und verändern öffters ihre Männer/ weil sie den Kirchen-Satzungen sich nicht unterwerffen/ und sonsten die Freyheit haben/ nach ihrem Gefallen zu wechseln. Man wird nothwendig zuvor müssen eine wol-bestellete Regierung bey diesen Völckern anrichten ehe man sie dazu bringen wird/ daß sie den Christlichen Glauben annehmen werden: Dann so lange die Christen nicht die völlige Gewalt über sie haben werden/ wird ohne sonderbahre Gnade GOTTES/ und ohne ein besonderes Wunderwerck/ welches Er nicht allen Völckern widerfahren lässet/ das Christenthum unter ihnen schlechten Fortgang haben. Dieses ist meine gäntzliche Meinung/ zu welcher mich der Patrum Recollectorum in America und meine eigne Erfahrung gebracht hat.

Aus: [Louis Hennepin:] Neue Reise-Beschreibung nach AMERICA, und derer bisher noch unbekandten Länder und Völcker, vornemlich von der Landschafft LOVISIANA, und den Sitten und Lebens-Art der Wilden in selbiger Landschafft ... [französ. Originalausgabe: Paris 1683]. Nürnberg 1739, S. 348–350.

95. Cavelier de La Salle erreicht als erster Europäer von den Großen Seen aus die Mississippi-Mündung (1682)

Robert Cavelier de La Salle, ein auf eigenen Wunsch mit 24 Jahren aus der Gesellschaft Jesu entlassener Geistlicher, ist die schillerndste Figur unter allen großen Entdeckern und Erforschern Nordamerikas im 17. und 18. Jahrhundert gewesen. Körperlich war er ständig für Krankheiten anfällig; seelisch war er von einem an religiösen Fanatismus grenzenden Hunger nach Entdeckungen und dem damit vermeintlich verbundenen Ruhm getrieben, auf Reisen überwarf er sich häufig mit allen seinen Begleitern und wurde dann von Verfolgungswahn verzehrt. In Frankreich scheute er sich nicht, seine Reiseberichte zu fälschen und jede nur denkbare Intrige zu benutzen, um neue Entdeckeraufträge zu erhalten. Er war 1667 nach Kanada gekommen und schloß sich dort ab 1672 eng an den neuen Gouverneur Frontenac an, in dessen Unternehmungen sich ein unbändiger Expansionsdrang mit einem stark am eigenen Gewinninteresse orientierten Handeln verband; beide fanden sich in heftigen Auseinandersetzungen mit den damals das geistige Leben Neu-Frankreichs beherrschenden Jesuiten.

Der anfängliche Wunsch La Salles war es, den Ohio und den Mississippi, die beide aus Indianerberichten bereits bekannt waren, zu entdecken, damit den vermeintlichen Wasserweg zum Westmeer aufzufinden und auf diese Weise eine direkte Verbindung nach China herzustellen. Verschiedene Expeditionen – wie viele es waren, ist bis heute umstritten – schlugen fehl, bis er 1678 schließlich von der französischen Krone die Erlaubnis erhielt, den westlichen Teil Nordamerikas zwischen Kanada, Florida und Mexiko zu erforschen. Damit begann seine bedeutendste Expedition: Sie führte ihn nach großen Anfangsschwierigkeiten im Frühjahr 1682 auf dem neun Jahre zuvor bereits von Jolliet und Marquette befahrenen Mississippi bis zur Mündung hinab. Dort nahm er alles entdeckte Land samt allen Zuflüssen zum Mississippi und den daran angrenzenden Gebieten für die französische Krone in Besitz und nannte es nach seinem König Louis XIV. „Louisiana". Unter den etwa ein halbes Dutzend zählenden Berichten über diese Reise verdient die im folgenden wiedergegebene Quelle – das offizielle Protokoll des eigens für diese Expedition bestellten Notars – das höchste Interesse des heutigen Lesers: Sie ist nicht nur Erlebnisbericht, sondern zeigt plastisch das volle Zeremoniell der feierlichen Landnahme in einer relativ späten Phase der Entdeckung und Eroberung der Erde durch Europäer an einem wenig bekannten Beispiel auf.

La Salles Entdeckungshunger war mit der Inbesitznahme Louisianas im übrigen nicht gestillt. Er steigerte sich in der Folge mehr und mehr in den Gedanken hinein, Frankreich könne Spanien ganz aus Mittelamerika verdrängen und sich selbst in den Besitz des mexikanischen Silbers setzen. Eine zu diesem Zweck angesetzte Expedition scheiterte 1684–87 an der Küste des heutigen Texas. La Salle wurde im Verlauf scharfer Auseinandersetzungen mit seinen Leuten von diesen am 19. März 1687 ermordet.

Lit.: P. Chesnel: Histoire de Cavelier de La Salle. Exploration et conquête du bassin du Mississippi. Paris 1901 – Jean Delanglez: Jolliet; Some La Salle Journeys. Chicago 1938 – Céline Dupré: Cavelier de La Salle. In: Dictionnaire biographique du Canada. Vol. I (1000–1700). Toronto 1966, S. 178–190.   Sch

Protokoll der Inbesitznahme von Louisiana an der Mündung [des Mississippi] in das Meer oder den Golf von Mexiko vom 9. April 1682

Jacques de la Méthairie, Notar von Fort Frontenac in Neu-Frankreich, eingesetzt und bestallt zur Wahrnehmung der besagten Funktion eines Notars während der Reise in Louisiana in Nordamerika durch Herrn de La Salle, Gouverneur des Königs von Fort Frontenac und Kommandant bei besagter Entdeckung, beauftragt durch den König zu Saint-Germain en Laye am 12. Mai 1678: Allen, die dieses Schriftstück sehen, Gruß zuvor. Wir tun kund, daß wir durch besagten Sieur de La Salle aufgefordert worden sind, Urkunde zu geben, unterzeichnet durch uns und die dafür benannten Zeugen, über die von ihm vollzogene Inbesitznahme des Landes Louisiana, welche erfolgte am 9. April 1682 nahe den drei Mündungen des Stroms Colbert [Mississippi] in den Golf von Mexiko *(fleuve Mexique)* im Namen des höchsten, mächtigsten, unbesiegbarsten und siegreichen Fürsten Ludwig des Großen, von Gottes Gnaden König von Frankreich und Navarra, des vierzehnten dieses Namens, sowie im Namen seiner Erben und Nachfolger in seiner Krone. Wir, unterzeichneter Notar, haben besagte Urkunde für besagten Sieur de La Salle ausgefertigt, deren Inhalt wie folgt lautet:

Am 27. Dezember 1681 gewann Herr de La Salle, der zu Fuß aufgebrochen war, um mit Herrn de Tonty, welcher mit seinen Leuten und der ganzen Ausrüstung vorausgezogen war, zusammenzutreffen, vierzig Meilen vom Land der Miami entfernt Anschluß an diesen. Dort, am Ufer des Chekagou[1] im Land der Maskouten, hatte ihn das Eis zum Haltmachen gezwungen. Als dieses stärker geworden war, legte man [Eis-]Bahnen an, um das ganze Gepäck, die Kanus und einen verletzten Franzosen am Ufer dieses Flusses und dann an dem des Illinois entlangzuziehen, und zwar über eine Entfernung von siebzig Meilen. Schließlich waren am 25. Januar 1682 alle Franzosen in Pimitéoui versammelt. Da der Fluß nur noch an einigen Stellen vereist war, setzte man die Reise bis zum Strom Colbert fort, der von Pimitéoui ungefähr sechzig Meilen und vom Dorf der Illinois ungefähr neunzig Meilen weit entfernt ist. Man erreichte den Strom Colbert am 6. Februar und hielt sich dort bis zum 13. Februar auf. Dort erwartete man die Wilden, die der Eisgang daran gehindert hatte, sich uns anzuschließen. Am 13. hatte sich alles versammelt. So brach man auf, der Zahl nach zweiundzwanzig Franzosen, die mit Waffen versehen waren, denen als Beistand der R. P.[2] Zénobe, Mitglied des Ordens der Récollets[3] und Missionar, beigegeben war, und begleitet von achtzehn Wilden aus Neu-England und ein paar Algonkin-, Otchipoesen- und Huronenfrauen.

Am 14. [Februar] traf man auf das Dorf der Maroa, das aus hundert Hütten bestand, alle jedoch leer. Bis zum 26. Februar kam man auf dem Strom Colbert ungefähr hundert Meilen voran. Man legte einmal einen Aufenthalt ein, um einen Franzosen zu suchen, der sich in den Wäldern verlaufen hatte. Herr de La Salle hatte Nachricht erhalten, man habe in der Nähe zahlreiche Wilde gesehen. Daraufhin kam ihm der Gedanke, sie könnten diesen Franzosen gefangengenommen haben. Er ließ deshalb ein Fort anlegen, zu dessen Schutz er Herrn de Tonty mit sechzehn Mann zurückließ. Er selber machte sich mit

---

[1] Zwischen dem Fluß Chekagou (die heutige Stadt Chicago liegt an seiner Mündung in den Michigan-See) und dem Fluß Illinois, der dem Mississippi zufließt, lag einer der am häufigsten benutzten Trageplätze für Kanus, über die das für Expeditionen in Neu-Frankreich charakteristische rasche Wechseln von einem Stromsystem in ein anderes erfolgte.

[2] R. P. = Révérend Père (ehrwürdiger oder verehrungswürdiger Pater).

[3] Beim Orden der Récollets handelt es sich um einen französischen Zweig des Franziskaner-Ordens von besonders strenger Observanz; die Indianer nannten seine Angehörigen wegen der Farbe ihrer Kutten „Grauröcke", auch „Barfüßler", weil sie das Tragen von Schuhen ablehnten.

vierundzwanzig Mann auf den Weg, um den Franzosen zurückzuholen und
um diese Wilden kennenzulernen. Sie marschierten zwei Tage lang quer durch
die Wälder, ohne sie zu finden: sie waren alle wegen der Gewehrschüsse, die
sie gehört hatten, geflohen. Wieder zurück im Lager, schickte er Franzosen
und Wilde nach allen Seiten auf Kundschaft aus, mit dem Befehl, daß – falls
sie Wilde fänden – sie diese lebendig und ohne jede Verletzung ergreifen sollten, um Neuigkeiten über den [verschwundenen] Franzosen zu erhalten. Einer namens Gabriel Barbié und zwei Wilde trafen tatsächlich fünf Angehörige
der Nation Chicacha und brachten zwei davon mit. Man empfing sie auf die
freundlichste Weise. Nachdem man ihnen zu verstehen gegeben hatte, daß
man um einen Franzosen besorgt war, daß man sie nur mitgenommen hatte,
um ihn, falls er in ihren Händen wäre, zurückzubekommen, und daß man anschließend mit ihnen einen echten Frieden schließen wolle, wie ja die Franzosen nach allen Seiten Gutes täten, versicherten sie, daß sie den von uns gesuchten Mann nicht zu Gesicht bekommen hätten. Doch würde der Friede von ihren Ältesten mit dankbarem Entgegenkommen angenommen werden. Man
beschenkte sie reich. Und da sie zu verstehen gegeben hatten, daß eines ihrer
Dörfer nur einen halben Tagesmarsch entfernt läge, machte sich Herr de La
Salle anderntags dorthin auf den Weg. Aber nachdem er bis in die Nacht hinein marschiert war und merkte, daß sie sich in ihren Reden oft widersprachen,
wollte er – ohne Lebensmittel, wie sie waren – den Marsch nicht fortsetzen.
Die beiden [Chicachas] wurden gedrängt, die Wahrheit zu sagen und gestanden dann ein, daß es noch vier Tagereisen bis zu ihren Dörfern sei. Und nachdem sie gemerkt hatten, daß Herr de La Salle verärgert war, weil sie ihn ge-
täuscht hatten, boten sie an, daß der eine von ihnen bei ihm bleiben solle, während der andere die Neuigkeit ins Dorf bringen solle, wo sich die Ältesten ihm
in vier Tagen anschließen würden. Der besagte Sieur [de la Salle] kam also mit
dem einen Chicacha zurück, und da der Franzose, den man gesucht hatte,
wiederaufgetaucht war[4], setzte man die Reise auf dem Strom fort.
   Man kam am Fluß der Chépontia und am Dorf der Matsigamea vorbei.
Dichter Nebel führte dazu, daß man den Kanal verfehlte, der zum Treffpunkt
des Chicacha führte: er ließ sich nicht ausfindig machen. Am 12. März kam
man nach Kapaha, wo man Frieden schloß und die Inbesitznahme vollzog.
Am 15. [März] kam man an einem weiteren Dorf von ihnen vorbei, das am
Ufer ihres Flusses [des Arkansas] lag, und an zwei anderen, die weit entfernt
in der Tiefe der Wälder lagen. Schließlich erreichte man das Dorf Imaha, das
größte dieser Nation, wo der Friede bekräftigt wurde und der Häuptling anerkannte, daß das Dorf seiner Majestät [Ludwig XIV.] zugehöre.
   Zwei Akansas schifften sich mit Herrn de La Salle ein, um ihn zu den Taensas zu führen, ihren Verbündeten, die ungefähr fünfzig Meilen weiter in acht

---

[4] Nicolas de La Salle berichtet, der besagte Franzose, ein Mann namens Prudhomme, habe
nach zehn Tagen, indem er sich auf einem Stück Holz den Strom hinabtreiben ließ, wieder Anschluß an die Expedition gefunden (Margry I, S. 552).

Dörfern am Ufer eines kleinen Sees wohnten. Am 19.[März] kam man an den Dörfern der Tonika, Jasou und Ikouera vorbei. Aber da sie nicht am Ufer lagen und weil diese [Stämme] außerdem Feinde der Akansas und Taensas waren, legte man dort nicht an. Am 20. kam man bei den Taensas an, von denen man recht freundlich empfangen wurde. Sie lieferten reichlich Lebensmittel. Herr de Tonty, der in einem ihrer Dörfer, nämlich dem siebten, war, blieb dort bis zum andern Tag. Er hätte siebenhundert Mann in Waffen bekommen können, die dort versammelt waren. Der Friede wurde erneut geschlossen, auch mit den Koroas, deren Häuptling sich aus ihrem Hauptdorf, das zwei Meilen von dem der Natchez entfernt lag, dorthin begeben hatte. Die zwei Häuptlinge begleiteten Herrn de La Salle bis zum Ufer des Stroms. Dort schiffte sich der Häuptling der Koroas mit ihm ein, um ihn zu seinem Dorf zu führen, wo der Friede auch mit dieser Nation geschlossen wurde. Sie besteht aus fünf Dörfern, ist darüber hinaus aber mit fast vierzig Nachbardörfern verbündet. Am 31.[März] fuhr man am Dorf der Ouma vorbei, ohne Kontakt mit ihnen zu bekommen, weil Nebel herrschte und weil es etwas weiter vom Wasser entfernt lag. Am 3.April gegen zehn Uhr morgens sah man im Schilf dreizehn oder vierzehn Einbäume *(pirogues).*

Herr de La Salle verließ dort mit einigen seiner Leute das Boot. Man stieß dort auf zahlreiche Spuren. Etwas weiter unten sah man ein paar Wilde fischen, die aber die Flucht ergriffen, als sie uns entdeckten. Man ging am Ufer eines wegen des hohen Wasserstands sumpfigen Geländes an Land. Herr de La Salle schickte zwei Franzosen und danach zwei Wilde auf Erkundung aus. Sie berichteten, daß sich ganz nahe ein Dorf befinde; daß man, um dorthin zu gelangen, diesen ganzen Sumpf voller Schilf durchqueren müsse; daß sie dort mit Pfeilen von den Leuten aus dem Dorf angegriffen worden seien, welche es in diesem Sumpf nicht gewagt hätten, sich voll in den Kampf zu stürzen und sich zurückgezogen hätten, obwohl weder die Franzosen noch die Wilden in ihrer Begleitung die Absicht hatten, zu schießen entsprechend dem Befehl, Ähnliches nur im äußersten Notfall zu tun. Sogleich hörte man im Dorf die Trommel schlagen, man hörte die Schreie und das Geheule, mit dem diese Barbaren gewöhnlich zum Angriff übergehen. Drei oder vier Stunden lang wartete man darauf, und da man in diesem Sumpf kein Lager aufschlagen konnte, niemand zu Gesicht bekam und schließlich nichts mehr hörte, fuhr man weiter. Eine Stunde später stieß man auf das Dorf Maheouala, das eben erst zerstört worden war. Es war voll von Toten und schwamm in Blut.

Man schlug zwei Meilen unterhalb davon Lager auf. Dann fuhr man weiter bis zum 6.[April]: An diesem Tag stieß man auf drei Kanäle, durch die der Strom Colbert ins Meer fließt. Man schlug das Lager am Ufer des Westkanals auf, ungefähr drei Meilen von der Mündung entfernt. Am 7. ließ Herr de La Salle ihn erkunden und dabei die Küsten des naheliegenden Meers aufsuchen, während Herr de Tonty den großen Kanal in der Mitte rekognoszierte. Diese beiden Mündungsarme erwiesen sich als gut, breit und tief. Daraufhin fuhr man am 8.[April] etwas bis über ihre Gabelung zurück, um einen trockenen

Ort, der auch nicht [von der Flut] überschwemmt wurde, zu finden. In ungefähr 27 Grad Höhe, vom Pol aus gerechnet, ließ man eine Säule und ein Kreuz
herrichten, und auf besagte Säule malte man das Wappen von Frankreich und
diese Inschrift: „Unter der Herrschaft Ludwigs des Großen, des Königs von
Frankreich und Navarra, am 9. April 1682". Jedermann trat in Waffen an, man
sang das *Te Deum*, das *Exaudiat* und das *Domine, salvum fac regem;* dann, nach
einigen Musketensalven und Rufen „Es lebe der König", richtete Herr de La
Salle die Säule auf und sagte aufrechtstehend nahe bei der Säule mit erhobener
Stimme auf französisch:

„Im Namen des höchsten, mächtigsten, unbesiegbarsten und siegreichen
Fürsten Ludwig des Großen, von Gottes Gnaden König von Frankreich und
Navarra, vierzehnten dieses Namens: Heute, am 9. April 1682, habe ich kraft
des Auftrags Seiner Majestät, den ich in Händen halte, bereit, ihn jedermann
zu zeigen, dem Einsichtnahme zukommt, im Namen Seiner Majestät sowie
der Nachfolger in Seiner Krone Besitz ergriffen und ergreife Besitz von Meeren, Häfen, Anlaufstellen, Buchten, angrenzenden Meerengen und allen Nationen, Völkern, Provinzen, Städten, Marktflecken, Dörfern, Minen, Erzla-
gern, Fischgründen, Strömen und Flüssen, welche in dem Gebiete des besagten Louisiana liegen, von der Mündung des großen Stroms Saint-Louis im
Osten, der auch Ohio, Olighinsipou oder Chukagoua heißt, unter Zustimmung der Chaouesnons, Chicachas und der anderen Stämme, die dort wohnen und mit uns Bündnisse geschlossen haben, wie entlang des Stromes Colbert oder Mississippi und aller Flüsse, die in ihn münden, von seiner Quelle
jenseits des Landes der Sioux oder Nadouesioux, unter ihrer Zustimmung wie
unter Zustimmung der Ototantas, Islinois [Illinois], Matsigamea, Akansas,
Natchez, Koroas, welche die bedeutendsten Nationen sind, die dort wohnen,
und mit denen wir selber oder Leute in unserem Auftrag ein Bündnis geschlossen haben, bis zu seiner Mündung in das Meer oder den Golf von Mexiko, die
auf ungefähr 27 Grad Höhe vom Nordpol aus liegt[5], bis zur Palmenmündung
(*emboucheure des Palmes*[6]). Wie uns alle Nationen, die wir angetroffen haben,
versichert haben, sind wir die ersten Europäer, die den besagten Strom Colbert herunter- und hinaufgefahren sind. Und es wird hiermit Verwahrung eingelegt gegen alle, die in Zukunft den Plan ins Werk setzen wollen, sich aller
oder eines der genannten Länder, Völker, Gebiete, die oben aufgeführt sind,
zum Schaden Seiner Majestät und in Schmälerung des Rechts, das Sie dort
unter Zustimmung der oben aufgeführten Nationen erworben haben, zu bemächtigen, sei es aus welchem Grunde und Bedürfnis auch immer. Ich benen-
ne als Zeugen diese Zuhörer hier und fordere den anwesenden Notar auf, darüber Urkunde zu erstellen, um der Billigkeit Genüge zu tun."

Alle antworteten hierauf mit Rufen „Es lebe der König" und mit Musketen-

---

⁵ Gemeint ist 27° n. Br.; diese Angabe ist erstaunlich ungenau, gemessen an den technischen
Möglichkeiten, die La Salle zur Verfügung standen: tatsächlich liegt die Mississippi-Mündung auf
etwa 29° n. Br.
⁶ Der Sinn von *emboucheure des Palmes* ist unklar.

salven. Darüber hinaus ließ der besagte Sieur de La Salle am Fuß eines Baumes, an dem das Kreuz befestigt worden war, eine Plakette aus Blei eingraben, auf der auf der einen Seite das Wappen von Frankreich eingraviert war mit dieser lateinischen Inschrift: *Ludovicus Magnus regnat nono Aprilis 1682*[7] und auf dessen anderer Seite stand: *Robertus Cavelier, cum domino de Tonty, legato R. P. Zenobio Membre Recollecto, et viginti Gallis, primus hoc flumen, inde ab Ilineorum pago enavigavit, eiusque ostium fecit pervium nono Aprilis anni 1682*[8]. Darauf sagte der genannte Sieur de La Salle, daß es Seiner Majestät als ältestem Sohn der Kirche – falls Sie ein Land erwürben – Hauptanliegen sei, dort das Christentum fest einzuführen, und deshalb müsse man das Zeichen dafür einpflanzen, was auch sofort geschah, indem man dort ein Kreuz errichtete, vor dem man das *Vexilla* und das *Domine, salvum fac regem* sang; dann beschloß man die Zeremonie mit den Rufen „Es lebe der König". Darüber und über alles Vorangegangene hat der genannte Sieur de La Salle Urkunde zu erstellen gefordert, die wir angefertigt haben, unterzeichnet von uns und den unterzeichneten Zeugen am 9. April 1682:

De la Salle, F. Zénobe, Missionar der Récollets, Henry de Tonty, François de Boisrondet, Jean Bourdon, sieur d' Autray, Jacques Cauchois, Gilles Meneret, Jean Michel, Arzt, Jean Mas, Jean du Lignon, Nicolas de La Salle, La Métairie, Notar.

Aus: Pierre Margry (éd.): Découvertes et établissements des Français dans l'Ouest et dans le Sud de l'Amérique septentrionale 1614–1754. 6 vol. Paris 1879–1888 (Ndr. New York 1974). 2ème partie: Lettres de Cavelier de La Salle et correspondance relative à ses entreprises (1678–1685). Paris 1879, S. 186–193.   Sch

96. La Vérendrye trifft auf den Stamm der Mandan am Missouri (1738)

Der Friede von Utrecht (1713), mit dem der Spanische Erbfolgekrieg zu Ende gegangen war, hatte für das französische Kolonialreich in Nordamerika starke Einbußen gebracht: Er hatte den Zugang zum St. Lorenz-Strom unter britische Kontrolle gestellt; er hatte weiterhin zumal die Hudson-Bai samt allen Zuflüssen der englischen Hudson's Bay Company zugesprochen und damit dem bisher einträglichen Pelzhandel Neu-Frankreichs einen schweren Stoß versetzt. Doch stand den kanadischen Waldläufern, Pelztierjägern, Militärs, Siedlern und Forschern nach wie vor der ganze amerikanische Westen offen, in den sie, kaum behindert von den dünn siedelnden Stämmen der Prärie-Indianer, eindringen konnten. Die bedeutendsten Entdeckungs- und Erschließungsleistungen in diesem Raum vollbrachte in den Jahrzehnten nach Utrecht der im Land geborene Pierre Gaultier de Varennes et de la Vérendrye. Als ausgebildeter Offizier, der in Frankreich im Krieg gedient hatte, erhielt La Vérendrye 1728 das Kom-

---

[7] Deutsch: *Unter der Herrschaft Ludwigs des Großen am 9. April 1682.*

[8] Deutsch: *Robert Cavelier fuhr mit Herrn de Tonty, Leutnant, mit R. P. Zénobe, Missionar der Récollets, und zwanzig Franzosen als erster diesen Fluß herab, vom Land der Illinois an, und erreichte die Küste am 9. April 1682.*

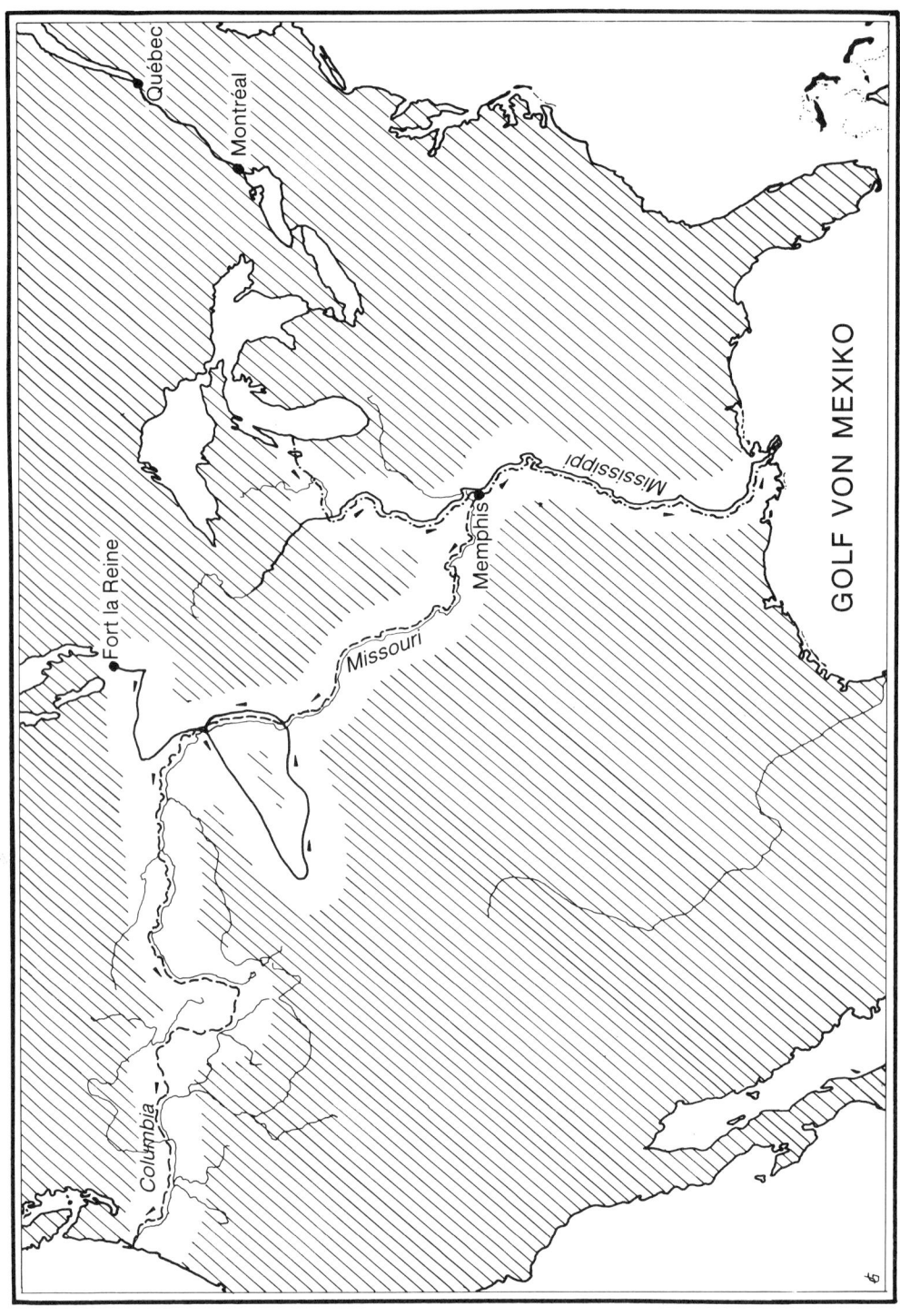

GOLF VON MEXIKO

Québec

Montréal

Fort la Reine

Missouri

Memphis

Mississippi

Columbia

mando über den sogenannten „Nord-Posten" übertragen, dem die weite Region nördlich des Oberen Sees zugeordnet war. Etwa von diesem Zeitpunkt an scheint ihn der
Gedanke, auf dem Landwege das „Westmeer" erreichen zu können, erfaßt und nicht
mehr losgelassen zu haben.

Bis zu dieser Zeit waren die Franzosen über den heutigen Rainy Lake etwas westlich
des Oberen Sees, den J. de Noyon 1688 erreicht hatte, nicht hinausgekommen. La
Vérendrye machte es sich nunmehr zur Aufgabe, eine Kette von kleinen Forts nach
Westen hin aufzubauen, die gleichzeitig als Posten für den Pelzhandel und als Zentren
für weitere, friedlich vorgestellte Beziehungen zur autochthonen Bevölkerung dienen
sollten. Bei verschiedenen Vorstößen in den Jahren bis 1738 ließ La Vérendrye ein gutes Dutzend solcher Posten bis hin zum heutigen Lake of the Woods (Fort Saint-Char-
les), zum Red River of the North (Fort Maurepas) und zum Lake Manitoba (Fort La
Reine) anlegen. Bei mehreren Gelegenheiten hörte er dabei von den Mandan-India-
nern, die angeblich an einem großen Wasser lebten – La Vérendrye dachte dabei an das
Westmeer, während es sich in Wirklichkeit um den Missouri handelte – und die in Aussehen, Verhalten und Sprache Ähnlichkeiten mit den Franzosen aufweisen sollten: Es
wurde berichtet, sie hätten blondes Haar und eine weiße Hautfarbe, sie bauten feste
Häuser und glaubten an einen ähnlichen Gott wie die Christen.

Vom Fort La Reine machte sich La Vérendrye im Oktober 1738 auf den Marsch zu
den Mandan, begleitet von einem Stamm der befreundeten Assiniboin[1]. Von dieser Begegnung ist im folgenden die Rede. Das befestigte Mandan-Dorf, das La Vérendrye
aufsuchte, lag südsüdwestlich von Fort La Reine, etwa im Zentrum des heutigen US-
Bundesstaats North Dakota, wenige Meilen vom Missouri entfernt. La Vérendryes
Traum vom Erreichen des Westmeers erwies sich bei dieser Reise unvermittelt als Illu-
sion, doch hielten der Expeditionsleiter und seine Begleiter den Missouri damals für einen nach Nordwesten fließenden Zustrom des Westmeers: Seinen Lauf konnten sie
wegen unwegsamer, wilder Felsen nicht direkt erreichen und waren dementsprechend
der Meinung, die kontinentale Wasserscheide bereits überschritten zu haben und dem
Westmeer sehr nahe zu sein. Eine endgültige Aufklärung über diesen Punkt brachte
erst die Expedition von Lewis und Clark in den Jahren 1804–1806 (vgl. Dok. 97).

Der ausführliche Bericht La Vérendryes von 1738 gibt einen lebhaften Eindruck von
der Kultur der Mandan, von ihren hochentwickelten handwerklichen Fähigkeiten, ihrem ausgebildeten Geschäftssinn, ihren Lebensgewohnheiten, Bräuchen und religiösen
Vorstellungen. Dieser Bericht ist deshalb von besonderer Bedeutung, weil der Stamm

---

[1] Mit den Mandan befreundeter, von den Franzosen unterstützter Stamm der Dakota-Sioux-
Sprachgruppe, der die Region um den heutigen Lake of the Woods und den Red River of the
North besetzt hielt.

◁ 15. Drei bedeutende Expeditionen zur Durchdringung Nordamerikas:

· — · — Robert Cavelier de La Salle erforscht den Mississippi bis zur Mündung
          (1682).

———— Pierre Gaultier de Varennes et de la Vérendrye und seine Söhne gelangen
          vom Norden her durch die Great Plains bis zu den Rocky Mountains
          (1738–1743).

— — — Meriwether Lewis und William Clark durchqueren erstmals Nordameri-
          ka auf dem Boden der heutigen USA (1804–1806).

der Mandan, der vermutlich weit über zehntausend Menschen umfaßte, bald nach seinem ersten Kontakt mit den Weißen von Pocken und Choleraseuchen heimgesucht und dezimiert wurde, später dann von Sioux und von Weißen praktisch ausgerottet wurde. In der ersten Hälfte des 19. Jahrhunderts trafen europäische Reisende (u. a. Prinz Maximilian von Wied) von den ursprünglich blühenden neun Dörfern der Mandan nur noch zwei an. Der offizielle Bericht des Washington Indian Office von 1864 führte insgesamt noch 120 überlebende Angehörige des Mandan-Stammes auf; sie hatten sich dem Stamm der in Montana lebenden Hidatsa angeschlossen.

Lit.: Journals and Letters of Pierre Gaultier de Varennes de La Vérendrye and his Sons, with Correspondence between the Governors of Canada and the French Court, touching the Search for the Western Sea. Edited with Introduction and Notes by Lawrence J. Burpee. Toronto 1927. Introduction, S. 1–40 – Theodor Waitz: Die Indianer Nordamerica's. Eine Studie. Leipzig 1865. Ndr. Leipzig 1974 – F. W. Hodge (ed.): Handbook of American Indians north of Mexico. 2 vols. 1907–1910 – Clark Wissler: Indians of the United States. New York ¹1940, ²1966 – Antoine Champagne: Les Vérendrye et le poste de l'Ouest. Québec 1968 – Ders.: Nouvelles études sur les La Vérendrye et le poste de l'Ouest. Québec 1971 – G. Hubert Smith: The Explorations of the La Vérendryes in the Northern Plains, 1738–43. Lincoln-London 1980.	Sch

Am Morgen des 28. [November 1738] kamen wir zu dem Platz, der für das Treffen mit den Mandan bezeichnet worden war. Sie trafen am Abend ein: ein Häuptling mit dreißig Mann und vier Assiniboin. Nachdem der Häuptling von einer Anhöhe herab eine Zeitlang unser Dorf [d. h. das Dorf der Assiniboin] in seiner Ausdehnung gemustert hatte, das sicher ganz beachtlich groß aussah, ließ ich ihn in die Hütte führen, in der ich mich selber befand. Dort war auf der einen Seite ein Platz für ihn vorbereitet worden. Er kam und setzte sich neben mich, und ein paar von seinen Leuten setzten sich in unsere Nähe. Er beschenkte mich dann mit einigen Maiskolben und einer Rolle ihres Tabaks, der nicht gut ist, weil sie ihn nicht wie wir zu bearbeiten verstehen. Er ist ziemlich wie unserer, doch mit dem Unterschied, daß sie ihn nicht anpflanzen[2] und daß sie ihn grün abschneiden und Stengel und Blätter zusammen verwenden. Ich gab ihm ein wenig von meinem [Tabak], den er sehr gut fand.

[In der Folge brechen La Vérendrye und seine französischen Begleiter samt der Mehrzahl der Assiniboin-Indianer zu Fuß auf zu einem Besuch des Dorfes der Mandan-Indianer am Missouri. Am vierten Tag ihres Marsches treffen sie auf das Begrüßungskomitee des Mandan-Stammes:]

Gegen Mittag stieß ich in der Nähe eines kleinen Baches auf eine Anzahl von Leuten, die gekommen waren, um uns zu treffen. Sie hatten während des Wartens ein Feuer unterhalten und etwas gekochtes Getreide und Mehl mitgebracht, das sie mit einem Kürbis zu einem Brei vermischt hatten, um für uns alle etwas zu essen zu haben. Zwei Häuptlinge hatten für mich einen Platz am

---

² Spätere Reiseberichte sprechen durchaus davon, daß die Mandan den Tabak anbauten. Entweder war also La Vérendrye der Auffassung, der Tabak wachse bei den Mandan wild, oder er meinte möglicherweise, daß sie die jungen Tabakpflanzen nicht pikierten, wie das auf französischen Tabakplantagen bereits Mitte des 17. Jahrhunderts üblich war.

Feuer vorbereitet, doch gaben sie mir zuerst etwas zu essen und zu rauchen, Herr de Lamarque [einer der Begleiter La Vérendryes] traf kurz nach mir ein. Ich bat ihn, sich neben mich zu setzen und zu essen und sich auszuruhen. Wir rasteten volle zwei Stunden. Dann wurde mir bedeutet, daß es Zeit war, weiterzumarschieren. Ich ließ einen meiner Söhne die Fahne, auf der sich in Farbe das Wappen Frankreichs befand, tragen und die Spitze [des Zugs] übernehmen. Die Franzosen ließ ich in Marschformation folgen. Der Sieur Nohan löste meinen Sohn von Zeit zu Zeit beim Fahnentragen ab. Die Mandan wollten mich nicht zu Fuß gehen lassen, sondern boten mir an, mich zu tragen, und ich mußte meine Zustimmung geben, da die Assiniboin in mich drangen und mir versicherten, ich würde sie [die Mandan] verstimmen, wenn ich [ihr Angebot] ablehnte.

In einer Entfernung von vier Arpents[3] vom Fort [der Mandan] wartete auf einer kleinen Erhebung eine Gruppe von älteren Männern des Forts, begleitet von einer großen Zahl von jungen Leuten, um mir die Friedenspfeife zu reichen und mir die beiden Wampunschnüre[4] *(coliers)* zu zeigen, die ich ihnen vor vier oder fünf Jahren geschickt hatte. Sie boten mir und Herrn de Lamarque einen Sitz an. Ich nahm ihre Höflichkeitsbezeugungen entgegen, die im Kern darin bestanden, daß sie ihre Freude über unsere Ankunft ausdrückten. Ich befahl meinem Sohn, dem Chevalier[5], die Franzosen in einer Linie, die Standarte vier Schritte davor, aufzustellen. Und als die Höflichkeitsbezeugungen vorbei waren, gab ich Befehl, das Fort mit einem dreifachen Salut zu grüßen. Eine große Menge Menschen war zu unserem Treffen gekommen; aber das war nichts im Vergleich zu der Masse, die wir auf den Wällen und entlang den Wassergräben [des Mandan-Forts] erblickten. Ich marschierte in guter Ordnung zum Fort, in das ich am 3. Dezember [1738] um vier Uhr nachmittags einzog, eskortiert von allen Franzosen und Assiniboin.

Ich wurde in die Hütte des Oberhäuptlings geführt, die wirklich geräumig war, aber nicht geräumig genug, um alle die Leute aufzunehmen, die hinein wollten. Die Menge war so groß, daß Assiniboin und Mandan einander auf die Füße traten. Der Raum blieb nur da frei, wo wir uns befanden, ich selber, Herr de Lamarque, sein Bruder und meine Söhne. Ich bat darum, den größten Teil der Leute entfernen zu lassen, um unseren Franzosen mehr Platz zu verschaffen und ihnen Gelegenheit zu geben, ihr Gepäck in Sicherheit zu bringen. Ich sagte ihnen, daß sie noch genug Zeit haben würden, uns in Augenschein zu nehmen. So wurde das Haus geräumt, aber es war bereits zu spät; denn irgend jemand hatte meinen Sack mit den Waren gestohlen, in dem sich

---

[3] Eigentlich ein Flächenmaß des alten Frankreich: ein Arpent hatte je nach Region 30–51 Ar.

[4] Wampunschnüre wurden von Indianern in Form von Hals- und Armbändern getragen und vertraten oft die Stelle des Geldes. Sie waren aus weißen und farbigen Perlen, die aus Muscheln der Atlantikküste stammten (vgl. Anm. 1 zu Dok. 91).

[5] Den Titel „Chevalier" übertrug La Vérendrye 1736 auf seinen vierten Sohn Louis-Joseph, der mit seinem Bruder François in den Jahren 1742–43 auf der Suche nach dem Westmeer wahrscheinlich bis über den heutigen Bighorn River in Wyoming vordrang, auf jeden Fall bis an den Rand der Rocky Mountains gelangte.

alle meine Geschenke befanden. Das war der schwere Fehler eines jener Männer, die ich angeworben hatte und in dessen Obhut ich ihn vor meinem Eintreffen im [Mandan-]Fort gegeben hatte. Er hatte den Sack beim Eintritt in die
Hütte abgesetzt, ohne in der großen Menge, die gegen ihn drückte, auf ihn
aufzupassen.

Ich war etwas verärgert, nun, nachdem ich [erst kurz vorher] mein Reisege-
päck verloren hatte, auch noch um meinen Sack mit den Geschenken gekommen zu sein, die für uns an diesem Ort höchst notwendig waren; es befanden
sich für über dreihundert Livres Waren darin. Die Assiniboin schienen darüber
stark beunruhigt zu sein und machten sofort große Suchanstrengungen, doch
ohne jeden Erfolg. Ihr [der Mandan] Fort besitzt eine große Menge von Kellern, die gut geeignet sind, etwas darin zu verstecken. Der Häuptling der
Mandan war wegen des Verlustes offensichtlich stark betroffen. Er sagte zu
mir zum Trost, daß es eine Menge Schlingel unter ihnen gebe; er würde sein
Bestes tun, um etwas herauszufinden. Wenn ich das Angebot der Assiniboin
hätte annehmen wollen, hätte ich es im Handumdrehen herausgefunden, mit
Gewalt. Doch zog ich es vor, einen Verlust hinzunehmen und Ruhe zu bewahren, da ich einen Teil des Winters bei ihnen verbringen wollte, um einige
Kenntnis über entferntere Teile [des Landes] zu erhalten.

[La Vérendrye versichert bei einer feierlichen Zusammenkunft die Häupt-
linge beider Stämme seines Wohlwollens und nimmt sie in den väterlichen
Schutz des französischen Königs auf. Inzwischen leben er, seine französischen
Begleiter und die 600 Assiniboin-Indianer als Gäste der Mandan, deren Vorrä-
te rasch zur Neige gehen:]
Bis jetzt sprachen die Assiniboin nicht davon, aufzubrechen, obwohl sie das
Erhandeln all der Dinge, die sie hatten kaufen wollen, wie bemalte Röcke aus
Büffelleder, Häute von Hirschen und Rehböcken, welche kunstvoll und sorg-
fältig mit Pelz- und Federornamenten bestickt waren, bemalte Federn und
Pelze, handbestickte Schenkelbinden, Stirnbinden, Gürtel, abgeschlossen hat-
ten. Von allen Stämmen sind sie [die Mandan] die Geschicktesten, was die Be-
handlung von Leder anlangt, und sie gehen ähnlich geschickt mit Haaren und
Federn um; die Assiniboin beherrschen diese Art von Arbeiten nicht. Sie sind
zähe Händler und nehmen den Assiniboin alles ab, Gewehre, Pulver, Kugeln,
Kessel, Äxte, Messer und Ahlen.

Als sie [die Mandan] sahen, welche Menge Lebensmittel die Assiniboin jeden Tag verbrauchten, und bemerkten, daß [die Vorräte] nicht lange reichen
würden, streuten sie das Gerücht aus, daß die Sioux nahe seien: daß mehrere
von ihren Jägern auf Spuren von ihnen gestoßen seien. Die Assiniboin fielen
darauf herein und beschlossen, in Eile abzuziehen, da sie nicht in einen Kampf
verwickelt werden wollten. Ein Mandan-Häuptling gab mir ein Zeichen, zu
warten, und [bedeutete mir], daß das Gerücht über die Sioux verbreitet worden sei, um die Assiniboin loszuwerden. Am Morgen des 6.[Dezember 1738]
zogen diese alle in großer Hast ab, in dem Glauben, daß die Sioux nahe seien
und in Furcht, diese könnten ihnen den Weg abschneiden.

[In der Folge lernt La Vérendrye die Mandan einigermaßen kennen: weniger gut, als er sich vorgestellt hatte; da nämlich sein Dolmetscher in Liebe zu einem Assiniboin-Mädchen entbrannt und ihr in ihr Dorf gefolgt ist, kann er sich nur mühsam verständigen. Im Lauf seines Aufenthalts macht er trotzdem eine Reihe interessanter Beobachtungen:]

Ich gab Befehl, die Hütten zu zählen, und wir fanden heraus, daß es da ungefähr hundertunddreißig gab. Alle Straßen, Plätze und Hütten haben das gleiche Aussehen; oftmals verloren unsere Franzosen die Orientierung, wenn sie herumgingen. Sie [die Mandan] halten die Straßen und Plätze sehr sauber; die Wälle sind eben und breit; die Palisade steht auf Querbalken, die fünfzehnmal kreuzweise in fünfzehn Fuß hohe Posten verzapft sind, sie ist ausgefüttert: dazu nehmen sie unbearbeitete Häute, die sie nur an jenen Stellen, an denen es nötig ist, ganz oben als Ausfütterung anbringen. Außerdem gibt es vier Bollwerke *(bastions)*, und zwar jeweils eines beiderseits der Mittelwälle. Das Fort ist mitten in der Prärie auf einer Erhebung angelegt, es hat einen Wassergraben, der über fünfzehn Fuß tief und fünfzehn bis achtzehn Fuß breit ist. In das Fort gelangt man ausschließlich über Trittbretter *(marches)* oder Balken, die sie einziehen, wenn der Feind sie bedroht. Wenn alle ihre Forts genauso sind, wird man sagen müssen, daß sie für Wilde uneinnehmbar sind. Ihre Befestigung hat überhaupt nichts Primitives *(sauuage)* an sich.

Dieser Stamm hat verschiedenes Blut, weißes und schwarzes. Die Frauen sind ziemlich hübsch, besonders die weißen, sie haben blondes und weißes Haar. Das ist ein außerordentlich arbeitsamer Stamm, sowohl was die Männer wie was die Frauen angeht. Ihre Hütten sind innen sehr groß und besitzen mehrere durch starke Bretter abgeteilte Räume. Nichts liegt herum. Ihr ganzer Besitz hängt in großen Säcken an Pfosten. Ihre Betten sind nach Art von erhabenen Grabmälern gemacht und ganz von Fellen umkleidet. Sie schlafen alle nackt, Mann und Frau. Die Männer gehen stets nackt und tragen nur einen Rock aus Büffelleder, ein großer Teil der Frauen ist ebenfalls nackt wie die Männer, mit dem Unterschied, daß sie ein schmales Lendentuch tragen, das eine Hand breit und einen Fuß lang und nur vorn an einen Gürtel geheftet ist. Diese Art von Sittsamkeit ... tragen alle Frauen, auch wenn sie einen Rock anhaben, was dazu führt, daß sie sich überhaupt nicht genieren, nicht mit geschlossenen Schenkeln zu sitzen wie alle anderen Frauen der Wilden. Manche von ihnen tragen eine Art Jacke aus sehr weichem Rehleder.

Rehwild[6] gibt es in großer Zahl in der Gegend, es handelt sich um eine sehr kleine Art. Ihr Fort ist sehr gut mit Kellern ausgestattet, wo sie alles lagern, was sie an Getreide, Fleisch, Fett, bestickten Häuten und Bärenfellen besitzen. Sie haben großen Vorrat [an diesen Dingen], die das Geld der Gegend bilden. Je mehr sie davon besitzen, desto reicher kommen sie sich vor. Sie mögen Tätowierungen sehr, aber haben niemals mehr als den halben Körper bemalt, weder Männer noch Frauen. Sie machen recht feine Flechtarbeiten, sowohl

---

[6] Es handelte sich zweifellos um die amerikanische Antilope *(Antilocapra americana)*.

Korbschalen wie [tiefe] Körbe. Sie verwenden irdene Töpfe, die sie wie die anderen Stämme verfertigen, in denen sie ihre Mahlzeiten kochen.

Denn sie sind in der Mehrzahl starke Esser, besonders bei Festgelegenheiten. Jeden Tag brachte man mir mehr als zwanzig Platten, Mais, Bucheckern, Kürbisse, und alle gekocht. Herr de Lamarque, der für Festivitäten etwas übrig hatte, ging mit meinen Söhnen beständig zu ihnen. Da ich nicht zu ihnen ging, sandten sie mir meine Platte. Die Männer sind groß und kräftig, behend und sehen zum größten Teil gut aus, haben schöne, sehr freundliche Gesichter: die Frauen haben zum überwiegenden Teil nicht die Gesichtszüge von Wilden; die Männer spielen eine Art Ball auf den Plätzen und auf den Wällen.

Aus: Journals and Letters of Pierre Gaultier de Varennes de La Vérendrye and his Sons, with Correspondence between the Governors of Canada and the French Court, touching the Search for the Western sea, ed. ... by Lawrence J. Burpee. Toronto 1927. Ndr. 1968 (Champlain Society Publications XVI), S. 318–343.   Sch

97. Jeffersons Instruktion für die Expedition von Lewis und Clark vom 20. Juni 1803

Während der Präsidentschaft von Thomas Jefferson (1801–1809) machte die Westexpansion der Vereinigten Staaten bedeutende Fortschritte. Das westlich des Mississippi gelegene Louisiana-Territorium war 1763 im Frieden von Paris von Frankreich an Spanien abgetreten worden. Doch wurde es von Napoleon im Jahre 1800 durch Kauf zurückerworben. Jefferson, beunruhigt durch einen möglichen Ausbau der französischen Präsenz im Hinterland der Vereinigten Staaten und bedrängt von amerikanischen Geschäftsleuten, die sich in ihrer Handelstätigkeit auf dem Mississippi eingeschränkt sahen, arbeitete zunächst nur auf die Erwerbung des Umschlaghafens New Orleans hin. Inzwischen jedoch waren die Pläne Napoleons, ein ausgedehntes amerikanisches Kolonialreich zu errichten, durch die Behauptung der Unabhängigkeit Haitis, des ehemals französischen St. Domingue, fehlgeschlagen. Kurzerhand entschloß er sich, ganz Louisiana zu veräußern. Am 30. April 1803 wurde in Paris der Kaufvertrag unterzeichnet, durch den das Territorium für 60 Millionen Francs an die Vereinigten Staaten abgetreten wurde; die endgültige Besitzübertragung fand am 20. Dezember statt.

Bereits im Januar des Jahres hatte Jefferson im Kongreß erfolgreich um die Bereitstellung von Mitteln nachgesucht für eine Expedition, die das Gebiet westlich des Mississippi und Missouri erkunden und eine Verbindung zum Pazifik herstellen sollte. Als die geeignete Route dafür galt seit den Reisen Jolliets der Missouri.

Lit.: John B. Brebner: The Explorers of North America 1492–1806. New York 1933 (deutsch: Die Erforscher von Nordamerika. Bern-Leipzig-Wien 1936) – Alcée Fortier: A History of Louisiana. 5 vols. Vol. 2: Jo Ann Carrigan: The Spanish Domination and the Cession to the United States 1769–1803. Baton Rouge ²1972, S. 216–303 – David Holloway: Lewis & Clark and the Crossing of North America. London 1974.   Mi

Herrn Meriwether Lewis, Hauptmann im Ersten Infanterieregiment der Vereinigten Staaten von Amerika.

Durch Eure Stellung als Sekretär des Präsidenten der Vereinigten Staaten seid Ihr vertraut mit dem Anliegen meiner geheimen Botschaft an die Legislative vom 18. Januar 1803; Ihr kennt den Beschluß, der dort gefaßt wurde, der – zwar allgemein gehalten – dieses Anliegen gutheißen sollte, und Ihr seid dazu bestimmt worden, es in die Tat umzusetzen.

Instrumente, um durch Himmelsbeobachtungen die Geographie des Landes zu bestimmen, das Ihr durchqueren werdet, sind bereits angeschafft worden. Kleinere Tauschartikel und Geschenke für die Indianer, Waffen für Eure Begleiter – sagen wir für zehn bis zwölf Leute –, Boote, Zelte und andere Reiseutensilien, dazu Munition, Medikamente, ärztliche Instrumente und Verpflegung werdet Ihr zusammenstellen lassen mit der Unterstützung, die Euch der Kriegsminister in seinem Ministerium geben kann; und von ihm werdet Ihr auch die Vollmacht erhalten, unter unseren Truppen in freiwilliger Zustimmung die Zahl von Begleitern zu verpflichten, die oben erwähnt wurde; als ihr kommandierender Offizier seid Ihr ihnen gegenüber mit all der Befehlsgewalt ausgestattet, die die Gesetze in einem solchen Fall vorsehen.

Da Euer Vorgehen innerhalb der Grenzen der Vereinigten Staaten am besten durch einen speziellen Briefverkehr, der den entstehenden Situationen angepaßt ist, gelenkt wird, soll darauf hier nicht eingegangen werden. Das Folgende bezieht sich auf Euer Vorgehen nach Verlassen der Vereinigten Staaten.

Eure Mission ist den hiesigen Botschaftern Frankreichs, Spaniens und Großbritanniens und durch sie ihren Regierungen mitgeteilt worden. Hinsichtlich ihrer Ziele sind ihnen Versicherungen gegeben worden, die sie – wie wir glauben – zufriedenstellen werden. Nachdem nun das Land Louisiana von Spanien an Frankreich abgetreten wurde[1], wird der Passierschein, den Ihr vom Botschafter Frankreichs als dem Repräsentanten des gegenwärtigen Landesherrn erhalten habt, Euch Schutz gewähren gegenüber all seinen Untertanen, und der des Botschafters von England wird Euch einen Anspruch geben auf die freundliche Unterstützung von seiten der Händler, die dieser Nation angehören und auf die Ihr treffen mögt.

Das Ziel Eurer Mission ist die Erforschung des Missouri-Flusses und derjenigen unter seinen größten [Neben-]Flüssen, die durch ihre Richtung und ihre Verbindung mit den Wassern des Pazifischen Ozeans – sei es nun der Columbia, Oregon, Colorado oder irgendein anderer Strom – die direkteste und brauchbarste Flußverbindung quer durch den Kontinent zum Zwecke des Handelsverkehrs bieten.

Von der Mündung des Missouri an werdet Ihr Breiten- und Längenbeobachtungen vornehmen – und zwar an allen markanten Punkten des Flusses, besonders an Flußeinmündungen, an Stromschnellen, an Inseln und an anderen Stellen und Objekten, die durch natürliche Merkmale und durch Kennzeichen dauerhafter Art so hervorstechen, daß sie später mit Gewißheit wiederer-

---

[1] Im Vertrag von San Ildefonso vom 1. 10. 1800.

kannt werden können. Die Richtung des Flußlaufes zwischen diesen Beobach-
tungspunkten ist mit dem Kompaß, der Logleine und einer Zeitnahme zu ermitteln und wird korrigiert durch die Beobachtungen selbst. Auch die Abweichungen der [Kompaß-]Nadel sollten an verschiedenen Orten vermerkt werden.

Die auffallenden Punkte der Trage- [oder: Schlepp-]stelle [für die Kanus]
zwischen dem Oberlauf des Missouri und dem Fluß, der die beste Verbindung
mit dem Pazifischen Ozean bietet, sollten ebenfalls durch Beobachtungen bestimmt werden – ebenso wie der Lauf dieses Flusses zum Ozean – auf dieselbe
Art und Weise wie hinsichtlich des Missouri.

Eure Beobachtungen müssen mit großer Sorgfalt und Genauigkeit vorgenommen werden und deutlich und für Euch wie für andere verständlich eingetragen werden; sie sollen alle Angaben enthalten, die notwendig sind, um mit
Hilfe der üblichen Tabellen die Breite und Länge der Orte, an denen sie gemacht wurden, bestimmen zu können; sie sind dem Kriegsministerium zu
übergeben, damit die Berechnungen von geeigneten Personen in den Vereinigten Staten zu gleicher Zeit angestellt werden können. Es sollten in aller
Muße verschiedene Abschriften dieser wie auch der übrigen Aufzeichnungen
angefertigt und der Obhut und dem Schutz Eures vertrauenswürdigsten Be-
gleiters anvertraut werden, wobei Ihr sie als Vorsorge gegen einen zufälligen
Verlust, der durchaus möglich ist, vervielfältigen lassen solltet. Eine weitere
Vorsichtsmaßnahme wäre es, eine dieser Abschriften auf den Oberhautmem-
branen der Papierbirke[2] vorzunehmen, die Schäden durch Feuchtigkeitsein-
wirkung weniger ausgesetzt sind als gewöhnliches Papier.

Der Handelsverkehr, der mit den Leuten aufgenommen werden mag, die
an der von Euch eingeschlagenen Route leben, macht es erforderlich, Informationen über diese Leute zu haben. Ihr werdet Euch deshalb bemühen – soweit es der zügige Fortgang Eurer Reise erlaubt –, Euch vertraut zu machen
mit den Namen und der zahlenmäßigen Stärke der Völkerschaften, der Ausdehnung und Grenzen ihrer Herrschaftsgebiete, ihren Beziehungen zu anderen Stämmen und Völkerschaften, ihrer Sprache, ihren Überlieferungen und
Denkmälern, ihrer üblichen Beschäftigung in [den Bereichen] Landwirtschaft,
Fischerei, Jagd, Krieg und Handwerk und den Gerätschaften dafür, mit ihrer
Nahrung, Bekleidung und häuslichen Unterbringung, mit den unter ihnen
vorherrschenden Krankheiten und den Heilmitteln, die sie benutzen, den mo-
ralischen und materiellen Verhältnissen, die sie von den uns bekannten Stämmen unterscheiden, mit Besonderheiten ihrer Gesetze, Gebräuche und Nei-
gungen und mit der Art und dem Umfang der Handelsartikel, die sie benötigen oder liefern können.

Und wenn man das Interesse in Betracht zieht, das jede Nation an der Ausbreitung und Stärkung der Herrschaft von Vernunft und Gerechtigkeit unter
den benachbarten Völkern hat, wird es nützlich sein, jede mögliche Kenntnis

---

[2] Betula papyrifera.

zu erlangen vom Stand der Moral, der Religion und des Wissens bei ihnen; dies mag jene, die sich um ihre Zivilisierung und Unterweisung bemühen, eher dazu befähigen, ihre Maßnahmen den bestehenden Vorstellungen und Praktiken jener anzupassen, unter denen sie arbeiten sollen.

Weitere Punkte, die Eure Aufmerksamkeit verdienen, sind: der Boden und das Aussehen des Landes, seine Erzeugnisse und Nutzpflanzen, besonders solche, die es in den Vereinigten Staaten nicht gibt; die Tierwelt des Landes ganz allgemein, besonders jedoch diejenigen [Arten], die in den Vereinigten Staaten nicht bekannt sind; die Überreste und Beschreibungen derjenigen, die als selten oder ausgestorben angesehen werden können; die mineralische Produktion jeglicher Art, im besonderen jedoch Metalle, Kalkstein, Steinkohle, Salpeter; Salinen und mineralisches Wasser, wobei die Temperatur des letzteren und die Einzelheiten vermerkt werden sollten, die seine Art bezeichnen könnten; vulkanische Erscheinungen; das Klima, wie es gekennzeichnet ist durch Temperaturschwankungen, durch das Verhältnis von regnerischen, wolkigen und klaren Tagen, durch Blitzschlag, Hagel, Schnee und Eis, durch den Eintritt und das Zurückweichen von Frost, durch die zu verschiedenen Jahreszeiten vorherrschenden Winde, durch den Zeitpunkt, an dem bestimmte Pflanzen ihre Blüten oder Blätter treiben oder verlieren, durch die Zeiten, zu denen bestimmte Vögel, Reptilien oder Insekten auftreten.

Obwohl Eure Route das Flußbett des Missouri entlang führt, werdet Ihr Euch dennoch bemühen, Erkundigungen einzuholen und Euch zu informieren über das Aussehen und die Größe des Landes, das durch seine Zuflüsse, besonders die von Süden her, bewässert wird. Der Nordfluß oder Río Bravo[3], der in den Golf von Mexiko fließt, und der Nordfluß oder Río Colorado, der sich in den Golf von Kalifornien ergießt, sind – so nimmt man an – die größten Ströme, die in die dem Missouri-Strom entgegengesetzte Richtung verlaufen und nach Süden fließen. Ob die Wasserscheide zwischen ihnen und dem Missouri gebirgiges oder flaches Land ist, wie groß ihre Entfernung vom Missouri ist, wie das dazwischenliegende Land aussieht und die Leute, die es bewohnen, dies alles ist einer eingehenden Untersuchung wert. Zu den nördlichen Zuflüssen des Missouri sollten weniger Nachforschungen angestellt werden, denn sie sind zu einem großen Teil von englischen Händlern und Reisenden erkundet worden und werden von ihnen weiterhin erkundet; falls Ihr jedoch irgend etwas Genaueres über den nördlichsten Quellfluß des Mississippi in Erfahrung bringen könnt und über dessen Lage gegenüber dem Lake of the Woods[4], so wäre dies interessant für uns. Desgleichen ist eine Beschreibung der Route der kanadischen Händler vom Mississippi, dort, wo der Wisconsin in ihn mündet, bis an die Stelle, wo sie auf den Missouri trifft, wünschenswert, [ebenso eine Beschreibung] des Bodens und der Flüsse entlang dieses Weges.

Bei all Eurem Umgang mit den Eingeborenen sollt Ihr sie so freundlich und

---

[3] Gemeint ist der Río Grande del Norte.
[4] Zwischen Lake Winnipeg und Lake Superior gelegen.

versöhnlich behandeln, wie ihr eigenes Auftreten es nur erlaubt; beschwichtigt allen Argwohn, was den Zweck Eurer Reise angeht; überzeugt sie von seiner Harmlosigkeit; macht sie mit der Lage, der Ausdehnung, dem Aussehen und der friedfertigen und kommerziell [ausgerichteten] Einstellung der Vereinigten Staaten vertraut, mit unserem Wunsch, gutnachbarlich, freundlich und nützlich zu ihnen und für sie zu sein, und mit unserem Vorhaben, mit ihnen in einen Handelsaustausch einzutreten; nehmt Unterhandlungen mit ihnen auf über die zweckmäßigsten Punkte, wie etwa die gemeinsamen Handelsplätze und die Waren, deren Austausch für sie und für uns höchst wünschenswert wäre. Falls einige ihrer einflußreichen Häuptlinge den Wunsch äußern sollten, uns zu besuchen, so trefft mit ihnen – falls es der Entfernung nach durchführbar ist – Vorkehrungen für einen solchen Besuch und stattet sie mit der Vollmacht aus, sich bei ihrer Einreise in die Vereinigten Staaten an unsere Beamten zu wenden, damit sie auf Staatskosten an diesen Ort gebracht werden. Falls der eine oder der andere unter ihnen den Wunsch haben sollte, daß einige seiner Leute bei uns aufgezogen werden, damit ihnen Fertigkeiten beigebracht werden, die von Nutzen für sie sind, so wollen wir sie empfangen, unterrichten und für sie sorgen. Eine solche Gesandtschaft, ob nun von einflußreichen Häuptlingen oder von jungen Leuten, würde Eurer Reisegesellschaft einige Sicherheit bringen. Führt etwas Kuhpocken-Extrakt mit Euch und klärt diejenigen unter ihnen, bei denen Ihr Euch aufhaltet, über seine Wirksamkeit als Vorbeugungsmittel gegen Pocken auf; unterweist und ermutigt sie in seinem Gebrauch; dies könnt Ihr insbesondere immer dort tun, wo Ihr überwintert.

Da es für uns unmöglich ist, vorauszusehen, auf welche Weise Ihr von jenen Leuten empfangen werdet – mit Gastfreundschaft oder aber mit Feindseligkeit –, sind wir nicht in der Lage, das genaue Ausmaß der Beharrlichkeit vorzuschreiben, mit der Ihr Eure Expedition vorantreiben sollt. Wir schätzen das Leben von Landsleuten zu hoch ein, um sie dem wahrscheinlichen Untergang auszuliefern. Eure Zahl wird ausreichen, um Euch gegen einen nicht autorisierten Widerstand einzelner Personen oder kleiner Gruppen zu schützen; sollte sich jedoch eine überlegene Streitmacht, die von einem Stamm dazu ermächtigt ist oder auch nicht, Eurem weiteren Vormarsch in den Weg stellen und fest dazu entschlossen sein, ihn zu stoppen, so müßt Ihr von einem weiteren Vordringen absehen und umkehren. Sollten wir Euch verlieren, so würden wir auch die Informationen verlieren, die Ihr gesammelt haben mögt. Wenn Ihr damit sicher zurückkehrt, könnt Ihr uns in die Lage versetzen, den Versuch mit besser veranschlagten Mitteln erneut zu unternehmen. Das Ausmaß der Gefahr, das Ihr riskieren wollt, und der Punkt, an dem Ihr aufgeben solltet, müssen deshalb Eurer Entscheidung überlassen bleiben; nur soviel: Wir wünschen, daß Ihr [eher] um Eurer Sicherheit willen einen Fehler macht und daß Ihr Eure Reisegesellschaft – wenn auch mit weniger Informationen – unversehrt zurückbringt.

Ihr werdet wahrscheinlich feststellen, daß eine Verbindung besteht zwischen den weißen Niederlassungen, soweit sie sich den Missouri entlang erstrecken, und den spanischen Posten von St. Louis gegenüber Cahokia[5] oder St. Geneviève gegenüber Kaskaskia[6]. Von noch weiter flußaufwärts mögen die Händler eine Beförderungsmöglichkeit für Briefe bereitstellen. Und jenseits davon ist es Euch vielleicht möglich, Indianer zu dingen, um Briefe für die Regierung nach Cahokia oder Kaskaskia zu bringen, indem Ihr ihnen versprecht, daß sie dort die besondere Vergütung in Empfang nehmen können, die Ihr mit ihnen ausgemacht habt. Bedient Euch dieser Mittel, um uns in geeigneten Abständen eine Kopie Eures Reisetagebuches, Eurer Notizen und Beobachtungen jeglicher Art zu übermitteln, wobei Ihr das, was bei einer Aufdeckung Schaden anrichten könnte, zu chiffrieren habt.

Solltet Ihr den Pazifischen Ozean erreichen, so zieht Erkundigungen ein über die Umstände und Bedingungen, von denen es abhängen mag, ob die Felle aus jenen Gebieten nicht ebenso gut am Oberlauf des Missouri – der, wie man vermutet, nahe bei den Flußläufen des Colorado und Oregon (oder Columbia) gelegen ist – gesammelt werden können wie in der Region des Nootka Sound oder an irgendeiner anderen Stelle dieser Küste; und ob es folglich nicht vorteilhafter wäre, diesen Handel über den Missouri und die Vereinigten Staaten abzuwickeln als durch die Umschiffung, wie sie im Augenblick praktiziert wird[7].

Bei Eurer Ankunft an jener Küste sollt Ihr Euch darum bemühen, zu erfahren, ob es in Eurer Reichweite einen Hafen gibt, der von den Seefahrzeugen irgendeines Landes angelaufen wird; [ist dies der Fall,] so schickt zwei Eurer vertrauenswürdigen Leute mit einer Kopie Eurer Aufzeichnungen über See zurück, auf eine Weise, die durchführbar erscheint; und solltet Ihr der Meinung sein, daß bei einer Rückkehr Eurer Reisegesellschaft auf dem Weg, den sie gekommen ist, unmittelbare Gefahr droht, so begebt Euch mit Euren Leuten auf ein Schiff und kehrt über See zurück, entweder über Kap Horn oder das Kap der Guten Hoffnung – wie es Euch eben möglich ist. Da Ihr ohne Geld, Kleidung oder Nahrungsmittel seid, müßt Ihr Euch darum bemühen, den Kredit der Vereinigten Staaten einzusetzen, um sie zu erhalten. Zu diesem Zweck werdet Ihr mit offenen Kreditbriefen ausgestattet, die Euch ermächtigen, einen Wechsel zu ziehen auf die Regierung der Vereinigten Staaten oder irgendeinen ihrer Beamten in jedem Teil der Welt, in dem Wechsel ausgestellt werden können, [und die Euch ermächtigen,] sich mit unseren Empfehlungen an die Konsuln, Handelsvertreter, Kaufleute oder Bürger einer jeden Nation zu wenden, zu der wir Beziehungen unterhalten, wobei Ihr ihnen in unserem Namen versichert, daß jede Unterstützung, die sie Euch gewähren mögen, pflichtgemäß und auf Verlangen rückvergütet wird. Unsere Konsuln Thomas

---

[5] Eine Siedlung des gleichnamigen Indianerstamms, die am Ostufer des Mississippi gegenüber von St. Louis gelegen war.

[6] Der Name einer Siedlung, die an der Mündung des gleichnamigen Flusses in den Mississippi gelegen war.

[7] Eine Umschiffung des amerikanischen Kontinents über Kap Horn oder durch die Magalhães-Straße.

Hewes in Batavia auf Java, William Buchanan auf Isle de France und Bourbon und John Elmslie am Kap der Guten Hoffnung werden Euch durch Wechsel, die sie auf uns ziehen, mit Eurem notwendigen Bedarf versorgen können.

Solltet Ihr es als gefahrlos betrachten, auf dem Weg, den Ihr gekommen seid, zurückzukehren, so tut dies, nachdem Ihr zwei [Leute] aus Eurer Reisegesellschaft über See zurückgeschickt habt, oder mit Eurer gesamten Gruppe, falls keine Transportmöglichkeit zur See gefunden werden kann; auf Eurer Rückreise könnt Ihr dann Beobachtungen machen, die dazu dienen können, die, die Ihr auf Eurer Hinreise gesammelt habt, zu ergänzen, zu korrigieren oder zu bestätigen.

Nachdem Ihr die Vereinigten Staaten wieder betreten und einen sicheren Ort erreicht habt, mögt Ihr diejenigen unter Euren Begleitern entlassen, die dies wünschen und verdienen; dabei habt Ihr die sofortige Begleichung aller Rückstände an Besoldung und Kleidung zu veranlassen, die seit ihrer Abreise eingetreten sein mögen; auch sollt Ihr ihnen versichern, daß sie der Großzügigkeit der Legislative für eine Übertragung eines den Soldaten [zustehenden] Grundstücks an jeden von ihnen empfohlen werden, wie dies in meiner Botschaft an den Kongreß vorgeschlagen wurde; danach habt Ihr Euch mit Euren Unterlagen an den Sitz der Regierung zu begeben.

Um für den Fall Eures Todes Vorsorge zu treffen gegen Chaos, Auflösung und die sich daraus ergebende Gefahr für Eure Reisegesellschaft und den völligen Fehlschlag des Unternehmens, werdet Ihr hiermit ermächtigt, durch irgendein Dokument, das durch Euch selbst verfaßt und unterzeichnet ist, die Person unter Euren Begleitern zu bestimmen, die bei Eurem Ableben das Kommando übernehmen soll, und durch ein entsprechendes Dokument die Ernennung von Fall zu Fall zu ändern, wenn die weitere Erfahrung mit den Personen, die Euch begleiten, eine größere Eignung aufzeigen sollte; all die Vollmachten und Befugnisse, die Euch erteilt wurden, werden im Falle Eures Todes auf den auf diese Weise benannten Nachfolger übertragen und gehen auf ihn über – mit der zusätzlichen Vollmacht, für ihn und seine Nachfolger, auf entsprechende Weise jeweils ihren Nachfolger zu bestimmen, der beim Tode seines Vorgängers mit all den Vollmachten und Befugnissen, die Euch übertragen wurden, ausgestattet sein soll.

Ausgefertigt und mit meiner Unterschrift versehen in der Stadt Washington, an diesem zwanzigsten Tag des Juni 1803.

Thomas Jefferson
Präsident der Vereinigten Staaten von Amerika.

Aus: Elliot Coues (ed.): The History of the Lewis and Clark Expedition. 4 vols. New York 1983. Ndr. in 3 vols. o. J. [ca. 1976]. Vol. 1, S. XXIV–XXXIII.					Mi

Dreizehntes Kapitel

Das russische Vordringen in Sibirien und nach Alaska

Die Eroberung der Tatarenkhanate Kasán (1552) und Astrachán (1556) durch die Truppen des Zaren Iwán IV. (des „Schrecklichen") brachte den gesamten Lauf der Wolga in russische Hand. Durch den Wegfall der unmittelbaren Bedrohung aus dem Süden öffneten sich die Gebiete an der mittleren und oberen Kama einer verstärkten Kolonisierung. Die wirtschaftliche Erschließung dieses Gebietes, des „Landes Perm", wurde von einer aus dem nordrussischen Bauerntum aufgestiegenen, durch Salzhandel reich gewordenen Unternehmerdynastie betrieben: vom Handelshaus der Stróganows. Von Iwán IV., dem sie sich als Hoflieferanten für Luxusgüter und als Bankiers unentbehrlich gemacht hatten, erwirkten die Stróganows 1558 und 1568 Privilegien auf ausgedehnte Ländereien von der Kama bis zum Ural, in denen sie weitgehende Immunitätsrechte genossen. Dieser Stróganowsche „Staat im Staate" erfüllte für die russische Zentralmacht wichtige Grenzschutzfunktionen. Als sich 1571/72 die Lage im Uralgebiet verschärfte und der Khan der Sibirischen Horde[1], Kutschum – bestens informiert über die Schwächezeichen Moskaus (Verwicklung in den Livländischen Krieg, 1571 Einfall des Krimkhans bis nach Moskau) –, die von seinem Vorgänger Ediger 1555 anerkannte Tributherrschaft Moskaus abzulehnen und offensiv zu werden begann, wurde den Stróganows 1572 die Anwerbung eigener Truppen und die Organisation von Strafexpeditionen gegen aufständische Stämme gestattet. 1574 erhielt die Familie ein weiteres Privileg, das ihr Gebiete östlich des Ural bis zum Toból verlieh und ihr außerdem die Anwerbung von Truppen und die Errichtung von Stützpunkten an Ob und Irtýsch erlaubte[2].

Ausgerüstet und bewaffnet durch die Stróganows fuhren im September 1581[3] 540 Kosaken unter ihrem Hauptmann (Atamán) Jermák Timoféjew zu-

---

[1] Das Weidegebiet der Sibirischen Horde lag im Steppengürtel des südlichen Westsibiriens. Wenn in den frühen Quellen von „Sibirien" die Rede ist, ist damit jeweils nur jenes Gebiet gemeint.

[2] Englische Übersetzung dieses Privilegs in: Yermak's Campaign in Siberia. A selection of documents translated from the Russian by Tatiana Minorsky and David Wileman, and edited, with an introduction and notes, by Terence Armstrong. London 1975, S. 289–293. Deutsch in: Die Entdeckung und Eroberung der Welt. Hg. v. Urs Bitterli. Bd. 2. München 1981, S. 186–190.

[3] Bezüglich der Chronologie des Jermák-Unternehmens, der Anzahl seiner Teilnehmer wie auch der Frage, wer als sein eigentlicher Initiator zu betrachten sei, machen die Quellen (in erster Linie die „Sibirischen Chroniken") unterschiedliche Angaben. Seit mehr als zwei Jahrhunderten

sammen mit 300 Söldnern aus den Stróganowschen Besitzungen in Booten die
Flüsse Tschussowája[4] und Serebrjánka hinauf (Dok. 98). Sie überwinterten im
Ural und kamen im Mai 1582 nach Westsibirien. Schon im Oktober 1582 gelang es ihnen, die Hauptburg des Sibirischen Khanats, Isker (Kaschlyk)[5] zu
erobern und den Khan Kutschum zu vertreiben. Die Moskauer Zentralmacht
reagierte auf die Offensive der Stróganows – die im Grunde durch die verschiedenen Privilegien abgesichert war – mit einem „Ungnadenbrief"[6]. Die
Stróganows wurden aufgefordert, Jermák und seine Kosaken, diese „Räuber
und Rebellen", die durch ihre Piratenaktionen an der Wolga schon vor einigen
Jahren die politische Stabilität an der Südgrenze des Russischen Reiches in
Gefahr gebracht hatten, zurückzurufen und zur Verteidigung der Provinz
Perm einzusetzen. Stabile Verhältnisse im Osten und Süden des Reiches waren für Moskau angesichts der schwierigen Lage an der Westgrenze damals
von größter Wichtigkeit.

Nach der Beendigung des Livländischen Krieges 1582/83 änderte sich die
defensive Ausrichtung der Moskauer Ostpolitik. Jermáks Abgesandte, die
1583 mit wertvollen Pelzen und der Nachricht von der Eroberung Westsibiriens in Moskau erschienen, wurden vom Zaren gnädig empfangen und mit
Geschenken und dem Versprechen staatlicher Hilfe nach Sibirien entlassen.
Im diplomatischen Verkehr mit dem Ausland wurde Jermáks Sibirienzug nun
als geplante, offiziell genehmigte Aktion dargestellt. Jermák wurde im August
1585 bei einem nächtlichen Überfall auf sein Lager getötet. Dezimiert und geschwächt durch die Kämpfe und durch eine Hungersnot, zogen sich die Kosaken zusammen mit den ersten in Isker eingetroffenen Truppen der Krone aus
Westsibirien zurück.

Schon im Sommer 1586 befanden sich jedoch neue Truppen des Zaren in Sibirien. Sie – nicht Jermák oder die Stróganows – erfochten schließlich den
endgültigen Sieg über den Sibirischen Khan (1598). Zur Kontrolle des neu eroberten Gebietes entstanden an den Flüssen Westsibiriens befestigte Stützpunkte (Dok. 99). Von hier aus stießen in der ersten Hälfte des 17. Jahrhunderts Pelztierjäger, Händler und Kosaken[7] längs der Stromsysteme und der
Nordmeerküste weiter nach Osten vor (Dok. 100). Auf der Suche nach neuen

---

gehen auch die Meinungen der Historiker in diesen Fragen auseinander. Eindeutige Antworten
sind angesichts des heute bekannten spärlichen Materials nicht möglich.

    [4] Tschussowája: linker Nebenfluß der Kama, entspringt im Ural.
    [5] In russischen Quellen nur „Sibír".
    [6] Englisch in: Yermak's Campaign in Siberia (wie Anm. 2), S. 293–294. Deutsch in: Die Entdek-
kung und Eroberung der Welt (wie Anm. 2), S. 190–191.
    [7] Vom Staat besoldete (Dienst-)Kosaken („Dienstleute"). Die Kosaken Jermáks dagegen ge-
hörten zu den freien Kosaken, die in militärisch organisierten Großverbänden im Niemandsland
zwischen den slawischen Christenreichen Osteuropas und den muselmanischen Khanaten lebten
und sich ihren Lebensunterhalt als Trapper, Wegelagerer und Flußpiraten sicherten. Bisweilen ließen sie sich auch vom Moskauer Reich als Späher, Grenzwächter oder als Kampftruppen anwerben; dabei handelte es sich jedoch stets nur um einen Dienst „auf Zeit"; oft genug haben die Kosaken – wie auch Jermák und seine Gefährten – durch ihre Piratenaktionen Moskaus außenpolitische Intentionen durchkreuzt.

Jagdgründen umschifften der Handelsagent Fedót Popów und der Kosak
Semjón Deschnjów 1648 bereits die Ostspitze Sibiriens (Dok. 101). 1639 erreichte der Kosak Iwán Moskwítin den Pazifik, 1649 wurde Ochótsk gegründet, der erste befestigte Stützpunkt am Pazifik. Etwa seit 1643 versuchten Jäger und Kosaken über den Baikálsee nach Transbaikalien und von Jakutien
aus in das Amúr-Becken vorzustoßen. Als erste Russen befuhren 1644/45
Wassíli Pojárkow und seine Mannschaft den Amúr bis zur Mündung.
1650–1653 befand sich Jeroféi Chabárow mit einer eigenen Truppe von Beute-
jägern und Abenteurern im reichen Daurien (im Amúr-Becken). Er ließ sich
von seinen Raubzügen und Tributforderungen selbst durch die bedrohliche
Nachricht nicht abhalten, daß die Völkerschaften des Amúr-Gebietes bereits
dem legendären, mächtigen und reichen „Bogdoi" Tribute entrichteten[8]. Die
Russen merkten erst einige Jahre später, als eine chinesisch-mandschurische
Armee im Amúr-Gebiet auftauchte, daß sie in den Einflußbereich der Mandschus – seit 1644 auch die Herren Chinas – geraten waren („Bogdoi" ist ein
Herrschertitel des mandschurischen Kaisers von China). Nach anfänglichen
Mißerfolgen gelang es den Mandschus 1658, das zahlenmäßig unterlegene,
aus staatlichen Truppen und undisziplinierten Abenteurern bestehende demo-
ralisierte russische Heer zu schlagen. Das Zarenreich mußte schließlich auf
das fruchtbare Amúr-Tal verzichten und im Vertrag von Nértschinsk 1689 eine
Grenze akzeptieren, die längs der Wasserscheide zwischen Lena- und Amúr-
Becken verlief.

Die russische Expansion nach Sibirien und Fernost spielte sich in einem
dünn besiedelten Raum ab. Die kleinen Naturvölker vermochten ihren Eroberern kaum Widerstand entgegenzusetzen. Es waren vor allem die natürlichen Reichtümer, die die russischen Jäger und Kosaken immer weiter nach
Osten lockten. Sibirische Zobelfelle waren im 17. Jahrhundert einer der wichtigsten Exportartikel des Zarenreiches. Der Staat, interessiert am „Jassák",
den in Fellen erbrachten Tributzahlungen der eingeborenen Völker, unterstützte und sanktionierte die häufig aus privater Initiative unternommenen
Expeditionen in „neue Länder". Die Ausweitung des russischen Herrschaftsbereichs vom Ural bis an den Pazifik ist nicht das unmittelbare Ergebnis einer
zielgerichteten Hegemonialpolitik, sondern die Summe zahlreicher spontaner
Einzelaktionen, bei denen es anfänglich mehr um die Pelzausbeute als um die
Ausdehnung des Machtbereichs ging.

Im 18. Jahrhundert begann in dem durch Peter I. (1689–1725) gewaltsam
modernisierten Rußland eine neue Phase der Entdeckungen. Neben die eher
spontanen, von ihren Mitteln wie Zielsetzungen her begrenzten Beuteexpeditionen traten nun vom Staat organisierte und finanzierte Forschungsexpedi-
tionen. Im Mittelpunkt des Staatsinteresses standen nicht mehr die „Zobel für
den Staatsschatz", sondern Informationen über die Beschaffenheit und Bevöl-

---

[8] Quellen zu Chabárow in deutscher Übersetzung in: Die Entdeckung und Eroberung der
Welt (wie Anm. 2), S. 192–195.

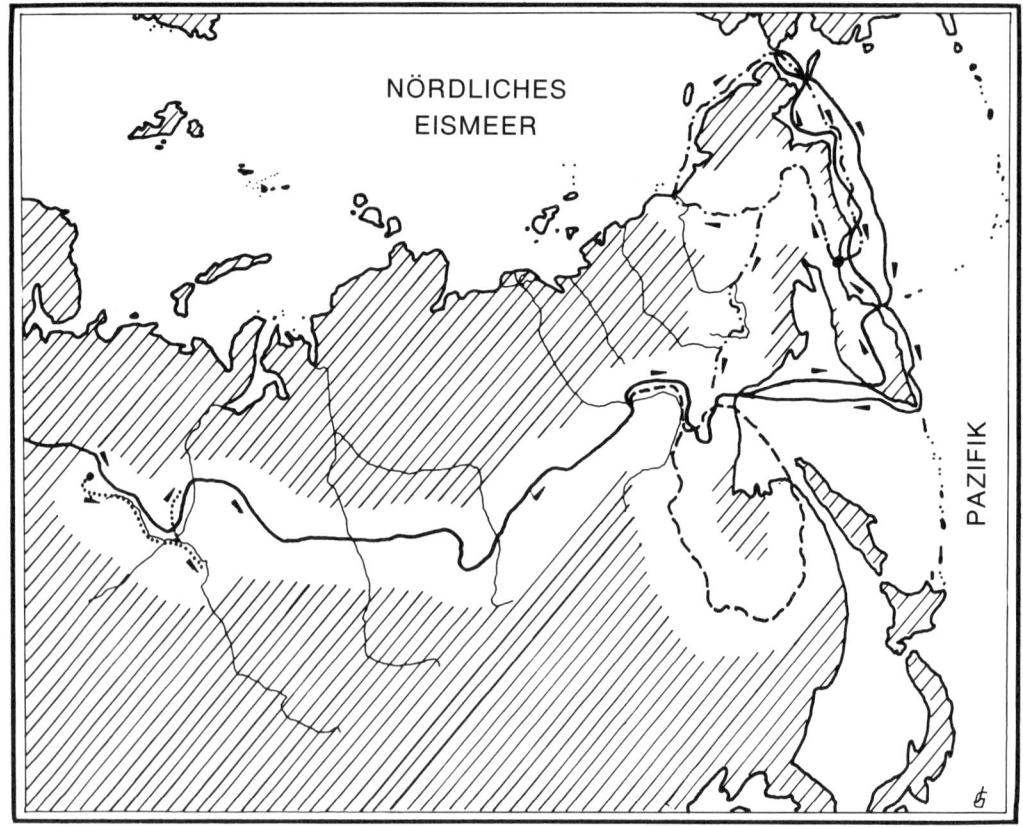

16. Die Durchdringung Sibiriens:

· · · · ·   Jermák Timoféjew überquert im Auftrag der Stróganows den Ural (1581).
– – –   Wassíli Pojárkow befährt als erster Russe den Amúr bis zu seiner Mün-
          dung (1644–1645).
· – · –   Semjón Deschnjów und Fedót Popów umschiffen die Ostspitze Sibiriens
          (1648).
———   Erste Kamtschatka-Expedition 1725–1729: Bering dringt durch die später
          nach ihm benannte Straße zwischen Sibirien und Alaska ins Nördliche Eis-
          meer vor (1728).

kerung eines unermeßlichen Gebietes, dessen Wert und Nutzen vom Maß seiner Durchdringung und Erschließung abhängig waren. An der wissenschaftlichen Erforschung Sibiriens beteiligten sich nach der Gründung der Akademie
der Wissenschaften (1725) in erster Linie deren Mitglieder (insbesondere im
Rahmen der Zweiten Kamtschatka-Expedition [vgl. Dok. 102] und der Aka-
demie-Expeditionen von 1768–1774).
    Die großzügige staatliche Förderung der Forschungsexpeditionen ist je-
doch nicht so sehr auf wissenschaftlichen Erkenntnisdrang als vielmehr auf

praktische Erwägungen zurückzuführen. Für das zur europäischen Groß-
macht aufgestiegene Zarenreich ging es nach der Öffnung des „Fensters nach
Westen" darum, nun auch das im Verlauf des 17. Jahrhunderts erreichte „Fen-
ster nach Osten" aufzustoßen und aus den territorialen Gewinnen schließlich
noch außenpolitischen und wirtschaftlichen Gewinn zu ziehen. So bestand
schon während der Ersten Kamtschatka-Expedition (1725–1729) Vitus Berings Aufgabe nicht nur darin, die vermutete Landbrücke zwischen Asien und
Amerika zu suchen. Gemäß dem von Peter I. noch selber formulierten Auftrag
sollte er auch „herauszufinden trachten [. . .], ob man bis zu einer Stadt in den
europäischen Besitzungen fahren kann" (Dok. 102). Während der Zweiten
Kamtschatka-Expedition (1733–1743) sollten u. a. Handelsmöglichkeiten mit
Amerika und Japan abgeklärt werden. Wie alle anderen Ziele der Expedition
blieb dieser Auftrag streng geheim – ein deutlicher Hinweis auf die politische
Bedeutung des ganzen Unternehmens. Auch die Expedition von P. K. Kre-
nízyn und M. D. Lewáschow zu den Aléuten und nach Alaska (1764–1769)
wurde beispielsweise als „Expedition zur Beschreibung der Wälder an den
Flüssen Kama und Belaja" getarnt, und die von Joseph Billings geleitete Expedition ins Gebiet der Tschuktschen-Halbinsel, nach Alaska und zu den Inseln
des Nordpazifik (1785–1793), wo sich Rußland durch die verstärkte Präsenz
ausländischer Schiffe immer mehr bedroht fühlte, erhielt als „Geographische
und astronomische Expedition in den nordöstlichen Teil Rußlands" ein wis-
senschaftliches Deckmäntelchen.

Auch im nordpazifischen Raum lockte das Geschäft mit den Fellen. Die
wirtschaftliche Ausbeutung dieser Region überließ der Staat mehr und mehr
den privaten Unternehmern; denn der „Jassák" – einst eine der Haupteinnah-
mequellen des Zarenreiches – hatte seine ehemalige Bedeutung verloren und
war schließlich so unrentabel geworden, daß er um die Mitte des 18. Jahrhunderts abgeschafft wurde. Nachdem Bering und Tschírikow im Rahmen der
Zweiten Kamtschatka-Expedition 1741 das amerikanische Festland erreicht
und mehrere Inseln entdeckt und besucht hatten, begannen auch russische Jäger und Kaufleute langsam nach Osten vorzudringen. 1743, ein Jahr nur nach
der Rückkehr der Überlebenden von Berings „St. Paul", segelten bereits die
ersten Pelztierjäger auf die Kommandeur-Inseln, wo Berings Mannschaft
überwintert hatte und von wo sie mit Seeotterfellen zurückgekehrt war. 1745
erreichte ein anderes Schiff die westlichen Aléuten. Zwischen 1743 und 1766
fanden über 40 private Beuteexpeditionen statt, die meist von mehreren Kaufleuten gemeinsam organisiert und finanziert und von angeheuerten Seeleuten
und Jägern durchgeführt wurden. Wie in Sibirien ist auch im nordpazifischen
Raum die rasche Dezimierung der Pelztiere ein Hauptgrund für das stetige
Vordringen nach Osten. Um die Mitte der sechziger Jahre waren die wichtigsten Aléuten-Inseln bekannt, 1761 erreichten die Pelztierjäger die Halbinsel
Alaska. Im letzten Drittel des 18. Jahrhunderts bewegten sich gegen 50 private
Expeditionen im Gebiet der Aléuten und Alaskas.

In dieser zweiten Phase der privaten Expansion waren die kleinen Unternehmer von den kapitalkräftigen großen Handelskompanien weitgehend zurückgedrängt worden. Im erbitterten Konkurrenzkampf der Unternehmer konnte sich schließlich die Kompanie der Kaufleute G. I. Schélichow und I. L. Gólikow durchsetzen, die auf Kodiak und später auch auf dem amerikanischen Festland feste Stützpunkte anlegte und dadurch ein eigentlich koloniales Regime über die von ihr kontrollierten Eingeborenen begründen konnte (Dok. 103). Die Erben von Schélichow erhielten 1799 von Paul I. (1796–1801) ein Handelsmonopol und das alleinige Verfügungsrecht über die Inseln des nördlichen Pazifik und über das amerikanische Festland bis zur nördlichen Breite von 55°. Die nach dem Vorbild der britischen Ostindischen Kompanie geschaffene „Russisch-Amerikanische Kompanie" verfügte zeitweise sogar über einen Stützpunkt in Kalifornien (Fort Ross, 1812–1841). Sie wurde 1868 aufgelöst, nachdem Rußland seine amerikanischen Besitzungen an die USA verkauft hatte.

Lit.: D. M. Lebedev und V. A. Esakov: Russkie geografičeskié otkrytija i issledovanija s drevnich vremen do 1917 goda. Moskva 1971 – A. A. Preobraženskij: Ural i Zapadnaja Sibír v konce XVI – načale XVIII veka. Moskva 1972, bes. S. 15–55 – George V. Lantzeff und Richard A. Pierce: Eastward to Empire. Exploration and Conquest on the Russian Open Frontier, to 1750. Montreal–London 1973 – Ju. Semjonov: Sibirien. Schatzkammer des Ostens. Wien 1975 [populärwissenschaftlich].   Schgg

98. Aus der „Stróganow-Chronik":
Anweisungen der Stróganows an den Kosaken Jermák, gegen die sibirischen Khanate zu ziehen (1579)

Es ist bis heute umstritten, wann die sogenannte „Stróganow-Chronik" geschrieben wurde, – ob schon in den zwanziger Jahren des 17. Jahrhunderts oder erst um 1670. Ihr Verfasser hat mit Sicherheit Materialien aus dem Archiv der Stróganows benutzt. Während andere sibirische Chroniken die Stróganows überhaupt nicht erwähnen, schreibt er der Familie die Initiative bei der Sibirienunternehmung Jermáks zu. Daß die Stróganows in der Tat eine gewisse aktive Rolle spielten, wird durch den „Ungnadenbrief" des Zaren von 1582[1] bestätigt.

Lit.: A. I. Andreev: Očerki po istočnikovedeniju Sibiri. Vypusk pervyj, XVII vek. Moskva-Leningrad ²1960, bes. S. 207–223 – V. I. Sergeev: U istokov sibirskogo letopisanija. In: Voprosy istorii 12 (1970), S. 45–60 – Yermak's Campaign in Siberia. A selection of documents translated from the Russian by Tatiana Minorsky and David Wileman, and edited, with an introduction and notes, by Terence Armstrong. London 1975.   Schgg

---

[1] Vgl. Anm. 6 des Kapitelkommentars.

Über die Aufforderung an Jermák und seine Gefährten, die Kosaken und
Atamáne von der Wolga, vom großen Fluß Wolga in die befestigten Stützpunkte
an der Tschussowája [zu kommen], zur Hilfe gegen die Ungläubigen

Im Jahre 7087 [1579]², am 6. April, hörten Semjón und Maxím und Nikíta
Stróganow von vertrauenswürdigen Leuten von der Verwegenheit und Tapferkeit Jermák Timoféjews und seiner Gefährten, der Kosaken und Atamáne
von der Wolga: wie sie die Nogaier³ töteten, als sie über die Wolga setzten und
wie sie die Kaufleute der [Goldenen] Horde ausraubten und töteten. Als sie
nun solches über ihre Verwegenheit und Tapferkeit gehört hatten, sandten sie
ihre Leute zu ihnen, mit einem Brief und mit vielen Geschenken, damit sie
ihnen zur Hilfe kämen in ihre Erbländer, in die befestigten Stützpunkte und
Siedlungen an der Tschussowája. Jene aber freuten sich sehr darüber, daß
Abgesandte ehrbarer Leute zu ihnen gekommen waren und sie zur Hilfe riefen. Und so versammelten sich die Atamáne und Kosaken, Jermák Timoféjew
und seine Gefährten Iwán Kolzó, Jákow Micháilow, Nikíta Pan, Matwéi
Meschtscherják und die einmütige und hervorragende Kriegerschar und
machten sich auf den Weg.

Über die Ankunft der Atamáne und Kosaken, Jermák Timoféjews und seiner
Gefährten, in den Stützpunkten an der Tschussowája

Im selben Jahr, am 28. Juni, dem Gedenktag der uneigennützigen heiligen
Wundertäter Cyrus und Johannes, kamen die Wolga-Atamáne und -Kosaken,
Jermák Timoféjew und seine Gefährten, von der Wolga her in die Stützpunkte
an der Tschussowája. Semjón und Maxím und Nikíta Stróganow aber empfingen sie in Ehren und gaben ihnen viele Geschenke und erquickten sie reichlich
mit Speise und Trank. Die Atamáne aber und Kosaken boten den gottlosen
Söhnen der Hagar⁴ verwegen und einmütig die Stirn, zusammen mit den Leuten, die dort in den Stützpunkten lebten, und sie bekämpften die gottlosen
Hagar-Söhne grimmig und gnadenlos und hielten ihnen stand und spornten
sich [gegenseitig] an gegen die Ungläubigen. Die Atamáne und Kosaken aber
lebten etwa zwei Jahre und zwei Monate in den Stützpunkten. [...]

Über die Entsendung der Atamáne und Kosaken, Jermák Timoféjews
und seiner Gefährten, und der Soldaten der Stróganows nach Sibirien gegen den
sibirischen Sultan

Im Jahre 7090 [1581], am 1. September, dem Gedenktag unseres ehrwürdigen
Vaters Simeon Stylites, sandten Semjón und Maxím und Nikíta Stróganow

---

² Im Jahre 7087 „nach Erschaffung der Welt" (byzantinische Zeitrechnung), d.h.
1.9.1578–31.8.1579 n.Chr.
³ Nogai-Tataren; ein Turkvolk. Das Siedlungsgebiet ihrer Horde (die ein Nachfolgestaat der
Goldenen Horde war) lag im Steppengebiet zwischen Wolga und Irtýsch.
⁴ D.h. die Mohammedaner.

von ihren Stützpunkten aus die Atamáne und Kosaken von der Wolga, Jermák Timoféjew und seine Gefährten, nach Sibirien gegen den sibirischen Sultan. Und sie versammelten ihre Soldaten aus den Stützpunkten, Litauer[5] und Westeuropäer und Tataren und Russen, verwegene und tapfere und hervorragende Krieger, [insgesamt] dreihundert Mann, und entsandten sie zusammen mit den Atamánen und Kosaken von der Wolga, und durch diese Vereinigung ergab sich [ein Heer von] 840 verwegenen und tapferen Männern. Und nachdem sie gemeinsam dem allmächtigen, in der Dreifaltigkeit verherrlichten Gott und der Allerreinsten Gottesmutter und allen himmlischen Kräften und Seinen heiligen Knechten Bittgesänge gesungen hatten, versahen sie sie mit Lohn, schmückten sie mit Kleidern und rüsteten sie aus mit Feuerwaffen: mit Kanonen und schnellschießenden, sieben Spannen langen Gewehren und mit vielen Vorräten, alles in genügender Zahl. Und sie gaben ihnen Führer mit, die den Weg nach Sibirien kannten, und Dolmetscher für die muselmanische Sprache und entließen sie ins Sibirische Land in Frieden. Jene Atamáne aber und Kosaken und die ausgehobenen Männer zogen – formiert in einzelne Regimenter – freudig ins Sibirische Land gegen den sibirischen Sultan, zur Säuberung des Sibirischen Landes, um den Ort zu säubern und den gottlosen Barbaren zu verjagen. Die Atamáne und Kosaken fuhren vier Tage lang die Tschussowája hinauf bis zur Mündung des Flusses Serebrjánka, und zwei Tage lang fuhren sie auf der Serebrjánka und gelangten zum Weg nach Sibirien, und hier errichteten sie eine Schanze und nannten sie „Jermáks Schanze Kokui", und von dieser Stelle aus trugen sie [die Boote] 25 Poprischtsche[6] weit über eine Schleppstelle bis zum Fluß, der Scharawli genannt wird, und diesen Fluß fuhren sie hinunter und kamen an den Fluß Tura, und hier war auch das Sibirische Land.

Aus: Sibirskie lětopisi. Sankt Petersburg 1907, S. 8–11.   Schgg

99. Urkunde des Zaren an die Wojewoden von Tjumén über die Beförderung des Reiterkosaken Gawríla Iwanów zum Atamán wegen seiner früheren Verdienste (1623)

Gawríla Iwanów war einer jener freien Kosaken, die zusammen mit Jermák 1581 über den Ural gezogen waren. In seiner Bittschrift von 1623 spiegeln sich die verschiedenen Etappen der Eroberung Westsibiriens: die Vertreibung Kutschums und die Eroberung seiner Hauptburg Isker (Sibír) durch Jermák und seine Kosaken, der endgültige Sieg

---

    [5] Litauer: Einwohner des Großfürstentums Litauen, dessen Bevölkerung zu 90% aus orthodoxen Slawen (meist Weißrussen) bestand.
    [6] Längenmaß, das verschiedene Längen bezeichnen kann. Hier entsprechen die 25 Poprischtsche vermutlich ca. 36 km (nach T. Armstrong, in: Yermak's Campaign, S. 43).

über den sibirischen Khan durch die Truppen des Zaren, die Errichtung von Städten und Festungen zur Kontrolle des neu eroberten Gebiets.

Lit.: George V. Lantzeff und Richard A. Pierce: Eastward to Empire. Exploration and Conquest on the Russian Open Frontier, to 1750. Montreal-London 1973, S. 93–107 u. 112–124.   Schgg

Vom Zaren und Großfürsten Micháíl Fjódorowitsch[1] von ganz Rußland nach Sibirien, in die Stadt Tjumén, an unsere Wojewoden Fürst Micháíl Boríssowitsch Dolgorúki und Juri Anfinogénowitsch Rédrikow.
Es hat sich der Reiterkosak der Stadt Tjumén, Gawríla Iwanów, mit einer Bittschrift an Uns gewandt und gesagt: Dem Herrscher, Zaren und Großfürsten seligen Andenkens Iwán Wassíljewitsch von ganz Rußland[2] und dem Herrscher, Zaren und Großfürsten Fjódor Iwánowitsch von ganz Rußland[3] und dem Zaren Borís Fjódorowitsch von ganz Rußland[4] und dem Zaren Wassíli Iwánowitsch von ganz Rußland[5] und Uns, dem Großen Herrscher, habe er in Sibirien zweiundvierzig Jahre lang gedient und vorher habe er Uns zwanzig Jahre lang im Felde gedient bei Jermák im Kosakenlager und zusammen mit anderen Atamánen. Und nachdem er mit Jermák Sibir eingenommen und den Zaren Kutschum aus dem Feldlager vertrieben und für Uns das Sibirische Zarenreich eingenommen und die Mursas[6] und Tataren zugrunde gerichtet habe, sei er in Unserem Dienst mit Andréi Wojéjkow gegen den Zaren Kutschum gesandt worden. Sie hätten Kutschum am Fluß Ob überfallen und ihn getötet und seine Frauen und Kinder gefangen; und Unser Bojar[7] und Wojewode Matwéi Micháílowitsch Godunów habe ihn mit dem Wojewoden Násar Isjédinow gegen den Zaren Alei[8] gesandt und sie hätten den Zaren Alei besiegt und Frauen und Kinder gefangen; und er habe in Sibirien unter dem Wojewoden Gawríla Písemski die Stadt Tomsk gebaut und unter dem Wojewoden Wassíli Súkin die Stadt Tjumén, und er sei nach Kusnézk gesandt worden für Unseren Jassák, und sie hätten den ersten Jassák genommen; und er habe unter dem Wojewoden Daníla Tschulków die Stadt Tobólsk gebaut und unter dem Wojewoden Fürst Andréi Jelézki die Festung Tara und unter dem Wojewoden Fürst Pjotr Gortschaków die Festung Pelým, und Unser Bojar und Wojewode Matwéi Micháílowitsch Godunów habe ihn in Unserem Dienst als Anführer gegen die Kalmücken gesandt, und sie hätten die Kalmükken überfallen und ihre Frauen und Kinder gefangengenommen; und heute gebe es in Tjumén bei den Reiterkosaken keinen Atamán und Wir sollten ihm Gnade erweisen und ihm gestatten, in der Stadt Tjumén bei den Reiterkosa-

---

[1] Micháíl Fjódorowitsch, 1613–1645, erster Zar der Románow-Dynastie.
[2] Iwán IV. (der „Schreckliche"), 1533–1584.
[3] Fjódor Iwánowitsch, 1584–1598.
[4] Borís Godunów, 1598–1605.
[5] Wassíli Schuiski, 1606–1610.
[6] Mursa: niedere Adelskategorie bei den turktatarischen Stämmen.
[7] Bojar: Angehöriger der obersten Adelsschicht.
[8] Kutschums Sohn und Nachfolger.

ken Atamán zu sein, anstelle von Stepán Ontrópjew; denn Stepán diene heute in Tjumén als Kleinbojar⁹.

Und sowie ihr diese Unsere Urkunde erhalten habt, sollt ihr – falls Stepán Ontrópjews Stelle frei ist und es an seiner Stelle bei den Reiterkosaken keinen Atamán gibt – Gawríla Iwanów für diese seine vielen Dienste gestatten, in der Stadt Tjumén bei den Reiterkosaken von Tjumén Atamán zu sein.

Geschrieben in Moskau, im Jahr 7131 [1623], am 27. Februar.

Aus: Russkaja istoričeskaja biblioteka. Tom 2. Sankt Petersburg 1875, Sp. 400–402.   Schgg

100. Bericht der Wojewoden von Jakútsk an den Zaren, mit Informationen über die Expeditionen der Kosaken Pósnik Iwanów und Pronka¹ Lásarew in das Flußgebiet von Indigirka und Jana (1640/41)

Der typische Vorgang bei der Landnahme in Sibirien wird im folgenden Dokument deutlich faßbar: Am Beginn einer Expedition stehen die – meist durch die Befragung von Eingeborenen gewonnenen – Berichte über unbekannte „neue Länder". Private und staatliche Initiative gehen bei der Organisation und Durchführung von Erkundigungs- und Beutezügen meist Hand in Hand. Gemischte, privat-staatliche Expeditionen (Jäger, Händler und Dienstleute) sind durchaus die Regel; es ist auch keine Seltenheit, daß die vom Staat besoldeten Dienstleute sich die Ziele ihrer Expeditionen selber stecken und sich auf eigene Kosten die teure Ausrüstung beschaffen; allerdings brauchen sie noch die Einwilligung eines Vertreters der Staatsmacht. Pósnik Iwanów beispielsweise, dessen Bericht hier wiedergegeben wird, hatte sich 1638 in einer offiziellen Bittschrift bereit erklärt, die Bewilligung seiner Expedition an die Jana mit 200 Zobelfellen zu honorieren, und Semjón Deschnjów (vgl. Dok. 101) versprach der Staatskasse 290 Zobelfelle, falls er an den Fluß Anádyr entlassen werde.

Im „neuen Land" wird – meist durch das Mittel der Geiselnahme – von den Eingeborenen der „Jassák" erzwungen, eine Naturalabgabe, die in Sibirien vorwiegend in Gestalt von Pelzen bezahlt wurde. Zur Bewachung der Geiseln bleibt ein Teil der Expeditionsmannschaft im Jassák-Winterlager zurück. Solche Winterlager bilden erste feste Stützpunkte in einem neuen Gebiet; ansatzweise faßt hier auch schon die staatliche Administration Fuß (Verwaltung des Jassák, Steuererhebung). Bei günstiger Lage können sie sich u. U. zu größeren Verwaltungszentren und zum Ausgangspunkt neuer Expeditionen entwickeln.

Die Intentionen Moskaus in Sibirien kommen im vorliegenden Bericht deutlich zum Ausdruck. Neben Informationen über die geographische Lage „neuer Länder", über ihre Bevölkerung und ihre Bodenschätze, gilt das Interesse vorwiegend den Pelztieren, der Frage „welcher Gewinn für den Staatsschatz zu erwarten" sei.

---

⁹ „Syn bojárski" („Bojarensohn"): niedere Kategorie des Dienstadels.
¹ Diminutivform der männlichen Vornamen Prow, Prokopi, Prochor. Der eigentliche Vorname Pronka Lasarews ließ sich nicht ermitteln; die verschiedenen Herausgeber dieser Quelle schwanken zwischen „Prow" und „Prokopi".

Lit.: George V. Lantzeff und Richard A. Pierce: Eastward to Empire. Exploration and Conquest on the Russian Open Frontier, to 1750. Montreal-London 1973, S. 187.

Schgg

Dem Herrscher, Zaren und Großfürsten Micháil Fjódorowitsch von ganz Rußland entbieten Deine Knechte, Pjotr Golowín, Matwéi Glébow und Jewfími Filátow ihren untertänigen Gruß.

Im vergangenen 148. Jahr [1640], am 25. August, kamen aus dem neuen Jukagirischen Land der Dienstmann von Jenisséisk, Pósnik Iwanów, und der Dienstmann von Krasnojársk, Aníka Nikítin, mit ihren Gefährten zu uns, Deinen Knechten, an den Lénski Wolók². Und an Jassák-Einnahmen brachten Pósnik und seine Gefährten uns, Deinen Knechten, vier Bündel zu vierzig Zobelfellen und drei Zobel. Und wir, Herrscher, Deine Knechte, fragten Pósnik aus, wie weit das Jukagirische Land von der Festung Jakútsk entfernt sei und was für Leute dort lebten, ob es viele seien und ob Dir, Herrscher, dieses Land in Zukunft durch die Erhebung von Jassák Gewinn bringen werde, und wieviele Dienstleute in Zukunft in dieses Land geschickt werden müßten für die Jassák-Sammlung. Und Pósnik und seine Gefährten sagten uns, Deinen Knechten, bei der Befragung: Im vergangenen 146. Jahr [1638], am 25. April, sei er, Pósnik, mit Dienstleuten aus der Festung Jakútsk an den Fluß Jana aufgebrochen, dreißig Mann zu Pferd. Und über das Gebirge bis zur Jana und der Jana entlang bis hinunter zu den Jakuten sei er vier Wochen lang unterwegs gewesen. Und am Oberlauf der Jana lebten Tungusen, die Lamuten genannt würden; sie gäben für Dich, Herrscher, keinen Jassák. Am Unterlauf der Jana aber und am Fluß Olja lebten viele Jakuten unter den Häuptlingen Kuturgu [Kutulga] und Tungus. Und von diesen Jakuten habe er, Pósnik, für Dich Jassák genommen für das 147. Jahr; sechs Bündel zu vierzig Zobelfellen, und diese Zobel habe er im selben Jahr mit sechs Mann in die Festung Jakútsk gesandt. Und es wäre günstig, Herrscher, wenn auch in Zukunft für Deinen Jassák je sechs Mann zu den Jakuten an die Jana und an die Olja gesandt würden. An der Jana aber müsse man Deinen Jassák ohne Geiseln sammeln. Man könne es an der Jana nicht wagen, Geiseln zu halten, weil es für sie keine Nahrung gebe, der Fluß sei fischlos. Und ebenfalls im vergangenen 147. Jahr seien er, Pósnik, und seine Gefährten, 27 Mann, zu Pferde von der Jana aus dem Fluß Tolstak entlang ins Jukagirische Land hinauf an den Fluß Indigirka gegangen. Und dem Tolstak entlang und über die Bergrücken zum Oberlauf der Indigirka sei er mit vielen nicht-jassákpflichtigen Tungusen, mit den Lamuten, gegangen, und dann der Indigirka folgend hinunter ins Jukagirische Land, [insgesamt] vier Wochen lang. Und an der Indigirka, im Jukagirischen Land,

---

² Lénski Wolók: die „Lena-Schleppstelle" an der Wasserscheide zwischen den Flußsystemen des Jenissei und der Lena, wo die Boote über Land geschleppt wurden. P. Golowín und M. Glébow waren die ersten Wojewoden des Lena-Gebietes. Sie residierten später in Jakútsk. Zur Zeit der Abfassung des vorliegenden Berichts befanden sie sich mit einem großen Gefolge auf dem Weg dorthin.

hätten sie zwei Geiseln genommen und für diese Geiseln Jassák eingesammelt: vier Bündel zu vierzig Zobelfellen und drei Zobel für das vergangene 148. Jahr. Und mit diesem Jassák aus dem Jukagirischen Land sei er, Pósnik, zusammen mit 15 Dienstleuten in die Festung Jakútsk gegangen. Im Jukagirischen Land aber habe er 16 seiner Gefährten bei den Geiseln zurückgelassen. Und auf dem Rückweg aus dem Jukagirischen Land in die Festung Jakútsk habe er für die Jassák-Sammlung drei Mann an der Jana zurückgelassen. Das Jukagirische Land sei menschenreich und der Fluß Indigirka fischreich. Selbst hundert Dienstleute könnten in Zukunft an der Indigirka im Jukagirischen Land leben und sich allein von Fisch und Wild ernähren, ohne Brot. Und im Jukagirischen Land, Herrscher, gebe es viele Zobel. Und in die Indigirka mündeten viele Flüsse. Und an allen diesen Flüssen wohnten viele Menschen ohne Reit- und Zugvieh, aber auch Rentierhalter. Und Zobel und aller Arten Wild gebe es an diesen Flüssen und in diesen Ländern viele. Und die Jukagiren hätten auch Silber; doch wisse er, Pósnik, nicht, wo sie es hernähmen. Und von vielen anderen Ländern hätten die Jukagiren ihm berichtet. Aber Genaues könne er über diese Länder nicht erzählen, weil er die jukagirische Sprache nur wenig kenne. Und auch in Zukunft solle man Dienstleute ins Jukagirische Land schicken, die Jassák-Sammlung werde Dir, Herrscher, großen Gewinn bringen. Damit aber die Geiseln nicht freigelassen würden, müßten heute schon ein paar Leute ins Jukagirische Land gesandt werden, um bei der Sammlung des Jassák zu helfen.

[. . .] Und wir haben Pósnik befohlen, von der Festung Jakútsk aus ins Jukagirische Land zu gehen, um in Ablösung jener ersten Jassák-Einzieher, die er im Jukagirischen Land bei den Geiseln zurückgelassen hatte, Jassák einzusammeln und um neue Länder und die Silbermine zu suchen und zu erkunden. Und Fjódor Milowánow haben wir befohlen, an den Fluß Jana zu den Jakuten zu gehen, um Jassák einzuziehen. Als Geschenke für die Eingeborenen und um für Dich, Herrscher, Felle zu kaufen, haben wir Pósnik ein Pud[3] blauer Glasperlen mitgegeben. Und wir haben befohlen, in der Festung Jakútsk drei Schuppenpanzer zu kaufen und Pósnik zwei Schuppenpanzer mitzugeben, Fjódor Milowánow aber zwölfeinhalb Griwenkas[4] blauer Glasperlen und einen Schuppenpanzer. Und wir, Deine Knechte, haben befohlen, diese Schuppenpanzer in einzelne Platten zu zerlegen und den Eingeborenen je nachdem eine oder zwei Panzerplatten pro Mann zu geben. Außer Eisen und blauen Glasperlen kaufen die Jukagiren nämlich keine Waren.

Und zu uns, Deinen Knechten, kam an den Lénski Wolók der Dienstmann von Jenisséisk, Pronka Lásarew, mit Zobelfellen für die Staatskasse. Und bei der Befragung hat Pronka uns, Deinen Knechten gesagt: Er sei mit Jelisséi Busa, dem Zehnerschaftsführer von Jenisséisk, übers Meer gefahren, um den Fluß Lama und andere Flüsse, die ins Meer münden, zu erkunden und um

---

[3] Gewichtseinheit. 1 Pud = 16,38 kg.
[4] Gewichtseinheit. 12½ „Große Griwenkas" entsprechen etwa 5 kg.

neue [noch] nicht jassákpflichtige Länder ausfindig zu machen und Jassák zu sammeln. Und an der Mündung der Jana hätten sie von den Jakuten für das vergangene 146. Jahr Jassák eingezogen für Dich, Herrscher: zwei Bündel zu vierzig Zobelfellen und 27 Zobel, vier Zobelpelze, einen Schwarzfuchs, acht Graufüchse und elf Rotfüchse. Und von der Jana aus seien sie zwei Wochen lang übers Meer gefahren, und am Meer hätten sie den jukagirischen Häuptling Bilgei [Biltschei] gefangen und für ihn Jassák eingezogen: einen Zobelpelz aus fünfzehn Rückenstücken. Und mit diesen Zobeln und Füchsen habe der Zehnerschaftsführer Jelisséi Busa ihn, Pronka, zusammen mit drei Jägern in die Festung Jenisséisk gesandt. Mit Jelisséi aber seien insgesamt siebzehn Dienstleute und Jäger bei der Geisel am Meer zurückgeblieben. Pronka wußte nicht, ob auch in Zukunft die Jassák-Sammlung am Meer, [dort], wo der Zehnerschaftsführer von Jenisséisk, Jelisséi Busa, zurückgeblieben ist, Dir, Herrscher, Gewinn einbringen wird.

Aus: Otkrytija russkich zemleprochodcev i poljarnych morechodov XVII veka na Severo-Vostoke Azii. Sbornik dokumentov, sostavlen N. S. Orlovoj, pod red. A. V. Efimov. Moskva 1951, S. 99–102; ergänzt durch: Russkie morechody v Ledovitom i Tichom okeanach. Sbornik dokumentov o velikich russkich geografičeskich otkrytijach na Severo-Vostoke Azii v XVII veke. Sostavil M. I. Belov. Leningrad-Moskva 1952, S. 36–42.   Schgg

101. Bericht des Kosaken Semjón Deschnjów an den Wojewoden von Jakútsk mit der Beschreibung seiner Fahrt an den Anádyr (1655)

1648 startete von der Mündung der Kolymá aus eine von Fedót Alexéjew Popów, dem Agenten eines Moskauer Großkaufmanns, organisierte Expedition an den Fluß Anádyr. An ihr beteiligte sich – gewissermaßen als Vertreter des Staates – der Kosak Semjón Deschnjów. Unterwegs gingen die meisten Schiffe verloren, und die Mehrzahl der Teilnehmer kam um. Popów und Deschnjów aber umrundeten in ihren Kotschen[1] die östliche Landspitze Asiens (heute „Kap Deschnjów") und gelangten vom Eismeer in den Pazifik. Fast achtzig Jahre vor Vitus Bering durchfuhren sie damit als erste Europäer die Beringstraße, die Meeresstraße zwischen Asien und Amerika. Die Bedeutung dieser Fahrt wurde von Deschnjów und seinen Zeitgenossen noch nicht erkannt; Deschnjów maß seine Verdienste – wie seine Bittschriften an den Zaren zeigen – vorwiegend an der Menge erbeuteter Walroßzähne. Die Entdeckung Popóws und Deschnjóws wurde eigentlich erst 1736 als solche erkannt, als der Historiker G. F. Miller (Müller) im Zuge der zweiten Bering-Expedition bei Archivstudien in Jakútsk auf die Berichte und Bittschriften Semjón Deschnjóws stieß.
Lit.: George V. Lantzeff und Richard A. Pierce: Eastward to Empire. Exploration and Conquest on the Russian Open Frontier, to 1750. Montreal-London 1973, S. 188–193.   Schgg

---

[1] Kotsch: Einfaches, einmastiges Schiff, bis ca. 19 m lang und 4 m breit, auf dem 30 und mehr Menschen Platz fanden. Eisgängig wegen seiner bauchigen Form und spezieller Verstärkungen.

Dem Wojewoden des Herrschers, Zaren und Großfürsten Alexéi Micháilo-
witsch von ganz Rußland, Iwán Páwlowitsch, und dem Sekretär Óssip Stepá-
nowitsch in der Festung an der Lena² entbietet der Dienstmann Semjón Iwanów Deschnjów seinen untertänigen Gruß.

Im vergangenen 156. Jahr [1648], am 20. Juni, wurde ich, Semjón, vom Fluß
Kolymá aus an den neuen Fluß Anádyr gesandt, um neue, noch nicht jassákpflichtige Leute ausfindig zu machen. Und im vergangenen 157. Jahr [1648],
am 20. Tag des Monats September, als ich die Kolymá verlassen hatte und auf
dem Meer unterwegs war, wurde der Handelsagent Fedót Alexéjew von den
Tschuktschen in einem Handgemenge verwundet, als er am Ufer anlegte, und
er wurde auf dem Meer von mir weggetrieben und verschwand spurlos. Ich
aber, Semjón, wurde nach Mariä Schutz und Fürbitte [1. Oktober] willenlos
auf dem Meer herumgetrieben und an einer vorspringenden Stelle hinter dem
Anádyr an Land geworfen. Wir waren insgesamt 25 Mann auf der Kotsch,
und wir gingen alle an Land. Wir kannten den Weg nicht, froren und hunger-
ten, waren nackt und bloß, und ich armer Semjón und meine Gefährten gingen genau zehn Wochen lang, bis wir zum Fluß Anádyr kamen, und wir stießen auf den Anádyr in seinem Unterlauf, nahe beim Meer. Und wir konnten
keine Fische fangen, Holz gibt es [dort] nicht. Und wegen des Hungers haben
wir Armen uns getrennt. Zwölf Mann zogen den Anádyr hinauf; sie gingen
zwanzig Tage lang und sahen weder Menschen noch Wege der Eingeborenen,
[d.h.] Spuren von Rentierfuhrwerken. Und sie kehrten um, und als sie bis auf
drei Tagreisen an [unseren] Lagerplatz herangekommen waren, übernach-
teten sie, fingen an, im Schnee Gräben auszuheben. Unter ihnen war der Jäger
Fomá Semjónow Permják, er sagte ihnen, daß es nicht gut sei, an dieser Stelle
zu übernachten, sie sollten mit ihm zum Lager zu den Gefährten gehen. Aber
nur der Jäger Sídor Jemeljánow und Iwán Syrjánin gingen mit Fomá, die anderen blieben dort zurück, weil sie vor Hunger nicht mehr gehen konnten,
und sie trugen Fomá auf, ich, Semjón, solle ihnen Fellunterlagen zum Schlafen
schicken und alte Lederüberwürfe und etwas zu essen, damit sie sich zum Lager schleppen könnten; und Fomá und Sídor kamen ins Lager und sagten [es]
mir, und ich schickte mein letztes Lagerfell und eine Decke und . . . mit Fomá
zu ihnen ins Gebirge; sie fanden jedoch die anderen nicht [mehr] an jener Stelle, wir wissen nicht, ob die Eingeborenen sie verschleppt haben. [. . .]

Von 25 Mann waren nur noch zwölf übrig geblieben, und wir zwölf fuhren
auf Booten den Anádyr hinauf und kamen zu den Anaulen, und im Kampf fingen wir zwei Leute, und sie fügten mir eine lebensgefährliche Wunde bei. Und
wir nahmen Jassák von ihnen; in den Jassákbüchern ist namentlich aufgeführt,
von wem was genommen wurde und was an Jassák für den Herrscher genommen wurde. Ich aber, Semjón, wollte von den Anaulen mehr Jassák, als ich genommen hatte. Die Anaulen sagten, sie hätten keine Zobel, sie lebten nicht im
Wald. Doch würden jeweils Leute zu ihnen kommen, die Rentiere halten, und

---

² Jakútsk.

wenn diese [das nächste Mal] kämen, würden sie bei ihnen Zobel kaufen und [uns als] Jassák für den Herrscher bringen. Und dann kam Michaíl Stadú-chin³, er umging [unser] Jassák-Winterlager, fiel über die Anaulen her und da-nach [konnten] die Anaulen Lok und Kolupai . . . für das vergangene 159. und für das 160. Jahr nichts geben. [. . .]

Wenn man von der Kolymá aus übers Meer an den Anádyr fährt, gibt es eine Landspitze, sie reicht weit ins Meer hinaus; es ist aber nicht diejenige Landspitze, die vor dem Fluß Tschukótscha liegt. Bis zu dieser Landspitze ist Michaíl Stadúchin nicht gelangt. Der Landspitze gegenüber liegen zwei In-seln⁴, und auf diesen Inseln leben die Tschuktschen, sie haben in den durchsto-chenen Lippen geschnitzte Zähne aus Walroßzahn⁵. Die Landspitze liegt im Nordosten, und als Merkmal zeigt sich auf der russischen Seite der Landspitze [d. h. gegen Westen] die Mündung eines Flüßchens; die Tschuktschen haben hier aus Walfischknochen Hütten gemacht, wie Türme⁶. Die Landspitze wen-det sich bogenförmig gegen den Anádyr. Und bei guter Fahrt hat man von der Landspitze bis zum Anádyr drei Tage, nicht mehr, und von der Küste bis zum Fluß ist es nicht weit, denn der Anádyr mündet in eine Bucht. Und im vergan-genen 162. Jahr [1654] zog ich, Semjón, an der Meeresküste auf einen Kriegs-zug, und bei den Korjaken fiel mir das jakutische Weib Fedót Alexéjews in die Hände, und dieses Weib erzählte, daß Fedót und der Dienstmann Gerássim an Skorbut gestorben seien; andere Gefährten seien getötet worden und nur we-nige seien übriggeblieben, sie hätten das nackte Leben gerettet und seien in Booten geflohen, sie wisse nicht, wohin. Und die Zobelfelle für die Staatskas-se, die ich, Semjón, für den Herrscher als Jassák eingetrieben habe, befinden sich am Anádyr. Das Hab und Gut des getöteten Dienstmanns Semjón Motó-ra hat der Dienstmann Nikíta Semjónow übernommen. [. . .]

Aus: Dopolnenija k Aktam istoričeskim. Tom 4. Sankt Petersburg 1851, S. 25–27; ergänzt durch: Russkie morechody, S. 130–132.

Schgg

---

³ Michaíl Stadúchin, Dienstkosak im Rang eines Zehnerschaftsführers, an dessen großer Expe-dition an die Flüsse Aldan, Ojmekon, Indigirka, Alaseja und Kolymá (1641–43) sich auch Semjón Deschnjów beteiligt hatte, versuchte ein Jahr nach Popów und Deschnjów übers Meer an den Anádyr zu gelangen. Er mußte jedoch umkehren. 1650 erreichte er den Anádyr auf dem Land-weg. Stadúchin und Deschnjów waren verfeindet und bekämpften einander; am Anádyr gab es damals zwei russische Stützpunkte.
⁴ Die Diomedes-Inseln.
⁵ Deschnjów beschreibt hier nicht Tschuktschen, sondern Eskimos.
⁶ Heute die Siedlung Uëlen, westlich des „Kaps Deschnjów". Die Tschuktschen-Halbinsel liegt in Tundrengebiet, wo nur Moose, Gräser und Zwergsträucher wachsen können. Für die Gerüste ihrer Hütten (die „Türme") mußten die Tschuktschen deshalb das Holz durch anderes Baumate-rial ersetzen.

102. „Akte über die Expedition, die auf die Kamtschatka entsandt wurde, mit dem Ziel, die Küsten Amerikas zu finden; über die Operationen Berings und Tschírikows und über den Abbruch der Expedition – Bericht" (1743)

Unter den zahlreichen vom Staat organisierten Expeditionen, die seit Peter I. nach Sibirien entsandt wurden, nehmen die Kamtschatka-Expeditionen von 1725–1729 und 1733–1743 sowohl hinsichtlich ihrer weit gefaßten Aufgabenstellung als auch des materiellen Aufwands eine Sonderstellung ein. Beide Expeditionen standen unter der Leitung von Vitus Bering, einem Seeoffizier dänischer Herkunft. Die erste Expedition, die noch von Peter I. in die Wege geleitet worden war, sollte eine Klärung der in der gelehrten Welt vieldiskutierten Frage bringen, ob Amerika und Asien durch eine Landbrücke verbunden seien. Hauptziele der Zweiten Kamtschatka-Expedition waren die Vermessung und Kartierung der russischen Nordmeerküste von Archangelsk bis Ostsibirien, die wissenschaftliche Erforschung und Kartierung des nordpazifischen Raumes zwischen Kamtschatka, Nordamerika und Japan, die Erkundung von Handelsmöglichkeiten mit Amerika und Japan. Gleichzeitig betrieben Mitglieder der Akademie der Wissenschaften in Sibirien, Transbaikalien und auf der Kamtschatka naturwissenschaftliche, ethnographische und historische Studien. Die zweite Bering-Expedition war eine Unternehmung von riesigem Ausmaß, sie verschlang auch riesige Summen und beanspruchte über Jahre hinweg die Arbeitskraft von großen Teilen der Bevölkerung Sibiriens. 1743 wurde sie auf Empfehlung des Regierenden Senats abgebrochen.

Lit.: A. Pokrovskij (Einleitung) in: Ėkspedicija Beringa. Sbornik dokumentov. Moskva 1941, S.6–57 – Georg Wilhelm Steller: Beschreibung von dem Lande Kamtschatka. Reise von Kamtschatka nach Amerika. Von sonderbaren Meerestieren. Unveränderte Neudrucke der 1774 in Frankfurt, 1793 in St. Petersburg und 1753 in Halle erschienenen Werke. Mit einer Einführung hg. v. Hanno Beck. Stuttgart 1974.   Schgg

Am 23. Dezember des Jahres 1724 wurde auf Grund eines Erlasses Ihrer Kaiserlichen Majestät[1] allergeliebtesten Herrn Vaters seligen und ewiggeschätzten Andenkens, des Herrschers [und] Kaisers Peters des Großen, Kapitän Kommodore Bering auf eine Sibirische Expedition entsandt, wobei ihm gemäß einer durch Seine Kaiserliche Majestät eigenhändig verfaßten Instruktion aufgetragen war[2]: 1) auf der Kamtschatka oder an einem anderen Ort ein oder zwei gedeckte Boote zu bauen, 2) auf diesen Schiffen dem Land [zu folgen], das sich gegen Norden erstreckt, in der Vermutung, daß dieses Land – da man sein Ende nicht kennt – möglicherweise ein Teil von Amerika ist, 3) und deshalb danach zu trachten, herauszufinden, wo es mit Amerika zusammentrifft und ob man bis zu einer Stadt in den europäischen Besitzungen fahren kann, oder sich, wenn sie ein europäisches Schiff antreffen sollten, bei ihm zu erkundigen, wie jene Küste genannt wird und [dies] schriftlich festzuhalten und sel-

---

[1] Der Bericht richtet sich an die Zarin Elisabeth (1741–1761), die Tochter Peters I. (1689–1725).

[2] Die Instruktion Peters I. wird im folgenden wörtlich wiedergegeben.

ber an Land zu gehen und eigene Erkundigungen einzuziehen, [alles] auf eine Karte zu übertragen und hierher zu fahren.

Gemäß dieser Instruktion baute jener Bering ein Boot und segelte von der Kamtschatka aus dem Festland entlang gegen Nordosten, und als er bei der Tschuktschen-[Halb-]insel war, brachte er von den Tschuktschen in Erfahrung, daß ihr Land zwei Buchten bilde und sich gegen die Mündung des Flusses Kolymá wende und überall von einem Meer umgeben sei, in dem sich große Sandbänke befänden und das immer Eisschollen trage, und daß sie keine Inseln und Länder in ihrer Nachbarschaft kennen würden außer denjenigen ihres eigenen Volkes. Und daraufhin fuhr Bering bis zur nördlichen Breite von 67 Grad 19 Minuten, von der Mündung des Flusses Kamtschatka aus auf einer Länge von 30 Grad 14 Minuten; zur rechten Seite in der Fahrtrichtung sahen sie von der Insel[3] an kein Land [mehr]. Das Festland aber erstreckt sich nicht weiter gegen Norden, sondern biegt gegen Westen ab. Darauf entschied Bering, daß er den ihm erteilten Auftrag erfüllt habe und kehrte um.

Und am 17. April des Jahres 1732 wurde in einem Erlaß der Herrscherin [und] Kaiserin seligen Andenkens Anna Iwanówna[4] verordnet: Bering erneut auf die Kamtschatka zu entsenden, gemäß seinen Eingaben und Vorschlägen, in denen er, Bering, schrieb, daß seiner Meinung nach Amerika oder andere Länder nicht sehr weit von der Kamtschatka entfernt seien, vielleicht 150 bis 200 Meilen, und daß es möglich wäre, mit den dort befindlichen Ländern zum Vorteil des Russischen Reiches Handel zu treiben, und daß es auch nicht ohne Nutzen sein könne, wenn von Ochótsk und von der Kamtschatka aus die Wasserstraße zur Mündung des Flusses Amúr und weiter bis zu den japanischen Inseln erkundet und mit den dortigen Orten einiger Handel getrieben würde. Ebenso sollte – wenn die Gegebenheiten es zuließen – auch mit den Japanern Handel angebahnt werden; solches könne sich in Zukunft als von nicht geringem Vorteil für das Russische Reich erweisen. In Ausführung dieses Erlasses wurden Bering und weitere Offiziere und Unteroffiziere der Marine mit einer nicht geringen Zahl von Handwerkern der Admiralität und weiteren Hilfskräften 1733 mit den ihnen erteilten Instruktionen entsandt und befinden sich heute auf dieser Expedition.

Aus dem „Extrakt"[5] und den Informationen über die Operationen der erwähnten Offiziere in der Kamtschatka-Expedition, die das Admiralitätskollegium dem Regierenden Senat eingereicht hat, geht hervor:

1) Besagter Kapitän, Kommodore Bering und Kapitän Tschírikow sind mit ihrem speziellen Kommando abgesegelt, um die amerikanischen Küsten zu suchen; seit ihrer Entsendung bis zum Sommer 1741 haben sie sich allerdings

---

[3] St. Lorenz-Insel.

[4] Anna Iwanówna, 1730–1740.

[5] „Extrakt": Anonyme Eingabe, in der Sinn und Nutzen der Kamtschatka-Expedition bestritten und die Handlungen der Beteiligten in schwärzesten Farben geschildert werden. Sie stammt wohl aus der Feder des früheren Kommandanten von Ochótsk, Skornjaków-Píssarew, eines Gegners der Expedition.

nur mit Vorbereitungsarbeiten beschäftigt: mit der Bereitstellung der Schiffe, dem Transport von Proviant, Material und Zubehör auf die Kamtschatka zur Anlage eines sicheren Hafens für die Schiffe, und während dieser langen Zeit fand keine eigentliche Unternehmung zur See statt. Im Sommer des Jahres 1741 aber segelten Bering und Tschírikow auf zwei Paketbooten ab. Wegen des dort üblichen, häufigen Nebels und starker Winde wurden Bering und Tschírikow getrennt und setzten die Fahrt einzeln fort. Tschírikow stieß in einer Entfernung von 4509 Werst[6] auf Festland, das sie als Teil von Amerika identifizierten. Und er sandte zur Erkundung zuerst auf einem Langboot zehn und dann auf einem kleinen Boot fünf Mann an Land, insgesamt fünfzehn Mann, die auf diesem Ufer ohne jegliche Nachricht verschwanden. Und nachdem sie Einheimische auf ihren Booten erblickt und erkannt hatten, daß [ihre Leute] feindselig behandelt worden waren, kehrten Tschírikow und das restliche Kommando von dieser weiten Reise unter großen Mühen zurück, wobei sie wegen Wassermangels und Skorbut, an dem viele erkrankt waren, [große] Not litten. Bering aber hatte nach der Trennung von Tschírikow dieselbe weite Strecke zurückgelegt und sich in unbekannten Gebieten aufgehalten. Er mußte dann aber an einer unbekannten Küste an Land gehen, da auch er und das ganze Kommando wegen des Nebels und der schweren Luft, die dort herrschen, an Skorbut erkrankten, so daß schließlich nur noch drei Mann mit Not gehen konnten; außerdem litten sie an Wasser- und Proviantmangel. Ihr Paketboot wurde durch starke Winde ans Ufer geworfen. Bering und 31 Mann starben dort, die übrigen Mitglieder des Kommandos aber, Leutnant Waxell und 46 Mann, lebten bis zum Herbst 1742 an jener Küste, die sich als Insel entpuppte[7] und auf der es weder Menschen noch Wohnstätten noch Holz gab. Sie erduldeten äußerste Not, ernährten sich, da sie keinen Proviant mehr hatten, von Kräutern, von erjagten und schon toten Tieren, und um sich von dieser Insel zu retten, bauten sie – soweit sich das Holz gebrauchen ließ – aus dem erwähnten beschädigten Paketboot ein kleines Schiff und fuhren voller Angst vor Untergang und Gefahren über das Meer zur Kamtschatka.

2) Kapitän Spanberg und sein Kommando stachen in See, um einen Weg nach Japan zu suchen, und ihren Aussagen zufolge gelangten sie an die Küsten Japans und hielten sich dort auf und an den Küsten sahen sie ihre [der Japaner] Wohnhäuser und Dörfer mit Stein- und Holzbauten.

3) Die übrigen Offiziere wurden mit ihren Kommandos bei verschiedenen Unternehmungen eingesetzt, um Flüsse und Meeresküsten und deren Schiffbarkeit zu beschreiben. Dabei haben einige diese Beschreibungen gemäß den ihnen ausgehändigten Instruktionen zu Ende geführt, während andere sie wegen unpassierbarer Stellen nicht beendeten und umkehrten.

Heute aber hat die Provinzkanzlei von Irkútsk dem Regierenden Senat Be-

---

[6] Längenmaß: Im 15.–17. Jh. entsprach eine „Werstá meschewája" 2,16 km, eine „Werstá putewája" 1,08 km; vom 18. Jh. an bis zur Einführung des metrischen Systems entsprach eine Werst 1,066 km.
[7] Heute Bering-Insel.

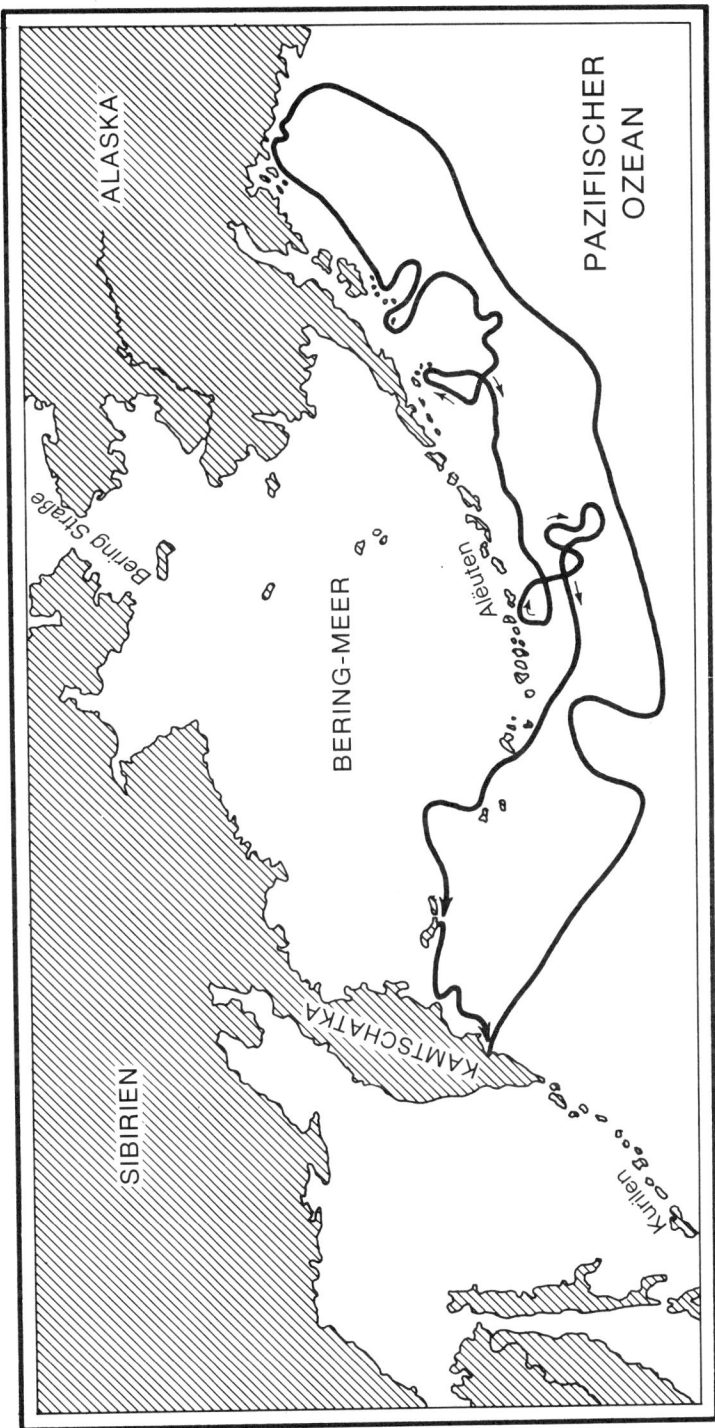

17. Vitus Bering erreicht im Verlauf der Zweiten Kamtschatka-Expedition (1733–1743) Alaska (Juli 1741). In seiner Begleitung befindet sich der deutsche Naturwissenschaftler G. W. Steller.

richt erstattet, daß es wegen Mißernten in der Provinz, wegen der Verelendung ihrer Bauern und der Proviantknappheit an Getreide für die Kamtschatka-Expedition mangle. Eine Prüfung der durch die erwähnten Offiziere im Rahmen der Expedition ausgeführten Operationen, die vom Regierenden Senat gemeinsam mit Generalleutnant Divier und Generalmajor Skornjaków-Píssarew (die einige Zeit Kommandanten von Ochótsk waren und über die Expedition hinlänglich unterrichtet sind) und mit dem ehemaligen Gouverneur von Sibirien, Schipow, vorgenommen wurde, hat außerdem grobe Unzulänglichkeiten bei der Durchführung der Expedition und ihre völlige Ergebnislosigkeit an den Tag gebracht und überdies gezeigt, daß die Auslagen für die Expedition (mit Ausnahme von noch nicht erfaßtem Proviant, Material und weiterem Zubehör) die von der Verwaltung des Admiralitätskollegiums festgesetzte nicht rückzahlbare Summe um 360659 Rubel übersteigen. Dabei ist doch sattsam bekannt, daß die erwähnte Provinz Irkútsk durch die weiträumigen Transporte von Proviant, Material und Zubehör und die Rekrutierung einer großen Anzahl Bauern als Arbeiter für solche weit abgelegenen Gegenden – die letztlich auch die Getreidemißernte verursacht hat – schon gänzlich verarmt ist. Wie nämlich die Provinz Irkútsk in dem erwähnten Bericht geltend macht, besteht die Weisung, für jene Expedition alljährlich bis zu 50000 Pud[8] Roggenmehl und etwa 3000 [Pud] Graupen zu liefern, außerdem auch Hanf und weiteres Zubehör in nicht geringer Zahl. In vielen Festungen und freien Siedlungen, besonders aber in der Festung Ilímsk und an der ganzen Lena herrsche wegen der erwähnten Getreidemißernte unter den Bauern eine große Hungersnot, sie ernährten sich von Kräutern und Rinde und seien deshalb nicht im Stande, für die Expedition Proviant zu liefern. Aus diesem Grund habe man über den Ankauf und die Lieferung [von Proviant] an die Provinz Jenisséisk geschrieben, worauf jedoch die Antwort erteilt worden sei, daß in dieser Provinz die Einwohner und Bauern sich gleichfalls wegen einer Getreidemißernte von Kräutern und Wurzeln ernähren müßten und den dritten Teil des Mehls vermischten; und es sei nichts vorhanden, was als Proviant geliefert werden könnte. Deshalb sei die Provinz Irkútsk nicht sicher, ob sie die Expedition mit Proviant werde versorgen können. Die Bauern aber würden seit dem Beginn der Kamtschatka-Expedition ununterbrochen und über riesige Distanzen hinweg schwerste Arbeiten verrichten und dabei höchste Not erdulden; viele kehrten von diesen Expeditionsarbeiten zehn Jahre und länger nicht zurück, und so würden wegen dieser schweren Arbeitseinsätze ihre Häuser verarmen und die Äcker verfallen. Die Provinz fordert, daß Leute aus Tobólsk den Proviant für die Expedition liefern sollen. In Anbetracht einer so großen Entfernung – von Tobólsk bis Irkútsk sind es mehr als 3000 Werst – ist nach dem Urteil des Regierenden Senats bei Lieferungen aus Tobólsk mit großen Schwierigkeiten und der Verelendung der Einwohner zu rechnen, zudem konnte man dem Bericht von Kapitän Tschírikow entnehmen, daß selbst

---

8 Vgl. Dok. 100, Anm. 3.

da, wo die Expedition mit Proviant etc. aus nahe gelegenen Orten beliefert wird, d. h. aus Jenisséisk, die Entfernung bis Ochótsk mehr als 4000 Werst beträgt. [Die Waren] würden zuerst auf den Flüssen transportiert und dann über Land an den Fluß Lena geführt. Ebenso seien die Gebiete an der oberen Lena in der Provinz Irkútsk, aus denen Proviant für die Expedition abgehe, 3500 Werst von Ochótsk entfernt. An einigen Stellen werde er auf Wagen transportiert; vor einen Wagen spanne man ein bis drei Pferde, denn sie könnten nicht mehr als fünf Pud ziehen, und viele Pferde würden unterwegs verenden. Fast 300 Werst weit werde sowohl der Proviant wie auch das Holz und übriges Zubehör von Hunden gezogen, und an einigen Orten im Winter von Rentieren; anders werde man sich auch in Zukunft bei einer Weiterführung der Expedition nicht behelfen können. In Anbetracht dieser Umstände sollte nach dem Urteil des Regierenden Senats die Expedition, die der Senat als wenig fruchtbringend erachtet, ganz aufgegeben werden. Über alles wird in einer eingehenden Darlegung der durch die erwähnten Offiziere in dieser Expedition ausgeführten Operationen Ihrer Kaiserlichen Majestät durch den Senat noch alleruntertänigst Bericht erstattet werden.

[Im folgenden werden die dringlichsten Maßnahmen aufgezählt, die den Abbruch der Expedition einleiten sollen.]

Im Original haben unterschrieben: Fürst W. Dolgorúki, Fürst Iw. Trubezkói, Graf G. Tschernyschów, Andréi Uschaków, Fürst A. Kurákin, Graf Alexéi Bestúschew-Rjúmin, Alexéi Naryschkin, Fürst Michaíl Golízyn, Iwán Bachmétow, Wassíli Nowossílzow, Fürst Alexéi Golízyn.

Aus: Ėkspedicija Beringa. Sbornik dokumentov. Podgotovil k pečati A. Pokrovskij. Moskva 1941, S. 363–367.

Schgg

103. Aus der Notiz N. A. Schélichowas „Erklärung über die Erfolge der Amerikanischen Kompanie" (1798)

Grigóri Iwánowitsch Schélichow (auch Schélechow) (1747–1795), ein Kaufmann aus Rylsk, der 1775 nach Sibirien übersiedelt war, beteiligte sich gemeinsam mit anderen Kaufleuten an der Finanzierung und Organisation zahlreicher Jagdunternehmungen in den Nordpazifik, vor allem zu den Aléuten. Diese Expeditionen galten – wie in Sibirien – den Pelztieren, hier in erster Linie den Seeottern und Seebären. Innerhalb zweier Jahrzehnte wurde der aktive und risikofreudige Schélichow zu einem der bedeutendsten Nordpazifik-Unternehmer.

1783 reiste Schélichow mit seinem Kompagnon I. L. Gólikow nach Alaska und begründete 1784 auf der Insel Kodiak die erste russische Siedlung[1]. Damit beginnt nach

---

[1] 1791 erschien eine Reisebeschreibung Schélichows: „Rossijskago kupca Grigor'ja Šelechova stranstvovanie v 1783 godu iz Ochotska po Vostočnomu okejanu k Amerikanskim beregam [...], Sanktpeterburg 1791" (neu ediert von V. P. Polevoj. Chabarovsk 1971), die auch in Westeuropa auf Interesse stieß. Eine deutsche Übersetzung erschien bereits 1793 (G. Schélechof [...] erste und

der ersten Phase einer eher „extensiven" Ausbeutung (die Pelztierjäger lebten jeweils
nur eine beschränkte Zeit auf den Inseln und verließen sie wieder, nachdem sie ihre
Beute gemacht – d.h. den Eingeborenen abgejagt – hatten) nun eine intensivere „Be-
wirtschaftung" der neuen Kolonien. Die Anlage fester Stützpunkte ermöglichte eine
verstärkte Kontrolle und z.T. die faktische Versklavung der aleutischen Inselbewohner, die als geschickte, den Russen weit überlegene Jäger den größten Teil der Pelzausbeute einbrachten.

Ein erstes Gesuch von Schélichow und Gólikow um die Gewährung einer staatlichen
Anleihe und eines Monopols für die wirtschaftliche Ausbeutung und den Handel im
pazifischen Raum und in Nordamerika wurde 1788 von Katharina II. (1762–1796)
entschieden abgelehnt. Die Zarin, eine prinzipielle Gegnerin von Monopolen, stand
der russischen Ausbreitung im nordpazifischen Raum sehr kritisch gegenüber[2] und
hielt überdies angesichts ihrer „südlichen Angelegenheiten" (Krieg mit der Türkei
1787–1791/92) den Handel mit „wilden nordamerikanischen Völkern" für ein margi-
nales Problem, mit dem sich die Bittsteller selber auseinandersetzen sollten[3]. Schélichow und später seine Erben und Teilhaber setzten jedoch ihre Bemühungen um eine
Privilegierung fort. Die vorliegende „Notiz" N.A.Schélichowas entstand während des
erbitterten Kampfes um die Verleihung eines Monopols, der 1799 schließlich zum Erfolg und zur Gründung der „Russisch-Amerikanischen Kompanie" führen sollte. Das
Dokument gibt einen guten Überblick über die wichtigsten Aktivitäten Schélichows.
Seiner Eigenschaft als Propaganda- und Streitschrift entsprechend enthält es allerdings
nicht wenige Übertreibungen und Beschönigungen.

Lit.: A.I.Andreev (Einleitung) in: Russkie otkrytija v Tichom okeane i Severnoj
Amerike v XVIII veke. Moskva 1948, S.5–44 – S.B.Okun: Rossijsko-amerikanskaja
kompanija. Moskva-Leningrad 1939; englisch: S.B.Okun: The Russian-American
Company. Cambridge (Mass.) 1951.   Schgg

Schélichow, mein verstorbener Gatte, hat in den Jahren 1784, 1785 und 1786,
als er sich mit drei Schiffen in Amerika aufhielt, die Freundschaft der Einwohner Alaskas und der Inseln Kodiak und Afognak gewonnen, ebenso die verschiedener Stämme auf dem amerikanischen Festland von der Kenai-Bucht
oder dem Cook-Fluß[4] bis zum 57. Grad nördlicher Breite zur Bucht Ltua. Damit hat er über 120000 Seelen[5] zu russischen Untertanen gemacht, und zwar
nur diejenigen, die dies freiwillig wünschten. Es wurden mit diesen Völkern

---

zweyte Reise von Ochótsk in Sibirien durch den östlichen Ocean nach den Küsten von Amerika in
den Jahren 1783–1789 [...]. Aus dem Russischen übersetzt von J.Z.Logan. St.Petersburg 1793).
  [2] „Eine größere Ausdehnung im Pazifik bringt keinen ständigen Nutzen. Handel zu treiben ist
eine Sache, etwas in Besitz zu nehmen eine andere." (Übersetzt nach: Russkie otkrytija v Tichom
okeane i Severnoj Amerike, Dokument 28, S.282).
  [3] Vgl. Russkie otkrytija v Tichom okeane i Severnoj Amerike, S.44.
  [4] Heute Cook-Inlet.
  [5] Diese Zahl ist sicher weit übertrieben. In die Reihen neu gewonnener Untertanen des Russischen Reiches sind hier auch Indianer-Stämme des Festlands aufgenommen worden, die von der
Kompanie Schélichows jedoch nie kontrolliert werden konnten. Unter die Herrschaft der Kompanie gerieten vor allem die Inselbewohner, Aleuten und Eskimos, die rücksichtslos ausgebeutet
und ausgerottet wurden, so daß nach einem halben Jahrhundert der „freundlichen Behandlung"
durch die Kompanie ihre Zahl schließlich nur noch etwa ein Zehntel des ursprünglichen Bestandes
ausmachte (vgl. Okun, S.181).

Handelsbeziehungen aufgenommen und eine Kompanie für die Jagd und Verarbeitung von Wildtieren gegründet. Sämtliche Belange wurden durch feste und verläßliche Vorschriften geregelt.

Vor seiner Heimfahrt hat Schélichow den Gehilfen der Kompanie vorgeschrieben, die erwähnten Operationen weiterzuführen. Aufgrund dessen wurde folgendes erreicht:

1. Die Halbinsel Alaska wurde eingehend erforscht, und anstelle der gefährlichen Passage durch die Meerenge zwischen dem Kap und der Insel Unimak wurde ein sehr kurzer und bequemer Durchgang nach Norden in die Bristol-Bai gefunden. Mit den Einwohnern Alaskas wurde nähere Bekanntschaft geschlossen und es wurden von ihnen Geiseln genommen.

2. In der Kenai-Bucht, die Cook als Fluß bezeichnet und nach sich benannt hat, wurde für die Jagd ein Artel[6] der Jäger gebildet. Nachdem [die Jäger] die Freundschaft der Einwohner ganz gewonnen hatten, begannen sie Handel und mancherlei Umgang mit ihnen.

3. In der Tschugatsch-Bucht wurde ebenfalls ein Artel gebildet, und im Jahre 1794 baute man dort versuchsweise drei Schiffe aus einheimischer Lärche, die vortreffliche Fregatte „Phoenix" mit 24 Kanonen und zwei kleine: „Pegasus" und „Oleg". Mit vielen Einwohnern wurde Bekanntschaft geschlossen und Kontakt aufgenommen.

4. Auf der Insel Montague oder Sjuklju wurde am Kap des Hl. Elias eine kleine Festung gebaut.

5. Auf Kodiak wurde eine Schule eingerichtet, in der amerikanische Knaben Russisch lesen und schreiben sowie Arithmetik und Navigation lernen. Zehn Knaben wurden nach Irkútsk gebracht und im Spiel auf verschiedenen Musikinstrumenten unterrichtet und 1793 nach Kodiak zurückgeschickt, zur Erheiterung der dortigen Einwohner, die einen Hang zu Lustbarkeiten haben.

6. Die Festlandsküste wurde stellenweise in den Buchten von Jakutat und Ltua erforscht, wo sich die Einwohner ihrer roheren Sitten wegen bis 1795 zwar nur mit geringem Erfolg durch eine freundliche Behandlung gewinnen ließen; doch scheint die Lage nicht hoffnungslos, denn ein Tauschhandel kann ohne weitere Bedenken abgehalten werden.

Die erwähnte Bucht Ltua [liegt] auf etwas mehr als 55 Grad nördlicher Breite in der Nachbarschaft von Nootka, einer englischen Siedlung, und muß damit die Grenze der russischen Besitzung in Amerika bilden.

7. An all diesen Buchten und an weiteren Orten wurden aus politischen Gründen Kupferschilder mit der Aufschrift „Gebiet unter russischer Herrschaft" in die Erde vergraben.

---

[6] Artel: eine Art Genossenschaft, d.h. ein auf Vertragsbasis gegründeter Zusammenschluß gleichberechtigter Arbeitskräfte (z.B. Handwerker, Landarbeiter, Fischer, Jäger u.a.), die den in gemeinsamer Arbeit erwirtschafteten Gewinn unter sich aufteilen. Im vorliegenden Dokument wird z.T. auch das Wort „Kompanie" in ähnlichem Sinn gebraucht (vgl. beispielsweise die Punkte 11 und 12 der „Notiz").

8. Viele der als Geiseln genommenen Amerikaner und Inselbewohner wurden ohne Priester getauft. Viele von ihnen übernahmen die Lebensart der russischen Menschen, und aus entfernten Gebieten kamen ganze Sippen an die Orte, wo russische Jagd-Artels gebildet worden waren, und schützten sich dort vor den Überfällen ihrer Stammesverwandten – sie haben nämlich die hassenswerte Gewohnheit, sich gegenseitig aus geringfügigstem Anlaß auszurauben und zu töten.

9. Als auf diese Weise die einheimische Bevölkerung begann, den Russen und unserer Religion näherzukommen, erbat mein Gatte 1793 von der hohen Obrigkeit Prediger, worauf denn auch eine ganze Suite unter der Leitung eines Archimandriten auf Kosten der Kompanie entsandt wurde. Im ersten Winter 1794 und im Frühling 1795 tauften sie auf Kodiak über 8 000 Seelen[7], trauten viele Amerikaner mit ihresgleichen und Russen mit Amerikanerinnen und lehrten, wie man friedlich und wohlanständig leben soll. Auf Kodiak wurde durch die Kompanie eine Kirche errichtet.

Für diese Erfolge wurde der Archimandrit 1796 zum dortigen Bischof mit dem Etat eines Vikarbischofs ernannt; wegen seiner Weihe, die in Irkútsk stattfinden soll, wird er wohl noch in diesem Sommer in Ochótsk eintreffen. Seine Erfolge müssen groß sein.

10. Da mein Gatte anläßlich seines Aufenthaltes auf Kodiak mit Erfolg Versuche zum Anbau verschiedener Getreidearten und Gemüsekulturen durchgeführt hatte, bat er bei seiner Bitte um Prediger zugleich um Verschickte: zwanzig Familien für den Getreideanbau und zehn Handwerker – Schmiede und Zimmerleute – für den Schiffbau. Diese entsandte mein Gatte denn auch 1794 [nach Kodiak], mit einer Anweisung des Generalgouverneurs von Irkútsk, daß sie jenseits des Kaps des Hl. Elias in der Tschugatsch-Bucht oder weiter [südlich] bis zum 55. Grad nördlicher Breite anzusiedeln seien, an einem für die Besiedlung günstigen Ort. Bei ihrer Entsendung versah er die Siedler mit verschiedenerlei Saatgut und Arbeitsgeräten und mit verschiedenerlei Vieh und Federvieh für die Aufzucht, zusätzlich zu dem, was er früher selber eingeführt hatte. 1795 wurden diese Siedler und die geistliche Suite von Kodiak aus auf das Festland entsandt, um einen Ort [für die Ansiedlung] zu suchen; es wird jetzt eine Nachricht erwartet, wo und wie sie sich niedergelassen haben. Mein Gatte befahl, in dieser Siedlung eine zweite Kirche zu erbauen und dazu ein Fort, Häuser, Magazine und alles Nötige für ein fürs erste sicheres, genügsames Leben. Er nannte die Siedlung und nach ihr das ganze Land „Slaworossija"[8].

11. Eine ähnliche Siedlung wie auch den Getreideanbau und die Niederlassung einer Kompanie begründete er auch auf der 18. Kurileninsel, nicht weit

---

[7] Der Archimandrit Ioasaf berichtete 1795 seinen Vorgesetzten nur von 6 000 vollzogenen Taufen.

[8] Die Siedler ließen sich an der Bucht Jakutat nieder. „Slaworossija" bestand allerdings nur wenige Jahre. Die Siedlung wurde 1805 bei einem Überfall der Indianer zerstört und nicht mehr aufgebaut.

von Japan, um mit der Zeit auch mit diesem Land Handelsbeziehungen aufnehmen zu können[9].

12. Eine weitere Kompanie, bestehend aus einer speziellen Abteilung von
zweihundert Leuten, bildete er für die Seebärenjagd und die Erbeutung von
Walroß-Elfenbein auf den nördlichen Felsen-Inseln der Aleüten, wobei er das
Hauptquartier dieser Kompanie auf der Insel Unalaska anlegte.

Bei der Gründung dieser Kompanie bestand seine Absicht darin, durch sie
sämtliche Aleüten-Inseln und die im Norden gegen die Bering-Straße liegenden Inseln sowie die beiden gegenüberliegenden Küsten der asiatischen
Tschuktschen-Halbinsel und des amerikanischen Festlandes in Besitz zu nehmen, mit den einheimischen Völkern Handel zu beginnen und – wo dies möglich sein sollte – kleine Festungen und Siedlungen anzulegen und solcherart
den mißgünstigen Ausländern zuvorzukommen, die dorthin reisen und den
Inselbewohnern für wertlose Kleinigkeiten teures Pelzwerk abnehmen.

13. Für alle diese Unternehmungen hat Schélichow im Verlaufe der Zeit bis
zum heutigen Tag elf Schiffe gebaut, von denen 1790 eines bei Unalaska
Schiffbruch erlitt.

14. Für die bessere Führung all dieser Unternehmungen gründete er 1794 in
Irkútsk ein Kontor der Kompanie. Das Gesamtkapital der Kompanie auf allen
Plätzen berechnete er auf über 1 500 000 Rubel, und er stellte angemessene
Regeln auf, wie dieses ganze Kapital und die Einrichtungen unter seiner per-
sönlichen Aufsicht zu verwalten seien.

Inmitten all dieser Unternehmungen starb er 1795. Seinem Willen entsprechend begann ich die Kompanie zu leiten. [. . .][10]

Aus: Rossija i SŠA: stanovlenie otnošenij 1765–1815. Moskva 1980, S. 208–210.   Schgg

---

[9] Die von Schélichow entsandten Siedler lebten etwa 10 Jahre lang auf der Insel Iturup. Sie
knüpften mit den Japanern – d.h. mit den Einwohnern der Insel Hokkaido – Handelsbeziehungen an.
[10] Der Schluß des Dokuments enthält Klagen N. A. Schélichowas über den Kompagnon Gólikow und die Bitte, die Privilegien für die Kompanie bis zum 1. Januar zu gewähren. Dieser Teil
der „Notiz" Schélichowas wurde nicht publiziert.

Vierzehntes Kapitel

Die Suche nach der Terra australis und die Erschließung des Pazifik

Die Entdeckung und Erschließung der Inselwelt des pazifischen Ozeans und der angrenzenden Festlandsküsten hat fast drei Jahrhunderte gedauert. Alle großen europäischen Expansionsnationen haben daran Anteil gehabt, doch in unterschiedlichem Maße: Während Portugiesen lediglich den Ostsaum des asiatischen Kontinents und der unmittelbar davor liegenden Inselwelt bis Neu-Guinea erkundeten, stießen Spanier, Holländer, Engländer, Franzosen und an der Wende zum 19. Jahrhundert auch Russen tief in den pazifischen Raum selbst vor und durchquerten und erforschten ihn auf vielerlei Weise. Bei ihren Unternehmungen lassen sich so gut wie alle Motive und Zielsetzungen, die überhaupt im Zuge der europäischen Expansion nach Übersee wirksam geworden sind, beobachten: Bemühungen um Ausweitung des Asienhandels, Missionseifer, leidenschaftliche Gier nach Gold, Silber und Edelsteinen, Suche nach dem irdischen Paradies und Erlösungshunger, Streben nach Ausweitung von Herrschaft und nach Konsolidierung von politischer Macht, Abenteuerlust und wissenschaftlicher Erkenntnisdrang jeder Art. Das Gesamtergebnis war zwar die geographische Entschleierung eines Raumes, der dem europäischen Bewußtsein vor dem 16. Jahrhundert genauso unbekannt gewesen war wie die von Kolumbus entdeckte Neue Welt, obgleich er fast die halbe Erdkugel umfaßt. Aber eine Inbesitznahme oder intensivere Nutzung – sieht man von den seit 1565 von Spaniern besetzten Philippinen und der seit 1788 als Sträflingskolonie von England verwendeten Ostküste Australiens (vgl. Bd. 3, Dok. 74) ab – erfolgte in keinem Teil dieses Raumes: sie blieb im wesentlichen dem Zeitalter des Imperialismus vorbehalten.

Die Welt des pazifischen Ozeans ist überwiegend von Osten, d. h. von Amerika, her erschlossen worden. Im Jahr 1513 hatte Balboa über die Landenge von Panamá diesen Ozean erstmals erreicht (vgl. Dok. 76). Er hatte ihn Mar del Sur (Südmeer) genannt, da er von Norden kommend – die Landenge verläuft von Ost nach West – auf ihn gestoßen war; entsprechend hieß der atlantische Ozean bis in das 18. Jahrhundert hinein Mar del Norte (Nordmeer). Mit der Entdeckung Balboas und der 1520/21 folgenden ersten Überquerung des Pazifik durch Magalhães (vgl. Dok. 42) brach das Weltbild des Toscanelli (vgl. Dok. 1 und 2) endgültig zusammen: Es zeigte sich nämlich, daß zwischen Europa und Asien auf dem westlichen Seeweg nicht nur Amerika als Hindernis aufgetaucht war, sondern daß neben dem Atlantik ein noch bei weitem größerer Ozean auf dem Wege nach Asien zu überqueren war: der Stille oder Friedliche *(mar pacífico)*, wie ihn Magalhães getauft hatte, weil er ihn seinerzeit ruhig liegend vorgefunden hatte, obwohl er auch stürmisch und wildbewegt sein kann, nicht anders als der Atlantik.

Hinsichtlich der Erkundung des pazifischen Raumes blieb das 16. Jahrhundert im Anschluß an Balboa und Magalhães ganz ein spanisches Jahrhundert, und die Triebkräfte dieser Erkundung blieben die des Kolumbus und der auf seine große Entdeckung folgenden spanischen Konquista der Neuen Welt. An erster Stelle stand zunächst die Suche nach *las especierías*, nach den Gewürzhandelsplätzen des Fernen Ostens, worunter Spanier und Portugiesen in erster Linie die Molukken verstanden. Die Expedition des Magalhães hatte 1520/21 endlich die seit Kolumbus gesuchte Westroute dorthin gefunden (vgl. Kap. VI), und in der Folge versuchten immer neue Expeditionen, teils von Spanien, hauptsächlich aber von Neu-Spanien (Mexiko) aus, zu den Produktionsländern der in Europa so teuer gehandelten Spezereien vorzustoßen: So gelangten 1526 über die Magalhães-Straße Reste der Armada des Francisco García Jofre de Loaysa, in der Folge von Acapulco in Neu-Spanien aus 1528 Álvaro de Saavedra, 1537 Hernando de Grijalva sowie 1543 Ruy López de Villalobos und Ortiz de Retez zu den Molukken bzw. Philippinen, wobei sie Routen jeweils in der Nähe des Äquators benutzten, die navigatorisch kaum Schwierigkeiten boten.

Doch scheiterte jedesmal der Versuch einer Rückkehr nach Amerika, und zwar sowohl an den Meeresströmungen – dem Nord- und Südäquatorialstrom – wie an den vorherrschenden Passaten dieser Region. Erst Andrés de Urdaneta fand 1565 als Pilot eines Schiffes der Armada des Legaspi, die im Jahr zuvor von Acapulco aus nach den Philippinen in See gegangen war, einen Rückweg in die Neue Welt. Er segelte an Japan entlang nach Norden bis auf eine Breite von etwa 40–45 Grad. Dort traf er auf die Zone der vorherrschenden Westwinde. Mit ihrer Hilfe gelangte er zurück an die kalifornische Küste und von dort nach Acapulco (Dok. 104). Urdaneta gilt seither als Entdecker der West-Ost-Route über den Stillen Ozean, obwohl ihm Arellano, der Kapitän eines anderen Schiffes der Legaspi-Expedition, um zwei oder drei Monate zuvorgekommen war: denn im Unterschied zu Arellano konnte Urdaneta den neuspanischen Behörden präzise Segelanweisungen und damit die Garantie für ein Wiederauffinden dieser Route übergeben. Von 1565 an befuhr dann für genau 250 Jahre die sogenannte Manila-Galeone – bestehend aus einem Verband von einem bis drei Schiffen – die Strecke von den Philippinen nach Acapulco und zurück in einem festen Rhythmus Jahr für Jahr, um im Austausch gegen mexikanisches Silber asiatische Produkte wie Gewürze, Seide, Porzellan und chinesischen Schmuck nach Neu-Spanien zu bringen, von wo aus sie nach Europa weitertransportiert wurden.

Unter dem Gesichtspunkt der geographischen Exploration des Pazifikraumes hatten die spanischen Expeditionen von 1520 bis 1565 nicht allzuviel erbracht: Man war auf die Marianen (die von Magalhães seinerzeit Ladrones

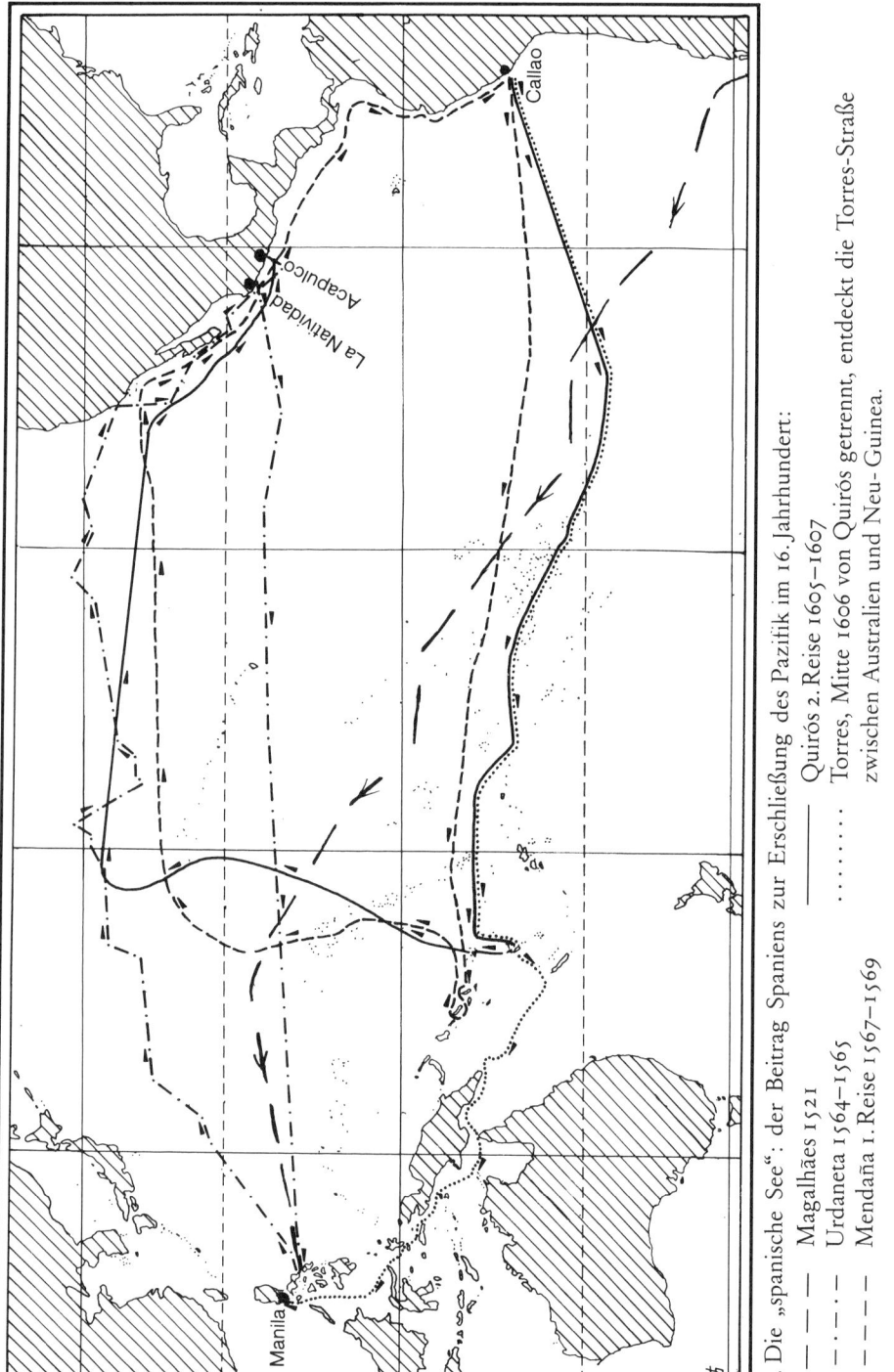

18. Die „spanische See": der Beitrag Spaniens zur Erschließung des Pazifik im 16. Jahrhundert:

– – –   Magalhães 1521
– · – ·   Urdaneta 1564–1565
– – – –   Mendaña 1. Reise 1567–1569
————   Quirós 2. Reise 1605–1607
··········   Torres, Mitte 1606 von Quirós getrennt, entdeckt die Torres-Straße zwischen Australien und Neu-Guinea.

genannt worden waren) mit ihrer Hauptinsel Guam gestoßen, auf die östlichen und westlichen Karolinen, die Marshall-Inseln und auf die Nordküste von Neu-Guinea: Der Name „Nueva Guinea" stammt von dem Spanier Ortiz de Retez, der 1545 vergebens nach einer West-Ost-Route zurück über den Pazifik gesucht hatte. Der Hauptgewinn dieser frühen Reisen bestand aber nicht in einer aufsehenerregenden Erweiterung des geographischen Wissens. Er bestand vielmehr in navigatorischen Erkenntnissen, die zur Herstellung einer Handelsverbindung zunächst zu den Molukken und später zwischen Asien und Amerika führten. Die reich beladenen Manila-Galeonen waren denn auch eines der Ziele späterer niederländischer und englischer Kaperfahrer und Freibeuter, u.a. des Engländers Francis Drake bei seiner Weltumseglung in den Jahren 1577–1580.

Neben das Interesse an der Aufrechterhaltung einer Seeverbindung über den Pazifik hinweg trat für Spanien bald ein weiteres Interesse am „Südmeer": das Interesse an einer Auffindung des sagenhaften Südkontinents. Bereits aus der Antike tradiert kannte das 16. Jahrhundert die Vorstellung von einem riesigen Südland rings um den Südpol, das bis rd. 40° s. Br. in die Ozeane hineinragen sollte, was klimatisch der Breite des Mittelmeerraumes entsprochen hätte. Erstmals in der Neuzeit findet sich dieser Südkontinent auf dem Globus des Bamberger Astronomen und Mathematikers Johannes Schöner von 1515, der Magalhães – vermutlich in einer Lissaboner Kopie – als Orientierung diente (vgl. Dok. 41). In seinen Umrissen mehr oder weniger verändert ist er auf fast allen Karten und Globen des 16.–18. Jahrhunderts (bis etwa 1780) wiedergegeben, wobei eine These der Geographie als theoretische Grundlage diente: Nach dieser These, die bis auf den Griechen Erathostenes zurückgeht und in der Neuzeit besonders eingehend und vehement von dem Engländer Dalrymple (vgl. Dok. 7) vertreten wurde, muß bei einer Kugelgestalt der Erde den Landmassen der nördlichen Halbkugel eine ähnliche Landmasse auf der südlichen Halbkugel entsprechen, damit das Erdgleichgewicht gewahrt bleibe. Die Antike (Cicero) hatte für diese Landmasse den Begriff „terra australis" (Südland) geprägt. Da man bald wußte, daß Afrika und Amerika nicht allzu weit und mächtig in die südliche Hemisphäre hineinragen, schloß man daraus, daß sich die vermutete Landmasse ganz im unbekannten Süden befinden müsse.

Für manche Spanier der zweiten Hälfte des 16. Jahrhunderts gaben aber noch andere Erwägungen als geographische für ein lebhaftes Interesse an einer Auffindung des Südkontinents den Ausschlag. In Überlieferungen des in den dreißiger bis sechziger Jahren eroberten und befriedeten Inkareiches in Südamerika spielte eine Legende eine besondere Rolle, die der mit dem damaligen Generalkapitän von Peru befreundete Inka-Forscher Pedro Sarmiento de Gamboa zutage gefördert hatte: Danach soll Tupac Inca Yupangi, ein früherer Herrscher des Reiches, eine neun bis zwölf Monate dauernde Südseefahrt unternommen haben, auf der er die gold- und silberreichen Inseln Niñachumpi und Avachumpi (auch: Hahuachumpi) aufgesucht habe (Dok. 105). Die Wolken des südlichen Himmels bei Sonnenuntergang waren nach dem

Glauben der Inkabevölkerung nichts anderes als ein Widerschein der Gold-
und Silberberge dieser Inseln. In den Augen und im Bewußtsein vieler spanischer Konquistadoren verschmolz diese indianische Legende mit der kolumbianischen Überlieferung von El Dorado (vgl. Kap. XI). Gebildetere Kreise
setzten diese Inseln auch mit dem Goldland Ophir gleich, dem einstigen Ziel
der Flotte des jüdischen Königs Salomon und des Königs Hiram von Tyros,
aus dem das Gold und Silber für den Bau des Tempels für Jahwe nach Jerusalem geholt worden war (vgl. Dok. 5). Mit Herodot wurde nicht selten argu-
mentiert, daß sich „das Schönste an den äußersten Grenzen der bewohnten
Erde" finde, also ganz im Süden. Diese Vorstellungen verschmolzen nach und
nach zu einem Konglomerat, in dem die verschiedensten Thesen, Mythen und
Legenden aufeinander bezogen und als verschiedene Ausprägungen ein und
desselben Sachverhalts aufgefaßt wurden. Der Kern dieses Sachverhalts schien
die Existenz eines edelmetallreichen Südkontinents zu sein, der sozusagen vor
den Toren des kürzlich eroberten Inkareiches lag.

In der Tat kam bald nach der Auffindung der West-Ost-Route über den Pazifik durch Urdaneta eine spanische Suche nach diesem Südkontinent in
Gang. Die konkrete Ursache für diese Suche war jedoch die Bemühung des
Generalkapitäns von Peru, Lope García de Castro, gemäß einer Weisung König Philipps II. weitere Inseln und Länder jenseits der Neuen Welt zu entdekken, zu kolonisieren und zu missionieren. De Castro rüstete 1567 in Callao –
dem Hafen von Lima – zwei Kriegsschiffe zur Westfahrt aus und übertrug den
Oberbefehl seinem Neffen Álvaro Mendaña de Neyra. Diese Expedition bot
im übrigen Gelegenheit, nach den Unruhen des Bürgerkriegs in Peru gegebenenfalls im Lande verbliebene aufsässige und unbotmäßige Elemente vom Typ
eines de Aguirre oder de Ursúa (vgl. Dok. 89) loszuwerden, ähnlich wie dies
bei der 1540 begonnenen Suche Coronados nach den Sieben Städten von
Cíbola der Fall gewesen war (vgl. Dok. 75).

1568 erreichte Mendaña jene Inseln, die seither in gedanklichem Rückgriff
auf die Ophir-Überlieferung Salomonen heißen. Nach vergeblichen Schürf-
versuchen nach Edelmetallen kehrte er 1569 über Kalifornien nach Callao
zurück. Auf einer zweiten Reise 1595–1597, an der als Steuermann Pedro
Fernández de Quirós teilnahm, fand er die Marquesas und die Santa-Cruz-
Inseln, wobei eine auf raschen Gewinn von Reichtum gerichtete Konquistadorenmentalität der meisten Expeditionsteilnehmer (Dok. 106 a) die vorgesehene
Kolonisierung der Inselwelt schließlich vereitelte. Quirós, der nach dem Tode
des Mendaña die Reste der Expedition nach Manila geführt hatte, bemühte
sich in der Folge bei den inzwischen zurückhaltenden Behörden ein ganzes
Jahrzehnt lang um eine weitere Lizenz für die Suche nach dem Südkontinent.
Dieser Kontinent mußte nach seinen Beobachtungen und Berechnungen nicht
weit von den inzwischen entdeckten Marquesas, Salomonen und von Neu-
Guinea liegen. Für Quirós wurde das Verlangen nach einer Auffindung des
Südlands allmählich zur einzig bestimmenden Komponente allen Denkens
und Handelns: Es zu entdecken, zu erobern, zu kolonisieren und durch Apo-

stel der Kirche missionieren zu lassen, schien ihm die seiner Person zugewiesene Aufgabe der Vorsehung zu sein. Dank einer durch Zähigkeit erwirkten Intervention des Papstes Clemens VIII. bei der spanischen Krone kam schließlich 1605 seine langersehnte Expedition zustande. Als die drei Schiffe der Armada des Quirós aus dem Hafen von Callao ausliefen, schrieb Gonzalez de Leza, einer der Piloten, der von ähnlichem Eifer beseelt war wie Quirós: „Mit unserem guten Willen, unserem Verlangen, Gott zu dienen und unseren Heiligen Katholischen Glauben zu verbreiten und die Krone des Königs, unseres Herrn, zu mehren, dünkte uns alles leicht".

Quirós nahm auf der Suche nach dem Südland einen etwas südlicheren Kurs als Mendaña und entdeckte die Tuamotu-Inseln, die Manihiki-Inseln und die Neuen Hebriden. Auf letzterer Inselgruppe schuf er einen Orden vom Heiligen Geist, in den er jedes Mitglied der Besatzung aufnahm, und dem er die Aufgabe zuwies, das Wort Gottes unter die Eingeborenen zu tragen, deren Land er als das Ziel seiner Reise ansah. Er taufte es in einem feierlichen Akt „Austrialia del Espíritu Santo"[1] und nahm es für den spanischen König in Besitz (Dok. 106 b). Einige Widrigkeiten bewogen ihn aber, seine Kolonisierung und Missionierung anderswo anzusetzen, wobei die Flotte getrennt wurde. Quirós kehrte nach Acapulco zurück, einer seiner Kapitäne namens Luis Váez de Torres dagegen suchte nach einem Weg nach Manila und entdeckte dabei die nach ihm benannte Straße zwischen Neu-Guinea und Australien, er bewies damit gleichzeitig den Inselcharakter von Neu-Guinea. Die Entdeckung dieser Straße wurde von Spanien geheimgehalten und gelangte erst 1762 bei einem Überfall auf Manila zur Kenntnis der Engländer. 1770 wiederholte Cook dank dieser Kenntnis die gefährliche Durchfahrt. Im übrigen verhielten sich die spanischen Behörden nach den augenscheinlichen Mißerfolgen von Mendaña und Quirós gegenüber allen weiteren Bemühungen um eine Suche nach dem Südkontinent hinhaltend, obschon der Indienrat Quirós eine weitere Expedition nicht abschlug. Doch Quirós starb 1609. Mit ihm ging der spanische Missionselan, der die Suche nach dem Südland lange getragen hatte, unter. Dank der Propagandatätigkeit des Quirós und eines im Auftrag des Franziskaner-Ordens schreibenden, vom gleichen Missionsdrang beseelten Kosmographen namens Juan Luis Arías de Loyola ist allerdings bis zu den Reisen des James Cook die Vorstellung vom Vorhandensein eines Südkontinents in Europa außerordentlich lebendig geblieben.

Das Fazit: Die Spanier haben auf ihren Fahrten im Pazifik eine Reihe von Inselgruppen erkundet. Die Festlandsküste von Asien haben sie wahrscheinlich niemals berührt. Dagegen wurde ihnen der Küstenverlauf Amerikas von der Magalhães-Straße bis nach Nordkalifornien bereits im 16. Jahrhundert völlig bekannt, 1558 befuhr Juan Ladrilleros erstmals die Magalhães-Straße

---

[1] „Austrialia" und nicht „Australia": Quirós bildete den Namen zwar dem Wort „australis" (lat.: südlich), doch gleichzeitig ganz bewußt auch dem Namen der Dynastie seines Königs nach: Philipp III., der Enkel Karls V., gehörte dem Hause Österreich (span.: Casa de Austria) an.

von West nach Ost. 1574 entdeckte Juan Fernández die nach ihm benannten, 700 Seemeilen vor der Westküste Südamerikas liegenden Inseln und gleichzeitig die kürzeste Segelroute von Peru nach Chile. Im Verlauf der Fahrten des Mendaña, Quirós und Torres war der sagenhafte Südkontinent zwar nicht entdeckt worden, aber das Gebiet, in dem er im pazifischen Raum liegen konnte, war bereits auf einen Bereich südlich einer Linie, die von der Magalhães-Straße über die Marquesas zu den Neuen Hebriden und zur Südküste Neu-Guineas führte, eingeengt worden. Der nördlich von dieser Linie liegende Teil des Pazifik war mehr oder weniger bis etwa zur Kuro-Siwo-Trift zwischen Japan und Kanada bekannt geworden, die die Manila-Galeonen auf ihrer Reise von Manila nach Acapulco benutzten. An größeren Inselgruppen in diesem riesigen Raum des Nordpazifik waren bislang nur die Hawaii-Inseln unentdeckt geblieben. Nicht zuletzt verhalf die ständige Aufrechterhaltung einer Seeverbindung zwischen den Philippinen und Neu-Spanien den Spaniern zu einem hohen Erfahrungswissen, was die Winde, das Klima und die Meeresströmungen im pazifischen Raum anlangt. Dieses Erfahrungswissen kam direkt oder indirekt später allen anderen europäischen Nationen bei Erkundungen im Pazifik zugute.

In Spanien war nach dem Tode des Quirós das Interesse an weiteren Suchfahrten zu dem legendären Südland oder an einem Auffinden weiterer pazifischer Inselgruppen erloschen. Doch waren bereits kurz vorher – seit 1594 – niederländische Handelsfahrten in die südlichen Meere vor sich gegangen, unter ihnen die dritte Weltumsegelung der Geschichte durch Olivier van Noort (1598–1601), die über ein gutes Jahrhundert hinweg, wenn auch sporadisch, erhebliche weitere Aufschlüsse über die Verteilung von Land und Wasser in den Breiten des vermuteten Südlandes brachten. Niederländische Kartographen des 16. und frühen 17. Jahrhunderts wie Mercator, Ortelius, Wyfliet und Blaeu hatten aus all den Gründen, die schon im Zusammenhang der Entstehung der Vorstellung vom Südkontinent vor Mendānas erster Expedition aufgeführt worden sind, stets die „Terra australis incognita" der Antike auf ihre Weltkarten eingetragen.

Als dann zunehmend häufiger Schiffe der 1602 gegründeten Vereinigden Oostindischen Compagnie (VOC) der Niederlande zwischen Europa und dem Malaiischen Archipel verkehrten, und besonders, als seit etwa 1616 die direkte, relativ südliche Route über den Indischen Ozean zwischen dem Kap der Guten Hoffnung und Java für alle Kompanie-Schiffe verbindlich wurde, konnte es nicht ausbleiben, daß der eine oder andere Kauffahrer zu weit nach Osten abkam und auf völlig unbekanntes Land stieß. Zusätzliche Expeditionen zur Aufklärung der neuen Küsten wurden von den Stützpunkten der VOC auf Java – zuerst Bantam, seit 1619 Batavia (heute: Djakarta) – ausgeschickt, und so wurden nach und nach zwischen 1605 und 1627 Teile der Nordküste, die Westküste und die Südküste Australiens bis zum Nuytsarchipel auf etwa 135° ö. L. bekannt. Der ganze Küstensaum erwies sich als unwirtlich und menschenfeindlich. Für einen profitabwerfenden Handel bot das allmählich ins Bewußtsein getretene neue Land – es wurde Neu-Holland genannt – nicht den geringsten Ansatzpunkt. So wurde es zunächst nicht mit der Terra australis „aurifera" der Kartographen in Verbindung gebracht.

Dem unmittelbaren Ziel der Auffindung des Südkontinents diente dagegen eine Expedition, die ganz außerhalb des Monopols der VOC vor sich ging. Sie wurde von dem Kaufmann Isaac Le Maire finanziert (er gründete dafür eine Australische Kompanie) und unter Leitung seines Sohnes Jacob Le Maire und der Gebrüder Willem und Jan Corneliszoon Schouten 1615–1617 durchgeführt. Sie hatte ausdrücklich direkten Handel mit der Tatarei, China, Japan, der Terra australis und den Inseln des Südmeers zum Ziel. Die Bedingung für ihre Genehmigung durch die Generalstaaten war allerdings gewesen, daß ihre Leiter als Zugang zum Pazifik weder die Route über das Kap der Guten Hoffnung noch jene durch die Magalhães-Straße benutzten. Unter dieser erschwerten Bedingung kam es in der zweiten Januarhälfte 1616 zur Auffindung der später nach Le Maire benannten engen Meeresstraße zwischen Feuerland und der Staaten-Insel und Ende Januar 1616 zur Entdeckung des Wegs um das Kap Hoorn herum vom Atlantik in den Pazifik: damit war der seither meistbefahrene Weg vom Osten her in die Südsee entdeckt worden (Dok. 107).

War mit der Auffindung eines neuen Seewegs in den pazifischen Raum die Vorbedingung für den gedachten großangelegten Überseehandel der Australischen Kompanie erfüllt, so brachte der weitere Verlauf der Expedition quer über den Stillen Ozean allerdings nur Enttäuschungen: Keines der ins Auge gefaßten Länder konnte angelaufen werden, kein attraktiver Handel ergab sich, keine weiteren Entdeckungen wurden gemacht, und am Ende der Reise wurden schließlich das letzte verbliebene Schiff und alle Waren Le Maires vom Generaldirektor der VOC auf Java konfisziert. Die „Goldsucher", wie sie in den Niederlanden genannt worden waren, hatten ein Fiasko erlitten.

Hatte bei der von Isaac Le Maire gegen die übermächtige VOC initiierten Unternehmung die Terra australis incognita der Geographen erstmals als Reseziel niederländischer Kauffahrer eine Rolle gespielt, so versuchte zwei Jahrzehnte später die VOC selbst, Aufklärung über diesen legendären Südkontinent zu erhalten. Der damalige Generalgouverneur in Batavia, Antonio van Diemen, sandte nach wiederholtem Drängen der Direktoren in den Niederlanden 1642/43 den Kapitän Abel Janszoon Tasman und den Steuermann François Jacobszoon Visscher mit dem Auftrag aus, die Terra australis ausfindig zu machen und, wenn möglich, neue Handelsbeziehungen anzuknüpfen. Tasman und Visscher setzten ihre Suche von Westen, vom Indischen Ozean her, an. Von der Insel Mauritius aus segelten sie bis auf 44° s.Br., entdeckten die heute „Tasmania" genannte Insel südlich von Australien – sie nannten sie Van-Diemens-Land – und anschließend die Südinsel von Neuseeland, von der Tasman nicht ausschloß, daß es ein nach Norden vorgeschobener Ausläufer des Südkontinents sein könnte. Von dort aus kehrten sie in einem großen Ost-bogen über die dabei neu entdeckten Tonga- und Fidschi-Inseln und den heutigen Bismarck-Archipel nördlich von Neu-Guinea nach Batavia zurück. Obwohl Tasman keine wirtschaftlich nutzbaren Ergebnisse mitbrachte, weckten seine Entdeckungen in Zusammenhang mit den Kenntnissen, die man bisher von Neu-Holland gesammelt hatte, so hohe Erwartungen, daß Generalgouverneur und Indienrat beschlossen, ihn und seinen bewährten Steuermann Visscher erneut auszusenden. Auf ihrer zweiten Reise 1644 sollten sie erkunden, ob Neu-Guinea und Neu-Holland (d.h. Australien, soweit es bisher bekannt war) in irgendeiner Weise zusammenhingen, ein Problem, das Torres bereits 1606, allerdings ohne Wissen der Holländer, gelöst hatte. Vor allem jedoch erhielten sie genaue Anweisungen, wie sie sich bei Begegnungen mit Eingeborenen zwecks Schaffung neuer Import- und Exportmärkte zu verhalten hatten (Dok. 108 a). Tasman und Visscher verfehlten den inmitten gefährlicher Riffs gelegenen Eingang zur Torres-Straße und segelten den Golf von Carpentaria ab, ohne die ihnen gestellte Aufgabe in bezug auf die Anknüpfung neuer Handelsbeziehungen zu lösen. Das einzige wirklich wertvolle Ergebnis ihrer beiden Fahrten bildete die Tatsache, daß sie Neu-Holland – wenn auch ohne ständigen Sichtkontakt zur Küste – vollständig umrundet hatten, so daß man sich nun eine Vorstellung über die maximale Größe dieses Kontinents machen konnte (Dok. 108 b). Da die Ostküste Australiens – die einzige Küste, die wirtschaftlich von Interesse hätte sein können – außerhalb der Erkundungen Tasmans geblieben war, stellte die VOC desillusioniert alle weiteren Entdeckungsfahrten nach dem Südkontinent ein. Sie war ein an Handelsgewinnen orientiertes Unternehmen, kein Entdeckersyndikat. Dementsprechend erlosch mit den bescheidenen Suchfahrten Tasmans und ihren noch bescheideneren Aussichten auf Handelsverbindungen jedes Interesse an der legendären Terra australis.

Ein weiterer Mythos aus der Zeit der Spanier wurde zur selben Zeit von der VOC zerstört: Beharrlich hatten sich bis dahin Gerüchte von Gold- und Silberinseln (Rica de Oro und Rica de Plata) auf 37½° n.Br. östlich von Japan gehalten. Unter Leitung von Maarten Gerritszoon Vries ging 1643 von Batavia eine Expedition ab mit dem Auftrag, diese Inseln und die Küste des sagenhaften Cathay des Marco Polo (vgl. Bd. 1, Dok. 17, 19, 21) ausfindig zu machen. Die Sageninseln wurden nicht gefunden. Wohl aber kam es zu Entdeckungen an der Küste der japanischen Insel Hokkaido, an der Südostküste der Insel Sachalin, außerdem stieß man auf die Inselkette der Kurilen, die sich zur Halbinsel Kamtschatka hinzieht. Damit waren niederländische Seefahrer im Pazifik weiter nach Norden vorgestoßen als jemals spanische Schiffe auf der Route der Manila-Galeone. Ein Handel kam allerdings nirgends zustande.

Mit den Fahrten Tasmans und Vries' ging im wesentlichen das Entdeckungszeitalter der Niederländer zu Ende. Im Indischen Ozean war der bekanntgewordene Raum weit nach Süden ausgedehnt worden, der Platz für einen Südkontinent war dort erheblich enger geworden. Das gleiche galt für den pazifischen Raum: Während nach der zweiten Reise des Quirós die Terra australis noch unmittelbar südlich der Neuen Hebriden auf ca. 20° s. Br. hätte beginnen können, hatte Tasman erwiesen, daß ihr nördlichster Ausläufer allenfalls die Südinsel von Neuseeland sein konnte, auf einer Breite von etwa 43°. Weiterhin hatte Tasman immerhin einen neuen Zugang zum Pazifischen Ozean von Westen her gefunden: jenen südlich an Van-Diemens-Land (Tasmanien) vorbei.

In der Folge gab es immer wieder vereinzelte Unternehmungen, die von Europa, von der Karibik oder Batavia her in die Südsee eindrangen und deren Hauptmotiv meist der Wunsch war, sich einer der spanischen Manila-Galeonen zu bemächtigen oder an der südamerikanischen Westküste auf Raubfahrt zu gehen. Der englische Bukanier Edward Davis gehörte dazu, der 1687 durch den Bericht über eine – nach ihm Davis-Land genannte – Insel im Südpazifik mit einer riesigen Gebirgswand dahinter, die bis heute nicht identifiziert werden konnte, die Spekulationen über die Terra australis incognita in England anheizte, weiter William Dampier, der als Teilnehmer an einer Kette von Piratenfahrten eine regelrechte Odyssee auf allen Meeren der Welt mitmachte und 1697 durch seinen farbigen Reisebericht stark zum Aufleben eines Südsee-Interesses in England beitrug. Dampier selber hielt die von ihm 1688 besuchte Westküste Australiens (Dok. 109) für einen Teil der Terra australis incognita, anders als die Holländer vor ihm. Trotz eines regelrechten Südseefiebers um 1710 in England dauerte es jedoch noch ein gutes halbes Jahrhundert, bis ernsthafte englische Suchfahrten in den Pazifik zustande kamen.

In der Zwischenzeit wurden nur drei bemerkenswerte Unternehmungen in die südlichen Meere durchgeführt, und zwar von dem Niederländer Roggeveen, dem Franzosen Bouvet de Lozier und dem Engländer Anson. Jacob Roggeveen unternahm 1721–1723 im Auftrag der niederländischen Westindischen Compagnie (WIC) eine Expedition mit dem speziellen Ziel einer Auffindung der Terra australis incognita. Im Verlauf der Reise entdeckte man die Osterinsel (Dok. 110), den nördlichen Teil der Gesellschaftsinseln (allerdings ohne die Hauptinsel Tahiti) und die Samoa-Gruppe. Im übrigen mündete die Expedition ebenso in ein Fiasko wie die Unternehmung Le Maires und Schoutens ein gutes Jahrhundert zuvor: Die überlebenden Teilnehmer wurden in Batavia vom Generalgouverneur der VOC festgesetzt und nach den Niederlanden zurückgeschafft. Im Auftrag der französischen Compagnie des Indes unternahm 1738–1739 Jean-Baptiste-Charles Bouvet de Lozier eine Suchfahrt nach der Terra australis incognita, die er unmittelbar vor dem Kap der Guten Hoffnung vermutete. Auf 54° s. Br. entdeckte er in dieser Seeregion in der Tat in Eis und Nebel ein sehr hohes, schneebedecktes Land, das er nicht anzulaufen vermochte. Er nannte es „Cap de la Circoncision"; er hielt es für ein Vorgebirge des legendären Südkontinents, während es in Wirklichkeit eine Insel war (die Bouvet-Insel, die nach ihm erst 1808 wieder gesichtet wurde). Die Expedition des Engländers George Anson 1740–1744 dagegen war ein eher militärisches Unternehmen im Pazifik, dem u. a. eine Manila-Galeone zum Opfer fiel. Entdeckungen wurden keine gemacht, doch lieferte Ansons Weltumseglung ein reiches Erfahrungswissen über den Stillen Ozean, das die folgende Generation in England nutzte.

In den folgenden zwanzig Jahren verhinderten internationale Konflikte in Europa und Übersee, die in den Siebenjährigen Krieg (1756–1763) mündeten, weitere Erkundungsvorstöße in den Pazifik. In diesen Jahrzehnten blühte um so mehr die theoretische Auseinandersetzung zwischen Fachgelehrten, die sich aber durchaus an ein breites Publikum wandten. Zwei Lager standen einander gegenüber: die eine Richtung vertrat mit leidenschaftlicher Entschiedenheit die These vom Vorhandensein eines Südkontinents, die andere lehnte diese These voller Skepsis ab. Zur ersten, bei weitem lautstärkeren Gruppe gehörten einflußreiche Wissenschaftler und Praktiker wie die Franzosen Lenglet du Fresnoy *(Méthode pour étudier la géographie, 1742)*, Buffon *(Histoire naturelle, 1749)*, Moreau de Maupertuis, Präsident der Akademie der Wissenschaften zu Berlin *(Brief an Friedrich II., 1752)*, Bénard de La Harpe *(Mémoire, 1754)* und Charles de Brosses *(Histoire des Navigations, 1756)*, auf englischer Seite John Campbell (Einleitung zu J. Harris: *Navigantium atque Itinerantium Bibliotheca, 1744–1748)*, John Callander *(Terra Australis Cognita, 1766–1768)* und besonders der einflußreiche Alexander Dalrymple *(An Account of the Discoveries made in the South Pacifick* [sic]*, 1769; A Historical Collection, 1770–1771)*. Ob Franzosen oder Engländer: die Argumentationen waren bei allen im wesentlichen die gleichen. Aus der These von der Existenz einer riesigen, bevölkerungsstarken, mineralreichen und fruchtbaren Terra australis, die aus geographisch-theoretischen Erwägungen entsprang, wurde die Forderung nach politischer Besetzung, wirtschaftlicher Nutzung und wissenschaftlicher Erforschung dieses Südkontinents abgeleitet. Das Fazit bildete jeweils die Aufforderung an die eigene Regierung, anderen Nationen beim Wettlauf um das – aus europäischer Sicht – noch fast jungfräuliche Land zuvorzukommen. Selten in der Geschichte hat die Wissenschaft eine so massive Pression auf die Politik ausgeübt wie damals in der Frage der Terra australis.

Das nach dem Siebenjährigen Krieg beginnende sogenannte „Zweite Entdeckungszeitalter" (Parry) war denn in der Tat ganz von der aufgeklärten Denkhaltung der damaligen Wissenschaften geprägt. Die in seinem Verlauf erzielten Entdeckungen – sie kamen fast ausnahmslos im Pazifik zustande – hatten einen neuen Charakter: sie waren in einem bis dahin unbekannten Maße zielbewußt und sorgfältig – oft generalstabsmäßig – geplant und vorbereitet und wurden in enger Kooperation von geschulten Seeoffizieren und erfahrenen Wissenschaftlern durchgeführt und danach minutiös ausgewertet. Ihre Motive waren komplex und glichen durchaus den Argumentationen der vorausgegangenen Literatur: sie waren zwar großenteils wissenschaftlicher, aber nicht minder wirtschaftlicher und politisch-strategischer Natur.

Die ersten Unternehmungen des Zweiten Entdeckungszeitalters gingen von Frankreich aus, was nicht überraschen kann. Frankreich war im 18. Jahrhundert der schärfste Rivale Englands in Übersee, es hatte im Frieden von Paris 1763 sein gesamtes nordamerikanisches und fast sein ganzes indisches Kolonialreich an England verloren. Es mußte insofern auf eine irgendgeartete Kompensation bedacht sein, und eine solche Kompensation konnte möglicherweise in der Inbesitznahme der bislang unbesetzten Terra australis bestehen. Promotor der französischen Bestrebungen wurde der Berufsoffizier Louis-Antoine de Bougainville (Dok. 111). Er errichtete bereits 1764 einen französischen Stützpunkt auf den Malwinen (engl.: Falkland-Inseln), die für ihn „absolut, auf Grund ihrer Lage, den Schlüssel zum Südmeer" bildeten.

Doch blieb die englische Konkurrenz nicht untätig. Im selben Jahr 1764 schickte die britische Admiralität John Byron aus, der 1765 ebenfalls einen Stützpunkt auf den Falkland-Inseln anlegte. Byrons Geheiminstruktion lautete u.a. – eine spätere Aufgabe Cooks vorwegnehmend – dahingehend, von Nova Albion (einem von Drake 1579 so benannten Landstrich an der kalifornischen Küste) aus nach der sogenannten Nordwest-Passage vom Pazifik zur Hudson-Bai zu suchen. Byron hielt sich aber nicht an seine Instruktion und umsegelte statt dessen 1765–1766 die Erde auf der Suche nach dem Südland, ohne dabei nennenswerte Entdeckungen zu machen. Ihm folgten unmittelbar Samuel Wallis und Philip Carteret auf einer anfänglich gemeinsamen Expedition nach. Während Carteret auf seiner Weltumseglung 1766–1769 keine wesentlichen Entdeckungen gelangen – von einer Wiederauffindung der Salomonen abgesehen –, erkundete Wallis auf der Suche nach der Terra australis den Südost-Pazifik genauer als je ein Seefahrer vor ihm und entdeckte im Juni 1767 Tahiti. Er gelangte bereits 1768 nach England zurück.

Wallis und Carteret waren auf Grund von geheimen Informationen der britischen Admiralität (Dok. 112) über ein ähnliches französisches Unternehmen ausgelaufen und waren ihm um ein weniges zuvorgekommen: der Reise Bougainvilles 1766–1769 in die Südsee und um die Welt. Seine Instruktion verwies Bougainville eindringlich auf die Suche nach der Terra australis und besonders auf die Suche nach Edelmetallen und Spezereien und erlegte ihm auf, möglichst viele Besitzergreifungen von Ländern und Inseln vorzunehmen. Bougainville entdeckte auf einer Route, die von der Byrons, Wallis' und Carterets über den Pazifik nicht allzusehr abwich, im April 1768 Tahiti, zehn Monate nach Wallis. Die Schilderung der paradiesisch sich darbietenden Welt der Gesellschaftsinseln durch seinen Reisegefährten Commerson wurde im Europa seiner Zeit weithin maßgebend für die Vorstellungen vom unwiderstehlichen Zauber der Südsee (Dok. 114).

Die Ergebnisse der im vorhergehenden Abschnitt genannten Weltreisen hatten die in Europa dominierenden Vorstellungen vom Südkontinent im übrigen eher bestätigt als widerlegt: Auf Grund der zahllosen aufgefundenen Inseln der Südsee, die nach allen Erfahrungen einem Kontinent vorgelagert sein mußten, auf Grund oftmals ausbleibender Dünungen, auf Grund aufgefundenen Treibguts, besonderer Wolkenbildungen, beobachteter Vogelschwärme u.a. neigten alle Berichte der jüngsten Weltumsegler dazu, das Vorhandensein der Terra australis zu bejahen. Die endgültige Aufklärung über diese wichtigste Entdeckungsfrage des 18. Jahrhunderts sollten die Fahrten des Engländers Cook im Verlauf des folgenden Jahrzehnts bringen.

James Cook, ein erfahrener und fähiger Vermessungsoffizier der Marine, erhielt 1768 von der britischen Admiralität die Aufgabe zugewiesen, den im Juni 1769 stattfindenden Venus-Durchgang vor der Sonnenscheibe zu beobachten, und zwar von Tahiti aus, von dem Wallis eben Nachricht nach England gebracht hatte. Danach sollte er wie seine Vorgänger Byron, Wallis und Carteret das Problem des umstrittenen Südkontinents angehen, wofür ihm die Admiralität eine präzise Geheiminstruktion auf die Reise mitgab (Dok. 113). Cook war von mehreren bekannten Wissenschaftlern begleitet, deren Forschungsergebnisse später in mancher Hinsicht ein neues Kapitel in der Kenntnis Europas von der Südsee aufschlagen sollten.

Cook ging mit seinem Schiff Endeavour im August 1768 in See und löste zunächst die ihm auf Tahiti gestellte Aufgabe. Anschließend nahm er einen außerordentlich südlichen Kurs auf, segelte nach Westen weiter und umrundete als erster beide Hauptinseln Neuseelands, womit er die Annahme Tasmans, die Südinsel könnte ein Sporn der Terra australis sein, widerlegte. Er fuhr dann als erster Europäer die Ostküste Neu-Hollands (Australiens) ab, an der er mit seinem Wissenschaftlerteam zu vornehmlich botanischen Untersuchungen im April 1770 an Land ging (Botany Bay). Darauf stieß er durch das Große Barriere-Riff und die seit 1606 nicht mehr befahrene Torres-Straße in den Indischen Ozean vor und kehrte nach England zurück. Seine Fahrt hatte nicht nur topographische und hydrographische Untersuchungsergebnisse über die Südsee in bisher nie gekannter Präzision und dazu eine Fülle von naturwissenschaftlichen Ergebnissen erbracht, sie hatte auch den möglichen Raum für die vermutete Terra australis stärker schrumpfen lassen als die Reisen Byrons, Wallis', Carterets und Bougainvilles zusammen. Seine Anschlußreise 1772–1775 sollte dann das bisherige Dunkel über den angeblichen Südkontinent endgültig beseitigen.

Zu dieser zweiten Expedition lief Cook mit den Schiffen Resolution und Adventure im Juli 1772 aus, begleitet u. a. von den deutschen Naturwissenschaftlern Johann Reinhold Forster und dessen Sohn Georg (vgl. Dok. 8) sowie dem Maler Hodges. Als erster Reisender schlug Cook für eine Weltumsegelung einen Ostkurs ein. Auf der Suche nach dem von Bouvet gesichteten Cap de la Circoncision näherte er sich im Südsommer Anfang 1773 dem Südpol so weit, daß er den Polarkreis überquerte. Dabei kam er dem antarktischen Kontinent, ohne es zu wissen, im Bereich der später Enterby Land genannten Region tatsächlich bis auf 75 Seemeilen nahe. Er fuhr dann auf etwa 60° s. Br. mit den dortigen Westwinden bis Neuseeland, wobei er und seine Mannschaft zum ersten Mal das dem Nordlicht entsprechende Südlicht (aurora australis) beobachteten. In der Folge fuhr er mehrmals auf verschiedenen Breiten den Pazifik nach beiden Richtungen ab, wobei er von Juan Fernández und der Osterinsel im Osten bis zu den Neuen Hebriden (dem Espíritu Santo des Quirós) im Westen fast alle Inselgruppen neu vermaß und kartographisch exakt aufnahm. Im Februar 1774 hatte er sich bei einem erneuten Südvorstoß dem Südpol wiederum so weit wie möglich, nämlich bis an die Grenzen des Festeises, genähert, er war bis auf eine Breite von 71° gekommen (Dok. 115): Dies war für 150 Jahre der südlichste Punkt, den ein Mensch erreichte. 1775 kehrte er nach England zurück. Über die Ergebnisse der Expedition schrieb Georg Forster treffend: „Der Hauptendzweck unsrer Reise war erfüllt; wir hatten nemlich entschieden, daß kein vestes Land in der südlichen Halbkugel liege. Wir hatten sogar das Eis-Meer jenseits des Antarctischen Zirkels durchsucht, ohne so beträchtliche Länder anzutreffen, als man daselbst vermuthet hatte. Zu gleicher Zeit hatten wir die für die Wissenschaft wichtige Entdeckung gemacht, daß die Natur mitten im großen Welt-Meere, Eisschollen bildet, die keine Saltztheilchen enthalten, sondern alle Eigenschaften des reinen und gesunden Wassers haben. In andern Jahreszeiten hatten wir das Stille-Meer innerhalb der Wende-Zirkel befahren: und daselbst den Erdbeschreibern neue Inseln, den Naturkundigen neue Pflanzen und Vögel, und den Menschenfreunden insbesondere, verschiedene noch unbekannte Abänderungen der menschlichen Natur aufgesucht."

Die britische Admiralität war von den Leistungen Cooks so angetan, daß sie ihm für eine dritte Expedition die Lösung des letzten großen unter den bis dahin offenen Problemen der Erforschung der Weltmeere zur Aufgabe gab: die Klärung der Frage, ob es zwischen der nordamerikanischen Westküste und der Hudson-Bai eine benutzbare Durchfahrt – die sogenannte Nordwest-Passage – gebe. Cook ging im Juli 1776 mit den Schiffen Discovery und Resolution in See. Sein Ziel war auf einigen Umwegen über den Indischen Ozean und Tahiti das Nova Albion Drakes, das schon Byron hätte anlaufen sollen. Im Februar 1778 entdeckte er dabei die Hawaii-Gruppe. In der Folge nahm er die ganze amerikanische Nordwestküste kartographisch auf, folgte dabei teilweise, ohne es zu wissen, der Route Berings (vgl. Dok. 102) und fuhr 1778 durch die Bering-Straße bis tief in das Nördliche Eismeer. Mit dieser Reise war endgültig nachgewiesen, daß es eine für Schiffe passierbare Nordwest-Passage nicht gab. Um den Nordwinter für eine Überholung seiner Schiffe und eine Erholung seiner Mannschaften zu nutzen, wandte er sich nach den Hawaii-Inseln zurück. Am 14. Februar 1779 wurde er dort von der anfangs freundlichen Bevölkerung unversehens erschlagen, weil seine Mannschaft eines der Tabu-Gesetze der Inseln verletzt hatte. Seine Offiziere setzten jedoch die Expedition fort, befuhren nochmals die Bering-Straße, segelten die Küste Kamtschatkas ab und kehrten über Japan, China und den Indischen Ozean 1780 nach England zurück.

Cooks Entdeckerleistung bestand nicht so sehr im Auffinden neuer Länder und Inseln: Von wenigen Ausnahmen abgesehen war fast alles Land, das er betrat, von dem einen oder anderen seiner Vorläufer bereits angelaufen oder gesichtet worden. Cooks eigentliche Leistung bestand darin, daß er mit einer bis dahin ungekannten Genauigkeit und Gründlichkeit systematisch die Grenzen der Ökumene nach allen Richtungen, in der südlichen Hemisphäre vor allem

auch in Nord-Süd-Richtung, abgefahren hatte, und zwar im Bereich des Südatlantik, des südlichen Indischen Ozeans und des Süd- und Nordpazifik. Mit
seinen Ergebnissen fiel das theoretische Konstrukt der Terra australis incognita in sich zusammen und damit manche andere These der damaligen Geographie, etwa die über die – angeblich notwendige – gleiche Verteilung von Land
und Wasser auf der Nord- und Südhalbkugel. Aber auch für andere Wissenschaften, etwa die Nautik oder die Völkerkunde, schufen die von ihm und seinen wissenschaftlichen Begleitern mit hartnäckiger Beharrlichkeit erzielten
Messungen, Prüfungen, Beobachtungen und Rückschlüsse teilweise neue
Grundlagen, so daß mit ihm eigentlich erst die pazifische Länderkunde und
Ethnographie beginnt.

Gleichzeitig und nach Cook hat es im übrigen zahlreiche weitere Südsee-
Expeditionen gegeben, u. a. durch die Franzosen Surville (1769–1770), Ker-
guelen (1771–1772 und 1773–1774), Marion-Dufresne (1771–1772), La Pé-
rouse (1785, seit 1788 verschollen), d'Entrecasteaux (1791–1794), die Spanier
González (1770–1771), Boenecha (1772–1773 und 1774–1775), Langara y
Huarta (1775–1776) und schließlich den Italiener in spanischen Diensten Ma-
laspina (1789–1794). Auch die Engländer setzten ihre Pazifik-Expeditionen
fort, u. a. unter Bligh, Vancouver (1791–1795) und Bass (1798–1799). Um
die Wende zum 19. Jahrhundert setzten auch gründliche wissenschaftliche
Suchfahrten russischer Forscher ein, so die von Krusenstern und Lisjanski
(1803–1806), Kotzebue (1815–1818) und Bellingshausen (1819–1821), die vor
allem den Nordpazifik, die Aleuten, die Alaskaküste und die Südpolarregion
erkundeten. Doch alle diese Expeditionen zusammen gewannen nicht die
grundsätzliche Bedeutung der Reisen Cooks, wenngleich sie in zahllosen Fragen wertvolle bleibende Einzelerkenntnisse zutage förderten, die über die Ergebnisse Cooks hinausgingen.

Was schließlich Neu-Holland angeht, den einzigen Kontinent, der im Laufe
der jahrhundertelangen Suche nach dem Südland schließlich entdeckt worden war, so nahm er sich, gemessen an den mit der erwarteten Terra australis
aurifera verbundenen Erwartungen, wie ein häßliches junges Entlein aus: die
von Cook entdeckte Ostküste des Festlands diente England ab 1788 lediglich
als Sträflingskolonie (vgl. Bd. 3, Dok. 74). 1814 machte der englische Geograph und Forschungsreisende Matthew Flinders den Vorschlag, dieses neue
Festland zur Erinnerung an den so lange gesuchten legendären Südkontinent
„Australia" zu nennen. Dieser Vorschlag wurde in der wissenschaftlichen Welt
rasch aufgegriffen und verdrängte die bisherige Bezeichnung „Neu-Holland".
Alles in allem war mit Cook und den bis ca. 1820 folgenden Einzelforschun-
gen die Welt des Pazifischen Ozeans vollständig bekanntgeworden. Das um
strategisch-politischer Ziele willen nach dem Frieden von Paris 1763 in Gang
gekommene Rennen zwischen Frankreich und England um die Terra australis
incognita hatte sich rasch als ein Wettlauf um ein Phantom erwiesen. Aber
ohne diese Konkurrenz, die England ganz überlegen gewann, wäre der pazifische Raum vermutlich noch viele weitere Jahrzehnte lang nur teilweise er-

forscht geblieben. Im 19. Jahrhundert sank das Interesse an ihm fast wieder auf den Nullpunkt – wenn man davon absieht, daß er ein bevorzugtes Walfanggebiet wurde. Erst das Zeitalter des Imperialismus hat dann von der pazifischen Inselwelt endgültig politischen Besitz ergriffen. Es hat dabei ethnologisch, sprachlich, wirtschaftlich, verkehrsmäßig und klimatisch zusammengehörige Räume oft willkürlich zerrissen. An diesem Ergebnis hat auch die dort inzwischen in Gang gekommene Dekolonisierung unserer Zeit wenig geändert.

Lit.: James Burney: A Chronological History of North-Eastern Voyages of Discovery; and of the Early Eastern Navigations of the Russians. London 1819 – Franz Wieser: Magalhães-Straße und Austral-Continent auf den Globen des Johannes Schöner. Innsbruck 1881 – N. Collingridge: First Discovery of Australia. London 1906 – E. W. Dahlgren: Les relations commerciales et maritimes entre la France et les côtes de l'océan pacifique (commencement du XVIIᵉ siècle). T. I.: Le commerce de la mer du sud jusqu' à la paix d'Utrecht. Paris 1909 [mehr nicht erschienen] – E. Headwood: A History of Geographical Discovery in the 17th and 18th Centuries. Cambridge 1912 – Henry R. Wagner: Spanish Voyages to the North-west Coast of America in the Sixteenth Century. San Francisco 1929. Ndr. Amsterdam 1966 – J. C. Beaglehole: The Exploration of the Pacific. Stanford ¹1934, ³1966. Ndr. 1968 – Lawrence C. Wroth: The Early Cartography of the Pacific. New York 1944 – James A. Williamson: Cook and the Opening of the Pacific. London 1946 – Günther Hamann: Probleme der Entdekkungs-, Kolonial- und Namensgeschichte Australiens. In: Mitteilungen des Österreichischen Instituts für Geschichtsforschung 68 (1960), S. 313–327 – B. Smith: European Vision and the South Pacific 1768–1850. Oxford 1960 – A. Sharp: The Discovery of the Pacific Islands. Oxford 1960 – Glyndwr Williams: The British Search for the Northwest Passage in the Eighteenth Century. London 1962 – A. Grenfell Price: The Western Invasions of the Pacific and its Continents. Oxford 1963 – Andrew Sharp: The Discovery of Australia. Oxford 1963 – J. E. Martin-Allanic: Bougainville navigateur et les découvertes de son temps. 2 vol. Paris 1964 – J. Dunmore: French Explorers in the Pacific. Vol. I: The Eighteenth Century. Oxford 1965 – Herman R. Friis (ed.): The Pacific Basin: A History of its Geographical Exploration. New York 1967 – Andrew Sharp: The Voyages of Abel Janszoon Tasman. Oxford 1968 – Warren L. Cook: Flood Tide of Empire. Spain and the Pacific Northwest. New Haven-London 1973 – W. C. H. Roberts (ed.): The Dutch Explorations, 1605–1756, of the North and Northwest Coast of Australia. Amsterdam 1973 – Günter Schilder: Australia Unveiled. The Share of the Dutch Navigators in the Discovery of Australia. Amsterdam 1976 – O. H. K. Spate: The Spanish Lake. Minneapolis 1979 – Roger Hervé: Découverte fortuite de l'Australie et de la Nouvelle-Zélande par des navigateurs portugais et espagnols entre 1521 et 1528. Paris 1982.   Sch

104. Urdaneta entdeckt die West-Ost-Route über den Pazifik (1565)

Im Jahr 1559 ordnete König Philipp II. eine neue Expedition zu den Philippinen an, um sie kolonisieren und christianisieren zu lassen. Ein weiteres Ziel der Reise war, von Asien aus einen Rückweg über den Pazifik nach Mexiko „auf einer neuen Route" aus-

findig zu machen, d. h. jene Route zu finden, nach der die Überlebenden der Magal-
hães-, Loaysa-, Saavedra- und Villalobos-Expeditionen bereits hartnäckig, aber erfolglos gesucht hatten. Die nautische Leitung des Unternehmens wurde dem Augusti-
ner-Pater Andrés de Urdaneta anvertraut, der – da er als Geistlicher keine militärische
Befehlsgewalt innehaben durfte – die Freiheit erhielt, den Generalkapitän der auszurü-
stenden Armada von sich aus zu benennen: Er wählte Miguel López de Legaspi, einen
erfahrenen Offizier, aus. Die Krone sah Andrés de Urdaneta deshalb als eigentlichen
Leiter des Unternehmens vor, weil er damals als der beste spanische Kenner der ost-
asiatischen Inselwelt und ihrer Meere galt. Er hatte bereits 1525–1527 als siebzehnjäh-
riger Page Elcanos an der zweiten spanischen Molukkenfahrt unter Loaysa und Elcano teilgenommen, hatte gründliche nautische Kenntnisse erworben und war unter den
acht Überlebenden gewesen, die von den rund 450 Teilnehmern der Expedition im Jahr
1536 nach Spanien zurückgelangt waren; er hatte die spanienfreundliche Gewürzinsel
Tidore bis zur offiziellen Abtretung an Portugal gegen die Portugiesen verteidigen helfen und 1527 und 1528 die Ergebnisse der erfolglosen Versuche Saavedras beobachten
können, über den Nordpazifik nach Mexiko zurückzukehren; Saavedra war bereits bis
31° n.Br. gekommen. In Valladolid schrieb Urdaneta 1537 aus dem Gedächtnis (die
Portugiesen hatten ihm bei seiner Rückkehr in Lissabon alle seine Aufzeichnungen ab-
genommen) einen wertvollen Bericht über seine Erlebnisse nieder, der den Indienrat
beeindruckte.

Im Jahr 1539 war Urdaneta nach Guatemala gegangen, um unter Pedro de Alvarado
zu dienen, der eine Lizenz besaß, „Inseln im Westen" zu entdecken. Obwohl damals
zehn Schiffe in Vera Cruz am Golf von Mexiko auseinandergenommen, über Land
transportiert und im Hafen von La Natividad am Pazifik wieder zusammengebaut
worden waren, um für eine Südsee-Expedition zu dienen, kam diese nicht zustande, da
Alvarado andere Vorhaben zu verfolgen begann. 1552 war Urdaneta dann in den Au-
gustiner-Orden eingetreten und in der Missionsarbeit tätig geworden. Aus dieser Tätigkeit löste ihn der persönliche Brief Philipps II., der ihm die inoffizielle Leitung der
Südsee-Expedition von 1564 übertrug.

Die Flotte Legaspis – bestehend aus sieben Schiffen – ging am 21. November 1564
von La Natividad aus in See. Sie erreichte nach Zwischenaufenthalten auf Guam und
Samar am 27. April 1565 Cebu, wo Legaspi die erste spanische Kolonie auf den Philippinen gründete (als Hauptstadt des neuen Kolonialreichs wählte er 1571 Manila auf
der Insel Luzon). Urdaneta machte sich 1565 nach gründlicher Verproviantierung seines Schiffes an seine eigentliche Aufgabe. Er fuhr mit der größten Galeone der Armada, der San Pablo, am 1. Juni von Cebu ab, gelangte durch die gefährliche San Bernadi-
no-Straße nördlich von Samar in den Pazifik und segelte mit dem Südwestmonsun bis
zu den Marianen, rechtzeitig genug, um die sommerlichen Westwinde des Nordpazifik
zu erreichen. Auf einer Breite von etwa 40–45° gelangte er in rund drei Monaten ohne
Landberührung nach Nordamerika zurück, wo er zuerst auf die Santa-Barbara-
Gruppe vor Kalifornien stieß. Von dort fuhr er an der Küste entlang bis La Natividad,
wo er am 1. Oktober 1565 eintraf. Er starb 1568 in Mexiko-Stadt.

Der folgende Quellenauszug aus der Chronik des Augustiner-Paters Gaspar de San
Agustín erwähnt u.a. die ebenso erfolgreiche Überquerung des Pazifik in West-Ost-
Richtung durch Alonso de Arellano, die zwei bis drei Monate vorher abgeschlossen
worden war. Arellano war in der Tat der erste europäische Seefahrer, der die berühmte
Route bewältigte; aber da er als einfacher Schiffsführer der Legaspi-Expedition zu die-
ser Rückreise von den Philippinen aus nicht autorisiert war, hielten die Behörden seine

Erfahrungen für relativ wertlos, während Urdanetas nautische Aufzeichnungen insgesamt seinem Auftrag entsprachen und in der Tat so genau waren, daß fortan jedes spanische Schiff mit ihrer Hilfe die Rückreise zu bewältigen vermochte. Ob im übrigen Spannungen besonderer Art zwischen Urdaneta und Arellano bestanden, die sich in einer für Arellano nachteiligen Weise auswirkten, ist wenig bekannt. Daß der Chronist des Augustiner-Ordens seinen Mitbruder Urdaneta in das hellste Licht rückt, mag auf einer Voreingenommenheit des Schreibers beruhen. Es mag aber auch dessen großer Leistung entsprechen.

Lit.: Henry R. Wagner: Spanish Voyages to the Northwest Coast of America in the Sixteenth Century. San Francisco 1929. Ndr. Amsterdam 1966 – William L. Schurz: The Manila Galeon. New York 1939. Ndr. 1959 – José de Arteche: Urdaneta. Madrid 1943, San Sebastian ²1968 – Pierre Chaunu: Le Galeon de Manille. Grandeur et décadence d'une route de la soie. In: Annales (E.S.C.) 6 (1951), S. 447–462 – Mairin Mitchel: Friar Andrés de Urdaneta, O.S.A. London 1964 – Samuel Eliot Morison: The European Discovery of America. The Southern Voyages A.D. 1492–1616. New York 1974 – Hermann Kellenbenz: Die amerikanische Route zu den Gewürzinseln. In: Beiträge zur Handels- und Verkehrsgeschichte. Hg. v. Paul W. Roth. Graz 1978, S. 63–73.   Sch

Nach Ausfertigung aller Schriftstücke, sowohl der den Orden betreffenden als auch derer des Gouverneurs an Seine Majestät, Philipp II., und an die königliche Audiencia[1] von Mexiko, die über alle Ereignisse berichteten, segelte das Flaggschiff am Freitag, dem 1. Juni 1565, aus dem Hafen von Cebu ab. Als das Schiff auf das Meer hinausgelangt war, begann der Pater Fray Andrés de Urdaneta es mit solcher Vorsicht und Wachsamkeit zu steuern, daß er die ganze Nacht nicht schlief. Er beobachtete Kurs, Winde und Sandbänke mit solcher Geschicklichkeit und Vorsicht, daß sich seither die auf dieser Strecke fahrenden Steuerleute nach dem Kurs richten, den er bei seiner Reise benutzte, ohne Gebrauch zu machen von den Kenntnissen, die die Leute der Brigg San Lucas[2] von ihrer gescheiterten Reise mitbrachten. Daher haben alle dem Pater Fray Andrés de Urdaneta den Titel des ersten und wahren Entdeckers dieser Route zuerkannt und nicht dem Kapitän Don Alonso de Arellano und seinem Steuermann Lope Martín. Pater Urdaneta erduldete im weiteren Verlauf seiner Reise viele Mühsale, weil die Leute auf dem Schiff zu sterben begannen und er binnen kurzem sechzehn Personen verlor. Unter ihnen waren ein Steuermann und der Schiffsführer *(maestre)*.

Auch war der andere Steuermann, Rodrigo de Espinosa, obwohl er die Reise überlebte, so krank und geschwächt, daß er ihm in keiner Weise behilflich sein konnte. Zu guter Letzt gelang es dem Pater Urdaneta, den Hafen von Natividad [in Mexiko] in weniger als vier Monaten nach seiner Abreise von

---

[1] Audiencia: Appellationsgericht, gleichzeitig Kontrollorgan der spanischen Kolonialbürokratie.

[2] Die Brigg San Lucas hatte unter dem Befehl des Don Alonso de Arellano gestanden. Sie war bereits eine Woche nach der Ausfahrt der Kriegsflotte des Legaspi, nämlich am 1. Dezember 1564, vom Verband abgekommen und allein zu den Philippinen und zurück gesegelt. Damit war Arellano der erste gewesen, der den Pazifik von Ost nach West überquert hatte.

Cebu zu erreichen. Da er dort nicht ankern wollte, weil er erfahren hatte, daß sich nach dem Auslaufen der Kriegsflotte die Umgegend entvölkert hatte, und weil das Klima dort weder für Kranke noch für Gesunde geeignet war, segelte er weiter zum Hafen von Acapulco, da dieser einer der besten der Welt ist und näher an Mexiko liegt. Am 30. Oktober 1565 gingen sie in seiner Einfahrt vor Anker, da Urdaneta dieser Platz geeigneter erschien. Alle waren so geschwächt, daß, als sie um der Sicherheit des Schiffes willen weiter in den Hafen hineinfahren wollten, niemand den Anker heben konnte. So mußten sie das Tau durchschneiden und den Anker zurücklassen. Später starben noch vier Personen im Hafen. Einer von ihnen war der Indio von jener Insel der Ladronen[3], den der Pater in Guahán [Guam] befreit hatte, als ihn der Schiffsführer mit drei Gefährten hängen lassen wollte wegen des Todes jenes Schiffsjungen, der schlafend auf dem Boden gelegen hatte. Gott schützte den Pater Urdaneta, damit durch ihn dieses Schiff heil nach Neu-Spanien gelangte. Er übte dabei nicht nur die Funktion des Steuermanns aus, sondern oft noch die eines Matrosen. Er und sein Gefährte, der Pater Fray Andrés de Aguirre, dieser als Krankenpfleger für alle, ruhten weder bei Nacht noch bei Tag.

Die zwei Patres kamen also in Mexiko an und wurden von allen wie ein undenkbares Wunder empfangen. Denn nach dem Bericht, den Don Alonso de Arellano über den Verlust der Kriegsflotte verfaßt hatte, hielten alle sie für tot oder in weit abgelegene Gebiete verschlagen. Der Pater Urdaneta wurde von den Herren der königlichen Audiencia von Mexiko mit hohen Ehren empfangen, wie es ein so geschätzter Mann verdiente. Nachdem sie den ganzen Bericht gehört und die Briefe, die der Pater Urdaneta vom Gouverneur Miguel López de Legaspi überbrachte, sowie die Karte und den Kurs, den er auf seiner Reise verfolgt hatte, gelesen hatten, ließen sie ihn zu seinem Konvent gehen, damit er sich von den Strapazen erhole, die er durchgemacht hatte. Der höchste Adel von Mexiko begleitete ihn dorthin, erfreut und vergnügt über das glückliche Schicksal ihres edlen Bürgers Miguel López de Legaspi und der ganzen Kriegsflotte. Als der Pater Urdaneta mit seinem Gefährten im Konvent angekommen war, wurde er mit der Liebe und Wiedersehensfreude empfangen, die man von einer Mutter einem so guten Sohn gegenüber erwartet. Alle jene Patres und die der anderen Orden feierten seine glückliche Ankunft. Anschließend unterrichtete man ihn von der vorausgegangenen Ankunft des Don Alonso de Arellano und seines Steuermanns Lope Martín, die drei Monate vor dem Pater Urdaneta in Mexiko eingetroffen waren. Sie hatten auf der Reise, wie nachher zu erfahren war, großes Unheil erlitten, Flauten und rauhe Unwetter. Sie sahen sich oft verloren und segelten das eine Mal hierhin, das andere Mal dorthin, bis Gott sie zum Kap Mendocino[4] führte, das achtzig Meilen nördlich vom Hafen von Natividad auf der Breite des vierzig-

---

[3] Alter Name der 1521 von Magalhães entdeckten Inselgruppe der Marianen (Hauptinsel: Guam).

[4] Nördlich der heutigen Stadt San Francisco in Kalifornien.

sten Grades liegt. Dort fuhren sie unter großen Gefahren vorbei, um im Hafen von Natividad zu ankern. Sie brachten aber weder eine Karte noch eine Kursaufzeichnung von ihrer Reise mit und verbreiteten in Mexiko, die Kriegsflotte sei untergegangen und nur ihr Schiff habe sich retten können. Sie zeigten die Waren, die sie als Lösegeld von der Insel Mindanao geholt hatten, als da waren: Gold, Pfeffer, Zimt, und einige Waffen, wie sie von den Eingeborenen jener Insel verwendet werden. Arellano und sein Steuermann wollten sich gern als die ersten Entdecker dieser Insel und der Route zurück nach Neu-Spanien bezeichnen. Nachdem er diese Lüge verbreitet hatte, schiffte sich Don Alonso de Arellano nach Spanien ein, um von Seiner Majestät Gnadenerweise für die neuen Entdeckungen zu erbitten. Ohne Zweifel hätte er auch sehr große erhalten, wenn es dem Pater Fray Andrés de Urdaneta in der Zwischenzeit nicht gelungen wäre, an den Hof zu gelangen und die Wahrheit zu berichten über das, was in Cebu bis zum Tag seiner Abreise und bis zu seiner Ankunft in Neu-Spanien sich ereignet hatte. Dies war der Grund, warum die Herren vom königlichen Indienrat befahlen, Don Alonso de Arellano zu ergreifen. Dieser war lange Zeit Gefangener im Hofgefängnis. Später befahlen sie ihm, nach Neu-Spanien zurückzukehren, damit sein General ihn auf die Philippinen schicke. Mit diesem Lohn für seine liederlichen Entdeckungen kehrte Don Alonso nach Neu-Spanien zurück, wo man ihn auf Fürsprache einiger Leute hin mit Nachsicht aufnahm. Auf die Nachricht vom Tode des Miguel López de Legaspi hin kehrte er 1577 auf die Philippinen zurück. Er schiffte sich dabei als Passagier auf einem der beiden Schiffe ein, die der Vizekönig Don Martín Enriquez im Auftrag des Generals Juan López de Ribera, eines gebürtigen Mexikaners, schickte. Er hatte Empfehlungsschreiben an den Doktor Sande, den Gouverneur jener Inseln, bei sich. Dort blieb er einige Jahre. Als er aber merkte, daß er schlecht angesehen war bei allen Konquistadoren, die von seinem Verfahren wußten, kehrte er 1579 nach Neu-Spanien zurück. Dort starb er, der sich die Entdeckung des Rückwegs von den Philippinen angemaßt hatte. Diese Entdeckung wird zu Recht unserem ehrwürdigen Pater Fray Andrés de Urdaneta zugeschrieben, da er nicht nur die Reise mit so großem Geschick gemacht hatte, sondern auch einen so bestimmten und genauen Bericht über diese Inseln und ihren ungeheuren Archipel mitbrachte, daß ihn alle als einzigen Entdecker anerkennen. Nach Auswertung seiner Karten und Kursaufzeichnungen durch Professoren der Nautik war er der erste, der die Rückreiseroute von diesen Inseln festlegte. Er segelte bis zum 36. Breitengrad nach Norden vorbei an der Cordillera der Ladronen, spürte den nördlichen Teil Japans auf und segelte von dort hinauf zum 38. Breitengrad auf der Suche nach den Nordwestwinden. Manchmal sieht man sich allerdings gezwungen, bis zum 40. und 43. Breitengrad hinaufzusegeln, weil man diese Winde in der angegebenen Höhe nicht vorfindet. Dies geht sehr zu Lasten der Gesundheit der Seefahrer, da gewöhnlich durch die übermäßige Kälte viele von ihnen sterben, bevor sie die Küste von Neu-Spanien erreichen. Die Durchführung dieser mühseligen Reise erfordert großen Mut und große Kenntnisse in der Wissen-

schaft der Nautik. Sie ist schwieriger als alle, auch als die Reisen der Portugiesen nach Ostindien um das stürmische Kap der Guten Hoffnung herum und
die in die kältesten Zonen des Nordpols durch das „Mar Deucalidonio"⁵.

Aus: Gaspar de San Agustín, O. S. A.: Conquista de las Islas Filipinas (1565–1615). Edición, introducción, notas é indices por Manuel Merino O.S.A. Madrid 1975, S. 204–206.   Schp

105. Sarmiento: Die Beweggründe für die erste Suche nach dem Südkontinent durch Mendaña (1567/1568)

Der Chronist Bernabé Cobo (1572–1659) berichtet in seiner „Historia del nuevo mundo", daß den Anstoß für die spanischen Erkundungsfahrten im Pazifik die teils religiös,
teils durchaus weltlich verstandene Bemühung gab, das Goldland Ophir aufzufinden,
jenes Land, aus dem König Salomon seinerzeit das Gold und das Elfenbein für seinen
Tempelbau in Jerusalem geholt hatte. Die Wahrscheinlichkeit, daß dieses Land von der
Pazifikküste Südamerikas aus entdeckt werden könne, hatte der vielseitig begabte Verwaltungsbeamte, Historiker, Pilot und Entdecker Pedro Sarmiento de Gamboa in den
fünfziger und sechziger Jahren des 16. Jahrhunderts mit großer Suggestivkraft aufge-
wiesen. In jahrelangen intensiven Befragungen überlebender Angehöriger des Inka-
Hochadels hatte er außerordentlich wertvolles Material über die Geschichte des Inka-
Reiches zusammengetragen, u.a. Nachrichten über eine angebliche Südseefahrt des
zehnten Inka-Kaisers Tupac Yupangi im Jahrhundert vor der Ankunft der Spanier in
Peru. Bei seiner Rückkehr habe dieser Inka sehr wertvolle Edelmetall-Gegenstände zurückgebracht.

Sarmiento und mit ihm der Generalkapitän Lope García de Castro, der damalige
Regent des Vizekönigreichs Peru, interpretierten die Inka-Informationen so, daß aus
ihnen Hinweise nicht nur auf das Goldland Salomons wurden, sondern auch auf einen
– neben Europa, Asien, Afrika und Amerika – fünften Kontinent, von dem schon antike Geographen als dem Südland (lat.: *terra australis*) gesprochen hatten und den etwa
Johannes Schöner auf seinen Globen oder Orontius Finäus auf seinen Weltkarten darstellten, ohne allerdings empirische Beweise für seine Existenz zu haben. So steht die
von Sarmiento ausgegrabene Nachricht über die angebliche Fahrt des Tupac Inca Yupangi ganz am Anfang aller Südkontinent-Suchexpeditionen: Aus diesem Grund ist
der entsprechende Quellenauszug im folgenden wiedergegeben¹.

Im übrigen hatte de Castro weitere Gründe, eine Suchfahrt nach dem Land Ophir,
wie immer es aussehen mochte, zu unterstützen: Nach den Bürgerkriegen in Peru, die
mit immer wieder aufflackernden Einzelaufständen bis in die sechziger Jahre gedauert

---

⁵ Als „Oceanus Deucalidonius" wurde vom 15.–18. Jahrhundert der nördliche Atlantik zwischen Schottland und Island bezeichnet.
¹ Das einzige heute erhaltene Exemplar der ursprünglich nur in Manuskriptform vorliegenden
Quelle, eine von dem damaligen Vizekönig von Peru, Francisco de Toledo, und Sarmiento für
König Philipp II. bestimmte Prachtausgabe (mit Sicherheit das Original) der „Historia general lla-
mada Índica", kam auf Umwegen in die Sammlung des Göttingers Abraham Gronovius und von
dort 1785 in die Göttinger Universitätsbibliothek (Signatur: Cod.Ms.jurid. 160ᵇ). Sie war bis Ende
des 19. Jahrhunderts unbekannt und wurde erst 1906 unter dem Titel „Geschichte des Inkareiches
von Pedro Sarmiento de Gamboa" von Richard Pietschmann veröffentlicht.

hatten, gab es zahlreiche Abenteurer, ehemalige Soldaten und Konquistadoren, die er aus dem Land abzuschieben trachtete. Dafür schien eine Südsee-Suchexpedition die beste Gelegenheit zu bieten. Mit der Leitung des Unternehmens betraute der General-kapitän seinen Neffen Álvaro Mendaña de Neyra, der mit zwei Schiffen am 19. November 1567 von Callao – dem Hafen von Lima – aus in See stach. Als Kapitän des Hauptschiffes fungierte der Anreger der Expedition, Sarmiento, selber. Im Verlauf der Suchfahrt entdeckte Mendaña neben einigen Atollen im Februar 1568 den südlichen Teil jener Inselgruppe, die seither „Inseln des Salomon" oder „Salomonen" heißen. Nach vergeblichen Kolonisierungs- und Goldschürfversuchen auf zweien dieser Inseln gedachte der Expeditionsleiter weiter nach dem Südkontinent zu suchen, von dem Sarmiento annahm, daß er bereits hinter ihnen im Südosten läge. Provantmangel zwang die Expedition aber zur Rückkehr. In einem großen Nordbogen gelangte Mendaña mit dem einen ihm verbliebenen Schiff unter ungeheuren Strapazen an die kalifornische Küste zurück. Von dort tastete er sich nach Süden weiter und lief am 11. September 1569 wieder in Callao ein. Die Fahrt als solche wurde vom neuen Vizekönig Francisco de Toledo als ausgesprochener Mißerfolg angesehen und deshalb zunächst nicht wiederholt.

Lit.: Álvaro de Mendaña [de Neyra]: Die Entdeckung der Inseln des Salomo. Bearb. u. eingel. v. Georg Friederici. Stuttgart 1925 – J. C. Beaglehole: The Exploration of the Pacific. [1]1934, Stanford [3]1966 – Colin Jack-Hinton: The Search for the Islands of Solomon 1567–1838. Oxford 1969.   Sch

Und als Topa Inga Yupangui[2] die Küste von Manta[3] und die Insel Puna[4] und Tumbes[5] eroberte, gelangten dort einige Händler an, die aus westlicher Richtung mit Flößen, die mit Hilfe eines Segels getrieben wurden, über das Meer gekommen waren. Von ihnen erfuhr man über das Land, von dem sie herkamen, daß es einige Inseln wären, die eine Avachumpi und die andere Niña-chumpi genannt, wo es viele Menschen und Gold gäbe.

Und da Topa Inga von hohen Absichten und Gedanken beseelt war und sich nicht mit dem zufrieden gab, was er schon erobert hatte, entschied er sich, sein Glück zu versuchen, auf daß das Meer ihm helfe.

Man glaubte aber nicht leichtfertig den seefahrenden Kaufleuten, denn, so sagte er: Kaufleuten solle man ihre Geschichten nicht beim ersten Mal glauben, denn sie sind Leute, die viel erzählen.

Um mehr Informationen zu bekommen, und weil es sich um keine Angelegenheit handelte, über die man sich von beliebiger Seite informieren konnte, rief er einen Mann namens Antarqui herbei, den er auf seinen Eroberungen bei sich hatte und von dem alle bestätigen, daß er ein großer Wahrsager war, so groß, daß er durch die Lüfte fliegen konnte. Diesen fragte Topa Inga, ob das, was die seefahrenden Kaufleute über die Insel berichteten, die Wahrheit wäre. Nach reiflichem Überlegen antwortete er, daß es wahr sei, was sie sagten, und daß er als erster dorthin ziehen würde.

---

[2] Die heute gebräuchliche Schreibweise ist: Tupac Inca Yupangi.
[3] Hafenstadt in Nord-Ekuador.
[4] Insel im Golf von Guayaquil.
[5] Hafen am Golf von Guayaquil.

Man sagt, daß er sich vermittels seiner Künste dorthin begab, den Weg aus-
probierte, die Inseln, ihre Leute und ihren Reichtum sah und bei seiner Rückkehr dem Topa Inga über alles Gewißheit gab. Dieser entschied sich nach der-
lei Zusicherung, dorthin zu fahren.

Dazu ließ er eine stattliche Anzahl von Flößen bauen, auf denen er mehr als
20 000 ausgewählte Soldaten einschiffte. Und er nahm als Hauptleute Guaman
Achachi, Conde Yupangui, Quigual Topa (diese waren Hanan-cuscos), und
Yancan Mayta, Quiço Mayta, Cachimapaca Macus Yupangui, Llimpita Usca
Mayta (Hurin-cuscos) mit, und als General der ganzen Flotte seinen Bruder
Tilca Yupangui und ließ bei denen, die an Land blieben, seinen Bruder Apo
Yupangui zurück.

Topa Inga stach in See, befuhr das Meer und entdeckte die Inseln Avachumpi und Niñachumpi und kehrte von dort zurück. Er brachte schwarze
Menschen, viel Gold, einen Sessel aus Messing, und eine Haut und Kieferknochen von einem Pferd mit. Diese Trophäen bewahrte man in der Festung
Cuzco bis zu der Zeit der Spanier auf. Die Haut und die Kieferknochen hatte
ein führender Inka in seiner Hut, der heute noch lebt. Von ihm stammt dieser
Bericht, und wer sonst [bei der Zeugenbefragung] anwesend war, bestätigte
ihn[6]. Sein Name ist Urco Guaranga. Dies hebe ich hervor, weil allen, die etwas
von den Indien[7] verstehen, dies als eine befremdliche und kaum zu glaubende
Sache erscheinen wird.

Die Reise des Topa Inga Yupangui dauerte länger als neun Monate, andere
sagen, ein Jahr; und weil sie so lange dauerte, hielten ihn alle für tot. Aber um
[sie] hinters Licht zu führen und um vorzutäuschen, es gäbe Nachrichten von
Topa Inga, veranstaltete Apo Yupangui, sein Hauptmann über die Leute an
Land, Feste. Später wurde ihm das zu seinem Schaden ausgelegt, so als wären
es Freudenfeste gewesen, weil Topa Inga Yupangui nicht wieder aufgetaucht
war. Und das kostete ihn das Leben.

Das sind die Inseln, die ich am dreißigsten November des Jahres Siebenund-

---

[6] Sarmiento erstellte seine Geschichte des Inkareiches in den Jahren 1569–1572 auf der Grundlage eines vom Vizekönig Francisco de Toledo angeordneten Interview-Verfahrens: Über hundert
besonders ausgewählte Angehörige des Inka-Geschlechts sowie andere vornehme Persönlichkeiten des ehemaligen Inkareichs wurden sorgfältig befragt; diese Aussagen wurden von einem ver-
eidigten Dolmetscher übertragen und zu Protokoll genommen. Aus ihnen stellte Sarmiento seine
„Historia índica" zusammen. Anfang 1572 wurden in Cuzco 42 sachkundige vornehme Indios
vorgeladen, denen der Inhalt des Werkes vorgelesen wurde. Sie erhielten Gelegenheit, nach jedem
Abschnitt das Gehörte untereinander zu besprechen. Am Ende der Lesung erklärten diese Zeugen
ihre Übereinstimmung mit der Geschichtsdarstellung Sarmientos insoweit, als sie ihnen geläufig
und aus mündlicher Überlieferung und Tradition bekannt sei. Sie machten Änderungen lediglich
bei einigen Orts- und Personennamen und einigen Nebensächlichkeiten geltend, die daraufhin
richtiggestellt wurden. Jedes Blatt der revidierten Fassung wurde notariell beglaubigt. Das gesamte Werk war Anfang März 1572 fertiggestellt und wurde daraufhin unverzüglich an Philipp II.
übersandt; es kam höchstwahrscheinlich in Spanien an. Über seinen weiteren Verbleib bis kurz vor
1785 ist nichts bekannt.
[7] Im Anschluß an Kolumbus, der die von ihm entdeckte Neue Welt für „die Indien" (d. h. Ost-
und Südostasien) hielt, bürgerte sich in Europa der Plural (span.: *las Indias*) für ganz Amerika ein.

sechzig[8] im Südmeer entdeckte, etwas mehr als zweihundert Leguas westlich von Lima, im Laufe der großen Entdeckungsfahrt, von der ich den Gouverneur und Lizentiaten Castro unterrichtete. Und Álvaro de Mendaña, der General der Armada, wollte sie nicht in Besitz nehmen[9].

Nachdem Topa Inga Yupangui von der Entdeckung der Inseln zurückkam, begab er sich nach Tumibamba, um seine Frau und seinen Sohn zu besuchen, und um sich darauf vorzubereiten, nach Cuzco zu ziehen, um seinen Vater zu sehen, von dem er Nachricht hatte, daß es ihm schlecht ginge. Und unterwegs schickte er Leute an der Küste entlang nach Truxillo, das damals Chimo hieß, wo sie außerordentliche Reichtümer an Gold und Silber fanden, die in die Latten und Balken der Häuser des Chimo Capac eingelassen waren. Mit all dem schlossen sie sich [der Hauptarmee] in Caxamarca an. Von dort nahm Topa Inga den Weg nach Cuzco, von wo er sechs Jahre abwesend gewesen war, nachdem er zu diesem Eroberungszug aufgebrochen war.

Aus: Geschichte des Inkareiches von Pedro Sarmiento de Gamboa. Hg. v. Richard Pietschmann. Berlin 1906, S. 90–91.　　　　　　　　　　　　　　　　　　　　　Kü

106. „La Austrialia del Espíritu Santo" des Quirós

Obwohl seine Suche nach dem legendären Südkontinent 1567–69 erfolglos verlaufen war, bemühte sich Mendaña in der Folge intensiv um eine weitere Lizenz für eine Suchfahrt. Er erhielt sie 1574 vom spanischen Indienrat, konnte sie aber zunächst nicht nutzen, weil sich Francisco Toledo, der damalige Vizekönig von Peru, einer entsprechenden Expedition widersetzte. Erst sein Nachfolger de Cañete zeigte sich der Angelegenheit gegenüber aufgeschlossen. 1595 führte Mendaña dann seine zweite Suchfahrt nach dem Südland durch. Sie wurde ein völliges Desaster. Zwar entdeckte die Expedition die Inselgruppe der Marquesas und die Santa Cruz-Inseln; doch starb Mendaña unterwegs, während seine Mannschaft großenteils im Verlauf von Meutereien, in Kämpfen mit Eingeborenen und durch Krankheit umkam. Bereits damals tat sich der Erste Steuermann der Expedition, Pedro Fernández de Quirós, hervor, indem er gegen die Konquistadorenmentalität der meisten Fahrtteilnehmer ankämpfte. Ihm schien die Südkontinentsuche vor allem um der Mission willen durchführenswert (vgl. Dok. a).

Quirós übernahm in der Folge von Mendaña dessen leidenschaftlichen Glauben an das Vorhandensein der Terra australis. So bemühte er sich genau wie dieser um eine Lizenz des Indienrats für eine weitere Suchexpedition, erhielt dafür bei einem Rombesuch die Unterstützung des damaligen Papstes Clemens VIII., sodann die Zustim-

---

[8] Gemeint ist das Jahr 1567.
[9] Die erste Südsee-Expedition unter der Leitung Mendañas 1567–1568 hatte mit einem Zerwürfnis zwischen Mendaña und Sarmiento geendet, weil Mendaña sich beharrlich geweigert hatte, nach dem Südkontinent in den von Sarmiento vorgeschlagenen stark südlichen Breiten zu suchen. Die Aussage in dem vorstehenden Satz ist zweifellos ein gezielter Vorwurf gegen Mendaña; allerdings dürfte es sich bei den von der Expedition am 30. November 1567 gesichteten Inseln um Wolkenbänke oder Luftspiegelungen gehandelt haben: denn im Bereich der für diesen Tag angegebenen Position der Expeditionsschiffe – es sind die Aufzeichnungen Sarmientos und Gallegos (des Piloto Mayor Mendañas) vorhanden – existiert weit und breit kein Land.

mung der spanischen Krone durch den Staatsrat – nicht den Indienrat, wie üblich – und rüstete anschließend unter Überwindung größter Widerstände in Peru eine Flotte von drei Schiffen aus, mit der er am 21. Dezember 1605 von Callao aus in See ging. Einer seiner Kapitäne war Luis Váez de Torres, der ebenfalls schon an der zweiten Mendaña-Expedition teilgenommen hatte.

Quirós suchte zunächst einen sehr südlichen Kurs zu steuern, mußte ihn aber wegen einer zunehmenden Neigung der Mannschaft zur Meuterei ändern, während er selbst, krank und gleichzeitig krankhaft argwöhnisch, kaum mehr die Expedition zu leiten vermochte. Im Verlauf der Fahrt entdeckte er den Tuamotu-Archipel, die Manihiki-Inseln und die Gruppe der Neuen Hebriden. Auf einer Insel der letztgenannten Gruppe ging er Anfang Mai 1606 in der Meinung, das Südland entdeckt zu haben, an Land. Quirós sah seine Hauptaufgabe darin, dort eine spanische Kolonie aufzubauen und die Eingeborenen zu bekehren, während seine Mannschaft eher dazu neigte, das Land durch eine Konquista in die Hand zu bekommen und dabei – vermeintlich – reiche Beute zu machen.

Am Tag vor Pfingsten 1606 gründete Quirós einen Orden der Ritter vom Heiligen Geist, in den er jedes Expeditionsmitglied aufnahm, im wesentlichen, um die Mannschaft auf sein Ziel einer friedlichen Kolonisierung der Insel einzustimmen. Am Tag darauf, am Pfingstsonntag, nahm er das entdeckte Land feierlich für die spanische Krone in Besitz und nannte es unter Bezugnahme auf den Namen des spanischen Königshauses und den lateinischen Namen des Südlands klangvoll „Austrialia del Espíritu Santo". Diese Phase des Unternehmens spiegelt Dokument b, das aus den Tagebuchaufzeichnungen des Franziskaner-Paters Martín de Munilla stammt. Munilla war einer der wenigen Teilnehmer an der Expedition, der dem Grundanliegen des Quirós positiv gegenüberstand, ohne sich mit dessen sicherlich überspannten Vorstellungen zu identifizieren. Unter den sieben überlieferten Berichten über das Unternehmen ist seiner der farbigste und gleichzeitig wohl der am wenigsten parteiische.

Das Unternehmen des Quirós endete wie das des Mendaña 1595–96 im Fiasko. Einzelheiten sind kaum bekannt; offensichtlich benutzten die Piloten des Flaggschiffs eine weitere schwere Krankheit des Quirós, um sich selbständig auf die Rückreise zu machen. Das Schiff gelangte unter erheblichen Menschenverlusten – u. a. starb Munilla – in einem großen Nordbogen nach Amerika zurück, während Torres, von Quirós getrennt, den Instruktionen des Vizekönigs von Peru entsprechend weiter nach dem Südland bis auf 20° s.Br. hinab forschte und – als kein Land in Sicht kam – sich nach Manila durchschlug. Dabei durchquerte er als erster Europäer das berüchtigte Barriere-Riff zwischen Australien und Neu-Guinea in der später nach ihm benannten Straße, was erst über 160 Jahre später wieder Cook gelang. Im übrigen verlor die spanische Krone nach diesem erneut gescheiterten Unternehmen jedes Interesse an einer Auffindung des Südlands. Quirós bemühte sich in der Folge leidenschaftlich um eine weitere Lizenz für eine Suchexpedition, doch hielt ihn die Krone mit vagen Versprechungen bis zu seinem Tode 1615 hin: Einerseits hinderte sie Quirós auf diese Weise, seine Ideen in den Niederlanden oder in England zu propagieren, andererseits blockierte sie so wirksam jede andere Südsee-Initiative.

Lit.: Justo Zaragoza: Historia del descubrimiento de las regiones Austriales hecho por el General Pedro Fernández de Quirós. 2 tomos. Madrid 1876–1880 – J. C. Beaglehole: The Exploration of the Pacific. [1]1934, Stanford [3]1966 – Roberto Fernando Pérez: Felipe III y la Política Española en el Mar del Sur. In: Revista de Indias 13 (1953), S. 539–558 – Otto Kübler-Sütterlin: Kolumbus Australiens: Das Wagnis des Pedro

Fernández de Quirós. Freiburg-München 1956 – La Austrialia del Espíritu Santo. The Journal of Fray Martín de Munilla O.F.M. and other documents relating to the Voyage of Pedro Fernández de Quirós to the South Sea (1605–1606) and the Franciscan Missionary Plan (1617–1627). Translated and edited by Celsus Kelly O.F.M. 2 vols. Cambridge 1966. Ndr. Nendeln 1976 (Hakluyt Soc. 2nd ser. No. 126/127) [mit einer wertvollen Einführung].   Sch

a. Quirós bekämpft die Konquistadorenmentalität (1595)

[...]

Als er [Quirós] weiter ins Lager hineinging, kamen viele Soldaten auf ihn zu. Einige sagten: „Wohin habt Ihr uns gebracht? Was für ein Ort ist das, den niemand verläßt und zu dem keiner zurückkehren wird? Selbst wenn eine Benachrichtigung geschickt werden würde, kämen die Leute nur, um Gold, Silber, Perlen und andere wertvolle Dinge mitzunehmen – und die gibt es hier nicht. Der Adelantado[1] soll keine Nachricht absenden; keiner von uns wird dem zustimmen."

Andere meinten: „Wir sind nicht gekommen, um zu säen; dafür gibt es viel Land in Peru. Das ist nicht die Art und Weise, dem Dienst an Gott und dem König nachzugehen. Wir haben Verpflichtungen unseren eigenen Leuten und nicht diesen Wilden gegenüber. Dies sind nicht die Inseln, von denen der Adelantado sprach, und wir werden auch nicht hierbleiben. Laßt uns an Bord gehen und nehmt uns mit auf die Suche nach jenen anderen Inseln oder bringt uns nach Peru oder nach einer Gegend, wo es Christen gibt."

Resolute Worte von Leuten, die ohne ihren Herrn sind! Von diesen und ähnlichen Dingen sprach der eine oder der andere, je nachdem, wohin ihn seine Begierden lenkten oder vielmehr drängten, ohne daß darauf geachtet wurde, ob die Dinge, die er wollte, nützlich oder schädlich waren. Das Verlangen von Meuterern ist nämlich derart ungehemmt, daß sie keine Zügel haben, um es zurückzuhalten, auch wenn man ihnen die zwingende Wahrheit vorhält.

Der Erste Steuermann[2] erkundigte sich nach den Gründen, die sie zu der Auffassung brachten, daß das Land schlecht sei; worauf sie antworteten, daß es so gut wie nichts hervorbrächte. Daraufhin fragte er sie, was sie in Peru zurückgelassen und was sie von dort hierher gebracht hätten? Und nach was sie suchten, um ihr Leben zuzubringen, wenn nicht Geld zum Kauf eines Hauses und zur Sicherung ihres Unterhalts? Etwas, was wenigen in späten Jahren gelinge; die meisten verbrächten ihr Leben in der Zuversicht, daß der Augenblick gut zur Arbeit tauge, ohne zu wissen, was hinterher kommen oder entdeckt werden mag.

Sie sagten, daß zwanzig Jahre vergangen sein würden, bis diese Zeit komme, und daß sie dann alt seien.

Der Steuermann entgegnete ihnen, daß sie es dann verstehen müßten, Städ-

---

[1] Statthalter; gemeint ist der Expeditionsleiter Mendaña.
[2] Quirós.

te, Weinberge und Gärten aufzufinden, ein bereits möbliertes Haus zu betreten – mit gedeckter Tafel – und deren Besitzer zu veranlassen, ihr Eigentum
aufzugeben und sich in Knechtschaft zu begeben; oder daß es ihnen gelingen
müßte, Berge, Täler und Ebenen voller Smaragde, Rubine und Diamanten
ausfindig zu machen, die gleich aufgeladen und abtransportiert werden könnten. Sie sollten sich daran erinnern, daß alle Staaten der Welt ihre Anfänge
hatten, daß Sevilla, Rom und Venedig wie auch die übrigen Städte der Welt
einst Wälder oder kahle Ebenen waren; daß ihren Einwohnern eben die Mühen abverlangt wurden, die zum Erreichen großer Dinge notwendig sind, auf
daß ihre Nachkommen die Früchte ihrer Arbeit genießen mögen, wie sie sie
jetzt genießen. So wie ich es verstehe, wollt ihr, daß andere die Arbeit getan
hätten, damit ihr euch ausruhen könnt, ohne daran zu denken, daß noch allerhand zu tun ist, auch wenn die Alten ihre Sache bereits getan haben.
[. . .]

Aus: Justo Zaragoza: Historia del descubrimiento de las regiones Austriales hecho por el General
Pedro Fernández de Quirós. 2 Tomos. Madrid 1876–1880. Tomo 1, S. 92–93.   Mi

b. Die Gründung von „la Austrialia del Espíritu Santo" (1606)

Und an diesem Samstag [Pfingstsamstag, 13. Mai 1606], so ungefähr um neun
Uhr, ließ er [Quirós] den Padre Comisario Fray Martín de Munilla, Priester
und Vikar dieser königlichen Flotte, rufen. Er eröffnete ihm, daß er entschieden und angeordnet habe, einen Orden zu gründen, und daß er allen Teilnehmern an besagter Entdeckung das Gewand und das Kreuz eines Ordensritters
verleihen wolle[3]. Zu diesem Zweck ließ er Kreuze in unterschiedlicher Größe
aus blauem Taft anfertigen, für alle, die zu dieser besagten Flotte gehörten, für
Weiße wie auch für Schwarze und Indios, sogar für einen, den man von der
Insel Nuestra Señora de Loreto[4] mitgebracht hatte. Und sie erhielten den Auftrag, sich die Kreuze an die Brust zu heften, wodurch er sie alle zu Komturen
[des Ordens] vom Heiligen Geist ernannte.
    Einige dieser Komturkreuze waren, wie gesagt, größer als die anderen; die
Kreuze für die Hauptleute, einige Beamte und diejenigen, denen er eine Gunst
erweisen wollte, waren ungefähr drei Finger *(dedos)* breit und eine Hand *(pal-
mo)* und vier Finger lang, während die gewöhnlichen Kreuze eine Hand lang
und eineinhalb Finger breit waren. Sie unterschieden sich auch dadurch voneinander, daß die großen auf der Mitte der Brust, die anderen jedoch auf der
Seite getragen wurden. All dies teilte der besagte General [Quirós] dem Padre
Comisario Fray Martín de Munilla mit. Und er sagte ihm, daß er und seine
Geistlichen, da er [Quirós] nun dabei sei, diesen neuen Orden vom Heiligen
Geist mitsamt einem Ordensgewand zu stiften, sich geziemend verhalten und

---

[3] Wörtlich: „. . .y dar un avito y encomienda a todos los que benian al dicho descubrimyento".
[4] Im April 1602 hatte Quirós von Rom aus eine Pilgerfahrt zu dem berühmten Gnadenbild der
Hl. Jungfrau Maria von Loreto bei Ancona unternommen (Zaragoza I, 199).

auf ihre Kleider die besagten Komtur-Kreuze zu Ehren der besagten Gründung heften sollten. Der Padre Comisario gab zur Antwort, er würde, soweit er es könne, versuchen, nach seinem Wunsch zu handeln, und daß diese Angelegenheit es wert sei, über sie mit den anderen Ordensbrüdern zu sprechen.

Der besagte Padre Comisario ließ die drei Ordensbrüder rufen, die an Bord der *almiranta* waren, und sie kamen um drei Uhr nachmittags auf die *capitana*[5]. Der Padre Fray Antonio Quintero, Prediger, Vikar und Comisario, und der Padre Fray Juan de Merlo, Prediger, und Bruder Fray Juan de Santa María und der besagte Comisario Fray Martín de Munilla und der Padre Fray Matheo de Bascones und der Bruder Fray Francisco González betraten die Kammer am Heck des Schiffes, wo der besagte Comisario mit ihnen über das Anheften der Kreuze und das Anlegen der Gewänder beriet. Und der besagte Comisario Fray Martín de Munilla und die anderen Geistlichen wiesen darauf hin, daß die Kreuze auf dem Gewand ein Ausdruck von irdischer Ehre und Eitelkeit wären, und sie entschieden, daß sie am folgenden Tag sich darauf vorbereiten würden, Unseren Herrn zu empfangen, und daß anstelle der Kreuze, die der General sie anheften lassen wolle, jeder Geistliche ein Kreuz aus Holz von der Brust herabhängen haben solle, und mit diesem Beschluß trennten sie sich; die, die von der *almiranta* gekommen waren, kehrten dorthin zurück, und der Padre Comisario Fray Martín de Munilla begab sich an diesem Tag um fünf Uhr nachmittags in den Raum am Heck, in dem sich der General befand, und überbrachte ihm die Antwort, daß es nicht anginge, daß die Geistlichen die besagten Gewänder über ihren geheiligten anlegten, und er sagte ihm auch, daß sie als Angehörige des Ordens des Heiligen Franziskus solche Ehren nicht annehmen könnten, weil sie ihrer heiligen Berufung zuwiderliefen und der Zurückweisung dieser weltlichen Eitelkeiten durch den verehrungswürdigen Heiligen Franziskus. Und der besagte General wurde unwillig und ärgerlich darüber, und als er seinem Mißfallen laut Ausdruck gab, verließ der besagte Comisario den besagten Raum und begab sich in seine eigene Kammer. Diese lag ganz in der Nähe des besagten Raumes [des Generals], und so hörte der besagte Comisario den General Worte von sich geben, die man nicht mit Tinte auf Papier schreiben kann.

Sonntag, den 14. des besagten [Monats], am Tag des Pfingstfestes, ging jedermann sehr früh an Land. Man errichtete eine sehr schöne und große Laube, in der die Geistlichen eine Kapelle einrichteten und einen Altar ausschmückten, wo man das Hochamt und das Heilige Meßopfer feiern wollte. Die Mannschaft bildete drei Abteilungen von Arkebusieren und Musketenschützen. Auf beiden Seiten der Kapelle wurden zwei geladene schwenkbare Kanonen aufgestellt, die auf den Buschwald des Berges gerichtet waren, zur Sicherheit und für den Fall, daß sich etwas ereignete. Um sieben Uhr morgens

---

[5] Die *capitana* war in der Rangordnung einer spanischen Armada dieser Zeit stets das Schiff des Oberbefehlshabers der Flotte, also das eigentliche Flaggschiff, die *almiranta* war das Schiff seines Stellvertreters im Oberbefehl.

kam der General an Land und brachte die Standarte mit und drei Fahnen, die von drei Kapitänen getragen wurden, welche er für diese Aufgabe bestellt hatte, und die von anderen Offizieren begleitet waren. Der Admiral, Luis Báez de Torres, kam als Generalfeldmeister *(maesse de campo general)*, während das Amt des Admirals der Kapitän Pedro Bernal erhielt und das Amt des Hauptsergeanten Fähnrich Pedro de Ssojo, der einer der drei Kapitäne war; und andere Offiziere kamen, die ich hier nicht im einzelnen nenne, weil ich nicht zu weit abschweifen will, die alle durch den besagten General, Pedro Fernández de Quirós, bestellt worden waren.

Und der besagte General brachte ein Kreuz mit, das man an Ort und Stelle aus einem Orangenbaum gearbeitet hatte, um es [an der Meeresküste] aufzurichten. Als die Boote anlegten, sprangen die Leute an Land. Das besagte ✠ Kreuz trug der Admiral, Pedro Bernal, und die Standarte Lucas de Quirós, königlicher Fähnrich, ein Neffe des besagten Generals. Und, man merke auf, an diesem Tag vor Sonnenaufgang, als alle an Land gehen wollten, hörte der Padre Comisario Fray Martín de Munilla von seiner Kammer aus den General voll Zorn zu sich sagen: So so, diese Brüderchen *(frailezitos)* wollen sich also das Kreuz nicht anheften; aber ich werde sie schon dazu bringen, daß sie es tragen, ob ihre Stirn Zornesfalten bekommt oder nicht.

Daraufhin sprang der besagte Padre Comisario auf zum Raum im Heck, wo sich der besagte General befand, und sagte zu ihm, daß er sich beherrschen und darauf achten möge, was er sage, denn weder er noch der Umstand, daß er adlig sei, reichten aus, um einen solchen großen Unsinn gegenüber den Brüdern [vom Orden] des Heiligen Franziskus wirklich durchzuführen. Und der besagte Comisario faßte sein Gewand bei der Hand, breitete die Arme aus, so daß er in der Figur eines Kreuzes dastand, und sagte mit sanften Worten: dies Gewand des Heiligen Franziskus, Herr General, ist Kreuz, Leid und Tod von Christus selber. Und wenn doch Christus selbst kein Komturkreuz *(encomienda)* auf seinen heiligen Gewändern trug und dies auch nicht seinen Aposteln und Schülern erlaubte, warum wolle dann er [der General], daß die Geistlichen gegen ihre heiligen Gebote verstießen? Und er sagte ihm des weiteren, obschon er allen befehle, sich die Kreuze an die Brust zu heften: warum er selbst es nicht trüge. Denn obwohl jedermann außer den Ordensbrüdern das Kreuz trug, hatte er [der General] es sich nicht angeheftet.

An Land warteten die Leute in drei Abteilungen auf das Eintreffen des besagten Generals mit den besagten Kapitänen. Als er das Land betrat, feuerte jede Kompanie der Arkebusiere und der Musketenschützen Salut, und dies jedes Mal, bis alle das Boot verlassen hatten. Pedro Bernal, den er [der General] schon zum Admiral gemacht hatte, trug das Heilige Kreuz [aus Orangenholz]; er hatte *Ciudad de los Reyes*[6] noch als Kapitän und Pilot der Schaluppe

---

[6] *Ciudad de los Reyes* (Stadt der Könige) wurde am 18. Januar 1535 von Francisco Pizarro gegründet; der Name bezieht sich auf die drei Weisen aus dem Morgenland, deren Fest dem Gründungstag am nächsten lag. Der Chronist Cobo berichtet, daß im Alltag von Anfang an nur der in-

[des dritten Schiffs der Armada] verlassen; aber bei einem [bestimmten] Anlaß war er [der General] mit dem *Piloto Mayor*[7], Juan Ochoa de Villbao [Bilbao], zusammengestoßen und hatte ihn seines Postens enthoben, in beleidigender Form und so, daß es die ganze Armada miterlebte, wie ich an anderer Stelle genauer ausführen werde.

Dieser besagte Kapitän übergab das ✠ Kreuz, das er trug, dem Padre Comisario Fray Martín de Munilla, der mit seinen Ordensbrüdern barfuß auf das besagte Heilige ✠ Kreuz wartete. Und er nahm das besagte ✠ Kreuz auf den Knien liegend mit beiden Händen in großer Hingabe entgegen und stimmte an und sang die Hymne *bejila regis prodeunt* etc.[8] Und unter feierlichem Gesang, mit großer Freude und [innerer] Fröhlichkeit, trugen sie das besagte Heilige ✠ Kreuz bis zu der besagten Laube, die zum Abhalten der Messe errichtet worden war; und es wurde vor den Eingang gelehnt. Es war ein erhabener Anblick, alle Fahnen und die Standarte flatterten, und alle erhoben die Stimme und riefen „Es lebe der König!" Und danach hieß der General den Schiffsnotar *(scriuano de nabio)* ein Schriftstück verlesen, das folgendermaßen lautete:

Seid mir Zeugen, Himmel, Erde und Wasser samt allen Kreaturen, und ihr, die ihr zugegen seid, seid Zeugen dessen, wie ich, Kapitän Pedro Fernández de Quirós, in diesen Teilen [der Welt], die bis jetzt unbekannt gewesen sind, im Namen Jesu Christi, Sohn des ewigen Vaters und der Heiligen Jungfrau Maria, Gott und wahrer Mensch, dieses Zeichen des Heiligen Kreuzes errichte, an welchem Er gekreuzigt wurde und Sein Leben gab für die Erlösung des Menschengeschlechts. Pedro Fernández de Quirós. Im Auftrag des Kapitäns Pedro Fernández de Quirós, Juan de Arano, Sekretär.

In diesen Regionen des Südens, die bisher unbekannt waren, wo ich jetzt bin und wohin ich gekommen bin mit ausdrücklicher Bestätigung und Erlaubnis *(con aprobada liçencia)* des Höchsten Römischen Pontifex Clemens VIII. und im Auftrag des Königs Don Philipp III., König der Spanien *(de las espa-ñas)*, entsandt vom Staatsrat, ergreife ich, der Kapitän Pedro Fernández de Quirós, im Namen der Heiligen Dreieinigkeit Besitz von allen Inseln und Ländern, die ich jüngst entdeckt habe und die ich weiterhin entdecken will bis zum Pol.

Ich nehme in Besitz alle diese Regionen des Südens bis hin zum Pol, im Namen Jesu Christi, des Heilands aller Menschen, so unbekannt sie auch seien, und im Namen Seiner Heiligsten Mutter, der Jungfrau Maria von Loreto, und

---

dianische Name „Lima" gebraucht wurde. Vom Hafen von Lima, Callao, war die Flotte des Quirós am 21. Dezember 1605 in See gegangen.

[7] Ein *Piloto Mayor* hatte die Funktion eines nautischen Leiters einer Flotte inne.

[8] Die berühmte Hymne „Vexilla regis" ist von Venantius Fortunatus (geb. ca. 535) verfaßt und wurde zum ersten Mal am 19. November 569 bei Gelegenheit einer feierlichen Prozession gesungen, als eine Reliquie des Heiligen Kreuzes von Tours in das spätere Kloster Sainte-Croix in Poitiers überführt wurde. Sie anzustimmen, gehörte zum üblichen Zeremoniell der feierlichen Landnahme in Übersee durch Vertreter katholischer Mächte.

im Namen des Heiligen Petrus, des Heiligen Paulus und aller Seiner Heiligen
Apostel und Jünger und im Namen Seines Stellvertreters auf Erden *(bicario
unibersal)*, des römischen Pontifex, und im Namen der gesamten Kirche und
im Namen aller heiligen und frommen und gerechten Dinge, die ein Recht auf
diesen Besitz haben, den ich in der festen Absicht ergreife, daß überall seinen
Bewohnern das Heilige und geweihte Evangelium in einfacher und schlichter
Weise gepredigt werde.

Ich nehme alle diese Regionen des Südens in Besitz bis zum Pol im Namen
meines Vaters, des Heiligen Franziskus, seines gesamten heiligen Ordens und
derer, die das Ordensgelübde abgelegt haben und für die aus seiner Mitte Anwesenden im Namen der Padres, des Comisario Fray Martín de Munilla, des
Fray Antonio Quintero, des Fray Matheo de Bascones, des Fray Juan de Merlo, und der Laienbrüder Fray Francisco López und Fray Juan de Santa María
sowie aller weiteren Prediger und Glaubenszeugen, und im Namen Seiner
Majestät sowie im Namen des Comisario general und Provinzials der Provinz
von den zwölf Aposteln von Peru[9], von deren Observanten *(orden menor)* ich
mir wünsche, daß alle ausziehen, um den Weinberg des Herrn zu bestellen,
und daß diese Arbeiter [im Weinberg des Herrn] Sein Heiliges Wort und Seine
Heilige Lehre in diesen Ländern aussäen und die Früchte ihres Beispiels ernten
mögen.

Ich nehme alle diese Regionen des Südens in Besitz bis zum Pol im Namen
des Heiligen Juan de Dios und aller Brüder seines Ordens[10]; mögen sie all die
Spitäler einrichten und gedeihlich verwalten [im Geist] der Barmherzigkeit ihres Ordensgelübdes, die in diesen Ländern zu gründen sind; denn sie sind so
notwendig, damit die Eingeborenen Zuneigung zu allen unseren Handlungen
fassen und uns die Hingabe und Liebe entgegenbringen, die die Anschauung
lehrt und die Erfahrung, welch leidvolle Geduld unsere Leute für sie aufbringen und mit welcher Liebe sie ihnen zugetan sind, wenn sie krank sind, und
wie sie ihnen auf andere Weise Gutes tun.

Ich nehme alle diese Regionen des Südens in Besitz bis zum Pol mit den vollen Rechten, die Ihre Heiligkeit und Seine Majestät bestimmen mögen. Es soll
eine Aufteilung dieser Länder in *Repartimientos* und *Encomiendas*[11] ganz nach
dem Gesetz stattfinden und sie sollen all den Rittern zukommen, die in diesen
Regionen dem Orden vom Heiligen Geist dienen werden; und sie sollen verpflichtet sein, unentgeltlich die königlichen und öffentlichen Ämter wahrzunehmen und die göttliche und menschliche Ordnung aufrechtzuerhalten unter

---

[9] Die spanische Franziskaner-Provinz Peru wurde 1553 unter dem Namen „Provinz von den
zwölf Aposteln" mit Hauptsitz in Lima eingerichtet.

[10] Juan de Dios [Johannes von Gott] gründete um 1540 den *Orden Hospitalaria* [Hospital-
orden], einen Laien-Orden, dessen Mitglieder in der Krankenpflege tätig sind; Juan de Dios wurde 1690 heiliggesprochen.

[11] *Repartimiento* und *encomienda* waren Zuteilungen von Indios an Spanier – ursprünglich Teilnehmer an Konquistadorenzügen –, die diesen Arbeitsdienste, Naturalien und sonstige Tribute zu
leisten hatten (vgl. Bd. 5, Dok. 96).

den Eingeborenen und sich in allem zu dem zu bekennen, was in den *constitu-
ciónes* geschrieben steht[12].

Und schließlich nehme ich diese Bucht, die bereits San Felipe y Santiago
heißt, in Besitz und ihren Hafen Vera Cruz und den Platz, wo die Stadt Nueva
Jerusalen auf genau 15⅓° [s.Br.] entstehen soll[13], und alle diese Regionen des
Südens bis hin zum Pol, die von nun an Südland vom Heiligen Geist *(parte austral del spiritu* [hier im Orginal nicht: *espíritu] santo)* heißen sollen, mit allem,
was dazugehört *(con todos sus anejos y pertenezientes),* für immer und ewig, im
Namen des Königs Don Philipp III., des Königs der Spanien und der östlichen
und westlichen Indien, meines natürlichen Königs und Herrn, der die Kosten
[der Ausrüstung] dieser Flotte getragen hat, mit der ich hierher gekommen
bin, um die besagten Länder zu entdecken, und von dessen Willen und Macht
die Einrichtung, Verwaltung und Erhaltung all dessen, was in diesen Ländern
und hinsichtlich dieser Menschen im weltlichen und geistlichen Bereich benötigt wird, seinen Ausgang und Fortgang nimmt, und in dessen Namen diese
Seine Fahnen entrollt und diese Seine königliche Standarte aufgerichtet wurden. Auf Befehl des Generals Pedro Fernández de Quirós, Juan de Arano, Sekretär.

Es ist hinzuzufügen, daß die beiden Mönche Padre Fray Matheo de Bascones und Padre Fray Antonio Quintero stille Messen zelebrierten, wobei der
größte Teil der Mannschaft der besagten Flotte an der Heiligen Kommunion
teilnahm. Und ungefähr um zehn Uhr kleidete sich der Padre Comisario Fray
Martín de Munilla an, um das Hochamt zu feiern, und in diese heiligen Gewänder gekleidet weihte er die Standarte und die drei Fahnen, und alle wurden mit Weihwasser besprengt, wie es am Sonntag in der Kirche geschieht.
Und die Messe wurde an diesem Tag mit solcher Feierlichkeit und Hingabe
gesungen, wie man sie größer nicht findet, und die, welche noch nicht dazu
gekommen waren, gingen zur Heiligen Kommunion. Nach dem Hochamt
hielt Padre Fray Juan de Merlo noch eine stille Messe, damit auch jene teilnehmen konnten, die Dienst als Wachposten verrichtet hatten, und nachdem
diese Heiligen Opfer beendet waren, kamen alle mit ihren Kameraden zusammen, um einen Bissen zu essen. Danach, als der General am Ufer eines frischen Baches stand, ließ er bestimmte Personen gehobenen Standes rufen und
ernannte sie zu Beamten der Rechtspflege und der Verwaltung, so etwa zu *al-
caldes ordinarios*[14], zu *regidores* der [Hl.] Hermandad[15] und zu Inhabern anderer ähnlicher Ämter: Welch eine wunderbare Sache war das, solch eine Vielfalt

---

[12] Gemeint sind wahrscheinlich die von Quirós entworfenen, aber von der spanischen Krone
und vom Papst noch nicht bestätigten Regeln des Ordens vom Heiligen Geist.

[13] Die Armada des Quirós hatte die heutige Insel Espíritu Santo, die Hauptinsel der Neuen
Hebriden, am 1. Mai 1606, dem damaligen Festtag der Apostel Philippus und Jakobus, erreicht:
deshalb war die Bucht nach ihnen benannt worden; sie liegt im Norden der Insel und heißt heute
Big Bay. Der Hafen Vera Cruz war der Ankerplatz der Armada im Südostwinkel der Bucht. Dort
sollte auch die Stadt Nueva Jerusalen entstehen.

[14] Stadtrichter.

[15] Schöffen der *Santa Hermandad,* der – faktisch – königlichen Gendarmerie

von Rittern zu sehen, wie sie sicher seit Anfang der Welt nicht gesehen worden war, denn da gab es Seemanns-Ritter und Schiffsjungen-Ritter und Schiffs-diener-Ritter und Mulatten- und Neger- und Indio-Ritter und Ritter-Ritter *(caballeros caballeros)*.

Und als die Vergabe aller Ämter, die eine gut eingerichtete Stadt haben soll, beendet war, kehrte der General zur *capitana* zurück und ließ auch die Standarte und das Kreuz zurückbringen. Und der Hauptmann Luis Báez de Torres, der zum Generalfeldmeister ernannt worden war, drang mit 80 Arkebusieren und Schildträgern in Begleitung des Padre Comisario Fray Martín de Munilla und dreier weiterer Mönche etwa eine Meile in das Land vor. Schließlich hörte man die Stimmen von vielen Indios, die anscheinend dabei waren, eine Orgie zu feiern und viel Lärm machten, die man aber wegen des Dickichts des Bergwalds nie zu Gesicht bekam; nachdem einige Arkebusen in die Richtung, aus der die Geräusche kamen, abgefeuert worden waren, verfielen diese [die Eingeborenen] aber schnell in Schweigen. Daraufhin ließ der Generalfeldmeister die Abteilung haltmachen, da man nicht wußte, wo sich die besagten Indios befanden; er gab den Befehl, sich auf dem Weg, auf dem man gekommen war, zurückzuziehen. Daraufhin fragte der Padre Comisario, warum man nicht weiter vordringen solle, denn wo Indios seien, könne man auch sicher sein, das zu finden, was man im Begriff war, zu suchen, nämlich etwas zu essen, was wir dringend nötig hatten; so stieß man weiter vor und traf auf vier einfache Hütten, in denen ein Dutzend kleine und große Schweine angebunden waren, und eines wurde gebraten auf einem Rost gefunden. Und die besagten Seeleute-Ritter machten sich mit ihrer Beute geraden Wegs davon; man fand auch Mengen von geröstetem Yams *(ñames)* und köstlichen *guanábanas*[16], und bei Sonnenuntergang zogen wir uns zurück zu unseren Schiffen in der Absicht, einige weitere Vorstöße in das Land zu unternehmen, um Fleisch zu suchen; wie schon erwähnt, hatten wir großen Mangel daran, denn das, welches mitgeführt worden war, war verdorben. Jeden [folgenden] Tag machten wir solche Vorstöße, doch nicht einen mit einem nennenswerten Ergebnis. [...]

Aus: Australia Franciscana. Vol. I: Documentos franciscanos sobre la expedición de Pedro Fernández de Quirós al Mar del Sur (1605–1606), y planes misionales sobre la conversión de los nativos de las Tierras Australes (1617–1634) editados por Celsus Kelly, O.F.M. Versión española del prólogo e introducción por Pedro Borges, O.F.M. Franciscan Historical Studies (Australia) en colaboración con Archivo Ibero-Americano (Madrid). Madrid 1963, S. 67–74.   Kü/Sch

---

[16] Die süßen und erfrischenden Früchte des *guanábano*, eines 6–8 m hohen Baumes, der in den amerikanischen Tropen wächst und der Familie der Anonaceen angehört (frdl. Hinweis Prof. Bollée).

107. Die Entdeckung der Le Maire-Straße und die erste Umseglung von Kap Hoorn (1616)

Als 1602 die Verenigde Oostindische Compagnie (VOC) der Niederlande gegründet wurde, schrieb sich der Kaufmann Isaac Le Maire mit 97000 Gulden als größter Aktionär in das Register der Kammer Amsterdam der Gesellschaft ein. Demzufolge gehörte er von Beginn an zu den Heeren XVII, dem obersten Beschlußorgan der VOC. 1605 jedoch mußte er aus der Kompanie ausscheiden und sich gegen eine hohe Garantiesumme verpflichten, den Rest seines Lebens das Oktroi zu beachten, das der Gesellschaft ein Monopol für alle um das Kap der Guten Hoffnung und durch die Magalhães-Straße führenden Handelsfahrten garantierte. Man warf ihm Unterschlagungen und Veruntreuungen vor, die jedoch nicht gerichtlich verfolgt wurden.

Fortan befand sich Le Maire in einem Kampf gegen die VOC und ihr Monopol, der von beiden Seiten nicht immer mit fairen Mitteln geführt wurde. Pläne, mit französischem Geld eine nördliche Passage nach Indien zu finden (vgl. Kap. IX) und in Frankreich eine Konkurrenzgesellschaft zu errichten, fanden mit der Ermordung König Heinrichs IV. im Frühjahr 1610 ein vorzeitiges Ende. 1609 hatte Le Maire zusammen mit anderen Kaufleuten eine geheime Firma ins Leben gerufen, die einen schädigenden Handel mit VOC-Aktien betrieb, bei dem der Wert der Papiere erheblich sank. Ein Plakat (Gesetz) der Generalstaaten vom 27. Februar 1610 legte dieser Vereinigung das Handwerk und Le Maire mußte hohe Verluste an der Börse hinnehmen.

Wenige Jahre später holte er jedoch zu seinem größten Schlag aus. Überzeugt davon, daß es im Südwesten einen noch unbekannten Weg in den Pazifik gebe, gründete er die Australische Kompanie mit Sitz in Hoorn. Wahrscheinlich war ihm bekannt, daß Magalhães selbst davon ausgegangen war, daß südlich seiner Straße Inseln lägen, daß Hawkins 1594 als sicher angenommen hatte, daß es südlich von 56° kein Festland mehr gäbe und daß Drake 1578 gesehen haben wollte, wie sich Atlantik und Pazifik im Süden Amerikas vereinigen.

Die Australische Kompanie rüstete zwei Schiffe aus, die rund 360 Tonnen große Eendracht und die erheblich kleinere Hoorn. Als Kapitäne wurden die Brüder Willem und Jan Cornelisz. Schouten angestellt, während die Expeditionsleitung Le Maires Sohn Jacob übertragen wurde. Die Instruktion der Direktoren der Australischen Kompanie ist nur teilweise bekannt. Sie verbot den Teilnehmern jedoch bei Strafe, durch die Magalhães-Straße zu fahren, falls sie keinen neuen Weg in den Pazifik fänden, oder in Ostindien an den Orten Handel zu treiben, an denen die VOC einen Handelsstützpunkt hatte. Das Oktroi dieser Gesellschaft sollte also streng beachtet werden. Handelsbeziehungen jedoch sollten sie auf der Terra australis anknüpfen, die man im Verlauf der Reise zu entdecken hoffte.

Am 14. Juni 1615 stachen die Schiffe von Texel aus in See. Nachdem sie im September Sierra Leone angelaufen hatten, überquerten sie den Atlantik in südwestlicher Richtung und erreichten am 9. Dezember Puerto Deseado an der argentinischen Küste auf 47° 45′ s.Br. Dort hielten sich die Reiseteilnehmer bis zum 13. Januar 1616 auf, um die Vorräte anzufüllen und frisches Wasser aufzunehmen. Am 19. Dezember brannte die Hoorn beim Teeren ihrer Planken vollständig ab und ihre Mannschaft wechselte auf die Eendracht über.

Am 24. Januar 1616 fand man schließlich die nach dem Leiter der Expedition benannte Straße und umsegelte wenige Tage später den südlichsten Punkt Amerikas, den man zu Ehren des Heimathafens Kap Hoorn taufte. Der unten wiedergegebene Ausschnitt aus dem Journal Jacob Le Maires läßt deutlich spüren, welche Spannung die Teilnehmer vor und welche Freude sie nach der Durchfahrt durch die neue Passage in den Pazifik empfanden. Damit war das erste Ziel der Reise erreicht.

Das zweite Ziel, die Terra australis, vermutete Le Maire dort, wo Quirós sein Australia del Espíritu Santo gefunden hatte. Darum segelte die Eendracht, nachdem sie im März 15° s.Br. erreicht hatte, wochenlang westwärts, wobei Teile des Tuamotu-Archipels und einige Inseln nordwestlich der Tonga-Gruppe entdeckt wurden. Am 18. Mai jedoch erklärte Willem Schouten, daß man bereits zu weit westlich gefahren sei, um noch wichtige Entdeckungen zu machen. Außerdem äußerte er die Befürchtung, daß man, falls man südlich von Neu-Guinea auf Land treffe und dann keine Durchfahrt fände, dem sicheren Untergang entgegensehe, weil die ständigen östlichen Winde keine Umkehr ermöglichen würden – ein Argument, das freilich auch gegolten hätte, wäre man bereits früher auf eine Festlandsküste gestoßen. Obwohl Le Maire dafür plädierte, weiter westwärts zu segeln, konnte Schouten sich durchsetzen. Der Kurs wurde nach Nordwesten geändert. Hätte der Schiffsrat nach Le Maires Wünschen entschieden, wäre wahrscheinlich die Ostküste Australiens erreicht worden, mehr als 150 Jahre vor Cook.

An der Nordküste Neu-Irlands und Neu-Guineas entlang und nördlich um Halmahera herum erreichte die Eendracht Ternate, wo die VOC damals ihre Hauptniederlassung hatte. Trotz eines freundlichen Empfanges durch den neuen Generalgouverneur Laurens Reael erhielt Jacob Le Maire keine Handelserlaubnis. Er setzte seine Reise daher nach Djacarta fort, wo er am 29. Oktober ankam. Dort war inzwischen ein Befehl der Heeren XVII eingegangen, Le Maire als Monopolbrecher zu betrachten und sein(e) Schiff(e) mit allen Papieren und der gesamten Ladung zu beschlagnahmen. Alle Proteste blieben vergeblich, die Anweisung wurde von den Vertretern der VOC ausgeführt. Die Mannschaftsmitglieder, die nicht in den Dienst der VOC übertraten, wurden Ende des Jahres mit der Retourflotte in die Heimat zurückgeschickt, die Jacob Le Maire jedoch nicht mehr wiedersehen sollte. Er starb am 31. Dezember 1616 an Bord der Amsterdam.

Die übrigen erreichten am 1. Juli 1617 einen seeländischen Hafen. Schon wenige Tage später wandte sich die Australische Kompanie mit Schadensersatzklagen gegen die VOC und der Bitte um ein Oktroi mit einem Monopol für alle Fahrten durch die Le Maire-Straße an die Generalstaaten. Es folgte ein jahrelanger Prozeß vor einem von den Generalstaaten eingesetzten Sondergericht.

Erst 1622 erging ein Urteil. Die Beschlagnahmung der Eendracht wurde als widerrechtlich angesehen, da sie in Ostindien keinen Handel getrieben und auf der Reise dorthin einen im Oktroi der VOC nicht einbegriffenen Weg benutzt hatte. Demzufolge erhielten Le Maire & Co. eine Schadensersatzsumme von 64 354 Pfund Flämisch (386 124 Gulden) zugesprochen. Die VOC wurde angewiesen, alle persönlichen Güter und alle Papiere an die Australische Kompanie auszuliefern. Erst jetzt konnte Isaac Le Maire das Journal seines Sohnes herausgeben, das dessen Rolle bei dem Unternehmen klar erkennen ließ und diejenige Schoutens zurechtrückte, der bis dahin den Entdeckerruhm für sich allein in Anspruch genommen hatte. Allerdings sprachen die Richter der Australischen Kompanie das Recht ab, östlich des Kaps der Guten Hoffnung und westlich der Magalhães-Straße Handel zu treiben und schlossen sich damit der Auffassung der VOC an, die ihr Monopol auf das gesamte Gebiet zwischen dem Kap und der

Straße bezog. Am 20. September 1624 starb Isaac Le Maire, ohne den Kampf gegen die VOC gewonnen zu haben.

Lit.: R. C. Bakhuizen van den Brink: Isaac Le Maire. In: Historisch Leesboek, verzameld door H. Brugmans.'s-Gravenhage 1906 – J. G. van Dillen: Isaac Le Maire en de handel in actien der Oost-Indische Compagnie. In: Economisch Historisch Jaarboek 16(1930), S. 1–165 – W. A. Engelbrecht en P. J. van Herwerden (Hg.): De ontdekkingsreis van Jacob Le Maire en Willem Cornelisz. Schouten in de jaren 1615–1617. Journalen, documenten en andere bescheiden. Deel II. 's-Gravenhage 1945 (Werken der Linschoten Vereeniging XLIX). Pa

Den 23. [Januar 1616] mittags trieben wir in Windstille und warfen das Lot 50 Faden tief auf Singelgrund[1]. Als wir am Nachmittag SzW ansteuerten, sahen wir etwas [das] wie kleine Inseln und Felsbrocken [aussah] und setzten unseren Kurs nach SO, um nicht auf das Land zu treffen und um seine Luvseite zu gewinnen. Nachts warfen wir das Lot 14 Faden tief. Diese Nacht schlief unser Präsident[2] nicht, da er große Bedenken hatte, wie die Sache ablaufen werde, weil er unerwarteter Weise auf dies Land getroffen war.

Am 24. morgens sahen wir nichts als Land voraus, darum steuerten wir SOzO an mit der Variation SO, je nachdem, in welche Richtung sich das Land erstreckte, nämlich [nach] SOzO und SO. Darüber war unser Präsident sehr niedergeschlagen, denn er meinte, daß es nach der Karte von Willem Janszoon[3] alles Festland sei, und da die Küste nicht nach Süden bog, sondern sehr viel östlicher verlief, fürchtete er, daß sie sich noch weiter nach Osten wenden werde. Denn als wir SOzO ansteuerten, sahen wir immer noch Land überall voraus, [das] wie Inseln [aussah], sehr hoch war und uns mit Schnee bedeckt zu sein schien, doch zum größten Teil gebrochenem Land[4] glich. Als wir unseren Kurs schließlich noch eine Weile entlang der Küste beibehalten hatten, sahen wir ein Gatt oder einen Kanal, aus dem eine starke Strömung kam. Sie stürzte sehr heftig aus dem Gatt gegen das Seewasser heraus, so daß es so strudelte und gegeneinander brandete, daß uns das Schiff mit jeder See bis zur blinden Rahe[5], ja beinahe der ganze Bugspriet unter Wasser fiel, da die Wasser so gegeneinander fochten. Wir fanden hier keinen Grund, denn der Kanal war

---

[1] Singels sind kleine Kieselsteine (vgl. Röding II, Sp. 621). Das Lot bestand aus einem Bleikegel, der an einer durch seine Spitze gezogenen Leine hing. An der Basis war er ausgehöhlt und mit Talg bestrichen, an dem Proben vom Meeresgrund kleben blieben, so daß man dessen Beschaffenheit bestimmen konnte, vgl. Röding II, Sp. 96. Die Leine war durch Knoten in Faden oder Klafter eingeteilt, ein bei allen Nationen unterschiedliches Längenmaß, vgl. Röding I, Sp. 843–845.

[2] Jacob Le Maire führte als Expeditionsleiter den Vorsitz im gemeinsamen Rat der beiden Schiffe, daher der Titel Präsident. Er schreibt von sich in dieser Stellung in der 3. Pers. Sing., von sich als Mannschaftsmitglied in der 1. Pers.Pl.

[3] Gemeint ist Willem Jansz.Blaeu. Die Karte zeigte einen mit Feuerland zusammenhängenden riesigen Südkontinent, der den Südpol bedeckte und dessen Küste sich von Feuerland ostwärts bis südlich vom Kap der Guten Hoffnung erstreckte.

[4] Mit gebrochenem Land ist wohl eine unterbrochene Küstenlinie gemeint, von der man aus der Ferne nicht sagen kann, ob es sich um Inseln oder ein Festland mit tiefen Buchten handelt.

[5] Rahe des unter dem Bugspriet hängenden Segels, Blinde genannt (vgl. Röding II, Sp. 501–502).

ausnehmend tief. Wir nahmen die Höhe auf knapp 55°[6]. Nach dem Mittag liefen wir auf das Gatt zu, wohin uns auch die Flut zog, aber da [der Wind] abflaute und uns entgegenkam, lagen wir nachts bei[7].

Am 25. morgens war das Wetter schön. Wir segelten in den Kanal hinein, setzten den Kurs erst S, [dann] SW, [dann wieder] nach S und sahen zu beiden Seiten Land, das bergig und zerklüftet war. In der Straße warfen wir eine Meile von dem backbord liegenden Land entfernt das Lot 50 Faden tief auf mit Muscheln und Steinchen [durchsetzten Grund]. So segelten wir mit großer Freude durch diese herrliche *(Royale)* Passage und dankten Gott, daß er [uns] zu einem Teil verliehen hatte, wonach wir so [sehr] verlangt hatten. Danach wurde auf gemeinsamen Beschluß des [Schiffs-]Rates das westliche Land Mauritius van Nassau und das östliche Staaten-Land genannt[8]. In der Straße selbst trafen wir auf eine so starke Strömung zum Nordmeer [dem Atlantik] hin, daß wir mit einer Topsegel-Kühlte[9] kaum gegen sie ansegeln konnten. Es gab hier keinen Grund. Wir sahen viel Tang treiben, auch Pinguine, Seerobben und große Mengen von Walfischen, sowohl vor der Passage im Nordmeer als auch in der Straße selbst und im Südmeer, so daß es erstaunlich anzusehen war und das Schiff ihnen beim Segeln ausweichen und den Kurs ändern mußte. Unser Obersteuermann hatte vor der Passage einen Kabeljau gefangen. [...] Mittags hatten wir die Höhe von 55° 36′ und steuerten SW an: die Dünung kam hier von vorne und das Wasser, das gestern ganz erdfarben *(grondich)* aussah, wurde blau. Wir sahen das Staaten-Land sich an der Südseite meist nach O erstrecken und Mauritius erstreckte sich von OzN nach WzS, die Ausdehnung betrug nach S und N ungefähr 10 Meilen[10]. Im Westen zeigte sich Land, so weit man sehen konnte und Staaten-Land [dehnte sich] so weit nach OSO, wie man bei klarem Wetter ein solch hohes Land erkennen konnte. Kurz nach Mittag wurde das Wetter neblig, mit guter Kühlte und von vorne aus SSW kommenden Dünungen. Wir sahen in NW und WNW viel hohes Land, das gebrochenes Land zu sein schien und südlich der Straße lag. Gegen die Nacht lief der Wind [uns] mit hohen Dünungen entgegen, so daß wir mit Sicherheit annahmen, daß wir nun das Südmeer besegelten und eine Passage durchfahren hatten, die bisher allen Menschen verborgen geblieben war. Hier gab es große Mengen von Vögeln.

Am 26. morgens hielt der Westwind an, mit Regen, Hagel, Dünungen und Seen, die schrecklich waren. Der Wind begann sich zu erheben und in Sturm

---

[6] Wenn das Wetter es zuließ, maß man mittags die Höhe der Sonne in ihrem Zenit und berechnete danach die Breite des Ortes, auf dem sich das Schiff befand (vgl. Röding II, Sp. 28–29).

[7] Dies Manöver bedeutete, daß das Schiff mit wenigen Segeln so nahe am Wind lag wie möglich, damit es beinahe auf einer Stelle blieb (vgl. Röding I, Sp. 300–301).

[8] Nach dem Statthalter und den Staaten der Vereinigten Niederlande.

[9] Kühlte bezeichnet die Windstärke. Hier handelte es sich um einen frischen Wind, bei dem man gerade noch die Topsegel ungerefft führen konnte. [Anm. des niederländischen Herausgebers].

[10] Das Schiff befand sich nun am Ausgang der Le Maire-Straße und hatte die Südküste der Staaten-Insel östlich und die Ostspitze Feuerlands westlich von sich liegen.

zu verwandeln, so daß das Wasser über das Schiff stürzte. Mittags befanden wir uns auf der Höhe von 57° und steuerten südwärts, nachts liefen wir meist westwärts.

Den 27. beruhigte sich das Wetter etwas. Mittags maßen wir die Höhe von 56⅓°. Wir sahen hier viele Jan van Genten[11]. Wir hatten die größte Tageskälte, die wir bisher gehabt hatten und nachts eine frische Kühlte. Später [kam der Wind] heftig aus SW.

Am 28. morgens war sehr schönes liebliches Wetter: wir hatten die Höhe von 56⅔° und setzten unseren Kurs WSW. Aber kurz danach lief der Wind nördlich um und trieb uns gewaltsam ab. Der Präsident stand nachts wohl drei- bis viermal auf, da er sich wegen [möglicher] Untiefen Sorgen machte.

Den 29. war der Himmel bedeckt, der Wind [kam aus] SO. Wir sahen Land in unserem Lee, [das sich in Richtung] W und WzS [erstreckte]. Als es etwas aufklarte, erkannten wir, daß es voll ausgebildete Inseln waren, die ungefähr zwei Meilen von einander entfernt lagen, als ob es gebrochenes Land wäre; wir luvten an[12], um an der Windseite [der Inseln] vorbei zu segeln. Die Strömung führte uns hier kräftig nach W und wir hatten auch langsame Dünungen aus SW, ein Anzeichen eines offenen Meeres *(volle Zee)*. Das Wasser behielt seine Farbe. Als wir so auf das Land zusegelten, zeigte es verschiedene Formen. Wir sahen weder Walfische noch Pinguine, aber Vögel wie in Porto Desire [Puerto Deseado]. Diese auf der Höhe von 57½° südlich des Äquators liegenden Inselchen nannte unser Präsident zu Ehren des Herrn Johan van Oldenbarnevelt[13] Barnevelts Inseln. Schließlich liefen wir nach SW. Wir konnten nicht an der Windseite oder südlich der Inseln vorbei segeln, sondern mußten nördlich um sie herum [fahren]. [...] Nach dem Mittag sahen wir Land in NNW, sehr hoch und weiß von Schnee, und erblickten im W zwei hohe Berge. Wir nahmen an, daß dort das hohe Land zu Ende sei. Als wir bei klarem Wetter das Ende sehen konnten, nannte unser Präsident es zu Ehren der Stadt Hoorn Capo de Hoorn. Es lag auf der Höhe von 57° 48′[14]. Um diese Landspitze zu vermeiden, legten wir die ganze Nacht [den Kurs] südwärts, dann westlich.

[In den folgenden Tagen setzten sie ihren Weg fort, wobei sie durch Sturm ziemlich weit nach W abgetrieben wurden. Am 7. Februar meinten sie, den Ausgang der Magalhães-Straße im NW vor sich zu haben. Am 11. sahen sie

---

[11] Bassangänse, eine Schwimmvogelart, die zu Tausenden auf der schottischen Insel Bass anzutreffen ist (vgl. Van Dale: Groot Woordenboek der Nederlandse Taal I, 1976, S. 1082).

[12] Dies bedeutete, daß das Schiff so gedreht wurde, daß der Wind nun auf seinem vorderen Teil oder seiner Seite stand (vgl. Röding I, Sp. 136–137 und 10).

[13] Ratspensionär der Staaten von Holland und während seiner Amtszeit der bedeutendste Staatsmann der Niederlande. 1618 wurde er wegen angeblichen Hochverrats verhaftet und am 13. Mai 1619 im Binnenhof in Den Haag öffentlich hingerichtet.

[14] Die Breitenmessungen Le Maires sind sehr fehlerhaft. Die Barnevelts-Inseln liegen in Wirklichkeit auf 55° 52′ und Kap Hoorn auf 55° 59′ (vgl. Engelbrecht en Herwerden: Ontdekkingsreis van Jacob Le Maire II, S. 100).

zwei oder drei kleine Robben, von denen sie vermuteten, daß sie aus der Magalhães-Straße kamen].

Den 12.[Februar] frischte der Wind auf, nachdem er sich aus nördlicher Richtung westwärts gedreht hatte. Wir wunderten uns, daß wir, obwohl wir uns nun im Osten der Straße befanden, täglich so gutes Wetter mit so ruhigem Wasser bekamen, was den Beschreibungen anderer [Seefahrer] widerspricht. Heute erhielt das ganze Schiffsvolk die doppelte Ration als Freudenzeichen darüber, daß wir nun im Südmeer fuhren und [den Ausgang der] Magalhães-Straße schon erreicht, ja hinter uns hatten. Auch wurde auf allgemeines Anraten vom breiten Rat[15] dafür gestimmt, daß man der Straße oder dem neuen Durchgang zwischen den Ländern Mauritius und Staaten-Land den Namen Le Maire-Passage oder -Straße geben solle. [Denn] mit dessen [Le Maires] Tapferkeit und steter Sorge wurde dieses treffliche, unsterbliche Werk geleitet und durchgeführt.

Aus: W. A. Engelbrecht en P. J. van Herwerden (Hg.): De ontdeckingsreis van Jacob Le Maire en Willem Cornelisz. Schouten in de jaren 1615–1617. Journalen, documenten en andere bescheiden. Deel I. 's-Gravenhage 1945 (Werken der Linschoten-Vereeniging XLIX), S. 36–40.   Pa

108. Tasman umsegelt Australien (1642–1643/1644)

a. Instruktion für den kommandierenden schipper Abel Jansz. Tasman, den
schipper und Obersteuermann Frans Jacobsz. Visscher und den Rat der Jachten
Limmen, Zee-Meeuw und der Quel[1] De Brack, ausgesandt zur genaueren
Entdeckung von Neu-Guinea und der unbekannten Küsten der entdeckten
Ost- und Südlande sowie der Kanäle und Inseln, die in [diesen Ländern] und
ihrer Umgebung vermutet werden (29. Januar 1644)

Die Entdeckung Australiens durch die Niederländer vollzog sich zum einen durch geplante Expeditionsreisen, die teils von den Niederlanden selbst, meist jedoch vom Zentrum des niederländischen Kolonialreiches im Fernen Osten (Bantam, später Batavia) ausgingen. Zum anderen wurde fast die gesamte australische West- und ein großer Teil der Südküste durch Schiffe entdeckt, die auf dem Weg vom Kap der Guten Hoffnung nach Batavia vom Kurs abgekommen waren und zufällig auf den neuen Kontinent stießen. Den Höhepunkt in dieser Entwicklung bildeten ohne Zweifel die beiden Forschungsreisen von Abel Jansz. Tasman und seinem Obersteuermann Frans Jacobsz. Visscher in den Jahren 1642/43 und 1644.

Auf der ersten dieser beiden Fahrten mit den Schiffen Heemskerck und Zeehaen

---

[15] Der breite Rat ist ein Flottenrat, in dem die Kapitäne und höheren Offiziere mehrerer Schiffe unter Vorsitz des Admirals oder Expeditionsleiters zusammensitzen. Da die Hoorn verlorengegangen war, ist hier unter dem breiten Rat eine Versammlung der Offiziere beider Schiffe zu verstehen, die freilich nun alle auf einem Schiff, der Eendracht, Dienst taten.

[1] Eine Quel ist eine kleine, schnellsegelnde Avisjacht, speziell brauchbar in seichten Gewässern. Die Brack war 1640 aus den Niederlanden nach Batavia gekommen. (Vgl. W. Ph. Coolhaas (Hg.): Generale Missiven van Gouverneurs Generaal en Raden aan Heren XVII der Vereenigde Oostindische Compagnie. Deel II. s'-Gravenhage 1964, S. 108, Anm. 1).

entdeckten sie den südlichen Teil des heutigen Tasmanien, das Tasman damals nach seinem Auftraggeber, dem Generalgouverneur in Batavia, „Van Diemens-Land" nannte, sowie die gesamte Westküste Neuseelands, freilich ohne zu erkennen, daß es sich dabei um zwei Inseln handelt. Tasman gab ihm den Namen „Staaten-Land", weil er es für möglich, wenn auch für unwahrscheinlich hielt, daß es mit jenem Staaten-Land zusammenhing, das die Le Maire-Straße im Südosten begrenzt. Er ließ damit die Möglichkeit offen, daß es außer dem neuen Kontinent, dessen südlichste Ausdehnung er umfahren hatte, doch noch eine Terra australis incognita gebe.

Trotz dieser Erfolge waren die Auftraggeber in Batavia unzufrieden. Der Küstenverlauf des Südlandes sollte näher erforscht und mit den Eingeborenen sollten wirtschaftlich verwertbare Kontakte angeknüpft werden. Sie schickten Tasman und Visscher daher Anfang 1644 erneut aus und versahen sie mit einer neuen Instruktion, in der alle bisherigen Entdeckungen australischer Küstenabschnitte, ob geplant oder zufällig, rekapituliert wurden. Diese Aufzählung der bis dahin stattgefundenen Kontakte mit dem neuen Kontinent ist für die moderne Forschung einer der wichtigsten Belege für den Anteil der Niederländer an der Entdeckung Australiens.

Lit.: Willem C.H. Roberts (ed.): The Dutch Explorations, 1605–1756, of the North and Northwest Coast of Australia. Extracts from journals, log-books and other documents relating to these voyages. Amsterdam 1973 (Contributions to a bibliography of Australia and the South Sea islands. Supplement 2) – Günter Schilder: Australia Unveiled. The Share of the Dutch Navigators in the Discovery of Australia. Amsterdam 1976 – J.P. Sigmond u. L.H. Zuiderbaan: Nederlanders ontdekken Australië. Scheepsarcheologische vondsten op het Zuidland. Bussum 1976. Englische Ausgabe: Dutch discoveries of Australia. Shipwrecks, treasures and early voyages off the west Coast. Adelaïde etc. 1979.   Pa

Daß zur Vergrößerung, Vermehrung und Verbesserung des Wohlstandes und der Kommerzien der Niederländischen Ostindischen Kompanie in den östlichen Gebieten *(in Orienten)* auf ausdrücklichen Befehl der Herren Direktoren durch die aufeinanderfolgenden Regenten in Indien verschiedene Male eifrig danach getrachtet wurde, das große Land Neu-Guinea und andere unbekannte Ost- und Südlande beizeiten zu entdecken, ist Euch aus Gesprächen und durch die Mitteilungen von Journalen, Karten und Schriften in der Hauptsache wohl bekannt, nämlich, daß vier verschiedene Reisen mit bescheidenem Erfolg zu dieser erhofften Entdeckung unternommen wurden.

Die erste Reise geschah im Jahr 1606 auf Befehl des Präsidenten Jan Willemzoon Verschoor (der zu dieser Zeit den Handel der Kompanie in Bantam beaufsichtigte) mit der Jacht 't Duyfken, welche im Vorbeifahren die Inseln Kai und Aru[2] besuchte, die unbekannten Süd- und Westküsten von Neu-Guinea auf ungefähr 220 Meilen vom 5. bis zum 13¾ Grad s.Br. entdeckte und lediglich feststellte, daß große Landstriche zum größten Teil wüst und an einigen Orten von wilden, bösartigen, schwarzen, barbarischen Menschen bewohnt sind, die einige von unseren Matrosen totgeschlagen haben. Daher konnte [die Mannschaft] die wahre Beschaffenheit des Landes, und was dort

---

[2] Inselgruppen südwestlich von Neu-Guinea.

[an Gewinn an-]gefallen oder [an Handelsgütern] begehrt werden mochte, nicht herausfinden, sondern kehrte aus Mangel an Verpflegung und anderen notwendigen Dingen von der begonnenen Entdeckung[-sfahrt] zurück. Sie zeichnete den äußersten Vorsprung des entdeckten Landes auf 13¾° s.Br. mit dem Namen Kap Keer Weer [Umkehr] in ihre Karten ein³.

Die zweite Reise wurde im Jahr 1617 mit einer Jacht unter der Führung des Fiskals Dedel ziemlich fruchtlos unternommen. Über die Erlebnisse und Untersuchungen [dieser Expedition] sind gegenwärtig (da die Journale und Aufzeichnungen verlorengingen) keine sicheren Auskünfte zu finden⁴.

Danach unterblieb die weitere Entdeckung der unbekannten Ost- und Südlande durch Mangel an überzähligen Schiffen⁵ bis zum Jahre 1623. Aber inzwischen war 1619 das Schiff 't Wapen van Amsterdam (das auf dem Weg nach Banda an der Insel vorbeitrieb) an die Südküste Neu-Guineas geraten, wo einige Seeleute durch die barbarischen Einwohner totgeschlagen wurden. Darüber hinaus wurde keine genauere Kundschaft von der Beschaffenheit des Landes vernommen. Auf gleiche Weise wurde mittlerweile in den Jahren 1616, 1617, 1618, 1619 und 1622 die Westküste des großen unbekannten Südlandes von 35 bis 22° [s.Br.] durch die aus dem Vaterland kommenden Schiffe d'Eendracht, Mauritius, Amsterdam, Dordrecht und De Leeuwin unvermutet entdeckt⁶. Um den Verlauf [dieser Küste] genauer zu untersuchen, hatte der Generalgouverneur Jan Pietersz. Coen, löblichen Angedenkens, im September des Jahres 1622 die Jachten Haringh und Hasewint dorthin ausgesandt, welche Reise durch die Begegnung mit dem Schiff Mauritius und durch die Suche nach dem Schiff Rotterdam verhindert wurde⁷.

---

³ Die Duyfken segelte zunächst die Südküste Neu-Guineas entlang, dann südwärts an den Inseln auf der Westseite der Torres-Straße vorbei bis zu einem Teil der australischen Küste etwas südwestlich von Cape York, wobei all diese Landstriche als Teil Neu-Guineas betrachtet wurden. Die Expeditionsleiter Willem Janszoon und Jan Lodewyckszoon van Roossegin waren die ersten Europäer, von denen mit Sicherheit gesagt werden kann, daß sie einen Teil Australiens gesehen haben (vgl. Schilder, S. 43–53).

⁴ Diese Reise hat in Wahrheit nie stattgefunden, da der Kommandeur der Expedition, Cornelis Dedel, nach seiner Ankunft in Ambon durch Admiral Steven van der Haghen an der Spitze einer Schwadron nach Banda geschickt wurde, um die Engländer daran zu hindern, eine Ladung Muskatnüsse zu übernehmen. Im Mai oder Juni wurde er nach Ceram beordert, starb kurz darauf, und die Entdeckungsreise wurde aufgegeben (vgl. Schilder, S. 52).

⁵ Gemeint sind Schiffe, die nicht für den innerasiatischen Handel der VOC benötigt wurden.

⁶ Seit 1616 bevorzugten die vom Kap der Guten Hoffnung nach Java segelnden Schiffe eine Route, die auf dem 36. Grad s.Br. ostwärts bis zur Länge der Sunda-Straße und dann geradewegs nach Norden führte. Bei den unzureichenden Navigations-Hilfsmitteln der Zeit konnte es leicht geschehen, daß ein Schiff zu weit ostwärts geriet und unversehens auf die australische Westküste stieß. Das erste Schiff, dem dies widerfuhr, nämlich 1616 der Eendracht unter Dirck Hartog, gab dem ganzen Küstenstrich seinen kartographischen Namen: Land der Eendracht (vgl. Schilder, S. 54–79).

⁷ Die Haringh und Hasewint unter dem Befehl von Jan Vos trafen bei Einfahrt in die Sunda-Straße auf die Mauritius, die sich in einem so miserablen Zustand befand, daß Vos sich verpflichtet fühlte, sie nach Batavia zu eskortieren. Dort wurde berichtet, 't Wapen van Rotterdam treibe vor der Südküste Javas. Vos nahm die Suche nach ihr auf und geleitete sie in den Hafen (vgl. Schilder, S. 83–84).

Daraufhin wurde auf Befehl Seiner Edlen im Januar 1623 aus Ambon mit den Jachten Pera und Arnhem (unter dem Kommandeur Jan Carstens) die dritte Reise begonnen, um sowohl mit den [Einwohnern] der Inseln Kai, Aru und Tanimbar[8] engere Freundschaft zu schließen als auch um Neu-Guinea und die südlicheren Länder zu entdecken. Während dieser [Expedition] wurden ein Freundschaftsvertrag mit den genannten Inseln geschlossen, die Südküste Neu-Guineas genauer erforscht und der Schipper sowie weitere acht Mannschaftsmitglieder der Jacht Arnhem von den Einwohnern auf verräterische Weise totgeschlagen. Außerdem ist die Arnhem durch eine vorzeitige Trennung [von der Pera] nach Entdeckung der großen Inseln Arnhem und Speult ohne viel auszurichten nach Ambon zurückgekehrt. Aber die Jacht Pera hat ihre Reise fortgesetzt, die Südküste Neu-Guineas bis zu einer flachen Einbuchtung auf 10° [s.Br.] und von dort die Westküste desselben Landes bis Kap Keer Weer besegelt, von wo aus [sie] die Küste weiter südwärts bis zum Staaten-Fluß auf 17° [s.Br.] entdeckt und gesehen hat, daß sich das Land weiter westwärts erstreckt. Von dort ist [sie] wieder nach Ambon zurückgekehrt. Bei dieser Entdeckung[-sfahrt] wurden meist überall untiefe, flache [Meeres-]Gründe, wüste Strände und Landstriche, die alle dünn von verschiedenen wilden, bösartigen und armen, brutalen Völkern bewohnt sind, gefunden.

Alles in allem ist nichts Nützliches für die Kompanie ausgerichtet worden. Das Journal dieser Reise ist ebenfalls nicht zu finden, doch konnten die entdeckten Landstriche aus den von [den Expeditionsführern] gezeichneten Karten abgelesen werden[9].

Auf Grund des geringen Erfolgs der erwähnten dritten Reise, vor allem aber durch den Mangel an überzähligen Schiffen, ist die Fortsetzung der begonnenen Entdeckung[-sfahrten] wieder bis zum Jahr 1636 ausgeblieben. Und inzwischen [wurde] im Jahr 1627 die Südküste des großen Südlandes durch das Schiff 't Gulden Zeepaard (aus dem Vaterland kommend) unversehens gut 250 Meilen weit entdeckt[10], ebenso wie im folgenden Jahr 1628 durch das Schiff Vianen (auf dem Weg von Indien nach den Niederlanden) die Nordseite des Landes auf der südlichen Breite von 21° unerwartet gesehen und rund 50 Meilen der Küste besegelt wurden[11], ohne daß aber diese Entdeckungen ir-

---

    [8] Tanimbar liegt südwestlich von Kai.
    [9] Inzwischen wurde das Logbuch der Pera wiedergefunden. Danach folgten die Schiffe zunächst in etwa dem Kurs der Duyfken, segelten dann die Westküste der Cape York-Halbinsel bis zur südlichen Breite von 17° 8′ entlang und kehrten um, um die Küste genauer zu untersuchen. Diese Aufgabe erfüllte jedoch nur die Pera, da die Arnhem in der Nacht vom 27./28. April außer Kurs geriet und ihren Weg allein fortsetzte. Sie entdeckte dabei im westlichen Golf von Carpentaria den nordwestlichen Teil des heutigen Arnhem-Landes und die Wessel-Inseln (vgl. Schilder, S. 80–98).
    [10] 't Gulden Zeepaard unter Kapitän Frans Thyssen stieß am 27. Januar bei Point d'Entrecasteaux auf die australische Südküste und folgte ihr bis zu dem nach ihrem vornehmen Passagier, dem Indienrat Pieter Nuyts, benannten Nuyts-Archipel auf 133½° östlicher Länge (vgl. Schilder, S. 105–110).
    [11] Die Vianen verließ Batavia im Januar 1628, segelte die javanische Nordküste entlang und dann durch die Straße von Bali. Durch starken Nordwestwind wurde sie südöstlich abgetrieben

gendwelche besonderen Auskünfte über diese großen Landstrecken erbracht hätten. Es wurde nur festgestellt, daß [das Land] nackte, mit verborgenen Klippen besetzte Küsten, grüne Landauen und sehr wilde schwarze, barbarische Einwohner hat, wie aus dem wohlbekannten Schiffbruch der Batavia und den darauf folgenden Greueltaten und elenden Zuständen genugsam zu ersehen ist und von [der Mannschaft] der Jacht Sardam (als sie diese Küsten entlangsegelte) beobachtet wurde[12].

Endlich ist im April des Jahres 1636 (unter Unserer Regierung) aus Banda mit den Jachten Amsterdam und Wesel (unter Führung des Kommandeurs Gerrit Thomasz.Pool) die vierte Reise begonnen worden. Diese [Schiffe] haben die Südküste von Neu-Guinea auf 3½° angelaufen und ungefähr 60 Meilen bis auf 5° [s.Br.] ostwärts besegelt, wo der Kommandeur Pool (an derselben Stelle, an der der Schipper der Jacht Arnhem 1623 totgeschlagen wurde) sowie drei weitere Personen von den barbarischen Einwohnern ermordet wurden. Trotzdem wurde die Reise unter dem Kaufmann Pieter Pieterszoon fleißig fortgesetzt und die Inseln Kai und Aru besucht. Da [die Schiffe] auf sehr steife Ostwinde trafen und deshalb die Westküste Neu-Guineas nicht anlaufen konnten, haben sie, südwärts segelnd, auf 11° s.Br. in nächster Nähe des Arnhems- oder Van Diemens-Landes 30 Meilen Küste entdeckt, ohne Menschen, wohl aber Rauchzeichen, zu sehen[13].

[Sie wandten sich anschließend nordwärts, besuchten noch einige Inseln und kehrten nach drei Monaten nach Banda zurück, ohne etwas Besonderes ausgerichtet zu haben.]

Nach dieser wenig erfolgreichen Reise erfolgte keine weitere Aussendung zur näheren Forschung in östlicher Richtung, bis im vergangenen Jahr die Entdeckung der noch unbekannten Südlande unter Eurer Führung ernsthaft wiederaufgenommen und auf dieser bemerkenswerten Reise das große unbekannte Staaten- und Van Diemens-Land auf 35 und 43° s.Br. entdeckt wurde, wie auch die lang erwünschte Passage in das Südmeer[14], wovon hier (da es Euch vollkommen geläufig) keine ausführliche Schilderung nötig ist.

Um von der bereits erfolgten, begonnenen und erörterten Entdeckung so vieler neuer großer Landstriche gemäß den Absichten der Kompanie und den

---

und lief ungefähr bei 21° s.Br. auf die Nordwestküste Australiens auf. Sie kam nur durch Abwerfen eines guten Teils ihrer Ladung wieder frei (vgl. Schilder, S. 100–105).

[12] Die Batavia lief am 4.Juni 1629 auf ein Riff der seit 1619 bekannten Houtmans Abrolhos. Die meisten Schiffsinsassen konnten sich auf die umliegenden kleinen Inseln retten, aber Lebensmittel und Trinkwasser waren knapp. Kapitän François Pelsaert gelang es, mit dem Boot Batavia zu erreichen und von dort als Kommandeur der Sardam eine Rettungsaktion zu starten. Sie erreichte die Unglücksstelle am 17.September, wo inzwischen einige Meuterer die meisten ihrer Gefährten umgebracht hatten. Am 5.Dezember kam die Sardam mit den Überlebenden in Batavia an. Sie hatte auf ihrer Reise die australische Westküste zwischen 27° 51' und 22° 17' s.Br. entdeckt (vgl. Schilder, S. 111–128).

[13] Schilder, S. 129–138, identifiziert die Entdeckungen der Amsterdam und der Wesel mit der Coburg-Halbinsel und der Melville-Insel.

[14] Tasman hatte bewiesen, daß es einen direkten Weg vom Kap der Guten Hoffnung in den Südpazifik gab, nämlich vorbei an der Südspitze Tasmaniens (vgl. Schilder, S. 180).

Forderungen der Herren Direktoren vollendete Kundschaft zu bringen, bleibt in der Folge noch zu untersuchen, ob Neu-Guinea mit dem großen Südland fest [zusammenhängt] oder durch Kanäle und zwischen ihnen gelegene Inseln von ihm getrennt ist, als auch, ob das neue Van Diemens-Land mit diesen zwei oder einem dieser großen Länder ein Ganzes bildet oder [von ihnen] abgeschieden ist. Außerdem [bleibt zu erforschen], welche unbekannten Inseln zwischen Neu-Guinea und dem bekannten [Teil des] Südlandes liegen. Nach einer solchen Erkundung wird die nähere Auskunft über die Beschaffenheit all der bekannten und unbekannten Länder mit geeigneteren Mitteln zu untersuchen sein.

[Zu diesem Zweck werden die Jachten Limmen und Zee-Meeuw und die Quel De Bracq unter der Führung Tasmans und Visschers ausgeschickt, um zunächst über Ambon, Banda, Kai und Aru zur Südküste Neu-Guineas zu segeln. Dieser sollen sie ostwärts folgen, bis feststeht, ob es eine Durchfahrt zwischen Neu-Guinea und dem Südland gibt oder nicht. Existiert sie, sollen sie sie durchfahren und dann die Ostküste des Südlandes entlangsegeln, bis sie das neu entdeckte Van Diemens-Land (Tasmanien) erreichen, um festzustellen, ob es ein Teil des Südlandes oder eine Insel ist. Ist letzteres der Fall, haben sie dem so gefundenen Kanal und dem weiteren Küstenverlauf des Südlandes zunächst westwärts und dann nordwärts zu folgen, bis sie auf 22 Grad s.Br. den Teil der australischen Westküste erreichen, der seit der Entdeckung der Vianen bekannt ist. Damit wäre das gesamte Südland umsegelt und als größte Insel der Welt erwiesen. Falls es keine Durchfahrt südlich von Neu-Guinea gibt, haben sie der Nord- und Westküste des Südlandes bis zu den Houtmans Abrolhos zu folgen, um dort aus dem Wrack der Batavia die Geschütze und eine Geldkiste zu bergen. Lassen die Wetterverhältnisse ein Vordringen bis in diese südlichen Breiten nicht zu, sollen sie die Nordküste des Südlandes und die ihr eventuell vorgelagerten, noch unbekannten Inseln genauer erforschen. Man geht davon aus, daß die Schiffe in jedem dieser Fälle im Juli in Batavia zurückerwartet werden können. Die weiteren Aufgaben der Expedition bestehen in einer genauen kartographischen Erfassung und seemännischen Beschreibung sämtlicher gesichteter Küsten mit allen für die Navigation wichtigen Einzelheiten wie Untiefen, Riffen und Strömungen. Ferner sollen sie auf den Flüssen ins Landesinnere vorstoßen und Kontakt mit den Einwohnern aufnehmen. Dabei sollen sie anhand mitgeführter Warenmuster herausfinden, welche Absatzchancen und Handelsmöglichkeiten sich bei diesen bieten. Es wird genau vorgeschrieben, wie sie sich dabei zu verhalten haben, um ihre Waren im Vergleich zu den von den Eingeborenen angebotenen Tauschgegenständen als möglichst wertvoll erscheinen zu lassen und somit den größtmöglichen Gewinn für die VOC zu erzielen.]

Aus: R. Posthumus Meijes (Hg.): De reizen van Abel Janszoon Tasman en Franchoys Jacobszoon Visscher ter nadere ontdekking van het Zuidland in 1642/3 en 1644. 's-Gravenhage 1919 (Werken der Linschoten-Vereeniging XVII), S. 170–182.

Pa

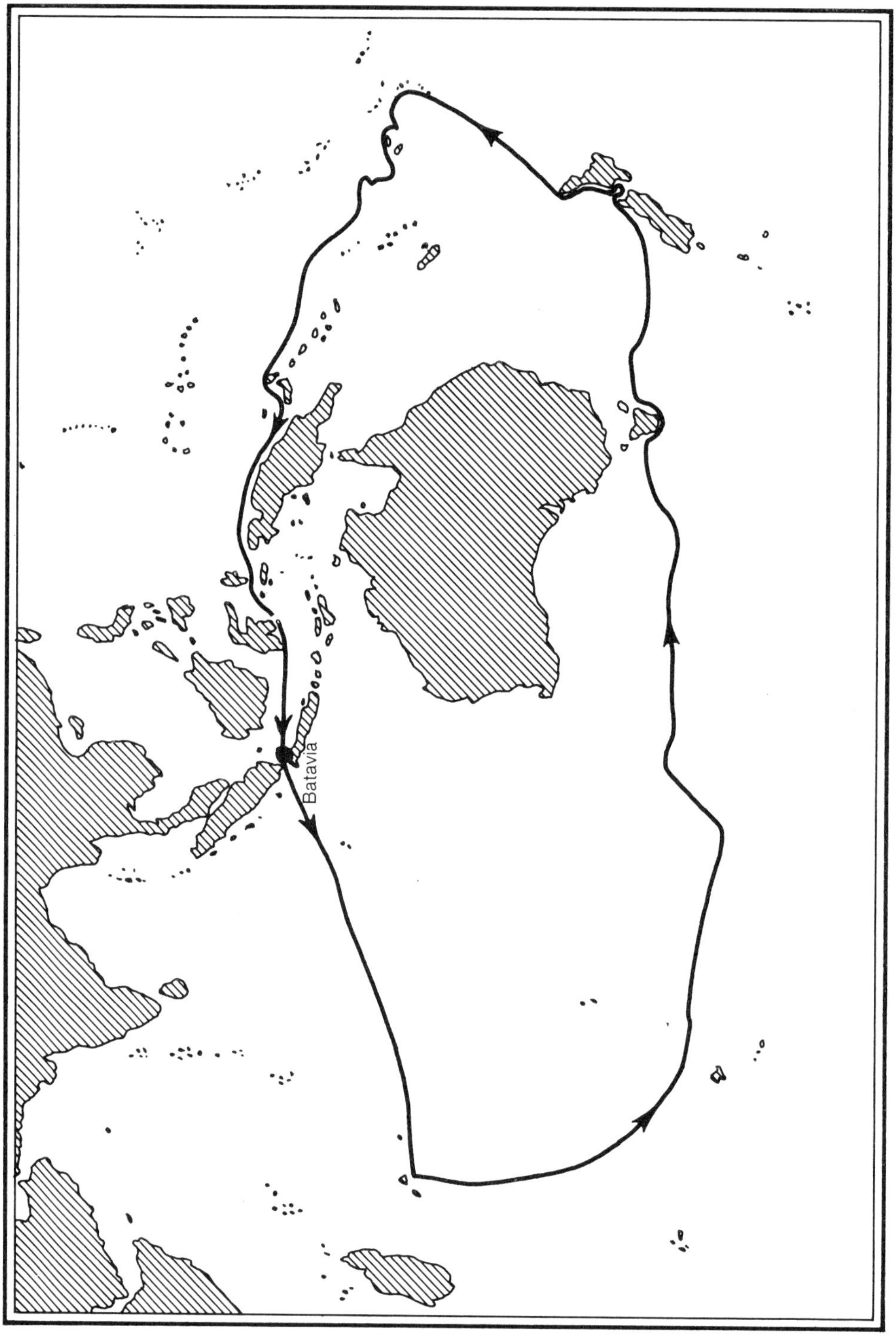

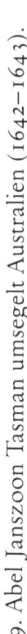

Batavia

19. Abel Janszoon Tasman umsegelt Australien (1642–1643).

b. Brief des Generalgouverneurs und seines Rates in Batavia an die Direktoren der Ostindischen Kompanie: Zusammenfassung der Ergebnisse der Reisen Tasmans (23. Dezember 1644)

Auf seiner zweiten Reise verfehlte Tasman ebenso wie seine Vorgänger die Torres-Straße zwischen Neu-Guinea und der Cape York-Halbinsel. Deshalb kam der große Plan, das Südland in umgekehrter Richtung wie auf der ersten Fahrt zu umrunden, nicht zur Ausführung. Statt dessen segelte er den Golf von Carpentaria ab, der dank seiner Beobachtungen auf den Karten im großen und ganzen die richtige Gestalt annahm. Er folgte dann im wesentlichen dem Kurs der Arnhem, ohne allzu genaue Untersuchungen anzustellen, und verpaßte so auch die Dundas-Straße. Anschließend fuhr er die Nordwestküste Australiens bis 23½ Grad südlicher Breite entlang, bevor er Anfang 1644 nach Batavia zurückkehrte. Natürlich waren der Generalgouverneur und sein Indienrat von den mageren Ergebnissen dieser mit so großen Hoffnungen ausgesandten Expedition enttäuscht, was sie den Direktoren in Amsterdam nicht verhehlten. Eines jedoch hatte Tasman erreicht: Durch seine Umsegelung des Südlandes konnte man sich nun eine Vorstellung von seiner Ausdehnung machen und mit Sicherheit sagen, daß es nicht mit jener sagenhaften Terra australis incognita identisch war, nach der man so lange gesucht hatte. Trotz weiterer Forschungsreisen, auch von niederländischer Seite (De Vlamingh 1696/97, Roggeveen 1721/22) blieb es Cook vorbehalten, endgültig nachzuweisen, daß es diesen sagenhaften Kontinent nicht gab.   Pa

Edle, ehrenfeste, weise vorausschauende und sehr verständige Herren.

[...]

In Übereinstimmung mit unserem, Euren Edlen bereits angekündigten Projekt, die innere Küste Neu-Guineas[15] zu untersuchen und zu erforschen und herauszufinden, ob sich auf der Höhe von 17, 18 bis 20° [südlicher] Br. eine Passage oder Durchfahrt in die Südsee auftäte oder ob die genannte Küste sich in Richtung Südwest bis zum Willems-Fluß[16] erstreckt, haben wir dorthin über Makassar, Ambon und Banda die Jachten Limmen und Zee-Meeuw und die Quel De Bracq ausgeschickt und die Führung der Reise dem kommandierenden Schipper Abel Tasman anbefohlen, der durch den Obersteuermann (piloot majoor) Frans Jacobsz. Visscher unterstützt wurde. Welche Absichten wir mit dieser Reise verfolgt haben und was demzufolge [den Expeditionsleitern] aufgetragen wurde, wollen wir der Kürze wegen hier nicht wiederholen. Eure Edlen finden die von uns gegebenen Befehle im Briefbuch[17] unter dem 29. Januar des Jahres registriert.

Die genannten Jachten sind am 29. Februar aus Banda abgesegelt und der Küste gefolgt, haben jedoch zwischen dem halb bekannten Neu-Guinea und

---

[15] Gemeint ist die Südküste.

[16] Der Willems-Fluß liegt etwas südlich des Witslandes, jenes Teils der australischen Nordwestküste, der durch die Vianen entdeckt und nach ihrem Kapitän G. F. de Wit benannt wurde (vgl. Schilder, S. 105).

[17] Das Briefbuch enthielt Abschriften der in Batavia ein- und ausgehenden Briefe und wurde mit der Retourflotte den Direktoren der Kompanie in den Niederlanden (Heeren XVII) zugeschickt. Es diente zur Kontrolle, da Briefe häufig verlorengingen.

dem bekannten Land der Eendracht oder dem Willems-Fluß bis zur s.Br. von 22⅔° und der Länge von 119°[18] keinen durchgehenden Kanal gefunden, wohl aber eine große, weiträumige Bucht oder einen Golf[19], wie die hier mitgeschickten Karten und Journale ausweisen. Sie haben auch nichts Vorteilhaftes entdeckt, sondern nur arme, nackte Strandläufer, die weder Reis noch irgendwelche beachtenswerte Früchte haben, sondern sehr arm sind. Und an vielen Stellen [trafen sie] auf bösartige Menschen, wie Eure Edlen ausführlicher und umständlicher aus dem Tagesregister des Kastells Batavia *(Batavis verbael)*[20] vernehmen können, wo die Kurse und besonderen Vorkommnisse [dieser Reise] verzeichnet sind, und zwar unter dem Datum des 4., 5. und 10. August dieses Jahres, an dem der genannte Tasman von der oben angegebenen Höhe und Länge des Südlandes (nachdem er dauernd über flachem Grund die Küste entlang gesegelt war) durch die Sunda-Straße zu uns zurückkehrte.

Was nun auf und in diesem Süd[-erd]teil wächst und liegt, bleibt unbekannt, weil diese Leute nichts anderes getan haben, als die Küste entlang zu segeln. Wer untersuchen will, was die Länder [her-]geben, muß in ihnen herum und durch sie hindurch wandern, wozu diese Expeditionsführer *(ondernemers)*, wie sie behaupten, keine ausreichende Macht hatten, woran etwas Wahres ist. Inzwischen ist dieses große und bisher noch unbekannte Südland durch den genannten Tasman in zwei Reisen umrundet worden, und es wird geschätzt, daß es insgesamt 2000 Meilen Land umfaßt, wie die es darstellenden Karten, die Euren Edlen zukommen werden, ausweisen. Daß nun in einem so großen Land, das in verschiedenen Klimazonen liegt, weil es sich nämlich von seinem Südostende auf 43½°[21] bis nach 2½°[22] s.Br. erstreckt, nichts Gewinnbringendes zu finden sein soll, ist kaum anzunehmen. [Man] vergleiche [es] mit den großen Nordlanden Amerikas. Es handelt sich um Dinge, die nicht überstürzt werden dürfen, aber Eure Edlen können darauf vertrauen, daß [wir] bei einer guten Gelegenheit und von Zeit zu Zeit alles durch fähigere und mutigere Personen als jene, die bisher dazu angestellt wurden, untersuchen lassen werden. Länder zu erforschen ist nicht jedermanns Sache. Außerdem sind dazu auch

---

[18] Der Null-Meridian liegt im Journal dieser Reise bei der Spitze von Teneriffa, auf 16° 39′ westlicher Länge von Greenwich. (Vgl. R. Posthumus Meijes, Reizen van Tasman, Einleitung S. XCVIII.)

[19] Den Golf von Carpentaria.

[20] Das Tagesregister von Batavia ist ein genauer, in Journalform gehaltener Bericht über alles, was innerhalb des Gebietes, in dem sich die Ostindische Kompanie in Asien bewegte, geschah. Es enthält darum auch Zusammenfassungen vieler in Batavia eingehender Briefe und Berichte aus den verschiedenen Kontoren und diente zur Unterrichtung der Heeren XVII. Geführt wurde es anfangs von einem oder mehreren Indienräten, dann vom ersten Schreiber im Generalsekretariat der Regierung in Batavia und ab 1720 von einem speziell dazu angestellten Beamten im Rang eines Unterkaufmanns. (Vgl. J. A. van der Chijs (Hg.): Dagh-Register gehouden int Casteel Batavia vant passerende daer ter plaetse als over geheel Nederlandts-India Anno 1640–1641. Batavia-Den Haag 1887, Einleitung, S. V–VII.)

[21] Gemeint ist die Südspitze Tasmaniens, das man für einen Teil des Kontinents hielt.

[22] Gemeint ist die Nordküste Neu-Guineas. Da Tasman die Torres-Straße verpaßt hatte, stellte man sich auch diese Insel als ein Teil des Südlandes vor.

geeignete wendige Jachten und viele Seeleute nötig, woran es Eure Edlen, wie wir vertrauen, wie bisher nicht fehlen lassen werden. Gott gebe, daß auf der einen oder anderen [Forschungsreise] nur eine reiche Silber- und Goldmine [entdeckt werde], zur Freude aller Teilhaber [der Ostindischen Kompanie] und zur Ehre des Finders . . .

[. . .]

Geschrieben in Eurer Edlen Kastell Batavia an diesem 23. Dezember 1644.

War gezeichnet: Antonio van Diemen, Cornelis van der Lijn, Salomon Sweers, Paulus Croocq, Simon van Alphen.

Aus: R. Posthumus Meijes (Hg.): De reizen van Abel Janszoon Tasman en Franchoys Jacobszoon Visscher ter nadere ontdeckking van het Zuidland in 1642/43 en 1644. 's-Gravenhage 1919 (Werken der Linschoten Vereeniging No. XVII), S. 182–184.   Pa

109. William Dampiers Zusammentreffen mit australischen Ureinwohnern (1688)

Mit William Dampier begegnet uns einer der schillerndsten Charaktere der Entdeckungsgeschichte. Abenteurer, Globetrotter, mitunter auch Teilnehmer an Piratenfahrten, offenbarte er in seinen Reisebeschreibungen ein lebhaftes Interesse für die Topographie, für Flora und Fauna und für die Bewohner der von ihm aufgesuchten Regionen. Auf einer Piratenfahrt, die ihn im Jahre 1688 von der Westküste Südamerikas über den Pazifik nach den Philippinen und von dort an die Nordwestküste Australiens führte, machte er Bekanntschaft mit australischen Aborigines.

Die Beschreibung dieser Reise, die 1697 zum ersten Mal erschien und kurz hintereinander mehrere Neuauflagen erlebte, zeichnete sich gleichermaßen durch ihre spannende Erzählweise wie durch ihren Informationsreichtum aus. Dampier fand als Kenner des pazifischen Raumes weithin Beachtung. Im Januar 1699 erhielt er das Kommando über ein von der Admiralität bereitgestelltes Schiff, mit dem er weitere Erkundungen des Küstenverlaufs Australiens vornehmen sollte, eines Teils der Terra australis incognita, wie damals in England noch angenommen wurde. Dampier konnte die Lösung dieses Problems nicht voranbringen, erwies jedoch als erster den Inselcharakter von Neu-Britannien, Neu-Irland und Neu-Hannover, die im Gefolge der Entdeckungen Tasmans als Teile Neu-Guineas angesehen worden waren.

Lit.: C. Lloyd: William Dampier. London 1966 – O. Reche: Dampiers Route längs der Nordküste von Kaiser-Wilhelms-Land. In: Petermanns Geographische Mitteilungen 60, II (1914), S. 223–225.   Mi

[. . .]

Diese Leute sprechen irgendwie durch die Kehle; wir konnten jedoch nicht ein Wort von ihnen verstehen. Wie ich bereits sagte, ankerten wir am 5. Januar [1688], und als wir Menschen am Ufer entlanggehen sahen, schickten wir sofort ein Boot aus, um mit ihnen Kontakt aufzunehmen; wir hatten nämlich die Hoffnung, bei ihnen einige Vorräte zu bekommen. Als die Einwohner jedoch unser Boot kommen sahen, rannten sie davon und versteckten sich. Daraufhin suchten wir drei Tage lang, zuversichtlich, ihre Häuser zu finden; wir fanden indes keine. Freilich sahen wir viele Plätze, wo sie Feuer gemacht hatten. Zu guter Letzt, als wir keine Hoffnung mehr hatten, ihren Aufenthaltsort zu finden, suchten wir nicht mehr weiter. Wir ließen jedoch eine ganze Menge Tand am Ufer zurück, an den Stellen, zu denen sie unserer Meinung nach kommen würden. Während unserer ganzen Suche fanden wir kein Wasser, nur alte Wasserlöcher in den sandigen Buchten.

Schließlich fuhren wir auf die Inseln hinüber, und dort fanden wir eine große Anzahl Eingeborener. Ich glaube, daß vierzig auf einer Insel waren, Männer, Frauen und Kinder. Die Männer bedrohten uns, gleich als wir ans Ufer kamen, mit ihren Lanzen und Schwertern. Sie bekamen jedoch einen Schreck beim Abfeuern einer Flinte, was wir absichtlich taten, um ihnen Angst einzujagen. Die Insel war so klein, daß sie sich nicht verstecken konnten. Sie gerieten freilich durch unsere Landung in große Unruhe, besonders die Frauen und Kinder, denn wir gingen direkt auf ihr Lager zu. Die kräftigsten unter den Frauen packten ihre Säuglinge und rannten heulend davon, und die kleinen Kinder liefen unter Quieken und Kreischen hinterher; die Männer jedoch blieben stehen. Einige Frauen und diejenigen, die nicht vor uns davonlaufen konnten, lagen still am Feuer und stimmten ein Klagegeschrei an, als ob wir gekommen wären, sie aufzufressen. Als sie aber sahen, daß wir nicht die Absicht hatten, ihnen ein Leid zuzufügen, wurden sie ziemlich ruhig, und die übrigen, die gleich bei unserer Ankunft entflohen waren, kamen wieder zurück. Diese ihre Wohnstätte bestand nur aus einem Feuer mit ein paar Zweigen davor, die an der Windseite aufgerichtet waren.

Nachdem wir uns hier eine kleine Weile aufgehalten hatten, wurden die Männer langsam zugänglich, und wir gaben einigen von ihnen Kleider in der Absicht, dafür von ihnen eine Gefälligkeit erwiesen zu bekommen. Wir hatten hier nämlich einige Quellen gefunden und hatten vor, zwei oder drei Barrel[1] Wasser an Bord zu schaffen. Es war jedoch einigermaßen beschwerlich, sie zu den Booten zu tragen, so daß wir daran dachten, sie von diesen Männern tragen zu lassen. Deshalb gaben wir ihnen einige alte Kleider, einem ein altes Paar Kniehosen, einem anderen ein abgerissenes Hemd, einem dritten eine Jacke, die es kaum wert war, sie zu besitzen, die freilich recht annehmbar gewesen wäre an einigen Orten, wo wir waren. Dies – so meinten wir – könnte auch bei diesen Leuten der Fall sein. Wir zogen sie ihnen an und glaubten, diese Eleganz würde sie dazu bringen, tüchtig für uns zu arbeiten. Unser Wasser wurde in kleinen länglichen Fässern abgefüllt – an die sechs Gallonen in jedem –, die eigens zum Wassertragen angefertigt wurden, und wir brachten unsere neuen Bediensteten an die Quellen und legten ihnen ein Faß auf jede Schulter, damit sie sie zum Boot trugen. Aber alle Zeichen, die wir machen konnten, hatten keinen Erfolg, denn sie standen da wie Statuen, bewegungslos, grinsten jedoch wie die Affen, während sie sich gegenseitig anstarrten.

---

[1] Ein Barrel = 36 Gallonen; entspricht 163,656 Litern.

Denn diese armen Kreaturen schienen es nicht gewohnt zu sein, Lasten zu tragen, und ich glaube, daß einer unserer zehn Jahre alten Schiffsjungen genauso viel tragen würde wie einer von ihnen. So waren wir gezwungen, unser Wasser selbst zu schleppen; sie indes zogen alle ihre Kleider wieder aus und legten sie nieder, als ob Kleider nur dazu da wären, um in ihnen zu arbeiten. Ich stellte fest, daß sie von Anfang an keinen großen Gefallen an ihnen gefunden hatten; ebensowenig schienen sie irgendwas zu bewundern, was wir hatten. [...]

Aus: A new Voyage round the World by William Dampier. With an Introduction by Albert Gray. London 1927. Ndr. Amsterdam-New York 1970, S. 314–315.   Mi

110. Die Entdeckung der Osterinsel durch Roggeveen (1722)

Seit den Reisen Tasmans und Visschers hatte man zwar eine Vorstellung vom Umfang und der Ausdehnung Australiens, doch hatte Tasman selbst anläßlich der Entdeckung der Westküste Neuseelands die Möglichkeit offen gelassen, daß es neben dem nunmehr bekannten Südland noch ein unbekanntes Land, eine Terra australis incognita gebe. Der als Schul- und Eichmeister in Middelburg in Seeland ansässige Arend Roggeveen, der auch als Poet, Kartograph, Sternen- und Seefahrtskundiger tätig war, unterbreitete demgemäß 1671 zusammen mit einigen Kaufleuten den Generalstaaten den Plan, eine Entdeckungsfahrt nach diesem unbekannten Südland auszurüsten, das nach damaligem Erkenntnisstand nur zwischen der Westküste Amerikas und Neu-Guinea liegen konnte. Der im folgenden Jahr ausbrechende englisch-holländische Seekrieg verhinderte das Zustandekommen der Reise, und als es Arend Roggeveen 1676 glückte, ein Oktroi mit einem Handelsmonopol für die Südsee zwischen der Magalhães-Straße und Neu-Guinea zu erhalten, mußte er den Plan mangels Teilnehmer aufgeben. Er starb 1679, ohne seinen Traum verwirklicht zu haben. Sein Sohn Jacob jedoch nahm ihn vierzig Jahre später wieder auf.

Jacob Roggeveen (1659–1729), promovierter Rechtsgelehrter und Notar in Middelburg, ging 1706 für die Verenigde Oostindische Compagnie (VOC) als Justizrat nach Batavia und kehrte 1715 als wohlhabender Mann zurück. Zu dieser Zeit wütete in den Niederlanden die Hetze gegen die Freisinnigen. Roggeveen, der 1718 den ersten Teil der Schriften Pieter van Hattems, eines der führenden Verfechter einer freisinnigen Glaubensauffassung, veröffentlichte, mußte Middelburg verlassen und fand Aufnahme bei Freunden in Arnemuiden, wo er die Arbeit am zweiten und dritten Teil dieser Ausgabe beendete. Die ständigen Anfeindungen, die er zu erdulden hatte, mögen in ihm die Idee haben reifen lassen, den alten Entdeckungsplan des Vaters wieder aufzugreifen.

Nach dem Frieden von Utrecht 1713 hatten die nun unter österreichischer Herrschaft stehenden südlichen Niederlande begonnen, sich zu ernstzunehmenden Handelskonkurrenten ihrer nördlichen Brüder zu entwickeln. Sowohl die VOC wie die WIC (West-Indische Compagnie) fürchteten um ihre Monopole. Daher fiel es dem bereits 62jährigen Roggeveen vermutlich nicht allzu schwer, die Direktoren der WIC zu bewegen, drei Schiffe für eine geheime Entdeckungsreise in die nun unter ihr Oktroi fallende Südsee bereitzustellen. Denn es war anzunehmen, daß sich die südniederländischen Konkurrenten in Ostende auf die Entdeckung der Terra australis incognita konzentrieren würden, um sich neue Märkte zu erschließen.

Am 16. Juli 1721 stachen die Arend, die Thienhoven und die Afrikaansche Galei unter Leitung Roggeveens von Amsterdam aus in See. Nachdem sie im November die Insel San Sebastian vor der brasilianischen Küste angelaufen hatten, setzten sie ihre Reise um Kap Hoorn zur Insel Juan Fernández vor der chilenischen Küste fort, die sie Anfang 1722 erreichten. Dort hielten sie sich einige Zeit auf, setzten den Kurs anschließend westwärts und entdeckten am 5. April 1722 die Osterinsel, der Roggeveen den Namen gab. In dem hier folgenden Ausschnitt aus seinem Journal beschreibt er die ersten Kontakte mit den Eingeborenen.

Die Schiffe folgten im weiteren Verlauf ihrer Fahrt der Route von Le Maire und Schouten, gerieten jedoch durch eine falsche Breitenangabe in Schoutens Journal vom Kurs ab und entdeckten eine Reihe der Inseln im Tuamotu-Archipel, wobei die Afrikaansche Galei auf ein Riff lief und verloren ging. In der Folgezeit sichteten Roggeveen und seine Mannschaft die beiden nördlichsten der Gesellschaftsinseln und beinahe alle Inseln der Samoa-Gruppe. Da an Bord der beiden verbliebenen Schiffe der Skorbut wütete, entschloß sich Roggeveen, nicht um Kap Hoorn herum, sondern über Ostindien zurückzukehren. Nachdem zwei Drittel der Besatzung der Krankheit zum Opfer gefallen waren, erreichte man am 3. Oktober 1722 Batavia. Der dortige Generalgouverneur beschlagnahmte unter dem Vorwand, das Oktroi der VOC sei verletzt worden, Schiffe und Papiere. Die Ladung wurde verkauft, die Mannschaft Ende des Jahres mit der Retourflotte in die Niederlande gesandt, die sie in der ersten Julihälfte 1723 erreichten. Genauso war es mehr als hundert Jahre früher Schouten und Le Maire ergangen, und damals hatte die VOC den folgenden Prozeß verloren. Daher bot sie diesmal von sich aus einen Vergleich an, der 1725 zustande kam. Die WIC erhielt 120000 Gulden Schadenersatz, und die VOC übernahm die Lohnzahlung für Roggeveens Seeleute von Batavia bis in die Niederlande. Das Ergebnis der Reise war enttäuschend. Roggeveen hatte sein Ziel, die Entdeckung der Terra australis incognita, verfehlt. Seine Fahrt schloß die Existenz eines noch unbekannten Südlandes aber auch nicht aus, und so wurde die Suche fortgesetzt.

Lit.: F. E. Baron Mulert (Hg.): De reis van Mr. Jacob Roggeveen ter ontdekking van het Zuidland (1721–1722). Verzameling van stukken, deze reis en de daaraan voorafgaande ontdekkingsplannen van Arend Roggeveen (1675–1676) betreffende. 's Gravenhage 1911 (Werken der Linschoten-Vereeniging IV). Einleitung.   Pa

5. [April 1722].

Die Gissing[1] unserer südlichen Breite betrug 27° 4′, und die der Länge 266° 31′, der gekoppelte Kurs[2] war West ½ Süd 7 Meilen, der Wind kam aus NNW und SW mit veränderlicher Kühlte[3], auch mit Windstille, mit dunklem Wetter

---

[1] Gissing nennt man die Schätzung des Weges, den ein Schiff gemacht hat, bzw. der Stelle, an der es sich befindet, wenn man wegen schlechten Wetters die genaue Position nicht nach den Gestirnen berechnen kann (vgl. Röding I, Sp. 659).

[2] Der gekoppelte Kurs ist der aus mehreren tatsächlich vorgenommenen Kursänderungen berechnete Kurs, den ein Schiff innerhalb von 24 Stunden von der einen zur anderen Position gelaufen ist (vgl. Röding I, Sp. 438–439).

[3] Kühlte drückt in der Seemannssprache die verschiedenen Windstärken aus (vgl. Röding I, Sp. 929).

und Regenschauern. Wir sahen eine Schildkröte, im Wasser treibende Pflanzen und Vögel. Ungefähr im zehnten Glas der Nachmittagswache[4] stach die Afrikaansche Galei, die voraussegelte, unter dem Wind auf[5], um auf uns zu warten, und signalisierte, daß sie Land sehe. Als wir sie nach Ablauf von vier Glasen, da die Kühlte schlaff war, erreicht hatten, fragten wir, was sie gesehen habe. Darauf wurde geantwortet, daß sie alle [die Besatzungsmitglieder] sehr deutlich voraus an Steuerbord eine niedrige und flache Insel gesehen hätten, die in WzN 5½ Meilen entfernt liege. Daraufhin wurde für gut befunden, bis zum Ende der ersten Wache[6] mit geringer Segelfläche weiter zu laufen und [die Schiffe] dann treiben zu lassen, um den Beginn des Tages zu erwarten. – Nachdem dies so beschlossen worden war, gaben wir Kapitän Bouman[7], der zurücklag, hiervon die erforderliche Kenntnis und dem Land den Namen Osterinsel, weil es von uns am Ostertag entdeckt und gefunden wurde. Unter dem [Schiffs]Volk herrschte große Freude, da ein jeder hoffte, daß dies niedrige Land der Vorbote der sich [dahinter] erstreckenden Küste des unbekannten Südlandes sei.

[Am folgenden Tag liefen die Schiffe zur Leeseite der Insel und sahen dabei vom Land Rauch aufsteigen. Deshalb beschlossen Roggeveen und die Kapitäne der drei Schiffe, am nächsten Morgen eine Landungsexpedition zu unternehmen, um Kontakte mit den Einwohnern zu knüpfen und die Handelsmöglichkeiten zu erkunden.]

7. [April 1722]

Das Wetter war völlig unbeständig, mit Donner, Wetterleuchten, Platzregen und veränderlichen Winden aus NW, sowie auch mit Windstille, so daß unser Landzug nicht zur Ausführung gelangen konnte. Am Vormittag brachte Kapitän Bouman (da ein Kanu vom Land her auf sein Schiff zukam) einen Osterinsulaner mit seinem Fahrzeug an unser Bord, der völlig nackt war, ohne die geringste Bedeckung für das zu haben, was die Ehrbarkeit näher zu bezeichnen verbietet. Dieser arme Mensch zeigte sich sehr erfreut darüber, uns zu sehen, und verwunderte sich zum höchsten über die Beschaffenheit unseres Schiffes und dessen, was ihm daran besonders auffiel, wie die große Höhe der Masten, die Dicke der Taue, die Segel, die Kanone, die er genau betastete, und was er sonst noch alles sah. Aber insbesondere blickte er, als ihm sein Gesicht in einem Spiegel gezeigt wurde, mit einem raschen Zurückbiegen des Kopfes nach der Rückseite des Spiegels, offensichtlich, um dort die Ursache für die Erscheinung entdecken zu wollen. Nachdem wir uns nun mit ihm und er sich mit uns genügend amüsiert hatten, schickten wir ihn, beschenkt mit

---

[4] An Bord maß man die Zeit mit Halbstundengläsern (Sanduhren). Die Nachmittagswache dauerte von mittags 12 h bis abends 8 h. Das 10. Glas der Nachmittagswache bedeutete also 17 h (vgl. Röding I, Sp. 659–660 und II, Sp. 855–856).

[5] Dies Manöver bedeutet: so dicht wie möglich am Wind segeln (vgl. Röding I, Sp. 187–188).

[6] Diese dauerte von 8 h abends bis Mitternacht (vgl. Röding II, Sp. 855–856).

[7] Bouman war Kapitän der Thienhoven.

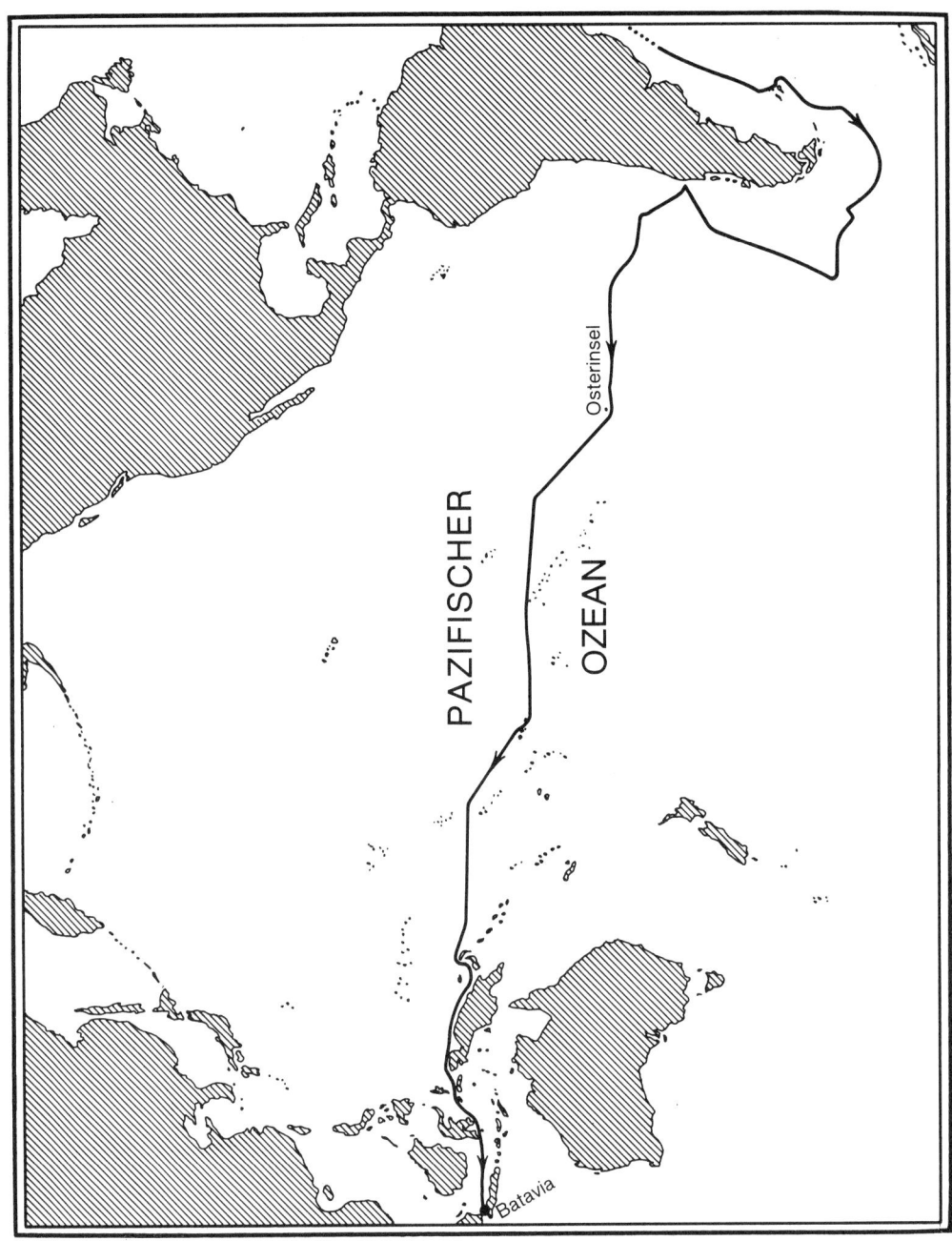

20. Jacob Roggeveen entdeckt auf der Suche nach der Terra australis incognita am 5. April 1722 die Osterinsel.

zwei Schnüren blauer Korallen[8] um den Hals, einem Spiegelchen, einem Scherchen und anderen dergleichen Kleinigkeiten, an denen er besonders Behagen und Vergnügen zu finden schien, in seinem Kanu wieder an Land.

[Inzwischen hatten sie sich der Insel genähert und sahen nun deutlich, daß sie nicht, wie sie zunächst geglaubt hatten, mit jener flachen, sandigen Insel identisch sein konnte, die Edward Davis[9] entdeckt hatte und die man für einen Teil des unbekannten Südlandes hielt. Die Osterinsel war offensichtlich größer und hügeliger. Sie mußte daher eine neue Entdeckung östlich des unbekannten Südlandes sein.]

8. [April]
Wir hatten Wind aus S, SzO und SSW, mit veränderlicher gereffter Marssegel-Kühlte[10]. Nach Einnahme der Frühkost sandten wir sowohl unsere als auch die Schaluppe des Schiffes Thienhoven gut bemannt und bewaffnet in die Nähe des Strandes, deren Besatzungen, nachdem sie ihren Auftrag ausgeführt hatten, berichteten, daß die Einwohner dort sehr vornehm mit verschiedenen Stoffen in allerhand Farben gekleidet seien und daß sie viele Zeichen gemacht hätten, damit man zu ihnen an Land komme. Da wir[11] aber den Befehl hatten, dies nicht zu tun, weil die Zahl der anwesenden Indianer zu groß gewesen sein könnte, wurde es unterlassen. Weiter vermeinten einige gesehen zu haben, daß die Einwohner als Zierrat silberne Platten an den Ohren und Perlmuttmuscheln um den Hals trugen. [...]

9. [April]
Es kamen sehr viele Kanus an die Schiffe: diese Menschen zeigten sogleich ihre große Begehrlichkeit nach allem, was sie sahen und waren so kühn, daß sie den Matrosen die Hüte und Mützen vom Kopf rissen und mit ihrer Beute über Bord sprangen. Denn sie waren ausnehmend gute Schwimmer, was auch daraus zu sehen ist, daß eine Menge [von ihnen] vom Land aus zu den Schiffen geschwommen kamen. Auch kletterte ein Osterinsulaner aus seinem Kanu bis zum Kajütenfenster der Afrikaansche Galei und auf der Tafel ein Tisch-

---

[8] Dabei handelte es sich um billige Glasperlen.

[9] Edward Davis, englischer Freibeuter, entdeckte 1687 das nach ihm benannte „Davis-Land": eine kleine sandige Insel auf 27° s.Br., 500 Leguas von Copiapó an der chilenischen Küste entfernt, und westlich von ihr einen langen Strich ziemlich hohen Landes. William Dampier, dem Davis von dieser Entdeckung Mitteilung gemacht hatte, brachte dieses „Davis-Land" in seiner „A new voyage round the world", London 1697, S. 352, mit der Terra australis incognita in Verbindung. Augenzeuge dieser Entdeckung war der Chirurg Lionel Wafer, der seinen Bericht von der Fahrt unter dem Titel „A new voyage and description of the Isthmus of America" 1699 in London herausgab (vgl. Dietmar Henze: Art. Edward Davis).

[10] Darunter ist die Windstärke zu verstehen, bei der man die Marssegel reffen mußte, auch steife Kühlte genannt (vgl. Röding I, Sp. 929).

[11] Dies weist darauf hin, daß Roggeveen selbst in einem der Boote saß. Er schreibt von sich als Mitglied der Mannschaft in der 1. Pers. Plural, von sich als Kommandeur der Expedition meist in der 3. Pers. Singular.

tuch sehend, mit dem sie bedeckt war, ergriff er mit diesem, es zur guten Prise
erklärend, die Flucht. So mußte man besonders gut aufpassen, um alles gut
[vor Dieben] zu bewahren. Außerdem wurde beschlossen, mit 134 Mann den
Landzug zu unternehmen, um das von unseren Abgesandten Berichtete zu untersuchen.

10.[April]
Am Morgen zogen wir mit drei Booten und zwei Schaluppen, besetzt mit 134
Mann, aus. Alle waren mit Schnapphahn, Patronentasche und Hauer bewaffnet. Am Strand angekommen, ließen wir die Boote und Schaluppen dicht beieinander an ihren Dreggen[12] liegen und zur Bewachung derselben 20 Mann
mit den oben angegebenen Waffen darin zurück. Das Boot der Afrikaansche
Galei war zusätzlich vorne am Bug mit zwei Drehbassen[13] ausgerüstet. Nachdem wir dies alles angeordnet hatten, zogen wir in dichten Reihen, aber ohne
Rangordnung, über die Klippen, von denen sehr viele am Strand lagen, auf
das flache Land oder die Ebene, wobei wir mit Handzeichen die Einwohner,
die zahlreich auf uns zu kamen, anwiesen, zurückzuweichen und Platz zu machen. Dort angekommen, wurde aus allen Matrosen der drei Schiffe das corps
de bataille formiert, [wobei] der Kommandeur und die Kapitäne Koster, Bouman und Roosendaal jeweils vor ihrem eigenen Schiffsvolk in Front [stan-
den]. Dieses drei hintereinander stehende Reihen tiefe corps wurde auf dem
rechten Flügel durch die Hälfte der Soldaten unter dem Kommando des
Herrn Leutnants Nicolaas Thonnar gedeckt, während der linke aus der anderen Hälfte der Soldaten bestand und durch den Fähnrich, Herrn Martinus
Keerens, angeführt wurde. Nach dieser vorgenommenen Anordnung marschierten wir ein wenig vor, um einigen von unserem Volk, die etwas zurückgeblieben waren, Platz zu machen, damit sie sich einordnen konnten. Als wir
anschließend halten blieben, damit die Hintersten herankommen konnten,
hörten [wir] zu [unserer] großen Verwunderung und wider alles Erwarten,
daß hinter uns vier bis fünf Schnapphahnschüsse gelöst wurden mit den lauten
Rufen: „Es ist Zeit, es ist Zeit, gebt Feuer", worauf innerhalb eines Augenblicks mehr als dreißig Schnapphähne losgingen. Die Indianer, hierdurch ganz
verblüfft und erschreckt, ergriffen die Flucht, wobei sie außer den Verwundeten 10 bis 12 Tote zurückließen. Die in Front stehenden Leiter der Expedition
verhinderten, daß die vordersten [ihrer Leute] auf die Flüchtenden feuerten
und fragten dann, wer den Befehl gegeben habe, zu schießen und aus welchen
Gründen er dazu bewogen worden sei? Nach kurzer Zeit kam der Untersteu-

---

[12] Der Dregg oder Dreganker war der kleinste aller Ankertypen, hatte gewöhnlich vier Arme
oder Klauen und wurde auf kleinen Fahrzeugen oder Schiffsbooten benutzt (vgl. Röding I,
Sp. 85).

[13] Leichtes Geschütz, das nach allen Seiten und in der Höhe verstellt werden konnte. Drehbassen standen an Bord eines Schiffes auf der Back, Schanze und Hütte sowie auf kriegsmäßig ausgerüsteten Booten und Schaluppen. Sie wurden mit Schrot und Kartätschen geladen, um aus nächster Nähe auf den Feind zu schießen (vgl. Röding I, Sp. 437–474).

ermann der Thienhoven zu mir und erklärte, daß er und sechs Mann die letzten gewesen seien, daß einer von den Einwohnern den Lauf seines Schnapphahns ergriffen hätte, um ihm diesen zu entreißen, er habe ihn aber zurückgestoßen; daß weiter ein anderer Indianer versucht habe, einem Matrosen den Rock vom Leib zu ziehen und daß einige der Einwohner, als sie unseren Widerstand sahen, Steine aufgerafft hätten mit der drohenen Gebärde, sie auf uns zu werfen, wodurch allem Anschein nach das Schießen meiner kleinen Truppe verursacht worden sei. Doch habe er dazu nicht den geringsten Befehl gegeben[14]. Da nun keine Zeit war, darüber genaue Erkundigungen einzuziehen, wurde dies auf eine bessere Gelegenheit verschoben.

Nachdem das Erstaunen und der Schrecken der Einwohner sich ein wenig gelegt hatten, da sie sahen, daß man die Feindseligkeiten nicht fortsetzte und ihnen durch Zeichen zu verstehen gab, daß die Getöteten gedroht hatten, uns mit Steinen anzugreifen, so kamen die Eingeborenen, die von Anfang an in der Nähe der ersten Reihe gestanden hatten, wieder zu den Expeditionsleitern. [Unter ihnen war] vornehmlich einer, der, wie es uns schien, das Sagen über die anderen hatte. Denn er gab den Befehl, daß von allen Seiten alles, was sie hatten, herbeigeholt und vor uns gebracht werde, wie Baumfrüchte, Erderzeugnisse und Hühner. Dieser Auftrag wurde mit Ehrerbietung und einer Verbeugung des Körpers empfangen, und es wurde ihm sogleich gehorcht, wie das Resultat bestätigte: denn nach Ablauf einer kurzen Frist brachten sie eine Menge Zuckerrohr, Hühner, Obiwurzeln[15] und Bananen. Aber wir gaben ihnen zu verstehen, daß wir nichts begehrten außer den Hühnern, von denen ungefähr 60 Stück vorhanden waren, und 30 Büschel Bananen, für welche wir ihnen den Wert reichlich in gestreifter Leinwand bezahlten, worüber sie sich sehr erfreut und befriedigt zeigten.

[Trotz des bösen Mißverständnisses zu Beginn des ersten Landzuges blieben die Eingeborenen weiterhin freundlich. In den folgenden Tagen untersuchten Roggeveen und seine Leute die Insel und die Lebensgewohnheiten ihrer Bewohner daher genauer. Dabei stellte sich heraus, daß ihr Kleider„stoff" aus in gelbem und rotem Lehm gefärbten Pflanzenfasern und die angeblichen Silberplatten im Ohr aus Wurzelscheiben bestanden. Die Insel hatte keine Bodenschätze und eignete sich daher angesichts der Armut der Bevölkerung kaum als Handelspartner. Erstaunen erregten bei den Expeditionsteilnehmern die Kolossalsteinbilder aus Lava, die von den Eingeborenen kultisch verehrt wurden. Es blieb unverständlich, wie sie ohne maschinelle Hilfsmittel errichtet werden konnten, denn auf der Insel gab es kein Holz, das zum Bau solcher Hilfsmittel geeignet gewesen wäre. Am Abend des 12. April lichteten alle drei Schiffe den Anker und verließen die Osterinsel wieder.]

---

[14] Kapitän Bouman schrieb in seinem Journal, daß keiner der Expeditionsführer diese Erklärung geglaubt habe, da sich die Eingeborenen bisher durchaus freundlich gezeigt hatten. Er bezeichnete seinen Untersteuermann Cornelis Mens vielmehr als großen Feigling, der aus übertriebener Angst geschossen habe (vgl. Mulert: Reis van Roggeveen, S. 187).

[15] Eine Art süßer Kartoffeln (Anm. des niederländischen Herausgebers).

Aus: F. E. Baron Mulert (Hg.): De reis van Mr. Jacob Roggeveen ter ontdekking van het Zuidland (1721–1722). Verzameling van stukken, deze reis en de daaraan voorafgaande ontdekkingsplannen van Arend Roggeveen (1675–1676) betreffende. 's-Gravenhage 1911 (Werken der Linschoten-Vereeniging IV), S. 114–128.   Pa

111. Geheime Denkschrift[1] Bougainvilles bezüglich der Malwinen[2] und der Terra australis (ca. 1763)

Für das Ingangkommen der Durchdringung und Erforschung des Pazifik war der Ausgang des Siebenjährigen Krieges (1756–1763) von großer Bedeutung: Frankreich, das – von wenigen Resten abgesehen – sein Kolonialreich in Nordamerika und Indien an England verloren hatte, suchte nunmehr unter strategischen und wirtschaftlichen Gesichtspunkten nach einer Kompensation. Dafür bot sich die sogenannte „Terra australis" an, jener legendäre Südkontinent, den schon Mendaña und Quirós gesucht hatten. Eifrigster Verfechter der Forderung nach Auffindung, Besetzung und Nutzung dieses vermeintlichen Kontinents war der Offizier Louis-Antoine de Bougainville (1729–1811). Er hatte 1760 als Oberst der Kavallerie in Kanada das Ende Neu-Frankreichs erlebt. In der Folge beschäftigte er sich leidenschaftlich und intensiv mit dem Fragenkreis „Terra australis". Dank seiner gesellschaftlich gehobenen Stellung kam er mit allen führenden Wissenschaftlern und Entdeckungspraktikern seiner Zeit in Frankreich – wie Maupertuis, Bénard de La Harpe, de Brosses – in Kontakt, was ihn nicht nur in der Überzeugung bestärkte, daß es das bisher nicht entdeckte riesige Land gebe, sondern auch, daß es ohne Schwierigkeiten aufgefunden werden könne.

Bougainville reichte zwischen 1761 und 1763 mehrere Denkschriften an den Leitenden Minister Choiseul ein, die – aus seiner Sicht – alle Vorteile einer raschen Besetzung des Südkontinents aufzeigten, die allerdings auch auf eine große Unbekümmertheit des Denkens und unbändigen Tatendrang schließen lassen angesichts der in ihnen vertretenen durchaus unzulässigen Verkürzung des komplexen Problems, so als handle es sich bei dem vorgeschlagenen Unternehmen um eine Reiterattacke. Das folgende Dokument ist ein Beispiel dafür.

Bougainville hatte indessen zunächst Erfolg. Er wurde noch 1763 zum Kapitän ernannt, lief mit zwei auf eigene Kosten ausgerüsteten Schiffen in den Südatlantik aus und nahm 1764 die zum spanischen Vizekönigreich Peru (ab 1776: zum Vizekönigreich Río de la Plata) gehörenden Malwinen (Falkland-Inseln) für Frankreich in Besitz. Auf Grund der auf diesen Handstreich folgenden internationalen Verwicklungen mußte die Inselgruppe allerdings bereits im Jahr 1766 an Spanien zurückgegeben werden. Im übrigen waren die übereilten Aktivitäten Frankreichs zur Auffindung des Südkontinents Anlaß für entsprechende Unternehmungen Großbritanniens, das dann mit den Expeditionen Byrons, Wallis', Carterets und Cooks Frankreich in seinen Anstrengungen überflügelte und letztlich die wissenschaftliche Unhaltbarkeit der These von der riesigen Terra australis erwies.

---

[1] Diese Denkschrift ist undatiert; sie dürfte unmittelbar nach dem Ende des Siebenjährigen Krieges entstanden sein (vgl. Taillemite, S. 11–14). Ältere Autoren datieren sie auch in die letzten Jahre des Krieges.

[2] Span.: Islas Malvinas; frz.: Îles Malouines; engl.: Falkland Islands.

Lit.: Jean-Étienne Martin-Allanic: Bougainville navigateur et les découvertes de son temps. 2 t. Paris 1964 – Louis-Antoine de Bougainville: Reise um die Welt. Berlin ²1977 – Bougainville et ses compagnons autour du monde 1766–1769. Journaux de navigation établis et commentés par Étienne Taillemite. 2 t. Paris 1977 – Jean Meyer: Le contexte des grands voyages d'exploration du XVIIIᵉ siècle. In: L'Importance de l'Exploration Maritime au Siècle des Lumières (A propos du voyage de Bougainville). (Ed.:) M. Mollat et E. Taillemite. Paris 1979, S. 17–39.   Sch

Lord Anson[3] empfiehlt in seinem Bericht über seine Reise um die Welt[4] den Engländern zu wiederholten Malen, südlich von Brasilien eine Niederlassung zu gründen; er versichert, daß die Nation, welche eine entsprechende Niederlassung errichtet, den Handel im Südmeer beherrschen wird; er könnte hinzufügen: und denjenigen im Indischen Ozean. Dies ist dementsprechend Ziel und Zweck der Reise, für deren Durchführung M. de Bougainville den Minister um Erlaubnis ersucht; sie soll auf seine eigenen Kosten sowie die eines seiner nächsten Verwandten durchgeführt werden.

Zu diesem Zweck lassen beide in St. Malo eine Fregatte mit 24 Kanonen sowie eine *caiche*[5] mit 8 Kanonen bauen. Sie brechen im August mit Proviant für 15 Monate auf. Sie suchen zuerst die Malwinen auf, die ungefähr 150 Meilen südöstlich des Río de la Plata liegen. Dort bleiben sie zwei Monate lang, um genaueste Ortskenntnis zu erwerben. Danach beginnen sie die Suche nach der Terra australis, die sie – wie sie sicher sind – ungefähr 300–400 Meilen süd-südöstlich von den Malwinen antreffen; dann laufen sie diese wieder an, um von dort aus dem Ministerium Rechenschaft abzulegen und die gemachten Beobachtungen mitzuteilen.

Der Vorteil einer Niederlassung entweder auf den Malwinen oder in dem Teil der Terra australis, den zu finden man sicher zu sein glaubt, wäre außerordentlich groß für Frankreich:

1. Es besäße einen eigenen sicheren, fruchtbaren und gesunden Zwischenhafen für die Fahrt nach Indien, die um einen Monat verkürzt würde. Jetzt hängen wir wegen dieses Zwischenhalts entweder von den Portugiesen in Brasilien oder von den Holländern am Kap der Guten Hoffnung ab. In Kriegszeiten würde man die gesamte Schiffahrt nach Indien in der Hand haben.

2. Es gibt in diesem Seestrich eine unglaubliche Fülle von Seehunden und Walfischen. Ihr Öl ist für die Zuckermühlen absolut notwendig, und da man

---

[3] George Anson umsegelte im Anschluß an eine Kaperfahrt zur südamerikanischen Westküste 1740–1744 die Welt, wobei ihm auch eine Kaperung einer Manila-Galeone gelang. Er wurde später Erster Lord der britischen Admiralität.

[4] Der offizielle Bericht von Ansons Reise, verfaßt vom Bordkaplan Walter, erschien 1744 und wurde mit fünfzehn Auflagen bis 1776 und zahlreichen Übersetzungen einer der Bestseller der europäischen Reiseliteratur.

[5] „Caiche" (in der deutschen Schiffahrtssprache des 18. Jahrhunderts auch „Kits" genannt): ein leichtes Fahrzeug mit zwei weit achtern stehenden Masten; auf dem Vordeck standen in der Regel ein oder mehrere Mörser (vgl. Röding, Bd. 1, S. 842–843).

Kanada nicht mehr besitzt, muß man es von den Engländern kaufen. Man hat in diesem Seestrich sogar Kabeljau gefangen.

3. Das Klima dort ist so gesund wie in Kanada. Der Boden bringt alle notwendigen Lebensmittel hervor und ist mit Wald bedeckt. Man kann dort eine Schiffswerft errichten.

4. Schließlich wird dies der Schiffahrt eine große Aufgabe stellen und eine ausgezeichnete Schule abgeben, um Matrosen auszubilden.

Wenn trotz dieser Erwägungen der Minister es nicht für richtig hält, von den zu machenden Entdeckungen Gebrauch zu machen, wird man sie geheim halten. Die beiden Reisenden werden damit zufrieden sein, ihren Eifer bewiesen und eine so gute Gelegenheit benutzt zu haben, um sich im Seemannsberuf auszubilden, den sie zu erlernen wünschen. Es wird leicht sein, ihrer Reise ein Ziel zu geben, durch welches das wahre verschleiert wird.

Aus: Bougainville et ses compagnons autour du monde 1766–1769. Journaux de navigation établis et commentés par Étienne Taillemite. 2 t. Paris (Imprimerie nationale) 1977. T. 1, S. 11–12.   Sch

112. Die Falkland-Inseln als Schlüssel zum Pazifischen Ozean: Schreiben des Earl of Egmont an den Duke of Grafton vom 20. Juli 1765

Admiral Anson, der 1740 bis 1744 im Zuge seiner Plünderungsfahrt gegen Spanisch-Amerika die Welt umsegelt hatte, war nach seiner Rückkehr für die Errichtung eines Stützpunktes auf den Falkland-Inseln eingetreten, die seiner Meinung nach seestrategisch wie kommerziell für die Öffnung des pazifischen Raumes von größter Bedeutung waren. Die Durchführung dieses Planes, für die die Admiralität bereits 1749 Vorbereitungen traf, scheiterte zunächst am Widerstand Spaniens. Erst mit Ende des Siebenjährigen Krieges wurden Ansons Vorschläge wiederaufgenommen. Im Juni 1764 wurde John Byron ausgeschickt, der im Januar des folgenden Jahres im Namen Georgs III. von den Falkland-Inseln Besitz ergriff, ohne allerdings eine Niederlassung zu gründen. Dies jedoch hatte Bougainville bereits vor Jahresfrist unter französischer Flagge getan; die Nachricht von einer vorgesehenen weiteren Expedition in den Südatlantik unter seiner Führung alarmierte die Admiralität in London, wie dies in dem folgenden Schreiben des Ersten Admiralitätslords Egmont an den Secretary of State Grafton deutlich wird.

Lit.: Julius Goebel Jr.: The Struggle for the Falkland Islands. New Haven 1927.   Mi

20. Juli 1765. 9 Uhr abends

Mein Lord,
ich habe die Ehre, die Karten und Vermessungen beizufügen, die in dem Brief von Kommodore Byron übersandt wurden, den Euer Gnaden kürzlich gelesen haben.

Als Anlage übersende ich gleichfalls ausführliche Auszüge aus all jenen Berichten, die die Falkland-Insel betreffen und die von ihrer Erstentdeckung bis zum heutigen Tag zu unserer Kenntnis gelangt sind. Euer Gnaden mögen geruhen, sie Seiner Majestät und denjenigen unter seinen leitenden Ministern vorzulegen, deren Meinung allein gehört werden kann in einer Angelegenheit von so großer Tragweite und von streng geheimer Natur.

Die Durchsicht dieser Papiere wird, so meine ich, den Rechtsanspruch Seiner Majestät vollständig beweisen. Sie wird auch die große Bedeutung dieses Stützpunktes aufzeigen, der ohne Zweifel *der Schlüssel zum gesamten pazifischen Ozean* ist. Diese Insel dürfte die Häfen und den Handel von Chile, Peru, Panamá, Acapulco – in einem Wort, des ganzen spanischen Gebietes an diesem Meer beherrschen. Sie wird alle unsere Fahrten in jene Gegenden äußerst einträglich für uns und höchst nachteilig für Spanien machen, und im Falle eines künftigen Krieges werden diese Fahrten nicht mehr so mühsam, langwierig und unsicher sein. Die Küste von Chile von der Magalhães-Straße bis zur Insel Chiloe ist vollkommen unberührt, von den Spaniern nicht bewohnt und im Besitz der kriegerischsten unter all den indianischen Eingeborenen [den Araukanern], die in beständiger Feindschaft zu Spanien leben. Das Land zeichnet sich vor allen übrigen auch durch eine Überfülle an Gold- und Silberminen aus; die Fahrt durch jene Meeresstraße von dieser Insel nach Chiloe ist jetzt wohlbekannt und wird selten länger als einen Monat dauern. Euer Gnaden werden sogleich erkennen, welch großartiger Nutzen in Zukunft aus einer Etablierung an diesem Ort gezogen werden kann – durch diejenige Nation, die dort zuerst fest Fuß faßt.

Welche weiteren Vorteile aus Entdeckungen in diesem gesamten südlichen Ozeangebiet – sowohl östlich als auch westlich der Magalhães-Straße – erwachsen, kann zum gegenwärtigen Zeitpunkt nicht vorhergesehen werden, doch können diese Gegenden, die jetzt noch fast völlig unbekannt sind, von solch einer Niederlassung aus bald und ohne Schwierigkeiten erforscht werden; zudem ist es wahrscheinlich, daß künftig mit großer Leichtigkeit und großem Profit von dieser Insel aus Handel mit Paraguay, Brasilien etc. getrieben werden kann, in Kriegszeiten wie auch im Frieden.

Euer Gnaden und die übrigen Minister des Königs werden zweifellos besonders in Erwägung ziehen, inwieweit und auf welche Weise dieses Vorhaben für Großbritannien zu Verwicklungen mit den Spaniern oder den Franzosen führen könnte.

Was zunächst Spanien angeht, so ist es unmöglich, daß selbst ihr angeblicher Rechtstitel aus der Verleihung des Papstes oder aus irgendeinem Vertrag, soweit ich mich entsinnen kann, ihnen den geringsten Anspruch geben kann auf eine Insel, die 80 oder 100 Meilen im Atlantischen Ozean östlich des südamerikanischen Kontinents liegt, als dessen Anhängsel sie nicht betrachtet werden kann; der Versuch der Franzosen, sich dort niederzulassen, scheint dieses Argument zu bekräftigen gegenüber allem, was künftig von einer dieser Mächte diesbezüglich geltend gemacht werden kann.

Was nun Frankreich angeht . . .[1], so wurde sowohl die erste als auch die zweite Entdeckung dieser Insel von Untertanen und mit der Vollmacht der Krone Großbritanniens während der Regierungszeit von Königin Elisabeth bzw. von Karl dem Zweiten gemacht; die Franzosen sahen sie erst zur Zeit der Herrschaft von Königin Anne.

Ihr jetziger Projektemacher Frezier[2] gibt offen zu, daß sie zuerst von den Engländern entdeckt wurden. Viele Monate erst nach der Planung von Captain Byrons Expedition und sechs oder sieben Wochen nach seiner Abfahrt kam der erste Verdacht in England auf, daß von seiten Frankreichs die Absicht besteht, sich dieser Insel zu bemächtigen. Erst im September 1764 wurde in einem kurzen Artikel in ausländischen Zeitungen erwähnt, daß einige Fregatten von dem Besuch und der Erforschung der Küste dort nach St. Malo zurückgekehrt waren . . ., und . . . letzten März erzählte Frezier selbst, der berühmte alte Seefahrer, jemandem, der mit der Inspektion der französischen Häfen beauftragt war – seine wichtigen Mitteilungen haben Euer Gnaden vor kurzem eingesehen –, daß er von den französischen Ministern für dieses Unternehmen zu Rate gezogen worden sei und daß drei oder vier französische Fregatten diesen Sommer eingesetzt werden sollten, um die Niederlassung zu gründen. Da dies nun alles ist, was wir bis jetzt über die französischen Absichten in Erfahrung gebracht haben, und es aus nicht anerkannter Quelle zu uns kommt, da zudem Captain Byron erst letzten Februar die Küste in einer Länge von 200 Meilen entlanggesegelt ist und sich lange dort aufgehalten hat, ohne die geringste Spur einer Besitzergreifung durch die Franzosen zu finden, können wir entweder die obenerwähnte Nachricht so einstufen, daß sie unsere Aufmerksamkeit verdient, oder unsere vollkommene Unkenntnis in der Angelegenheit vorschützen – so wie es am ehesten dem Verhalten entspricht, das Seine Majestät in dieser heiklen Sache für angebracht halten mag. Ich muß nur hinzufügen, daß – so wie die Dinge stehen – die Minister des Königs diese Frage umgehend in Erwägung ziehen und zu einer sehr schnellen Entscheidung kommen sollten, damit die Admiralität die Befehle Seiner Majestät ohne Verzug erhält, falls irgend etwas unternommen werden soll. Es wird nicht möglich sein, eine für die Besitzergreifung dieser Insel geeignete Flotte später als Mitte September auszurüsten – diese Zeitspanne ist sehr knapp für die Vorbereitung eines solchen Unternehmens –, und falls wir diesen günstigen Zeitpunkt verstreichen lassen, wird kein neuer wiederkehren bis zum selben Monat des folgenden Jahres. Bis dahin werden die Franzosen sicherlich eine Kolonie errichtet haben, die dann volle neunzehn Monate lang bestehen wird, bevor in einem solchen Fall von uns eine Niederlassung errichtet werden kann; dann wird es wahrscheinlich nicht in unserer Macht stehen, sie zu ver-

---

[1] Die Auslassungen finden sich in der Originalvorlage.
[2] Amédée-François Frezier (1682–1773) erkundete im Auftrag der französischen Krone zwischen 1711 und 1714 die Pazifikküste Südamerikas; in Frankreich galt er fortan als einer der besten Kenner der küstennahen Ozeanographie Südamerikas, ein Ruf, den er sich vor allem durch seine kartographische Aufnahme dieser Regionen erworben hatte.

treiben, zumindest nicht ohne direkte und offen eingestandene Feindseligkeiten, die zu einem sofortigen Bruch mit Frankreich und Spanien führen können; dies hingegen wird aus vielen Gründen, die anzufügen zu weit führen würde, weniger wahrscheinlich sein, wenn wir – so wie die Dinge jetzt stehen – unsere Maßnahmen früher als Frankreich ergreifen oder zumindest zum selben Zeitpunkt.

Ich bitte Euer Gnaden um Nachsicht dafür, daß ich Euch mit diesem sehr langen Brief behelligt habe; ich war jedoch der Meinung, daß es notwendig sein könnte, die ganze Angelegenheit so ausführlich und in dieser Weise Eurer Kenntnis zu unterbreiten vor der Beratung, die, wie ich glaube, Seine Majestät als zweckmäßig in dieser Frage ansehen wird.

Ich habe die Ehre zu sein etc.

Egmont

Aus: Robert E. Gallagher (ed.): Byron's Journal of his Circumnavigation 1764–1766. Cambridge 1964 (Hakluyt Society. 2nd ser. No. 122), S. 160–163.   Mi

113. Geheime Zusatzinstruktionen für die erste Entdeckungsreise von James Cook (30. Juli 1768)

Für den 3. Juni 1769 wurde ein Sonnendurchgang des Planeten Venus erwartet, ein Phänomen, durch dessen Beobachtung die Astronomen Aufschluß zu gewinnen hofften über die Entfernung der Erde von der Sonne. Die Royal Society, eine illustre Vereinigung zur Förderung der Wissenschaften, bemühte sich um die Aussendung eines Schiffes in den Südpazifik, wo man sich die besten Beobachtungsmöglichkeiten versprach. Die Admiralität konnte dazu bewogen werden, ein Schiff zu stellen, die Bark Endeavour, die speziell für den wissenschaftlichen Zweck der Reise ausgerüstet wurde. Das Kommando wurde dem Leutnant James Cook übertragen, der neben seiner seemännischen Qualifikation bereits ein reges Interesse für Hydrographie und Astronomie gezeigt hatte. Ihm zur Seite standen Joseph Banks, prominentes Mitglied der Royal Society und Hobby-Botaniker, Daniel Solander, ein Schüler von Linné, sowie Charles Green, der Vertreter des Observatoriums von Greenwich.

Im Mai 1768 war Captain Wallis von seiner Entdeckungsfahrt in den Südpazifik zurückgekehrt; er schlug die von ihm entdeckte Insel Tahiti als den günstigsten Beobachtungsstandort vor.

Daß die erste Reise Cooks jedoch nicht nur wissenschaftlichen Zwecken galt, zeigen die folgenden Zusatzinstruktionen.

Lit.: J. C. Beaglehole: The Exploration of the Pacific. Stanford ¹1934, London ³1966. Ndr. 1968, S. 229–235.   Mi

Geheim
Von den Beauftragten zur Ausübung des Amtes
eines Großadmirals von Großbritannien etc.

Zusätzliche Instruktionen für Leutnant James Cook, der zum Kommandanten Seiner Majestät Bark Endeavour ernannt ist.

In Anbetracht dessen, daß die Entdeckung von bislang unbekannten Ländern und die Erlangung von Kenntnissen über entfernte Gegenden, die zwar früher bereits entdeckt, jedoch bis heute nur unvollkommen erforscht wurden, in hohem Maße zur Ehre dieser Nation als Seemacht und zum Ansehen der Krone Großbritanniens gereichen und sehr zur Förderung ihres Handels und ihrer Schiffahrt beitragen werden; und in Anbetracht dessen, daß Grund zu der Annahme besteht, daß ein Kontinent oder ein Land von großer Ausdehnung gefunden werden mag südlich der Route, die kürzlich von Captain Wallis in Seiner Majestät Schiff Dolphin zurückgelegt wurde – Ihr erhaltet hiermit eine Abschrift davon –, oder südlich der Route irgendeines früheren Seefahrers, der ähnliche Ziele verfolgte, werdet Ihr hiermit, dem Belieben Seiner Majestät gemäß, aufgefordert und angewiesen, mit der Bark, die Ihr befehligt, in See zu stechen, sobald die Beobachtung des Durchgangs des Planeten Venus beendet ist, und die folgenden Instruktionen zu beachten.

Ihr habt zur Entdeckung des obenerwähnten Kontinents in Richtung Süden vorzustoßen, bis Ihr 40° Breite erreicht, es sei denn, Ihr trefft früher auf ihn. Habt Ihr ihn oder irgendwelche klare Anzeichen für ihn auf dieser Strecke jedoch nicht entdeckt, so habt Ihr die Suche nach ihm in westlicher Richtung fortzusetzen zwischen der obengenannten Breite und einer Breite von 35°, bis Ihr ihn entdeckt oder auf die östliche Seite des Landes trefft, das von Tasman entdeckt wurde und nun Neuseeland genannt wird.

Falls Ihr den obengenannten Kontinent entweder auf Eurer Fahrt nach Süden oder nach Westen – den vorstehenden Anweisungen gemäß – entdeckt, so habt Ihr Euch eingehend damit zu befassen, die Ausdehnung der Küste so weit wie möglich zu erforschen, wobei Ihr ihre genaue Lage nach Breite und Länge sorgfältig festzuhalten habt, desgleichen die Mißweisung der [Kompaß-]-Nadel, die Position von Landspitzen, dazu Höhe, Richtung und Kurs der Gezeiten und Strömungen sowie Tiefen und Lotungen des Meeres, der Untiefen und Klippen, etc.; auch habt Ihr die Buchten, Häfen und Küstenstriche, die für die Seefahrt nützlich sein könnten, zu vermessen und Skizzen und Ansichten von ihnen anzufertigen.

Auch habt Ihr sorgfältig die Art des Bodens und seiner Erzeugnisse zu vermerken, dazu die Tier- und Geflügelarten, die dort heimisch sind oder vorkommen, sowie die Fischarten, die man in den Flüssen oder an der Küste findet und ihre Zahl; für den Fall, daß Ihr irgendwelche Minen, Mineralien oder Edelsteine findet, sollt Ihr von allem eine Probe mit nach Hause bringen, dazu Proben von Baum-, Frucht- und Getreidesaaten, die zu sammeln Ihr in der Lage seid, und sie unserem Sekretär übersenden, damit wir für sie geeignete Untersuchungen und Experimente veranlassen können.

Gleichfalls habt Ihr den Charakter, die Gemütsart, die Veranlagung und die Zahl der Eingeborenen – sollte es dort welche geben – festzustellen und Euch auf jede passende Weise darum zu bemühen, die Freundschaft und Beziehungen zu ihnen zu pflegen, indem Ihr ihnen solche Kleinigkeiten zum Geschenk macht, die sie hochschätzen, indem Ihr sie zum Tauschhandel einladet und ihnen jede Höflichkeit und Rücksichtnahme erweist; freilich müßt Ihr Vorsorge treffen und es nicht zulassen, daß Ihr von ihnen überrascht werdet; vielmehr müßt Ihr stets auf jeden Zufall gefaßt sein.

Auch habt Ihr mit der Zustimmung der Eingeborenen Besitz zu ergreifen von geeigneten Landstrichen, im Namen des Königs von Großbritannien, oder, falls Ihr das Land unbewohnt vorfindet, es für Seine Majestät in Besitz zu nehmen, indem Ihr entsprechende Markierungen und Inschriften anbringt, als Erstentdecker und -besitzer.

Sollte es Euch jedoch nicht gelingen, den obenerwähnten Kontinent zu entdecken, so werdet Ihr nach dem Landfall auf Neuseeland sorgfältig die Breite und Länge festhalten, in denen dieses Land gelegen ist, und so viel von der Küste erforschen, wie der Zustand der Bark, die Gesundheit Eurer Mannschaft und der Stand Eurer Vorräte es erlauben; Ihr solltet stets sehr darauf achten, von letzteren so viel zurückzuhalten, daß Ihr in der Lage seid, einen bekannten Hafen zu erreichen, wo Ihr eine hinreichende Menge beschaffen könnt, um Euch nach England zu bringen, entweder um das Kap der Guten Hoffnung oder das Kap Hoorn herum, so wie es Euch von den Umständen her als der passendste Heimweg erscheint.

Auch werdet Ihr die Lage der Inseln genau vermerken, die Ihr im Laufe Eurer Reise entdecken mögt und die bislang noch von keinen Europäern entdeckt wurden; Ihr werdet von ihnen für Seine Majestät Besitz ergreifen und von denjenigen, die von Bedeutung zu sein scheinen, Vermessungen und Skizzen anfertigen, ohne es jedoch zuzulassen, dadurch von dem Ziel abgelenkt zu werden, das Ihr immer im Auge haben sollt, die Entdeckung des so oft erwähnten Südkontinents nämlich.

Insoweit jedoch bei einem Vorhaben dieser Art verschiedene Notlagen auftreten mögen, die nicht vorhergesehen und für die deshalb im voraus keine besonderen Anweisungen erteilt werden können, sollt Ihr in all diesen Fällen in einer Weise vorgehen, wie es Euch nach Beratung mit Euren Offizieren am vorteilhaftesten erscheint für das Unternehmen, zu dem Ihr ausgesandt seid.

Ihr habt dem Sekretär der Royal Society auf allen geeigneten Wegen Abschriften der Beobachtungen zu schicken, die Ihr vom Venusdurchgang gemacht habt; zugleich habt Ihr unserem Sekretär – zu unserer Information – Berichte über Euer Vorgehen zu senden, dazu Abschriften der Vermessungen und Zeichnungen, die Ihr angefertigt habt. Und nach Eurer Ankunft in England habt Ihr Euch sofort in dieses Amt zu verfügen, um uns einen ausführlichen Bericht über Euer Vorgehen während des ganzen Verlaufs Eurer Reise vorzulegen. Bevor Ihr das Schiff verlaßt, habt Ihr darauf zu achten, von Euren Offizieren und Maaten die Log- und Tagebücher, die sie geführt haben mögen, zu verlangen und sie für unsere Durchsicht zu versiegeln; ihnen und der ganzen Mannschaft habt Ihr einzuschärfen, nicht zu enthüllen, wo sie waren, bis sie die Erlaubnis dazu erhalten.

Eigenhändig unterzeichnet am 30. Juli 1768.

Ed. Hawke
Piercy Brett
C. Spencer
Im Auftrag Ihrer Lordschaften
Php. Stephens

Aus: Beaglehole, J. C. (ed.): The Journals of Captain James Cook on his Voyages of Discovery. 4 vols. Cambridge 1968–1974 (Hakluyt Soc. Extra Series. Nos. 34–37). Vol. 1: The Voyage of the Endeavour. 1968, S. CCLXXXII–CCLXXXIV.   Mi

114. Der Arzt Philibert Commerson berichtet im „Mercure de France" über den Zauber Tahitis (1769)

In den Jahren 1766–1769 führte Louis-Antoine de Bougainville mit den Schiffen La Boudeuse und L'Étoile seine seit 1761 angestrebte Suche nach dem Südkontinent durch, wobei ihn seine Instruktion ausdrücklich auf die Erforschung der Region zwischen dem 40. Grad s.Br. und dem nördlichen Wendekreis verwies; wörtlich hieß es darin: „In diesen Breiten stößt man auf die wertvollen Metalle und die Spezereien". Bougainville fuhr über die Magalhães-Straße in den Pazifik ein und landete Anfang April 1768 auf Tahiti, das im Jahr zuvor von Wallis entdeckt worden war. Im weiteren Verlauf seiner Weltumseglung entdeckte er teils neu, teils wieder die Neuen Hebriden, die nördlichen Salomonen und einige andere Inselgruppen der Südsee, umfuhr Neu-Guinea im Norden und kehrte über den Indischen Ozean nach Frankreich zurück. Seine Expedition zeichnete sich besonders dadurch aus, daß an ihr einige Wissenschaftler teilnahmen, ähnlich wie später bei den Forschungsfahrten Cooks, so etwa der Arzt und Botaniker Philibert Commerson, der Astronom Pierre-Antoine Véron oder der Arzt François Vivès.

Bougainvilles Reise brachte zwar eine Erweiterung der europäischen Kenntnisse der Südsee. Aber ihre Hauptbedeutung lag auf einem anderen Gebiet: Die enthusiastischen Schilderungen der Reiseteilnehmer von den Kultur- und Gesellschaftszuständen in der Inselwelt Polynesiens, vor allem auf Tahiti, wo sich die Expedition neun Tage lang aufhielt, übten eine starke Wirkung auf das französische und europäische Denken aus. Rousseaus Fiktion des „état de nature", in dem die Menschheit gelebt habe, bevor sie in den korrupten Zustand des 18. Jahrhunderts geraten sei[1], schien sich an den „edlen Wilden" Tahitis als pure Wahrheit zu erweisen. Der im folgenden wiedergegebene Bericht Commersons im angesehenen „Mercure de France" zeigt deutlich die aufklärerische Neigung seiner Zeit, aus wenig gründlichen Beobachtungen grundsätzliche Schlüsse zu ziehen und diese zu einem Deutungssystem zu verarbeiten, das gesellschaftskritisch eingesetzt werden konnte. Gegen eine Berichterstattung dieser Art vermochte die Zensur nicht anzugehen.

---

[1] Jean-Jacques Rousseau: Discours sur l'origine et les fondemens de l'inégalité parmi les hommes (1755). Deutsch in: ders.: Politische Schriften. Bd. II. Paderborn 1983.

Lit.: Wie bei Dok. 111 – Werner Krauss (Hg.): Reise nach Utopia. Französische Utopien aus drei Jahrhunderten. Berlin 1964 – Pierre Versins: Outrepart. Anthologie d'utopies, de voyages extraordinaires, et de science fiction, autrement dit, de conjectures romanesques rationelles. Paris 1971 – Urs Bitterli: Die „Wilden" und die „Zivilisierten". Grundzüge einer Geistes- und Kulturgeschichte der europäisch-überseeischen Begegnung. München 1976.   Sch

Brief von Herrn Commerson, Doktor der Medizin sowie königlicher Arzt und Botaniker auf der Isle de France² vom 25. Februar 1769 über die Entdeckung der neuen Insel Kythera oder Taïti

Die Reise um die Welt, die ich mit Herrn de Bougainville um der Erweiterung der Kenntnisse *(pour le progrès)* in der Naturgeschichte willen unternommen habe, hat mir Gelegenheit zu einer immensen Anzahl von Beobachtungen gegeben: aber unter den Dingen, die einzigartig waren und die die Öffentlichkeit am meisten interessieren müssen, gab es nichts Bemerkenswerteres als die Entdeckung einer neuen Insel in der Südsee *(mer du Sud)*, von der Herr de Bougainville einen der vornehmsten Bewohner mitgebracht hat.

Diese Insel schien mir so beschaffen, daß ich ihr schon den Namen „Utopia" oder „die Glückselige" gegeben hatte, womit Thomas Morus seine ideale Republik bezeichnet hatte: Ich wußte [zu diesem Zeitpunkt] noch nicht, daß Herr de Bougainville sie bereits „Neu-Kythera"³ getauft hatte. Erst später erfuhren wir von einem Prinzen dieser Nation (und zwar demjenigen, den man nach Europa mitgenommen hat), daß sie bei ihren eigenen Bewohnern Taïti⁴ heißt. Der Name, den ich für sie gewählt hatte, traf auf ein Land, und zwar vielleicht auf das einzige auf der Welt, zu, in dem Menschen ohne Laster, ohne Vorurteile, ohne Bedürfnisse, ohne Zwistigkeiten leben.

Geboren unter dem schönsten Himmel, genährt von den Früchten einer Erde, die fruchtbar ist, ohne kultiviert zu werden, regiert eher von Familienvätern als von Königen, kennen sie keinen anderen Gott als die Liebe; jeder Tag ist ihr geweiht, die ganze Insel ist ihr Tempel, alle Frauen sind ihre Idole, alle Männer ihre Anbeter. Und welche Frauen das sind! Die Rivalinnen der Georgierinnen, was ihre Schönheit betrifft, und die Schwestern der Grazien ohne Hülle. Weder die Schande noch die Scham üben ihre Tyrannei aus; der leichteste Schleier flattert stets nach dem Wind und den Begierden. Der Akt, seinesgleichen zu zeugen, ist ein Akt der Religion; das Vorspiel dazu wird von den Wünschen und den Gesängen des ganzen Volkes, das sich versammelt, angeregt, und das Ende wird mit allgemeinem Beifall gefeiert. Jeder Fremde wird zu diesen glücklichen Mysterien zugelassen; es ist sogar eine der Pflich-

---

² Die heutige Insel Mauritius im Indischen Ozean, unter dem Namen Isle de France 1715–1810 in französischem Besitz.

³ Im Original „Nouvelle Cythère": der Name bezieht sich sowohl auf die griechische Insel Kythera wie auf die dort in der Antike besonders verehrte Göttin Aphrodite.

⁴ Diese Schreibweise Commersons wird in der Übersetzung beibehalten.

ten der Gastfreundschaft, ihn dazu einzuladen. Auf diese Weise genießt der gute Taïtianer ohne Unterlaß entweder die Empfindung seiner eigenen Wonnen oder das Schauspiel der Sinnenlust der anderen. Ein strenger Zensor wird darin vielleicht nur Sittenverfall, eine entsetzliche Prostitution, den unverfrorensten Zynismus sehen. Aber handelt es sich nicht vielmehr um den Naturzustand des Menschen, der im wesentlichen gut geboren wird, frei von jedem Vorurteil, der den süßen Anstößen eines stets sicheren Instinkts ohne Mißtrauen wie ohne Gewissensbisse folgt, weil dieser noch nicht zur Vernunft degeneriert ist?

Eine sehr klangvolle, sehr harmonische Sprache, die aus ungefähr vier- oder fünfhundert undeklinierbaren und unkonjugierbaren Wörtern besteht, das heißt, keinerlei Syntax besitzt, genügt ihnen, um alle ihre Ideen wiederzugeben und alle ihre Bedürfnisse auszudrücken. Eine edle Einfachheit, die gleichwohl weder der Änderung des Tonfalls noch des leidenschaftlichen Gebärdenspiels entbehrt, bewahrt sie vor diesem hochmütigen Wortgeklingel *(battologie)*, das wir den Reichtum der Sprachen nennen und das uns im Labyrinth der Wörter die Orientierung verlieren läßt und ebenso die Reinheit der Wahrnehmungen und die Promptheit des Urteils. Der Taïtianer dagegen nennt seinen Gegenstand sofort beim Namen, sobald er ihn bemerkt. Der Ton, in dem er den Namen dieses Gegenstandes ausspricht, weist bereits auf, wie er ihn empfindet. Mit wenig Worten kommt es zu einer flüssigen Unterhaltung. Die Vorgänge in der Seele, die Regungen des Herzens gehen gleichzeitig mit den Bewegungen der Lippen vor sich. Derjenige, der redet, und derjenige, der zuhört, sind stets im Gleichklang. Unser taïtischer Prinz, der seit sieben oder acht Monaten bei uns war, hatte noch nicht einmal zehn von unseren Wörtern gelernt; meistens betäubt von ihrem Trommelfeuer, wußte er sich keinen anderen Rat, als sich die Ohren zuzuhalten und uns ins Gesicht zu lachen.

Das hier ist keineswegs eine Horde von tölpelhaften und stupiden Wilden; bei diesem Volk zeugt alles von der vollkommensten Intelligenz. Ihre Pirogen sind von einer Bauart, die kein bekanntes Vorbild hat; bei der Navigation lassen sie sich von der Beobachtung der Gestirne leiten; ihre Hütten sind geräumig, haben eine elegante Form, sind bequem und regelmäßig gebaut. Sie beherrschen die Kunst, ihre Stoffe nicht Faden für Faden zu weben, sondern sie auf einmal in einem Stück unter dem Schlegel entstehen zu lassen und sie dann mit etwas Purpur zu färben. Die fruchtbaren Bäume stehen dort klug verteilt auf den Feldern, welche die ganze Anmut unserer Obstgärten haben ohne deren langweilige Symmetrie. Alle Felsenklippen an ihren Küsten sind mit Bojen markiert und nachts durch Leuchtfeuer bezeichnet zur Sicherheit derer, die sich auf dem Meer befinden. Alle ihre Pflanzen sind bekannt und werden durch Namen unterschieden, die sogar ihre Ähnlichkeit bezeichnen; obwohl ihre Handwerksgeräte aus Naturmaterialien hergestellt sind, verdienen sie es, mit den unseren als gleichwertig bezeichnet zu werden auf Grund ihrer Formgebung und wegen der Sicherheit, mit der man sie handhabt.

Mit welchem Geschick bearbeiten sie bereits das Eisen, dieses für sie so wertvolle Metall, aus dem sie nur nützliche Geräte formen, während wir daraus Instrumente der Verzweiflung und des Todes gemacht haben! Mit welchem Entsetzen stießen sie die Messer und Scheren von sich, die wir ihnen anboten, weil sie den Mißbrauch zu ahnen schienen, der damit getrieben werden kann! Mit welchem Eifer kamen sie dagegen, um von unseren Booten Maß zu nehmen, unseren Schaluppen, unseren Segeln, unseren Zelten, unseren Fässern, mit einem Wort: von allem, von dem sie der Meinung waren, man könne es nachmachen!

Wir haben die Einfachheit ihrer Sitten bewundert, den Anstand ihres Verhaltens, besonders ihren Frauen gegenüber, welche bei ihnen keineswegs unter dem Joch stehen wie bei den Wilden, ihre Bruderliebe untereinander, ihre Abscheu gegen das Vergießen von Menschenblut, ihren abgöttischen Respekt für ihre Toten, die sie als Eingeschlafene ansehen, schließlich ihre Gastfreundschaft gegenüber Fremden.

Ihre Häuptlinge wurden zu unseren Mahlzeiten eingeladen; alles, was auf den Tisch kam, erregte ihre Neugier. Sie wollten, daß man ihnen zu jeder Speise eine Erklärung gab. Ein Gemüse schien ihnen gut? Nun, dann baten sie auf der Stelle um Saatgut; wenn sie es erhielten, erkundigten sie sich sofort danach, wo und wie man es säen müsse und wieviel Zeit verginge, bis es reif sei. Unser Brot schien ihnen ausgezeichnet, aber wir mußten ihnen das Korn zeigen, aus dem man es macht, die Mittel, mit deren Hilfe man es zu Mehl mahlt, die Art und Weise, wie Mehl zu Teig wird, wie man ihn gären läßt und wie man ihn zu Brot bäckt. Alle diese Vorgänge wurden in ihren Einzelheiten von ihnen verfolgt und erfaßt; allzu häufig genügte es sogar, ihnen die Hälfte einer Sache darzulegen, die andere konnten sie dann vorhersehen oder erraten. Ihre Abneigung gegen Wein und starke Getränke war unüberwindlich. Sie sind in allem besonnen, sie empfangen getreulich aus den Händen der Natur ihre Lebensmittel und ihre Getränke. Bei ihnen gibt es weder vergorene Säfte noch gekochtes Essen: und so gibt es nirgends schönere Zähne, nirgends eine schönere Hautfarbe zu sehen. Es ist recht schade, daß der einzige Mensch aus diesem Volk, den man [hier in Frankreich] vorzeigen kann, vielleicht der unschönste ist. Man hüte sich sehr davor, nach diesem Muster zu urteilen: Aber wenn ich auch verpflichtet bin, ihn in dieser Hinsicht herabzusetzen, so muß ich ihm doch die Gerechtigkeit widerfahren lassen, daß er es verdient, studiert und kennengelernt zu werden. Es ist ein wirklich interessantes Individuum, er verdient alle Aufmerksamkeit von Seiten der Regierung *(du ministère),* und man schuldet ihm – um der Gerechtigkeit willen – sogar sehr wohl einige Entschädigungen für alle freiwilligen Opfer, die er aus seiner begeisterten Anhänglichkeit heraus für uns brachte.

Man wird ohne Zweifel fragen, von welchem Kontinent diese Insulaner gekommen sind, aus welchem Volk sie stammen. Als ob sich die Kontinente und die Inseln nur durch Wanderungen und nochmals Wanderungen hätten bevölkern können. Als ob man bei der Hypothese der Wanderungen, auf die man sicherlich von Fall zu Fall nicht verzichten kann, nicht trotzdem in jedem

Land eine primitive Bevölkerung annehmen könnte, die das wandernde Volk aufgenommen und in sich aufgesogen hat oder die von ihm verjagt oder ausgerottet wurde. Soweit ich diese Frage als Naturwissenschaftler betrachte, nähme ich gern überall diese *Urvölker (peuples Protoplastes)* an, von denen sich trotz der physischen Veränderungen *(révolutions physiques)*, die sich in den verschiedenen Teilen unseres Erdballs vollzogen, welche trotzdem bewohnt geblieben sind, jeweils wenigstens ein Paar erhalten hat. Als Historiker würde ich nur die Umstürze *(révolutions)* zum Gegenstand meiner Forschungen machen, die auf tatsächliche oder angebliche Wanderungsbewegungen zurückgehen. Ich sehe im übrigen sehr voneinander unterschiedene Menschenrassen. Wenn sich diese Rassen untereinander mischten, konnten gut neue entstehen. Doch nur ein Mythologe könnte erklären, wie das Ganze aus einer gemeinsamen Wurzel erwachsen sein mag: So sehe ich nicht ein, warum die guten Taïtianer nicht die unverfälschten Söhne ihres Landes sein sollten, das heißt, warum sie nicht von Vorfahren abstammen sollten, die immer Taïtianer waren und die es solange schon gab wie jedes beliebige Volk, das auf sein Alter besonders stolz ist. Ich sehe noch weniger, welcher Nation man die Ehre zuerkennen sollte, Taïti, das immer in den Grenzen seiner einfachen Natur geblieben ist, bevölkert zu haben. Wenn eine menschliche Gesellschaft erst einmal verdorben ist, kann sie sich nie wieder vollkommen regenerieren. Die Kolonien tragen überall die Mängel ihres Metropolstaats in sich. Wenn man Analogien fände zu irgendeinem Nachbarvolk oder einem weit von Taïti entfernt lebenden Volk in Sprache, Sitten und Gebräuchen? Ich könnte darauf nichts erwidern. Aber selbst in diesem Fall wäre die Frage nicht gelöst, sondern bliebe nur in der Schwebe. Ich spreche nur eine Mutmaßung aus, die ich mit Vergnügen denen unterbreite, die an der Diskussion über derartige Gegenstände ihren Gefallen haben. Ich stieß in der taïtischen Sprache auf vier oder fünf Wörter, die aus dem Spanischen stammen, unter ihnen das Wort „haouri", das offensichtlich von „hierro", Eisen, kommt, und „Mattar", „Matté", das töten oder getötet bedeutet.

Waren es vielleicht einige Spanier, die bei den ersten Fahrten in der Südsee Schiffbruch erlitten, die ihnen diese Wörter brachten, wobei sie ihnen gleichzeitig die erste Kenntnis in der Sache vermittelten? Sollte also die taïtische Sprache so ruhmwürdig gewesen sein, bis dahin keinerlei eigenen Begriff gehabt zu haben, der die Handlung des Tötens ausdrückte, so wie die alten Gesetze von Lakedaimon keinerlei Strafe gegen den Vatermord kannten, weil es von seiner Möglichkeit nichts wußte? Wenn man mir diese Vermutung gestatten will, die ich indessen nicht zu Lasten einer Nation aussprechen möchte, für die ich Respekt empfinde, so könnte ich mit ihrer Hilfe leicht eine Erklärung für einige Gebräuche finden, auch für die Herkunft einiger Tiere, die allem Anschein nach aus Europa stammen. Danach hätten eine Hündin und eine Sau, beide trächtig, auf dieser Insel für ihre Art von Schweinen und für ihre [typische] Rasse kleiner Hunde europäischer Art gesorgt; danach zeigten sie auch die Kunst, dreimaschige oder Fischernetze zu knüpfen und sie einzuholen wie bei uns, die Praxis des Aderlasses, der mit Hilfe von Perlmuttsplittern, die wie Lanzen zugespitzt sind, ausgeführt wird, die Ähnlichkeit ihrer Hocker mit denen, die unsere Schreiner recht niedrig, mit vier Beinen und ohne Lehne für Kinder machen, ihre Seile, ihre Schnüre, die aus Pflanzenfasern gezogen sind, ihre Haarflechten, ihre Körbe, ihre Äxte, die wie Zimmermannsdächsel aussehen, ihre Schurze, die sich die Männer wie eine Dalmatika um den Hals legen, ihre Leidenschaft für Ohrgehänge und Armbänder, und noch einige andere Bräuche, die jeder für sich nichts beweisen, zusammengenommen doch eine Folge von Nachahmungen europäischer Gebräuche an: Und schließlich könnte das wenige Eisen, das die Schiffbrüche überstand, seither vom Rost zerfressen worden sein, so daß es nicht überraschend ist, daß wir nicht die geringsten Spuren davon auffanden. Aber die Tradition und der Name, obschon etwas abgeschliffen, wären bewahrt geblieben, falls man nicht lieber der Annahme zuneigt, daß eine ungefähr hundert oder zweihundert Meilen entfernte Insel, zu der eine Verbindung besteht, wie uns der taïtische Prinz versicherte, ihnen diese Begriffe vermittelte, ohne daß sie je unmittelbaren Verkehr mit den Europäern gehabt hätten.

Ich werde mich von diesen teuren Taïtiern nicht trennen, ohne daß ich sie von einem Vorwurf reinwasche, den man ihnen gemacht hat, indem man sie als Diebe bezeichnete: Es ist wahr, daß uns viele Dinge abhanden gekommen sind und sogar mit einer Geschicklichkeit entwendet wurden, die dem geübtesten Gauner von Paris Ehre gemacht hätte; aber verdienen sie deswegen den Namen Diebe? Was ist denn Diebstahl? Das ist das Wegnehmen einer Sache, die das Eigentum eines anderen ist; damit einer sich zu Recht beklagt, bestohlen worden zu sein, muß ihm also eine Sache weggenommen worden sein, in bezug auf die sein Eigentum vorher festgelegt und zuerkannt war; aber gibt es dieses Recht auf Eigentum in der Natur? Nein; es ist eine reine Übereinkunft. Aber keine irgendgeartete Übereinkunft verpflichtet, außer wenn sie bekannt und gebilligt ist. Der Taïtianer, der nichts für sich selbst besitzt, der großzügig all das, worauf er ein Begehren gerichtet sieht, anbietet und gibt, hat nie dieses Ausschließlichkeitsrecht darauf kennengelernt. Infolgedessen ist der Akt der Wegnahme einer Sache, die uns gehört und die seine Neugier erregt, nach seinem Verständnis nur eine Handlung der natürlichen Billigkeit, durch die er uns ausführen läßt, was er selber tun würde. Es handelt sich dabei um eine Umkehrung der Vergeltungslehre *(talion)*, wobei man sich all das Gute verschafft, das man den anderen tun würde. Unser taïtischer Prinz war ein liebenswürdiger Dieb, er nahm mit der einen Hand einen Nagel oder ein Glas oder einen Zwieback, aber nur, um ihn mit der anderen Hand dem erstbesten von seinen Leuten, auf den er traf, zu geben, wobei er ihnen Enten, Hühner und Schweine wegnahm, die er uns brachte. Ich habe einmal gesehen, wie der Stock eines Offiziers über einem stand, als man ihn bei dieser Art von Schwindel überraschte, dessen großmütige Motive man sehr wohl kannte. Mit Unwillen warf ich mich zwischen beide, auf die Gefahr hin, den Schlag selber einzustecken: das ist die rohe Seele der meisten Seeleute, über die Jean-Jacques

Rousseau [zu Recht] im Scherz einen Zweifel geäußert, ein Fragezeichen gesetzt hat.

Ich füge hier die Kopie einer Inschrift [in lateinischer Sprache] an, die ich auf dieser Insel zurückließ. Sie wurde auf Taïti auf Blei-Plaketten eingraviert: Übt daran, mein Herr[5], nicht allzu strenge und gewissenhafte Kritik wegen ihres lapidaren Stils. Wenn man an ihr nur den Ausdruck einer Seele wiedererkennt, die tief berührt war und dankbar ist, habe ich das Ziel, das ich mir setzte, erreicht.

> Dank glücklicher Fügung des Schicksals
> Sind zwei Mannschaften gallischer Seefahrer,
> Vom erlauchten Bougainville geleitet,
> Nach siebenmonat'ger Fahrt von den Gestaden Amerikas her,
> Aufs tiefste erschöpft,
> Von Durst nämlich und Hunger verzehrt,
> Allen Launen Neptuns, des erzürnten, schon ausgesetzt,
> An Körperkräften zwar fast ermattet,
> Im Herzen jedoch ermutigt,
> Auf diesem Eiland schließlich gelandet,
> Dem an sämtlichen Schätzen für ein glückliches Leben so reichen,
> Das in allem den Namen *Utopia* verdient,
> Wo wahrlich Themis[6], Astraea[7] und Venus
> Und in allen Dingen die köstlichste Freiheit,
> Weitab von der übrigen Sterblichen Laster und Hader,
> Den ewigen und nicht wankenden Thron sich erbauten,
> Wo unverletzlich den Einwohnern ist Friede
> Und heiligste Brüderlichkeit *(philadelphia);*
> Und nichts anderes auch als väterliche Leitung verspürt wird,
> Wo endlich dem Fremden, mag er undankbar auch sein,
> Geschuldet wird und erwiesen unverbrüchliche Treue, Gastfreundschaft
> Und selbstloses Geben der Kostbarkeiten des Landes.
> Als der Dankbarkeit und der Bewunderung Zeugnis hat dies
> Auf bleierne Tafeln, allenthalben auf der Insel verteilt,
> Mit eiliger Hand aufgezeichnet
> Philibertus Commerson aus Châtillon[8],
> Doktor und Arzt auch, auf dem Gebiet der Natur ein Forscher,
> Vom Allerchristlichsten König beauftragt,

---

[5] Gemeint ist hier offenbar der Verleger des *Mercure de France.*

[6] Griechische Göttin der Gerechtigkeit und des Rechts.

[7] Lebte nach dem Mythos im Goldenen Zeitalter als jungfräuliche Göttin der Gerechtigkeit unter den Menschen, verließ im Ehernen Zeitalter als letzte der Götter die Erde und wurde als Sternbild *virgo* [Jungfrau] unter die Sterne versetzt.

[8] Châtillon-les-Dombes bei Bourg en Bresse ist die Heimat von Herrn Commerson [Orig. anm. d. Mercure de France].

Des Volkes und der Natur, der so gütigen,
Allzeit Verehrer.
An den Iden [13.] des April MDCCLXVIII.

Aus: Mercure de France. Novembre 1769, S. 197–207.   GS

115. Cooks zweite Reise erweist das Nichtvorhandensein der Terra australis. Tagebucheintragungen vom 30. Januar und 6. Februar 1774

Getreu seinen Anweisungen, die Südhemisphäre in möglichst hohen Breiten zu umfahren, stieß Cook mehrere Male über den Südpolarkreis vor, das letzte Mal am 30. Januar 1774, als er mit 71° 10' s.Br. so weit wie niemand zuvor nach Süden gelangte. Cook kam zu dem Schluß, daß ein Südland – falls es dies gab – durch die vorgelagerte Eisbarriere unzugänglich war; seine ebenso methodische wie ergebnislose Suche legte die Auffassung nahe, daß eine Terra australis, wie sie etwa Dalrymple propagiert hatte, nicht existierte. Weit entfernt davon, die Expedition abzubrechen, nahm sich Cook nun vor, die Inselwelt des Südpazifik kartographisch präzise aufzunehmen, um dann durch eine systematische Befahrung des Südatlantik die Theorie des Südkontinents endgültig zu widerlegen.

Lit.: J. C. Beaglehole: The Exploration of the Pacific. London ³1966, S. 261–284 – Johann Reinhold Forster's ... Bemerkungen über Gegenstände der physischen Erdbeschreibung, Naturgeschichte und sittlichen Philosophie auf seiner Reise um die Welt gesammlet. Uebersetzt und mit Anmerkungen vermehrt von dessen Sohn und Reisegefährten Georg Forster. Berlin 1783 [Ndr. Stuttgart 1981, mit einer Einführung v. Hanno Beck].
                                                                                        Mi

Sonntag, den 30. [Januar.] Wind OSO. Kurs S 20° O.
Zurückgelegte Entfernung 51 Meilen. Südliche Breite 70° 48'. Westliche Länge auf 106° 34' berechnet.

Hatten weiterhin einen leichten Sturm in NO mit klarem freundlichem Wetter bis gegen Abend, als der Himmel sich bewölkte und die Luft sich abkühlte, was einen schneidenden Frost zur Folge hatte. In der Breite von 70° 23' betrug die Mißweisung 24° 31' Ost. Sahen kurze Zeit später ein Stück Felsenkraut, bedeckt mit Entenmuscheln, die einer der braunen Albatrosse aufpickte. Passierten um 10 Uhr eine sehr große Eisinsel, deren Umfang nicht weniger als drei Meilen ausmachte; trafen kurz darauf auf dichten Nebel, der die Weiterfahrt unsicher machte, zumal wir weitere Eisinseln vor uns gesehen hatten. Wir wendeten deshalb und machten für etwa eineinhalb Stunden Fahrt nach Norden. Während dieser Zeit löste sich der Nebel auf, und wir nahmen unseren Kurs nach SSO wieder auf; auf dieser Route trafen wir auf verschiedene große Eisinseln. Ein wenig nach vier Uhr morgens erkannten wir, daß die Wolken gegen Süden nahe dem Horizont von einer ungewöhnlichen schneeweißen Helligkeit waren, was unsere Annäherung an das Feldeis ver-

riet. Bald darauf wurde es vom Masttopp aus gesehen, und um acht Uhr waren
wir seinem Rand nahe, der sich in einer geraden Linie von Ost nach West weit
über Sichtweite hinaus erstreckte, wie an der Helligkeit des Horizonts zu erkennen war: Von der Stelle aus, an der wir jetzt waren, wurde nur die südliche
Hälfte des Horizonts von den reflektierten Strahlen des Eises bis auf eine beträchtliche Höhe hinauf erhellt. Die Wolken nahe am Horizont waren vollkommen schneeweiß und schwer von den Eishügeln zu unterscheiden, deren
hochragende Gipfel die Wolken erreichten. Der äußere oder nördliche Rand
dieses gewaltigen Eisfeldes wurde von losem und zerbrochenem Eis gebildet,
das so eng zusammengepreßt war, daß man mit nichts hineinfahren konnte;
innen begann nach ungefähr einer Meile das feste Eis, in einer kompakten, festen Masse; es schien an Höhe zuzunehmen, wenn man es nach Süden verfolgte. In diesem Feld zählten wir siebenundneunzig Hügel oder Berge aus
Eis, viele von ihnen von einer gewaltigen Größe. Solche Berge aus Eis wie diese sieht man in Grönland nie, so daß wir keine Vergleiche ziehen können zwischen dem Grönlandeis und dem nun vor uns liegenden. Gäbe es nicht die
Grönlandschiffe, die Jahr für Jahr in einem Eis dieser Art – die Eishügel ausgenommen – auf Fischfang gehen, so hätte ich nicht einen Augenblick gezö-
gert, es als meine Meinung kundzutun, daß das Eis, das wir jetzt sehen, sich in
einer festen Masse bis ganz an den Pol erstreckt und daß hier, d. h. südlich dieses Breitengrades, die Stelle ist, wo die vielen Eisinseln, die wir im Meer her-
umtreiben sehen, sich zunächst bilden und hinterher durch Sturmwinde oder
andere Einwirkungen losbrechen. Wie dem auch sei, wir müssen annehmen,
daß diese zahllosen und großen Eishügel den Eisfeldern, an denen sie festhän-
gen, so viel Gewicht hinzufügen, daß ein großer Unterschied besteht zwischen
dem Navigieren in diesem Eismeer und in der Grönland-See. Ich will nicht sagen, daß es unmöglich ist, irgendwo in dieses Eis hineinzugelangen, ich möchte jedoch behaupten, daß der bloße Versuch dazu ein sehr gefährliches Unternehmen wäre, etwas, an das meiner Meinung nach niemand in meiner Lage
gedacht hätte. Ich, dessen Ehrgeiz mich weiter führt als irgend jemanden vor
mir, so weit in der Tat, wie ich menschliche Seefahrt für möglich halte, ich war
nicht betrübt darüber, daß wir auf dieses Hindernis gestoßen waren, da es uns
bis zu einem gewissen Grad von den Gefahren und Härten befreite, die mit
der Seefahrt in den Gebieten um den Südpol untrennbar verbunden sind. Da
wir also nicht einen Inch weiter nach Süden vorstoßen konnten, braucht kein
weiterer Grund angeführt zu werden für unsere Wendung und Rückfahrt
nach Norden, zu einem Zeitpunkt, als wir uns in einer Breite von 71° 10′ Süd
und in einer Länge von 106° 54′ West befanden. Kaum hatten wir gewendet,
als wir in einen sehr dichten Nebel gerieten, so daß wir uns sehr glücklich
schätzten, daß wir bei der Annäherung an das Eis klares Wetter gehabt hatten.
Ich muß bemerken, daß wir hier sehr wenige Vögel gleich welcher Art sahen;
einige Pinguine waren zu hören, jedoch nicht zu sehen, auch keinerlei andere
Anzeichen von Land.

[…]

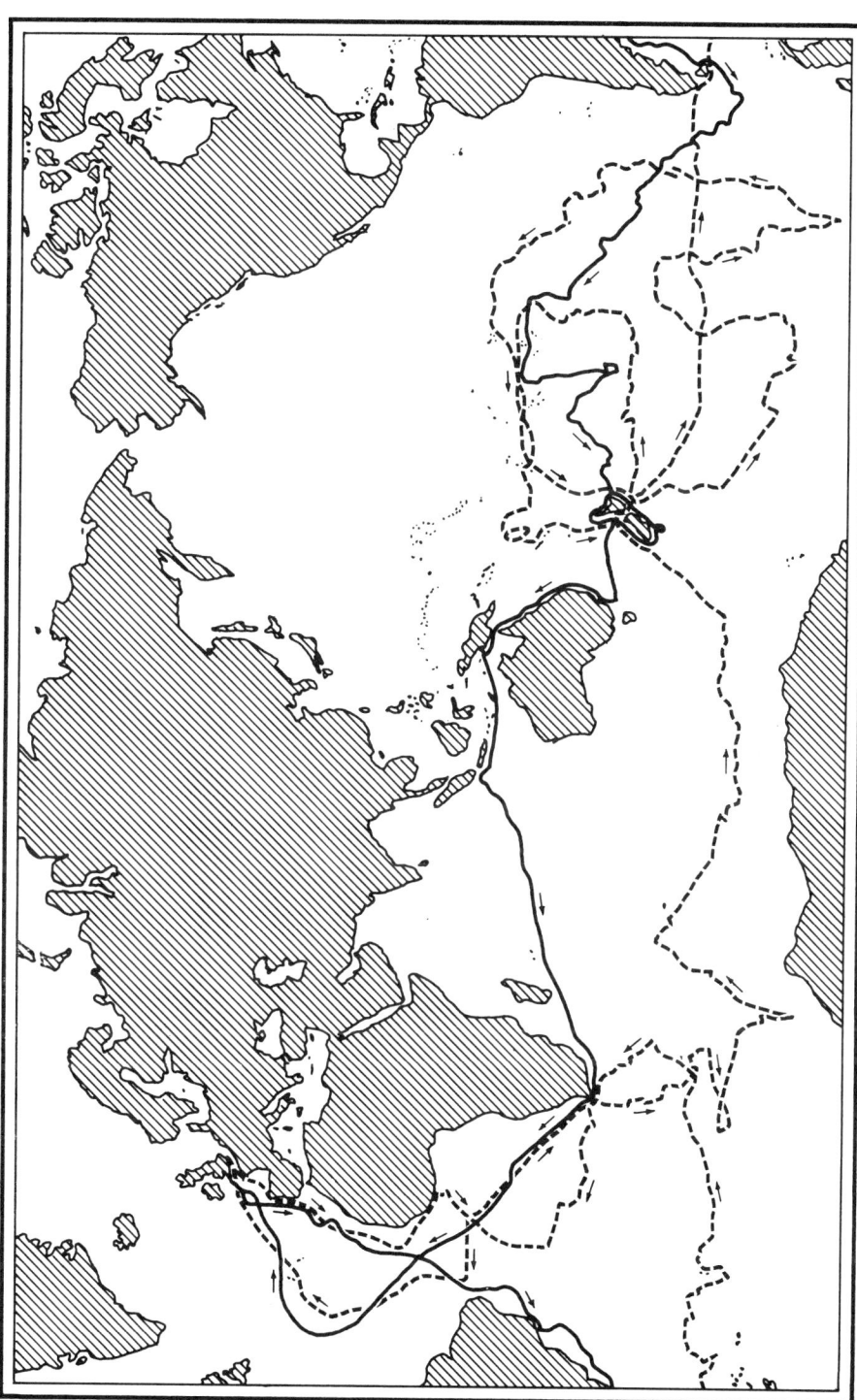

21. James Cook erweist die Unhaltbarkeit der These von einer Terra australis incognita:

—— 1. Reise: 28. August 1768–13. Juli 1771   — — — 2. Reise: 13. Juli 1772–30. Juli 1775

Sonntag, den 6.[Februar]

Reffte um ein Uhr die Topsegel ein zweites Mal und nahm die Bramsegelrahen herunter; kaum war dies geschehen, als Windstille eintrat. Hatten bald darauf wechselnde Brisen zwischen NW und Ost, die von Schnee und Graupeln begleitet waren. Am Vormittag bekamen wir Wind aus Süden, machten alle Reffe los, brachten Bramsegelrahen an, setzten die Segel und nahmen Kurs Nordost mit dem Vorsatz, direkt nach Norden weiterzufahren, da es unwahrscheinlich war, in diesen hohen Breiten Land zu finden, zumindest nicht auf dieser Seite von Kap Hoorn. Ich hielt es für ebenso unwahrscheinlich, Land auf der anderen Seite zu finden. Angenommen jedoch, das Land, das auf Mr. Dalrymples Karte oder auf der von Bouvet aufgezeichnet ist, existiert, so wäre, bevor wir das eine oder das andere erreichen könnten, die Jahreszeit zu weit vorgeschritten, um es diesen Sommer zu erforschen; außerdem wären wir gezwungen, entweder dort zu überwintern oder uns auf die Falkland-Inseln oder das Kap der Guten Hoffnung zurückzuziehen, was in jedem Falle bedeutet hätte, daß sechs oder sieben Monate verstrichen wären, ohne in der Lage zu sein, während dieser Zeit irgendeine Entdeckung zu machen; träfen wir jedoch auf kein Land oder kein anderes Hindernis, so müßten wir den letzteren dieser Orte spätestens Anfang April erreicht haben; dann wäre die Expedition beendet, insoweit sie die Auffindung eines Südkontinents zum Ziel hatte, der von allen Autoren, die über dieses Thema geschrieben haben, erwähnt wird. Ihre Behauptungen und Vermutungen sind nun vollkommen widerlegt, denn alle ihre Untersuchungen beschränkten sich auf diesen südlichen Pazifik, in dem zwar kein Kontinent liegt, wohl aber Platz ist für sehr große Inseln. Viele von ihnen, die früher im Bereich des südlichen Wendekreises entdeckt wurden, sind nur sehr mangelhaft erforscht worden, und ihre Positionen sind nur unvollständig bekannt. Unter Berücksichtigung all dieser Umstände, vor allem aber auch, weil ich ein gutes Schiff, eine gesunde Mannschaft und keinen Mangel an Ausrüstung und Verpflegung hatte, war ich der Meinung, nichts Besseres tun zu können, als den kommenden Winter in den Tropen zu verbringen. Ich muß zugeben, daß ich wenig Hoffnung habe, eine wertvolle Entdeckung zu machen; nichtsdestoweniger darf angenommen werden, daß die Wissenschaften dadurch einigen Fortschritt erzielen werden, besonders die Navigation und die Geographie. Mehrere Male hatte ich Captain Furneaux[1] meine Gedanken zu diesem Punkt mitgeteilt; zunächst schien er mir nicht zuzustimmen, sondern war geneigt, zum Kap der Guten Hoffnung zu gelangen; später dann schien er sich meiner Meinung anzuschließen. Ich indessen konnte diesbezüglich nicht gut Anweisungen erteilen, denn damals hing es von so vielen Umständen ab. Aus diesem Grunde kann ich nicht einmal vermuten, wie Captain Furneaux reagieren wird. Sei es, wie es will, meine Absicht ist es jetzt, auf die Suche nach dem Land zu gehen, das von

---

[1] Der Kapitän der Adventure.

Juan Fernández[2] in der Breite von 38° S entdeckt worden sein soll und – sollte dieses Land nicht zu finden sein – die Osterinsel zu suchen, deren Lage so verschieden aufgezeichnet ist, daß ich wenig Hoffnung habe, sie zu finden. Im Anschluß daran habe ich vor, in die Tropen zu gelangen und nach Westen weiterzusegeln auf einem anderen Kurs als frühere Seefahrer und dabei die Inseln, auf die wir treffen sollten, anzulaufen und ihre Position zu bestimmen, schließlich, falls ich Zeit habe, in dieser Weise so weit nach Westen zu fahren, bis wir auf Quirós' Land (vgl. Dok. 106 b) [treffen], welches M. de Bougainville die Großen Zykladen[3] nennt. Quirós beschreibt dieses Land, das er Tierra Australia del Espíritu Santo nennt, als sehr groß, von M. de Bougainville wird dieser Bericht weder bestätigt noch widerlegt. Ich glaube, dies ist ein Punkt, der es wirklich wert ist, geklärt zu werden. Es ist mein Plan, von diesen Inseln aus nach Süden zu gelangen und in einer Breite zwischen 50° und 60° nach Osten zurückzusegeln, in der Absicht, wenn möglich im nächsten November auf der Länge von Kap Hoorn zu sein; dann werden wir den besten Teil des Sommers vor uns haben, um den südlichen Bereich des Atlantischen Ozeans zu erforschen. Dies – so muß ich eingestehen – ist ein großes Unterfangen und vielleicht mehr, als ich auszuführen vermag, denn verschiedene Hindernisse könnten . . .[4]

Aus: J. C. Beaglehole (ed.): The Journals of Captain James Cook on his Voyages of Discovery. 4 vols. Cambridge 1968–1974 (Hakluyt Soc. Extra Series. Nos. 34–37). Vol. 2: The Voyage of the Resolution and Adventure. 1969, S. 320–322 u. S. 325–326.   Mi

---

[2] Juan Fernández entdeckte 1563 die nach ihm benannte Insel vor der Küste Chiles; von Verfechtern der These vom Vorhandensein einer Terra australis wurde gelegentlich die Auffassung vertreten, sie sei ein Ostausläufer des unbekannten Kontinents.

[3] Die Neuen Hebriden.

[4] Hier bricht die Tagebucheintragung ab.

Zeittafel

Ab 1457	Die portugiesische Krone stellt wiederholt Patentbriefe für die Entdeckung und Inbesitznahme von „Inseln und Ländern im Westen" aus.
1461–62	Pedro de Sintra gelangt bis an die Küste von Sierra Leone.
1469–75	Verpachtung des Guinea-Handels an Fernão Gomes.
1470	Soaira da Costa gelangt bis zur Goldküste.
1472	Lopo Gonçalves überquert als erster Europäer den Äquator.
1473	Dänisch-portugiesische Grönlandexpedition unter Leitung der deutschen Kapitäne Pining und Pothorst mit dem Ziel der Erreichung des nördlichen Asien auf dem westlichen Seeweg.
1474	Der Florentiner Gelehrte Paolo dal Pozzo Toscanelli informiert den portugiesischen Kanonikus Martins de Roriz über eine mögliche Westfahrt nach Cathay (Ostasien).
1480	Gescheiterte Fahrt des englischen Kapitäns Thloyde zu der Insel Brasil.
Nach 1480	Toscanelli ermuntert Kolumbus zu einer Westfahrt nach Asien.
1482	Errichtung des Forts São Jorge da Mina (später: Elmina) an der Guineaküste.
1483	Diogo Cão erreicht die Kongomündung.
1486	Diogo Cão erreicht Kap Cross.
Ab 1487	Geheime Erkundungsmission der portugiesischen Agenten Covilhã und Paiva auf dem Landweg nach Arabien, Indien und Ostafrika.
1488	Bartolomeu Dias umfährt das Kap der Guten Hoffnung und öffnet den östlichen Seeweg nach Indien.
1492	Martin Behaim baut in Nürnberg den ältesten erhaltenen Globus: er spiegelt noch das Weltbild des Toscanelli.
1492 (Oktober)	Christoph Kolumbus stößt in spanischen Diensten auf der Suche nach einem westlichen Seeweg nach Indien auf Amerika; er hält es jedoch zeitlebens für Ostasien.
1494	Im Vertrag von Tordesillas teilen Portugal und Spanien die überseeische Welt in zwei Interessensphären auf: Portugal erhält Afrika und Asien (und später Brasilien), Spanien die von Kolumbus entdeckte Neue Welt.
1497	Giovanni Caboto (engl.: John Cabot) stößt in englischem Auftrag auf der Suche nach China auf dem westlichen Seeweg auf die nordamerikanische Küste zwischen Maine und Labrador.
1498 (Mai/Juni)	Eine portugiesische Flotte unter der Leitung Vasco da Gamas erreicht erstmals Indien.
1498 (August)	Kolumbus stößt auf der Suche nach Südostasien als erster Europäer auf das südamerikanische Festland, und zwar im Bereich des Orinoco.

1500 (Januar)	Der Spanier Vicente Yáñez Pinzón stößt auf den Spuren des Kolumbus als erster Europäer auf Brasilien und auf die Amazonasmündung.
1500 (April)	Cabral nimmt im Verlauf der zweiten portugiesischen Indien-Expedition auf der Grundlage des Vertrags von Tordesillas Brasilien für sein Land in Besitz.
1500–02	Die Gebrüder Corte Real erkunden für Portugal die Möglichkeit einer NW-Passage nach China im Bereich der nordamerikanischen Festlandsküste bis Grönland. Ihre Ergebnisse führen dazu, daß Portugal hinfort den Gedanken an eine Durchfahrt nach Asien in nördlichen Breiten für unrealistisch hält und sich an entsprechenden Suchfahrten nicht mehr beteiligt.
1502	Amerigo Vespucci erkundet die brasilianische Küste und stößt bis tief in den südlichen Atlantik vor.
1507	Matthias Ringmann und Martin Waldseemüller verwenden in ihrer „Cosmographiae introductio" erstmals den Namen „America" für die Neue Welt.
1508–09	Vicente Yáñez Pinzón und Juan Díaz de Solís suchen im Auftrag der kastilischen Krone die amerikanische Festlandsküste vergeblich nach einer Passage nach Asien ab.
1510	Eroberung Goas durch die Portugiesen. Dieser Platz wird Mittelpunkt des späteren portugiesischen Kolonialreichs rund um den Indischen Ozean.
1511	Der portugiesische Generalkapitän Albuquerque erobert Malakka und sichert auf diese Weise den portugiesischen Zugang zu den legendären „Gewürzinseln", den Molukken; gleichzeitig erreicht er die Kontrolle über den chinesisch-indischen Handel.
1511–12	Drei portugiesische Schiffe unter dem Oberbefehl des António de Abreu suchen die Molukken zu erreichen; jedoch nur Francisco Serrão gelangt auf die Gewürzinsel Ternate, wo er freundschaftliche Beziehungen zum dortigen Radscha aufnimmt.
1513	Balboa überquert den Isthmus von Panamá und entdeckt das „Südmeer"; diesen Namen behält der südliche Teil des Pazifiks bis heute.
1513	Juan Ponce de León entdeckt Florida.
1514	Erste Expedition der Portugiesen nach Kanton unter Jorge Álvares.
1516	Der spanische Chefpilot Juan Díaz de Solís läuft auf der Suche nach einer südlichen Passage durch die Landmasse der Neuen Welt hindurch zu den Gewürzhandelsplätzen des Ostens in den Río de la Plata ein, den er für die gesuchte Durchfahrt hält. Dieses Unternehmen löst die Expedition des Magellan (1519–1522) mit aus, die – ungewollt – die erste Umsegelung der Erde zur Folge hat.
1517	Gesandtschaft des Tomé Pires an den Hof des Kaisers von China.

| 1517–19 | Schiffsexpeditionen unter Francisco Hernández de Córdoba und Juan de Grijalva erkunden die Küste von Yucatán bis Mexiko. |

1517–19   Vorbereitung einer spanischen Expedition zu den Molukken auf dem westlichen Seeweg (geplant unter dem Oberbefehl von Fernão de Magalhāes und Ruy de Faleiro).

1519–22   Eroberung des Aztekenreiches unter Hernán Cortés.

1520   Magellan (port.: Magalhāes, span.: Magallanes) findet auf der Suche nach einer SW-Passage die seither nach ihm benannte Meeresstraße zwischen Atlantik und Pazifik und im weiteren Verlauf seiner Expedition die schon von Kolumbus gesuchte westliche Seeroute nach Asien.

1521 (August)   Fall von Tenochtitlán, der künftigen Hauptstadt des Vizekönigreiches Neu-Spanien (Mexiko).

1522   Elcano kehrt mit 18 Überlebenden der Magellan-Expedition auf dem Schiff Victoria von der ersten Weltumsegelung nach Spanien zurück.

1523   Giovanni da Verrazzano erkundet in französischem Auftrag auf der Suche nach einer NW-Passage die amerikanische Ostküste von Carolina bis Maine.

1524   In spanischem Auftrag sucht Esteban Gomez die gesamte nordamerikanische Küste von Florida bis Labrador nach einer NW-Passage ab. Seine Ergebnisse, ungleich gründlicher als die des Verrazzano, führen dazu, daß Spanien fortan den Gedanken an die Möglichkeit einer nördlichen Durchfahrt nach Asien verwirft.

1524   Pedro de Alvarado erobert Guatemala und El Salvador.

1526–29   Sebastiano Caboto dringt auf der Suche nach dem „Weißen" oder „Silbernen König" in den Río de la Plata ein.

1527   Der Engländer John Rut gelangt auf der Suche nach einer NW-Passage ebenfalls bis vor die Labradorküste.

1529   Im Vertrag von Saragossa teilen Portugal und Spanien die Welt des pazifischen Raumes in zwei Interessensphären auf: die Gewürzinseln (Molukken) fallen an Portugal.

1530–31   Nicolaus Federmann dringt auf der Suche nach dem Goldland Omagua als erster Europäer über die Kordillerenbresche von Barquisimeto in das Hinterland von Venezuela vor.

1531–33   Francisco Pizarro erobert das Inkareich.

1532   Gefangennahme des Inka-Kaisers Atahualpa.

1533   Atahualpa wird trotz fristgerechter Zahlung eines ungeheuren Lösegeldes ermordet.

1533   Einzug der Spanier in der Inka-Metropole Cuzco.

1534/35	Jacques Cartier dringt auf der Suche nach einer NW-Passage auf zwei Reisen in den St.-Lorenz-Golf- und -Strom (den er für die Passage hält) ein.
1535	Francisco Pizarro gründet Lima (ursprünglicher Name: Ciudad de los Reyes), die künftige Hauptstadt Perus.
1535–37	Diego de Almagro stößt auf der Suche nach einem zweiten Peru bis nach Chile vor.
1536	Pedro de Mendoza gründet Buenos Aires.
1537	Juan de Ayolas gründet Asunción am Paraguay, das Zentrum für die spätere Durchdringung des La Plata-Raumes.
1537–39	Nicolaus Federmann erreicht auf der Suche nach dem Goldland Omagua das Chibcha-Reich im Hochland von Kolumbien und gründet dort zusammen mit Almagro und Quesada die Stadt Bogotá de Santa Fé.
1539	Francisco de Ulloa entdeckt Niederkalifornien.
1539–43	Hernando de Soto gelangt auf der Suche nach einem neuen El Dorado bis in die Prärien des Mittleren Westens.
1540–42	Francisco Vásquez de Coronado entdeckt auf seinem Zug zu den „Sieben Städten" von Cíbola den Grand Canyon, den Llano Estacado und die Great Plains.
1540–53	Pedro de Valdivia erobert Chile.
1542	Francisco de Orellana durchquert von Ekuador kommend auf dem Amazonas ganz Südamerika.
1543	Erste Landung der Portugiesen in Japan.
1544–48	Bürgerkrieg in Peru.
1549	Die Konquistadoren der La Plata-Region stellen die Verbindung zu den Konquistadoren von Peru her.
1553–54	Chancellor erreicht auf der Suche nach einer NO-Passage nach China Archangelsk am Weißen Meer; Aufnahme kontinuierlicher Handelsbeziehungen zwischen England und Rußland durch die 1555 gegründete Muscovy-Company.
1557/58	Die Portugiesen erhalten von China gegen Tributleistungen das Niederlassungsrecht auf Macao.
1564–65	Beginn der spanischen Kolonisierung der Philippinen von Neu-Spanien (Mexiko) aus.
1565	Urdaneta entdeckt die Rückroute von Asien über den Pazifik nach Amerika. Bis 1815 verkehrt zwischen Manila und Acapulco jährlich die sog. Manila-Galeone, die mexikanisches Silber gegen die wertvollen Handelswaren des Fernen Ostens tauscht.

1567–69	Álvaro Mendaña de Neyra entdeckt auf der Suche nach dem sagenhaften Südland die Salomonen.
1576–77	Frobisher glaubt die NW-Passage gefunden zu haben; Gründung der englischen Cathay-Company als Bergbau-Explorationsunternehmen mit dem Ziel der Ausbeutung der vermeintlich reichen Goldminen von Cathay.
1577–80	Francis Drake ist bei seiner Weltumseglung u.a. die Aufgabe gestellt, nach der Straße von Anian (heute: Beringstraße) zu suchen, die als westlicher Ausgang der NW-Passage gilt; er stößt im Pazifik aber nur bis zur nordkalifornischen Küste vor.
1581–85	Der Kosakenführer Jermák Timoféjew stößt im Auftrag der russischen Kaufmannsfamilie Stróganow nach Sibirien bis zum Ob vor.
1584–97	Mehrere niederländische Expeditionen zur Auffindung einer NO-Passage. Willem Barents überwintert 1596/97 mit seiner schiffbrüchigen Mannschaft auf Nowaja Semlja im Nordpolarmeer.
1595–97	Zweite Reise des Mendaña auf der Suche nach der Terra australis incognita: Entdeckung der Marquesas und der Santa-Cruz-Inseln.
1598	Das russische Zarenreich unterwirft sich das tatarische Khanat Sibir; dadurch wird der Weg frei für ein russisches Vordringen bis zum Pazifischen Ozean.
1600	Gründung der englischen East India Company (EIC).
1602	Gründung der niederländischen Vereinigden Oostindischen Compagnie (VOC). Damit treten England und die Generalstaaten der Niederlande in offene, bewaffnete Handelskonkurrenz gegen die seit 1580 in Personalunion verbundene iberischen Mächte. EIC und VOC suchen Zugang in den Fernen Osten nunmehr über die Route rund um das Kap der Guten Hoffnung.
Ab 1603	Die EIC und die VOC fassen in Indien und im Malaiischen Archipel Fuß und drängen die Portugiesen allmählich zurück.
1603–35	Samuel de Champlain (der „Vater Kanadas") erkundet Kanada und Teile Neu-Englands von der Küste bis zu den Großen Seen.
1606	Pedro Fernández de Quirós hält die heutigen Neuen Hebriden für das sagenhafte Südland und nimmt es unter dem Namen „la Austrialia del Espíritu Santo" für Spanien in Besitz.
1606	Luis Váez de Torres, einer der Kapitäne des Quirós auf dessen Suche nach der Terra australis incognita, kommt vom Admiralsschiff ab und entdeckt auf der Suche nach einer Route zu den Philippinen die Torres-Straße quer durch das Große Barriere-Riff zwischen Australien und Neu-Guinea.
1608	Champlain gründet Québec, die künftige Hauptstadt von „Neu-Frankreich" (Kanada).

1610	Gründung des holländischen Stützpunktes Batavia auf Java; wird 1619 Verwaltungszentrum der VOC im Fernen Osten, dient ferner als Sammelstelle der Handelsschiffahrt und als Stapelplatz der nach Europa bestimmten Güter des Fernen Ostens.
1611	Henry Hudson entdeckt auf einer weiteren Suchfahrt nach der NW-Passage die riesige Hudson-Bai.
1615–16	Baffin und Bylot entdecken auf Suchfahrten nach der NW-Passage die Baffin-Bai und stoßen bis in das Foxe-Becken vor. Damit gehen die englischen Bemühungen um ein Auffinden der NW-Passage zu Ende. Auch die übrigen nordwest- und nordeuropäischen Nationen brechen nach diesen Expeditionen entsprechende Bemühungen ab.
1616	Erste Umsegelung von Kap Hoorn durch Jacob Le Maire und die Gebrüder Willem und Jan Corneliszoon Schouten auf einer neuen Route in den Fernen Osten, die – anders als die Route durch die Magellan-Straße und der Weg um das Kap der Guten Hoffnung – außerhalb des Konzessionsgebiets der VOC lag.
Seit 1616	Kapitäne der VOC finden die direkte, relativ südliche Route vom Kap der Guten Hoffnung nach Java: Die Benutzung dieser Route verkürzt die Reise von Europa zur Insulinde um rd. 3 Monate.
1639	Nach zahlreichen Vorstößen russischer Pelztierjäger, Händler, Abenteurer und Beutejäger erreicht der Kosak Iwán Moskwítin erstmals den Pazifik im Bereich des Golfs von Ochotsk.
1641	Nach der Selbstabschließung Japans gegen die Europäer erreicht die VOC als einzige europäische Handelsorganisation die Einrichtung eines Handelsstützpunktes auf der Insel Deshima vor Nagasaki.
1642–43	Abel Janszoon Tasman umsegelt Australien.
1644–45	Wassíli Pojárkow und seine Mannschaft befahren als erste Europäer den Amúr bis zur Mündung in den Pazifik.
1648	Der Kosak Semjón Deschnjów umschifft – von der Kolyma-Mündung am Nordpolarmeer kommend – das Horn Asiens, durchfährt die später nach Bering benannte Straße zwischen Asien und Amerika nach Süden und erreicht die Halbinsel Kamtschatka.
1649	Gründung des ersten russischen Stützpunkts am Pazifik, des Hafens Ochotsk.
1649–89	Zahlreiche russische Beuteexpeditionen in das Innere Sibiriens und in das mandschurisch-chinesische Grenzland.
1652	Die VOC gründet die Kapkolonie an strategisch günstiger Lage an der Route nach Indien und zur Insulinde.
1673	Louis Jolliet und Jacques Marquette erreichen von den Großen Seen aus den Mississippi und befahren ihn bis zur Mündung in den Arkansas.

1682	Robert Cavelier de La Salle erreicht als erster Europäer von den Großen Seen her die Mündung des Mississippi.
1688	Der englische Freibeuter William Dampier stößt auf die Ostküste Australiens und nimmt Kontakt zu dortigen Ureinwohnern auf.
1689	Die in China seit 1644 herrschende Mandschu-Dynastie setzt dem russischen Vordringen im Bereich des fruchtbaren Amúr-Beckens nach Süden ein Ende. Grenzziehung zwischen den beiden Reichen längs der Wasserscheide zwischen Lena und Amúr. Damit ist Rußland auf den sibirischen Teil der Pazifikküste verwiesen. Es erhält jedoch das Recht, jedes Jahr eine Karawane mit Pelzen von Sibirien nach Peking zu schicken und dort chinesische Waren zu erhandeln.
1690	Die EIC gründet an der Gangesmündung als Stützpunkt für den Handel mit dem reichen Bengalen Kalkutta.
1690–92	Der deutsche Arzt Engelbert Kaempfer verbringt als Angestellter der VOC zwei Jahre auf Deshima und kann an zwei Gesandtschaftsreisen nach Tokio teilnehmen. Seine Japanberichte (erschienen in engl. Sprache 1727) geben bis tief ins 19. Jahrhundert hinein die umfassendsten Informationen über das Inselreich.
1702	China öffnet Kanton für einen beschränkten Handel mit den Europäern; neben der VOC und der EIC unterhalten dort im 18. Jahrhundert auch Dänen, Schweden, Spanier, Preußen, Österreicher und ab 1784 Amerikaner Faktoreien.
1714–16	Louis Saint-Denis erkundet vom unteren Mississippi aus das nordamerikanische Tiefland bis zum mexikanischen Grenzsaum.
1719–22	Jean Baptiste Bénard de la Harpe erkundet den Bereich des Red River und des Arkansas bis zu den Rocky Mountains.
1722	Jacob Roggeveen entdeckt die Osterinsel.
Ab 1722	Zahlreiche Weltumsegelungen, u.a. durch Roggeveen, Anson, Byron, Wallis, Carteret, Bougainville, Cook, Surville, Kerguelen, Marion-Dufresne, La Pérouse, wobei in der Regel Asien berührt wird, was zu ständig verbesserten Kenntnissen in Europa über den Fernen Osten führt.
1725–29	Erste große russische Kamtschatka-Expedition. Der in russischen Diensten stehende Däne Vitus Bering erkundet systematisch Ostsibirien und die Halbinsel Kamtschatka; 1728 befährt er die nach ihm benannte Straße zwischen Asien und Amerika.
1733–43	Zweite große russische Kamtschatka-Expedition unter der Leitung Berings und Tschírikows. Hauptziel lt. Geheiminstruktion: Klärung der Handelsmöglichkeiten mit Japan und Amerika.
1738	Pierre Gaultier de Varennes et de la Vérendrye und seine Söhne nehmen Kontakt zu dem Stamm der „weißen" Mandan-Indianer auf.

1741	Vitus Bering erreicht im Zuge der Zweiten großen russischen Kamtschatka-Expedition von Sibirien aus Alaska.
1743	Die Söhne la Vérendryes erreichen von einem der französischen Pelzhandelsposten zwischen den Großen Seen und dem Saskatchewan aus die Rocky Mountains.
1743–1800	Über 90 private russische Beuteexpeditionen in den nordpazifischen Raum, insbesondere auf der Jagd nach wertvollen Fellen und Pelzen.
1763	Der französische Berufsoffizier und spätere Weltumsegler Louis-Antoine de Bougainville wirbt in einem Geheimmemorandum für eine französische Besetzung der spanischen Malvinas (engl.: Falkland Islands): Er sieht sie als Schlüsselposition zur Kontrolle des Ostasien- und Südseehandels und als geeignetste Basis zur Auffindung des sagenhaften Südlandes.
1768–71	Erste Weltumsegelung des James Cook (Hauptaufgabe: Auffindung des sagenhaften Südkontinents).
1772–75	James Cook weist auf seiner zweiten Weltumsegelung die Unhaltbarkeit der These vom Vorhandensein einer Terra australis nach.
Ab 1776	Intensive spanische Kolonisierung und Missionierung der heutigen US-Bundesstaaten Kalifornien, Arizona, Utah, Colorado, New Mexico, Texas.
1776–80	Dritte Weltumsegelung des James Cook; Hauptaufgabe: Untersuchung der Nordwestküste Amerikas im Hinblick auf eine Durchfahrt nach Osten zum Nordatlantik (Tod am 14. 2. 1779 auf Hawaii).
1789–1813	David Thompson bereist und kartiert Kanada westlich der Großen Seen.
1792–93	Alexander Mackenzie durchquert erstmals den amerikanischen Kontinent auf dem Boden Kanadas.
1804–06	Meriwether Lewis und William Clark durchqueren erstmals Nordamerika auf dem Boden der heutigen USA.

Bibliographie der wichtigsten Nachschlagewerke

(jeweils chronologisch geordnet)

Biographische Nachschlagewerke

Ferdinand Hoefer: Nouvelle Biographie générale depuis les temps les plus reculés jusqu' à nos jours. 46 vol. Paris 1852–1866 (A–Z)

A. J. van der Aa: Biographisch Woordenboek der Nederlanden. Voortgeret onder Redactie van K. J. R. van Hardewijk en C. D. J. Schotel. 7 deelen. Haarlem 1852. Ndr. Amsterdam 1969

Allgemeine Deutsche Biographie. 56 Bde. Leipzig 1875–1912. Ndr. Berlin 1967–1971

The Dictionary of National Biography founded in 1882 by George Smith. Edited by Sir Leslie Stephen and Sir Sidney Lee. From the Earliest Times to 1900. 22 vols. London 1885–1901. Ndr. 1973

Nieuw Nederlandsch Biografisch Woordenboek. Onder Redactie van P. C. Molhuysen, P. J. Blok, met medewerking van tal van geleerden. 10 deelen & 1 Register. Leiden 1911–1937. Ndr. Amsterdam 1974

Dictionary of American Biography. Ed. by Allen Johnson and (ab vol. 4:) Dumas Malone. Vols. 1–20 a. New York 1928–1937

Dictionnaire de biographie française sous la direction de J. Balteau (u. a.), (ab t. 4:) de M. Prévost et Roman d'Amat avec le concours de nombreux collaborateurs. T. 1–14. Paris 1933–1979 (bisher Aage-Gachon)

Ernesto Soares e Henrique de Campos Ferreira Lima: Dicionário de iconografia portuguesa. Retratos de portugueses e de estrangeiros em relações com Portugal. T. 1–3. Lisboa 1947–1950. Supl. 1–2. Lisboa 1954–1960

Neue Deutsche Biographie. Hg. v. d. Historischen Kommission bei d. Bayerischen Akademie der Wissenschaften. Bd. 1–13. Berlin 1953–1982 (bisher Aachen-Laven)

Dizionario Biografico degli Italiani. Direttore: Alberto Maria Ghisalberti. Vol. 1–26. Roma 1960–1982 (bisher Aaron-Collegno)

Koninklijke Académiën van België. Nationaal Biografisch Woordenboek. Deel 1–9. Brussel 1964–1981

A. M. Garibay K., u. a. (ed.): Diccionario Porrúa de Historia, Biografía y Geografía de México. 2 vol. México ¹1964, ⁴1976

Dictionnaire biographique du Canada. Vol. I: De l'an 1000 à 1700. Toronto 1966. Vol. II: De 1701 à 1740. Toronto 1969. Vol. III: De 1741 à 1770. Toronto 1974. Vol. IV: De 1771 à 1800. Toronto 1979

José Antonio del Busto Duthurburu: Diccionario Histórico Biográfico de los Conquistadores del Perú. 10 vol. Lima 1973

Historische Wörterbücher

A. de Alcedo y Herrera: Diccionario geográfico-histórico de las Indias occidentales o América. 5 vol. Madrid ¹1786–1789, ²1966

Dictionary of American history. Ed. in chief: James Truslow Adams. 5 vols. New York ¹1940, ²1968

Georg Friederici: Amerikanisches Wörterbuch und Hilfswörterbuch für den Amerikanisten. Deutsch-Spanisch-Englisch. Tübingen ¹1947, Hamburg ²1960

Joel Serrão (ed.): Dicionário de História de Portugal. 6 vol. Lisboa 1963. Ndr. Porto 1979

Diccionario de historia de España. Dirigido por Germán Bleiberg. 2. ed., corr. y aum. T. 1–3. Madrid 1968–1969

Dictionary of British history. Ed. by S. H. Steinberg and I. H. Evans. London ²1970

Nachschlagewerke zur Entdeckungsgeschichte

Friedrich Embacher: Lexikon der Reisen und Entdeckungen. Leipzig 1882

Walter Krämer (Hg.): Die Entdeckung und Erforschung der Erde. Mit einem ABC der Entdecker und Forscher. Leipzig ⁸1976

Fernand Salentiny: Das Lexikon der Seefahrer und Entdecker. Frankfurt/M. 1977

Dietmar Henze: Enzyklopädie der Entdecker und Erforscher der Erde. Graz 1978–1983 (bisher A-J) [grundlegend]

Siegfried Schmitz: Große Entdecker und Forschungsreisende. Eine Geschichte der Weltentdeckung von der Antike bis zum 20. Jahrhundert in Biographien. Düsseldorf 1983

Kartographische Nachschlagewerke

G. Atkinson: La littérature géographique française de la Renaissance. Paris 1927. Supl. Paris 1936

Cartografía de Ultramar. Servicio geográfico e histórico del Ejercito. Estado Mayor Central. 3 t. in 6 vol. Madrid 1949–1955

A. Cortesaō e A. C. Teixeira da Mota (eds.): Portugaliae Monumenta Cartographica. 6 vol. Coimbra 1960–1963

Joachim G. Leithäuser: Mappae Mundi. Die geistige Eroberung der Welt. Berlin 1958

A. C. Teixeira da Mota: A Cartografia antiga da África Central e a Travessia entre Angola e Moçambique, 1500–1860. Lourenço Marques 1964

Jaime Cortesão: História do Brasil nos velhos mapas. Rio de Janeiro 1966

Tooley's Dictionary of Mapmakers. Compiled by Ronald Vere Tooley. With a Preface by Helen Wallis. New York-Amsterdam 1979

Wörterbücher zur Seefahrtsgeschichte

Johann Hinrich Röding: Allgemeines Wörterbuch der Marine in allen europaeischen Seesprachen nebst vollstaendigen Erklaerungen. 4 Bde. Hamburg-Halle 1793–1798. Ndr. Amsterdam 1969

Augustin Jal: Glossaire nautique. Répertoire polyglotte de termes de marine anciens et modernes. Paris 1848. Neuausgabe: Nouveau glossaire nautique d'Augustin Jal. Révision de l'édition publiée en 1848. Paris-La Haye 1970–1984 (bisher A–E)

Peter Kemp (ed.): The Oxford Companion to Ships & Sea. London etc. 1976. Ndr. 1979

Wolfram Claviez: Seemännisches Wörterbuch. Bielefeld ²1978

Elsevier's Nautical Dictionary in six Languages. Second, completely revised edition compiled and arranged by J. P. Vandenberghe and L. Y. Chaballe. Amsterdam-Oxford-New York 1978

A. Poussart: Dictionnaire des termes de marine. Paris o. D.

Ethnographische Nachschlagewerke

F. W. Hodge (ed.): Handbook of American Indians north of México. 2 vols. o. O. 1907–1910

J. R. Swanton: Indian tribes of North America. Washington 1952

Julian H. Steward (ed.): Handbook of South American Indians. 7 vols. New York 1963

Namen- und Autorenregister

Sachregister

(Von der Aufnahme der gebräuchlichsten geographischen Namen wie „Europa", „Portugal", „England" etc. wurde abgesehen. Der Leser sei für eine entsprechende Orientierung auf das Inhaltsverzeichnis verwiesen)

Register der erwähnten Schiffe

(nach Möglichkeit mit den Namen
der Schiffsführer, Kapitäne oder Expeditionsleiter)